国际贸易实务与惯例书系

国际贸易惯例与规则实务

（第五版）

PRACTICE OF CUSTOMS & RULES FOR INTERNATIONAL TRADE

姚新超 编著

对外经济贸易大学出版社
中国·北京

图书在版编目（CIP）数据

国际贸易惯例与规则实务 / 姚新超编著. —5 版
. —北京：对外经济贸易大学出版社，2021. 1
（国际贸易实务与惯例书系）
ISBN 978-7-5663-2225-8

Ⅰ. ①国… Ⅱ. ①姚… Ⅲ. ①国际贸易-贸易惯例
Ⅳ. ①F744

中国版本图书馆 CIP 数据核字（2020）第 217731 号

国际贸易惯例与规则实务（第五版）
PRACTICE OF CUSTOMS & RULES FOR INTERNATIONAL TRADE

姚新超 **编著**
责任编辑： 王延新

出版发行：对外经济贸易大学出版社
社　　址：北京市朝阳区惠新东街 10 号
网　　址：www. uibep. com
资源网址：www. uibepresources. com
邮政编码：100029
邮购电话：010-64492338
发行部电话：010-64492342
E-mail：uibep@ 126. com

成品尺寸：185mm×260mm
印　　张：39. 75
字　　数：967 千字
ISBN 978-7-5663-2225-8
印　　刷：北京时代华都印刷有限公司
版　　次：2021 年 1 月北京第 5 版
印　　次：2021 年 1 月第 1 次印刷
定　　价：80. 00 元

第五版前言

为适应国际贸易的不断发展及变化，遵循读者至上的原则，本着严谨的治学态度和认真负责的精神，笔者再次对拙著第四版予以修订，以更好地满足广大读者和与国际贸易相关的从业人员的实际需求。

与第四版相比较，此次修订的主要变化体现在以下三个方面。

首先，更新了国际贸易术语解释的变化，对 Incoterms®2010 与 Incoterms®2020 之间的区别予以重点探讨，以使读者和业者对最新国际贸易惯例与规则的发展和变化有所认识和掌握。

其次，对主要章节中的案例分析予以更新或补充，这是本次修订的主要内容。随着国际贸易的发展与变化，新的争议与纠纷也不断出现。为使读者和业者更好地了解司法判例及运用相关知识正确处理业务中的现实问题，笔者重点对“与提单相关的争议案例评析”“FOB 贸易合同与运输合同关系的相关问题”“保险在国际贸易中的应用”“商业信用付款方式在国际贸易中的应用”和“信用证在国际贸易中的应用”等相关内容进行了更新和完善。

在此次修订内容中，笔者运用了大量新近判例和案例，从理论、司法实践和业务操作等方面深入浅出地探究国际贸易惯例与规则在中国贸易实践中的应用与发展，希望对读者和业者有所启迪。

最后，笔者对其他章节的内容也进行了适当的删减或补充，以使其更加完善、准确地反映国际贸易惯例与规则的原则精神及内涵。

囿于笔者的学术水平，拙著中的疏漏和不足之处在所难免，尚祈读者和业者不吝指正。笔者的电子信箱：yxinchao@ 163. com。

姚新超

2020 年 11 月于北京励博斋

目　录

第三篇 国际贸易运输惯例与规则

第四篇　国际贸易保险惯例与规则

第五篇 国际贸易结算惯例与规则

第一篇

国际贸易惯例与规则概论

第一章 国际贸易惯例概述

国际贸易惯例是在国际贸易实践中产生的并经国际组织加以编纂与解释的习惯和习惯做法。国际贸易惯例的适用以双方当事人意思自治为基础，即由当事人在其具体交易中自愿使用，没有强制性。在目前世界上积极谋求国际贸易法律统一化的进程中，国际贸易惯例起着日益重要的作用。在1988年生效的《联合国国际货物销售合同公约》中，国际贸易惯例的作用和效力得到了明确的肯定和较大程度的反映。①

一、国际贸易惯例的历史沿革

国际贸易惯例的产生具有悠久的历史，其产生过程通常划分为三个阶段。最早可追溯到中世纪时期。大约在公元13世纪，地中海沿岸各国间的商业往来已非常兴盛。当时从事贸易活动的商人团体为维护自身的利益，根据业务实践自己制定了一些习惯做法和规则，形成了适用于各个商业发达港口和市集地区的具有国际性的商业习惯法律。这些法律由于是在商人长期的业务实践中形成的，在商人之间的交易中使用并曾由附属于各市集的商事法庭加以执行，因而又被称为“商人的法律”或“商人法”。14世纪西班牙编纂的著名的“康苏拉度法”（Consulado de Mar），就是13世纪流行于地中海沿岸，反映海上运输习惯做法的海事法典。在这一时期，出现了商业票据、提单、租船运输等贸易惯例用语并沿用至今。第二阶段涵盖了公元17世纪中叶至19世纪。上述国际商事习惯法逐渐被各主权国家纳入其国内法，从而形成了各国的国内民商法。例如：法国制定了拿破仑商法典（Donnance de Commerce）；英国大法官孟斯菲尔德（Mansfield）通过对具体的商事惯例做出特别裁决，将商事惯例吸收到普通法（Common Law）中，使之成为普通法的组成部分；德国也于1897年制定了商法典。在这个时期，尽管各国进行了大规模的商事立法，使商事习惯法受到了一定的限制和排挤，但其并不能使各国的国内商法完全取代国际商事习惯法，商事习惯法仍获得了一定的发展。例如，FOB及CIF贸易术语、信用证等开始出现。进入20世纪以后，随着各国国内法的发展以及随之产生的各国实体法之间的法律差异，从事国际贸易的当事人都要求适用本国的法律来调整他们之间的权利与义务关系，因而导致了尖锐的法律冲突。虽然可依据国际私法规范来调整这种法律冲突，但冲突规范并不直接调整当事人的权利和义务，适用冲突规范的结果仍是以冲突规范所指向的国家的国内法来调整。运用国内法解决国际贸易争端的明显不足是时间长、成本高、不确定等，而这与解决国际贸易纠纷所要求的迅速、节省背道而驰。因此，这无疑给国际贸易业务带来

① 黎孝先. 国际货物卖方合同. 上海：上海科学技术出版社，1989（第一篇）.

了极大的不便，严重妨碍了国际贸易的顺利发展。

为克服因各国国内商法的分歧所导致的法律障碍，摆脱国内法的限制，近几十年来，国际社会不断努力促使国际贸易法的统一，通过编纂国际贸易惯例和缔结国际条约，形成和制定了一系列调整国际贸易关系的统一的实体规范。这一时期是国际贸易惯例产生的第三个阶段。在此期间，在国际贸易惯例的编纂方面已取得了一系列的成果。这些成果主要有国际法协会制定的《1932 年华沙-牛津规则》《海牙规则》，国际海事委员会制定的《约克-安特卫普规则》《电子提单规则》《海运单统一规则》《维斯比规则》，国际商会制定的《国际贸易术语解释通则》（Incoterms）、《跟单信用证统一惯例》（UCP）、《跟单信用证统一惯例关于电子交单的补充》（eUCP）、《托收统一规则》（URC）、《国际备用证惯例》（ISP98）、《审核跟单信用证项下单据的国际标准银行实务》（ISBP）、《跟单票据争议解决专家意见规则》（DOCDEX）等，联合国国际贸易法委员会制定的《鹿特丹规则》《汉堡规则》《联合国独立保证与备用信用证公约》等。这一时期出现的国际贸易惯例的特点是，贸易惯例成文化、非由国家制定以及其约束力也为仲裁机构所承认等。由此可见，目前被广为接受的贸易惯例与各国国内法并驾齐驱，共同规范国际贸易行为。

上述国际贸易惯例的历史沿革表明，国际贸易惯例在国际贸易发展中的各个历史时期以及在国际贸易法统一过程中，都起到了重要作用。可以预料，随着国际贸易的深入发展，国际贸易惯例的影响将会更加显著。

二、国际贸易惯例的内涵

“国际贸易惯例”又称“国际商业惯例”，没有既定的概念。特别是“惯例”（Custom）与“习惯”（Usage）两词经常相互混用。就一般字义而言，“习惯”通常是指在实践活动中形成的一种重复性的行为；而“惯例”则是指在重复性行为基础上产生的固定的行为规则，它因从业人员经常采用而具有一定的约束作用。就其确定性、规范性和普遍性意义而言，惯例不同于由重复行为而形成的习惯或当事人之间的习惯做法（Practice）。但在国际贸易实际业务和一般的文献书籍中，Custom 常被称作“习惯”，而 Usage 则被称为“惯例”。造成这种混用现象的原因可能有两点，一是受传统译法的影响，二是在国际贸易长期的发展实践中，“惯例”与“习惯”的含义也在不断发展和变化。例如，按照传统的概念，“惯例”应是具有普遍性、必须遵守的法律约束力，而现代国际贸易惯例则是建立在当事人意思自治的基础之上，具有任意法的性质，亦即只有经当事人采用，才对当事人具有约束力。

关于国际贸易惯例或国际商业惯例的内涵，国际上有许多评论或解释。英国著名的国际贸易实务与法律学者施密托夫教授在《国际贸易法律的渊源》和《经济情况转变中的商业法律》两书中，对国际商业惯例的内涵做过解释。他认为：“国际商业惯例由商业习惯性做法或标准构成，这些做法或标准应用极为广泛，凡从事国际贸易的商人都期望他们的合同当事人能够切实遵守，并经国际商会、联合国欧洲经济委员会及各个国际贸易协会所确定。”他还指出，“在对这个问题的研究中，‘国际商业惯例’（Custom）一词仅指由国际组织所制定的惯例；对于那些不是由国际组织制定的商业惯例均称为‘商业习惯’（Usage）或‘习惯做法’（Practice）。显然，那些经常建立在平行行为基础上的商业习惯做法，有时就是商业惯例的雏形，即导致最终形成商业惯例的最初的或试验阶段的形式。

商业惯例具有相当程度的肯定性，而商业习惯性做法则不具备这样的特性。因此，我们有理由将商业惯例说成是一种创立法律的渊源。”这说明商业惯例、习惯、习惯性做法都是可适用的一定的行为模式，其中，商业惯例的重要特点在于它是被规范化、成文化了的，因而具有相当的确定性。

另一位著名学者诺伯特·霍恩在其《国际商业合同法的统一和变异》论著中也持有与施密托夫相似的观点。他认为广义上的商业惯例（Custom）包括贸易习惯（Usage）、标准条款（Standard Clauses）、合同或关于合同的规则；若以上习惯、标准条款、合同等经国际商会一类的半官方国际机构所公布，则对于此类合同模式和规则的这种事实上的承认和采用，则会导出一项新的贸易惯例或反映出一项已存在的惯例。

中国台湾地区著名法学家柯泽东教授在其《国际贸易习惯法暨国际商务仲裁》一书中指出，国际贸易习惯法（国际贸易惯例）的来源包括三方面：一是商业同业或专业团体或协会所制定的具有权威性的标准买卖合同，以及特别机构订立的买卖一般条件；二是国际商会制定类似《国际贸易术语解释通则》（Incoterms）及《跟单信用证统一惯例》（UCP）等文件；三是国际商务仲裁机构做出的裁决。柯泽东教授同时明确表示，这三类国际贸易惯例的共同特点是，都是权威性机构所制定且成文化，并且存在于文献中并为司法判例或仲裁裁决所确认的，不同于传统的口头惯例。①

从上述分析可以看出，广义上的商业惯例实际上分为成文的国际商业惯例（Formulated International Commercial Custom）与不成文的商业习惯性做法（Unformulated Commercial Usage）。而英美法系认为，习惯性做法必须是“普遍的”（Universal）、“形成已久的”（Long-established）或“众所周知的”（Notorious）且具有普遍约束力的传统标准。对此，施密托夫、汉诺等学者持否定观点。在此问题上，汉诺教授在《国际贸易法与国内法》一文中曾引述美国《统一商法典》（UCC）第1-205（3）节对“贸易习惯”（Usage of Trade）所下的定义：“在一个地区、行业或贸易中，习惯性做法是交易中经常遵守的做法或方法，它应作为有关的交易中遵循的准则。”汉诺认为，美国《统一商法典》的上述定义以缜密的语言否定了贸易习惯性做法或贸易习惯必须是“普遍的”、“形成已久的”或“众所周知的”观点；并且进一步指出，“如果这一原则能为英美法院所接受，就会为采用商业习惯（包括国内与国外的）来处理商事问题开辟广阔的道路”，“它将加速商业惯例的形成，并使司法和仲裁手段协调起来”。汉诺的上述观点意味着，在现代国际贸易中，除了那些在国际贸易实践中经过反复采用并经国际组织或商业团体进行解释和规范化的成文贸易惯例（Custom），可普遍地为国际贸易当事人所使用并成为司法机构和仲裁机构处理纠纷案件的依据外，即使是那些并非“形成已久的”、“普遍的”或“众所周知的”商业习惯（Usage）或习惯性做法，也有可能起到同国际贸易惯例相同的作用。

从上述分析可得出以下结论：传统观念将“惯例”理解为必须具有法律规范的普遍约束力以及必须具备“形成已久的”和“众所周知”的条件，而忽视了现代国际贸易惯例的“当事人意思自治”的原则及其他特点。

由此可见，国际贸易惯例是历史发展的产物，但其内容不是一成不变的，而是随着国

① 柯泽东．国际贸易习惯法暨国际商务仲裁．台北：元照出版有限公司，2008：22.

际贸易客观情况的发展和变化，不断地发生相应的变动和修改。因此，国际贸易惯例是指，在长期的国际贸易实践中形成的一些规范化、成文化并具有一定确定性和指导意义的行为规范以及一些习惯做法。它们一经形成和出现，又反过来对国际贸易实践产生深刻的影响，在当事人意思自治的原则下，对国际贸易业务的进行和发展起着一定的指导和制约作用。

上述国际贸易惯例的含义在《联合国国际货物销售合同公约》（下称《公约》）中得到充分体现。

三、国际贸易惯例的性质与特点

尽管国际贸易惯例是国际贸易法律的渊源之一，它具有类似法律规范的性质和表现形式，但严格地说，国际贸易惯例本身并不是法律。通常情况下，它对当事人不产生法律性质的约束力，是任意性的，它只有通过国家或国际立法或当事人的认可，才会产生法律性质的约束力。因此，绝大多数的国际贸易惯例是在“当事人意思自治”和“契约自由”的原则下，被当事人全部或部分地采用或修改后采用，这也是国际贸易惯例不断发展变化的一个重要原因。

为正确运用国际贸易惯例，充分发挥其作用，当事人对国际贸易惯例的性质和特点应有所认识。

（一）国际贸易惯例必须具有一般性和普遍性

所谓“一般性”和“普遍性”是指，一项行为规范其条款明确，广为接受，可适用于同类商品或同类领域的一般交易，具有一般性抽象的规范价值。称为国际贸易惯例的规范必须符合这一特征。但这一特点允许当事人对惯例内容予以排除或另作与之相反的约定。

（二）国际贸易惯例必须具有权威性

目前通用的国际贸易惯例大多由具有权威性的国际商业机构编纂和解释。这些机构历史悠久、实务经验丰富、专业知识卓越，因而具备权威和实际能力编纂和解释各类实用的商业文献，以供各种商业活动的实际需要。换言之，国际贸易惯例是由非公权力的权威机构创制，又被普遍接受，而未被国家明示反对的商业行为规范。①

（三）国际贸易惯例不是法律和国际公约，本身不具有强制性或约束力

法律是主权国家制定的，有关当事人通常必须遵守，即法律一般具有普遍适用性和强制性，当事人通常不得在订立合同时予以排除其适用或对其进行修改、变更。

国际公约（条约）是国际组织制定、诸多国家批准参加的，有关国家通过缔结国际公约可将某些强制性的法律规范加诸当事人，有关当事人必须遵守，一般具有普遍适用性和强制性。通常，当事人也不得在订立合同时加以排除，只有在特殊情况下除外。通常情况下，国际贸易惯例与国际公约平行发展，是商业行为规范的统一解释，但其效力一般高于国际公约。

而国际贸易惯例不是由哪一个主权国家制定或批准的法律，除非得到主权国家的认可（如 Incoterms 已被西班牙、伊拉克等国引入国内法），它不具有普遍适用性和约束力，即

① 柯泽东．国际贸易习惯法暨国际商务仲裁．台北：元照出版有限公司，2008：46-48.

不是强制性的规范，贸易当事人可采用它，也可不采用它，完全由当事人自由决定。换言之，贸易惯例的适用应充分体现“当事人意思自治”“契约自由”的精神和原则。

（四）国际贸易惯例只有在一定条件下，才产生法律约束力，具有强制性

国际贸易惯例只有在以下条件下，才产生法律约束力，对当事人具有强制性。

1. 通过国内立法，将国际贸易惯例引入国内法中，或者国内法明文规定适用国际惯例

例如，中国《民法通则》第142条第3款规定：“中华人民共和国法律和中华人民共和国缔结或者参加的国际条约没有规定的，可以适用国际惯例。”美国《统一商法典》规定：“贸易惯例赋予协议（合同）特定的含义，对协议（合同）条件加以补充或限制。”德国《商法典》也规定：“在洽谈人之间，当涉及评价契约的意思和范围时，将以商务方面的习俗和惯例为基础。”当国际贸易惯例引入国内法后，它就具有了一定的强制性，即当事人在这种情况下，实际上是适用了国内法，因为国际贸易惯例在此时已成为国内法的组成部分了，其性质已经发生了改变。

2. 通过国际立法，将国际贸易惯例引入公约或条约中

若一个国家参加了某项国际公约或条约，则国际公约或条约的内容必须遵守；若国际贸易惯例成为国际公约或条约的一部分，则该国家也应遵守该惯例。至于国际公约或条约如何引用有关惯例，存在两种情况：一是在国际公约或条约中直接引用某一惯例的内容；二是只指明应适用某一惯例，至于惯例的内容则需进一步查找。

3. 通过合同，在合同中直接引用某一国际贸易惯例

这是最常见的适用国际贸易惯例的情况。若贸易双方当事人在签订合同时，同意对某一问题适用某一国际贸易惯例并将该惯例引入合同，则该惯例就成为合同的有效组成部分，即合同的条款之一。此时，该惯例对双方当事人就具有了强制性的约束力，任何一方违反该惯例的有关规定，都构成违约。

4. 司法实践中引用国际贸易惯例

这在国际仲裁和诉讼中比较常见。当事人若未在合同中对某一问题作出明确规定，也未说明应适用某种法律以及采用某一惯例，则在发生争议时，从合同中无法找到解决争议的依据及原则，此时，法院或仲裁庭通常会引用某些公认的或影响较大的国际贸易惯例，作为判决或裁决的依据。在此情况下，惯例的效力来自判决或裁决。

5. 默示适用国际贸易惯例

在国际贸易中，有时还可推定当事人以默示方式选择适用某项国际贸易惯例，此时，该惯例应被视为具有约束力。例如，《公约》第9条规定，双方当事人应受他们业已同意的任何惯例的约束，除另有协议外，双方当事人应视为默示同意受他们已经或理应知道的惯例的约束。这表明，对于同类交易中的惯例，只要当事人无相反的约定，则视为已被当事人默示采纳，从而可适用于他们订立的合同。

（五）国际贸易惯例可予以修改或变更

如上所述，国际贸易惯例的特点之一是其本身没有强制性，当事人契约自由是最大原则，因此，是否适用国际贸易惯例具有相当弹性。即使贸易双方当事人在合同中明确约定采用某项国际贸易惯例，但双方当事人也可对该惯例中的有关规则予以修改或变更，即双方当事人在合同中约定了与该惯例不同的条款。例如，双方约定采用Incoterms®2020中的

CIF 贸易术语，但双方将 CIF 的交货地点和货物风险转移的界限改在进口国内指定的某一地点，这种修改或变更与 Incoterms®2020 关于 CIF 的规则完全不同。这种修改或变更国际贸易惯例的内容，只要与当事人国家的法律不矛盾，同样可受到有关国家法律的承认和保护，并在合同的履行过程中，以修改或变更后的内容或条款为准。因为修改或变更后的内容构成了合同的条款，因而对双方具有约束力。这也是某些国家或地区的贸易习惯做法与国际贸易惯例有明显不同的原因之一。

四、国际贸易惯例的作用

虽然各国的法律并不完全统一甚至差异较大，但由于国际贸易惯例是在长期的贸易实践中形成的，且随着形势的变化和发展，得以不断完善，其内容已达到相当高度的统一。因此，许多国际贸易惯例已被各国商人所广泛接受，并在国际贸易中发挥了极大的作用。

（一）在国际贸易中适用惯例，可避免被动局面

在国际贸易中适用惯例，不仅可解决各国的法律分歧，而且还可使一国的国际贸易业务在一定条件下不受外国法律管辖，从而可以避免被动局面。

到目前为止，各国法律仍存在较大差别，虽然国际社会不断努力缩小这种差别，但要达到统一的目标还很遥远。例如，英美法系和大陆法系在货物买卖中关于所有权转移的时间、界限以及货物风险转移的时间和界限等问题，存在差别且短期内难以统一。在这种情况下，合同当事人都不愿使合同受对方或他国法律管辖，因而有可能阻碍合同的订立。若双方当事人都同意放弃适用本国法律而采用某一国际贸易惯例，则既可使分歧消除，又可使合同不受其他国家法律制约，从而起到促进交易顺利开展的作用。

目前，国际贸易惯例的作用在不断加强，在某些情况下，惯例的适用已无须双方当事人明示同意。只要当事人无相反约定，则有可能被视为默示同意受某项惯例的约束。中国及大多数国家的法律、《公约》对此都有明确的规定。

（二）国际贸易惯例可作为裁决或判决的依据

通常，买卖合同应尽可能将交易的主要事项加以约定，但因种种原因，合同不可能面面俱到。若贸易双方当事人在合同中对某一（些）事项未作出明确具体的约定，如交货时间、开立信用证的时间等，同时又未订明合同适用的惯例，在履行合同的过程中，恰巧在这一（些）方面出现了争议或纠纷，同时也无法从合同所适用的法律中找到依据，甚至合同未约定适用的法律时，则有关仲裁机构或法院往往会援引具有一定影响力的国际贸易惯例作为裁决或判决的依据，解决贸易当事人之间的争议或纠纷。现在许多国家的仲裁机构或法院在可能的情况下，宁愿适用国际惯例，而尽可能不适用外国法。

五、国际贸易惯例与《公约》的关系

国际贸易惯例在贸易业务中往往比国际立法更具影响力，能发挥更大的作用。因为，随着现代国际经济和贸易的发展，国际贸易业务不断迅速发展和变化，尤其是随着通信技术的变革，贸易过程不断缩短，手续更加简便，要使国际立法经常、及时地随形势变化进行调整以适应客观形势变化的需要，既不现实，也非常困难。而通过国际组织或团体根据不同时期客观情况的变化和需要，及时并相应地对国际贸易惯例进行修订、补充或编纂，

却是比较容易做到的。此外，随着现代科学技术的迅猛发展，高科技产品不断涌现，因而国际贸易商品的种类以及某些商品的交易技术也日趋多样化、复杂化。这不仅无法通过国际立法为国际商品交易制定出具体的、广泛适用的实体法规范，而且，在交易双方当事人所订立的贸易合同中，也无法将交易双方的权利和义务及交易中的各种技术问题详尽地加以约定。因此，现代国际贸易中的上述问题则更多地需要利用国际贸易惯例、习惯以及交易双方之间所确立的习惯做法来处理和解决。

正是由于上述原因，国际贸易惯例、习惯及习惯做法长期以来一直受到世界各国政府和国际组织的高度重视，并将其效力以法律规范的形式明确地规定于有关国家的国内法之中或国际公约的条文之中。

《公约》是目前关于国际货物买卖的一项十分重要的统一的实体法国际公约，它为国际贸易创造了更加良好的法律环境。中国政府已核准了该《公约》，作为该《公约》的缔约国，中国有义务执行其各项规定。但必须指出的是，该《公约》的适用不具有强制性，即当事人可在一定条件下排除该《公约》的适用，也可削减或改变该《公约》的任何规定的效力。换言之，即使买卖双方当事人的营业地分别处于两个不同的缔约国，但当事人完全可在买卖合同中约定不适用该《公约》，而规定以该《公约》以外的其他法律作为合同的准据法。

若双方当事人所订立的国际货物买卖合同将该《公约》作为其合同的准据法，同时，合同中又采用了某一国际贸易惯例、习惯或习惯性做法，那么，此种情况下应如何处理两者之间的关系，即国际贸易惯例等在合同中的效力如何？

《公约》在第 8 条和第 9 条中，对国际贸易惯例等的效力问题作出了明确的规定。

该《公约》第 8 条包括 3 个条款，其中第 3 款规定："在确定一方当事人的意旨或一个通情达理的人应有的理解时，应适当地考虑到与事实有关的一切情况，包括谈判情况，当事人之间确立的任何习惯做法、惯例和当事人其后的任何行为。"该款清楚地表明：在确定当事人一方在订立合同中的意图时，不应仅以当事人所使用的文字或行为的表面意义为限，对于与合同有关的所有情况，包括双方当事人所采用的贸易惯例，应予适当地考虑。换言之，在解释当事人的意图时应采取主观与客观并重的原则，主观标准上面还应覆盖客观标准，既要弄清当事人双方所约定的合同条款文字的含义，又要适当考虑一切其他事实和情况（包括所采用的惯例）。从上述分析可以看出，该《公约》要求解释当事人的意图应考虑与合同相关的国际贸易惯例的效力。依照这一原则和标准处理合同争议，有利于问题的正确处理和妥善解决。

该《公约》第 8 条的规定，处理的是当事人在交易中所作的声明和行为以及所订立合同条款本身的解释问题。在合同的谈判、磋商、履行过程中，有可能出现一方当事人表述的主观意图与另一方当事人对该表述的意图或真实含义理解不一致；或者在合同的履行过程中，发现当事人之间对于合同的某一条款理解不一致时，需运用包括惯例在内的主客观标准，正确解释发生争议的意图或合同条款，解决因此而产生的争议。若双方当事人在合同中明示、默示同意适用某一贸易惯例，那么，是否应依该贸易惯例来解释当事人的意图？即双方当事人同意适用的贸易惯例在合同适用该《公约》的前提下其效力如何？该《公约》在其第 9 条对此有所规定。

该《公约》第 9 条第 1 款首先规定："双方当事人业已同意的任何惯例和他们之间确

立的任何习惯做法，对双方当事人均有约束力。”该款的中心含义是赋予贸易惯例和习惯做法以法律效力，即确认了当事人同意适用的贸易惯例和习惯做法具有约束力。应注意的一点是，上述惯例和习惯做法既可是口头的，也可是书面的方式。该《公约》第9条所指的惯例，其标准并不很严格，它并不要求一定是国际组织（包括正式的或非正式的）制定的，只要由某一机构制定，具有规范性和确定性即可。这是因为该《公约》使用了一个很平易的英文词语“Usage”来表示“惯例”，而未使用“Custom”这个更正式的词语。“Custom”尤指公法意义上的惯例或习惯法（Custom Law），一般认为它必须是“形成已久的”“古老的”“普遍的”。该《公约》第9条中的惯例不是公法意义上的惯例，不需形成已久的、古老的或具有相当的普遍性，其在较大范围内适用。它更接近于UCC第1-205（3）节的定义：“贸易惯例（Usage of Trade）是指进行交易的任何做法或方法，只要该做法或方法在一个地区、一个行业或一类贸易中已得到经常的遵守，致使人们有理由相信它在现行交易中也会得到遵守。”

该《公约》第9条在承认当事人之间确立的贸易惯例对双方具有约束力的同时，也同样承认习惯做法（Practices）对双方具有法律效力。习惯做法是交易中重复出现的行为，是当事人之间所建立的一种交易默契。在特定的交易中，当事人之间已建立的习惯做法，会自动产生约束力，除非当事人明确、及时地否认这种重复行为，否则，它已变为合同所蕴含的当事人可作出该行为或不作出该行为，或要求对方作出或不作出该行为的一项权利。某一习惯做法能否被认为已在当事人之间确立还应视具体情况而定，但有一点可以肯定，即先前交易中仅出现过一次的做法不足以构成习惯性做法。

该《公约》在其第9条第2款又规定：“除非另有协议，双方当事人应视为已默示地同意，对他们的合同或合同的订立应适用双方当事人已知道或理应知道的惯例，而这种惯例，在国际贸易中，已为有关特定货物所涉及的同类合同的当事人所广泛知道并为他们所经常遵守。”该款的中心含义是，双方默示同意的惯例被推定适用于买卖合同，但这种推定适用的贸易惯例必须具备下列条件。

第一，它必须是当事人在合同中未排除适用的贸易惯例。该《公约》第9条的规定充分体现了当事人“意思自治”和“契约自由”的精神和原则。一项惯例的效力其先决条件是当事人明示同意采用，但只要双方未明示排除其适用，同样可推定其默示同意适用。另外，在该《公约》看来，某项规则客观上能否被称为惯例并不重要，Incoterms、UCP或URC等当然具有普遍性，已被公认是典型的贸易惯例。但有些目前可能在较小范围内采用的规则，如《跟单信用证统一惯例关于电子交单的补充》（eUCP）、《电子提单规则》和《海运单统一规则》等一系列规则，只要未被当事人明示排除其适用，也可推定其适用，因而同样具有惯例的性质和效力。当事人可明示约定，也可被推定默示约定任何一项惯例的适用，包括当事人从未涉足过的某一领域的惯例，或即使那些不规范的“惯例”也未尝不可。例如，有些买卖合同仍使用C&F，甚至将C&F写成CNF等，都被推定是默示同意适用Incoterms中的CFR，应受Incoterms®2020的约束，除非当事人有相反的约定。

第二，它应属于当事人已知道或理应知道的贸易惯例。这是界定贸易惯例的主观标准，它要求一项规则作为贸易惯例被采用，应为当事人合理预见的、已知道或应知道的。这一点在决定当事人是否默示同意适用一项惯例时尤为重要。主观标准是从分析当事人主观状态来看，他是否同意适用某一惯例，并不依赖于当事人是否实际知道或了解惯例的内容，而应结合当事人的地位、职业状况分析，推定他应知道某一惯例或其内容，就可推定其默示地同意适用该项惯例。例如，一个从事多年国际贸易业务的公司或企业，应被视为知道或了解 Incoterms、UCP 等贸易惯例。

第三，它必须是在国际贸易中，已为特定交易所涉及的某一类合同当事人广泛知道和经常遵守的惯例。这是认定贸易惯例的客观标准，是前项的补充。有些贸易规则可能不被一般商人广泛了解，但从事特定交易的商人应该了解，它同样也可成为贸易惯例。例如，谷物、羊毛、棉花、矿产品等交易显然不同于成套设备交易，它们各自受其交易惯例的制约。从事某些特定交易的当事人应了解这些特定交易的规则、标准等。在此意义上，若纯粹的地方性或一个国家的规则或标准，既被某一地方的或国内的商人遵守，又被外国商人所经常遵守，则它们也属于国际贸易惯例。因此，该《公约》第 9 条所指的惯例或习惯做法，不限于国际性的或由国际组织制定的，它是广义上的国际贸易惯例。

综上所述，该《公约》第 8 条要求解释当事人的意图时可考虑贸易惯例，第 9 条强调当事人同意适用的贸易惯例具有约束力。其他涉及贸易惯例效力的争议，如一项合同约定、当事人的做法是否属于贸易惯例，依照该《公约》第 4 条，对贸易惯例，特别是 Incoterms、UCP 或 URC 等的含义引起的争议等，都排除在该《公约》的适用范围之外，即该《公约》不予解决。这方面的争议应依国内法或合同的准据法来解决。不过，当买卖合同适用该《公约》，同时当事人又在合同中明示或默示同意适用某一贸易惯例，若该惯例与该《公约》的规定相冲突，如贸易惯例所规定的交货时间、地点或货物风险转移的时间，与该《公约》第 31 条、第 33 条，或第 67 条、第 68 条的规定相矛盾，依照该《公约》第 6 条关于“双方当事人可不适用本《公约》……或减损本《公约》的任何规定或改变其效力”的规定，这相当于当事人以合同形式改变该《公约》的规定或其条款的效力，贸易惯例的规定优先适用。因为贸易惯例对当事人产生约束作用，是由于当事人明示、默示地将惯例并入买卖合同，它属于合同的一部分，依据“意思自治”和“契约自由”原则，这些贸易惯例当然具有优先效力，而不应适用与之相矛盾的公约条款。另外，《国际商事合同通则》第 1. 8 条的注释说明，一旦习惯做法和惯例被适用，其相对于《通则》中的不同规定具有优先适用性；1964 年海牙《国际货物买卖统一法公约》第 9 条也规定：“一旦所适用的惯例与本统一法相冲突，除非当事人有相反约定，惯例优先适用。”可见，上述规定与《公约》第 9 条的规定采取了相同的原则。

六、国际贸易惯例与国内法的关系

经国家认可的、与各国现行法律不相抵触、不违背一国公共政策和社会公共利益的国际贸易惯例，是一国法律的有机组成部分。通常而言，国际贸易惯例要成为一国法律的组成部分，须具备两个条件：其一，该国明示或默示地认可该国际贸易惯例；其二，该国际贸易惯例不违背一国强制性法律、不与公共政策和社会公共利益相冲突。[①]

一国的国内立法与国际贸易惯例互相依存、互相补充，在一定条件下国际贸易惯例可转化成一国国内立法。要参与国际社会的竞争、谋求发展，各国在法律上首先要认可国际

---

① 张兴全．国际惯例与涉外商事海事审判．http://www.ccmt.org.cn/showexplore.php? id=30.

社会共同遵守的规则。而国际贸易惯例的生命力在于它本身是一整套为大多数国家认可的、为各地商人所采纳的法律规范，它在某一具体国家产生法律效力，发挥作用离不开该国的认可，但其并不自动地适用于任何国家的任何交易。实际上，国际贸易惯例与一国的国内法的区别是相对的，在一定条件下可相互转化，国际贸易惯例可直接或间接转化为一国国内法。国内法转化为国际贸易惯例是指，一国的国内立法由于其科学性、合理性，而被世界各国的当事人接受，从而成为国际贸易惯例形成的基础。这方面，发达国家的国内法有不少后来都被国际社会接受，形成国际贸易惯例、国际条约等。

中国《民法通则》和《海商法》等均已明确认可了国际贸易惯例，这在原则上为国际贸易惯例在中国的实施及中国企业和自然人采用国际贸易惯例清除了法律障碍。

中国《民法通则》第142条第3款规定：中国法律和中国缔结或者参加的国际条约没有规定的，可以适用国际惯例。这一规定实际上对中国法律、国际条约与国际贸易惯例的效力等级进行了划分，即中国法律和中国缔结或者参加的国际条约的效力等级要高于国际贸易惯例，较之于中国法律和对中国有效的国际条约而言，国际贸易惯例的效力是第二位的。这一规定似带有一些传统观念的色彩和偏见，也与各国的通行做法并不完全一致。中国法律可大致分为强制性规定和任意性规定，就前者而言，国际贸易惯例自应让位于国内法律的规定，这一点可通过各国通行的公共秩序保留得到解决，即将中国的强制性规定视为中国的公共政策从而具有必须遵守的效力。而对于任意性的规范则不应强求当事人必须遵守，应允许当事人的变更以及选用有关国际惯例。中国加入世界贸易组织和中国经济日益融入国际经济全球化的潮流中，国际贸易惯例的地位和作用将日益突出，对中国法律进行适时的修改十分必要。

适用国际贸易惯例还必须正确处理以下关系。

（1）正确处理国际贸易惯例与当事人合同约定的关系。

第一，国际贸易惯例与具体合同之间的关系。它们之间的基本关系是具体合同的规定优先，当国际贸易惯例与具体合同发生冲突时应以合同的规定为准，国际贸易惯例是对具体合同约定的补充。当合同约定适用某一国际贸易惯例，而合同中的其他一些约定又与适用的国际贸易惯例的部分规定不相一致时，应视为双方当事人排除了对国际贸易惯例相应部分的适用。国际贸易惯例可作为一个合同的基础，由双方当事人进行取舍和修改。在合同未就某一事项进行约定时，则应适用国际贸易惯例来确定双方当事人的真实意思表示和当事人之间的权利、义务关系。

第二，国际贸易惯例与格式合同（或标准合同）之间的关系。在一定意义上，国际贸易惯例与格式合同之间的关系类似于内容和形式之间的关系。国际贸易惯例是格式合同的内容，而格式合同则是国际贸易惯例的表现形式。格式合同往往由各行业公会或者有影响的大企业甚至国际组织制定，它们的制定过程就是对国际贸易惯例的研究和整理过程。这些行业公会或大企业中的贸易专家、法律专家在普遍研究各地商人的习惯性做法的基础上，拟订出内容较全面的格式合同，以供当事人选用。一个合同的条款通常包括三部分：技术条款、商务条款、法律条款。三部分中，后两部分才被认为是国际贸易惯例的表现形式。

（2）法院在涉外商事、海事审判工作中对国际惯例的适用。一般情况下，在双方当事人就某一事项未作出约定时，法院应首先适用中国的国内法律，这不同于当事人在签订合同时对国内法律和国际贸易惯例平等看待，这既是维护国家主权的需要，也与各国的通行做法并无矛盾。当然，中国参加的国际公约也应优先于国际惯例。如对于双方当事人所属国均为《公约》缔约国时，法院似应优先适用该国际公约。在中国法律及对中国生效的国际公约并无规定时，可适用国际贸易惯例。这是由该项交易的国际性决定的，既有利于照顾当事人来自不同的文化传统和法治环境的特点，平等保护双方当事人的合法权益，也有利于中国的对外开放事业。

（3）国际贸易惯例与习惯性做法的关系。二者适用的条件不同，国际贸易惯例的适用是采用推定原则，即在双方当事人未在合同中作出约定，中国法律也无具体规定时，只要一方当事人能证明有关国际贸易惯例的存在，即应推定双方当事人知道该国际贸易惯例的存在，且在签订合同时参照了这一国际贸易惯例。该国际贸易惯例可用以查明和推定双方当事人的真实意思表示。而习惯性做法则不同，它以当事人对该习惯性做法的明示采纳作为该习惯性做法对当事人的交易适用的条件。当然，这一问题的查明并非易事。原则上应以国际惯例的构成要件来进行衡量。

总之，国际贸易惯例（包括习惯做法）在调整国际货物买卖合同关系中具有重要作用，它可以扩展合同调整范围，补充合同条款的不足，有助于当事人迅速达成交易或及时解决交易争议。现代国际贸易要求快捷迅速，当事人没有足够的时间考虑和处理合同的许多细节问题。即使有充足的准备，预见到可能出现的问题，但将所有问题都拿到谈判桌上协商，既不现实又会面临极大阻碍，甚至达不成交易，错失商机。因此，有经验的贸易商只能就主要交易事项进行协商，合同未作约定的，留待以后依贸易惯例处理，这是明智的、有效率的做法。当然，《公约》本身也需随着客观形势的发展要求不断进行完善，但由联合国机构组织大规模修改会面临许多困难；另外，该《公约》关于货物买卖合同中权利、义务的规定，许多是概括性、原则性的，它需更具体化、操作性的规范，以适应不同性质的商品交易。这些事项通过适用贸易惯例可在相当程度上得以解决。正是因为如此，Incoterms、UCP、URC 等国际贸易惯例与规则不断更新修改，有效地适应了发展变化的国际贸易的需求。

第二章 《联合国国际货物销售合同公约》及中国法在国际贸易中的应用

《联合国国际货物销售合同公约》（下称《公约》）在处理国际贸易纠纷的诉讼或仲裁程序中发挥了越来越重要的作用。中国是《公约》的缔约国。在中国与其他国家的贸易商进行的交易中，很多当事人选择适用该《公约》。中国公司、企业在同营业地设在其他缔约国的企业订立国际货物买卖合同时，将有可能适用《公约》的规定。但贸易合同在适用《公约》时并不排除对中国法律的适用。对《公约》和中国法律的相关问题深入研究具有重要的现实意义。本章结合有关案例对《公约》及中国法律中涉及的一些问题予以分析。

一、国际货物买卖合同是否成立的争议

在国际货物买卖合同争议中，关于合同是否有效成立的争议占相当大比例，而买卖双方要约（发盘）与承诺（接受）的有效与否又是判断合同是否成立的关键所在。《公约》第 14 条与第 55 条对此予以规范。无论是从理论还是从实践的角度，弄清这两条规定之间的关系是非常必要的。

某年 10 月，中国 A 公司销售经理 X 先生（以下称 X）与乙国 B 公司采购经理 Y 先生（以下称 Y）在电话中协商了 A 公司向 B 公司出售其 M 产品的事宜。之后，A 公司正式向 B 公司发出了书面要约（发盘）。A 公司考虑到其今后可能每年出售给 B 公司的数量，此次给予了 B 公司 8% 的折扣，并特别指出这一折扣异乎寻常的低，是给予所有客户中的最低价格，而 A 公司一般给予老客户的折扣是 4%。B 公司接受了要约，双方于 11 月 7 日签订了购买 100 吨 A 公司 M 产品的合同。次年 3 月底前交货，采用 CIF 条件，合同金额为 160 000 美元。该合同如约履行完毕。

次年 5 月 2 日，Y 给 X 打电话，表示要购买 1 000 吨 A 公司的 M 产品。X 提出由于市场因素现在单价提高到了 1 700 美元/每吨，Y 表示接受。电话交谈后，Y 于 5 月 3 日通过电传向 X 发出合同确认书（要约）。合同条款与第一个合同基本一致，只是装船日期、数量不同，产品单价为 1 700 美元，但未提及折扣。此外，该确认书还指出“11 月 7 日合同中的支付、运输条件和其他类似条款适用于本合同”。与此同时，X 也给了 Y 一份确认书（还价，反要约），不同之处在于明确了 1 700 美元单价的折扣为 4%。但 Y 于 6 日收到文件后即电告 X，折扣应为 8%。X 于 9 日的回复中指出，8% 只是给予第一笔交易的折扣，而没有打算或者承诺将来的交易也是 8%。Y 于 10 日的电传指出，B 公司购买 A 公司产品的主要原因恰恰是出于 8% 的折扣。若不给予 8% 的折扣，B 公司将向原供货商购买，请 X 立即答复。X 于 12 日的答复仍坚持 8% 只是给予第一笔交易的，并表示 A 公司的价格在

同行业中是低的。但 Y 未对此作出回复。X 于 27 日再次询问 B 公司的意图。Y 于 6 月 2 日答复称，其已购买了 C 公司的产品。于是，A 公司向 B 公司提出索赔，但遭拒绝。

双方的主张分别是：

A 公司（卖方）认为：（1）双方关于购买 1 000 吨 M 产品的合同业已成立；（2）折扣应为 4%；（3）B 公司购买 C 公司的产品是违约行为，应当赔偿 A 公司的损失。

B 公司（买方）认为：（1）双方不存在购买 1 000 吨 M 产品的合同；（2）即使合同存在，折扣也应为 8%；（3）即使合同存在，B 公司购买 C 公司产品也不构成违约。

在该案中，双方争议的焦点是，双方的合同是否已经成立。而判断双方合同成立与否的关键在于对要约（发盘）与反要约（还盘，还价）内容确定性的理解与认定。

《公约》第 14 条就“要约”（Offer）的概念和构成要件作出了规定。该条第 1 款规定：向一个或一个以上特定的人提出的订立合同的建议，若十分确定并且表明要约人在得到承诺时受约束的意思，即构成要约。据此，一项有效的要约须具备三个要件：第一，须向特定的人提出（否则，即为邀约或要约邀请）；第二，须有受约束的意思；第三，内容必须明确肯定。

第 14 条第 1 款又对何为“十分确定”（Sufficiently Definite）作出了说明：“一个建议若写明货物并且明示或暗示地规定数量和价格或规定如何确定数量和价格，即为十分确定。”换言之，须包括货物、数量和价格三个要素方为“十分确定”。问题正出现于此：即一项要约是否必须包含这三个要素才算明确？或者，若缺少了其中一个或两个要素，要约是否有效？对这个问题，理论界和实践中都存在争议，争议的焦点集中在价格上，即在缺少价格条款的情况下能否有效订立合同？这一争议涉及《公约》第 14 条和第 55 条的规范。

对第 14 条要约内容确定性的争议及其与第 55 条的关系，在探讨这个问题之前，有必要先了解《公约》第 55 条的内容。

第 55 条规定：若合同已有效订立，但没有明示或暗示地规定价格或规定如何确定价格，在没有相反表示的情况下，双方当事人应视为已默示地引用订立合同时，此种货物在有关贸易的类似情况下销售的通常价格。该条规范意味着，合同可在没有规定价格的情况下有效地订立。（开口价格条款，Open Price Terms）

一种观点认为，第 14 条第 1 款代表了一种对开口价格条款进行限制性解释的观点，它并未明确表明一个价格条款不确定的要约建议可成为十分确定；相反，该条在给人一种“暗示”，即没有明确的价格条款，要约就不是十分确定，就不能构成一个合同。与此相反，另一种观点则认为，《公约》第 55 条清楚地表明合同可有效订立，即使“没有明示或暗示地规定价格或规定如何确定价格”。只要当事人订约意图很明显，价格条款的空缺不会对合同的有效成立构成障碍。故《公约》第 14 条应和第 55 条结合起来加以理解。多数人赞同上述第二种观点。

就本案而言，第一，双方不存在购买产品的合同。合同是当事人双方意思表示一致的协议。《公约》对合同的成立作了详细的规定：向一个和一个以上特定的人提出订立合同的建议，若十分确定表明要约人在得到承诺时即受其约束的意旨，即构成要约（第 14 条第 1 款）；受要约人声明或作出其他行为表示接受一项要约，即是“接受”（Acceptance）；接受要约的通知自到达要约人时生效（第 18 条第 1 款）。对要约表示接受但有添加、限制或其他更改的答复即为拒绝该项要约并构成反要约（还盘；还价）；对有关货物价格、付款、货物质量和数量、交货时间和地点、一方当事人对另一方当事人赔偿责任范围和解决争议等的添加和不同条件均视为实质变更要约条件（第19条1～3款），合同自按照本公约规定对要约的接受生效时订立（第23条）。本案中，Y于5月3日通过电传向X发出了确认书，此确认书构成了一项要约，X也给了Y另一份确认书，但却规定了1 700美元的折扣为4%。这是一项涉及货款的变更，因此，属于对要约的实质变更，所以，该确认书不构成接受，而是对B的要约的拒绝，构成一项新的要约（还价）。Y于6日收到该文后立即电告X折扣应为8%，同样是对A公司要约的拒绝，因而又构成了一项新的要约（还价）；X于12日的答复仍然坚持8%只是给予第一笔交易，但Y未对此作出回复，即视为B公司对A公司要约的拒绝（沉默不视为接受，但行为可视为接受）。总之，B公司一直未对A公司的要约作出接受，因而双方之间的合同并未成立。

第二，即使合同存在，折扣也应为8%。《公约》第9条规定，双方当事人业已同意的任何惯例和他们已确立的任何习惯做法对双方均有约束力。本案中，即使双方合同成立，因为双方此前已约定折扣为8%，并且B公司发出合同确认书也正是因为8%的折扣，否则就不可能有订立合同之意，因此，即使合同成立，折扣也应为8%。

第三，即使合同存在，B公司购买C公司产品也不构成违约。《公约》第33条规定，卖方必须按以下日期交货：（1）若合同已规定日期或依合同可确定日期，应在该日期交货；（2）若合同规定一段时间，或根据合同可以确定一段时间，除非应由买方选择一个日期，应在该段时间内任何合理的时间交货；（3）在其他情况下，应在合同订立后一段合理时间内交货。

本案中，因双方在订立合同的过程中并未明确规定交货日期，且依合同也无法确定一个日期，因此该合同是未规定交货日期的合同，所以卖方即A公司应在合同订立后一个合理时间内交货。但是，A公司并没有在合理的时间内履行其交货义务，也未做任何履行义务的准备（从其27日仍在询问B公司的意图即可以看出）。事实上，B公司就是因需要该商品才与A公司商谈订约一事，而A公司未履行其交货义务，有可能对B公司造成损失。

综上所述，即使双方合同成立，也是有A公司不履行义务在先，B公司在没有其他选择的情况下，只有选择从其他公司购买所需产品；再者，正是由于A公司不履行交货义务的违约行为，使得双方的合同已归于无效，故而，无论于情于理，B公司均不存在违约。①

二、卖方违约，买方有权购买合同替代货物

卖方以自己的名义在合同上签字，则为合同当事人，理应受合同约束。尽管卖方可能并不是真正的当事人。若合同被宣告无效，而在宣告无效后，买方已以合理方式购买替代货物，或者卖方已以合理方式将货物转卖，则要求损害赔偿的一方可取得合同价格和替代货物交易价格之间的差额。

某年6月5日，被申请人湖南Y公司（卖方）向申请人瑞士W公司（买方）发盘出

① 朱伟．从一则案例看《联合国国际货物销售合同公约》(CISG)第14条的适用——兼评CISG第14条与第55条．国际经济法网，李昌麟经济法网．

售 10 000 吨菜籽粕，质量标准为：油蛋白在 38% 以上；水分在 12.5% 以下。单价 FOB 中国张家港 78 美元/吨。6 月 7 日，买方接受卖方的发盘，并要求卖方将合同和信用证条款传真给买方。卖方于 6 月 9 日将已盖有公章的售货合约传真给了买方。

买方收到卖方传真的售货合约后，删除了原合约上“不接受超过 20 年船龄的船舶”的要求，并将“运费已付”修改成“运费按租船合同支付”，委托意大利米兰公司签字盖章后，于 6 月 9 日当天传真给卖方。此后，双方对于合同的成立及履行产生争议，经协商不能解决，买方遂于 7 月 23 日向中国国际贸易仲裁委员会提请仲裁。

申请人（买方）诉称：

6 月 14 日，卖方传真给买方香港办事处称，买方单方面修改合同，卖方不能予以确认，将暂缓执行合同，并要求买方暂缓开出信用证。6 月 22 日，卖方向买方发函称，双方已达成的合同为无效合同，买方所开出的信用证只能作废。同日，买方回函给卖方，进一步向卖方解释“合同为 FOB 条件，对船龄与运费支付事宜的修改将不会对卖方履行合同产生任何影响”；买方同时告知卖方“已将合同货物转卖给了意大利的下家”并提醒卖方：“卖方若不履行交货义务将构成违约；若卖方拒绝交货，买方只能通过购买替代物向下家买方履约”。在该函中，买方要求卖方在 6 月 23 日的工作时间内向买方确认“卖方将履行合同”。

6 月 23 日，卖方向买方回函坚持声称“合同无效，船龄和预付运费直接影响卖方的装船”，此外，还声称因合同本身并未生效，该合同项下的义务和责任都只能作废。此前，买方已就从卖方处所购买的 7 000 吨货物与意大利另一家 X 公司达成了转卖协议，因卖方拒绝履行其与买方所达成的合同，使买方面临对其下家的违约。买方为履行与意大利买方的合同，不得不以每吨 98.50 美元的高价从新加坡 P 公司处购买 7 350 吨的替代货物。为此，买方多支付了 150 675.00 美元的货款。

综上所述，买方与卖方就购销菜籽粕事宜已通过要约和承诺达成一致。就合同订立和履行及索赔等事宜一直是由买方与卖方联系，且本案的合同也明确注明瑞士 W 公司为买方。由于合同货物后来被转售给意大利的下手买家，运输目的港也是意大利的 MONEFALCONE/VENICE 港口，故买方将本案合同的一部分事宜委托给意大利 X 公司处理，因此，本案合同是由意大利 X 公司签字和盖章，但意大利 X 公司是依买方的授权，代理买方对合同签字和盖章，所以，合同的后果仍是由瑞士 W 公司（买方）承担。尽管买方在双方所签订的合同中作出了修改，但这些修改并不对卖方的利益有任何影响，所修改之处不构成《公约》第 19 条所规定的在实质上变更卖方要约的条件，卖方作为要约人也未立即对此变更向买方提出反对，直至 6 月 14 日，买方开立了以卖方为受益人的信用证，卖方才针对买方修改的部分提出其意见。因此，卖方提出的异议已构成了《公约》所规定的迟延，买方作出的修改仍对卖方有约束力，双方合同已经成立。因卖方在此情况下无理拒绝履行合同，致使买方不得不高价购买替代货物，卖方已构成违约，应承担全部责任。

在卖方违约的情况下，买方有权采取相应的合理救济措施，买方所购买的替代物的品质与合同所规定的货物品质一致，购买价格也低于国际市场上同类货物的市场价格，买方所采取的救济措施完全合理。

据此，买方请求仲裁庭裁决如下：

（1）裁决卖方赔偿买方因购买替代货物而产生的损失 150 675.00 美元；

（2）由卖方承担利息损失 10 547.25 美元（年利率 7%，截至 6 月 29 日）；

（3）由卖方承担本案仲裁费用以及律师费。

被申请人卖方答辩称：

6 月，岳阳 K 公司与卖方洽谈，由卖方代理其出口 10 000 吨菜籽粕的业务。卖方委托岳阳 K 公司与买方签约，并负责组织货源、安排装运。后发生合同纠纷，卖方并不了解详情。现买方申请仲裁，卖方目前亏损累计达 1 000 多万元人民币，处于即将破产的边缘，已完全没有能力解决该纠纷；并且，卖方只是代理，与买方之间没有发生过任何联系，申请人（买方）应直接与岳阳 K 公司联系，由该公司出面处理此纠纷。

仲裁裁决：

（1）卖方赔偿买方购买替代货物的损失 150 675.00 美元；

（2）卖方赔偿买方的利息损失 9 040.50 美元；

（3）驳回买方的其他请求；

（4）本案仲裁费××美元，由卖方承担 90%，即××美元，买方承担 10%，即××美元。上述仲裁费已由买方向仲裁委员会预缴，因此，卖方应向买方支付××美元，以偿付买方为其垫付的仲裁费。上述（1）、（2）、（4）项卖方应付款项，应于本裁决生效后 45 天内执行完毕。如逾期未支付，卖方应向买方支付逾期利息，按年利率 5% 支付。

上述仲裁案例涉及以下问题。

1. 关于本案的法律适用

因本案双方当事人营业地所在国均为《公约》的缔约国，故本案争议适用《公约》。

2. 关于合同是否成立

仲裁庭经审理查明，买方于 6 月 9 日收到卖方传真的已盖有卖方公章的合同，删除了“不接受超过 20 年船龄的船舶”的条款，并将“运费已付”修改成“运费按租船合同支付”，并委托意大利 X 公司签字盖章后于 6 月 9 日传真给卖方，卖方于 6 月 14 日传真给买方，表示不能确认买方单方修改的合同，并将暂缓执行合同。

依《公约》第 19 条规定，对发盘表示接受但载有添加、限制或其他更改的答复，即为拒绝该项发盘，并构成还盘。但是，对发盘表示接受而又载有添加或不同条件的答复，若所载的添加或不同条件在实质上并不变更该项发盘的条件，除发盘人在不过分迟延的时间内，以口头或书面通知反对其间的差异外，仍构成接受。若发盘人不作出这种反对，合同条件则以该项发盘的条件及接受通知内所载的更改为准。货物的价格、付款、质量和数量、交货地点和时间、一方当事人对另一方当事人的赔偿责任范围或解决争议等的添加或不同条件，均视为在实质上变更发盘条件。仲裁庭注意到，买方确实在作出接受时在合同上进行了批注，但本案合同约定的贸易条件是 FOB，依照 Incoterms，买方必须自行负担费用订立从指定装货港装运货物的运输合同，因此，船龄及运费支付问题与卖方无关，买方对合同中关于船龄及运费支付条款的批注并不影响卖方的权利和义务，也不构成对合同条款的实质变更。何况卖方没有及时作出反对，直至 6 月 14 日才提出不能确认买方的修改等。根据上述事实及法律规定，仲裁庭认定，买卖双方之间的合同已经成立并生效，双方应依照合同的约定履行。

【**附**：为避免争议，第 19 条第 3 款列举了 8 种属于实质性添加、修改的情况（货物价格、付款、货物质量和数量、交货地点和时间、一方当事人对另一方当事人的赔偿责任范围或解决争议等），这一列举不是全部的和排他的，即它并没有包含所有可能发生的实质性添加。例如，担保条款、拒绝承认某事实的声明条款、不可抗力条款、对违约救济的限制责任条款，都属实质性添加、修改。再如，CIF 条件下的卖方指定的船舶发生变更、包装的微小改变可能属于非实质性的改变，但这也要看交易具体情况。一项修改在受盘人看来是不重要的，在发盘人看来可能是重要的，反之亦然。

若受盘人的添加、修改内容属于《公约》第 9 条规定的当事人已默示遵守的贸易惯例或习惯做法，这类添加、修改不应影响对发盘或接受的效力。例如，交易双方已形成以仲裁方式解决争议的习惯做法或默示地同意遵守这一惯例，若发盘中没有规定仲裁条款，而受盘人的答复中有仲裁条款，则该仲裁条款仍是合同的一部分，除非发盘人在发盘中明确排除或明确拒绝。

除了所谓的“接受”包含对发盘的实质添加、修改构成还盘和对发盘的拒绝外，根据《公约》第 19 条第 2 款，如果发盘人在不过分拖延的期间反对受盘人“接受”中的非实质的添加，该所谓“接受”也变成对发盘的拒绝和还盘，合同不成立。可见，对于受盘人来说，若想达成交易，他必须仔细审核发盘的内容，务必使接受与发盘相符。若有任何不符，发盘人有充分的选择权，即可以声明反对，导致发盘失效。

但另一方面，发盘人也可能因为他不同意受盘人所谓“接受”中个别非实质的不符的条件而使他希望达成的交易落空。例如，发盘规定：可出售 1 000 吨白糖、麻袋包装等条件，受盘人的“接受”中同意发盘条件，只是添加了“用新麻袋包装”。发盘人及时反对这一添加。而由于发盘人反对“接受”中关于包装的添加，该发盘失效。正常情况下，双方可通过进一步协商解决包装问题。】

3. 关于卖方的答辩

卖方来函称其只是代理，与买方未发生过任何联系，买方应直接与岳阳 K 公司联系，由岳阳 K 公司出面解决。对此，仲裁庭认为，签订本案合同的双方当事人是买方与卖方，而不是岳阳 K 公司，且卖方也未提出证据证明曾向买方披露过岳阳 K 公司。据此，仲裁庭认定，卖方以自己的名义在合同上签字，是本案的当事人，理应受合同约束。卖方与岳阳 K 公司之间是另一法律关系，不属于本案审理范围，仲裁庭对此不予审理。

4. 关于买方购买替代货物的损失

《公约》第 75 条规定：若合同被宣告无效，而在宣告无效后一段合理时间内，买方已以合理方式购买替代货物，或者卖方已以合理方式将货物转卖，则要求损害赔偿的一方可取得合同价格和替代货物交易价格之间的差额及按照《公约》第 74 条规定取得的任何其他损害赔偿。

仲裁庭认为，根据买方提供的证据证明，买方已实际买进了替代货物 7 350 吨。因此，仲裁庭支持买方的主张，卖方应赔偿买方购买替代货物的损失，其计算公式为（98.50 美元/吨 - 78.00 美元/吨）× 7 350 吨 = 150 675.00 美元。

5. 关于利息损失

依照《公约》第 78 条“若一方当事人没有支付价款或任何其他拖欠金额，另一方当事人有权对这些款额收取利息，但不妨碍要求依第 78 条规定可以取得的损害赔偿”的规定，买方有权要求卖方赔偿利息的损失。但仲裁庭认为，买方主张的 7% 的年利率过高，计息期过长，所以，对买方主张的利息数额不予全部支持。仲裁庭认为，卖方向买方支付自当年6月至本裁决作出之日止的年利率3%的利息是合适的。

6. 关于买方要求卖方支付律师费

鉴于买方未就此项请求提供相应的证据，仲裁庭对买方要求卖方支付律师费的请求不予支持。

7. 关于本案仲裁费的承担

仲裁庭认为，本案仲裁费应由卖方承担90%，由买方承担10%。①

三、国际货物买卖合同的法律适用、诉讼时效、质量瑕疵担保及风险转移纠纷处理

依中国《合同法》，国际货物买卖合同的一般时效期限是四年，但依《公约》第39条，国际货物买卖中有关货物质量问题的主张，应在实际收取货物后的两年内提出，否则丧失就货物质量提出索赔的权利；贸易合同中约定的贸易术语的风险转移规则不能作为货物质量问题的抗辩理由。

某年11月16日，宝得利为买方、广东电子为卖方签订售货合同，约定：广东电子为宝得利提供生姜一批，总价款为16 579.2美元，目的港为纽约，FOB广州；装运期为第一个货柜于11月底出货，第一个货柜出货后一星期出第二个货柜；宝得利在签订合同之后，先预付30%的订金，待货到验收后，七天内付清余款；由广东电子提供提单和其他货单、装箱单和发票。其第10条质量要求条款为手写并添加在印刷体的合同文本中，其内容为："卖方保证该批生姜到达目的地口岸，符合美国食品卫生标准，姜块在100克以上，不烂、不碎、不发芽、不发霉。"双方是通过传真形式协商合同条款的，其中，广东电子提供的几份传真文件中，亦有手写的有关质量要求的条款，与广东电子提供的最终合同文本上的质量条款内容一致。

11月28日，广东电子送检的两批生姜经中国出入境检验检疫部门检验合格，取得植物检疫证书，这两批生姜分别在同年12月6日和13日，在黄埔港装运，运往美国纽约。宝得利在美国纽约收到货物后，次年1月1日，向美国农业部申请对第一批生姜进行检验，检验结论是：早期软腐烂为0～33%，干腐烂为15%～90%，影响根部新鲜至1/2英尺深，大部分集装箱中的货物都是湿的，且可以看见根部长有小芽和/或表面有白色霉点，箱中的部分货物，多为干瘪并有表面皱纹。

1月17日，宝得利向美国农业部申请对第二批生姜进行检验，检验结论为：箱内所有货物潮湿，且大部生姜长有绒毛状白色至蓝色/绿色至黑色霉，大部分生姜受到了干腐烂或者软腐烂的影响，且一些生姜，约在1/10～1/8英寸处长有小芽，箱中大部分的货物都是湿的，且可见表面有白色霉，箱中的许多货物，多为干瘪的并有表面皱纹。之后，宝得利将该批生姜作为垃圾处理，支付了垃圾处理费等相关费用。

第三年8月5日，宝得利的律师向广东电子发出律师函认为，其交付的生姜与合同约定的质量要求不符，构成违约，要求广东电子承担违约责任。

---

① 国际买卖合同是否成立争议仲裁案裁决书——仲裁典型案例.上海国际贸易律师网.file:///C:/Users/Administrator/Desktop/.mht.

另查，宝得利于当年 11 月 16 日和 12 月 3 日分别支付了货款总额 30% 的订金，即人民币 20 550 元和 20 541.6 元，广东电子开具了两份发票。同年 12 月 5 日，广东电子向宝得利开具两张金额均为 8 289.60 美元的未加盖公司章的随货发票。

原告请求法院判令：（1）被告返还货款本金 16 579.2 美元及其利息约 2 400 美元，合人民币 155 627.8 元。（2）被告赔偿原告损失共计 13 236 美元及其利息约 2 000 美元，折合人民币 108 535.2 元。（3）被告支付以下费用：① 纽约州认证、委托书费用 250 美元及 625 美元；② 纽约认证律师费 250 美元；③ 税费 35.36 美元；④ 报关费 95 美元；⑤ 美国农业部收取的排放费 25 美元；⑥ 美国农业部检验费 484 美元；⑦ 美国内陆运费 355 美元；⑧ 美国农业部抽样检验费40 美元；⑨ 美国检验费299 美元；⑩ 美国海关检验费 35 美元；合计：2 493.36 美元（折合人民币 20 445.55 元）。

被告广东电子辩称：（1）原告提交的合同未提交英文译文，双方未签字确认第 10 条，是事后原告擅自增加的，请法庭追究原告伪造证据的法律责任。（2）原告并未支付货款 16 579.2 美元，原告仅支付货款 30% 的订金，故被告反诉请求原告支付除订金外的其余货款。（3）被告已尽合同义务，被告装运出口的生姜完全符合中国出境检验要求，货运的保险温度也是由原告确认的。（4）本案货物风险已转移到原告，被告不承担任何质量责任。理由是，双方签订的销售合同第一条是按 FOB 广州价格，依 Incoterms，在装运港货物风险已转移到买方，卖方已不需承担任何责任。（5）原告的索赔已超过时效，依法不受保护。本案中，原告称生姜有质量问题，但原告没有依《公约》第 39 条，在收货的两年内向被告主张质量问题。因此，原告已丧失此权利。（6）原告所提交的一系列证据均为在中国境外获得的，未办理公证，未经中国领事馆认证，不符合法定形式，因此不能作为证据使用。（7）原告无证据证明生姜质量有问题。

广东电子反诉称：第二年 11 月，自己与宝得利签订售货合同后，保得利支付 30% 货款 4 973.76 美元，合人民币共计 41 091.63 元。广东电子依约提供价值 16 579.20 美元的鲜姜，并依约提供装运单据。货到纽约后，宝得利无故拒付剩余 70% 货款。经多次催讨未果，现请求法院判令宝得利支付广东电子货款 11 605.44 美元。

宝得利公司辩称：（1）宝得利已实际支付了全部货款。（2）反诉人的请求已超过诉讼时效。

广州中院经审理认为，本案是国际货物买卖合同纠纷。原告和被告没有就本案合同争议选择管辖法院，依中国《民事诉讼法》第 24 条，因合同纠纷提起的诉讼，由被告住所地或合同履行地法院管辖。因被告住所地和合同履行地均在广州市，故本院对本案具有管辖权。因原被告对处理争议所适用的法律未作选择，依照最密切联系原则，本院确认被告住所地和合同履行地的中国法律作为解决本案争议的准据法。鉴于原告营业所在地美国和被告营业所在地中国均是《公约》的缔约国，原被告建立的货物销售合同关系不属于《公约》第 2 条、第 3 条排除适用的范围，而中国法律对国际货物买卖合同没有明确规定的，依《民法通则》第 142 条第 2 款，中国缔结或参加的国际条约，同中国民事法律有不同规定的，适用国际条约，故本案应考虑适用《公约》的有关规定。宝得利和广东电子之间发生的国际货物买卖合同关系，是双方真实意思表示，未违反中国法律和行政法规的强制性规定，应属有效。宝得利于第二年 1 月 1 日和 1 月 17 日已实际收到本案合同项下的两批生姜并取得美国农业部出具的检验报告，但宝得利提交的证据显示，直到第三年

8月5日宝得利才委托律师就货物质量问题向广东电子发出律师函，没有证据证明，在此之前宝得利曾向广东电子通知并主张过该两批货物的质量问题。根据《公约》第39条“买方对货物不符合同，必须在发现或理应发现不符情形后一段合理时间内通知卖方，说明不符合同情形的性质，否则就丧失声称货物不符合同的权利。无论如何，若买方不在实际收到货物之日起，两年内将货物不符合同情形通知卖方，他则丧失声称货物不符合同的权利，除非这一时限与合同规定的保证期限不符”的规定，宝得利未在收到货物之日起，两年内向广东电子通知和主张货物质量问题，在第三年1月1日和1月17日之后，宝得利公司已分别丧失声称两批货物质量不符的权利，视为其已接受了符合合同的货物。

综上，宝得利要求广东电子退还货款和赔偿损失的本诉请求于法无据，法院不予支持。广东电子有关宝得利就货物质量问题索赔已超过两年期限的抗辩有理，法院予以采纳。

关于反诉，双方当事人在合同中约定的付款方式是，宝得利在签订合同后先预付总货款30%的订金，待货到验收后，7天内付清余款。广东电子确认，宝得利已支付30%的订金，虽然广东电子曾在货物发运前开具了两份发票给宝得利，但这两份发票未加盖广东电子的公章，属于国际货物买卖过程中使用的随货发票，与中国国内法律关于作为付款凭证的发票的证明效力不同，宝得利未进一步提供其他证据佐证其确实支付过货款，仅凭该两份发票无法证实宝得利已支付了剩余70%货款给广东电子，故广东电子反诉请宝得利支付剩余货款的主张于法有据，法院予以支持。宝得利认为，广东电子的反诉超过诉讼时效的抗辩，因双方约定的付款时间为货到验收后7日内，本案中宝得利收货后检验日期是第二年1月1日和1月17日，故付款期限应为1月8日和1月25日，依中国《合同法》第129条，国际货物买卖合同纠纷的时效期限为4年，本案广东电子于第五年1月8日提出反诉，并未超过诉讼时效，故宝得利有关诉讼时效的抗辩不成立，本院不予支持。依照《公约》第39条，中国《合同法》第109条、129条、第126条第1款、第159条，中国《民事诉讼法》第24条的规定，法院判决如下：

（1）宝得利于本判决发生法律效力之日起10日内向广东电子清偿货款11 605.44美元，折合人民币95 852.47元；

（2）驳回宝得利的诉讼请求。

一审宣判后，双方均没有提起上诉，一审判决已发生法律效力。

本案是典型国际货物买卖合同纠纷案，涉及国际货物买卖合同纠纷的法律适用、诉讼时效以及质量瑕疵担保与风险转移等问题，具有较好的借鉴作用。

1. 法律适用

本案纠纷适用了《公约》，该《公约》可基于缔约国当事人的选择而得到适用，但本案对公约的适用不是基于当事人选择，而是在适用中国法律的基础上得到适用的。“意思自治原则”和“最密切联系原则”是涉外合同纠纷法律适用的两个重要原则，本案纠纷就是通过上述两原则确定了准据法为中国法律。本案纠纷之所以考虑适用《公约》，是基于中国《民法通则》第142条第2款的规定而确定的。

综上，中国法院审理国际货物合同纠纷时，就《公约》的适用时，通常考虑以下因素：（1）合同当事人是否直接选择该公约。（2）当事人未选择适用法律的，依最密切联系原则确定是否适用中国法律。若适用中国法律，还应依中国法律确立的涉外纠纷中国缔结或参加的国际条约优先适用的原则，考虑是否适用《公约》。(3) 合同当事人的营业地国是否为缔约国，合同是否属于公约适用的范围，是否存在缔约国声明保留的情形。

2. 诉讼时效

本案的本诉被告和反诉被告均提出诉讼时效抗辩。有关国际货物买卖合同纠纷的诉讼时效，中国《合同法》第 129 条作出了规定，国际货物买卖合同纠纷的时效期限为当事人知道或应当知道其权利受到侵害之日起 4 年。但《公约》对质量异议的诉讼时效作出了特别规定。

本诉中，原告与被告就诉讼时效提出的依据不同，本诉被告的抗辩是依《公约》第 39 条“买方对货物不符合合同，必须在发现或者理应发现不符情形后一段合理时间内通知卖方，说明不符合合同情形的性质，否则就丧失声称货物不符合合同的权利。无论如何，若买方不在实际收到货物之日起两年内将货物不符合合同情形通知卖方，他则丧失声称货物不符合合同的权利，除非这一时限与合同规定的保证期限不符”的规定作出的，被告（卖方）认为，本诉原告有关质量问题的主张超过了公约规定的两年期限，本诉原告（买方）则认为，本诉未超过中国《合同法》第 129 条规定的 4 年诉讼时效。

《公约》第 39 条的规定，实际上规定了买方对质量不符情形的异议期间通常为两年。

中国学界对该异议期间的性质存在不同的看法。一种观点认为，异议期间属于除斥期间，一旦该期间届满则发生权利消灭的法律效果；另有观点认为，异议期间属于诉讼时效期间，一旦期间届满，发生权利功效减损的法律效果。中国《合同法》对此问题并没有明确表态，仅规定一旦异议期间届满，买方又没有提出异议的，“视为标的物的数量或者质量符合约定”。

一般认为，本案中，将质量异议期间（两年）认定为诉讼时效期间，为卖方实际存在不完全的履行行为，又愿意在超过该期间后，承担该不完全履行的违约责任提供了机会，同时也不妨碍卖方的抗辩权，更符合契约自由原则，有利于平衡买卖双方利益，更具有现实意义，有利于公平。

本案判决书中并未提及质量异议期间的定性，但这不影响判决的最终结果，在中国《合同法》未对质量异议期间性质达成共识的前提下，这样的处理做到了保持裁判与法律规定的一致性，是恰当的。

反诉中，中国卖方与美国买方对货款支付的诉讼时效适用 4 年并无争议，争议的焦点主要在于诉讼时效的起算点。反诉争议主要是货款支付问题，双方在合同中明确约定了货款的支付方式与时间，美国买方回避了合同中的约定，坚持认为，中国卖方出具的随货发票已证明货款已付。但美国买方忽略了国际货物买卖过程中，卖方出具的随货发票的特殊性，这一点也是中国在处理国际货物买卖合同货款支付纠纷中应特别注意的问题。国际货物买卖往往涉及随附许多单据，随货发票是常见的一种，但该种发票并不具支付凭证的证明效力，不能单独作为买方支付货款的凭证。因此，本案反诉的诉讼时效，应依据合同约定的付款期限届满后起算。

3. 质量瑕疵担保与风险转移

本案审理过程中，中国卖方曾提出一个抗辩，即认为本案当事人在合同中约定该笔买卖使用“FOB 广州”进行交付，根据该贸易条件，货物自装运港广州黄埔港装上船舶时起，一切风险由买方承担，故中国卖方不应承担货物质量责任。中国卖方的该抗辩理由存在对贸易术语风险转移规则的错误认识。Incoterms 对 FOB 术语的解释中，明确了该种交付方式下，货物的风险自装上船舶时由卖方转移至买方，该风险转移规则主要是针对海运或内河运输中可能遇到的货物灭失、毁损等风险作出的，涉及买卖中的风险分担，但货物风险的转移并不影响风险转移至买方后，买方向卖方追究货物瑕疵担保责任。本案货物质量争议正是涉及卖方的瑕疵担保，这是卖方应履行的主合同义务，保证交付时货物本身的质量必须符合合同规定，而不是交易过程中货物可能因外来因素招致的损失的承担。若有证据证明，卖方在装运港确实交付了不符合合同质量要求的货物，则即使货物的风险已转移至买方，卖方也不能因此免除货物质量瑕疵担保责任。换言之，货物质量不合格，是卖方违约。而 Incoterms 不涉及违约的问题，也说明了贸易术语的风险负担规则，并不能等同于或包含了货物质量争议的违约责任。虽然判断卖方的交货质量通常以交付时间为界限，这与风险转移界限可能存在重合，但瑕疵担保责任与风险负担是两种责任，贸易商在处理相关争议时应予区分，切勿混淆。

综上，本案被告以 FOB 风险转移规则，抗辩货物质量争议不应得到法院的支持。①

四、“根本违约”与“非根本违约”争议

《公约》将违约划分为“根本违约”和“非根本违约”两种不同性质的违约。两者的判断标准是什么？其后果、救济措施有何不同？这些问题对双方至关重要。合同应如何约定货物的品质规格、违约性质和后果以及如何付款对买方极为重要。中化国际（新加坡）有限公司（下称“中化新加坡”－新加坡；买方）诉蒂森克虏伯冶金产品有限责任公司（下称“克虏伯”－德国；卖方）对进口商在国内销售货物具有启示。②

一审法院查明以下事实。

（一）双方当事人一致认可的事实

某年 4 月 11 日，中化新加坡与克虏伯签订采购合同，约定：1. 中化新加坡向克虏伯采购燃料级石油焦 25 000 吨，其硬度 HGI 指数典型值为 36～46。2. 石油焦的装港为美国匹兹堡，目的港为中国港口。3. 由双方确认的独立检验人在装货港船上采样检验并出具检验证书，并对双方有约束力。中化新加坡有权在卸货港对石油焦的数量和品质进行检验，克虏伯有权委托独立的检验人见证上述检验过程并自行承担相应费用。若发现石油焦的品质或数量与在装货港确定的品质或数量不符，中化新加坡应向克虏伯发出索赔通知，并有权在石油焦到达目的港之日起 60 日内，提出索赔。4. 本合同应依美国纽约州的法律订立、管辖和解释。双方还就合同作出了其他约定。8 月 8 日，双方认可的检验机构在装货港出具的检验证书载明，石油焦 HGI 指数为 32。7 月 31 日，中化新加坡在中国交通银行新加坡分行开立了信用证，信用证规定：石油焦 HGI 指数为 36～46。中化新加坡总计支付货款 7 756 828.55 美元。

---

① CISG 有关国际货物买卖的诉讼时效有异于我国合同法的规定，中国涉外商事海事审判网（2007－01－30 10:44:45），http://www.ccmt.org.cn/shownews.php? id=7325。

② 参见“准确适用国际条约 依法支持当事人选择准据法”——德国蒂森克虏伯冶金产品有限责任公司与中化国际（新加坡）有限公司国际货物买卖合同纠纷案，http://ccmt.court.gov.cn/shangshi/unintercept/topic2.do；中国最高法院民事判决书（2013）民四终字第 35 号；江苏高院（2009）苏民三初字第 0004 号民事判决。

9月8日，石油焦到达南京港。11月10日，中国检验认证集团江苏公司出具的化验证书载明，石油焦的HGI指数仅为32。10月至12月，中国市场石油焦价格下跌，12月下跌为人民币1 305元/吨。为此，中化新加坡要求克虏伯返还全部货款，并赔偿其由此遭受的全部损失。因此请求判令：1. 解除双方订立的采购合同；2. 克虏伯返还货款7 756 828. 55美元（按2009年5月6日基准汇率6. 823 2计算为人民币52 926 392. 56元）及自9月24日至克虏伯实际返还货款之日的利息；3. 克虏伯赔偿中化新加坡港口包干费、堆存费人民币1 523 052元；4. 克虏伯承担本案诉讼费。

（二）双方当事人对涉案石油焦的HGI指数是否符合合同约定的不同观点

中化新加坡认为，克虏伯交付的石油焦HGI指数仅为32，不符合合同的约定，难以在中国市场销售，构成根本违约。为证明其主张，中化新加坡提供了上海大学材料科学与工程学院出具的“关于石油焦特性的说明”，并载明：燃料级石油焦的HGI指数是其核心指标，通常的大型企业对于所采购的燃料级石油焦的硬度指数要求不低于45，在磨机型号允许的情况下，也接受部分硬度在35以上的石油焦，而低于35的石油焦用途非常有限，国内燃料级石油焦市场上并不多见此类需求。

克虏伯认为，该证据属证人证言，证人未出庭作证，故对其真实性不予确认。虽然其交付的石油焦HGI指数为32，表面上看与合同约定不符，但实际并不构成违约，合同约定的HGI指数是典型值。HGI指数为32的石油焦仍可在中国市场上销售。为证明其主张，克虏伯请从事石油焦行业30多年的美国人Fisher、中铝公司郑州轻金属研究院和华北电力大学相关专家证人出庭作证。三位专家证人一致认为：HGI指数表示石油焦的研磨指数，指数越低，石油焦的硬度越大，研磨难度越大；指数越高，则石油焦的硬度越低，研磨难度越低。HGI指数为32的石油焦具有使用价值，符合涉案采购合同的目的。

中化新加坡对克虏伯证人证言的真实性无异议，但强调Fisher的证言表明其在30多年的专业生涯中，从未见过HGI指数为32的石油焦，其见过的石油焦HGI指数最低为35。中铝公司专家未做过HGI指数的测定工作，也未使用过不同HGI指数的石油焦，其证言的权威性值得商榷。华北电力大学专家的证言表明，不同HGI指数的石油焦对研磨设备的要求不同，HGI指数硬度大的石油焦需要更换设备方可使用。

（三）涉案石油焦的处置

在本案审理过程中，为避免涉案石油焦长期存放南京港造成的损失进一步扩大，中化新加坡于次年11月11日致函克虏伯，告知与潜在买方初步商定的价格等信息，并征询克虏伯的意见。11月18日，克虏伯回函认为其已完成交货义务，中化新加坡处理涉案石油焦无需与其商量，更无需其同意。11月26日，中化新加坡委托中化控股与威海金猴进出口贸易有限公司（下称金猴公司）签订销售合同，将系争石油焦以人民币1 575. 50元/吨的价格出售给该公司。中化新加坡处置石油焦收回货款人民币34 637 187. 25元（分别按汇率6. 828 4和6. 828 3计算，折合美元5 072 525. 65元）。中化新加坡在出售系争石油焦过程中承担了额外费用，合计528 253. 24美元。

（四）中化新加坡是否存在损失

克虏伯认为，中化新加坡已将涉案石油焦以原价卖给了其母公司中化控股，其无任何损失。中化新加坡认可其与中化控股之间存在石油焦买卖合同，且价格与涉案采购合同价基本相同，但认为其与中化控股之间并不是真正的买卖关系，而是委托销售关系。中化新加坡向克虏伯采购涉案石油焦的目的是为在中国境内销售，中化新加坡与中化控股签订的买卖合同系用于报关目的，是为了使涉案石油焦顺利进入中国境内，便于其委托中化控股代其在中国境内销售。为证明其主张，中化新加坡提交了其委托中化控股销售涉案石油焦的委托函。克虏伯怀疑该委托函是中化新加坡为了本案的索赔事后补签的。

中化新加坡认为，其支付克虏伯的货款金额为 7 756 828. 55 美元，扣除处置涉案的石油焦后收回的货款 5 072 525. 65 美元，克虏伯还应返还中化新加坡货款 2 684 302. 9 美元，并向其支付相应的利息。

克虏伯认为，中化新加坡的差价损失，是石油焦市场下跌造成的，并非涉案石油焦的 HGI 指数与采购合同不符所致。该损失是正常商业风险，应由中化新加坡承担。除此之外，中化新加坡还要求克虏伯赔偿其在处置石油焦过程中额外支出的税费、包干费、堆存费，合计 520 339. 77 美元；至于商检费、报关费和财务费等费用，中化新加坡明确表示不要求克虏伯赔偿。

克虏伯认为，其行为不构成违约。因此请求判令：1. 驳回中化新加坡的诉讼请求；2. 本案诉讼费由中化新加坡负担。

综合以上事实，一审法院江苏高院认为，克虏伯交付的石油焦 HGI 指数与合同约定严重不符，构成根本违约，其应承担宣告合同无效的后果。

江苏高院依《联合国国际货物销售公约》(下称《公约》)第 25 条、26 条、39 条（1)、40 条、49 条(1)(a)和(2)(b)、74 条、77 条、81 条、82 条(1)和（2)(a)、84 条，判决如下：

（1）克虏伯与中化新加坡签订的《采购合同》无效。

（2）克虏伯于本判决生效之日起 30 日内返还中化新加坡货款 2 684 302. 9 美元并支付自 9 月 25 日至本判决确定的给付之日的利息（按中国银行同期美元贷款利率计算）。

（3）克虏伯于本判决生效之日起 30 日内赔偿中化新加坡损失 520 339. 77 美元。若未按本判决指定的期间履行上述给付义务，应依中国《民事诉讼法》第 229 条规定，加倍支付迟延履行期间的债务利息。

本案案件受理费人民币 306 432 元，由克虏伯负担。

克虏伯不服江苏高院一审判决，向中国最高法院提起上诉，其认为：

（1）一审判决适用法律错误。依合同约定以及冲突法规范，本案应适用美国纽约州法律。《公约》应适用于本案，《公约》的解释、《美国统一商法典》及商业惯例等同样适用本案，《〈公约〉判例法摘要汇编》也是审理本案依据。一审认定只有《公约》才适用本案是错误的。

（2）一审法院错误认定中化新加坡与其母公司中化控股是委托代理关系。中化新加坡与中化控股是买卖合同关系，中化新加坡在已将货物顺利转卖的情况下，无权主张本案中的诉讼请求。

（3）一审错误认定克虏伯交付 HGI 指数为 32 的石油焦构成根本违约。

a. 克虏伯交付 HGI 指数为 32 的石油焦不构成一般性违约。HGI 指数不是强制性的指标，仅是一个大约范围。从合同当事人的行为考虑，一个理性的买方若认为石油焦 HGI 值为 32 与合同不符构成根本违约，不会在收到检验证书两个月后，甚至在已接收了货物并付清全额货款后才对货物品质提出异议。

b. 克虏伯交付 HGI 指数为 32 的石油焦不构成根本违约。案涉石油焦尽管 HGI 值较低，但完全具备其应有的使用价值和商业价值。且中化新加坡于次年 11 月将涉案货物转卖，转卖价格高于同期市场价格。因此，涉案 HGI 指数为 32 的石油焦并未根本剥夺中化新加坡在合同下有权得到的东西，导致其合同目的不能实现。一审认定克虏伯构成根本违约与事实相悖，于法无据。

（4）中化新加坡未在合理时间内作出宣告合同无效的通知，已丧失宣告合同无效的权利。在得知 HGI 指数为 32 的数月之后且是在市场发生大跌的背景下，中化新加坡才作出合同无效的宣告，不能认为是在合理期限内作出。一审在合理期限的认定上，严重违背了《公约》的相关规定和立法精神。

（5）即使克虏伯交付 HGI 值为 32 的石油焦构成一般性违约，由于中化新加坡未在合理期限内提出质量异议，其已丧失主张质量不符的权利。

（6）一审判决在损失数额的认定上存在严重错误。依《公约》第 76 条，假设中化新加坡有权宣告合同无效，那么损害赔偿的计算应按合同价格与中化新加坡接收货物时的价格之差计算。然而一审错误地按合同价格减去 11 月转卖给金猴公司的价格之差计算，明显与《公约》相悖。

（7）中化新加坡在一审中的诉讼请求为请求法院解除双方的合同，从未向法院提出过宣告合同无效的诉讼请求。一审法院径自判决宣告涉案合同无效，判非所请，违反法律规定。

综上，克虏伯请求：1. 依法改判驳回中化新加坡的全部诉讼请求；2. 依法判令中化新加坡承担一、二审全部诉讼费。

中化新加坡答辩，其认为：

（1）一审判决依双方当事人的选择适用《公约》正确。依双方在合同中的约定，应适用美国纽约州法律，克虏伯主张《公约》为纽约州法律的一部分。而《〈公约〉判例法摘要汇编》不是《公约》的组成部分，也非公约的官方解释，不能作为本案的法律依据。

（2）中化新加坡委托中化控股代为销售涉案石油焦，两者间是委托关系而非买卖关系，且已得到克虏伯的认可。在涉案石油焦运抵南京港后，中化控股作为中化新加坡的代理人直接与克虏伯联系，克虏伯也认可其代理人身份，其在本案诉讼发生后再就中化控股受托人身份问题提出异议，有违“允诺禁反言”原则。

（3）涉案石油焦的 HGI 指数为双方明确约定的重要质量指标。克虏伯交付石油焦的 HGI 值仅为 32，严重低于双方的约定，造成中化新加坡在转售时的极大困难，合同目的无法实现，构成根本违约。中化新加坡的付款，不能视为接受质量不合格货物。依合同约定，对货物的质量异议在石油焦抵达目的港 60 日内提出即可。

（4）依《公约》，克虏伯因未告知货物不符情况，而无权主张“合理时间”抗辩，且中化新加坡已在合理时间内启动了双方约定的纠纷解决机制，并向克虏伯主张货物不符的根本违约。

（5）一审对中化新加坡损失的认定正确。中化新加坡依《公约》第 74 条主张损失，但克虏伯却错误地理解和援引《公约》第 76 条规定，无任何依据。中化新加坡主张损失的总额，是中化新加坡实际遭受的损失，并不因时价计算时点的变化而变化。

（6）《公约》中规定的宣告合同无效与中国法律所述合同解除，其内涵是一致的，本案不存在判非所请的情况。综上，一审判决认定事实清楚，适用法律正确，请求依法驳回克虏伯的上诉。

另外，克虏伯在二审期间向高院提交了《美国统一商法典》和相关案例［Lomaglio Assocs. V. LBKMktg. Corp，1999 美国州地方法院莱克西斯 14185（S. D. N. Y. 1999）］，认为根据美国法律，案涉合同成立并有效。

最高法院审理及判决。最高法院认为，一审判决认定事实基本清楚，但部分法律适用错误，责任认定不当，最高法院予以纠正。依中国《民法通则》第 145 条，《公约》第 1、4、25、39、49、74 及 78 条，中国《民事诉讼法》第 170 条第 1 款第 2 项，《最高人民法院关于适用〈中国涉外民事关系法律适用法〉若干问题的解释（一）》第 2 条规定，判决如下：

（1）撤销江苏高院苏民三初字第 0004 号民事判决第一项。

（2）变更江苏高院苏民三初字第 0004 号民事判决第二项为蒂森克虏伯冶金产品有限责任公司于本判决生效日起 30 日内赔偿中化国际（新加坡）有限公司货款损失 1 610 581. 74 美元。

（3）变更江苏高院苏民三初字第 0004 号民事判决第三项为蒂森克虏伯冶金产品有限责任公司于本判决生效之日起 30 日内赔偿中化国际（新加坡）有限公司堆存费损失 98 442. 79 美元。

（4）驳回中化国际（新加坡）有限公司的其他诉讼请求。

若未按本判决指定的期间履行上述给付义务，应依中国《民事诉讼法》第 253 条规定，加倍支付迟延履行期间的债务利息。

一审案件受理费人民币 306 432 元，由蒂森克虏伯冶金产品有限责任公司负担人民币 183 859. 2 元，中化国际（新加坡）有限公司负担人民币 122 572. 8 元。二审受理费人民币 306 432 元，由蒂森克虏伯冶金产品有限责任公司负担人民币 183 859. 2 元，中化国际（新加坡）有限公司负担人民币 122 572. 8 元。本判决为终审判决。

该案例涉及以下问题。

（一）适用法律及合同效力

一审法院认为，中化新加坡系新加坡公司，克虏伯系德国公司，故本案系国际买卖合同纠纷。虽然双方当事人在合同中约定合同应依美国纽约州的法律订立、管辖和解释，但在诉讼中双方当事人均选择《公约》为确定权利义务关系的依据，而新加坡与德国均为该《公约》的缔约国，故涉案合同应适用该《公约》的有关规定。

二审法院（最高法）认为，本案为国际货物买卖合同的纠纷，双方的当事人均为外国公司，案件具有涉外因素。中国《民法通则》第 145 条规定："涉外合同的当事人可以选择处理合同争议所适用的法律，法律另有规定的除外。涉外合同的当事人没有选择的，适用与合同有最密切联系的国家的法律。"本案双方当事人在合同中约定应依美国纽约州的法律订立、管辖和解释，该约定不违反法律的规定，应认定有效。

由于本案当事人营业地所在国新加坡和德国均为《公约》缔约国，美国亦为《公约》缔约国，且在一审审理期间双方当事人一致选择适用《公约》作为确定其权利义务的依据，并未排除《公约》的适用，一审法院适用《公约》审理本案正确。而对于该案件中涉及的但《公约》未规定的问题，应适用当事人选择的美国纽约州法律。克虏伯认为《〈公约〉判例法摘要汇编》也是该案的法律依据。但该汇编并非《公约》的组成部分，其不能作为本案的法律依据。而在如何准确理解《公约》相关条款含义方面，其可以作为适当的参考资料。

法院审理合同纠纷案，无论当事人是否对合同效力存在异议，均会首先对该问题作出认定。《公约》第 4 条规定："本公约只适用销售合同的订立和卖方与买方因这种合同而产生的权利和义务。特别是，本公约除非另有明文规定，与以下事项无关：（a）合同的效力，或其任何条款的效力，或任何惯例的效力；（b）合同对所售货物所有权可能产生的影响。"因《公约》并未对合同效力作出规定，故本案应适用当事人在合同中选择的美国纽约州法律对此问题作出认定。

克虏伯在二审期间提交了《美国统一商法典》和相关判例，认为涉案合同应认定有效。中化新加坡虽对克虏伯代理人关于美国法律的说明不予认可，但对于克虏伯提交的相关美国法律并未提出异议，且亦认为涉案合同应认定有效。对克虏伯提交的美国法律，最高法院予以确认。依双方当事人提交并确认的美国法律，涉案采购合同并不存在应认定无效的情形，该采购合同有效。

（二）中化新加坡是否有权宣告解除合同

一审法院认为，中化新加坡以克虏伯根本违约为由，请求法院判令解除合同，应理解为其请求法院依《公约》规定宣告合同无效。

克虏伯认为，依《公约》第 39 条，在卖方已交货的情况下，买方若要以卖方交货不符合合同约定构成根本违约为由，宣告合同无效，必须在已知道或理应知道根本违约事由后一段合理时间内提出。中化新加坡未在合理的时间内发出宣告合同无效的通知，丧失了宣告合同无效的权利。

一审法院认为，克虏伯的这一主张不能成立。其理由是《公约》第 39 条规定，"买方对货物不符合同，必须在发现或理应发现不符情形后一段合理时间内通知卖方，说明不符合合同情形的性质，否则就丧失声称货物不符合合同的权利"。第 40 条规定，"若货物不符合合同规定指的是卖方已知道或不可能不知道而又未告知买方的一些事实，则卖方无权援引第 38 条和第 39 条的规定"。

虽然从文义上看，上述规定适用于一般违约，但依举轻以明重的原理，该规定也同样适用于因交货与合同严重不符构成根本违约而宣告合同无效的情形。

本案中，克虏伯在装港就已知道其交付的石油焦的 HGI 指数仅为 32，严重偏离双方约定的指标。其既未将该事实在发货之前告知中化新加坡，也未询问中化新加坡是否愿意接受，而是直接运交中化新加坡。在此情形之下，克虏伯无权以中化新加坡未在合理的时间内发出宣告合同无效的通知为由而主张中化新加坡丧失宣告合同无效的权利。

中化新加坡宣告合同无效并未超出合理期限。9 月 8 日，石油焦到达目的港，中化新加坡发现 HGI 指数为 32 后，于 10 月 15 日即发函给克虏伯，提出石油焦的 HGI 指数与合同约定的范围严重不符。这并未超出合同约定的中化新加坡有权对石油焦质量提出异议并寻求救济的期限为货物到港后 60 日内。二审法院也同意一审该主张。

克虏伯还认为，中化新加坡已于次年 11 月将涉案石油焦出售给金猴公司，已不可能按实际收到货物的原状返还货物，根据《公约》第 82 条，中化新加坡已丧失了宣告合同

无效的权利。（参见《公约》第82条）

一审法院则认为，中化新加坡在发现克虏伯交货构成根本违约后，即与克虏伯交涉，但克虏伯不予配合，致使中化新加坡不得不提起诉讼。在本案审理过程中，为避免损失进一步扩大，中化新加坡再次与克虏伯商谈涉案石油焦的妥善处置，克虏伯明确拒绝，中化新加坡不得已才将涉案石油焦出售给金猴公司。因此，造成涉案石油焦不能按实际收到时的原状返还给克虏伯的责任在克虏伯而不在中化新加坡。依《公约》第82条，中化新加坡并未丧失宣告合同无效的权利。

另外，克虏伯认为，中化新加坡已支付全额货款，中化新加坡的这一行为表明其对石油焦的质量满意且已接受了石油焦，其无权再对石油焦的质量提出异议。

一审法院认为，如前所述，依涉案合同约定，中化新加坡有权在货物到港后60日内对石油焦质量提出异议并寻求救济，该权限与中化新加坡是否支付货款没有关系。这就意味着，即使中化新加坡已付了货款，只要不超过货物到港后60日，中化新加坡仍有权对石油焦质量提出异议并寻求救济。

二审中，克虏伯主张一审法院判非所请。二审法院指出，中化新加坡一审起诉的一项诉求是，其认为克虏伯根本违约，请求解除双方订立的采购合同。《公约》并无类似中国相关法律规定，对合同解除和无效加以区别并作出规定，其规定一方当事人构成根本违约的情况下，另一方当事人有权宣告合同无效。此处规定的宣告无效实质等同于中国法律中的解除合同。一审法院根据中化新加坡的诉请及其依据的事实和理由，结合《公约》相关规定，认为其请求法院判令解除合同应理解为请求法院依《公约》的规定宣告合同无效，符合中化新加坡的真实意思表示，对此，中化新加坡亦表示认可，并无异议。二审法院认为，一审法院并不存在判非所请的情形。克虏伯关于一审法院超过当事人的诉讼请求，判非所请的上诉理由不成立。（参见中国《合同法》法关于合同无效与合同解除的规定）

（三）中化新加坡与其母公司中化控股间是否为委托代理关系

中化新加坡主张，其与中化控股之间系委托关系，其对与中化控股签订买卖合同是为办理报关需要进行了合理解释，并提交了委托销售合同，且中化控股于10月15日代中化新加坡就石油焦HGI指数向克虏伯提出交涉。此后，中化新加坡还多次与克虏伯就石油焦的HGI指数进行交涉，克虏伯并未提出中化新加坡已将涉案石油焦转售给中化控股，无权再对案涉石油焦的HGI指数提出异议。

一审中，中化新加坡为减轻损失而处置石油焦也是委托中化控股代为销售。一审法院据此认定中化新加坡与中化控股之间为委托销售关系，对克虏伯关于中化新加坡与中化控股之间系买卖关系，中化新加坡已将涉案石油焦以原合同价格出售给中化控股因而不存在损失的主张不予支持。二审法院也认为这并无不当。因此，克虏伯关于一审法院错误地认定中化新加坡与中化控股是委托代理关系的上诉理由不能成立。

（四）克虏伯的行为是否构成根本违约

这是本案争议最大的问题。双方当事人在合同中已明确约定，石油焦HGI指数典型值在36～46之间，但经复验实际仅为32。中化新加坡据此主张，该指数远远低于合同约定，亦低于国内销售的一般石油焦质量，导致其难以在国内市场上销售，合同的预期目的无法实现，故克虏伯的行为构成根本违约。（参见《公约》第25条）

克虏伯则认为，合同中约定的 HGI 指数为典型值，并非强制性指标，仅是一个大约的范围，合同并未对该指数设定最低和最高的范围，超出该范围不仅不构成根本违约，亦不构成一般违约（非根本违约）。

一审法院认为，既然双方在采购合同中约定石油焦 HGI 指数典型值在 36—46 之间，那就意味着克虏伯交付的石油焦 HGI 指数典型值最低不应低于 36，最高不高于 46，超出这个范围即构成违约。

中化新加坡认为，其作为贸易商购买涉案石油焦的目的是在中国境内销售，克虏伯交付的石油焦 HGI 指数与合同约定不符，导致其在中国境内无法正常销售，最终剥夺了其期待的利益，构成根本违约。

而克虏伯认为，其聘请的三位专家证人的意见、中化新加坡将涉案石油焦转售给金猴公司的事实，均证明 HGI 指数为 32 的石油焦可在国内实际使用。

一审法院认为，HGI 指数高低对石油焦硬度有着重要的影响。克虏伯的专家证人 Fisher 是长期从事石油焦行业的专业人士，Fisher 出庭作证称，其在从业经历中见到的 HGI 指数最低为 35。Fisher 的这一证言表明 HGI 指数为 32 的石油焦的确极为罕见，或者说该 HGI 指数偏离合同中约定范围的程度相当严重。克虏伯专家证人出庭作证，称 HGI 指数是燃料制粉系统的选型依据，该指数低、硬度大的石油焦需更换设备方可使用。这表明，HGI 指数不同的石油焦，对研磨设备的要求也就不同。HGI 指数低达 32 的石油焦必然会对研磨设备有特殊的要求，这也意味着此类石油焦的市场需求极为有限。因此，克虏伯交付 HGI 指数低达 32 的石油焦，必然会给中化新加坡的销售造成极大困难，这等于实际剥夺了中化新加坡签订合同时期望得到的利益。作为从事石油焦贸易的专业公司，克虏伯不可能不知道其违约行为可能会给中化新加坡造成的损失。一审法院据此认定，克虏伯的行为已构成根本违约。

二审法院经审理认为，合同约定石油焦 HGI 指数典型值在 36～46 之间，而实际指数为 32，低于合同约定的最低值，这不符合合同。一审法院认定克虏伯构成违约正确。因违约的性质不同，其后果及救济措施也不同。一般违约（非根本违约）的后果及救济措施是，没有违约的一方只能要求损害赔偿而不能解除合同，即合同有效，双方需继续履行各自的义务。而根本违约的后果及救济措施是，没有违约的一方既可要求损害赔偿，又可要求解除合同，即合同效力终止。

因而本案争议的焦点在于，克虏伯的行为是否构成根本违约。首先，从双方在合同中对石油焦需符合化学和物理特性规格约定内容看，该合同对石油焦的硬度（HGI 值）等七个方面作出约定。而从事实看，中化新加坡仅认为 HGI 指数一项不符，而对其他六项指标，中化新加坡并未提出异议。结合证人证言以及证人出庭的陈述，也正如一审法院判决中指出的，即使是中化新加坡提交的上海大学材料科学与工程学院出具的说明，亦不否认 HGI 指数为 32 的石油焦可使用，只是认为其用途有限。故可认定涉案石油焦 HGI 指数虽与合同约定不符，但该批石油焦仍具有使用价值。其次，在一审期间，中化新加坡将涉案石油焦予以转售，且其在给克虏伯的函件中也明确表示该批石油焦转售的价格“未低于市场合理价格”。这一事实说明涉案石油焦是可以以合理价格予以销售的。最后，综合考量其他国家判决对《公约》中关于根本违约条款的理解，买方在不存在不合理的麻烦的情况下，能使用货物或转售货物甚至打些折扣，质量不符仍是非根本违约。故最高法院认为克虏伯交付 HGI 指数为 32 的石油焦的行为，并不构成根本违约。一审法院认定克虏伯构成根本违约并判决采购合同无效，适用法律错误，最高法院予纠正。

（五）克虏伯应承担何种责任

一审法院判决克虏伯构成根本违约，依《公约》第 74 条、77 条、81 条和 84 条，中化新加坡宣告合同无效后，有权要求克虏伯返还货款并支付其利息以及赔偿中化新加坡遭受的经济损失。

本案中，中化新加坡支付的货款金额为 7 756 828.55 美元，处置货物（转卖）收回货款 5 072 525.65 美元。扣除该款之后，克虏伯还应返还货款 2 684 302.9 美元并支付该部分货款的利息。中化新加坡在处置货物过程中，承担额外费用 528 253.24 美元，该款属于中化新加坡因克虏伯违约而遭受的损失，但中化新加坡只要求其赔偿 520 339.77 美元。一审法院予支持。

克虏伯认为，中化新加坡的损失是因货物价格下跌所致，其不应承担赔偿责任。一审法院不同意克虏伯的主张，认为若克虏伯交付石油焦 HGI 指数符合合同，即使价格下跌，中化新加坡亦无权以此为由宣告合同无效，此时，价格下跌属于中化新加坡应承担的商业风险。在合同是因克虏伯根本违约而被宣告无效的情况下，价格下跌风险则属于克虏伯应承担的商业风险。

二审法院认为，克虏伯所交货物与合同约定不符，一审法院判决其违约是正确的。但不同意克虏伯的行为构成根本违约。克虏伯交付的石油焦 HGI 指数不符合合同约定，客观上确实造成了中化新加坡不能及时销售。虽然中化新加坡经过努力予以转售，但受市场价格变动影响，产生损失。故对货款差价损失 2 684 302.9 美元及利息和堆存费 164 071.31 美元，克虏伯应承担相应的赔偿责任。上述损失的产生，亦有市场风险的原因，故中化新加坡亦应自行承担相应的损失。税费、包干费均是合同履行中应由中化新加坡承担的费用。

五、货物转卖下家后引发的质量争议

在国际贸易中，买方将合同货物转卖给下家很常见。若买方未对货物质量提出异议，但其下家对此提出异议，此时买方可否向卖方提出索赔，下列案例给予借鉴和启示。[①]

某年 7 月 1 日，比利时玛维公司（买方，申请人）与中国辽宁经贸公司（卖方，被申请人）签订了钢材买卖合同。合同货物为扁钢、方钢以及圆钢，数量为 1 745.316 吨；质量为 Q235 钢(加入至少 0.3% 的铬)，尺寸公差标准为扁钢——依据 GB/T 704—1988 标准，圆钢/方钢——依据 GB/T 702—1986；长度允许偏差：0/+ 50mm；贸易条件 FOBST 鲅鱼圈，卖方承担包括平舱费和理舱费在内的装船费用；付款方式为即期信用证；目的港为 RIO BUENO（里奥布埃诺）/牙买加；交货期 8 月 10 日；若质量和/或数量和/或重量与合同不符，买方可在货到达目的地后 45 天内提出索赔。买方应凭借一家享有盛誉的检测机构出具的检验报告向卖方索赔。

买方在仲裁申请中称：合同生效后，玛维公司如约开立信用证。9 月 9 日，卖方交付货物并收到货款。11 月 9 日，货到目的港。12 月 3 日，买方发现货物质量存在问题，向

① 参见“钢铁国际买卖争议案”，http://www.chinalawedu.com/web/187/wa2014091309443386651949.shtml。

卖方提出索赔，指出扁钢存在锈蚀和短缺问题。12 月 21 日，买方通知卖方，方钢存在脱方问题，但卖方一直未答复。次年 3 月，买方通知卖方，货物中的扁钢还存在大量短尺夹杂问题。卖方于 3 月 22 日承认交货存在问题，表示愿意赔偿买方。4 月 16 日，买方向卖方提供了初步检测报告；4 月 20 日，又向卖方指出货物存在的问题并要求卖方派人参加检验或自行检验，但卖方未给予答复。5 月 27 日，买方委托检验机构 GC 公司出具检验报告，指出卖方货物存在严重质量问题：厚度不达标、短尺、扁钢与合同规定标准相比太硬、方钢和圆钢全部货物尺寸超越标准的规定、方钢脱方。本案买卖合同生效后，买方如约支付了货款，但卖方交付的货物质量与合同规定严重不符，致使买方遭受严重损失。根据《联合国国际货物销售合同公约》（下称《公约》）规定，买方有权要求卖方赔偿买方遭受的一切损失。

买方提出以下仲裁请求：（1）卖方赔买方经济损失 276 609. 66 美元；（2）卖方赔偿买方检验费用 11 000 欧元；（3）卖方承担本案仲裁费用。

被申请人卖方的答辩意见如下。

1. 适用法律

本案合同双方未约定适用法律，依中国最高法院相关规定，当事人未选择合同争议适用法律的，适用与合同有最密切联系的国家或地区的法律，买卖合同适用合同订立时卖方住所地法。本案卖方住所地在中国，因此，应适用中国法律。

2. 不能确认本案中被检验的产品就是卖方出售的产品

综合买方提供的报告可得出，检验机构对该批货物分门别类进行了检验：该批货物只包括角钢、方钢、扁钢而没有圆钢。

3. GC 检验报告不能成为定案依据

（1）GC 不是一个全球性的公司，其作为注册在比利时的公司，却跨境到牙买加检测货物，这本身就是不合乎法律规范的。在本国有资质，但跨国到境外执法是不恰当的。其在牙买加的行为是菲利普·霍尔迈斯（GC 报告中所称的检验人员）的个人行为。

（2）GC 也并非有声望、权威的公司。在 www. google. com 上搜不到 GC 的官网。在中文网站谷歌、百度也未搜索到其官网。客户都无法找到的公司，根本谈不上权威性。

（3）GC 报告的请求日期是在半年之后的次年 4 月 22 日。GC 在 4 月 22 日才接到请求，六个月之前的事情 GC 并不在场、当时也不可能知情，不可能知道“在前一年 11 月 16 日就报告了质量问题”，显然 GC 无资格对此作出证明。GC 的行为是为帮助买方应付买卖合同中的索赔条款。

（4）GC 检测的 25mm×4. 5mm 也非合同货物。涉案合同中的货物无此规格。

（5）GC 检测时，未描述货物的原始状态、包装唛头等标识，不符合检验常规。根本不能保证被检验的货物就是涉案合同项下的货物。

（6）GC 鉴定依据的是 GB/T 702—2008，这违反了合同当中约定的检验标准，合同约定扁钢标准是 GB/T 704—1988，方钢/圆钢标准是 GB/T 702—1986。GB/T 702—2008 标准比 GB/T 704—1988 和 GB/T 702—1986 严格很多，具体的检测数据标准差别也很大，根本不是同一个标准，不能互相替代。GC 用一个对卖方不适用的标准进行检测，检测结果不具有合法性，对卖方不具有拘束力，不能成为本案定案依据。

综上所述，买方出具的 GC 检测报告与本案无关，不能成为定案依据。

4. 张一不是卖方的代理人，张一无授权委托书，表见代理也不成立

合同明确记载，Seller：Liaoning economic&trade CO. LTD. Attn：Mrs. Zhao。在商务函件中 Attn 是 Attention 的缩写，其意思是致信件内容相关的人或有能力（职权）处理函件业务的人。该合同确定了有权力处理与该合同相关问题的人是"Mrs. Zhao（赵女士）"。张一是鞍山公司的法定代表人。张一与买方在中国的经理李二是多年的生意伙伴，彼此很熟悉。张一给买卖双方介绍了该笔生意，是中间人。买方多次与张一联系，不能证明张一就是卖方的代理人，得不出张一是卖方代理人的结论。

5. 买方的损失额无法律依据

中国《合同法》第 113 条规定：当事人一方不履行合同义务或者履行合同义务不符合约定，给对方造成损失的，损失赔偿额应当相当于因违约所造成的损失，包括合同履行后可以获得的利益，但不得超过违反合同一方订立合同时预见到或应当预见到的因违反合同可能造成的损失。卖方在订立合同时根本无法预见该损失。

本案货物的流向是，玛维公司直接转手卖给三维公司，三维公司再转售给其他客户。在这个过程中，玛维公司、三维公司收到货物后，均未对货物检验就直接转售给下家公司导致了损失的扩大。扩大的损失应自负。中国《合同法》第 119 条规定：当事人一方违约后，对方应当采取适当措施防止损失的扩大；没有采取适当措施致使损失扩大的，不得就扩大的损失要求赔偿。

玛维公司补充以下意见。

1. 玛维公司提交的 GC 检验报告证明扁钢、方钢和角钢不符合本合同中关于产品规格的规定：扁钢共 15 个型号，有 10 个型号不合格，存在明显的短尺、变形和脆性方面的问题；方钢和圆钢尺寸全不合格。可以看出，货物的质量问题不是因为运输、装卸或包装不当、化学变化造成的，而是卖方在备货过程中故意以次充好、以少充多，故意向玛维公司隐瞒了这一事实。因此，若退一步讲，即使卖方主张的玛维公司未能在有效期内凭借商检报告进行索赔成立，则根据《公约》第 40 条规定，若货物不符合规定指的是卖方已知道或不可能不知道而又没有告知买方的一些事实，则卖方无权援引第 38 和第 39 条关于索赔期限的规定。

2. 玛维公司已采取措施防止损失扩大

依鉴定报告，玛维公司完全有理由退货，但考虑到交易成本，为避免损失的扩大，玛维公司说服三维公司接受了瑕疵货物，将原本近 70 万美元的索赔请求减至 27 万美元进而也放弃对玛维公司提出退货的索赔要求，转而要求卖方赔偿损失。玛维公司已尽到了防止损失扩大的义务。

3. 玛维公司提出仲裁请求的计算依据

第一项仲裁请求是玛维公司的直接损失。玛维公司与下家三维公司签署的赔偿协议，玛维公司赔偿三维公司 283 869. 95 美元。由于该赔偿协议涵盖了本案合同项下的缺陷扁钢、方钢、圆钢以及上海公司提供的缺陷角钢，扣掉角钢的赔偿款 7 260. 29 美元，则剩下 276 609. 66 美元。具体损失如下：扁钢，155 231. 85 美元；方钢，101 703. 12 美元；圆钢，19 674. 69 美元。

第二项仲裁请求是玛维公司的检验费损失。玛维公司支付的检验费用共计 9 355 欧

元，检验人员差旅费为 3 471 欧元。由于检验报告针对扁钢、方钢、圆钢以及角钢四种产品，角钢检验占了很小的比例，玛维公司扣除了角钢的费用，依检验费用的 80% 计算本案有关的检验费用，则为 11 000 欧元。

仲裁庭裁决如下：

1. 被申请人卖方向申请人买方赔偿经济损失 13 万美元；

2. 驳回申请人买方赔偿检验费用的仲裁请求；

3. 本案仲裁费 6 776 美元由申请人买方承担 3 388 美元，被申请人卖方承担 3 388 美元。由于本案仲裁费已由申请人全额预缴，被申请人还应向申请人支付 3 388 美元以补偿申请人代其垫付的仲裁费。

上述被申请人应支付申请人的款项，应自本裁决生效之日起 30 日内履行完毕。

本案涉及以下问题，值得探讨。

1. 本案适用法律

本案中，买卖双方未在合同中约定准据法。鉴于买方为一家营业地在比利时的公司，卖方为一家营业地在中国的公司，因此，双方签订的销售合同，其性质为国际货物销售合同；同时鉴于比利时和中国均为《公约》的缔约国，双方所建立的货物销售合同关系不属于《公约》第 2 条、第 3 条排除适用的范围，因此，本案应适用《公约》。

同时鉴于卖方所在地和仲裁地均在中国，根据最密切联系地原则，若《公约》未作规定的，应适用中国法律。

2. 本案合同的法律效力

本案合同系买卖双方的真实意思表示，具有法律效力，对双方当事人均具约束力。

3. 买方的索赔是否符合合同约定

买卖双方在合同中约定，若质量和/或数量和/或重量与合同约定不符，买方可在货到目的地后 45 天内提出索赔。买方应凭一家享有盛誉的机构出具的检验报告向卖方索赔。

依上述约定，买方向卖方提出索赔应受到两个方面的限制：其一，期限限制。买方提出索赔的期限为货到目的地后 45 天之内。由于买卖双方均认可涉案货物于 11 月 8 日到达目的地，因此，买方的索赔请求应在 12 月 23 日前向卖方提出。其二，条件限制。买方应依享有盛誉的机构出具的检测报告向卖方索赔。

买方主张其索赔请求是在 12 月 3 日向卖方提出的。但买方于 12 月 3 日向卖方发出邮件，主题为“关于合同号 5270-05 的质量异议”，指出合同项下的货物已到达目的港，买方的客户进行了检验，发现扁钢有部分锈蚀，同时扁钢 25×8 规格的 5 捆没有找到。但上述邮件未随附任何检测机构出具的检验报告。买方又于 12 月 21 日向卖方发出邮件，主题为“答复：关于合同号 5270-05 的质量异议”，指出合同项下的货物方钢 10 毫米/12 毫米共 637 捆形状成菱形，不是方形，欲索赔，现正申请检验公司检验。同样，上述邮件未附随任何检测机构出具的检验报告。因此，仲裁庭认为，尽管买方于 12 月 3 日向卖方进行了索赔，但由于买方索赔之时并未向卖方提交检测机构出具的检验报告，因此，该项索赔不符合本案合同关于索赔条件的约定，不能构成有效索赔。直至次年 4 月 22 日，买方才委托检验并向仲裁庭提交了由 GC 出具的、作出时间为 5 月 27 日的检验报告，其时已远远超越双方约定的时间限制，同样不能构成有效索赔。因此，仲裁庭认为，买方向卖方提出的索赔不符合双方关于索赔时间限制、条件限制的约定。

仲裁庭还认为，鉴于案涉货物到港时间为 11 月 8 日，而买方向检测机构申请对货物质量进行检测的时间为次年 4 月 22 日，间隔已逾 5 个月。买方拖延检验货物的行为，不仅直接导致买方向卖方提出索赔不符合双方约定的时间限制和条件限制，且也违反了《公约》第 38 条第 1 款“买方必须在按情况实际可行的最短时间内检验货物或由他人检验货物”的规定。

4. 买方是否有权援引《公约》第 40 条的规定，不受索赔期限的限制

买方认为，卖方对货物不符合合同约定，是已知道或不可能不知道而又未告知买方，因此，援引《公约》第 40 条的规定，主张其索赔不受约定期限的限制。对此，仲裁庭认为，既然买方主张卖方对货物不符合合同约定是处于一种“已知道或不可能不知道”的状态，那么，买方有义务举证证明该项主张的成立。仲裁庭认为，根据买方提交的相关证据，不足以证明卖方对货物的质量问题是已知的，或不可能不知的。因此，仲裁庭对买方的该项主张难以支持。

5. 张一是否是被申请人代理人的问题

买方认为，张一是卖方的业务经理，其代表卖方签署并执行本案合同，并最后代表卖方就货物质量问题提出处理意见。除张一和赵女士以外，卖方并未授权或安排其他人与买方接洽执行合同事宜，因此，有理由认为张一的行为就是卖方授权的行为，构成表见代理。而卖方则认为，有权力处理合同相关问题的人是“Mrs. Zhao 赵女士”，张一是鞍山公司的法定代表人，与买方在中国的经理李二是多年的生意伙伴。张一为买卖双方介绍了该笔生意，是中间人。买方多次与张一联系，不能证明张一就是卖方的代理人。

在双方签署的合同中，卖方加盖了其法定代表人“刘生辽宁经贸公司”的签名章，签名章下方为张一的签字。在卖方向买方发出的、以卖方公司抬头信笺纸出具的、加盖卖方公章的“开证路径”中，发信人为“张一/赵女士”。双方关于货物质量问题的往来函件，部分发给了赵女士，部分发给了张一。由此可见，张一和赵女士同时在处理双方关于本案货物交易的相关事宜。

此外，在对买方所发质量问题函的回复函中，张一代表卖方作出的回复注明了“张一”，并随后发函指示买方可对货物拆捆。特别是，在买方于次年 4 月 20 日向赵女士发送邮件告知其索赔事宜后，卖方于 4 月 30 日作出的回复函则是由张一签字，并加盖了卖方公章。卖方在本案中并未提交任何证据证明张一仅是本案交易的中间人。

仲裁庭认为，从以上事实可认定，张一是作为卖方的代表参与/处理本案交易，在交易进行及问题协商过程中双方对此均是认可的。因此，作为卖方的代表人，由张一签署的文件可看作是卖方的真实意思表示。

6. 货物是否存在质量问题

综上所述，虽然买方未能在合同约定的时间内提出有效索赔请求，且不能援引《公约》第 40 条的规定，由张一签署的文件可看作是卖方的真实意思表示，卖方在其于次年 3 月 22 日发送给买方的回复函中表示“非常抱歉，我司除道歉外愿承担给你公司带来的任何损失，并保证以后决不会出现上述问题”，以及 3 月 26 日指示买方“可以拆捆”的回复，说明在双方就货物质量问题的交涉中，卖方知道买方发现了质量问题，并愿意配合买方进一步检查货物，赔偿可能发生的损失。

仲裁庭注意到，卖方于 3 月 22 日和 3 月 26 日的两次回复是针对在此之前买方就方钢

脱方和扁钢短尺所提出的质量问题。对于方钢脱方问题，卖方未予否认。对于扁钢短尺问题，根据生产厂家的回复，卖方也认可了外购部分可能存在短尺，并同意申请人拆捆。因此仲裁庭认为，卖方对扁钢和方钢的部分质量问题构成了自认，可认定部分合同项下的货物存在质量问题。

7. 仲裁请求

（1）买方的第一项仲裁请求

由于卖方货物的质量问题，使买方遭受严重的经济损失，这一损失已实际发生。鉴于买方遭受上述损失是因卖方提供的货物不符合合同约定所造成，与卖方的违约行为存在因果关系，因此，卖方应就此赔偿买方。与此同时，仲裁庭还发现，依买方提交的、卖方也认可的证据，卖方对其所销售给买方的扁钢、方钢存在的部分问题已予以自认并愿意道歉和赔偿。仲裁庭认为，卖方的前述表示是真实意思表示，也是真诚的，因此，仲裁庭应尊重卖方的真实意思表示，促成双方纠纷的解决。由此，仲裁庭支持买方向卖方的索赔请求。

但同时，仲裁庭也发现，买方向其客户三维公司赔偿的 283 869. 95 美元中包括角钢的赔偿款 7 260. 29 美元。虽然角钢是与本案合同项下货物同船运抵牙买加并同样是销售给三维公司，但该批角钢不是本案合同项下的货物。因此，涉及本案货物的赔偿不应包括角钢的赔偿款 7 260. 29 美元。又鉴于卖方认可的质量问题仅限于方钢和扁钢，本案合同项下圆钢的赔偿款 19 674. 69 美元应不包括在内。买方为扁钢和方钢向其客户支付的赔偿款合计为 256 934. 97 美元。

买方在履行本案合同的过程中也缺乏严肃认真的态度，在发现货物存在质量问题后，未及时依合同的有关约定将货物提交检验机构进行检验，使双方的纠纷不能及时、顺利解决，买方对此负有一定的责任。鉴于此并基于卖方认可了扁钢和方钢的部分质量问题，仲裁庭认为，扁钢和方钢的赔偿款由买卖双方共同承担是合理的。因此，仲裁庭支持卖方赔偿买方经济损失 13 万美元。

（2）买方的第二项仲裁请求

根据合同的约定以及案涉货物实际到港时间，买方向检测机关申请检验、取得检验报告并以该报告为依据向卖方索赔，这些行为发生的时间均应在上一年 12 月 23 日之前。而买方在次年 4 月 22 日才向检测机关申请对涉案货物质量进行检测，检验报告已无法作为索赔依据。买方在申请检测之时，对检验报告已无法支持有效索赔的事实是明知的，却依然坚持申请检验，应自行承担检验费用。

（3）买方的第三项仲裁请求

根据上述审理结果，仲裁庭判决本案仲裁费由买卖双方分别承担 50%。

但本案其中一位仲裁员对上述裁决持有不同意见，下面以第一人称叙述。

1. 关于货物的质量

本人注意到买方关于货物存在大量质量问题的主张以及为此向仲裁庭提交的证据，包括编号为 GB/T 702—2008 中国国家标准（以下称“2008 标准”）、编号为 GB/T 700—2006 中国国家标准、编号为 GB/T 704—1988 中国国家标准（以下称“88 标准”）、编号为 GB/T 702—1986 中国国家标准（以下称“86 标准”）。基于上述证据，本人认为：

（1）虽然仲裁双方是本案合同的买卖双方，但本案合同项下的货物是从中国直接运往牙买加，货物的收货人是三维公司。买方提交的证据显示，运输货物的船舶在 11 月 8 日到达牙买加目的港，三维公司也接收和提取了本案合同项下的货物，买方对此也未提出任何异议。同时，买方也将本案合同项下的货款全部支付给了卖方，由此，买方已完成付款义务，卖方也已完成交货义务。

（2）依据买方提交的 GC 于次年 5 月 27 日出具的检验报告，卖方交付的货物存在严重的质量问题，表现在① 物理属性：依中国标准 GB/T 700—2006，钢的材质为 Q235，对扁钢物理属性抽样检验的结果为：某些 25mm×4. 5mm 的扁钢由于其脆性造成的破损已回收；25mm×6mm 的扁钢屈服应力、伸长度和抗拉强度不符合规定；25mm×3mm 的扁钢屈服应力、伸长度和抗拉强度不符合规定；GC 抽取的 10 种扁钢共 15 个样品运到安特卫普实验室进行分析，检验结果是大多数样品的硬度过高并且大大高于卖方检测证书上提到的数值。在 3 个 25mm×6mm 的尺寸中有 2 个伸长率不足。这些重量为 530. 91 吨。② 货物的尺寸、形状和公差：依 2008 标准对扁钢的尺寸、形状和公差检验的结果为，在抽检的 8 包 25mm×4. 5mm 和 25mm×6mm 的尺寸钢材中，6 包均存在短尺现象，最高为 15%，最低为 5. 8%。同时，还标注除非打开包装，否则从外部无法观察到原始包装内部的短尺问题，显然，这涉及一个蓄意隐藏的缺陷。另外，检验了 15 种共 1 025 包钢材的厚度，7 种均全部或部分不符合规格。GC 对扁钢的结论是，9mm 厚度扁钢（宽度为 25mm、38mm、50mm 和 90mm）明显存在厚度问题，几乎所有扁钢样品均低于最小公差值。12mm 扁钢存在厚度问题，其测量结果低于最小公差值。在 25mm×6mm 扁钢中，31% 存在厚度问题，其测量结果低于最小公差值。25mm×4. 5mm 扁钢短件重量平均值为 10. 7%，缺损长度/重量为 3. 2%。基于上述数字判断，短尺数量超过标准公差值 10%。而 25mm×6mm 扁钢短件重量平均值为 5. 5%，缺损长度/重量为 -1. 5%。基于上述数字判断，短尺数量低于标准公差值 10%。

依 2008 标准对方钢的尺寸、形状和公差检验的结果为：

GC 对方钢的结论是：依上述相关标准，通过对本案合同项下的 2 种方钢，即 10mm×10mm 和 12mm×12mm 方钢的 A 侧厚度、B 侧厚度，对角线 1、对角线 2 的检验，基于检验数字判断，由于 2 个对角线（主）差值过大，侧长小于最小长度以及 2 个侧长差值过大，所有受检方钢均不符合规格。此外，约 80% 的受检棒材的弯曲度超过 4mm/m。约 35% 的棒材出现扭转。

依 2008 标准对圆钢的尺寸、形状和公差检验的结果为：

GC 对方钢的结论是：依上述相关标准，通过对本案合同项下 124 包 2 种圆钢，即 10mm 和 12mm 圆钢的检验，约 80 包观察到常规轧制缺陷，如裂痕、裂缝和断裂。关于 10mm 圆钢的厚度，最大值为 7. 68mm，这完全低于公差值。关于 12mm 圆钢的椭圆度，最大值为 0. 64mm（不符合规格）。在所有受检包中，变形件和严重轧制缺陷的钢材已大量回收。

同时，GC 对方钢和圆钢的最后结论指出，方钢和圆钢均处于不佳状态，且显然在公差范围之外。方钢在一个角度方向呈现出各种球状物，这造成两条对角线的长度差过大。所有已交付的包均被视为不符合规格。

基于上述检验报告的分析和结论，卖方交付的本案合同项下的货物存在大量质量问题，不符合合同的约定和中国国家标准。

（3）检验报告依据的标准与合同约定的标准

本人发现，除材质外，GC 的检验所依据的标准是 2008 标准，但本人注意到 2008 标准中标注其取代了 88 标准和 86 标准。另一方面，本人也发现，2008 标准是中国现行标准，2008 标准与 88 标准和 86 标准的内容在涉及对本案货物检验标准方面相同，采用 2008 标准就不会损害卖方的合法权益，也无不妥之处。在买方邀请卖方赴牙买加共同检验遭拒后，买方单独委托 GC 使用 2008 标准作为检验的标准无可厚非。仲裁庭对买方提交的检验报告应予以采纳。

（4）本人发现，买方于次年 3 月 22 日发给卖方的邮件中已提出了货物的质量问题并指出发现扁钢 25mm×4. 5mm 存在大量的短尺夹杂问题。同一天，卖方回复买方表示道歉并愿承担任何损失以及保证以后决不会出现上述问题。3 月 26 日，张一再次致函买方，该函件同时附有货物厂家板材公司给张一的函件。本人认为，从上述往来邮件可以看出，卖方及其供货厂家已承认存在短尺现象。既然卖方对短尺现象已自认，同时，检验报告又有明确的结论，因此，卖方同样要承担违约责任，赔偿买方的损失。

鉴于以上，本人认为，卖方的行为违反了合同的约定，属违约行为，卖方应就此承担违约责任，赔偿买方的经济损失。

2. 买方索赔的效力

卖方交付的货物存在严重的质量问题，同时，买方也因此向三维公司进行了实际赔偿。在此情况下，买方是否有权要求卖方承担违约赔偿的责任应是仲裁庭极为关注的问题。依买方向仲裁庭提交的有关证据，本人认为：

（1）关于索赔，双方在合同中有明确的约定，即若买方在货物到达目的港后发现货物的质量、数量和重量与合同约定不符，买方有权向卖方提起索赔并出具有声誉的检验机构出具的检验证书，索赔应在货到目的港 45 天内提出。买方提交的证据表明，运载货物的船舶于 11 月 8 日到达目的港，依合同约定的 45 天索赔期限，应到 12 月 23 日止。而本人发现，12 月 3 日，买方曾就本案货物的质量问题向卖方发出邮件，邮件主题为质量异议。之后，买方于 12 月 21 日再次向卖方发出邮件，邮件主题仍为质量异议。上述 2 份邮件均是在 45 天内发出的，均提出货物的质量问题。本人认为，这 2 份邮件说明买方就货物的质量问题明确地提出了索赔要求，买方的这一索赔要求是有效的。

（2）买方于次年 4 月 22 日向 GC 提出检验货物的申请，GC 于 5 月 27 日出具了检验报告。该检验报告确实是在 45 天之后出具的，但并不能因此否定买方在 45 天内提出的索赔要求，特别是在——如检验报告所述——涉及蓄意隐藏的缺陷的情况下。检验报告的分析和结论证实了买方提出的质量问题，也同时证实了买方提出的索赔要求，即买方的索赔要求是有依据的、正当的，并不是虚构的、伪造的。由此，本人认为，检验报告是买方索赔要求的补充和说明，买方的索赔要求和检验报告是一体的，构成买方完整的索赔内容。

（3）双方在合同中约定索赔应在货到目的港 45 天内提出，是赋予买方一个程序上的权利，其目的是督促合同的当事人及时行使自己的权利，以使整个合同及履行保持稳定的、可预见的法律状态。合同这一约定并非为了否定合同当事人的实体合法权利，就本案来说，买方已在 45 天内提出索赔要求，检验报告与索赔要求相呼应，不能因为程序上的瑕疵而否定买方的救济手段，从而使其合法权益受到损害，这对买方是不公平的。

（4）本人还发现，直到次年4月30日前，卖方并未从法律上界定45天的索赔期限，而卖方4月30日给买方的回函与3月26日前卖方对货物质量问题的认识和主张大相径庭，而卖方未提出支持改变自己主张的任何证据。

（5）本人还发现，买方于3月22日发给卖方关于质量问题的邮件。同一天以及3月26日，被张一两次回复了买方。上述双方往来的邮件和函件表明，在检验报告完成以前，卖方就已承认本案合同项下的货物存在质量问题（包括短尺问题）并表示愿意承担由此给买方造成的损失，同时保证以后不再发生这种问题。本人认为，在合同约定的45天索赔期后3个多月，卖方自己承认货物存在质量问题并表示愿意赔偿，这是卖方的真实意思表示，即使没有检验报告，卖方的上述表示也足以使其承担损失赔偿的责任。

鉴于上述，本人认为，买方的索赔是有效的，检验报告是索赔要求的说明和补充，卖方自认货物存在质量问题并愿意承担赔偿损失的责任是卖方的真实意思表示。因此，卖方承担损失赔偿的责任是必然的，不存在超过索赔期限的问题。

3. 损失赔偿

本人注意到，买方损失赔偿的请求及有关证据，包括货物转卖给三维公司的商业发票，买方与三维公司的邮件往来。

基于上述证据，本人认为：

（1）买方与三维公司之间大量的商业往来是通过电子邮件的方式。交易达成一致后，由买方向三维公司出具商业发票。在商业发票中，买方将双方通过电子邮件达成交易的基本情况和交易条件约定其中，双方照此履行，商业发票因而起到合同的作用。在本案中，买方将货物转售给三维公司以及买方与三维公司就货物质量问题进行赔偿及赔偿的履行方式也均是采用上述形式。因此，应尊重买方与三维公司之间的交易惯例。

（2）依据买方提交的证据，买方于9月22日向三维公司出具了商业发票，将本案合同项下的全部货物转卖给三维公司，转卖价格为1 090 416.88美元；三维公司于12月22日将前述货物的款项支付给了买方，三维公司已实际收到本案合同项下的货物。

（3）本人认为，由于买方遭受上述损失与卖方的违约行为存在因果关系，因此，卖方应就此赔偿买方。卖方对其所销售给买方的角钢、方钢存在的部分问题已予以自认并愿意道歉和赔偿，这是卖方的真实意思表示。因此，仲裁庭应支持买方向卖方的索赔请求。但283 869.95美元赔偿款中包括角钢的赔偿款7 260.29美元，该批角钢不是本案合同项下的货物，因此，涉及本案货物的赔偿不应包括这部分赔偿款。

4. 检验费用

本人认为，买方在解决本案货物质量问题的过程中发生的检验费用11 000欧元应由卖方承担。

基于上述，本人不同意仲裁庭的意见和结论。

六、国际贸易中的预期违约纠纷

在国际贸易中，经常发生一方先违约，其结果是另一方也必然违约。依《公约》，通常情况下，先违约的一方需承担责任，后违约的一方不承担责任。这是预期违约制度。违约又分为非根本违约和根本违约，两种不同违约，其补救措施有所不同。对此，《公约》予以明确规范。

某年6月，卖方中国A钢铁公司与买方韩国B公司签订了螺纹钢筋国际货物买卖合同，合同装运条款是CFR FO CQD Inchoo Korea，装船时间为8月30日前，以信用证付款。合同约定适用《公约》。合同签订后，B公司以经济状况不佳为由，数次要求A公司延期装船。最终，双方达成一致，延期发货。随后，全球经济危机发生，该货物价格大幅下跌。11月28日，中国A公司向韩国B公司发出履行合同通知书，要求B公司在收到通知后7日内，修改信用证或重新开证，做好接货准备。但韩国B公司不仅未在上述期间内履行相应的义务，反而在12月4日向A公司发出通知，要求终止该合同。12月10日，中国A公司依《公约》的相关规定向韩国B公司发出宣告合同无效声明书。随后，中国A公司将货物转售。因受金融危机影响，货物转售价值仅为原合同货值的40%，差价达60%。

次年2月，中国A公司依合同约定的仲裁条款，向中国国际贸易仲裁委员会提起仲裁，主张因韩国B公司预期违约导致中国A钢铁公司未能按合同约定销售货物，请求裁决韩国B公司支付货物降价损失、利息损失及律师费。

但B公司认为，合同约定的贸易条件是CFR，A公司作为卖方应租船或订舱装运货物，因货物未交付导致的损失由A公司自行承担。A公司认为，B公司构成预期违约，A公司中止履行合同合法。

该案体现了预期违约制度的问题，即如何认定预期违约，其法律后果又如何。在此，拟对《公约》关于这一制度的规定予以分析和探讨。

预期违约，又称先期违约，是英美合同法中的特有制度（源于英国1846年的索特诉斯通案的判例）。它是为了解决合同生效后至履行前发生在合同履行上的风险而建立的一项法律制度。预期违约指合同成立后、合同约定的履行期限届满前，一方当事人以口头或书面形式，明确、肯定地向另一方当事人表示其将不按约定履行合同义务；或者一方当事人的自身行为或客观事实，预示其将不会或不能依照约定履行合同义务。预期违约是《公约》中规定的违反合同的一种重要形式。预期违约的成立需要一定的要件，预期违约制度使得遭受违约和损害威胁的一方不必等到实际的违约和损害事实发生之后再采取救济措施，以免无辜方陷入被动和不利的境地。这样既可以防止违约造成的损失扩大，又可以使受害方的利益得到及时保护。但若武断地认定对方构成预期违约，反而可能造成自身不履行合约而导致违约的情况出现。

本案中，中国A钢铁公司应如何运用预期违约制度保护自己的合法权益？

1.《公约》中的预期非根本违约

《公约》第71条："（1）若订立合同后，另一方当事人由于下列原因显然将不能履行其大部分主要义务，一方当事人可以中止履行义务：他履行义务的能力或他的信用有严重缺陷；他在准备履行合同或履行合同中的行为。（2）若卖方在上款所述的理由明显化以前已将货物装运，他可阻止将货物交给买方，即买方持有有权获得货物的单据。本款规定只与买方和卖方对货物的权利有关。（3）中止履行义务的一方当事人不论是在货物发运前还是发运后，都须立即通知另一方当事人，若经另一方当事人对履行义务提供充分保证，则他必须继续履行义务。"

对本条分析，可得出预期非根本违约的构成要件：

第一，须有客观事实表明一方当事人预期不能履行义务：首先是一方当事人履约能力有严重缺陷（如经营不善）；其次是一方当事人的信用有严重缺陷（如拒付预付款）；再次是一方当事人在准备履约或履行合同中的某一行为（如拒不开证）表明其将不履行合同主要义务。

第二，《公约》使用了“显然”一词修饰上述三个客观标准的程度，进一步限制了当事人的主观成分。

第三，一方当事人“显然”不履行的应是合同的大部分义务或重要义务。但这种所谓重要义务应以不构成根本违约为限。

第四，中止义务履约的一方须及时通知违约方停止发货和停运的情况，并要求违约方提供履约的充分保证。

依《公约》的规定，预期非根本违约的救济方法有以下几种：

第一，中止其义务的履行。依《公约》第71条，一方发生预期违约，另一方有权中止履行义务，即该方解除了对另一方履行、准备履行合同的义务。这是一种临时的补救方法，援用该方法必须具备的条件是，对方显然将不会履行其大部分义务。《公约》对此列出了两个理由：（1）“他履行义务的能力或他的信用有严重缺陷”。（2）“他在准备履行或履行合同中的行为。”中止履行合同以后，双方的合同关系并未终结，合同关系如何发展“还有赖于双方的进一步行为或不行为”。可见，《公约》对中止履行权的适用条件，要求从履约能力、信用和履约行为三方面予以考察，对买卖双方的利益予以平等的保护。

第二，行使停运权。依《公约》第71条第2款规定，停运权作为一种救济方式仅为卖方享有：“若卖方在上一款所述的理由明显化以前已将货物装运，它可以阻止将货物交给买方，即使买方持有其有权获得货物的单据。”但卖方不得在行使停运权的同时，采取与这一救济措施相抵触的其他救济方法，例如宣告合同无效等。同时，《公约》规定了卖方在行使停运权之后的及时通知义务。在符合《公约》第71条第1款规定的前提下，卖方行使停运权还必须满足以下两个条件：（1）买方将不履行合同的情形在货物装运之后才被发现。（2）货物已处于承运人而不是卖方的控制之下。需特别注意的是，在EXW贸易条件下，卖方无法行使停运权。因为货物由买方交给承运人，卖方不安排货物运输，没有行使停运权的基本条件。另外，《公约》对货物所有权单据为善意第三人持有时（银行等），承运人是否应遵守卖方停运的指示未明确规定。

第三，要求另一方提供履约担保。合同一方当事人中止履行合同义务的目的，在于提醒对方当事人注意其已发现对方将可能违约，对方当事人应对这种提醒作出反应，来消除一方当事人行使中止履行权所依据的情形。

《公约》第71条第3款规定，中止履行合同义务的一方当事人必须通知另一方当事人，若经另一方当事人对履行义务提供充分担保，则他必须继续履行义务。提供担保是一方中止履行合同以后，另一方当事人为其提供的救济措施。一方当事人享有此种救济的前提是及时履行通知义务，至于是否提供担保，尚需对方当事人自行决定。若对方当事人拒绝提供担保，则预期违约转化为实际违约，当事人享有相应的救济权利。

2.《公约》中的预期根本违约

预期根本违约是指，合同履行期到来之前，可以从客观事实推断对方违约，或者一方已声明他将不履行合同义务。

《公约》第72条规定：“（1）若在履行合同日期之前，明显看出一方当事人将根本违约，另一方当事人可宣告合同无效。（2）若时间许可，打算宣告合同无效的一方当事人须向另一方当事人发出合理的通知，使他可以对履行义务提供充分的保证。（3）若另一方当事人已声明他将不履行其义务，则上一款的规定不予适用。”

预期根本违约的构成要件为：第一，须有客观事实或者一方当事人将不履行义务的口头或书面声明，表示一方当事人预期不能或不会履行义务，但在程度上须达到“明显”的程度。第二，一方当事人将不履行或一方当事人声明其将不履行的是合同的根本义务（如拒收货物）。

预期根本违约的救济方法：第一，行使解约权。《公约》为防止解约权的滥用，又对之进行了限制，主要有两方面。一方面是须“明显看出”一方当事人将根本违反合同。“明显看出”是依违约方的言辞、行为及一系列客观因素判定的，如：（1）当事人的言辞、行为明确表示将不履行合同；（2）拒绝另一方当事人提出的提供担保的合理要求；（3）意外事件使合同履行不能等。另一方面是除违约方明确表示，其将不履行合同主要义务的明示预期根本违约外，若时间许可，解约方均应履行通知义务，以便对方可对履行义务提供充分保证。第二，请求赔偿损失。这种损害赔偿请求权与解约权紧密结合。损害赔偿的目的是补偿，一般赔偿受害人是以实际损失为原则的。但预期违约使得当事人在合同履行期到来之前就获得了损害赔偿。因此，受损人的损害赔偿计算必须合理、准确。另外，《公约》同样适用各国已确认的合理减轻损失原则，即一方当事人违约时，另一方当事人必须采取必要的措施减少因违约造成的损失或防止损失扩大。第三，若时间允许，可要求对方提供充分的履约保证。这说明在时间允许的通常情况下，中止履行自己的义务并要求对方提供适当的担保仍是主要的救济手段。

从本案的情况，结合上文对预期违约的分析可看出，本案中买方韩国 B 公司的行为已构成预期违约。中国 A 钢铁公司提供证据证明，在本合同履行过程中，韩国 B 公司在要求中国 A 钢铁公司延期发货的邮件、会谈中表明其财务状况发生恶化、经济状况不佳，要求降价，这表明其当时不愿意依合同约定的价款履行支付义务。且在双方的其他钢材合同履行中，韩国 B 公司存在违约行为：有一批价值 136 万美元的型钢于 8 月 15 日运抵韩国仁川港后，韩国 B 公司一直拒绝付款收货。在另一份合同中，韩国 B 公司未按合同约定在 8 月 2 日开立信用证。

本案货物价值 5 304 843. 7 美元，鉴于韩国 B 公司的上述违约行为，虽然争议合同价格条款是 CFR，但若中国 A 钢铁公司将本次合同争议货物运抵目的港，再发生目的港无人付款提货的情况，中国 A 钢铁公司将面临更大的风险，异地处置货物将更加被动。由于中国 A 钢铁公司怀疑韩国 B 公司继续履行合同的意愿，在双方将最晚装船期延至 9 月 20 日后，反复要求韩国 B 公司提供付款保证——修改信用证或重新开证，在未果的情况下，中国 A 钢铁公司援引预期违约救济措施，中止履行其交货义务，符合法律规定。中国 A 钢铁公司行使了解除合同的权利，要求韩国 B 公司赔偿相应的损失，无可指责。

仲裁庭查明中国 A 钢铁公司生产并提供的货物符合合同的约定，而且双方协商一致修改了货物的交货日期，综合多项证据最终认定，韩国 B 公司未根据双方的约定修改或者重新开立信用证构成预期违约。

本案中，关于对中国 A 钢铁公司的损害赔偿问题，中国 A 钢铁公司提供了转售货物时与其他公司签订的转售合同、货物出口报关单、韩国银行开立的信用证、收款证明，证明中国A钢铁公司确实将合同项下货物在次年1月转售。因转售时恰逢国际钢材市场价格大跌，转售价格与原价格的差价达60%，中国A公司主张原货值60%的转售差价损失。但韩国B公司提出2008年下半年的金融危机百年一遇，卖方主张款项远远超过买方签署合同时预见到或者应当预见到的因违反合同可能造成的损失范围。仲裁庭认为，在合同签订后，卖方将货物生产完毕并运输至港口待运，这说明卖方已将货物特定化为涉案合同之下；又，双方就合同延期达成一致，就合同履行一直协商至12月卖方宣告解除合同，在此情况下，卖方无义务将已特定化的货物与其他合同下的货物进行调配，以减少锈蚀损失或其他损失。卖方虽有减少损失的义务，但无义务为减少损失而由自己来承担违约风险的后果。但仲裁庭认为，卖方在实际转售中并未能证明其已采取必要的、合理的措施，因此，在认定转售损失时给予相应扣减。关于损失数额，仲裁庭根据案件的具体情况行使自由裁量权。

经过近一年的审理，在大量的证据支持下，最终，仲裁庭确认双方已协商一致延期发货，韩国B公司构成预期违约，支持中国A钢铁公司95%的仲裁请求。

通过对上述案例的分析不难看出，在现今全球市场经济的大背景下，由于对数量、质量等供需要求多变，全球市场调整价格使买卖双方承担风险加大，预期违约导致的合同纠纷在国际贸易中频繁发生。因此，贸易商不仅需要善于利用预期违约制度维护自身权益，同时也要注意预期违约的成立需要一定的要件。若武断地认定对方构成预期违约，很可能导致自身不履行合同，进而也导致违约的情况出现。为此，中国贸易商应做到以下几点。

（一）合理运用预期违约的相关救济措施，可以帮助出口企业控制风险，防止损失扩大

预期违约制度赋予了合同当事人一方在面临对方不履约的威胁时，提前采取自保措施的权利。通过行使这一权利，当事人可以做到在最短时间内，最大限度保护自身利益。此外，若对预期违约进一步细分则会发现，它实际上包括两种可能发生的情况：一是事先拒绝履行，即一方当事人以言辞或行为表示，其现在不愿履行将于未来到期的义务；二是预期履行不能，即一方当事人虽没有表示拒绝履约，但其自身的经济状况、信用状况等情事的变化表明，其届时将难以履约。因此，当一方预见对方无法履约且有合理根据时，可以要求对方提供及时履约的充分担保；在收到对方的充分担保之前，另一方当事人可以中止履行义务。

（二）审慎援引违约救济措施，避免自身违约

预期违约的救济措施见效虽快，但有时显得较为“激烈”。因此，各国法律对于其适用前提都有十分严格的规定，以防止其被滥用。

合同当事人在援引相关条款并中止履行义务时，应十分审慎，不应轻易中止履行合同义务，以免承担违约赔偿责任。在合同当事人预期对方违约时，可依相关法律，首先要求对方提供及时履约的充分担保。判定某一担保是否“充分”，应依商业准则而非法律标准来界定。例如，在对方信誉较好时，这种充分的担保可以仅是对方的某种书面承诺；当交付的货物存在瑕疵且影响买方的方便使用时，卖方及时进行替换、维修、降价或采取其他补救措施，担保才可能被认为是充分的。

（三）保留有效证据

在国际贸易中关于合同的订立、修改要通过书面形式进行，保留双方书面往来的所有

证据，也可以保留电子邮件、录音证据等。这些证据可证明是对方当事人违约，导致买卖合同不能履行。①

七、合同预先约定以仲裁方式解决争议

在国际货物交易中，买卖双方可预先在合同中约定，一旦发生争议或纠纷，双方同意采用仲裁方式解决；也可以在争议或纠纷发生后，再约定采用仲裁方式解决。两者具有同等效力。以下案例为买卖双方在合同中已预先约定以仲裁方式解决争议。②

卖方（申请人）机电公司在仲裁申请书中称：某年3月4日，卖方与买方（被申请人）久龙公司签订了国际货物买卖合同，合同约定买方向卖方购买北依家具公司生产的沙发床42套，总值CIF 14 054.60美元，装运期限为3月11日前北京通州生产厂内交货。装运口岸为中国天津港，目的口岸为美国奥克兰港。付款条件为货到美国旧金山后90天内一次性结清（现汇）。运输方式为海运。双方约定："在履行协议过程中，如产生争议，双方应友好协商解决。若通过友好协商未能达成协议，则提交中国国际贸易促进委员会仲裁委员会，根据该会仲裁程序规定进行仲裁。"

国际货物买卖合同签订的当天，机电公司与爱依瑞斯家具经销商签订了一份"出口订货合同"，机电公司按照与买方签订的合同中的相同厂家、品种、规格、数量向经销商订购了一批沙发床，装运期限、装运口岸、目的口岸均与国际货物买卖合同相同。

此后，机电公司按照上述两份合同的约定履行了购货和供货义务，于3月13日向中国人民财产保险股份有限公司北京市分公司投保了本案货物从天津港运往美国奥克兰港的货物运输保险，投保金额为美元15 460.06元。货物运输保险单上注明的货物启运日期为3月14日。机电公司委托北京货运公司办理了本案货物的报关和运输及到港后交付给买方的事宜，北京货运公司将本案货物交付给买方之后，于4月28日向机电公司开具了国际货物运输代理业专用发票，收取运费人民币20 712元。买方收到货物后未提出任何异议，但未依合同约定的日期支付货款。此后，机电公司曾多次催要货款，买方以美国市场不景气、货物销售不好、资金紧张为由未付货款。

卖方机电公司认为：机电公司与买方签订的合同是协商一致的结果，是双方当事人真实的意思表示，合同的内容不违反中国法律和行政法规的有关规定，合同应属合法有效，双方当事人应遵守履行。机电公司履行了合同规定的供货义务，依法享有按期收回货款的权利。买方接收了货物之后，应按期支付货款，逾期不付属于违约，侵害了机电公司的合法权益，对此，买方应依法承担违约责任。根据中国《民法通则》及中国《合同法》的相关规定，请求仲裁庭依法裁决本案，支持机电公司的仲裁请求，以维护机电公司的合法权益。

机电公司提出如下仲裁请求：

1. 请求裁决买方久龙公司给付机电公司货款14 054.60美元；
2. 请求裁决买方久龙公司逾期付款赔偿机电公司利息损失1 071.09美元；
3. 请求裁决本案仲裁费用由买方久龙公司负担。

---

① 参见"国际贸易中的预期违约案例"，http://www.wangxiao.cn/fl/fudao/2938647795.html。

② 参见"国际货物买卖合同争议案"，http://www.chinalawedu.com/web/187/wa2014100916012759272149.shtml。

本案庭审后，机电公司变更其第 2 项仲裁请求为：请求裁决买方久龙公司逾期付款赔偿机电公司自 7 月 28 日起至实际给付之日止，按中国银行同期存款利率计算货款 14 054.60 美元的存款利息损失（暂计算至 4 月 13 日止的存款利息为 1 113.33 美元）。

买方久龙公司经有效通知未出庭，也未向仲裁庭说明理由和提交任何书面材料。

仲裁庭进行了以下审理及裁决。

1. 关于适用法律

本案机电公司系在中国注册并营业的公司法人，买方久龙公司系在美国注册并营业的公司法人，本案合同为国际货物销售合同，合同中未就适用法律作出约定。由于中国和美国均为《联合国国际货物销售合同公约》（下称《公约》）的缔约国，仲裁庭认为，解决本案争议应适用《公约》的规定。对于《公约》未作规定的事项，如合同效力问题，因本案机电公司即合同卖方的所在地在中国，仲裁地亦在中国，仲裁庭认为，应适用中国法律。同时，因当事人在合同中使用了国际贸易术语，解决本案争议还应适用相关国际贸易惯例。

2. 关于合同效力及履行

仲裁庭认为，本案合同由机电公司和买方久龙公司自愿签署，双方均具有相应的民事权利能力和行为能力，双方之间达成的合同为当事人的真实意思表示，不违反中国法律的强制性规定，双方对合同效力均无异议。故仲裁庭确认，本案合同依法成立并生效，对机电公司和久龙公司均具有约束力，双方均应依合同约定主张权利、履行义务、承担责任。

关于合同的履行，仲裁庭首先须指出的是，因久龙公司经通知既未参加案件的开庭审理，也未提交任何答辩材料，实质上放弃了其在案件中享有的答辩权利，故仲裁庭只能依机电公司的陈述意见和提交的证据对案件事实作出认定。机电公司提交的大部分证据皆当庭出示了原件，庭后补充提交的证据也已转交久龙公司并通知其提交书面质证意见。虽有个别证据为复印件，但各个证据之间能够相互印证，因此，仲裁庭予以采信。

仲裁庭注意到，本案合同中使用了贸易术语 CIF，依该贸易术语，货物应于约定时间在装运港船上交货，但本案合同特别约定了货物应于北京通州生产厂内交货。仲裁庭认为，该特别约定亦应适用于本案，机电公司有权于 3 月 11 日前在北京通州生产厂内将合同项下货物交与货运代理公司，之后再安排货物的海运事宜。

机电公司依上述证据主张其已履行了合同项下义务，久龙公司已收到本案合同项下货物，在收到货物后未提出任何异议。仲裁庭认为，没有证据表明存在与机电公司上述主张相反的事实，且久龙公司在本案中对于机电公司的主张和证据未提出任何反对或异议，故仲裁庭认可久龙公司已收到货物并确认，机电公司已经履行了本案合同项下卖方的全部义务，根据合同约定，理应获得相应的货款。久龙公司收到货物但至今未付货款，其行为已违反了《公约》的规定，应承担违约责任。

3. 关于卖方的仲裁请求

（1）机电公司的第 1 项仲裁请求：请求裁决久龙公司给付机电公司货款 14 054.60 美元。

根据仲裁庭上述认定的事实和《公约》第 53 条“买方必须按照合同和本公约规定支付货物价款和收取货物”的规定，仲裁庭支持机电公司的此项请求。

（2）机电公司的第 2 项仲裁请求：请求裁决久龙公司逾期付款赔偿机电公司自 7 月

28 日起至实际给付之日止，按中国银行同期存款利率计算货款 14 054.60 美元的存款利息损失（暂计算至 4 月 13 日止的存款利息为 1 113.33 美元）。

《公约》第 78 条规定："若一方当事人未支付价款或任何其他拖欠金额，另一方当事人有权对这些款额收取利息，但不妨碍要求按照第 74 条规定可以取得的损害赔偿。"据此，仲裁庭认为机电公司有权要求久龙公司支付以全部货款 14 054.60 美元为本金、按中国银行同期存款利率计算的利息。关于利息的起息日，因机电公司在 7 月 30 日发给久龙公司的付款通知书中要求久龙公司 8 月 5 日前支付全部货款，故仲裁庭认为上述利息自 8 月 6 日起算是适当的。经仲裁庭计算，利息金额为 1 113.33 美元。

（3）机电公司的第 3 项仲裁请求：请求裁决本案仲裁费用由久龙公司负担。

因机电公司的第 1、2 项仲裁请求大部分已被仲裁庭所支持，久龙公司是本案的败诉方，根据本案合同第 13 条"仲裁"条款中"仲裁费用，除另有规定外，由败诉一方负担"的约定，仲裁庭认为，本案仲裁费用应全部由久龙公司承担。

依据以上仲裁庭意见，仲裁庭作出裁决如下：

1. 被申请人久龙公司向机电公司支付货款 14 054.60 美元；

2. 被申请人久龙公司向机电公司支付以 14 054.60 美元为本金、按中国银行同期存款利率计算的利息 1 113.33 美元。

3. 本案仲裁费为人民币 20 000 元，全部由被申请人久龙公司承担。此款已由机电公司向仲裁委员会预缴。被申请人久龙公司应向机电公司支付人民币 20 000 元。

上述第 1、2、3 项被申请人久龙公司向机电公司支付的全部款项，应自本裁决作出之日起 20 日内支付完毕。

八、国际货物买卖合同履行不能纠纷

在国际贸易中，即使买卖双方签订了合同，但因一方或双方的原因导致无法履行合同义务是常见的纠纷之一。一旦合同被解除，违约方须向对方承担损害赔偿责任。下列案例提供了有益借鉴。①

一审法院查明，聊城市伟业钢管有限公司（下称"聊城伟业" - 一审被告）从事无缝钢管、钢材的批发和零售。在某年 5 月 10 日发送给 Merigo S. P. A.（马瑞格有限公司，意大利；下称"马瑞格公司" - 一审原告）的回复邮件中，聊城伟业自称是 CHENGDU SEAMLESS STEEL PIPES MANUFACTURER CO.，LTD（注：成都无缝钢管制造有限公司）的代理公司。通过电话和电子邮件联系后，5 月 20 日，马瑞格公司与聊城伟业签订一份销售合同。该合同约定，聊城伟业依 GB/T 8163—1999 的国家标准向马瑞格公司提供原产地为中国的 16Mn 无缝钢管，钢管生产商应为 CHENGDU SEAMLESS STEEL PIPES MANUFACTURER CO.，LTD。马瑞格公司主张该生产商为"成都无缝钢管有限公司"，聊城伟业主张该生产商为"成都无缝钢管生产有限公司"。一审庭审中，聊城伟业称，因该合同订立后，发现该无缝钢管的生产商并未进行工商登记注册，其即依诚实信用原则，

① 参见"上诉人聊城市伟业钢管有限公司与被上诉人马瑞格有限公司、原审被告中电华东进出口公司国际货物买卖合同纠纷一案"；(2010) 鲁民四终字第 154 号；http://www.ccmt.org.cn/showws.php? id=6342；山东省聊城市中级人民法院（2009）聊民五初字第 1 号民事判决。

在保证原产地是中国的情况下，为马瑞格公司准备了符合国标 GB/T 8163-1999 的钢管。马瑞格公司称，因聊城伟业在其网站上明确宣称其系 CHENGDU SEAMLESS STEEL PIPES MANUFACTURER CO. , LTD 的代理人，且无缝钢管国家标准的起草单位之一为成都无缝钢管有限公司，该公司是生产钢管的著名企业，故与聊城伟业订立合同。该合同第六条使用英文约定，马瑞格公司签署合同并收到形式发票后，7 天内电汇 20% 预付款（46 270.00 欧元）；在收到传真的商业发票复件后，于装货港准备装船时应支付货款余额。同时，该条又使用中文约定："预付 20% 货款，货备齐支付 80% 的余款。款到卖方指定账户后，全部货物发往青岛港。……"该合同还约定，买方有权指定独立的检验公司（SGS）依 SEP1921 进行超声波检测，检验地点在卖方的仓库或在卖方的装运港，由买方承担检验费；检测结果必须在 C/C 级内。

从事经营和代理进出口业务的中电华东与聊城伟业约定，中电华东为聊城伟业的出口代理商，负责报关、出口等工作。5 月 20 日，聊城伟业向马瑞格公司出具授权书，授权中电华东作为聊城伟业的出口代理，负责办理该合同项下的出口手续并代表聊城伟业收汇。5 月 21 日，中电华东向马瑞格公司出具形式发票，并于 6 月 4 日收到马瑞格公司向其电汇的货物预付款 46 208.74 欧元。6 月 6 日，中电华东将上述预付款（人民币 493 934.46 元）汇至聊城伟业的银行账户。6 日至 12 日，SGS 在聊城伟业仓库对钢管进行了超声波检验，并向聊城伟业出具钢管质量"须经买方评估"的检验结果报告。该检验报告详细载明，97 根钢管长度超过 3 000 毫米；其中，3 根钢管存在缺陷，不符合 SEP1921class C/C 标准：1 根存在 9 处缺陷，另 2 根钢管存在 1 处缺陷。该检验结果报告另注明"此结果报告不是清洁报告或检验证书，并不免除出口商的履约义务"。8 月 29 日，马瑞格公司通知聊城伟业，其对收到的 SGS 检验结果不满意，要求聊城伟业在一个 20/22 吨集装箱装载不同型号钢管运到意大利，以便马瑞格公司检验钢管的内在状况。同时，马瑞格公司对钢管是否系约定生产商生产产生疑问，要求聊城伟业提供货物生产厂家的质量保证书，就钢管生产商的情况进行澄清。9 月 1 日，马瑞格公司告知聊城伟业，其已证实聊城伟业出具的工厂质量保证书系伪造，并再次要求发运一个 25 吨集装箱的货物至意大利以便检验。9 月 3 日，聊城伟业向马瑞格公司陈述，其保证该合同项下的产品是由成都依合同约定的国标生产，已通过 SGS 的检验，工厂质量保证书真实合法，马瑞格公司应在 9 月 8 日前支付货款余额。此后，马瑞格公司与聊城伟业就装运钢管至意大利检验的条件、货款余额是否应支付及何时支付等问题无法达成一致意见。次年 3 月 16 日，马瑞格公司以律师函的方式通知聊城伟业、中电华东解除合同，要求聊城伟业与中电华东返还预付款、赔偿损失。

另查明：成都无缝钢管有限公司于 2002 年与成都钢铁厂联合重组为攀钢集团成都钢铁有限公司。

一审法院认为，此案系国际货物买卖合同纠纷，双方当事人均同意适用中国《合同法》及相关法律审理本案，因此，此案应以中国法律作为准据法。

马瑞格公司与聊城伟业签订的这一国际货物买卖合同合法成立。聊城伟业已认可该合同约定的钢管生产厂家（CHENGDU SEAMLESS STEEL PIPES MANUFACTURER CO. , LTD）不存在，故聊城伟业无法提供符合合同约定的钢管，该合同自始履行不能，合同目的无法实现。马瑞格公司与聊城伟业就合同的变更履行问题也未能达成一致。因此，马瑞格公司关于解除合同的请求应予支持。聊城伟业已收到的预付款属于不当得利，应予返还。马瑞格公司支付的预付款为 46 270 欧元，但聊城伟业实际收到 46 208. 74 欧元，聊城伟业返还的预付款应以 46 208. 74 欧元为限。对于因履行不能给马瑞格公司造成的损失，从履行不能的原因看，聊城伟业作为出口商，系钢管销售商，在与马瑞格公司的缔约过程中自称是不存在的生产厂家的代理人，在合同履行中也未将该事实明确告知对方，聊城伟业存在明显过错，应承担因履行不能给马瑞格公司造成的损失。预付款 46 208. 74 欧元的利息和 61. 26 欧元的银行手续费用属于马瑞格公司的损失。马瑞格公司主张利息损失，自 6 月 4 日中电华东收到预付款之日起至次年 7 月 20 日止的预付款利息和 61. 26 欧元的银行手续费用，聊城伟业应予赔偿。

中电华东仅是涉案货物的出口代理商，虽然其接受了马瑞格公司的预付款，但已将该款转交聊城伟业，不存在违约行为，不应承担民事责任。马瑞格公司要求中电华东承担民事责任的请求，一审法院不予支持。

关于马瑞格公司主张聊城伟业应赔偿预期利益损失 23 125. 00 欧元（231 350. 00 欧元×10%）的问题，因马瑞格公司未提供证据证明其预期利益损失，故对该项诉讼请求，一审法院不予支持。

综上，根据中国《民法通则》第 145 条，中国《合同法》第 32 条、第 42 条第 2 款及第 3 款、第 94 条第 4 款、第 97 条、第 126 条，中国《民事诉讼法》第 42 条、第 64 条第 1 款、第 120 条第 1 款、第 128 条、第 237 条、第 249 条，《最高人民法院关于民事诉讼证据的若干规定》第 2 条之规定，一审法院判决：（1）解除马瑞格公司与聊城伟业签订的合同；（2）聊城伟业向马瑞格公司返还收到的预付款 46 208. 74 欧元（按照 6 月 4 日欧元与人民币的汇率折合人民币）；（3）聊城伟业向马瑞格公司支付预付款的手续费 61. 26 欧元（46 270 欧元减去 46 208. 74 欧元）（按照 6 月 4 日欧元与人民币的汇率折合人民币）；（4）聊城伟业向马瑞格公司支付 46 208. 74 欧元的利息（按照 6 月 4 日欧元与人民币的汇率折合人民币）（按照中国人民银行同期贷款利率，自 6 月 4 日开始计算至次年 7 月 20 日止）；（5）驳回马瑞格公司的其他诉讼请求。一审案件受理费 11 641 元人民币，聊城伟业承担 7 939 元人民币，马瑞格公司承担 3 702 元人民币。

聊城伟业不服一审判决，提起上诉。

聊城伟业上诉称，（1）一审判决认定事实不清，上述合同不存在自始履行不能的情形。该合同中约定的钢管生产厂家为成都无缝钢管有限责任公司。合同签订后，聊城伟业因发现该生产厂家未进行工商登记注册，遂根据诚实信用原则，经马瑞格公司同意，在保证钢管原产地为中国、产品质量符合马瑞格公司要求的前提下，准备了货物。该批货物经马瑞格公司委托鉴定，除 3 根钢管被鉴定为质量不合格外，其余钢管均符合约定的质量标准要求。聊城伟业在马瑞格公司认可检验结果后，及时办理了相关出口手续，为合同的履行做了必要而充分的准备工作。马瑞格公司能够实现合同目的。（2）聊城伟业不应向马瑞格公司返还预付款、赔偿手续费及相应利息。马瑞格公司对生产厂家表述错误导致聊城伟业不能依约提供钢管；聊城伟业已备齐货物，在马瑞格公司未支付剩余货款、迟延给付的情况下，聊城伟业不能发货，马瑞格公司应支付违约金。故，即使合同解除，聊城伟业也不应退还预付款，赔偿手续费和利息。（3）一审判决适用法律错误，该合同不能解除。聊城伟业未向马瑞格公司提供过质量保证书，马瑞格公司亦未要求聊城伟业提供，不可能存在伪造质量保证书的情形，此事实已经一审判决认定。聊城伟业提供的货物在经马瑞格公司委托、指导人员参与检验的情况下，已被验收合格（除3根不合格外）。现马瑞格公司要求解除合同，违反诚信原则，对聊城伟业极为不公。若合同被解除，聊城伟业必然因钢管价格下降受到巨大经济损失，故该合同应继续履行。综上，请求二审法院撤销一审判决；本案诉讼费由马瑞格公司承担。

马瑞格公司辩称，法院应驳回聊城伟业的上诉请求，理由如下：（1）聊城伟业因自身过错不能依约定提供品牌钢管，是案件的基本事实。聊城伟业系国内专门从事无缝钢管、钢材批发和零售的企业，在缔约过程中自称合同约定生产厂家的代理人，故其应清楚合同约定的生产厂家。合同签署后，聊城伟业不能提供该厂家钢管，具有明显过错。马瑞格公司从未同意以其他冒牌钢管代替合同中约定厂家的钢管。一审判决亦认定双方并未就该合同的变更履行达成一致意见。（2）聊城伟业提供的冒牌钢管质量不合格。① SGS 对钢管质量出具的检验结果为："须经买方评估"，97根钢管中有3根存在缺陷。因检验结果报告不是清洁报告或检验证书，并不免除聊城伟业的履约义务。因此，此结果报告不能证明钢管质量符合合同要求。② 马瑞格公司亦未认可检验结果。从 SGS 检验出的质量问题，马瑞格公司了解到聊城伟业并非依约提供品牌钢管，故要求聊城伟业使用集装箱装运不同型号钢管运到意大利以便检验钢管的内在情况。③ 一审法院判决解除合同，适用法律正确。聊城伟业使用冒牌、质量存在严重瑕疵的钢管替代合同约定的品牌钢管，致合同目的无法实现，合同应予解除。

一审被告中电华东述称，该合同的主体为聊城伟业与马瑞格公司，中电华东并非该合同的当事人。马瑞格公司依该合同关系要求中电华东承担责任于法无据，一审判决认定该事实正确。

二审法院查明的案件事实与一审法院查明事实相同。

二审法院认为，本案系涉外货物买卖合同纠纷，各方当事人均同意适用中国《合同法》及相关法律，因此，应适用中国法律解决本案所涉争议。

本案当事人争议的焦点问题如下：（1）合同是否应解除；（2）若合同被解除，聊城伟业是否应返还马瑞格公司预付款、手续费及利息；（3）一审法院适用法律是否正确。

关于第一个焦点问题，该合同明确约定：聊城伟业出售给马瑞格公司的无缝钢管应为 CHENGDU SEAMLESS STEEL PIPES MANUFACTURE CO.，LTD 所生产，该合同约定的生产厂家并不存在，聊城伟业在合同签订后不可能依约履行合同，故合同履行不能。聊城伟业现准备的货物与约定交付的标的物不符，其亦未提供证据证明与马瑞格公司就合同的变更履行达成一致意见。故马瑞格公司在订立合同时的预期目的无法实现，合同无法继续履行，应予解除。

关于第二个焦点问题，聊城伟业作为无缝钢管的销售商，在缔约过程中应如实陈述自身的经营能力。在缔约过程中，聊城伟业自称系 CHENGDU SEAMLESS STEEL PIPES MANUFACTURE CO.，LTD 的代理销售商，马瑞格公司基于该陈述与其签订了合同。但该生产商并不存在的事实导致合同目的无法实现，合同应予解除。聊城伟业对合同的解除存在完全过错，应承担合同解除给马瑞格公司造成的损失并返还马瑞格公司履行该合同已支出的价款。

关于第三个焦点问题，因合同无法继续履行，合同目的无法实现，根据中国《合同法》第 94 条第 4 款的规定，应予解除；同时，根据中国《合同法》第 97 条的规定，聊城伟业应返还马瑞格公司已支付的预付款，赔偿马瑞格公司损失的手续费及相应利息。一审法院适用法律正确。

综上，聊城伟业的上诉请求，无事实根据和法律依据。一审判决认定事实清楚，适用法律正确，应予维持。根据中国《民事诉讼法》第 153 条第 1 款第 1 项之规定，判决如下：驳回上诉，维持原判。二审案件受理费 11 641 元，由聊城市伟业承担。

九、国际货物买卖合同能否同时适用《公约》和中国法律

下列案例中，中美买卖双方签订了三份国际货物销售合同，约定美国买方向中国卖方购买一批自行车和摩托车。买方在支付了三份合同总价的 30% 预付款后，卖方却未履行合同项下的交货义务。买方认为，卖方与案外人是否存在代理关系不影响卖方存在不交货的实质性违约。而卖方则认为其作为代理人，可免除合同的履行义务，依中国《合同法》，该合同直接约束买方与委托人，卖方无须承担返还买方预付款的义务。仲裁庭认为，合同应适用《公约》，但不属于《公约》解决范围的，适用中国法律。

某年 6 月 21 日和 7 月 13 日，美国某公司（下称“美国买方”）与中国上海某公司（下称“中国卖方”）签订了三份货物销售合同。合同分别约定美国买方向中国卖方购买 Z-Bike 50 型 83 辆、Z-Bike 125 型 42 辆和 Z-Bike150 型 41 辆以及 MOTORCYCLE GTX150、MOTORCYCLE AX100、MOTORCYCLE MX150 各 200 辆；上述三份合同的货款分别为 33 392. 00 美元、29 880. 00 美元以及 156 000. 00 美元。三份合同的第 4 条付款条款（Terms of Payment）均约定付款方式为：30% T/T IN ADVANCE AND70% AGAINST COPY OF B/L；第 5 条 运输时间条款（Time of Shipment）均约定运输时间为：WITHIN 30 DAYS AFTER RECEIVED THE 30% T/T。第 10 条附加条款和条件条款（Additional Terms & Conditions）约定“As an agent, the seller hereby wishes to be released and discharged from further performance of, and all duties, obligations or liabilities under the contract, and the contract shall be and remain in full force and effect between the buyer and the consigner.”。此外，三份合同还对 Port of Shipment、Port of Destination、Insurance，以及 Inspection、Lodge a claim 等事项作出约定。

美国买方（申请人）主张：

依据该三份国际货物销售合同付款条款的约定，美国买方于 6 月 23 日将第一份合同总价的 30%，共 10 017. 60 美元汇给中国卖方。此后，又于 7 月 1 日将另两份合同总价的 30%，共计 55 764. 00 美元汇给中国卖方。根据三份合同规定的运输条款，中国卖方本应于 7 月 23 日之前提交第一份合同项下的货物，于 8 月 1 日之前提交另二份合同项下的货物。但时至仲裁日，在经买方的业务代表与中国卖方进行多次沟通和协商之后，中国卖方仍不履行上述三份合同项下的交货义务。为顺利解决买卖双方之间的纠纷，美国买方的代理人于次年 4 月 6 日向卖方发出律师函，宣布解除原三份国际货物买卖合同，并且要求中国卖方返还美国买方已经支付的预付款共计 65 781. 60 美元，以及要求中国卖方承担其他相应损失。因此，美国买方的主张归纳为：

1. 本案适用的法律是《公约》，而不是中国《合同法》。
2. 三份货物销售合同的第 10 条，无论是否有效，都不影响中国卖方承担向美国买方

交货的义务。

3. 中国卖方存在不交货的实质性违约行为，应返还美国买方已支付的预付款并赔偿其所有相关损失。

4. 至于中国卖方是否与摩托车公司之间存在代理关系、美国买方是否与摩托车公司之间存在直接的业务往来、中国卖方是否将美国买方支付的预付款转给了摩托车公司等问题，都是与本案审理没有实质性联系的问题。因为，对这些情况真实与否的判定，只有在本案适用中国《合同法》时才有意义。但本案并不适用中国《合同法》。

5. 虽然上述第4点结论所述的各种问题与本案的审理没有实质性联系，但美国买方明确否定上述情况的存在。中国卖方提出的用以证明上述情况的各种证据，亦都存在严重而明显的缺陷。

美国买方依据合同中的仲裁条款，向中国国际经济仲裁委员会提起仲裁，其仲裁请求为：

1. 裁决中国卖方返还美国买方已支付的合同预付款共计65 781.60美元（可选择以人民币方式返还），且支付同期银行贷款利息30 355.97元人民币。

2. 裁决中国卖方赔偿美国买方的法律服务费用及办理本案所支出的其他合理费用（暂按15万人民币计）。

3. 裁决中国卖方承担本案的仲裁费。

中国卖方（被申请人）主张：

依适用法律和销售合同的相关约定，中国卖方作为出口代理人无须承担返还美国买方预付款的义务。买方的各项仲裁请求均应予以驳回。

在出口业务中，中国卖方系接受上海某摩托车公司（下称摩托车公司）的委托代理出口相关货物。本案，均由摩托车公司和美国买方直接洽谈并确定了出口货物的品名、规格、价格、装运条件及其他各项主要交易条件。基于此，在销售合同订立时，中国卖方特别在合同中明确向美国买方表明了代理人身份，且销售合同中亦明确约定了免除中国卖方在合同项下的任何责任、义务，该合同直接约束美国买方与委托人。

美国买方汇寄至中国卖方的各笔款项已及时地转付给摩托车公司，故在订立销售合同时，美国买方对于中国卖方在此次交易中作为出口代理人的地位以及中国卖方与摩托车公司之间业已存在的委托代理关系是明确知晓的。

美国买方在其12月18日出具的授权书中亦对此作了进一步的陈述和确认。依中国《合同法》第402条“受托人以自己的名义，在委托人的授权范围内与第三人订立的合同，第三人在订立合同时知道受托人与委托人之间的代理关系的，该合同直接约束委托人和第三人，但有确切证据证明该合同只约束受托人和第三人的除外”的规定，以及合同第10条的约定，销售合同直接约束美国买方和摩托车公司，中国卖方作为代理人无须承担销售合同项下的任何责任、义务等，亦无须向买方承担任何返还预付款的义务和责任。因此，中国卖方的主张归纳为：

1. 在适用《公约》时，应首先适用中国《合同法》第402条。

2. 销售合同第10条为有效条款。

3. 依中国《合同法》第402条以及销售合同第10条，销售合同约束美国买方和摩托车公司。

4. 中国卖方作为代理人，无须向美国买方承担返还预付款的责任。

5. 美国买方的各项仲裁请求应予以驳回。

仲裁裁决：

1. 申请人的全部仲裁请求不予支持。

2. 本案仲裁费用全部由申请人承担。

本裁决为终局裁决，自裁决书作出之日起生效。

本案涉及以下问题：

1. 关于本案三份货物销售合同的效力和法律适用

买卖双方于6月21日、7月13日签订的三份货物销售合同，是双方真实意思一致的表示，双方对此并无异议，仲裁庭确认其法律效力，并认为该合同是确定双方权利义务的法律根据，双方均应恪守合同，按合同的约定履行义务、行使权利。

由于本案三份合同中均未约定法律适用条款，因而解决本案的法律适用问题遂成为双方争议的首要问题。但仲裁庭注意到，双方对这一问题的理解既存在严重的分歧，也有一致的认识。双方的一致认识表现在，双方总体上均认为本案应适用《公约》，还应适用中国《合同法》。如美国买方在主张适用《公约》的前提下，又主张依中国《合同法》确认上述合同中的第10条为无效条款。而中国卖方则明确表示本案适用以上两法。因此，仲裁庭综合双方的共同认识认定，双方均同意，如本案除适用《公约》外，尚需适用其他法律的，应适用的是中国法律。

仲裁庭认为，双方虽然未在本案合同中选择适用的法律，但现时对适用法律的此种意思表示，应视为当事人对适用法律的事后选择，仲裁庭应尊重并予以确认。

双方的分歧主要是：本案合同争议的哪些内容属于不适用《公约》而应适用中国法律的范围。双方对此均作了充分的论证，仲裁庭对双方的观点在此不作赘述，而是针对双方的观点，阐明划分上述范围应当遵循的原则：

（1）《公约》第4条明确规定，《公约》不适用于合同效力或任何条款的效力，或任何惯例的效力。具体到本案，就是关于本案合同条款是否无效的问题，不适用《公约》而应当适用中国《合同法》。

（2）《公约》第7条第2款规定："凡本《公约》未明确解决的属于本公约范围的问题，应按照本《公约》所依据的一般原则来解决，在没有一般原则的情况下，则应按照国际私法规定适用的法律来解决。"该条规定说明，即使属于《公约》范围的问题，若《公约》未明确解决，《公约》又没有相应的一般原则，应另行确定适用法律。不言而喻，若现在发生的问题不属于《公约》的范围，则更应按照国际私法规定适用的法律去解决。

（3）美国买方已援用的中国最高法院转发的原对外经济贸易部《关于执行联合国国际货物销售合同应注意的几个问题》提出："……我国政府既已加入《公约》，也就承担了执行《公约》的义务……，故各公司对一般的货物买卖合同应考虑适用《公约》，但公司亦可根据交易的性质、产品的特性及国别等具体因素，与外商达成与《公约》条文不一致的合同条款，或在合同中明确排除适用《公约》，转而选择某一国的国内法为合同适用法律。"值得注意，此段引文中的但书是列举的不适用《公约》的并列的两种情形。不难理解，若适用《公约》的买卖合同中含有与《公约》条文不一致的合同条款，这是合同当事人特别约定的排除适用《公约》解决的合同条款，其作用等同于当事人明确排除适用《公约》而选择其他适用法律。

当然，仲裁庭并不认为中国原对外经济贸易部这份文件具有司法解释的效力，只是认为该文件对《公约》适用的提法，符合国际法的规定，与《公约》第7条第2款相一致。仲裁庭亦持此观点并据此对本案相关问题作出判断。

综上所述，仲裁庭的结论意见是，本案合同纠纷的解决应适用《公约》，若纠纷涉及尚需适用《公约》之外的法律的，应适用中国法律。遇有合同中约定了与《公约》条文不一致的合同条款，不属于《公约》范围的问题，具体到本案，也应适用中国法律来解决。仲裁庭根据上述结论来确定本案合同不适用《公约》而适用中国法律的范围，认为：① 对本案合同第10条是否属于无效条款，应适用中国法律来解决，对此双方均无异议，应予确认。② 对本案合同的第10条，经对照（该条款含义以下文认定的中国卖方提供的译文为准），与《公约》的条文不一致，不属于《公约》范围的问题。故对该合同条款的解释和执行适用中国法律来解决。

2. 关于本案三份合同第10条的正确含义和法律效力

美国买方主张本案三份合同第10条，用中文理解的真正含义是：中国卖方除了履行该合同中的义务和责任外，不需要再进一步承担其他义务和责任了。中国卖方则将该条款翻译为："附加条款和条件：作为代理人，卖方兹此免除合同的进一步履行和合同项下的任何义务或责任，本合同约束买方和委托人。"仲裁庭经研究，认为中国卖方的译文较符合英文原意，故采纳中国卖方对该条文的翻译，将该译文表达的文意认定为对该英文合同条款的正确表达。

细查上述译文所表达的本案合同第10条的内容，其与中国《合同法》第402条规定内容十分相似。从中国卖方的背景分析，不难判断，该合同条款的拟制，源于中国《合同法》第402条的规定。

首先，美国买方针对中国卖方对合同第10条的译文提出，该条款是格式条款，根据中国《合同法》第40条"提供格式条款一方免除其责任，加重对方责任，排除对方主要权利的，该条款无效"的规定，该条款应被认定为无效。暂且不论该条款是不是中国《合同法》规定的格式条款，即使视其为格式条款，由于该条款的内容与中国《合同法》第402条的规定相符，就不应认定其属于同一法律规定的免除己方责任而加重对方责任，排除对方主要权利的性质。具体地说，中国《合同法》第402条规定，准许代理人以自己的名义与第三人签订货物买卖合同，但在一定条件下，即其行为在委托人授权范围内，第三人在订合同时明知受托人与委托人的代理关系的，该合同直接约束委托人和第三人，而代理人无须承担合同一方的义务。由此，仲裁庭认为，本案合同第10条规定的权利义务内容与《合同法》的规定不相悖，不应认定为无效合同条款。

其次，关于美国买方是否在订合同时明知受托人与委托人的代理关系，结合美国买方经公证的授权书及中国卖方提供的代理出口协议等证据，仲裁庭对此事实予以认定。

3. 关于申请人的仲裁请求

仲裁庭注意到，按本案所争合同第10条约定的内容，美国买方在订立合同之初，就明知中国卖方以代理人的身份与其签署合同，且确认了上述条款。故仲裁庭认为，双方当事人的上述约定是意识自治的表现，对双方均具有约束力。该合同条款明确规定，中国卖方作为代理人免除合同进一步履行和合同项下的任何义务和责任。美国买方欲向中国卖方主张返还预付款及银行利息的请求缺乏合同依据，至于美国买方提出中国卖方未将其所收到的预付款交给其委托人，即使属实，也不能成为美国买方向中国卖方主张还款的理由。因为中国卖方作为代理人，其接受美国买方预付款的行为应作为其委托人接受预付款的行为。此外，若中国卖方未尽代理之责，则仅涉及他们之间的法律关系，并不影响美国买方通过法律途径向相关当事人主张权利。综上，仲裁庭对美国买方的全部仲裁请求不予支持，并相应决定由美国买方承担本案全部仲裁费用。[①]

① 参见“国际货物销售合同争议案”，http://cn.cietac.org/TheoryResearch/read.asp? hangye。

第二篇

国际贸易术语惯例与规则

第三章 国际贸易术语惯例概述

国际贸易术语惯例（Incoterms）是国际贸易惯例的主要内容之一，这一惯例为全球贸易商所普遍接受。它可简化交易程序，缩短洽商时间，节约费用；有利于双方进行价格比较，加强成本核算；有利于妥善解决贸易争端。目前，全球贸易商广为使用的贸易术语惯例，是国际商会颁布的《国际贸易术语解释通则》（Incoterms）。该惯例随着国际贸易的不断发展，也在不断地完善，其内容更加符合国际贸易的习惯做法。

一、国际贸易术语产生的原因及其作用

国与国之间的贸易是跨越国界的，具有距离远、环节多、涉及面广、风险大等特点。交易双方在洽商和订立合同时，将会遇到许多国内贸易所没有的问题。如卖方在什么地点（内陆、港口、车站、飞机场）、以什么方式交货（直接交给买方或交给其指定的承运人）。货物发生损坏或灭失的风险，何时（交货时或到货时）由卖方转移给买方。由谁负责办理货物运输、保险以及海关过境等的手续（卖方或买方）。由谁负担运费、保险费、检验费、装卸费、进出口捐税及其他杂项费用（卖方或买方）。交易双方需要交接哪些单据（提单、保险单、发票、检验检疫证明等）。若每笔交易都要求双方对上述问题逐项磋商，必将耗费大量的精力、时间和成本，不利于交易的达成。但上述问题又是每笔交易必须加以明确的最基本的问题。

为解决上述问题，在长期的国际贸易实践中逐渐产生了各种不同的贸易术语。通过采用不同的贸易术语，上述问题则可很容易地解决。由于不同的贸易术语，交易双方所承担的风险、责任和有关费用不同，若采用卖方承担风险大、责任多、费用高的贸易术语，其价格自然要高些；反之，若采用买方承担较多风险、责任和费用的贸易术语，则货价相应低些。由此可见，贸易术语具有两重性。一方面，它可用来确定交易条件，换言之，它可说明交易双方在交易过程中各自承担的风险、责任和费用；另一方面，它又可用来表示交易商品的价格构成要素和价格的高低。这就是贸易术语又可称为贸易条件或价格术语的原因。另外，在国际贸易中，采用不同的贸易术语，如 FOB 或 CIF，就使该贸易合同具有了与采用其他贸易术语不同的特点，因而该合同又可称为“FOB 合同”或“CIF 合同”等。

随着国际贸易的发展，在大多数从事国际贸易的进出口商之间逐渐地形成了贸易术语，因其被经常使用而逐渐形成了惯例。由于这些惯例的存在，可使各国商人之间的交易依据惯例进行，进而使得交易顺利开展，减少了商人之间的争议和摩擦。

减少国际贸易双方的争议和摩擦有两种做法：一方面是制定统一的贸易规则，这一般需要世界各国之间加以协商或由国际组织协调各国的法律，但这一过程非常缓慢，不能完

全满足国际贸易的快速发展；另一方面是贸易双方依某种习惯进行，即寻求双方的共同点，且不会发生矛盾，若贸易发展出现了新问题，则可对这一习惯稍做修改即可。由于贸易发展很快，而这种习惯的修改只需双方当事人协商一致即可满足形势发展的需要，因而对促进贸易发展的作用很大。

国际商会自 20 世纪 20 年代初开始对贸易术语进行统一解释的研究，这项工作具体是由国际商会下设的国际商业惯例委员会来完成的。国际商会于 1936 年提出了一套解释贸易术语的具有国际性的统一规则，定名为 Incoterms1936，其副标题为 International Rules for the Interpretation of Trade Terms，即《1936 年国际贸易术语解释通则》。其中，Incoterms 是 International Commercial Terms 的缩写形式。

国际商会制定 Incoterms 的目的在于，对国际贸易合同中所使用的贸易术语提供一套具有国际性的解释，使从事商业活动的人们在不同国家有不同理解的情况下，能选用确定而统一解释的贸易术语。因此，采用 Incoterms，可避免不同国家对这些术语的不同解释，或者至少可将这种情况减少到尽可能小的程度。

国际贸易术语出现后，可用简单的英文字母代替复杂的语言和文字描述，只要双方同意采用某一种贸易术语，其贸易谈判过程和合同内容则可以大为简化，因此，贸易术语的产生极大地推动了国际贸易的发展。其具体表现为：首先，简化交易程序，缩短洽商时间，节省费用。由于每一种贸易术语均有明确的含义和具体的规定且被广泛接受，成为从事国际贸易的统一惯例和规则，因而为简化交易程序、减少时间、节约费用提供了便利条件。其次，有利于贸易双方进行价格比较，加强成本核算，灵活选择不同的贸易术语。每一贸易术语所包含的价格因素不同，从属的费用就不同，因而采用不同的贸易术语，其货物的价格也就不同。双方可依相关因素比较价格的高低，预算贸易成本，按照自己的需要选择某一贸易术语。最后，有利于妥善解决贸易争议。贸易双方签订合同时，因某种原因可能对某一事项规定不明确甚至没有约定，当履约中产生争议、无法依合同规定解决时，可援引相关的贸易术语惯例加以处理。

二、国际贸易术语的发展变化

国际贸易术语是在国际贸易长期实践中产生的，同时随着国际贸易的不断发展，贸易术语的数量、名称及其内容等方面也在不断地发展和变化，使其更加符合国际贸易的习惯做法。因此，随着贸易实践的需要，新的贸易术语应运而生，不合时宜的贸易术语逐渐被淘汰。国际商会于 1936 年首次制定了 Incoterms，此后分别于 1953 年、1967 年、1976 年、1980 年、1990 年、2000 年、2010 年和 2020 年进行了多次修订，以反映国际贸易的发展变化。

Incoterms®2020 重点对货物运输中的安全、运输、保险以及 FCA 条件下，银行在特定货物买卖融资中对已装船提单的要求予以重点修订。同时，还以更加简明的方式呈现所有的术语，包括对语言的修改、对引言和解释的扩充以及对条款顺序的重新编排，以更好地反映买卖交易的逻辑。

新版国际贸易术语惯例《国际贸易术语解释通则 2020》（Incoterms®2020）已于 2020 年 1 月 1 日正式生效。

三、其他贸易术语的国际惯例

在有关贸易术语的国际惯例中，除了包括内容最多、使用范围最广和影响最大的国际商会的 Incoterms 之外，还有下列两种国际贸易术语惯例。

（一）《华沙-牛津规则》（Warsaw-Oxford Rules）

19 世纪中期，CIF 贸易术语开始在国际贸易中被广泛采用，但在使用这一贸易术语时，关于买卖双方各自承担的义务并没有统一的规定和解释，因而给双方带来不便。为此，国际法协会于 1928 年在波兰的华沙开会，专门为解释 CIF 合同制定了统一规则，称其为《1928 年华沙规则》，共 22 条。其后，该规则又于 1930 年纽约会议、1931 年巴黎会议、1932 年牛津会议进行修订，修订后的条文共 21 条，称为《华沙-牛津规则》（Warsaw-Oxford Rules，简称 W. O.）并一直沿用至今。这一规则对 CIF 的性质、贸易双方所承担的风险、责任和费用的划分以及货物所有权转移的方式等事项均做出了详细的解释。该规则在总则中说明：该规则供交易双方自愿采用，凡明示采用者，合同当事人的权利与义务应援引本规则的规定；经双方明示约定，可以对本规则的任何条款予以变更、修改或增添；若本规则与合同条款发生冲突，则应以合同为准；凡合同中没有约定的事项，应按本规则办理。

（二）《美国对外贸易定义修订本》（Revised American Foreign Trade Definition）

1919 年，美国九个大商业团体制定了《美国出口报价及其缩写条例》（The U. S. Export Quotations and Abbreviations）。其后，又于 1940 年和 1941 年予以修订，称为《1941 年美国对外贸易定义修订本》。1990 年，美国对该文本予以修订，形成了《1990 年美国对外贸易定义修订本》，该修订本对六种贸易术语做了解释。该修订本主要在美洲国家使用。由于它对贸易术语的解释，特别是对 FOB 术语的解释与 Incoterms 的解释有明显差异，因此，中国企业在与美洲国家进行交易时，应予特别注意。另外，其序言中明确规定，本定义无法律约束力，除非有专门的立法规定或为法院判决所认可。要使其对有关当事人具有法律约束力，建议买卖双方接受此定义作为买卖合同的组成部分。

第四章 Incoterms® 2020

一、Incoterms®2020 概述

国际贸易术语惯例《国际贸易术语解释通则》（Incoterms）自 1936 年由国际商会（ICC）制定以来，为适应国际贸易发展的需要，历经多次修订。新版国际贸易术语惯例《国际贸易术语解释通则 2020》（下称 Incoterms®2020）于 2020 年 1 月 1 日正式生效。

目前，Incoterms 已被各国贸易商普遍接受，其适用已呈现全球性和广泛性的特征，因此凡是与贸易有关的行业均在其适用范围之内。新版 Incoterms®2020 的适用将对全球贸易产生一定的影响。为配合对新版术语惯例的适用，从事贸易、银行、运输、保险等行业的业者应尽快熟悉这一最新国际贸易惯例，及时与国际惯例接轨，确保准确运用最新贸易术语，发挥其在贸易中的独特功能。

（一）Incoterms®2020 修订背景

全球经济的增长给予大多数企业前所未有的进入世界市场的更多机会。因此，当今，货物得以在更多的国家，以更大的数量、更多的品种、更快的节奏进行买卖。但随着全球贸易规模的增长和复杂程度的增加，若买卖合同订立不当，误解，则代价昂贵（costly）的纠纷发生的可能性也随之增加。Incoterms 是适用于国内与国际贸易的术语，以便利全球贸易行为，解决此类风险。

在货物买卖合同中援引 Incoterms，可在诸如交货、费用、风险转移以及运输和海关清关安排等方面清晰界定当事人相应的义务，从而减少潜在纠纷发生的可能性。

自国际商会于 1936 年首次编纂了一套标准的贸易术语 作为 Incoterms 规则以来，这套在全球范围内被广为接受的标准被数次更新，以反映国际贸易的发展。

Incoterms®2020 对货物运输中的安全、自行运输、保险及 FCA 条件下，银行在特定货物买卖融资中对已装船提单的要求等予以重点修订。

Incoterms®2020 还以更加简明的方式呈现所有的术语，包括对语言的修改、对引言和解释的扩充以及对条款顺序的重新编排，以更好地反映买卖交易的逻辑。

Incoterms®2020 也是国际商会 Incoterms 的第一个包含“横向”展示的版本，即把所有类似条款集中在一起，使贸易商清楚地看到 11 个术语在处理特定问题上的差异。

（二）Incoterms®2020 宗旨

Incoterms®2020 的宗旨包括四个方面：

1. 解释 Incoterms®2020 规定及不规定的内容，以及如何将其以最佳方式并入合同中；

2. 阐明 Incoterms®2020 的重要基本事项：买卖双方的基本角色和责任、交货、风险，以及 Incoterms®2020 与典型的进出口买卖合同（以及适用时的国内买卖合同）的各个附属合同（注：运输合同、保险合同 等）之间的关系；

3. 解释如何以最佳方式为特定的买卖合同选择正确的贸易术语；

4. 阐明 Incoterms®2010 与 Incoterms®2020 之间的主要变化。

（三）Incoterms®2020 规范的内容

1. Incoterms®2020 解释了一套最常用的 11 个贸易术语，如 CIF 和 DAP 等，反映了贸易商之间货物买卖合同的实务。

2. Incoterms®2020 阐述了以下主要内容：

义务：买卖双方各需履行哪些义务，例如哪一方负责货物的运输或保险，哪一方获取装运单据和进出口许可证等；

风险：卖方在何地何时“交付”货物，换言之，风险在何地何时从卖方转移给买方；

费用：买卖双方各自承担哪些费用，如运输、包装或装卸费用，以及货物查验或与安全有关的费用。

Incoterms®2020 在一套 10 个条款中规定了上述范围，按照 A1/B1 等排序，A 条款代表卖方的义务，B 条款代表买方的义务。

（四）Incoterms®2020 不涉及的内容

Incoterms®2020 本身不是一份买卖合同，因此不能替代买卖合同。Incoterms®2020 设计的目的在于，反映任何种类的货物的贸易实务，而非特定货物的贸易实务，其既可适用于如散装铁矿石交易，也可适用于如集装箱或托盘货物等的交易。

具体而言，Incoterms®2020 不涉及或不处理下列事项：

1. 买卖合同究竟是否存在；（注：合同是否成立，由适用法律决定）

2. 出售的货物的规格；（注：货物本身质量，由合同决定）

3. 货款支付的时间、地点、方式或币种；（注：由附属合同决定）

4. 买卖合同的违约救济；（注：由合同或适用法律决定）

5. 迟延或其他违约行为所导致的后果；（注：由合同或适用法律决定）

6. 制裁的影响；（注：由合同或适用法律决定）

7. 征收关税；（注：由合同或适用法律决定）

8. 进出口禁令；（注：由合同或适用法律决定）

9. 不可抗力或管制情形；（注：由合同或适用法律决定）

10. 知识产权；（注：由合同或适用法律决定）

11. 违约情况下纠纷解决的方式、地点或适用法律。（注：由合同或适用法律决定）

最为重要的是，Incoterms® 2020 不涉及买卖货物的财产权/所有权的转移问题。（注：由合同或适用法律决定）

因此，当事人需在其买卖合同中对上述事项做出具体约定，否则，日后极易产生争议。从本质上讲，Incoterms®2020 其本身并不是买卖合同，该规则只在被并入已存在的合同后才成为合同的一部分。Incoterms®2020 也不提供合同适用的法律。适用于合同的法律 或许是国际法，如《联合国国际货物销售合同公约》，或许是如与健康和安全或环保有关的国内的强制性法律，或许是与合同、买卖或知识产权等有关的国内任意法。

二、如何将 Incoterms®2020 最佳地并入合同

若当事人期望 Incoterms®2020 适用于其买卖合同，确保实现这一期望的最安全做法是，在其合同中以下列措辞明确地将术语并入其中，例如：CIF Shanghai，China Incoterms®2020；或 DAP # # Works Beijing，China Incoterms®2020 during July，2019.

若术语中遗漏年份，可能会带来问题。当事人、法官或仲裁员需确定合同适用的是 Incoterms 的哪个版本。

贸易术语之后的指定地点更为重要。在所有术语中，指定的地点表明货物的风险从卖方转移给买方的地点；在 D 组术语中，指定的地点为交货地，也是目的地，卖方须组织运输至该目的地；在 C 组术语中，该指定的地点表明，卖方须组织货物运输并支付运费到该目的地，但该地点并非交货地或交货港。若该地点不明确，可能导致争议。例如，FOB 中国港口，可能存在买方须向何处派船以便卖方装船和运输货物，及卖方须在何处的船上交货并将货物的风险从卖方转移给买方的争议。再如，对指定目的地不清楚的 CPT 合同（如 CPT 美国港口），可能存在卖方必须签订货物运输合同并支付运费到何地的疑问。

为避免此类问题，在术语中，最好根据具体情况尽可能地指明港口、地方（place）或地点（point）的具体地理位置。如 CIP555 Lexington Avenue，10th Floor，New York，USA Incoterms®2020。

三、Incoterms®2020 中交货、风险与费用规则及三者的关系

国际商会指出，2010 年之前的 Incoterms 将所有术语分为 E 组、F 组、C 组和 D 组。自 2010 年以后，已按运输方式分组，但以往的分组方式仍然有助于理解交货、风险及费用转移界限的关系。

每一术语之后的指定地点或港口（如 CIP# # Chicago 或 Seattle，USA Incoterms® 2020）发挥至关重要的作用。

1. 术语之后指定地点或港口的作用表现

E 组和 F 组术语下（如 EXW # # Beijing，China；FOB Shanghai，China），指定地点或港口被视为卖方已经完成将货物“交付”给买方或其处置的地点或港口；

C 组术语下（如 CIF Tianjin，China），该地点或港口是卖方组织货物运输到达的地点或港口，即目的地；

D 组术语下（如 DPU Chicago，USA），该地点或港口是交货点和目的地。

2. 交货点（Delivery Point）是货物风险划分的界限

EXW 术语中，风险在运输过程开始之前（交货点）就已发生转移；在 D 组术语中，风险在运输过程结束后（交货点）转移。在 F 组和 C 组术语中，风险则在出口国完成“交货”（船边、船上、交付承运人-交货点）之后转移。

3. 交货点也是费用划分核心点

依 Incoterms®2020，每一术语的 A2（Delivery：卖方交货）中所指的交货点（如 FCA

Beijing Airport, China）也表明 A9（Allocation of Costs）中，买卖双方费用划分的核心点。换言之，A9 将交货点之前发生的费用划归卖方承担，其后的费用则由买方承担。

4. 交货点与货物是否实际到达的关系

在 E 组、F 组及 C 组术语中，无论货物是否实际到达目的地，卖方均在交货点履行了其交货义务。（注："装运合同"）

在 D 组术语中，只有货物实际到达目的地（交货点），卖方才履行了其交货义务。

5. 交货点可能给贸易商义务带来不便

Incoterms®2020 中，两端的两个术语分别是 EXW 和 DDP。国际商会建议贸易商对其买卖合同考虑这两个术语的替代术语。

因为在采用 EXW 术语交易时，卖方仅需将货物在出口国交货点交由买方处置，这可能在装货和出口清关方面给买方带来问题。建议买方最好采用 FCA。同样，采用 DDP 交易时，卖方对买方承担的某些义务，例如进口清关，只能在买方所在国（交货点）才能履行。卖方要在买方国家履行这些义务，可能会存在实务或法律方面的困难。因此，这种情况下买卖货物，建议卖方最好采用 DAP 或 DPU 术语。

6. 交货点下的货物具体交付地点

（1）EXW 术语下，卖方须在出口国指定交货地或其约定点（point），将未装载于（买方）接货运输工具上的货物，交由买方处置。（最适合买方在出口国有代理）

（2）FCA 术语下，货物在出口国装载于（买方）指定的运输工具，或交由买方指定的承运人处置。（最适合集装箱运输）

（3）在 CFR、CIF 和 FOB 术语下，货物在出口国装货港装载到（卖方或买方指定的）船上。（最适合杂货-非集装箱运输）

（4）在 CPT 和 CIP 术语下，货物在出口国交付给（卖方指定的）承运人。（最适合出口贸易）

（5）在 D 组术语（DAP、DPU 及 DDP）下，货物在进口国指定地点（与目的地为同一地点）交付给买方。（最适合短途运输及自行运输）

四、Incoterms®2020 对买卖合同的附属合同的作用

买卖双方订立的贸易合同中，总会涉及与此相关的运输、保险甚至信用证等。因此，买卖双方还要订立运输合同、保险合同等。这些与买卖合同相关的其他合同一般称为附属合同（Ancillary Contracts）。那么，Incoterms®2020 对此起到何种作用？

国际商会回答，Incoterms 并不构成该附属合同的一部分。若这些附属合同中加入贸易术语，则 Incoterms 仅约束买卖合同的某些方面的问题。例如，若贸易合同选择 FOB 术语，在与其相关的运输合同中，仅指买方可能须向承运人支付运费而已，别无他指。（注：FOB 术语下，依运输惯例，由承运人而非卖方将集装箱装船。）再如，若贸易合同选择 CIP 术语，在与其相关的保险合同中，仅指卖方可能须投保 ICC 最高险别——（A）条款或类似的最高险别而已，别无它指。（注：CIP 术语下，依保险惯例，买方可能对运输途中的货物并不具有可保利益。——买方拒收、拒付、退回单据。）

因此，Incoterms®2020 规定的内容，如关于运输或运输单据（A4/B4 和 A6/B6）或关于保险（A5/B5）等，并不约束承运人、保险人或所涉及的银行。承运人仅受其所签订的

运输合同的约束并出具运输单据，承运人无需出具符合 Incoterms®2020 要求的运输单据。同理，保险人只需出具与投保人签订的保险合同相符的保单，而非符合 Incoterms®2020 的保单。银行只审核信用证要求的单据，而非买卖合同的要求。

承运人、保险人或银行等，他们并非买卖合同的一方，因而不是 Incoterms®2020 的当事人，也不受该规则约束。但这不等于 Incoterms 对这些附属合同无任何影响。货物进出口是通过一系列合同进行的，这些合同彼此间相互衔接。例如，买卖合同一般会要求提交由承运人在运输合同下向卖方/托运人出具的运输单据，且卖方/托运人/受益人可能希望凭此运输单据在信用证下获得付款。由于起点是买卖合同，若能确保这一系列合同的不同部分彼此衔接是符合卖方和买方利益的，贸易则顺利进行，因此，在适用 Incoterms®2020 的情况下，应与其衔接，否则很可能产生争议。例如，进口贸易合同选择 FOB 术语，运输方式为航空运输，而买方与保险人签订了 EXW 术语的保险合同。货物离开卖方仓库但尚未装机时被盗，买方能否向保险人索赔？

五、11 个 Incoterms®2020 术语的正确选用

Incoterms®2020 中引入的以适用于任一或多种运输方式的术语（包括 EXW、FCA、CPT、CIP、DAP、DPU 与 DDP）和适用于海运与内河水运的术语（FAS、FOB、CFR 与 CIF）的分类以及这些术语之间的区别被保留下来 。

4 个适用于“海运”的术语意在用于卖方在海港或内河港将货物装到船上（或在 FAS 下的船边交货），即卖方在此地点向买方交货。使用这些术语时，货物灭失或损坏的风险从该港口开始由买方承担。

另一方面，7 个适用于任一或多种运输方式的术语（所谓“多式联运”）则意在用于未装上船的地点：

（1）卖方在该地点将货物移交给承运人或交由承运人处置，或者；

（2）承运人在该地点将货物移交给买方或在该地点交由买方处置，或者；

（3）上述（1）和（2）。

这 7 个术语的任何一个中，交货和风险转移何时发生取决于使用的特定术语。如在 CPT 术语中，交货发生于卖方端，即当货物移交给卖方指定的承运人时。在 DAP 术语中，交货发生在货物被置于在指定的目的地或交货点交由买方处置时。

在使用 Incoterms 规则中，最常见问题之一是特定类型的合同选择了错误的术语。如 FOB 之后指定了内陆地点（例如机场或仓库）的买卖合同没有任何道理。为此，买方必须订立何种类型运输合同？买方是否承担对卖方订立运输合同的义务，且承运人须据此在指定的内陆地点或在离该地点最近的港口接收货物？同样，当买方期待货物运至买方国家的内陆地点时，签订一份指定海港的 CIF 买卖合同没有任何道理。为此，卖方须取得运输合同和保险至当事人意想中的最终内陆目的地，还是运到买卖合同指定的海港？

上述行为必将产生不必要的成本或纠纷，而所有这一切都是因为对特定的买卖合同选择了错误的贸易术语。造成“错误的”不衔接的原因是对 Incoterms 的两个最重要特征没有给予正确的理解，即交货和风险转移的港口、地方或地点。频繁误用不正确术语的原因是，Incoterms 规则经常被认为专指价格。如 EXW 价格、FOB 价格或 DAP 价格等。Incoterms 规则中虽然包含价格，但 Incoterms 规则并非专门甚至并非主要是价格指标。它

是公认的买卖双方相互承担义务的规则，其中，最主要的是要指明风险转移的交货港口、地方或地点。为此，贸易当事人必须依运输方式、货物种类、进出口手续、交易意图、进出口国家法律等具体情况，选择最适合的贸易术语。

与 Incoterms®2010 相比较，Incoterms®2020 中义务的排序也发生了变化。

每个 Incoterms® 2020 术语中的所有 10 个 A/B 条款都很重要，但有些比其他的更重要。

Incoterms®2020 对术语中的 10 个条款的内部顺序作出了重大调整。在 Incoterms®2020 中，各个术语的内部顺序现排列如下：

A1/B1 一般义务（General obligations）

A2/B2 交货/提货（Delivery/Taking delivery）

A3/B3 风险转移（Transfer of risks）

A4/B4 运输（Carriage）

A5/B5 保险（Insurance）

A6/B6 交货单据/运输单据（Delivery/ transport document）

A7/B7 出口/进口清关（Export/import clearance）

A8/B8 查验/包装/标记（Checking/packaging/marking）

A9/B9 费用划分（Allocation of costs）

A10/B10 通知（Notices）

特别注意，关于 Incoterms®2020 术语，A1/B1 中记载了各当事人基本的货物与付款义务后，将交货和风险转移移至更显著的位置，即分别移至 A2/B2 和 A3/B3。

A/B 条款顺序的变化，即现在将交货和风险转移问题放在更显著位置，国际商会是期望贸易商更容易识别不同术语之间的差异，即卖方将货物“交付”给买方的时间和地点的不同点，而风险就在那个时间和地点转移给了买方。

Incoterms®2020 首次先列出 11 个术语的传统格式，再于每个标题下列出每个术语的 10 个条款的“横向”格式，先卖方、后买方。现在贸易商更容易看到，例如 FCA 的交货地与 DAP 的交货地之间的区别，或 CIF 由买方承担的费用项目与 CFR 由买方承担的费用项目之间的区别。国际商会希望这种“横向”展现方式可以进一步帮助贸易商选择最适合其贸易需求的 Incoterms®2020 术语。

六、Incoterms®2010 与 Incoterms®2020 之间的区别

Incoterms®2020 背后最重要的举措之一是聚焦如何改善呈现方式，以便引导用户针对其买卖合同正确选择贸易术语。因此：

1. 在引言中更加强调如何正确地选择；
2. 更加清晰地解释买卖合同与附属合同之间的区分与联系；
3. 针对每个贸易术语，将使用说明升级为现在的用户解释说明；
4. 重新对术语内容排序，更加突出交货和风险转移。

尽管看起来所有这一切变化都是表面的，但实际上，它是国际商会实质性的尝试，旨在帮助贸易商更顺利地从事进出口交易。

除上述变化之外，相比 Incoterms®2010，Incoterms®2020 还有一些其他的实质性变化。

国际商会在 Incoterms®2020 中作出的对 Incoterms®2010 的改变包括以下具体内容:

1. FCA 术语下的已装船批注提单;
2. 费用(若列出);
3. CIF 和 CIP 中不同的保险险别;
4. 在 FCA、DAP、DPU、DDP 中使用卖方或买方自有运输工具安排运输;
5. 将 DAT 修改为 DPU;
6. 在运输义务和费用中加入与安全有关的要求;
7. 用户解释说明。

(一) FCA 买卖合同下已装船批注提单

FCA 意为用于单一或多种运输方式。假设货物是在河北石家庄(内陆地点)由国外买方指定的公路运输车辆接货,若期待由承运人出具载有在石家庄装运的已装船批注的提单不现实,因为石家庄没有海港,船舶无法抵达该地装运。但卖方若选择"FCA 石家庄"出口时,有时他们确实需要含有已装船批注提单的情况(通常因银行托收或信用证的要求),该提单必须说明货物在天津港已装船的同时,还要说明货物是在石家庄收妥待运。为满足卖方使用 FCA 术语出口时对已装船提单的可能需求,Incoterms®2020 中的 FCA 术语首次提供了可选机制。

若货物以 FCA 术语且交易经由海运方式运输,卖方或买方(或更可能是其银行,若使用信用证)可能要求已装船批注提单。

但 FCA 术语下的交货在货物装船之前就已完成,无法确定卖方是否能从承运人处获取已装船提单。依运输合同,只有在货物实际装船后,承运人才可能有义务并有权签发已装船提单。为满足这种情形,现在 Incoterms®2020 中的 FCA 术语 A6/B6 提供了一个附加选项。买卖双方可约定,买方须指示其承运人在货物装船后向卖方签发已装船提单,然后卖方有义务,一般通过银行,向买方提交该已装船提单。

国际商会也意识到,尽管已装船提单与 FCA 术语下的交货的结合有些不恰当,但这可满足贸易中显而易见的需求。应强调的是,即使采用了这种可选机制,卖方对买方也不承担运输合同的义务。若采用集装箱运输,国际商会建议卖方最好以 FCA 而非以 FOB 术语交易。

【A6:若买方指示承运人向卖方出具 B6 项下的运输单据,则卖方必须向买方提交承运人出具的这一单据。B6:若双方已如此约定,买方必须自担费用及风险,指示承运人向卖方出具载明货物已装载(loaded)的运输单据(document)(如已装船批注提单——B /L with an on board notation)。】

(二) 费用(若列出)

Incoterms®2020 内容的新排序中,关于费用的规则现在显示在每一术语的 A9/B9 中。

此前,各种费用出现在每一术语的不同部分。如 Incoterms®2010 的 FOB 是在 A8 的标题为"交货单据"中,提到与获取交货单据有关的费用,而非在 A6 的标题为"费用划分"之中。

但在 Incoterms®2020 中,A9/B9 现在列出由每一特定术语划分的所有费用。因而,Incoterms®2020 中的 A9/B9 比 Incoterms®2010 中的 A6/B6 篇幅更长。其目的是向用户提供一站式费用清单,以便卖方或买方可在一个地方找到其在特定术语下将负责的所有费用。但各费用项目也在其本身条款中提到，如 FOB 术语中，与获取交货单据有关的费用仍出现在 A6/B6 及 A9/B9 中。国际商会对此的考量是，有兴趣寻找单据费用具体划分的用户可能更倾向于查找涉及交货单据的特定条款，而非列出所有费用的一般性条款。

（三）CIF 和 CIP 术语中不同的保险险别

在 Incoterms®2010 中，CIF 和 CIP 术语的 A3 均规定卖方有义务“自付费用取得货物保险。该保险需至少符合英国 ICC 的（C）条款或类似的最低险别的条款”。

英国 ICC（C）条款是承保范围最小的险别；而 ICC（A）条款则是承保范围最大的险别。

在 Incoterms®2020 制定期间，曾有人提出将英国 ICC（C）条款转为（A）条款的建议，从而提高卖方为买方利益所取得的险别。当然，这涉及额外的保费。相反，即继续维持 ICC（C ）条款的建议也同样强烈，尤其是那些参与大宗商品海运贸易的贸易商。

在国际商会进行了大量讨论之后，决定在 CIF 及 CIP 术语中规定不同的最低险别。

CIF 术语更可能用于海运大宗商品贸易，尽管双方当然仍可自由商定较高的保险险别，仍将维持 ICC（C）或类似条款作为默示立场的现状。在 CIP 术语中，卖方现在必须取得符合 ICC（A）或类似保险险别，尽管双方当然仍可自由商定较低的保险险别。

（四）在（EXW）FCA、DAP、DPU 及 DDP 术语中使用买方或卖方自有运输工具运输

在 Incoterms®2010 中始终设定，在货物由卖方运往买方的情况下，货物将依具体使用的术语，由卖方或者买方为此目的而雇用的第三方承运人运输。

然而，在制订 Incoterms®2020 时，国际商会清楚地认识到，某些情况下，虽然货物要从卖方运往买方，但仍可在不雇用任何第三方承运人的情况下进行运输。如，并不能阻止 D 组术语下的卖方，在不将运输外包给第三方承运人的情况下，使用卖方自己的运输工具安排货物运输。同样，对 EXW、FCA 术语下的交易，也不能阻止买方使用自有运输工具到卖方所在地收取货物并运往买方所在地。

Incoterms®2010 未考虑这些可能性，而 Incoterms®2020 考虑了这些可能性，不仅明确允许订立运输合同，且也允许仅安排必要自有运输工具的运输。如 D 组术语的卖方既可签订运输合同，也可使用其自有运输工具安排运输（见 A4 ：The seller must contract or arrange at its own cost for the carriage of the goods to the named place of destination）。

（五）将 DAT 术语修改为 DPU

在 Incoterms®2010 中，DAT 与 DAP 术语之间的唯一区别在于，在 DAT 术语下，当货物到达“运输终端”即最终卸货地时，卖方须从到达的运输工具上卸载货物，卖方即完成交货（卖方负责卸货及费用）；而在 DAP 术语下，当到达目的地的运输工具上可供卸载的货物交由买方处置（卖方不负卸货责任及费用，即由买方负责卸货及承担费用）时，则卖方即完成交货。

现在国际商会对 DAT 和 DAP 术语作出两项修改。首先，这两个术语呈现的顺序被颠倒过来，交货发生在卸载之前的 DAP 术语现在出现在 DAT 术语之前；其次，DAT 术语的名称已被改为 DPU（Delivered at Place Unloaded），强调了目的地可以是任何地方，而不仅仅是“运输终端”的现实。但若该地点不在运输终端，卖方应确保其打算交货的地点是能够卸货（负责卸货及费用）的地点。

（六）在运输义务和费用中加入与安全有关的要求

Incoterms®2010 中，与安全有关的要求是在每个术语中的 A2/B2（安检通关）和 A10/B10（安全信息）规定的。

21 世纪初，与安全相关的问题变得非常普遍。因与运输要求有联系，与安全相关的义务的明确划分，现已添加到每个术语的 A4（运输）和 A7（清关）中。这些要求产生的费用现在在费用条款，即 A9/B9 中。

（七）用户解释说明

在 Incoterms®2010 版中，每个术语开头出现的“使用说明”如今在 Incoterms®2020 中作为“用户解释说明”出现。这些说明解释了每个术语的基本原理，例如应在何时使用、风险何时转移和买卖双方之间如何划分费用，其详细程度远远大于此前任何版本。

解释说明的意图是：（1）帮助用户在特定交易中更准确、高效地选择合适的术语；（2）为因 Incoterms®2020 而产生的争议，或为合同提供解决方案或为咨询者可能需要的解释事项提供指南。对于更普遍涉及 Incoterms®2020 术语的更基本问题的指引，也可参考引言的内容。

七、Incoterms®2020 应用策略

Incoterms 已被各国贸易商所普遍接受，其适用呈现全球性和广泛性的特征，因此，从事贸易、银行、运输（货代）、保险等行业的业者应熟悉这一国际贸易惯例，确保准确运用贸易术语，发挥其在贸易中的独特功能。贸易术语也包含价格问题，其既表明了价格的构成，同时，又决定了买卖合同的性质及交货条件，因而也是贸易商的一种报价策略工具。选用适当的贸易术语对促进合同的订立和履行、保证买卖双方的利益具有重要作用。因此，恰当地选择贸易术语是国际贸易的重要环节之一。

针对 Incoterms®2020 的 11 种贸易术语，建议相关业者采取以下策略。

（一）恰当选择适合任一或多种运输方式的贸易术语

Incoterms®2020 中共有 7 种适合任一或多种运输方式的贸易术语，但每一术语下，买卖双方所承担的责任与义务也各不相同。如何争取选择既能实现自身的目标、合理地维护自身利益的贸易术语，同时也能被对方接受，这需采取相应的策略。

1. 若卖方欲将其责任仅限于其所在地的某一地点，将货物置于买方处置下（place the goods at the disposal of）而不承担其他义务，包括不承担或无须承担出口清关手续和费用时（FTA），可考虑使用 EXW 术语。但这还需综合考虑其他问题。若卖方对收取货款没有足够把握且无法掌握运输途中的货物控制权时，则不应使用该术语。卖方不应轻易放弃运输权（货物控制权）。反之，买方使用该术语可控制货物和运输单据，但货价较高、手续麻烦。

2. 若卖方愿意自行办理出口清关手续并承担相关费用，且在出口国指定地点将货物交给买方指定的承运人处置时，可考虑使用 FCA 术语。该术语最适合航空运输、铁路运输、多式联运、集装箱运输等，也是适用范围最广的术语。由于这几种运输方式下，货物在出口国的交接方式较为复杂，但卖方只要将货物置于买方指定的承运人或其代理的处置下，即完成交货义务。

新版 FCA 术语下，若采用海运方式，买卖双方应处理好提单已装船批注问题。因海运提单是物权凭证，信用证之下的开证行及买方（控制货权）或卖方（控制货款）都可能要求使用已装船批注提单。为此，买卖双方须在贸易合同中明确约定，买方应指示其承运人在货物装船后向卖方签发已装船提单；而卖方应通过开证银行，向买方提交该已装船提单，以实现各自的合同目标。

卖方应特别注意，使用该术语且非海运时，其前提条件是卖方对货款的收取要有足够把握。与 EXW 术语一样，FCA 术语由买方与承运人订立运输合同，买方是托运人，拥有运输途中的货物控制权及运输单据（运单中的记名收货人通常是买方），这对买方极为有利，因而卖方只有在保证买方具有良好付款信誉的条件下，才可同意使用。

3. 若买方所在地不是海港，而且卖方欲掌握运输途中的货物控制权及运输单据并承担货物运至目的地的运费时，可考虑选择使用 CPT 术语。

但这种贸易条件下，因卖方没有掌握货物运输保险单，一旦货物中途灭失或损坏而买方又拒绝提货时，卖方有可能遭受货款两空的损失。因此，卖方可进一步争取选择承担货物运至目的地的保险费的 CIP 术语。或在 CPT 术语下，卖方自行投保运输险。

应特别注意的是，新版 CIP 术语下，若买卖双方无特别约定，卖方应投保最高险别，如英国 ICC（A）险、CIC“一切险”。其实，这一变化对买卖双方都有利。

4. 若贸易货物为大宗商品，如散装或液体原料等，卖方欲在进口国目的地指定地点交货，并愿意承担货物运至该地点的风险和运费，但不承担目的地的卸货费（极易产生卸港滞期费争议），可考虑选择 DAP 术语。

若目的地为海港，这种贸易条件最适合的运输方式是程租船运输，由买方承担货物在目的港的卸货责任和费用，并由买方承担卸货港的滞期费。该术语的报价较高。

在 DAP 术语基础上，若卖方还愿意承担货物运至目的地并从运输工具上卸货产生的费用时，可考虑选择 DPU 术语。若目的地为海港，DPU 术语最适合班轮运输，货物在目的港的卸货责任由船公司承担，其费用则由卖方承担，买卖双方省时、省力。

这两种术语对买方而言，货物价格较高但可减少麻烦，而卖方承担较大的风险和费用，较适合中国对“一带一路”沿线国家的出口贸易。

5. 若贸易双方之间距离较近且有直达运输工具（中欧班列），卖方无须（FTA）或愿意承担货物进口报关手续及关税时，可考虑选择 DDP 术语。中国与东盟 、欧洲部分国家、俄罗斯及中亚等周边国家，或与台湾、澳门、香港地区之间的贸易往来较适合选择该术语。这对卖方而言，既不会花费太大成本，又可适当提高报价；而对买方，既省时又省力。

（二）恰当选择适合海运及内河水运方式的贸易术语

Incoterms®2020 中有 4 种适合海运及内河水运方式的贸易术语，同样，每一术语下买卖双方所承担的责任与义务也各不相同。如何争取选择有利于自身利益的贸易术语，同时也能被对方所接受，这也需采取相应的策略。

若贸易商依据各种因素决定选择适合海运及内河水运方式的贸易术语时，可采取以下策略之一。

1. FOB、CFR 和 CIF 术语下，贸易双方应自行商定风险转移的具体界限

上述三种术语是中国贸易商使用频率最高的术语。尽管 Incoterms®2010 已取消这三种

术语“船舷”界限，而将货物“装上船舶”（the seller delivers the goods on board the vessel）作为买卖双方划分货物风险的分界点，但“装上船舶”仍是一个不确定的概念，实际业务中还需进一步落实货物风险转移的具体界限。Incoterms®2020也试图将划分货物风险转移的具体界限留待贸易当事人自行解决。为此，贸易双方在订立买卖合同与运输合同时，应依船舶种类、运输方式、货物性质等因素，协商确定货物风险转移的具体界限。例如，杂货运输时可将甲板（on deck）、舱内（under deck）、是否还包括理舱费（stowed）在内等作为风险转移的具体界限；集装箱运输时，由于货物需在集装箱堆场（CY）或货运站（CFS）甚至“门到门”（D/D）交接，因而承运人交接货物的地点可能是内陆工厂、仓库或货运站以及港口的堆场或货运站等。由此，承运人所承担的责任也可为多种形式，如“堆场至堆场”（CY/CY）、“货运站至货运站”（CFS/CFS，LCL/LCL）或“门到门”（D/D）等。为此，贸易商在使用上述三种术语且为集装箱运输时，可与承运人约定以堆场（CY）、货运站（CFS）或工厂（仓库）（Door）等为风险转移的具体界限。但集装箱运输时，最好选用FCA。

2. FOB术语的适用

若买方具有较强的议价能力，而且愿意租船或订舱并承担货物运输风险和费用时，则可选择使用FOB术语。

使用该术语可使买方了解真实的报价水平，能掌握运输途中的货物控制权甚至控制运输单据，且一旦货物灭失或损坏，买方可凭保险单向保险公司索赔，其利益通常能得到保障。因此，中国企业进口时应争取选择使用FOB术语。

但使用该术语对未取得货款的卖方而言，则具有较大风险。因为以FOB条件出口时，由买方安排货物运输并与承运人订立运输合同，此时买方是托运人（shipper）。一旦提单记载买方为托运人，卖方交货后，买方掌握了运输中货物的控制权，或者货物于途中灭失，若此时买方不付款，则会导致卖方货、款两空；若“电放”货物，极易产生买方与外代联手欺诈卖方的风险。若使用记名提单且买方为提单托运人，则风险更大。通常FOB术语下，卖方将货物装船之后，为结算货款需要，必须要求承运人向自己签发以卖方为“托运人”的提单。

若买方不愿意放弃托运人地位，卖方可控制在向承运人交付货物之后取得的货物收据（包括场站收据或大副收据），而不转交给买方。依据目前国际货物运输惯例，在卖方将货物实际交给承运人掌管之后，则可凭借货物收据从承运人处换取提单并在提单上将卖方记载为托运人；假如出现买方和卖方同时要求承运人签发提单时，承运人优先考虑签发给FOB条件下的卖方。

另外，若卖方担保到货品质，为防止违约时买方拒付货款或扣减货款导致卖方损失，卖方可考虑自行投保以便向保险人索赔。依据保险惯例，同一货物可由不同利益的人投保。

3. CIF或CFR术语的适用

卖方应争取使用CIF或CFR术语。中国是出口贸易大国，卖方应争取使用由其与承运人签订运输合同的CIF或CFR术语。

使用这两种术语对卖方而言，其好处是可使自己成为提单托运人，以便控制货款和掌握运输途中货物的控制权；但使用CFR术语，卖方不拥有保单，一旦货物在运输中受损或灭失而买方又不付款，则卖方会货款两空。若卖方能争取使用 CIF 术语则对其更为有利。因 CIF 术语下的卖方不仅掌握货款控制权及运输途中的货物控制权，同时又是货物运输保险单的被保险人，一旦货物运输途中受损而买方又不付款时，可保利益则发生回转（CFR 则不可），卖方可凭保单获得保险人的赔偿。因此，中国卖方不应轻易放弃（CIF 或 CFR 术语）运输安排的权利而采用 FOB 术语出口，以免与买方之间产生“托运人”之争。

若不得已而使用 FOB 术语出口，卖方应争取在贸易合同中明确约定自己有权取得提单，或者保管好场站收据或大副收据等货物收据。这样一来，若买方不同意卖方为提单的“托运人”，买方无货物收据也无法换取提单。

4. FAS 术语的适用

若贸易货物为危险品、重大件或者其他特殊货物，承运人通常不愿在装船前接受此类货物。此时，若买方愿承担运输风险和费用，则买卖双方可约定选择 FAS 术语，卖方办理出口手续并在装货港船边完成交货义务，此后的风险和相关费用转移给买方。但若为集装箱运输时，则不宜使用该术语，因为集装箱货物出口时，卖方与承运人的交接地点通常在集装箱码头堆场（CY）或货运站（CFS），而非在船边，此时（集装箱运输）可以选择 FCA 术语。

八、常用贸易术语的变形

Incoterms®2020 对术语变形（如 FOBST+地点）同样予以的提示：有时当事人希望修改贸易术语的内容。Incoterms®2020 并不禁止此类改变，但这样做是有风险的。为避免任何的意外，当事人需要在其合同中非常清晰地明确此类修改意欲达到的效果。如，若合同修改了 Incoterms®2020 术语中的费用分摊，则各当事人也应清楚地表明其是否同时也希望改变交货点及风险转移至买方的划分点（point）。

（一）FOB 术语的变形

港口装卸等费用是贸易商的成本之一。FOB 条件下，通常由买方租船或订舱，与承运人订立运输合同并承担与之相关的运费及（或）装卸等费用。依 Incoterms® 2020，货物“装上船舶”之前的费用由卖方承担，之后的费用由买方承担。买方若使用班轮运输，因其运费中已包括装货港的装船费和在目的港卸货费（船方操作货物装卸），班轮运费既然由买方支付，则在装货港的装船费实际上也由买方负担。

但大宗货物使用租船运输时，船方通常不负担装卸责任及费用（FIO 或 FIOST），FOB 条件下买卖双方对装船费用由谁（卖方、买方或船方）负担则需加以明确。为此，买卖双方应在合同中作出规定，即可采用 FOB 术语的变形来表示。

FOB 术语有以下几种变形可供选择：

1. FOB Liner Terms（FOBLT）（FOB 班轮条件），如 FOB Liner Terms New York，即装船费按班轮条件办理，由支付运费的买方承担。采用该变形时，卖方不承担装船的责任和费用（买方与船方约定：船方装船）。

2. FOB Under Tackle（FOB 吊钩下交货），如 FOB Under Tackle New York，即卖方在装货港（New York）将货物置于船舶吊钩可及之处，从货物起吊开始时的装船费用由买方承担。

3. FOB Stowed（FOBS）（FOB 理舱费在内），如 FOB S New York，即卖方承担在装货港将货物装入船舱并支付包括理舱费在内的装船费。

4. FOB Trimmed（FOBT）（FOB 平舱费在内），如 FOB T New York，即卖方承担在装货港将货物装入船舱并支付包括平舱费在内的装船费。

5. FOB Stowed and Lashed（FOBSL）（FOB 理舱费和捆扎费在内），如 FOBSL New York，即卖方须在装货港负责将货物（钢材等）装入船舱并支付理舱和捆扎在内的装船费。

6. FOB Ex Spout（FOB 喷管口交货），如 FOB Ex Spout New York，即散装货物（粮食等）使用电动喷管装船时，卖方承担在装船喷管口处交货，但货物进入船舱内的平舱费则由买方承担。

7. FOB Ex Chute（FOB 斜槽交货），如 FOB Ex Chute New York，即货物使用斜槽装船时（矿石等），卖方须负责将货物从斜槽滑入船舱内为止，但货物进入船舱内的平舱费则由买方负担。

在此应特别注意，关于国际贸易术语的变形，国际上并无统一的解释。为此，在实际业务中，除非买卖双方对有关的贸易术语变形的含义有一致的理解，使用术语变形时，应在合同中明确规定变形的具体含义和性质，即术语变形是否包含改变了风险转移界限。若买卖双方对术语的变形没有特别说明，通常，FOB 术语的上述各种变形，只表明装船费由谁负担，而并不改变 FOB 术语的性质，即无论何种变形，FOB 条件下的交货地点以及风险转移的界限不变。

当然，为防止争议，FOB 条件下，在装货港与装船有关的费用究竟由谁承担，也可使用文字特别予以明确说明，而不采用贸易术语变形。

（二）CFR 术语的变形

CFR 条件下，通常由卖方租船或订舱，与承运人订立运输合同并承担与运输相关的运费及（或）装卸等费用。

依 Incoterms®2020，该术语下，卖方须支付与运输相关的费用，包括运费和一切其他费用（THC 等），即依运输合同应由卖方支付的装货港的装船费和在目的港可能的卸货费；依运输合同由卖方支付的货物经由他国过境运输时需支付的费用。

上述费用中，最关键的是目的港卸货费的承担。若卖方采用了班轮运输，因运费中已包含装卸费（船方装卸），所以，CFR 条件下，无论装船费、卸货费，实际上均由卖方承担。但若卖方租船运送货物时，船方通常不负担装卸费（Free In and Out，FIO 或 FI 或 FO），这就需买卖双方在合同中订明卸货费由谁负担，以免产生争议。为解决大宗货物租船运输中的卸货费由谁负担的问题，双方可适当采用 CFR 术语的变形。

在国际贸易业务中，常用的 CFR 变形有以下几种可供选择：

1. CFR Liner Terms（CFRLT）（CFR 班轮条件），如 CFR Liner Terms Shanghai，即这一变形指卸货费按班轮条件办理，换言之，在卸货港（Shanghai）的卸货费由卖方承担。

2. CFR Landed（CFR 卸至码头），如 CFR Landed Shanghai，即这一变形指由卖方负担将货物卸至目的港码头的费用，包括可能产生的驳船费。

3. CFR Ex Tackle（CFR 吊钩下交货），如 CFR Ex Tackle Shanghai，即这一变形指卖方负责将货物从船舱吊起一直卸至吊钩所及之处（码头上或驳船上）的费用。若船舶不能靠岸，则驳船费由买方承担。

4. CFR Ex Ship's Hold（CFR 舱底交货），如 CFR Ex Ship's Hold Shanghai，即这一变形指载货船舶到达目的港后，双方在船上办理交接手续，其后由买方自行启舱并负担货物由舱底卸至码头的费用。

5. CFR Free Out（CFR FO）（CFR 卖方不负责卸货费），如 CFR FO Shanghai，即这一变形指卖方虽然承担运费但不负责在卸货港的卸货费，卸货费由买方承担。

同 FOB 术语的变形一样，CFR 术语的上述变形也只为解决卸货费的负担问题，一般不改变术语性质，即交货地点和风险划分的界限仍然以装货港船上为界。

（三）CIF 术语的变形

上述 CFR 术语的各种变形也适用于 CIF 术语。（略）

如前所述，为防止争议，在租船运输货物时，关于装卸费究竟由谁承担，可以使用文字特别予以明确说明，而不采用贸易术语变形。

第五章 Incoterms®2020与国际货物买卖合同的关系

如前所述，国际贸易惯例本身并不是法律，没有强制性。换言之，国际贸易惯例对国际货物买卖合同当事人不产生法律约束力，只有通过国内立法或当事人的认可等方式，惯例才可产生法律约束力。Incoterms®2020是一种国际贸易惯例，它与国际货物买卖合同没有必然的联系，合同当事人是否使用、如何使用完全由当事人决定。但作为国际贸易惯例的Incoterms®2020，是在长期国际贸易实践中产生的，又随着国际贸易实践的发展变化而不断完善，为国际贸易的顺利开展和发展提供了极大的便利，已被国际贸易当事人所普遍接受和使用，因此，它与国际货物买卖合同有着极大的联系，并对国际货物买卖合同产生了一定影响。

一、Incoterms®2020对国际货物买卖合同产生影响的方式

Incoterms®2020对国际货物买卖合同产生影响，主要是指若合同当事人适用某一贸易术语，则须依该惯例的有关规定行使其有关权利履行其有关义务，即该惯例对合同当事人具有强制性的约束力。这种影响通常有以下几种情况。

（一）在合同中明确约定适用Incoterms®2020中的某一贸易术语

例如，在合同中规定CIF Seattle，USA Incoterms®2020，或CIF Seattle，USA，然后又规定"The trade term in this contract should be interpreted according to Incoterms®2020"。采用这种方式实际上是将Incoterms®2020纳入买卖合同之中，将其变为合同的条款之一，因而其对合同当事人具有强制性的约束力，即除非合同另有约定或该合同所适用的法律另有规定，合同当事人须依Incoterms®2020的相关规定履行合同。这是国际货物买卖合同适用Incoterms®2020最常用的方式之一。

（二）在合同中明确约定适用某一贸易术语，但未明确约定对该术语的解释依据

例如，在合同中规定CIF Seattle，USA。此时，Incoterms®2020适用于买卖合同还需满足一定的条件，否则可能产生争议。首先，需当事人的国内法承认Incoterms®2020之类的国际惯例对合同当事人具有强制性的约束力。如中国《民法通则》第142条规定："中华人民共和国缔结或者参加的国际条约没有规定的，可以适用国际惯例。"美国《统一商法典》规定："贸易惯例赋予合同特定的含义，对合同条件加以补充或限制。"目前，各国法律一般均对此作出类似的规定。其次，需当事人的国内法规定，涉及贸易术语的解释必须依据Incoterms®2020而不是其他。目前，国际上关于贸易术语的解释依据，除国际商会的Incoterms®2020外，还有美国的《1990年美国对外贸易定义修订本》和《1932年华沙-牛津规则》。因此，要使Incoterms®2020适用于买卖合同还必须符合当事人国内法的

相关规定。

（三）推定合同默示适用 Incoterms®2020

在国际货物买卖合同中，除了上述两种明示方式适用 Incoterms®2020 外，有时还可推定合同默示适用 Incoterms®2020。此时，该惯例应视为对合同当事人具有强制性的约束力。例如，《联合国国际货物销售合同公约》第 9 条规定："双方当事人应受他们业已同意的任何惯例的约束，除另有协议外，双方当事人应视为默示同意他们已经或理应知道的惯例的约束。"这表明，对于那些众所周知的国际惯例，只要当事人未作相反的约定，则认为已被当事人默示接受，从而可适用于他们订立的合同。此外，在司法实践中，法官或仲裁员有时也可推定 Incoterms®2020 适用于当事人所订立的国际货物买卖合同。在第三种情况下，也需满足一个前提条件，即合同当事人虽未明示约定适用 Incoterms®2020，但也未明示排除适用 Incoterms®2020，否则，也不能推定适用。

二、Incoterms®2020 对国际货物买卖合同的作用及其局限性

国际货物买卖合同涉及合同的成立、修改、变更、终止等法律事项，以及货物品质、数量、价格、支付方式、运输、保险、争议解决和适用法律等内容。上述内容通常由双方当事人通过协商在合同中加以约定。但双方当事人不可能对交易中可能出现的所有事项均事先在合同中规定得非常详细。而对于在合同中未明确规定的一些事项，有时可能对交易的进行有较大的影响，为此，可适当地运用一些国际惯例加以补充。因此，作为国际贸易惯例的 Incoterms®2020，可对国际货物买卖合同起到补充和解释的作用。

Incoterms®2020 一旦被纳入国际货物买卖合同，则构成合同的一部分内容，对合同当事人具有约束力，即成为调整合同双方权利和义务关系的依据之一。但 Incoterms®2020 所调整的对象主要是货物的交付、进出口手续的办理、风险的转移、费用的划分和通知义务的履行等事项。这些事项只是与合同履行有关事项的一部分。除这些事项之外，在合同的履行中还涉及所有权的转移和所有权保留等许多事项，这是买卖合同中具有核心意义的法律事项，Incoterms®2020 对此并未规定。

对于买卖双方而言，除合同履行中产生的法律事项之外，他们之间因合同而产生的法律事项还包括合同的成立与生效，合同的变更、解除与修改，违约责任等。对于这些事项，Incoterms®2020 也未有任何规定。对于 Incoterms®2020 中未规定的法律事项以及 Incoterms®2020 已规定但仍未完整地解决的法律事项，必须依赖合同当事人的约定和合同所适用的法律加以调整。

任何一个国际货物买卖合同的当事人都须受该合同的约定和其适用法律的约束。由于调整国际货物买卖合同的法律主要是任意法，当事人可通过合同的约定排除法律的适用，或通过合同的约定减损法律规定的效力，因此，合同的约定对国际货物买卖合同当事人的权利义务有重要影响。同时，由于合同的约定往往不能穷尽当事人双方所有的权利义务，而法律的规定又往往比较具体，合同的约定不能排除法律的强制性规定的适用，因此，合同所适用的法律对合同当事人的权利义务也有重要影响。

通常，一个国际货物买卖合同由合同的约定、合同所适用的法律以及 Incoterms®2020 同时对合同产生调整效力，共同决定双方当事人的权利义务。

因此，Incoterms®2020 只是调整国际货物买卖合同当事人权利义务的依据之一。换言

之，其对国际货物买卖合同所产生的作用是有一定限度的，不可能寄希望于 Incoterms®解决合同所有的事项。此外，由于国际贸易惯例仅在合同的含义不明确或合同的内容不全面时才对合同具有补充和解释作用，所以，Incoterms®2020 的规定不能与合同的明示条款相矛盾。若两者发生冲突，仍以合同条款为准。尽管 Incoterms®2020 对国际货物买卖合同的履行很重要，但由于其未涉及买卖合同履行中可能产生的所有事项，因而其不可能代替一个完整的国际货物买卖合同所必需的全部条款，即其不能单独使用，必须与买卖合同结合使用。所以，在国际货物买卖中，还应结合《联合国国际货物销售合同公约》等有关公约、法律使用 Incoterms®2020。

三、Incoterms®2020 与《联合国国际货物销售合同公约》的关系

《联合国国际货物销售合同公约》（下称《公约》）是关于国际货物买卖的一项十分重要的国际公约，其目的是统一国际货物买卖的法律，为国际贸易创造更为良好的法律环境。世界上多数国家都制定了各自的买卖法，但彼此之间存在诸多分歧，因而在国际贸易中不可避免地引起法律冲突，不利于国际贸易的开展。为解决这一问题，国际社会经过多年的努力，在 1980 年 3 月正式通过了《公约》。中国政府也核准了《公约》。《公约》于 1988 年 1 月 1 日正式生效，中国作为《公约》的缔约国，可充分运用《公约》的各项规定。

根据《公约》的规定，对于营业地在中国的从事国际货物买卖的当事人而言，若对方当事人的营业地在《公约》的另一缔约国境内，则《公约》就成为他们之间买卖合同所适用的法律，对该合同产生法律上的拘束力，除非他们在合同中明确排除《公约》的适用。

《公约》第 9 条第 1 款规定，双方当事人业已同意的任何惯例和他们之间确立的任何习惯性做法，对双方当事人具有约束力。换言之，此时惯例和习惯性做法应强制适用。因此，在合同以《公约》作为适用法律的情况下，尽管 Incoterms®2020 具有国际惯例的性质，但其同样可强制适用，从而对《公约》规范下的买卖合同双方的权利义务产生影响。当然，由于《公约》本身就是对国际货物贸易领域的惯常做法的一个总结，其在制定时也考虑了国际贸易术语解释等贸易惯例。另外,《公约》制定后的广泛适用也影响了 Incoterms®2020 这些贸易惯例的发展，使得国际商会在制定、修改 Incoterms®2020 时不得不考虑与《公约》保持一致性。因此，Incoterms®2020 的规定与《公约》的规定在某些方面基本上保持了一致。

但毕竟《公约》规范的是除少数几种货物以外的几乎所有货物的跨国买卖问题，而 Incoterms®2020 只是对国际货物买卖中某些方面的习惯性做法的编纂和成文解释。两者相比较，《公约》规范的范围更广，但却更具有原则性。而 Incoterms®2020 规范的范围较小，但更明确具体，更具有可操作性。且 Incoterms®2020 还可对《公约》所未规范的事项进行规定。因此，若在一个国际货物买卖合同中选择适用 Incoterms®2020 中的某一贸易术语，同时又以《公约》为适用法律，两者的共同适用必然可使买卖双方的某些义务更确定，且使两者之一单独适用时所未调整的某些事项得到调整，起到相互补充的作用。同时，这一适用使得该买卖合同须同时受到 Incoterms®2020 和《公约》的共同约束。但在某些特殊情况下，也可能出现 Incoterms®2020 和《公约》之间的适用冲突，即由于对同

一事项两者存在不同规定，而导致究竟哪一规定应予适用的问题。

以下就两者共同涉及的主要事项予以分析，以使合同当事人对此有更深入的了解和认识，保证合同的顺利履行。

（一）货物的交付

1. 交货与交单

在国际货物买卖中，交付货物是卖方的最主要义务之一。但由于卖方一般要将货物交由承运人运至买方，所以，运输单据就成为卖方完成交货义务的证明；另外，有时买方在货物的运输途中就可能需将在途货物另行出售，或在货物尚未到达进口国就须先行办理有关货物进口报关等一系列手续，或需将货物在到达进口国之前将其作为融资的担保等，因此，货物的有关单据，特别是代表物权的运输单据（提单）对买方而言也非常重要。

《公约》第 30 条规定，卖方的主要义务是交付货物，移交一切与货物有关的单据并转移货物所有权。交付货物和移交单据是两个独立的义务，即作为卖方须同时履行这两项义务，不能以其中之一代替另一项，否则构成根本性违约。

在交货和交单方面，Incoterms®2020 与《公约》基本保持了一致，且 Incoterms®2020 将卖方应交付的单据种类作了明确规定，从而使《公约》的概括性规定更加具体化，其中特别是运输单据的提交。而《公约》第 34 条对此只规定："若卖方有义务移交与货物有关的单据，他须按照合同所规定的时间、地点和方式移交这些单据。" Incoterms®2020 除了在以 C 和 D 开头的术语中规定卖方应向买方提交运输单据外，还在以 F 开头的术语中规定，若卖方向买方交付的不是运输单据，则卖方在应买方的请求下，应协助买方取得这些单据。

2. 交货地点

关于交货地点，《公约》在第 31 条列举了若卖方无义务在任何其他特定地点交付货物的三种情况下的交货地点。这表明，当合同中未约定交货地点时，如何确认卖方交货地点的特殊情况。若买卖合同同时适用 Incoterms®2020 和《公约》，则卖方有义务在贸易术语规定的特定地点交付货物，如在 FOB 条件下，卖方的义务是在装运港将货物交到买方指定的船舶上。在 DDP 条件下，卖方的义务是将货物运至买方指定的目的地，在该目的地指定地点将尚未卸载的货物交由买方控制，此时，《公约》第 31 条列举的三种情况下的交货地点则不适用。由于 Incoterms®2020 中的大多数贸易术语均规定了卖方交货的地点，因而其有利于买卖双方在交货方面权利与义务的明确化，并且，还规定，若双方未约定交货的具体地点，在有多个具体地点可供选择使用时，卖方有权选择最适合其意图的地点交货。

3. 交货时间

在国际货物买卖中，卖方是否按时交货不仅涉及卖方是否按时履行其义务，而且还关系货物灭失或损坏的风险转移、买方是否能及时获得货物等事项，因此，交货时间是合同的重要条款之一。因交货时间是买卖合同中的一个具体事项，无论是《公约》还是 Incoterms®2020 不可能对此规定具体的时间限制。为此，在国际货物买卖合同中，双方当事人一般均约定一个交货的日期或期限。

关于卖方的交货时间，《公约》和 Incoterms®2020 对此的规定基本相同，即合同规定交货日期时，卖方应在该约定日期交货；合同规定一段时间时，卖方应在该段时间内任何日期交货；在其他情况下，卖方应在订立合同后一段合理时间内交货。但无论是《公约》还是 Incoterms®2020 规定的交货日期，并不要求卖方应使买方在该日期或期间，已实际占有货物或已处于实际占有的状态。在装运合同的以 F 和 C 以及 E 开头的术语中，卖方只要在约定的交货日期或期间内，将货物交给买方指定的承运人或其他人，或交至买方指定的船边或船上，就等于按时完成交货义务，而此时买方并未实际控制货物；即使是以 D 开头的术语也只要求卖方在约定的日期或期间在目的地交货，也不等于买方在约定日期或期间实际占有货物，因为还须办理进口清关手续。

4. 转移货物所有权

所有权是财产所有人在法律规定的范围内，对其财产享有的占有、使用、收益、处分的权利。所有权是一项最完整的物权，因而对于货物买卖，围绕的就是所有权的转让，即所有权人（卖方）将货物所有权转移给买方以换取报酬。因此，在国际货物买卖中，货物所有权的转移直接关系双方的权利义务，而各国对所有权的规定却不完全相同。《公约》并未具体规范货物所有权的转移事项，只是在第 30 条中笼统地规定："卖方必须按照合同和本公约的规定交付货物，移交一切与货物有关的单据并转移货物所有权。"而对所有权转移时间及合同对所有权的影响均未予以规定，因此，在国际贸易中，对于所有权的转移须依靠当事人的约定或合意所选择的国内法及国际惯例加以确定。

在国际货物买卖中，卖方除了要履行交货、交单义务外，还应转移货物所有权，这是卖方三大基本义务。《公约》并未具体规定货物所有权何时、怎样转移；而 Incoterms®2020 也在其引言中明确规定该惯例不涉及货物所有权问题。在此应注意的是，尽管《公约》和 Incoterms®2020 未规定所有权转移事项，但这并非所有权不发生转移；恰恰相反，所有权何时、怎样转移直接关系当事人的切身利益，尤其是在卖方破产时尤为重要。但因目前世界各国的国内法对货物所有权转移的规定分歧较大，即使是处于英美法系或大陆法系的各个国家，对此也持有不同的态度。因而，对于货物所有权的转移事项，各国的立场在相当长的时期内难以调和。为此，《公约》和 Incoterms®2020 均采取了回避的做法。若目前在《公约》或 Incoterms®2020 中统一规定了这一事项，则势必会减损两者的适用范围，同时也有违于立法者或惯例制定者统一国际货物买卖法和国际惯例的初衷。

由于货物所有权的转移对买卖双方当事人十分重要，在没有统一的国际立法或国际惯例规范的情况下，只能根据买卖合同所适用的其他法律予以解决。为此，作为国际货物买卖的当事人，双方须对主要国家关于货物所有权的转移问题有基本了解。

依大陆法系国家的法律，货物所有权作为一项最完整的物权，其权利人所享有的是直接支配所有物获得利益并排除他人获益的权利。因而，在货物买卖中，所有权的转移是物权变动的一种形式。《法国民法典》采用的是债权意思主义的物权变动模式，它明确规定，原则上以买卖合同成立时间为所有权转移的时间，即只要当事人就标的达成一致协议，即使标的尚未交付，买卖也即告成立，而标的的所有权也依法由卖方转移到买方。但也有例外的补充原则，如当事人双方可自行约定转移时间；在附条件的买卖中只有在条件满足时所有权才转移，如标的是种类物则必须经特定化才能转移。总体而言，依《法国民法典》，货物所有权的变动不需另立合同，而是随着买卖合同这一债权实现时转移。《德国民法典》对货物所有权转移的规定与法国不同，它所采用的是物权形式主义的物权变动模式，认为所有权与买卖合同并无任何关系，因而当事人必须就所有权转移达成协议，并根据协议通过特定的形式来转移所有权。而这种形式可以采取多种方式，如货物所有权可在交付时转移；在卖方必须交付物权凭证的场合，则通过提交物权凭证来转移所有权；对于不动产，则须以法定的登记时间为所有权转移时间。①

在英美法系国家，关于货物所有权的立法与大陆法系国家不同，多以货物是否特定化作为确定所有权转移时间的依据。《英国货物买卖法》关于所有权的转移，主要分为特定物与非特定物两种情况。对于特定物，货物的所有权应在双方当事人意图转移时转移，即所有权转移取决于当事人的意思表示，若当事人在合同中对此未明确规定，则法院可依合同条款、双方当事人的行为以及当时具体情况确定双方的意旨；对于非特定物，则在将标的特定化之前不转移，只有通过特定化，将符合说明书且处于可交货状态的货物无条件地划拨于合同项下，在交付货物时所有权才发生转移。但也有例外，即保留所有权，在卖方所要求的条件未满足时所有权不发生转移，如买方未付款时所有权不转移。《美国统一商法典》则允许当事人在合同中约定所有权转移时间，若未约定，则原则上以交付为所有权转移的时间，但这个前提是货物已特定化。不同于英国的是，美国关于货物所有权保留的规定认为，保留所有权起到的只是担保作用，并不影响所有权转移的时间。

中国关于货物所有权转移的规定，在立法模式上借鉴了德国、法国的立法经验，并参考《公约》制定了中国《合同法》。在《合同法》中，明确规定了所有权的转移事项。该法第 133 条规定："标的物的所有权自标的物交付时起转移，但法律另有规定或者当事人另有约定的除外。"中国原则上以交付时间为所有权转移时间，法律规定不动产转移以登记时间为准，当事人自行约定转移时间为补充原则。

对于所有权的转移，中国《合同法》虽作出了规定，但在国际贸易中仍面临诸多现实问题。第一，在国际贸易中通常适用《公约》，而《公约》却对此未规定，因而难以解决所有权转移这一难题；第二，当事人可约定选择适用何种法律，但又存在多种选择，即本国法、对方所属国法、合同签署国法、合同履行地法，等等，因而不论当事人怎么样选择，都将增加法律适用的难度；第三，在当事人未选择的情况下或约定不明确时，中国作为国际贸易的一方，若与一个不属于《公约》缔约国的国家进行贸易时，又该如何选择。因此，对于国际贸易中货物所有权转移问题可能会产生法律选择的难题。因此，在当事人对所有权转移未约定的情况下，买卖合同所适用的法律对所有权的转移起决定作用。为避免争议，买卖双方应在合同中对此加以明确约定，如以货物的交付或以作为物权凭证的运输单据（如提单）的交付作为货物所有权转移的依据。通常，以货物的交付作为所有权转移的时间为佳。

（二）货物风险的转移

国际贸易中的货物风险，是指导致货物毁损、灭失的意外事由；而风险的转移，是指风险承担的转移，即对风险所导致损失的承担者的转移。在国际货物买卖中，货物风险的转移直接关系双方当事人切身利益并影响双方的基本权利义务，贸易商须对其给予高度的重视。

货物风险的转移是国际货物买卖合同履行中的另一个核心问题。货物风险转移制度所

① 参见陈燕红、陈晓东，论国际贸易中的货物所有权与风险转移，http://www.110.com/ziliao/article-263396.html。

涉及的风险，是指由于自然灾害、意外事故或当事人以外的原因，导致货物遭受损坏或灭失的风险。

买卖合同订立后，货物被划拨到合同项下，交给承运人运至买方，买方检验和收取货物，或转运到新的目的地。在这些环节中，货物灭失或损坏的风险伴随始终。风险事故及损失可能发生在卖方所在地，卖方运输、装运货物的途中，跨国界的海上运输途中，买方卸货时，买方转运时以及买方的最终目的地等。关于风险转移的国内法、国际法制度及国际贸易惯例就是要指引人们，通过查明风险事故发生的时间、地点及损失性质，来决定特定交易条件下风险是否已由卖方转移至买方，进而决定应由哪一方承担风险的后果。因此，这是国际货物买卖合同中需要解决的重要问题。对买卖双方而言，这关系他们的根本利益。虽然许多风险事故导致的损失属于保险人承担的责任，但将风险损失分配给卖方或买方承担的法律制度或国际贸易惯例，需要决定应由哪一方承担对保险人索赔、参加诉讼、救助损害货物等责任。而当损失不属于承保责任范围时，风险损失的划分将对双方当事人产生更大的影响。

国际货物买卖中，货物风险转移的核心是风险转移的时间和地点，即从合同订立时起至买方收取或转运货物时止的整个期间，货物损坏或灭失的风险自哪一时刻和哪一地点从卖方转移到买方。目前，关于国际贸易中货物风险转移的划分依据，主要存在以下几种标准。①

1. 以交付时间为风险转移的时间

这种划分风险的依据是将风险与所有权相分离，以货物交付时间为风险转移的时间。在国际贸易操作中，控制货物的一方能够更便利地保护货物不受侵害，因而由其承担风险较为合理，也容易操作。正因为如此，现在越来越多的国家采用这一依据，如中国、美国、德国等。

2. 以所有权转移时间为风险转移的时间

这种划分风险的依据是将所有权转移与风险转移联系在一起，以所有权转移的时间来确定风险转移的时间。这种依据强调“物主承担风险”，即基于权利义务的对等性，物主在享有权利的同时也应承担相应的风险。这种依据尽管体现了公平精神，但将属于物权的所有权和属于债权的风险转移混淆在一起不尽合理，现在越来越多的国家开始放弃这一依据。目前，采用这种依据的国家包括英国、法国等。

3. 以合同成立时间为风险转移的时间

这种划分风险的依据也是将风险与所有权相分离，仅以贸易合同订立时间为风险转移的时间。这种依据尽管充分体现了当事人意思自治的原则及私法自治的精神，但其强调保护卖方的利益，而忽视买方的利益，难以体现买卖双方权利义务的对等，因而仅有少数国家，如瑞士等采用。

《公约》关于货物风险转移的一个基本原则是，允许当事人通过援引国际贸易惯例（Incoterms®2020）自行确定风险转移的时间或地点，且采用将货物“交付（hand over）给……”这样更确切的表述作为风险转移的标准。所以，《公约》充分尊重当事人意思自

① 参见陈燕红、陈晓东，论国际贸易中的货物所有权与风险转移，http://www.110.com/ziliao/article-263396.html。

治，它所规定的关于风险转移的规则是非强制性的，是补充性的规则，仅在当事人在合同中没有关于风险转移规定时才适用。幸运的是，Incoterms®2020 详细规定了风险转移的事项，而且，当事人通过采用 Incoterms®2020 中的贸易术语，规定了风险转移的界限，当事人的约定优先适用。综观《公约》与 Incoterms®2020 关于货物风险转移的规定，其标准基本一致，即两者都未提出一个风险转移的一般标准，而是区分不同的情况，明确指出以货物的交付作为风险转移的标准。

当买卖合同同时适用《公约》和 Incoterms®2020 时，确定货物的风险转移事项就是确定合同货物是否已适当地交付的问题。而“交付”中涉及两个主要事项，一是交付地点，二是交付时间。若买卖合同采用 Incoterms®2020 中的某一贸易术语，交付地点一般会相应地确定。因此，确定合同货物是否适当地交付，关键还在于交付时间的确定，Incoterms®2020 和《公约》对此均有明确的规定，但两者在具体规则上有一定差别。

1. 装运合同项下货物的风险转移

《公约》第 67～69 条规定了买卖货物风险转移的时间。其中，第 67 条规定货物涉及运输时风险转移的时间，包括在特定地点交货和不在特定地点交货两种不同的情况；第 68 条规定路货买卖风险转移的时间；第 69 条规定不涉及运输时风险转移的时间。

所谓“货物涉及运输”是指，买卖合同规定应由卖方承担货物运输的情况。《公约》第 67 条第 1 款提供了各种属于“装运合同”项下货物风险转移的规则，这与 Incoterms®2020 中以 F 和 C 开头术语的规定相吻合。在此类交易条件下，卖方只要在其营业地或货物存放地点将货物交给第一承运人运交买方（如 FCA），或在合同指定的某一特定地点（如船边等）将货物交给承运人运交买方，就视为履行了交付义务，货物风险也在交货时转移给买方（如 CIF 等）。若合同适用《公约》而当事人对交付地点未明确约定时，如在适用以 D 开头术语的情况下，买卖双方有时会对交付地点作较大范围的规定，而由买方在一定期间内选择准确的交货地点并通知卖方，且买方在事后的约定期间内也未对此作出明确的选择，则依《公约》第 67 条第 1 款规定，货物损毁、灭失的风险在货交第一承运人时就已转移。但依以 D 开头术语的规定，在这种情况下，货物的风险应自约定的交付期届满后才转移。这里显然存在矛盾。在这种情况下，《公约》第 67 条不适用，而应适用 Incoterms®2020 关于以 D 开头术语的规定，或适用《公约》第 69 条第 2 款“目的地交货”的规则。另外，《公约》第 67 条第 1 款的“卖方授权保留控制货物处置权的单据，并不影响风险转移”是针对某些国内法主张的“风险随所有权转移而转移的原则”所作的特别说明。例如，依英国法，卖方在将代表货物所有权的单据交给买方之前，所有权和风险均不转移给买方。《公约》的上述规定表明，英国法的规定在《公约》成为准据法时，可影响货物财产权的转移，但不影响风险的转移。

关于货物风险转移的一项重要前提条件，即将合同货物以一定的方式划拨到合同项下（货物特定化），《公约》与 Incoterms®2020 对此采取相同的原则：在卖方完成划拨前，风险不转移至买方。相比之下，Incoterms®2020 的规定更具体。

2. 路货贸易的风险转移

关于运输途中出售货物（路货贸易）的风险转移，《公约》在第 68 条予以规定。Incoterms®2010 也开始对此作出明确规定，Incoterms®2020 对此没有变化。

所谓“路货贸易”或“路货买卖”是指，在海上货物运输过程中，卖方先将货物装上船舶，然后再寻找适当的买方，以出售尚在运输途中的货物；而买方可能还会继续寻找新的买方，即同一批货物在运输途中几易其主，多次被转卖。这种贸易方式在大宗货物交易中较为普遍，且呈现不断扩大的趋势。

最常见的路货贸易是，作为中间商的卖方购买了已装船运输的原油、天然气、谷类、矿物等散装货物，当船舶在公海上航行时，卖方将这类货物售予买方，买方预期在货物到达他指定的港口时收取货物。船舶在公海上航行的某一时刻，甚至在卖方与买方达成交易之前，都有可能因为意外而导致货物灭失或损坏。此种情况下的风险转移与前述风险转移不同，为此，《公约》第 68 条规定："对于在运输途中销售的货物，从订立合同时起，风险就转移到买方承担。但是，若情况表明有此需要，从货物交付给签发载有运输合同单据的承运人时起，风险则由买方承担。"从上述规定可以看出，路货买卖的风险转移，以订立合同时转移作为一般原则，而以"货物交付"时起转移为例外。按照一般原则，当事人可能不得不面临一个难题，即若货物在收货时发现有损坏，要查明其损失是在合同订立之前（含订立合同时），还是在合同订立之后发生的。这在技术上往往是很难的，特别是货物因渗漏、温度突变、偷窃或未报道的运输事故所致时，难以查明损失究竟于何时发生。若按一般原则，风险损失可能都将由整个航程终点的最后买方承担。因为若买方有责任证明货损在风险转移前发生，由于难以举证，所以买方将败诉；若卖方负责举证，也将败诉，而举证责任问题应由冲突法规则决定。所以，上述"一般原则"对路货买卖风险转移的规定，在大多数情况下并不适用，这也是该条的严重缺陷之所在。若按《公约》第 68 条的"例外"，即以"货物交付"作为路货买卖风险转移的依据，但《公约》并没有说明"情况表明有需要"中所指的"情况"是什么。多数人认为，这里的"情况"是指，卖方通过交付给买方标准的全套运输单据和保险单据，将运输途中的货物出售给买方。这样，卖方（被保险人）将保险单背书转让给买方的事实表明，买方是唯一可以凭转让后的保险单向保险人索赔的人，证明整个运输风险已由买方承担这一意图。

由此可见，在路货贸易方式下，整个销售链中端的卖方实际上并不运送货物。这种贸易方式在买卖合同订立时，货物已脱离卖方的实际控制，卖方摆脱了订约后运输途中的货损责任；但卖方将货物交付运输时通常对货物予以投保，有关在途货物的相关单据，特别是保险单在签订买卖合同时通常一起转交给买方。《公约》就是采取"在买卖合同订立时风险转移给买方"或"从货物交付给签发载有运输合同单据的承运人时起，风险由买方承担"的原则。

在路货贸易中，由于无法事先确定买方是谁，一般均采用 CIF 贸易术语，由卖方投保运输险并承担货物运输事宜。

Incoterms®2010 顺应国际贸易发展趋势，在 FAS、FOB、CFR 和 CIF 四种适用水上运输的贸易术语中，增加路货贸易责任的划分，并称其为"连环贸易"或"链式销售"（String Sales）。依 Incoterms®2010，若在连环贸易中使用上述四种贸易术语，货物通常由第一个卖方安排运输，作为中间的"卖方"则无须装运货物，只因"取得"（Procure）运输途中的货物而履行其义务。

Incoterms®2010 和 Incoterms®2020 对连环贸易下卖方的交货义务作了细化，也弥补了以前版本中在此事项上的不足，并与《公约》相衔接。另外，Incoterms®2010 和 Incoterms®2020 在上述四种术语中规定的卖方必须"取得"货物，旨在保证货物控制方根据运输合同向承运人发出有关货物指示的权利，这与《鹿特丹规则》“控制方的权利”条款相衔接，使同一事项在不同的国际惯例中具有统一规范，避免产生冲突。

3. 不涉及货物运输和目的地交货的风险转移

所谓“不涉及货物运输”，是指不涉及卖方运输货物，即买方依合同规定有义务自备运输工具或委托承运人到卖方所在地收取货物。这种情况下的货物风险转移，《公约》的规定与 Incoterms®2020 中 EXW 术语的规定类似，但两者还有一定的差别。

根据《公约》第 69 条第 1 款的规定，在不涉及货物运输时，货物的风险转移分为两种情况，一是“从买方接收货物时起”转移风险，二是“从交给买方控制（处置）时起”转移风险。

第一种情况下的适用范围是，买方在合同约定的时间内接收货物。《公约》关于货物风险转移的基本原则是，从买方到卖方的营业地接收货物时起，风险转移至买方；当买方被允许接收货物，而根据合同他没有义务接收货物且货物在卖方掌管期间，货物损坏或灭失的风险仍由卖方承担。例如，买卖合同约定买方应于 3 月份在卖方的仓库接收货物。3 月 1 日，卖方将该批货物标明买方的名称，并将其堆放在仓库中专门用于准备提取或发运的场地（已将货物特定化）。买方于 3 月 20 日派车接收了货物，因此，货物的风险于 3 月 20 日转移给了买方。现假设在买方于 3 月 20 日提货之前，卖方于 3 月 1 日将货物特定化之后的某一天，如 3 月 19 日，货物发生意外损失，则风险损失仍应由卖方承担，即货物风险不发生转移。在此应注意，上述“从买方接收货物时起”应理解为，买方或其代理人实际控制货物时起，而不是货物处于交付状态、等待买方控制时起，或双方办理有关单据交接手续、卖方意图交付货物且买方也知道这一意图时起。如上例中，假设 3 月 20 日，买方委派的车辆在卖方的仓库外等待装运，双方办理交接手续后，在装车前，部分货物在搬移时受损，由于此时该部分货物并未由买方实际控制，所以这种损失应由卖方承担。

第二种情况下的适用范围是，买方不在适当时间内接收货物。此时《公约》关于货物风险转移的基本原则是，从货物可交给买方控制但他不收取货物，因而从违反合同时起，风险转移给买方，但货物必须已特定化。例如，上例中，假设到 3 月底买方仍没有来收取货物，3 月 30 日，卖方通知买方接收货物的期限已近届满，催促其尽快提货，买方未置可否。4 月 4 日，部分货物因火灾而受损失。因 3 月 31 日以后风险已转移至买方，所以该损失应由买方承担；换言之，买方有义务支付全部货款，收取包括受损部分的全部货物。

《公约》上述关于货物不涉及运输时风险转移的规定，与 Incoterms®2020 中的 EXW 的规定不完全相同。该术语规定，若当事人以通知形式或合同规定已确定了卖方交货和买方接收货物的日期或交货期限，而买方在该日期或期限内未接收货物，则风险自该日期或期限届满时起转移给买方。这与《公约》第 69 条的第二种情况的规定基本相同。但当买方没有违约，即在规定的日期或期限内接收货物，EXW 规定的风险转移时间是，卖方在规定的日期或期限，将未置于任何运输工具上的货物交给买方控制时风险转移。这与《公约》第 69 条第一种情况的规定不同，即后者规定为“从买方接收货物时起”风险由卖方转移给买方。换言之，卖方将货物交给买方控制不等于买方接收货物。前者是指卖方已将货物特定化并向买方发出接货通知，才视为货物交由买方控制（处置）；后者是指买方实际上已完全掌管了货物。因此，在合同同时适用 EXW 和《公约》的情况下，可能导致不同的风险转移后果。在这种冲突下，一般应适用 Incoterms®2020 的规则。因为依《公约》第 6 条和第 9 条的规定："买卖双方当事人可不适用本公约，在一定条件下，可减损本公约的任何规定或改变其效力；双方当事人已同意的任何惯例和他们之间确立的任何习惯性做法，对双方当事人均有约束力。"

所谓"目的地交货"，是指由卖方或其委托的承运人将货物运到进口国或买方的营业地，买方有义务在进口国或其营业地接收货物。《公约》对这种情况下的货物风险转移的规定，与 Incoterms®2020 中以 D 开头术语的规定基本一致。

《公约》第 69 条第 2 款规定："若买方有义务在卖方营业地以外的某一地点接收货物，当交货时间已到而买方知道货物已在该地点交给他处置时，风险转移给买方。"《公约》的这一规则充分涵盖卖方有义务将货物运往指定的目的地交付给买方的情况。通常，这个目的地可能是最接近于买方的一个港口，也可能是买方指定的一个转运地点。无论如何，卖方的义务是将货物运至此地。有时不需要从运输工具上卸下货物，如采用 DAP 或 DDP 术语；有时应将货物卸至进口国码头，如采用 DPU 术语。此种情况下，货物风险转移的时间是，当运输工具到达指定地点、交货时间已到、买方知道货物已交由他处置时，风险转移给买方。

在采用以 D 开头的术语时，有时货物被运到进口国存放在第三方，如承运人或其代理人的仓库，当货物处于可交付状态时买方迟迟不予提取，则需划分此时的风险责任。根据 Incoterms®2020，此时风险转移将依以 D 开头的术语规定办理。而依《公约》第 69 条第 2 款，若货物置于码头仓库、保管人或承运人仓库等受托人控制，卖方应向该受托人发出向买方交货的指示，或卖方向买方交付提单等控制货物的文件，由买方直接提货。当买方收到卖方通知或提单后，知道货物已交由他处置时，风险转移给买方。

关于货物的风险转移还应注意两点。一是无论何种情况下的风险转移必须首先满足一个前提条件，即卖方必须将合同货物特定化，否则，风险均不能转移。二是无论是适用《公约》还是适用 Incoterms®2020，若卖方已根本违反合同，如延迟交货、交货质量或数量不符等，风险转移的规定不影响买方因此种违约而采取各种补救措施。

对于货物的风险转移，中国《合同法》第 142 条规定："标的物毁损、灭失的风险，在标的物交付之前由出卖人承担，交付之后由买受人承担，但法律另有规定或者当事人另有约定的除外。"可见，中国具体规定了货物的风险转移与所有权相分离，以交付时间为风险转移时间为基本原则。另外，中国《合同法》在第 143 条至第 149 条也具体规定了买方违约、未约定交付地点或约定不明确、卖方违约及路货贸易中货物买卖的风险转移。但与《公约》相比较，还存在一定的差异。

1. 当事人的约定优先适用

中国《合同法》第 142 条也将货物的风险转移与所有权分离，将交付时间作为风险转移时间的基本原则，这与《公约》的规定一致。但对于法律另有规定及当事人约定的情况哪个优先适用并未明确。在国际贸易中，通常以"当事人约定在不违反国家法律的强制性规定的前提下优先适用"为原则。

2. 买方违约时风险转移的时间及卖方采取了补救措施后的风险转移

中国《合同法》对买方违约时的风险转移也作出相应的规定。其第 143 条规定："因买受人的原因致使标的物不能按照约定的期限交付的，买受人应当自违反约定之日起承担标的物毁损、灭失的风险。”其第 146 条规定：“出卖人按照约定或者依照本法第 141 条第 2 款第 2 项的规定将标的物置于交付地点，买受人违反约定没有收取的，标的物毁损、灭失的风险自违反约定之日起由买受人承担。”可见，中国《合同法》规定在违反约定之日起风险转移；另外，依中国《合同法》，在违反约定之日起风险转移，假如卖方及时采取了补救措施，则买方是否就没必要再承担风险而仅是应承担违约责任，这需要立法上进一步明确。

3. 当事人在未约定交付地点或约定不明确的情况下的风险转移

中国《合同法》对当事人在未约定交付地点或约定不明确的情况下的风险转移作出规定。其 141 条第 2 款规定：“当事人没有约定交付地点或者约定不明确，依照本法第 61 条的规定仍不能确定的，适用下列规定：（1）标的物需要运输的，出卖人应当将标的物交付给第一承运人以运交给买受人。（2）标的物不需要运输，出卖人和买受人订立合同时知道标的物在某一地点的，出卖人应当在该地点交付标的物；不知道标的物在某一地点的，应当在出卖人订立合同时的营业地交付标的物。”其第 145 条规定：“当事人没有约定交付地点或者约定不明确，依照本法第 141 条第 2 款第 1 项的规定标的物需要运输的，出卖人将标的物交付给第一承运人后，标的物毁损、灭失的风险由买受人承担。”

对上述问题，《公约》依是否涉及运输而对风险转移予以规范，中国《合同法》则是依是否明确交付地点来划分风险转移的界限，但两者本质基本一致，即风险自交付时转移，只是这个“交付”可能因在国内或国际贸易中的特点不同而有所不同。

4. 路货贸易的风险转移

中国《合同法》第 144 条对此也规定：“出卖人出卖交由承运人运输的在途标的物，除当事人另有约定的以外，毁损、灭失的风险自合同成立时起由买受人承担。”与《公约》相比较，二者对此原则上是相同的，即在合同订立时转移风险给买方。但《公约》的规定更为详尽。

5. 卖方根本违约时的风险转移

中国《合同法》第 148 条规定：“因标的物质量不符合质量要求，致使不能实现合同目的的，买受人可以拒绝接受标的物或者解除合同。买受人拒绝接受标的物或者解除合同的，标的物毁损、灭失的风险由出卖人承担。”

《公约》第 70 条规定：“若卖方已根本违反合同，第 67 条、第 68 条和第 69 条的规定，不损害买方因此种违反合同而可以采取的各种补救办法。”

对比上述规定发现，中国立法中明确规定的只有在因质量不符而导致根本违约的一种情况，而对其他的根本违约情形并未规定；中国立法规定是，根本违约下，风险不发生转移，而《公约》的规定却是风险转移给买方，且买方依然有权采取补救措施。可见，对违约时风险转移的规定是不同的，一个是转移给买方，一个是不转移。

（三）进出口通关手续

进出口通关手续是国际货物买卖中的重要事项之一，也是买卖合同的主要条款之一。Incoterms®2020 中的各种贸易术语对此均有明确的规定。依 Incoterms®2020，若需要时，除 EXW 条件下的进出口通关手续均由买方办理，DDP 条件下的进出口通关手续均由卖方办理外，在其他贸易术语下，卖方负责办理出口通关手续，买方负责办理进口通关手续。因此，在国际货物买卖中，当出现禁止进出口或进出口通关费用剧增的情况时，买卖双方则应承担相应的责任。依Incoterms®2020，除EXW和DDP术语外，一般卖方应承担由于禁止出口而发生的不能履行合同的责任，买方应承担由于禁止进口而发生的不能履行合同的责任。而《公约》第79条第1款规定："当事人对不履行义务，不负责任，若他能证明此种不履行义务是由于某种非他所能控制的障碍，而且对于这种障碍，没有理由预期他在订立合同时能考虑到或避免或克服它或它的后果。"因此，当买卖合同同时适用Incoterms®2020和《公约》时，禁止进出口是否属于《公约》上述规定中的"障碍"之一？若属于，则买卖双方在出现禁止进出口时就可能免除责任；反之，将承担违约责任。在贸易实践中，通常情况下，禁止进出口应被视为"非他所能控制的障碍"之一。为避免争议，双方应在合同中对此加以明确的约定。

（四）订立运输合同与保险合同

在国际货物买卖中，买卖合同的履行除了依靠买卖双方当事人之外，还须有赖于运输与保险的辅助作用。因此，运输合同与保险合同也对买卖合同的履行起到重要作用。

《公约》在第32条规定，若买卖合同约定卖方有义务安排货物的运输，他须订立必要的运输合同，按照通常的运输条件，采用适合的运输工具，将货物运到指定地点；若卖方没有义务对货物的运输办理保险，他须在买方提出要求时，向买方提供一切现有的必要资料，使买方能够办理这种保险。《公约》的上述规定，说明在货物涉及运输时，卖方有义务安排货物运输，即负责与承运人订立运输合同，承担运费，将合同货物运送到指定地点。但《公约》未对买方订立运输合同的义务作出规定；若由买方办理货运保险时，卖方还有义务对买方提供协助，如向买方提供承保时所需的关于货物数量、质量、装运时间、包装等详细资料。由于货物运输与保险涉及许多细节，因而《公约》不可能为此规范更为具体的规则。但Incoterms®2020中各种贸易术语，关于运输与保险的事项均有详细而明确的规定。若当事人采用某一种贸易术语，其运输与保险的规定则变为买卖合同的条款，当事人有义务遵守这些条款。

以上分析是《公约》与Incoterms®2020均涉及的一些事项。当然，两者单独适用时，还会涉及其他许多方面的事项。若一项买卖合同同时适用两者，则Incoterms®2020对《公约》调整下的买卖双方权利与义务，具有较大的明确化和确定化的作用；而《公约》对买卖合同的订立、履行，双方的主要义务、违约及其补救措施和损害赔偿等事项作出规定，若同一事项发生冲突时，《公约》则主张以惯例的规定优先于《公约》的规定。由此可见，在国际货物买卖合同中，同时适用两者可以相互补充、相互调整，从而使双方当事人的权利与义务得到更好的调整。

第六章　常用贸易术语在国际贸易中的应用

贸易术语是最主要的国际贸易惯例之一，每一笔交易都离不开贸易术语。尽管国际商会的 Incoterms 对每一术语下买卖双方的义务都有解释，但在实务中，贸易商应用时可能并未完全依这些解释行事，从而引发争议。另外，贸易术语仅是买卖合同的一部分内容，其应用还需与其他内容配合才能构成完整的合同内容，因而贸易术语的应用具有复杂性和多样性的特点。以下以常用贸易术语为线索，以实际案例或判例为基础，探讨常用贸易术语在贸易中的具体应用。①

一、EXW 术语下风险的提前转移及出口商运输控制权的丧失

在贸易中使用 EXW 术语，对出口商而言，其好处是手续简便、操作程序简单，若进口商的资信程度较高，出口商可适当使用；反之，不应轻易使用。因为这种术语极易产生货物风险提前转移的争议，以及使出口商丧失运输控制权，进而也失去货款控制权。下列案例证明了这一点。

中国卖方与国外买方签订了一份以 EXW 为条件的散装粮食合同，双方约定，9 月底买方派代理到卖方所在地仓库提货，但直到 9 月 30 日，买方代理也未来提货。国庆节期间，卖方仓库管理人员疏于管理导致仓库失火，该仓库的散装粮食绝大部分受损。国庆节后，买方代理前来提货，中国卖方声称，由于买方未按时提货属于违约行为，加之所交货物已灭失，货物风险已提前转移给买方，卖方对此项损失不负任何责任。

Incoterms®2010 在各个贸易术语的“B5 风险转移”（Incoterms®2020 B3）中均规定：买方承担自按照规定的交货时间起，货物灭失或损坏的一切风险。若买方未能按其给予卖方的通知的时间受领货物，则买方必须从约定的交货日期或交货期限届满之日起，承担货物灭失或损坏的一切风险，但以该项货物已清楚地确定为合同项下的货物为限。Incoterms®2010 在各个贸易术语的“B6 费用划分”（Incoterms®2020 B9）中均规定：买方必须支付……因买方未收取已处于可由其处置状态的货物或未发出适当通知而产生的额外费用，但以该项货物已清楚地确定为合同项下的货物为限。

可见，依 Incoterms，当买方未在约定时间和地点提货，则须从约定的交货日期或期限届满之日时起，承担货物灭失或损坏的一切风险及相关费用，但以货物已清楚地确定为合同项下为限。换言之，若货物已特定化，货物的损失及费用则由买方承担；若货物未特定化，则货物的损失及费用仍由卖方承担，即使交货时间已过。风险及费用提前转移的规

① 关于 FOB 术语的应用，可参见本书“FOB 贸易合同与运输合同关系的相关问题”一章。

定适用所有术语。

对出口商而言，若使用 EXW 术语，其最大风险是使出口商丧失运输控制权，进而也失去货款控制权。例如，深圳某公司与意大利一家进口商签订一笔出口合同，进口商主动提出使用 EXW 术语，由深圳一家境外货代公司替进口商办理一切进出口手续并上门提货。合同约定，使用托收方式结算并预付 15% 的货款。合同签订后，进口商按约支付了 15% 的货款，但提货后，不再支付剩余 85% 的货款。该案对出口商的启示是，出口商因不持有货运单据（提单），不是提单的托运人（shipper），与承运人不存在合同关系，进而无法控制货权。因托收为商业信用，也无法保证买方支付货款。出口商也无法追究国内货代、国内外代，他们均为进口商的代理。欲追究进口商也不现实，除非其在中国存在资产。

二、FCA 术语下卖方的交货义务

FCA 术语下，买卖双方的交货地点不同，则卖方的交货责任不同。若在卖方所在地交货，卖方有责任将货物装上由买方指定的承运人或其代理人提供的运输工具上。下列案例可帮助理解卖方的这一交货义务。①

新加坡卢记商业有限公司（下称“卢记”，卖方）与中国腾飞商贸公司（下称“腾飞”，买方）订立 CIF 上海合同，销售白糖 500 吨，由卢记向保险公司投保“一切险”（包括仓至仓条款）。为联系货源，卢记与马来西亚扎拜股份有限公司（下称“扎拜”）订立 FCA 合同，购买 500 吨白糖，合同约定提货地为扎拜所在地。7 月 3 日，卢记派代理人到扎拜所在地提货，扎拜已将白糖装箱完毕并放置在临时敞篷中。卢记代理人由于人手不够，要求扎拜帮助装货，扎拜认为依国际惯例，货物已交卢记代理人处置，自己已履行了应尽的合同项下的义务，故拒绝帮助装货。无奈，卢记代理人返回。3 日后，扎拜再次组织人员到扎拜所在地提取货物。但在货物堆放的 3 天里，因遇湿热台风天气，货物部分受损，造成 10% 的脏包。卢记将货物悉数交与承运人，承运人发现存在 10% 的脏包，欲出具不清洁提单，卢记为取得清洁提单以便顺利结汇，出具了保函，承诺承担承运人因签发清洁提单而产生的一切责任。承运人遂出具了清洁提单，卢记得以顺利结汇，提单和保单转移至腾飞手中。7 月 21 日，货物到达上海港，当日货物被卸下，港口管理部门将货物存放在其所属的仓库中，腾飞开始委托他人办理排港、报关和提货的手续。但腾飞检验出 10% 的脏包，遂申请法院扣留承运人的船舶并要求追究其签发“清洁提单”的责任。从 7 月 21 日起至 7 月 24 日，腾飞已陆续将 300 吨白糖灌包运往各用户所在地。7 月 24 日晚，港口遭遇特大海潮，未提走的 200 吨白糖受到浸泡，全部损失。腾飞向保险公司办理理赔手续时被保险公司拒绝，理由是腾飞已将提单转让且港口仓库就是腾飞在目的港的最后仓库，故保险责任已终止。

上述案例中，涉及以下争议：卢记与扎拜之间的 FCA 合同中，货物 10% 的损失（脏包）应由谁承担？保函是否有效以及承运人签发“清洁提单”的承担何种责任？保险人的保险责任何时终止？

---

① 参见罗国强（2002），一实体法案例分析——FCA 条件下卖方的装货义务、保函效力及海上货物保险的责任期间，http://www.gzhsfy.org/showanli.php? id=864。

第一，在卢记与扎拜之间的 FCA 合同中，有关货物 10% 的损失应由扎拜承担。

Incoterms®2010 A4 规定："卖方……在以下情况完成交货：a）若指定地点是卖方所在地，则当货物被装上买方提供的运输工具时，b）在任何其他情况下，则当货物仍处于卖方的运输工具上，但已准备好卸载并已交由承运人或买方指定的其他人处置时。"可见，Incoterms®2010 规定了 FCA 术语下装货和卸货的义务：交货地在卖方所在地时，卖方负责装货；交货地在卖方所在地之外时，卖方不负责卸货。另外，依 Incoterms®2010，FCA 术语 A5 规定，除非买方在卖方按照 A4 规定交货之时受领货物，否则"卖方必须承担货物灭失或损坏的一切风险，直至已按照 A4 规定交货为止"。Incoterms®2020 也作出了类似的规定。

可见，本案中，扎拜将货物装箱并存放后，并未履行完交货义务，由于交货地在扎拜所在地，扎拜应负责装货。扎拜拒绝履行装货义务导致货物滞留其所在地，是违约行为，且意味着货物并未置于买方指定的代理人处置之下，因而风险并未转移给卢记。当台风造成货物 10% 的损失后，扎拜无权以货物风险已转移为由要求卢记承担该损失，而应由扎拜承担全部风险并向卢记作出相应的补偿。

第二，关于保函的效力以及承运人签发不清洁提单的责任。

在国际贸易中，合同或信用证通常都规定，卖方应提交清洁提单。但在货物外表状态不良且来不及更换包装时，卖方（或托运人）往往向承运人出具保函，以换取承运人签发清洁提单。

关于保函的效力，《汉堡规则》规定，保函对受让提单的包括收货人在内的任何第三人，不发生效力，但对于托运人有效。若承运人接受保函而签发清洁提单属有意的欺诈，则保函对托运人无效，承运人不仅无权从托运人处取得赔偿，且要对包括收货人在内的第三人的损失承担赔偿责任。但只要不是对收货人进行欺诈，则保函在托运人与承运人之间有效，而对第三人不发生效力。

本案中卢记以保函换取清洁提单，并非为隐瞒货物本身的缺陷，而是为迅速出口货物，避免货物变质并及早结汇。承运人接受保函并签发清洁提单，亦非处出于欺诈收货人的故意，只是为解决因货物瑕疵而引起的其与托运人之间的争议。此时，可将保函视为托运人和承运人之间达成的一项保证赔偿协议。由于保函对收货人无效，腾飞有权选择追究托运人还是承运人的责任。本案中，腾飞选择追究承运人的责任是合理的，也是可行的，因为被扣的承运人的船舶可保证判决的执行。在国际贸易纠纷中，有关当事人也多是采取同样的做法。承运人应赔偿因其签发"清洁提单"给腾飞造成的损失，之后再通过保函从卢记处获得补偿。

第三，保险公司应承担赔偿责任。

本案保险合同规定，保险人的责任起讫是"仓至仓"。[①] 本案中，被保险货物卸离海轮后，堆存于港口所属仓库，该仓库并非收货人的最终仓库或储存处所，故在此情况下仓库的控制权属港口当局。被保险人在提货之前，既不能将货物运交任何其他仓库和储存处所，也不能对货物进行分配或发送，只有在提货后，取得对货物的现实控制权，才能进行转运、分配或发送。况且，依据"仓至仓条款"，堆存于港口所属仓库的货物在最终卸货

① 关于保险"仓至仓条款"，可参见第十五章的内容。

港从海轮完成卸货仅3天，远未超过60天的期限，因此，尚未提取的货物仍在保险责任期限内。

提单具有物权凭证作用，本案中，腾飞持有提单，即享有提单项下的所有权。腾飞委托他人办理排港、报关、提货等手续，发生的是委托代理关系，不属转让提单的行为，提单仍属腾飞所有，提单项下的货物所有权也未转移，腾飞仍为被保险财产所有人，具有可保利益。同时，该投保的险别为"一切险"，海潮属于一切险范围，对尚未提取并因海潮受损的200吨货物，保险公司应负责赔偿。

三、CFR术语下卖方指示承运人无单放货给第三人的责任

在CFR条件且使用信用证付款的情况下，一般认为，卖方只要按合同约定的时间装运货物和将代表物权凭证的提单通过银行交付给买方，就履行了其交货义务。若卖方完成上述两项义务后，却指示承运人无单放货给第三人，其是否构成违约，对此有两种截然相反的观点。一种观点认为，依据CFR，卖方已经履行了其交货的义务。承运人签发提单后，卖方指示承运人无单放货对承运人并无约束力，是否无单放货由承运人自行决定。买方完全可依提单起诉承运人，要求其交付货物或赔偿，而无权向卖方索赔。另一种观点认为，要全面理解CFR对卖方交单的要求。上述情况下的卖方并没有真正履行交单的义务，卖方在没有获得买方任何指示的情况下，出具"Letter of Indemnity"要求承运人无单向第三人放货，而卖方（提单的Shipper）显然又对承运人有很大的影响力。卖方对承运人的无单放货指示与其交付正本提单的行为相抵触，其交单行为因此有瑕疵、不适当，可以认定其没有履行交货义务，构成违约。①

某年2月16日，中国买方（A）与日本卖方签订了编号为03SAYJ/76208CN的买卖合同。货物品名是甲基丙烯酸甲酯（简称MMA），数量500吨，贸易条件CFR汕头，每吨1 300美元，总价值为650 000美元，原产地为日本，付款方式为提单日后90天信用证付款，装运期为当年3月10日之前，装运港为日本神户，目的港为中国汕头。买卖合同的装运条款规定，货物装运完毕5个工作日内，卖方以电报或电传通知买方合同号、货名、所装数量、发票价值、船名、起运港、开船日期及目的港；若卖方不按时发送上述装船通知而致买方不能及时投保，则发生一切损失均由卖方负责赔偿。2月20日，中国买方通过中国银行江苏分行向日本卖方开出信用证。3月9日，SHOKUYU Tanker Company Limited船公司签发了编号为SCKS39的提单。3月13日，卖方向船公司出具了一份保函（Letter of Indemnity），该保函要求船公司将货物放给汕头轻工业公司而无需提单，并向船公司保证赔偿其由此遭受的任何损失。3月17日，装载货物的Sun CROWN号货轮抵达中国汕头港。3月18日，本案货物被无单提走。同时，中国银行江苏分行收到信用证项下的全套单据。3月24日，买方承兑赎单，从中国银行江苏分行获得信用证下包括货物正本提单在内的全套单据。4月10日，深圳B公司（买方A的下家）致函买方称："关于贵公司3月28日电话通知我公司查询SCKS39号提单项下货物何时到港一事，经我司前往汕头码头查询，得知货轮于3月17日到港，18日货已被提走，情况不明。为减少损

① 中国国际经济贸易仲裁委员会．中国国际经济贸易仲裁裁决书选编——货物买卖争议卷．北京：法律出版社，2002：427-430.

失，根据约定，我公司将增派人员积极查询货物去向并及时函告贵公司。”6月9日，卖方通过银行收取了本案项下的货款。7月10日，深圳B公司致函买方A称：“据贵公司电话通知，我们找到汕头码头船代了解，发现500吨MMA货物已被汕头轻工业公司提走。汕头船代反映，承运人放货是有根据的。为此，我们又向汕头轻工业公司交涉，遇到很多困难。因为至今未收到该批货物，现通知贵公司，我公司不能支付该批货物的货款，敬请谅解!”

于是，中国买方就合同中约定的仲裁条款向中国国际经济贸易仲裁委员会提交了申请书。在买方和卖方的陈述和答辩中，卖方坚称买方只是受托、中途介入本案货物的进口贸易商，作用仅仅是开立信用证。

上述案例事实清楚，双方当事人基本没有争议，双方的分歧在于法律观点不同。卖方认为，买方在整个交易中被安排开立信用证，只是形式上而非实质性的买方，其权利义务应受到限制，仅是辅助买卖合同的实施。

仲裁庭认为，卖方上述主张没有任何法律依据。买卖双方的权利义务应以贸易合同为准，买方作为合同主体的权利不应受到限制而使其不能行使买方的权利。卖方认为，买方只是在整个交易最后才介入其中，代理本案中的信用证业务。但仲裁庭认为，买方通过银行向卖方开立信用证、支付了货款，是买方最基本的义务，承担了贸易中的全部风险。作为卖方，最基本的权利或最终目的就是安全、及时地收妥货款。因此，当买方履行其义务时，卖方其履约行为应绝对以买方作为相对人，应对买方负责而非任何第三人。

卖方是否违约是本案的最大争议。卖方认为，自己一方面将货物按合同规定装运，另一方面将代表货物的物权凭证——正本提单通过银行交付给了买方，买方也已接收，故卖方履行了其交货和交单的义务。仲裁庭认为，在交货方面，卖方履行了其装运义务，对此买方也没有异议，问题出在交单方面。卖方在没有买方任何指示的情况下，又出具“Letter of Indemnity”要求承运人无单向第三人——汕头轻工业公司放货。卖方这种行为显然与其交付正本提单的行为相抵触，最终导致合同项下的货物被第三人提走，其交单行为有瑕疵、不适当，可以认定其没有履行交单义务，构成违约。仲裁庭指出，卖方对CFR条件下卖方的交单义务的理解并不全面，依Incoterms®2010，CFR条件下卖方的第8项义务是：“卖方必须自付费用，不得延迟地向买方提供约定目的港的通常运输单据。此运输单据必须……能使买方在指定目的港从承运人那里提取货物，除非另有约定，该运输单据能使买方在货物运输途中以向下家买方转让或通知承运人的方式出售运输途中的货物。”（Incoterms®2020 A6也有同样规定。）本案中，卖方的行为无法使买方凭正本提单从承运人处提取货物，这与自然灾害或其他的人为因素造成不能提取货物的情况完全不同，是卖方的不当行为致使买方不能收到货物。仲裁庭最后裁决：卖方退还买方全部货款以及相应的利息损失。本案裁决系终局裁决。

四、CPT术语下风险转移的前提条件及买方通知义务

依据Incoterms，任何贸易术语下，卖方要将货物的风险转移给买方的条件之一是，合同项下的货物必须置于买方的处置之下，即货物必须特定化。所谓货物特定化是指，在国际贸易中，卖方应将交给买方的货物清楚地确定为供合同之用（俗称打“唛头”）并通知买方。这是买卖双方转移风险的前提条件，否则即使越过风险转移界限，货物的风险

仍由卖方承担。CPT 术语下，散装货物是否已特定化，比包装货物更加复杂。

例如，一份 CPT 合同，A 公司（卖方）出口 3 000 吨小麦给 B 公司（买方）。A 公司按规定的时间和地点，将 5 000 吨散装小麦装到火车上，其中的 3 000 吨属于卖给 B 公司的小麦。货抵目的地后，由货运公司负责分拨。A 公司装货后及时发出了装运通知给 B 公司。因承载火车在途中遇险，使该批货物恰巧损失 3 000 吨，其余 2 000 吨安全运抵目的地。买方要求卖方交货，卖方宣称卖给 B 公司的 3 000 吨小麦已全部灭失，而且依 CPT 合同，货物风险已在装运地交至火车上时即转移给 B 公司，卖方对此项损失不负任何责任。

本案的关键是货物是否特定化的问题。本案的 A 公司是否承担责任取决于货物是否已经特定化。卖方若要免除其责任，同样也须证明货物在发生损失时已经特定化，否则不能免责。

同其他贸易术语一样，CPT 术语下，买方的义务之一是，当其有权决定发货时间和/或指定目的地，或目的地内收取货物的地点时，买方必须将该决定向卖方发出充分的通知。

某年 6 月，中国天津 A 公司（买方）与澳大利亚 B 公司（卖方）签订了一笔贸易合同，双方在合同中约定进口羊皮 2 500 片，CPT 新港成交。依合同规定，买方 A 公司有权决定卖方的交货地点和时间，但应在适当的时间给予卖方充分及时的通知。7 月 10 日，A 公司给 B 公司发出传真，要求在 7 月 12 日至 14 日交货。卖方接到通知后，抓紧备货，但由于时间仓促，加上承运人场站出现事故，导致货物迟迟不能交付；14 日夜间，场站起火，将 2 500 片羊皮悉数烧毁。A 公司以卖方迟交货物为由，拒付货款。B 公司则认为是因买方未及时通知，才导致货物未及时交付，但货物风险已提前转移给买方，由此产生的风险和费用应由买方承担。双方相持不下。①

依 Incoterms®2010 和 Incoterms®2020，CPT 术语关于买方通知义务规定：“当买方有权决定发货时间和/或指定目的地收货点时，买方必须给予卖方充分的通知。”买方给予卖方充分的通知，其作用是便于卖方有充裕的时间安排运输事宜，否则，买方要承担由此而产生的风险。另外，该术语关于买方义务还规定：“买方承担按照交货时起货物灭失或损坏的一切风险。若买方未发出通知，则买方承担自约定的交货日期起或约定交货期限届满之时起的货物灭失或损坏的一切风险，但以该货物已清楚地确定为合同项下货物为前提条件。”

上述案例中，因买方未适当（及时）将发货的时间通知卖方（发出通知的时间与要求交货的时间只间隔 1 天），导致货物在场站中灭失。另依据 CPT，卖方在出口地将货物交给承运人且货物特定化为合同项下的货物，货物的风险即转移给了买方。

在集装箱运输中，货物（整箱货或拼箱货）交到场站（堆场或货运站），发货人获得承运人签发“场站收据”（Dock Receipt，D/R），其作用相当于传统运输的“大副收据”，货主可凭此换取提单，卖方完成交货义务。本案中，货物在场站中发生灭失，可视为货物已交给承运人。因此，本案中，卖方已完成交货义务，即风险已转移至买方，买方应承担货物灭失的风险和费用。

在国际贸易中，贸易商不仅要适当选择贸易术语，且要正确理解贸易术语项下买卖双

---

① 陈岩．国际贸易术语惯例与案例分析．北京：对外经济贸易大学出版社，2007：103.

方各自的权利与义务。该案例主要强调的是“买方应该给予卖方充分（及时）的发货通知”和“风险转移”问题。国际贸易通常发生在距离遥远的两个国家之间，充分的通知是卖方及时装货、运输及风险转移的必要前提。

五、CIF 术语下托运人的货物索赔诉权

CIF 术语是国际贸易中最常用的几个贸易术语之一。该术语下，出口商既是贸易合同的卖方，又是运输合同的托运人。出口商虽收到买方支付的合同货款，但由于货物在运输途中发生损失并未运至原定的目的港，而是由承运人退运回国内交还出口商，出口商为此重新发送一批新的货物给买方，因此，货物受损后的价值损失仍是由出口商承担的。此种情况下，出口商是否有权要求承运人对此予以赔偿，下列判例具有一定的说服力。

某年 8 月 30 日，原告湖南某出口公司（下称“湖南出口”）与日本 OSAKA 公司订立贸易合同，约定 OSAKA 公司向原告订购一批灰色萱麻布，贸易条件为 CIF 神户，付款方式为 100% 交付前电汇。原告委托烟台国际海运公司上海分公司（下称“烟台海运上海”，被告）出运上述合同项下货物。涉案货物装载于 H 轮出运。根据原告的要求，烟台海运上海将该批货物安排为目的港电放，并于 9 月 30 日出具了电放提单。电放提单中记载：承运人为烟台国际海运公司（下称“烟台海运”，被告），烟台海运上海为烟台海运的代理人。10 月 11 日，烟台海运上海通知湖南出口，包括原告托运货物在内的 23 个集装箱在日本大阪被发现受到船上泄漏燃油的污染，受污染的集装箱将被运回舟山进行清理。11 月 28 日，烟台海运上海通知湖南出口，涉案货物已安排运回上海，请原告凭保函前往办理提货手续，并在堆场会同烟台海运的保赔协会——中国船东互保协会拆箱对货损进行联合检验。12 月，原告取回受损货物，并与中国船东互保协会委托的北京中英衡达海事顾问公司分别在上海华发堆场和江阴市大唐纺织品公司仓库对涉案货物进行了检验，共同确认原告托运的 91 包萱麻布的 60 包被燃油污染，其价值为 28 968.19 美元，残值为 412 美元，涉案货物受损金额为 28 556.19 美元。

次年 1 月 20 日，中国船东互保协会在给湖南出口的函中表示，涉案货物受损是“燃油管路的法兰松动导致的”。但两被告始终未提供关于涉案货物受损原因的检验被告。庭审中，湖南出口确认已收到收货人 T 公司为涉案货物支付的货款，但由于涉案货物受损并被退运，湖南出口为履行该合同又另行发送了一批货物给 T 公司，并当庭提交了 T 公司确认已收到原告替代货物的确认函。另查明，烟台海运上海是烟台海运在上海设立的分支机构，不具有独立法人资格。烟台海运在庭审中确认，烟台海运上海有权代表烟台海运签发涉案提单和处理涉案货物受损事故。烟台海运在庭审中表示自己系 H 轮的定期租船人，并非该轮的登记船东。

本案的争议焦点有三：（1）原告是否具有本案的诉权？（2）原告是否有损失？（3）承运人对涉案货物的损坏是否可以免责？

关于第一个焦点，涉案货物在运输途中受到污染，由被告退运回中国并由原告取回。湖南出口作为涉案海上货物运输合同的托运人和实际收货人，完全有权对承运人提起运输合同违约之诉。此外，CIF 术语并不涉及货物所有权的归属，原告在本案中选择的是运输合同违约之诉，原告是否具有货物所有权并不影响原告在本案中的诉权。

关于第二个焦点，原告虽收到案外人 T 公司支付的涉案买卖合同货款，但由于涉案

货物在运输途中发生损失并未运至原定的目的港，而是由承运人退运回国内交还原告，原告为此发送了一批新的货物给 T 公司，因此原告收到的 T 公司货款的对价应是 T 公司收到的新的货物，而本案受损货物的对价原告并未取得。因此，涉案货物受损后的价值损失仍是实际由原告承担的，原告有权要求承运人对此予以赔偿。

关于第三个焦点，烟台海运主张，涉案货物受损是 H 轮上燃油管路法兰松动导致漏油致使货物被油浸泡，而该轮是一艘新建船舶，管路法兰松动应属承运人“经谨慎处理仍未发现的船舶潜在缺陷”。在本案中，烟台海运对于货物的受损原因只有其单方面的陈述，并无任何正式的调查结论可予证明。因此，烟台海运对于货物受损原因尚未能举证，更无法证明货物受损原因确属承运人可以免责事项。烟台海运应对其承运人免责这一主张承担举证不能的法律后果。

法院判决：烟台海运上海是烟台海运的分支机构，不具有法人资格，在本案中是烟台海运的代理人，因此原告要求烟台海运和烟台海运上海对货物的受损承担连带赔偿责任并无法律依据，法院不予支持。依中国《海商法》第 46 条第 1 款、第 51 条、第 55 条第 1 款的规定，判决被告烟台海运应在判决生效之日起 10 日内向原告湖南出口赔偿货物损失 28 556. 19 美元；对原告湖南出口的其他诉讼请求不予支持。

一审判决后，被告不服，提起上诉。二审法院审理认为，原判认定事实清楚、适用法律正确，遂判决驳回上诉，维持原判。

上述判例涉及以下问题。

第一，托运人诉权与提单转让。本案中，承运人并未签发正式提单，而是与托运人约定了电放提单。电放提单的本质是一种交货方式，即承运人将货物交付给托运人指定的收货人，而不是根据正本提单交付货物，因此不发生提单转让问题，托运人始终可依运输合同向承运人行使诉权。且在运输合同的实际履行过程中，因为本案货物受到污染损害，承运人并未将货物电放给目的港的收货人，而是将其退运交还给托运人，本案运输合同发生了变更，托运人代替原来的收货人成为运输合同的实际收货人。作为本案运输合同的托运人和实际收货人，原告湖南出口有权对承运人提起运输合同违约之诉。

第二，货物的风险及所有权。本案被告在抗辩原告不享有对货物的诉权时，联系了货物的风险、所有权问题。被告认为：（1）CIF 术语下，货物灭失和损坏的风险在装船后已转移给买方；（2）本案货物交付方式为电放，承运人未签发正本提单，货物装船时所有权已转移给买方。显然，被告抗辩的逻辑起点是，原告作为本案买卖合同的卖方，既然与买方约定 CIF 术语，买卖双方就应严格依 CIF 划分各自的风险和责任。

对此，法院认为，买卖合同关于所有权及风险责任的安排是根据买卖双方的意愿作出的。Incoterms 中的 CIF 并非强制适用，买卖双方可在合同签订过程中以 CIF 为基础来约定各自的具体权利义务，其内容可与 CIF 规定的买卖双方的权利义务不完全相同，从而形成贸易术语的变形，同样也可在合同的履行中因具体情况的变化而对双方的风险承担作出实际变更。从这一点看，允许买卖双方按照真实意愿对其进行修改和变更。而且，在海上货物运输合同关系中，买卖双方对于承运人来说，都属于“货方”，“货方”内部相互转让责任和权利的行为属于他们处分自身权利的行为，并不影响其与承运人之间的权利义务关系。更何况本案中货物是因为船舶漏油而受到污染，货物受损并不是意外风险所致。另外，Incoterms 只规定不同术语下买卖双方在交易中的责任、费用、风险划分及各自的权利义务，并未涉及货物所有权的归属。

对于托运人诉权与风险的关系，法院认为两者并无直接联系，但两者有间接或隐含的联系。在实践中，托运人使用承运人签发的已装船提单到银行结汇显然是在货物装船之后，风险转移与提单转让的时间点并不相同。实践中，可能会发生提单已转让而货物风险仍由托运人承担的情形，但在此种情形下，因为托运人诉权的丧失是以提单的转让为标志的，所以，尽管货物风险仍未转移，但收货人/提单持有人在提单转让后已然获得诉权。

本案系托运人对承运人提起的运输合同违约之诉，而非侵权之诉，原告是否为货物所有权人并不影响托运人的该项诉权。本案中，被告以风险和所有权问题否认托运人诉权的理由不能成立。

第三，托运人诉权与实际损失。本案中，托运人采取违约之诉向承运人索赔时，其诉权的性质属于损害赔偿请求权。因此，托运人除了要证明自己与承运人的运输合同关系、承运人有违约行为外，还需要证明违约行为造成自己的实际损失。本案中，原告虽收到货款，但原告证明自己在取回本案货物后，为履行买卖合同又向买方发送了一批新的货物，因此，原告收到的货款只能认定为其重新发送的货物的对价，而本案货物的实际损失最终还是由原告承担。所以，原告依据运输合同向被告行使诉权是能够得到法院支持的。

需要指出的是，对于托运人诉权与实际损失的关系，法院认为，实际损失是托运人行使诉权的必要条件，而非充分条件。换言之，托运人除了遭受实际损失，还应同时具备其他的法定条件才能行使诉权，如托运人持有提单或重新获得提单，提单转让后收货人/提单持有人明确放弃对承运人的诉权等。①

六、CIF 术语下的卸货费及滞期费的处理

在国际贸易中，大宗货物贸易大多使用程租船运输。由于装卸时间直接关系船方的经营效益，若装卸货物由租船人负责，船方将会对装卸期限作出明确规定。若租船人未能在约定的装卸期内完成装卸任务，从而延长船舶在港时间或延长了航次时间，船方将收取滞期费。因此，租船人在订立租船合同时，必须根据货物的种类、船舶舱口数、港口装卸能力和港口习惯装卸时间等因素，正确规定装卸时间和装卸货率。但在实际业务中，负责装卸货物的一方未必是租船人，而是买卖合同的另一方当事人。就 CIF 术语而言，租船人是卖方，而负责卸货的却是买方，卖方对卸货港状况及卸货业务无法控制。若船舶在卸货港产生滞期，承运人有权根据租船合同要求卖方支付，至于卖方向承运人支付后，可否依据买卖合同向买方追偿，则要取决于买卖合同中的装卸条款了。因此，贸易双方在订立买卖合同时应该明确规定卸货时间或卸货率，使租船合同与买卖合同相衔接，同时避免因买卖合同中的附加条款或因 CIF 术语的变形而增加自己的负担。下列案例可以说明这一问题的重要性。

（一）同一问题不同的裁决

某年，卖方与买方签订货物买卖合同，贸易术语为 CIF 仰光，附加条款规定：卖方供

---

① 荚振坤．CIF 术语下托运人的货物索赔诉权．国际商报[2007-06-11]．上海海事法院．“湖南华升工贸有限公司诉烟台国际海运公司（2005）”．民事判决书（2006）沪海法商初字第 197 号．http://shhsfy.gov.cn/hsinfoplat/platformData/infoplat/pub/hsfyintel_32/docs/200708/d_199656.html.

货船舶到达仰光港口后，买方负责在9天内将承运船舶的货物卸完……，超过上述规定时间，买方负责承担由此引起的包括滞港、滞卸费在内的一切费用。

卖方为履行交货义务，租用了"X"号货轮将货物运送至仰光港。卖方提交的"X"轮航海日志记载，2月21日11时46分，船舶抵达东经96度、北纬16度处抛锚。3月13日3时30分做进港准备，4时55分领航员登轮开始进港，9时26分靠泊，10时30分开始卸货。3月18日4时40分卸毕。"X"轮的卸货准备就绪通知书（NOR）上记载，该NOR是承运人于2月21日11时45分船舶抵达锚地时递交的，但被接受的时间是3月13日9时30分。航程结束后，承运人根据租船合同在海事法院起诉卖方，索赔"X"轮在仰光的滞期费。后经海事法院调解，双方达成协议，由卖方赔偿承运人。卖方遂要求买方赔偿其损失，买方拒付。双方发生争议，协商未果，卖方即提起仲裁。

仲裁庭认为：（1）本案中，卖方与买方所签订的货物买卖合同中没有"依照租约"的规定，另外，租约与货物买卖合同主体不同，仲裁庭对因租约产生的争议不具有管辖权。因此，仲裁庭在解决本案争议过程中以货物买卖合同的约定为依据。（2）从2月21日11时46分起，至少到3月13日4时55分止，船舶在仰光港外抛锚，未到达仰光港口，此段时间不应计算为卸货时间；卖方在锚地递交NOR时，买方并未无条件地接受；卸货时间应从船舶实际开始卸货时，即3月13日10时30分起算，至3月18日4时40分卸货完毕，卸货共用4.76天。即使不考虑除外情况，该时间也未超过货物买卖合同附加条款所允许的9天卸货时间，故船舶在卸货港未发生滞期。因此，仲裁庭不支持卖方要求买方赔偿其滞期费的请求。

上述裁决强调了货物买卖合同的附加条款，其地位和作用是，该条款实质上已对CIF术语中滞期费的承担重新进行了划分，买方并不再依CIF术语承担卸货港的全部滞期费。该裁决还指出，买卖双方所签订的货物买卖合同中没有"依照租约"的规定，故，附加条款并非补偿件条款，从而未将海事法院认定存在的滞期费补偿给卖方。仲裁庭在解决本案争议过程中，以货物买卖合同的约定为依据。

同样是上述买卖双方，于某年1月27日又签订了货物买卖合同，贸易术语为CIF Exship's Hold 仰光（这一变形与CIF FO基本相同），附加条款约定，卖方负担运费和保险费，买方在目的港受领货物，负担其他费用，并保证船靠码头后每天卸货率不低于800吨/天（晴天工作日，节假日除外）。

卖方为履行交货义务，租用了"Y"号船舶将合同项下货物运送至仰光港。因仰光港港口拥挤，造成船舶滞期，产生滞期费。承运人向卖方追索滞期费，并于3月申请仲裁。仲裁庭于12月18日作出裁决，由卖方向承运人支付滞期费及其利息。卖方认为该费用应由买方承担。买卖双方由此产生争议，卖方遂又另行提起仲裁。

仲裁庭认为：（1）本案双方争议焦点在于滞期费的承担。该滞期费产生的依据是卖方与承运人签订的租约。该租约的当事人与本案当事人不同。仲裁庭对因租约引起的争议不具有管辖权，故仅以卖方与买方签订的货物买卖合同及其附加条款的约定作为解决本案争议的合同依据。（2）本案中，卖方与承运人订立租约时，滞期尚未发生，滞期费未被船公司收取，因而该滞期费不属于Incoterms中对买方应负担费用中的除外规定，则买方应支付自卖方按约定交付货物时起，即买方在合同规定的日期或期间内，在装运港将货物交至船上时起与货物有关的一切费用，并支付与货物有关的在运输途中直到它们到达目的港的一切费用，其中即包括滞期费；在没有相反证据及双方没有其他解释性约定的情况下，附加条款是双方对合同货物交付过程中有关费用划分的约定，即卖方负担运费和保险费，买方负担除上述两项以外的其他费用。而本案滞期费不包含在运费和保险费中，因此，本案涉及的滞期费应由买方承担。

上述裁决只强调了附加条款的前部分，而未对附加条款的后部分，即"……并保证船靠码头后每天卸货率不低于800吨/天（晴天工作日，节假日除外）"予以解释。而这恰恰涉及卸货时间的开始及其计算，关系滞期费承担的重新划分，尽管其中未出现任何"滞期"或"滞期费"等词语。它对于附加条款乃至整个买卖合同，都非常重要。[①]

由此可见，对于同样的问题，仲裁庭在不同的案件中作出了不同的裁决。由此也说明，CIF术语下，卸货港的有关费用，特别是滞期费究竟应该由谁承担至关重要。

（二）国际惯例的相关规定

Incoterms®2010（Incoterms®2020）关于CIF术语下，卸货港有关费用承担的规定是："若卖方按照运输合同在目的港发生了卸货费用，除非双方事先另有约定，卖方无权向买方要求补偿该项费用。"其A6（A9）费用划分规定："卖方必须支付……b）按照A3a）所发生的运费和其他一切费用，包括将货物装上船舶和根据运输合同规定由卖方支付的和在约定卸载港的卸货费。"其B6（B9）费用划分规定："买方必须支付……c）包括驳运费和码头费在内的卸货费，除非根据运输合同该费用应由卖方支付者外。"

由此可见，在CIF术语下，卸货港的有关费用究竟由谁承担，主要取决于运输合同（包括租船合同）的规定。而运输合同是由卖方与承运人订立的，因此，该费用的承担者取决于卖方与承运人是如何约定的。为避免纠纷，买卖双方必须在买卖合同中对此加以明确规定。这种条款一般称为买卖合同的附加条款（也称为"装卸条款"或"装运条款"）。该条款均是通过买卖合同的约定，对CIF术语下，费用负担的重新划分，并与租船合同衔接。但该附加条款应就卸货时间、卸货时间起算和中断及终止以及可能产生的滞期费等作出明确规定。若买卖合同中仅列明港口名称，并不意味着卸货时间从船舶进港时开始，卸货时间仍可从停泊时开始计算。

所以，卖方若要求买方承担一定滞期费，或买方欲限制或免除滞期费，必须对CIF术语予以明确变形，即就滞期费的分担重新划分。各方对买卖合同中的各项条款的解释应以使它们全部有效为宗旨，而不是排除其中一些条款的效力，而且，附加条款应优于一般条款。Incoterms中，CIF术语条款通常为一般条款。

（三）买卖合同中的CIF术语变形与租船合同条款衔接

为避免CIF术语下的卸货费纠纷，贸易双方可在买卖合同中，以下列术语变形的方式之一予以明确规定，并与租船合同条款衔接。

（1）以CIF FO、CIF Undischarged或CIF Ex Ship's Hold条件签订买卖合同，即卖方不承担卸货费用而由买方承担。此时，卖方与承运人在租船合同中通常也订立"Free Out"（FO）条款，即船方不承担卸货责任和费用。卸货责任和卸货费由买方承担。租船合同也可订立"Liner Out"（LO）条款，即船方负责卸货并承担卸货费。上述情况下，若卸货港发生滞期费，在承运人依租船合同向卖方索赔滞期费后，卖方可依买卖合同向买方追偿。

---

① 参考资料：http://knowledge.cnexp.net/（外贸精英网）。

当然，上述条款对买方不利。

（2）以 CIF Landed 或 CIF Ex Tackle 条件签订买卖合同，即卸货费用应由卖方而非买方承担。CIF Landed 或 CIF Ex Tackle 条件意味着卖方承担卸货费用包括驳运费和码头费，须将卸货费用包含在卖方支付的运费中或另外支付。此时，卖方与承运人在租船合同中通常应订立 “Liner Terms” 或 “Gross Terms” 条款，即承运人负责卸货并承担卸货费，从而不会发生卸货滞期费由谁承担的问题；在上述情况下，卸货港滞期费实质上已由卖方承担。若承运人依租船合同向卖方索赔滞期费后，卖方依买卖合同不得向买方追偿。当然，上述条款对买方有利。

在此应特别注意，CIF Landed 或 CIF Ex Tackle 条件仅仅是货物在卸货港卸货费用的划分，而非卖方保证货物在特定日期达到卸货港。因为 CIF 下的买卖合同不是到货合同，而是装运合同。CIF 术语的基本性质是，卖方通过托运货物履行买卖合同义务。而卖方安排到目的港的运输和支付主要运输费用的义务，仅仅是托运货物这一基本义务之外的义务。在运输途中，任何延迟的风险应由买方承担。因此，卖方在目的港交货后才视为履行了合同义务的观点，以及在合同中规定卖方应不迟于特定日期在目的港交货的做法，都是不正确的。为避免争议，买卖双方也可以对此予以明确规定。

（四）附加条款的种类

在国际贸易中，买卖双方签订的附加条款一般有两种类型：补偿性附加条款和绝对责任附加条款。

补偿性附加条款是指，将以买卖合同货物为标的的租船合同（包括已存在的或此后卖方可能接受的租船合同）有关条款并入买卖合同。例如，买卖合同约定卸货时间依租船合同（As per charter party）或滞期及滞期费依租船合同（Laytime and Demurrage: as per charter party），或租船合同中所有有关滞期及滞期费计算的条款和条件依应视为并入本买卖合同（All the relevant terms and conditions concerning laytime calculation and demurrage in the charter party shall deem to be incorporated in this sale contract）。这样，卸货时间、滞期或滞期费率则须依租船合同。依此约定，卖方支付承运人滞期费后，买方应补偿卖方。一旦买方同意这种补偿性条款，则不论以后的租船合同如何约定，买方均应接受。

补偿性条款对卖方有利。

（1）卖方不必受将来航运市场及船方态度的影响，特别是在滞期费方面。该条款将使卖方以后订立租船合同时，有极大的选择余地，即使租船时市场极利于承运人，承运人明知卸货港拥挤而要求较高滞期费，卖方也可以租船。

（2）无论租船合同如何规定，卖方都可以将其卸货港的卸货时间和滞期费并入买卖合同，进而约束买方。而买方只要同意买卖合同，则必须接受卸货港的卸货时间和滞期费。另外，卖方一般在租船合同里加上一个“责任终止与留置条款”（Cesser & Lien Clause），即船方向买方或收货人通过留置货物直接追索滞期费等卸货港损失，而不必先要求卖方支付，再要求买方“补偿”（金康租约规定：对卸货港滞期费，在船方无法通过留置货物向收货人追索时，租船人才会有支付义务）。

补偿性条款对买方不利。

（1）约定补偿性条款后，买方就要补偿卖方支付的任何滞期费，可能承担极大的责任。而且，难免卖方为了获得较低的运费和装货港滞期费，或装货港为 CQD 或 Liner In，而抬高或至少不尽量压低卸货港滞期费。买方最终承担较高的责任。为此，买方可能在补偿性条款中规定一个限制性装卸时间或装卸率和滞期费率，但同时该条款仍然受租船合同约束（As per C/P）。这样，该限制性规定可能使卖方不能随意在租船合同中让步给船方。如“卸货时间”可以是：“As per charter party but minimum to allow 5 weather working day of 24 consecutive hours”（依照租约所订，但至少要给买方 5 个连续 24 小时的晴天工作日）。“滞期费率”可以是：“As per charter party but maximum USD 10 000 per day or por rata”（依照租约但不能超过每天 1 万美元或按比例计算）。

（2）买方可能无法事先预测要承担多少损失。若接受补偿性条款，买方有可能在被船方留置货物时，才能知道对其追偿的滞期费金额，有可能使其由盈变亏。

可见，补偿性条款将使卖方以后订立租船合同时有极大的选择余地，即使租船时市场极利于承运人，承运人明知卸货港拥挤而要求较高滞期费时，卖方也可以租船。然而，约定补偿性条款后，买方就要补偿卖方支付的任何滞期费，可能承担极大的责任，而且，难免卖方为了获得较低的运费和装货港滞期费而抬高或至少不尽量压低卸货港滞期费。为此买方可能不接受这种补偿性条款。

绝对责任附加条款，又称独立性条款，是指贸易双方在买卖合同中加入一些关于装货时间与滞期费（率）的规定，但这些规定不与租船合同挂钩，即关于装货时间和滞期费问题，以买卖合同为依据，与租船合同无关。换言之，买卖合同的规定与租船合同的规定可以相同，也可以不同。例如，买卖合同规定：“Unit Price：USD 90/MT CIF FO Inchon Korea discharge rate：1 000MT/day WWDSHEXUU，laytime to commence/count as per Gencon C/P；demurrage/dispatch as perchartered vessel C/P.” 再如，买卖合同规定，卸货时间为 5 天，滞期费 1 万美元/天。但 CIF 的卖方后来在租船合同中与承运人约定，卸货时间 7 天或 CQD，滞期费为 5 000 美元。这样，卖方与船方结算后，再去向买方追讨，从而卖方可以赚取差价。这种独立性条款是不能将买卖合同的规定并入租船合同的。

绝对责任附加条款可能有以下具体情形：（1）买卖合同仅约定“滞期费依租船合同”（Demurrage as per Charter party），或“滞期费依租约订明的滞期费率”（At the rates indicated in the charter party）。此时，卸货时间依买卖合同计算，滞期费率依租船合同。若买卖合同未约定“卸货时间”，则解释为 Unfixed Laytime（非固定卸货时间）或 Customary Laytime（习惯卸货时间）。（2）买卖合同虽附有规定，但未约定具体卸货时间［Fixed Laytime（固定卸货时间）或 Permissible Laytime（许可卸货时间）］，而仅约定习惯速遣（Customary Quick Dispatch，CQD），或据港口习惯尽速卸货（With all dispatch according to the custom of the port）。此时，买方只需在合理时间内卸完即可。但因承运人很难接受租船合同中的 CQD 条款，卖方可能要负担巨额滞期费。因此，为避免（1）与（2）的情况，CIF 术语下，卖方最好在买卖合同中约定买方卸货的具体时间。买方未在允许的时间内卸完即构成违约，要赔偿卖方的滞期费损失，而不论导致船舶滞期的障碍的性质如何。（3）买卖合同规定卸货时间或滞期费率依租船合同，同时又明确约定至少给买方若干的卸货时间或至多不超过每天若干数额。（4）不以任何方式提及将来的租船合同，而对卸货时间、滞期及滞期费作出特别约定。

在上述所有情况下，可能由于买卖合同的附加条款与租船合同关于卸货时间、滞期费率及滞期费条款的约定不一致，从而导致买方向卖方支付的数额多于或少于卖方向承运人支付的数额。例如，买卖合同约定，卸货时间的起算，以船舶到达、通过卫生检疫为前提；而租船合同约定，以船舶可递交准备就绪通知书，不论进港与否，不论是否检疫。若船舶在港外等待，则依租船合同，可以递交通知书并计算卸货时间。而依买卖合同则不能计算。这样，卖方向承运人支付的滞期费就要多于买方赔偿卖方的滞期费。相反，则为另一结果。因此，CIF 术语下，买卖双方必须就上述事项在买卖合同中予以固定，并与租船合同条款相衔接，而不能使同一事项在买卖合同与租船合同中出现冲突，否则又引发进一步的纠纷。

若贸易双方在买卖合同中将术语变形条款与上述附加条款结合起来，则卸货港的相关费用事项就非常明确了，一般不会再产生争议。至于买卖合同中选择哪种术语变形形式、哪种附加条款，则由买卖双方协商确定。需要特别说明，以上分析同样适用于 CIP、CFR 和 CPT 贸易术语。

七、CIF 术语下运费支付记载矛盾的处理

承运人在提单以印刷方式记载“运费根据租船合同支付，运费预付”，同时签发提单时又打印记载“运费到付”的情况下，是否认定该提单为运费到付提单，收货人是否有义务向承运人支付运费；出示提单并在提单上背书提货的人，是否就是该提单的收货人；提单没有明确载明装货港滞期费由收货人承担，收货人是否有义务支付装货港滞期费。以下判例能够提供充分的答案。①

某年 10 月 31 日，中国粮油进出口公司（下称“中粮公司”）与豫新国际（河南）有限公司（下称“豫新公司”）签订代理进口大米协议，由中粮公司代理豫新公司进口 10 000 吨越南大米。11 月 1 日，中粮公司与香港港富兰公司签订合同，约定由港富兰公司提供 10 000 吨越南大米，贸易术语为 CIF FO。

12 月 11 日，天福公司（原告）与港富兰公司签订合同确认书，约定港富兰公司租用天福公司所属“天元星”轮，在越南胡志明港装载 10 000 吨大米至中国黄埔港，装运期从 12 月 12 日至 15 日，运费每吨 15.50 美元，船东不承担装卸、积载及平舱费用，运费应在装货完毕或船东签发提单后 3 个银行工作日内支付；装货率为每晴天工作日 1 000 吨，星期天和节假日除外，除非已使用，准备就绪通知书应在联检完毕后按金康合同（Uniform General Charter）规定在 8 时以后或 13 时以后的工作时间递交，滞期费每天 3 500 美元；船东提供 24 小时的熏舱时间，若超时将计算为租船人的装卸时间；滞期费须在装货完毕后 2 周内计算并支付；船舶老龄费由租船人支付，船东分担 2 000 美元，从运费中扣除；船东承担 1 000 美元的熏舱费用；其他条款按照金康格式合同 1976 年修订本。金康合同第 6 条 C 款规定：若准备就绪通知书在中午之前递交，装卸时间从下午 1 时起算；若通知书在下午办公时间内递交，装卸时间从下一个工作日上午 6 时起算。其第 8 条规定：船东得因未收取的运费、空舱费、滞期费和滞留损失而对货物行使留置权，租船人应对装货港发生的空舱费和滞期费（包括滞留损失）负责，租船人还应对卸货港发生的空舱费和滞期费（包括滞留损失）负责，但仅以船东通过对货物行使留置权而未能得到

① “天元星”轮运费、滞期费纠纷案 . http://www.ccmt.org.cn/shownews.php? id=967.

的款额为限。

12月14日20时06分，“天元星”轮驶抵胡志明港引水锚地。15日8时20分通过检疫，16日16时30分递交准备就绪通知书。次年1月9日9时，“天元星”轮开始装货。2月1日9时装货完毕。同日11时等待移泊至熏舱泊位。2日7时20分移泊，11时开始熏舱。4日11时熏舱完毕。6日5时驶离胡志明港。经计算，“天元星”轮在胡志明港滞期35.125天，滞期费计122 937.5美元。

1月21日，港富兰公司向天福公司支付102 300美元。1月25日，天福公司书面要求港富兰公司确认所支付的款项为滞期费。2月2日，港富兰公司确认该费用为滞期费。2月3日，“天元星”轮船长在胡志明港签发了一式三份金康格式的指示提单，提单记载：“天元星”轮装载大米10 999.896吨。在发货人对货物的描述一栏下方打印：FREIGHT TO COLLECT（运费到付）。在该栏左下角提单格式中印刷：Freight payable as per CHARTER PARTY dated..., FREIGHT ADVANCE（运费根据日期为……的租船合同支付，运费预付）。在日期预留空白处打印：DEC. 11。提单背面条款第1条规定：All terms and conditions, liberties and exceptions of the charter party, dated as overleaf, are herewith incorporated（提单正面注明日期的租船合同的全部条款、条件、特权和免责被并入本提单）。按租船合同约定的运费费率，“天元星”轮该航次实际发生运费170 498.38美元，扣除原告应承担的船舶老龄费、熏舱费3 000美元，天福公司应收取运费167 498.38美元。

2月10日，豫新公司出具代理委托书，委托增城市商贸经济发展总公司（下称“商贸公司”，被告）办理“天元星”轮所载货物的接船、疏港、卸货、清关等手续。14日，中粮公司出具报关委托书，委托中国外运金兴报关储运公司办理报关手续。同日，“天元星”轮抵达黄埔港。商贸公司在提单背面盖章背书，向天福公司的船务代理广东船务代理公司办理了提货手续，并将正本提单交予广东船务代理公司。

4月15日，天福公司向海事法院申请扣押了存放于广东黄埔外运仓码公司仓库的“天元星”轮卸载的1 800吨大米，要求货主提供22万美元的担保。海事法院准许了天福公司的申请，扣押了上述大米。货主没有提供担保，海事法院应天福公司的申请于5月23日公开拍卖了上述大米，拍卖总价款人民币3 852 000元。

5月6日，天福公司在法院起诉商贸公司，请求判令商贸公司支付运费加滞期费204 500美元、银行利息6 000美元及因追偿而发生的各项费用7 325美元。

商贸公司辩称：提单项下的大米是由豫新公司委托中粮公司进口的，商贸公司是受豫新公司的委托代理接船、疏港、卸货、清关等手续。商贸公司虽在提单上盖章，但并不是收货人。运费、滞期费应由承租人港富兰公司承担。请求驳回天福公司的诉讼请求。

法院认为：商贸公司在正本提单背书后将提单交予天福公司的船务代理，而并未申明其代理人身份，对作为承运人的天福公司而言，商贸公司即为该提单的收货人，其应受提单记载的内容、提单条款以及被并入提单的租船合同的约束。

在提单所证明的海上货物运输合同中，承运人及收货人的权利、义务及责任应严格按照提单记载的内容而确定。收取运费作为承运人的基本权利受法律保护。本案中，提单一方面记载根据租船合同支付运费，另一方面又记载运费到付和运费预付。但运费到付的约定在租船合同的运费预付的约定之后，按照合同解释原则，后约定内容的效力优先于前约定的内容，提单中运费到付的记载应视为对租船合同中运费预付约定的修改，应认定该航次运费支付方式为运费到付。商贸公司作为收货人，接受了运费到付提单，对提单内容未提出异议，负有在卸货港向承运人支付运费的义务。提单中未记载提单持有人应承担在装货港发生的滞期费，因此，天福公司不具有要求商贸公司支付装货港滞期费的请求权。天福公司的其他诉讼请求缺乏事实和法律依据，不予支持。

依照中国《海商法》第 78 条、第 95 条的规定，法院判决：（1）被告增城市商贸经济发展总公司向原告天福船务有限公司支付所拖欠的运费 167 498.38 美元及其自当年 2 月 14 日起至付款之日止按中国银行同期流动资金贷款利率计算的利息；（2）驳回原告天福船务有限公司关于滞期费及其他费用的诉讼请求。

商贸公司不服海事法院的判决，提出上诉，认为本案的提单是中粮公司受豫新公司的委托，通过与港富兰公司签订买卖合同、支付货款而取得，提单的合法持有人应是中粮公司。商贸公司持有提单并不是经前手的背书转让，也没有支付对价，不是法律意义上的提单持有人，只是因受委托办理提货手续才暂时持有提单。商贸公司在提单背面盖章是办理提货手续的需要。本案涉及货物的买卖价格条件为 CIF FO，按国际贸易惯例，在该贸易术语下，买方没有义务支付运费。在提单既记载运费预付又记载运费到付的矛盾情况下，根据合同的解释规则，必须针对企图获利的一方严格解释，认定该提单为运费预付提单。天福公司向港富兰公司出具的运费清单明确记载港富兰公司已支付 102 300 美元的运费，证明该航次运费支付方式为运费预付。港富兰公司是否已付清运费，在本案中不清楚。综上，商贸公司不是提单持有人，不负有支付运费的义务。原审判决错误，请求二审依法撤销原审判决，驳回天福公司的诉讼请求。

天福公司认为：在租约中，承运人与租船人约定的只是运费的费率与运费支付最后期限，这种约定并不妨碍承运人再在提单上记载运费到付，以进一步明确运费支付的时间。承运人在签发提单时尚未收到运费，必须要在提单上注明运费到付，此举不仅是为了保护承运人自身的利益，也是为了保护提单受让人的权益，使提单受让人知道租船合同运费尚未支付。CIF 条件下，买方本来是无须支付运费的，买方有权不接受运费到付提单。但买方放弃这一权利，自愿接受运费到付提单，则应承担向承运人支付运费的义务。依中国《民法通则》，代理人在代理权限内以被代理人的名义实施民事法律行为，被代理人对代理人的行为承担民事责任。商贸公司以自己的名义提货，不符合代理的特征，其本身就是收货人，应依法承担收货人的义务。港富兰公司支付部分款项后，天福公司要求其对此款的性质进行了确认，确认的意义无非是为了明确欠款的性质，以使天福公司在提单的运费支付栏中加批注。港富兰明确表示此款为滞期费。基于这一确认，天福公司才于提单上加注了“运费到付”字样，并在“已收到运费额”一栏保持了空白。综上所述，一审判决是正确的，应该得到维持。

二审法院支持一审法院的判决理由和判决结论，认为原审法院认定事实清楚，适用法律正确，处理恰当，应予以维持。根据中国《民事诉讼法》第 153 条第 1 款第 1 项的规定，判决：驳回上诉，维持原判。

上述案例是航次租船合同的出租人向非租船人的收货人提出的到付运费和装货港滞期费请求。该案主要涉及收货人的认定、提单记载的运费支付方式的认定和收货人对于装货港滞期费的义务等问题。

关于商贸公司是否为本案所涉货物的收货人问题，是本案当事人争议的焦点。当事人双方对此问题持截然相反的观点，其理由在二审过程中阐述得很充分。涉及本案货物收货人认定的基本事实是：货物由豫新公司委托中粮公司进口；由中粮公司签订买卖合同并支付货款；提单是指示提单；豫新公司委托商贸公司接船、疏港、卸货、清关等手续；商贸公司在提单背面盖章，将提单交给船舶代理人办理了提货手续并提取了货物。正确认定本案货物收货人，须依据提单的性质、有关法律规定和航运及港口习惯综合考虑。提单是收货人据以提取货物、承运人据以交付货物的凭证。对于指示提单，承运人在交付货物时一方面须凭正本提单，另一方面须审查提单持有人持有提单的合法性（背书的连续性）。本案提单是指示提单，商贸公司向船舶代理人办理提货手续时合法持有正本提单，依法有权提取货物。根据中国《海商法》第 42 条，收货人是指有权提取货物的人，由此可认定商贸公司是收货人。在中国港口，当货方凭正本提单向承运人或其代理人办理提货手续时，货方一般被要求在提单的背面加盖公司印章，以表明其收货人的身份。在指示提单情形下，如无其他异常情况，承运人只能合理地相信向其出示正本提单并做提货背书的人就是收货人，承运人也必须向其交付货物。商贸公司持正本提单要求提货，按中国港口的通常做法在提单上加盖公司印章，而对其地位未做任何申明或保留，承运人只能将其视为收货人。至于商贸公司是否为货物的买方，是否支付货款，是受让提单还是受委托提货，属于贸易问题，不是承运人需要审查的内容，不影响其收货人的地位。

通常情况下，提单记载运费预付，运费由托运人支付；提单记载运费到付，运费由收货人支付。本案问题是，提单中既记载运费预付又记载运费到付，出现同一份提单有两种不同的运费支付方式的不正常情况。这种情况下，认定哪一个有效、哪一个无效，是确定商贸公司是否负有向承运人支付运费义务的关键。从提单本身看，提单中关于“按租船合同支付运费，运费预付”的记载，是“金康提单”预先印刷的内容；关于“运费到付”的记载，是承运人签发提单时打印的。仔细分析，“按租船合同支付运费，运费预付”包含两层含义：一是运费率，二是运费支付方式。“按租船合同支付运费”意在根据租船合同的运费率确定运费，“运费预付”才是运费支付方式。承运人在签发提单时未收取运费，除非与托运人或租船人另有约定，否则，可以在提单上记载运费到付。天福公司在签发提单时没有收到运费，有权在提单中记载运费到付，以便在目的港交货前向收货人收取运费，同时也使提单受让人知道货物运费尚未支付。天福公司在提单上打印了“运费到付”，提单格式上原本印刷的“运费预付”的支付方式已被后打印的“运费到付”方式所取代。尽管“根据日期为 12 月 11 日签订的租船合同支付运费”中的日期也是在签发提单时打印的，但由于其不是运费支付方式，不构成与打印的“运费到付”方式的矛盾。由此可见，认定本案提单系运费到付提单，是符合航运习惯的，也是符合当事人的真实意思表示的。至于中粮公司与港富兰公司以 CIF 条件成交，属于贸易问题，不影响承运人根据运费到付提单向收货人收取运费的权利。

天福公司的另一请求项目是装货港滞期费。对于含有并入条款的提单，收货人是否负有向承运人支付装货港滞期费的义务，依中国《海商法》，这一问题应该十分明确。表面上，提单含有并入条款，提单持有人应受租船合同的约束，承担向承运人支付滞期费的义务。这对于卸货港滞期费而言是正确的，但对于装货港滞期费则不然，因为中国《海商法》第 78 条第 2 款对收货人、提单持有人承担装货港滞期费有特别的规定，即“收货人、提单持有人，不承担在装货港发生的滞期费、亏舱费和其他与装货有关的费用，但是提单明确载明上述费用由收货人、提单持有人承担的除外”。本案提单没有明确载明装货港滞期费由收货人、提单持有人承担，因此，判决驳回天福公司的该项请求是正确的。

八、DDU术语下买卖合同形式的争议

依国际贸易惯例与各国法律规定，国际货物买卖合同的形式可以是多样的，不受任何其他条件的限制。若合同形式存在瑕疵，当事人在满足一定条件时，事实履行则可补正其效力。虽然买方最终事实履行了合同，但毕竟因合同形式存在瑕疵，导致卖方在出险后向买方主张其权利面临极大障碍。贸易术语的选择对合同当事人所承担的成本、售价及风险有不同的影响。以下案例可以获得有益的启示。①

在一案例中，中国卖方（被保险人）J公司分别于某年10月15日及11月27日向美国买方G公司出运同质同量（各20吨）的两票货物。因产品单价不同，10月份出运货物的发票金额为85万美元，11月份出运货物的发票金额为73万美元。双方约定贸易术语为“DDU买方仓库”，支付方式为提单日后75天付款。货物抵达美国目的港后，买方提取了J公司11月份出运的货物并支付货款，但拒收10月份出运的货物，作为被保险人的J公司遂以买方拒收为由向中国出口信用保险公司（下称“中国信保”）通报可损。

接到出口商J公司报损通知后，中国信保迅速展开相关调查审理工作。调查结果显示，买卖双方在贸易合同形式和事实履行等问题上存在较大争议。

美国买方主张：首先，贸易双方签署的是框架协议（Open Purchase Order），卖方在每批货物出运前均需取得买方的具体订单，买方仅就卖方10月份出运的货物下过订单，但对卖方11月份出运的货物未下过订单；其次，在合同的实际履行过程中，买方“误提”了卖方11月份出运的货物（20吨），并支付了被保险人11月份出运货物的全部货款73万美元。鉴此，买方提出因10月份出运货物的价格高于11月份出运货物的价格，故其愿补偿卖方差价损失，由卖方自行转卖其未提取的20吨货物。

中国卖方（被保险人）抗辩如下：首先，依双方合同约定，卖方按照买方的发货计划发货，在贸易实际操作过程中，已有多笔无订单情况下买方付款提货的交易历史；其次，卖方10月份和11月份出运的两批货物虽然同质同量，但在货物包装的外观及贸易单证等方面存在明显差异，买方完全掌握相关信息，且买方以邮件形式明确要求提取卖方11月份出运的货物，因此，买方主张的所谓“误提货”不可能发生，11月份出运的合同在事实上已执行完毕；最后，买方对卖方10月份出运的货物已下订单，买方无权以提取了11月份出运的货物为由而拒收10月份出运的货物。

在该案的实际履行中，事实是否如买方所言，其提取卖方11月份出运货物属“误提货”？卖方主张11月份出运虽无订单，但合同已事实履行完毕能否成立？可从买方提货付款流程、合同形式瑕疵与事实履行等不同角度，对案情进行分析。

首先，从提货付款流程角度看，买方主张“误提货”理由不能成立。贸易双方在本案中的实际合作模式为，卖方与买方签订3年期框架协议（Pricing Agreement / Purchase

---

① 周玉坤．国际贸易合同形式瑕疵与事实履行之辨，《国际贸易与出口信用保险案例集》（第二辑）．北京：对外经济贸易大学出版社，2012：106-109.

Order)，根据框架协议约定，买方向卖方提交发货计划，每次根据实际需求向卖方下达具体订单，但买方不承诺购买。根据此份框架协议，卖方按买方的发货计划（约半年期）提前备货。具体到本案中，由于卖方10月和11月份先后出运的两批货物同质同量，而买方否认下达过11月份出运的订单，因此表面看，似买方存在“误提货”的可能；但对货物流向进行深入分析之后，可以发现买方主张“误提货”的理由显然无法成立。经查，买卖双方在框架协议中约定的贸易术语为“DDU（未完税交货）买方仓库”，因此，货物将直接运往买方指定的目的港仓库。依Incoterms，货物具体流向为：（1）卖方将货物发往目的港仓库，船期约为40～45天，在货物装船后，卖方将单据电子版发给买方，同时向其寄送一套正本单据，另外一套正本单据直接寄至目的港仓库；（2）货物到港后，由仓库安排入库，并以传真或邮件形式通知卖方；（3）仓库在收到买方要求放货的通知后，必须先以邮件形式征得卖方同意，才能安排放货给买方；（4）买方在货物装船出运后75天内向卖方付款。按上述提货流程，每次买方根据实际需求到仓库提货，仓库只有在征得卖方同意后，才能放货给买方。具体到本案中，卖方10月份和11月份出运的两批货物虽然同质同量，但在货物包装的外观及单证等方面存在明显差异，买方完全了解和掌握相关信息。买卖双方往来邮件显示，买方曾于次年1月明确要求提取卖方11月份出运的货物，仓库就此封邮件征求卖方意见后，卖方也明确回复表示同意。因此，买方在明确知悉将要提取的是卖方11月出运货物的情况下（买方不存在“重大误解”），又主张所谓“误提货”，理由显然无法成立。

其次，买方实际提取11月份出运的货物并向卖方支付相应货款的行为，已构成对11月份出运合同的事实履行。对欠缺法定或者约定形式要件的合同，其法律效力应如何确定？合同形式存在瑕疵，是否可因当事人的事实履行而补正？针对这一问题，民法理论界已基本形成共识，即近现代各国合同立法中普遍奉行的“合同形式自由”原则，认为法律行为（合同）的效力在于“合意”而非“形式”，法定或约定方式的瑕疵可以因事实履行而使得合同得以补正或治愈。

从相关国际公约及成文法规定来看，《联合国国际货物销售合同公约》第11条规定：“销售合同无须以书面订立或书面说明，在形式方面也不受任何其他条件的限制。买卖合同可以用包括证人在内的任何证明方法证明”；《美国统一商法典》第2—204条规定：“货物买卖合同可以通过任何足以表明当事方已达成协议的方式订立，包括通过承认合同存在的双方的行为而订立”；中国《合同法》第36条规定：“法律、行政法规规定或者当事人约定采用书面形式订立合同，当事人未采用书面形式但一方已经履行主要义务、对方接受的，该合同成立”。《最高人民法院关于适用〈中华人民共和国合同法〉若干问题的解释（二）》第2条进一步规定：“当事人未以书面形式或者口头形式订立合同，但从双方从事的民事行为能够推定双方有订立合同意愿的，人民法院可以认定是以合同法第十条第一款中的‘其他形式’订立的合同，但法律另有规定的除外。”

从上述法律规定可以看出，若合同形式缺失或存在瑕疵，因当事人事实履行而补正效力，一般应同时满足如下要件：其一，一方当事人已履行主要义务，即已将决定合同性质的主要义务履行完毕；其二，对方当事人对该主要义务的履行均已接受。具体到本案中，买方虽未下达11月份订单，但其已从仓库提取卖方11月份出运的货物并支付相应货款的行为，已构成其对11月份出运货物的合同事实履行。买方提货付款后，又以“误提”11

月份出运的货物为由，拒绝提取卖方10月份出运订单项下货物，意图向卖方转嫁货物市场价格下跌的风险，理由显然无法成立，存在严重的信用问题。

通过上述分析，可从该案获得一定的启示。通常，国际货物买卖合同均详细约定了标的、价格、数量、质量、期限、地点及违约责任等主要事项，这是最为完备的合同形式。但在国际贸易实务中，贸易双方视具体合作模式及交易习惯的不同，合同形式亦呈现出多样化的特征。例如，以PO（Purchase Order，买方发给卖方的采购订单）或PI（Proforma Invoice，卖方提供给买方的形式发票）或其他具有类似功能的文件替代正式销售合同逐渐成为一种通行的做法。本案中，贸易双方采用“框架协议+订单”的模式订立合同，即框架协议是贸易双方在合作有效期内签订具体订单的基础，具体交易事项通过订单形式予以确认，框架协议与具体订单一并构成完整的销售合同形式。卖方凭借与买方多年历史交易中产生的信任感，在买方未下达11月份订单的情况下即安排货物出运，虽然买方最终事实履行了合同，但毕竟因合同形式存在上述瑕疵，导致卖方在出险后向买方主张债权面临重重障碍。

若从贸易术语看，该案使用DDU条件出口，这对中国卖方而言存在极大风险。尽管该条件下的售价较高，但若货物在运输途中受损或灭失，则其风险由卖方承担，即卖方未完成交货义务。只有当贸易双方之间距离较近且有直达运输工具，卖方无须承担货物进口报关手续及关税时，才可考虑选择DDU术语。如中国与东盟国家、俄罗斯及中亚等周边国家，或中国港澳台地区之间的贸易往来比较适合选择该术语。这对卖方而言，既不会花费太大成本，又可适当提高报价；对买方而言，既省时又省力。但本案交易方在距离遥远的美国，使用DDU条件对中国卖方而言，其成本和风险大为增加。

九、中间商以FOB条件进口再以CFR条件转卖而船方留置货物争议

在国际贸易中，由中间商促成供货商与最终买家的交易很常见。这种交易构成的贸易链为供货商（如FOB卖方）、中间商（FOB买方及CFR卖方）、最终买家（CFR买方）。同时，这种交易也可能构成租约（租船合同）链，即船东、第一租船人（二船东）、第二租船人（中间商）。最终买家支付了全部货款，中间商也以背书方式转让了代表船长签发的提单，因而提单持有人的最终买家成为货物的合法买方。但作为承运人的船东也授权签发了另一套提单，并以卸货港产生滞期费及最终买家不是承运人授权签发的提单持有人为由留置货物，拒绝指示船代公司向最终买家交货。“江苏省对外经贸股份有限公司（下称‘江苏外贸’）及马鞍山市润华钢铁材料有限公司（下称‘润华钢铁’）诉香港鸿优海运有限公司（下称‘鸿优海运’）”一案例提供了有益借鉴。[①]

（一）涉案贸易与货物进口代理

2013年11月7日，WIDE DRAGON OVERSEAS LIMITED（下称“展龙公司”-香港注册）与NOVATAL FZC公司签署了购货合同，由展龙公司以FOB贸易条件购买50 000吨伊朗铁矿石，合同总价5 350 000美元。2014年2月14日，展龙公司又与江苏外贸签署

---

① 参见“江苏省对外经贸股份有限公司与鸿优海运有限公司非法留置船载货物损害责任纠纷案民事判决书”；上海海事法院民事判决书(2016)沪72民初402号；http://shhsfy.gov.cn/hsfyytwx/hsfyytwx/cpws1359/yxcpws1521/2019/02/19/2c93809968a999ec0169050f4a0431d5.html。

了购货合同，由展龙公司以 CFR FO 贸易条件向江苏外贸出售 45 000 吨伊朗铁矿石。

展龙公司与江苏外贸签约同日，江苏外贸与润华钢铁签署了代理进口委托合同，约定由江苏外贸以基价 141 美元/干吨 CFR FO 为润华钢铁代理进口伊朗产块矿 45 000 吨（10%增减由江苏外贸决定）。合同还同时约定，合同条款由润华钢铁与外商直接确认，江苏外贸在润华钢铁支付保证金后对外开证，凭不可撤销远期信用证付款，货物进口报关、报检等手续由润华钢铁提供单证交由江苏外贸办理，港口货物代理由润华钢铁指定。因此，涉案贸易链为 NOVATAL FZC 公司→展龙公司→江苏外贸（润华钢铁），展龙公司为贸易中间商和江苏外贸的供货商，江苏外贸为贸易买方，润华钢铁为实际用户。

2013 年 12 月至 2014 年 2 月，润华钢铁与展龙公司就前述购货合同最终版本的确认和信用证开立、船名船期和船舶相关费率、指定卸港和船代信息告知等事宜一直保持邮件往来。邮件中，润华钢铁告知展龙公司，指定货物卸港为北仑港及江阴港，北仑港的货代为宁波新盟国际船务有限公司（下称“宁波新盟”），江阴港的货代为江阴港联国际船务代理有限公司（下称“江阴港联”）。

（二）货款支付与货物运输保险

江苏外贸从润华钢铁处收到履约保证金人民币 5 730 000 元后，于 2014 年 2 月 21 日通过交通银行江苏省分行对外开立了信用证，载明申请人江苏外贸，受益人展龙公司，货物为伊朗铁矿石块矿，数量 45 000 湿吨，基价 141 美元/干吨 CFR FO，见单后 90 天付款。2 月 24 日，展龙公司向江苏外贸开立了金额为 5 745 123. 46 美元的临时发票。3 月 3 日，开证行向江苏外贸发出信用证来单付汇通知书，提示江苏外贸承兑。江苏外贸于 3 月 3 日承兑信用证后取得提单，并于承兑到期日的 2014 年 6 月 3 日，依约付款 5 745 123 美元。

2014 年 2 月 27 日，江苏外贸向中国人民财产保险股份有限公司江苏省分公司办理了货物运输预约保险，载明承保 42 935. 199 湿吨伊朗铁矿石一切险，被保险人为江苏外贸，运输工具为“源鑫”轮。

（三）租约的订立与涉案提单

2013 年 12 月 6 日，被告鸿优海运与 DRAGON GUIDE LIMITED（下称“龙腾公司”）签订了“源鑫”轮的订租确认书。龙腾公司以相同的主要条款另与展龙公司签订了“源鑫”轮的订租确认书。因此，涉案租约链为鸿优海运（被告）→龙腾公司→展龙公司，租船经纪人为 OCI Shipping Co. Ltd. 。2014 年 2 月 14 日、2 月 25 日，龙腾公司为展龙公司向鸿优海运垫付了运费 1 060 190. 41 美元和 62 792. 73 美元。2014 年 3 月 4 日，展龙公司汇款 1 165 091. 82 美元给龙腾公司。鸿优海运确认，货物实际装港为伊朗阿巴斯港（BANDAR ABBAS），其为承运人。

江苏外贸通过信用证承兑从银行取得全套一式三份提单，该提单为 CONGENBILL1994 版格式，无抬头和承运人标识。提单载明托运人为展龙公司，收货人凭指示（to order），通知方凭指示，船名“源鑫”轮，装货港 JEBEL ALI（迪拜港口），货物名称为铁矿石块矿，总重 42 935. 199 湿吨，提单签发地及签发日期为 2014 年 2 月 10 日在 JEBEL ALI 港口签发，提单右下方签章一栏记载：RAINBOW SKY SHIPPING LTD 代表“源鑫”轮船长签发提单（下称“展龙提单”）。

鸿优海运否认展龙提单系其所属“源鑫”轮船长授权签发，确认（2015）甬海法商初字第 235 号案的原告中基宁波持有的提单才是其公司所属“源鑫”轮船长授权签发。

该提单也为 CONGENBILL1994 版格式，无抬头和承运人标识，载明托运人为 ZOB AHAN JONOUB SHARGH IRANIAN YAZD-IRAN，收货人凭指示，通知方凭指示，船名“源鑫”轮，装货港 PERSIAN GULF（波斯湾），货物名称为铁矿石块矿，总重 42 935. 199 湿吨，提单签发地及签发日期也为 2014 年 2 月 10 日，但在 PERSIAN GULF 签发，提单右下方签章一栏记载：由 PARSAM GOSTAR DARYA（PGD）SHIPPING CO. 作为承运人鸿优海运的代表代为签发（下称“鸿优提单”）。

上述两套提单记载的货物品名、重量、船名、提单签发时间等内容一致，但托运人、装货港、提单签发地及右下方签章栏记载内容却不同。展龙提单全套一式三份，已经作为该提单载明的托运人展龙公司背书转让，由江苏外贸通过信用证承兑取得并最终支付了货款。江苏外贸表明：展龙提单中一份用于北仑港提货；一份用于江阴港换取提货单，但江阴港联既未交付提货单，也未退还提单，直至 2017 年 3 月 22 日本案庭审之前，才由江苏外贸从江阴港联借出供庭审出示；剩余一份存于宁波海事法院诉讼案卷中。鸿优海运庭审中表示，至今无人持鸿优提单向其或其代理要求提货。

（四）报关卸载与货物被滞留

2014 年 2 月 28 日，江苏外贸分别与宁波新盟/江阴港联、润华钢铁签订三方货物代理协议。争议双方一致确认，宁波新盟/江阴港联分别是江苏外贸在北仑港/江阴港的货代，也是鸿优海运在北仑港/江阴港的船代。涉案货物系凭记载江苏外贸为进口商、润华钢铁为进口用户，由江苏外贸向海关进行进口申报，经海关审核并经缴纳进口各项税费和保证金后清关。北仑港卸载的部分货物，已由江苏外贸凭展龙提单提取后，于当年 7 月由江苏外贸指示宁波港股份有限公司北仑第二港埠分公司发送相关客户。系争的 34 471. 199 吨货物在江阴港卸载并储存于江苏外贸事先指定的仓储场所，2014 年 3 月 19 日，江阴港联就系争货物制作了载明江苏外贸为收货人、船名为“源鑫”轮、数量为 34 471. 199 吨的货物提货单（D/O），其上已加盖海关、检验检疫、港建费缴纳放行章及该司签单章。

鸿优海运与租船经纪人和江阴港联之间，就货物卸载相关事宜一直保持邮件联系：2014 年 3 月 13 日，鸿优海运向租船经纪人发送卸港滞期费附件（金额为 20 221. 57 美元），要求租船人尽快支付并提供银行水单。2014 年 4 月 21 日，鸿优海运向江阴港联发送邮件：“我们作为‘鑫源’轮船东，要求贵司在未收到我司的书面放货通知前绝对不可擅自放货，否则由此产生的一切后果与责任将由贵司承担。扣货原因：船东至今未收回客户的卸港滞期费。”江阴港联同日向江苏外贸转发了该邮件。2014 年 9 月 5 日，鸿优海运向江阴港联发送邮件称：“待收货人来提货时请按船东指示扣货 1 000 吨，等我司通知。”因滞期费事宜最终无果，鸿优海运始终未向江阴港联发送放货指令，江阴港联也一直未将前述提货单交于江苏外贸，系争货物自卸载后滞留当地。

（五）与案件相关的事实

2015 年 3 月 3 日，中基宁波以鸿优海运未凭提单放货为由，持鸿优提单向宁波海事法院提起无单放货之诉［案号（2015）甬海法商初字第 235 号］，请求判令被告鸿优海运赔偿全部涉案货物的无单放货损失 5 676 785. 79 美元、利息损失及律师费。2016 年 5 月 18 日，根据中基宁波的申请，宁波海事法院追加江苏外贸为该案的共同被告；同年 11 月 10 日，润华钢铁作为第三人加入该案诉讼。

中基宁波诉称，2013 年 11 月 20 日，其与香港富盛公司订立采购伊朗铁矿石的合同，并向富盛公司支付了 5 676 785. 79 美元货款，富盛公司向其交付了鸿优提单。中基宁波起诉时，提供了金额为 1 826 278. 43 美元和 3 829 031. 53 美元的客户业务回单和客户付款通知，作为其已支付货款的凭据。因客户业务回单和客户付款通知上仅有金额记载，并无款项用途和相应合同编号记载，合计金额与中基宁波诉状中陈述的向富盛公司付款的金额也不一致，江苏外贸、润华钢铁和鸿优海运均对此不予确认，并以无证据佐证中基宁波为鸿优提单支付了对价为由，认为中基宁波持有鸿优提单不具有合法性。经江苏外贸向宁波海事法院申请调查令，南京市公安局提供调查材料显示，前述客户业务回单和客户付款通知载明金额的款项，是中基宁波分别于 2013 年 8 月 14 日、10 月 26 日与富盛公司订立的购买印度尼西亚产镍矿合同项下的付款，并非中基宁波陈述的，系其为履行与富盛公司之间的涉案伊朗铁矿石购货合同项下的付款。

根据双方诉辩意见，江苏外贸在持有展龙提单但并未持有鸿优提单的情况下，是否有权提取系争货物，系本案的争议焦点。

法院经审理认为，上述案情表明，鸿优提单出具以后流转情况不明，另案［案号（2015）甬海法商初字第 235 号］调查已证实相关方的诉请依据与涉案伊朗铁矿石贸易无关。江苏外贸作为涉案贸易合同一方支付了全部贸易对价，江苏外贸因涉案贸易行为的发生，与涉案贸易和贸易项下相关运输存在相应的法律关系，江苏外贸作为涉案伊朗铁矿石贸易项下以及涉案运输合同项下收货人的身份法院予以认定，其有权向鸿优海运提取系争货物。依照中国《合同法》第 6 条、中国《海商法》第 42 条第 4 项、中国《民事诉讼法》第 51 条之规定，法院判决如下：被告鸿优海运有限公司（HONG UNION SHIPPING LIMITED）应在判决生效后，即向原告江苏省对外经贸股份有限公司、原告马鞍山市润华钢铁材料有限公司交付仍储存于江阴港的伊朗铁矿石 34 471. 199 吨。本案受理费人民币 173 658 元，鉴于本案争议双方均未尽到减损义务，同时综合案件审理情况，法院酌定由原告江苏省对外经贸股份有限公司、马鞍山市润华钢铁材料有限公司共同负担人民币 20 000 元，被告鸿优海运有限公司负担人民币 10 000 元。扣除前述各方负担之数，余额人民币 143 658 元，退还江苏外贸。被告鸿优海运有限公司负担之数，应自判决生效之日起十日内，向本院缴纳完毕。

通过法院的审理及判决，该案主要涉及以下几方面的问题。

（一）提单功能与作用的依据及收货人身份的确定

中国《海商法》第 42 条第 4 项规定，收货人有权提取货物。江苏外贸是否有权提取系争货物，取决于对其身份的法律界定。

中国《海商法》第 71 条规定：提单，是指用于证明海上货物运输合同和货物已由承运人接收或装船，以及承运人保证据以交付货物的单证。该条规定表明，提单具有货物收据、运输合同证明和据以交货的凭证的功能，体现了提单的物权属性和在相关运输合同项下的债权属性。依国际运输惯例，收货人提货时应向承运人出示提单，承运人也应凭提单交付货物。但运输是为贸易服务的，提单代表货物、提单流转表明货物的象征性交付，是以一定法律事实的发生、一定法律关系的存在为前提和基础的。据此，提单并不简单等同于票据，没有绝对的无因性。权利人不是因为持有提单才拥有权利，而是因为基于一定法律事实的发生、一定法律关系的存在，才具有合法的依据向承运人主张权利。该法律事实的发生、法律关系的存在可通过持有提单作为依据之一，但不必然以持有提单为限。持有提单并不必然有权提货，未持有提单也不必然导致无权提货。

本案江苏外贸确实未持有鸿优海运授权签发的提单，还另有案外他人持鸿优海运授权签发的提单另行主张赔偿无单放货损失。在此情况下，唯有从源头上即相关贸易情况着手和考量，才能正确识别真正具有合法依据的权利主体，并借此界定系争货物的归属。

（二）江苏外贸是涉案贸易合同项下的收货人

如前所述，涉案贸易链为 NOVATAL FZC 公司→展龙公司→江苏外贸（润华钢铁），即 NOVATAL FZC 公司为 FOB 贸易下的卖方（供货商），展龙公司为 FOB 贸易下的买方和中间商，及江苏外贸在 CFR 贸易下的卖方、江苏外贸为 CFR 贸易下的买方、润华钢铁为实际用户。

江苏外贸通过对已开立的信用证承兑并最终支付了全部货款，展龙公司也以背书转让展龙提单的方式表达了其向江苏外贸交付货物的意思表示，江苏外贸在支付了全部的贸易对价后，成为货物的合法买方。此外，涉案货物是以记载江苏外贸为进口商、润华钢铁为进口用户的自动进口许可证，向海关办理进口申报并经海关审核后核准进口，江苏外贸还缴纳了全部各项应缴税费。据此，贸易合同项下的伊朗铁矿石，已成为特定化了的货物，收货人是且只能是江苏外贸，未经国家职能机关另行核准或变更，他人依法不具有收货人的资格。事实上，也确无相关证据佐证在此期间，除江苏外贸以外另有他人或以他人名义向海关进行申报并经海关核准进口涉案货物。

（三）江苏外贸是涉案运输合同项下的收货人

如前所述，涉案租约链为鸿优海运（被告）→龙腾公司→展龙公司。展龙公司与 NOVATAL FZC 公司订立的贸易合同条件是 FOB，由展龙公司承担货物运费；展龙公司与江苏外贸订立的贸易合同条件是 CFR FO，由展龙公司承担的货物运费则以货款的形式转移至江苏外贸承担。因江苏外贸购货成本包含运费在内，故江苏外贸作为涉案货物运费的最终承担者，成为运输合同下的相关方。江苏外贸通过展龙公司指定了北仑港和江阴港分别作为货物卸港，还确定了两卸港的货代和船代（经被告确认），货物运抵卸港后，也是按江苏外贸事先指定直接卸载储存于相关仓储场所。江苏外贸的上述行为既是依涉案贸易合同项下约定的 CFR FO 术语要求履行买方义务，更是江苏外贸履行涉案运输合同项下收货人应尽的指定卸港和接卸货物的义务。在此期间，同样并无相关证据佐证除江苏外贸以外另有他人履行了前述运输合同项下的义务。

（四）提货单（俗称“小提单”；D/O）的作用

就卸载于北仑港货物的提取和发送，鸿优海运并未质疑江苏外贸持有展龙提单而非鸿优提单。系争货物在江阴港卸载后，江阴港联收回展龙提单并据以制作了载明江苏外贸为收货人的提货单（D/O），履行了包括海关、检验检疫、港建费缴纳放行工作的代理事项。在此后一年多的时间内，鸿优海运一直通过租船经纪人和代理催收卸港滞期费，但对于江苏外贸用于换取系争货物提货单的那份展龙提单，直至本案开庭之时仍未指示代理以非鸿优提单为由退回。由此可见，鸿优海运实际认同江苏外贸的收货人身份。庭审中，鸿优海运以卸港代理是江苏外贸指定的为由予以抗辩，但卸港代理作为货方代理同时也作为船方代理是双方事先就确定的，代理行为中既有货方代理事宜，也有船方代理事宜，而制作和拒交系争货物提货单的行为恰恰是船代代理事宜并根据鸿优海运的指示行事，后果应由鸿优海运承担。

（五）与伊朗贸易的特殊性

本案中另值得注意的是，涉案货物来自伊朗，因国际社会制裁因素，若国际贸易单证和运输单证上出现伊朗托运人，或货物出运地是伊朗港口，则难以顺利进行国际贸易结算，进而影响国际贸易和货物运输。鸿优提单记载上已经出现伊朗托运人，尽管在货物装港记载上进行了“PERSIAN GULF”的技术处理，但为规避制裁，以展龙提单替代鸿优提单进行流转似乎已成为此类贸易实践中的惯常做法。本案两套提单的出现，极易产生相关纠纷。鸿优提单以外另因展龙提单的出现而可能引发的其他潜在纠纷，应由相关各方寻求合适途径另行处理。

第三篇

国际贸易运输惯例与规则

第七章　提单及付运单据

国际贸易与国际运输有着密切联系。国际贸易离不开国际运输。在国际贸易中，除房地产交易和服务贸易外，都需要运输来完成交易，国际运输在国际贸易中发挥着重要作用。

由于国际贸易是跨越国界的交易，国与国之间相距遥远，贸易标的需要经过长途跋涉，才能从出口国转到进口国，因而无论采用何种贸易术语，都需要运输才能完成交货（取货）义务。随着科学技术的迅速发展以及交易规模的不断扩大，交易商品的种类也不断增多，其性质和特点更加复杂。为此，国际贸易更需要国际运输提供相应的服务，以促进国际贸易的协调发展。

国际运输必须适应国际贸易的发展和变化。随着世界经济的发展和贸易量的增加，贸易形式和方式也呈现多样化，商品种类繁多，同时，各种风险也随之增多和加大。始于20世纪60、70年代，形成于80年代，适应各种贸易形式、各种商品的运输工具和运输方式应运而生并不断完善和发展起来，如各种特殊船舶、托盘运输、集装箱运输、多式联运、定期或不定期船运输等。

国际运输为国际贸易提供优质服务，促进贸易的顺利进行。贸易合同的签订仅仅是交易的开始，双方当事人必须按合同约定履行各自的义务。贸易合同的履行中，最重要的环节之一是货物运输。如果能及时交货、装运和接货，完成货物运送，即国际运输为贸易提供优质服务，才可以保证贸易合同的顺利履行，促进贸易的发展。班轮运输、集装箱多式联运等运输方式就是为贸易提供优质服务的证明。反之，则可能出现货款两空、倒贴运费等阻碍贸易顺利进行的结果。

国际运输的发展为国际贸易开拓了广阔的市场。若运输工具和运输方式落后，一国的国际贸易市场必然会受到限制，无法开拓更广阔的市场，只能局限于周边国家或地区。现在，中国拥有较大的远洋船队和比较先进的运输工具，因而国际市场范围也得到极大的扩展。例如，上海、天津、青岛、黄埔等港口都有通往世界主要港口的航线。但由于中国的多式联运不够发达，内陆省市的对外贸易受到一定的限制。

国际运输合同与国际贸易合同密切相关。由于国际运输是为国际贸易服务的，运输合同的订立必须以贸易合同为基础，为履行贸易合同提供便利；而贸易合同的订立也必须考虑运输合同的内容，使两者相结合。为此，运输工作者必须了解和掌握贸易合同知识；反过来，贸易工作者也必须懂得运输知识。

一国的国际运输业是否发达，是该国国际贸易是否发达的一个重要标志。由于海洋运输具有运量大、通过能力强、不受道路和轨道的限制、运费低廉等优点，所以许多国家，特别是沿海国家和地区普遍采用海上运输来完成国际货物的运送。目前，全世界 70% 以上的货物贸易量是利用海上运输进行的，因此，海洋运输已成为国际贸易中最重要的运输方式。而国际贸易和海洋运输中最为重要的是有关提单的法律与实务。提单经过几百年来的实践与不断改善，已成为国际贸易和海洋运输的基石。

一、提单概述

提单（Bill of Lading，B/L）是海洋运输发展到一定历史阶段的产物。①

16 世纪之前，欧洲还未出现专门经营海上运输的承运人，船、货的主人都是船东，即贸易商与承运人为一体，贸易商自己负责货物运送。他们从事海上运输的目的是，将自己的产品与海外产品进行交换。此时，货物若发生损失，不存在索赔问题，因而也就不需要提单。随着形势的发展，贸易商逐渐不再与货物随船舶同行。此时，装运货物的口头证据由船舶账簿取代，船主应登记所有装船货物并说明其性质和数量。这种包含货物收付的书面文件可称为提单的雏形，在性质上类似在航程结束时货物所有权归属的证明和凭证。到中世纪，随着贸易与海运事业的发展，贸易与运输分离，运输逐步脱离贸易而成为一个独立的部门并随之出现托运制度，这为提单的产生提供了条件。

贸易与运输分离之后，由于船载货物不再为船东所有，而是由托运人（货主）向船东提交的，以往只凭船舶账簿记录的办法对托运人并无保障，因而需要有一份经船方签发的船舶簿记摘录作为独立的交货凭证。为此，托运人开始要求船长签发收到装船货物的收据并要求随船的船舶文书，提供已将货物交付给作为船主的海上承运人的证明。于是，船舶文书将记载运输合同条款的船舶账簿中，与托运人货物有关的内容抄本交付给托运人，以资证明。尽管该证明不是运输合同当事人编制的，但由于船舶文书具有类似公证人的第三方地位，因此，该证明可以起到货物证明的作用。一般认为，该证明就是提单的起源。

当提单与货物刚刚联系起来时，提单的作用仅仅表现为船东、租船人或船长收到托运人交付货物的收据且上面记载了运输合同的主要条款，如船东应将货物完好地交付给指定人等。但是，那时提单只是租船合同或运输合同的附件，因提单的交货承诺依附于租船合同或运输合同的条款，因此，提单不能转让租船合同或运输合同以外的权利，提单仅仅是船方了解装船货物有关情况的收据以及将货物交付给卸货港收货人的一种单据。16 世纪后半期，提单已被广泛用来证明船舶装载的货物，而且提单一般都用几种语言打印。当时提单已经是一式三份，其中一份封存于承运船舶书写的信件中，另一份送给收货人或其代理人。第三份提单由商人留存，其作用是当船方不履行合同时，作为用以对抗船方的证明；同时，第三份提单还可以作为保险人追偿使用。

随着贸易与运输的分离，托运人（货主）中断与海运货物随行，而将货物交付海上承运人，提单从租船合同附件转化为物权凭证已不可避免；而收货人也需要一个文件证明其在目的港对货物具有请求权；提单转化为物权凭证因船长被赋予公证人和信托人角色而成为可能。到 17 世纪时，提单已成为一种“必需”的文件。只有通过提示提单，托运人或船东才能宣称对船载货物拥有合法占有权，而租船合同并不能必然证明船载货物的所有

---

① 邢海宝．海商提单法．北京：法律出版社，1999（第一章第一节：提单法规的产生与发展）．

权。因为租船人可能不是托运人（货主），而仅仅是船舶舱位的出租人；租船人一般不与托运人打交道，因为他将其职权授予船长。托运人需要一份能够控制装运空间的、值得信赖的、可能知道是谁装运了什么货物的“人”签发的文件，这个人就是船长，他所签发的提单起到货物装运及其所有权证明的作用。提单成为物权凭证，首先要求在提单上注明托运人的名称。若提单没有说明为谁装运货物，则该提单无效，还有可能构成欺诈。其次，要求仅向一式三份提单原件的合法持有人交付货物。

到 18 世纪时，贸易量及其复杂性不断增加，从而产生了在货物到达目的地之前转让其权利的需要，提单背书转让成为可能。英国于 1794 年确认，提单可以采用背书的方式转让且可转让货物权利。从此，提单的持有人可以用背书及移交提单的方式将货物的所有权转移给受让人，但必须以提单能够经由陆地先于海运货物到达为条件。提单被认为代表货物，实际掌控货物的承运人被认为代表提单持有人占有货物，占有提单等于占有货物。

自从有了法律（普通法）后，承运人开始承担一定的货运责任，但只有以下原因可以免责：自然灾害、火灾、共同海损、托运人责任造成的损失以及货物本身原因导致的损失。由于承运人不愿承担过重的责任，于是在提单背面加上一些免责条款。随着提单的使用和流通范围的扩大，提单上的条款也日趋详细和完善，从而发展成为现在使用的提单的形式。

二、提单的定义

提单没有统一的定义，但有关国家的法律一般都对提单予以定义。大陆法系国家一般将提单统称为有价证券，而英美法系国家通常将其称为权利证券或流通证券，两者的含义基本相同。

英国于 1855 年通过了《提单法》(Bill of Lading Act)，规定提单不仅是货物收据而且也是物权证书。该法使提单成为流通工具。1992 年，英国又通过了《海上货物运输法》取代《提单法》。但该法规定的提单仅限于指示提单和无记名提单，不包括记名提单。提单是由船东或其代理人所签发的文件，该文件确认货物装上船舶并驶往目的港以及包含运输、装船、货物等若干条件。

美国法律一般将所有运输单据统称为提单；当专指海运时，则称为海运提单。美国《统一商法典》（UCC）规定：提单是由从事货物运输或递送业务的人签发的、证明收到待运货物的单据，包括空运单。空运单是指空运货物时能起到与海运提单或铁路运输提单相同作用的单据，包括空运托运单或空运货单。

中国台湾有关规定将海运提单称为载货证券。载货证券是运送人或船长在货物装船后、应托运人的请求，签发给托运人并承认货物已装船，约定运送期间权利、义务以及受领货物的特种有价证券；是海上货物运输合同的证明及承运人收受或装载货物的文件；缴回该文件时，运送人应交付货物。

中国《海商法》第 71 条规定：“提单是指用以证明海上货物运输合同和货物已经由承运人接收或者装船，以及承运人保证据以交付货物的单证。提单中载明的向记名人交付货物，或者按照指示人的指示交付货物，或者向提单持有人交付货物的条款，构成承运人据以交付货物的保证。”从这一定义可以看出，中国《海商法》中的提单包括记名提单、无记名提单和指示提单。另外，该定义没有规定提单为物权凭证。

尽管《海牙规则》和《维斯比规则》是有关提单的公约，但它们均未对提单予以定义。

《汉堡规则》原本拟定适用于所有海上货物运输合同，因而从其限定适用范围的目的而言，没有必要专门对提单予以定义，而且在规定提单记载事项及其证据效力的各项条款中已含有提单的定义。但在制定该规则时，大多数专家学者认为有必要对提单予以定义，所以，《汉堡规则》在第 1 条第 7 款中规定：“提单是一种用以证明海上运输合同和货物由承运人接管或装船，以及承运人据以保证交付货物的单证。单证中关于货物应交付指定收货人或按指示交付，或交付提单持有人的规定，即构成这一保证。”从上述定义可以看出，《汉堡规则》中的提单是运输合同的证明、货物收据和提货凭证，但也没有规定提单为物权凭证。就提单的流通性而言，由于各国的观点和法律制度不同，难以作出严密的规定，因此，《汉堡规则》将持有提单就意味控制着货物作为提单的特性，并规定交付提单才能换取货物。

《鹿特丹规则》为了适应“门到门”运输，将提单包括在“运输单据”中。其第 1 条第 14 款规定：“运输单据”是指承运人按运输合同签发的单证，该单证（1）证明承运人或履约方已按运输合同收到货物，并且（2）证明或包含一项运输合同。其第 15 款规定：“可转让运输单据”是指一种运输单证，通过“凭指示”或“可转让”之类的措词，或通过该单证所适用的法律承认具有同等效力的其他适当措辞，表明货物按照托运人的指示或收货人的指示交付，或已交付给持单人，且未明示注明其为“不可转让”或“不得转让”。其第 16 款“不可转让运输单据”是指不是可转让运输单证的运输单证。可见，《鹿特丹规则》对包括提单在内的运输单据的界定更为准确、完整。

三、提单的性质与作用

提单的当事人是承运人与托运人。提单的关系人包括收货人、提单持有人、受货人和货物所有人等。提单对不同的当事人和关系人有不同的意义和作用。承运人利用提单保护本身的利益；提单持有人可凭提单提取其所列货物；托运人将提单视为货物已为承运人收讫的收据；进出口商可以利用提单周转资金；银行可凭提单进行抵押贷款；保险人可承保提单上所列货物的风险；运输代理可受货物关系人的委托代办货物交接手续。

以上这些当事人和关系人往往属于不同国籍，分散在不同国家，运输途中要经过公海和各国领海与港口，若发生纠纷，则会涉及国际私法的很多复杂问题。在国际货物海运中，托运人与承运人之间一般需要订立运输合同和签发提单来确立双方的权利和义务以及责任豁免。因此，提单是国际货物海运中十分重要的单据，只有对其性质和作用有一个清楚的认识，才能正确处理按提单进行运输的各项业务。

尽管目前国际上对提单的性质和作用存在争论，但大多认为，提单具有物权凭证、货物收据和运输合同证明的性质和作用。

（一）提单是物权凭证（Document of Title to Goods）

对于物权凭证的含义和解释，不同的法系、不同国家的法律及各国学者有着不同的观点。①

在英国法上，物权凭证有普通法上狭义的物权凭证和制定法上广义的物权凭证。普通法/判例法上没有关于物权凭证的权威定义，但如果被认定为货物的凭证，其转让或流通可能起到转让货物推定占有的作用，并且可能起到转让货物所有权的作用。英国判例确认，在海上运输中，提单是唯一的物权凭证：根据商人的习惯，凡是凭托运人或其受让人的指示交付货物的提单，可以在货物装运之后、航程结束之前，通过托运人或其受让人的背书和交付提单，或者将提单转移给任何一个人，进行流通或转让，货物所有权就可以转移了。1855年，英国制定《提单法》后，制定法成为确认物权凭证的主要法律渊源。尽管《提单法》未给提单或物权凭证下定义，但该法允许托运人通过转移提单而将其对承运人的合同权利转让给提单受让人，包括提单所含有的或证明的合同之全部权利。

美国《1916年提单法》第31条规定，指示提单一旦正当流通到某人的手中，此人就取得向其转让提单的人享有的，或能够向善意支付对价的购买者转让的货物权利，以及收货人和托运人享有的，或有权向善意支付对价的购买者转让的货物权利。该条规定充分肯定了提单物权的效力。该法第32条又进一步规定，若货物由货主，或由向支付对价的善意买方，转让货物权利的行为约束货主的人交付给承运人，且承运人已签发了指示提单，则其后在货物由承运人占有期间，货物不得通过扣押令等扣押，也不得按执行令扣押，除非首先将提单提交承运人，或禁止提单流通。该条规定实际上又极大地加强了提单物权的效力。

大陆法系国家与英美法系国家不同，通常不承认创造物权凭证的习惯的法律效力。

因此，物权凭证通常指能够代表货物本身，其占有或转让同货物本身的占有或转让具有相同效力。一般情况下，运输单据在商业习惯或法律上不是物权凭证。但从提单的含义及其发展历史沿革可知，提单是一个例外。依多数提单的定义，承运人要按提单的规定凭单放货，在货物交付之前，货物是在承运人的保管或占有之下，只要不是记名提单，提单就可以转让，即在市场上同有价证券一样，善意受让提单的人即可凭以向承运人提货。但提单并不因其表面记载，如“可流通”或“可转让”（Negotiable or Transferable），或者收货人栏内记载“凭指示”（To Order）或更详细的条款而成为物权凭证，而只有根据习惯性做法或制定法才能获得流通性，才能成为物权凭证。

由此可见，物权凭证是占有关系的证明，它可以代表货物，通常授予或证明占有货物的权利，从而占有该凭证的人可以要求将货物交付给他或依其指示交付。物权凭证可以是法定的，也可以是根据商业习惯性做法而形成的。②

提单是物权凭证，已得到多数国家及地区法律的认可。提单作为物权凭证所具有的效力称为提单物权效力。目前，有关国家都明确规定了提单物权凭证的效力。

由上述各国及地区的法律规定可以得出如下结论：提单物权凭证的效力是指，持有提单就意味着支配货物，这一效力包括货物在承运人掌管待运期间、运输途中、交付中的控

① 邢海宝．海商提单法．北京：法律出版社，1999（第六章第一节：物权凭证概述）．
② 邢海宝．海商提单法．北京：法律出版社，1999：154．

制权，以及在目的地请求承运人交付货物的权利。货物所有权转移效力从交付提单时即已发生，而不必等到实际交付货物。即依提单提货的人，其提单的取得从可在货物上行使的权利而言，与货物的取得具有同一效力。而且，必须依据提单处理货物。取得货物占有的，若未持有提单，除善意受让外，并不能取得货物所有权，而提单合法持有人仍可基于所有权追及货物所在，行使所有权人的权利。①

提单物权凭证的效力在国际货物买卖中发挥了重要作用。首先，它有效地维护了卖方的利益。由于国际货物买卖双方极少有一手交钱、一手交货的情况，绝大多数是由承运人来协助完成交货的，卖方有必要以提单确认其对交付给承运人直接占有的货物的间接占有，维护其对货物的权利，同时确保货款的收取。其次，它可以有效地促进货物流通和转手买卖的进行。施密托夫在 1972 年的《联合运输单据的发展》一文中指出，物权凭证（提单）对于买卖双方之间的内部转让是不必要的，但假如收货人将该单据出售或向第三方转让时，情况就不同了。这时，此项单据作为物权凭证的作用是至关重要的。施密托夫还引述了德夫林（Devlin）法官在“Kum v. Wah Tat Bank Ltd.”一案中关于提单物权凭证效力的表述：“提单及其类似的物权凭证的作用，通常不用于发货人和收货人之间的货物交付，因为此项交付在装运时已发生了。它的真正作用是交付给发货人一张可以立即转让权利的凭证。”② 施密托夫和德夫林的观点实际上说明，提单物权凭证效力有效地使国际买卖货物能够及时流通，特别是有利于转手买卖能够顺利进行。在现代国际贸易中，存在大量的转手买卖，即一批货物由卖方出售给买方（转卖方），而买方又将同样的货物再转手卖给另外的一方当事人。卖方或转卖方可以用提单上记载的货物履行买卖合同或转售合同，即卖方可通过转让提单来完成交易，而转卖方也可将该提单转让给第三方实现转售交易。此种情况下，提单物权凭证的效力得以充分发挥。在这种转手买卖中，除了提单本身所记载的事项外，转卖方不必亲自查看或检查货物，甚至不必知道有关货物的任何情况，否则，转售尚在海运途中的货物将会非常困难。假设不能将提单项下的货物用以履行转售合同，转卖方将可能必须在市场上以更高价格购买其他相同的货物。在预付货款的情况下，当转卖方向卖方付款后，卖方破产，若转卖方不能将提单项下的同票货物用于履行转卖合同，则转卖方可能会遭受货款两空的损失。果真如此的话，则无人愿意从事海上货物的转手买卖。为有利于转手买卖的顺利进行，卖方或转卖方可以充分利用提单物权凭证的效力，划拨在装船时符合合同的货物，即提单上记载的货物，而不论其后所发生的任何情况。特别是在 CIF 条件下，转卖方并不关心货物所有权的归属，实际上转卖方也不能获得货物所有权。因为 CIF 条件下，合同具有象征性交货的特点。这说明在 CIF 条件下，提单的作用得到更充分的发挥。最后，它还可以作为预付货款的附加担保。若提单作为预付货款的附加担保寄存在银行，提单作为物权凭证的效力则具有重要意义。银行取得对该提单及其代表货物的抵押权这一特殊财产，若预付货款在货物抵达前尚未结清，银行通常不得将提单交付给收货人，除非收到收货人出具的信托收据。

（二）提单是承运人（或其代理）出具的货物收据（Receipt of Goods）

所谓收据是指，收到金钱或有价值东西的书面确认，即将一种东西（金钱或货物）

---

① 邢海宝．海商提单法．北京：法律出版社，1999：155.

② 施密托夫．国际贸易法文选．赵秀文，译．北京：中国大百科全书出版社，1993：474.

从一方交给另一方，双方都会要求一份书面的记载以资证明，记录这一行为。[①]

提单通常是承运人或船长根据大副收据签发的，确认收到提单上所载明的货物并已将其装船，因而提单应相当于货物收据。即使是收妥待运提单，装船只不过是履行运输合同的手续，因此，虽然该提单上的船名未确定，但也不应否认提单是货物收据。[②]

关于提单的收据内容，所有提单都在其正面有一大栏空格，以供填写货物的相关内容，如“托运人对货物的描述”（Shipper's Description of Goods）、“毛量”（Gross Weight）、“尺码”（Measurement）、“货箱或包装的数量”（No. of Containers or Packages）、“标志和件号”（Marks & Nos.）等。但几乎所有的提单也都在其正面以显著字体印就了“重量、尺码、品质等不知”（Weight，Measure，Quality，Condition，and Value Unknown）或“重量、尺码、标志等是托运人所提供的，承运人在装船并未核对”（The weight，measure，marks，numbers，quality，content and value，being particulars furnished by the shipper are not checked by the carrier on loading）等内容。这似乎有些不可理解，特别是在承运人签发了清洁提单后，是否等于承运人又否定了他已收到提单所记载的货物？换言之，是否等于“接收人”对“给予人”说：你交给我的东西，我一概不知道，我也不想知道；将来有了争议，你仍然要证明你究竟交给我什么东西、交了多少。[③] 如果是这样的话，那么提单还能被视为货物收据吗？到目前为止，关于提单作为货物收据的性质和作用仍存在较大争议。这些争议主要表现为以下两种观点：一是提单作为货物收据只具有初步证据效力；二是提单作为货物收据，对托运人只具有初步证据效力，而对收货人或善意的提单持有人则具有最终证据效力。

1. 提单作为货物收据只具有初步证据效力

初步证据（Prima Facie Evidence），又称“表面证据”或“推定证据”，是指在没有相反证据的条件下成立的证据，这种证据允许当事人通过反证加以否定。提单作为货物收据只具有初步证据效力的观点认为，签发提单的承运人等可以进一步提出证据，来证明其实际接收或装船的货物状况与提单上所记载的状况不符，从而免除其对货主因这种不符而遭受损失的赔偿责任。《海牙规则》认为，承运人签发的提单只是“初步证据”“表面证据”或“推定证据”，推定承运人已按提单记载收到货物或将其装船。这种证据的效力是相对的，即若经举证证实承运人确实没有收到或收到的货物与提单记载不符，仍可否定提单作为货物收据的证据效力。《海牙规则》在第 3 条第 3 款，强制性要求承运人签发的提单必须记载三方面的内容：（1）货物的标志、标号或标记；（2）货物的包数或件数，或数量或重量；（3）货物的表面状况。同时，该规则第 4 条又规定，上述三项内容应作为承运人收到提单中所记载货物的初步证据，即若承运人有其他证据证明提单所载内容与货物的真实状况不相符时，则提单的货物收据效力被推翻，承运人与托运人实际交接的货物状况由新的证据加以确定。

《海牙规则》关于提单为货物收据的初步证据的规定，显然对货主不利，因而遭到许多国家的反对。他们认为，该规则的本来目的是欲强化提单的流通性，而规定提单作为货

① 杨良宜．提单及其付运单证（修订版）．北京：中国政法大学出版社，2007：549.

② 邢海宝．海商提单法．北京：法律出版社，1999：497.

③ 杨良宜．提单及其付运单证（修订版）．北京：中国政法大学出版社，2007：550.

物收据仅具有初步证据效力，不仅削弱其流通性，且明显与该规则的精神相违背。因为承运人签发的提单不仅涉及他自己和托运人的利益，更重要的是关系收货人或提单善意持有人的利益。若承运人因其过失而接收了与提单记载内容不符的货物不承担任何责任，则会给无辜的收货人或提单善意持有人造成巨大损失，从而使人们对提单代替货物失去信心，阻碍以信用证为结算方式的贸易的发展。同时，有可能会放纵承运人滥用签发提单的权利，导致欺诈现象的发生。随着形势的发展变化，《海牙规则》的上述规定越来越不能满足现实的需要，因而有必要对其修改和完善。

2. 提单作为货物收据，对托运人具有初步证据效力，而对收货人或善意的提单持有人则具有最终证据效力

最终证据（Conclusive Evidence），又称"绝对证据"，是指不容推翻的、有关当事人丧失提出反证权利的证据。提单在承运人与收货人或善意持有人之间具有最终证据效力是指，承运人不得进一步提出证据，来证明其实际接收或装船的货物状况与提单上所载明的货物状况不符，从而不能免除其对收货人等因此种不符而遭受损失的赔偿责任。这种观点在实践中具有一定的合理性，已被多数国家所接受，并被《维斯比规则》《汉堡规则》《鹿特丹规则》及中国《海商法》所确认。

《维斯比规则》第 1 条规定，提单是承运人收到该提单中所载货物的初步证据，但是，当提单已转让给善意行事的第三方时，则不能接受与此相反的证据。《汉堡规则》第 16 条规定："除本条就第 1 款所允许的事项在允许的范围内作出初步保留外，该提单中所载货物由承运人接管，若签发已装船提单时，则装船提单是由承运人装船的初步证据；若提单已经转让给善意地按照提单中所载货物情况行事的、包括收货人在内的第三方，则承运人提出的与此相反的证据，不予接受。"

《鹿特丹规则》第 41 条（合同事项的证据效力）规定，除合同事项已按照第 40 条规定的情形和方式作了保留外："（1）运输单证或电子运输记录是承运人收到合同事项中所记载货物的初步证据。（2）在下列情况下，承运人就任何合同事项提出的相反证据不予接受：① 此种合同事项载于已转让给善意行事第三方的可转让运输单证或可转让电子运输记录；或② 此种合同事项载于载明必须交单提货，且已转让给善意行事收货人的不可转让运输单证。（3）承运人提出的针对善意行事收货人的相反证据，在该收货人依赖载于不可转让运输单证或不可转让电子运输记录中的下述任何合同事项时，不予接受：① 第 36 条第 1 款中述及的合同事项，此种合同事项由承运人提供；② 集装箱的号码、型号和识别号，而非集装箱封条的识别号；和③ 第 36 条第 2 款中述及的合同事项。"

中国《海商法》也在第 77 条规定："除依照本法第 75 条的规定作出保留外，承运人或者其代理签发提单的人签发的提单，是承运人已经按照提单所载状况收到货物或者货物已经装船的初步证据；承运人向善意受让提单的包括收货人在内的第三人提出的与提单所载状况不同的证据，不予承认。"

从上述国际运输公约和中国《海商法》的规定可以看出，提单对托运人仅具有初步证据效力，但对收货人或善意的提单持有人则具有最终证据效力。换言之，只要收货人等收到的货物与提单记载的状况不符，除了不可抗力或其他可以免责的原因外，承运人都要对收货人等负责赔偿。承运人赔偿后，只要能证明该项不符是托运人的原因所致，他仍可向托运人追偿，由托运人赔偿承运人的损失。

如前所述，绝大多数提单都在其正面以显著字体印有“重量、数量、品质……不知”或“据说……”等条文或批注。这种条文或批注一般称为免责性或否定性条文或批注。这种条文或批注对货方存在不利之处。但无论是国际运输惯例还是大多数国家的法律，都认为承运人的这种条文或批注可能是合理的。因为提单中记载的货物状况通常是由发货人或托运人填写的，承运人在接收或装船时并没有亲自核查，有时也很难核查清楚，而要求承运人逐一核查也不太现实，特别是包装货物或集装箱货物。当然，对一般干货船而言，可以依赖船舶吃水计算出货物的重量；对油轮则可以通过船上的油柜空档计算。但这种核查总是不太准确。因此，《海牙规则》等公约和有关法律都承认承运人这种条文或批注的合理性。

例如，《汉堡规则》和中国《海商法》规定：承运人或者代其签发提单的人，知道或有合理的根据怀疑提单记载的货物名称、标志、包数或件数、重量或体积与实际接收的货物不符，在签发已装船提单的情况下，怀疑与已装船的货物不符或没有适当的方法核对提单的记载，可以在提单上加以批注，作出保留，说明不符之处、怀疑的根据或者说明无法核对。

在国际货物运输中，托运人有义务向承运人申报货物的名称、标志、包装或件数、重量或体积等，并对其提供的资料正确性负保证责任。但承运人只在下列情况下，有权在提单上作出适当的批注：（1）确实知道提单的记载内容与其实际接收或装船的货物状况不符；（2）有合理依据怀疑提单的记载内容与其实际接收或装船的货物状况不符；（3）没有适当的方法核对提单记载的内容。对提单记载的有关货物内容与状况予以批注，是承运人的一项权利并为国际惯例和多数国家法律所承认，其目的是避免承运人对收货人或善意的提单持有人承担无辜的责任。但承运人也必须适当而谨慎地行使这一权利，不得无节制地滥用该权利。若提单经承运人正当批注，则在批注的项目和范围内承运人有可能免除其责任，即使对善意受让提单的包括收货人在内的第三方，承运人也可以提出与提单所载内容不同的证据。这种证据应予以承认，也可以作为对善意的提单持有人免除其责任的依据。

此外，依《汉堡规则》和中国《海商法》的规定，若承运人或代其签发提单的人未在提单上对货物的表面状况加以批注，则视为货物的表面状况良好。绝大多数的提单在其正面印有“上列外表状况良好的货物已装在船上”的内容，因此，若承运人接收或装船的货物外表状况良好，则不必再作记载。相反，承运人则必须在提单上作出适当批注，才能免除其对收货人的责任。假设货物在承运人接收或装船时，其外表状况不良，而承运人因疏忽没有在提单上加以批注，则承运人失去批注的机会，在目的港必须承担向收货人等交付外表状况良好货物的义务，不得因其他理由推脱其责任。所谓“货物外表状况不良”是指，未包装货物的表面或包装货物的外包装有瑕疵、缺陷，如锈蚀、发霉、渗漏、包装破损、捆扎不牢等。但货物的外表状况是否良好，没有统一标准，应考虑具体货物，并非稍有瑕疵便批注为外表状况不良，通常要考虑具体的专业标准，尽可能恰如其分。因为批注提单是一项严肃的法律行为，可能产生严重的法律后果。在国际货物买卖中，合同和信用证都要求卖方提交清洁提单（无货物外表状况不良批注的提单）；若附加货物外表状况不良的提单（不清洁提单），则托运人无法顺利结汇。因此，承运人在签发提单时应严肃认真、实事求是，既要避免承担无辜的责任，又要考虑托运人的利益。

对于提单上的否定性条文或批注，英国法律原则上承认其有效性，而美国法律只承认符合事实的否定性条文或批注。美国《1916 年提单法》要求承运人理货与确认货物时，不能随意记载否定性条文或批注，若有了这种否定性而不符事实的条文或批注，也是无效的。目前，法国、比利时、希腊等国家的法律基本上与美国的法律相同。总之，关于承运人在提单上记载否定性条文或批注，《汉堡规则》及大多数国家，包括中国在内的法律原则上只承认其有效性，但实行较为严格的原则，即承运人在记载否定性条文或批注时，必须有合理的理由，或者该条文或批注必须符合当时的事实，否则无效。

（三）提单是海上货物运输合同的证明（Evidence of Contract）

《海牙规则》第 1 条规定，该规则仅适用于提单所证明的或与海上货物运输有关的任何类似的权利单证所证明的运输合同。中国《海商法》以及《汉堡规则》《鹿特丹规则》规定，提单是用以证明海上货物运输合同的单证。

海上运输合同通常分为班轮运输合同和租船运输合同。

在班轮运输中，托运人填写托运单（Booking Note，B/N），向承运人申请托运货物，预定舱位（要约）；承运人若接受托运单，在托运单上签字，根据船舶的载重吨位或容积吨位而配给舱位并签发装货单（承诺）。此时，承运人与托运人之间的运输合同关系成立。其后，托运人根据此项运输合同向承运人交付货物托运，承运人向托运人签发提单。由于提单只有承运人一方签字，而不是双方当事人（承托双方）共同签字，因而提单在形式上不具备合同的要求。签发提单只是承运人履行运输合同（运送货物）的一个环节。因此，若提单在托运人手中，则不是运输合同，它只是承托双方之间达成的海上货物运输合同的证明。另外，尽管托运单（要约）与装货单（承诺）可以用来确定双方当事人意思表示一致，但托运单和装货单本身并没有明确规定双方当事人的权利和义务，这需要由提单来进一步证明。所以，提单仅是运输合同条款或内容的证明，不论提单条款如何规定，承托双方都应按约定进行货物运输。即使在此之前不存在任何运输合同关系，若托运人认为他不能接受提单条款，或者提单上没有列入他所要求的条款，而且时间上也允许，则托运人完全可以将货物撤回或修改提单。当然，这种情况在实践中极少发生。另外，依中国《海商法》第 43 条和《海牙规则》第 1 条，承运人或托运人可以要求以书面形式确认海上货物运输合同的成立，但最终以什么形式确认合同关系的成立，则取决于双方当事人的协商一致。这样，在签发提单之前，双方可能存在口头合同形式或其他书面合同形式。因此，提单与海上货物运输合同不同，它与托运单一起都是海上货物运输合同的证明。若在托运人接受提单时，又未提出任何异议，或者提单条款与运输合同不相抵触的，也可以作为运输合同的补充，从而约束承托双方。然而，对于善意受让提单的第三方而言，运输合同对其不具有约束力，提单则是确立其与承运人权利义务的运输合同文件。

在租船运输中，提单在租船人手中时，它不具有海上货物运输合同的性质和作用。租船人与出租人（船东）的权利义务依据租船合同确定，即双方的运输合同关系由租船合同确定和构成。但是，对于租船人以外的善意受让提单的第三人（包括收货人）而言，提单则是据以确定其与承运人权利义务的运输合同文件，即提单实际上具有运输合同的性质、起运输合同的作用。换言之，在租船人手中，提单仅作为货物收据和物权凭证；当租船人不是托运人或者租船人取得提单后转让给其他人时，提单就具有完整运输合同的性质和作用。出租人（相对于提单持有人时称为承运人）和提单持有人之间的权利义务关系适用提单的约定。例如，在 CIF 合同下，卖方与承运人不受提单约束，而仍应受租船合同约束，当卖方将提单转让给买方时，买方与承运人则受提单约束；在 FOB 合同下，卖方可能仅作为买方的代理人（托运人），根据买卖合同办理装运，租船合同而非提单是买方与承运人之间具有约力的运输合同文件。卖方所取得的提单只能是货物收据和物权凭证。若买方将提单转让他人时，则提单构成约束承运人与提单受让人的运输合同文件。中国《海商法》第 95 条作了以上规定。但该条同时又规定，在上述情况下，提单中载明适用租船合同条款的，则适用该租船合同条款。这就涉及提单合并条款的效力问题。所谓合并条款，就是在提单中载明将租船合同并入提单，其目的是使租船合同可以约束租船人以外的提单持有人，以免租船人和提单持有人承担不同的义务和责任；同时也使出租人对提单持有人行使租船合同的权利。提单合并条款的本质是租船合同约束当事人以外的第三人，其理论根据是，租船合同既然被载入提单，则租船合同条款即成为提单条款的一部分，因而产生约束提单持有人的效力。提单合并条款通常表述为："所有包括在租船合同中的条款、条件和免责均适用本提单，并且认为已包括在提单内。"在此应注意，尽管从字面上看，似乎租船合同的所有条款都可以并入提单中，但实际并非如此。一般情况下，只能将租船合同中，出租人与租船人的权利义务关系方面的条款并入提单，起到约束提单持有人的作用；而租船合同中的其他条款，如仲裁条款之类属于不涉及当事人权利义务关系的条款，不能并入提单，从而不能起到约束提单持有人的作用。

从上述论述中可以看出，即使托运人持有提单，托运人与承运人之间的法律关系一般应以运输合同为准，提单只是运输合同的证明；而承运人与收货人、提单持有人之间的权利义务关系应依提单的规定确定，即提单在承运人与收货人、提单持有人之间为运输合同。正如英国法官指出，买方有权将提单作为货物装运时达成或存在的合同，是对船东有约束力的终局性运输合同；买方没有义务对提单之外的保证进行评价、调查或予以接受。美国《1916 年提单法》指出，指示提单一旦正当流通至其手中的人，就取得对承运人的直接权利，要求他完全根据提单条款为其保持货物占有，就像承运人是直接与其订立合同一样。中国《海商法》第 78 条也规定，承运人同收货人、提单持有人之间的权利义务关系，依照提单的规定确定。

四、提单的种类及其使用

由于运输方式不同、贸易做法不同以及承运人对提单的处理不同，所以产生了不同种类的提单。而不同种类的提单，其使用也不相同。在国际货物运输与国际贸易中，常见的提单有以下种类。

（一）依其签发人，提单可分为船东提单、租船人提单和货运代理人提单

1. 船东提单（Ship Owner's Bill of Lading）。

2. 租船人提单（Charterer's Bill of Lading）。

上述两种提单均可称为"承运人提单"（Carrier's Bill of Lading）。

3. 货运代理人提单（Freight Forwarder's Bill of Lading），通常简称"货代提单"。

"货代提单"有三种形式：（1）货代以"承运人"的身份，向货主（托运人）以其本身的名义签发提单。在此情况下，货代提单可作为货主结汇的有效提单。（2）货代从货主那里收取货物并向其签发"提单"以代替"货物收据"。在此情况下，货主通常只能

以“承运人提单”结汇，一般不能以货代“货物收据”或所谓的货代“提单”结汇。(3) 货代由船东或租船人等承运人授权，以承运人名义代为签发提单。在此情况下，货代签发的提单就是“承运人提单”，货主结汇的提单只有这一种提单。此时，货代签发的提单具有提单的性质和作用，可被银行和收货人接受。

（二）依货物是否已装船，分为已装船提单和备运提单

1. 已装船提单（On Board or Shipped On Board B/L）。

2. 备运提单（Received for Shipment B/L）。①

（三）依提单收货人抬头，提单可分为记名提单、不记名提单和指示提单

“记名提单、不记名提单和指示提单”可详见拙著《国际贸易实务》（第三版），北京：对外经济贸易大学出版社，2015，第195—198页。

在国际贸易实务中，指示提单一般有以下几种做法。②

(1)“收货人”（Consignee）栏内仅记载“To Order”（凭指示）。这种提单由托运人指定收货人，提货人必须提交经托运人（Shipper）背书的提单才能向承运人提货。通常，这种提单在“通知人”（Notify Party）栏内记载具体公司或个人名称，以便货物抵达卸货港后承运人通知其提货。这种提单由托运人控制货权，Shipper首先背书后即可转让，经空白背书后，该提单即成为不记名提单，持有人可凭以提货。因提单代表货物，因而这种提单可凭以向银行融资或贴现，经背书后转让给银行，银行即成为提单的持有人，而提单所代表的货物则成为银行授信的担保物品。

(2)“收货人”（Consignee）栏内记载“To Order of Shipper”或“To Shipper's Order”（凭托运人指示）。这种提单也由托运人指定收货人，在转让之前托运人可控制货权。若转让同样应由Shipper首先背书，经空白背书后可成为不记名提单。收货人必须出示经托运人首先背书的提单才能凭以向承运人提货。这种提单也可凭以向银行融资或贴现。

上述(1)和(2)两种提单，若经记名背书后即成为记名提单，通常只有记名人可凭以提货。

(3)“收货人”（Consignee）栏内记载“To Order of ×××（买方名称）”（凭买方指示）。这种提单是以买方或其指定人为收货人，提货人必须提交经买方背书的提单才能向承运人提货。在其转让之前由买方控制货权，若转让则其第一个背书人（转让人）必须是买方，否则背书不连续，受让人（银行、收货人等）无法行使提单的权利。因此，这种提单使托运人（卖方）失去货物控制权，托运人（卖方）无法凭以向银行融资或贴现，因为银行无法保证买方在提单上背书，将提单转让给银行。因此，只有当卖方先收到货款再装运货物才可使用这种提单，否则不宜使用这种提单。

(4)“收货人”（Consignee）栏内记载“To Order of Agent of Shipper”（凭托运人的代理指示）。即这种提单的收货人一般是托运人（卖方）的进口地代理或其指定人，在其转让之前由托运人的代理控制货权，而托运人无法控制货物。同样，若提单转让，则第一个背书人必须是托运人的代理，否则无法向承运人提货。因此，托运人无法凭该提单向银行

---

① 这两种提单，可详见拙著．国际贸易实务（第三版）．北京：对外经济贸易大学出版社，2015。

② 张锦源．国际贸易实务详论（第17版）．台北：三民书局股份有限公司，2013：484-485及黄得炳．非信用证交易T/T、OA、D/A、D/P操作实务与风险规避．台北：宏典文化出版股份有限公司，2012：53-56.

融资或贴现。

（5）“收货人”（Consignee）栏内记载“To Order of ××× Bank（议付银行名称）”（凭议付银行指示）。这种提单是以出口地的议付银行或其指定人为收货人，这种提单下的提货人也必须提交经该银行背书的提单才能向承运人提货，而卖方则失去货物控制权，议付银行取得货物控制权；议付银行转让该提单时，其必须为第一个背书人。

（6）“收货人”（Consignee）栏内记载“To Order of ××× Bank（代收银行名称）”（凭代收银行指示）。在托收付款方式下，若代收银行同意，则可将进口地的代收银行或其指定人记载为收货人。此种情况下，托运人同样失去货物控制权。进口商也必须提交经代收银行首先背书的提单才能提货。这种提单下，卖方无法凭以向出口国银行融资或贴现。

使用这种提单应特别注意：依URC522第10条，若指定代收行为收货人必须取得其同意，否则一切风险由出口商承担。通常，国外银行不愿意充当提单的收货人，因为有些国家的海关可能要求作为收货人的代收行支付关税及其他费用。

（7）“收货人”（Consignee）栏内记载“To Order of ××× Bank（开证银行名称）”（凭开证银行指示）。在信用证付款方式下，当开证银行未向买方收取足额的保证金时，可将开证银行或其指定人记载为收货人，以保障其债权。此种情况下，由开证银行控制货权，而托运人（受益人）则失去货物控制权。进口商必须提交经开证银行首先背书的提单才能提货。这种提单下的卖方也无法凭以向出口国银行融资或贴现。

在国际贸易实务中，记名提单一般有以下几种做法。①

（1）“收货人”（Consignee）栏内记载“Unto/Consigned to ×××（买方名称）”，即以买方为收货人。使用这种提单将使托运人失去货物控制权。因此，只有当买方预付了货款且托运人不需以提单向银行融资时，才可使用这种提单。

（2）“收货人”（Consignee）栏内记载“Unto/Consigned to ××× Bank（代收银行名称）”，即以代收银行为收货人。在使用托收方式结汇时，出口商不愿将货物直接运交买方而又没有其他代理，在征得代收银行同意的条件下，以其为提单的收货人，以便控制货物促使买方付款。

（3）“收货人”（Consignee）栏内记载“Unto/Consigned to ××× Bank（议付银行的国外分支行名称）”，即以议付银行的国外分支银行为收货人。当出口商将提单及汇票提交议付银行请求议付货款且议付银行在国外有分支机构时，可请求该银行为提单的收货人。

（4）“收货人”（Consignee）栏内记载“Unto/Consigned to ××× Bank（开证银行名称）”，即以开证银行为收货人。一些拉丁美洲国家的银行开立信用证时，通常要求提交这种记名提单，以保障开证银行的货权；或者电放货物时，使用这种提单。

（5）“收货人”（Consignee）栏内记载“Unto/Consigned to Shipper”，即以托运人（卖方）为收货人。当出口商在国外有分支机构时，为控制货权可使用这种记名提单。

（6）“收货人”（Consignee）栏内记载“Unto/Consigned to Shipper's Foreign Agent”（托运人的国外代理），即这种提单的收货人是托运人（卖方）的进口地代理。若卖方不愿意以买方为提单的收货人，为保障自身权益可以其国外的代理人作为提单的收货人。但

① 张锦源．国际贸易实务详论（第17版）．台北：三民书局股份有限公司，2013：485-487.

同样，托运人（卖方）无法控制货物，因为代理人可能不需要提单，承运人即可将货物直接交给代理人。

应特别注意的是，当记名提单以卖方以外的其他人为收货人时，由于承运人只能将货物交付给指定的收货人且收货人不需提单即可提货，因此，银行不愿接受这种提单作为融资或贴现的质押品。

（四）依提单对货物外表状况有无不良批注，提单可分为清洁提单和不清洁提单

（五）依运输方式的不同，提单可分为直达提单、转运提单（或联运提单）、多式联运提单

（六）依提单格式，提单可分为全式提单和简式提单

（七）依提单使用的有效性，提单可分为正本提单与副本提单

（八）依船舶经营性质，提单分为班轮提单与租船提单

（九）依运费支付时间，提单分为运费预付提单和运费到付提单

（十）依签发时间，提单分为倒签提单、顺签提单和预借提单

（十一）其他种类的提单

“转换提单、集装箱提单、无船公共承运人提单、舱面货提单、并提单与分提单、过期提单”等，可详见拙著《国际贸易实务》（第三版）的相关内容。

五、大副收据、场站收据和提货单

大副收据、场站收据和提货单是与提单密切相关的几个重要单据，它们在国际货物运输和国际贸易中起到重要的作用。

（一）大副收据（Mate's Receipt，M/R）

大副收据，也称收货单，是指船方签发给托运人的、用以证明货物已经收到并已装船的单据。在实际货物装船并与理货单核对无误后，由船上大副签发一种收货单，由于该收货单是由大副签署的，因而又称“大副收据”。它确认收到货物并记载货物的数量和状况。由于大副收据是签发提单的重要依据，而且依法律规定，承运人从货物装上船时起即承担对货物的责任，所以，大副须将货物的实际情况与装货单的记载进行细致核对，若发现货物数量短缺或外表状况不良，如标志不清，货物有水渍、油渍或污渍，货物损坏等，大副会将这些情况记载在收货单上。这种在收货单上记载有关货物外表状况不良或有缺陷的情况，称为“批注”（Remark），习惯上称为“大副批注”。有大副批注的收货单称为“不清洁收货单”（Foul Receipt）；无大副批注的收货单则称为“清洁收货单”（Clean Receipt）。大副可以拒绝将有缺陷或外表状况不良的货物装船并要求发货人予以调换。若发货人不愿调换，或调换实际上已不可能而又要将货物装船时，大副将在收货单上如实地加以适当的批注。该批注将再被转注在提单上。

大副收据是托运人向承运人（船公司）换取已装船提单的重要凭证。通常，货物装船后，船长也有义务向托运人签发提单，以换回大副收据。对托运人以外的人，即使是货物所有权人，承运人也不承担签发提单的义务。所以，若承运人将提单签发给不持有大副收据的人，承运人应对货主负责。

大副收据在一般情况下并不是已装船货物的物权凭证。它不是为第三人创设的针对承运人的权利文件。对它的占有并不等于对货物的占有，它的转让并不是货物所有权的转

让。不能因为大副收据记载了已装船货物的名称、数量、装卸港以及托运人、记名收货人等内容，就认定大副收据与提单并无区别，即认定大副收据具有提货凭证的效力。无论大副收据记载得如何完备，它都只是货物收据。大副收据所列的内容不像由船长签字的提单那样对承运人有约束力。除非能够证明使其具有物权凭证功能的习惯的存在。如果大副收据明确地注有不能流通字样，足以使其不能成为物权凭证。在某些国家也确实存在将大副收据视为物权凭证的地方习惯，承运人签发的唯一装船单据就是大副收据。但这不能认为是对国际贸易或运输惯例的突破。

在 FOB 条件下，若大副收据被承认买方为货物托运人，承运人可能将提单签发给买方使其对货物取得占有权。这样，未收到货款的卖方利益可能受到损害。所以，在 FOB 条件下，卖方最好要求船方将大副收据签发给自己，以换取提单结汇。

（二）场站收据（Dock's Receipt）

在集装箱运输中，承运人的责任期间可为"站到站"，在托运人或其代理将货物（整箱货或拼箱货）交付到承运人指定的场站（堆场或货运站）后，承运人的代理即场站经营人签发收据，该收据称为"场站收据"（Dock's Receipt）。由于此时集装箱尚未装船，为便于集装箱装船时大副核收及证明货物已经装上船舶，一般还需要增加场站收据副本即大副联。场站收据与大副收据一样，除具有收据功能外，也是承运人签发提单的依据，即托运人以场站收据换取提单。

在实际业务中，场站收据通常包括托运单、装货单、场站收据正本联及其副本等各联。其中，场站收据正本用于换取备运提单，场站收据副本（大副联）用于换取已装船提单。但许多情况下，场站收据或大副收据并不交给托运人而是直接转交船公司或其代理，以便及早收回此单并尽快签发提单。

场站收据各联的内容通常包括集装箱提单各栏目所包括的内容，其内容由托运人或其代理打字填制。场站收据的签发意味着承运人已接收其记载的货物，是开始对其承担责任的初步证据。

托运人有权凭场站收据要求承运人换发提单。承运人签发的提单，其内容需与场站收据的记载相符，即使签发提单时货物的实际状况与场站收据不符也是如此，除非承运人有足够理由表明在接收货物时未能在场站收据上如实加以批注的原因。①

（三）提货单（Delivery Order，D/O）

提货单，又称小提单，通常是船公司或其代理人凭收货人持有的提单或保证书而签发的提货凭证，收货人可凭此单据到目的港（地）仓库或船边提取货物。提货单的内容基本与提单所列项目相同。② 在集装箱运输中，提货单既是收货人向场站提货的依据，也是承运人或其代理对场站放箱交货的通知。

在国际货物运输中，通常收货人收到提单后，持以向承运人或其代理人换取提货单，办理报关后，凭此向船长或仓库提取货物。若货物已达港口而收货人尚未收到提单，收货人可请求银行等出具保函，向承运人换取提货单提货，并于取得提单后换回保函以解除银行等的责任。为避免收货人将提货单转让给他人，承运人或其代理人通常在提货单摘要栏

---

① 孙国庆．国际航运代理理论与实务．大连：大连海事大学出版社，2002：149-157.

② 邢海宝．海商提单法．北京：法律出版社，1999（第五章第八节：提货单）.

内记载不得流通的批注。

但在实际业务中，有时提单持有人为了转卖的需要而要求承运人或其代理向另外的人签发提货单，甚至将一份提单下的货物分成若干份而要求承运人或其代理签发若干份提货单。因此，提货单既具有提货的功能，也具有便于货方进行交易的作用；同时，提货单还是收货人通关的必备单据之一。①

关于提货单的法律效力如何，即提货单是否具有物权凭证效力，目前国际上也存在不同的观点。但多数认为，提货单不具有物权凭证效力。1992 年英国《海上货物运输法》也未规定提货单为物权凭证。该法仅涉及提货单的合同效力，即根据包含在提货单中的保证，提货单持有人可依该保证条款向承运人主张运输合同的权利，包括要求交付货物的权利。该法关于提货单的操作与提单的一个关键差别在于：提出请求的人要获得提货单上的合同权利，不须证明提货单已转让给他或其已成为提货单的合法持有人，只需证明他被认定为货物将依据提货单向其交付的人。

附：案例分析

提单正面盖章是否等同提单背书转让及小提单的功能争议②

某年 8 月 22 日，某外贸公司（下称“外贸公司”）与案外人某内贸公司（下称“内贸公司”）签订代理进口合同，约定由外贸公司代表内贸公司对外签订基础油进口合同，并按进口合同总价收取 1.5% 的代理费。该代理进口合同还约定，外贸公司在收取全部货款前，货物 100% 的货权由外贸公司所有。同日，外贸公司与外商 M 公司签订了相关进口货物合同。

9 月，外贸公司依信用证付款取得外商记名背书转让的一式三份正本提单。此前，由于内贸公司租有专用码头经营的储油罐，因此，该批数量约 2 800 吨、货价 63 万美元的涉案货物于 9 月 7 日抵港后靠泊于该专用码头直卸，专用码头为此出具了该公司格式包括涉案货物在内的油品收（发）记录。

嗣后，外贸公司将其中一份正本提单在正面加盖公章后交内贸公司办理报关事宜。

9 月 29 日，内贸公司书面申请某船代公司在船舶放行涉案货物之前，先行出具暂不加盖放行章的提货单供海关登记使用，并承诺承担由此引起的一切责任。该船代公司在接受内贸公司递交的保函后，出具了涉案货物提货单（小提单）而未加盖放行章。因内贸公司未就涉案货物的进口及时缴纳相应关税和增值税，导致该份未加盖船代放行章的提货单被海关滞留。

次年 7 月 10 日，外贸公司向海关缴纳了涉案货物的关税和增值税后，从海关取回前述提货单。7 月 18 日，外贸公司持该提货单向该船代公司更改收货人为外贸公司并持单向专用码头提货，但遭拒。外贸公司遂以专用码头为被申请人，向法院申请发布强制令。

① 孙国庆．国际航运代理理论与实务．大连：大连海事大学出版社，2002：166.

② 参见“提单正面盖章不能等同于背书转让效力案评析”，http://www.shlawyer.org/Article/Class04/Sclass01/Article_ 1343.htm。

在法院强制令下达之后，专用码头提出异议，认为不应由其承担责任。于是，由法院组织了听证，结果认为外贸公司申请对象错误，因而法院撤销了强制令。本案关键是如何看待提单上外贸公司的盖章行为：若为背书，则应起诉内贸公司；若不是背书，则起诉对象正确。为此，外贸公司决定起诉专用码头，请求交付涉案货物或赔偿外贸公司所受损失。

该案经法院一、二审，外贸公司胜诉。

本案涉及在提单正面盖章是否意味着货物所有权转让、小提单的提货功能、外贸公司的提货权和专用码头交货义务等问题。

（一）提单正面上盖章是否意味着货物所有权的转让?

在外贸进口代理的情况下，通常存在委托代理进口合同、与外商的进口合同、付款凭证等有关证据证明。同时，在信用证付款的情况下，要经付款赎单，而单据中通常有正本提单。本案中，外贸公司通过付款赎单，取得一式三份正本提单，因而成为涉案基础油的所有权人。该套提单为指示提单，由外商公司明确地记名背书给外贸公司。因此，外贸公司作为被记名的被背书人而合法地取得代表涉案货物所有权的正本提单。

在该案中，外贸公司通过付款合法取得正本提单三份，一份结算留在银行，一份在本公司，还有一份在其正面盖章后，外贸公司交给该内贸公司办理报关事宜。在该内贸公司向船代公司书面指示船舶放行涉案货物之前，先行出具暂不盖放行章的提货单（小提单）供海关登记使用的保函之后，船代公司出借了一份未加盖放行章的小提单，之后内贸公司未能缴纳关税、增值税，因而该小提单被滞留海关。对此，专用码头认为，这种在提单正面盖章的行为表明货物所有权的转让。对此，应如何认识上述盖章行为成为争议的焦点。

在外商将提单记名背书给外贸公司后，外贸公司在提单正面盖章，实际上仅确认了外贸公司为该批货物的所有权人。根据国际运输惯例及法律，提单的背书是指，提单持有人在提单背面（而非正面）记载并签名（或盖章）的行为。外贸公司在提单正面盖章，而不是在提单背面盖章，不符合提单背书的要件。在提单正面盖章，究其实质仅发挥一个介绍内贸公司办理相关报关手续的作用，使海关看到这样的盖章即知晓是外贸公司委派的人员办事。但背书转让提单应带有转让提单项下货物所有权的意图，然而外贸公司并未欲背书将该货物所有权转移给内贸公司。既然提单为记名指示提单，那记名背书就是其特征，而后外贸公司若要背书转让给他人，也会以背书方式进行。外贸公司根本不存在转让提单项下所有权的任何意思，更何况该提单上的盖章（背书）也不连续。由此可见，本案提单货物的所有权未发生转让。

专用码头退一步又提出，外贸公司将提单盖章后交给内贸公司意味着已将货物占有权授予内贸公司，或者设定了一种提单的担保物权（留置权或质权）。其实这是不能成立的，没有事实和法律依据。当事人各方没有这方面的意思表示，也没有共同设定这样的担保物权。

（二）小提单在该案中是否具备提货凭证的功能?

在港口，进口货物的提货凭证通常为提货单（Delivery Order，D/O，即小提单），其为收货人凭正本提单从承运人或其代理人处换取的用于提货的不可转让单证。涉案小提单上载明本提货单仅作报关、不作放货指示使用的文字。对此应如何理解?

有观点认为，该段文字说明小提单不是提货凭证，拥有该小提单并不表明有权提货。这一观点是错误的。该段文字涉及的是凭小提单向承运人或其代理人主张货物所有权的记载，然而该案不存在向船代公司要求提货的情形，而是向专用码头的港口经营人主张提取货物的权利。而对于港口经营人而言，提货单记载的收货人就是具有提货权的人。内贸公司虽曾被船代公司记载于涉案小提单上试图成为收货人，但其提货时并非凭加盖船方放货章和海关放行章的有效小提单。只有外贸公司拥有的正本小提单，加盖了船方放货章和海关放行章，这才是提取该批基础油的合法有效的凭证，具有唯一性。该份小提单是唯一的，除外贸公司之外，没有其他人可合法、有效地主张有权提取该批货物，也不可能有其他形式的单据对该批货物主张所有权，因而外贸公司所拥有的该小提单又具有排他性。该小提单自生效起，一直为外贸公司所持有，从未转让给其他任何单位或个人。内贸公司从未合法地取得提货单项下有权提货人的地位，其所出具的保函所要求的也只是借用一份不加盖船代放行章的单据用于报关，而非用以提货。事实上，在船方放货通知之前，涉案货物是无合法的放货手续的。除外贸公司，谁都不拥有合法有效的小提单用以提货。

（三）外贸公司是否拥有涉案货物所有权和提货权?

尽管在对外贸易关系中，外贸公司通常处于国内客户的外贸代理人地位，但这种代理是一种在代理进口协议或合同项下具有中国特色的代理。这是中国外贸代理制规定的，属于《对外贸易法》规定的范畴。这种情况不是一般意义上的委托代理人。可能在有些合同或协议中会出现国内公司作为“收货人”字样，但该案的进口代理人是自己与外商签订合同，自己申请开立信用证，自己对外支付货款，是进口货物的经营人，其当然要考虑进口货物的所有权，其在合法取得提单时就拥有了提单项下的货物所有权。有鉴于此，在该案代理进口合同使用了这样的约定，以特定方式表明在未收到全部货款之前，外贸公司对货物拥有100%的所有权。这种约定超过原有的格式条款且效力高于原有的格式条款，是一种合同双方的特别约定。而且，中国《民法通则》也支持协议双方对货物所有权的约定。至于合同中出现的其他格式条款如何，都不能对抗这样的特别约定。另外，如前所述，外贸公司正当地换取了涉案小提单。在该小提单上，除了外贸公司作为收货人加盖自己的印章以外，海关放行章代表着国家对进出口货物关境进出的管理，即国家确认放行；该小提单上还盖有船代公司的放货章，确认船公司放货通知中“RECEIVER”为外贸公司，即向外贸公司放货，而不向其他人放货。由此确认了外贸公司有权提货的地位。因此，要确认当事人是否具有提货权，只能依据小提单，而非其他单据。外贸公司据以提起诉讼的有效小提单将外贸公司记载为收货人，在没有相反证据推翻涉案小提单真实性的情况下，外贸公司当然具有提货权。这说明外贸公司合法拥有提取涉案货物的权利。

（四）专用码头是否有向小提单持有人交付涉案货物的义务?

在国际贸易货物运输中，由于大宗散装液体货物具有不同于一般固体货物的特点，可能由最终的收货人即国内实际用户租船运输货物，并在提货方式上由用户安排社会化经营的货主码头或专用码头，由船方将货物直接卸入码头储罐，该案就是这种情况。在内贸公司租用储罐的情况下，承运人将涉案货物卸入码头储罐，码头接收即视为承运人完成运输合同项下的实际交付义务。但在此时，由于货物尚未报关，处于海关监管之下，码头就有凭加盖海关放行章和船方放货章的小提单才可将进口货物放行的义务。专用码头系港口经营人，具有在港口交付涉案货物的法定义务。这是因为港口、码头经营是特种行业，涉及社会性经营，涉及外轮停靠，必须经过特许。不仅需工商登记，还需港务机构专门批准，需领取海关颁发的专用码头注册登记证书。这种码头是经特许可停靠外贸船舶，属于经营进出口货物装卸、储存的社会经营性码头。这样的被特许经营进出口货物装卸业务的专用码头，具有法定义务凭加盖海关放行章和船方放货章的小提单，才可将进口货物放行。而内贸公司和码头之间的仓储协议不是法定的交货凭证，这种协议是也仅是港口作业合同项下进口货物的储存协议。当然，作业委托人往往是收货人，但并不当然是收货人。当两者不一致时，作业委托人实际是作为收货人的代理与码头订立作业合同的，其本身没有提货权。码头经营人在妥善保管货物的同时，更有凭小提单而非仓储协议或其他人的指示交付货物的义务。这也是港口货物交付的惯例。

综上所述，外贸公司合法拥有涉案货物的正本提单和小提单，因而是货物所有权人，也是有权向专用码头的港口经营人提取涉案货物的人。然而在其凭涉案小提单向港口经营人提取涉案货物时，被专用码头拒绝，因而其权利受到侵害。正因为未能合法地交货给有权提取货物的人，专用码头不得不承认其放货“不够谨慎”。但这种“不够谨慎”的程度，达到违反法律的程度，违反法律规定的义务，使得外贸公司拥有货权却无法行使，导致外贸公司依提单和小提单应享有的价值 63 万美元的货物所有权以及提货权无法实现，进而产生严重的经济损失。对于这种侵权损害，根据法律规定，专用码头应承担侵权赔偿责任。若专用码头能交付涉案基础油，诉请的就是涉案基础油。若其无单错误放货，专用码头应赔偿的损失，包括涉案基础油的货价损失以及外贸公司支付海关进口关税和增值税方面的损失。

六、提单的内容

提单是承运人签发的具有法律效力的单据，是确定承运人和托运人（或收货人、提单持有人）之间的权利和义务、责任和豁免的依据。

目前，各船公司所制定的提单虽格式不完全相同，但其内容大同小异。提单分为正面内容和背面内容两大部分。

（一）提单正面内容

提单正面载明有关货物和货物运输的事项。这些事项可分为必要记载事项和一般记载事项。

1. 必要记载事项

必要记载事项也称法定记载事项，是依据有关提单的国内立法或国际公约的规定，使提单具有证据效力的内容。在提单正面必须记载的内容，若漏记或错误记载，可能影响提单的证据效力。

（1）必要记载事项的主要内容

各国有关提单的法律或国际公约都对提单的必要记载事项作出规定。中国《海商法》第 73 条第 1 款规定，提单内容包括下列各项：① 货物的名称、标志、包数或者件数、重量或者体积以及运输危险货物时对危险性质的说明；② 承运人的名称和主营业所；③ 船舶名称；④ 托运人的名称；⑤ 收货人的名称；⑥ 装货港和在装货港接收货物的日期；⑦ 卸货港；⑧ 多式联运提单增列接收货物地点和交付货物地点；⑨ 提单的签发日期、地点和份数；⑩ 运费的支付，承运人或者其代表的签字。此外，本条第 2 款又规定："提单缺少前款规定的一项或者几项的，不影响提单的性质；但是，提单应当符合本法第 71 条的规定。"根据这一规定，若逐项与第 71 条比较则不难看出，除了在内陆签发多式联运提单的第 3 项"船舶名称"、签发提单的第 8 项"接收货物地点和交付货物地点"及第 10 项"运费的支付"这三项可以缺少外，其他 8 项都是不可缺少的。

除上述各必要记载的事项外，若承运人与托运人协议，同意将货物装于舱面，或同意提高承运人的责任限额，或同意扩大承运人的责任，或同意放弃承运人的某些免责，或约定承运人在目的港交付货物的日期，或其他有关法律规定的事项等，都应在提单上载明。

（2）必要记载事项的证据效力

《海牙规则》第 3 条第 3 款规定，提单应记载：① 识别货物所必需的主要标志；② 由托运人书面提供的包数或件数，或者数量，或者重量；③ 货物的表面状况。同时，其第 4 款还规定，上述提单应当作为承运人依照第 3 款第①、②、③项所述收到该提单中所载货物的表面证据（Prima Facie Evidence）。

《维斯比规则》对这些记载内容的证据效力作了修订："当提单已经转让给善意的第三方时，与此相反的证据不予采用。"即对于善意的第三方，提单上有关货物的记载就成为承运人按照提单记载内容收到货物的最终证据（Conclusive Evidence）。

《汉堡规则》第 16 条、《鹿特丹规则》第 41 条及中国《海商法》第 77 条都对提单必要记载事项的证据效力作出了与《维斯比规则》相同的规定。

2. 一般记载事项

提单的正面内容除必要记载事项外，还有一些以打印、手写或印章形式记载的事项，其内容一般不影响提单的法律效力。这是因承运人在业务上的需要，或为了进一步明确区分承运人与托运人之间的责任，或为了减轻或免除承运人的责任而加注的内容。其中，属于承运人业务需要的，如航次序号，船长姓名，运费支付的时间、地点、汇率，提单编号及通知人（Notify Party）等；属于区分承运人与托运人之间责任的，如关于数量争议的批注；属于为减轻或免除承运人责任的，如为了扩大或强调提单上已印妥的免责条款，以及对于一些易于受损的特种货物，承运人在提单上加盖的以对此种损害免除责任为内容的印章等。一般记载事项也叫作任意记载事项。

提单正面除必须记载上述内容外，还有一些属于承运人声明性质的文字说明，如中国远洋运输总公司提单的正面有以下三段文字说明：

"上列外表状况良好的货物（另有说明者除外），已装在上列船上，并应在上列卸货港或该船以能安全到达并保持浮泊的附近地点卸货。重量、尺码、标志、号数、品质、内容和价值是托运人所提供的，承运人在装船时并未核对。托运人、收货人和本提单持有人兹明白表示接受并同意本提单和它背面所载的一切印刷、书写或打印的规定，免责事项和条件。"

"为证明以上所述，承运人或其代理人已签署本提单（若干份），其中一份经完成提货手续后，其余各份失效。"

“请托运人特别注意本提单内与该货保险效力有关的免责事项和条件。”

（二）提单背面内容

提单背面内容，又称背面条款，即在正本提单的背面印就的条款，它是处理承运人与托运人（或收货人、提单持有人）之间有关运输过程中发生争议的依据。这些条款一般分为两类：一类属于强制性条款，其内容不能违反有关国家的海商法、国际公约或港口惯例的规定，违反或不符合这些规定的条款是无效的；另一类属于任意性条款，即公约、法律没有明确规定的。目前，大多数提单条款的制定是基于《海牙规则》的，如中国远洋运输总公司提单、中国对外贸易运输总公司提单等。虽然其文字表述不完全相同，但主要条款内容基本相同。

七、提单的签发、原始取得和背书及转让

（一）提单的签发

提单的签发是指，提单经承运人或其代理或其授权的人签署后，向托运人出具提单。提单签发的依据是货物装船后或集装箱交到堆场或货运站之后，大副签署的收货单（大副收据）或场站收据。

（二）提单的原始取得

提单的原始取得是指，包括卖方或买方在内的托运人向承运人实际交付货物后，从承运人或其代理或其授权的人那里取得提单（以货物换取提单）。由于提单的功能之一是货物收据，承运人向卖方签发提单则证明承运人收到卖方向其交付的货物。因此，FOB 条件下，向承运人实际交货的卖方应被视为合法持有提单的托运人，即卖方从承运人那里原始取得并持有提单，属于合法取得和持有提单。这有别于提单签发后的背书转让而取得提单（支付对价取得提单）的过程。

（三）提单的背书及转让

尽管各国法律都使用提单转让或流通这样的术语，但却未对其内涵和外延作出明确规定。其原因主要是界定提单的转让性非常困难，而且各国的判例对此也存在一定差异。鉴于各国法律的分歧，相关的国际公约对此也未给予明确的定义。因此，目前关于提单转让尚无普遍接受的定义。而提单的实质是其转让性，它是提单制度的核心内容之一。在国际贸易中，提单的转让具有重要意义。提单转让是指，通过采用背书和交付（不记名提单仅交付）的方式，将提单让与新的持有人（受让人）。通过转让提单可转让货物占有权，同时，转让提单还可转让其所体现的运输合同的权利和义务。提单作为物权凭证，其核心特征是不需要任何正式让与或对债务人（如承运人）的任何通知即可转让，因而使货物尚在运输中即可进行交易，因而极大地促进了国际贸易的发展和国际货款结算的顺利进行。①

提单转让通常采用背书加交付或单纯交付两种方式进行。提单背书或交付给受让人后，提单上的有关权利转移给受让人，受让人因而成为提单持有人。受让提单后，受让人取得提单所有权及其债权和货物间接占有权。

---

① 邢海宝．海商提单法．北京：法律出版社，1999（第十二章：提单转让）．

1. 提单的背书

背书（Endorsement）一词是从拉丁文转化来的，其原意是“在背面”，之后引申为单据持有人在单据背面书写的行为。提单的背书可以解释为，提单持有人在提单背面记载并签名的行为。背书分为记名背书和空白背书两种形式。提单的记名背书是指，有权指示的人（转让人）在提单背面签名并记载被背书人（受让人）的名字，又称完全背书或全式背书；提单的空白背书是指，指示人（转让人）只在提单背面签名而无记载被背书人的名字，又称不完全背书或简式背书。指示提单经背书才能转让，是因为指示提单的性质决定了指示人背书的必要性。若托运人将未背书的提单寄交通知方，并不改变提单性质，也不能改变承运人据指示提单交货的规定；若承运人将通知方误认为收货人，应承担全部责任。收货人提货时应在提单背面签字或盖章，以表示提货的意思。

提单的背书是否必须具有连续性，中国《海商法》对此没有明确规定。但从提单作为有价证券方面看，背书是连续的才能有转让提单的权利。提单背书连续，首先要做到，指示提单中，第一个有权背书的人是“收货人”（Consignee）栏内记载的人或其指定的人。若第一个有权背书的人没有背书，则背书不连续，提单不能转让，任何通过其他方式取得提单的人都不是经过转让取得提单，从而也不能获得提单转让所赋予的权利。因此，不连续背书的提单，不能赋予其持有人合法提单持有者的地位。这种观点也被大多数国家所接受。因此，若提单受让人没有获得转让人的背书而此项背书又是必需的，可以强制获得背书。因此，提单若为指示提单，则只有经过背书才可转让且该背书必须连续，否则，该提单也不得转让。若提单为“托运人”指示提单，即“Consignee”一栏记载为“To Order of Shipper”，则应以托运人为第一背书人；若提单为记名指示提单，即“Consignee”一栏记载为“ ×× Order”，或为选择指示提单，即“Consignee”一栏记载为“×× or Order”，则第一背书人应为提单中指名的指示人（××）；若提单为空白指示提单，即“Consignee”一栏记载为“To order”，则第一背书人应为提单中的托运人。采用空白背书形式时，只要第一背书人正确，则证明背书是连续的，提单即可转让。①

2. 提单的交付

交付提单是指转移提单的占有。指示提单通过背书并交付提单给受让人而转让；不记名提单无须背书只需交付即可转让。指示提单经空白背书后，就可像不记名提单那样仅凭交付即可转让。所以，指示提单经空白背书之后，谁持有提单，一般认为谁就是提单持有人。提单签发给托运人，其占有留在托运人手中时，收货人指示提单中的“收货人”尚不是提单持有人，仅在其接受提单交付时，才成为其权利人。此时，交付即可产生货物交付效力，无须背书。另外，交付不限于提单转让人直接交给受让人，即使转让人与受让人订立合同，使受让人因此取得间接占有以代替交付也可。

3. 记名提单是否可以转让，各国的做法不完全一致

一些国家法律明确规定记名提单不能转让。例如，中国《海商法》第 79 条规定，记名提单不得转让；美国《1916 年提单法》规定，记名提单应由签发该提单的承运人在提单上载明“不可流通”，“记名提单不能脱离衡平法而转让，此种提单的背书不赋予背书受让人任何额外权利”，“提单持有人可以通过交付提单并附具一明示的或默示的协议而

---

① 关于提单背书的相关事宜，可详见拙著．国际贸易实务（第三版）．北京：对外经济贸易大学出版社，2015。

转让提单或其所代表的货物的物权”。另一些国家或地区法律明文规定记名提单可以转让，除非提单上有禁止性规定。在法律不允许记名提单转让的国家中，关于记名提单是否可以转让仍存在争议。有人认为，它只是针对托运人而言，而对收货人来说，当收货人合法占有提单之后，则完全拥有提单项下货物的所有权，他应有权转让货物，当然包括以转让提单的方式转让货物所有权；记名收货人通过转让提单转让货物，不会损害他人利益；记名提单只有指定收货人背书才可转让。上述观点仍存有一定问题，因为记名提单的收货人有权转让货物并非表明他就有权仅以转让提单的方式转让货物所有权，货物所有权可以通过民法上的一般途径进行转让。正如《国际贸易法》（沈达明、冯大同）一书的主张："记名提单不具有流通性，不能以背书的方式转让，而只能按债权让与的方式转让。"《新编海商法学》（司玉琢）一书也指出："记名提单除可以从托运人转让至其上载明的收货人外，一般不能用以流通转让。"这种观点应更接近法律的本意。因此，在法律不允许记名提单转让的国家中，记名提单是否转让不妨碍货物所有权的转移。例如，甲希望将记名提单项下的货物出售给乙，只要甲拥有货物所有权，而甲、乙又达成转让所有权的合意，买卖合同应成立。但为了提货方便，乙可能要求甲将运输合同项下的债权转让给乙，这不能通过记名提单的背书达到，但甲可通过通知债务人（承运人）的一般债权让与途径达到转让运输合同项下的提货权。非提单记名收货人持有该记名提单时，除非有其他相应程序，他不享有提单项下的任何权利。

4. 提单转让受时间限制

尽管提单上一般没有船舶到期日的记载，但提单的转让应有一定时间的限制。通常情况下，货物运抵卸货港，承运人开始交付货物，提单就不应再转让。

货物由承运人接管或装船后签发提单，作为物权凭证的提单即可开始转让。货物在运输途中，只要尚未到达卸货港，提单就可无限制地转让。换言之，只要货物为运送的目的，由货运代理人或承运人占有且尚未交付给有权在目的港提取货物的人，提单的转让就可继续。货物卸到岸上后，只要没有完成交付，占有权还没有移交给有权提取货物的人，提单就仍具有转让效力；若货物存放于目的港码头仓库，但货物是根据承运人而非收货人指示存放于仓库，提单仍可以转让；即使承运人因运费等费用未付清而行使留置权，提单的转让也不应该被停止。承运人未凭正本提单放货，提单并不丧失物权效力，即有权提货的人应是提单的合法持有人。因为提单是否失效，取决于货物是否交付给有权提货的人。承运人无正本提单放货，若正本提单尚在转让中，正本提单持有人可向承运人或其代理人主张提单权利，索取货物。

在国际货物买卖实践中，有签发一式多份正本提单的惯例，有时会发生多份提单通过不同的途径转让的情况。对承运人而言，其义务是对第一份提交的正本提单交货。若存在两个以上的正本提单持有人同时提货，承运人应提请法院判决。为了解决这一问题，Incoterms 要求卖方向买方提交全套运输单据，UCP600 也有同样的要求。提单转让的时间在买卖合同或结算货款中通常也有要求。如 Incoterms 中要求卖方在发货后尽快将提单等运输单据送交买方。UCP600 第 14 条也规定，银行将拒收迟于运输单据出单日后 21 天提交的单据。

（四）提单转让的法律效力

提单转让不仅是一纸单据本身可以实现从持有人到受让人的转移，而且是该单据本身的转让可以使它所代表的权利从持有人转移到受让人。但提单持有人权利上的缺陷是否会影响受让人获得的权利，对这一点，有关公约和相关法律并未予以明确规定，因而在实践中产生提单转让效力的争论。

由于提单是一种单据，其转让与票据流通存在一定的相似之处，因而可以将这两者进行比较，得出其不同之处。

票据流通也是通过票据本身的转让实现其所代表的权利，即请求支付一定金额的债权的转让。票据流通侧重于保护受让债权的受让人的利益，并且，票据流通不需要通知债务人，只要作为债权人的票据持有人，根据票据流通的一般规则，将票据背书交付或直接交付给受让人，债权即发生转移。根据票据法的规定，通过票据转让让与债权时，债务人对新债权人的抗辩要受到一定限制，如大多数国家的票据法规定：票据债务人不得以其与出票人或与持票人的前手之间的抗辩事由，对抗持票人；但持票人明知存在抗辩事由而取得票据的除外。这就是票据流通中的“后手优于前手”原则。这一原则对票据受让人有利，可以促进票据的顺利转让。

尽管提单的转让有时也被称为“流通”，但它与票据的流通不完全相同。施密托夫在《联合运输单据的发展》一文中，就提单与汇票的区别指出：“提单不是流通的，而是准流通的。二者之间的区别是：若为完全流通的票据，如汇票，转让给合格的正当持票人，该持票人的权利可优于他的出让人，他可以免于承担衡平法上的责任，对其前手提出的个人指控，不得向他提出。但在准流通票据的情况下，如提单……受让人取得的权利不能优于其前手。”由此可见，尽管提单转让与票据流通在形式上具有相同之处，即均可在单据上背书或交付单据转让其代表的权利，但两者在本质上存在区别：提单的转让一般不具有票据流通“后手的权利优于前手”的特征。因此，可以认为提单转让是票据流通和普通债权让与的一种折中，即提单转让遵循票据流通的形式，但在转让的实质内容上则与普通债权让与相同。提单转让和票据流通真正的区别在于，提单转让不仅转让债权，同时还转让物权，而票据流通只转让债权。提单转让的具体权利要视各国法律规定而定。

八、《鹿特丹规则》下的控制权及单据转让

（一）货物控制权

《鹿特丹规则》首次在海运公约中引入控制权概念。① 所谓“控制权”，即货物控制权，是指根据该规则规定，按照运输合同向承运人发出有关货物的指示的权利，具体包括：就货物发出指示或修改指示的权利，但此种指示不构成对运输合同的变更；在计划挂靠港或在内陆运输情况下，在运输途中的任何地点提取货物的权利；由包括控制权人在内的其他任何人取代收货人的权利。

根据《鹿特丹规则》的规定，托运人、单证托运人、单证持有人、收货人等都是运输各个阶段有资格主张“控制权”的人，即“控制权人”。这一新的规定，使得提单仅表示对“物”（货物）的控制权，而非为“物权”凭证，这对平息提单究竟是物权凭证、所有权凭证、抵押权凭证还是债权凭证之争可能有一定的指导意义。对承运人而言，在符合一定的条件下，承运人必须执行控制权人指示；在无人提货的情况下，承运人必须通知

① 参见《鹿特丹规则》第50、51和52条。

托运人或单证托运人，请其发出交付货物的指示。

《鹿特丹规则》设立“控制权”的规定，主要是基于以下考虑：第一，可以与贸易中卖方的中途停运权相对应。在以往的国际货物运输中，由于大多数情况下使用的是可转让提单，货物卖方可以通过控制提单来行使对货物的控制权。但目前海运的情况已发生很大变化，使用可转让单据的情况正在逐渐减少。在涉及类似控制权的一些国际公约中，通常将该权利限定于不可转让运输单据的情形，如海运单。《鹿特丹规则》则明确规定，控制权既可适用于可转让运输单据或者电子运输记录，也可适用于没有签发任何运输单据的情况。因此，规定控制权可以保护未使用可转让单据进行货物运输的卖方的利益。第二，控制权对未来的电子商务至关重要。第三，明确在货物运输途中以及抵达卸货港交付货物之前，控制方是承运人的合同相对方。由此可见，《鹿特丹规则》关于控制权规定的内容是全新的，有利于海上货物运输与贸易实务的衔接与协调。

（二）单据转让

《海牙规则》规定了提单记载事项的初步证据效力。在此基础上，《维斯比规则》和《汉堡规则》规定了提单转让后的绝对证据效力。但是，这些国际公约都没有明确提单转让与运输合同下权利、义务转让的关系。实践中，这些问题通常由各国国内法解决。《鹿特丹规则》专设第 11 章规定了“权利转让”，明确了可转让运输单据或者可转让电子运输记录的转让将产生合同下权利转让的结果，但运输合同下的义务并不随之转让。非托运人的单据持有人只有在行使单据上的任何权利时，才承受转让义务的后果。此外，该规则对于权利转让的方式予以明确。

依《鹿特丹规则》第 57 条和第 58 条，签发可转让运输单据的，其持有人可以通过向其他人转让运输单据而转让其中包含的各项权利，这些权利通常包括物权（并不一定都是货物的所有权）、提货权、控制权、赔偿请求权和诉权等。权利转让的同时，义务并不当然同步转让。作为运输单据的受让人，即非托运人的持有人，只有其行使运输合同下的权利，才承担运输合同下的责任，并且这种责任以载入可转让运输单据或可转让电子运输记录为限或者可以从中查明。换言之，非托运人的单证持有人，不能仅因为其持有单据而承担运输契约中的任何责任。依据该规则第 57 条，通过运输单据转让权利时，若为指示单据的，须妥善背书给该其他人，或须空白背书；或若为不记名单据或空白背书单据的，或为凭记名人指示签发的单据且转让发生在第一持有人与该记名人之间的，无须背书。

九、提单的更正与补发

1. 提单的更正

若货物已装船且已签发提单，此时托运人才提出更正的要求，承运人或其代理人则要在考虑各方面的关系后，才能决定是否同意更改。若更改的内容不涉及主要问题，在不妨碍其他利害关系人利益的前提下，可同意更改。相反，若更改的内容会涉及其他关系人的利益或影响承运人的交货条件，则需要征得有关方的同意，才能更改并收回原签提单。至于因更改提单内容而引起的损失和费用，则应由提出更改要求的托运人负担。

ISBP745 E24～E25 对提单的更正作出以下规定：（1）对提单上信息的任何更正都应被证实。该证实须看起来由承运人、船长或其任一具名代理人所为，该代理人可以与出具或签署提单的代理人不同，只要注明其作为承运人、船长的代理人身份。（2）不可转让的提单副本不需包含正本单据上可能已作出的任何修正的证实。

2. 提单的补发

若正本提单结汇后，在寄送途中遗失，收货人可在目的港凭副本提单和具有信用的保证人，如银行出具的保证书提取货物。在这种情况下，除须依照一定的法定程序将提单声明作废外，无须另行补发提单。

若提单在结汇前遗失，应由托运人提供书面担保，经承运人同意后补签新提单并另行编号。同时，还要将有关情况转告承运人在目的港的代理人，声明前签提单作废，以免发生意外纠纷。

十、提单的缴回

依据国际公约、惯例及各国法律，签发了可流通或可转让提单的承运人，只有在向提单持有人交付货物后，才视为已完成运输合同的义务，提单的债权债务关系也因此解除。换言之，承运人在交付货物后，只有在收回提单时才可解除自身的运输责任。对持有可流通或可转让提单的收货人而言，提货时必须将提单缴回给承运人，否则视为侵占他人财产。因此，若承运人没有收回提单而将货物交给收货人，则构成无单放货行为；收货人没有缴回提单而提货，则构成无单提货。两者都是违法行为，需对此承担相应的责任。记名提单是否可以无单放货或无单提货，视不同国家法律的不同规定而有所区别。但依据中国法律，记名提单也需要凭单放货或凭单提货。

此外，ISBP745 E28 规定：“提单不应声明：该提单中记载的货物只有在该提单与其他一套或多套提单一起交单时才能放货。除非所有涉及的提单是相同信用证项下的属于同一批提交的单据。例如，‘YYY 和 ZZZ 号的提单记载的 XXX 集装箱，只能在某一贸易商手中所有提单都提交后才可将该集装箱交付给该贸易商’被认为是一个声明：与该集装箱或包装单位有关的一套或多套提单必须在提货之前提交。”

该规定表明，在拼箱货物的情况下，通常一个货柜内装有不同收货人的货物，每一个收货人都持有自己的提单。不应要求所有收货人同时提交提单才能提货。只有当拼箱货物属于同一收货人，才可要求同时提交所有提单。

十一、提单套单业务程序及其风险

在国际贸易中，出口商委托货运代理公司（下称“货代”）办理货物出口手续是常态。随着中国海运市场的开放，国内海运市场竞争激烈。中国境内的中外货代公司可以签发自己的货代提单，与货主形成运输合同关系。同时，货代又必须寻找实际承运人来承运出口货物，即货代自己作为托运人，由船公司向其签发船东提单，或者指示船公司依照其要求的托运人（通常为进口商）签发提单。

当货物到达卸货港后，货代提单的收货人或持有人凭货代提单向货代或其在卸货港的代理换取船公司提单，凭其向船公司提货；或先由货代的代理凭船公司提单提货后，货代提单的收货人或持有人再凭货代提单向货代的代理提货。由此可见，这种货代实际上具有双重身份。对于船方（实际承运人）而言，这种货代相当于托运人，由其安排货物托运并与实际承运人订立运输合同，取得船方签发的船东提单；与此同时，对于货主而言，这种货代又相当于承运人并向货主签发自己的货代提单。只有船东提单和货代提单衔接使用，整个货物运输才能顺利完成。换言之，一批货物通常要签发两套提单，这就是所谓的提单套单业务。

依据中国《国际海运条例》的规定，这种情况下，货代的身份变为无船承运人，因而获得法定的签发提单权利。但因该条例并未规定无船承运人何时何地才有权利签发提单，进而导致中国海运市场上的无船承运人任意签发提单的局面。更有甚者，无船承运人利用套单的权利实施不正当行为。

另外，尽管UCP600对于货代提单也予以承认，然而，在实现中并非所有国家或地区都承认并接受货代提单，如南美洲的一些国家目前并不接受货代提单。若卸货港只接受船东提单而不接受货代提单，则收货人即使持有正本的货代提单，但在卸货港也可能无法换单提货。在此情况下，收货人可能会要求采用“电放”的方式放货，进而又产生风险。因此，相关各方须对提单套单业务有所认识并采取防范措施。

在国际贸易海运中，当无船承运人（通常为货代）参与运输时，一票业务签发两套提单，其主要目的是保证无船承运人能够收到运费以及其他可能产生的利益。无船承运人使用提单套单的操作程序包括以下环节。①

1. 无船承运人（货代）接受托运人（货主）委托货物运输后，使用自己的提单格式向货主签发一套提单，并将自己的名称记载于提单的承运人栏目。这套提单一般称为货代提单（House Bill of Lading）。托运人以该套提单结汇，但无法在卸货港直接向船公司提货，因为提单抬头人及签发人不是船公司，而是作为无船承运人的货代公司。

2. 在向托运人签发提单后，无船承运人要向实际承运人的船公司发出订舱要约。在要约中，无船承运人一般将自己作为船公司提单的托运人，将其国外代理作为该提单的通知人。若使用记名提单，则将自己在卸货港的代理作为该提单的收货人。在该提单中，装货港和卸货港及货物名称等与货代提单相同，但运费支付方式可能有所变化，如预付变更为到付。其原因是货主未及时预付运费，无船承运人不垫付运费。这套提单的抬头人及签发人是实际运输的船公司或其代理，即船公司是实际承运人。无船承运人取得船公司签发的提单后，直接将该提单背书给自己在卸货港的代理，由其持该套提单在卸货港向实际承运人的船公司提货。

3. 托运人（货主）取得无船承运人签发的提单后，持其到银行结汇，该提单通过银行流转到收货人手中，或再经转让流转到提单持有人手中。收货人或提单持有人持该套提单向无船承运人在卸货港的代理换取船公司提单，自己再持船公司签发的提货单（D/O）向船公司提货。

4. 有些无船承运人为赚取丰厚的利润，则指示卸货港的代理持船公司提单直接向船方提取货物（如集装箱），而后再将集装箱运到自己的集装箱堆场或货运站。此时，货代提单的收货人或持有人只能使用无船承运人提单，向目的港无船承运人的代理直接提货。这种情况下，无船承运人的代理则可能向该提单的收货人或提单持有人收取除集装箱码头装卸作业费（THC）之外的各种费用，如仓储费、保险费等提货费用。而这些费用，有

① 参见王沐昕，论提单的套单风险及违法性，http://www.chinalawedu.com/new/16900_174/2010_3_23_wa1453191021132301028930.shtml。

的高达海运费的几倍。例如，在一案例中，提单持有人的提货费用高达 5 000 美元，而中国至欧洲的一个标箱的海运费通常仅为 2 000 多美元。换言之，船公司仅收取了 2 000 多美元的海运费，而无船承运人则收了 2.5 倍于船公司的费用。另外，船公司收取的是总收入，其利润一般在 10% 左右，即 200 美元左右。而无船承运人所收取的 5 000 美元，其利润是船方的 20 多倍。对货主而言，则等于一个标箱支付了 7 000 美元的运费。这是极其不正常的现象。

国际贸易海运中使用提单套单，不仅可能导致货主多支出高于海运费几倍的费用，而且还可能使相关当事人遭受其他风险。

1. 两套提单导致运费争议。如前所述，无船承运人（货代）使用套单的主要目的是保证能够收到运费及赚取其他费用，其通常采取的手段是在自己签发的提单上注明"预付运费"，而船方签发的提单上则注明"到付运费"。但"到付运费"对收货人（买方）或提单持有人可能没有法律效力，收货人或持有人可能拒绝支付运费。因为收货人（买方）与托运人（卖方）的贸易合同可证明运费系预付。由此导致收货人或持有人与船方发生纠纷。因此，两套提单除承运人和通知人的名称可改变外，其他内容均应保持一致。

2. 套单导致银行无法主张提单质押权利。若采用信用证付款方式，因货代提单的收货人拒绝到开证行付款赎单，则开证行也无法使用货代提单向船公司主张提单质押的权利，进而可能损害银行的利益。因此，一些银行，如南美洲有些国家的银行不愿意接受货代提单作为信用证付款的单据。

3. 货主无法与船方协调与货物相关的问题。因无船承运人提单不能直接向船方提货，若因提单存在不符点而遭银行的退单，货主无法凭该提单与船公司协商船载货物的处理问题。因为船方签发的提单上载明的托运人并不是货主，而是无船承运人（货代）。若发生共同海损等事故，船方要与货方协商损失分摊等事宜。因船公司提单的托运人一般是无船承运人，这就会在处理共同海损的具体事务中造成很多麻烦和困难。在发生运输合同纠纷时，货方可能采取的措施之一是扣船。但由于货主不是船公司提单的当事人，这一措施可能无法实施。

4. 货主无法行使运输停运权。由于船公司提单的托运人栏和收货人栏载明的通常不是真正的货主，而是无船承运人或其卸货港代理，因此，船载货物的所有权既不属于真正的货主（出口商），也不属于进口商或货代提单持有人，而是属于无船承运人。此时，货主持有的货代提单则丧失了物权凭证的作用。一旦发生纠纷，货主则可能无法行使停运权。

5. 货代公司可能会卷入船方与货主的纠纷中。若货代签发套单提单而不声明其承担承运人的责任，则该提单无法作为物权凭证发挥效力，也是无法结汇的单据。若签发套单提单且声明其承担承运人的责任，则可能被卷入船方与货主的纠纷之中。对无船承运人（货代）而言，在航次租船和班轮运输中，是否签发货代提单必须十分谨慎。无船承运人只有在签订期租船或光租船合同的前提下，将其所租用的船舶用于班轮运输或航次经营并且自己充当承运人时，才可以合法地签发提单。因为此时的船东是不签发提单的。这种情况下，只有充当承运人的货代公司签发一套提单。这套提单也是唯一的合法提单。

可见，提单套单业务可能会给相关当事人带来风险，应尽可能使用船方提单；若使用，各方必须对此予以合理衔接，明确规定各自的权利与义务，避免纠纷带来的损失。

十二、相关案例分析

（一）提单是否“清洁”争议

提单是海上货物运输承运人交货的凭证。而一套提单既载明“清洁”，同时又有表明货物外表状况不良的“批注”，这种完全矛盾的记载下，承运人是否应对收货人承担责任？判断提单是否清洁的标准为何？收货人应接受何种教训？国际贸易结算惯例、运输惯例及各国法律对此有明确规范，贸易商及银行须对此有所掌握。

“新疆申浦京钢铁有限公司（下称‘新疆钢铁’－进口商）诉中波轮船股份公司（下称‘中波轮船’－承运人）”一案提供有益的启示。①

某年3月11日，原告新疆钢铁（买方）与卖方DUFERCO SA（杜菲克）订立买卖合同，约定购买5 000吨冷轧钢卷，价格为CFR 3 725 000美元，信用证付款并要求卖方提交全套三份清洁的已装船提单。5月27日，被告中波轮船（承运人）所属的“LIBAI”轮开始装载涉案货物。5月29日货物装载完毕后，装港船舶代理代表船长签发了租船提单，提单上除记载了基本内容之外，同时还打印“CLEAN ON BOARD”（清洁已装船）字样和“ATMOSPHERIC RUST ON OUTER PACKING，FEW BROKEN BANDS，MISSED”（外包装空气锈蚀，少数绑带破损和灭失）的批注。承运人对此解释为，提单是由货方制作后交由船方签发，“清洁已装船”系货方预先打印在提单上，而船方在发现货物的表面状况存在问题后，又在提单上作出上述相关的批注。依船舶航海日志的记录，该轮在涉案航次中，船舶和货物状况正常，未遇恶劣天气，未有船舱进水或漏水现象。

7月9日，船舶抵达常熟港，7月11日，卸货完毕。船方委托的常熟中联理货公司在其7月10日制作的“件杂货物溢短残损单”上注明，该提单项下604卷货物中，598卷表面部分生锈，6卷表面生锈和破损。7月25日，新疆钢铁凭信用证结汇方式取得的该全套正本提单向中国常熟外轮代理换取了提货单（D/O；小提单）。

9月7日，常熟检验检疫局受新疆钢铁委托对冷轧钢卷进行检验并出具了品质检验证书，检验结果为：货物包装情况为“卷装，外包铁皮，内衬防潮纸，钢带捆扎，包装良好，但包装铁皮外表面完全锈蚀”；检验人员对该批货物进行了随机抽样开卷检验，发现大部分货物有明显浸水痕迹；评定结论为该批冷轧钢卷存在较严重锈蚀，严重影响使用及销售。10月10日，检验认证上海公司受新疆钢铁和货物保险人华泰财产保险公司共同委托，对货物遭损情况进行了检验，结论意见为货物锈蚀系装船前雨淋所致。9月12日至10月10日，常熟市价格认证中心受新疆钢铁的委托对货物进行了价格鉴证，鉴证结论为：以9月12日为基准日期，货物的市场价值为人民币16 142 626.25元。

为此，新疆钢铁认为：首先，中波轮船没有履行运输合同下的管货义务造成货物锈损；其次，在货物存在瑕疵的情况下，中波轮船仍签发了清洁提单，其应对新疆钢铁由此遭受的损失承担赔偿责任。综上，货损是由于中波轮船运输不当造成，其应对货损承担赔

---

① 参见朱杰，“清洁提单”缘何不清洁；上海海事法院民事判决书（2006）沪海法商初字第495号，http://shhsfy.gov.cn/hsinfoplat/platformData/infoplat/pub/hsfyintel_32/docs/200708/d_199606.html。

偿责任，故诉至海事法院，请求判令中波轮船赔偿新疆钢铁货物损失人民币 21 557 106. 36 元及其利息损失，并由其承担本案的翻译、鉴定等费用。

中波轮船则辩称：首先，其在海上货物运输过程中并不存在任何过失，货损发生在其责任期间之外；其次，依据国际惯例，其在本案中签发的提单属于不清洁的提单，其签单行为不存在过错，新疆钢铁的损失与其签单行为之间不存在任何因果关系；最后，新疆钢铁在货物卸载后两个月才对货物进行检验，已非承运人交货时的状况。综上，中波轮船请求驳回新疆钢铁的诉讼请求。

法院经审理认为，本案的争议焦点归纳为：一、涉案提单是否“清洁”及与新疆钢铁的损失之间是否存在因果关系；二、货物锈损是否发生在承运人责任期间；三、新疆钢铁损失金额的确定。

1. 关于争议焦点一，涉案提单是否“清洁”以及与新疆钢铁的损失之间是否存在因果关系

承运人应对其所运输的货物的表面状况进行检查，并在其签发的提单上对此予以批注，否则须对第三人承担所交货物与提单记载不符的责任。但这一法定义务仅是针对货物的表面状况而言，对货物本身存在的非显而易见的品质缺陷，承运人无义务进一步检测和批注。而该案货物都是带包装的货物，外部均有铁皮包裹、钢带捆扎，承运人在接收货物时，仅能目测货物的外包装情况而无法检查包装内货物的实际状况。在此情形下，承运人在提单上对货物的外包装批注已尽到如实批注货物表面状况的义务，其不应对在装船前货物本身可能存在的缺陷向新疆钢铁承担责任。然而，因在承运人签发的提单上既有“清洁已装船”的记载，又有包装锈损的批注，这引起货主与船方双方对提单性质的争议。对此，法院认为，新疆钢铁主张承运人存在签单过失，原因在于其与卖方在信用证中已约定只接受“清洁已装船”提单。因此，一旦承运人在提单上对货物及/或包装有缺陷进行了批注，即使提单上有“清洁已装船”字样，银行也不认为此提单符合“清洁已装船”要求。因此，承运人所签发的提单仍是一份不清洁的提单，新疆钢铁可以此作为信用证不符点予以拒付。承运人签发的提单并未使新疆钢铁丧失依信用证拒付货款的权利，新疆钢铁在本案中，实际上接受了此套提单并支付了货款，与承运人所签发的提单之间并无直接的因果关系。

2. 关于争议焦点二，货物锈损是否发生在承运人的责任期间

依中波轮船提交的涉案航次航海日志的记载以及船员的陈述表明，货物在运输期间及途中未遭遇恶劣天气或发生船舱渗漏水现象。而对于货物在卸货过程中发现的货物外包装生锈的情况，承运人在签发提单时对此已作出批注。相反，新疆钢铁自行提交的鉴定报告表明货物锈损是由于货物装船前遭受雨淋所致，而货物在装船前遭受雨淋并不在承运人的责任期间内，因而中波轮船不应承担赔偿责任。

3. 关于争议焦点三，新疆钢铁损失金额的确定

本案中，并无证据表明承运人与货主在交接货物时对货物进行过联合检验，也无证据证明新疆钢铁在卸货时曾向承运人提出货损的书面通知。目前能证明卸货时货物状况的证据，只有一份常熟中联理货公司制作的“件杂货物溢短残损单”，而该理货记录仅是对货物外包装情况的描述，并未对包装内货物受损情况进行实际检验，且理货记录的记载与承运人提单上的批注情况相符。况且，新疆钢铁所委托的检验机构是在卸货后两个月对货物

的损坏情况的检验，该检验结论所反映的是在承运人运输责任期间结束两个月后的货物状况，并未排除货物在卸货后可能发生的扩大损失。此外，常熟价格认证中心的价格鉴证以2005年9月12日冷轧钢卷的市场价格为基准计算得出的货物残值，是国内的市场价，而非中国《海商法》所规定的货物受损后的实际价值。

综上，承运人在签发提单时已对货物的外包装状况进行了批注，该提单为不清洁提单，承运人的签单行为与货物损失之间不存在因果关系；无证据表明货物的锈损系在承运人运输责任期间内发生且由承运人过失造成的；新疆钢铁未能充分证明其损失金额。法院依法驳回新疆钢铁的诉讼请求。

本案引发下列值得探讨的问题。

1. 如何理解提单上的“CLEAN ON BOARD”

清洁提单（Clean B/L）指货物在装船时外表状况良好，承运人未加任何如货损、包装不良或其他妨碍结汇批注的提单。

不清洁提单（Unclean or foul B/L）则指承运人在提单上加注了货物及包装状况不良或存在缺陷，如水湿、油渍、污损、锈蚀、包装不牢等批注的提单。

UCP600及ISBP745规定：不带有明确表明货物状况或其包装存在缺陷的条文（语句）或者批注的运输单据，即为清洁提单。即使信用证要求提单应标注“清洁已装船”或“清洁”，亦不需在提单上出现“清洁”一词。

在国际贸易和结算实务中，信用证通常要求提单必须是“CLEAN ON BOARD”，但依据上述国际惯例，只要提单上无货物不良等批注的提单均属清洁提单，则不会也不应影响银行结汇。因此，若仅因提单上未记载“CLEAN ON BOARD”（也无批注）这三个字而影响结汇，这既不符合国际惯例，也不利于保障正常的国际贸易秩序。另外，实务中，银行对于未明确记载“CLEAN ON BOARD”字样的提单，只要没有承运人对货物及/或包装存在缺陷的批注，均可顺利结汇，船公司也不会在提单上显示“CLEAN ON BOARD”。因此，提单上有无记载“清洁”字样并无意义，不能因无“CLEAN”字样就构成单据不符，关键要视承运人对货物表面状况有无不良批注。依中国《海商法》第76条，提单上无货物表面不良批注则视为货物表面状况良好。

从本案事实看，提单是由货方（或货代）制作后交由承运人签发，“CLEAN ON BOARD”的字样系货方预先打印在提单上的（并非承运人事先印制）。不言而喻，货方是为了能使提单与信用证相符，保证顺利结汇。若本案中的承运人在发现货物表面状况不良后，却未在提单上作出相关的批注，即使提单上没有事先打印的“CLEAN ON BOARD”字样，货方同样可顺利结汇。

2. 批注提单是法律赋予承运人的权利，也是其义务

有关的国内法和国际运输惯例都明确地规定了承运人具有提单批注权利。依据中国《海商法》第75条，承运人可对其所承运货物的表面状况进行检查，并在其签发的提单上对货物不良的表面状况予以批注。依《海牙规则》第3条，承运人在收受货物后，可在提单上就货物包装或外表状况不良的情况加以批注。同样，批注提单也是承运人的法定义务。

依据中国《海商法》第77条，若承运人签发的提单上无任何货物表面状况不良的批注（注：清洁提单），则须对第三人承担所交货物（注：货物表面状况不良）与提单上记

载不符的法律责任。

《海牙规则》第 3 条要求承运人在签发提单时应载明：① 识别货物的标志；② 货物件数或“数量或重量”；③ 货物的表面状况。但若承运人有理由怀疑上述①项和②项的内容（即“标志、件数、数量或重量”）不确切或无适当方法核对时，则可不必在提单上注明。但并未提及上述③项内容，说明《海牙规则》并不免除承运人必须注明货物表面状况的义务。为此，提单一般均载明：上列外表状况良好的货物（另有说明者除外），已装在上列船上……。当然，并非所有有关货物的批注都构成不清洁提单。例如，承运人对于提单上记载的货物数量、质量、价值或特性并不负责，即使托运人在提单上声明了内容、价值、重量、尺寸、标记、质量、数量等，承运人也未核对（例如，提单通常记载：重量、尺码、标志、号数、品质、内容和价值是托运人提供的，承运人在装船时并未核对），这些记载并不构成提单“不清洁”；承运人对因包装性质（如装入纸袋、塑料袋内的货物）而引起损失或损坏予以保留的条款，即免责权利，也不视为声明货物有缺陷，不构成“不清洁提单”。

UCP600 第 26 条规定：载有如“托运人装箱并计数”（Shipper's Load and Count）及“托运人宣称装载”（Said by Shipper to Contain：STC）条文的运输单据可以接受。运输单据可用戳记或其他方式记载运费之外的附加费。

在集装箱整箱货（FCL，CY）运输中，货物的装箱、积载、计数、加封等均是由托运人完成的。承运人接收的是加封后的整箱，其对箱内的货物不了解，因而批注 STC 条款，以免除其责任。该批注通常有效。因此，提单上显示的 STC、CY、FCL、LCL 或 CFS 等批注不应视为不符点，也不构成“不清洁提单”。提单上记载的关于运费之外的有关费用，如 FIOST、FIO、FI、FO、LI、LO 等批注，同样不视为不符点，也不构成“不清洁提单”。

可见，承运人批注提单这一权利和义务仅仅是针对货物的表面状况而言，对货物本身存在的非显而易见的品质缺陷，承运人无进一步检测的权利和批注的义务，这属贸易双方应在买卖合同中防范的风险。

本案中，承运人承运的冷轧钢卷均为带包装的货物，外部均有铁皮包裹、钢带捆扎；承运人在装货港接收货物时，仅能目测到货物的外包装情况而无法检查到包装内货物的实际状况。检验机构将货物的外包装打开之后，才能对货物锈损情况进行检验。所以，本案承运人在提单上批注“外包装空气锈蚀，少数绑带破损和灭失”（ATMOSPHERIC RUST ON OUTER PACKING，FEW BROKEN BANDS，MISSED）应视为其已履行和尽到如实批注货物表面状况的权利和义务。

3. “清洁”与“批注”并存的提单的具体认定

本案最有争议的，是涉案提单同时打印有“清洁已装船”（CLEAN ON BOARD）的字样和“外包装空气锈蚀，少数绑带破损和灭失”（ATMOSPHERIC RUST ON OUTER PACKING，FEW BROKEN BANDS，MISSED）的批注。涉案提单究竟是清洁提单还是经批注的不清洁的提单，成为确定本案承运人责任的基础，也是双方最大的分歧。一套提单同时存在两种完全矛盾的记载，成为本案“焦点”，但从上述对提单上显示的“CLEAN ON BOARD”的分析看，有无“清洁”字样的记载并非决定提单是否属真正清洁提单的关键，反而承运人有无“批注”才是其对第三人（包括收货人的提单持有人）承担所交货物与提单记载不符的责任的关键所在。

其实本案提单记载的“清洁已装船”的字样和“外包装空气锈蚀，少数绑带破损和灭失”的批注，无论其表现形式如何，均不影响对提单性质的认定（提单不清洁）。

依对清洁提单的正确理解、贸易的习惯做法以及国际贸易惯例的规定，即使提单上记载了“不清洁提单”（Unclean or foul B/L）的字样，但承运人未对具体货物外表状况作出批注，也视为承运人在接收货物时，对货物表面状况无任何异议。换言之，该提单为清洁提单，银行可接受。依 UCP600 第 16 条，银行拒付时必须列出全部的不符点且不符点明确具体。若有“invoice not as per LC”“conflicting data between documents”“Unclean or foul B/L”等空洞、模糊词语，将不视为可拒付的理由。反之，即使提单上存在打印、手写或印制等形式的“清洁”（CLEAN）字样，也并不能说明该提单就是清洁提单，即该字样不影响承运人对于货物表面状况作出批注的法定权利和义务。

总之，对货物外表状况是否作出不良批注，才是决定提单是否清洁的根本所在。

【附：UCP600 第 27 条：银行仅接受清洁的运输单据。清洁运输单据是一种不带有明确表明货物状况或其包装存在缺陷的条文（语句）或批注的运输单据。“清洁”一词不需出现在运输单据上，即使信用证要求运输单据必须是“清洁已装船的”。

ISBP745 E20：提单不应载有明确声明货物或包装状况有缺陷的条款。如：a. 提单上的条款，如“包装不能满足海运航程”或类似含义的措辞，是明确表明包装存在缺陷的条款。b. 提单上的条款，如“包装可能无法满足海运航程”或类似含义的措辞，并非是明确表明包装存在缺陷的条款。E21：a. 即使信用证要求提单应标注“清洁已装船”或“清洁”，亦不需在提单上出现“清洁”一词。b. 提单上的“清洁”一词被删去并非明确声明货物或包装存在缺陷状况。】

（二）一批货物签发两套提单纠纷

国际贸易卖方将货物交给船务公司托运，该船务公司以自己名义签发了以 FOB 买方为托运人、收货人为凭银行指示以及抬头（承运人）为他人的提单（注：第一套提单），并将该提单交给卖方；船务公司又向实际承运人办理托运，实际承运人签发了主要内容相同的提单（注：第二套提单）。卖方持第一套提单结汇，但被开证行和买方拒付。而货物运抵卸货港之后，被他人（非买方）持第二套提单提走。

在此情况下，谁是对该批货物承担运输责任的承运人？卖方向船务公司索赔，但船务公司主张：卖方不是提单记载的托运人、自己未向其收运费，与其不存在运输合同关系；也未向实际承运人交付运费，其为提单抬头承运人的代理；该指示提单未经背书转让，卖方不是该提单合法持有人等。船务公司以上述理由拒赔。该主张是否成立？FOB 条件下的卖方是否拥有托运人地位？卖方应接受何种教训？“厦门经济特区建设发展公司（下称‘建发公司’－贸易卖方）诉香港美通船务有限公司（下称‘美通船务’－无船承运人）”一案给予有益的启示。①

某年 7 月 19 日，原告大陆建发公司（卖方）与台湾六欣公司（买方）签订了三份销售童装合同，贸易条件 FOB 厦门，货款共计 60 723.82 美元。7 月 26 日，六欣公司申请

① 参见“厦门建发公司诉香港美通公司重复签发提单侵犯其提单项下货物所有权赔偿案”，http://www.110.com/ziliao/article-38518.html。

开立信用证，开证行为（香港）上海商业银行，受益人为建发公司，装船期为9月10日，并指明提单上"托运人"栏应填写六欣公司。

建发公司接受了该信用证。9月6日，建发公司将380打计128箱童装交付给被告美通船务驻厦门的代表处，价值为20 473.47美元，建发公司填写了托运单，"托运人"栏内填写了六欣公司。美通船务接受托运后，将该批货物向马士基公司厦门代表处办理托运，该代表处于9月7日签发了MTML-018（A）、（B）提单交给美通船务。9月10日，美通船务使用台湾海德公司的提单，以自己的名义签发了MTML-018提单交给建发公司。两套提单载明的内容相同：托运人为六欣公司，收货人为凭华南商业银行指示，装货港厦门，卸货港科威特，船名"华顺"轮，128箱童装装于1个20尺货柜内，箱号及铅封号为2241555/0450221。9月8日，"华顺"轮在厦门装货完毕。建发公司持美通船务签发的三份MTML-018号正本提单等有关单证向银行结汇时，因提单上未注明实际承运人，开证行拒付。为此，建发公司要求六欣公司接受提单上的该不符点，向银行付款赎单，但被六欣公司拒绝。12月16日，建发公司收到银行退回的全套单证。12月23日，建发公司书面要求美通船务退货，美通船务口头答复，是否办理退货要等六欣公司通知。而该批货物运抵卸货港科威特后，已被他人持马士基公司签发的MTML-018（A）、（B）提单提走。

次年4月12日，原告建发公司向厦门海事法院起诉，称：美通船务接受货物向我公司签发了提单。因提单上的不符点，银行拒付。经与六欣公司协商未果并收到银行退回的全套单证后，我公司要求美通船务办理退货，但遭拒绝。因该批货物已被提走，故请求法院判令美通船务赔偿我公司的货物损失共计20 473.47美元及其利息损失。

美通船务答辩称：建发公司不是提单上的当事人，与我公司不存在任何法律关系，该公司无诉权。我公司是根据海德公司的委托，代海德公司签发了提单，我公司并非承运人，不应负承运人责任。建发公司未经背书转让而取得该指示提单，属提单的非法持有者，已经失去对该批货物的控制权。建发公司未收到货款系因买卖关系造成，因此，我公司对建发公司的损失没有责任。请求驳回建发公司的诉讼请求。

一审法院受理案件后，建发公司提出财产保全申请。法院经审查，认为该申请符合法律规定，即裁定扣押了美通船务厦门代表处的日产旅行车一部。

一审法院经审理认为：建发公司作为FOB国际货物买卖合同的卖方，将货物交付美通船务承运，美通船务以自己名义向建发公司签发了提单，应为该批货物的无船承运人。美通船务将该批货物向实际承运人马士基公司办理运输，取得该公司签发的提单后，在未收回自己签发的提单的情况下，将实际承运人签发的提单交给第三人，造成建发公司虽仍合法持有美通船务签发的提单，但提单项下的货物却被他人提走的后果。美通船务的行为违反了国际航运凭正本提单放货的惯例，损害了建发公司的合法权益，美通船务对此应承担赔偿责任。美通船务提出其是海德公司的代理人，与建发公司不存在合同关系，不应成为本案被告的答辩理由，与事实、与法律不符，不予采纳。依照中国《民法通则》第106条第2款、中国《海商法》第71条的规定，判决美通船务于本判决生效后10日内赔偿建发公司的货物损失20 473.47美元及其利息损失。

美通船务不服一审判决，向二审法院提起上诉，称：六欣公司选择海德公司为承运人，海德公司指示我公司为其签发提单，我公司因此签发了海德MTML-018提单，发货人为六欣公司。据此，运输关系的双方当事人是海德公司和六欣公司。我公司未向托运人即建发公司收取运费，也未向马士基公司缴付运费，无船承运人应是海德公司而不是我公司，我公司与六欣公司和建发公司之间均不存在运输合同关系。海德提单属于“指示提单”，华南商业银行并未将该提单做任何背书转让，因此，建发公司不是海德提单的合法持有者，对该提单项下的货物不享有所有权。按照国际惯例，建发公司完全可以及时补救，但其未采取补救措施。据此，一审判决违背了“以事实为根据，以法律为准绳”的原则，请求予以撤销。

建发公司答辩称：中国《海商法》第42条关于托运人的规定，也包括只将货物交给承运人的发货人。美通船务应我公司的要求签发提单并将提单交付给我公司，证明美通船务已承认我公司的托运人地位。我公司作为提单的合法持有人，对该提单项下的货物享有完全的所有权，美通船务无权对该批货物擅自处理。美通船务在签发提单时，没有注明系海德公司代理的特别说明，事后亦未得到海德公司的明确追认。因此，美通船务不是代理人而是本案的承运人。请求维持原判。

二审法院认为：建发公司将本案货物交付美通船务托运并取得美通公司签发的提单，建发公司系本案提单的持有人，有权主张提单项下的货物权利。美通船务明知自己签发和自己办理（马士基签发）的两份相同提单同时存在及其可能产生的后果，却未采取必要措施，造成自己签发给建发公司的提单不能提到货物（包括退回货物）的结果，美通船务对此应承担责任。原审判决事实清楚，适用法律正确，应予维持。但案由应定为“提单侵权”为宜（原审案由为“无正本提单放货纠纷”）。美通船务上诉理由不能成立，应予驳回。依中国《民事诉讼法》第153条第1款第1项的规定，判决驳回上诉，维持原判。

本案的焦点是，建发公司是否有主张本案提单项下货物所有权的权利，以及美通船务提出的其不是承运人而是代理，不应承担提单项下货物被提走的责任能否成立。

首先，建发公司将自己的货物交给美通船务，办理了托运手续，美通船务以自己的名义签发了提单并将提单交给了建发公司。虽然建发公司应六欣公司要求，将托运单托运人栏填写为六欣公司，但在六欣公司没有付款的情况下，建发公司没有将提单交给六欣公司，建发公司仍是提单的合法持有人（注：原始取得提单）。根据国际运输惯例，提单为物权凭证，建发公司凭该提单要求退回货物是允许的。美通船务认为，其签发给建发公司的提单是“指示提单”，指示人未将该提单做背书转让，建发公司对该提单项下货物不享有所有权。对此，必须从物权的转移予以分析。

本案的买方六欣公司只有在付款赎单之后，才能成为提单指示的提货人并凭该正本提单提货，获得提单项下货物的权利。但六欣公司并没有付款赎单，正本提单仍在建发公司手中，货物所有权尚未转移，提单指示的提货人无法得到正本提单，也就根本不可能发生货物所有权转移的问题。因此，作为真正货主及提单合法持有人的建发公司有主张本案提单项下货物的权利。

其次，美通船务是代理，还是无船承运人？美通船务是否对货物被提走承担责任？美通船务是具有运输能力的船务公司，在以自己的名义签发提单时，未特别声明自己是代理，因此，从法律上看，其不具有代理人的特征。

美通船务依据建发的托运申请，向马士基办理托运，马士基签发了提单。尔后，美通船务又以自己的名义签发了与马士基提单内容相同的提单交给建发公司。在两份提单同时存在的情况下，美通船务将马士基提单交给提货人（第三人），对由此将产生的后果及对自己所签发的提单应承担的责任，美通船务应该是清楚的。对此种情况的产生，若为美通船务的失误造成，美通船务也应对此承担责任。

本案因有两份提单存在，货物是被持有马士基提单的人提走的，因此，一审案由定为“无正本提单放货”不妥，二审将案由改为“提单侵权”才符合事实。

最后，FOB条件下的卖方托运人地位。在国际货物买卖的实务操作中，提单上“托运人”一栏通常填写买卖合同中的卖方。但若买卖合同是以FOB条件成交的，因安排运输是买方的责任，“托运人”栏填写买方也符合运输合同。本案买卖合同为FOB条件，提单填写买方六欣公司为托运人。在这种情况下，买方就是海上货物运输合同的托运人，即与承运人签订海上货物运输合同的人。但在实际操作中，买方因并不实际控制货物，需要卖方在装运港将货物交付承运人，因而在FOB条件下就产生了矛盾：提单上载明的“托运人”并未办理托运，而办理托运的人又不是提单上载明的“托运人”。在此情况下，实际交货的卖方能否成为海上运输合同的“托运人”？

中国《海商法》第42条第3项规定：“托运人是指（1）本人或者委托他人以本人名义或者委托他人为本人与承运人订立海上货物运输合同的人；（2）本人或者委托他人以本人名义或者委托他人为本人将货物交给与海上货运合同有关的承运人的人。”

从上述规定看，实际交货的卖方可成为海上运输合同的“托运人”。

本案发生的正是这种情况，作为卖方的原告建发公司是实际交货的人，应被视为“托运人”。中国《海商法》关于“托运人”的规定，正是考虑到实际操作的具体情况，为了保护卖方的实际利益而作出上述的规定（国际运输惯例也是如此）。

由此可看出，在跟单信用证贸易情况下，买方虽可以是指示提单上的“托运人”，但其若不向银行付款赎单，则不能被银行指示为收货人，也就不能取得货物的所有权；卖方在未得到银行付款时，其持有“托运人”记载为买方的提单，就是一种合法持有并享有提单下货物的所有权。这正是国际运输惯例或者法律对卖方将货物实际交付承运人之后，保障卖方收取货款的权利能有效实现的机制（若提单为记名提单则不同）。

托运人确定后，作为被告的美通船务的身份也就容易确定了。通常，海上运输合同的承运人为船舶所有人或者船舶的承租人。但无船承运人也可以承运人的身份出现。

本案，美通船务并没有实际承运货物，但其以自己的名义签发了提单并交付给建发公司，其作为海上运输合同承运人的身份则应是确定无疑的。所以，两审法院认定美通船务属无船承运人，即认定其是承运人，并无不当。

美通船务的承运人身份确定之后，其与托运人、提单持有人及收货人的提单权利义务关系也就确定了。提单为物权凭证，谁合法持有提单，谁就可主张提单项下货物的所有权。所以，建发公司合法持有提单而向美通船务主张权利，是有依据的。

事实上，本案的根本原因在于美通船务取得马士基提单后，又以自己的名义另行签发一套提单（套单）并将两套提单分别交给不同的当事人，等于对同一批货物重复设定了权利，这就违背了物权归属单一性的要求。美通船务应对自己的这种过错承担责任。对美通船务的这种行为，应定为提单侵权行为。

（三）倒签提单争议

承运人倒签提单行为属于何种性质？承运人为此应承担何种责任？提单持有人（收货人）可获得哪些赔偿？收货人可否适用信用证欺诈例外原则，要求止付信用证款项？卖方出具保函换取承运人签发倒签提单，该保函对第三方（收货人）及其双方之间的效力如何？上述问题国内外立法、司法、学界及业界存在不同的观点和做法。相关案例的探讨具有很强的理论和现实意义。

案情-1 简介①

申请人：中国光大对外贸易湖北公司（下称“光大贸易”－买方）

被申请人：德国麦伊尔公司（下称“麦伊尔”－卖方）

某年1月5日和3月24日，中国光大贸易（买方）与德国麦伊尔（卖方）先后签订两份钢材买卖合同，约定德国卖方应在收到信用证后的40天内装船，在中国汕头港交货。为履行此两份合同，中国买方于2月26日和3月31日通过武汉交通银行先后开出信用证4份，总金额为571万美元。4月29日，买卖双方将货物装船期修改为5月25日。

5月27日，中国买方收到卖方发来的装船通知，告知货物已按修改的装船期装船。

5月28日，中国买方与汕头中建公司签订了购销合同，将该批进口钢材转售给汕头中建公司。合同约定于7月10日前在汕头港交货。汕头中建公司依合同约定，于6月23日和7月2日，向光大贸易支付定金人民币1 360万元、货款人民币80万元，共计人民币1 440万元。

6月20日、7月5日，武汉交通银行先后收到上述4份信用证项下全套提单并表示予以承兑，约定付款时间为10月14日。但至7月10日，麦伊尔也未将货物运抵汕头港；直至19日，货船才抵达汕头港。因光大贸易未在约定时间向汕头中建公司交货，7月12日，中建公司向光大贸易提出，鉴于其交货延迟、市场行情下跌，逾期收货损失巨大，因此拒绝收货并向光大贸易提出索赔，要求光大贸易双倍返还定金和支付违约金。据此，载货船舶于7月22日改泊深圳蛇口港区。

涉案提单上载明的签发日期为5月25日，载货船舶由圣彼得堡驶往中国汕头港。但经调查，有确凿的证据证实该货轮在5月25日实际并未到达圣彼得堡，麦伊尔提供的4套提单中有2套系伪造，另2套提单系麦伊尔向船公司提供保函后由船公司倒签，实际装船期应为6月11日。

光大贸易于8月2日向法院提出诉前扣船申请并提供了担保。法院经审查作出裁定：准许扣船财产保全申请，自即日起扣押载货船舶；责令船方在收到裁定之日起30日内，提供360万美元担保；责令船长提供本船次的航海日志、载货清单及大副收据和理货报告等证据。

光大贸易认为，德国麦伊尔在无法保证按期装运的情况下，弄虚作假，伪造单证，倒签提单达17天之久，恶意欺诈，严重延误到港日期，构成根本违约，导致用户拒收货物，使光大贸易蒙受重大经济损失，光大贸易对到货只能依法拒收并索赔。故依据与德国麦伊尔的买卖合同仲裁条款，于9月向中国国际经济贸易仲裁委员会申请仲裁，请求德国麦伊

① 参见“光大对外贸易湖北公司因卖方伪造、倒签提单在仲裁中申请对银行业已承兑尚未付款的信用证予以财产保全案”，http://www.gzhsfy.org/showanli.php? id=335。

尔赔偿损失等费共计人民币 1 700 多万元。

案件受理后，光大贸易申请对其在武汉交通银行已承兑的 4 份信用证项下的款项予以冻结。中国国际经济贸易仲裁委员会于 9 月 21 日向法院提请作出财产保全裁定。

法院审理后，依中国《民事诉讼法》的规定，于 9 月 23 日裁定：准许光大贸易的财产保全请求；自即日起对武汉交通银行业已承兑尚未支付的信用证下的款项予以冻结（类似禁令）。

案情-2 简介①

原告：中谷粮油集团公司（下称“中谷粮油” - 买方）

被告：光芒国际航运有限公司（下称“承运人”）

某年 1 月 8 日，中国中谷粮油（买方）与国外卖方签订了一份进口泰国大米的买卖合同，装运期为 4 月 1 日至 4 月 30 日，信用证付款。信用证显示，最迟装船日 4 月 30 日，卸货港为上海，见票即付。经查，该批货物实际装船完毕时间为 5 月 3 日 7 时，提单的签发时间是 4 月 30 日，船方明显地倒签提单，致使收货人中谷粮油无法以单据存在不符点为由拒付货款，剥夺了中谷粮油本应享有买卖合同项下拒收货物和拒付信用证货款的权利。为此，中谷粮油要求承运人赔偿由于大米市价跌落引起的损失折合人民币 270 万元，其他损失包括关税、目的港的卸货费等损失约人民币 340 万元。

法院在审理中，中谷粮油与承运人达成和解协议，撤回起诉。

案情-3 简介②

原告：晨洲船业集团有限公司（下称“晨洲船业” - 一船东；光船出租人）

被告：新加坡德雷摩化肥海外有限公司（下称“德雷摩化肥” - 贸易卖方；租船人）

2012 年 4 月，晨洲船业（一船东；光船出租人）将其拥有的“成路 58”轮光船租赁给中成海运（光租承租人；二船东；承运人）。7 月，该轮船在中国鲅鱼圈港受载货物，目的港为泰国高世昌港，托运人为中石油国际公司（国内卖方），收货人为泰国马哈旺公司（买方），货物为 12 250 吨散装尿素。营口海博国际船舶代理公司代表该轮船长签发提单，签发日期为 7 月 10 日。涉案货物实际上于 2012 年 7 月 15 日装载完毕。但因信用证的最迟装运期为 2012 年 7 月 10 日，于是，德雷摩化肥公司（卖方）作为“成路 58”轮的租船人向该轮的船东、光船承租人及船舶代理公司出具一份保函，请求将大副收据和提单倒签至 7 月 10 日，以使提单的装运日期与信用证相符。

8 月 6 日，泰国法院依据收货人马哈旺公司申请，以运输事故导致货物损失为由在泰国扣押该轮，晨洲船业因此遭受多项费用损失。

晨洲船业诉称，“成路 58”轮遭扣押系因其遵从德雷摩化肥（卖方）的保函倒签提单所致，且卖方已明确承诺赔偿因倒签提单而发生的一切损失，故请判令德雷摩化肥赔偿其经济损失人民币 148 353 82 元及利息。

法院认为，晨洲船业的证据尚不能证明其在涉案海上货物运输合同中是承运人或实际承运人，更不能证明其与卖方建立了海上货物运输合同关系。晨洲船业以船舶所有人

---

① 参见朱杰，“承运人倒签提单的若干法律问题”，上海海事法院民事裁定书（2004）沪海法商初字第 250 号，http://shhsfy.gov.cn/hsinfoplat/platformData/infoplat/pub/hsfyintel_32/docs/200708/d_199582.html。

② 参见张亮，“倒签提单保函法律效力的认定”，http://shhsfy.gov.cn/hsfyytwx/hsfyytwx/spdy1358/jpal1435/2017/05/25/2c9380995c0bf3a8015c402cdba23ad3.html。

（注：光租的船东），即海上货物运输合同中实际承运人的身份主张卖方承担涉案船舶被扣押期间的损失缺乏事实和法律的依据。最终，法院判决对晨洲船业的诉讼请求不予支持。

上述案例涉及承运人倒签提单性质的认定、承运人倒签提单后收货人损失范围的确定、倒签提单与信用证欺诈例外原则的适用以及卖方出具倒签提单保函效力等问题。但各国对此存在不同的观点和做法，这给相关各方带来不确定性。为此，学界有必要予以探讨并提供有益指导，贸易商应有所认识与防范。

1. 承运人倒签提单性质的认定

目前，无论是理论上还是司法实践中，对承运人倒签提单且由此产生的一系列后果普遍认为，承运人应承担赔偿责任；但对承运人应承担赔偿责任的理由，在认识上分歧较大，存在侵权、违约和侵害债权等观点。

主张侵权的观点认为，承运人倒签提单，该行为侵犯了收货人原本拒付货款和拒收货物的权利。主张违约的观点认为，承运人倒签提单，违反了承运人如实签发提单的义务，该行为导致收货人接受提单而向卖方支付货款，最终可能导致收货人承担了货价等损失。（提单：承运人与收货人的运输合同）

但这两种观点都未能解决承运人的倒签提单和收货人损失之间是否存在必然的因果关系的疑问。因货价损失是由市场的原因导致的，承运人即使不倒签提单，收货人的损失同样可能发生；关税、增值税和卸货等费用，本来就是收货人应支付的，与倒签提单行为更没有必然的因果关系。目前，中国法院通常认为，承运人倒签提单行为更接近于第三人侵害债权。

第三人侵害债权指，因第三人故意实施的行为侵害了合法存在的债权债务关系下的债权人的债权。该观点突破了传统民法债权不能成为侵权行为的客体的传统观念和合同的相对性原则。（注：侵权即侵害权益——财产权与人身权；债权属于相对权）

承运人倒签提单是承运人作为第三人故意倒签提单使得债务人（卖方）能满足合同或信用证的条件，从而侵犯了债权人（买方）依合同或信用证的规定本可拒绝付款的权利，其损害的是一种抗辩权。同时，承运人倒签提单的行为客观上帮助了卖方掩盖未按合同或信用证规定的日期交货的义务，使得买方无法以此为由主张卖方根本违约，宣告合同无效。因此，还侵害了买方的基于贸易合同享有的撤销权。

2. 承运人倒签提单致收货人损失的范围

国内外对倒签提单损害赔偿范围的认定大都仅支持其货物价值的差价损失。但倒签提单下，收货人因此遭受的损失不仅包括货物的差价损失，还可能包括卸货费和堆存费、关税、增值税、信用证等费用，如开证费、买方与国内贸易下家的违约金或预期利益、诉讼、财产保全等费用。这些费用承运人或卖方是否也必须予以赔偿，对此，学界、业界及司法实践存在分歧。

中国法院认为，由于承运人倒签提单，其侵害了贸易买方基于信用证或合同拒付货款的权利和基于贸易合同解除合同的权利，使得买方不得不支付货款，收受和处理货物，以减少损失的扩大。若承运人没有倒签提单，买方则无须支付货款和接受货物。因此，承运人的赔偿范围应能保证买方恢复原状，即恢复到买方不支付货款和不接受货物的状态。所以，只要是买方为了恢复原状支出的费用，承运人都应承担，除非该损失是买方不付货款和不接受货物仍然应发生的费用。

（1）货物差价损失

所谓货物差价损失是指，货物的进口价与当时国内同等货物的市场价的差额。在案情-2 中，大米进口价是每吨 240 美元，到港后国内同等大米的市场价是每吨 220 美元，即每吨大米损失 20 美元。货物差价损失是最可理解的损失，称为净损失，法院一般予以支持。

但有两点值得注意：一是以哪个时间的国内市场价格为基准。通常货物到港后，价格可能还在波动。应依案件实情，确定一个合理的时间点。该日期的确定，应在货物到港之后，既保证买方有一定时间可在市场交易，又要保护承运人的利益。二是以实际交易的价格为基准。若在诉讼过程中，货物在合理时间内已成交（国内），应以该成交价为准。因该价格可真实反映买方的实际损失。

（2）货物的增值税、关税

货物到港后，收货人（贸易合同的买方）若不提货，损失只能扩大，因此，收货人报关提货是履行减损的法定义务。收货人要提货就必须依国家的有关规定交纳增值税和关税，这是收货人变卖货物必须支出的成本。因此，一些法院判决认为，货物的增值税、关税损失也属于收货人的实际损失，应由承运人予以赔偿。但也有判决认为，即使提单不倒签，增值税、关税等也应由收货人支付，故其与倒签提单没有因果关系，不应由承运人承担。

（3）货物的卸货费和堆存费等

卸货费和堆存费与关税、增值税一样均因收货而产生，因承运人倒签提单，收货人已向卖方支付了货款，成为合法的收货人。如上所述，若收货人不提货，损失将会扩大。而若提货，由此产生的卸货费、堆存费不可避免，此因承运人的倒签提单引起，一些法院认为应由承运人承担。此外，因进口货物而支出的检验、检疫费等，只要证明数额合理，一些法院坚持也应由承运人承担赔偿责任。

同样，另一些法院则认为，国际贸易合同的目的是进口货物，即使提单不倒签，该费用也应由收货人支付，其支出与倒签提单也无因果关系，不应由承运人承担。

（4）信用证开证费

信用证的开证费发生在承运人倒签提单之前，是买方为履行贸易合同必须支付的。换言之，承运人不倒签提单，收货人不支付货款，此笔费用也已发生，因此，该损失与承运人倒签提单无关，法院多认为不应由承运人赔偿。

（5）违约金及预期利润损失

收货人或买方能否要求承运人承担倒签提单下的违约金和期得利益损失，也存在不同观点。

肯定观点认为，倒签提单掩盖了外贸合同履行的真实情况，买方不能尽快解除合同（承运人侵犯的是买方解除贸易合同、拒付信用证货款的权利），另行组织货源履行内贸合同。故内贸合同的期得利益损失及由此而支付的违约金损失与倒签提单存在因果关系，应由承运人承担。

否定观点则认为，买方以倒签提单起诉承运人的前提条件是，买方本可行使上述权利，若行使上述权利（解约、拒付），买方就不可能收取进口货物，也就不可能向国内买家交货，进而不会产生这种损失。因此，买方对国内买家的违约金赔偿及预期利润损失与倒签提单没有因果关系。除非国内销售合同对进口货物的装船时间有明确的约定。

3. 倒签提单保函的法律性质和效力

托运人（卖方）为换取承运人倒签提单而出具的保函应如何定性？中国《合同法》第 52 条规定，当事人恶意串通，损害国家、集体或第三人利益的合同无效，无效合同自始没有法律约束力。为换取承运人倒签提单而出具的保函因出具人和接受人均为非善意行为，故依法可认定保函对第三人（买方）无效，即保函双方不得以此拒绝赔偿收货人。

4. 倒签提单保函被认定无效后的责任承担

案情-3 中，一船东（光船出租人）称，其作为船东未实际参与倒签提单的行为且在不得已的情况下接受保函，故可依保函条款追究保函出具人（卖方）的责任。

中国《合同法》第 58、59 条规定，合同无效后，因该合同取得的财产，应予以返还；不能返还或者没有必要返还的，应折价补偿。有过错的一方应赔偿对方因此所受到的损失；双方都有过错的，应各自承担相应的责任。当事人恶意串通，损害国家、集体或第三人利益的，因此取得的财产收归国家所有或返还集体、第三人。案情-3 中，晨洲船业作为一船东（光船出租人）是倒签提单保函的接受人，卖方德雷摩化肥是倒签提单保函出具人，双方共同实施了对收货人倒签提单的违法行为，符合合同法中恶意串通、损害第三人利益的情形。在此情况下，双方相对第三人而言都有过错，但假设承运人（非案情-3 中的一船东——晨洲船业）确因倒签提单而被扣船，产生损失或赔偿了第三方（收货人），仍可向卖方即保函出具人主张损害赔偿（保函在其双方之间有效）。

其理由是：（1）承运人倒签提单的违法行为是应卖方要求而实施的；（2）承运人因实施倒签提单行为确实遭受了实际损失；（3）卖方因倒签提单的违法行为取得了原本无法取得的贸易利益；（4）承运人向收货人作出的赔偿，客观上替代了卖方在贸易上应作出的赔偿。据此，应依案件的实际情况判令倒签提单保函出具人（卖方）向保函接受人（承运人）承担赔偿责任，责任比例可视情节而定。

但案情-3 中，由于晨洲船业作为一船东（光船出租人）不能证明其在涉案海上货物运输合同中是承运人或实际承运人，更不能证明其与卖方建立了海上货物运输合同关系，即不被视为承运人，因而其追偿请求未获法院支持。【案情-3 中，中成海运是光租承租人，二船东，承运人，其与卖方德雷摩化肥签订了程租船合同，双方存在运输合同关系。】

倒签提单问题仍有待学者、立法、司法及业界在未来进行进一步探讨和研究。对贸易商而言，必须高度重视倒签提单及其保函的危害性，树立信用至上的理念，一旦无法履约，应协商解决，不可轻易地使用倒签提单或出具保函换取提单。对须转卖进口货物的进口商而言，应合理计算进口货物的到港时间，以免被动。

（四）租船提单承运人的识别

租船提单与班轮提单不同，后者承运人就是班轮公司，简单明确。而前者的正面可能既有船公司名称的标志及签发人的签字，背面可能又有表明谁是“承运人”的条款，依据三者识别的承运人可能是完全不同的。此种情况下，谁是对货主负责的承运人？即运输合同的一方是提单持有人，而另一方是谁？识别或确定谁是租船合同下的提单的承运人，对包括收货人、银行、保险人、提单受让人等在内的提单持有人而言非常重要。

如何识别租船合同下的提单承运人，这涉及许多复杂的法律和专业问题，且各国立法及司法、业界和学界对此观点与操作不一，更增加了这一问题的难度。本案例的探讨有助于相关各方对此深入了解。

案情简介①

原告：中保财产保险有限公司福建省分公司（下称“福建保险”）

被告：俄罗斯远东海洋轮船公司（下称“远东轮船”）

某年2月4日，环球之星航运有限公司（承租人）作为船长的代理人在韩国釜山签发NO. AK/FUZ-03024清洁指示提单，但提单无抬头（未标明承运人）。依该提单的记载，托运人为Nippon Suisan Kaisha，Ltd.，提单项下为13 010包鱼粉，每包40公斤，计520.4吨，于1月13日装上承运船舶ARKADIY YAMANIN轮（属于远东轮船公司所有），装货港为HIGH SEA，卸货港为中国马尾。提单正面注明提单与租船合同一起使用，提单背面首要条款约定：“若有关海运国家赋予《海牙规则》以法律效力，则提单适用《海牙规则》。当《海牙规则》在有关海运国家不具法律效力时，本提单适用运输目的地国的相应法律。若目的港国家对海运无强制性的法律规范，仍适用《海牙规则》。对于强制适用《海牙-维斯比规则》的国家或地区，与其进行贸易时，视为该规则并入提单。但承运人对有关装货前及卸货后、货物在其他承运人掌管期间、装运甲板货或活动物的规定可作出保留。”托运人在该提单背面进行了空白背书。

2月9日，该轮抵达马尾港并开始卸货，因发现2号舱的货物遭受水湿，应收货人粮油公司的申请，福建检验局派员登轮对货物进行检验。3月6日作出检验报告，合计损失重量47.07吨；货物水湿系卸货前业已存在。

此前，福建保险承保了该货物，被保险人为粮油公司，保险金额为354 934美元，承保险别为“一切险”。货损发生之后，被保险人粮油公司向福建保险提出索赔，福建保险赔付32 007.06美元；之后粮油公司出具了“赔款收据及权益转让书”。此后，福建保险向远东轮船代位追偿，但遭其拒绝，理由是其非提单承运人；根据提单背面条款的约定应适用《海牙-维斯比规则》。为此，福建保险诉请法院判令远东轮船赔偿保险金和检验费用。

法院经审理认为，被告远东轮船关于本案应依提单背面条款的约定适用《海牙-维斯比规则》的抗辩没有事实根据，不予支持。该规则在中国仅为国际惯例而不具法律规范效力，根据提单背面条款的约定，本案应适用目的港国家的法律，即中国法律解决双方当事人之间的纠纷。托运人以外的提单持有人识别承运人的唯一依据是提单，根据提单的记载，提单由船长的代理人签发，即提单应视为船长签发，在提单未明确记载承运人时，远东轮船作为船舶所有人应被视为承运人；其抗辩提单由租船人签发，但未提供相应证据加以证明，提单虽记载与租船合同一并使用，但无证据表明租船合同与提单一起流转，法院对远东轮船的抗辩不予支持。

远东轮船签发清洁提单，应视为其已按照提单的记载收到表面状况良好的货物，该提单在承运人和收货人之间是关于提单记载货物状况的最终证据，即货物在装船时表面状况

---

① 参见许俊强，“中保财产保险有限公司福建省分公司诉俄罗斯远东海洋轮船公司海上货物运输代位求偿纠纷案——析提单承运人的识别”，http://www.prclawinfo.com/newsopen.asp? id=174。

良好；远东轮船作为承运人应妥善地、谨慎地装载、搬移、积载、运输、保管、照料和卸载所运货物，而在马尾港的商检报告表明，在卸货前已经存在货损，故可认定货物在承运人掌管期间发生货损。作为承运人的远东轮船又未举证证明免责事由的存在，故应承担相应货损赔偿责任。

福建保险作为保险人，在赔付被保险人（收货人）后依法取得代位求偿权，有权向远东轮船就货损提出索赔。

法院依照中国《民事诉讼法》第 237 条、第 64 条第 1 款，中国《海商法》第 46 条第 1 款、第 55 条、第 252 条第 1 款，作出如下判决：

被告俄罗斯远东海洋轮船公司应于本判决生效后 10 日内赔付原告中保财产保险有限公司福建省分公司货物损失 32 007. 06 美元及货物检验费人民币 3 421 元。

案件受理费人民币 6 600 元，由被告负担。

判决后，双方当事人均未上诉。

国际货物运输中，识别谁是提单的承运人并非易事，尤其是托运人以外的提单持有人在识别承运人且提单系在租船合同下签发的更是如此。

1. 租船合同与租船提单的关系

租船合同（租约 Charter Party，C/P）是船东与承租人关于船舶租赁的文件。租船提单（B/L under C/P）是指在租船合同下签发的提单。租船合同通常早于运输合同缔结。

租船合同下的提单，在只有一个租船合同存在的情况下（如在 CIF 贸易合同下，卖方向船方租船；在 FOB 贸易合同下，买方向船方租船），没有承运人和托运人，而只有出租人（船东）和承租人。若承租人出于自己的考虑要求船长签发了提单，这份提单在承租人手中不是法律意义上的提单，不具有法律赋予的功能。出租人只根据租船合同对承租人负责。

但在有一个租船合同、又有一个运输合同（托运人与承运人）的情况下，运输合同下的承运人有义务在托运人要求时签发提单。此时，提单的功能和一般班轮运输中签发的提单功能一样。承租人和出租人之间的关系依租船合同确定，而承运人和提单持有人之间的关系则依提单确定（提单是运输合同）。

在租船提单的条款与租船合同（租约）规定不完全相符的情况下，船东与承租人之间的依据是租约，而船东与收货人之间的依据是租船提单，负双重责任的船东则会考虑将租约并入提单（“并入条款”），以使提单持有人（收货人）也要受租约的约束。例如，将租约的装卸时间、滞期费的计算等规定并入提单。但若出现与运输相关的争议，仍需独立处理。如出现货损货差，收货人则以提单的合同关系向船东索赔，而船东不得以租约不约束收货人为由抗辩。船东在赔付收货人的货损货差之后，若依租约条款规定原不必船东对此货损货差负责，或是因提单加大了其责任（如依租约船东 FIO；依提单船东 LI 或 LO）或因承租人负责的有关工作有失误所致，船东可依租约条款去向承租人追偿，要求其“补偿”（indemnity）。

2. 提单上关于承运人记载的标志

提单上关于承运人记载的标志通常有三个地方：一是提单正面右上角印制的船公司的名称、标志（×× Shipping Co.，Ltd.）；二是提单正面右下角的签字或盖章［通常再加类似 as carrier；agent for（on behalf of）the carrier COSCO；for the captain or master 的标记］；

三是提单背面的“光船租船条款”或“承运人识别条款”等。

3. 识别租船提单承运人的意义

所有涉及提单的争议都必然需要确定当事人，且往往首先需要确定提单签发人——承运人。承运人的识别，简言之，出现相关争议应找谁负责。找准责任主体不仅有法律意义，更涉及各方的经济利益。具体包括：（1）不浪费律师费。（2）诉前保全——若卖方是皮包公司或经济不稳定的公司，应尽快扣船或申请禁令，以求得诉前保全。（3）保险要求——确定正确的索赔对象。买方可及时采取适当措施保护保险人代位求偿权，否则保险人可向买方反索赔。（4）及时采取措施保留证据。若诉讼对象是船舶，买方会考虑检查它是否适航适货，以确定是否起诉船东。（5）时效。如果索赔对象是船东，则提单下一般只有 1 年的时效，加之船舶流动性很强，“择地行诉”需要时间，买方一不小心就会错过时效。因诉错诉讼对象超过时效，而最终丧失向真正承运人索赔的机会。货方也可能对所有关系方都提起诉讼，但这样做不必要地增加了时间和费用，最终被证明没有责任的各方还被允许向原告索赔诉讼费用。

提单上记载的矛盾和隐晦内容以及船方多种做法，加之提单的转让，导致实践中识别承运人的难度加大，使提单持有人处在信息不对称中的劣势地位，也使得承运人得以规避法律责任，不利于提单的流转。贸易商应积极寻求适当的措施，以维护提单的正常机制。

4. 承运人识别条款（承运人身份条款）（Identify of Carrier Clause）

提单背面的“承运人识别条款”，一般直接表明承运人是谁或描述了承运人特征。如“承运人指 P&D 集装箱有限公司”或“承运人指签发或为其签发提单的人”。

（IDENTIFY OF CARRIER：“Orient Overseas Container Line” and “OOCL” shall be deemed the Carrier for transportation of Goods where those Goods are either loaded or discharged in any of Russia，Poland and Turkey. …）

5. 光船租船条款（光租条款）（Demise Clause）

当班轮公司租用他船以公共承运人身份运输时，通常会在提单中加入“光租条款”。该条款规定：提单虽非由拥有船舶的一方（船东）或非由光船租船的一方（光租承租人）签发的，但船东或光租承租人为承运人。

依据该条款规定，运输合同是托运人、发货人或提单持有人与船东或光租承租人订立的。

（1）“光租条款”实例：

“若船舶并非由签发提单者所拥有或者也非由其光船租赁，本提单仅是作为与船东，或在光租船情况下，与光租承租人作为本人（当事人），通过作为代理的题述公司或班轮公司而订立的合同，本公司仅作为代理行事，对该代理行为的有关任何事项概不承担责任。”（注：若船舶是班轮公司自己拥有的或是光租的，该条款不适用。）

（If the ship is not owned by or chartered by demise to the company or line by whom this bill of lading is issued，this bill of lading shall take effect only as a contract with the owner or demise charterer as the case may be as principal made through the agency of the said company or line who acts as agent only and shall be under no personal liability whatsoever in respect thereof.）

（2）“光租条款”产生的原因

英国在 1894 年开始实施《商船法》（Merchant Shipping Act，1894），该法允许船东或

光租承租人对其责任享受责任限制，或以此抗辩过高的索赔金额。（即船方或光租承租人无需按照实际损失赔偿货主，仅赔偿法定范围内、小于实际损失的金额。）但该法未将期租承租人或程租承租人包括在内，即他们不能享受责任限制的权利。由此带来的风险是，若班轮公司期租他人船舶来营运，自己作为承运人，一旦遭遇船货全损而面对货主索赔，则无法限制其责任，即要赔偿全部损失。这可能导致班轮公司遭受灭顶之灾，进而破产倒闭。

该法对班轮公司的不公道之处是：若该受损的船舶不是期租来的，而是自己拥有的或光租来的，则面对同样的索赔反而可享受责任限制。为此，班轮公司在期租或程租船舶运输货物并签发提单时，在提单中加入一个“光租条款”，确保一旦发生海难、面对货主索赔时，自己以代理人身份躲在背后，先让真正的船东或光租承租人应对提单持有人/收货人的索赔。即使最后要赔偿，船东或光租承租人要求班轮公司补偿，班轮公司也可间接享受责任限制。

到了1958年，英国《商船法》已将期租承租人纳入可享受责任限制的范围。按理说，“光租条款”已完成其历史使命，可在班轮提单中删除。但事实上，目前仍保留该条款。因为班轮公司认为该条款对其还有其他好处。例如，依该条款，船东或光租承租人是提单承运人，提单持有人/收货人的索赔只能针对他们。若有诉讼，船东或光租承租人在抗辩方面要比班轮公司更有优势（如举证等）。

（3）英、美、加、中对“光租条款”的立场

对“光租条款”的效力，各国规定不一。英国法院承认其有效。其观点是，《海牙规则》规定船东或承租人均可为承运人，只要他们其中之一愿出面与托运人/发货人订立运输合同。因此，该条款说明谁是承运人无不妥且未违反《海牙规则》。美国和加拿大判例认为，“光船条款”违背了《海牙规则》第3条第8款的“不得减轻承运人责任”的规定。美国法院一向倾向保护货方利益，对该条款这种使货方无法充分理解而导致上当的条款抱有敌意。美国的案例表明，法院判决，班轮公司以“公共承运人”的身份揽货，接受货物后再租船装运并收取运费，之后自己签发提单。班轮公司不能在提单内自说自话，自称为船东的代理，只代理原船东签发提单。此种情况下，班轮公司不得合法免除其承运人责任。其观点是，该条款实质是减轻了承运人的责任，违反1936年的美国《海上运输法》（同《海牙规则》）。加拿大也有同美国的判例。但若不是等到签发提单而是在之前订立运输合同时，托运人/发货人同意提单内容（包括“光租条款”）且已期租了船舶，则很难再指责班轮公司自说自话、不承担承运人责任了。

中国《海商法》对此未明确规定，但在审理“东方雄鹰”轮倒签提单案中，法院认为该条款有效。有人认为，承认该条款有效则可拓展航运业务、分散风险和规避无限责任。还有人认为，因中国《海商法》明确规定了承运人的最低限度义务，若承认该条款有效，这些义务则可轻易地以合同条款变更，可能使承运人免除其法定的义务，所以，中国应否认“光船条款”的效力。

（4）租船提单的签字人代表谁

提单的三大功能之一是货物装船的收据，通常，提单由船长或船东代理签字。而船长是船东的雇员（光租除外）。

在期租下，也通常是承租人或其代理人代表船长签字，这种权利由租船合同约定。但存在混乱的状况，例如，船长或其代理注明提单是其代表承租人的班轮公司作为承运人而签发的。

若提单背面的“光租条款”或“承运人身份条款”与提单正面的签字相互矛盾时，签字的效力高于背面条款的效力。

① 通常，船长签字约束船东

除了光租外，一般认为由于船长受雇于船东，因此，船长签字总是约束船东。在外人看来，船长有船东的实质或名义的授权，因而若仅以提单签字为据来认定谁是提单的承运人，则船长签字就是船东的提单。换言之，船长签字的提单，船东是承运人。

② 期租承租人签字通常也约束船东

在期租下，租船合同会授权承租人或其代理人代表船长签发提单。换言之，期租承租人签发提单，也约束船长与船东。即此时，船东仍然是承运人。

期租下，船长是船东的雇员，船长签字的提单即使不加注如“for the captain and owners”的批注，甚至加上如“as agent for time charterers”的批注，通常也约束船东。英国近年来的判例表明，在上述情况下，“无辜”的船东要对承租人代理其签发的提单负责；承租人代理有表面授权签发提单，该提单约束船东。

总之，承租人提单的情况比较少见（应视个别提单的措辞而定，特别是签字代表谁）。对期租承租人而言，存在实质和表面授权去代表船长/船东签发“船东提单”。换言之，即使没有实质授权，甚至租船合同约定承租人无权签发约束船东的提单（这两种情况少见），对货方特别是收货人/提单持有人而言，承租人仍有表面授权，即船东是提单承运人。

由以上分析可以看出，提单固然应作出承运人的明确标志，但关于承运人的记载或条款没有哪一处能肯定地解决承运人的识别问题。识别承运人还需从多方面加以判断。

6. 如何识别租船下的提单承运人

当为租船合同下的货物签发提单时，提单在托运人而非承租人手中，或在一个已支付对价的善意持有人（如银行或提单受让人-收货人）手中，该提单是一份与船东还是承租人之间的合同（船东还是承租人是承运人）？一般原则是：

（1）若租船合同是光租，因船长是承租人而非船东的雇员，船长或租船人签发的提单是托运人（或提单持有人）与承租人而非与船东订立的合同。即船长签发的提单只能约束光船承租人，不能约束原船东。光船承租人才是签发提单的承运人。

（2）期租船合同下的提单，期租承租人还是船东为承运人？即提单是承租人提单（charterer's bill）还是船东提单（owner's bill）？多数人认为且判例表明，船东为承运人。也有人认为期租承租人为承运人。

（3）若为程租船（航次）合同下的货物签发提单，当船东直接向第三人（货方）签发提单时，租船合同不能约束第三人（货方）。在这种情况下，对货方而言，船东为承运人。

（4）由托运人（货方）与承租人直接订立租船合同并由承租人使用自己的提单，自行或授权船东或代理签发提单时，通常，承租人是提单的承运人。

（5）若租船合同不是光租，由船长或由承租人经授权作为船长代理签发的提单，通常是一份货方与船东订立的运输合同。即船东是提单的承运人。即使租船合同中含有

“船长将作为承租人的代理签发提单”的条款，若提单持有人不知道该条款的存在，该运输合同仍可视为与船东订立，即船东仍然是承运人。

（6）若租船合同明确规定了“受雇和赔偿条款”（employment and indemnity），例如：“船长（尽管由船东任命）应作为雇员和代理人服从承租人的命令和指示；船长根据大副收据签发本提单。所有提单都不应损害承租人的利益……”（注：在船舶营运方面，包括签发何种格式的提单，船长必须执行承租人的命令和听从其指挥，形同受雇于承租人及作为承租人的代理人一样。但由此导致船舶等损失，承租人也必须赔偿船东。）

根据该条款，由承租人提交船长签发的提单也约束船东。船东被认为是运输合同（提单）承运人。当存在“受雇和赔偿条款”时，这种提单甚至不必提交船长签署。即使提单由承租人自己签发并且在提单上表明他是代表船长和船东签发，则船东仍受约束。

（7）期租承租人将船舶以航次（程）租船方式转租他人，航次承租人签发了自己的提单。该期租承租人并未直接与托运人或收货人签订运输合同，但他根据租船合同承担了“谨慎处理使船舶适航”的责任，或承担了《海牙规则》的其他责任，则该期租承租人（二船东）就是承运人。此时签发提单的航次承租人相当于期租承租人的代理人。

7. 本案分析

中国《海商法》第 73 条第 1 款规定，承运人的名称和主营业所是提单的内容之一，但该条第 2 款又规定，提单缺少前款规定的一项或几项内容的，不影响提单的性质。故有许多租船提单往往未载明承运人；另因提单管理松懈，使用他人的提单屡见不鲜。

上述情况使提单正面右上角印制的船公司的名称、标志并不具实际意义，依这种记载所识别的提单承运人也不一定正确。

中国《海商法》规定了承运人的强制性义务，亦即承运人最低限度义务，若一味地承认“光船租船条款”或“承运人识别条款”的绝对效力，则也可能使真正的承运人逃避法定义务，故一般认为上述条款的效力应区别对待。所以，对承运人的识别最具重要性的是，提单正面右下角的签字或盖章。

从本案查明的情况看，环球之星航运公司作为船长的代理人在提单正面右下角签章，故案涉提单应视为由船长签发。依中国《海商法》第 72 条，货物由承运人接收或装船后，应托运人的要求，承运人应签发提单。提单由载货船舶的船长签发的，应视为代表承运人签发。由于本案提单未明确记载承运人，一般认为，在提单对于承运人记载不明时，船舶所有人（船东）将被视为承运人，这也为多数国家的立法所承认，故远东轮船作为载货船舶的所有人应被认定为本案提单的承运人。

当然，有时提单正面右下角的签字或盖章也不明确，如仅表明某公司作为代理人签发提单，而未注明被代理人是谁等。因此，根据提单正面右下角的签字或盖章识别承运人也存在一定难度。在此情况下，即提单签发人无法证明代签事实的，提单签发人通常被视为承运人。这将在一定程度上缓解提单承运人识别的难度。

第八章 “货物收据”（FCR）的认定及其运用策略

“货物收据”，也称“货代收据”，其英文全称为 Forwarder's Certificate of Receipt/Forwarder's Cargo Receipt，简称 FCR，其译名为“货运代理收讫货物证明”“货运代理收货凭证”或“运输行货物收据”等，在中国业界通常简称为“货代收据”或“货物收据”。这是国际货物运输代理协会联合会（FIATA）制定并推荐使用的关于国际货运代理收到发货人货物的标准凭证。

“货物收据”（FCR）作为一种新型的国际货物运输单据，近年来，在中国对外贸易中逐渐开始使用。与提单相比较，FCR 具有其独特的性质及其功能，它只是货运代理或承运人接收货物的一种收据，不具有物权凭证的效力，不具有可转让性，货物只能交给 FCR 载明的记名收货人。但只要其符合一定条件，FCR 可以构成“海上货物运输合同的证明”，承运人须依据 FCR 履行其运输合同义务。FCR 签发人与出口商的关系可能表现为货运代理合同关系，也可能为货物运输合同关系，甚至无任何关系。他们之间的关系不同，FCR 签发人的责任就不同。信用证付款方式下使用 FCR 时，出口商接受 FCR 可能存在无法控制货款和货物运输权等风险，对此，出口商须采取相应的因应策略来维护自身权益。

FCR 作为一种新型的国际货物运输单据，近年来，在国际贸易中的使用频率日益增加。但由于 FCR 在单据的形式及记载内容等方面与提单极为相似，出口商经常将其与提单混淆，甚至错误地认识其在 FCR 项下的权利和义务，因其引发的国际贸易或国际运输纠纷也不断上升。FCR 与提单相比究竟有何不同、其性质和功能如何、出口商接受 FCR 会有哪些风险、使用 FCR 应采取哪些措施等问题值得出口商关注。现以判例为依据，对与 FCR 相关的问题予以探讨，以期中国贸易商能够正确认识和使用 FCR，维护其合法权益。

一、FCR 的界定及内容

目前，国际公约和中国法律对 FCR 的界定并无完全统一、明确的定义。《联合国贸易单据设计应用准则》（UN Layout Key for Trade Documents-Guidelines for Applications）将 FCR 界定为：“货运代理签发的确认其控制特定货物并依据不可撤销的指示，将货物发送给单据中记载的收货人或置于收货人支配之下的不可转让的单据。”尽管该定义将 FCR 的签发人限定为“货运代理”，但实务中，也有承运人或货运代理以“无船承运人”身份签发 FCR 的情形。因此，通常情况下，货物收据（FCR）是指货运代理或承运人（包括无船承运人）在收到出口商交付的贸易合同项下货物后，签发给货主的用以证明其已接收货物或货物已装船的不可转让的记名单据。

为规范全球FCR的统一格式，国际货物运输代理协会联合会（FIATA）推荐使用的FCR格式单据（以下简称“FIATA FCR单据”）中记载的主要内容包括：单据编号，货运代理的名称和营业所在地的详细地址、电话、传真和电子邮箱，供货人或委托人名称，收货人名称，货物唛头和编号，包装件数和类型，货物名称、毛重和尺码，单据签发日期和地点等。根据单据表面记载的内容，货运代理确认已实际占有特定货物、货物表面状况良好并根据不可撤销的指示将货物置于收货人支配之下或交予收货人。

在实务中，货运代理或承运人签发FCR时，通常在该单据的正面载明托运人、收货人、通知方的名称以及货物状况等事项，这些内容一般与托运单的内容相同。为了提醒货方注意，FCR下方一般注明“签署三份FCR，一旦其中一份被使用，其余即行失效”等类似字句。FCR背面一般载明“除非另有注明，收到表面状况良好的货物将按照承运人的正式提单条款持有和运输；货物将在交货地交付给收货人，收货人在提货时无需提交正本货物收据；一旦货运代理公司收到托运人的货物，收货人可以处分该货物”等文句。可见，FCR在单据形式和记载内容等方面与提单极为相似，尤其是在承运人（包括无船承运人）签发FCR时，很容易导致出口商将其与提单混淆。实际上，FCR与提单是两种完全不同的货物运输单据。

FCR一般适用于以F开头的（如FOB）和EXW贸易术语。在这两类贸易条件下，通常由买方同承运人订立运输合同，控制货物运输。出口商或托运人将货物交给买方指定的货运代理或承运人即完成贸易合同的交货义务。货运代理或承运人向出口商或托运人签发FCR以证明其接收货物。

二、FCR签发人为货运代理或（无船）承运人

国际货运代理（The Freight Forwarder）是代表进出口商完成货物的装卸、储存、安排内地运输、收取货款等日常业务的代理机构。依据中国《国际货物运输代理业管理规定》第2条的规定，国际货物运输代理业，是指接受进出口货物收货人、发货人的委托，以委托人的名义或以自己的名义，为委托人办理国际货物运输及相关业务并收取服务报酬的行业。而中国《国际货物运输代理业管理规定实施细则》第2条则规定，国际货运代理企业可以作为进出口货物收货人、发货人的代理人，也可以作为独立经营人，从事国际货运代理业务。据此，中国法规将货运代理企业的业务界定在货运代理人和独立经营人（如无船承运人）的范围内。依美国《航运法》，无船承运人（NVOCC），是指不经营提供远洋运输船舶的公共承运人，其与远洋运输公司的关系属于托运人。依中国《国际海运条例》第7条第2款，无船承运业务是指无船承运业务经营者（无船承运人）以承运人身份接受托运人的货载，签发自己的提单或其他运输单据，向托运人收取运费，通过国际船舶运输经营者（船舶公司）完成国际海上货物运输，承担承运人责任的国际海上运输经营活动。

为适应国际运输市场发展的需要以及获取更大的利润，货运代理逐渐扩大其经营范围，以自己的名义而非代理人的身份，作为承运人与进出口商签订货物运输合同，并作为托运人将货物交给船舶公司运至目的港。在目的港，货运代理或其在当地委托的代理人再提取货物，将其交给收货人。因此，国际上通常又将经营此类业务的货运代理称为“无

船承运人”。从世界范围看，无船承运人或无船承运业务被多数国家所认可，通常被认为是货运代理业务中的一部分，也是现代货运代理的发展趋势。事实上，无船承运业务和货运代理业务之间并不存在冲突，二者既有区别又有联系。依中国《国际海运条例》，在中国，任何一个公司（包括货运代理公司）只要符合条件并合法登记，均可从事无船承运业务。若货运代理要经营无船承运业务，可根据中国《国际海运条例》的相关规定申请无船承运业务资格，但取得无船承运业务经营资格的经营者并不当然获得从事货运代理业务的资格。从上述中国现有法律规定看，并不禁止一个经营者同时取得从事货运代理业务和无船承运业务的资质。据此，国际货运代理可能以两种身份从事业务，即作为货运代理或作为无船承运人（合同当事人）。这两种身份的不同，导致其权利、义务和法律责任存在较大差异。作为代理人，货运代理接受委托人的委托，按照与委托人签订的代理合同，在委托授权的范围内，以代理人身份处理受托事务并收取佣金，其受托行为的后果由委托人承担。而作为无船承运人（合同当事人），货运代理以本人名义或委托他人以本人名义与托运人订立货物运输合同，同时再与实际承运人订立货物运输合同，从中收取差价。此种情况下，货运代理是两个合同的当事人。因此，在国际贸易货物运输中，FCR 签发人的身份既可能是货运代理，也可能是无船承运人；但因身份不同，其承担的责任也不相同。

三、FCR 的性质及其功能

如前所述，FCR 在单据形式和记载内容等方面与提单极为相似，尤其是在承运人（包括无船承运人）签发 FCR 时，很容易导致出口商将其与提单混淆，进而引发纠纷。加之缺乏相应的国际公约、国际惯例和法律规范，因而对货物收据的性质、功能以及进而产生的签发人应该承担何种责任等问题，目前在中国理论界、司法界和业界仍然存在诸多争议。为切实维护贸易商的利益，有必要对此予以分析和探讨。

（一）FCR 是否构成“海上货物运输合同的证明”的争议

在国际贸易和国际运输领域，众所周知，提单是“用以证明海上货物运输合同……的单证”，[①] 即在提单签发之前，海上货物运输合同已由承运人与托运人以要约和承诺方式成立，故提单仅能视为运输合同的证明，证明承运人与托运人之间存在海上货物运输合同关系。因此，货方与承运人之间是否存在运输合同关系对解决争议十分重要。而依据《汉堡规则》和中国《海商法》的规定，承运人签发提单以外的单据用以证明收到待运货物的，此项单据即为订立海上货物运输合同和承运人接管该单据中所述货物的初步证据。[②] 那么，FCR 是否属于上述“提单以外的证明海上货物运输合同的其他单据”？目前，在中国对此存在不同的观点。第一种观点认为，货物收据通常是货运代理而非承运人签发的，因此，该单据不能构成海上货物运输合同的证明。[③]第二种观点认为，FCR 属于证明海上货物运输合同的其他单据，可以构成海上货物运输合同的证明。[④] 第三种观点认为，

① 参见《汉堡规则》第 1 条第 7 款、《鹿特丹规则》第 1 条第 14 款及中国《海商法》第 71 条。

② 参见《汉堡规则》第 18 条及中国《海商法》第 80 条。

③ 微博文章(lawshine). 论 FCR 单证——兼对一典型案例的评析. http://blog.sina.com.cn/s/blog_6077ba3a0100dfap.html.

④ 张嘉生，王春丽. 国际货运代理业务中的法律风险防范. 北京：法律出版社，2008：143-144.
薛介年. 浅论海上货物运输中“货物收据”的法律性质. http://www.ccmt.org.cn/showexplore.php? id=392.

FCR是否构成海上货物运输合同的证明应取决于其签发人的身份，不能一概而论。[①] 上述前两种观点确实在一些案例中成立。但笔者更倾向于第三种观点，换言之，依据上述国际公约和中国法律，只要符合一定的条件，提单以外的其他单据，包括FCR应能够构成海上货物运输合同的证明，其条件为以下两方面。

第一，此类单据的签发人必须是承运人（包括无船承运人）或其授权的代理人，其身份不能仅是单纯的货运代理。通常，在签发FCR的情况下，只有当FCR的签发人为承运人或无船承运人或其授权人时，FCR才能构成海上货物运输合同的证明。但判定FCR是否构成“海上货物运输合同的证明”，还需结合贸易合同、托运单、提单及其他实务中的具体操作程序予以综合考虑，不能一概而论。若货运代理只签发了FCR而未签发提单，且FCR的内容能够证明海上货物运输合同的具体内容，则可认为FCR构成“海上货物运输合同的证明”。在“绍兴京成贸易有限公司诉埃彼穆勒环球物流（上海）有限公司案”中，[②] 上海海事法院认为，原告向被告发出托运单，托运单上记载的事项可证明原告对订立海上货物运输合同的要约，被告接受该托运单，向实际承运人订舱并出运货物，这表明被告的身份为无船承运人。据此，原、被告之间的海上货物运输关系成立。同时，涉案FCR记载的内容与提单几乎完全一致，可以表明原、被告对涉案运输合同具体事项已作出约定且已实际履行，FCR的内容可证明原、被告之间海上货物运输合同关系成立。托运单虽记载原告要求提单的请求，但原告确认了被告发出的FCR确认单并取得FCR且未提出异议，也没有提出签发提单的请求，可视为原告在运输合同订立后并未要求被告签发提单，在此情况下，被告可以不签发提单。被告已按照原告的要求签发了FCR，涉案货物也已经到达目的地并向收货人交付，被告在履行运输合同过程中没有过错，也不存在违约行为。原告收到FCR后用于信用证结汇，因信用证不符点导致结汇失败，原告未收到货款属于贸易合同中的风险，与被告签发FCR之间没有因果关系。故法院判决对原告的诉讼请求不予支持。

若货运代理同时签发FCR和提单，依据国际公约和中国《海商法》的规定，提单是“海上货物运输合同的证明”，而FCR作为其他单据仅能“构成海上货物运输合同的初步证据”。因此，通常情况下，提单的证明效力优于FCR；若两者证明的内容存在差异或冲突时，则应以提单而非FCR为海上货物运输合同的证明。

如上所述，在贸易实践中，FCR一般适用于以F开头的（如FOB）和EXW贸易术语。在这两类贸易条件下，通常由买方同承运人订立运输合同，控制货物运输。此时，国外买方可能委托其在中国的货运代理同承运人订舱，同时要求中国出口商向该指定货运代理交付货物。在这种情况下，出口商将货物交付给该货运代理的行为可能只是履行其贸易合同项下交货义务的行为，因此，该货运代理签发的FCR无法构成海上货物运输合同的证明。这一观点在“无锡市中泰国际贸易有限公司诉马士基物流（中国）有限公司海上货物运输合同损害赔偿纠纷案”中得以证明。[③] 在该案中，原告无锡市中泰国际贸易有限

---

① 王金凤. FCR单证的法律性质及货运代理人的提单签发义务. http://shhsfy.gov.cn/hsinfoplat/platformData/infoplat/pub/hsfyintel_32/docs/201104/d_238043.html.

② 同上.

③ 参见上海海事法院民事判决书(2005)沪海法商初字第413号, http://shhsfy.gov.cn/hsinfoplat/platformData/infoplat/pub/hsfyintel_32/docs/200708/d_199658.html。

公司与香港奥斯福公司（买方）订立买卖合同，贸易条件为 FOB 上海，目的港为美国 SAVANNAH，支付方式为 T/T。买方指定马士基物流公司（被告）接受原告货物出运。被告向原告正式出具了以 MAERSK LOGISTICS（马士基物流）为抬头的运输行货物收据。该货物收据载明本单据不作为所有权凭证；同时，该货物收据及原告与国外买方订立的买卖合同均表明了被告的身份为买方的货运代理，其是作为代理接受买方指示从原告处提取货物并向原告出具货物收据。所以，被告并非承运人或承运人的代理人。后来，被告致函原告，告知买方已取消委托，要求原告退还运输行货物收据并提取滞留被告仓库的货物。原告回函被告，称由于被告拖延时间较长，造成原告和买方错过处理问题的最佳时机，最终导致买方拒绝收货，要求被告承担一切直接和间接损失。对此，法院判决，买卖合同和运输行货物收据（FCR）证实，货物的运输由买方而不是原告出口商有权作出安排和指示，被告作为买方的代理接受其指示，从原告处提取货物并出具了运输行货物收据。就此，被告和买方存在货运代理合同关系。而被告与原告之间存在的仅是内陆运输货运代理合同法律关系。由于作为出口商的原告无权对货物的运输作出安排和具体指示，因此，其没有必要也没有可能与承运人签订货物运输合同或建立提单运输关系。而且，货物收据还载明，所列货物按照承运人签发的提单发运，即涉案货物的运输是依据提单中列明的权利义务行事，约束承托双方权利义务的合同是提单而非货物收据。另外，原告不能举证其向被告出具过海运委托书，也不能举证提单等运输合同的存在，因此，原告关于其与被告之间存在海上货物运输合同法律关系的主张不成立，不予支持，FCR 不具有证明海上货物运输合同的法律效力。

在上海海事法院审理的另一起货物收据案中，原告为中国某出口公司，其依据贸易合同将货物交给了买方在中国指定的货运代理，该代理人签发了货物收据。但原告凭该货物收据结汇不成。上海海事法院认为，这个货物收据仅证明出口商完成了贸易合同的供货义务，而并不构成海上货物运输合同证明。[①] 此外，有些货运代理为了表明自身的身份而在 FCR 中明确载明其不作为承运人行事，这种情况下，签发 FCR 的货运代理可避免被视为承运人而被要求承担承运人的责任，因此，该 FCR 不能构成海上货物运输合同的证明。2006 年，印度新德里的德里高等法院在一判例的判决中，支持货运代理依据 FCR 中记载的其不作为承运人行事的条款而认定货运代理并非承运人。[②]

第二，货物必须为运输合同的“待运货物”（the Goods to be Carried)。依《汉堡规则》和中国《海商法》，提单以外的包括 FCR 构成海上货物运输合同的证明的其他单据，其第二个条件是货物必须为“待运货物”，对此，出口商还须有相应的运输合同和其他单据加以佐证。通常情况下，托运人依据贸易合同向船公司或其代理提出运输货物要约，其操作程序是在承运人提供的托运单、出口货物明细单或委托订舱单中详细列明货物名称、数量、装卸港等情况，承运人对托运人的托运申请，根据船期和舱位的情况决定是否接受托运。若接受或承诺，承运人或其代理在托运单上填写船名并盖章，以表示接受订舱。至此，承托双方的运输合同成立，其中的运送标的即为运输合同的“待运货物”。另外，还

---

① 薛介年．浅论海上货物运输中“货物收据”的法律性质．http://www.ccmt.org.cn/showexplore.php? id=392.

② 转引自微博文章(lawshine)，论 FCR 单证——兼对一典型案例的评析，http://blog.sina.com.cn/s/blog_6077ba3a0100dfap.html。

有其他相关单据，如出口报关单、外汇跟踪核销单、货物出仓单、设备交接单、集装箱装箱单等均可证明该货物是运输合同中约定的“待运货物”。

由此可见，只有 FCR 签发人的身份为承运人（包括无船承运人）或其授权的代理人且 FCR 记载的货物为运输合同的“待运货物”，提单以外的其他单据（包括 FCR）才能构成海上货物运输合同的证明。

（二）FCR 因记载内容而产生的争议

目前，国际公约及各国法律，对提单正面的记载内容均作出明确规定。① 但国际公约和中国法律并未对提单以外的其他单据的内容予以具体规范，特别是对实务中使用的 FCR 更是未作具体规定。如前所述，为规范全球 FCR 的统一格式，国际货物运输代理协会联合会（FIATA）推荐使用“FIATA FCR 单据”格式。但实务中所使用的 FCR 的格式并不统一，其记载内容或条款也繁简不一，进而导致对 FCR 性质和功能的争议。

目前，实务中所使用的 FCR 正面除记载双方当事人名称、地址、货物状况（名称、标志、数量、规格等）、装卸港口、收货人及通知人名称等之外，通常其正面下方还特别表明下列或类似内容：“货物将直接发送给收货人”“货物将在交货地交付给收货人”“以下日期签署××份 FCR，一旦其中一份被使用，其余即行失效”“ ××（货运代理名称）作为代理行事”“本单据不作为所有权凭证。本公司收到托运人的表面状况良好的货物。本收据在提示相应的码头收据后签发，其列明的货物将装载于集装箱内并按照由承运人签发的提单发运。根据买方的指示，我们已收到原产地证明、商业发票、装箱单等单据，以上单据将与提单一起交收货人或其他被指定的人。本公司作为代理行事。”也有的 FCR 在其背面载明“除另有说明，收到表面状况良好的货物将按照承运人的正式提单条款持有和运输。货物将在交货地交付给收货人，收货人在提货时不需要提交正本运输行货物收据。一旦本公司收到托运人的货物，收货人可以全权处分该货物。”“本公司承诺代表客户收货，作为代理人持有这些货物并根据客户的指示，发货或待发运给承运人或转运人。”“本公司不是承运人。”等。可见，FCR 所记载的内容，一部分与提单基本相同，另一部分则与提单不同。这些不同内容的中心思想是，表明签发人的身份、责任、交货方式以及 FCR 的性质和功能等。但也有些 FCR 只有正面记载内容而无背面载明条款，甚至有些 FCR 正面记载内容与其背面载明条款相互矛盾，由此引发争议。因此，解决对 FCR 性质和功能的争议取决于对其记载事项或条款的判断。

（三）FCR 能否构成“货物已装船的证明”的争议

如前所述，通常情况下，货物收据（FCR）是货运代理在收到出口商交付的贸易合同项下的货物后，签发给货主的用以证明其已接收货物的不可转让的记名单据。因而 FCR 是货物收据，具有证明货运代理已接收货物的功能，这与提单“货物收据”的功能相同。在实务中，若货运代理委托码头经营人代为接收货物而自己并不实际占有货物，则要依赖实际占有货物的码头经营人签发的码头收据才能签发 FCR 单证。这就是为何一些 FCR 记载“本单据在提示相应码头收据后签发”的原因。因此，FCR 可以构成货运代理接收货物的证明，这一点不存在争议。但 FCR 能否构成“货物已装船的证明”却存在争议。FCR 中所载明的货物是否“已装船”，对货物的风险或其所有权是否转移、承运人的责任

---

① 参见《海牙规则》第 3 条、《汉堡规则》第 15 条、《鹿特丹规则》第 36 条和中国《海商法》第 73 条。

是否开始等一系列问题都具有重要意义。尽管FCR通常是在货运代理收到货物之后、货物装船之前签发的，但在实际操作中，亦有在货物装船之后签发的情形。在上述“绍兴京成贸易有限公司诉埃彼穆勒环球物流（上海）有限公司案”中，[①] 被告接收货物后，委托船公司（NYK公司）实际出运，船公司签发的海运单上记载了托运人、收货人、通知方、起运港、卸货港、航次名称、装船日期、货物名称和数量等内容。货物装船后，被告才签发了FCR，其主要内容与上述海运单的内容基本相同。对此，法院认为，该FCR系已装船的单据，具有证明货物已装船的法律效力。其实，在货运代理与轮船公司之间存在长期协议的情况下，货物装船后才签发FCR也是常见的情形。

（四）FCR是否为“据以交付货物的保证”或是否具有“物权凭证”的功能的争议

在目前发生的众多FCR纠纷案中，出口商往往以承运人未凭FCR就将货物交付给收货人为由，要求承运人或货运代理承担“无单放货”的赔偿责任。但法院往往并不接受这一诉求，其理由是FCR并不构成承运人“据以交付货物的保证”，FCR也不是“物权凭证”。依《汉堡规则》、中国《海商法》，[②] 提单是承运人保证据以交付货物的单据；提单中载明的向记名人交付货物，或者按照指示人的指示交付货物，或者向提单持有人交付货物的条款，构成承运人据以交付货物的保证。可见，提单代表着其所记载的货物，所以收货人或其他提单持有人须凭提单才能向承运人或其代理人请求交付货物，而承运人或其代理人也须依据提单所载明的货物状况，向收货人或其他提单持有人交货。但提单以外的其他单据，包括FCR能否也构成承运人据以交付货物的保证，国际公约和中国《海商法》及相关法律法规并未予以具体规范。因此，不凭FCR直接将货物交付记名收货人并不违反国际惯例或法律规定。另外，如上所述，FCR通常记载“货物将在交货地交收货人”“收货人提货时不需提交正本FCR”等内容，当出口商接受并确认FCR时，也应受该约定的约束。可见，FCR只是一种合同权利义务的保证，但其保证的内容是“向特定收货人交货”，而不是必须“‘凭单’向特定收货人交货”，除非FCR中有此项特别约定。[③] 由此也决定了FCR不具有提单的“物权凭证”的效力，承运人放货时不需要收回FCR。在上述“绍兴京成贸易有限公司诉埃彼穆勒环球物流（上海）有限公司案”中，法院认为，FCR已明确记载“收货人在提货时不需要提交正本运输行货物收据”。因此，被告将货物直接交付收货人，其在履行运输合同过程中没有过错，既不违反法律规定，也符合双方约定。事实上，正如FIATA制定并推荐使用的FCR，绝大多数FCR都载明，出口商对FCR签发人作出将货物置于FCR所记载的收货人支配之下的不可撤销指示，此时货物的所有权在交付给货运代理或承运人之时已经转移给收货人，尽管出口商持有FCR，但其对货物已不享有任何权利（包括对货物的任何索赔权利）。[④] 在上述“无锡市中泰国际贸易有限公司诉马士基物流（中国）有限公司海上货物运输合同损害赔偿纠纷案”中，法院认

---

① 王金凤. FCR单证的法律性质及货运代理人的提单签发义务. http://shhsfy.gov.cn/hsinfoplat/platformData/infoplat/pub/hsfyintel_32/docs/201104/d_238043.html.

② 参见《汉堡规则》第1条第7款、中国《海商法》第71条。

③ 王金凤. FCR单证的法律性质及货运代理人的提单签发义务. http://shhsfy.gov.cn/hsinfoplat/platformData/infoplat/pub/hsfyintel_32/docs/201104/d_238043.html.

④ 微博文章(lawshine). 论FCR单证——兼对一典型案例的评析. http://blog.sina.com.cn/s/blog_6077ba3a0100dfap.html.

为，货物收据不具有转让性，不具备物权凭证的法律效力。① 因此，一旦出口商依 FCR 就货物运输合同与承运人发生纠纷，其向承运人所主张的只能是依合同而产生的债权，而不是依“物权凭证”而主张的物权。②

四、FCR 签发人与出口商的关系及其责任认定

如上所述，依据中国相关法律和法规，货运代理业务与无船承运业务之间并不存在冲突。换言之，货运代理可能以两种身份从事业务，即作为货运代理人或作为无船承运人。这两种身份的不同，其权利与义务、法律责任也不相同。作为代理人，货运代理通常接受出口商的委托，以代理人身份处理货运事务并收取佣金，其受托行为的后果由出口商承担。而作为无船承运人，货运代理以本人名义或委托他人以本人名义与出口商订立货物运输合同，再与实际承运人订立运输合同，从中收取差价。在后者的情况下，货运代理是两个合同的当事人，对出口商而言他是无船承运人，对实际承运人而言他又是托运人。由此可见，在货运代理签发 FCR 的情况下，首先必须确认 FCR 签发人与出口商之间的关系性质如何。这种关系的性质不同，因 FCR 产生的责任也就不同。在国际贸易与国际货物运输实务中，货运代理与出口商之间的关系可能是货运代理合同关系、海上货物运输合同关系或无任何合同关系。但由于公约和法律对此缺乏具体规范，因而确认 FCR 签发人与出口商的关系并非易事，这需要结合相关因素综合考虑。这些因素一般包括贸易合同、贸易术语、出口货物明细单、结汇方式、托运单、委托书、提单、运费、其他货运单据等。特别是 FCR 的记载内容及背面条款等，是判断 FCR 签发人与出口商之间关系的重要因素之一。但在实务操作中，货运代理往往各自制作并使用自己格式的 FCR，其记载内容及背面条款也不完全相同，因而也增加了其确认难度。

（一）FCR 签发人与出口商为货运代理合同关系及其责任

下列判例可以证明，依据出口货物明细单、委托书可以确认 FCR 签发人与出口商之间为货运代理合同关系，并以此认定 FCR 签发人的责任。

在“海宁进出口总公司（以下简称‘海宁出口’）诉上海外高桥飞驰公司（以下简称‘上海飞驰’）和飞驰国际运输（香港）公司（以下简称‘香港飞驰’）”一案中，③ 海宁出口向上海飞驰提交了一份出口货物明细单，要求后者将一批女式夹克运往美国洛杉矶。该出口货物明细单载明托运人为海宁出口、收货人为凭某国工业银行指示、通知人为 S 公司、运费到付及货物价值并要求出具正本提单三份。报关单显示贸易条件为 FOB。上海飞驰收到该明细单后，立即安排将货物运至香港飞驰。香港飞驰随后签发了一份货物收据（FCR），该收据载明：托运人为 S 公司，通知人、收货人为 M 公司，其他内容与海宁出口提交的明细单相同。海宁出口因信用证单据有不符点遭银行退单，而此时货物已被收货人凭正本提单在目的港提走。海宁出口得知后即与收货人联系，并分数次从收货人手中仅获得部分货款。

---

① 沈军，赵琳．货物收据的法律性质及效力的认定；上海海事法院民事判决书（2005）沪海法商初字第 413 号. http://shhsfy.gov.cn/hsinfoplat/platformData/infoplat/pub/hsfyintel_32/docs/200708/d_199658.html.

② 薛介年．浅论海上货物运输中“货物收据”的法律性质．http://www.ccmt.org.cn/showexplore.php? id=392.

③ 谢振衔．托运人未要求签发提单接收货物收据应承担相应风险．国际商报[2007-10-01].

海事法院审理认为：上海飞驰接受了海宁出口提交的出口货物明细单，并按这份单据的要求委托香港飞驰出运，应视为海宁出口与上海飞驰间的货运代理合同成立。上海飞驰却未按该明细单要求取得提单，只向海宁出口交付了 FCR 且将该 FCR 的托运人更改为他人，上海飞驰本应对这一过失造成的损失承担责任。但海宁出口在收到 FCR 后，不仅未向对方提出异议，还连同其他单据一起交予银行结汇，应被视为已与上海飞驰对该明细单上要求签发提单的这一条款进行了修改，即已于事后默许了上海飞驰交付 FCR 而非提单。因此，上海飞驰对这一代理行为的后果不负责任。同理，海宁出口在收到 FCR 后，没有提出异议并用其结汇的行为，已构成对香港飞驰签发的 FCR 的认可，因此，香港飞驰对由此造成的损失也不承担责任。银行不予结汇，不是由于香港飞驰没有签发提单，而是因为其他单据存在不符点，故结汇不成功并非出于运输方面的原因。海宁出口遭银行退单后，并未向两被告交涉，而是向收货人追讨货款且部分已追回。由此可见，海宁出口选择的是向收货人追索，应视为海宁出口已认可了香港飞驰放货给收货人的行为，该 FCR 仅能证明海宁出口曾向两被告交付过货物而不具有其他意义。故海宁出口向香港飞驰追讨货款损失于法无据。法院依法判决：驳回海宁出口对上海飞驰、香港飞驰的诉讼请求。一般情况下，货运代理接受出口商委托后，可以向实际承运人订舱，货物装船后取得提单。作为出口商的货运代理是否有义务向出口商交付提单，首先取决于货运代理委托合同中就提单交付有无特别约定。在委托合同无特别约定的情况下，仅在货运代理订舱取得单据为提单的情况下，货运代理才有义务向出口商转交提单。

在前述“无锡市中泰国际贸易有限公司诉马士基物流（中国）有限公司海上货物运输合同损害赔偿纠纷案”中，法院认为，被告同时作为原告的内陆运输货运代理，完成内陆运输义务并向原告收取相应的费用，符合行业惯例。此时，原告和被告之间的内陆运输货运代理合同关系，与被告和国外买方存在的货运代理合同关系并不冲突。由于原告作为卖方无权对货物的海上运输作出安排和具体指示，因此，其没有可能与承运人签订货物运输合同或建立提单运输关系。加之，原告不能举证其向被告出具过海运委托书，也不能举证提单等运输合同的存在，因此，原告关于其和被告之间存在海上货物运输合同关系的主张不成立，法院不予支持，其损失由原告自己承担。① 一般情况下，FCR 是对货运代理的一种不可撤销指示。但该指示应视货运代理的身份而定。若货运代理作为出口商的代理人，则该指示应为将货物交与 FCR 所记载的收货人，此时，出口商对货物还享有一定程度的控制权，即在一定条件下的撤销或变更指示的权利，如中途停运权或改变收货人等权利。在此情况下，国外买方一般会及时支付货款以换取 FCR，为的是使出口商丧失撤销或变更指示的权利，以保证其不能收回对货运代理的指示，货运代理只能将 FCR 项下的货物运至目的地并交予收货人。若货运代理作为买方的代理人，则该指示应为将货物置于 FCR 所记载的收货人支配之下。因为此时货运代理作为买方的代理人并按照其指示行事，其一旦收到出口商的货物，收货人即获得对货物的不可撤销的支配权，这相当于货物所有权发生了转移。②

---

① 参见上海海事法院民事判决书（2005）沪海法商初字第 413 号。

② 微博文章(lawshine). 论 FCR 单证——兼对一典型案例的评析.http://blog. sina. com. cn/s/blog_6077ba3a0100dfap. html.

（二）FCR签发人与出口商为海上货物运输合同关系及其责任

FCR正面和背面载明的内容或条款是确认其签发人与出口商之间关系的重要依据。

在“平湖市富华箱包厂、上海中纺联纺织服装有限公司诉环捷国际货运代理（上海）有限公司海上货物运输合同纠纷案”中，[①] 原告与美国买方订立买卖合同，约定向买方出售背包，贸易术语为FOB上海，付款方式为即期信用证，信用证要求的结汇单据包括被告签发的FCR正本和一份副本。该FCR的背面条款第2条载明：“公司承诺代表客户收货，作为代理人持有这些货物并根据客户的指示，发货或代发运给承运人或转运人，随后由水上或航空承运人进行运输和配货，并最终发送给客户。”其第4条载明：“在接收货物、履行本协议涵盖的集运服务时，公司作为客户的唯一代理人，而非货物的承运人、转运人或分销商，公司同时通过代表客户与第三方订立合同和/或直接处理客户和第三方之间的合同成为客户的唯一代理人，提供客户要求的服务。公司不是承运人，并不是作为负责人或承运人与客户订立或声称要订立任何货物的承运、储存、包装或搬运合同，尤其是公司不是一个公共承运人。客户同意自公司按照客户指示将货物交付承运人起，货物的照管、报关、承运和交货的唯一责任应由上述承运人承担，而非公司承担。公司在此被授权并承诺作为客户的代理人通过海上或航空承运人安排货物的装运、运输。客户确认，他们应受承运人运输协议条款和条件的约束，货物将依此代为发货保管。”其第9条载明：“交付货物取得货代收据时，托运人的权利终止。”但该收据正面右下角签名栏标注有“Globe Express Services（注，被告）As Carrier”的字样。此后，原告因货物检验报告的软条款问题，信用证无法结汇，但被告已将货物交付给收货人，为此，原告请求判令被告赔偿原告货物损失。被告主张，原、被告双方不存在海上货物运输合同关系，被告只是涉案货物收货人的代理人，代理收货人收取货物，不应承担无单放货的赔偿责任，FCR不具有物权凭证的效力，请求驳回原告的诉请。法院认为，虽然被告在FCR背面条款中声称自己是收货人的代理人，代表客户收货，不是承运人，但该条款与FCR正面右下角签名栏标注的“Globe Express Services As Carrier”相互矛盾，正面记载的内容显著性应优于背面条款适用，同时结合涉案FCR中载明的运输合同的具体事项及订舱费等费用的收取情况，法院确认原告作为FCR载明的托运人与被告之间存在海上货物运输合同关系，被告是涉案货物运输的承运人。依据中国《海商法》，提单是承运人保证据以交付货物的单据，但并未规定FCR等提单以外的单据也是承运人据以交付货物的保证，因此，本案中被告不凭FCR将货物交付收货人并不违反法律的规定。另外，从涉案FCR背面条款第9条的记载可以看出，该单据仅是货运代理或承运人收到货物后出具的收据，不具有物权凭证的性质，托运人在交付货物取得FCR时，其在运输合同项下的指示交货等货物控制权也随之丧失。本案中，既然原告接受了FCR，即应受该项约定的约束，因此，被告不凭FCR将货物交付给收货人也不违反运输合同的约定。同时，涉案信用证明确规定信用证需要提供由被告出具的FCR。被告向原告出具FCR时，原告也未提出任何异议并提交FCR用以结算信用证项下货款。涉案货款结汇不能是因为信用证软条款问题，故被告在履约过程中没有过错，对于原告不能收回货款的损失，被告不应承担责任。

---

① 参见上海海事法院民事判决书(2009)沪海法商初字第259号。

在上述“绍兴京成贸易有限公司诉埃彼穆勒环球物流（上海）有限公司案”中，[①]被告签发的 FCR 其背面载明：“除另有说明，收到表面状况良好的货物将按照承运人的正式提单条款持有和运输；货物将在交货地交付给收货人，收货人在提货时不需要提交正本运输行货物收据。一旦收到托运人的货物，收货人可以全权处分该货物。”同时，该 FCR 正面关于托运人、收货人、通知方、船名航次、起运港、目的港、货物名称及数量和右下角的签章等内容与提单格式几乎完全一致。原告收到 FCR 后，附于信用证交付银行结汇，但因不符点被银行退回，退单理由之一是未按信用证要求交付提单。作为出口商的原告主张，被告作为承运人，未向原告签发提单且擅自放货造成原告损失，请求判令被告赔偿货款损失。法院审理认为，原告向被告提交托运单，托运单上记载的事项可以证明原告对订立海上货物运输合同的要约，被告接受该托运单，向实际承运人订舱并出运货物。据此，原、被告之间的海上货物运输合同关系成立。同时，涉案 FCR 记载的内容与提单格式几乎完全一致，可以表明原、被告对涉案运输合同具体事项已作出约定且已实际履行。尽管托运单记载了原告要求签发提单的要约，但原告确认并接受了被告签发的 FCR 且未提出异议，也没有再提出签发提单的请求，可以视为原告在运输合同订立后并未要求被告签发提单，在此情况下，被告可以不签发提单。根据 FCR 背面记载的“收货人在提货时不需要提交正本运输行货物收据”，涉案货物也已到达目的地并向收货人交付，被告在履行运输合同过程中没有过错，也不存在违约行为。原告收到 FCR 后用于信用证结汇，因多处不符点造成不能结汇，原告未收到货款系贸易合同中的风险，与被告签发 FCR 之间没有因果关系。故法院判决对原告的诉讼请求不予支持。

在“湖州吴兴广彩包装材料厂诉上海迈得物流有限公司”一案中，[②] 原告与国外买方 4CAR 公司签订货物买卖合同，贸易条件为 CIF，结汇方式为电汇。原告委托被告将货物从上海运至美国洛杉矶。被告向原告收取货物后，作为提单上的托运人，委托实际承运人出运货物并将涉案货物交给 4CAR 公司。货物出运后，被告一直未向原告交付提单，导致原告失去对涉案货物的控制权，贸易合同落空。原告为此请求被告赔偿包括货物损失在内的各项损失。被告主张，在其向原告签发 FCR 的条件下，被告无须向原告交付提单。因此，原告的货物及其他损失与被告无关。上海海事法院审理认为，原告向被告交付货物，被告以自己的名义委托实际承运人出运货物并开具发票向原告收取海运费等一系列行为的特征，可以确定原、被告之间建立了事实上的海上货物运输合同关系。被告作为无船承运人，应依法根据托运人的指示运输和交付货物。本案中，被告在货物到达目的港后，未经原告的许可，即自行将货物交付案外人，使原告丧失对货物的控制权，造成原告的损失，应承担赔偿责任。被告关于在 FCR 的条件下无须向原告交付提单的主张，无相应的法律予以明确规定，因此，缺乏事实和法律的依据，法院不予采信。此后，原、被告双方达成调解协议，被告向原告赔付了部分损失。

在“KG 股份有限公司诉 FY 国际货运代理公司案”中，[③] 出口商 KG 公司将一批帐篷

---

① 王金凤．FCR 单证的法律性质及货运代理人的提单签发义务．http://shhsfy.gov.cn/hsinfoplat/platformData/infoplat/pub/hsfyintel_32/docs/201104/d_238043.html.

② 参见上海事法院民事调解书(2008)沪海法商初字第 51 号。

③ 朱杰,汪洋．缺乏可流通性的“货物收据”无物权凭证效力．国际商报[2008-01-07].

交付 FY 货代承运，FY 货代为此以承运人签单代理人名义签发了抬头为 Fritz 公司（承运人）的已装船的 FCR。该 FCR 左下角载明“本货运收据非为物权凭证”。KG 公司向上海海事法院起诉称，FY 公司作为承运人未凭正本提单将货物交付给并非 FCR 记载的收货人 Ames 公司，请求判令 FY 公司赔偿无单放货损失及利息。上海海事法院经审理认为，FCR 虽载明承运人是 Fritz 公司，但被告 FY 公司未能提供其取得承运人授权或事后承运人追认的证据，其签单行为系无权代理，依法应承担承运人责任。原告将货物交给被告承运并取得正本 FCR，其以此为据诉被告违约，诉权存在。承运人签发提单以外的单据以证明收到待运货物的，此项单据即为订立海运合同和接收货物的初步证据，原、被告之间存在海上货物运输合同关系。涉案 FCR 为记名货运代理收据，被告作为承运人，有义务在目的港将货物交付给记名收货人。但被告却将货物交给非记名收货人 Ames，应承担违约责任并赔偿原告的相关损失。

通过对上述判例的探讨，可以得出以下结论：在签发 FCR 的货运代理与出口商之间成立海上货物运输合同关系时，出口商为托运人，货运代理的身份为无船承运人。国际公约及中国《海商法》均规定，[①] 货物由承运人或实际承运人接收或装船后，应托运人的要求，承运人必须向托运人签发提单。可见，货运代理作为无船承运人签发提单是“应托运人的要求”所为，并非海上货物运输合同中承运人的必然义务。若托运人未要求或未适时提出要求，则货运代理无须签发提单。另据中国《海商法》和《汉堡规则》，[②] 出口商接受 FCR 后，仍可凭 FCR 向承运人换取提单。但在承运人向指定收货人交货前，托运人未提出要求的，货物交付后，托运人则丧失此项权利。

在上述案例中，出口商向货运代理（无船承运人）提交的托运单中通常记载了要求签发提单的要约请求，但货运代理随后向出口商签发 FCR 的确认单并要求出口商予以确认。从合同法的角度看，FCR 确认单的性质为一个新的要约，而出口商对此进行了确认并取得 FCR，这是以实际行为对货运代理的新要约作出承诺，因而双方之间就 FCR 的签发达成新的合意。出口商在确认和取得 FCR 时并未对此提出异议，也未再提出签发提单的请求，可视为出口商在运输合同订立后并未要求货运代理签发提单，因此，作为无船承运人的货运代理没有签发提单的义务。一旦货运代理已向 FCR 记载的收货人正确交付货物，其在运输合同下的义务就履行完毕，因此，出口商无权再要求签发提单。当然，若货物仍在货运代理的控制下，则出口商再提出凭 FCR 换取提单并要求凭提单放货的请求是合理的，应获得支持。

（三）FCR 签发人与出口商之间无合同关系及其责任

前面探讨了 FCR 签发人与出口商之间为货运代理合同关系或为海上货物运输合同关系及其责任认定的情形。但 FCR 与出口商之间也可能不存在任何合同关系。例如，在 FOB 或 EXW 贸易条件下，FCR 签发人的身份仅为收货人的货运代理，其从出口商那里接收货物并将货物交付实际承运人承运均系依照收货人的指示行事，且也未向出口商收取货

---

① 参见《汉堡规则》第 14 条第 1 款、《海牙规则》第 3 条第 3 款、《鹿特丹规则》第 35 条、中国《海商法》第 72 条第 1 款。

② 中国《海商法》第 74 条：“货物装船前，承运人已经应托运人的要求签发收货待运提单或者其他单证的，货物装船完毕，托运人可以将收货待运提单或者其他单证退还承运人，以换取已装船提单；承运人也可以在收货待运提单上加注承运船舶的船名和装船日期，加注后的收货待运提单视为已装船提单。”《汉堡规则》第 15 条也有类似规定。

运代理佣金和有关费用。此种情况下，尽管签发了 FCR，但其签发人与出口商之间既不存在运输合同关系，也不存在货运代理合同关系。此时，FCR 签发人对出口商而言，虽然没有义务签发提单或交付实际承运人的提单，但这并不等于其对出口商不承担任何责任。由于签发 FCR 后，货运代理承担向记名收货人交付货物的义务，因此，货运代理在安排货物运输过程中，应确保运输单据（提单或海运单）内容与 FCR 一致，否则，货运代理需对出口商承担赔偿责任。2000 年，香港高等法院在一判例中坚持了这一观点。① 在该案中，原告与美国买方签订了长期的服装贸易合同，采用信用证付款方式，指定买方银行为收货人，以避免买方在未付款情况下提取货物。被告作为买方的货运代理，在收到原告交付的货物后签发 FCR，并记载收货人为买方银行而非买方。但被告将货物交付实际承运人承运后，该承运人签发的提单中记载的收货人为买方而非凭买方银行指示。货物运至美国后，买方在未支付货款的情况下凭提单提取了货物，随后申请破产保护。原告因无法获取货款，遂向被告索赔货款。尽管被告主张其与原告之间不存在合同关系，但香港高等法院判决认为，原告通过 FCR 对被告作出向收货人买方银行交付货物的指示，而被告就收货人的记载向实际承运人作出错误指示，导致买方在未付款的情况下获得货权，违反货物保管义务，故被告应对原告货款损失承担赔偿责任。该案的判决对于签发 FCR 的货运代理应严格遵照 FCR 项下的指示具有重要借鉴意义。

五、信用证付款方式下的 FCR 操作规范

从上述分析可以看出，在使用 FCR 的情形下，对出口商而言，尽管贸易付款方式为信用证，但这种付款方式在很多情况下并没有给出口商带来货款结算安全，相反，常常遭遇银行的拒付。此时，出口商面临的风险是，既无法获得买方的货款，同时又可能失去货物控制权。中国出口商应如何破解这一困局，值得探究。

（一）信用证付款方式下对 FCR 的审单要求

《跟单信用证统一惯例》（UCP600）将国际贸易中使用的货物运输单据调整为 7 种，② 但不包括 FCR。其原因是 FCR 的主要功能是货物收据，故不属于 UCP600 所规范的货物运输单据。为避免争议，国际商会制定的《关于审核跟单信用证项下单据的国际标准银行实务》（ISBP）中，对 FCR 等类似单据特别予以明确界定和说明：与货物运输有关的一些常见单据，如小提单（Delivery Order，D/O）、货代收据证明（Forwarder's Certificate of Receipt，FCR）、货代发运证明（Forwarder's Certificate of Shipment，FCS）、货代运输证明（Forwarder's Certificate of Transport，FCT）、货代货物收据（Forwarder's Cargo Receipt，FCR）和大副收据（Mate's Receipt，M/R）均不反映运输合同，并非 UCP600 第 19 条至第 25 条所规定的运输单据。因此，UCP600 第 14 条第 3 款不适用于这些单据，而应以审核 UCP600 未作特别规定的其他单据的相同方式审核这些单据，亦即按照 UCP600 第 14 条第 6 款审核。但无论如何，单据不得迟于信用证规定的交单截止日提交。可见，ISBP 的

---

① 微博文章(lawshine). 论 FCR 单证——兼对一典型案例的评析, Hirdaramani Industries Limited and another v. Orient Consolidation Services (HK) Limited. http://blog. sina. com. cn/s/blog_6077ba3a0100dfap. html.

② 参见 UCP600 第 19 条至第 25 条。

上述规定表明，国际商会亦认为 FCR 不具有证明货物运输合同的效力。需要说明的是，国际商会所指的 FCR，仅指其签发人是货运代理的 FCR，而不包括承运人或无船承运人签发的 FCR。尽管货运代理签发的 FCR 不属于 UCP600 所规范的运输单据，但依据 UCP600 第 14（f）条规定："若信用证要求提示运输单据、保险单据或商业发票以外的单据且没有规定该单据的出单人或项目内容时，只要所提示单据的内容看来满足所要求单据的功能且其他方面与第 14（d）条相符，则银行将接受该单据的提示。"故 FCR 可以成为信用证项下的其他单据。由于 UCP 未对 FCR 作出明确规定，因此，当贸易双方同意以 FCR 替代运输单据时，出口商必须要求在信用证中对 FCR 作出明确规定，如"××公司或开证申请人指定的人签发的货物收据，证明其已收到表面状况良好的货物且载明货物收讫日期、货物价值、货物数量及信用证编号"，否则银行将拒绝接受 FCR。另外，国际商会第 596 号出版物也要求信用证项下需要提交 FCR 的情形下，开证行必须对其内容和制作作出明确指示。

（二）信用证付款方式下使用 FCR 的风险

在信用证明确规定将 FCR 作为结汇单据的情况下，银行收到 FCR 和其他单据且与信用证相符时，银行应承付货款，这对出口商无疑是一种收汇安全保障。但由于 FCR 的不可转让性和非物权凭证特性，出口商持有 FCR 正本，仅享有一定条件下的撤销或变更指示的权利，这会削弱信用证的安全收汇保障性。由于在 FOB 或 EXW 条件下，货运代理常常是买方的代理人，加之 FCR 是对货运代理的一种不可撤销指示，该指示为将货物置于 FCR 所记载的收货人支配之下，此时作为买方的代理人，货运代理按照买方的指示行事，其一旦收到出口商的货物，收货人即获得对货物的不可撤销的支配权。收货人在目的地无须凭 FCR 就可直接提货。在这种情况下，若买方资信发生变化，而出口商又未能严格按照信用证要求提交单据，买方可能既获得货物又指示银行拒付。此时，出口商极可能既丧失货物又无法收回货款。因此，在将 FCR 作为信用证结汇单据的情形下，出口商应更加谨慎地严格遵守信用证规定，以保障凭银行信用获取货款。

（三）信用证付款方式下防范 FCR 风险的措施

在前述纠纷案例中可以发现，除了国外买方的资信问题外，出口商无法收取货款的主要原因是信用证纠纷，尤其是关于 FCR 的争议。为此，作为信用证的受益人，出口商在接受使用 FCR 时，要保证所提示的单据与信用证相符，必须对信用证中关于 FCR 的规定予以严格审核，一旦发现无法履行的信用证条款，应及时提出信用证修改要求，防止交单时出现不符点而遭遇银行拒付。对此，出口商应该做到以下几点。

1. 以开证银行作为 FCR 的收货人

与提单比较，在使用 FCR 时更容易产生买方不付款赎单而提取货物的风险。为最大限度地保障出口商对货物的控制权，出口商可以事前与买方协商并征得银行同意，将开证银行作为 FCR 项下的收货人并记载于 FCR 中。这样，由银行行使对货物的控制权，以防买方不付款赎单即提货，买方只有在付款后，经银行授权才能提取货物，这对出口商和银行都是有利的选择。

2. 审核 FCR 的依据

如前所述，尽管 FCR 不属于 UCP600 规范的运输单据，对 FCR 的审核依据不适用于

UCP600 第 14（c）条，[①] 即不应对 FCR 的交单期予以规定。而依据 ISBP，应按 UCP600 第 14（f）条审核 FCR，换言之，只要出口商提交的 FCR 内容满足所要求单据的功能且其他方面符合 UCP600 第 14（d）条，[②] 银行应接受该单据。从 UCP 和 ISBP 的上述规定可以看出，国际贸易惯例对 FCR 的审核标准相对于提单等运输单据的审核标准更加宽泛和灵活。

3. 信用证关于 FCR 签发日期、收货日期及收货地点的规定必须正确

目前，各国银行开立信用证通常使用 MT700 格式，其 44A、44E、44F 和 44B 及 44C 栏都是对 UCP 第 19 条至第 25 条关于运输单据的规定，这些栏目不适合要求提交 FCR 的情形。因此，在信用证要求提交 FCR 时，上述栏目不应填写内容，应保持空白。若信用证对 FCR 中显示的签发日期和/或收货日期以及收货地点、货物收妥状况有要求时，应在 46A 栏的“所需单据”中予以明确规定。若信用证对 FCR 的要求中出现诸如“Shipment Date，Port of Loading，Port of Discharge，Place of Dispatch，Place of Taking in Charge，Place of Final Destination”等用语，必须要求予以删除。因为这些用语只适用于提单、海运单、航空运单、铁路运单等运输单据，而以货运代理身份签发的 FCR 通常仅是货物收据而非运输单据。另外，有些信用证规定“FCR 的签发日视为 Shipment Date（装运日）”，[③] 这种规定或类似条款不能正确反映货物的实际装运（装船）日期，因为除少数 FCR 是在装船后签发的，绝大多数 FCR 是在装船前签发的。因此，出口商对于此类信用证条款也须要求删除。

4. 正确处理信用证中关于货物分批装运或转运条款

贸易中的货物需要分批发运或转运是很常见的，此种情况下，通常需要在信用证 MT700 的 43P（分批装运）栏或 43T（转船或转运）栏内明确规定货物分批装运或转船（转运）条款。尽管 FCR 经常使用在一些国际大宗货物采购贸易中，其订单具有量大、周期长、多次运输的特点，但由于签发 FCR 时货物一般还没有实际发运而只是收到货物而已，因此，MT700 的 43P 栏或 43T 栏也不应对分批装运或转运予以规定；即使规定了，银行也无法从 FCR 单据本身判断后续的运输是否会发生分批装运或转运情况。相反，若信用证规定了分批装运或转运条款而 FCR 中没有相应的表示，则极易导致单据的不符点，从而引发银行拒付货款。

5. 严格审查 FCR 的交单截止日

信用证结汇方式下，银行通常在 MT700 的 48 栏（交单期限）内对提交正本运输单据的截止日期作出明确规定，即在该栏内列明运输单据签发后多少天内出口商必须向银行交单的截止日期。同样，该栏也是针对运输单据而言，不适用于 FCR。因此，若信用证规定提交 FCR 时，MT700 的 48 栏同样不应填写内容，应保持空白，出口商在信用证有效期内提交 FCR 即可。即使买方坚持要在信用证中规定 FCR 的交单截止日期，也不应在 48 栏内作出规定，而应在 MT700 的 47A（附加条件）中加以规定，如“单据须在 FCR 中显示

---

① UCP600 第 14(c)条规定：包含一份或多份且受第 19、20、21、22、23、24 或 25 条约束的正本运输单据的提示，必须在不晚于本规则所述的装运日后 21 天，但无论如何不晚于信用证的到期日，由受益人或代表受益人作出。

② UCP600 第 14(d)条规定：单据中的信息，当联系信用证上下文、该单据本身及国际标准银行实务（ISBP），不必与该单据、任何其他规定的单据或信用证中的信息完全相同，但不得与其相冲突。

③ 李钦 . FCR 单据之我见. http://www.10588.com/forum/forum.php? mod=viewthread&tid=47272.

的签发日期后或收货日期后××天内提交××银行”。若出口商能够做到以上几点，同时保证其他单据不存在不符点，则可以获得信用证项下的款项。

六、出口商运用 FCR 的策略

通过上述分析可以看出，出口商接受 FCR 最大的风险在于其收汇。由于 FCR 一般在其正面显著位置明确记载“货物将直接发送收货人”，因此只要出口商接受了 FCR，则应受该项约定的约束，承运人直接向记名收货人交付货物既不违法也不违约，无须对出口商因此遭受的损失承担赔偿责任。另外，在 FOB 条件下，出口商有可能不被视为海上货物运输合同的托运人，其在运输合同中的身份仅为买方指定的贸易合同交货人。如此一来，作为发货人的出口商没有物权凭证的提单，承运人直接放货给记名收货人有可能并无不当，一旦买方不付款，出口商将陷入极其被动的地位。从贸易合同的角度看，尽管买方有义务根据买卖合同的约定及时支付货款，但发生纠纷时往往货物已被买方提走，此时出口商收取货款的权利很难实现。为此，出口商在国际贸易中应非常谨慎地接受使用 FCR，并应采取适当的因应策略。

第一，对于买方的信誉应有充分了解时才能使用 FCR。多数情况下，买方不付款的根源在于其信用不佳。因此，出口商预防贸易纠纷的根本策略是选择资信较好的贸易伙伴。若中国出口商对国外买方的资信状况无充分把握且同意使用 FCR 及 T/T（电汇）方式结汇，可向中国出口信用保险公司提出投保申请，由其通过资信渠道调查买方的资信状况、评估承保额度，在规定的承保范围内对应收账款进行保障。第二，贸易合同条款应合理。从贸易和运输的实践看，因 FCR 产生纠纷的原因之一是贸易合同条款不尽合理。在诸多类似纠纷中，贸易条件多为 FOB 或 EXW，付款方式多为 T/T。这种情况下，出口商一般不掌握实际承运人签发的提单，进而很难控制货物运输权。因此，出口商应力争在贸易合同中约定使用以 C 开头的贸易术语，特别是原材料紧张或价格波动幅度大的产品更是如此，由出口商掌握提单，以保证对货物的控制权；付款方式争取使用发货前 T/T。第三，若以信用证结汇，双方必须约定在信用证中明确规定“可以接受 FCR 作为付款单据”，从而保证收汇安全。若信用证对 FCR 没有相应规定，银行一般不接受这种单据。出口商须按照上述建议严格审查信用证中关于 FCR 的条款，对不符合国际惯例规定的条款及时提出修改要求。争取以开证银行作为 FCR 的收货人并严格制作 FCR 及其他单据，防止出现不符点，以免为银行拒付提供借口。第四，坚决要求货运代理（无船承运人）在签发 FCR 之后，必须向出口商出具提单，并要求将出口商的名字记载于提单的“托运人”栏中，以便控制货物运输权和货款权。若只签发 FCR 而不签发提单，出口商应谨慎地接受该 FCR 确认书。第五，严格审查 FCR 背面条款的内容。一旦出现 FCR 纠纷时，货运代理或无船承运人是否承担责任，其主要依据是 FCR 背面条款载明的内容。如前所述，FCR 的签发人与出口商之间的关系不同，即签发人与出口商之间是货运代理合同关系还是货物运输合同关系或无任何关系，其对出口商所承担的责任大不相同。为此，出口商一旦同意使用 FCR，必须严格审查 FCR 的背面条款，确认其签发人的身份是货运代理还是承运人或无船承运人。若其签发人为货运代理，货物装船后，该货运代理通常即免除其对货物及其交付责任；若其签发人为承运人或无船承运人，货物装船后，该承运人必须保证将货物交给 FCR 载明的记名收货人，否则须对出口商承担赔偿责任；即使签发 FCR 的货运代理与出口商之间无合同关系，但该代理人也应在安排货物运输过程中，确保运输单据（提单或海运单）内容与FCR一致，向实际承运人作出正确指示，否则货运代理需对出口商承担赔偿责任。

FCR作为一种新型的国际贸易货物运输单据，近年来，在中国对外贸易中逐渐开始使用。但由于相关国际公约和中国法律法规对此并无完全统一、明确的规范，由此引发的纠纷不断增多。通过本书的分析和探讨，建议中国出口商对FCR予以充分认识和掌握，并在国际贸易中正确使用。

FCR虽然在形式上与提单很相似，但与提单相比较，FCR具有独特的性质及功能。FCR只是一种收据，不具有物权凭证的效力。FCR是货运代理或承运人（包括无船承运人）收到托运货物时，向托运人签发的收据，且承诺将货物运到FCR所载明的目的地；收货人无须凭FCR即可提取货物。FCR不具有可转让性。FCR是不可转让的运输单据，货物只能交给FCR载明的记名收货人，因此，承运人交货时一般不需收回FCR。由于FCR不具有“通过将纸质单据交给另一方就将在途货物的权利转移给另一方”的功能，因此，银行一般不接受FCR。在信用证付款方式下，除非信用证明确规定可接受FCR，否则该单据不被银行所接受。信用证付款方式下使用FCR时，其审单依据和标准与审核提单等运输单据的依据和标准不同；出口商应争取以开证银行作为FCR的收货人，并须依国际惯例（UCP600及ISBP）对信用证条款予以严格审查，及时修改不合理的条款，准确制作FCR及其他单据，避免单据出现不符点。只要其符合一定条件，FCR可以构成“海上货物运输合同的证明”，承运人必须依据FCR履行其运输合同义务。判断FCR的性质如何，主要取决于其记载的事项或条款。FCR也可构成“货物已装船的证明”，但其并不是承运人“据以交付货物的保证”。FCR签发人与出口商的关系可能表现为货运代理合同关系，也可能为货物运输合同关系，甚至无任何关系；他们之间的关系不同，FCR签发人的责任就不同。出口商接受FCR可能存在无法控制货款和货物运输权等风险，对此，出口商必须采取相应的因应策略来维护自身权益。

第九章 承运人的责任与义务

在海上货物运输中，承运人所承担的责任与义务是运输合同或提单的主要问题。在不同的历史发展时期，承运人的责任基础（Basis of Liability），即承运人对货物损失或灭失负责赔偿的基本原则有所不同。

一、承运人的责任基础

承运人的责任基础是指，规定承运人对其运送货物的灭失、损坏或迟延交付应承担责任的基本原则或制度。承运人责任基础在相关国际公约中始终处于一个核心地位，决定着货物运输公约的基本特征和价值取向，也是货方最为关注的问题。

在中世纪地中海沿岸的国家，承运人对船载货物承担绝对的安全责任，即严格责任原则。当时的货物管理包括交付、接受和提货的全过程，承运人有义务保证在航程结束时，所交付的货物与托运人交付的货物完全一样。因此，承运人是货物安全运送和交付的担保人，只有能举证证明货损或灭失归因于不可抗力才有可能免责。绝对责任原则认为，在海上货物运输中，只有承运人而不是托运人能直接有效地控制货物，并采取措施处理所发生的与货物有关的具体问题。

到了中世纪后期，契约自由原则盛行，最终成为民商法的基本原则。此时，提单逐步演变成一种由承运人依契约自由原则自主制定且具有固定格式和内容的货物运输合同。至此，承运人所承担的严格责任原则被打破，取而代之的则是承运人不负过失责任原则。承运人往往凭借其在航运方面的垄断地位并依契约自由原则，开始在提单中增加免责条款，甚至将不公平的条件强加给托运人。于是，承运人免责条款大大增加，海上风险或意外事故免责广泛发生。

20 世纪初，承运人承担不完全过失责任原则得以实现。19 世纪末至 20 世纪初，英国拥有世界上最大的商船队，承运人有能力避免立法对契约自由的干预。但这种状况不能阻止其他国家，特别是美国和国际社会对此的干预。于是，美国于 1893 年制定了具有保护货主利益的《哈特法》。该法规定，试图免除承运人在适当装载、堆放、保管、照料货物或适当交货等方面的过失责任的任何提单条款无效；任何免除或限制船东关于适航或装备船舶的合理注意义务的条款无效；但船东已尽合理注意确保船舶在各个方面适航，则可免除船东在航行和船舶管理方面的过失责任。因此，《哈特法》是美国历史上第一部规范提单内容的国内法。但该法也对承运人与货主利益矛盾进行了折中，即承运人的航行和管船过失可免责，而管货与适航过失不能免责。无论是英美法系还是大陆法系国家，美国《哈特法》对各国相关法律的制定都产生了极大的影响，特别是对后来《海牙规则》的制定产生了深远的影响，成为国际上保护消费者立法的先驱。

1924 年的《海牙规则》和 1968 年的《维斯比规则》关于承运人的责任基础采用不完全过失责任原则。《海牙规则》的目的在于限制提单中的承运人免责条款，促使提单成为更加可信的海运和贸易单据。它以过失责任为原则，以列明的过失为例外。换言之，原则上承运人对货物在责任期间发生的灭失或损坏是否负责，依本人、船长、船员、其他受雇人或代理人有无过失而定，有过失则应负责，无过失则免责。但作为例外，若货物的灭失或损坏是船长（员）等在驾驶或管理船舶中的过失所致，承运人仍可免责。

到 20 世纪 60 年代，《海牙规则》本身存在的严重缺陷和一些尚未解决的问题逐步暴露出来，特别是其中的部分规定已明显过时，偏袒承运人利益的条款过多等。为此，国际社会要求修改该规则的呼声越来越高，特别是货主国家的要求更为强烈。为缓和承运人与货主的矛盾，国际海事委员会制定并通过了修改《海牙规则》的议定书，即《维斯比规则》。该规则对《海牙规则》的适用范围、赔偿限额、集装箱和托盘运输的赔偿计算单位等方面的问题作了一定的修改和补充。但对一些重要问题，尤其是有关承运人的不合理免责条款等实质性问题，丝毫未触动，对承运人和托运人的主要责任和义务也未作实质性的修改。《海牙规则》存在的主要问题未从根本上得以解决，因此，《维斯比规则》对《海牙规则》的修改是不彻底的。

《汉堡规则》对承运人的责任基础采用完全过失责任原则。在《维斯比规则》通过之后，广大发展中国家继续强烈要求对《海牙规则》进行全面的、实质性的修改。1978 年，联合国在汉堡召开大会，签订了《联合国海上货物运输公约》，即《汉堡规则》。该规则除了对承运人的责任期限、赔偿责任及限额、诉讼时效等作了重大调整和修改之外，还废除了《海牙规则》中偏袒承运人利益的免责条款。该规则于 1992 年 11 月 1 日生效。《汉堡规则》规定，承运人的责任基础是完全过失责任，即货物的灭失或损坏或延迟交付所造成的损失均由承运人负责赔偿，除非承运人能证明本人、受雇人或代理人已为避免事故的发生和后果采取了一切可能的合理措施。《汉堡规则》的这种完全过失责任原则（又称过失推定原则）与一般过失责任原则的举证责任不同。一般过失责任原则的举证责任属于受害人，而该规则的完全过失责任原则的举证责任属于承运人，即承运人须承担证明自己无过失的责任，否则推定为有过失而须承担赔偿责任。该规则取消了《海牙规则》中承运人的 17 项免责事项，并规定只要货损发生在承运人的掌管之下，承运人则应负责；唯一的例外是，承运人须证明他对此已采取了有效合理的防护措施。

从经济角度看，《汉堡规则》是为修改和补充《海牙规则》而制定的，其内容也是针对有关提单的各种问题，但其对国际贸易、航运、保险、银行业务等各个方面发展的影响并不大，因为参加该规则的国家很少，尤其发达国家几乎未参加。

《鹿特丹规则》在新的历史条件下构建了一个新的承运人责任基础。该规则构建的承运人责任基础，既不是《海牙规则》的不完全过错责任制，也不完全是《汉堡规则》的推定过错责任制，而是在平衡船货各方利益的基础上，吸收这两个公约的合理成分，形成独特的承运人责任基础。《鹿特丹规则》将承运人的责任范围扩大到“海运+其他”运输方式，即可实现“门到门”运输。换言之，国际海运或包括海运在内的国际多式联运货物运输合同均可在该规则的规范范围之内，这就拓宽了承运人的责任范围，有利于维护贸易商的利益。

为平衡和调整船方和货主的利益，关于国际货物运输的公约和各国的相关法律都规定了承运人应承担的责任、义务和免责事项。这些责任、义务和免责事项是公约或法律的强制性规定或最低要求，承运人均受其约束，不得通过提单或运输合同加以免除。其中主要包括船舶适航、管理货物、不得绕航和不得迟延交货等责任和义务。

二、船舶的适航义务

为保证船载货物的运输安全，无论是国际运输公约、惯例还是各国法律均要求载货船舶必须适航（Scaworthy），这是承运人的一项默示义务。关于船舶的适航问题，有三种不同程度的适航。在《海牙规则》之前，英美普通法采用绝对适航义务，即不论船东是否有过失、是否已恪尽职责、船舶是否存在潜在缺陷、海上风险是否可以预知，船东因未保证船舶无缺陷开航而发生事故必须承担责任。为避免承担过重的绝对适航责任，船东通常依据契约自由原则在合同中约定免责条款。第二种适航义务称为最宽松的适航义务。一般在租船合同中，船东利用契约自由原则约定，只要船东本人没有与有过失（Fault and Privity），船东则不承担不适航义务，且船东可将其职责委托其受雇人或代理人，如船长、修船厂、验船师等来履行，只要船东所委托的是合格的人选，则受托人在工作中的过失导致船舶不适航与船东责任无关。第三种是《海牙规则》采用的恪尽职责使船舶适航的义务。《海牙规则》第3条第1款规定："承运人必须在航次开始之前和开航当时，谨慎处理：（1）使船舶适航；（2）妥善地配备船员、装备船舶和配备供应品；（3）使货舱、冷藏舱、冷气舱和该船其他载货处所适于并能安全地收受、载运和保管货物。"根据《海牙规则》，船东不承担任何绝对的适航义务，也不存在绝对的谨慎处理使船舶适航的义务，只有这样一种义务：谨慎处理使船舶适航；在开航前和开航时保证适航。谨慎处理是船东援引免责条款的前提条件。只有存在于船舶结构中的潜在缺陷才能免除承运人的责任；适航通常仅指货物运输方面的适航，而不涉及海上人命安全方面的适航问题。

所谓船舶适航（Make the Ship Seaworthy），通常是指船舶在各个方面都能够满足航程中的一般安全要求，保证在航行的可预见风险中安全行驶，不会导致损失发生。《海牙规则》规定的船舶适航义务包括狭义与广义的适航。狭义适航指船舶本身应具有克服海上一般风险，从而保证安全航海的能力。换言之，船舶的船体和船机在设计、结构、性能以及设备等方面能够抵御合同或提单规定的航次中通常出现的或能合理预见的风险。

广义适航除上述狭义适航外，还包括航海能力和适货能力。航海能力是指，船舶应具备为完成预定航次所必需的一切设备和条件。它一般包括三项内容：一是妥善地配备船员。二是妥善地装备船舶，即船舶在各方面装备完善使其能妥善装载、积载、保管、运送和卸载货物，而且船东必须采取一切合理措施，使各种设备经常处于有效状态。三是妥善配备供应品。船舶必须配备充足的燃料、物料、淡水、食品等，保证航行使用。船舶的适货是适航的重要组成部分，是指装载货物的货舱、冷藏舱及其他供载运货物的工具（如集装箱等）适合于受载、运送和保存货物并具有克服航行中的一般风险的能力。

关于船舶适航的时间范围，有关的国际公约和各国法律的规定不完全相同。《海牙规则》和包括中国《海商法》在内的大多数国家的法律规定，承运人谨慎处理保证船舶适航的时间范围是"开航之前和开航当时"（Before and at Beginning of the Voyage）。开航之前的适航，通常是指货物在装船港装船时，船舶在装货过程中应处于适合安全收受货物的良好状态，具有克服停泊中通常发生的海上危险的能力，包括必要时船舶能驶离泊位到锚地避开某些危险。但在装货期间并不要求满足与安全装货无关的其他适航要求，如在装货期间可以检修机器设备、补充燃料和物料等。开航当时的适航，通常是指解开最后一根缆绳离泊、船舶起锚并实际移动之时，船舶应具备克服航次中通常所能预见的海上危险的条件。

一旦发生船舶是否适航争议时，究竟是承运人还是货方负责举证？对此，国际公约和有关国家的法律规定不一。《海牙规则》规定，承运人有义务举证证明其已尽到保证使船舶适航的责任，即一旦货方提出船舶不适航并因此导致货损时，则推定承运人未恪尽职责保证船舶适航，应承担相应的货损责任。承运人若要免除其责任，则必须负责举证证明自己已经做到谨慎处理。通常情况下，船舶适航证书只是承运人已谨慎处理使船舶适航的初步证据；法国法院也曾判决由承运人负责举证船舶适航；而英国自普通法时代以来就采取由货主举证证明船舶不适航的做法。

《鹿特丹规则》基本保留了传统适航的内涵，明确适航义务的标准依然是谨慎处理。但该规则将承运人保证船舶适航的义务延伸到整个海上航程，① 同时又通过举证责任的分配，即索赔方举证导致货损的原因是不适航，在一定程度上减轻了承运人的举证责任，从而找到新的平衡点。② 另外，在集装箱班轮运输中，承运人提供集装箱的情况很常见，而因集装箱本身不适合货物导致损失的纠纷也时有发生。《鹿特丹规则》顺应了航运实践的发展，明确规定承运人提供的集装箱应适于且能安全接受、运输和保管货物，且在整个海上航程中保持这种状态。③

三、管理货物义务

管理货物义务，简称“管货义务”，是国际货物运输中，除保证船舶适航外，承运人的最主要义务。它是指承运人在接收货物后适当管理，使货物能够在良好状态下到达目的港并将其交付收货人。《海牙规则》第 3 条第 2 款规定：“除第 4 条规定外，承运人应妥善和谨慎地装载、搬运、积载、运送（输）、保管、照料和卸载所运货物。”其中“除第 4 条规定外”是指该公约规定的承运人可免责的事项。中国《海商法》在第 48 条作出与上述公约完全相同的规定。从上述国际公约和中国法律规定可以看出，承运人的管货义务，体现在从装货港装载货物时起、到目的港交付货物完毕时止的整个过程，承运人应对各个作业环节承担妥善和谨慎地管理货物的义务。

《海牙规则》和中国《海商法》将承运人的管货义务划分为七个环节，即装载、搬运、积载、运送（输）、保管、照料和卸载。《鹿特丹规则》在上述七个环节基础上又增加“接收”和“交付”两个环节，共九个环节。

管货义务期间的问题，是一个有争议的问题。不同的国际公约和不同国家的法律对此有不同的规定。从《海牙规则》第 1 条第 2 款、第 5 款，第 2 条及第 3 条的上述规定以及英国的许多判例看，承运人管货义务的期间应该是货物装上船舶开始、到货物卸下船舶为

---

① 参见《鹿特丹规则》第 14 条。

② 参见《鹿特丹规则》第 17 条第 5 款。

③ 参见《鹿特丹规则》第 14 条第 3 款。

止的整个运输期间，即“钩（舷）至钩（舷）”期间。而依《汉堡规则》第4条，承运人管货义务的期间采取“港至港”条款，即从装货港接管货物时起，直至在卸货港交付货物时止的整个期间，承运人都要对货物负责。

《鹿特丹规则》对承运人的管货义务实行推定完全过错原则。该规则第17条第1款和第2款分别规定：“若索赔人证明：货物灭失、损坏或迟延交付，或者造成/促成灭失、损坏或迟延交付的事件或情形是在第四章规定的承运人责任期内发生的，承运人应对货物灭失、损坏和迟延交付负赔偿责任。若承运人证明，灭失、损坏或迟延交付的原因或原因之一不能归责于承运人本人的过失或第18条述及的任何人的过失，可免除承运人根据本条第1款所负的全部或部分赔偿责任。”这一规范对货主比较有利。

四、不得绕航义务

所谓绕航（Deviation）是指，船舶在航行途中改变或偏离了约定的、习惯上的或地理上的航线。

绕航通常分为不合理绕航与合理绕航。不合理绕航一般是指不具有合理依据的绕航，换言之，这种绕航一般是为船东本身的利益而进行的绕航。在国际运输中，常见的不合理绕航有以下情况：为避免起运港的高价燃油，起航时故意不加足燃油，中途偏离航线去油价较低的港口加油；承运人明知卸货港拥挤，但仍然承诺将货物运抵该港，结果只好将货物卸在另外港口；为在航线附近停靠的其他船舶捎带供应品；发现船上有偷渡者，船舶回航或偏航挂靠附近港口，使偷渡者下船；明知绕航会导致货损而仍坚持绕航者以及未经许可的转船；等等。从上述情况可以看出，船舶有意地为自身利益而进行的绕航为不合理绕航。

若承运人或船方的绕航被确定为不合理绕航，则承运人或船方应承担何种责任，不同的法系和相关的国际公约对此采取不同的态度。

根据《海牙规则》的解释，承运人的不合理绕航仍被视为根本违约。不合理绕航的后果是，承运人不得援引运输合同和该规则中的免责和责任限制条款。该规则第4条第4款规定，合理绕航不是对公约或运输合同的违反。从反面解释，不合理绕航则是违反公约或运输合同，因此，承运人可能将丧失以下权利：（1）单位责任限制；（2）一年诉讼的时效；（3）谨慎处理的抗辩；（4）免责事项的抗辩；（5）合同规定的任何其他为第3条第8款禁止而别处支持的责任限制和免责。依《维斯比规则》第4条第5款第5项，若绕航是“承运人有意造成损害或明知可能造成损害而轻率”采取的，则这一不合理绕航只能使承运人丧失单位责任限制。《鹿特丹规则》第24条规定：“若绕航根据适用的法律构成违反承运人义务，承运人或海运履约方不得因此被剥夺本公约为其提供的任何抗辩或赔偿责任限制，但第61条规定的情形除外。”这一规范明确了绕航的法律后果，即承运人或海运履约方不得因绕航行为而被剥夺《鹿特丹规则》下的任何抗辩或赔偿责任限制的权利，除非构成第61条丧失责任限制的情况。从上述规范看，绕航的定义及合理与否，由各国国内法解决。

许多船公司在租船合同或提单内规定了“自由绕航条款”，即“船舶可自由以任何顺序，停靠习惯航线上或航线之外的任何港口”，或“凡遇到目的港发生罢工、封闭或拥挤时，承运人可将货物卸在任何安全而方便的港口”，或“在本条款的规定下，任何货物的卸载将被视为已履行了合同义务”等。这类条款通常被法院判定为多余且无效。

五、不得迟延交付义务

迟延交付（Delay in Delivery）通常是指，承运人未能在约定的期间内或应到达的期间内将货物交付给收货人。承运人未履行该义务时可能会给收货人造成两种损失：一是实际损失或物质损失，即因迟延导致货物本身发生的实际灭失或损坏；二是经济损失，即货物本身虽然没有发生灭失或损坏，但因迟延交付导致货主无法继续出售或无法实现本应实现的利益，如市价损失、利润损失、停工损失、利息损失及无法履行与第三者的合同而赔偿的损失等。尽管《海牙规则》《维斯比规则》及大多数国家的海上运输法及提单条款中，均无关于迟延交付的责任规定，但实际上，依《海牙规则》第3条2款关于管货义务的规定，承运人应在合理时间内交付货物。因此，承运人应对迟延交付所致的货物实际灭失或损坏及经济损失负赔偿责任。《汉堡规则》首次将迟延交付从货物灭失或损坏中独立出来，将迟延交付所导致的物质损失和经济损失归为一类并规定专门的责任限制，且在免责事项、时效、交货、索赔通知等条文中，也将灭失、损坏及迟延交付并列，清除了误解和争议。因此，《汉堡规则》对确立迟延交付这一独立法律制度或惯例起了重要作用。

中国《海商法》关于迟延交付的规定，既仿效了《汉堡规则》，但又不同于《汉堡规则》的规定。中国《海商法》第50条规定：

“货物未能在明确约定的时间内，在约定的卸货港交付的，为迟延交付。

“除依照本章规定承运人不负赔偿责任的情形外，由于承运人的过失，致使货物因迟延交付而灭失或者损坏的，承运人应当负赔偿责任。

“除依照本章规定承运人不负赔偿责任的情形外，由于承运人的过失，致使货物因迟延交付而遭受经济损失的，即使货物没有灭失或者损坏，承运人仍然应当负赔偿责任。

“承运人未能在本条第1款规定的时间届满60日内交付货物，有权对货物灭失提出赔偿请求的人可以认为货物已经灭失。”

《鹿特丹规则》也对迟延交货予以规范。依《鹿特丹规则》第17条，若托运人能证明货物灭失、损坏或迟延交付，或造成/促成灭失、损坏或迟延交付的事件或情形是在承运人责任期内发生的，则可要求承运人对货物灭失、损坏和迟延交付负赔偿责任。

六、相关案例分析

*承运人管货义务争议案*①

原告：中国人民保险公司上海市分公司（下称“保险公司”）

被告 GRAND FLEET NAVIGATION LTD.（下称“格林达航运”）

被告：Allied Maritime Inc.（联合海运公司）

某年12月15日，东方国际集团上海市对外贸易有限公司（下称“东方国际”）与中间商霸超国际有限公司（下称“霸超公司”）签订鱼粉购销合同，约定霸超公司向东方国际提供秘鲁鱼粉1 500吨，价格条件为CNF（CFR），总计627 000美元。12月21日，

---

① 参见上海海事法院民事判决书(2001)沪海法商初字第99号，http://shhsfy.gov.cn/hsfinfoplat/platformData/infoplat/pub/hsfyintel_32/docs/200708/d_199559.html。

上海市农业生产资料公司（下称“农业公司”）与东方国际签订“代理进口合同”，约定东方国际代理农业公司向霸超公司购买秘鲁鱼粉，鱼粉单价、数量、品质等均与前述鱼粉购销合同一致。次年 2 月 10 日，1 500 吨秘鲁鱼粉在秘鲁 CHIMBOTE 港被装上“PROGRESO I”轮，船长代理人签发了清洁提单，该提单抬头人为格林达航运，卸货港为上海港，货物数量为 29 712 包、1 500 吨。2 月 22 日，保险公司签发了货物运输保险单，为上述货物保险。保险单载明，被保险人为“东方国际（农业公司）”，保险金额为 620 730 美元，承保险别为一切险和战争险，包括货物受潮受热、汗湿、结块、霉变、自燃、沙门氏菌和志贺氏菌的风险。3 月 31 日，涉案货物运抵上海港。经吴淞检验检疫局鉴定，发现货物存在残损及短少情况，具体为①残损：抽样 1 850 包，严重变色、焦味的 172 包，一般变色、焦味的 175 包，轻微变色、焦味的 489 包；②短少 199 包。吴淞检验检疫局出具的鉴定报告认为货物受损系货物发热所致，而短少则在卸载前业已存在。此后，保险公司向农业公司赔付了人民币 100 万元并取得收据及权益转让书。

在此期间，联合海运公司是“PROGRESO I”轮的管理人（Manager），格林达航运是“PROGRESO I”轮的船舶所有人。

保险公司请求判令两被告连带赔偿货损货差 120 481.93 美元及事故发生之日起至两被告实际支付日止的利息损失（利率为银行定期存款利率）并赔偿检验费用。

联合海运公司则认为，保险公司无证据表明其为涉案船舶经营人，故其与保险公司无法律关系，不应承担货损责任；即使其系涉案船舶经营人，也不应承担承运人应负之责；保险公司承保的货物非涉案货物，货损亦非承保范围且被保险人取得提单途径不合法，故保险公司赔付于法无据，不能取得代位求偿权；保险公司赔付的数额亦缺乏依据。联合海运公司请求判令驳回保险公司诉讼请求。

法院经审理认为，涉案货物由格林达航运所有的船舶承运且提单抬头人亦为格林达航运，故可认定其为本案海上货物运输合同的承运人。联合海运公司是承运船舶“PROGRESO I”轮的管理人（Manager）。根据布莱克法律词典的相关解释，“管理人”一般均得到聘任人或雇主的概括性授权，具有处理聘任人或雇主事务的最广泛的权力并且具有独立的行动或判断权。由于联合海运公司未提供证据证明其与格林达航运在管理方面的分工，故法院认为可认定联合海运公司实际从事了涉案货物的运输，因此可视为涉案货物运输的实际承运人。

根据涉案提单记载及检验报告，法院认为涉案货物短损发生在承运人责任期间，依照中国《海商法》，承运人如无免责事由，应承担赔偿责任。实际经营船舶的联合海运公司若无免责事由，依法同样应承担赔偿责任。

关于货物短少，法院认为，对此承运人或实际承运人均无权享受责任免除，故两被告理应承担赔偿责任。至于货损，按照中国《海商法》的规定，因货物自然特性或固有缺陷导致的货物灭失或损坏，承运人无须承担责任。但承运人享受此项免责的前提是其已尽合理谨慎且此项须由承运人举证证明。本案并无证据证明承运人在积载、管理货物过程中已尽合理谨慎之责。实际承运人联合海运公司也未能证明其在管理货物方面已恪尽职守。由于中国《海商法》对海上货物运输合同采用了过错推定归责原则，故两被告对本案货损仍应承担赔偿责任。

根据检验报告，“严重变色、焦味”的货物占全部货物的 9.3%，“一般变色、焦味”

的为 9.5%，“轻微变色、焦味”的占 26.4%，另短少的 199 包货物应认定为全损。保险公司赔付了人民币 100 万元，而完好货物的保险价值为 620 730 美元，故保险公司就货损货差赔付的比率为 19.4%。保险公司在向农业公司协商赔付时，未通过相关机构确定贬值率，故该赔付数额不一定与客观事实上的贬值率完全吻合，但法院认为保险公司与农业公司通过磋商确定赔付数额于法不悖；且保险公司向农业公司赔付的数额在合理范围内，故保险公司向农业公司赔付的数额并未超过承运人应承担的责任范围，并未侵犯承运人的合法权益，因此保险公司诉请的数额可以支持。遂判决格林达航运向保险公司赔偿货损货差损失人民币 100 万元及利息损失；被告联合海运公司对前述赔偿与格林达航运承担连带赔偿责任。

联合海运公司不服一审判决，向二审法院提起上诉。

二审法院认为，原判认定事实清楚，但确定承运人应赔付的损失数额有误。二审法院认为，“严重变色、焦味”在残损程度上要轻于“自燃”或“炭化”，将“严重变色、焦味”等同于“自燃”或“炭化”夸大了受损程度。同理，将“一般变色、焦味”和“轻微变色、焦味”的贬值率相应地确定为 60% 及 40% 也不符合客观受损情况。

二审庭审结束后，保险公司递交的代理词中列举了 5 种鱼粉残损的计算方式，二审法院认为其中之一的计算标准较为合理，即“严重贬值率采用 60%，中度采用 40%，轻微取 20%”。故涉案鱼粉的贬值率应确定为“严重变色、焦味”60%、“一般变色、焦味”40% 及“轻微变色、焦味”20%。遂改判格林达航运公司向保险公司赔偿货损货差损失人民币 784 739.77 元及利息损失；被告联合海运公司对前述赔偿与格林达航运承担连带赔偿责任。

本案涉及以下争议问题。

（一）船舶管理人的地位

海上货物运输合同货损纠纷中，将何人作为货物索赔的被告是贸易商面临的重要问题。在实践中，被告可能有四种：（1）船舶所有人；（2）船舶（限于承认对物诉讼制度的国家）；（3）缔约承运人；（4）实际承运人。对于这四类被告，前两类比较容易识别，可从船舶国籍证书中加以认定，而后两者的识别较为困难，特别是存在承租人和船舶管理人时，情况就更复杂。

通常，对船东和承租人提起诉讼都是有效的。一般情况下，货物运输实际上是船东和承租人联合经营（除非是光船租赁）；而且，船东和承租人不仅仅是被合同约束在一起，他们还要分担承运人的责任。因此，他们通常都被裁定为负连带责任的承运人。

本案中，联合海运公司是承运船舶“ PROGRESO I”轮的管理人（Manager）已经明确。“船舶管理人”是从航运企业的经营、照管和料理中将相关职能分离，形成的专业照管料理机构，始终代表着聘任人或雇主在行使权力，故其一般均得到聘任人或雇主的概括性授权，具有处理聘任人或雇主事务的最广泛的权力，并且具有独立的行动或判断权。

本案由于联合海运公司未提供证据证明其与格林达航运在管理船舶方面的分工，根据“管理人”通常意义上的解释，可推定联合海运公司实际从事了涉案货物的运输，因此，其地位可被认为是实质从事了涉案货物的运输、履行了实际承运的职能，故对其提起诉讼是正当的。

（二）货物自然特性与承运人的管货义务

中国《海商法》第51条第1款规定，因“货物的自然特性或者固有缺陷”导致的货损，承运人可以免责。联合海运公司认为涉案鱼粉受损系其自身具有发热、自燃的机理所致，船员已经谨慎处理，故可以免责。但中国《海商法》同样规定了承运人若主张该项免责应负举证责任，且货物自然特性不能免除承运人依中国《海商法》第48条所负的“妥善而谨慎地照料货物”的义务。本案中，联合海运公司在此方面未能举出任何有效证据，而货损又是不争的事实，故其当然不能享受免责。

关于承运人的管货义务，中国《海商法》与《海牙规则》《维斯比规则》的规定一致，该项义务不仅要求承运人的管货行为要“谨慎”，且要“妥善”。“妥善”与“谨慎”两词看似字义相似，其实是有本质区别的。承运人必须妥善而谨慎地履行自己的义务。本案中，两被告均未履行法定的举证义务，以证明其在运输过程中已尽谨慎妥善的管货责任，败诉也是理所当然的。

第十章　承运人的免责事项

如上一章中所述，在不同的历史发展时期，承运人的责任基础不同。严格责任时期，承运人必须对货物负绝对责任；不负过失责任时期，承运人凭借其垄断力量，在提单中规定许多免责条款，将不公平的条件强加给货主；在不完全过失责任时期，美国 1893 年《哈特法》首先对托运人和承运人的利益予以折中，此后，《海牙规则》、美国 1936 年《海上货物运输法》等将海上航行中所面临的风险由托运人和承运人共同分担，既承认火灾免责及其他免责事项，又对承运人滥用免责条款加以限制；在完全过失责任时期，《汉堡规则》取消了《海牙规则》的所有免责事项，承运人必须承担证明自己无过失的责任。尽管《汉堡规则》已生效，但目前绝大多数国家的海商法以及承运人的提单，还是采取《海牙规则》和《维斯比规则》的不完全过失责任原则，即原则上承运人对货物发生的灭失或损坏是否负责，依其本人或其受雇人有无过失而定，有过失则应负责，无过失则免责。但作为例外，若货物的灭失或损坏是驾驶或管理船舶等的过失所致，承运人仍免责。因此，在国际货物运输中，承运人仍可享受许多免责事项。《鹿特丹规则》延续了《海牙规则》的模式，但与《海牙规则》采取“开放列举式”不同。《鹿特丹规则》采用了“封闭列举式”，即明确规定免责事项仅限于公约列明的 15 项。

一、驾驶或管理船舶过失

驾驶或管理船舶过失统称航海过失。航海过失首先被《哈特法》所承认，这是法律上第一次以明文予以确定承运人对自己的疏忽或行为过失所导致的货物损失不予负责。这一规定也被后来的《海牙规则》所采纳。中国《海商法》在第 51 条中也吸收了这一规定。法律或公约之所以将其作为免责事项，主要是考虑：当时的海上运输风险较大；船东对船长、船员及雇佣人员等难以进行有效的控制和管理；航海技术落后，船舶简陋；海上货运保险已相当完善，而船舶保险比较落后。为了不过分加重承运人的负担，故将其列为免责事项。这一免责事项起初仅适用于船舶碰撞、触礁、搁浅等责任事故，但后来，其适用范围不断扩大并涉及船舶的管理。在实践中，这一免责是承运人援引最多的、最有可能成功的条款，其结果给货物运输带来许多负面影响，故该条款深受货主国家的指责和批评。到 1978 年《汉堡规则》时，将其取消，因此，《汉堡规则》扩大了承运人的责任。但《海牙规则》和《海牙-维斯比规则》及许多国家的海商法均规定，承运人对由于驾驶过失而引起的货物损失不承担责任。

管理船舶过失简称“管船过失”，一般是指船舶在航行中，船长、船员及雇佣人员在维持船舶正常运输和保持船舶的有效性能或状态方面没有尽到合理谨慎，致使船舶或货物遭受不同程度的损坏。《海牙规则》第 4 条第 2 款以及包括中国在内的许多国家的海商法都规定，因管船过失导致的货物损失，承运人可免责。

与《海牙规则》相比较，《鹿特丹规则》在 15 项免责事项中，最大的变化是废除了承运人航海过失（包括管船过失）免责和其受雇人或代理人的过失所致的火灾免责。《鹿特丹规则》废除这一不合时代潮流的条款，承运人将不能再利用该条款免除货损赔偿责任。这显然对货主极为有利，增加了货主向承运人索赔的依据。

二、火灾

火灾是海上货物运输中常见的风险事故之一。对此，国际公约和各国法律均有明确规定。根据《海牙规则》和《维斯比规则》，承运人对因火灾导致的货物损害可以免责。该规则第 4 条第 2 款规定，不论承运人或船舶，对火灾所引起或导致的货物灭失或损坏概不负责，但由于承运人的实际过失或私谋引起的除外。

《汉堡规则》第 5 条第 4 款对火灾损失作出明确规定：若索赔人证明火灾是由承运人、其受雇人或代理人的过失或疏忽引起的，承运人应对火灾所引起的货物灭失或损坏或迟延交付负赔偿责任；承运人应对经索赔人证明，由于承运人、其受雇人或代理人在采取可合理要求的扑灭火灾，避免或减轻其后果的一切措施中的过失或疏忽所造成的货物灭失、损坏或迟延交付负赔偿责任。令人遗憾的是，在《汉堡规则》下，举证之责仍由索赔人承担，而索赔人通常并不掌握可用来举证的事实。

《鹿特丹规则》明确火灾免责仅限于在船舶上发生的火灾，不包括陆地上发生的火灾。这一规定与《海牙规则》有所不同。依《鹿特丹规则》，承运人的受雇人或代理人因过失引起的火灾，承运人不能免责，而《海牙规则》仅限于承运人本人的过失不能免责。在举证责任分配上，《鹿特丹规则》和《海牙规则》一样，都由索赔人举证；若举证不能，则承运人仍可免责。

三、海难及类似的免责事项

长期以来，“海难”一直是承运人的一种有效的抗辩理由。依《海牙规则》和《维斯比规则》第 4 条第 2 款第 3 项的规定，因“海上或者其他通航水域的灾难、危险或意外事故”，承运人可以此为由免责。中国《海商法》第 51 条第 3 款也规定，因“天灾，海上或其他通航水域的灾难、危险或者意外事故”，承运人可免责。所谓“海上或其他通航水域的灾难、危险或者意外事故”通常被称作“海难”。“天灾”一般是指来自天空中的灾难，如暴雨、雷电等。海难和天灾有时也难以区分，有人认为海难是天灾的一个特别构成事实。海难是一个事实问题，通常由法官对各种事实加以裁决。

“海难”被称为“承运人最难以信赖却最亲密的伙伴”。由于航行过程中难免会遭遇恶劣天气、风浪等，一旦发生货损货差，承运人总是习惯于首先声称“发生了海难”。但各国审判实践表明，要依据海难免责是很困难的。承运人在依据海难进行抗辩时，他首先必须证明损失的原因。

在《汉堡规则》中，不存在对海难的专门免责条款，而是将这种免责包括在第 5 条第 1 款的一般性免责条款中，即“除非承运人证明其本人、其受雇人或代理人为避免该事故发生及其后果已采取了一切所能合理要求的措施，否则承运人应对……损失负赔偿责任”。

《鹿特丹规则》采取了逐项列明承运人免责事项的形式，但与《海牙规则》又有不同，其第17条第3款列举了15项免责事项。其中，一类是对传统免责事项的完全继承，另一类是对传统免责事项的修正，再一类是新增的免责事项。

四、托运人、货主或代理人的行为和过失

依《海牙规则》或《维斯比规则》，托运人、货主或代理人的某些疏忽或不当行为可能使承运人获得一定的权利；而另一些行为则有可能足以导致根本违反运输合同，从而使托运人等在合同或规则之下的权利丧失。

《海牙规则》和《维斯比规则》第4条第2款第9项规定，对由于托运人、货主或其代理人、代表的行为或不行为所引起或造成的灭失或损害，承运人或船舶不负赔偿责任。

《汉堡规则》并无与上述规则相同的条款，但该规则的第5条第1款直接要求承运人对其在掌管期间货物的灭失或损坏负责，除非他能够证明他和他的受雇人为避免该损失已采取了一切合理要求的措施。因此，除非承运人不合理地导致了货物灭失或损坏，否则，因托运人等的过失导致的货物灭失或损坏，承运人不负责任。依该规则第5条第7款，货物灭失或损坏是由托运人和承运人的过失共同导致的，承运人则仅对属于他自己过失的范围负责，但他必须证明属于托运人导致的货物灭失或损坏的数额。

《海牙规则》和《维斯比规则》第4条第2款第15项规定，由于托运人的标志不清或不当所引起或造成的货物灭失或损坏，承运人或船舶不负赔偿责任。依《海牙规则》和《维斯比规则》第3条第5款，托运人应对承运人保证提单上的标志、件数、数量和重量的正确性。从该款规定可得出这样的结论：虽然承运人就提单中载明的货物对收货人负责，但若标志、件数、数量和重量不正确，承运人仍具有向托运人直接追偿的权利。《海牙规则》在第4条第5款第4段、《维斯比规则》在第4条第5款第8项中规定，承运人或船舶对该货物或与该货物有关的灭失或损坏不负责任。

《海牙规则》第4条第3款规定："对于任何非因托运人、托运人的代理人或其受雇人的行为、过失或疏忽所引起的使承运人或船舶遭受的灭失或损坏，托运人不负责任。"该款规定了托运人可享有的权利。但同时，实质上也包含托运人的一种责任，即若由于托运人等的原因，使承运人或船舶遭受损失，则托运人应承担责任。

关于危险品的运输问题，《海牙规则》第4条第6款规定："承运人、船长或承运人的代理人对于事先不知其性质而装载的具有易燃、爆炸或危险性的货物，可在卸货前的任何时候将其卸在任何地点，或将其销毁，或使之无害，而不予赔偿。该项货物的托运人，应对由于装载该项货物而直接或间接引起的一切损坏或费用负责。若承运人知道该项货物的性质并已同意装载，则在该项货物对船舶或货物发生危险时，也可同样将该项货物卸在任何地点，或将其销毁，或使之无害，而不负赔偿责任。但若有共同海损时，则不在此限。"

与《海牙规则》相比，《汉堡规则》对危险品运输的规定更加明确。依《汉堡规则》第13条，托运人必须以适宜的方式在危险品上制备标志或标签；必须将货物的危险性质和所应采取的预防措施通知承运人。依《汉堡规则》，托运人对于未能履行这些义务的责任，并不取决于他是否知道或应该知道货物的危险性质，因而托运人的默示保证是一种绝对的保证。

关于危险货物的运输义务，《鹿特丹规则》与以往的国际公约相同，允许承运人或履约方拒绝接收或装载对人身、财产或环境构成实际危险的货物，并有权采取将该货物卸下、销毁或使之无害等其他合理措施。

五、货物的固有瑕疵和潜在缺陷

货物的固有瑕疵和潜在缺陷没有统一的定义。通常情况下，固有瑕疵是货物“本来的”（Innate）、“自然的”（Natural）或“通常的”（Normal）性质，如棉花在一定时间内吸水量会增加、面粉随时间的延长重量会减少或损失等；潜在缺陷是指，隐藏在货物内部的，一般情况下不易暴露或被发现的缺陷或倾向，如面粉、糖具有生虫的特点，食品在一定条件下易变质等。在实践中，两者经常被混同在一起，且《海牙规则》中也是如此规定。

《海牙规则》第 4 条第 2 款第 13 项规定，由于货物的固有缺陷、性质或瑕疵而产生的体积或重量的损耗或任何其他灭失或损坏，承运人或船舶概不负责。这是《海牙规则》英译本的翻译，而其法文正式文本使用了“Vice Caché”（即“固有瑕疵”）和“Vice Propre”（即“潜在缺陷”）。依法文本的《海牙规则》，这一免责事项同时涉及固有瑕疵和潜在缺陷。

对于《海牙规则》第 4 条第 2 款规定的 17 项免责事项，《汉堡规则》并未逐项列举，而是在其第 5 条第 1 款规定了一个综合性的免责事项（但不包括对火灾和驾驶、管理船舶的过失免责）。据此，若承运人能够证明其本人、其受雇人或代理人为避免事故的发生及其后果，已采取了一切所能要求的合理措施，他才可免责。因此，《海牙规则》中关于固有瑕疵和潜在缺陷这一免责事项在《汉堡规则》中仍可在一定条件下免责。中国《海商法》在第 51 条第 1 款的第 9 项中，也作出与《海牙规则》相同的规定。

六、货物包装不足

货物因包装不足而引起的损失也是承运人抗辩的理由之一。《海牙规则》第 4 条第 2 款第 14 项规定，由于包装不足而导致货物灭失或损坏，承运人或船舶均可免责。《汉堡规则》第 5 条第 1 款的免责规定，似乎应该包括“包装不足”的除外责任。包装不足通常是指，货物的包装方式、强度或状态不能承受运输和装卸过程中的正常风险以及其他包装上的缺陷等。因此，托运人必须对货物进行充分包装。

在国际贸易中，货物的充分包装是指正常的或习惯上的包装，即在通常的照料和运送条件下，能够防止几乎绝大多数轻微损害的包装。因此，若包装充分，承运人须对几乎所有轻微的损害负责赔偿。若按正常或习惯上的要求进行了充分包装，通常情况下货物不会受损；若受损，一般可推定为承运人负有未尽妥善照料货物的责任。

七、船舶的潜在缺陷

《海牙规则》第 4 条第 2 款第 16 项规定，承运人对于“谨慎处理而不能发现的潜在缺陷”引起的损失可免责。该规定仅适用于船舶方面所存在的缺陷，对于货物中存在的缺陷不适用。这也是承运人依《海牙规则》可援引的免责事项之一。《汉堡规则》第 5 条第 1 项的基本免责规定可以包含“谨慎处理而不能发现的潜在缺陷”。

八、总括免责事项

（一）总括免责事项的概念和基本条件

《海牙规则》在第 4 条第 2 款第 17 项规定了一个“一揽子”免责条款，也是最后一项总括性免责除外规定。该项遵循前 16 项免责规定，同时旨在包括前 16 项免责事项所未列举的情况。第 4 条第 2 款第 17 项规定：“非由于承运人的实际过失或私谋，或者承运人的代埋人或受雇人的过失或疏忽所引起的其他任何原因。但要求享有此项免责利益的人应负责举证，证明有关的灭失或损坏既非由于承运人的实际过失或私谋，又非由于承运人的代理人或受雇人的过失或疏忽所造成的。”

（二）常见事项列举

在实践中，适用本项免责的情况较多，承运人在无法援引其他免责事由时，常常会援引上述第 17 项的规定为自己辩解。下面是最常见的几种情况。

1. 船舶完全无过失地被其他船舶碰撞，导致货损或延误

这种碰撞可能发生在锚泊、靠泊等非航行的情况下，其他免责事由一般不适用，如航行过失或疏忽等。通常，承运人会以第 17 项免责为由提出抗辩。

2. 偷窃货物

偷窃货物的行为既可能来自岸上，也可能来自船员或装卸工人等。若来自岸上，而承运人也能证明自己尽了一切努力防盗且已做到谨慎照料货物，也不存在私谋行为，则承运人可依第 17 项而免责。若是船员或装卸工人偷窃，则承运人不能享受免责。因为承运人、船员，或其他受雇人、代理人的盗窃行为，属于承运人的责任。而装卸工人和其他独立合同人都是承运人的代理人。因此，承运人也要对他们的盗窃行为负责。

3. 船员的背叛

例如，被解雇的船员在离开船舶之前，放火泄愤可能导致货损；或者某船员将船上其他人杀死后，自己乘救生艇逃生，船舶在无法操纵的情况下，导致货损“Mimi Limitation Procs 案”。试想，船员的上述背叛行为总不会是船方雇用范围内的行为，若按上述英国上诉法院的观点，岂不是承运人对此可享受第 17 项的免责？在“Mimi Limitation Procs 案”中，美国法院判决：船员的背叛并非属《海牙规则》的免责范围，也不属第 17 项的免责，船员的背叛仍属于他受雇范围内所犯的行为或过失。

4. 货物汗湿损失

所谓货物的汗湿损失是指，从大气中形成的水分附着在货物上，或船舶形成的水分滴落或流到货物上从而导致货物损失。货物汗湿损坏的责任，曾经被视为属于《海牙规则》的免责事项，如海上风险、货物潜在缺陷以及第 17 项的免责，因而汗湿总被视为一种风险。但随着科学技术的进步，汗湿被视为并非不可避免、无法抗拒，因而承运人不能被自动地免除其责任。除非汗湿是由不可抗力或意外事故所致，或承运人能证明已采取了各种合理预防措施，否则，法院将判定承运人应承担赔偿责任。

九、相关案例分析

承运人主张管船过失争议案

案情简介①

原告（被上诉人）：中国人民保险公司金华分公司（下称“保险公司”）

被告（上诉人）：法国达飞轮船有限公司（下称“达飞轮船”）

船舶在发生海事事故导致货损以后，承运人往往会以管船过失主张对货损免责。但管船过失是否与货损有直接因果关系，承运人对管货是否有过失，这对货主而言极为重要。本案中，因承运人对管货无过失未尽举证义务，从而不能享受免责。

某年8月29日21时25分，达飞“塔尼亚”轮离开上海港驶往宁波。船长根据对11时36分和18时天气预报报道的台风移动方向的分析，预计台风将经过长江口锚地。于是，船长决定起锚驶离锚地。18时20分，船舶起锚，并根据风向随时调整航向。至8月31日1时45分，船舶发生猛烈摇摆，同时有部分集装箱落入海中。台风经过后，达飞“塔尼亚”轮于8月31日16时28分到达宁波并在北仑锚地抛锚。经船员事后检查，共有25个20英尺集装箱和94个40英尺集装箱落入海中。包括本案保险公司承保的CMAFF01991号提单项下，箱号为TEXU4984090的一个集装箱。9月12日，达飞轮船就落海集装箱向货主发出通知。

依达飞轮船委托专家出具的意见书及部分被打捞起来的落海集装箱照片，认为这些集装箱发生严重变形、凹陷或扭曲，是由于船舶在经历极其剧烈的摇摆过程中，这些集装箱不能承受超过其设计负荷的压力（特别是垂直方向的压力）导致的。一旦发生上述情况，集装箱的系固设备便失去作用，导致集装箱落海。但达飞轮船未能提供该轮系固手册，未能说明该压力是如何产生的，也未能提供这些落海集装箱的系固设备是否损坏或完好的证据。

保险公司所承保的货物由被告达飞轮船出具提单，提单载明托运人为浙江中国小商品城股份有限公司，承运船舶为达飞“塔尼亚”轮，从上海运往伊士坦布尔，由上海联合国际船舶代理有限公司代理达飞轮船于8月29日签发了已装船提单。保险公司于8月27日向托运人浙江中国小商品城股份有限公司出具了货物运输保险单，载明被保险人为浙江中国小商品城股份有限公司，保险金额为32 541美元，赔付地点为伊士坦布尔。事故发生后，保险公司依据保单于12月25日向被保险人支付了保险赔款人民币269 745.37元并取得权益转让书。依托运人出具的贸易发票，载明货物价值为29 582.80美元。

法院认为：本案为海上货物运输合同纠纷。被告作为租船人已是不争的事实，且被告已向托运人出具了提单，应为本航次的承运人。作为承运人应妥善和谨慎地装载、搬移、积载、运输、保管、照料及卸载所运货物。虽然被告提供了装卸公司按集装箱系固手册的要求对集装箱三层以下进行系固的说明，但未能提供证据证明三层以上的装载是否妥善。加之船长在出海避风过程中，对台风移动及船舶在风浪中的操纵判断失误，以致船舶驶入台风中心附近，发生剧烈摇摆，导致部分集装箱落海。在事故发生以后，被告又未能提供绑扎落海集装箱的系固设备是否损坏或完好的证据，不能证明被告恪尽了管货职责。被告

---

① 参见上海海事法院民事判决书(2001)沪海法商初字第282号，http://shhsfy.gov.cn/hsinfoplat/platformData/infoplat/pub/hsfyintel_32/docs/200708/d_199561.html。

认为在船舶开航前和开航当时，承运人已对集装箱完好装载以及即使集装箱落海是由于船长过失所致，依法可免责的主张，不予支持。被告理应赔付因集装箱落海而造成的原告经济损失。

由于提单尚未流转，托运人仍是提单的一方当事人，享有提单项下的权利，故托运人作为被保险人在向保险公司投保时，具有可保利益。虽然保险公司签发的保单载明赔款地点在目的港，但在船舶未到达目的港就发生货损的情况下，保险公司依保单载明的条款向被保险人支付赔款并无不当，且此付款行为并不增加被告的责任。保险公司在取得被保险人的权益转让后，向被告进行追偿，其主体资格合法。保险公司未能提供其在货物价值以外另行支付了额外费用的证据，故对保险公司赔付金额超过货物价值的部分，应予以剔除。保险公司利息请求合理，但其未提供利息计算依据，应以现行银行外汇存款利率从事故发生之日起计算。

法院由此判令被告法国达飞轮船有限公司于判决生效之日起 10 日内向中国人民保险公司金华分公司赔偿货物损失 29 582.80 美元及利息（利息按中国人民银行外汇存款利率从 9 月 1 日起计算至判决生效之日止）。

被告不服法院一审判决，向二审法院提起上诉。二审期间，原、被告双方在庭外达成和解，被告向二审法院申请撤回上诉。

处理争议的关键在于承运人在本次事故中，其过失究竟能否免责。中国《海商法》对承运人的受雇人员的管船过失和管货过失的法律责任有不同的规定。因此，查明管船过失还是管货过失是正确处理本案的关键。

管船过失与管货过失的不同法律责任。中国《海商法》第 46 条规定，承运人对集装箱装运的货物的责任期间，是指从装货港接收货物时起至卸货港交付货物时止，货物处于承运人掌管之下的全部期间。在承运人的责任期间，货物发生灭失或者损坏，除另有规定外，承运人应负赔偿责任。其第 48 条规定，承运人应当妥善和谨慎地装载、搬移、积载、运输、保管、照料及卸载所运货物。其第 51 条第 1 款第 1 项还规定，船长、船员、引航员或者承运人的其他受雇人在驾驶船舶或者管理船舶中的过失，承运人不负赔偿责任。

从上述法律规定可以看出，货物在承运人掌管的责任期间发生灭失或者损坏，除船长、船员、引航员或者承运人的其他受雇人在驾驶船舶或者管理船舶中的过失，即所谓驾驶或管船过失，承运人可不负赔偿责任外，对承运人在照料货物中的过失，即中国《海商法》第 48 条规定的情况，承运人应负赔偿责任。因此，若本次事故属管船过失，承运人可免责；若属管货过失，则承运人不能免责。管船过失（negligence in management of ship），是指船长、船员及航运公司的陆上管理人员在维护船舶性能和良好状态方面的过失作为或不作为。而在众多确已造成货方损失的纠纷中，绝大多数都涉及要界定某一特定过失究竟是属于承运人可免责的管船过失，还是承运人应负责的管货过失。

关于管船过失和管货过失的区分，历来存在较大争议。通常，区分的标准最根本的一条是，看某一具体的作为或不作为，其针对的是船舶本身还是货物。较合理的标准是将直接危及船舶或危及船舶一部分的过失视为管理船舶的过失，同时，将直接危及货物但并不直接对船舶构成实质性危害的过失视为“照料和保管”货物的管货过失。以此标准衡量本案，则集装箱的系固、积载无疑属管货范畴。

本案承运人能否免责的争议。本案承运船舶在海上遭遇台风、剧烈摇晃，造成船载集装箱落海。达飞轮船提供了大量的证据以证明此次事故的发生主要是船舶误入台风眼，虽然船长分析台风路径和操纵船舶似有不当也属海商法规定的驾船过失，但在管货方面，达飞轮船虽提供了装卸公司按集装箱系固手册的要求对集装箱三层以下进行系固的说明，但未能提供证据证明三层以上的装载是否妥善。在事故发生以后，达飞轮船又未能提供系固设备不能承受拉力的检验报告。同时，达飞轮船也没有提供在大风浪情况下，集装箱的装载是否紧密，重箱、轻箱是否按要求进行积载的证明。船长下令起锚出海，目的是避让台风，保证船、货的共同安全，显然可以视为“驾驶和管理船舶”的行为，但是对货物的积载、系固，则明显是“照料和保管货物”。本案集装箱的落海可能有两个原因：其一是船长在避让台风时，操作不当；另一个是集装箱系固、积载不当。达飞轮船在驾船方面提供了大量证据用以证明船长的操作是正确的，但对自己管货义务却一直未能举出充分证据证明其已按照该船系固手册的要求妥善地积载、系固货物。现货物落海是不争的事实，达飞轮船未能充分完成其主张管货无过失的举证责任，应由其承担举证不能的后果。由于操纵船舶不当未必一定导致货物落海，因此，推定货物落海的直接原因为系固、积载问题，也即“照料和保管货物”方面未能尽责。依据中国《海商法》的上述规定，承运人不能享受免责。达飞轮船应对此事故造成各货主的损失承担赔偿责任。

第十一章　货方的权利与义务

货方是货物运输合同的另一当事人或关系人，通常为国际贸易合同的买方或卖方。《海牙规则》《维斯比规则》和《汉堡规则》主要是规范承运人的运输行为，而关于货方的规范相对较少，特别是关于货方的权利规定更是寥寥无几。但《鹿特丹规则》颁布后，货方（贸易商）的各项规定发生了重大变化。

一、货方的界定及其内涵

对货方的界定及其内涵的规定是《鹿特丹规则》的重大变化之一。国际货物运输中的货方，其实主要是贸易合同的买卖双方之一，即贸易商（托运人或收货人）。《海牙规则》和《维斯比规则》未对托运人和收货人的定义予以界定。《汉堡规则》虽在第1条规定了“订约托运人”（“合同托运人”）及“交货托运人”，并规定收货人为“有权提取货物的人”，但遗憾的是，该公约对两种托运人的权利及义务的设置问题并无任何规定。其结果是，在同一货物运输合同关系中，与承运人签订运输合同的人和将货物实际交给承运人的人都有资格成为托运人，因而导致在FOB条件下，贸易合同的卖方（发货人）能否被依法认定为提单的托运人、享有托运人的权利，特别是“要求取得提单的权利”这一问题成为困扰贸易界和运输界多年的难题，这也是造成贸易纠纷不断的主要因素之一。

而《鹿特丹规则》除规定了“托运人”（Shipper）、“收货人”（Consignee）外，还首次界定了“单证托运人”（Documentary Shipper）和“持有人”（Holder）。

依该规则第1条第8款、第9款、第10款和第11款，“托运人”是指与承运人订立运输合同的人。通常情况下，贸易合同当事人的任何一方均可成为运输合同或提单的“托运人”。“单证托运人”是指托运人以外的，同意在运输单据（如提单）或电子运输记录中记名为“托运人”的人。在贸易合同的买方与承运人签订运输合同，如以E和F开头的贸易术语条件下，买方理所当然地成为“托运人”，而负责向承运人实际交付货物的卖方则可成为“单证托运人”，即运输单据中记载卖方为“托运人”。“持有人”是指：（1）持有可转让运输单据的人；以及若单据为指示单据（如指示提单），指该单据所载明的托运人或收货人，或该妥善背书的单据所指明的人；或若单据为空白背书的指示单据（如空白背书的指示提单）或不记名单据（如不记名提单），指该单据的持单人；或（2）指根据第9条第1款述及的程序可转让电子运输记录的接收人或受让人。凡是与国际贸易有关的各方均有可能成为运输单据的“持有人”，比较常见的包括贸易合同当事人的任何一方，参与结算的相关银行，保险公司，运输单据的受让人、提货人等。这是关于货方内涵最广的概念。“收货人”是指根据运输合同或根据运输单据或电子运输记录有权提货的人。通常情况下，贸易合同的买方是收货人，但也可能是买方以外的运输单据的受让人、被指定的银行或其他人等。

通常情况下，贸易合同的双方主要体现为“托运人”“单证托运人”和“收货人”。而“单证托运人”享有“托运人”的权利并承担其义务；换言之，对“托运人”规定的权利与义务适用“单证托运人”。

二、托运人的权利

在国际货物运输中，以往的国际惯例一般比较强调托运人的义务，而《鹿特丹规则》比较清楚地规定了托运人或单证托运人的权利。例如，该规则第 35 条强调了托运人或单证托运人要求签发运输单据及电子运输记录的权利。该条规定：除非托运人与承运人已约定不使用运输单据或电子运输记录，或不使用运输单据或电子运输记录是行业习惯、惯例或做法，否则，货物一经向承运人或履约方交付运输，托运人或经托运人同意的单证托运人，有权按照托运人的选择，从承运人处获得：（1）不可转让运输单据（如海运单、记名提单等）或不可转让电子运输记录；或（2）适当的可转让运输单据（如指示提单等）或可转让电子运输记录，除非托运人与承运人已约定不使用可转让运输单据或可转让电子运输记录，或不使用可转让运输单据或可转让电子运输记录是行业习惯、惯例或做法。

在货物运输实务中，若为“运费预付”提单，但货物装船后运费仍未付时，托运人是否有权要求承运人签发提单？该规则第 42 条规定：合同事项载有“预付运费”声明或类似性质声明的，承运人不能以运费尚未支付这一主张对抗持有人或收货人，但持有人或收货人也是托运人的，本条不适用。由此可见，在使用“运费预付”提单时，对不包括托运人在内的提单持有人或收货人，运输单据的签发完全独立于运费，但托运人未支付运费时，则无权要求承运人签发提单。

另外，依《鹿特丹规则》第 17 条，若托运人能证明货物灭失、损坏或迟延交付，或造成/促成灭失、损坏或迟延交付的事件或情形是在承运人责任期内发生的，则可要求承运人对货物灭失、损坏和迟延交付负赔偿责任。①

三、《海牙规则》下托运人的责任

《海牙规则》在第 3 条第 5、第 6 款中和第 4 条第 6 款中，对托运人所应承担的责任作出规定。其内容有以下几个方面。

（一）提供约定货物

托运人应及时地将运输合同中约定的货物交付承运人，以便装船。通常托运人不得以其他货物更换原来约定的货物。因为货舱对于某种货物的装载，须处于对该货物的适宜状态，否则被视为不适货，即构成不适航。在提供约定货物的同时，托运人还应在提单上将货物的名称、标志、号码、件数、重量、装货港与目的港的名称及收货人名称填写清楚，并保证上述所填写的内容准确无误。若托运人所提供的货运资料不准确甚至申报不真实，

---

① 《汉堡规则》第 6 条第 1 款(b)项规定，承运人对于迟延交付造成损失的赔偿责任不超过该迟延交付货物应付运费的 2.5 倍，但同时不得超过运输合同应付运费的总额，即规定了两次限制。而依《鹿特丹规则》第 60 条规定，只有一次限制，即为迟延交付货物运费的 2.5 倍。

使承运人遭受损失、损坏和产生费用，则由托运人担责并赔偿。托运人在交付货物时，还应将港口、海关、卫生检疫和其他有关部门规定的有关货物的全部文件提交承运人，否则，由此引起承运人的损失，由托运人承担责任。

（二）提供适当的包装

托运人所提供的货物必须包装牢固，适于长途运输，并在货物上清楚、适当地加注标志。若因包装不牢，导致货物在搬运中受到摩擦损坏或在运输途中受到积载的自然磨损或压损，承运人不予负责。若由于标志欠缺、内容不全、模糊、脱落或不符合要求以及标志有错误，造成错交、错卸等，承运人不予负责。

（三）支付运费

支付运费是托运人的一项主要义务。运费的支付方法主要有以下三种：（1）预付运费，一般是在装货港装货时或在开航前由托运人支付。按航运惯例和一般运输合同的规定，凡运费已预付的，不论货物灭失与否，概不退还。（2）到付运费，在目的港交货时由收货人支付。若货物未运到目的港，承运人无权收取运费。但只要货物已运到目的港，即使有损坏，收货人仍须照付全部运费而不能拒付或减付运费，否则，承运人对货物有留置权。（3）比例运费，是按货物运送的实际里程与全程之间的比例计付运费。通常，只有船舶在中途遇难、放弃原定航程时，才采取这种办法计算运费。采用这种支付运费的方式时，须经双方当事人协商同意。

（四）收受货物

货物运到目的港后，货主应及时收受货物，此时，收受货物的人，一般为收货人。若在目的港无人收受货物或收货人拒收货物，船长可将货物卸入仓库或其他适当场所保管，因此产生的一切风险和费用，由收货人负责。

（五）托运人对危险品运输的责任

关于危险品的运输问题，《海牙规则》第4条第6款规定："承运人、船长或承运人的代理对于事先不知其性质而装载的具有易燃、爆炸或危险性的货物，可在卸货前任何时候将其卸在任何地点，或将其销毁，或使之无害，而不予赔偿。该项货物的托运人，应对由于装载该项货物而直接或间接引起的一切损坏或费用负责。若承运人知道该项货物的性质并已同意装载，则在该项货物对船舶或货物产生危险时，也可同样将该项货物卸在任何地点，或将其销毁，或使之无害，而不负赔偿责任。但若有共同海损时，则不在此限。"

运送危险品时，可能会产生以下几个问题：（1）承运人对危险品本身灭失的责任；（2）因危险品所导致的损害，托运人对船舶和承运人的责任；（3）在航行中，承运人卸下危险品的权利；（4）托运人对第三方，如船员、装卸工人以及其他货物所有人等的直接义务。从《海牙规则》的上述规定可看出，对于危险品的性质是否知情是判断责任的关键。通常，不论托运人是否知道危险品的性质，他都要对已装运的危险品的全部后果承担责任。但托运人可抗辩的理由是：承运人已知道或应知道危险品的性质。若承运人知道或应知道货物的危险性质并接受承运此货物，则被视为同意承担承运此货物的风险。因此，当承运人知道或应知道货物的危险性质时，托运人依运输合同向承运人提供适当而充分告诫的义务就减轻了。

四、《汉堡规则》下托运人的责任

该规则对此分为“一般规则”和“危险品的特殊规则”。

（一）一般规则（General Rule）

一般规则是针对由于货物的原因给承运人造成损失的情况而定的。其第12条规定：“托运人对承运人或实际承运人所遭受的损失或船舶所遭受的损坏不负赔偿责任，除非这种损失或损坏是由托运人、其受雇人或代理人的过失或疏忽造成的。托运人的任何受雇人或代理人对这种损失或损坏也不负责任，除非这种损失或损坏是由他自己的过失或疏忽造成的。”

上述规定意味着，若由于货物的原因给承运人造成损失，只要托运人或其雇用人、代理人没有过失，则托运人不负责。由此可见，托运人的责任也是过失责任（危险货物的规定中有例外）。但需指出的是，本条规定的托运人责任与第5条第1款规定的承运人责任有不同之处，即关于举证责任。在承运人责任中，举证由承运人负担。由于货物是在承运人的掌管之下，因此，对于货物是怎样造成灭失或损坏的举证责任理应由承运人负担。而在托运人的责任中，托运人不负举证责任，这是因为托运人将货物交给承运人，若造成灭失或损坏是货物本身的原因，当然也应由承运人负责举证。

（二）危险品的特殊规则（Special Rules on Dangerous Goods）

《汉堡规则》在第13条对危险品设立了专门条款，其规定与《海牙规则》基本一致，只是对某些方面作了补充。其第1款规定：“托运人必须以适当的方式在危险货物上加贴危险的标志或标签。”这一点是对《海牙规则》的补充。尽管在实际业务中，托运人都在危险货物上作出标志，但这不是依《海牙规则》而是依惯例。《汉堡规则》将这一惯例作为公约本身的条款规定并将其作为托运人的义务，其目的是引起装卸和保管人员的注意。其第2款规定了托运人通知的义务：当托运人将危险货物交给承运人或实际承运人时，托运人必须告知货物的危险性，必要时并告知应采取的预防措施。若托运人未这样做，且该承运人或实际承运人又未从其他方面得知货物的危险特性，则（1）托运人对承运人和任何实际承运人因载运这种货物而造成的损失负赔偿责任，且（2）根据情况需要，可随时将货物卸下、销毁或使之无害而不予赔偿。上述“预防措施”的义务是对《海牙规则》的补充，一方面增加了托运人的责任，另一方面也防止了承运人采取不当的或超过实际需要的措施。托运人通知的对象仅限于订约承运人，若订约承运人在航行中将货物转给他船续运时，订约承运人应将货物危险性质的通知转达给续运承运人，即实际承运人。托运人没有通知实际承运人的义务。其第4款规定：若本条第2款（2）项的规定不适用或不能援引，而危险货物对生命或财产造成实际危险时，可视情况需要，将货物卸下、销毁或使之无害而不予赔偿，但共同海损分摊的义务或依第5条（责任基础）规定承运人应负的赔偿责任除外。尽管托运人对货物危险性质作了通知，但当危险品对生命、财产造成威胁时，承运人可将他们卸下或销毁。这与《海牙规则》的规定一致。但应注意《汉堡规则》所作的两点补充：（1）承运人采取的措施受到一定的限制，即要“根据情况需要”；（2）承运人若在运送危险货物过程中有过失，则按第5条规定负责。此外，其第3款规定：任何人若在运输期间，明知货物的危险特性而加以接管，则不得援引本条第2款的规定，即依第3款：虽然托运人未通知货物的危险性质，但订约承运人或实际承运人能从其他方面获知这种危险性质，则不能援引第2款的规定，而应依第 4 款处理。

五、《鹿特丹规则》下托运人的责任

与其他国际公约相比较，《鹿特丹规则》对托运人的义务规定更加明确。

（一）托运人实行“推定无过失责任制”

《鹿特丹规则》对托运人的赔偿责任制的规定是过去其他公约所没有的，即在对承运人发生损害时，除非承运人能证明是因托运人违反本公约规定的义务或者托运人的过失造成的，托运人就无须承担赔偿责任。该规则第 30 条第 1 款规定：“对承运人遭受的灭失或损坏，若承运人证明此种灭失或损坏是因为托运人违反本公约规定的义务而造成的，则托运人应当承担赔偿责任。”该条第 2 款和第 3 款又规定：“灭失或者损坏的原因之一不能归责于托运人的过失或者第 34 条述及的任何人的过失的，免除托运人全部或者部分赔偿责任。”“托运人根据本条被免除部分赔偿责任的，托运人仅对因其本人的过失或第 34 条述及的任何人的过失所造成的那部分灭失或损坏负赔偿责任。”

该规则第 34 条“托运人为其他人负赔偿责任”的规定是：托运人委托包括受雇人、代理人和分合同人在内的任何人履行托运人义务的，对于此等人的作为或不作为造成违反本公约规定的托运人义务，托运人负赔偿责任。但托运人委托承运人或代表承运人行事的履约方履行托运人义务的，对于此等人的作为或不作为，托运人不负赔偿责任。

上述规定对托运人较有利，依该规定，一旦发生货物灭失或损坏，首先推定托运人无过失，承运人必须承担举证责任，举证不成则托运人不负责任。

（二）托运人对承运人的义务

《鹿特丹规则》第 27 条规定了托运人应向承运人承担的责任。该条规定：（1）托运人应交付备妥待运的货物。在任何情况下，托运人交付的货物应处于能够承受预定运输的状态，包括货物的装载、操作、积载、绑扎、加固和卸载，且不会对人身或财产造成损害。（2）依第 13 条第 2 款有约定的，托运人应妥善而谨慎地履行根据该约定承担的任何义务（即承运人与托运人可以约定由托运人、单证托运人或收货人，装载、操作、积载、绑扎、加固和卸载货物）。（3）集装箱或车辆由托运人装载的，托运人应妥善而谨慎地积载、绑扎和加固集装箱或车辆内的货物，使之不会对人身或财产造成损害。上述规定要求托运人在向承运人交运货物时，须承担对货物的合理包装、捆扎、装箱等义务，并保证适合于货物运输。

（三）向承运人提供信息、指示或相关文件的义务

《鹿特丹规则》第 55 条对托运人提供有关信息等的义务予以明确规范。该条规定：托运人应向承运人或履约方及时提供承运人履行其在运输合同下的义务而可能合理需要的有关货物的信息、指示或文件；若承运人经合理努力无法确定控制方，或控制方无法向承运人提供适当信息、指示或文件的，则应由托运人提供此种信息、指示或文件；若承运人经合理努力无法确定托运人的，应由单证托运人提供此种信息、指示或文件。

在此，托运人应特别注意，依该规则第 32 条，托运人应在货物交付给承运人或履约方之前，及时将货物的危险性质或特性通知承运人，并按规定对危险货物加贴标志或标签。托运人未履行此项义务，且承运人或履约方无法以其他方式知道货物危险性质或特性的，托运人应就未发通知所导致的灭失或损坏向承运人负赔偿责任。

（四）货方承担装卸、卸载、积载（FIOS）义务

《鹿特丹规则》第 13 条第 2 款规定，若经承运人与托运人协议，可由托运人、单证托运人、收货人，负责装载、操作、积载、卸载货物。且又在第 27 条托运人交付运输义务中规定，依第 13 条第 2 款有约定的，托运人应妥善而谨慎地履行根据该协议承担的任何义务。

关于上述“FIOS”条款，国际上历来有不同看法。多数认为这是费用负担条款，不涉及转移承运人对管货的义务和责任，特别是货方国家，如美国、澳大利亚均认为，承运人的管货义务是绝对的，在承运人的责任期间内，即在他向收货人交付货物之前是不能逃避这方面的义务的，国际公约和国内法的限制性规定也不允许承托双方之间的协定违反这些强制性条款。也有人认为，应从实际出发，既然当事人作出由货方负责装卸和积载工作的协定，且上述工作也是在货方控制下进行的，因此而产生的货物损失由货方承担是公平合理的。1994 金康租船合同就载有明确免除船东这一责任的条款。英国法院判例也表明支持上述看法。①

通过上述探讨可得出这样的结论：第一，《鹿特丹规则》允许承托双方订立由货方承担装卸、卸载、积载（FIOS）义务的协定并明确其合法性。第二，通过该规则第 27 条第 2 款以及第 17 条第 3 款第 9 项（按第 13 条第 2 款述及约定进行的货物装载、操作、积载或卸载，除非承运人或履约方代表托运人、单证托运人或收货人实施此项活动），明确了托运人或单证托运人应承担该项义务。

（五）单证托运人的地位

如前所述，依《鹿特丹规则》，对“托运人”规定的权利与义务适用于“单证托运人”。换言之，单证托运人享有与托运人相同的权利和义务。“单证托运人”的规定其实就是为解决以 FOB 为条件的贸易而制定的。

以 FOB 条件出口货物时，由于买方安排货物运输并与承运人订立货物运输合同，此时买方是托运人。卖方将货物交给承运人接管后，为结算货款的需要和保护出口货物的控制权，通常要求承运人向自己签发以卖方为托运人的运输单据，如提单。于是就出现，运输单据上的托运人（卖方）不是与承运人订立运输合同的托运人（买方）。国际社会为解决这一问题，进行过不少探索。《鹿特丹规则》界定“单证托运人”的概念，企图解决这一问题。依该规则第 1 条第 9 项，单证托运人是指托运人以外的，同意在运输单据或者电子运输记录中记名为“托运人”的人。这一创新界定的特点是：（1）“单证托运人”不是“托运人”，托运人才是与承运人订立运输合同的人，“单证托运人”与运输合同的承运人不存在合同关系；（2）“单证托运人”在向承运人实际交付货物后，必须经“托运人”同意才能向承运人索取运输单据并在单据上记载；（3）《鹿特丹规则》对“托运人”规定的权利与义务适用“单证托运人”。

中国是出口贸易大国，卖方应争取使用 CIF 或 CFR 等由卖方签订运输合同的贸易条件，不应轻易放弃运输安排的权利而采用 FOB 条件出口，以避免出现“托运人”与“单

---

① 参见朱曾杰，初评联合国全程或部分国际海上货物运输合同公约（Maritime China，p. 45）；李壮，对 FIOST 条款效力的新方案，中国海商法协会通讯，总第 91 期：19－22；Dr，yingying Zou：Delivery of goods by the carrier under the contract of carriage of goods by sea. pp. 67 －72 FIO Clauses and Agreement on delivery。

证托运人"之争。若不得已而使用FOB条件出口，首先，卖方应争取在贸易合同中明确约定自己有权取得运输单据（提单）；其次，保管好大副收据等货物收据，若买方不同意卖方为运输单据的托运人，买方没有货物收据也是无法换取运输单据（提单）的。

（六）收货人及时提货的义务

国际货物运输中的收货人多数情况下是贸易合同的买方，但也不尽然。《鹿特丹规则》也对收货人予以下列规范。

1. 收货人及时提货

《鹿特丹规则》第43条规定："当货物到达目的地时，要求交付货物的收货人应在运输合同约定的时间或期限内，在运输合同约定的地点接受交货。无此种约定的，应考虑合同条款和行业习惯、惯例或做法以及运输情形，能够在合理预期的交货时间和地点接受交货。"该规则第44条又规定："收货人应按照交付货物的承运人或履约方的要求，以交货地的习惯方式确认从承运人或履约方收到货物。收货人拒绝确认收到货物的，承运人可以拒绝交付。"

从上述规定可以看出，一方面收货人有义务及时提货，另一方面，对收货人的及时提货或者及时接受交货设置了条件。其条件是收货人"要求交付货物"，即向承运人要求交付货物的收货人才有及时接受交货的义务。换言之，收货人（包括提单持有人）在未向承运人要求交付货物时，他们并无及时提货的义务。另外，收货人还须证明其收到承运人交付的货物，否则承运人可拒绝交货。

2. 记名提单的提货义务

目前，关于记名提单的交付货物问题，各国的规定差别较大。《鹿特丹规则》试图通过其第45条和第46条的规定，对记名提单下的货物交付问题制定统一的国际规范。依该规则第45条，只要收货人证明自己的身份，即可提货而无须缴回提单；而第46条又设置了若单据载明必须缴回提单才能提货的，则应凭单交付货物。由此可以看出，《鹿特丹规则》将记名提单分为两类，即提单上载明必须缴回提单才能提货的，要求凭单交付货物；若无此载明的，则无须凭单交付货物。

很明显，上述规定试图同时满足不同国家法律的不同规定。因为，有些国家明确规定记名提单无须凭单交付货物，而包括中国在内的一些国家则要求记名提单也需要凭提单提货。作为贸易商的收货人，究竟应如何履行提货义务，收货人即提货人只能依据运输单据所适用的法律而定。

六、相关案例分析

（一）海上危险品运输中，托运人与承运人责任承担争议

案情简介[①]

原告：上海思尔博化工物流有限公司（下称"思尔博物流"）

被告：昌保国际货运代理（上海）有限公司（下称"昌保上海货代"）

某年9月19日，思尔博物流与昌保上海货代及其海外关联公司通过电子邮件签订一

① 参见谢振衔，海上危险品罐箱运输中托运人与承运人的责任承担问题，http://shhsfy.gov.cn/hsinfoplat/platformData/infoplat/pub/hsfyintel_32/docs/201511/d_291534.html。

份从中国盐城到印度努瓦西瓦的多式联运合同，约定运送的货物为四氯化硅，设备为 20 英尺的不锈钢罐箱，型号 T22，容积 17 500 升，最大负载 24 600 公斤，费率 5 650 美元一个罐箱（往返航程）。同年 9 月 25 日，思尔博物流指派案外人上海志嘉物流有限公司（下称“志嘉物流”）的车队到昌保上海货代指定的工厂装货，志嘉物流制作的装箱单显 SIMU6044230 罐箱装载 25 340 公斤，SIMU6030690 罐箱装载 25 400 公斤，SIMU6044055 罐箱装载 25 780 公斤。

在从中国上海至新加坡的航程中，承运船舶发现涉案货物有溢出和渗漏。在抵达新加坡时，新加坡港务局命令该船在锚地检查。同年 10 月 24 日，SIMU6044055 罐箱内的四氯化硅被部分转移到 SCZU8746997 罐箱，并更换了 SIMU6044055 油罐箱上的压力阀。为此，思尔博物流向 Kerry ITS 修理公司支付了倒罐费用等 161 877. 51 美元，租用新罐费用为每天 15. 50 美元，自 10 月 16 日起至 12 月 30 日止。新加坡皇家海事服务有限公司出具的检验报告认为，涉案货物从 SIMU6044055 罐箱中泄漏冒烟的最可能原因是超载大于 95% 容积，渗漏的其他因素可能是没有盖紧罐箱人孔盖或者由于压力阀低于指定的 7 帕操作压力。

实际承运人现代商船于同年 10 月 4 日出具的两份提单显示，托运人为思尔博物流，收货人为思尔博物流的目的港代理，装货港中国上海，卸货港印度努瓦西瓦，托运人装箱、计量和封箱。第一份提单记载的货物为编号 SIMU6044230 和 SIMU6030690 两个罐箱，共装载 50 700 公斤。第二份提单记载的货物为编号 SIMU6044055 和 SCZU8746997 两个罐箱，共装载 25 000 公斤。思尔博物流出具的提单显示托运人为昌保上海货代，收货人为昌保国际货运代理有限公司，SIMU6044230 罐箱装载 25 340 公斤，SIMU6030690 罐箱装载 25 400 公斤，SIMU6044055 罐箱装载 25 780 公斤。昌保上海货代出具的提单显示托运人为盐城恒盛国际贸易有限公司，收货人为凭指示，其他内容同实际承运人提单。

思尔博物流认为，昌保上海货代在实际装运时严重超出合同约定及相关安全标准，导致泄漏事故的发生，故请求判令昌保上海货代赔偿事故清理费、额外运费、新罐箱租赁费、相关纠纷律师费共计 236 749. 01 美元。

昌保上海货代辩称，其不是专业危险品运输机构，装货由思尔博物流负责；实际货主也不是昌保上海货代，其不应承担责任。故请求驳回思尔博物流的诉讼请求。

法院判决

法院经审理认为，根据国家集装箱管理规定，涉案罐箱载货不能超过 95% 的罐体空间，即最多只能装载 24 600 公斤四氯化硅。结合检验报告的结论，可认定事故的主要原因为超载。思尔博物流作为多式联运的承运人，其指派的车队将空罐箱运至昌保上海货代指定的工厂装货，该车队的行为代表思尔博物流；昌保上海货代为本案的托运人，昌保上海货代指定工厂的行为代表昌保上海货代。原、被告双方分别有义务告知车队和工厂上述安全标准并按照合同的约定装载货物。工厂方面作为实际托运人控制着装货的数量，车队具有与工厂核对装货数量的义务。思尔博物流签发的提单载明昌保上海货代是托运人，昌保上海货代签发的提单载明工厂方是托运人，因此，昌保上海货代应有义务和责任告知工厂方按照合同的约定和相关法律规定装载。工厂方若未按照合同的约定和相关法律规定装载，昌保上海货代可在与工厂方的海上运输合同中追究其责任。但本案中，工厂方的行为后果应由昌保上海货代承担。思尔博物流作为全程物流经营人，明知超载的严重后果，却在装卸作业、申报、运输过程中未及时采取补救措施，导致事故最终发生，同样应对事故承担相应责任。

综上，法院判决原、被告对上述事故各半承担责任。

案例评析

本案是一起海上货物运输合同纠纷，双方当事人就涉案危险品四氯化硅签订了从中国盐城到印度努瓦西瓦的多式联运合同。本案的争议焦点在于，涉案危险品货物运输事故发生的原因以及托运人与承运人分别应承担的责任。

1. 事故原因

对事故原因的查明是解决承运人和托运人责任承担问题的基础。对于海上危险货物运输事故原因的查明，关键在两个方面，一是危险品的属性及所使用罐箱的规范要求，二是危险货物装卸的具体分工和流程。

本案中，装运的危险品四氯化硅为无色或淡黄色发烟液体，有刺激性气味，易潮解，常温常压下密度 1. 48，熔点-70℃，沸点 57. 6℃，沸点随着压力增高而增高。在潮湿空气中水解而成硅酸和氯化氢，遇水时水解作用很激烈，属于《国际海运危险货物规则》（IMDGC）第 8 类腐蚀性物质。涉案发生事故的罐箱为 20 英尺的不锈钢罐箱，型号 T22，容积 17 500 升。由于四氯化硅的特殊性质，该种罐箱装载四氯化硅时需预留 5% 的危险品挥发空间。为此，该罐箱装载四氯化硅最大装载量为 24 600 公斤。但发生事故的 SIMU6044055 罐箱装载 25 780 公斤，明显高于单罐最大装载量，其余两个罐箱实际装载量也超过规定的最大装载量。根据涉案危险品的属性及所使用罐箱的参数要求，结合当事人提交的检验报告，可确定超载大于 95% 容积是泄漏事故发生的最可能原因。

从涉案危险品装卸的具体操作情况来看，被告作为托运人在签订合同时就要求总装载量为 75 000 公斤，即已超过单罐 24 600 公斤的最大装载量。某年 9 月 25 日，原告指派志嘉物流的车队载运涉案三个空的罐箱到被告指定的位于中国盐城的工厂，由工厂负责装货，车队协助并验收。涉案危险货物先后经陆路、水路抵达港口。其间，原告委托的陆路承运人志嘉物流出具的装箱单显示货物总重为 76 528 公斤，原告委托的水路承运人现代商船出具的提单载明货物总重为 76 520 公斤，均超过安全标准。

综上，在查明了危险品的属性、所使用罐箱的参数要求以及危险品装运的具体分工与流程之后，可对危险货物运输事故发生的原因作出确定的判断。本案中，涉案罐箱根据国家有关规定载货不能超过 95% 的罐体空间，最多只能装载四氯化硅 24 600 公斤，而发生事故的罐箱实际载货量明显超过安全标准，因此，事故的主要原因可确定为超载。

2. 中国《海商法》第 48 条和第 68 条的适用

在海上危险货物运输中，由于危险货物的特殊性，国际公约及各国法律都对托运人在托运危险货物时规定了特别的义务与责任。中国《海商法》第 68 条也对托运人托运危险货物作出特殊规定，但这并不意味着承运人在危险货物运输过程中完全不承担责任。换言之，在危险品运输过程中，托运人须承担相应的特别义务与责任，而承运人也须承担使船舶适航、妥善管货的基本义务与责任。

就托运人而言，根据中国《海商法》第 66 条、第 67 条和第 68 条的规定，在危险货物运输过程中托运人应承担妥善包装义务、告知义务等。本案中，涉案提单表明是由托运人进行装箱、计量和封箱，且合同中也未对装箱义务另作约定，可知被告作为原告签发提单的托运人，以超过 IMDG 标准的装载量且未按照合同的约定装载货物，显然违反了中国《海商法》中对于托运人妥善包装义务的规定，应对此承担相应责任。

就承运人而言，根据中国《海商法》第 48 条，承运人的管货义务是运输货物过程中必须遵守的一项基本义务。虽然中国《海商法》未对承运人运输危险货物时的应尽义务作特别规定，但承运人在运输危险货物时仍应履行法律所要求的妥善、谨慎管货义务，甚至基于危险货物的特殊属性而要求承运人尽到比对一般货物更高的注意义务。首先，本案中的原告，作为专业危险品物流运输企业，明知超载且明知超载可能造成的严重后果，却在装卸作业、申报、运输过程中未及时采取更正措施，最终导致事故发生，显然未尽到管货义务，存在过错。其次，根据中国《海商法》第 51 条，货物在承运人掌管的责任期间发生灭失或者损坏的，仅当承运人能够举证证明存在法定的免责事由时才可以免责。而本案中，原告并未证明存在相应的免责事由，故应承担相应责任。最后，虽然中国《海商法》第 68 条规定了托运人在托运危险货物时的特殊义务与责任，但这并不排斥对承运危险货物的承运人适用中国《海商法》第 48 条关于承运人基本义务的一般规定。

3. 中国《合同法》第 60 条对合同漏洞填补的作用

涉案海上货物运输合同并未对危险品的装卸内容作出具体规定，而本案的事故原因正是装箱不当——超载所引起的。在合同中，对于合同条款没有约定或约定不明的现象即为合同漏洞。中国《合同法》第 60 条为合同漏洞的填补作出一般性的原则规定，即要求当事人根据诚实信用原则和交易习惯而承担相应的合同义务。本案中，虽然双方当事人未对装箱的权利、义务作出具体的规定，但根据交易习惯以及案件的实际情况可知，一方面，托运人指定的工厂作为实际托运人，有义务按照合同的约定和相关法律规定进行装载并控制装货的数量；另一方面，承运人指派的车队也有义务与工厂核对装货数量，以履行承运人谨慎装载的职责。

（二）托运人对危险货物的妥善包装义务争议

案情简介①

原告（反诉被告）：上海密尔克卫国际集装箱货运有限公司（下称“密克尔卫货运”）

被告（反诉原告）：宁波太一进出口有限公司（下称“太一进出口”）

某年 3 月 21 日，被告（反诉原告）太一进出口委托原告（反诉被告）密克尔卫货运自上海至巴塞罗那出运 4 桶、200 公斤对硝基苯甲酰氯，双方约定不可分批和转船。同年 3 月 31 日，密克尔卫货运向太一进出口签发了已装船清洁提单。提单载明托运人为太一进出口，收货人为 GLOBAL QULMIA S. L.（下称 GLOBAL），装货港为上海，卸货港为汉堡，最终目的地为巴塞罗那。太一进出口向密尔克卫货运出具了安全运输保函，保证所托运货物已根据所适用的国际规则和国内规定进行了分类、包装、标记以及标志，且货物各方面都处于良好的运输状态并承担由此引起的一切风险、责任、后果、费用。同年 5 月 9 日，太一进出口向密克尔卫货运支付了运费 950 美元。货物运至汉堡港后发生泄漏。当地调查机构为此出具了调查报告。报告中称，损害发生的原因是装有对硝基苯甲酰氯桶的螺旋盖未适当关闭。相关部门在调查机构的证明下，对装有对硝基苯甲酰氯的桶进行了重装

① 参见刘怡如，关于托运人对危险货物的妥善包装义务，上海海事法院民事判决书（2006）沪海法商初字第 49 号。

和清洗。此外，收货人 GLOBAL 发函给密克尔卫货运的代理人 ERA 表示弃货，涉案货物在汉堡当地也被当作废弃物予以处理，密克尔卫货运为此支付了 8 215. 34 美元的相关费用。12 月 26 日，密尔克卫货运向法院提起诉讼，请求判令太一进出口赔偿货物泄漏后产生的清理费用等损失计 8 215. 34 美元及相应利息。被告太一进出口抗辩认为，被告向原告提供的货物是严格按照国际海事组织及中国有关部门关于国际海上危险货物运输的有关规则操作的，并且提供了出境货物运输包装性能检验结果单和出境危险货物运输包装使用鉴定结果单。

此后，太一进出口提出反诉认为，货物发生泄漏是由于密克尔卫货运未尽到管货义务而造成的，要求其赔偿因弥补损失而另行定购对硝基苯甲酰氯、委托他方通过空运方式出运并由此产生的相关费用共计人民币 36 127 元。密克尔卫货运辩称，其托运的货物是因包装桶螺旋盖未适当关闭造成的货损和收货人拒绝提货，其相应损失应由太一进出口自行承担，要求驳回太一进出口的诉讼请求。

法院判决

法院经审理认为，太一进出口作为危险品的托运人在向承运人提供货物时，应按照有关海上危险品运输的规定对货物进行妥善的包装。在密克尔卫货运提供的汉堡调查机构的调查报告中显示，损害发生的原因是装有对硝基苯甲酰氯桶的螺旋盖未适当关闭，集装箱未遵从《国际海运危险货物规则》，由此表明货物事故的发生源于包装问题；而货物的包装由太一进出口负责，若太一进出口认为螺旋盖未适当关闭系密克尔卫货运在装箱、搬运、积载、运输过程中存在过错所致而非包装不当引起，应由太一进出口提供相应的证据。太一进出口虽提供了出境危险货物运输包装使用鉴定结果单，但该结果单只是货物在交付运输前包装符合相关规定的初步证明。而货物在汉堡港经检验，实际存在螺旋盖未适当关闭问题，说明货物在交付运输前包装确有缺陷；同时结果单也表明，对危险货物所使用的包装容器仅作抽样鉴定，因此，不能由此证明所有货物的包装均与抽样鉴定结果一致。据此认定，涉案货物泄漏事故系太一进出口对货物包装不当引起。在本诉中，货物泄漏产生的费用由密克尔卫货运代理人垫付，密克尔卫货运也已向其代理支付了相应费用，所以，太一进出口应对密克尔卫货运运输涉案货物所遭受的损失承担赔偿责任。反诉中，涉案货物运至汉堡港因包装不当发生泄漏，作为承运人的密克尔卫货运根据港口当局的要求，对危险货物进行处理符合有关规定；同时，收货人也明确表示弃货，所以，密克尔卫货运无需就货物再承担任何赔偿责任，太一进出口的所谓损失亦应由其自行承担。综上，法院遂判决由太一进出口承担密克尔卫货运的全部损失。

太一进出口不服一审判决，提起上诉。二审法院判决驳回上诉，维持原判。

案例评析

本案中，损害事实的发生是密克尔卫货运承运的货物包装桶螺旋盖未适当关闭所造成的。双方当事人的争议焦点在于，包装桶的螺旋盖未适当关闭是谁的过错。在合同中，因违约行为而造成损害的事实应追究违约方的赔偿责任。因此，本案的关键也就是确定当事人是否有违约行为，是否尽到合同中规定或者法律规定的义务，而负有履行义务的当事人应对是否履行承担举证责任。因此在本案中，若当事人不能证明其履行了对货物应尽的义务，就要承担举证不能的责任。

1. 承运人签发了清洁提单并不能证明货物包装完好

承运人签发清洁提单即表明承运人在接收货物时，货物的外表状态良好。所谓外表状态良好，一般是指承运人凭目力或通常的方法所能观察到的货物状况。外表状态良好，并不排除货物内容存在凭目力或通常的方法不能发现的缺陷。即清洁提单只是货物表面状态良好的初步证明，并不能完全排除货物在交承运人时包装没有瑕疵。

2. 合法单证的证明效力

托运人提供的出境货物运输包装性能检验结果单和出境危险货物运输包装使用鉴定结果单虽然是合法的证明单据，但究其检验方法来看，并不能证明托运人已履行了妥善包装的义务。抽样检验方法的缺陷在于，并不能证明所有货物的包装均与抽样鉴定结果一致。

3. 承运人举证责任的免除

本案中的承运人是否对“货物包装桶螺旋盖未适当关闭并不是由承运人造成的”负有举证责任？根据法律规定，当事人对于根据已知的事实和日常生活经验法则，能推定出的另一事实无需举证。本案中，货物泄漏仅是包装桶的螺旋盖未适当关闭所致，而货物的包装未受到其他损害。所以，若认定承运人在运输中存在过错，是难与常理相符的，故免除密克尔卫货运的举证责任。

综上，本案纠纷起因于托运人太一进出口托运的货物包装桶螺旋盖未适当关闭，造成货物损失和收货人拒绝提货，托运人就其未履行托运人对货物的妥善包装义务承担举证责任，故应由托运人承担货损责任。

第十二章　国际货物运输中的保函、无单放货及 STC 条款

在国际海上货物运输中，托运人为了结汇可能会以保函换取清洁提单；承运人无正本提单放货在中国十分常见；如何记载集装箱运输中提单的货物数量（Said to Contain, STC）争议不断。这些问题多年来困扰着贸易商，本章对此予以探讨并提出因应策略。

一、保函（Letter of Indemnity）

在国际海上货物运输中所使用的提单绝大多数是已装船的清洁提单。这不仅是国际贸易结算惯例《跟单信用证统一惯例》（UCP）的要求，而且也是承运人对包括收货人在内的提单持有人所负责任的具体表现。因此，关于提单的国际公约和各国的国内法都对此类提单的签发规定了具体要求。首先，若货物尚未装船完毕，承运人只能签发收妥待运或备运提单，在货物装船完毕后再换发已装船提单；其次，对已装货物的实际状况，如品名、标志、包装、数量、重量或尺码等方面，提单所作的记载必须与装船的实际状况相符，承运人应对此向包括收货人在内的提单持有人负最终责任。

若承运人违反上述第一项要求，预借提单或倒签提单，则可能构成对包括收货人在内的提单持有人的欺诈，将承担相应的法律责任。若承运人违反上述第二项要求，接受托运人的保函，对本应批注的提单不加批注而签发清洁提单，也将产生一系列的法律问题。

依 UCP600，取得清洁提单是托运人据以结汇的首要条件。但在实际国际贸易业务中，托运人有时难以保证货物装船时与买卖合同规定相符，如货物包装不当、不良或标志不清，或存在锈损、破损、渗漏等，都会导致承运人将货物的有关瑕疵情况批注在提单上，从而使该提单成为不清洁提单。托运人若取得这种不清洁提单，根本无法结汇。若更换有瑕疵的货物，又可能超过装运期限。在此情况下，为保证结汇以及不违反合同或信用证的装运期，托运人请求承运人签发清洁提单，同时又出具一份保函（Letter of Indemnity），向承运人担保若收货人索赔，托运人将承担全部责任。

由上述可见，装船保函是指托运人向承运人提供的一份书面保证。据此，当承运人签发清洁提单（而事实上，承运人接收的货物与提单上的记载不符）时，托运人对承运人因此可能承担的责任进行赔偿。保函是未来因提单上的误述的结果，当第三方对承运人提出有效索赔时，承托双方就这种索赔事先解决争议所依据的一种书面文件。所以，保函又称保赔书。

在国际货物海上运输中，装船保函一般会涉及以下几方面的问题。

（一）国际公约对保函的规定

《海牙规则》和《维斯比规则》虽然未对装船保函问题作出直接规定，但《海牙规

则》第 3 条第 3 款要求承运人签发提单时，必须正确描述所记载的货物的状况。同时，该公约第 3 条第 8 款禁止订立减轻承运人根据该规则应承担的责任的协议，因此，装船保函将是无效的。但《维斯比规则》第 3 条第 4 款规定，当提单转让给善意的第三方时，与提单相反的证据不予接受，即此时提单的记载具有最终证据效力。据此，签发描述货物真实状况的提单，其目的在于保护第三方（收货人及提单持有人）和维护国际贸易的信誉，而不仅仅是为了提单直接当事人的利益。不论在何种情况下，若提单构成欺诈，则不能作为对抗第三方的证据。所以，在《海牙规则》之下，由于提单记载只是初步证据，若承认保函有效，承运人便可依保函，证明对提单上的不实记载已注意，即保函记载与事实相符，从而承运人免责，则将严重损害提单的信用和严重影响其流通性；而在《维斯比规则》之下，若提单转让给善意的第三方时，提单的记载则具有最终的或绝对的证据效力。因此，在该规则之下，若承认保函的效力将不会影响善意的第三方在提单上的权利。

《汉堡规则》在第 17 条明文规定了托运人的保函问题，并承认保函在其双方当事人之间原则上有效。该条第 2 款就有关托运人向承运人提供的保函作出规定：任何保函（Letter of Guarantee）“对包括收货人在内的受让提单的任何第三方，均属无效”。该条第 3 款规定，保函对托运人有效，承运人可援引保函对抗托运人，除非承运人签发不正确的提单是有意“欺诈第三方”。例如，大副收据上作出关于货物包装不良等批注，但承运人还是签发了清洁提单。这样签发清洁提单的行为本身应属欺诈银行、收货人等第三方。但通常承运人只是为了向托运人提供结汇帮助，并非主观上就是“欺诈第三方”。因此，要证明欺诈将是困难的。

从上述分析看，无论保函是否有效，客观上都具有对第三方隐瞒事实的效果。因此，无论是《维斯比规则》还是《汉堡规则》，都不能完全从根本上消除装船保函对提单的信誉所造成的冲击，不能从根本上解决保函的缺陷，不能从根本上排除其对国际贸易、国际货款结算及国际航运带来的不良影响。

（二）保函在承运人与托运人之间的效力

保函这种承托双方之间的协议，是承运人为表面业已受损货物签发清洁提单的产物和需要。除其他问题外，保函在承托双方之间的效力问题也是保函引发的问题之一。如前所述，除《海牙规则》外，大多数国家和其他两个关于提单的公约均承认保函在承托双方之间有效。换言之，通常，承运人可援引保函对抗托运人，且在多数情况下，法院对此也认可，但带有勉强和严格的限制。之所以产生这种左右为难的状况，是因为承托双方实际上是同一“欺诈”行为的当事人，若由于这种欺诈行为而不允许承运人援引保函对抗托运人，则同样也是欺诈行为当事人的托运人就可间接地从欺诈行为中受益。各国法院对承运人能否对托运人依保函提起诉讼的判决也有不同。

（三）承运人不得依保函享受责任限制

在以保函换取清洁提单的情况下，对于包括收货人在内的第三方，就货物装船前的损害或因装船前货物包装引起的损害而提出的索赔，不得允许承运人援引单位责任限制。因为这种损害不是在履行运输合同期间发生的，而是发生在装船前，第三方购买的并不是这种损害，单位责任限制只适用于运输期间发生的损害。依《汉堡规则》第 17 条第 4 款，在“有意欺诈”的情况下，承运人在第三方对其提出的索赔中将丧失单位责任限制；在美国，这种虚假提单视为准违约，将使承运人丧失合同和法律规定的各种抗辩权利，包括单位责任限制；在法国，收取保函换发不加批注的提单的承运人，在对第三方向其索赔的抗辩中，丧失责任限制的权利。

另外，当以保函换取清洁提单后，在航行中若货物又发生进一步的损害，此时就很难将航行中发生的损害与装船前货物已存在的损害区别开来。在这种情况下，法院往往对承运人采取严肃处理的态度。

（四）货方的额外或特殊损失应获赔偿

当承运人凭托运人的保函而签发清洁提单时，有可能给货方带来额外或特殊损失，如货方因此而产生的各种诉讼费、管理费、律师费等。对这些损失，货方能否提出要求，《海牙规则》并未对此作出明文规定，《海牙-维斯比规则》在第 4 条第 5 款第 2 项似乎也不包括这种损失要求。但《海牙规则》和《海牙-维斯比规则》此时不应适用，因为货方的这些损失索赔是基于欺诈性侵权行为，应构成独立的诉讼或者至少是诉讼中独立的一部分。因此，为补偿货方因承运人对已受损货物签发清洁提单而遭受的额外或特殊损失，法院有时会判决货方的这一索赔请求成立。例如，法国法院曾在一案中作出判决，承运人和托运人应对凭保函换发清洁提单而引起的欺诈行为负责，并应向货方支付因向其提出法律请求而遭受不适当或无理拒赔的额外损失赔偿。

（五）保函损害了货运保险人的利益

国际海运货物通常都投保货物运输保险。由于保函一般是在保险合同订立之后、船舶离开装运港之前，由托运人向承运人提供的，所以，保险人对是否有装船保函并不知情。即使过后保险人才获悉存在保函，由于被保险人在提单转让和保险单转让中经常发生变化，因而保险人很难判断被保险人是否履行了保险告知义务，从而增加了保险人依法确定谁是真正的违约人的难度。另外，更重要的是，若托运人凭保函换取清洁提单这一事实未被发现而货物又在运输途中受损，承运人有可能对此享有责任限制甚至还有可能免责。即使承运人按责任限制赔付了收货人，再回过来以保函为由向托运人追偿，托运人原本无权享受责任限制却因保函间接地享受了利益；若承运人免责，托运人也有可能免责。这样，将会极大地损害货运保险人的利益。因此，无论是从保险人本身的利益看，还是从公平的角度看，保函确实极大地损害了保险人的利益，所以，保险人对此坚决反对。

（六）承运人通常否认保函的存在

如前所述，承运人凭保函签发清洁提单通常被视为构成对收货人的欺诈，其结果有可能不仅要赔偿收货人的损失，而且有可能会因此而丧失其免责和享受责任限制的法定权利。因此，承运人宁愿接受收货人的索赔，也不愿意承认保函的存在——以保函为自己开脱责任，不仅达不到目的，反而会增加赔偿的数额。所以，承运人一般在赔偿收货人之后，再私下与托运人以保函为由进行追偿。正因为如此，若收货人或法院未掌握承运人凭保函签发清洁提单的充分证据，而且又不能证明货物在装船前已受损或存在其他瑕疵，则即使存在保函，收货人也只能将所有损失都视为航行中发生的而向承运人索赔，法院也只能作出同样的判决。同样，承运人也只会承担因管货不善而产生的一般性违约责任，甚至还可能免责或享受责任限制。这样，收货人也可能只获得部分赔偿，甚至得不到赔偿。但承运人和托运人却因保函而获得了利益。因此，实践中收货人很难真正知道保函的存在。

二、无单放货的相关问题

提单是物权凭证，承运人一旦签发了提单，就应意识到善意的收货人会根据法律、公约或合同，依据提单向卖方支付货款，同时，信赖该提单的承押人（银行）也会受到法律保障。因此，持有该提单的人有权要求承运人或船方交出货物。承运人若拒绝交货或无法交货，则会构成侵占货物。另外，承运人签发了提单，既要运输货物，也要去“托管”货物，受运输合同明示或默示条款的约束。而作为托管人的承运人，理所当然地应将货物交付给真正的货主或其授权接受货物的人。当然，真正的货主或有权接受货物的人应凭正本提单提取货物，这也是国际海运的基本原则之一。但若承运人将货物交给没有正本提单的人，即无单放货，则可能会损害真正货主的利益。这是一种严重的违约行为，也是一种侵占行为，其后果将完全由承运人承担。而且，它不同于一般的货损、货差，船东保赔协会对此不予负责。因此，若无正当理由，承运人无单放货将会导致严重后果。

随着运输速度的加快，世界范围航行的距离相对缩短，因而出现货物可能早于提单到达目的港的现象，从而有可能导致承运人无单放货的现象。[①] 无单放货通常会涉及以下问题。

（一）“货随单走”是一项基本原则

提单作为承运人保证据以交付船载货物的凭证是提单的基本属性之一，也是现代海商法的基本原则。因此，承运人在目的港交付货物时，必须遵循这一基本原则，坚持“货随单走”，将货物交付给提单持有人，即承运人“认单不认人”。“货随单走”原则的法律意义在于，首先，承运人（包括其代理人）只要做到凭正本提单放货，则完全可以对抗任何可能对其提出的在放货对象问题上的指控；其次，承运人责任期间（即至卸货港交付货物时止）的讫点已届满，承运人对货物的任何责任均告解除；最后，在记名提单的情况下，尽管强调的是向提单载明的收货人交付货物，承运人有查验收货人身份的义务，而不再强调向记名正本提单持有人交付货物，但由于交货对象仍取决于提单已作出的明确记载而且具有唯一性，因此，这种情况并不构成对“货随单走”原则的否定，而是该原则在特定情况下的具体体现。

（二）承运人正确放货的方法

签发了提单则必须坚持收货人退回一份正本提单。只要承运人在装船后签发或授权签发了提单，就意味着这是创设了一份物权凭证。由于该提单还涉及贸易的结算，它会被转让而且转让到谁的手中，谁就有权在卸货港向船方提货。因此，只要签发了提单（指示提单），就默示船方有责任只交货给退还该份提单的持有人。所以，承运人必须坚持收货人退回一份正本提单才能放货。

（1）法律坚持对此基本做法保持简单化。各国法官曾在许多判例中表明，对此（“货随单走”）沿用了几百年的基本做法予以“简单化”。因为一旦复杂化，若允许例外情况

---

① 杨良宜．提单及其付运单证(修订版).北京:中国政法大学出版社,2007(第二章第五节:无单放货问题的现状与新发展)．邢海宝．海商提单法．北京:法律出版社,1999(第十四章第一节:提单迟延与无单放货).

可以无单放货，则会导致船方无所适从或存在侥幸心理，从而引发官司不断，降低人们对提单作为物权凭证的信心。而简单做法就是，承运人无单放货要承担全部责任。有时这一简单做法确实会带来僵化或不公平，因为可能承运人根本无过失。但绝大多数判例表明，船方总逃脱不了对无单放货的责任，没有例外，没有同情，只是简单的一句话：不准许无单放货。即使真正的货主也必须退回提单才能向承运人提取货物。

（2）一式多份提单，承运人仅凭其中一份放货即解除其责任。提单是物权凭证，凭一份正本提单就足够向船方提取货物。按理说，只签发一份正本提单即可，实际业务中也有这样做的，但普遍的做法是一式多份正本提单，如3份、5份或更多。这主要是因为，若一份正本提单遗失，则可用另外的几份补用。由于每一份正本提单都是针对同一票货物的物权凭证，即具有同等效力，因此，为防止卖方将其中一份正本留下再转让给他人以谋取利益，买方一般在合同或信用证中规定，卖方必须交出全套的正本提单（如一式3份）。在英国的著名判例“Glyn Mills & Co. v. East and West India Dock Co.”中，货方以一式3份的其中一份正本提单质押，而对手中的另外两份的其中一份，货方用来私下提取了货物且不去偿还债务。法院判决，承运人只要是善意的，无法知道另有提单在不同人手中，则承运人不必对后来才提出交货要求的另一份正本提单持有人负责，即使该人是真正的收货人。到目前，该判例仍是对承运人只凭一套多份提单中的一份交出货物，但结果交错了人，对这种情况提供了保障的依据。换言之，承运人只要无过失，仅凭一式多份正本提单中的一份放货就解除了其责任。除了上述判例的保障外，承运人通常在一式多份正本提单上加上一条“The one of which bills being accomplished the others to stand void.”（其中一份正本提单提取了货物，其他正本提单失效），以此保障承运人。另外，该条款也是对收货人、承押人（银行）或其他持有提单人的一种告示：该提单有一式多份，均为物权凭证，均可据以提取货物；若仅持有一份该提单，不一定会有充足保障，可能会变成“无效”单据；承运人依该条款，仅凭一份正本提单放货即完成交货义务而不构成违约。当然，船方会保留退回的提单，不会交货后再将提单返还给收货人，否则会产生麻烦。

（3）通常情况下，在卸货港承运人只要求收货人退回一份正本提单即可放货，但有时承运人为保护自己，要求收货人退回完整的全套正本提单（A Full Set of Bills of Lading）。因为在运输中，承运人经常要面临一票货物签发两套提单的现实问题，若不收回完整的全套正本提单，承运人将可能面临很大的风险。在运输中，一票货物签发两套提单主要适用于下列情况：①由中间商促成的贸易。第一套提单在装货港签发，它涉及原卖方（货物供应商）与第一买方（中间商），提单的“Shipper”栏内自然要填写原卖方，即货物供应商的名称。这样，就向第二买方显示了原卖方的身份，从而使其知道了货物的真实来源。这对中间商转售货物不利，故此，中间商要用第一套提单向船方换取第二套提单，并在第二套提单的“Shipper”栏内换上中间商的名称，取代原卖方。②三角贸易。例如，中国大陆货物运往中国台湾地区，在上海装货上船，第一套提单上的“装货港”显示了上海，而卸货港可能显示中国香港或其他亚洲国家或地区的港口。但货物的真实卸货港并非中国香港而是中国台湾地区的港口，如高雄，所以，要用第一套提单换取第二套提单，并将第二套提单的装货港、卸货港分别替换。③收汇便利。当贸易是由中间商促成的时候，货物在装货港装船后，承运人向原卖方签发了第一套提单，但卖方并没有立即结汇。而中间商急于在第二买方开出信用证后结汇，但手中无提单，于是中间商要求船方

（或早在租船合同订明）先签发另一套提单。在原卖方结汇后，中间获得第一套提单，然后将其退还给船方。在上述情况下，承运人一般要求退回全套提单，否则，两套提单均在流通中，可能会使承运人承担无辜的责任。此外，承运人要求退回全套提单还有另一种情况，即提单的卸货港改变了。若只收回一份正本提单，还有其他几份在流通中，其他提单持有人可能不知道卸货港已经改变。因此，既为承运人的利益，也为货主的利益，承运人交货时要求收货人退回全套提单，以防产生争议。

（4）若提单被盗或遗失，可请求法院要求承运人放货。有时全套提单被盗或遗失，收货人连一份正本提单也没有。在此情况下，收货人可向法院证明自己是真实的货主，充分解释和证明提单消失的原因而要求法院下令承运人交货。除非收货人能与船方达成协议，如以保证书为担保要求放货。

（5）等待提单的船期损失可能由收货人承担。有时由于航程较短而银行结算处理单据的速度较慢，出现提单晚于船舶抵达卸货港的现象，进而有可能导致船舶等待提单而造成船期损失。这种损失是否应由收货人承担，要根据具体情况决定。通常情况下，应给予收货人一段“合理时间”，即只要收货人在“合理时间”内提交了提单收取货物，则不承担船期损失；相反，超过“合理时间”，则收货人应承担船期损失。

（6）将货物卸至岸上仓库可能是卸货港的习惯做法。若载货船舶早于提单到达卸货港，船方可否先将货物卸至码头仓库等待正本提单，也需要根据具体情况决定。若卸货港有承运人或其代理人的仓库，这是可行的办法，班轮运输的承运人通常会采用。在没有自己的仓库时，有些港口的习惯做法是，允许承运人在一段免费时间内将货物卸至岸上仓库，但此时承运人应保证能对货物有充分的控制，否则不能卸货。

托运人、收货人、租船人等无权要求船方无单放货。除了在极少数情况下，法院有权下令承运人无单放货，其他任何人都没有这个权利。

（三）凭副本提单加保证书（保函）交货

尽管货物的交付须凭正本提单为依据的法律原则十分明确、不得有半点的含糊，但在实际业务中，由于航运周期日益缩短与提单流转速度缓慢的矛盾越来越突出，导致一方面承运人和港口都急需将积压在港的货物交付和疏散，另一方面收货人却因无正本提单而无法提货。这种矛盾给船、货、港三方都带来压力，他们都希望找到一种变通的办法来缓解这一矛盾。变通的办法通常是以保证书换取承运人的交货。在这里，保证书是指收货人向承运人提交的一种书面文件，以此为担保，要求承运人在无正本提单的情况下，将货物交付给收货人；若发生错交货物，担保人将赔偿承运人的损失。

《海牙规则》《维斯比规则》均无关于保证书的规定，因此，该公约不适用于保证书。因为这不是货物运输中出现的灭失或损坏问题，而是错误交货问题。然而，《海牙规则》《维斯比规则》均未包括交货问题。其结果可能是，承运人若凭保证书交货，不能援引《海牙规则》《维斯比规则》的免责事项。

（四）卸货港对货物所有权争议的处理办法

如前所述，正常情况下，收货人仅凭一式多份正本提单中的一份即可提货。换言之，凭一份正本提单放货即可解除承运人的交货责任。但现实中，有时会出现两个或两个以上的人各持一份正本提单要求承运人放货；或者，两套提单分别落到不同的人手中；或者，托运人声称拥有货物所有权而没有提单，因为被另一方不合法地扣押了。在此情况下，船方的选择是，请求法院来确定货物所有权的归属。

（五）伪造正本提单提货的处理办法

目前，国际货物运输中，为了不延误开航，船长自己签发提单的情况越来越少，一般是授权代理签发提单；在期租船运输中，一般授权租船人代签发提单。随着多次转租，这种授权也向下延伸下去。而租船人或转租租船人在背后乱签发提单或签发多套提单来约束船东或船长的情况也非常普遍；有时卖方为了买方（收货人）报关等的便利，在结汇之前将一份或多份副本提单寄给买方，于是，不诚实的买方按副本提单伪造正本提单提货。在上述情况下，经常出现使用伪造的正本提单提货，而真正的货主却得不到货物。在此情况下，无辜的船方对伪造提单（一般很难辨别出来）放货是否应承担责任？目前的习惯是，船方或承运人仍要对此负责。

（六）承运人对无单放货承担的赔偿责任

若承运人对无单放货的责任成立，则要承担赔偿责任。赔偿责任包括责任基础和损失的计算。在无单放货的责任下，承运人可能承担侵权下的侵占、运输合同下的错误交货（即违约）以及托管责任，这三种责任基础均可能成立。

（七）承运人对无单放货的抗辩

如前所述，承运人若无单放货可能承担严重违约或侵权责任，赔偿真正货主的损失。所以，在无单放货的情况下，承运人很难找到抗辩的理由。但在实践中，即使如此，承运人也总会从各方面寻求解除其责任的理由。这些抗辩理由表现为以下几方面：（1）时效过期；（2）提单含有免责条款；（3）单位责任限制；（4）船舶总吨位责任限制；（5）禁止反悔；（6）提单不是船东授权签发的；等等。

（八）承运人可以对凭保证书无单放货及时反悔

如前所述，承运人可能同意凭保证书交换无单放货。这种同意可能早已在租船合同中订明，也可以在卸货港与收货人临时谈妥，从而构成一个合同。但在卸货前或者货物卸了一部分或刚刚卸完，承运人可能因种种原因反悔，不肯继续无单放货或要求收货人退回货物。承运人反悔的原因可能是：突然对保证书的可靠性产生怀疑，如担保银行出现问题；发货人警告，全套提单仍在发货人手中且买方不支付货款；突然意识到无单放货的巨大风险等。在这些情况下，承运人反悔，推翻原有合同，拒绝无单放货。许多判例表明，承运人可以及时反悔，要求收货人退还货物或拒绝卸货、交货。例如，在加拿大的一个判例“Westwood Shipping Lines Inc. v. Geo International Inc.（1998）”中，船东获得一个禁令，即防止货物（皮鞋）流失并要求收货人退回货物，收货人提出抗辩。法院判决，收货人败诉。①

（九）无单放货与保险的关系

就承运人而言，船东的责任险通常在船东保赔协会投保。但对于因无单放货而承担的责任损失，保赔协会明确规定这不属于其承保责任范围，应由船东自己承担。

从提单持有人（真正的货主）方面看，他所拥有的货物被承运人无单放货，其可能遭受损失。货主当然可向收货人或船东索赔损失。提单持有人，即真正的货主也可能会转向货物保险人索赔。在中国，已有过判决承保“一切险”的保险公司赔偿货主因无单放

① 杨良宜．提单及其付运单证(修订版).北京:中国政法大学出版社,2007:117-119.

货造成损失的判例。但这些判例争议较多：（1）“一切险”承保的是货物运输风险，而无单放货通常涉及买卖合同的争议，而且经常是买方不支付货款，与运输无关。（2）近因原则难以遵守。保险人赔偿损失除了要遵守其他保险原则外，保险近因原则是索赔中要遵守的重要原则。在无单放货的情况下，其损失主要是承运人错误交货，本来不属承保风险，也不属于“损失”范围，却因后来非运输风险的出现而强制变为“损失”。（3）违反告知义务。短航次、液体货物运输、租船合同中的无单放货条款等均涉及无单放货，货主在投保时是否履行了告知义务？（4）“无单放货”是否属于“一切险”的承保责任范围？所谓“风险”是指存在发生可能性的致损因素，而非必然发生的致损因素。若租船合同中订明可无单放货，这是必然发生致损的因素，这不应属于“一切险”的承保责任范围。（5）被保险人（提单持有人）是否履行了减少或避免损失的义务？在无单放货的情况下，很难说提单持有人做到了这一点。从上述分析可见，无单放货损失由货运保险人在“一切险”中承担赔偿责任难以让人接受。①

（十）《鹿特丹规则》下的无单放货

鉴于承运人无单放货问题是国际货物运输中争论多年的问题，《鹿特丹规则》考虑在航程比较短的运输情况下，凭提单放货实际操作上有很多困难，因而允许在一定条件下、按照一定的程序可以不凭提单放货，即无单放货。这是一个非常新的规定。

该规则将航运实践中，承运人凭收货人的保函和副本提单交货的习惯做法，改变为承运人凭托运人或单证托运人发出的指示交付货物，而且只有在单据持有人对无单放货事先知情的情况下，才免除承运人无单放货的责任。若单据持有人事先对无单放货不知情，承运人对无单放货仍要承担责任，此时，承运人有权要求上述发出指示的人提供担保。该规则为承运人实施无单放货设定了条件，即可转让运输单据必须载明可不凭单放货。

附：

《最高人民法院关于审理无正本提单交付货物案件适用法律若干问题的规定》及解释②

为正确审理无正本提单交付货物案件，根据《中华人民共和国海商法》《中华人民共和国合同法》《中华人民共和国民法通则》等法律，制定本规定。

第一条 本规定所称正本提单包括记名提单、指示提单和不记名提单。

第二条 承运人违反法律规定，无正本提单交付货物，损害正本提单持有人提单权利的，正本提单持有人可以要求承运人承担由此造成损失的民事责任。

第三条 承运人因无正本提单交付货物造成正本提单持有人损失的，正本提单持有人可以要求承运人承担违约责任，或者承担侵权责任。正本提单持有人要求承运人承担无正本提单交付货物民事责任的，适用海商法规定；海商法没有规定的，适用其他法律规定。

---

① 杨良宜．提单及其付运单证（修订版）．北京：中国政法大学出版社，2007：119-120.

② 《最高人民法院关于审理无正本提单交付货物案件适用法律若干问题的规定》已于 2009 年 2 月 16 日由最高人民法院审判委员会第 1463 次会议通过，自 2009 年 3 月 5 日起施行。本规定的解释部分为作者所作而非官方解释。

解释：

无正本提单交付货物的行为发生在承运人履行海上货物运输过程中的货物交付环节，损害了提单持有人的提单物权，构成请求权竞合。

根据中国法律规定，正本提单持有人有权选择依照海商法有关海上货物运输合同权利义务关系的规定，请求承运人承担违约责任，或者基于承运人无正本提单交付货物侵害了提单持有人的提单物权，依照中国《民法通则》的规定，请求承运人承担侵权责任。无正本提单交付货物的侵权是在履行合同中的侵权，属于合同框架内的侵权，不同于普通的民事侵权。因此，在审理无正本提单交付货物案件中，所涉及的损害赔偿范围、承运人交付货物抗辩的认定以及诉讼时效的认定等问题，应当按照特别法优于普通法的原则，首先适用海商法的规定。

第四条　*承运人因无正本提单交付货物承担民事责任的，不适用海商法第五十六条关于限制赔偿责任的规定。*

解释：

承运人因无正本提单交付货物不适用中国《海商法》关于限制赔偿责任的规定，与中国《海商法》规定的承运人责任限制的立法本意相符。

首先，承运人没有凭提单交付货物行为发生在货物卸下船舶后的交付环节，不同于发生在承运人运输责任期间（即"舷到舷"）的货物灭失、损坏或者迟延交付。《海商法》关于限制赔偿责任的规定是承运人和货主共同分担海上风险原则的体现，但承运人没有凭正本提单交付货物发生在陆上的交付环节，并不存在海上风险。本条规定符合国际上比较通用的《维斯比规则》和中国《海商法》的规定。

其次，国际上，船东互保协会和各国保险公司对承运人没有凭正本提单交付货物造成的损失均不予承保，因为这属于承运人自己选择承担的商业风险，并不是由运输中的海上风险造成的。

第五条　*提货人凭伪造的提单向承运人提取了货物，持有正本提单的收货人可以要求承运人承担无正本提单交付货物的民事责任。*

解释：

在期租船运输中，一般要全权授权租船人代签发提单。随着多次转租，这种授权也随着向下延伸下去。而租船人或转租租船人在背后乱签发提单或签发多套提单来约束船东或船长的情况也非常普遍；有时卖方为了买方（收货人）报关等的便利，在结汇之前将一份或多份副本提单寄给买方，于是，不诚实的买方按副本提单伪造正本提单提货。

在上述情况下，经常出现使用伪造的正本提单提货，而真正的货主却得不到货物。在此情况下，无辜的船方对伪造提单（一般很难辨别）放货是否应承担责任？

目前的习惯是，船方或承运人仍要对此负责。其实，船方作为替罪羊是为维护国际贸易的机制，使人们对提单作为物权凭证不会有任何缺乏信心的理由，特别是符合国际公约的规定，即《维斯比规则》的第 3 条第 4 款：提单在善意的第三者手中，船方不得对提单内容加以反证。《汉堡规则》的第 16 条第 4 款也有同样的规定。要船方作为替罪羊的趋势，在"Motis Exports v. Dampskibsselskabet AF 1912（1999）"一案中得到进一步的发展。在该案中，不诚实的买方欺诈卖方，伪造了一套正本提单提走货物，而在信用证付款赎单环节却以不符点为由拒付货款。英国法院判决，船东对此要承担全部责任。看来只能归责承运人没有辨认出字迹了。

由上述分析可见，在伪造提单的情况下放货，船方是否有错、是否无辜、是否成为买卖双方互骗结果的替罪羊都不是重要因素，重要的是最基本的法律原则和国际贸易中提单的信誉。让无辜的船方承担责任，其目的就是要尽可能地维护人们对提单的信誉和尊重，保证国际贸易机制的正常发挥。

第六条 承运人因无正本提单交付货物造成正本提单持有人损失的赔偿额，按照货物装船时的价值加运费和保险费计算。

第七条 承运人依照提单载明的卸货港所在地法律规定，必须将承运到港的货物交付给当地海关或者港口当局的，不承担无正本提单交付货物的民事责任。

解释：

目前，在世界范围内，墨西哥以及南美洲部分国家的法律强制规定，承运到该国港口的货物必须交付给当地海关或者港口当局。由于上述法律限制，承运人在目的港无法履行在收货人提交正本提单之后交付货物的义务，只能向当地海关或者港口当局交付货物，收货人可以持正本提单向海关或者港口当局请求提取货物。因此，一般认为，承运人将货物运输到目的港，按照当地的法律规定交付了货物，即视为完成货物运输合同的交付义务，应免除承运人的赔偿责任。

尽管依卸货港法律或习惯做法，将货物卸至岸上，让港口当局负责将其交付给收货人，一般认为承运人已做到“适当交货”。但笔者认为，承运人仍要对交错货物或无单放货承担责任，即承运人的代理或港口当局的无单放货责任由承运人承担。目前，大多数国家法律，特别是英美法律，对无单卸货上岸并不保护船东（案例略）。对此，本规定过于笼统。

因此，只有卸货港有明确的法律规定，或满足严格条件的习惯才可能保障船东的无单卸货上岸。但若卸货港有法律规定或做法确实逼迫船舶抵港后立即卸货上岸，而货物肯定会失去控制最终导致无单放货，则船东会在《海牙规则》或法律要求的合理谨慎处理货物的责任下，不进卸货港，直到问题获得合理解决或转卸其他卸货港。

第八条 承运到港的货物超过法律规定期限无人向海关申报，被海关提取并依法变卖处理，或者法院依法裁定拍卖承运人留置的货物，承运人主张免除交付货物责任的，人民法院应予支持。

解释：

特殊情况下，可免除承运人交付货物责任。承运人本可以向持有正本提单的收货人交付货物，但在目的港出现法律规定的承运人不能交付货物，或者法院根据承运人的请求裁定拍卖留置的货物，由此可免除承运人的交付义务。

免除承运人交付货物责任主要包括以下几种情况：法定或合理时间过后，无人提货；收货人没有按照约定向承运人支付运费；共同海损分摊；滞期费和承运人为货物垫付的必要的费用；应当向承运人支付的其他费用没有付清。在没有提供担保的情况下，承运人依法可以行使留置权。

在上述情况下，正本提单虽然在提单持有人手里，但构成承运人免除向收货人交付部分或全部货物义务的法定条件，正本提单持有人据此要求承运人承担赔偿责任的，诉讼请求不应予以支持。

第九条　承运人按照记名提单托运人的要求中止运输、返还货物、变更到达地或者将货物交给其他收货人，持有记名提单的收货人要求承运人承担无正本提单交付货物民事责任的，人民法院不予支持。

解释：

依中国《海商法》，记名提单不得转让。记名提单属非转让的运输单据，记名提单收货人的提单权利依附于记名提单的托运人，记名提单托运人享有对运输货物的支配权。所以，依中国《合同法》第 308 条，在货物交付给收货人前，记名提单托运人享有变更运输合同的权利，包括要求承运人中止货物运输、返还运输的货物、变更约定的货物到达地，或指令承运人将货物交付给记名提单收货人以外的其他人。

第十条　承运人签发一式数份正本提单，向最先提交正本提单的人交付货物后，其他持有相同正本提单的人要求承运人承担无正本提单交付货物民事责任的，人民法院不予支持。

解释：

各国船公司通常在提单上载明："为证明以上所述，承运人或其代理人已签署本提单________（若干）份，其中一份经完成提货手续后，其余各份失效。"因此，上述规定符合国际航运惯例。

第十一条　正本提单持有人可以要求无正本提单交付货物的承运人与无正本提单提取货物的人承担连带赔偿责任。

解释：

无正本提单提取货物的人，因其提取货物构成对提单持有人权利的侵害，应承担侵权民事责任。承运人与无正本提单提取货物的人，因共同实施无正本提单交付货物行为造成提单持有人损害的，应承担共同侵权的连带民事责任。无正本提单交付货物行为包括承运人交付货物与第三人故意非法提取货物两个方面，两者缺一不可，属于共同实施的侵权行为，应承担连带民事责任。

第十二条　向承运人实际交付货物并持有指示提单的托运人，虽然在正本提单上没有载明其托运人身份，因承运人无正本提单交付货物，要求承运人依据海上货物运输合同承担无正本提单交付货物民事责任的，人民法院应予支持。

解释：

依《汉堡规则》和中国《海商法》，托运人包括两种情况：一是与承运人订立运输合同并在提单正面明确记载为托运人（又称为契约托运人，如 CIF 条件下的卖方、FOB 条件下的买方）；二是将货物实际交给承运人，但依买卖合同约定由买方租船订舱、不能在提单中记载为托运人（又称为实际托运人，如 FOB 条件下的卖方）。

第二种情况的（实际）托运人是否享有诉权，是否可以胜诉，这涉及在 FOB 条件下中国出口企业利益的保护。

中国《海商法》所以规定了实际托运人，因为在 FOB 条件下，由运输合同的契约托运人即买方租船订舱，实际托运人将货物交付给承运人，承运人签发提单，然后由实际托运人向开立信用证的银行交付提单等结汇，提单经流转至买方，买方最终凭提单在目的港向承运人提货。实际托运人虽然没有在提单上载明托运人身份，仅说明他没有处分提单和背书转让提单的权利，但其作为运输合同的托运人，享有通过法律赋予的实际托运人的地位，享有凭正本提单向承运人主张货物的权利。

若承运人将货物交给非正本提单持有人，应承担无正本提单交付货物的责任，这也是中国《海商法》通过规定实际托运人法律地位，保护 FOB 条件下买卖合同中卖方保证收到货款的立法本意。

但在实务中，FOB 下的卖方应争取将自己记载为提单的托运人，或者在买方记载为托运人时，卖方必须保证让买方先对提单背书，将提单转让给自己，否则无法结汇。

提单背书必须连续，否则不能转让提单。若为指示提单，则只有经背书才可以转让提单。

（1）若提单是“托运人”指示提单（To Order of Shipper），则应以托运人为第一背书人；

（2）若提单是记名指示提单（×× Order），或选择指示提单（××或 Order），则第一背书人应是提单中指名的指示人（××）；

（3）若提单是空白指示提单（To order），则第一背书人应是提单中的托运人。

（4）采用空白背书形式时，只要第一背书人正确，则证明背书是连续的，提单即可转让。

第十三条 在承运人未凭正本提单交付货物后，正本提单持有人与无正本提单提取货物的人就货款支付达成协议，在协议款项得不到赔付时，不影响正本提单持有人就其遭受的损失，要求承运人承担无正本提单交付货物的民事责任。

解释：

只要承运人在无正本提单交付货物后，正本提单持有人在没有重新占有货物的情况下，与提货人就货款的支付事宜进行协商，在协议款项没有得到赔付时，正本提单持有人有权依据提单的记载，向承运人主张无正本提单交付货物的赔偿责任，因为提单物权效力仍然存在。因此，本司法解释明确规定，正本提单持有人与提货人就货物款项的支付虽然达成协议，但是并不产生提单物权效力丧失的法律后果，除非提单持有人在协商中交还提单或者重新占有货物，否则提单持有人仍然享有诉讼的权利。

第十四条 正本提单持有人以承运人无正本提单交付货物为由提起的诉讼，适用海商法第二百五十七条的规定，时效期间为一年，自承运人应当交付货物之日起计算。

正本提单持有人以承运人与无正本提单提取货物的人共同实施无正本提单交付货物行为为由提起的侵权诉讼，诉讼时效适用本条前款规定。

解释：

承运人无正本提单交付货物纠纷案件，应优先适用中国《海商法》关于诉讼时效的专门规定。根据中国《民法通则》，侵权诉讼时效期间为 2 年。但由于海上货物运输的特点，国际公约以及国际海事司法的通常做法，对涉及海上货物运输纠纷的诉讼时效均规定为 1 年，中国《海商法》对此也有明确的规定（1 年）。共同侵权也是如此。

第十五条 正本提单持有人以承运人无正本提单交付货物为由提起的诉讼，时效中断适用海商法第二百六十七条的规定。

正本提单持有人以承运人与无正本提单提取货物的人共同实施无正本提单交付货物行为为由提起的侵权诉讼，时效中断适用本条前款规定。

解释：

依中国《海商法》，诉讼时效因请求人提起诉讼、提交仲裁或被请求人同意履行义务而中断。中国《民法通则》规定，诉讼时效因提起诉讼、当事人一方提出要求或者同意履行义务而中断。应当说，在诉讼时效中断的构成条件上，中国《海商法》严于中国《民法通则》。由于无正本提单交付货物属于海上货物运输合同履行中发生的纠纷，诉讼时效中断应当优先适用中国《海商法》。共同侵权也是如此。

三、记名提单下的无单放货

国内外关于无单放货的判例或案例较多，多数情况下，承运人或其代理人、受雇人应承担相应的赔偿责任。但在记名提单下的无单放货，因各国法律及习惯做法的差别较大，从而对承运人是否也应承担相应责任产生较大争议。在此，仅对记名提单下的无单放货问题予以探讨和分析，以期贸易商及当事人或关系人从中得到有益启示。

（一）记名提单具有提单属性

记名提单是指在提单“收货人”（Consignee）一栏内填写了具体收货人名称的一种提单。依中国《海商法》第79条，记名提单不得转让。由于记名提单从签发之日起，收货人已确定，因而签发记名提单的意义在于，明确了提单项下货物的物权归属于记名收货人。法律强调记名提单不得转让，旨在保护记名收货人的物权。由此可见，记名收货人以外的任何人无权转让记名提单。当然，从物权方面看，记名收货人可转让记名提单，这是记名收货人行使物权的一种表现方式。这种转让符合民法原理，也不违背中国《海商法》的上述规定。

（二）记名提单下无单放货责任的争议

指示提单下承运人放货需要凭正本提单，这一点国内外立法、司法实践及国际习惯做法比较统一。但记名提单下是否需要凭正本提单放货，国内外存在较大的分歧。归纳起来，主要有两种观点和做法：一是承运人应只“凭身份放货”；二是承运人应“凭正本提单放货”。

承运人应只“凭身份放货”的观点和做法认为，记名提单不可转让，它不是物权凭证，因而收货人只需证明其身份即可提货，无须出示正本提单，即承运人放货时只要验明收货人的身份即可，承运人无单放货不承担责任。据考证，在美国，依美国1916年《联邦提单法》的规定，记名提单无须凭正本提单交货，承运人有权将货物交给记名的收货人，但承运人需验明其身份且记名提单上应明确注明“不可转让”（Non-negotiable）的字样。

承运人应“凭正本提单放货”的观点和做法认为，记名提单也是物权凭证，提单是持有人收取货物的授权证明，因而收货人在提货时必须出示正本提单以证明其具有提货的授权，即承运人放货时，既要验明记名收货人的身份，也要凭正本提单放货。

目前，依中国《海商法》第71条，承运人应当凭收货人的身份和提单交货，即在记名提单下承运人也必须凭单放货。该条的“提单中载明的向记名人交付货物……的条款，构成承运人据以交付货物的保证”表明，即使是记名提单，承运人仍需凭单放货。有人认为，该款只是规定有关条款为保证条款，并不意味是凭单放货的规定。这一观点曾导致中国的某些法院以此为依据，判决在记名提单下承运人无单放货不承担赔偿责任。这一观点忽视了承运人保证义务的履行需要权利人（记名收货人）出示表明其具有提货权利的证明文件，即提单，只有记名收货人出示了提单，才表明其具有被保证的权利，即具有提货的权利。尽管收货人名称已明确记载于提单中，这使得承运人知道其保证的权利人是谁，但这并不能确保承运人向真正的收货人放货。目前，中国海事法院已就“记名提单能否无单放货”争议达成共识：无论记名提单的物权凭证性质如何以及其与可转让性的关系如何，在适用中国《海商法》审理的案件中，记名提单应当凭单放货，承运人向记名人交付货物的同时应当收回正本提单。由此可见，在中国，记名提单下凭单放货也不例外。

在中国台湾地区，海运提单为提示和缴回证券，即收货人提交正本提单才能提货，凭提单放货是承运人的义务。若违反该义务，承运人应对其无单放货行为所造成的损失负赔偿责任，无论其是否正确交付货物给提单记载的收货人，或提单持有人是否与收货人达成还款和解，都不能阻止承运人无单放货应负的责任。因此，在中国台湾地区，即使是记名提单，承运人也需凭单放货，只要承运人无单放货造成货主的损失即应承担赔偿责任。

依美国法律，记名提单不是物权凭证，不可转让、不能据以提货，即记名提单已不具有提单性质，且货物所有权在货物装上船舶时起已转归记名收货人所有。即使卖方保留记名提单，也不能使卖方保留所有权；承运人未凭记名提单放货并不承担责任。因美国记名提单引发的无单放货案很难打赢官司，关键在于事前预防。以下“美国总统轮”一案充分证明了这一点。

1993 年 7 月 29 日，原告广州菲达电器与艺明公司签订协议：由菲达电器向菲利公司提供一批灯饰；菲达电器发货后将提单传真给艺明公司，艺明公司须在三天内将货款全数汇出，菲达电器收到汇款通知副本，再将提单正本交付艺明公司。

当年 8 月，菲利公司受菲达电器委托，以托运人的名义将货物集装箱交由美国总统轮船公司托运。

本案两套提单均记载，承运人为美国总统轮船公司，收货人为艺明公司，装货港黄埔港，卸货港新加坡港，运费预付。两套提单的背面首要条款规定：货物的收受、保管、运输和提单所证明的运输合同条款调整，适用美国 1936 年《海上货物运输法》或 1924 年《海牙规则》。

货物运抵新加坡港后，艺明公司未依协议向菲达电器付款。在菲达电器仍持有上述两套正本提单的情况下，美国总统轮船公司向艺明公司放行了货物。

菲达电器于 1994 年 8 月向广州海事法院提起诉讼，请求法院判令美国总统轮船公司赔偿因无提单放货而对其造成的经济损失共 16 万多美元及利息。

该案经广州海事法院一审和广东省高院二审。海事法院判决被告美国总统轮船公司赔偿菲达电器货物损失 9. 8 万美元及利息。二审，广东省高院维持原判。

2002 年，最高人民法院对该案进行再审。审判委员会讨论后认为，提单首要条款中明确约定适用美国 1936 年《海上货物运输法》，应该得到尊重。因此，最高人民法院撤销广东省高院的二审民事判决和广州海事法院的一审民事判决。

菲达电器由此首开中国企业“无单放货”案的败诉先例。官司前后打了 9 年。

依美国 1936 年《海上货物运输法》，在适用该法时还必须同时适用美国《联邦提单法》。美国《联邦提单法》第 6 条规定：记名提单不得流通且在其正面应载明“不得流通”（Non-negotiable）字样。其第 9 条规定：承运人有权向记名提单的收货人交付货物。其第 29 条规定：记名提单的背书不赋予受让人任何额外的权利。因此，在美国，若提单为记名收货人，此种提单不能流通。但依第 9 条，承运人有权甚至在未收回正本记名提单的情况下，可向记名人交付货物，可见，在美国，记名提单不是物权凭证，不可转让、不能据以提货。记名提单已不具有提单性质，只不过是海运单的另一别名，且货权在货物装上船之时起已转归记名收货人。即使卖方保留该提单，也不能使卖方保留货权，承运人未凭记名提单放货并不承担责任。

（三）贸易商对记名提单下无单放货的风险防范措施

随着中国贸易量的不断攀升以及国际市场竞争的加剧和航运速度的加快，近年来与中国出口贸易有关的无单放货案件频繁发生，受害者大多为中国的出口企业。作为贸易商的出口企业，一旦发生承运人无单放货，在未获得进口商付款时，必然会遭受货、款两空的损失，因此，中国出口企业应对此采取积极主动的预防措施。

1. 谨慎使用记名提单

随着航运速度的加快，进口商往往在贸易合同或信用证中要求使用记名提单，以便在载货船舶达到目的港后，凭身份证明或保函及早提货。由于目前绝大多数的国际货物买卖都采用先发货、后付款的支付方式，因此，出口商在未收到全部货款或仅收到很小部分货款的情况下，不能轻易接受使用记名提单。但考虑运输距离较短（中国周边国家及地区，如韩国、日本、东南亚等）、提单在银行流转较慢、照顾进口商的利益等因素，若能采取适当预防措施，可谨慎地接受使用记名提单，如要求进口商预付货款、向出口商开立银行备用信用证或担保函等。

2. 主动要求适用中国法律

鉴于目前世界范围内，对关于记名提单下承运人无单放货是否应承担赔偿责任还存在分歧，为达成国际货物交易而不得不使用记名提单以及通过外国运输机构进行运输时，中国出口商应主动要求“提单所包含或证明的合同适用中国法律并在中国法院或仲裁机构解决相关争议”。若进口商和国外承运人接受这一要求，一旦承运人无单放货造成中国出口商利益损失，则必须在中国法院或仲裁机构、依中国《海商法》或《合同法》审理，这将会更有利地维护中国出口商的权益。

3. 事先审核提单及其条款

若国外进口商坚持采用 FOB、FAS 或 FCA 等贸易术语，由进口商指定国外运输机构并提出使用记名提单承运中国货物，中国出口企业应要求进口商提供该运输机构的正本提单，仔细审核其格式及背面条款，查看是否存在承运人有权无单放货的条款或类似标注。例如，有些国外运输机构在其签发的记名提单上标注“Straight Consignment—Automatic Release（SCAR）”（承运人直接交货，自动放货给收货人）字样，或在提单背面条款中存有或在提单上加注：“Where non-transferable/negotiable, the carrier is entitled to deliver the goods to the named consignee without surrender of an original bill of lading, and is obliged to do so unless the shipper requests otherwise before delivery take Place.”（若提单不可流通/转让，承运人有权在不提交正本提单的情况下将货物交给记名收货人，除非在交货前托运人提出要求，否则承运人将照此办理）。若提单存在或标注上述或类似条款，出口商应要求在提单上注明承运人必须凭正本提单放货，以确保安全收汇。

4. 慎重使用进口商指定的货代公司

近年来，在中国出口贸易中，进口商经常要求采用 FOB 条件成交，同时由进口商指定在中国境内的境外货代公司（多数为无船承运人）为进口商办理相关手续，并由该境外货代公司签发提单（一般为 HOUSE 提单、货代提单）。进口商指定的这些货代公司多数为进口商自己在中国开办的，这些所谓的运输机构一部分在中国设有办事处，而有些仅仅是委托中国境内的货代公司订舱、签发或传递货代提单。境外货代公司接收货物后再向实际承运人真正办理货物托运手续，但船公司将海运提单签发给该货代公司，而不是中国出口商。之后，该货代公司将该真正具有货权作用的海运提单寄送进口商。这样，进口商实际上依据实际承运人签发的海运提单在目的港提货，最终可能导致中国出口商款、货两空。这实际上是一种更具隐蔽性的无单放货。因为，中国出口商手中的 HOUSE 提单几乎无任何价值，它仅仅是货代公司收货的收据。若该货代公司不承担实际承运人的运输责任，依 UCP600 的规定，这种提单无法用于结汇。若中国出口商指控该货代公司，要求其赔偿损失，则有可能根本不能从该货代处获得任何赔偿。该货代公司可能未在中国注册，要起诉须到国外，困难重重；另外，这种境外货代公司通常再委托中国境内的一家货代公司实际接收中国出口商的货物，因而中国出口商实际收到的 HOUSE 提单是国内货代公司签发的。若要控告国内货代公司，但它仅仅是代理而不是承运人，同样可能得不到补偿。即使中国出口商起诉实际承运人，但因海运提单记载的托运人不是中国出口商而是境外货代公司或买方，中国出口商与实际承运人可能根本不存在合同关系，很难获得其赔偿，甚至根本无法起诉承运人。

鉴此，为避免无单放货风险，中国出口商应力争做到以下两点：

（1）作为出口企业，尽可能避免采用 FOB 条件成交，因为在这种贸易条件下，进口商可指定船公司、境外货代公司或无船承运人安排运输，从而使货物的控制权完全掌握在进口商手中，一旦进口商拒付货款，中国出口商无法控制货权，将可能导致款、货两空。在可能的条件下，中国出口商应争取采用以 C 开头的贸易术语，以便在进口商拒付货款时，能够控制货权。

（2）若进口商坚持采用 FOB 条件成交，并指定船公司、境外货代公司或无船承运人安排运输，中国出口商业应只接受国内外比较知名的船公司，这一点可向中远公司、中外运公司咨询或网上查询，力争拒绝接受其指定的境外货代公司。若进口商仍然坚持，为达成交易，中国出口商应对境外货代公司或无船承运人的信誉进行严格的调查，如咨询中国外经贸企业协会、中国货代协会、中国交通运输部等机构；同时要求受境外货代委托的中国货代公司出具保函，承诺被指定的境外货代安排运输的货物到达目的港后，必须凭银行流转的正本提单放货，否则应承担无单放货的赔偿责任。另外，中国出口商在签约前可委托中国出口信用保险公司调查国外进口商的资信状况。

5. 提单“托运人”栏不应填写中间商名称

当国际货物交易通过中间商达成时，中间商为避免中国出口商与国外真正的买主发生联系，往往要求中国出口商在提单的“托运人”（Shipper）栏内填写中间商的名称。对此，中国出口商在未收到货款时，不能贸然接受。由于提单具有物权属性，拥有提单即可控制货物，这种提单通常又是指示提单，由托运人（中间商）指示承运人在目的港放货给真正的买方。同时，该提单还必须由中间商首先背书转让给中国出口商，然后再由中国出口商向银行交单。在中国曾发生多起此类案件，作为“托运人”的中间商并没有首先背书，导致中国出口商无法交单结汇；而该中间商又在目的港指示承运人在无正本提单的情况下，将货物交给收货人，造成中国出口商款、货两空损失。若要考虑中间商的利益，中国出口商可以要求中间商预付货款，或要求中间商前来对提单背书，或以中国境内的某运输机构为提单“托运人”，以便控制货权，保证收汇安全。

6. 对美出口谨慎使用记名提单

目前，有些船公司的提单背面有一个“地区条款”（Local Clause）或“美国条款”（America Clause），该条款规定进出口到美国的货物适用美国法律。如前所述，依美国 1916 年《联邦提单法》的规定，承运人有理由将货物交付给记名提单上的记名收货人，而无须收货人出示或提交正本记名提单。中国最高人民法院在审理的一起案件中，判决美国某轮船公司在记名提单下不承担无单放货责任。因此，中国出口商在对美贸易运输中，对进口商要求签发以其为收货人的记名提单应谨慎接受，在货款没有保障的情况下应予拒绝。

7. 了解卸货港的习惯做法

有些国家或地区（如苏丹、俄罗斯等）卸货港的习惯做法是，当载货船舶到达卸货港后，港务当局要求将货物卸至当地政府管理的仓库，由政府部门向收货人放货。在此情况下，进口商往往在未付款时即可提货，导致出口商利益受损。为此，中国出口商应对卸货港的习惯做法有所了解并采取适当预防措施。

8. 案发后的补救措施

无单放货是承运人与提货人共同侵害了正本提单持有人的合法权益，同时又是承运人违反提单规定的违约行为，因此，提单持有人（货主或托运人）在货物被无单放货后，既可以直接向承运人、实际承运人，也可以向无单提货人提起侵权或违约诉讼，要求赔偿。中国 2009 年实施的《最高人民法院关于审理无正本提单交付货物案件适用法律若干问题的规定及解释》可作为中国解决无单放货纠纷的最新法律依据。由此可见，作为货主，中国出口商应力争提单适用中国法，确保其权利得到维护。

（四）结论

据不完全统计，目前，仅有美国等少数国家或地区不要求记名提单凭正本提单放货。而世界绝大多数国家在司法实践中都要求记名提单下承运人需凭提单放货。芬兰法院认为，记名提单是一种适用《海牙规则》或《海牙-维斯比规则》的提单，承运人须凭单放货；马来西亚高等法院的判例表明，船东未收回正本记名提单而交付货物，即使交付给收货人也构成违约；新加坡法院判决，承运人须凭记名提单向记名收货人交付货物，且需验明其身份；法国、荷兰、日本和韩国也认为，即使在记名提单下也要凭正本提单放货。

目前，在全世界范围内，关于记名提单是否为物权凭证及记名提单下承运人是否可以无单放货存在较大争议。据不完全考证，仅有美国法律和中国香港的法院坚持记名提单下承运人可以无单放货，只需验明收货人身份即可；在国际海商法领域具有较大影响的英国，其法院和学者对此的观点和立场尚未最终明确（参见 2000 年“The Chitral 案”，2002 年“The Rafaelas 案”，2002 年“The Happy Ranger 案”）。但包括中国在内的绝大多数国家的法律、法院和学者坚持认为，记名提单也是物权凭证，承运人必须凭单放货。

中国的大型船公司的提单背面条款一般规定：“凡根据本提单或与其有关的一切争执

均应按照中国法律在中华人民共和国的法院解决或在中华人民共和国仲裁。有关承运人的义务、赔偿责任、权利及豁免应适用《海牙规则》，即 1924 年 8 月 25 日在布鲁塞尔签订的关于统一提单若干规定的国际公约。”但中国出口商的货物由外国船舶运输的概率要远大于由中国船公司运输。因此，中国出口商应对记名提单格外注意。

若信用证付款方式要求用记名提单，这是违反常规的。因银行也需掌握物权凭证以控制风险，所以绝大多数银行并不会这样做。若确实收到此类信用证，中国出口商须谨防进口商的阴谋。如信用证条款复杂，“单单相符，单证相符，单内相符 ”有难度，中国出口商因单据不符被拒付，银行退单后却发现货物已被提走，款、货两空将不可避免。

若采用付款交单（D/P）结算，进口商要求以记名提单进行托收，在无收款保障的情况下，中国出口商同样切忌接受记名提单。

若采用定金自控提单的结算方式，仍可能出现进口商不付款而凭身份证明提走货物的情况。只有在全额电汇（T/T）付款后，出具记名提单才安全。若进口商坚持，中国出口商可采取的变通办法是，先以非记名提单的方式安排出运，待收到货款后，再要求承运人重新签发记名提单。但这只在定金自控提单结算的情况下适用。

至于要求承运人加注表明须凭正本记名提单放货或选择中国法律作为提单的法律适用条款的做法，在实践中的可行性不大。因目前中国出口商的话语权还未达到这种程度。①

附：

无单放货纠纷案

承运人无单放货纠纷案是近年中国进出口贸易中最常见的争议案。中国相关各方对此的观点曾存在分歧。为此，最高法的司法解释予以规范。

本案承运人及其提单签单代理人未收回提单就将整箱货拆箱放货，但未与卖方达成一致意见又将货物运回中国，由此引发是否无单放货、签单代理人是否应承担连带责任以及承运人赔偿范围等争议。承运人无单放货固然应承担相应责任，但作为贸易商的卖方应如何签订合理的贸易合同条款，如何预防以及处理无单放货，是其应思考的问题。

案情简介②

原告：绍兴县奢客纺织品有限公司（下称“奢客纺织品”）

被告：上海欧达国际货运代理有限公司（下称“上海欧达货代”）

被告：欧达国际货运代理有限公司（美国）（ALL-WAYS FORWARDING INT’LINC.）（下称“欧达货代”）

涉案货物交易方式为 FOB。2015 年 8 月，国外买方 CONNECTION 18 订舱后，原告奢客纺织品依买方的指定，委托上海欧达货代将货物从上海港运至美国纽约。上海欧达货代作为签单代理人代表欧达货代向奢客纺织品交付了两套正本记名提单，其抬头为欧达货

---

① 王立志．记名提单的性质与放货．大连海事大学学报（社会科学版），2006：9. 邱锦添．两岸海运无单放货判决之分析与比较．政大法学评论，2005：8. 赵谷增．牢牢把握货权．国际商报，2004：12（11）．石杰．货物被无单提走该向谁索赔．国际商报，2005：10.

② 参见“绍兴县奢客纺织品有限公司与上海欧达国际货运代理有限公司等海上货物运输合同纠纷案民事判决书”，上海海事法院民事判决书（2015）沪海法商初字第 2888 号，http://shhsfy.gov.cn/hsfyytwx/hsfyytwx/spdy1358/yxcpws1521/2018/05/16/2c9380996367dd3d01636895cc0603ef.html。

代。该提单由欧达货代在中国交通运输主管部门登记备案。涉案提单记载，其托运人为奢客纺织品，其收货人和通知方为 CONNECTION 18，货物为 CONNECTION 18 定制的 JE2665W 紧身裤，运输方式 CY/CY（堆场至堆场），运费到付。

两套提单项下的货物，在中国出口报关价值分别为 161 328 美元和 110 317. 80 美元（注：合计 271 645. 80 美元），在美国的进口报关价值分别为 112 261. 08 美元和 88 399. 51（注：合计 200 660. 59 美元）。在美国的进口报关价值与奢客纺织品发给收货人的订单中显示的货价一致（注：实际交易价值）。

涉案集装箱流转记录显示，第一批货物的集装箱于 9 月 22 日到港（纽约）卸货，9 月 24 日重箱出场，当日空箱返回。第二批货物的集装箱于 9 月 26 日到港（纽约）卸货，于 9 月 29 日重箱出场，次日空箱返回。但是收货人迟迟不支付货款。

在第二批货物运抵目的港（纽约）的当日，即 9 月 26 日，奢客纺织品致函上海欧达货代，要求停止向记名收货人交付涉案两票货物，并请求配合修改收货人，请其马上给予报价。9 月 29 日，奢客纺织品再次致函上海欧达货代，称其持有涉案货物的全套正本提单，强调不能无单放货，并请上海欧达货代告知涉案货物的下落。上海欧达货代强调，涉案货物虽已拆箱，但始终在其控制之下，然而其始终未证明涉案货物拆箱以后的状态。经查询，涉案集装箱已被拆箱投入运营。10 月 13 日，收货人向奢客纺织品发邮件称“托运的所有货物存在隐藏问题”，并表示其“已支付关税和所有费用”。10 月 15 日，收货人又向奢客纺织品发送电子邮件，称其向所有的客户推荐了涉案货物，但无人愿购买，客户认为可在别处以更低价格获得相同的货物，并称“将指示货代运回你们所有的货物”。

两被告提交了将货物回运上海的提单（称“回运提单”）。该回运提单载明的托运人和收货人均为奢客纺织品，承运人为欧达货代。12 月 26 日，货物运抵上海。

2016 年 1 月 6 日和 7 日，CONNECTION18 在上海的代表泰拉公司的工作人员与上海公证处的公证员一起到上海高信保税仓库，对回运集装箱货物进行拆箱公证。泰拉公司工作人员在公证人员的监督之下对货物进行清点、现场制作清单。泰拉公司随后出具证明称，回运货物与奢客纺织品出运货物系同一批货物。

2016 年 1 月 19 日，上海欧达货代要求奢客纺织品付费、提货，否则将按相关程序拍卖、变卖货物以获得相关费用的求偿。

1 月 22 日，奢客纺织品向上海欧达货代回函称，由于其未就涉案货物的回运与两被告达成一致，涉案货物理应仍积载于原集装箱内并存放在原目的港（纽约），因此认为，两被告所提到的回运货物并非其原出运的货物，两被告应向该批回运货物的美国买方收取相关费用，并由其自行承担该批货物在运输和仓储过程中的风险。目前，收货人仍未向奢客纺织品支付涉案货款，而奢客纺织品仍持有涉案两套正本提单。奢客纺织品与收货人原约定的结汇方式为信用证，后开立的信用证因故到期。奢客纺织品在货物出运后向收货人建议修改支付条款为“100% T/T”，收款后再向收货人寄送提单原件。

奢客纺织品认为，虽然形式上上海欧达是欧达货代的签单代理人，欧达货代是涉案货物的承运人，但两被告身份存在混同，而且上海欧达在选择承运人方面存在过错，因此，请求判令两被告承担无单放货责任，连带向其赔偿 271 645. 80 美元及其利息损失（按照中国银行美元存款利率自 2015 年 10 月 1 日计算至实际支付之日止），并由两被告承担本案的案件受理费和诉讼保全申请费。

但两被告主张，因涉案货物已回运，因此，奢客纺织品并未有任何损失，两被告无需承担无单放货的赔偿责任。

上海欧达货代认为，其仅是欧达货代的签单代理人而非承运人，因而其不应承担连带赔偿责任。

法院判决

法院依据中国《海商法》第 71 条以及《最高人民法院关于审理无正本提单交付货物案件适用法律若干问题的规定》第 1 条、第 2 条、第 6 条等中国相关法律规定，判决如下：

（1）被告欧达国际货运代理公司（ALL-WAYS FORWARDING INT'L INC.）于本判决生效之日起 10 日内向原告绍兴县奢客纺织品公司赔偿 200 660.59 美元及利息损失（以 112 261.08 美元为基数自 2015 年 10 月 1 日起按照中国银行美元存款利率计算至实际支付日止；以 88 399.51 美元为基数自 2015 年 10 月 7 日起，按照中国银行美元存款利率计算至实际支付之日止）。

（2）驳回原告绍兴县奢客纺织品公司的其他诉讼请求。

案例评析

对于“无单放货”纠纷法律性质的认定，在中国司法实践中经历了四个不同阶段。

（一）认定侵权阶段（1984—1992 年）

该阶段是中国海事法院开始设立至《海商法》出台前，属于既无立法又缺乏审判经验时期。受提单为物权凭证理论和英国判例的影响，法院往往将提单视为绝对的物权凭证，大都倾向认定承运人无单放货属侵权行为，其应承担侵权责任。

（二）认定侵权与违约并存阶段（1993—2001 年）

中国《海商法》于 1993 年 7 月 1 日实施，对无单放货的性质提供了法律依据。随着学界对提单性质研究的不断深入、海事审判经验的不断积累，法院对此观点发生了变化，认定承运人无单放货的性质既是违约也是侵权。

（三）认定违约阶段（2001—2009 年）

最高人民法院在深入调查的基础上，对此类案件的定性问题提出指导性意见并下发《2001 年全国海事法院院长座谈会纪要》。纪要指出：“一般情况下，合法持有提单的人向承运人主张无单放货赔偿的，应定性为违约纠纷，承运人应承担与无单放货行为有直接因果关系的损失赔偿责任。”

2004 年 5 月，最高人民法院在《涉外商事海事审判事务问题解答》第 133 条就“如何认定无正本提单放货纠纷案件的性质”再次明确为违约。

（四）认定正本提单持有人享有选择权（违约或侵权）阶段（2009 年至今）

《最高人民法院关于审理无正本提单交付货物案件适用法律若干问题的规定》，于 2009 年 3 月 5 日起施行，第 3 条明文规定：“承运人因无正本提单交付货物造成正本提单持有人损失的，正本提单持有人可要求承运人承担违约责任，或者承担侵权责任。正本提单持有人要求承运人承担无正本提单交付货物民事责任的，适用海商法规定；海商法没有规定的，适用其他法律规定。”但两种权利的赔偿责任等存在很大的不同之处。

本案系海上货物运输中无单放货的纠纷。欧达货代公司注册于美国，无单放货行为也发生在美国。涉案提单已由欧达货代在中国交通运输部登记备案。但各方当事人同意在诉讼中选择适用中国法律。本案中，原告奢客纺织品为涉案货物的托运人和提单持有人，欧达货代为承运人，双方之间以提单所证明的海上货物运输合同关系依法成立。

本案的争议焦点为：（一）欧达货代是否实施了无单放货行为；（二）上海欧达货代是否应作为共同承运人承担连带赔偿责任；（三）奢客纺织品的损失金额如何确定。

（一）欧达货代是否实施了无单放货行为

1. 承运人对货物失去控制

本案提单虽为记名提单，但依中国《海商法》第71条以及最高人民法院关于无单放货的规定第1条（本规定所称正本提单包括记名提单、指示提单和不记名提单）等的规定，欧达货代作为承运人仍负有凭正本提单交货的义务。在承托双方约定交货方式为CY/CY方式的情况下，承运人擅自拆箱的行为违反了海上货物运输合同约定。据已查明的事实，涉案两票货物到达美国的卸货港后即被承运人无正当理由拆箱，因此，涉案货物被无单放货的证明已成立，除非欧达货代能证明拆箱后的货物始终在其持续控制下。

对此，欧达货代辩称，涉案货物拆箱后被重新装入集装箱运回上海，因此，涉案货物始终在其控制之下。但欧达货代始终没有有效证明涉案货物在拆箱后的状态。相反，根据查明的事实，奢客纺织品在货物到港后不久就要求承运人停止向提单记名收货人交货，并希望承运人配合变更收货人，但欧达货代对该要求及立即报价的请求并未予以回应；奢客纺织品一再向承运人询问货物状态，但欧达货代始终未告知货物的存放地点，反而将奢客纺织品的要求转发收货人，要求收货人尽快解决问题；在实施所谓“回运”时，欧达货代未与奢客纺织品进行提单和费用确认，所谓“回运”货物在上海拆箱时，也不通知奢客纺织品到现场，直至拆箱后十多天，才发函告知奢客纺织品货物在上海的存放地点。上述行为有违承运人在正常履约情况下应有的做法。同时，涉案货物到达卸港后不久，美国收货人就已付清关税，并向欧达货代支付了海运费和码头滞期费等费用。再从收货人发出的电子邮件看，收货人给其客户展示了涉案货物，并称奢客纺织品“托运的所有货物存在隐藏问题”“货物已受到损害”，最终收货人由于转卖不成还明确指示欧达货代退运货物。由此可以证明，作为承运人的欧达货代已经无单放货。

2. “放货的是‘样品’而非货物”自相矛盾

欧达货代辩称，收货人向客户展示的是“样品”而非涉案货物，这是自相矛盾。因为涉案货物是收货人品牌定制的服装，从收货人同意奢客纺织品投产和运输的事实看，“样品”不合格的说法不能成立；再结合收货人声称的“托运的所有货物存在隐藏问题”“货物已受到损害”，欧达货代的主张不能成立。

3. 回运涉案货物并未达成一致

欧达货代辩称，回运货物是听从奢客纺织品的指示，因其所要求的原箱回运已不可能且奢客纺织品已采取诉讼措施，因此，未与其就具体细节达成一致即匆忙回运。但据已查明的事实，欧达货代启动回运的时间早于法院实施财产保全措施和向其寄送应诉材料的时间。因此，欧达货代回运货物与奢客纺织品提起的诉讼无关。在收货人已就货物完成进口清关并向欧达货代付清运费的情况下，原来的运输合同已履行完毕，将涉案货物回运是另一个运输合同。

从奢客纺织品两次提出回运请求的具体表述看，2015年10月9日奢客纺织品表示，若收货人拒收该两批货物，则安排所有货物回运至中国并请承运人就相关费用报价。另外，奢客纺织品在2015年10月13日的邮件中称“客户不买单，就只能运回来”，意思表示内容都不符合回运合同要约所应具备的具体、明确要求，双方就回运合同运费、提单确认等关键内容均未达成一致意见，且两被告也确认因奢客纺织品坚持原装原箱退回货物，事实上双方根本无法就退运事宜达成一致，因此，原、被告之间的回运协议并未达成。10月22日，收货人给予欧达货代明确的退货指示。从欧达货代运回货物的过程看，这不是符合奢客纺织品要求的退运正常流程，而是帮助收货人行使买卖合同下的退货权，这更加证明收货人已取得货物控制权。换言之，欧达货代无单放货行为已完成。

依最高法无单放货规定第2条，承运人违反法律规定无单放货，损害提单持有人提单权利的，提单持有人可要求承运人承担由此造成的损失。

4. 回运货物无法证明为涉案货物

欧达货代辩称其已将货物运回，不应承担无单放货责任。这对于欧达货代无单放货责任的认定没有影响。

首先，因缺乏证据证明在美拆箱、入库及再次出库装箱回运中国的货物就是涉案货物。

从出运装货时的照片及回运货物拆箱时的照片判断，纸箱外观比较相似。但这唯一证明两者一致性的证据是收货人在上海的代表——泰拉公司出具的，这相当于由与欧达货代利益一致的收货人自证，加之被告也确认收货人向国内很多厂商定制了该品牌服装，因此，泰拉公司出具的孤证无法证明回运货物就是奢客纺织品出运的涉案货物。

其次，在无单放货案件中，常存在由承运人将货物回运的情形。而本案先发生无单放货，之后货物再被退运，因此，即使回运货物就是涉案货物，也不影响欧达货代无单放货责任的成立。

（二）上海欧达货代是否应作为共同承运人承担连带赔偿责任

奢客纺织品认为，虽然形式上上海欧达货代是欧达货代的签单代理人，欧达货代是涉案货物的承运人，但两被告身份存在混同且上海欧达货代在选择承运人方面存在过错，因此，两被告应作为共同承运人承担连带赔偿责任。

本案提单为欧达货代抬头的提单，上海欧达货代在签发提单时已在提单上表明其仅为承运人代理人的身份，因此，欧达货代应为涉案提单下货物的承运人。两被告虽为关联公司，但并无证据证明其公司人格混同，且涉案提单已由欧达货代在中国交通运输部登记备案，上海欧达货代也不存在承运人选任方面的过错，因此，不论欧达货代是否实施了无单放货行为，均与作为签单代理人的上海欧达货代无关。奢客纺织品关于上海欧达货代承担连带赔偿责任的主张缺乏事实及法律依据。

（三）奢客纺织品的损失金额如何确定

奢客纺织品主张应按出口报关单记载的涉案货物价值271 645.80美元计算其损失。而两被告则认为涉案货物真实的交易金额应为200 660.59美元。

最高人民法院关于无单放货的规定第6条规定：“承运人因无正本提单交付货物造成正本提单持有人损失的赔偿额，按照货物装船时的价值加运费和保险费计算。”

本案的交易方式为FOB，奢客纺织品确认其未支付海运费和保险费，因此，应以“货物装船时的价值”为赔偿范围，即应依买卖双方在贸易合同中所约定的价格确定。证据显示，奢客纺织品与收货人达成的最终贸易价格分别为112 261.08美元和88 399.51美元，合计200 660.59美元。因此，欧达货代应向奢客纺织品赔偿的金额为200 660.59美元。

奢客纺织品还主张损失金额按中国银行美元存款利率自2015年10月1日起计算至实际支付之日止的利息损失。该主张于法不悖，主张适用的利率也合理。但关于利息的起算点，根据查明的事实，两票货物被无单放货的时间分别为2015年9月24日和10月7日，因此，原告主张从2015年10月1日起计算第一票货物价款112 261.08美元的利息合理；但第二票货物价款88 399.51美元的利息应于2015年10月7日开始计算为合理。

综上所述，在该海上货物运输合同无单放货纠纷中，货物交易方式为FOB，由收货人指定承运人并订舱。依中国《海商法》及最高人民法院关于无单放货的规定，即使记名提单承运人也应依法凭正本提单交货。卖方仍持有全套正本提单，并在货物到港时就一再向承运人强调其正本提单持有人的权利，明确要求承运人停止向记名的收货人交货。涉案约定整箱交接的货物在目的港已被承运人无正当理由拆箱，货物已由收货人完成进口清关且向承运人付清相关运费等，而承运人未提供任何有效证据证明涉案货物拆箱后在其持续控制之下。因此，可认定承运人已经实施无单放货行为。无单放货后，未在合理时间或者卖方接受的时间内且未与卖方达成一致的情况下，承运人擅自回运货物；卖方作为正本提单持有人，有权拒绝提取该回运货物并要求承运人承担赔偿责任。

四、“电放”货物的风险及海运单的应用

随着航运技术的不断进步与发展，特别是集装箱运输的普及，装卸港口工作效率大大提高，从而出现载货船舶已到达卸货港但收货人尚未收到提单而无法提取货物的情况，造成承运人也无法及时放货、货物滞留港口的尴尬局面，进而导致贸易商和承运人的多项损失。这种状况不仅使贸易商无法享受现代运输提供的快捷服务，同时也给承运人带来无单放货的风险。出现这种现象，其主要原因是作为贸易结汇主要单据的提单在银行与贸易商之间的操作程序复杂且流转的时间较长。尽管电子提单可以解决纸质单据流转较慢的问题，但由于法律效力及网络技术等原因，其应用范围至今仍十分有限。从20世纪90年代中期开始，中国对外贸易实务中出现十分普遍的“电放”货物的交货方式。但“电放”货物尚无国际公约或国内法加以规范，因而会给贸易商和承运人带来诸多风险，结汇银行也难以接受。若能以海运单作为运输单据和结汇单据，充分利用其优越性，则可以在一定程度上化解风险并满足承运人、贸易商和银行的不同需要，促进国际贸易和海上货物运输的顺利发展。如何正确选择不同的运输单据和交货方式，以确保贸易商、承运人及银行等相关方自身权利不受损害，值得探讨。现仅就与“电放”有关的无单放货问题及其因应措施予以论述。

（一）“电放”产生的根源

在国际货物运输中，“电放”（Telex Release，Telex Surrender，Express Release）是指承运人或其装货港代理收到托运货物后，在已签发或应签发但尚未签发提单的情况下，根据提单托运人的要求并由托运人向承运人或其代理提交保函，在装货港收回正本提单或不签发正本提单，以电报、电传等电讯形式通知卸货港代理将货物交付给提单收货人或托运人的指定人。因而在“电放”情形下，承运人对船载货物无须凭正本提单即可放行，即收货人或托运人的指定人只凭盖有其公司印章的电放通知单，换取提货单（Delivery Order，D/O）即可提货。“电放”中使用的电放通知单，一般被称为电放提单或电放单，是船公司或其代理签发的载有“B/L Surrendered”或“Telex Release”字样的提单副本、

复印件或传真件。①

产生“电放”行为的原因很多，从货物运输和贸易货款结算方面看，其原因大致包括以下几个方面。

1. 货物早于提单到达卸货港

随着集装箱运输的普及，装卸港口工作效率大幅度提高，从而货物先于其单据到达卸货港的情形极为常见。这种情形在近洋运输中表现得更为突出，由于航程较短而银行审单和处理单据的速度相对较慢，或为澄清单据的疑点而造成延误，因而经常出现货到而提单滞后的情况。另外，在邮寄单据的过程中也可能出现意外，如寄单迟延、错误，使单据晚于预定时间到达收货人等。在此情况下，若仍然坚持收货人凭正本提单提货，可能导致货物在卸货港压船、压港，从而造成卸货港口阻塞以及港口费用和仓储费用大幅增加，导致承运人的成本负担增加；同样，也可能造成收货人丧失出售货物的良好时机等后果。此种情况下，可能会使用“电放”方式交货。

2. 避免单据遗失风险

依据国际货物运输公约、国际贸易惯例及绝大多数国家的法律，在国际货物运输中，只要承运人签发了提单，收货人在卸货港须凭正本提单提货（但美国记名提单除外）。因此，无论采取何种结算方式，提单总要从托运人流转到收货人的手中。在提单流转过程中，可能会遇到邮寄遗失的风险。关于货运单据邮递遗失的风险，依 UCP600 第 35 条和 URC522 第 14 条，银行对此不予负责。包括提单在内的货运单据一旦遗失，贸易商有可能向承运人提出补发提单的请求。为避免遗失提单的持有人冒领货物，承运人对此非常谨慎并对申请人提出非常苛刻的要求，如事先登报声明，或将货物总值几倍的现金或银行本票无息存入承运人公司账户，或由银行提供相关担保等。而提供担保的银行往往也要求贸易商提供现金等反担保。这样，不仅贸易商要占用大量的资金，使交易成本大幅上升，而且办理提单补发手续的时间很长，少则几个月，多则一年以上。因而对于资信较好的收货人或进口商，为避免寄单遗失给收发货人或进口商造成风险和增加费用，有时出口商主动向承运人提出采用“电放”的方式交货。

3. 货代提单无法提货

随着中国海运市场的开放，国内的国际运输业务和货运代理业务竞争激烈，中国境内的外国货运代理公司（简称外国货代或货代）开始签发自己的货代提单（House B/L），与托运人形成运输合同关系。同时，外国货代又必须寻找实际承运人来承运出口货物，即外国货代自己作为托运人，由船东向其签发船东提单，或者指示船东依照其要求的托运人（通常为进口商）签发提单。

当货物到达卸货港时，外国货代提单的持有人凭货代提单向货代或其在卸货港的代理人换取船东提单后，凭船东提单向船东或其代理提货；或者先由货代或其代理人凭船东提单提货后，货代提单持有人再凭货代提单向货代或其代理人提货。由此可见，这种货代实际上具有双重身份：对于船东（实际承运人）而言，货代相当于托运人，由其安排货物托运并与实际承运人订立运输合同，取得船东签发的船东提单；对于货主而言，货代又相当于承运人并向货主签发自己的货代提单。只有船东提单和货代提单衔接使用，整个货物

---

① 罗俊玮．论海上货运单．台北：政大法学评论，2007(6)：243-245.

运输才能顺利完成。尽管UCP600对货代提单予以承认，即货代作为承运人可签发自己的提单，然而，实践中，并非所有国家或地区都承认并接受货代提单，如南美洲的一些国家目前并不接受货代提单。若卸货港只接受船东提单而不接受货代提单，则收货人即使持有正本的货代提单，在卸货港仍无法换单提货。在此情况下，收货人可能会要求采用“电放”的方式放货。

4. 提单操作失误

在贸易实务中，提单流转过程中的操作失误也可能导致收货人持有正本提单而无法提货。例如，承运人签发了空白指示（To Order）提单或托运人指示（To Order of Shipper）提单，且贸易商之间约定使用汇付或托收结算方式，托运人在向收货人寄送货运单据时，因种种原因未对提单适当背书。当进口商收到这种正本提单后，因提单背书缺乏连续性，不符合提单操作规程的基本要求，即进口商无法证明其为提单的合法持有人。在此情况下，船公司或其卸货港代理不会向该提单持有人放货。此时，若将提单再寄回托运人补加背书，有可能导致延误时间。于是，持有无托运人背书提单的进口商，为尽快提货，通常要求“电放”货物。

上述情况中的第一种和第三种情形在中国贸易实务中最为常见。

（二）“电放”的操作程序及特点

“电放”货物的操作程序，通常是出口商或货运代理首先向承运人或其代理提出申请并提交电放保函，表示因“电放”而产生的一切责任及后果由出口商承担。一旦承运人或其代理接受申请及保函后，则向卸货港承运人的代理发送“电放”通知。

“电放”货物的具体操作程序，因货物运输的手续是由货主自己（出口商或托运人）还是委托货运代理的不同而有所差别。但其程序基本相同，通常按下列程序办理“电放”业务。

一是申请“电放”并提交保函。若由出口商（托运人）自己办理货物运输手续，出口商首先向承运人或其代理提出申请并提交电放保函，表示因“电放”而产生的一切责任及后果由出口商承担。若出口商委托货运代理（简称货代）办理货物运输手续，则出口商同样须向货代提交一份电放保函，表明“电放”操作产生的一切责任及后果由出口商承担。货代再向船公司提出“电放”申请，并提交作用相同的电放保函。

二是接受申请并发出“电放”通知。船公司接受出口商或货代的申请及保函后，向其卸货港的代理发出“电放”通知，允许该票货物可以使用加盖收货人印章的电放提单换取提货单提货。

三是签发电放提单并收回正本提单。货物装船后，船公司向出口商或货代签发船公司自己的提单（Master Bill of Lading），即实际承运人的提单，并在该提单上的正本复印件或副本上载明“Surrendered”或“Telex Release”字样，该提单被称为船公司电放提单；或者货代再向出口商签发货代自己的提单（House Bill of Lading），同样在该提单的正本复印件或副本上载明“Surrendered”或“Telex Release”字样，该提单被称为货代电放提单，但出口商或货代须在装运港将全套正本提单交还给承运人或其代理。有时承运人或其代理并不签发提单，而仅在电放通知单上加盖“Surrendered”或“Telex Release”字样。

四是传送电放提单。出口商向进口商传送载明“Surrendered”或“Telex Release”字样的船公司电放提单或货代电放提单；或者装运港的货代向卸货港的货代传送载明

“Surrendered”或“Telex Release”字样的船公司电放提单。

五是“电放”提货。卸货港的船公司代理凭船公司电放提单向进口商或卸货港的货代签发提货单（D/O），即进口商将以盖有其公司印章的船公司电放提单换取提货单提货，或以货代电放提单向卸货港货代提货；或卸货港的货代凭上述货代电放提单向进口商签发提货单。船舶抵港后，进口商凭提货单即可提货。

从上述“电放”的实务操作程序可以看出，“电放”货物具有以下特点。

一是速度快。电放提单可通过传真等电讯方式在几秒钟的时间内完成单据的传递。进口商或货代可以凭电放提单换取提货单并及时提货，可缓解货物早于提单到达卸货港或提单遗失等困局。

二是节省成本。由于电放提单通常采用传真或其他电讯方式传送，不仅节省时间，而且操作程序简单。这在一定程度上可节省贸易商的成本支出，承运人也在一定程度上减少港口费用等的支出。

三是避免放货对象错误。由于电放提单不是物权凭证，不可转让，从而可避免传统提单在流转过程中发生遗失、毁损等现象，同时也在一定程度上防止伪造提单提货等诈骗行为。

四是减轻承运人的放货责任。在“电放”货物操作中，由于出口商或货代向承运人提供了电放保函，一旦发生交货对象错误，只要承运人无过失，其责任应由出口商或货代承担。

从上述“电放”的操作程序和其特点看，“电放”在一定程度上具有可适用性。若能保证相关各方的利益不受损害，可适当使用“电放”这种特殊的交货方式。但在实务中，“电放”本身存在的风险至少在目前的环境下无法从根本上消除。

（三）“电放”的风险

从以上论述可以看出，“电放”实际上是使用提单的一种特殊情形。这种做法使得提单本来可以通过背书加交付或仅凭交付而自由转让的性质，即通过背书或交付转让提单而实现物权转移的性质完全消失。

尽管这种做法在一定程度上方便了贸易商或承运人，但目前并没有相关的国际公约或国家法律对“电放”予以规范，因而其对贸易商、银行甚至承运人都存在不同程度上的风险。

1. 出口商可能丧失货物和货款的控制权

使用正本提单作为提货和放货凭证，对出口商而言，其最大优点是尚未收到货款时，可以对货物和货款予以控制。但若使用“电放”的交货方式，实际上等于出口商放弃在提单正常流转时对货物和货款的控制权，有可能导致款、货两空的局面。因为在“电放”时，承运人在装货港已收回全套正本提单甚至根本不签发提单，它只是依托运人（出口商或货代）的指示将货物交给指定的收货人，承运人无义务关注出口商是否收到货款。因此，选择使用“电放”的交货方式必须满足特定条件。

2. 中国境内的外国货代与进口商可能联手欺诈出口商

在国际货物运输中，出口商委托货代公司办理货物出口手续是很常见的。目前，中国境内存在众多外国货运代理机构，这些外国货代可签发其货代提单并在中国港口流通。但有些外国货代经常与国外收货人（买方）控制订舱权，如贸易合同约定使用 FOB 贸易术语。实际上，外国货代提单是两套提单在流转。涉及货代提单一般是实践中所说的套单运输，即货主与作为无船承运人的货代订立运输合同，货代向货主签发 House Bill of Lading，货代再以托运人身份向船东订舱，船东向其签发 Ocean Bill of Lading。对这两套提单，一般认为 House Bill of Lading 是物权凭证，要用于结汇并流通转让，船东签发的提单只解决它与货代之间货物的交接，不具有物权凭证功能。因此，外国货代通常委托中国货代公司作为国外收货人或其货代公司作为中国装货港的定舱代理，再由中国货代为外国货代提单充当装货港的签单代理。于是，一些资信不良的外国货代利用“电放”程序中的漏洞进行诈骗。例如，在中国货代为外国货代签发的提单中，其托运人为中国出口商，但在船东签发的提单中，有可能将托运人改为外国货代自己或国外进口商。在货物出运后，外国货代或进口商则会以托运人的身份向船公司发出“电放”指示，将货物交付给国外的进口商。进口商既可能是未付货款的买卖合同的进口方，也可能是与买卖合同毫无关系的收货人。进口商或收货人提货后设法逃匿、破产或失踪，进而使中国出口商遭受款、货两空的损失。

3. 出口商可能失去信用证付款的保障

“电放”可能破坏了信用证机制作用的发挥。在以信用证为付款方式的贸易下，开证银行或保兑银行保证向相符提示承付（Honor）的承诺是以控制提单及其货权为前提的。若信用证未明确规定一份正本提单可由卖方直接寄给买方，或者未通知开证银行或保兑银行或经其同意“电放”，本应由银行控制全套正本提单进而控制船载货物的货权因“电放”而丧失，则银行将不再承担第一性的承付责任，即使出口商所提示的单据没有不符点。这样一来，因“电放”而改变了贸易付款方式的性质，从而导致出口商失去信用证付款的保障作用，出口商同样可能面临款、货两空的风险。若使用预支信用证，则出口商还可能要承担赔偿银行损失的风险。

4. 收货人可能丧失货物及货物保险索赔权

作为贸易合同的另一方当事人，进口商为收货人时，使用“电放”交货方式同样也可能存在一定的风险。例如，若使用“电放”交货，因承运人只听从托运人的指示，在收货人提货前，托运人有可能改变提单的收货人而指示承运人将货物交付给另外的收货人。另外，由于使用“电放”，收货人不能取得正本提单，一旦货物在运输途中受损或灭失，收货人可能因无正本提单而不能向承运人索赔，进而还有可能遭受保险公司的拒赔。因为无正本提单将会导致保险公司可能丧失其向承运人代位追偿的权利（Subrogation）。因此，在“电放”交货中，若因承运人不能免责的过失而导致货物灭失或损害时，则保险公司常常拒绝赔偿收货人。

5. 收货人可能丧失对承运人的诉权

在“电放”业务中，一旦货物发生货损货差，收货人是否有权依运输合同向承运人提起诉讼，这对于收货人而言至关重要。

中国法院的相关判例表明，收货人在“电放”条件下不具有依运输合同的诉权。中国《海商法》第 78 条第 1 款规定：“承运人同收货人、提单持有人之间的权利义务关系，依照提单的规定。”第 80 条规定：“承运人签发提单以外的单证用以证明收到待运货物的，此项单证即为订立海上货物运输合同和承运人接收该单证中所列货物的初步证据；承运人签发的此类单证不得转让。”

中国某海事法院曾在一判例中判决，[1] 在“电放”条件下，正本提单并未正常流转到收货人手中，故收货人并非海上货运合同当事人。在另一判例中，[2] 承运人并未签发正式提单，而是与托运人约定使用“电放”提单。法院指出，“电放”本质是一种交货方式，即承运人将货物交付给托运人指定的收货人而不是依正本提单交付货物，因而不发生提单转让问题，只有托运人可依运输合同向承运人行使诉权。

从中国《海商法》的上述规定和中国法院的判决可以看出，提单之外的单据，如电放通知单或电放提单以及提货单等，均不具有转移其所证明的运输合同项下的权利义务及诉权的功能。因而中国《海商法》关于提单之外的其他运输单据的规定并未赋予收货人获得可转让诉权的功能，这对于持有电放提单提货的收货人来说，无疑是致命的打击。因此，当收货人在卸货港提货时，若发现货损货差，则他无权向承运人提起合同之诉，只有借助侵权之诉。但在侵权之诉中，收货人的举证责任非常严格，收货人不但要证明其在侵权行为发生时具有货权，还要证明承运人有过失。由于贸易合同所适用的惯例、法律的相关规定有所不同，不同的惯例及各国法律关于国际贸易中货物所有权转移的规定差别很大，作为买方的收货人可能在侵权行为发生时并未取得货权，故收货人面临败诉的风险极大。

6. 承运人可能面临的风险

在“电放”业务中，承运人在获得托运人指示后，在装货港收回其已签发的正本提单或不签发正本提单的情况下，使用电讯方式通知其在卸货港的代理将货物交付给电放提单或电放通知单中指定的收货人。对于承运人而言，只要能证明向其发出“电放”指示的主体是本票货物的托运人即可，因而在“电放”业务中，承运人基本无风险可言。但由于承运人或其代理无义务去辨别谁是每票货物的真正托运人即货主，因此，唯一识别托运人身份的途径就是依订舱单中所指明的托运人名称，且在无足够反证的情况下，往往以此作为运输合同或提单中的托运人。换言之，承运人或其代理主要是依出运该票货物的申报人的指示填制提单，并依提单中托运人的书面指示而“电放”货物，因而承运人认为这是毫无风险的。然而，在实际操作中，由于“电放”行为本身具有一定的风险性，倘若贸易合同中的买方利用其中的某个环节图谋诈货，极易以“合法”的手段达到其非法的目的。承运人也有可能因此而成为受害者。在山东天开公司与香港实信行有限公司争议案中，[3] 船公司由于未谨慎识别保函的来源及出具的主体，不恰当地接受非托运人的“电放”申请，最终的结果是承运人和货主都成了“电放”诈货的受害者。

另外，在“电放”中，因承运人在装货港就收回全套正本提单或不签发正本提单，故此时提单条款对其当事人或关系人（承运人、托运人、收货人、提单持有人等）是否还具有约束力，特别是涉及承运人的利益（如到付运费、滞期费、卸货费、货物留置权等）时，承运人如何行使其运输合同的权利，如何确保运输责任的分配与承担等这些本来都是承运人在正常运输、提单正常流转下通常不会产生争议或极易解决的问题，却成为“电放”中承运人所必须面临和解决的问题。

---

① 参见“上海港泰国际货运代理有限公司诉上海伟胜贤国际货运代理有限公司纠纷案”，案号为（2007）沪海法商初字第145号。

② 参见“湖南华升工贸有限公司诉山东省烟台国际海运公司”，案号为（2006）沪海法商初字第197号。

③ 参见《中国贸易报》，“山东天开公司与香港实信行有限公司争议案”，2005年3月15日。

7. 保险人可能面临的风险

在“电放”中，若收货人提货时发现货物灭失或损坏，当保险人赔付收货人后向承运人追偿，因承运人在装货港已收回全套正本提单或不签发正本提单，承运人可能以收货人与其无运输合同关系、无权向保险人转让索赔权为由，拒绝赔偿保险人。为此，保险人可能要追回已赔付收货人的赔偿金额。但依相关法律，此时保险人无权向收货人追回已赔付的保险金额。

如前所述，“电放”中的托运人和收货人，可能都是货代公司或无船承运人，而作为实际承运人的船公司将货物交付给真正的货主时，是否应承担交货错误的责任，或者货代公司和无船承运人向真正的货主交货错误时，实际承运人的船公司是否应承担相应的责任，也是中国相关法律规范关于“电放”的空白或缺失。

尽管“电放”因其本身的快捷、方便等特点，在中国对外贸易中特定情况下可适当使用，但由于对此没有统一规范，尤其是对相关各方的责任划分不明，在使用过程中其风险暴露无遗。从长远看，最根本的解决办法是对其立法或修法。其实，“电放”的操作程序与海运单的操作极为相似。就目前而言，与“电放”有关的各方若能改用海运单，则可能会减少或避免因使用“电放”而产生的风险。

（四）“电放”争议案

“电放”与传统的凭正本提单交付货物不同。依交易习惯，在“电放”下，承运人不签发正本提单；承运人不负有凭正本提单交货的义务；电放提单不具有正本提单的据以交货的依据和物权凭证的功能，但仍具有海上货物运输合同证明的功能。而电放保函是要求托运人提供一项担保而不是一份指令，其设定的是托运人的义务而非权利；是承运人为进一步保护自身利益而采取的一项举措；承运人直接交付货物并不违反交易惯例。“万泰诉银辉国际货代案”,[①] 充分证明了上述观点。

在该案中，某年 9 月 25 日，原告（上诉人）常熟市万泰进出口贸易有限公司（下称“万泰贸易”）委托被告（被上诉人）青岛银辉国际货运代理有限公司（下称“青岛银辉货代”）办理租船订舱、报关报验事宜。9 月 27 日，原告通过 MSN 向青岛银辉货代发送订舱委托书。10 月 8 日，货物从青岛港出运，双方进行了提单确认。该两票提单载明的托运人均为原告，收货人均为韩国 FASHION OF HIGH COLLECTION。起运港中国青岛港，目的港韩国仁川。提单中有“COPY NON-NEGOTIABLE”字样。报关单显示货价为 15 120 美元和 200 美元。该两票货物顺利出运后，于 10 月 9 日到达目的港，10 月 12 日交给韩国收货人。10 月 26 日，原告要求青岛银辉货代出具带有“电放”字样的提单以作留底。同日，原告向青岛银辉货代支付了上述货物的代理费共计人民币 1 200 元。

两份提单的抬头均为 SILVER INT'L TRANSPORT CO.，LTD.，该提单符合被告（被上诉人）大连银辉国际货运代理有限公司青岛分公司（下称“大连银辉货代青岛分公司”）在原交通部登记的无船承运人业务备案提单格式，因此，大连银辉货代青岛分公司具有无船承运业务经营资格。

庭审中，原、被告双方确认，涉案货物是 24 小时到达目的港的快船运输，原告未持

① 参见“常熟市万泰进出口贸易有限公司诉青岛银辉国际货运代理有限公司等海上货物运输合同案”，http://www.ccmt.org.cn/shownews.php? id=13525。

有出运货物的全套正本提单，关于货物在目的港的交付，原、被告未作出特别的约定，双方未要求承运人在放货前必须获得其明确指示。被告采取传真提单给目的港代理、由其核对收货人身份的方式交付货物，并已将货物交付给提单载明的收货人，原告确认货物被提单载明的收货人提走。

原告诉称，10 月 8 日，原告委托青岛银辉作为原告的货代办理服装出口的货运代理事务。在原告未提供盖公章电放保函的情况下，青岛银辉擅自安排提单“电放”，致原告遭受严重损失。大连银辉青岛分公司无原告指示擅自签发电放提单，其依法应对由此给原告造成的损失承担赔偿责任。大连银辉青岛分公司不具备法人资格，其民事责任应当由被告（被上诉人）大连银辉国际货运代理有限公司（下称“大连银辉货代”）承担。请求三被告赔偿因无指示放货给原告造成的损失 20 320 美元。

三被告共同辩称，本案不是凭正本提单交付，双方也并未约定根据原告指示交货，被告交货正确。原告提出异议的根本原因是，贸易项下出现纠纷，其意图恶意转移贸易风险。请求驳回原告的诉讼请求。

法院经审理认为：在本案未签发正本提单且原、被告不存在目的港凭指示放货约定的情况下，被告大连银辉货代青岛分公司将货物交付给提单载明的收货人的做法，并不构成违约；其做法符合中国法律规定，并无不当。中国《合同法》第 309 条明确规定：货物运输到达后，承运人知道收货人的，应当及时通知收货人，收货人应当及时提货。原告主张的“托运人未出具电放保函，承运人不得‘电放’货物”的观点无事实与法律依据。中国法律对“电放”并没有明确的规定，依交易习惯，电放保函的出具不是必需的、强制性的，也不是承运人“电放”货物的前提。因此，原告关于被告未经其指示错误“电放”货物的主张不能成立。

法院依中国《合同法》第 309 条、中国《民事诉讼法》第 64 条的规定，作出如下判决：驳回常熟市万泰进出口贸易有限公司的诉讼请求。

原告持原审起诉意见提起上诉。二审法院经审理认为，青岛银辉货代在为万泰贸易办理货代业务的过程中，并无不当行为。万泰贸易无权就涉案货物在目的港交付给收货人要求青岛银辉货代承担赔偿责任。涉案货物出运后，大连银辉货代青岛分公司作为无船承运人，向万泰贸易出具了提单副本，据此，万泰贸易与大连银辉货代青岛分公司之间建立了海上货物运输合同关系。本案中，万泰贸易并未要求大连银辉货代青岛分公司签发正本提单，也未与大连银辉货代青岛分公司就目的港如何交货进行特别约定。涉案货物到达目的港后，大连银辉货代青岛分公司向涉案提单副本上的记名收货人交付货物，合法正当，不应向万泰贸易承担赔偿责任。大连银辉货代亦无需向万泰贸易承担赔偿责任。

二审法院依中国《民事诉讼法》第 153 条第 1 款第 1 项的规定，作出判决：驳回上诉，维持原判。

本案主要涉及“电放”下货物如何交付的问题。“电放”与传统的凭正本提单交付货物不同。中国法律对“电放”并无明确的规定，但依交易习惯，“电放”是承运人在不签发正本提单或收回已签发的全部正本提单的前提之下，以电子邮件、传真或电报等方式，通知其在目的港代理，将运输货物交付给托运人指定的收货人。在“电放”下，承运人不签发正本提单，但一般会出具提单副本或提单复印件。当提单“收货人”一栏记载的是记名收货人时，承运人是否需等待托运人的指示才能交货，是本案的焦点所在。电放提单不具有正本提单据以交货的依据和物权凭证的功能，但仍具有海上货物运输合同证明的功能。因此，本案中的运输合同关系成立。

两审法院判决都认为，既然其属于货物运输合同关系，则应首先依双方的关于交付方式的约定来判断是否存在违约。本案所涉货物的提单为原告确认的记名提单，该提单所证明的运输合同下的收货人是确定的，承运人负有将该货物交给该收货人的义务。在原告并未要求承运人签发正本提单的情形之下，承运人并不负有凭正本提单交货的义务。此时，除非双方有关于目的港交货必须凭托运人明确指示的特别约定，否则承运人将货物交付给提单载明的收货人并不构成违约。

但上述做法是否违反“电放”下的交易习惯，原告主张，凭托运人电放保函放货是“电放”的交易习惯。对此，法院则认为，在实际的业务操作中，很多情况下承运人确实要求托运人出具电放保函，但不排除承运人并不要求电放保函的情形。从电放保函的性质看，它是要求托运人提供一项担保而不是一份指令，其设定的是托运人的义务而非权利；从电放保函的目的看，也完全是承运人为进一步保护自身利益而采取的一项举措而已。因此，电放保函的出具不是承运人“电放”货物的前提条件，故承运人直接交付货物并不违反交易惯例。

“电放”的实施是建立在买卖双方、承托双方等各方彼此信赖的基础之上，而这种信赖非常脆弱，进而极易产生纠纷。对于托运人而言，这种交付货物的方式存在很大风险，建议托运人在货物出运时与承运人作出“虽不签发正本提单，但货物到目的港后必须等待托运人的指示才能交付货物”的特别约定，以保证托运人对于货物拥有控制权。

在“电放”条件下，提单并未正常流转到记名收货人手中，收货人并非海上运输合同当事人，即使承托双方约定运费“到付”，若收货人未支付运费，托运人作为运输合同缔约方，仍有支付运费的合同义务。“上海G货运代理公司诉上海W贸易公司”一案可证明这一观点。[①]

该案中，原告上海G货运代理公司（下称“G货代”，相当于承运人）诉称，被告上海W贸易公司（下称“W公司”）于11月委托G货代出运一批货物至纽约。G货代依约完成委托事项并就涉案货物向被告W公司签发了提单。按约定，被告W公司应向原告支付海运费7 750美元和AMS费[②] 25美元，但其未付上述款项。为此，原告请求判令被告支付上述费用及利息。

被告W公司则辩称，双方确认的运费支付方式是到付（FOB）而非预付（CFR），被告也从未出具过更改保函来变更付款方式（FOB变CFR）。在海运费支付方式为到付（FOB）的情况下，原告并未尽到向收货人要求支付运费的责任，也未证明收货人拒付运费的事实，故被告没有支付海运费的义务。

法院审理查明，被告W公司于11月委托原告G货代将一批男式夹克从中国上海运往美国纽约，约定海运费为每个40英尺箱4 400美元、每个20英尺箱3 350美元，AMS费

---

① 参见汪洋“提单未正常流转，到付运费不约束收货人”；“上海港泰国际货运代理有限公司诉上海伟胜贤国际货运代理有限公司海上货物运输合同欠付海运费纠纷案”；上海海事法院（2007）沪海法商初字第145号判决书，http://shhsfy.gov.cn/hsinfoplat/platformData/infoplat/pub/hsfyintel_32/docs/200712/d_199644.html。

② 注：AMS（Automated Manifest System，自动仓单系统）费是美国自“9·11”之后为了安全收取的一种费用。美国为了防恐，查验出口到美国的货物其真正收发货人的信息，确保没有“组织”背景。一般是25美元/套单。

25美元。原告向被告签发了提单，载明托运人为被告W公司，记名收货人为T公司，货物为1个40英尺箱及1个20英尺箱的男式夹克，海运费支付方式为到付（Freight Collect）。之后，被告W公司通过在原告G货代费用确认单传真件上签字的方式，对本案海运费7 750美元及AMS费25美元予以认可。

被告W公司还出具电放保函，请求原告G货代将涉案提单项下货物电放给提单记名收货人T公司。原告G货代依约完成运输事项后，于次年2月委托律师向被告发出律师函，要求被告W公司支付本案货物海运费及AMS费，但被告W公司未予支付。

法院经审理认为，原、被告双方涉案海上货物运输合同，已成立、生效并为本案提单所证明，双方均受合同约束并应依合同约定享受权利和履行义务。现原告G货代作为承运人履行了合同项下的海上货物运输义务，即有权依约收取相关海运费用。现有证据能够证明，本案提单项下的货物已作“电放”处理，承运人可不凭已签发的提单放货。在此情况下，对运费支付方式修改是正常的应对措施且原告亦已据此开出运费发票，由此产生的支付运费责任应由被告承担。即使双方约定的是运费到付，在提单未经流转到收货人的前提下，托运人作为运输合同缔约方，仍有支付运费的义务。法院依中国《海商法》《合同法》的规定，判决被告W公司向原告G货代支付海运费7 750美元、AMS费25美元并赔偿利息损失。

一审判决后，原、被告均服判未提出上诉。

海上货物运输合同中，通常在提单上载明运费支付方式“预付”或“到付”两种，相对应的分别由托运人和收货人支付运费。本案原、被告原来通过提单载明方式约定的运费“到付”，但原告G货代主张，事后被告曾出具保函承诺变更支付方式为“预付”，但被告却对此加以否认，同时辩称保函的印章系伪造的。同时被告认为，原告应首先证明其已向记名收货人主张运费并遭到拒付，被告作为托运人才应承担支付义务。法院认为，就本案运费支付义务承担问题而言，双方究竟如何约定已不再是问题的关键。换言之，即使被告W公司关于“其未作出变更海运费支付方式 ”的抗辩主张成立，海运费亦应由其承担。本案中，海上货运合同曾约定运费支付履行主体是合同双方之外的第三人，即提单记名收货人。因在“电放”条件下，本案提单并未正常流转到记名收货人手中，该收货人并非海上货运合同当事人而不须承担合同责任。因此，即使承托双方约定运费“到付”，若收货人未付运费，托运人亦无法免除支付运费（变为“预付运费”）的合同义务。可见，因“电放”货物而改变了运费的承担者。

（五）海运单的特征及其与提单的区别

国际海事委员会专门制定了《海运单统一规则》，使海运单的应用有了可循依据。

1. 海运单的特征

依《海运单统一规则》，海运单（Sea Waybill）是指承运人向托运人签发的海上货物运输合同的证明以及接收与装运货物的收据，是承运人有义务将货物交付给特定收货人的不可转让的单据。使用海运单提货时，收货人仅凭到货通知或身份证明即可向承运人或其代理请求交付货物。

根据上述定义，海运单具有以下特征：（1）海运单不是物权凭证，因而是不可转让的运输单据。（2）托运人可以指示承运人将货物交付给特定的收货人。即使事先已经指定特定的收货人，载货船舶在运输途中，托运人也可变更收货人。（3）使用海运单交付货物时，承运人只认“人”而不认“单”。由于海运单不是物权凭证，因而它不是收货人提货的凭证，承运人放货时只依据海运单上记载的“收货人”，即托运人所指定的收货人，只要该收货人能证明其“收货人”身份即可提货。[①] 换言之，即使某人持有海运单，若非海运单所记载的收货人，也不能要求承运人放货。

2. 海运单与提单的区别

海运单在使用形式上与提单非常类似。海运单正面记载的内容几乎与提单完全相同，但其背面通常为空白或仅记载一个“参照条款”或“并入条款”，即该条款表明有关事项适用承运人标准运输条款、提单或其他文件中的相关规定等。另外，海运单正面一般载明“不可转让”（Non-negotiable），其“收货人”栏（Consignee）不会记载“凭指示”（To Order）以表明海运单不以背书方式转让货物，甚至有些海运单没有“收货人”栏目而仅记载货物在目的港交付给托运人指定的收货人。因此，海运单仅在形式上与提单类似，但其本质上是与提单不同的两种运输单据。

（1）两者性质不同。海运单仅具有货物收据和运输合同证明两种性质，是非物权凭证；而提单除具有货物收据、运输合同证明的性质外，还是物权凭证，可凭以提货。

（2）两者流通性不同。海运单是一种非流通性单据且记载了特定收货人，因而不能流通转让；而提单多为是流通性单据，可采用背书或背书加交付的方式流通转让。

（3）两者记载收货人的方式不同。海运单“收货人”栏内只能记载特定的收货人，不能记载“凭指示”（To Order）；而提单“收货人”栏内通常记载“凭指示”（To Order）等。

（4）两者交货方式不同。海运单载明的收货人提货时无须提示海运单，承运人仅凭收货人提示的身份证明交付货物；而提单的合法持有人和承运人只凭正本提单提货与交货。

（5）海运单与记名提单不同。尽管海运单与记名提单两者均记载特定的收货人且不能背书转让，但其本质是不同的。记名提单是提单的一种，为物权凭证，持有记名提单，其收货人可凭以提货；而海运单为非物权凭证，其收货人无法仅凭海运单提货。[②]

（六）海运单的优越性

从上述海运单的论述可以看出，海运单虽为一种非物权性质的单据，但它能够适应现代国际贸易货物运输发展的需要，其应用不仅是船公司作为便利贸易商和提高运输服务质量的手段，也是利用现代信息、实现电子商务的一个必要过渡。海运单的应用较之提单具有以下优越性。

1. 交货快捷，节省费用

如前所述，随着集装箱运输的普及、航速的加快以及港口装卸作业时间大大缩短，若使用提单并以信用证方式支付货款，因银行审单程序复杂、邮递速度较慢，导致载货船舶到达目的港时，收货人尚未收到提单，故无法及时提货，可能造成一系列麻烦和损失。若使用海运单，因其非物权性及不可转让性，收货人仅需证明自己为海运单所记载的收货人即可提货且无须提交海运单。这样，货物到达目的港后，承运人的目的港代理立即通知收

---

① 罗俊玮．论海上货运单．台北：政大法学评论，2007(6)：240.

② 罗俊玮．论海上货运单．台北：政大法学评论，2007(6)：240-241.

货人提货，从而避免了因等待提单而导致的各种费用损失以及为防止错交货物而向承运人出具银行保函的费用和烦琐。

2. 预防贸易欺诈，降低风险损失

在使用提单时，因提单的物权性而引发贸易欺诈的现象屡见不鲜。例如，在 CIF 条件并使用信用证付款时，托运人可能伪造提单欺诈银行和收货人；货物以次充好、以少报多欺骗收货人；串通承运人倒签提单；或者，提单丢失、被窃后，货物被提单的非法持有人冒领等。但海运单因其不具有物权性和可转让性，上述欺诈行为或风险可以得到有效的预防。因此，联合国贸易与发展会议推崇使用海运单以遏止贸易欺诈，减少风险损失。

3. 程序简化，满足贸易需求

在使用提单时，托运人须向收货人或通过银行向收货人提交正本提单及其他与贸易有关的单据。同时，银行还须严格审核单据，其程序极为复杂。而在使用海运单时，托运人不必向收货人提交海运单，因而其他货运单据（如发票、保险单、产地证等）可在装船后立即发送给收货人。

随着集装箱运输的普及，普通杂货在运输中很少转售，收货人比较固定，因而无须使用提单，采用海运单则具有许多优越性。若托运人与收货人之间是相关实体，如总公司与国外分支机构，或运输货物属于寄售品或赊销品等，因不涉及支付问题，使用海运单最为理想。

（七）海运单在贸易中的应用

从以上论述可看出，“电放”交货方式，无论是对出口商还对进口商、承运人等都可能带来诸多风险，无法从根本上解决问题。海运单的出现和应用在很大程度上可解决“电放”方式的矛盾，规避其风险。

与提单相比较，使用海运单作为交货凭证可使收货人的提货手续更为简化、及时和安全，易被银行和贸易商所接受，且使用海运单的做法得到国际商会 Incoterms 的认可，国际海事委员会也为此专门制定了《海运单统一规则》，使海运单的应用有了可循依据。但若海运单使用不当，进出口商和银行也可能会面临一定的风险。为克服海运单的潜在风险，可采取以下措施以保护各方的正当权益。

1. 载明“NODISP”条款

海运单不是物权凭证且不能流通转让，因而在国际贸易中，若能要求收货人先行付款再取得海运单提货，这对出口商的收款安全和收货人的及时提货都是理想的做法。但这将使收货人面临一定的风险：收货人支付货款后，在货物运输途中，托运人可能又指示承运人将货物交付给他人，即托运人又将货物转卖给他人。为避免损害收货人的权益，在预付货款且使用海运单时，贸易合同应规定托运人须要求承运人在海运单中记载“NODISP”条款（Non Disposal Clause）。该条款是指托运人将其对运输中的货物控制权转让给海运单指定的收货人。以 SWEPRO（Swedish Trade Procedures Council）的海运单记载为例，该条款的内容是：“下列事项适用 NODISP：（1）托运人将其对运输中的货物控制权转让给收货人，此项意思表示不得撤销；（2）承运人同意为前项的转让权提供担保，在收货人不付运费或其他与承运人利益有关的费用时，承运人对所运输的货物拥有留置权。”①

① 张新平．海上货运单研究．台北：政大法学评论，1990(12)：56-59.

若贸易合同规定使用信用证支付货款，为防止出口商取得信用证金额后改变信用证规定的收货人，银行通常也要求在海运单上记载类似 NODISP 条款，如“Upon acceptance of this waybill by a Bank against a Letter of Credit transaction (which acceptance the Bank confirms to the Carrier) the shipper irrevocably renounces any right to vary the identity of the Consignee.”[①]（在信用证交易的情况下，一旦银行接受海运单并向承运人予以确认，则托运人便不可撤销地放弃运输中改变收货人身份的权利）。

上述条款赋予收货人控制在途货物的权利，因而收货人和银行的利益可获得一定的保障。

2. 以银行为海运单的收货人

在中国出口贸易中，使用信用证作为支付货款的方式极为常见。依 UCP600，银行可接受作为运输单据的海运单。但开证银行最担忧的是，由于信用证项下的进口商无须提交海运单即可从承运人那里提取货物，一旦开证银行向出口商（托运人）支付了信用证项下的货款，若进口商不向开证银行偿付货款，则开证银行将会遭受损失。因此，若贸易合同规定使用信用证付款，同时使用海运单作为向银行提示的运输单据，那么，开证银行一般会要求将自己作为海运单的收货人，而将进口商（收货人）作为海运单的通知人，否则银行不接受开证申请。

例如，在 CIF 条件下，以信用证作为付款方式，当出口商于装运港将货物交付给承运人并要求承运人在签发海运单时，将开证银行记载于海运单的“收货人”（Consignee）栏内，使得开证银行拥有受领货物和指示承运人放货的权利，而将进口商记载于“通知人”（Notify Party）栏内。发货后，出口商（托运人）向银行提示海运单及其他货运单据（如商业发票、保险单、产地证书、包装单、装箱单、检验证书等），取得信用证项下的货款。当货物运抵目的港后，承运人在目的港的代理向海运单上记载的通知人，即进口商寄送货物到达通知书，作为真正收货人的进口商必须向进口地的开证银行，即海运单上记载的“收货人”偿付货款或承兑汇票，再由该银行（开证银行）指示承运人的代理向进口商交付货物。此时，进口商仅须证明其是依据开证银行指示收受货物的一方即可提货，而无须提交海运单。[②] 另外，若在海运单上再载明 NODISP 条款，则进出口商、银行及承运人权益均可获得适当保护。

3. 保护收货人利益条款（Anti-Privities Clause）

依 Incoterms®2020，以 C 开头的贸易术语下，出口商负责与承运人订立运输合同。由于海运单是承运人与托运人之间运输合同的证明，因而收货人与承运人之间可能并无合同关系，故海运单记载的收货人可能无法依海运单证明的合同关系向承运人索赔货物损失。

但 1990 年国际海事委员会《海运单统一规则》第 3 条规定：“托运人订立运输合同，不仅代表自己，同时作为收货人的代理也代表收货人订立运输合同，并且向承运人保证他有此项权限。”第 5 条也规定，只要收货人没有恶意行为，海运单上对货物事项的记载在承运人与收货人之间构成最终证据。《海运单统一规则》的上述规定表明，在使用海运单

---

① UNCTAD. The Use of Transport Documents in International Trade, 2003. BURNETT R, BATH V, BURNETT R. law of international business in Australasia. Sydney: Federation Press, 2009: 116.

② 张新平．海上货运单研究．台北：政大法学评论，1990(42)：56-59.

作为运输合同的证明时，托运人不仅自己独立与承运人订立运输合同，而且在接收货物方面，托运人是作为收货人的代理人而与承运人订立合同的。换言之，收货人取得提货的权利是基于一种推定的代理关系。由此可见，海运单中收货人收取货物权利的取得是依赖于收货人委托托运人（出口商）将货物交由承运人运输并最终交给自己的推定代理关系，即托运人是收货人的代理人，因此，接收货物是被代理人（收货人）依贸易合同取得的权利。这也是海运单不是提货或交货凭证因而不是物权凭证的原因所在，同时也是承运人放货时只需验明收货人身份而无须凭海运单的根本所在。

依上述两条规定，从理论上讲，收货人可依海运单向承运人索赔货物损失，但赋予海运单如此的证据效力并未获得各国法律的认可。这种制度在提单的立法中是很少见的。除美国等少数国家外，多数国家的法律并不承认为第三方利益而订立的合同，即承运人与托运人之间所订立的运输合同对包括收货人在内的第三方无效。因而若未在海运单中引入《海运单统一规则》时，海运单只能是托运人（出口商）与承运人之间运输合同的证明，收货人因不是运输合同的当事人而无法凭此向承运人索赔货物损失。因此，为确保收货人的利益，收货人可要求在海运单中加入一项条款（Anti-Privities），规定托运人与承运人订立运输合同不仅代表自己，同时也代表收货人和有权提货之人，且向承运人保证他有权代表后两者。若承运人接受这一条款，一旦收货人在提货时发现货物灭失或损害时，则可凭海运单向有过失的承运人索赔该项损失。另外，英国 1992 年《海上运输法》第 2 条也规定，有权受领货的人，可受让依运输合同所产生的诉讼权利，即如同运输合同的当事人一样，可对承运人索赔货物损失。①

由此可见，即使使用海运单作为运输单据，收货人也可采用上述办法合理、合法地保护自身的权益。

4. 加列首要条款（Paramount Clause）

目前关于规范和调整海上运输单据的国际公约主要是针对提单的，如《海牙规则》等，其中都明确规定了承运人的最低责任，这对托运人和收货人的货物权利起到较好的保障作用。但由于《海牙规则》等所规范的单据为具有物权性质的提单或类似的物权凭证，其并不包含非物权性质的海运单。

目前国际上使用的海运单，其条款十分简单，除了正面包括货物的情况类似于提单内容外，其背面通常只是简单地说明并入某个国际公约、某项规则或某个国家有关法律，如日本 NYK 海运单并入《海运单统一规则》，中国远洋运输公司海运单并入中远提单的背面条款等。甚至有些船公司签发的海运单背面是空白的，无任何关于承运人责任的规定。

尽管《海运单统一规则》是专门针对海运单的国际规则，但该规则的效力不及国际公约或国内法。因而即使海运单中加列上述“Anti-Privities”条款，使得收货人可向承运人索赔，但究竟承运人应在何种原则下承担何种责任，是不确定的。要避免产生承运人责任不确定性的问题，唯一的办法就是收货人或托运人要求承运人在海运单中加列首要条款（Paramount Clause），② 明确规定海运单适用何种国际公约（如《海牙规则》等）或国内法（如中国《海商法》），进而明确承运人应承担责任的原则及最低责任义务等，以确保

① 罗俊玮．论海上货运单．台北：政大法学评论，2007(6)：243.

② 同上.

进出口商或银行对货物的合理权利得以保障。

（八）结论

“电放”货物虽可暂时缓解收货人不能及时提货的困扰，但这种交货方式因尚无国际公约或国内法加以规范，因而无论对进出口商还是对银行等都可能带来诸多风险，无法从根本上解决问题。由于海运单的非物权特性及其优越性，加之国际统一规则的规范，对其正确使用在一定程度上可以破解上述尴尬局面。若适当选择使用海运单，托运人与承运人协商加列某些条款以维护各方利益，将会在很大程度上化解风险，促进国际贸易和海上货物运输的顺利发展。

五、集装箱运输中“不知条款”（STC）的效力及贸易商策略

集装箱运输已成为国际贸易的最主要运输方式。但在整箱货运输中，通常由货主装箱加封，承运人接收的仅为表面完好的整箱，因“没有适当方式核对”箱内货物的实际状况，进而在提单上记载保留性的“不知条款”（STC），以免除其对箱内货物的责任。尽管该条款已被广泛使用，但其是否有效，应结合综合因素判断，以决定承运人是否应承担相应的责任。贸易商对此也应采取因应策略，防患于未然。

（一）背景案例

2016年1月，原告环球斯皮德公司（下称“环球贸易”）[①] 向兆旺公司购买铜丝，总重为50 004千克，CIF总价为155 012.40美元。涉案货物于2016年1月8日和10日装箱，环球贸易的代表到场见证了集装箱装载过程并出具了检验声明书。在装载集装箱过程中，环球贸易的代表在装载的不同阶段进行了拍照。货物装于两个20尺集装箱，现场拍摄照片显示两个货柜所施铅封均为蓝色。1月10日，该两个集装箱装载货物后，运至承运人指定堆场（CY）。但依堆场陈述及货箱进场时所拍摄的照片，集装箱进场时所施铅封为黄色。1月15日，货物在天津港装船。被告沛华物流公司就涉案货物签发了提单，记载托运人为兆旺公司，收货人为凭环球贸易指示，卸货港和交货地均为意大利热那亚，运输期间为CY-CY（即堆场-堆场；整箱货运输）。提单在“货物描述”一栏批注了“Shipper's Load, Count and Seal”（由托运人装载、点数并封箱）及“Said to Contain”（STC；“不知”）。同时，提单正面载明“上述货物明细均由托运人提供，承运人不知货物重量、体积、状况、内容或价值”。

货物到达目的港热那亚卸货后，环球贸易对集装箱进行了称重，其结果显示集装箱总重量严重不足；检验也显示两个集装箱的铅封为黄色且铅封完好，但两个集装箱内并无铜丝，而是装满碎石和粗砂。对此，原告环球贸易诉诸法院。环球贸易诉称，货物系在承运期间被调包；被告未尽承运人的谨慎注意义务，未注意到集装箱的重量差异，未能在提单上以批注等形式提醒进口商避免遭受欺诈，故应赔偿原告的损失。而被告沛华物流公司辩称，该损失并非发生在承运人的责任期间，涉案货物的运输责任期间是CY-CY，是托运人出口商自行装箱报关，铅封颜色在重箱交付给堆场及目的港交付时为黄色且铅封完好，箱内货物的实际状况承运人客观上无法核实，并在其签发的提单上加注和记载了“不知

① 参见张姗姗，集装箱提单项下不知条款效力分析，（2017）沪72民初302号民事判决书，http://shhsfy.gov.cn/hsfyytwx/hsfyytwx/spdy1358/jpal1435/2018/02/28/2c93809961db535a0161dc1898420331.html。

条款”，符合贸易运输操作程序。

法院经审理认为，依中国《海商法》第46条，承运人对集装箱货物运输的责任期间是，从装货港接收货物时起至卸货港交付货物时止，货物处于承运人掌管之下的全部期间；在承运人责任期间，货物发生灭失或者损坏，除另有规定外，承运人应当负赔偿责任。本案提单记载的集装箱货物交接方式为CY-CY，承运人责任期间的起算点应为装货港堆场。涉案货物为整箱货运输，由出口商自行装箱、封箱并运至承运人指定堆场。集装箱铅封一经正确加锁，除非暴力破坏否则无法打开，破坏后的铅封也无法重新使用。该案证据证明，承运人在接收货物及在卸货港交付货物时，集装箱铅封为黄色且铅封完好，未遭损坏，这可证明涉案集装箱在运输途中未经私自开封。鉴于环球贸易的代表监装涉案集装箱装箱时，集装箱所施铅封为蓝色铅封，可合理推断涉案集装箱是在装箱完成后、交付给承运人的指定堆场之前，就已被拆箱并替换了铅封，箱内货物被调包应发生在此期间，而该期间不属承运人的责任期间。至于沛华物流公司在运输合同履行过程中，是否未尽承运人谨慎注意义务，是否存在违约行为并导致原告损失，法院认为，首先，依中国《海商法》第75条，承运人在无适当方法核对提单记载的情况下，可通过在提单上批注的方式，说明不符之处、怀疑的根据或说明无法核对。该涉案货物在出口商自行装箱、封箱并申报的情况下，要求承运人对箱内货物的实际情况进行核对不合理。其次，涉案集装箱的实际重量虽然与提单的记载存在较大差异，但沛华物流公司并非专业的理货或称重机构，货物托运时也并无集装箱强制称重的规定，故本案中，沛华物流公司在提单上批注和记载其对货物状况不知情具有合理依据。最后，根据本案已查明的事实，环球贸易的代表参与并见证了货物装箱及封箱过程。此后，货物在进入堆场前被调包，原告的损失并非被告履行海上货物运输合同过程中的故意或过失行为所致，两者之间没有因果关系。综上，法院最终判决对环球贸易的诉讼请求不予支持。

该案例的发生及法院判决涉及国际贸易集装箱运输中“不知条款”的效力、判断标准、中国司法立场等问题。对此，中国贸易商应采取积极的因应策略，防患于未然。

（二）“不知条款”产生的根源

集装箱运输与传统的贸易货物运输方式相比较，有其相同之处，也有不同之处。其中，关于“不知条款”（一般简称“STC”条款）下，承运人对贸易商应承担何种赔偿责任，就是一个备受争议的问题。

在集装箱运输中，货物交接方式最常见的是，整箱货接收/整箱货交付（FCL/FCL；CY/CY；简称“整箱货运输”）。因整箱货运输在起运地的装箱工作通常由出口商或其货代完成，承运人收到的仅是外表状况良好、铅封完整的集装箱。至于箱内装有何种货物，承运人通常一无所知。为避免进口商索赔，承运人在签发集装箱提单时一般加注“Said to Contain ××（货物），Shipper's Load, Count and Seal”等类似的保留批注并记载相应的条款。该条款通常称为“不知条款”或“据称条款”等，在整箱货运输中得以广泛使用。

该条款的目的是，以此免除承运人承担集装箱内货物的责任。该条款的普遍性已获得国际贸易运输业的广泛认可。在STC条款下，若承运人没有在现场监督装箱，接收货箱以及在卸货港将货箱交给进口商时，通常只要货箱的铅封完好无损，承运人就解除了其责任，即承运人不对货箱内的货物质量、数量等承担责任，其损失由贸易商自己承担。例如，在澳大利亚的“The Esmeralda I”案中，巴西的出口商将437个纸箱餐具装入集装箱内，装箱之后由出口商加锁、铅封并交给承运人，提单载明 STC 条款和“FCL/FCL”。货轮到达悉尼后，承运人将铅封完好的集装箱交给进口商。进口商开箱后发现，箱内若干纸箱已被撕破，部分货物被取走。检验证明，该集装箱共有 118 个纸箱货物丢失。但检验时，在集装箱内发现一只使用过的巴西制造狐臭消除剂的药盒。于是，进口商向承运人提出损害赔偿请求。法院依据箱内的遗失物指出：“集装箱内货物失窃，应是发生在货箱交给承运人保管之前。承运人对该损失不承担责任。”法院最终判决进口商败诉。因此，在整箱货运输且提单加注 STC 条款时，整箱货的交接通常以货箱的铅封完好与否来确定承运人是否应承担责任。

（三）“不知条款”的构成

集装箱提单上的“不知条款”通常由提单的保留性批注和载明的条款两部分组成。

1. 提单正面的批注

集装箱提单正面的保留性批注通常表示为“Shipper's Load and Count（SLAC）；Shipper's Load，Count and Seal（SLCAS）；Said to Contain（STC）；Say by Shipper（SBS）；Full Container Load（FCL）”等。

在整箱货运输的情况下，由于有关货物的名称、标志、包数、重量等详细情况通常由作为托运人的出口商提供，承运人并没有参与货物的装箱，其对箱内货物的实际情况一概不知，承运人接收的仅是箱体外表状况良好、铅封完好的集装箱而已。

在目前的货物检测水平下，承运人不可能检查每一集装箱内货物的实际装载状况。虽然国际运输惯例《海牙规则》及中国《海商法》均规定，若承运人或代其签发提单的其他人，得知或有合理根据怀疑提单中所记载的有关货物的一般性质、主要标志、包数或件数、重量或数量等事项，不能确切代表其实际接管的货物，或在签发“已装船”提单时，上述各项内容并未准确地反映已装船货物的实际状况，或没有核对这些事项的合理手段，则承运人或上述其他人必须在提单中作出保留，说明这些不符之处、怀疑的根据或无合理核对手段等。但在国际贸易实务中，若提单上缺少承运货物基本情况的记载，结算银行将拒绝接收此种提单，从而影响提单的正常流转，进而导致贸易商无法结算货款。因此，承运人不得不将出口商提供的有关货物的内容记载在提单上。但承运人的这种记载又可能给自己带来极为不利的后果，故承运人在将出口商提供的内容如实记载在提单的同时，又加上保留性的批注，以达到最大限度免责的目的。

2. 提单记载的条款

在国际贸易运输实务中，承运人除了在集装箱提单正面作出保留性批注外，通常还在提单的背面或正面记载相关的条款。如“货物是由发货人或其代理装箱并加封的，本提单正面所列内容（货物的标志、包数、件数、重量等），本公司均不知悉”。这种记载只是规定了承运人在某种情况发生时可享受免责的权利，即若集装箱不是由承运人装箱的，则承运人对箱内货物的灭失和毁损不承担责任，但这种“某种情况”是由承运人在提单正面的批注来体现的。这种条款只有在提单正面加注“STC”“FCL”“CY”“SLAC”等批注后，才能使承运人达到免责的目的。因此，为进一步明确该类批注的效力，承运人通常还在提单背面或正面记载上述条款，以达到保护其利益的真正目的。

可见，集装箱提单的“不知条款”通常由提单的保留性批注和记载的相关条款共同组成。其本意是明确在整箱货运输的情况下，托运人（出口商）与承运人之间的责任。

就其性质而言，该条款是对集装箱装载货物实际状况的一种保留。换言之，该条款表明承运人接收集装箱时，对箱内货物状况一无所知，承运人在卸货港只要保证集装箱外表状况良好且铅封完好无损，即可认定承运人适当地履行了货物运输义务，其对箱内货物的灭失、毁损不承担赔偿责任。上述背景案例中的“不知条款”符合该条款的构成。

（四）判断“不知条款”效力的标准

尽管“不知条款”在整箱货运输中得以广泛应用，但该条款在不同案情中的效力也不同。换言之，既不能一概认定“不知条款”包含事先印制的格式条款而否定其效力，也不能滥用该条款不合理地免除承运人应承担的责任。因此，实践中应依具体案情判断“不知条款”是否有效。其判断标准通常包含以下几方面。在主观方面，应要求承运人必须谨慎行事。判断承运人是否应承担损害赔偿责任，须以其是否尽到谨慎注意义务为标准，即从诚信原则出发，以善良行业人的标准为判断依据。首先，承运人对运输单据中相关记载事项确实不了解实情；其次，若承运人认为单据中的记载事项可能是错误的或具有误导性的，应主动采取合理方式核对，不能在不进行任何努力的情况下就随意在单据中作出保留性批注。例如，若出口商进行装箱时承运人或其代理在现场，则承运人完全有条件核对箱内货物的状况。在客观方面，合理的核对方式不仅应从现实可行的角度，还应从是否经济的角度考虑。例如，货物在装货港装入封闭的集装箱内，承运人接收货箱时无法通过肉眼核对货物，这种核对方式不可行；若打开封闭的集装箱并将箱内货物卸出核对，即使可行，但从经济的角度考虑显然不合理。在举证责任方面，首先，进口商需举证证明整箱货的货损由承运人的过失所致，否则推定承运人已谨慎行事。其次，承运人需举证证明整箱货的货损由外来风险而非承运人的过失所致，否则推定承运人有合理的方式对相应的记载进行核对。上述背景案例及许多其他案例表明，在整箱货运输中，承运人通常能够提出有效证据证明集装箱是由出口商装箱并铅封的，承运人在签发提单之前没有合理方式或无法核实集装箱内货物的实际状况，其做到了谨慎行事，因而应承认集装箱提单的“不知条款”的效力。

（五）“不知条款”的滥用

现实中，“不知条款”的滥用在整箱货和拼箱货运输中均有可能发生。

1. 整箱货情况下“不知条款”的滥用

若提单中记载了箱内货物的具体件数且承运人或其受雇人（如卡车司机等）出现在装箱现场，则推定承运人对箱内货物知悉，因而提单上的 STC 条款无效。若因承运人不能免责的过失导致货损，则应依箱内货物的具体件数作为确定承运人赔偿单位责任限制的标准。美国法院曾在以下判例中判决 STC 条款无效，承运人应对箱内具体件数的货物承担赔偿责任。

在“Leather's Best, Inc. v. S. S. Mormaclynx”一案中，货物由出口商装箱加封，但承运人的卡车司机在集装箱装箱现场观看且签发了货物收据。承运人签发提单时，在“货物数量”栏内记载了“One Container STC 99 bales of leather”，同时，提单条款载明每个集装箱责任限制为 500 美元。后来，该集装箱灭失，法院判决 STC 条款无效，承运人应赔偿货主 99 件货物的损失。在“Dupont de Nemours International S. A. v. S. S. Mormacvege”一案中，提单上记载了“One Container STC 38 Pallets resin Synthetic liquid”。后来，该集装箱毁损，法院判决 STC 条款无效，承运人应赔偿箱内货物全部损失。在“Inter-

American Food Inc.”一案中，一批虾产品以纸板箱包装装入集装箱中。在装箱过程中，承运人的司机在场，拒绝任何外部有瑕疵的纸箱装入集装箱。装箱后，司机向出口商签发了载有纸板箱数目的收据。之后，承运人的代理凭司机签发的收据向出口商签发了提单。该提单载明“One Container，Containing Shrimp Product；Shipper's Weight，Load & Count”。法院判决，货物的件数为纸板箱数目而非集装箱数目。

2. 拼箱货情况下“不知条款”的滥用

拼箱货是指出口商托运的货物数量较少，不能装满一个整箱，须由集装箱货运站（CFS）将属于不同出口商但属同一目的港的货物合装在一个集装箱内。在此情况下，提单是否可加注 STC 等保留性批注？由于中国对 CFS 的属性并无明确的法律规范，因而对 CFS 加注和记载的“不知条款”的效力，首先应根据 CFS 是代表承运人还是代表出口商装箱加以认定。若 CFS 是由出口商委托，代表出口商装箱，则视同出口商本人装箱，加注和记载的“不知条款”有效。若 CFS 是由承运人委托，代表承运人装箱，承运人此时仍加注和记载“不知条款”，与事实不符，则显属滥用，应认定“不知条款”无效。下述“菲图贸易”一案即属此类情况。

但实务中，当善意的提单持有人（进口商）持有加注交接方式为 CFS-CFS（拼箱货）提单时，其并不知道 CFS 是代表出口商还是代表承运人，在此情况下，通常推定 CFS 是受承运人或其代理的委托装箱。若提单仍记载“不知条款”，则在进口商与承运人之间，该“不知条款”应属无效。承运人若主张免责，则负有举证责任，证明 CFS 确实是由出口商委托，否则应对进口商的损失承担赔偿责任。在中国进口贸易中，许多国内 CFS 要求进口商提取拼箱货时，向 CFS 出具保函保证不得向该货运站索赔货物损失。这种做法实际上是变相的滥用“不知条款”，应属无效行为。

（六）中国司法实践对“不知条款”的立场

依中国《海商法》第 46 条的规定，在整箱货运输时，承运人在目的港集装箱堆场（CY）向进口商交付完好无损的整箱后责任终止。在中国司法实践中，整箱货运输发生货损时，通常按照与上述背景案例相同的原则处理。但在具体案件中，法院还将在查明货损的原因、货损发生的责任期间等事实的基础上，最终认定“不知条款”是否有效，承运人是否应承担责任。以下典型案例具有借鉴意义。

在“宁波顶佳进出口有限公司（下称‘顶佳’）诉地中海航运公司（下称‘地中海航运’）”一案中，[①] 进口商顶佳进口铜废碎料，由地中海航运承运并为此签发了提单，提单中明确记载“由托运人装箱、装载和铅封，承运人未被允许打开铅封，也未核对货物的数量、质量、状况、内容、唛头和数目，该等信息依据托运人宣称（STC）”。集装箱由南非德班港装船，经比利时运至宁波。货物到港后，顶佳持提单提取货物，但经北仑出入境检验检疫局及北仑海关查验，集装箱内只有包装铁桶而无铜废碎料，导致原告提货不着。顶佳诉请法院判令地中海航运交付提单下的铜废碎料，若无法交付，则赔偿货款损失。法院认为，承运人地中海航运已向顶佳交付了完好无损的整箱且提单中明确记载了“不知条款”，该记载有效，故法院判决承运人可在批注的项目和范围内对箱中无货免除

① 参见“原告宁波顶佳进出口有限公司诉被告地中海航运公司海上货物运输合同纠纷”，宁波海事法院民事判决书(2005)甬海法商初字第 271 号，http://www.nbhsfy.cn/cpws.jsp?aid=5733。

赔偿责任。

在“佛山市菲图进出口有限公司（下称‘菲图贸易’）诉敦豪全球货运（中国）有限公司佛山分公司（下称‘敦豪佛山’）”一案中，[①] 原告菲图贸易与国外买方达成国际货物买卖合同，出口瓷砖、按摩浴缸以及淋浴房，从佛山运至委内瑞拉，货物装载于2个40尺的集装箱后仍有剩余。菲图贸易委托敦豪佛山运输。因佛山迅亚建材公司也正委托敦豪佛山运输一批货物至该目的港的同一收货人，其托运的装有瓷砖的8个集装箱尚有4个有剩余空间，敦豪佛山在征得菲图贸易同意的情况下，安排拼箱运输（即将菲图贸易的剩余货物与迅亚建材公司的货物装于相同的集装箱内）。

敦豪中国作为（无船）承运人丹马航运的代理分别向菲图贸易和迅亚建材公司签发了抬头为“丹马航运”的FOQ036959号（托运人为菲图贸易）和FOQ036657号（托运人为迅亚建材）整箱货提单各一式三份，且两套提单均记载FCL-FCL及“不知条款”。该批货物到达进口国后，进口商仅凭FOQ036657号（即托运人为迅亚建材）提单就提取了两套提单的全部货物，造成菲图贸易仍持有提单而无法收取货款的损失。

法院认为，本案中敦豪佛山作为专业的货代公司，对于集装箱运输各个环节的操作及提单签发具有专业知识，其作为一个谨慎的货运代理，不应将拼箱货提单签发为整箱货提单且不合理地记载“不知条款”，未尽到承运人谨慎的义务，将批注内容和记载条款不正确的提单交付给菲图贸易，以致后者不能凭提单有效控制货物。敦豪佛山处理菲图贸易委托事项有明显过错，故判决敦豪佛山依法应赔偿菲图贸易的损失。

在“中国A企业（进口商）诉美国船公司（承运人）”一案中，中国A企业与美国B公司签订了一笔以FOB条件进口美国水果的贸易合同。该企业委托美国B公司租用美国某船公司的船舶，采用整箱货运输方式将该批水果运往天津。该批水果装入承运人提供的5个集装箱内，每个集装箱内装有678纸箱水果。整批货物由美国B公司装箱、加封后交给承运人。承运人签发了清洁提单，但提单上仅记载了“Five Containers—Fruits”（5个集装箱，各种水果），且承运人按照5个集装箱作为运费计收标准收取了运费。同时，承运人还在该提单上注明“Shipper's Load, Count and Seal”（托运人装箱、计数和加封）以及“Said to Contain Fruits”（据称箱内装水果）。载货船舶抵达天津港，收货人A企业提货后，发现其中一个集装箱内的水果大部分已腐烂。检验机构出具证明：集装箱内温度过高，导致水果腐烂。收货人获得保险赔偿后，与保险人共同向美国船公司提出索赔，要求该船公司赔偿该集装箱共计12 325美元的损失。但船公司坚持只赔偿500美元，其理由是依美国《海上货物运输法》以及提单“不知条款”的规定，承运人对每件或每货运单位货物的赔偿金额为500美元。中国收货人A企业和保险人向法院起诉美国承运人，要求其赔偿12 325美元。

法院判决美国承运人胜诉。法院认为，在集装箱“不知条款”条款下，若提单只记载集装箱的数目而未记载箱内具体件数且承运人未在装箱时监装，该条款有效，集装箱数目即为货物件数。

上述中国典型判例与背景案例表明，中国法院对集装箱运输提单中的“不知条款”

---

① 参见杨雅潇，货运代理人向委托人交付提单应尽具体运输条款是否正确的审查义务，广州海事法院(2013)广海法初字第492号民事判决书，http://www.ccmt.org.cn/shownews.php? id=16674。

原则上承认其有效性，但应视具体案情而判断其是否有效，进而裁定相关当事人的权利与义务。

（七）贸易商的策略

集装箱运输已成为国际贸易货物运输的最主要方式，而其中的整箱货运输（FCL/FCL；CY/CY）是最重要的形式。因此，作为整箱货的托运人或收货人，贸易商须对此有深入的了解，以充分保护自身的正当权益。中国贸易商对此应采取以下因应策略。

1. 贸易商在采用整箱货运输时，应对贸易伙伴国家的相关法律，特别是其海商法或商法关于集装箱运输的规定有一定了解，以及对该国法院以往对整箱货案例的判决结果有所研究，防患于未然，以免被动。

2. 进口商应在贸易合同或信用证中要求出口商在提单中明确载明集装箱内所装货物的具体件数。从上述分析可以看出，包括中国《海商法》在内的绝大多数国家的法律以及其法院的判决都表明，若提单中载明箱内货物的具体件数，一旦货箱灭失或损坏，若承运人不能免责，其赔偿责任则应依提单内记载的货物件数计算，而不得以一箱为一件计算。否则，提单内只记载集装箱数目而未记载箱内货物的具体件数，通常承运人的赔偿责任以箱数为计算标准。必要时，进口商可将上述要求作为出口商结算货款的条件之一规定在信用证之中，以限制出口商。

3. 若集装箱内货物每单位的价值较大，进口商除了要求出口商在提单中载明货物的件数外，还应进一步将箱内每件或每单位货物的价值向承运人予以申报，承运人在加收一定附加运费的条件下，可赔偿货物的实际损失，而不再受赔偿单位责任限制的约束。

4. 进口商应在合同或信用证中规定，出口商应向承运人提供箱内货物的详细资料，否则承运人无法知悉箱内货物实情，这就给承运人在提单内加注“不知条款”提供了机会和借口。

5. 尽可能请求承运人或其代理到现场监督装箱。为保证进口商的利益，出口商应主动或按进口商的要求，请求承运人或其代理到出口商的存货现场监督装箱。这样，承运人不能再以“不知”或“据说”为由，在提单上加注“不知条款”来免除其赔偿责任。这一做法的另一好处是，可防止出口商利用其装箱、加封的机会，以次充好、以假充真欺骗进口商。

6. 进口时尽可能选择FOB条件，由中国进口商租用中国船舶。这样，不仅可减少欺诈现象的发生，而且中国船公司的提单条款都规定，一切争议或纠纷依中国法律，在中国法院或仲裁机构解决。这对中国进口商处理争议有许多有利的机会和条件。

7. 出口商在制作提单内容时，应对整箱货（FCL；CY）和拼箱货（LCL；CFS）的不同记载予以严格区分。若提单内容由货代制作，出口商也应自查，确保自身权利不受侵害。

第十三章　FOB 条件下贸易合同与运输合同关系的相关问题

中国外贸出口合同约有 80% 左右采用 FOB 条件成交，但以这种条件成交的贸易合同纠纷不断，导致中国贸易商为此付出了巨大代价。如何通过贸易合同、海上货物运输合同及保险合同保护贸易商的利益并承担相应义务，是中国贸易商面临的一项重要课题。

一、FOB 条件下卖方的托运人地位及特征

规范国际货物运输的惯例《汉堡规则》首次界定了托运人定义；《鹿特丹规则》也规定，FOB 条件下，卖方可要求买方同意将卖方作为单证托运人记载于提单中。中国《海商法》借鉴《汉堡规则》也界定了托运人。但依《汉堡规则》《鹿特丹规则》和中国《海商法》的定义，在 FOB 条件下的出口贸易中可能产生两个提单托运人，进而引发中国理论界、贸易实务界、司法裁判等众多争论。在 FOB 条件下，一般认为买方因向承运人租船或订舱，因而是提单的托运人，但实际向承运人交货的往往是卖方，依法亦属于托运人。那么，承运人应向买方还是卖方签发提单？澄清和解决这一问题具有重要的理论和现实意义。

（一）国际运输惯例与法律的不明确规范

依《汉堡规则》，“托运人”是指其本人或以其名义或代其与承运人订立海上货物运输合同的任何人，或指其本人或以其名义或代其将货物实际交付给海上货物运输合同有关的承运人的任何人。中国《海商法》第 42 条借鉴《汉堡规则》也界定了托运人，即“托运人”是指：（1）本人或者委托他人以本人名义或者委托他人为本人与承运人订立海上货物运输合同的人（注：FOB 买方和 CIF 的卖方）；（2）本人或者委托他人以本人名义或者委托他人为本人将货物交给与海上货物运输合同有关的承运人的人（注：FOB 的卖方）。《鹿特丹规则》也规定：“托运人”是指与承运人订立运输合同的人；“单证托运人”是指托运人以外的，同意在运输单证或电子运输记录中记名为“托运人”的人。

从上述规范可以看出，依《汉堡规则》，连接订约人与实际交货人之间的词是“或”字，因而依该规则应只有一个托运人，但哪个托运人具有优先权并未予以明确。因此，贸易双方在实际业务中，必须在每次运输中明确约定谁是托运人，即在每一具体运输合同中，提单只可能有一个托运人，需根据具体情况确定托运人。而中国《海商法》和《鹿特丹规则》则将两者并列，因而从字面意义上理解，在 FOB 条件下必然产生两个托运人，即一般认为买方因向承运人租船或订舱，因而是提单的托运人，但实际向承运人交货的往往是卖方，依法亦属于托运人。由此引发了中国贸易实务界、司法裁判及理论界的众多争论。那么，承运人应向买方还是卖方签发提单？由此导致在中国贸易实务操作中的摇摆不

定、理论模糊、司法裁判的误导等一系列问题。天津海事法院1993年“北京市温阳进出口贸易公司诉上海远洋运输公司海上货物运输无正本提单放货案”一审判决否定实际托运货物的卖方的托运人身份，同时认定承运人有权向买方签发提单。该案的判决在中国产生了极大的影响，也备受质疑。①

（二）FOB条件下的贸易合同类型

依FOB条件签订的贸易合同至少有以下类型：第一，由买方向承运人租船或订舱，由卖方向承运人实际交货。这种贸易合同一般称为典型的FOB贸易合同。第二，由卖方代理买方向承运人租船或订舱，并由卖方向承运人实际交货。这种贸易合同通常称为附加服务的FOB贸易合同。第三，由买方指定其在装运港的代理租船或订舱，贸易合同约定卖方交货后取得大副收据或场站收据并将其交付给该买方代理，由该代理凭此取得提单。因此，只有在第三种类型的FOB贸易合同下，买方才是提单的托运人。而在第一、第二种情况下，提单的托运人应是卖方。

（三）国外学者及英美判例对FOB条件下“托运人”的认定

其实，国外学者和大量英美判例对此早有定论，即若在出口中使用FOB术语，只有卖方是托运人。中国学者郭国汀很早就对国外学者和英美判例关于FOB条件下托运人问题予以总结。郭国汀在其“论FOB合同下承运人签发提单的义务”一文中，总结如下：

施米托夫指出：“提供额外服务的FOB条件，即当事双方约定由卖方订舱。卖方是作为买方代理人行事，且可以买方的名义或他自己的名义换取提单……，卖方在合同支付条件得到履行以前，保留处置货物的权利；或卖方可用他的名义……而非以买方的名义……取得提单，在这种情况下，卖方将提单交给买方之前，货物所有权并不转移。”此类贸易合同是指上述第二类型的附加服务的FOB贸易合同。

Paul Todd在其《现代提单的法律与实务》一书指出：“买方同时又是托运人，并订立运输合同之情形在FOB合同中十分罕见……，卖方将货物装船后便可获得提单，然后将提单交给买方，而买方通常应先支付货款以便换取提单；在典型的FOB合同中，卖方是托运人，买方可要求卖方提交一份已装船提单，来作为卖方已履行他的义务、装运了货物的证明。”

David M. Sassoon在其名著“CIF & FOB CONTRACTS”中写道：“FOB合同……，卖方有义务取得提单或其他表明货物已实际装船证据的文件已成为惯例，除非有明示相反的意思，否则在外销中，托运人的责任和义务属卖方的履约范围……，卖方将得到的提单通常是‘运费到付’提单。”“FOB条件的卖方，因他根据合同有义务取得并提交装运单据，有责任即刻履行义务。”“卖方作为托运人，根据合同中任何明确的规定，他有义务取得提交符合贸易中通常条款的提单。”“在卖方根据FOB合同仅仅是充当买方的代理人之情况下……，在卖方保留了所有权之情况下，卖方不再被认为仅仅是充当买方的代理人以取得提单，那么，随后转让给买方的提单通常发生于买方付款时。”

Benjamin认为：FOB合同下，卖方负责提交提单，并无绝对义务在货物抵达目的港之前交单，尽管他无疑地有义务尽快交单；FOB合同下，卖方有义务取得并提交装运单据……，买方付款赎取“已装船”提单，若卖方提交“收货待运”提单，FOB买方有权

① 郭国汀．论FOB合同下承运人签发提单的义务．http://www.ccmt.org.cn/showexplore.php?id=325.

拒收该装船单据。

Gilmore G. Black亦认为："FOB术语，要求卖方承担装货完成之前的风险，只有'已装船'提单才能证明他业已履行了合同义务。"这也间接地表明卖方有权取得提单。

Charles Debattista指出："典型的FOB合同或FOB扩张条件（即附加服务的运输合同），卖方有义务向买方提交商业单据……，这些单据的核心即为提单。"

由此可见，依国外学者，FOB条件下也只能有一个托运人，即卖方。

另外，英美许多判例对此已有明确认定。Brett法官在"Stock v. Inglis"案中认为："FOB术语……，提单由卖方附上其他有关单据一并提交给买方，在买方承兑汇票或支付价款之前，货物并不最终放行给买方"；"FOB术语……，托运人的责任与费用应由卖方或买方承担，取决于合同的规定。当FOB条件用于外销之场合，卖方通常是托运人"。

Brougham勋爵在"Cowas-Jee v. Thompson Kebble"案中指出："FOB合同，在卖方取得提单之场合，卖方而非买方是托运人。"Duke法官在"The Tromp"案中亦认为："FOB条件，交付提单后付款，卖方而非买方在此种情况下被视为托运人本人。"

Donaldon大法官在"Whimble, Sons & Co Ltd. v. Rosenberg & Sons"案中指出："FOB合同，买方的义务在于指定船舶，而卖方则需将货装船（代买方进行）并取得提单。在此种情况下，卖方直至他移交填有买方姓名的提单之前，始终是运输合同的当事方。"

Evens法官在"Concordia Trading B. v. Richo International Ltd."案中强调："FOB卖方必须取得货运单据并提交给买方，而买方有义务付款赎单……。虽然货物装运于买方指定的船上，但卖方将保留货物的处置权以保护自己的权益。作为未被付款的卖方，提单将被要求交付给他或凭他的提示……。唯一留置单据的理由是在未付款的情况下，卖方有意以一种对其有利的方式持有单据以便控制拖欠付款的日期。"

Donaldson大法官在"The El Amria and The Minia"案中重申：在FOB合同中，买方指定船舶，卖方代表买方将货物装上船，若提单是凭他的指示，买方能够成为当事方的唯一运输合同是由该提单包含或证明的由卖方背书给他的合同。

（四）FOB条件下实际交货的卖方是提单的托运人

依上述分析，本来FOB条件下谁是提单的托运人已非常确定，但在中国FOB条件出口贸易中，因中国《海商法》关于"两个托运人并列"的规定，引发了众多争论，进而导致中国出口商遭受巨大损失。为此，中国有关各方必须有统一认识，以平息纷争，切实保护中国贸易商的合法权益。

对于FOB条件下谁是提单的托运人问题，应结合国际贸易惯例、国际运输惯例、贸易合同性质及贸易付款条件等进行综合分析判断，以确定谁是真正的提单托运人。

国际商会Incoterms的历次修订对FOB条件下买卖双方的义务均有明确规定。以Incoterms®2020为例，其A6和B6规定：卖方必须自付费用向买方提交已按照交货要求的通常证据；除非该证据是运输凭证（即提单），否则，应买方要求，卖方必须协助买方取得运输单据。而买方必须接受卖方提供的上述交货凭证。因此，就贸易惯例而言，尽管买方有义务订立运输合同，但完成贸易合同的交货义务是卖方，只有卖方取得提单才能证明其履行了贸易合同，而提单的托运人是卖方也才能证明这一义务的完成者不是他人而就是卖方。

《美国统一商法典》第2-323（1）也规定："在合同预期涉外航运以及包括FOB条

件的场合……，除非另有约定，卖方必须取得载明货物已装船的可转让提单。”可见，依美国贸易惯例，取得 FOB 条件下的提单的是卖方，除非合同当事双方另有明示约定。

就国际货物运输惯例而言，众所周知，提单的功能之一是“货物收据”，即承运人接收货物后向交货人签发的证明其已收到提单中记载的货物。而在 FOB 条件下，向承运人交货的人正是贸易合同的卖方，尽管可认为卖方的交货是替代买方履行运输合同的交货义务，但却是卖方首先收到承运人签发的大副收据或场站收据，而只有大副收据或场站收据才能换取提单，因此，该提单记载卖方为托运人是理所当然的。

以 FOB 为条件的贸易合同是一种单据买卖合同，即卖方以提单等单据换取买方的付款。换言之，若卖方未取得提单等单据则无法换取买方的付款。由于提单为物权凭证，买方也只有掌握了提单才能控制货物。在单据买卖合同中，卖方通常将提单等单据转让给买方，卖方取得货款后则由买方持有提单进而取得货物的所有权或控制权。国际贸易中的货物所有权可依当事人的意愿转移，但若无明示协议，则原则上在买方付款赎单时转移。因此，在买方从卖方手中取得该提单之前，买方对提单所代表的货物无任何权利可言。若买方要实现其对提单项下货物的所有权或控制权，前提是必须合法取得提单，而买方合法取得提单的条件只能是支付价款（付款赎单）。所以，只要卖方仍持有提单，买方付款之前，提单所代表的货物所有权根本不发生转移。至于卖方通过银行向目的港的买方提示提单，而买方拒付导致提单再经银行流转回卖方手中，则属于提单从未发生过转让，当然货物所有权或控制权的转移也无从谈起。由此可见，在 FOB 条件下的单据买卖中，买方未付款时，卖方当然顺理成章地成为第一个提单合法持有人且应为提单的托运人。

相反，若提单直接签发给买方且以买方为托运人，则势必导致卖方失去对货物的控制，进而使得买方无须付款即可取得货物所有权。这显然与国际贸易惯例、提单的功能、单据买卖合同的性质及货物所有权转移的习惯做法不符。

近年来，在中国 FOB 条件下的出口贸易中，国外买方常常不仅要求使用记名提单，而且要求提单的托运人记载为买方。此时，中国卖方的权利要取决于贸易合同的规定，即若贸易合同约定买方只有在付款后才能取得提单，则卖方同样有权要求承运人签发以其为托运人的提单。对此，郭国汀引用国外法官的判决和学者的观点加以佐证。例如，在“The Lycaon”案中，法官判决：“保留所有权的全部目的在于若买方无法或不愿支付价款时收回货物。虽然通常是通过将提单做成凭卖方或其代理人的指示，但在提单收货人是具名人时，仍可通过改变该收货人实现保留所有权的目的。”“杨良宜认为：‘如果签发的是记名提单，在 FOB 条件下，若买卖合同未规定诸如‘付款交单’，有可能被视为卖方未保留货物所有权，而导致货物装上船后算是已转让给买方。’”因此，在接受记名提单时，卖方若要保护自己的权利，贸易合同约定的付款方式至关重要。

当然，在买方已支付货款或卖方同意付款方式不以付款交单为前提或属于跨国公司内部货物转移，则卖方无须向买方提交提单，其义务仅是向买方提交大副收据或场站收据，以便买方据以向承运人换取提单。此时，卖方完全可接受记名提单。

综上所述，在典型的 FOB 出口贸易合同及附加服务的 FOB 出口贸易合同中，提单的托运人是向承运人实际交货的卖方；即使是托运人为买方的指示提单或收货人为买方的记名提单，卖方同样有权持有提单；只有在买方已支付价款或当事人双方特别约定所有权转移不以支付价款为前提的情况下，买方才有权向承运人要求签发提单。对承运人而言，由于其错误签发提单或无单放货导致卖方无法全部或部分收回货款，应承担相应的赔偿责任。

（五）FOB 条件下卖方的法律特征

根据 Incoterms，FOB 条件下，须由买方租船订舱、支付运费，由卖方将货物交给承运人。很明显，因租船订舱而成立的海上货物运输合同，主体之一是作为托运人的国外买方，另一主体即承运人是船方，卖方与货物运输合同无关，不是托运人。这就意味着，卖方在向承运人交付货物后，可能无法依运输合同控制在承运人掌管下的货物，而若在交单环节出现差错或收货人拒绝支付货款，则卖方很可能面临货、款两空的结局。在中国，更为严重的是在货、款两空后，卖方可能根本没有法律上的诉权起诉承运人要求赔偿损失，尽管是他自己将其货物实际交给了承运人。①

依《汉堡规则》《鹿特丹规则》和中国《海商法》，FOB 条件下，卖方虽未与承运人签订运输合同，但其将货物交给承运人运输，则卖方可成为交货托运人或实际托运人。法律和国际惯例明确地将把货物交给承运人的人规定为托运人，其本意在于解决 FOB 条件下卖方对货物的控制权，即承运人应将提单签发给卖方，使卖方以托运人的身份能在收到货款前控制货物。

卖方作为交货托运人时，其法律特征是：第一，基于法律的直接规定而取得托运人的地位，进而成为运输合同一方主体，不以双方当事人的意思表示一致为依托。第二，未与承运人签订运输合同。这是交货托运人的根本特征。在海运实务中，有可能在提单中将发货托运人记载为“托运人”，亦有可能相关运输单据对发货托运人无任何记载。第三，法律地位具有隐蔽性。交货托运人不以提单上的“托运人”栏内的记载为成就要件，常常是隐而不现的。隐蔽性的结果可能是，其权利被无意间侵害、其义务得以规避、其责任可轻易逃脱，即与法律规定其为货物运输合同一方主体的初衷相悖，而使发货托运人游离于货物运输合同法律调控和保护之外。

（六）如何处理买方作为提单“托运人”的要求

FOB 条件下，实际交货的人与运输合同的托运人不一致时，买卖双方的地位和权利各不相同。这是法律赋予的，不取决于他们之间的约定、变更或放弃，也不受他们在有关运输合同及提单中仅仅表述了其中一方为托运人这一现象的影响。买卖双方均为履行贸易合同而订立的运输合同的合法的托运人，但这并不表明作为运输合同证明的提单中的“托运人”一栏内可随意填写“买方”或“卖方”的名称。这是因为：首先，在指示提单中，承运人签发提单后，要将 B/L 交给卖方，以便结算货款；该提单应由其载明的“托运人”背书后才能提交银行，以便银行将该 B/L 再转让给收货人（买方）。因此，指示提单中的“托运人”一栏必须填写“卖方”的名称。其次，虽然将“买方”名称填写在提单“托运人”栏内而又由卖方背书，但银行不接受这种背书的提单。因为，依 UCP 的规定，银行只负有在表面上审核单据的义务。银行一旦发现提单上的第一背书人（卖

① 参见倪学伟，发货托运人的法律地位及权利义务——湛江市启航货运代理有限公司诉湛江市百事佳，http://www.gzhsfy.org/showanli.php? id=9323；广州海事法院（2008）广海法初字第 227 号判决书；“北京市温阳进出口贸易公司诉上海远洋运输公司海上货物运输无正本提单放货案”，http://www.ccmt.org.cn/shownews.php? id=55；天津海事法院（1993）津海法商初裁字第 41 号民事裁定书；天津市高级人民法院（1994）高经终字第 3 号民事裁定书；最高人民法院（1997）交提字第 5 号民事裁定书。

方）的名称并不是提单正面“托运人”栏内填写的名称（买方），即视为提单背书不连续，银行拒收这种提单。

指示提单转让的条件之一是，提单背书必须连续，否则不能转让提单。若提单是“托运人”指示提单（To Order of Shipper），则应以托运人为第一背书人；若提单为记名指示提单（×× Order）或选择指示提单（×× Order），则第一背书人应为提单中指名的指示人（××）；若提单为空白指示提单（To Order），则第一背书人应为提单中的托运人。采用空白背书形式时，只要第一背书人正确，则证明背书是连续的，提单即可转让。

如何处理信用证中买方提出提单“托运人”栏内填写“买方”名称的要求？

第一，在信用证（L/C）支付方式中，若买方要求在提单“托运人”栏内填写买方名称时，卖方一般不能接受这种条款，应要求删除或修改。

第二，若中间商为避免卖方与真正收货人之间的相互了解，可采用转让 L/C 或对背 L/C 加以规避，或以国内某运输机构为提单的“托运人”。

第三，若卖方由于特殊原因，接受了在提单“托运人”栏内填写“买方”（一般为中间商）名称的要求，则应要求买方事先作出承诺：一旦卖方从承运人处取得提单，买方有义务立即前来在提单上作出第一次背书并在背书后立即将提单交给卖方。这样，第一背书人与提单正面载明的“托运人”相符且与 L/C 规定相符。卖方作为 L/C 的受益人，仍有权将提单等货运单据提交银行，银行将接受这种提单。卖方在交货前应取得买方的委托书，以便使承运人明确谁是托运人。但若买方不及时前来背书，则可能影响卖方交单，因而这种方式不太现实。

在 FOB 条件下，卖方应坚持将自己作为托运人记载于提单的“Shipper”栏内。这样，卖方取得提单后，作为第一个背书人先背书，将提单转让给银行。但这样将会暴露卖方的身份，买方（中间商）可能不会同意。因此，最理想的办法是以卖方所在地的某一货运代理人作为提单的“托运人”。

二、FOB 条件下交货托运人的权利与义务

交货托运人的身份与地位确立于他实际向承运人交付货物之时，一旦确立其托运人的身份与地位，则其有权要求承运人签发提单并记载其为托运人、对货物拥有实质的控制权以及对承运人的诉权，这是交货托运人至关重要的法律权利。

这一权利的来源是，首先，Incoterms 规定，FOB 条件下卖方有义务向买方提交证明已按约定日期或期限、在指定的装运港、依该港习惯方式将货物交至买方指定船上的提单等运输单据；买方义务则是接受卖方而不是承运人提交的此种运输单据。其次，提单的功能之一是，其为承运人接收货物的收据，这意味着该收据应向交付货物的人（卖方）出具，否则收据功能不能得到体现。

由此可见，卖方请求承运人签发提单的权利有国际贸易惯例的支持，而承运人应卖方请求向其签发提单则是提单收据功能的体现，同时也有中国《海商法》为依据，因而卖方要求承运人向其签发提单的权利毋庸置疑。

尽管 FOB 卖方的交货托运人身份与地位为法定且是习惯做法，并不以提单上的记载加以甄别，但毕竟提单是运输合同的证明，提单上将 FOB 卖方记载为托运人，更能彰显其合同地位，并使实际承运人、提单受让人、收货人等知悉运输合同当事人的情况，从而

弥补交货托运人身份地位隐蔽性的不足。

但若卖方同意“电放”货物或提单记载的托运人为境外的买方，即卖方未在提单中记载为托运人，则其对货物的控制权以及收取货款的权利被虚化，①或法律赋予卖方的提单权利可能悬而未决。

FOB条件下，妥善交付货物并告知相关信息，是交货托运人（卖方）最为重要的法律义务。

本来，FOB条件下，由买方租船订舱并通常由买方支付运费，此时提单记载为“运费到付”，但若买卖合同约定FOB条件下的运费由卖方支付，则起运港发货托运人应向承运人支付运费，提单关于运费的表述为“运费预付”。

法律赋予FOB下卖方以托运人身份，本意在于保护其权益免遭海运合同下的不当侵犯，但在赋予权利的同时，必然要承担一定的义务，且这种义务往往已有当事人包括发货托运人的约定或认可，如提单中明确运费为起运港“预付”而不是FOB通常条件下的目的港“到付”。显然，卖方作为法定的托运人，在这种情况下应承担托运人的主要义务之一，即支付运费；相应的，在目的港的缔约托运人，即买方反而免除了支付运费的义务。但应该注意的是，交货托运人支付运费义务并非法律的强制规定，而是当事人意思自治下的合同约定；FOB卖方作为法定的托运人，有责任履行该项约定。

三、FOB条件下海上货物运输合同关系的特点

FOB条件下的海上货物运输合同关系具有交货付运主体（卖方）与海上货运合同订约主体（买方）的分离性、海上货运合同关系的复杂性以及各关系人权利义务的重叠性及冲突性等特点。

FOB条件下，贸易合同的卖方或交货人不一定必然构成海上货运合同的交货托运人。一般而言，卖方欲取得交货托运人的地位，须将货物交付给承运人而不是第三方（如买方指定的货代公司），以及通过要求承运人对其签发提单等行为获得海上货运合同法律关系项下的权利。

FOB条件下的海上货运合同关系具有以下三个主要特点。

一是交货付运的主体（卖方）和订立海上货运合同的主体（买方）的分离性。FOB与CFR、CIF等术语之间的一个重要区别是，以FOB术语订立的贸易合同，其海上货运合同的订立、运输费用的支付等运输事宜通常由买方负责办理，即由买方支付费用租船或订舱，然后通知卖方将货物交给买方指定的承运人或船舶。因而，这时提单上记载的“托运人”（Shipper）可能显示为买方。

二是海上货运合同关系的复杂性。海上货运合同关系既存在基于委托、订舱等行为产生的海上货运合同关系，也存在基于实际交货行为产生的“拟制”的海上货运合同关系。

从海上货运合同关系的主体看，这种合同形成一个承运人、两个托运人的局面。一般将买方托运人称为合同托运人或缔约托运人，将卖方托运人称为实际托运人或交货托运人。从上述规定看，交货托运人（卖方）虽为法律“拟制”的托运人，但其法律地位及

① 参见倪学伟，发货托运人的法律地位及权利义务——湛江市启航货运代理有限公司诉湛江市百事佳，http://www.gzhsfy.org/showanli.php?id=9323；广州海事法院（2008）广海法初字第227号判决书。

权益与缔约托运人（买方）相当。

三是各关系人权利义务的重叠性及冲突性。法律和公约规定了缔约托运人与交货托运人并存的情形，但未对两种托运人的权益加以区分，使二者的权益在特定情况下将产生一定的重叠和冲突。所以，FOB 条件下，对于两个托运人并存时，哪一个托运人有权要求承运人签发提单、拥有货物的控制权及货物的索赔权等问题，纠纷不断，这需要买卖双方加以约定。

四、FOB 条件下贸易合同交货人与运输合同交货托运人的联系与区别

（一）FOB 条件下的贸易合同与海上货物运输合同之间存在密切的联系

FOB 贸易合同下的卖方或交货人通常是海上货运合同下的交货托运人。FOB 贸易合同下的买方往往是海上货运合同下的缔约托运人，即作为贸易合同的买方，又同承运人订立海上货运合同，取得海上货运合同上的法律地位。所以，FOB 贸易合同是处理海上货运合同纠纷时经常涉及的相关事实。

（二）FOB 条件下的贸易合同关系与海上货运合同关系的区分

虽然贸易合同的卖方或交货人通常可构成海上货运合同的交货托运人甚至是缔约托运人（FOB 条件下的贸易合同，买方委托卖方租船订舱），但仍不能将贸易合同卖方与货运合同交货托运人二者简单地等同起来，即不宜简单地认为凡贸易合同的卖方或交货人必然就是海上货运合同的交货托运人。换言之，FOB 贸易合同中的卖方不一定享有海上货运合同中的权益。同样，为履行贸易合同而从事的“交货”，也不一定必然构成海上货运合同中的“托运”行为。①

（三）FOB 条件下，海上货运合同关系及其主体的识别

如上所述，贸易合同下的交货行为与海上货运合同下的托运行为之间，以及贸易合同的交货人与海上货运合同的交货托运人之间常常难以区分。对此，应依法律、公约、贸易及航运惯例，对当事人的行为特征及提单的记载等事实进行综合考虑，从而对 FOB 条件下，海上货运合同关系及其主体作出正确的识别。

一般情况下，认定贸易合同交货人是否同时也是海上货运合同交货托运人，可考虑以下因素。

（1）贸易合同的卖方须将货物交付给承运人而不是承运人之外的第三人（如买方指定的货代公司），该卖方才能成为交货托运人。例如，若卖方将货物交给自己的代理人或买方的代理人，则卖方须表示通过该代理人是自己将货物交给承运人的意思。该意思通常须有外在表示或外在行为加以印证，如要求代理人为自己从承运人处取得提单等。

（2）贸易合同的卖方交货后，要求承运人签发以自己为“托运人”（Shipper）的提单，通常是该卖方成为交货托运人的表现。单纯的交货行为是卖方履行自己在 FOB 贸易合同下义务的行为，虽在贸易合同中具有法律意义，但在海上货运合同中不一定具有法律意义。换言之，卖方实际交货给承运人的行为，从海上货运合同关系来说，也可认定为实

---

① 资料来源：王蕾 . FOB 条件下贸易合同交货人与海上货物运输合同交货托运人关系之辨析；“上海弘永服装发展有限公司诉上海中轻国际货运有限公司、上海亚轮国际货运有限公司案”。上海海事法院民事判决书（2003）沪海法商初字第 47 号，http://shhsfy.gov.cn/hsinfoplat/platformData/infoplat/pub/hsfyintel_32/docs/200708/d_199592.html。

际上仍是买方（海上货运合同的缔约托运人）向承运人履行货运合同的托运行为，即买方是交货托运人，而卖方只是替代买方履行海上货运合同，卖方自己并不享有海上货运合同项下的权益。只有卖方交付货物后，要求承运人将自己作为“托运人”记载在提单上且要求承运人向自己交付提单，从而使得承运人与卖方之间形成提单关系，并使卖方能够通过持有提单拥有对货物的控制权。此时，卖方的交货行为既是其履行贸易合同的行为，又是以承运人为相对人的履行海上货运合同下的交货托运行为。

（3）要求承运人签发提单，既是托运人的权利，又是表明交货托运人身份的行为。这是因为交货托运人并不是订立海上货运合同的一方当事人，其在海上货运合同关系中的法定地位和权益（作为法律“拟制”的海上货运合同关系的一方），特别是对货物的控制权，主要来源于对提单的持有，即通过持有提单实现对货物的控制、占有、转让等一系列权利。若卖方将货物交给承运人之后未取得提单，将无法对货物实行法律上的、有效的控制，也就难以认定其在海上货运合同关系中的地位，从而无法行使其相关权利。

FOB 条件下，若在交货过程中，卖方未要求使用提单而是“电放”货物，同时贸易结算方式为电汇，则卖方的交货行为也只能认定为贸易合同中的实际交货，在海上货运合同关系中不具有重要意义。具体而言，第一，货物的交付不是以同时取得承运人签发的提单（物权凭证）的方式进行的；第二，贸易结算方式是电汇，提单的取得不是交付货物、收取货款的必要条件；第三，FOB 条件下的订舱、托运等运输事宜通常由买方负责办理。在上述情况下，即使卖方直接将货物交给承运人，这时该承运人的身份和海上货运合同关系都只是相对于买方而言；对卖方而言，承运人仍是以买方收货代理人的身份出现，并不影响卖方的身份认定以及其权利义务的享有和承担。

法律和公约之所以规定交货托运人（卖方），其目的就是保护 FOB 条件下卖方的权益。通过拟制一种海上货运合同关系，交货托运人（卖方）被赋予与缔约托运人（买方）相同的权利。

交货托运人的主要权利之一是，要求承运人在接收货物后对其签发提单以及通过持有提单保留对货物的控制权。所以，提单的签发和持有对于认定交货托运人的身份具有十分重要的意义。

五、FOB 条件下两种托运人的身份识别及责任

FOB 条件下可能涉及两种托运人，如何识别其身份及责任，对买卖双方至关重要。在海运实务中，通常将买方称为“契约托运人”，将卖方称为“交货托运人”（或“实际托运人”）。依中国《海商法》的规定，托运人托运货物，应妥善包装并向承运人保证货物装船时所提供的货物名称、标志、重量或体积的正确性；由于包装不良或上述资料不正确对承运人造成损失的，托运人应负赔偿责任。但上述法律并未明确该托运人应是交货托运人还是契约托运人。若交货托运人知晓买方国家对于货物包装的法律规定，则应由其作为责任主体。[①]

某年 1 月 18 日，安丘临福食品有限公司（被告，下称“安丘临福”）与美国 POLO

① 参见王爱玲，“上海衍六国际货物运输代理有限公司诉安丘临福食品有限公司等海上货物运输合同案”，http://www.ccmt.org.cn/shownews.php? id=13529。

公司签订一份买卖合同，约定安丘临福向 POLO 公司出售新鲜生姜，成交方式为 FOB 青岛。包装方式中，要求每个集装箱有 24 个托盘。安丘临福确认，在涉案集装箱中使用了含有木质成分的复合托盘，未经熏蒸。9 月，辽宁港捷国际物流有限公司济南分公司（被告，下称“港捷济南”）接受境外买方 POLO 的委托，向上海衍六国际货物运输代理有限公司（原告，下称“上海衍六”）发出订舱委托并要求出具正本提单。安丘临福向上海衍六交货后，上海衍六向其出具了该票货物的全套正本提单。安丘临福确认已收到该票货物的全套正本提单，并将其按照 POLO 的要求寄给上海衍六的美国代理 WTO 公司。提单载明的托运人为安丘临福，收货人为 POLO，出运日期为 9 月 10 日，承运人为上海衍六。上海衍六为顺利承运该票货物，以托运人的名义向实际承运人阳明海运股份有限公司进行租船订舱，WTO 公司作为收货人。

9 月 15 日，港捷济南向上海衍六支付了出运的海运费及杂费，并确认所有出运费用系收取 POLO 的境外汇款代为支付的。10 月 6 日，涉案货物到达美国纽约港，POLO 进行了进口申报。10 月 19 日，美国农业部动物和植物健康检验部门对该票货物进行了检验，其出具的紧急通知中载明，该票货物未对木质包装材料中的有害生物、有害种子和物品采取措施，因此，抵运的木质包装材料（WPM）不符合要求，必须在 24 小时之内退运。

10 月 28 日，WTO 公司作为托运人向阳明海运股份有限公司租船订舱，办理该票货物的退运事宜，为顺利退运，支付了海运费 4 184 美元、滞箱费 2 400 美元、仓储费 5 044 美元、现金本票 25 美元、文件转发费 130 美元、联邦快递费 25 美元及代理费 50 美元，共计 11 858 美元。上海衍六已向 WTO 公司支付上述费用。

11 月 9 日，阳明海运将该票货物从美国纽约港运出，目的港为中国青岛港，提单载明的托运人为 WTO 公司，收货人是原告，回运提单号为 YMLUE144237951，提单正面还载明该票货物因违反美国法律强制性规定而退运。同日，WTO 公司签发了 POLO 为托运人、被告安丘临福为收货人的无船承运人提单，提单号为 10NYCQDO633。

12 月 5 日，上海衍六向安丘临福发出律师函，告知涉案货物因违反美国法律被退运一事，并要求其付清有关费用及提取涉案货物。但安丘临福认为，该货物的风险已转移给国外收货人，货物与其没有关系，因此，没有必要提取货物。

12 月 12 日，该货物抵达青岛港。因长期无人提货，该货物于次年 6 月 10 日被阳明海运代理处理，产生码头费 30 650 元人民币、拖车费 1 200 元人民币、润海场地费 1 000 元人民币、熏蒸费 1 000 元人民币、人工搬运垃圾费 2 000 元人民币、垃圾处理费（在青岛做无公害处理）18 000 元人民币，上述费用合计 53 850 元人民币。上海衍六于 6 月 15 日支付了上述费用。

原告上海衍六诉称，其接受港捷济南的委托，安排安丘临福的货物由青岛港出口至美国纽约港并出具了无船承运人提单。涉案货物到纽约港后，由于安丘临福未对货物包装的木质部分进行熏蒸处理，被美国海关责令退运，给其造成巨大损失，特诉至法院，请求判令：（1）被告安丘临福赔偿在美国纽约港产生的滞箱费、回运费、仓库到码头的回运费、快递费、代理费等 11 858 美元，在青岛产生的无公害处理费人民币 53 850 元；（2）被告港捷济南、辽宁港捷对上述费用承担连带责任。

被告安丘临福辩称：（1）安丘临福作为 FOB 条件下的发货人，并非与上海衍六订立运输合同的一方当事人，也非海运费的付款人，不是运输合同项下义务的相对人；

（2）在退运过程中，上海衍六未及时通知安丘临福，也未与其协商，上海衍六对损失存有过错，所以请求驳回原告的诉讼请求。

被告港捷济南、辽宁港捷共同辩称：（1）其系接受买方POLO的委托进行租船订舱，货物已安全运至目的港，上海衍六要求两被告承担连带责任没有法律依据；（2）上海衍六主张的费用是因其没有及时通知安丘临福造成的损失，与两被告无关；（3）上海衍六退货时没有通知两被告和POLO，剥夺了两被告对于退货确认的权利。综上，请求驳回原告对该两被告的诉讼请求或者由安丘临福承担责任。

法院审理后，依中国《海商法》第42条、第66条、第71条、第269条以及中国《涉外民事关系法律适用法》第3条的规定，判决：（1）被告安丘临福应赔偿原告上海衍六海运费、仓储费、滞箱费、文件费、快递费、代理费等各项费用共计11 858美元；（2）被告安丘临福应赔偿原告上海衍六公司码头费用、拖车费、润海场地费、熏蒸费、人工搬运垃圾费、垃圾处理等各项费用共计人民币53 850元；（3）驳回原告上海衍六对被告港捷济南的诉讼请求；（4）驳回原告上海衍六对被告辽宁港捷的诉讼请求。

被告安丘临福持原审起诉意见提起上诉。

二审法院根据中国《民事诉讼法》第153条第1款第3项的规定，判决如下：

1. 维持（2011）青海法海商初字第32号民事判决第（1）、（3）、（4）项；

2. 变更（2011）青海法海商初字第32号民事判决第（2）项为安丘临福食品有限公司应赔偿上海衍六国际货物运输代理有限公司拖车费、润海场地费、熏蒸费、人工搬运垃圾费、垃圾处理费等各项费用共计人民币23 200元。

本案主要涉及FOB下两种托运人的身份识别及责任承担问题。

FOB贸易术语下，安丘临福依据买卖合同规定将货物交付给承运人，境外买方POLO依据买卖合同，委托港捷济南办理租船订舱事宜，此时，谁是涉案货物的托运人？这涉及契约托运人与交货托运人两种身份的确定。中国《海商法》第42条规定的“托运人”指：“一、本人或者委托他人以本人名义或者委托他人为本人与承运人订立海上货物运输合同的人；二、本人或者委托他人以本人名义或者委托他人为本人将货物交给与海上货运合同有关的承运人的人。”中国海运实务中，通常将上述第一种情况下的托运人称为“契约托运人”；将第二种情况下的托运人称为“交货托运人”（或“实际托运人”）。

对于安丘临福而言，其并非与上海衍六订立运输合同的一方当事人，也非海运费的付款人，显然不是与承运人订立运输合同的契约托运人。但其以自己的名义将货物交给承运人运输，接受了载明自己为托运人的正本提单并背书转让，符合第二种托运人，即交货托运人的身份。而交货托运人是法定的，它是依实际交付货物的事实而依法确立其托运人身份的。

依据中国《海商法》第71条，提单是指用以证明海上货物运输合同和货物已由承运人接受或装船，及承运人保证据以交付货物的单证。提单作为海上货物运输合同关系的证明，提单上记载的托运人可首先推定为契约托运人。但对托运人而言，提单并非货物运输合同本身，安丘临福显然并非与承运人订立运输合同的契约托运人，但其接受了承运人签发的正本提单并参与了提单的流转，而与上海衍六之间存在海上货物运输的提单法律关系，因而安丘临福是交货托运人。

对于港捷济南而言，其接受境外买方POLO委托向上海衍六租船订舱并向其支付海运费，港捷济南或买方 POLO 应被认定为中国《海商法》规定的第一种托运人，即契约托运人。认定其为契约托运人的关键是，港捷济南订舱时的身份的识别。港捷济南并不能证明在订舱的过程中，曾向上海衍六披露过自己是受买方 POLO 委托进行订舱。上海衍六并不知晓 POLO 是订舱的实际委托方，且对于港捷济南支付海运费的来源，没有义务查明，这属于港捷济南与其委托人之间的权利义务关系，不能以此证明涉案运输合同的订舱委托人是 POLO。因此，法院认为，港捷济南是以自己的名义向上海衍六租船订舱，委托其运输涉案货物，港捷济南是与上海衍六订立货物运输合同的契约托运人。

关于托运人的责任，依中国《海商法》第 66 条，托运人托运货物，应妥善包装并向承运人保证，货物装船时所提供的货物名称、标志、重量或体积的正确性；因包装不良或上述资料不正确对承运人造成损失的，托运人应负赔偿责任。但上述法律并未明确该托运人应是交货托运人还是契约托运人。对本案而言，安丘临福作为向美国出口货物的出口商，应了解美国关于货物包装的法律规定，且安丘临福提供的有关货物木质包装材料的检验检疫标准为 ISPM15 包装标准，也证明其知晓美国对于木质包装材料有严格的要求，其未对涉案货物的木质包装采取熏蒸的处理措施，导致货物被美国强令退运，在实际承运人阳明海运的退运提单上也明确载明这一点，证明该退运并非上海衍六的擅自作为而影响了安丘临福的处分权。安丘临福对该过错行为负有责任，给作为承运人的上海衍六造成损失，应承担相应的法律后果。对港捷济南而言，上海衍六主张其承担连带责任。司法实践中，对连带责任的适用有严格的限制。

六、FOB 条件下“实际托运人”身份的认定

在国际贸易和国际货物运输中，如何认定“实际托运人”身份是一个难题。在提单载明的托运人并非交货人而交货人在接受该提单又未提出异议时，这一问题尤为突出。若供货商与贸易中间商之间、贸易中间商与最终收货人之间存在两个相互独立的 FOB 贸易合同，供货商（原告）未参与货物订舱出运环节的磋商，导致承运人当时无法知悉向其交货的人是供货商（原告），持有记名提单但在正本提单上未载明其托运人身份的供货商（原告），不应被认定为“实际托运人”，进而无法主张自己的权利。①

某年 2 月，原告内地 H 家具公司与在香港注册的 E 家居公司签订“采购合同”，约定由原告供应 24 000 件储物方凳，出货方式为 FOB 上海，指定货代为“客人提供”，目的地为美国洛杉矶，付款方式为“提供单据复印件 T/T 15 天 ”。E 家居公司将涉案货物转手出售给美国的 IDEA 公司。被告 A 航运公司接受了名义为 IDEA 公司的订舱委托。E 家居公司直接就订舱、提单缮制等涉案货物出运事宜与被告 B 货运公司上海分公司（下称“B 上海分公司”）进行业务联系。原告 H 公司确认“与承运人之间关于海上货物运输事宜都是 E 公司在联系”，原告仅负责实际交付货物。E 公司指示 B 上海分公司向原告开具装货港费用发票并确定原告为提单接收人。原告委托 F 货代办理涉案货物出口的内陆集装箱拖车及报关业务。

4 月 21 日，涉案 6 480 件货物装箱。4 月 28 日，涉案提单被签发。原告指示 F 货代根

---

① 参见杨婵，“FOB 合同中实际托运人的认定”，http://shhsfy.gov.cn/hsinfoplat/platformData/infoplat/pub/hsfyintel_32/docs/201212/d_264021.html。

据 B 上海分公司开具的发票支付了订舱费等装货港费用。在上述费用到账后，原告通过 F 货代从 B 上海分公司处取得涉案全套正本提单。涉案提单系 A 航运公司抬头的记名提单，载明托运人为 E 公司、收货人为 IDEA 公司，由 A 航运公司授权 B 上海分公司使用其签单章对外签发。原告确认其同意在涉案提单中将 E 公司记载为托运人。三被告确认涉案货物已交付记名收货人 IDEA 公司。

另查明，涉案货物价值为 38 880 美元。IDEA 公司已至少向 E 公司支付 570 239.50 美元并指定用于清偿包括涉案货款在内的货款。原告确认收到 E 公司支付的部分定金，尚有 82.46% 的涉案货款没有收到。

原告诉称：三被告的无单放货行为致原告遭受货物价款损失 38 880 美元和相应利息损失。三被告签单行为不规范，导致原告无法判断承运人身份，三被告应当共同作为承运人。为此，诉请三被告连带赔偿原告货物及利息损失。

三被告共同辩称：B 上海分公司作为 A 航运公司的签单代理人，不应就本案纠纷承担任何责任；原告并非实际交付货物的托运人，向 A 航运公司实际交货并依法有权控制货物的应是 E 公司；即使原告可被认定为中国《海商法》下的“实际托运人”，因涉案提单是记名提单，原告作为持有记名提单的实际托运人没有诉权；原告虽持有正本记名提单，但不具有提货权，亦无法控制货物，原告损失与无单放货行为无因果关系。综上，请求驳回原告的诉讼请求。

一审法院认为：

（1）从在案证据看，认定原告“交货托运人”身份的依据不足

“交货托运人”身份的认定应考虑承运人在当时情况下是否明知或是否应当知道。

本案存在两个独立的、贸易术语为 FOB 的贸易合同关系：原告向 E 公司的交货，同时也是 E 公司在另一合同中向 IDEA 公司交货的过程。对承运人而言，其接受了 IDEA 公司的订舱委托，与 E 公司直接联系确定包括提单确认、装货港费用收取、寄单地址等事宜，其向原告收取装货港费用及交付涉案提单均是根据 E 公司的指示进行，原告只是代 E 公司将涉案货物交付承运人，亦是代 E 公司领取提单。由于涉案提单系记名提单而原告并非提单记载的任何一方当事人，依记名提单不能转让的属性，涉案提单在原告手中不具有任何提单功能，原告不能据此行使任何提单权利。

综上，原告不能被认定为中国《海商法》下的“交货托运人”，亦不具有《海商法》下的“提单持有人”身份，原告据此向承运人提起无单放货损害赔偿之诉于法无据。

（2）原告损失与涉案承运人的无单放货行为之间没有直接因果关系

从原告与 E 公司之间贸易合同的履行方式看，原告无法通过控制涉案正本提单来保证 E 公司向其支付货款。贸易合同约定的付款方式为“提供单据复印件 T/T 15 天”，最关键的是，原告同意将 E 公司记载为记名提单的托运人，这实际上已放任涉案货物置于 E 公司的控制之下。依据最高人民法院“无单放货司法解释 ”第 9 条“承运人按照记名提单托运人的要求中止运输、返还货物、变更到达地或者将货物交给其他收货人，持有记名提单的收货人要求承运人承担无正本提单交付货物民事责任的，人民法院不予支持”的规定，E 公司作为记名提单托运人的货物控制权甚至优先于持有记名提单的收货人，更不论并非提单关系当事人的原告。而且，收货人 IDEA 公司提货后，已向 E 公司支付涉案货款，原告损失是其选择的贸易伙伴以及其接受的交易方式（后 T/T）潜在风险所致。

综上，一审法院判决对原告的诉讼请求不予支持。

一审判决后，原告向上海高级法院提起上诉。二审法院经审理，判决驳回上诉，维持一审判决。

中国《海商法》对“实际托运人”身份的规定，是出于试图解决 FOB 下，卖方在收到货款前实现控制货物权的良好愿望，2012 年实施的最高人民法院《关于审理海上货运代理纠纷案件若干问题的规定》也进一步明确了保护实际托运人的态度。但实践中，如何认定“实际托运人”身份成为一个前置的难题。

在提单载明的托运人并非交货人，而交货人在接受该提单时又没有提出异议的情况下，这类问题尤为突出。

本案，法院的审理明确了相关思路：在此类案件审理中，应详细审查订舱出运的环节，考虑承运人在货物出运当时对原告的实际托运人的身份是否知道或应当知道。即，识别实际托运人的时间，是运输合同订立和履行之时而非纠纷发生之后；识别的主体是承运人，在诉讼中则由法官以“一个理性人”处在承运人的位置上来判断。“承运人知道或应当知道”确立上述标准是基于以下因素的考虑：

一是运输实务现状。在运输实务中，将货物交付承运人的过程会经过仓库、堆场、船舶等多环节，也可能出现工厂、供货商、代理人、拖车公司等多主体，多层代理和委托的现象也是业界常态，与之相关的贸易合同关系也可能较复杂。在此情况下，若不考虑承运人在当时情况下是否明知或是否应当知道，而对承运人课以过高的注意义务或要求其过度介入相关的贸易合同关系，将会导致法律关系的不稳定以及运输实务的混乱。运输实务界反馈的信息也进一步表明，货代企业普遍认为，谁是实际托运人往往难以确定，特别是存在中间商或外贸代理商的情况下。

二是中国《海商法》规定的“托运人”。中国《海商法》第 42 条规定，托运人（Shipper）包括与承运人订立海上货物运输合同的人和将货物交给承运人的人。确定的核心是：订约或交货。只要具备其中一种行为，即为托运人。

关于订约：（1）本人直接与承运人订立海上货物运输合同。此时，运输合同或提单上记载的托运人就是本人。（2）委托他人以本人名义与承运人订立海上货物运输合同，则运输合同或提单上记载的托运人为委托人本人。委托人与受托订约的人之间应有委托手续。（3）委托他人为本人与承运人订立运输合同。此种情况下，受托人可不以委托人的名义与承运人订立运输合同，但是委托人本人与受托人之间应当具有委托关系，受托人在与承运人订立运输合同时应出示委托手续，以使承运人知道谁是真正的托运人。运输合同或提单记载的托运人仍是委托人。

关于 FOB 下的交货：（1）本人，即卖方直接将货物交给承运人。（2）委托他人（货代）以本人（卖方）名义将货物交给承运人。此种情况下，实际交货人（货代）与运输合同或提单记载的托运人（卖方）不一致。（3）委托他人（货代）为本人（卖方）向承运人交货。此种情况下，委托人本人（卖方）是托运人，而实际办理交货的人是受托交货人（货代）。受托交货人在办理交货时应出具委托函，以使承运人明确谁是托运人。

根据上述多种交货方式，可以明确直接办理交货的人与所交货物的关系，不必是所有权关系。因此，判断托运人不能仅依据运输合同或提单上的记载，还应考虑有关的委托关系综合分析。若依上述方式之一交货，承运人对交货人应是可识别的。

三是当事人的权利、义务平衡。在交货人过失致承运人损害或目的港无人提货导致承运人损失的情形下，承运人则会向其他主体如契约托运人或被认定为实际托运人的贸易中间商主张赔偿。不为承运人所知的交货人（供货商）既然不承担海上货物运输的风险，则不赋予其向承运人主张赔偿的权利亦属公平。

在此类纠纷中，应当予以重点关注的事实主要有以下三方面：

（1）贸易合同关系。原告（供货商）是否与国外收货人具有直接的贸易合同关系，或其仅为直接向承运人交货的供货商？另外，是否存在以卖断方式出口货物的中间商？虽然贸易合同与海上货物运输合同相互独立、有关权利义务自成体系，但处理运输纠纷不能脱离相关的贸易合同中有关权利义务的约定。

（2）交货人在订舱出运环节的参与度。通常，订舱行为包括与承运人约定船期，告知承运人有关收发货人名称、装卸港、货物的数量和内容，向承运人提出运输要求、讨论运价、提单确认等。通常，FOB 的买方启动订舱行为之后，并不完成这些行为的全部，而是留待由卖方与承运人讨论剩下的细节。交货人对订舱行为的参与，使承运人可以清楚地识别是谁根据其指令前往交付货物的，或者提交货物的人是为谁向其交货的。

（3）签发的运输单据种类和原告持单的方式。这部分事实对原告诉权的影响是决定性的，进而对提单实际托运人身份的认定产生影响。若原告持有的是指示提单，只要其持单形式合法，依最高人民法院《关于审理无正本提单交付货物案件适用法律若干问题的规定》第 12 条，虽然未在正本提单上被载明为（实际）托运人（卖方），但因此时提单载明的托运人（买方）并无货物控制权，因此，应综合认定原告为实际托运人以保护其诉权。

另外，该案引发的思考还有，内地供货商 H 公司为何不追究其交易伙伴 E 公司（香港中间商）以及美国的收货人，H 公司的失误是什么及今后应如何办理此类交易。

七、FOB 条件下卖方的“托运人”索赔权[①]

如前所述，为保护 FOB 条件下出口商的合法权益，中国《海商法》及《汉堡规则》《鹿特丹规则》均对两种“托运人”予以界定，但其不足之处是未对两种托运人的权利和义务加以明确的区分，特别是卖方对承运人是否具有诉权的问题没有涉及。因此，实践中，承运人和托运人都无法准确判断或预见在诉讼中相关的权利义务以及风险，进而引发纠纷不断。中国法院对此类案件的判决更是没有统一原则，最终判决有时完全相反。下文拟对 FOB 条件下作为“托运人”之一的卖方索赔权问题予以探讨，以期对贸易商如何运用相关知识保护自身利益有所裨益。

根据《汉堡规则》和中国《海商法》，FOB 条件下，买方与承运人订立了运输合同，因而买方理所当然可成为提单的托运人；卖方虽然未与承运人签订运输合同，但其将货物交给承运人运输，则卖方可成为交货托运人或实际托运人。《鹿特丹规则》也规定，向承运人实际交付货物的卖方可成为“单证托运人”，即运输单据中记载卖方为“托运人”。

法律和国际惯例明确地将把货物交给承运人的人规定为托运人，本意即在于解决

---

① 参考文献：朱杰，浅析司法实践中对托运人诉权的认定——解决托运人诉权问题之公平、合理和稳定的途径，http://shhsfy.gov.cn/hsinfoplat/platformData/infoplat/pub/hsfyintel_32/docs/200909/d_200038.html。

FOB 条件下卖方对货物的控制权，即承运人应将提单签发给卖方，使卖方以托运人的身份能在收到货款前控制货物。但上述法律和公约并未对两种情况下托运人的权利和义务予以明确区别，特别是卖方对承运人是否具有合法的诉权在实践中具有较大的争议。

一种观点认为，FOB 条件下，与承运人订立运输合同的是买方，将货物实际交付承运人的却是卖方，提单中一般记载的托运人是买方而非实际接受提单的卖方。此时，在卖方持有指示提单而又不是被背书人的情况下，卖方不是“合法”的提单持有人，不享有依提单向承运人索赔的权利。这也是卖方起诉承运人索赔案中，承运人最常用的抗辩理由。[①] 另一种观点认为，对海上货物运输合同当事人的认定，可依双方当事人实际履约的事实加以认定，而不能完全取决于提单的记载。换言之，提单“托运人”一栏记载的托运人为买方的行为，不应影响卖方作为托运人的地位及拥有与之身份相符的权利。

一般认为，解决 FOB 条件下卖方对承运人索赔权的认定问题，还是应坚持以提单为基础，即卖方在合法持有提单的情况下具有对承运人索赔的权利。但鉴于 FOB 条件下，一般由买方负责办理运输事宜而实际向承运人交付货物的又是卖方这一特点，对于卖方在合法持有提单的情况下具有对承运人索赔权的认定，还必须澄清以下两个问题。

（一）承运人应向哪个托运人签发提单

通常情况下，持有提单的一方具有向承运人索赔的权利。依中国《海商法》第 72 条“货物由承运人接收或者装船后，应托运人的要求，承运人应当签发提单”，毫无疑问，向托运人签发提单是承运人的一项法定义务。但是问题的关键就在于，在 FOB 条件下，该条款“应托运人的要求”中的“托运人”究竟是哪个托运人？是与承运人订立运输合同的买方，还是将货物交付承运人的卖方？若买方和卖方同时就同一票货物要求承运人向其签发提单，承运人应该向谁签发？

多数人认为，FOB 条件下，承运人应优先向交付货物的卖方（交货托运人）签发提单，即使与承运人订立运输合同的买方（契约托运人）也要求承运人向其签发提单。这是因为，第一，《汉堡规则》和《鹿特丹规则》均赋予 FOB 的卖方法定托运人的地位，使得 FOB 的卖方有权向承运人主张各种权利，其本意就是为保护出口商的利益。中国《海商法》考虑中国对外贸易的实际状况，也作出类似规定。目前，中国司法实践中，已有相关案例判决承运人应优先向出口商签发提单。第二，FOB 条件下，若承运人将提单签发给买方，则卖方失去对提单的控制，贸易合同的付款条件将无法实现，即货款根本得不到保障。因为买方可不支付货款就能取得货物。因此，若卖方没有优先要求签发提单的权利，无疑是为买方提供任意违约的合法机会，这对于国际贸易的正常发展和交易安全极为不利。第三，承运人向买方签发提单的直接后果，一是使卖方丧失货物控制权进而完全丧失贸易合同下的权利，二是可能导致卖方丧失运输合同的索赔权。

可见，无论在惯例或法律依据还是在业务操作上，卖方具有优先要求承运人向其签发提单的权利具有充分理由。

（二）卖方持有提单的合法性

在 FOB 条件下，即使承运人向卖方签发了提单，但提单载明的“托运人”是买方，

---

① 参见“北京市温阳进出口贸易公司诉上海远洋运输公司海上货物运输无正本提单放货案”，http://www.ccmt.org.cn/shownews.php? id=55；天津海事法院（1993）津海法商初裁字第 41 号民事裁定书；天津市高级人民法院（1994）高经终字第 3 号民事裁定书；最高人民法院（1997）交提字第 5 号民事裁定书。

卖方往往即使持有提单也无法控制货物，因为货物已被买方指示承运人无单放货给了收货人。若卖方指控承运人无单放货，要求其承担赔偿责任，则承运人主张，在卖方持有指示提单而又不是被背书人的情况下，卖方不是“合法”的提单持有人，不享有依据提单向承运人的索赔权。在“北京市温阳进出口贸易公司诉上海远洋运输公司海上货物运输无正本提单放货案”中，两审法院均裁定卖方不是合法的提单持有人，无权请求承运人承担赔偿责任。因此，即使承运人向卖方签发了提单，还需要解决卖方对该提单的持有是否“合法”的问题。

依上述公约和法律，承运人签发提单的托运人包括买方和卖方。承运人向交货托运人的卖方签发提单是提单签发和卖方原始取得提单的过程，这有别于提单签发后的背书转让而取得提单的过程。提单的转让是指，从承运人那里取得其所签发的提单之后，再将提单进行背书或交付给受让人。卖方从承运人那里原始取得并持有提单，当然属合法取得和持有提单。另外，提单的功能之一是货物收据，承运人向卖方签发提单则证明承运人收到卖方向其交付的货物。因此，FOB 条件下向承运人实际交货的卖方应被视为合法持有提单的托运人，因而对承运人具有索赔权。

中国法院也开始坚持这一观点。在“浙江省纺织品进出口集团公司诉立荣海运股份有限公司”一案中，[①] 原告中国卖方浙江省纺织品进出口集团公司与案外人 K 公司以传真方式分别签订了各 20 万套男、女生校服的售货确认书。此后，原告就涉案货物通过货运代理（华海国际货运有限公司→鸿海国际船务货运公司→上海外联发国际货运有限公司→上海三星国际货运有限公司），分 21 批次向被告立荣海运股份有限公司订舱出运并经前述各货运代理环节取得被告代理（上海联合国际船舶代理有限公司）签发的托运人分别为三家外国公司、收货人均为凭伊拉克高等教育和科研部指示的 21 套正本海运提单。为此，原告向第一家出口货运代理（华海国际货运有限公司）支付了相应的海运费。被告也确认相关海运费已自上海三星国际货运有限公司处收取。涉案货物出运以后，原告将全套贸易单据通过交通银行杭州分行向 HBZ FINANCE LIMITED 托收，因无人赎单，全套贸易单据最终由该行退还原告，退单背面均未经伊拉克高等教育和科研部指示背书。庭审中，被告确认涉案货物由其运抵伊拉克后，交该国政府指定的伊拉克国家水运公司，后者将所有货物交付伊拉克高等教育和科研部，涉案货物正本海运提单均未收回。为此，原告诉至法院，请求法院判令承运人立荣海运赔偿经济损失。而立荣海运辩称，原告不是提单上记载的托运人，其持有的提单是未经指示人背书取得，并非合法的提单持有人，因此，其不具有诉讼主体资格且不享有提单项下对承运人的权利。

法院一审认为，原告（卖方）具有涉案货物托运人的主体资格，因而其有权据此向被告（承运人）主张提单项下相应权利。被告作为承运人违反航运惯例，在交付涉案货物时未收回正本海运提单，对此应承担无单放货引起的相应违约责任并赔偿原告由此遭受的实际损失。据此判决被告赔偿原告的货款损失和退税款损失以及上述款项的利息。被告不服一审判决，提起上诉。二审法院经审理，认为原判决认定事实清楚，适用法律正确，

---

① 参见“北京市温阳进出口贸易公司诉上海远洋运输公司海上货物运输无正本提单放货案”，http://www.ccmt.org.cn/shownews.php? id=55；天津海事法院（1993）津海法商初裁字第 41 号民事裁定书；天津市高级人民法院（1994）高经终字第 3 号民事裁定书；最高人民法院（1997）交提字第 5 号民事裁定书。

遂判决驳回上诉，维持原判。

在另一案例中，① 法院同样坚持了上述观点。在该案中，法院认为，FOB 条件下，提单载明的托运人并非卖方，但卖方持有提单仍对承运人具有索赔权。该案的卖方奥康德公司向国外买方 OBL 公司以 FOB 条件出口箱包，并根据买方指示委托华诚公司承运货物，但提单上载明的托运人为买方 OBL。货物运抵目的港后，作为承运人的华诚公司未凭正本提单擅自将货物放行，致使卖方手持正本提单却不能收取货款。卖方请求法院判令承运人赔偿由此造成的经济损失。同样，承运人华诚公司辩称，提单上载明的托运人为买方，收货人为“凭指示”，但提单均未经托运人背书，故卖方为非法持有提单，与承运人不存在权利与义务关系，不具有诉讼主体资格和实体权利。对此，法院认为，卖方以 FOB 条件向买方出口货物，通常应由买方负责订舱运输，但实际情况是买方仅指定了承运人，而整个委托订舱出运均由卖方进行，提单上载明的托运人为买方，这仅是形式上的托运人，真正与承运人达成运输合意并实际向其交付货物的却是卖方。因此，前述行为本身表明卖方是作为托运人与承运人建立了海上货物运输合同关系。承运人在提单托运人中载明买方的行为，并不影响卖方作为托运人的地位以及拥有与之身份相符的权利。双方之间的海上货物运输合同关系依法成立，所以，卖方有权依提单向承运人主张权利。

综上所述及相关案例证明，在 FOB 条件下，向承运人实际交付货物的卖方可依法成为运输合同的托运人；卖方持有提单比提单载明的托运人更具有实质性的索赔权；承运人无单放货应承担违约责任；卖方合法持有正本提单，承运人依提单载明的托运人（买方）的指示无单放货，不能阻却其违约责任。

（1）向承运人实际交付货物的卖方可依法成为运输合同的托运人。中国《海商法》第 42 条第 3 项是对交货托运人的规定。这是中国法律根据其交货托运货物的事实或行为而创设，卖方是因法律的强制规定而成为海上运输法律关系的主体，并被赋予了托运人的一定权利义务。交货托运人交付货物的行为可由其本人实施，或委托他人以本人的名义实施，或委托他人为本人实施，而不要求必须是本人实施或以其名义实施。

（2）持有提单的交货托运人比提单载明的托运人更具有实质性的索赔权。FOB 条件下，卖方与承运人通常并不存在书面的海上货物运输合同，但对海上货物运输合同当事人的认定，可依双方当事人实际履约的事实等情况来确定，而不能完全取决于提单的记载。这是因为海上货物运输合同与提单不完全等同，提单只是海上货物运输合同的证明，但不是唯一证明。在提单签发之前，当事人订有书面文件的自不必说，若未订有书面文件则可参考船期、广告、托运单、装运单以及运费表及装船地的习惯或惯例来确定当事人意思表示是否一致。若一致，则运输合同关系也可成立。因此，提单所记载的主体可能只是形式上的运输合同当事人。实践中，提单主体与运输合同主体不一致的情形经常发生。上述案例中，卖方通过货运代理向承运人交付货物、支付运费并提出缮制提单的具体要求，承运人则完全按照卖方的要求签发提单，将国外买方记载为名义托运人，向卖方委托的货运代理交付提单并从货运代理处收取了运费。这些事实足以证明卖方与承运人事实上建立了海上货物运输合同关系。这一关系同提单载明的托运人与承运人之间形成的海上货物运输合同关系相比，更具有实质的、优先的权益。

① 郑肇芳．海事案例精选丛书——海上货物运输无单放货案例．上海：上海人民出版社，2006：80.

（3）承运人无单放货应承担违约责任。依提单的性质和功能，无单放货通常构成违约，但在有些情况下则构成侵权或者违约与侵权的竞合。目前，在中国法院的审判实践中，法院通常坚持的原则是：一般情况下，合法持有正本提单的人向承运人主张无单放货赔偿的，应定性为违约纠纷，承运人应承担与无单放货行为有直接因果关系的损失赔偿责任。依上述分析，在FOB条件下，卖方与承运人之间具有海上货物运输合同关系，承运人有凭正本提单交付货物的合同义务，承运人未凭正本提单交付属于违约，应承担违约责任。另外，中国《合同法》第107条也规定："当事人一方不履行合同义务或者履行合同义务不符合约定的，应当承担继续履行、采取补救措施或者赔偿损失等违约责任。"

（4）卖方合法持有正本提单，承运人依提单载明的托运人（买方）的指示无单放货，不能阻却其违约责任。指示提单的指示人在指示承运人交付货物时，必须是提单载明的合法指示人或经其合法背书授权的权利受让人，其通常是该提单的合法持有人。换言之，若托运人是指示人，则提单尚未流转出去；若第三人是指示人，则该第三人在作出指示时通常也合法持有提单或得到授权，否则，该指示人无权作出交付货物的指示。但无论如何，在指示提单的情况下，承运人应将货物交给合法的提单持有人或其指定的代理并同时收回合法流转的提单，若承运人仅依据该指示人的指示放货而不同时收回提单则构成无单放货，其因此不能对抗善意持有正本提单的第三人，包括合法持有正本提单的卖方托运人。在上述案例中，卖方就涉案纠纷诉至法院时的持单形式，虽有别于贸易意义上的提单一般流转形式，但卖方已举证证明其起诉时持有的提单来自银行退单，因此，卖方因贸易遇挫而持有的银行退单应被视为在起运港经承运人或其代理签发以后，尚未经贸易环节流转，由卖方以货主且在起运港提单签发后，以第一持有人的身份而合法持有的原始取得的提单。同时，自货物出运后，除了卖方以外并无他人持正本提单向承运人主张过提单项下的权利，只要承运人未就同一票货物签发另一套提单，就不存在运输合同关系中可以凭提单向承运人主张提单项下权利的第三人，承运人不会承担双重赔偿责任，而卖方作为托运人在不能收取货款时也可以保护自己的合法权益。依国际运输惯例，在签发非记名提单的情况下，除了能证明提单持有人是非法占有提单外，对承运人而言，"认单不认人"是一条黄金法则。违反这一法则，承运人应承担无单放货的赔偿责任。

对中国卖方而言，为避免纠纷，最好争取选择CIF或者CFR条件签订出口合同；或者为降低国际贸易的风险，即使在FOB条件下也约定由中国出口商负责订舱和运输，以加大对货物的实际控制。运输成本可在货款中加以调整，使得FOB贸易术语真正成为"价格"条件。

八、FOB条件下出口贸易中的货代"交单"义务

近年来，中国有相当一部分的出口业务使用了FOB贸易条件。这种贸易条件下，通常由国外买方安排货物运输。而在此操作过程中，中国境内的货代接受境外买方或境外货代的委托，参与和操作了出口货物的接货、向承运人订舱出运等国内货运代理事宜。国外一些买方在此过程中，利用海上运输环节无单提货或"电放"货物，最终导致中国卖方货、款两空，由此引发的纠纷不断增加。此类纠纷的起因是，货代未向卖方交付、不正确交付或不及时交付提单等单证。但其根源在于，FOB条件下的出口贸易中，存在两个托运人即契约托运人（买方）和交货托运人或实际托运人（卖方）；此种情况下，货代从承

运人处取得的提单应交给谁？在无船承运人的情况下，货代是否存在向卖方交付提单的义务、交付什么样的提单、承担何种责任等是亟待解决的问题。

（一）货代必须主动履行“交单”义务

FOB 条件下，货代向卖方转交提单等单据是委托合同的一项主要义务，与合同目的的实现直接关联。在订立货代合同时，双方应明确约定提单转交的时间。在合同未明确约定的情况下，不须以卖方提出要求为先决条件，货代必须在取得提单等单据后的最短时间内，及时向卖方转交。

1. 货代“交单”义务的法律属性

货代“交单”义务的性质，应依所交单据类型的不同而区别对待。货代在办理代理业务中取得的单证主要包括两类，一类是提单、海运单等运输单据，另一类是报关单、核销单等其他单证。其中，因为提单既是运输合同的证明又是提货的凭证，对卖方而言具有重要意义，货代向承运人交货之后，向卖方交付提单无疑是货代的主合同义务。相对而言，其他单证则属于货代在处理委托事项时因业务需要而取得的单证，其对卖方的重要性与提单不同。报关单、核销单等单证的交付应属于合同附随义务。

但对于卖方已支付全部相关费用的，货代应在何时向卖方转交相关单证，法律并无明确规定。而依货代行业惯例，即使双方之间未约定过相关业务单证的交接方式和受领人，货代也应以合理和谨慎的方式及早通知卖方并将提单及核销单等交付卖方。

2. 主动交付提单是货代的主要义务

在“绍兴市海外发展有限公司诉杭州南华货代部及上海亚轮国际货运有限公司”一案中[①]，南华货代以卖方未付运费以及未明示索要提单为由，将提单控制在自己手中。法院认为，南华货代作为一个合格的货运代理，在取得有关货物的出运单证后，应根据诚信、善意履行合同的原则，主动向卖方交付有关货运单证，或通知卖方前来领取上述单证。南华货代明知货运单证滞留在自己手中会导致收货人无法提货并将由此造成一系列损害后果，仍将货运单证控制在自己手中，构成对有关单证的不当占有，从而在客观上促成卖方损失的产生。因此，南华货代应对卖方的损失承担不当占有引起的赔偿责任。

类似上述案例在中国经常发生，[②] 其争议焦点之一是，货代是否应承担主动交付单证的义务。但中国《合同法》第 404 条明确规定，受托人处理委托事务取得的财产，应当转交给委托人。在司法实践中通常认为，此处的“财产”，包括金钱、物品、权利凭证等，不论是以委托人名义取得的，还是以受托人自己名义取得的，均应将其交给委托人。由此，首先可以明确，货代在处理委托事务时取得的提单、核销单等单证应当交付委托人。

在某纺织公司（卖方）委托货代办理一批货物的出口业务一案中，[③] 双方未对“交

① 参见绍兴市海外发展有限公司诉杭州南华货代部及上海亚轮国际货运有限公司案；上海海事法院民事判决书（2002）沪海法商初字第 267 号，http://shhsfy.gov.cn/hsinfoplat/platformData/infoplat/pub/hsfyintel_32/docs/200708/d_199620.html。

② 参见绍兴县南方进出口有限公司与上海亚冠国际货运代理有限公司货运代理合同赔偿纠纷案；上海海事法院（2006）沪海法商初字第 207 号判决书，http://shhsfy.gov.cn/hsinfoplat/platformData/infoplat/pub/hsfyintel_32/docs/200709/d_199649.html。

③ 参见张健，委托合同纠纷过错的归责原则，http://shhsfy.gov.cn/hsinfoplat/platformData/infoplat/pub/hsfyintel_32/docs/201302/d_270010.html。

单”事项予以约定。但货代在出口4个月后才将出口收汇核销单交给卖方，导致后者无法办理核销退税手续并补缴税款，由此产生损失。法院认为，货代作为受托方，在接受卖方的委托后，有义务按照其要求办理报关业务，并在报关完成后及时将所取得的业务单证交付给卖方。即使双方之间未约定相关单证的交接方式和受领人，货代也应按照行业交易习惯，以合理和谨慎的方式及早通知卖方并将核销单等交付卖方。货代未能在合理时间内尽到谨慎义务向卖方交付单证，应承担相应的违约责任。

在上述案例中，作为委托人的卖方均未主动催要相关单据，卖方是否需要向货代首先明示催单，之后货代才产生“交单”义务？

通常情况下，处理委托事务取得财产的交付时间应依照约定；没有约定的，须经委托人提出，受托人应在委托合同完成前转交。但这种做法并不完全适合于货运代理业务。作为委托人的卖方是否提出催单要求不应是货代交付单证的先决条件。货代向卖方转交提单是委托合同的一项主要义务，[①] 与合同目的的实现直接关联，在合同未明确约定的情况下，不须以卖方提出催单要求为先决条件。当然，在订立货代合同时，双方最好明确约定提单的转交时间；实在无法约定的，则货代必须在取得提单后的最短时间内，及时向卖方转交。

（二）卖方要求交付提单的权利

依据Incoterms，FOB贸易条件下，买方负责租船或订舱，卖方依买方的要求将货物交至买方指定的船上。在中国，FOB下的出口贸易中，国外买方通常委托中国境内的某货代代为订舱。同时，中国卖方一般也委托另一货代向承运人交付货物，该货代完成上述委托事务后应从承运人处取得代表货物权利的提单。依据国际运输惯例及各国法律，提单具有物权凭证的性质，占有提单即拥有货物和货款控制权，因此，货代取得的提单应向何方交付，对于贸易双方至关重要。目前，中国出口贸易多采用FOB条件，货代如何交付提单直接关系中国众多出口企业的经济利益。[②]

本来要求承运人签发提单是国际运输惯例和法律赋予托运人的一项权利。但依中国《海商法》第42条第3项，托运人可分为契约托运人和实际托运人。在FOB贸易条件下，通常买方为契约托运人，卖方为实际托运人。中国《海商法》第72条规定，“应托运人的要求，承运人应当签发提单”，在同时面对契约托运人（买方）和实际托运人（卖方）时，承运人应向哪一个托运人签发提单，中国法律规范并不明确。

而依中国《海商法》第72条，FOB条件下，中国卖方作为实际托运人也有权请求承运人签发提单。这一结论虽然突破了合同相对性原则，即承运人应将提单交付给与其订立海上货物运输合同的契约托运人买方，而非与其不具有运输合同关系的实际托运人卖方，但该结论并不违反中国《海商法》的规定。作为实际托运人的卖方，其地位正是中国《海商法》基于国际贸易业务的特殊性而特别设定的。更为重要的是，如此规定并未损害国外买方的利益，却能有效地保护中国卖方的合法权益，为中国的出口贸易提供有力的保

---

① 参见上海中艺国际储运有限公司诉上海捷达国际运输有限公司；上海海事法院民事判决书(2004)沪海法商初字第39号，http://shhsfy.gov.cn/hsinfoplat/platformData/infoplat/pub/hsfyintel_32/docs/200708/d_199619.html。

② 参见江阴互兴制衣有限公司诉上海中轻国际货运有限公司案；上海海事法院民事判决书（2004）沪海法商初字第43号；钟明，FOB贸易条件下货运代理合同纠纷的若干法律问题，http://shhsfy.gov.cn/hsinfoplat/platformData/infoplat/pub/hsfyintel_32/docs/200708/d_199627.html。

障。因此，FOB 条件下，接受中国卖方委托的货代应将取得的提单交付给中国卖方。[①]

（三）中国境内同一货代兼任买卖双方的代理应向谁交付提单

在中国，FOB 条件下的出口贸易中，经常存在两个托运人，即契约托运人的买方和实际交货托运人的卖方以及一个货运代理的现象，即 FOB 条件下的同一个货代兼任卖方的交货代理和买方的订舱代理。[②] 在此情况下，中国卖方向该货代出具出口货物委托书，委托其办理出口手续，出口委托书中的托运人也为中国卖方。但中国卖方并未委托该货代订舱，该货代也未向卖方收取订舱费和海运费。而该货代有证据显示国外买方委托其订舱，有时还指令其"电放"。货物装船出运后，该货代未向中国卖方交付提单。有时，该货代向实际承运货物的船公司订舱，要求船公司签发以该货代为托运人、以国外买方为收货人的提单（记名提单）。因未收到货款，中国卖方以货运代理合同为依据起诉该货代，要求其赔偿损失或交付提单。此种情况下，该货代是否有义务将提单交付给卖方？若不交付提单，是否应承担责任？

对于上述情况，存在两种不同观点。一种观点认为，中国卖方将货物交给货代，委托其办理出运手续，该货代应以卖方为托运人并将实际承运人船公司签发的提单转交给卖方，除非得到卖方明确指示放弃提单且实行"电放"。另一种观点认为，谁委托货代订舱，该货代就应将货物运输合同的证明即提单转交给谁，这是合同相对性原理所决定的。中国卖方实际只是依据贸易合同的约定，履行自己的交货义务。该货代的行为符合行业习惯，没有过错，中国卖方的诉求不应支持。但多数判例认为，中国卖方的诉求合理，货代应将提单交给交货托运人，即中国卖方。针对此种争议，《中华人民共和国国际货物运输代理业管理规定》第 8 条予以明确规定："货运代理企业接受契约托运人的委托办理订舱事务，同时接受实际托运人的委托向承运人交付货物，实际托运人请求货运代理企业交付其取得的提单、海运单或者其他运输单证的，人民法院应予支持。"可见，对于 FOB 贸易条件下，货代应向买卖双方的哪一方交付提单这一问题，中国司法解释采取了保护货物所有人利益的政策，明确货代应向实际交付货物的卖方交付提单。

综合以上考虑，货代在分别接受买方和卖方委托的情况下，应将其取得的提单首先交付给卖方。而实务中，有时卖方可能怠于向货代请求交付提单等单证。此时，货代应履行报告义务，[③] 及时询问卖方如何处理单据并取得卖方的书面确认，以避免介入买卖双方的贸易纠纷之中。

（四）相关费用与扣单的关系

在中国，FOB 条件下的出口贸易中，货代接受卖方委托办理完货物报关和出运事宜后，因卖方未及时支付货代垫付的相关费用，常常采取扣留提单及核销单等单证的方式促使卖方支付费用，进而引发纠纷。上述类型的纠纷涉及货代可否行使同时履行抗辩权的问题。

---

① 参见江阴某进出口有限公司诉某国际货运代理有限公司案，http://shhsfy.gov.cn/hsinfoplat/platformData/infoplat/pub/hsfyintel_32/docs/201103/d_237006.html。

② 参见河南纺织品公司诉上海东方货运代理公司案，http://shhsfy.gov.cn/hsinfoplat/platformData/infoplat/pub/hsfyintel_32/docs/200909/d_200046.html。

③ 参见启东市对外贸易公司诉上海飞达国际货运有限公司案，上海海事法院民事判决书（2001）沪海法商初字第 401 号，http://shhsfy.gov.cn/hsinfoplat/platformData/infoplat/pub/hsfyintel_32/docs/200708/d_199574.html。

1. 扣单的理论依据

同时履行抗辩权的依据来源于中国《合同法》第 66 条。同时履行抗辩权，是指双务合同中应同时履行的一方当事人有证据证明，另一方当事人在同时履行的时间内不能履行或不能适当履行，到履行期时，其享有不履行或部分履行的权利。

长期以来，货代可否以卖方未支付相关费用为依据扣留提单等相关单据的问题，在中国贸易实务及司法实践中存在较大争议。对此，主要有两种不同的观点：一种观点认为，货代不享有同时履行抗辩权，拒绝交付提单的行为构成违约。因为依据委托合同，货代只有在完成所有委托事务后，才有权取得报酬。而货代交付相应的提单是完成委托事务的一项内容（货运代理合同的目的在于货物的顺利出口、报关、运输、取得提单以便结算货款）。由于两项权利的行使是有先后顺序的，故货代不能援用同时履行抗辩权拒绝交付提单。而另一种观点认为，同时履行抗辩权作为中国《合同法》所确立的一项基本规则，应适用于各类有名合同。在满足行使同时履行抗辩权的条件下，货代当然有权行使该项权利。

2. 有限制的扣单权利

对这一问题的争议，上述规定第 7 条予以明确的规范，即“海上货运代理合同约定货运代理企业交付处理海上货运代理事务取得的单证以委托人支付相关费用为条件，货运代理企业以委托人未支付相关费用为由拒绝交付单证的，人民法院应予支持。合同未约定或约定不明确，货运代理企业以委托人未支付相关费用为由拒绝交付单证的，人民法院应予支持，但提单、海运单或者其他运输单证除外”。可见，中国司法解释明确了货代在未收到相关费用的情况下，享有一定程度上的自力救济权利，即可以扣留相应的单证，行使同时履行抗辩权。

3. 运输单据的例外

尽管中国司法解释赋予了货代可行使同时履行抗辩权，但上述规范对货代的这一权利也进行了一定的限制。货代业务中主要涉及核销单、报关单以及提单等运输单据。鉴于运输单据往往涉及国际贸易的货款结算，若赋予货代拒绝交付提单等运输单据的权利，将直接影响国际贸易的顺利进行，而且货代扣留核销单、报关单的行为基本上可以保护其合法权益，故上述规定明确排除了提单等运输单据，即货代不得以行使同时履行抗辩权为由，拒绝交付提单等运输单据，否则将构成违约并应承担相应的赔偿责任。换言之，即使在货代合同未约定或约定不明确的情况下，货代也不得以卖方未支付相关费用为由，拒绝交付提单等运输单据。

（五）货代选任无资质的无船承运人并交付其提单的责任

中国《国际海运条例》第 7 条规定，经营无船承运业务，应当向国务院交通主管部门办理提单登记并交纳保证金。依此规定，在中国从事无船承运业务以提单登记备案为条件，未经登记备案的无船承运人不得在中国经营无船承运业务。但目前，现实中许多无船承运人未进行提单登记即开展无船承运业务。而在货运代理实务中，货代接受订舱委托后，选择与未进行提单登记的无船承运人订立海上货物运输合同的情况经常发生。[①] 在发

① 参见河南纺织品公司诉上海东方货运代理公司案，http://shhsfy.gov.cn/hsinfoplat/platformData/infoplat/pub/hsfyintel_32/docs/200909/d_200046.html。

生无单放货等纠纷时，货主往往由于该无船承运人清偿能力不足而得不到赔偿或得不到足额赔偿。在此情况下，货代因不当选任承运人应如何承担责任？对此，上述规定第 11 条予以明确规范："货运代理企业未尽谨慎义务，与未在我国交通主管部门办理提单登记的无船承运业务经营者订立海上货物运输合同，造成委托人损失的，应承担相应的赔偿责任。"这一规范可从以下两方面予以解读。

首先，关于权利主体是否包括 FOB 条件下的实际托运人，即卖方。该规定明确表示"造成委托人损失的，应当承担相应的赔偿责任"，可见，向货代主张赔偿责任的权利人只能是委托人。根据合同相对性原则，FOB 条件下的委托人似乎仅指与货代成立货运代理合同关系的契约委托人即买方，而不包括该规定第 8 条中的实际托运人即卖方。但是，既然该规定第 8 条赋予卖方享有针对货代的单证交付请求权，若其取得单证之后却无权享有该第 11 条规定的货代不当选任无船承运人时的损害赔偿请求权，则该单证交付请求权的权能显然是不完整的，也有悖于该规定所追求的维护 FOB 条件下的卖方利益这一立法目的。因此，应对该第 11 条中的"委托人"作扩大解释，即应包括实际托运人的卖方。换言之，FOB 条件下，即使货代接受买方的委托而向卖方交付了未经登记备案的无船承运人的提单，若因此导致卖方的损失，卖方也有权要求该货代承担赔偿责任。

其次，货代与无船承运人向委托人承担责任的形式。就诉讼而言，委托人就其损失既可依海上货物运输合同关系对无船承运人提起违约或侵权诉讼，也可依海上货运代理合同直接起诉货代。因此，货代与无船承运人之间构成不真正连带责任，应分别对委托人的损失负责，只是货代的赔偿责任应限制在无船承运人本应交纳的保证金范围内。当然，根据不真正连带责任原理，货代在向委托人承担赔偿责任后，有权向终局责任人即无船承运人追偿。

（六）货代代理签发并交付无资质无船承运人提单的责任

在国际贸易运输实务中，中国境内的货代接受境外不具有经营资质的无船承运人的委托，代理其签发并向卖方交付该提单的现象时有发生。此时，货代的法律地位是承运人的代理人。[①] 此种情况下，有时贸易货物在境外又被无单放货，中国卖方无法正常收取货款，而境外的无船承运人往往是注册资本极少、事发后人去楼空的公司，中国卖方也无法从无船承运人处得到赔偿，遂以货代为被告提起诉讼。在此情况下，对于货代是否应承担责任，存在不同的观点。但上述规定第 12 条对此明确规定："货运代理企业接受未在我国交通主管部门办理提单登记的无船承运业务经营者的委托签发提单，当事人主张由货运代理企业和无船承运业务经营者对提单项下的损失承担连带责任的，人民法院应予支持。货运代理企业承担赔偿责任后，有权向无船承运业务经营者追偿。"可见，中国司法解释采纳了"违法代理"理论，确认货代应与无船承运人对提单项下的损失承担连带责任。[②] 而且，若因无单放货导致货主的损失，则无船承运人及其代理人均不能享受责任限制，也不需要在货代代理不具有资质的无船承运人签发提单与提单项下的损失之间存在因果

① 参见 ICEBRIT LIMTED（埃斯布里特公司）诉大连阿达尼国际船舶代理有限公司海上货物运输合同纠纷案，http://www.ccmt.org.cn/shownews.php? id=12738（2013-03-10）。

② 参见四川 KNT 工磨具制造有限公司诉 GY 国际货运代理有限公司上海分公司案，http://shhsfy.gov.cn/hsinfoplat/platformData/infoplat/pub/hsfyintel_32/docs/201404/d_280010.html。

关系。[1]

（七）贸易商的因应策略

为有效掌握货物和货款的控制权，作为贸易商或委托人的中国卖方在订立买卖合同之前，应主动采取以下因应策略。

第一，对中国贸易商而言，争取采用有利的贸易条件是风险防范的最有力措施。对卖方而言，FOB 贸易条件存在诸多风险。为控制风险，中国卖方在与国外买方协商贸易合同时，应争取采用 CIF、CFR 条件，或采用 DAP、DAT 条件，由自己掌握提单等运输单据以便结算货款和控制货物的运输权。若不得已采用 FOB 条件且由国外买方安排货物运输时，中国卖方应尽可能避免接受境外无船承运人签发的提单。即使接受这种提单，也应接受在中国境内设立了有资质的分支机构或代表机构的无船承运人的提单。一旦货物被无单放货，卖方可在中国境内追偿相应的责任承担者。必要时，卖方可要求无船承运人、货代公司等提供相应担保，以确保卖方的权利能够实现。

第二，若采用 FOB 条件出口，中国卖方应坚持自己指定有资质的货代公司作为交货代理，尽可能避免与买方使用同一货代公司。若不得已与买方使用同一货代公司，则中国卖方应与买方约定由卖方控制提单等运输单据；未经卖方同意不得“电放”货物；若卖方同意“电放”货物，则应对货款结算环节采取控制措施。

第三，中国卖方应与货代公司签订书面委托合同或签署具有完整货运代理合同条款的委托单。若货代仅从事单纯代理事项，合同中应明确代理性质和代理人身份，明确具体代理事项并约定承担代理责任。

第四，无论是卖方还是买方指定的货代，若中国卖方未收取货款或仅收取部分货款，应在代理合同中明确规定货代交付单据的具体时间；发货后，卖方应及时向货代索要提单等相关单据，以免因自身过错导致争议。

第五，卖方应准确约定货代事项的“相关费用”、报酬及其他代理费用，并及时向货代支付这些款项。双方应在合同中明确界定“相关费用”或“大包干”“小包干”报酬的准确含义，以免货代以此为由扣留相关单据。最好明确约定货代不得以拖延“相关费用”为由扣留提单等运输单据，以保证卖方行使货物及货款控制权。

九、FOB 条件下卖方与买方代理之间是否成立货代合同关系

对于 FOB 下的实际托运人（卖方）与买方指定的货代之间是否成立货运代理合同关系，应结合具体约定和实践操作进行判断，不宜仅凭实际托运人的交货行为即认定双方成立货运代理合同关系；判断卖方是否应向买方货代支付费用，应从各方关于费用支付的具体约定和合同关系是否成立进行分析。既无费用支付的具体约定，又不成立货代合同关系，对于买方货代要求实际托运人的卖方支付费用的请求，不应支持。“青岛天虎国际货运代理有限公司上海分公司（下称‘天虎货代’）诉海远集团有限公司（下称‘海远公司’－买方）及上海泓辉塑料制品有限公司（下称‘泓辉公司’－卖方）”一案，充分

---

① 参见《最高人民法院关于审理无正本提单交付货物案件适用法律若干问题的规定》。

证明了这一观点。①

某年5月8日，海远公司分别向天虎货代和泓辉公司发送电子邮件：向泓辉公司称，其所购买的货物，必须使用天虎货代（原告）作为货运代理，请泓辉公司与天虎的徐小姐联系；向天虎货代称，若需任何单据，请天虎与泓辉公司姚平联系并安排取货的时间。同日，天虎货代向泓辉公司发送电子邮件，列明包括AMS费、订舱费、报关费、单证费、产装费在内的本地费用收费标准。天虎货代及泓辉公司确认，自业务开展之初就约定所有业务的内陆运费由泓辉公司承担，海运费由海远公司承担。

次年6月，泓辉公司向天虎货代发出货运委托书，委托其就两个40英尺集装箱货物分别订立同年6月4日、6月7日的船舶出运。天虎货代接受委托后，安排了上述货物装船出运。提单记载的“托运人”为泓辉公司，收货人及通知人均为MULTIVEND LTD。天虎货代确认，因上述货物系电报放行，提单并未对外交付。就上述两票货物，天虎货代于6月30日向海远公司开具货代发票，收取包括海运费、保险费、操作费、报关费、单证费在内的费用共计人民币62 701.02元；同日，向泓辉公司开具货代发票，收取AMS申报费、订舱费、报关费等共计人民币5 000元，该费用泓辉公司已支付完毕。

7月2日至7日，海远公司与天虎货代就目的港提箱、存储、交货、船舶到港日等，通过电子邮件进行沟通、确认并发出相关指令。天虎货代确认，载货船舶开航之后，相关业务均由其与海远公司联系，其接受的相关指令亦是由海远公司发出。同时，天虎货代与海远公司的电子邮件显示，自这年7月起，天虎货代已经开始向海远公司催讨海运费、清关费等费用，海远公司对天虎货代所列的费用清单并未提出异议且承诺会逐步安排支付。

第三年5月30日，天虎货代向海远公司发送的电子邮件称，双方之间还剩最后三票业务费用合计14 215.32美元未结清；天虎货代同时确认，当天收到海远公司支付的5 500美元以抵扣上述欠款。6月9日，海远公司向天虎货代支付了1 607美元。7月25日，海远公司向天虎货代发电子邮件称，因其客户破产，海远公司并未收到客户支付的费用，并认为天虎货代对此亦应当承担一定的运费损失。此后，海远未再向天虎货代支付任何款项。

原告天虎货代诉称，涉案海运出口业务系泓辉公司委托其办理并指令其向海远公司收取报关、操作、保险、海运费等费用，请求判令被告海远公司支付拖欠的费用及利息，被告泓辉公司承担连带支付责任。被告海远公司未应诉答辩。

被告泓辉公司辩称，涉案货物是海远公司指令泓辉公司办理委托事项，即海远公司是实际上的托运人，且货物装船后的具体运输事宜是天虎货代与海远公司联系；泓辉公司已完全履行所负义务，且与海远公司之间亦不存在承担连带责任的法律基础；请求驳回原告天虎货代对泓辉公司的诉讼请求。

法院经审理认为，在原告与两被告之间业务开展之初，海远公司曾分别向原告天虎货代、被告泓辉公司发出电子邮件，明确由天虎货代作为货物出运代理人；泓辉公司作为海远公司的代理，在货物装船出运之前，代海远公司向天虎货代提供相关出运单据。因此，在后续业务开展过程中，泓辉公司向天虎货代发出货运委托书，应认定为是代海远公司向

---

① 参见青岛天虎国际货运代理有限公司诉海远集团有限公司等海上货运代理合同纠纷案，http://shhsfy.gov.cn/hsinfoplat/platformData/infoplat/pub/hsfyintel_32/docs/201409/d_283532.html。

天虎货代提供相关出运单据的行为，在货运代理合同关系中，委托人应为海远公司，受托人为天虎货代。

在货物装船出运后，就目的港提箱、进口清关、存储、交货、确定船舶到港日期等业务，均由天虎货代与海远公司沟通联系，天虎货代接受的相关指令亦是由海远公司发出，上述事实进一步印证了海远公司系涉案货运代理业务的委托人、天虎货代为受托人的认定，双方成立货运代理合同关系。天虎货代已完成所有的海上货运代理事项，依法有权请求委托人海远公司支付相关的费用。天虎货代及泓辉公司确认，自业务开展之初，各方就约定所有业务的内陆运费由泓辉公司承担，海运费由海远公司承担。海远公司在天虎货代催讨费用的电子邮件中，确认了上述付款安排并承诺支付拖欠的海运费等费用。

此后，天虎货代亦依三方当事人的约定，向泓辉公司开具的内陆费用业务发票，泓辉公司已支付完毕；向海远公司开具的包括海运费在内的业务发票，海远公司尚未全部支付完毕，应当承担继续履行的责任。天虎货代虽主张泓辉公司应就海远公司的欠款承担连带责任，但未能提供相应的事实依据，对此不予支持。

法院最终判决：海远公司向天虎货代支付6 920.48美元及利息，对原告天虎货代的其他诉讼请求不予支持。

最高法院《关于审理海上货运代理纠纷案件若干问题的规定》（下称《规定》）于2012年5月实施后，实际托运人的认定及其权利、义务再次引发理论界和实务界热议。

《规定》明确赋予了（FOB下）实际托运人（卖方）拥有要求买方指定的货代交付单证的权利，但权利与义务通常是一体两面的，由此引出许多值得探讨的问题，如实际托运人（卖方）与买方指定的货代之间的关系应如何界定、实际托运人是否因此而负有支付该货代费用的义务等。

（一）实际托运人（卖方）与买方指定的货代之间的关系界定

FOB条件下，实际托运人、契约托运人及货代的典型模式为三方关系模式，即契约托运人（买方）指定货代（如A）向承运人订舱，同时指示实际托运人（卖方）将货物交付货代（A）以完成其贸易合同项下的交货义务。

此外，在实践中，四方（甚至更多）关系模式也大量存在，即实际托运人（卖方）并不直接将货物交付给买方货代（A），而是自行将报关、内陆运输等事项委托自己指定的货代（如B）操作，货代（B）再与买方货代（A）就交货、单证交付等事宜进行联系，此间，实际托运人（卖方）与买方货代（A）之间可能并不发生联系。

四方关系模式下，货代（B）直接接受实际托运人委托从事出口报关、陆运事宜，故两方间的关系明确。但值得探讨的是，两种模式下，实际托运人（卖方）与买方指定的货代（A）之间的关系。有观点认为，实际托运人直接或间接向货代（A）的交货行为，使得货代（A）成为实际托运人的交货代理。《规定》第8条在规定该货代（A）向实际托运人的交单义务时，采用“同时接受实际托运人的委托向承运人交付货物”的表述，从法律上拟制了实际托运人（卖方）与买方货代（A）之间的委托关系，因此，似乎应认定双方之间成立了货运代理合同关系。但法院通常认为，对于实际托运人与买方货代之间是否成立货运代理合同关系，应结合具体约定和实践操作加以判断，不宜仅凭实际托运人的交货行为即认定双方之间成立了货运代理合同关系。

第一，就概念的产生而言，“实际托运人”的地位是海商法基于海运业务的特殊性而特别设定的。《规定》中赋予了实际托运人向货代要求交付单证的请求权，是出于FOB下保护卖方权益的政策需要，而将实际托运人-卖方“加入”契约托运人-买方与货代的合同关系中。这种交付单证的请求权具有法定性，它突破了合同的相对性原则，不以实际托运人与该货代存在代理合同关系为基础，也并不因此创设新的合同关系。

第二，就交货行为的法律意义而言，虽然《规定》中对此表述为买方货代“同时接受实际托运人的委托向承运人交付货物”，但事实上，这种“委托”只是一种法律的拟制。对实际托运人而言，其向买方指定的订舱货代交货只是其交货过程中的一环，不能理解为其与该订舱货代存在订立货代合同的意思表示。若实际托运人将货物交给订舱货代之后，涉及内陆运输、仓储、报关报检等业务，则实际托运人与订舱货代的关系当依具体的情况而定。但在不存在由该货代办理（卖方自己或委托他人）内陆运输等业务的情况下，仅凭实际托运人与订舱货代之间的货物交接行为，并不能得出双方成立有明确权利、义务约定的货代合同的结论。

第三，就海运实务而言，实际托运人的卖方，其当然负有贸易合同下的交货义务。而FOB下是买方负责租船或订舱，对实际托运人来说，无论是从业务操作的可行性还是便利性的角度看，绝大多数情况都需通过买方指定的订舱货代才能向承运人交货，这也就意味着，实际托运人与订舱货代之间的货物交接行为广泛存在。若由此即认定双方成立了货代合同关系，则将面临的一个新问题是，在该“合同”关系中，如何界定双方权利、义务的具体内容？即使能从实际托运人的交货行为推定其有成立“货代合同”的意思表示，对于订舱货代默默无言（未有“表示”－合同不成立）的接货行为，又当作何种解释？正如实际托运人向承运人的直接交货行为并不必然使二者之间存在运输合同关系一样，实际托运人将货交订舱货代的行为也不必然使双方成立了货代合同关系。

本案中，各方当事人之间即为典型的三方关系模式，天虎货代为海远公司即买方指定货代，海远公司为缔约托运人（买方），泓辉公司为实际托运人（卖方）。在业务操作过程中，泓辉公司向天虎货代发出货运“委托书”，联系确定取货的时间并与天虎货代进行了货物交接。对于如何认定泓辉公司与天虎货代之间的法律关系，双方之间存在争议。

由前述分析可得知，仅凭货物交接本身并不足以认定泓辉公司与天虎货代间的货运代理关系。对于泓辉公司向天虎货代出具货运“委托书”的行为，不应孤立地进行判断，而应结合本案其他证据进行综合认定。

依往来电子邮件，三方在业务开展之初即已对各方的法律地位予以明确：泓辉公司仅系代海远公司向天虎货代提供出运单证，因此，法院将泓辉公司出具货运“委托书”的行为认定为其代海远公司向天虎货代提供出运单证的行为，并最终认定是海远公司与天虎货代成立货运代理合同关系。

值得注意的是，国内货代行业发展参差不齐，业务操作不尽规范，许多货代在联系业务时并不订立书面委托合同，而是仅通过电话、电邮与客户沟通。货代就代理业务过程举证存在瑕疵时，法院在委托人的认定上可能面临“证据困境”。若本案的证据只显示向货代交付货物、交接单证、联系业务的人，或者只有报关单、核销单等贸易单据或提单等运输单据，该如何认定货代关系的委托人？上海高院在《关于审理货运代理合同纠纷案件若干问题的解答》中指出，当只有证据显示与货代交接货运代理事务的行为人（买方或出口国供货商）和单证权利人（卖方）时，应认定行为人与货代间成立货运代理合同关系；

证据只显示单证权利人（卖方）而没有证据证明行为人（买方或出口国供货商）的，推定单证权利人与货代之间成立货运代理合同关系，但单证权利人提出相反证据的除外。

综上，特定情况下，实际托运人（卖方）仍有可能被认定为货运代理合同的委托人。当然，这是在对合同履行情况及本案证据进行综合考虑之后得出的结论，而非仅凭实际托运人的货物交接行为即作的认定。

（二）实际托运人对买方货代费用支付义务的认定

关于实际托运人（卖方）是否负有向买方货代支付费用的义务，一种观点主张"权义平衡说"，认为《规定》既然赋予实际托运人向买方货代要求交付单证的请求权，从权利义务相平衡的角度考虑，实际托运人应相地承担对该货代的费用支付义务；另一观点则主张"公平责任说"，认为实际托运人是否要承担向该货代支付费用的义务，应取决于其是否实际从货代那里取得提单等运输单证。

判断实际托运人（卖方）是否有义务向买方货代支付费用，首先，应分析各方之间就货代费用的支付是否有明确约定。

本案中，法院依据各方提供的证据认定：天虎货代与缔约托运人海远公司（买方）成立了货运代理合同关系，各方在业务开展之初即约定内陆运费由泓辉公司承担，海运费由海远公司承担。而内陆运费泓辉公司已支付，因此，该案未支付的海运费应由海远公司承担继续履行责任。

其次，应判断实际托运人（卖方）与买方货代是否成立货代合同关系。虽然"权义平衡说"和"公平责任说"两者均有道理，但支付货代费用实为货代合同项下委托人的义务，委托人支付相关费用与货代处理受托事务则分别是双方当事人的主要义务，构成对待给付。因此，考虑货代费用支付义务人不应脱离基础的货代合同关系。

对"权义平衡说"，法院认为，实际托运人虽依《规定》享有对货代的单证交付请求权，但设置该请求权的立法本意在于，以此控制现阶段中国出口商在FOB条件下的利益受到侵害的局面，体现了对实际托运人进行倾向性保护的政策取向。若因此向实际托运人施以支付货代费用的义务，则未免与该立法本意相异，对实际托运人利益的保护程度也将大大削弱甚至成为一种负担。

而对于"公平责任说"，法院认为，一方面这一观点与"权义平衡说"一样，忽视了赋予实际托运人单证交付请求权的立法本意，即该权利是法定的，不需要实际托运人为此付出任何对价；另一方面，单纯的取得提单的行为与支付货代费用并不能形成对待给付（提单是原始取得的），因此，该观点也不宜承认。

综上所述，判断实际托运人的卖方是否负有向买方货代支付费用的义务，应该从各方关于该费用支付的具体约定以及货代合同关系是否成立的角度加以分析。

FOB条件下，为操作方便，卖方有时也委托该货代办理出口报关等事宜。在此情况下，买方为契约托运人，卖方为实际托运人。为保护卖方利益，中国法律赋予卖方优于买方的某些权利，如优先取得提单的权利。但这并非意味着，买方委托的货代，只要其与卖方有业务联系，该货代就与卖方成立了货代合同关系。依中国法律，当事人订立合同须采取要约与承诺方式，必须包含双方同意订立合同的意思表示和具体明确的合同内容。

"潮州市枫溪区雅圣陶瓷制作厂（下称'陶瓷厂'）诉绥芬河市盛源进出口有限责任

公司（下称‘盛源贸易’）”一案①给中国出口企业的启示是，出口企业应与买方货代明确约定双方的权利义务，保证其在未收到货款之前对运输中的货物享有控制权。

某年1月，原告陶瓷厂以FOB条件向阿塞拜疆买方JA出售陶瓷制品，JA委托被告盛源贸易办理该货物从中国盐田港区至俄罗斯符拉迪沃斯托克（海参崴）港（Vladivostok）的海上运输。1月5日，盛源贸易向陶瓷厂发送一份达飞（中国）航运中山分公司出具的订舱确认单，记载订舱日期为1月4日，托运人为深圳瑞航达国际货代公司，订舱人为义乌蔡东进出口公司，装货港为盐田，卸货港为符拉迪沃斯托克（海参崴）港，开舱日期为1月7日，截关时间为1月13日17时30分，预计离港时间为1月15日20时31分，提柜地点及还柜地点均为盐田国际码头，集装箱型号为40英尺高箱，数量3个。

盛源贸易告知陶瓷厂有3个柜的舱。1月6日，陶瓷厂要求盛源贸易代收货人JA支付1万美元的货物定金，盛源贸易表示其要向JA了解。1月7日，陶瓷厂向盛源贸易发送收款账号，表示收到定金后当日就能装货。盛源贸易回复称，JA还没确认，确认后其马上付款。陶瓷厂又询问盛源贸易出货提单上的托运人是否是自己，因为该票货物未收齐货款，盛源贸易给予肯定回复。1月8日，盛源贸易向陶瓷厂支付5 000美元并将付款底单传真给陶瓷厂。1月9日，陶瓷厂告诉盛源贸易已提到柜。1月12日，陶瓷厂再次向盛源贸易询问提单的托运人是否为自己，盛源贸易再次予以肯定回复。

陶瓷厂随后向盛源贸易发送了提单补料，记载托运人为陶瓷厂，货物包装为790纸箱，装载货物的集装箱编号为CMAU4752696。陶瓷厂询问剩余货款是否也由盛源贸易支付，盛源贸易给予否定答复。盛源贸易发给陶瓷厂的提单草稿记载的托运人、货物数量、集装箱编号等信息与陶瓷厂要求的一致。

1月26日，陶瓷厂向盛源贸易询问货物是否到港并告知“自己尚未收到货款”。盛源贸易回复称，货物还未到港、预计29日到港，并要求陶瓷厂就货款问题催促收货人，自己只是收货人的代理。陶瓷厂要求盛源贸易未经自己许可不可放货，盛源贸易表示可帮忙向收货人催款。2月3日，盛源贸易告知陶瓷厂货已到港，请陶瓷厂尽快催款。陶瓷厂回复称，自己催过多次但收货人一直未付款，请盛源贸易也帮忙催促收货人付款。2月9日，陶瓷厂告知盛源贸易，自己一直联系不上收货人，询问货物是否还在码头、是否已经清关。盛源贸易回复称，货物还未清关，是否需要退回。陶瓷厂要求盛源贸易先不清关，自己再与收货人联系。随后，盛源贸易回复称，涉案集装箱货物已经清关，若继续按计划上铁路，可等陶瓷厂同意之后再送货给收货人；若不上铁路，在港口等陶瓷厂通知，则产生的费用应由陶瓷厂承担。陶瓷厂得知后，责问盛源贸易为何要清关。盛源贸易回复称，收货人在莫斯科；清关后，货物还在自己手中，未到达收货人所在城市。2月11日、12日，盛源贸易向陶瓷厂询问是否可安排货物的铁路运输，陶瓷厂回复称不安排。2月16日，盛源贸易向陶瓷厂发送消息称，由于陶瓷厂一直未回复，自己已经安排货物铁路运输了。3月4日，盛源贸易告知货物已到莫斯科，询问陶瓷厂能否将货物交付收货人。陶瓷厂告之，不放货给收货人。3月6日，盛源贸易要求陶瓷厂支付运费和关税等费用，共计14 176美元；建议在国外寻找仓库将货物储存，否则货物装在货柜在车站等待交付，将会

① 参见李立菲，“当事人仅有业务联络而无要约、承诺不能认定成立海上货运代理合同关系”；广州海事法院（2017）粤72民初974号判决书，http://www.gzhsfy.gov.cn/web/content/89186-?lmdm=1016。

产生高额的费用；并告知陶瓷厂，若收货人向自己支付运费和关税，则货物必须交给收货人，要求陶瓷厂尽快决定。陶瓷厂回复称，未收到货款，不能放货，除非盛源贸易向自己支付货款。盛源贸易表示自己并非货物的买方，无理由付货款。陶瓷厂则表示货物是自己的，盛源贸易无权放货。3 月 31 日，陶瓷厂指责盛源贸易私自放货，表示要追究其法律责任。

6 月 11 日，陶瓷厂要求盛源贸易提供其掌握的收货人的详细资料，包括公司名称、地址、正本提单扫描件或电放凭证等。盛源贸易向陶瓷厂发送了一张详细地址的仓库照片，称其为俄罗斯的仓库地址。

陶瓷厂以盛源贸易作为买卖双方共同委托的货代负责安排租船订舱和货物到港后的陆路运输，但其未按照承诺将提单上的托运人记载为陶瓷厂，在货物到港后又擅自清关并将货物交付买方，导致陶瓷厂遭受 22 096 美元损失为由，诉请法院判决盛源贸易赔偿货款损失。

盛源贸易辩称，双方之间不存在货代合同关系，承运人未对涉案货物出具正本提单，陶瓷厂无索赔的权利基础，也未提交任何能证明货物价值的证据。货物实际仍处于盛源贸易控制之下，陶瓷厂应在 30 日内查看货物状况并提出合理解决办法。请求驳回原告诉讼请求。

本案焦点为原被告之间是否存在海上货运代理合同关系。根据中国《合同法》第 13 条“当事人订立合同，采取要约、承诺方式”的规定，原告陶瓷厂主张其与被告盛源贸易存在货代合同关系，必须举证证明其与被告通过要约、承诺方式订立了以办理本案货物运输事宜为主要内容的货代合同。

根据本案已查明的事实，盛源贸易是接受收货人 JA 的委托办理货物从中国盐田港至俄罗斯海符拉迪沃斯托克（海参崴）港的海上运输事宜。在本案货物装船运输之前，没有证据显示陶瓷厂向盛源贸易发出过就委托办理货物运输事宜的要约，双方之间就货物运输和交付方式、承运人选任、代理费用等事宜没有任何意思表示。盛源贸易将订舱确认单发送给陶瓷厂，只是安排货物装箱上船以便顺利完成收货人委托的货运事宜，并非基于陶瓷厂的委托行事。

货物装船后，双方仅就货物的到港时间、存放地及产生的堆存费用等事宜有过意思表示，陶瓷厂虽基于不能收回货款的风险向盛源贸易提出过不可放货、由其代收货人支付货款等要求，但并不涉及货代合同当事人的权利和义务，且盛源贸易未作出过任何承诺。相反，双方往来中一直强调盛源贸易是收货人的代理，其基于收货人委托办理货物运输事宜。除此之外，陶瓷厂也未对收货人已提取本案货物、其与收货人约定的货物价格及收货人拒付货款等事实提供有效证据予以证明，陶瓷厂关于其与盛源贸易之间存在货代合同关系、盛源贸易未按其指示放货导致其货款损失的主张不成立。陶瓷厂主张盛源贸易应赔偿货款损失 22 096 美元的诉讼请求，应予驳回。

依中国《民事诉讼法》第 64 条第 1 款，法院判决驳回原告潮州市枫溪区雅圣陶瓷制作厂对被告绥芬河市盛源进出口有限责任公司的诉讼请求。

依国际贸易的 FOB 条件，通常买方负责租船或订舱，与承运人订立运输合同，而卖方依买方要求将货物交至买方指定船上。

在贸易业务中，买方又通常委托卖方国内的货代代为订舱。为操作方便，卖方常常也委托买方指定的货代向承运人交付货物及办理货物出口报关等事宜。在此情况下，买方为货物运输的契约托运人，卖方则为实际托运人。从保护卖方利益出发，中国法律赋予了实际托运人-卖方优于契约托运人-买方的某些权利，如最高法院《关于审理海上货运代理纠纷案件若干问题的规定》第 8 条规定，货代在分别接受契约托运人和实际托运人委托时，应将其取得的提单首先交付给实际托运人（卖方）。但这并非意味着，买方委托的代为办理海上货物运输的货代，只要与卖方有过业务联系，该货代就与卖方一定成立货代合同关系。依据中国《合同法》第 13 条规定，当事人订立合同需采取要约、承诺方式。要约、承诺可以书面形式作出，也可以口头形式作出，也可如行为表示等其他方式作出，但必须包含当事人同意订立合同的意思表示和具体明确的合同内容，如合同标的、价款、履行方式，等等。

就本案而言，陶瓷厂主张其与盛源贸易成立海上货代合同关系，必须证明曾向被告作出过委托其代办货物运输事宜的意思表示。盛源贸易根据国外买方的委托，向陶瓷厂提供了承运人的订舱确认单，其目的是便于办理国外买方购买的货物的海上运输，而非基于国内卖方的委托。

没有证据证明陶瓷厂曾委托过盛源贸易订舱，陶瓷厂收到订舱确认单后，未将货物交给盛源贸易办理运输，而是自己去承运人指定的提柜地点提取货柜，装箱完毕后再送回由承运人装船运输。本案无任何证据证明陶瓷厂曾委托盛源贸易办理《规定》第 1 条概况和列举的任何货代事宜，双方也没有关于货代报酬的约定或支付记录；相反，盛源贸易代国外买方向陶瓷厂支付部分货款，并向陶瓷厂表明其为国外买方的代理。在双方不成立合同关系的情况下，陶瓷厂对盛源贸易作出的提单记载内容和货物交付的要求，只是陶瓷厂的单方主张，盛源贸易并无合同义务和法定义务。

本案给中国出口企业的启示是，出口企业在按货代指示将货物交付承运人之前，要与货代订立合同，明确约定其权利义务，保证自己在未收齐货款之前对运输中的货物享有控制权。

在国际贸易中，FOB 条件下通常由买方自付费用负责订舱及海上运输事宜，卖方只有能提供证据证明其与买方的受托人或转委托人成立海上货运代理合同关系，才可要求买方的受托人或转委托人承担代理责任，否则其贸易损失由自己承担。在“世达贸易有限公司（下称‘世达贸易’）诉华隆瑞锋国际货运（上海）有限公司宁波分公司（下称‘华隆宁波公司’）”一案中，① 世达贸易无法提供证据证明其与买方的受托人存在货运代理合同关系，因而应由自己承担贸易损失。

某年 5 月，英国 Woolbro（Distributors）Ltd.（下称“物博公司”）向世达贸易订购一批圣诞货物，世达贸易接受物博公司订单并约定贸易条件为 FOB，货物交货日期分别 5 月 12 日、6 月 16 日、6 月 23 日、7 月 21 日、8 月 1 日，运费在目的港由收货人支付。

世达贸易诉称，为履行贸易合同，自己通过香港华隆瑞锋委托华隆宁波公司为其订舱，从宁波港出运至英国。华隆宁波公司于 8 月 20 日告知世达贸易已订 8 月 30 日 APL 公司的船次，但 8 月 26 日突然通知世达贸易改订 9 月 1 日的马士基公司的船次，并声称该船次比原定船次更早到达英国。世达贸易收到该通知后即向华隆宁波公司强调货物必须在

---

① 参见宁波海事法院（2009）甬海法商初字第 148 号判决书；浙江省高级人民法院（2009）浙海终字第 124 号判决书；http://www.nbhsfy.cn/info.jsp? aid=22083。

此船次出运。8 月 28 日，华隆宁波公司再次通知世达贸易改订 9 月 6 日 APL 公司的船次。因英国物博公司不能接受 9 月 6 日出运的货物，取消了该订单，使世达贸易蒙受重大损失。

世达贸易主张，华隆宁波公司私自改订船次、船期，致使英国收货人不能接受迟延出运的货物而取消订单，造成世达贸易的损失。故世达贸易诉请法院要求华隆宁波公司赔偿其货物损失 34 820.16 美元、定金损失 2 626.56 美元、可得利益损失 5 249.84 美元、公证费 7 400 港币、处理涉案事宜费用 4 575.4 元人民币及声誉损失 100 000 元人民币，共计折合 40 万元人民币。

华隆宁波公司一审答辩称：（1）原、被告之间无任何合同关系。华隆宁波公司是接受案外人 Carry Cargo 公司和香港华隆瑞锋公司的委托；原、被告之间也不存在订舱事实。（2）世达贸易的损失是由买卖双方的贸易纠纷引起的，华隆宁波公司无任何过错、过失。（3）世达贸易索赔依据不足。其与供货商之间的赔付缺乏法律依据，也没有支付凭证，和解协议亦无原告签字，其主张的声誉损失、交通费、公证费缺乏事实及法律依据。

一审法院经审理认为，根据双方当事人的诉辩主张，本案争议焦点在于原、被告之间是否存在海上货运代理合同关系。

世达贸易主张其直接委托华隆宁波公司出运涉案货物，但在世达贸易所提交的邮件-21，即华隆宁波公司发给 Carry Cargo 公司的邮件中明确指出，Carry Cargo 公司作为买方物博公司的指定代理；邮件-22，即香港华隆瑞锋发给世达贸易的邮件中指出，Carry Cargo 公司确认选择了 9 月 6 日 APL 公司航次；邮件-23，即 Carry Cargo 公司发给买方物博公司的邮件中，也已明确 Carry Cargo 公司直接接受买方物博公司的指示；邮件-54，即世达贸易发给 Carry Cargo 公司的邮件中，世达贸易也已明确认可涉案货物系 FOB 条件，Carry Cargo 公司应根据买方物博公司的指示出运货物。庭审中，世达贸易主张其直接向华隆宁波公司支付仓储费，向供货商支付装箱费，再由供货商支付给华隆宁波公司。但华隆宁波公司否认收到世达贸易所称的任何费用，世达贸易亦无相关证据证明，故法院对世达贸易的该主张不予认可。在世达贸易所提供的电子邮件中表明，Carry Cargo 公司作为买方物博公司的指定代理办理货物出运事宜，香港华隆瑞锋接受 Carry Cargo 公司的委托后，交由华隆宁波公司办理具体出运事宜，且世达贸易亦未支付任何费用给华隆宁波公司，故法院认定原、被告之间不存在海上货运代理合同关系。世达贸易要求华隆宁波公司赔偿其涉案货物的相关损失缺乏法律基础，世达贸易所遭受的实际损失也缺乏相应证据证明，其提供的银行水单、车船票亦无法证明其与本案的关联性。世达贸易诉请于法无据，事实与理由均不充分，法院不予支持；华隆宁波公司抗辩有理，法院予以采信。依中国《民事诉讼法》第 64 条第 1 款，判决驳回原告世达贸易有限公司的诉讼请求。

一审判决后，世达贸易不服，提起上诉，认为原审判决认定其与华隆宁波公司之间无海上货运代理合同关系是错误的。事实上，世达贸易通过香港华隆公司转委托华隆宁波公司订舱，华隆宁波公司已予以确认：双方电子邮件中，华隆宁波公司对世达贸易发给香港华隆公司的订舱委托书均予以确认，华隆宁波公司履行订舱的实际行动也确认了该转委托。依中国《合同法》第 400 条的规定，世达贸易与华隆宁波公司之间直接成立海上货运代理合同关系。故请求撤销原判，改判华隆宁波公司赔偿世贸易损失 40 万元。

华隆宁波公司在上诉中答辩称：

1. 原审判决认定世达贸易与华隆宁波公司之间不成立海上货运代理合同关系正确。涉案货物买卖合同条件为FOB，是买方委托Carry Cargo公司订舱；世达贸易提供的电子邮件显示，香港华隆公司接受Carry Cargo公司委托后，与世达贸易联系货物出运事宜；世达贸易与华隆宁波公司不存在直接的委托关系。

2. 世达贸易与香港华隆公司不存在委托关系，转委托更无从谈起，其所谓通过转委托与华隆宁波公司成立委托关系的观点不能成立。

3. 世达贸易提供的电子邮件中，其与买方物博公司的订单，约定的货物最后装运时间为8月1日，世达贸易承认货物最晚进仓时间为8月26日和8月28日，由此导致买方取消订单，其损失完全由贸易纠纷引起。

4. 世达贸易与供货商之间的和解协议没有世达贸易的签字，也无支付凭证，损失的依据不足。

基于以上四点，请求驳回上诉，维持原判。

浙江高院经审理认为，案件的争议焦点是世达贸易与华隆宁波公司之间是否构成海上货运代理合同关系；若构成代理合同关系，世达贸易的损失数额及索赔依据。世达贸易诉称，由于华隆宁波公司订舱不及时，导致货物无法及时出运、买方取消订单。世达贸易由此起诉实际从事订舱的华隆宁波公司，认为其作为代理合同的受托人，未履行相应义务。但华隆宁波公司不认为其与世达贸易之间存在货代合同关系。

世达贸易与涉案货物买方物博公司约定的条件为FOB，按此条件，订舱及海上运输属于买方义务。世达贸易在二审庭审中确认，其通过买方物博公司与Carry Cargo公司及香港华隆公司取得联系。世达贸易向一审法院提供的电子邮件显示，Carry Cargo公司作为买方物博公司的指定代理办理货物出运事宜并对出运航次、日期作出指示；香港华隆公司接受Carry Cargo公司的委托后，与世达贸易联系订舱并将货物从宁波港起运的相关事宜交由华隆宁波公司办理。故香港华隆公司办理订舱系接受买方委托，作为买方代理人履行海上运输义务。世达贸易就涉案货物向香港华隆公司发送订舱委托书只是就运输事宜提供信息，以利于香港华隆公司（通过华隆宁波公司）向承运人或承运人的代理完成订舱，履行海上运输义务。世达贸易与香港华隆公司未成立委托合同关系，也无法通过转委托与华隆宁波公司成立委托合同关系。世达贸易主张其委托华隆宁波公司出运涉案货物，但其提供的证据不能充分证明。在华隆宁波公司通过香港华隆公司、Carry Cargo公司从事买方受托人的义务而与世达贸易不存在代理合同的情况下，华隆宁波公司即使在订舱中存在迟延过错，该过错也属买方不恰当履行其通过运输接收货物义务的问题，世达贸易以代理合同为由主张华隆宁波公司存在代理过错，要求华隆宁波公司赔偿由于订舱迟延遭受的损失，缺乏事实和法律依据，不予以支持。由于世达贸易与华隆宁波公司之间不存在代理合同关系，对其诉称的损失数额及索赔依据，不再予以评述。

由此，浙江高院认为，世达贸易与华隆宁波公司之间不存在货运代理合同关系，一审判决认定事实清楚、适用法律正确。依中国《民事诉讼法》第153条第1款第（1）项的规定，判决驳回上诉，维持原判。

本案原、被告之间是否成立海上货运代理合同关系，是一、二审共同认定的焦点争议，也是决定世达贸易能否胜诉的关键。而这取决于世达贸易举证是否充分。这就导致本案原、被告之间的法律关系有可能在客观真实与法律真实上相互矛盾。

从法律真实上看，对于原、被告之间的海上货运代理合同关系，在世达贸易所举证的邮件中就已明确了Carry Cargo公司作为收货人指定代理的身份，世达贸易自己也认可涉案货物以FOB条件出口且世达贸易也未向华隆宁波公司支付任何费用，故应认定两者无货代合同关系。原、被告之间虽有部分邮件往来，但在货物出运存在多个环节的情况下，当事人为交流方便而直接联系也是可以理解的，且这部分邮件，原、被告也多作为抄送对象而非直接收件人。鉴于涉案货物并未实际出运，世达贸易与Carry Cargo公司、香港华隆瑞锋等虽有多次联系，但均未实际向船公司订舱，亦未实际报关，Carry Cargo公司、香港华隆瑞锋也非本案当事人，故在可肯定原、被告之间无货代合同关系的前提下，一审法院未将其订舱经过作为案件事实认定。

在国际货物买卖中，买方和卖方都可能将其应承担的某一项合同义务委托给合同双方之外的第三方负担。但依据国际贸易术语解释通则，作为卖方的世达贸易委托华隆宁波公司办理订舱事宜并不是FOB条件下的常态。世达贸易对其改变国际贸易惯例的行为理应承担举证责任。

四方关系模式下，买方货代与卖方不成立货代合同关系。如前所述，FOB贸易中，另一种货代操作模式是四方关系模式。在该模式下，卖方与买方货代之间为何种关系值得探讨。在“锦程国际物流服务有限公司宁波分公司与华裕电器集团有限公司纠纷案”中，[①] 卖方委托自己的货代直接向承运人交货，而买方货代将承运人签发的其“Shipper”记载为买方的提单交给买方并凭此提取了货物。卖方因无提单而丧失货权和货款，买方货代是否须向卖方承担错误交单的责任和赔偿卖方的损失，该案给予有益的启示。

该案中，中国卖方华裕电器与国外买方Homestar签订冷柜销售合同，贸易术语为FOB宁波，买方委托锦程物流订舱。华裕电器根据买方的要求向锦程物流交付货物，但其自行委托宁波佰度货代办理内陆运输、代其直接向承运人交付货物及出口报关。承运人签发了提单且记载的“Shipper”为国外买方Homestar。锦程物流取得该提单后，并未交付给华裕电器而是交给买方。货物运抵目的港后即被买方提货。华裕电器仅收到部分货款，尚未收到剩余货款。

华裕电器向法院起诉并主张：华裕电器依国外买方的要求，委托锦程物流办理货物出运事宜。锦程物流接受委托后，将货物交由承运人运输，却将提单交给买方且已实际提货。锦程物流的行为致使华裕电器失去对货物的控制，遭受货款损失。请求判令锦程物流赔偿华裕电器货款其利息。锦程物流则主张：（1）锦程物流是接受国外买方委托，无证据证明华裕电器曾委托锦程物流进行托运事务，双方之间不存在货代合同关系。（2）锦程物流在涉案货物操作过程中，无任何过错，不知道涉案货物出口人是谁，也没有理由知道。请求驳回华裕电器的诉讼请求。

一审法院认为，国外买方委托锦程物流办理订舱事务，与锦程物流之间成立货代合同关系，买方是契约托运人，但不影响华裕电器作为实际托运人与锦程物流之间另外成立货代合同关系。华裕电器作为FOB下货物的出口卖方，委托佰度货代办理内陆运输和出口

---

① 参见中华人民共和国最高人民法院民事判决书（2015）民提字第19号；浙江省高级人民法院判决书（2014）浙海终字第72号；宁波海事法院判决书（2013）甬海法商初字第579号。http://ccmt.court.gov.cn/haishi/unintercept/judicialById.do?id=148。

报关，由佰度货代向承运人交付货物符合货代操作的惯例，华裕电器系实际托运人。法院指出，双方之间的货代合同关系以及华裕电器在货运代理关系下的委托人身份，应基于查明的事实和适用的法律进行认定，而不以货代是否知晓为条件。锦程物流作为货运代理，有责任通过交货人等途径谨慎确认货物实际托运人，以明确交付提单的对象。华裕电器有权要求锦程物流向其交付涉案提单。但锦程物流在货物出运后将提单交付给买方，客观上已丧失向华裕电器交付提单的可能，其过错行为直接导致华裕电器失去货权，华裕电器要求锦程物流赔偿货款损失，于法有据。另一方面，本案中，锦程物流仅作为买方的订舱代理，华裕电器委托自己的货代进行内陆运输、报关及交货，未将其为实际托运人的情况及时告知锦程物流，是致使锦程物流错误操作的另一个重要原因，且事后华裕电器也未积极向锦程物流主张，以便锦程物流挽回损失。故双方对锦程物流错误交付提单致使华裕电器损失的结果均有责任，应各半承担损失。

华裕电器、锦程物流均不服一审判决，分别向二审法院提起上诉。二审法院判决：驳回上诉，维持原判。锦程物流不服二审判决，向最高人民法院提出再审申请。最高人民法院经审理认为，一、二审判决认定事实不清，适用法律错误，依法应予纠正。判决撤销一审和二审判决，驳回华裕电器的诉讼请求。

本案的争议焦点是，作为买方货代的锦程物流是否接受了卖方华裕电器的委托并与其成立货代合同关系？

涉案货物贸易合同约定 FOB 宁波，华裕电器是贸易合同中的卖方及海上货物运输合同中的实际托运人；Homestar 是贸易合同的买方及海上货物运输合同的契约托运人。锦程物流与国外买方订立货代合同，作为买方的货代办理订舱事宜。但不能仅因锦程物流办理涉案运输的订舱业务，就认为其与卖方华裕电器之间也同时成立货代合同关系。华裕电器主张其与锦程物流之间成立货代合同关系，锦程物流是其货运代理，应举证证明二者之间签订了货代合同书或其委托锦程物流实际从事了货代业务。

依据《规定》第 3 条，在认定海上货运代理合同关系是否成立时，法院考虑的因素包括 5 个方面：（1）书面合同中关于权利义务的约定；（2）货代获得报酬的方式和名义；（3）发票的种类和收费项目；（4）当事人之间的交易习惯；（5）合同实际履行的其他情况。该案一审法院和二审法院均查明，华裕电器自行委托佰度货代办理货物内陆运输和出口报关等货代业务。无证据表明，华裕电器曾委托或通过佰度货代转委托锦程物流办理货运代理事务、向承运人交货。华裕电器也没有进一步提交证据证明其曾通过佰度货代向锦程物流实际支付了代理费用。因此，华裕电器与锦程物流之间未成立货代合同关系。一、二审判决认定双方当事人之间成立了货代合同关系，证据不足。

尽管依据《规定》第 8 条第 1 款的规定，货代接受契约托运人买方的委托办理订舱事务，同时接受实际托运人卖方的委托向承运人交付货物，卖方请求货代交付其取得的提单、海运单或者其他运输单证的，法院应予支持，但该条适用于货代既接受买方的订舱委托，同时又接受卖方向承运人交货的委托的情形。本案中，根据已查明的事实，华裕电器是涉案运输实际托运人，但其在涉案运输中委托佰度货代直接向承运人交付货物，现有证据不能证明华裕电器曾委托锦程物流代为向承运人交付货物，因此，本案不存在适用《规定》第 8 条第 1 款规定的情形。故锦程物流将提单交付给委托其订舱的国外买方，并无不当。一、二审法院认定锦程物流错误交付提单、判决锦程物流承担赔偿责任，适用法律错误，最高法院予以纠正。

十、FOB 条件下卸货港无人提货卖方索赔损失并拒付"到付运费"争议

国际贸易运输中经常发生目的港收货人不及时提货或无人提货、承运人无法交付货物的现象。对此，承运人有权将货物卸在仓库或其他适当场所，此后，非因承运人的过错货物受损或被拍卖，承运人无须承担任何责任。FOB 条件下的"到付运费"本应由买方收货人支付，但若货物成为无主货物，承运人向收货人收取运费的权利必将落空。此时，作为托运人和提单合法持有人的卖方应承担向承运人支付该运费的义务。"原告（反诉被告）杭州市轻工工艺纺织品进出口公司（下称'杭州工艺'）诉被告（反诉原告）海陆物流（中国）有限公司（下称'海陆物流'）"一案证明了上述观点。①

在该案的本诉中，原告杭州工艺诉称，被告海陆物流于 1 月 12 日和 19 日将杭州工艺托运的 FOB 条件下价值 119 380 美元的女针织衫装船自上海运往巴西的里约热内卢港，并以承运人身份签发了 3 套提单，其中载明杭州工艺为托运人（shipper），收货人为"to order of shipper"。9 月 1 日，因巴西买方 MARK STORE COMERCIO DE ROUPAS 公司（下称"买方 MS 公司"）拒绝付款赎单，托收银行将包括上述 3 套正本提单的全套单据退还杭州工艺。为此，杭州工艺先后以传真或特快专递方式致函海陆物流，要求其将上述货物运回并愿承担合理的运费。同年 10 月 12 日，杭州工艺致函海陆物流并表明其为上述 3 套提单的持有人，有权知悉货物在目的港的状况，要求海陆物流解释不将货物运回的原因。海陆物流函复杭州工艺称：接受原告的回程运输委托，本案所涉货物已被作为无主物，由巴西海关委托的私人仓储公司保管，相关的 3 个集装箱被海关启封查验，海关作为有权处理货物的机构，将会拍卖涉案货物。

杭州工艺认为：海陆物流未尽妥善保管货物的义务，被告作为集装箱货物的承运人，在从装运港接收货物时起至卸货港交付货物时止，货物处于承运人掌管之下的全部期间内，即责任期间内，负有妥善保管货物的义务；但海陆物流明知杭州工艺是提单持有人并要求运回货物，仍放任巴西海关对货物作无主物处理，且 3 个集装箱已被启封，被告已无法保证内装的货物按提单载明的品质、数量交付，即使货物被运回，原告也已无法实现对货物的实际拥有利益。海陆物流告知杭州工艺相关的退运运费，应视为对杭州工艺发出的委托退货要约的承诺，且该合同还包括代办退货手续的约定，因此，委托退货合同成立。故原告请求判令被告赔偿经济损失 119 380 美元并承担本案的诉讼费用。

被告海陆物流辩称：在 3 套提单所证明的上海至里约港的海上货物运输合同下，被告已将货物安全运抵目的港，且货物在被巴西海关处分前铅封完好，证明货物在被告掌管之下如提单记载一样，表面状况良好；货物也未被交付，因此，原告未能证明被告在其责任期间未尽妥善保管货物的义务，更未证明被告违反合同交付义务。相反，正是原告未履行提取货物的义务，致使被告无法履行交付义务，导致货物处于无人提取的状态，才招致巴西海关作出无主物的处理。被告无义务将货物自里约港运回中国，因原告所持的 3 套提单仅证明与被告存在上海至里约港单程的海上货物运输合同关系，不能证明双方还存在里

---

① 参见上海海事法院民事判决书（1999）沪海法商初字第 394 号，http://shhsfy.gov.cn/hsinfoplat/platformData/infoplat/pub/hsfyintel_32/docs/200708/d_199554.html。

约港至中国港口回程的海上货物运输合同关系；原告所提供的往来函件只证明要约的过程，未能证明被告作出了承诺。即使原、被告之间存在回运合同关系，依中国《海商法》第67条“托运人应当及时向港口、海关、检疫、检验和其他主管机关办理货物运输所需要的各项手续，并将已办理各项手续的单证交承运人；因办理各项手续的有关单证递交不及时、不完备或者不正确，使承运人的利益受到损害的，托运人应当负赔偿责任”的规定，原告作为回程运输的托运人，应自负未办妥回程托运手续所致后果。故请求驳回原告的诉讼请求。

在本案的反诉中，海陆物流诉称，杭州工艺为中国至巴西货物运输的托运人，提单被银行退回后也是唯一合法的收货人和货物所有权人；该3套提单均记载：海运费2 800美元、陆地运费150美元，运费到付（FOB）。海陆物流据此认为依中国《海商法》第69条的规定，托运人有义务按照约定向承运人支付运费，兼具多重身份的杭州工艺理应承担支付上述运费的义务。另外，货物被拍卖使上述运费存在从中受偿的可能性，但只是一种推测的可能性，只要杭州工艺未证实该笔运费被偿付，则无法免除其支付义务。故请求判令杭州工艺支付海运费和陆运费8 850美元及其利息损失693美元（自货物被运抵目的港之日起算，按一年期美元贷款利率7.975‰，计算至判决生效之日止），并承担本案的诉讼费。

杭州工艺辩称，FOB条件下的“到付运费”应由收货人在收取货物时支付，涉案货物迄今未被提取，杭州工艺不承担支付运费的义务。故请求驳回海陆物流的反诉请求。

法院经审理认为：本案是一起国际海上货物运输合同纠纷，由于双方当事人一致主张适用中国法律而该主张未违反法律的强制性规定，因此，本案适用中国法律。

在本诉中，法院基本采纳海陆物流的辩论意见，对杭州工艺的诉讼请求不予支持。因为集装箱的启封、货物可能的拍卖等均为巴西海关对该批货物作无主物处理的具体行为，与海陆物流未尽妥善保管货物的义务之间不存在必然联系。海陆物流作为集装箱货物的承运人，在其责任期间负有妥善货物的义务，但不等于海陆物流必须为在此期间发生的任何货物风险承担责任。货物被作无主物处理是无人提取货物的必然结果，而非海陆物流未尽保管货物之责所致。货物因此可能被拍卖是无人提货所致的风险，这一风险应由作为收货人的杭州工艺承担。因为无人提货的事实不会由于海陆物流知悉杭州工艺是提单持有人而有所改变。此外，涉案货物已由巴西海关处理，也就不在海陆物流掌管之下，其无权也无义务再对此妥善保管。关于委托退货合同是否成立，法院完全采纳海陆物流的辩论意见，认为该合同没有成立；即使该合同成立，杭州工艺未提供海陆物流所认为的回程托运手续所需的单证，由此引起的无法运回货物的后果由杭州工艺自负。

在反诉中，法院也基本采纳海陆物流的辩论意见，对其反诉请求除利息损失不能全部支持外予以支持。因提单中载明的“运费到付”，意味着作为托运人的杭州工艺和作为承运人的海陆物流约定：运费由收货人支付，履行期限为目的港卸货前后。这一约定使得海陆物流收取运费的权利直至货物被运抵目的港之后才能被行使，但没有剥夺在收货人不提货的情形下承运人收取运费的权利。本案中，海陆物流已将货物运抵目的港，本应享有向收货人收取提单中载明的海运费和陆运费的权利。但杭州工艺作为托运人在收到被退还的3套正本提单后一直持有该提单，是涉案货物的唯一合法收货人，应向海陆物流支付上述运费，履行期限是杭州工艺重新持有提单的日期9月1日，而不是海陆物流诉称的货物被运抵目的港之时或通常的卸货前后。其理由是：第一，海陆物流无任何证据证明货物被运抵目的港的时间；第二，9 月 1 日前，杭州工艺从未被告知卸货时间，也未被告知买方 MS 公司未提货；第三，9 月 1 日前，海陆物流从未以无人提货为由要求作为托运人的杭州工艺履行支付义务。因此，本案中，杭州工艺作为托运人，只有在重新持有提单、意识到自己是唯一合法收货人时，才“应当知道”自己应向海陆物流支付“到付运费”，在该日的次日 9 月 2 日起，才负有赔偿海陆物流利息损失的责任。但由于海陆物流未提供其所发生的利息损失是以美元贷款利率计算的证据，法院仅限于支持按中国人民银行同期美元活期存款利率计算的利息损失。

综上，依中国《海商法》第 86 条和第 69 条的规定，法院判决：（1）原告杭州工艺的诉讼请求不予支持；（2）反诉被告（原告）杭州工艺应于本判决生效之日起 10 日内向反诉原告（被告）海陆物流支付海运费和陆运费 8 850 美元，逾期加倍支付迟延履行期间的利息；（3）反诉被告（原告）杭州工艺应于本判决生效之日起 10 日内赔偿反诉原告（被告）海陆物流利息损失，自 9 月 2 日起算，按本金 8 850 美元和中国人民银行同期美元活期存款利率，计算至本判决生效之日止，逾期加倍支付迟延履行期间的利息。

国际贸易运输中经常存在着目的港收货人不及时提货或无人提货、承运人无法交付货物且无法取得“到付运费”的现象。对此，承运人可依中国《海商法》第 86 条规定，将货物卸在仓库或其他适当场所，由此产生的费用和风险由收货人承担。至此，承运人可视为已向收货人交付货物。

依中国《海商法》的规定，承运人的责任期间，是指承运人对货物应负责的期间。在集装箱运输中，承运人责任期间为，从装货港接收货物时起至卸货港交付货物时止，货物处于其掌管之下的全部期间。但在实务中，常常出现在卸货港无人提货或收货人迟延、拒绝提货的情形（合称“无人提货”），致使承运人无法正常履行运输合同下向收货人交付货物的义务。本案中，海陆物流依海上货物运输合同的约定，将货物安全、完好地运抵目的港后，由于巴西买方拒绝付款赎单，提单并未从托运人（杭州工艺）手中流转出去，导致货物在目的港无人提取，就是上述情形的一种。根据诚信原则，运输合同收货人有及时收受货物的义务。中国《海商法》第 86 条规定，若收货人在卸货港不提货或迟延提货，船长可将货物卸至仓库或其他适当场所，由此产生的风险和费用由收货人承担。虽然中国《海商法》对于货物存仓后，提单下的权利义务是否终止，承运人的交付义务是否消灭，承运人的责任期间是否结束等问题未作出明确规定，但该条明确规定“由此产生的费用和风险由收货人承担”，据此，一般认为承运人已履行了交付义务，是符合立法本意的。因为当收货人不能或不为受领时，依公平原则，承运人已按照运输合同的约定，勤勉适当地履行了提单下的交货义务，若无人提货，则意味着无过失的承运人必须承担超过债务履行期限的对货物的保管责任，负担由此产生的风险和费用，继续使承运人受提单和运输合同的约束，延长承运人的责任期间，有失公平。为此，中国《海商法》第 86 条为承运人交货义务的履行设立了保护条款，承运人在卸货港可将无人提取的货物或收货人迟延、拒绝提取的货物卸至仓库或其他适当场所，则可视为承运人已向收货人履行了交付义务。此后，货物发生损坏、灭失等风险，与承运人无关。

本案中，海陆物流将货物完全、安好地运抵目的港后，因无人提货，将货物卸入海关监管的仓库。这期间，承运人履行了对托运人、提单持有人的通知义务，在杭州工艺提出退运要求以后，双方就货物退运事宜进行了传真函件往来，但最终未能达成退运协议，杭州工艺也一直未到目的港进行提货或采取其他处理行为。证据表明，涉案货物抵达目的港后始终处于巴西海关的监管之下，巴西海关对该批货物作无主物处理的具体行为，包括集装箱的启封、货物可能拍卖的风险等，意味着海陆物流的交货义务已免除，责任期间已结束；即使责任期间未结束，这与海陆物流未尽妥善保管货物的义务之间也不存在必然的联系。因此，应认为海陆物流已履行了承运人的义务，杭州工艺关于海陆物流未尽保管义务产生货物风险的理由缺乏事实和法律根据，依中国《海商法》第 86 条的规定，杭州工艺应自行承担货物损失责任。

在海上货物运输合同中，运费的支付通常在提单上载明其支付方式，有“预付”和“到付”两种，相对应的分别由托运人和收货人支付运费。

本案通过提单载明的方式约定 FOB 运费“到付”，即本应由国外买方收货人支付。在收货人拒付到付运费的情形下，尽管依中国《海商法》第 87 条规定，承运人可留置运输的相关货物，以保证其运费请求的实现。但涉案货物被巴西海关控制，作为无主货物处理，承运人无法行使留置权，进而无法行使运费收取权利。另外，本案提单并未正常流转到买方收货人手中，故该收货人并非海上货运合同当事人；相反，中国卖方杭州工艺则成为提单的唯一合法持有人，也是提单的托运人。因此，在提单未流转到收货人手中的情况下，即使承托双方约定运费“到付”，若收货人未支付运费，托运人亦无法免除支付运费的合同义务。

十一、FOB 条件下无船承运人代理目的港留置货物争议

FOB 贸易条件下，受买方委托订舱且签发提单的无船承运人仍须就其目的港代理留置货物对卖方承担责任；产生纠纷时，当货物处于无船承运人目的港代理控制之下，卖方应及时同无船承运人进行交涉；承托双方对目的港费用存有争议时，在卖方提供担保的情形下，无船承运人若不能按卖方的指示放货，则应承担赔偿责任。“绍兴县凯迪钢塑制品有限公司（下称‘凯迪钢塑’）诉深圳建航货运代理有限公司（下称‘深圳建航货代’）及宁波建航货运代理有限公司（下称‘宁波建航货代’）”一案提供了有益借鉴。①

某年 4 月 26 日，原告凯迪钢塑为履行其与英国买方鹰高顿公司（最终买方为 Focus 公司，下称“Focus”）签订的贸易条件为 FOB 的买卖合同，委托被告宁波建航货代将报关价格为 74 700 美元的蹦床从宁波港运到英国费利克斯托港。宁波建航货代作为无船承运人被告深圳建航货代的代理向凯迪钢塑签发了已装船可转让提单，该提单包括三个货柜，记载凯迪钢塑为托运人（shipper），收货人为凭 Focus 公司指示（to order of Focus），目的港交货代理为 Uniserve 公司（下称“Uniserve”），运费到付，实际承运船舶为 SCL OCEANIA V. 0616-005W。涉案货物于 5 月 25 日到达目的港英国港口后，处于深圳建航货代在目的港的代理 Uniserve 的控制下。因鹰高顿公司、Focus 均未按约定向凯迪钢塑付款，

① 参见“绍兴县凯迪钢塑制品有限公司诉深圳市建航货运代理有限公司等海上货物运输合同纠纷案”；宁波海事法院（2011）甬海法商初字第 314 号判决书；浙江省高级人民法院（2012）浙海终字第 34 号判决书；http://www.nbhsfy.cn/info.jsp? aid=23843。

故凯迪钢塑一直持有正本提单。5 月中旬，凯迪钢塑得知 Focus 已破产，其与鹰高顿公司均不会再支付货款，故凯迪钢塑联系宁波建航货代询问改签提单事项，拟将货物转卖给其他客户。宁波建航货代开始表示同意，但于 20 日答复称，接 Uniserve 的通知，有关 Focus 的货物不能更改提单。其间，凯迪钢塑被告知 Uniserve 对有关 Focus 的货物行使留置权，在得到 Focus 还清全部债务之前，其将不会放行货物。6 月 3 日，凯迪钢塑与 Uniserve 交涉，要求提取涉案货物。受 Uniserve 委托处理货物的律师次日回复，要求凯迪钢塑为每个货柜支付包括海运费在内的 6 500 英镑的费用并提供提单及原收货人未支付款项等五项文件，并提醒每个货柜的日租金为 120 英镑，若于 6 月 6 日营业结束前未作回复，Uniserve 保留出售货物的权利。凯迪钢塑于 6 月 7 日表示，正常海运费每货柜为 1 800 美元，请求 Uniserve 降低价格。律师回电表明，Focus 拖欠 Uniserve 长期以来垫付的进口货物费用，若要放货给凯迪钢塑，Uniserve 有权从凯迪钢塑处收取一笔合理费用以弥补其损失。凯迪钢塑于 6 月 9 日向律师表明接受报价，表示新货主将会联系 Uniserve 并支付所有费用。凯迪钢塑又于 6 月 14 日询问从英国费利克斯托港运往沙特阿拉伯利亚德港的报价。7 月 11 日至 12 日，凯迪钢塑致函宁波建航货代协商费用情况。9 月 1 日及之后，宁波建航货代多次催促凯迪钢塑尽快提货并告知货物存在被拍卖的风险。凯迪钢塑因作为无船承运人的被告拒绝改签提单及归还货物，向法院提起诉讼，请求判令深圳建航货代立即向凯迪钢塑返还货物或赔偿凯迪钢塑相当于货物价值的损失 74 700 美元，被告宁波建航货代对全部诉请承担连带责任。

被告深圳建航货代、宁波建航货代在诉讼中提出，Uniserve 就涉案货物在目的港产生的费用享有留置权，凯迪钢塑自愿以其法定代表人所拥有的房产作为目的港一切合法费用的担保，法院裁定予以准许并对该房产采取了保全措施。

一审法院经审理认为，凯迪钢塑将货物交由宁波建航货代出运，后者签发了以深圳建航货代为承运人的提单，凯迪钢塑与深圳建航货代之间成立海上货物运输合同关系。深圳建航货代为涉案货物的承运人，宁波建航货代、Uniserve 均为承运人的代理，后两者就涉案运输所作的相关行为，均代表深圳建航货代，相应的法律后果也应由深圳建航货代承担。凯迪钢塑一直持有全套正本提单，依中国《合同法》第 308 条，被告拒绝更改提单，损害了原告的权利，应承担相应的法律责任。深圳建航货代及其代理虽然有权在凯迪钢塑提货时主张运费及其他合理费用、在凯迪钢塑拒不支付时行使留置权，但留置货物须在合理的限度内，深圳建航货代及其代理在本案中明显留置不当。现凯迪钢塑又为其货物提供了相应价值的担保，被告更应无条件地允许凯迪钢塑提取货物。被告虽然多次催促凯迪钢塑向 Uniserve 提货，但实际上，凯迪钢塑能否提货取决于 Uniserve 的态度。综合凯迪钢塑与 Uniserve 的交涉过程以及被告陈述，可得出 Uniserve 同意凯迪钢塑提取涉案货物的前提是，凯迪钢塑须代 Focus 付清欠费并取得 Focus 授权。法院认为，Uniserve 拒不向凯迪钢塑放货，表明作为承运人的深圳建航货代，已对承运的货物失去控制，若凯迪钢塑无法取得货物，深圳建航货代理应赔偿其损失。被告未就凯迪钢塑主张的货物价值提出异议，法院对此予以确认。至于凯迪钢塑诉请宁波建航货代承担连带责任的主张，缺少法律依据，不予支持。

综上，一审法院依中国《海商法》第 71 条，中国《合同法》第 107 条、第 308 条，中国《民事诉讼法》第 64 条第 1 款的规定，判决：（1）深圳建航货代于本判决生效之日起10日内在英国费利克斯托港向凯迪钢塑或其指定的收货人交付提单项下的全部货物；（2）深圳建航货代若不能在限定时间内交付上述货物，则应赔偿凯迪钢塑货物损失74 700美元。

一审判决后，深圳建航货代不服，向浙江高院提出上诉称：（1）原判错误认定深圳建航货代与凯迪钢塑之间的法律关系。本案海上货物运输合同的托运人为FOB的买方Focus，承运人为Uniserve，深圳建航货代接受Uniserve的委托签发提单。（2）凯迪钢塑凭提单向Uniserve主张提货时，即与Uniserve形成货物保管合同关系。保管合同是独立于海上货物运输之外的合同，作为寄存人，其理应及时提货和付清相关费用。（3）深圳建航货代作为提单的海上货物运输承运人，只承担在目的港正确、完好交付货物的责任，对Uniserve超出放货代理事项的行为不承担责任；Uniserve根据英国法律主张对保管货物行使留置权，无论恰当与否，不应由深圳建航货代承担责任。

二审法院认为：（1）尽管凯迪钢塑与鹰高顿公司签订的买卖合同约定的贸易条件为FOB，即由买方负责安排订航、支付运费等，但凯迪钢塑与实际承运人之间并未签订运输合同。凯迪钢塑系将货物交给与海上货物运输合同有关的承运人的人，属中国《海商法》第42条规定的托运人。而宁波建航货代代理深圳建航货代签发的提单明确载明“托运人”为凯迪钢塑，“收货人”为凭Focus指示，通知人为Uniserve等，依中国《海商法》第71条，提单是证明海上运输合同订立的单证，依提单记载的内容，深圳建航货代与凯迪钢塑分别作为承运人与托运人的海上货物运输合同关系成立，深圳建航货代上诉提出其与凯迪钢塑之间并未成立海上货物运输合同关系的主张，与事实不符。（2）依深圳建航货代出具的提单记载，Uniserve系承运人深圳建航货代在目的港的交货代理，Uniserve在目的港对货物的所有处置行为，均代表深圳建航货代，所产生的法律后果均应由深圳建航货代承担。中国《海商法》第46条规定，承运人对集装箱装运货物的责任期间，从装货港接收货物时起，至卸货港交付货物时止。本案中，深圳建航货代作为承运人，负有在目的港凭单交货的义务，其对货物的责任期间至向持有正本提单的收货人交付货物时才终止。因此，深圳建航货代主张其对Uniserve留置货物的行为不承担责任，于法无据。（3）凯迪钢塑始终持有涉案货物的全套正本提单，其有权凭单要求返还货物，在原收货人已破产的情况下，其行使合同变更权符合情势，也符合法律规定；Uniserve作为深圳建航货代目的港的代理，在完成交货前的管货行为仍系代表深圳建航货代履行承运人职责，不应认为Uniserve与凯迪钢塑之间又成立了保管合同关系；在货物尚未到达目的港时，凯迪钢塑已提出改签提单的要求，若深圳建航货代有能力改签提单，则货物不可能被Uniserve留置而产生高额的港口费用，在Uniserve要求支付不合理费用后才同意放货的情况下，凯迪钢塑未提取货物不构成迟延或拒绝提货；深圳建航货代与Uniserve交涉的邮件也反映出，深圳建航货代作为承运人，已不能有效控制其承运的货物，现凯迪钢塑凭全套正本提单要求深圳建航货代返还提单项下的货物或赔偿货物损失，应予支持。

综上，二审法院认为原判认定事实清楚，适用法律正确，实体处理恰当，上诉人上诉理由均不成立，不予支持，判决驳回上诉，维持原判。

本案纠纷因无船承运人签发自己的提单，而货物却被其目的港代理留置而引起。在FOB的贸易条件下，中国卖方向国外买方指定的货代交付货物十分常见。在多数情况下，承运人以自己的名义签发提单后，能够控制其目的港代理的行为。但当承运人的代理与国外收货人有其他债权债务纠纷而扣押原收货人尚未付款赎单的货物时，则殃及中国卖方与承运人的利益，以致承运人对其与卖方（托运人）之间是否成立海上货物运输合同关系产生疑问。

（一）FOB条件下无船承运人应对其签发的提单承担责任

本案中，深圳建航货代作为无船承运人签发提单给托运人凯迪钢塑，之后涉案货物到达目的港被其目的港代理Uniserve实际控制。虽然凯迪钢塑将货物交付给宁波建航货代系受FOB买方指示，宁波建航货代接收货物、订舱出运并签发深圳建航货代的提单，也系受FOB买方指示，但深圳建航货代签发的是自己为承运人的提单，故应向FOB托运人卖方承担承运人责任，该责任并不取决于指示其接收货物的买方的态度。深圳建航货代作为承运人，在确定托运人仍持有提单而原收货人已破产不会再提货，且目的港法律并不限制更改收货人的情况下，应依托运人的要求更改收货人，以避免损失的进一步扩大；另外，其与目的港代理Uniserve之间委托代理关系须明确责权，作为委托人，其有权要求Uniserve在目的港按其指示放货给新的收货人。即使涉案货物处于Uniserve的实际控制之下，深圳建航货代明知Uniserve提出的要求不合理，仍应先以船公司提单托运人的身份要求Uniserve交出货物，而不能以涉案运输系由买方指定的实际船公司为由主张免除其应承担的承运人责任。虽然中国《海商法》对托运人更改收货人的权利未作明确规定，但中国《合同法》第308条规定，在承运人将货物交付收货人之前，托运人可要求承运人中止运输、返还货物、变更到达地或者将货物交给其他收货人，但应当赔偿承运人因此受到的损失。海上货物运输合同作为一种特殊的运输合同，在特别法未规定的情况下，应受中国《合同法》约束。因此，更改提单收货人是托运人的权利，也是承运人应履行的义务，无船承运人不能以其失去货物的控制权而主张免除其法律责任。签发自己的提单，指定Uniserve为目的港代理是深圳建航货代自己的选择，其应为自己的行为承担相应的责任。因此，在FOB条件下，无船承运人选择目的港代理时必须慎重，尽量选择信誉好、知名度高的代理且签订书面代理协议，这样才能保证当货物到达目的港后，产生纠纷时双方能进行有效的沟通，依正常的法律程序及时处理好纠纷，避免损失的进一步扩大。

（二）提单持有人应及时有效的行使其权利

本案货物在到达目的港后，就一直处于目的港代理Uniserve的控制之下。Uniserve作为无船承运人深圳建航货代的目的港代理，其与托运人凯迪钢塑并无任何法律关系。依凯迪钢塑持有的提单，Uniserve与深圳建航货代是委托代理合同关系，深圳建航货代与凯迪钢塑是运输合同关系。在Uniserve迟迟不放货的情况下，凯迪钢塑并未及时与本案的承运人深圳建航货代积极交涉，相反，其选择与货运代理宁波建航货代和承运人的目的港代理Uniserve交涉。而Uniserve以收货人Focus拖欠其大量运费为由拒绝归还凯迪钢塑货物，并要求凯迪钢塑支付高于市场价4至5倍的运费以及其他不相关的费用，双方僵持不下，导致涉案货物在目的港长期积压。凯迪钢塑与Uniserve并不存在相关的合同权利义务关系，其与Uniserve交涉产生不了法律上的效果；即使其持有提单去目的港法院起诉，也会处于不利的地位，目的港法院无法对提单的真实性作出鉴定，因为该提单的承运人并不在目的港。

正确的做法是，凯迪钢塑积极地与深圳建航货代进行交涉，依据他们之间的运输合同关系，行使的托运人的权利，要求深圳建航货代及时与其目的港代理 Uniserve 联系，根据深圳建航货代与 Uniserve 之间的委托代理合同中的权利与义务的相关规定，更改提单的收货人，进而避免损失的进一步扩大。在此情况下，若 Uniserve 仍拒绝放货，凯迪钢塑可依运输合同追究深圳建航货代的承运人责任，而深圳建航货代则可依委托代理合同追究 Uniserve 的代理人责任。

（三）承运人留置运输中的货物应受到一定的限制

在海上货物运输合同的履行过程中，各方关系复杂，运输距离和时间长，情况变化多。原收货人未能出现，对承运人而言，收不到本应在目的港由收货人支付“到付运费”的情况十分常见。当承运人未能收到运费时，其救济措施无疑可以是留置承运货物。中国《合同法》第 315 条规定，托运人或收货人不支付运费、保管费以及其他运输费用的，承运人对相应的运输货物享有留置权。中国《海商法》第 87 条也规定，应向承运人支付的运费、共同海损分摊、滞期费和承运人为货物垫付的必要费用以及应向承运人支付的其他费用没有付清，又没有提供适当担保的，承运人可在合理的限度内留置其货物。本案中，深圳建航货代虽然在凯迪钢塑未付清运费及其他合理费用时可行使留置权，但凯迪钢塑所欠的仅仅是涉案货物的运费，并非 Uniserve 所要求畸高的运费和其他与凯迪钢塑不相关的费用。其留置全部货物不允许凯迪钢塑提取，实质上是权利滥用，违背了留置权设置的宗旨。故深圳建航货代行使留置权明显不当，凯迪钢塑为其货物提供了相应价值的担保，被告更应无条件地允许凯迪钢塑提取货物。

深圳建航货代称凯迪钢塑凭提单向 Uniserve 主张提货时，即与 Uniserve 形成货物保管合同关系，这一观点无法律依据；即使目的港无人提货，承运人对集装箱装运的货物的责任期间也是从装货港接收货物时起至卸货港交付货物时止。中国《海商法》第 86 条规定的“在卸货港无人提取货物或者收货人迟延、拒绝提取货物的，船长可以将货物卸在仓库或者其他适当场所，由此产生的费用和风险由收货人承担”，并不是否认了承运人的责任期间，而是将费用与风险的承担责任归到收货人身上。但本案中，涉案货物并非无人提取，在货物尚未到达目的港时，凯迪钢塑就积极主动联系被告，主张更改收货人来提货，且直至诉讼，凯迪钢塑均在主张提货，并不存在无人提货或收货人迟延、拒绝提货的情况。造成货物迟迟未被提取的原因是 Uniserve 在代表承运人掌控货物，拒绝更改提单，滥用承运人留置权。故凯迪钢塑与 Uniserve 之间并不存在保管合同关系，不仅货物积压在目的港所产生的一切费用应由承运人自行承担，而且还应赔偿凯迪钢塑因此遭受的其他损失。即使有收货人主张提货又不支付运费的，承运人也只能留置与所欠费用价值相当的货物，而不能拒不交付全部货物。

十二、FOB 条件下承运人身份识别争议

承运人身份识别是国际贸易及运输实务中最常见的争议之一，其涉及复杂的专业及法律知识。谁是承担货物运输责任的承运人，对货主而言极为重要，其为货主索赔对象的依据之一。FOB 条件下，通常由买方租船订舱，指定承运人，这对卖方识别承运人身份可能带来风险。“永康市天鑫健身休闲用品有限公司（下称‘天鑫公司’－卖方；原告）诉美商纵横国际货代有限公司 TRANSLINK SHIPPING LINES（下称‘美商纵横货代’）”

一案提供了有益的借鉴。[1]

原告天鑫公司（卖方）与案外人（买方）签订国际货物买卖合同，贸易条件为FOB。5月，天鑫公司委托长远公司代理出运货物，长远公司又委托被告美商纵横货代出运，被告的宁波分公司（下称“被告宁波分公司”）接受委托后，向天鑫公司签发了抬头为“TRANSLINK SHIPPING LINES”的正本提单，提单记载托运人为天鑫公司，收货人为H&F TRADE DE，从中国宁波至德国汉堡。涉案货物于5月23日出运，至目的港后，被无单放货给案外人。天鑫公司已收到部分预付货款4 144美元，其余货款12 956美元不能收回。天鑫公司将美商纵横货代诉至法院，请求判令：（1）被告赔偿原告货款损失12 956美元，折合人民币99 698.48元（汇率按7.695 1计算）及逾期利息（自货物到港日起算至付清日止，按银行同期贷款利息计收）；（2）被告赔偿原告退税损失人民币17 106.21元、内陆包干费人民币2 620元、差旅费人民币3 000元。

被告美商纵横货代辩称：（1）涉案提单系被告下属的美商纵横货代宁波分公司经美商纵横联运有限公司（下称“联运公司”）授权签发的提单，联运公司是依美国法律注册登记的一家公司，相关的法律后果应由联运公司承担；（2）被告无单放货证据不足；（3）即使被告存在无单放货行为，原告天鑫公司也已收汇核销，并无货款损失；（4）天鑫公司诉请的退税损失、内陆费、差旅费与无单放货行为无因果关系。综上，请求法院驳回天鑫公司的诉讼请求。

法院依中国《海商法》第55条、第71条，中国《合同法》第107条，中国《民事诉讼法》第64条第1款的规定，判决：（一）被告美商纵横国际货代有限公司于本判决生效后10日内赔付原告永康市天鑫健身休闲用品有限公司因无单放货造成的损失12 956美元（按2007年6月23日美元兑换人民币汇率计算）及利息（自2007年6月23日起至本判决确定的履行之日止，按中国人民银行同期贷款利率计付）；（二）驳回原告永康市天鑫健身休闲用品有限公司其他诉讼请求。

本案争议焦点分析如下。

（一）原、被告之间的法律关系

天鑫公司认为美商纵横货代使用的公章英文名称与涉案提单签发人一致，且美商纵横货代在中国交通部门备案的提单格式即涉案提单格式，故美商纵横货代为承运人；美商纵横货代认为，其根据代理协议报备联运公司的提单，联运公司在美国合法注册并在中国取得无船承运人资格，本案系被告宁波分公司受联运公司的授权代理签发提单，相应的法律后果应由联运公司承担，与美商纵横货代被告无涉。

经查，中国交通部网站信息显示，美商纵横货代及其宁波分公司都具有无船承运人资格，且在交通部备案的提单格式即为涉案提单格式；虽然美商纵横货代抗辩是作为代理备案提单，提单正面记载被告宁波分公司代理TRANSLINK SHIPPING INC.签发提单，但代理协议中，委托人联运公司和代理人被告宁波分公司都使用“TRANSLINK SHIPPING INC.”的英文名称，只不过被告宁波分公司加了“NINGBO BRANCH”后缀，而美商纵横货代使用的公章英文名称即“TRANSLINK SHIPPING INC.”，被告宁波分公司的工商登记资料也使用“TRANSLINK SHIPPING INC.”的英文名称，应视为美商纵横货代在对外

---

① 参见宁波海事法院民事判决书（2007）甬海法商初字第328号，http://www.nbhsfy.cn/cpws.jsp?aid=10247。

业务活动中对其身份的宣告，美商纵横货代混用同一英文名称产生的后果，应对美商纵横货代作不利的解释，且美商纵横货代也无相反证据表明其在庭审之前向天鑫公司披露另有联运公司，其英文名称也为“TRANSLINK SHIPPING INC.”，故要求天鑫公司辨识美商纵横货代系代理人还是无船承运人，被告宁波分公司系代理美商纵横货代签发提单还是代理联运公司签发提单，显失公平。故法院认为天鑫公司将美商纵横货代视为提单承运人且原、被告之间成立海上货物运输合同关系的主张，理由正当。

（二）损失金额的确定

美商纵横货代以天鑫公司已收到定金、涉案货款已收汇核销为由，认为天鑫公司已收到全部货款；天鑫公司在起诉后重新调整了诉讼请求，扣减已收到的部分货款，仅向美商纵横货代主张未收部分。

天鑫公司扣减已收货款并提供批次核销信息，能证明其系用案外收汇核销的事实，美商纵横货代无相反证据证明天鑫公司已收到剩余货款，故天鑫公司主张的货物余款损失12 956 美元正确。至于退税损失，天鑫公司虽然系用案外货款收汇核销，但核销之后即可申请退税，且仅以国家税务总局的税务文件，不能证明其就涉案货物未退税的事实及金额，故对天鑫公司的退税损失主张，法院不予支持。

本案货物出运条件为 FOB，从本案证据看，虽由天鑫公司支付内陆包干费，但并无证据表明天鑫公司与国外买方之间达成约定由天鑫公司代买方支付，故内陆包干费系货物出运的正常成本，与无单放货损失无因果关系，法院不予支持。就天鑫公司主张的差旅费，其未能提供证据，法院也不予支持。

中国《海商法》第 71 条规定：“提单是指用以证明海上货物运输合同和货物已经由承运人接受或者装船，以及承运人保证据以交付货物的单证。”美商纵横货代签发了以天鑫公司为托运人的无船承运人提单，且在未收回正本提单的前提下放货，致使天鑫公司在未收到全部货款的情况下失去对货物的控制权，美商纵横货代应承担赔偿责任。天鑫公司主张以货物出运当月第一天的美元兑换人民币汇率折算，并从到港日起算利息损失，因天鑫公司提供的集装箱流转记录不能反映货物到港、开箱放货的具体时间，美商纵横货代则不认可无单放货行为，故应以涉案货物到目的港的时间为基准，推定无单放货时间为 6 月 23 日，按当日美元兑换人民币汇率折算并从该日起计算利息。

第四篇

国际贸易保险惯例与规则

第十四章　保险原则与惯例

保险作为一种经济补偿制度，在国际贸易中起着重要作用并与国际贸易的发展密不可分。国际贸易的发展不仅推动了保险业的进步，同时也要求保险业为其提供更好的服务，以保障国际贸易的顺利发展。

可保利益原则、最大诚信原则、补偿原则、代位追偿原则、重复保险分摊原则及近因原则是世界各国保险业共同认可和遵循的基本原则与惯例。

一、可保利益原则

（一）可保利益的概念

可保利益（Insurable Interest），又称保险利益或可保权益，[①] 是指投保人或被保险人在保险标的上，因具有某种利害关系而享有的为法律所承认、可以投保的经济利益。投保人或被保险人的这种经济利益，可因保险事故的发生而受到损失，也可因不发生保险事故而继续享有。

在保险合同中，被保险人要求保险人给予保障的并不是保险标的本身（如货物等），而是被保险人对保险标的所享有的经济利益。换言之，保险合同的标的（Subject Matter of Contract of Insurance）或保险合同的客体是可保利益，而非保险标的（Subject Matter of Insurance）本身。因此，当保险标的因保险事故造成损害或灭失时，保险人向被保险人赔付的不是原样的保险标的（如货物等），而是被保险人在保险标的中所具有的金钱上的利益。

可保利益是保险合同的效力要件。世界各国的保险法均规定投保人或被保险人必须对保险标的具有可保利益，才能同保险人订立有效的保险合同。若投保人或被保险人对保险标的没有可保利益或超越可保利益的范围，则其同保险人所签订的保险合同无效。例如，英国 1906 年《海上保险法》第 4 条规定："被保险人无本法规定的可保利益者，或在订约时无取得此项利益的希望者，应视为赌博或打赌的契约"；"以赌博为目的而订立的海上保险契约，应作为无效"。中国《保险法》在第 12 条中也规定，财产保险的被保险人在保险事故发生时，对保险标的应具有保险利益。

在此应特别注意，可保利益与"保险的利益"（Benefit of Insurance）是两个不同的概念。"保险的利益"是指被保险财产在第三者（如承运人或其他受托人）的手中时，第三者为免除他对该项财产损失的赔偿责任，而要求或单方面在受托合同中订明其可享受保险

---

① 中国《保险法》称之为"保险利益"。

的利益，即一旦该项财产受损或灭失，第三者可免责，被保险人只能向保险人提出赔偿要求。第三者的这种要求或规定，可能导致保险人对被保险财产在第三者保管期间所发生的损失或灭失，不能向第三者责任方行使代位追偿的权利。为此，保险人常在保险合同中订明：任何第三者不得享受本保险的利益。

（二）可保利益的来源

保险的对象不同，可保利益的来源也不相同。

关于财产保险的可保利益问题，可详见拙著《国际贸易保险》（第四版），北京：对外经济贸易大学出版社，2019，第38～39页。

（三）可保利益的构成条件

并非投保人或被保险人对保险标的的任何利益关系均可构成可保利益，可保利益的构成必须符合一定条件。

关于“可保利益的构成条件”，可详见拙著《国际贸易保险》（第四版），北京：对外经济贸易大学出版社，2019，第39～40页。

（四）可保利益必须存在的时间

在海上货物运输保险中，一般不要求投保人在投保时必须具有可保利益，但要求在保险事故发生时，被保险人必须具有可保利益。

关于“可保利益必须存在的时间”，可详见拙著《国际贸易保险》（第四版），北京：对外经济贸易大学出版社，2019，第40页。

（五）可保利益原则的意义和作用

规定可保利益原则对保险业务具有积极的意义和作用。

关于“可保利益原则的意义和作用”，可详见拙著《国际贸易保险》（第四版），北京：对外经济贸易大学出版社，2019，第40～41页。

（六）可保利益与贸易术语的关系

在国际贸易中，买卖双方所采用的贸易术语决定着双方承担风险的转移时间，而风险的转移时间又与可保利益转移的时间有关。因此，保险货物在从卖方仓库运至买方仓库的整个运输过程中发生的货损货差或灭失，究竟谁享有可保利益以及谁对保险人享有损害赔偿请求权，这就取决于买卖双方在交易中所采用的不同贸易术语。国际贸易中常用的贸易术语均对风险转移的时间作出规定，以及由此决定可保利益的转移时间。

关于“可保利益与贸易术语的关系”，可详见拙著《国际贸易保险》（第四版），北京：对外经济贸易大学出版社，2019，第41～43页。

二、最大诚信原则

任何一项民事活动，各方当事人都应当遵守诚信的原则。诚实信用原则是世界各国立法对民事、商事活动的基本要求。中国《民法总则》第7条规定：“民事主体从事民事活动，应当遵循诚信原则，秉持诚实，恪守承诺。”中国《保险法》也在第5条特别强调：“保险活动当事人行使权利、履行义务应当遵循诚实信用原则。”所谓诚实是指，一方当事人对另一方当事人不得隐瞒、欺骗；所谓信用是指，任何一方当事人都必须善意地、全面地履行自己的义务。在一般的民事活动中，当事人一方未特别提出要求，另一方当事人不必将有关标的的各种情况，特别是标的的缺陷告知对方当事人。因此，在一般合同的订立中，只要求一般性的诚信即可。但在保险合同的订立中，基于保险业务的特殊性，法律对保险当事人的诚信程度的要求远远高于其他合同。它要求当事人双方在订立和履行保险合同时，必须遵守“最大诚信”的原则。例如，英国1906年《海上保险法》第17条规定：“海上保险契约是以最大诚信为基础。若任何一方不遵守最大诚信原则，另一方可主张此项契约无效。”

所谓最大诚信原则，是指在保险合同的签订和履行过程中，双方均应本着绝对的诚意行事，恪守信用，互不隐瞒和欺骗；特别是在签订保险合同时，无论是否被问及，双方当事人均应自动地把与投保标的有关的重要情况向对方做充分、正确的披露（告知）。最大诚信原则，又称最高诚信原则，它是保险法各项基本原则中的首要原则，严格遵守最大诚信原则是维持保险业务正常进行的前提条件。

关于“最大诚信原则”的内容，可详见拙著《国际贸易保险》（第四版），北京：对外经济贸易大学出版社，2019，第23～38页。

三、补偿原则

从法律上讲，各种保险合同（人身保险合同除外）均为补偿性合同，所有补偿性合同都是建立在补偿原则（Principle of Indemnity）的基础之上。

保险补偿原则是指，在财产保险中，被保险人与保险人签订保险合同，将特定的风险转由保险人承担。当保险标的发生承保责任范围内的损失时，保险人应按照保险合同条款的规定履行全部赔偿责任。但保险人的赔偿金额不得超过保险单上的保险金额或被保险人遭受的实际损失，即不能超过被保险人对保险标的所具有的可保利益。保险人的赔偿不应使被保险人因此而获得额外利益。

保险补偿原则主要应用于财产保险中，它对保险理赔工作具有重要意义。首先，被保险人与保险人签订保险合同后，一旦发生承保责任范围内的损失，被保险人有权要求获得全面、充分的赔偿。若损失中有一部分未获得赔偿，被保险人的经济损失则未得到完全的补偿，保险就未完全发挥其作用，有悖于补偿原则的宗旨。其次，保险人对被保险人的补偿恰好能使保险标的恢复到保险事故发生前的经济状况，但保险人的补偿不能使被保险人获得可保利益以外的利益，即不能超过保险金额或实际经济损失的利益，否则，有可能引发道德危险，给全社会和保险业带来不良后果。

就可保利益而言，补偿原则在很大程度上依赖于对保险标的的估价，而财产保险的标的是有价的，因而补偿原则可适用于财产保险中。所以，人们习惯将财产保险合同称为“补偿性合同”。但在大多数人身保险中，由于人的生命和身体不能用金钱来衡量，其可保利益在金钱上是无限的，因而，一旦发生保险事故要真正达到充分补偿的目的是不可能的。因此，人们习惯将人身保险合同称为“给付性合同”，保险补偿原则一般不适用于人身保险合同。

关于“补偿原则”的内容，可详见拙著《国际贸易保险》（第四版），北京：对外经济贸易大学出版社，2019，第48～54页。

四、代位追偿原则

从上述补偿原则中可以看出，在损失发生之后，被保险人享有使其利益恢复到与损失发生前经济状况一致的权益。它所涉及的仅仅是被保险人在保险单以及在其他保险合同项下的补偿作用。但在现实生活中，当标的发生损失之后，除保险人的补偿外，被保险人还可能拥有从其他方面获得补偿的权利。在此情况下，被保险人最终可能得到大于其实际损失的补偿而获得额外利益。很显然，这将有悖于保险补偿原则，需增补新的原则，以确保补偿的目的得以实现。由此，代位追偿（Subrogation）原则应运而生，以示公平合理。

代位追偿，又称代位求偿或代位请求，是指在财产保险中，当保险标的发生保险责任范围内的事故造成损失时，根据法律或合同，第三者需对保险事故引起的保险标的的损失承担损害赔偿责任，保险人向被保险人履行了损失赔偿责任之后，在其已赔偿金额的限度内，有权站在与被保险人相同的地位向该第三者索赔，即代位被保险人向第三者进行追偿。保险人享有的这种权利称为代位追偿权（Right of Subrogation）。例如，在海运货物保险中，由于承运人的管货责任导致承运货物受损或灭失，而该损失又属货物保险人承保责任范围内的责任时，保险人按保险合同赔偿被保险人（货主）之后，有权向该损失的责任方——承运人进行追偿，即代位行使货主对该承运人的损害赔偿请求权。由此可见，当保险标的的损失是由于第三者的责任所致且该责任无法免除时，保险当事人及相关的第三者责任人必须遵循代位追偿的规定处理保险事故，这就是所谓的代位追偿原则。

代位追偿原则在国际贸易中的作用尤为突出。关于“代位追偿原则”的内容，可详见拙著《国际贸易保险》（第四版），北京：对外经济贸易大学出版社，2019，第54～68页。

五、重复保险分摊原则

依保险补偿原则，当保险标的发生损失后，被保险人的权利仅仅是要求获得损失的充分补偿，而不应因此获得超出其损失的额外利益。但在现实中，被保险人可能拥有多份承保同一损失的保险单。在此情况下，被保险人最终可能获得超出其实际损失的赔款，从而使其获得额外利益。这同样有悖于保险补偿原则。因此，当被保险人拥有多份承保同一损失的保险单，即重复保险时，若保险标的发生损失，则应在各个保险人之间分摊该损失，以免被保险人获得额外利益。这就是重复保险的分摊原则，该原则也是补偿原则派生出来的保险的又一基本原则。

关于“重复保险分摊原则”的内容，可详见拙著《国际贸易保险》（第四版），北京：对外经济贸易大学出版社，2019，第69～76页。

六、近因原则

在保险理赔工作中，还有一项必须遵循的基本原则是近因（Proximate Cause）原则。它是在保险标的发生损失时，用来确定保险标的所受损失应否获得保险赔偿的一项重要依据。

关于保险“近因原则”的内容，可详见拙著《国际贸易保险》（第四版），北京：对外经济贸易大学出版社，2019，第76～79页。

第十五章　中国海运货物保险条款分析

国际贸易中的货物绝大部分都是通过海洋运输来完成的。但海洋运输又是处在海上这种特殊环境和条件之中的运输方式，货物和船舶极易遭受海上各种风险的侵袭和威胁，从而可能导致货物和船舶的灭失或损害，同时还可能由此产生有关的费用。海上保险就是以货物和船舶作为保险标的，将货物和船舶在运输中可能遭受的风险、损失及费用作为保障范围的一种保险。然而，因货物的性质、船舶的用途、运输线路及区域、海上自然条件等因素的不同，需要保险人所提供的保险保障也不同。为适应被保险人在不同情况下的不同需要，各国保险组织或保险公司制定了承担不同责任的保险条款，由此形成不同的险别。因此，在保险业务中，风险、损失、费用和险别之间有着密切的联系，即风险是导致损失和费用的原因，险别是具体规定保险人对风险、损失或费用予以保障的责任范围。

投保人或被保险人，因其托运的货物种类不同、载货船舶航经路线和港口不同、运输季节不同等因素，货物在运输过程中可能遭遇的风险损失往往也不同，因而需要保险人给予承保的险别也常有一定差别。为适应投保人或被保险人对保险的不同要求，各国保险组织或保险公司将其承保的风险，按范围的不同划分为不同的险别并以条款的形式分别予以确定。投保人或被保险人在办理保险时，只需申明投保险别的名称，即可表明他所需获得的保险保障。同时，保险人也可依相应的保险费率计收保险费，并据以履行承保的责任。

在中国，进出口货物的保险可采用中国保险条款（CIC）。本章主要介绍和分析中国人民保险公司的海运货物保险条款。

一、海运货物保险基本险

为适应对外经济贸易不断发展的客观需要，中国人民保险公司根据中国的实际情况并参照国际保险市场的习惯做法，陆续制定了各种涉外保险业务条款，总称为“中国保险条款”（China Insurance Clauses，CIC），运输货物保险条款是其中的重要组成部分。

运输货物保险条款包括海洋、陆上、航空及邮包四种运输方式的货物保险条款，以及可适用于以上各种运输方式货物保险的附加险条款。海运货物保险的险种最多，习惯上将其分为基本险、附加险及专门险三类。

（一）海运货物保险基本险险别及责任范围

中国海洋运输货物保险险别，依能否单独投保划分为基本险和附加险两类。基本险承保的主要是“自然灾害”和“意外事故”造成的货物损失或费用。

1. 基本险险别

基本险亦称主险，是可单独投保的险种。同国际保险市场的习惯做法一样，中国海洋运输货物保险的基本险分为平安险、水渍险和一切险三种。这三种基本险别的承保责任，在中国《海洋运输货物保险条款》（2009 版）中的“责任范围”一节内分别作出具体的规定。《海洋运输货物保险条款》共分六节，除第一节为“责任范围”外，其余五节依次名为“除外责任”“责任起讫”“被保险人义务”“赔偿处理”“索赔期限”。后五节的内容，是三种基本险的共同内容，适用于平安险、水渍险及一切险。

2. 基本险责任范围

关于保险“基本险责任范围”的内容，可详见拙著《国际贸易保险》（第四版），北京：对外经济贸易大学出版社，2019，第 151～156 页。

（二）海运货物保险基本险的除外责任

除外责任是指保险人不负赔偿责任的风险范围，即除外不保的项目。保险条款中之所以在“责任范围”之后再对“除外责任”作出规定，主要是为分清保险人、被保险人、发货人和承运人等有关方面对损失或费用应负的责任，以使保险人的赔偿责任更加明确。

中国《海洋运输货物保险条款》（2009 版）对三种基本险别的除外责任所作的规定，主要包括下列五项内容：

第一，被保险人的故意行为或过失造成的损失（如不施救、不及时提货、租用不适航船舶等）。

第二，属于发货人责任引起的损失（如包装不当不足、整箱货积载不当、标志不清、选箱不当等）。

第三，在保险责任开始前，被保险货物已存在的品质不良或数量短差造成的损失（如金属制品已锈损、机械设备缺陷、袋装货物数量不足等）。

第四，被保险货物的自然损耗、本质缺陷、特性以及市价跌落和运输迟延造成的损失或费用（如粮食因水分蒸发减量、油类挥发、液体渗漏、煤炭自燃、粮谷虫蛀、水果腐烂、季节性商品跌价、运输迟延导致鲜活商品变质等）。

第五，战争险和罢工险条款规定的责任范围和除外责任（战争险与罢工险不属于基本险，需要单独加保或另外保险）。

上述除外责任具有特定含义。对此，可详见拙著《国际贸易保险》（第四版），北京：对外经济贸易大学出版社，2019，第 156～157 页。

（三）海运货物保险基本险的责任起讫

保险责任起讫，又称保险期间或保险期限，是指保险人承担责任的起讫时限。在海运货物保险中，保险责任起讫除了指具体的开始与终止日期外，还指保险责任在何种情况下开始或终止。同国际保险市场的习惯做法一样，中国海运货物保险基本险的责任起讫，一般也采取“仓至仓”的原则。

“仓至仓”（Warehouse to Warehouse，W/W）原则是海运货物保险责任起讫（期限）的基本原则，它规定了保险人承担责任的时空范围，即规定了保险人承担责任的起讫时间和地点。保险责任从保险单载明的发货人仓库或储存处所开始运输时生效，在正常运输过程中继续有效，直到保险单载明的目的地收货人最后的仓库或储存处所，或被保险人用作分配、分派或非正常运输的其他储存处所为止，货物进入仓库或储存处所后保险责任即行终止。该原则又称“仓至仓”条款（W/W Clause）。

根据中国《海洋运输货物保险条款》（2009 版）第 3 条“责任起讫”的规定，保险责任的起讫时限可分为正常运输和非正常运输两种情况。

在正常运输情况下，保险责任的起讫是按“仓至仓”原则办理的，即自被保险货物运离保险单所载明的起运地仓库或储存处所开始运输时生效，包括正常运输过程中的海上、陆上、内河和驳船运输在内，直至该项货物到达保险单载明目的地收货人最后仓库或储存处所，或被保险人用作分配、分派或非正常运输的其他储存处所为止。若未抵达上述仓库或储存处所，则以被保险货物在最后卸载港全部卸离海轮后满 60 天为止。若在上述 60 天内被保险货物需转运到非保险单载明的目的地时，则以该项货物开始转运时终止。

被保险货物在运抵保险单载明的目的地之前，若发生分配、分派和分散转运等情况，保险责任按下列原则处理：

1. 若以卸货港为目的地，被保险人提货后运到他自己的仓库时，保险责任即行终止。如果他将保险货物再分配出售，保险人对此不再负责。

2. 若以内陆为目的地，从向船方提货后运到内陆目的地的被保险人仓库时，保险责任即行终止。

3. 以内陆为目的地，如果被保险货物在运抵内陆目的地时，先行存入某一仓库，然后又将该批货物分成几批再继续运往内陆目的地另外几个仓库，包括保险单载明的目的地，在这种情况下，则以先行存入的某一仓库作为被保险人的最后仓库，保险责任在进入该仓库时即终止。

4. 若在货物全部卸离海轮后 60 天内，被保险货物需转运到非保险单载明的目的地时，则以该项货物开始转运时终止。

上述几种情况，均以被保险货物卸离海轮后 60 天为限并以先发生者为准。

在海上运输过程中，若出现被保险人不能控制的非正常情况，保险责任将按下列规定办理：

1. 当出现由于被保险人无法控制的运输迟延、绕道、被迫卸货、重行装载、转载或承运人运用运输契约赋予的权限作任何航海上的变更时，在被保险人及时将获知的情况通知保险人并加缴保险费的情况下，保险人可继续承担责任。

2. 在被保险人无法控制的情况下，保险货物如在运抵保险单载明的目的地之前，运输契约在其他港口或地方终止时，[①] 在被保险人立即通知保险人并在必要时加缴一定保险费的条件下，保险继续有效，直至货物在这个卸载港口或地方售出并交货时为止。但最长时间不能超过货物在卸载港全部卸离海轮后满 60 天。[②] 这两种情况保险期限的终止，应以先发生者为准。

关于保险“仓至仓”条款（“责任起讫”）的内容，可详见拙著《国际贸易保险》（第四版），北京：对外经济贸易大学出版社，2019，第 157～159 页。

---

① 根据很多国家海运提单的规定，目的地如果发生战争、瘟疫、冰冻、罢工、港口拥挤等情况，承运人可将货物卸于他认为安全而方便的任何其他港口或地点，而运输契约可视为已经履行。

② 本条对终止责任时间的规定与英国伦敦保险协会货物条款的规定有很大的不同。英国 2009 年《伦敦保险协会货物条款》第 9 条的“运输契约终止条款”对此的规定是“直到货物在该港口或处所出售和交货，或除非另有特别约定，在保险标的到达该港口或处所后满 60 天为止，以先发生者为准……”，而不是“……最长时间不能超过货物在卸载港全部卸离海轮后满 60 天”。

（四）海运货物保险基本险中被保险人的义务

保险人与被保险人签订保险合同后，双方都应履行合同。保险人除规定自身的保险责任以外，对被保险人因应尽义务而需办理的有关事项也作出规定。若被保险人未恪尽职守履行义务而影响了保险人的利益，对被保险货物的有关损失，保险人将有权拒绝赔偿。

关于"被保险人的义务"，可详见拙著《国际贸易保险》（第四版），北京：对外经济贸易大学出版社，2019，第159～160页。

（五）海运货物保险基本险索赔期限

保险索赔期限，又称保险索赔时效，它是被保险货物发生保险责任范围的风险造成损失时，被保险人向保险人提出索赔的有效期限。

中国《海洋运输货物保险条款》（2009版）第5条规定：本保险索赔时效，从保险事故发生之日起算，最多不超过二年。

值得注意的是，若货损属于保险责任范围，又涉及船方或其他第三者责任方的索赔，被保险人必须在规定的有效期限内办理索赔。否则，因被保险人疏忽或其他原因逾期而丧失向有关责任方索赔权益时，应由被保险人自己承担责任，保险人不予赔偿。例如，依《海牙规则》或中国《海商法》的规定，收货人向承运人索赔的期限规定为交货之日起一年内有效。被保险人必须在这个期限到达之前向保险人提出索赔，或者要求承运人延长索赔时效，以便保险人在支付赔款之后可向承运人行使代位求偿的权利。若被保险人未做到这一点，保险人则不负赔偿责任。

（六）赔偿处理（2009版新增）

保险人收到被保险人的赔偿请求后，应及时就是否属于保险责任作出核定并将核定结果通知被保险人。情形复杂的，保险人在收到被保险人的赔偿请求并提供理赔所需资料后30日内未能核定保险责任的，保险人与被保险人根据实际情形商议合理期间，保险人在商定的期间内作出核定结果并通知被保险人。对属于保险责任的，在与被保险人达成有关赔偿金额的协议后10日内，履行赔偿义务。

二、海运货物保险附加险

国际贸易货物在运输过程中可能遭遇的风险和损失，除前述基本险承保的由于自然灾害和意外事故造成的风险损失之外，往往还有其他外来原因引起的风险损失。为了满足投保人的需要，保险人在基本险条款之外又制定了各种附加险条款。这些附加险是基本险的扩大和补充，不能单独投保，只能在投保基本险中的一种之后才能加保。加保的附加险可以是一种或几种，由被保险人依需要选择确定。例如，玻璃制品在投保平安险或水渍险之后，可以加保破碎险。加保附加险时，被保险人须支付一定的保险费，由保险人在保险单上注明加保某一附加险，该附加险的条款即作为基本险别的附加条款。

附加险承保的由于外来原因引起的风险种类很多，有的属一般外来原因，如偷窃、生锈、钩损等引起的风险，有的属于国家行政管理和政策措施变化、战争和罢工等特殊原因引起的风险，因而附加险的险别也很多。为易于区分并从保险经营中对风险管理的需要出发，中国保险业习惯将附加险分为一般附加险、特别附加险和特殊附加险三类。

关于"中国海运货物保险附加险"，可详见拙著《国际贸易保险》（第四版），北京：对外经济贸易大学出版社，2019，第161～166页。

三、海运货物专门保险

海运货物专门保险是根据海上运输货物特性而承保的专门险别，如海洋运输冷藏货物保险和海洋运输散装桐油保险等。

除了上述各种险别外，在中国人民保险公司承保的货物运输保险险别中，还有一种名为“卖方利益险”（Contingency Insurance Covers Seller’s Interest Only）的险别。这种险别是供中国出口企业在按 FOB 或 CFR 条件成交并采用托收方式出口时，为保障自身的利益而投保的独立险别。中国出口企业在投保了这一险别之后，若货物在运输途中发生损失，国外买方既不付款赎单又拒绝支付货物受损部分的损失时，保险公司对买方拒绝赔付受损或灭失部分货物的损失负赔偿责任。中国人民保险公司“卖方利益险”条款的规定如下：“本保险系卖方利益保险，负责赔偿货物在遭受本保险单载明承保险别的条款责任范围内的卖方损失。但本保险仅在买方不支付该项受损货物部分的损失时才予赔偿。被保险人应将其向买方或第三者的权利转移给保险人。如对本保险单项下的任何利益或赔款转让，保险人即解除其全部责任。”因此，在采用 FOB 或 CFR 条件出口时，卖方若担保到货品质，卖方也可就运输途中的风险自行投保，以便向保险人索赔。

第十六章　伦敦保险协会海运货物保险条款分析

在中国，进出口货物的保险通常采用中国保险条款。但有时应国外商人的要求，也可采用国际保险市场上通用的《伦敦保险协会海运货物保险条款》（简称《协会货物保险条款》）或对方国家的保险条款。长期以来，《协会货物保险条款》在国际保险市场上应用十分广泛并具有深远的影响。据统计，在全世界范围内约有 2/3 的国家，其中在发展中国家约有 3/4 的国家均采用《协会货物保险条款》。[①] 本章对此条款予以分析。

一、《协会货物保险条款》简介

在世界海运保险中，英国保险业历史悠久，业务发达。长期以来，它所制定的各种保险规章制度，特别是海运保险单格式和保险条款，对世界各国的保险业务有着广泛和深远的影响。目前，世界上很多国家在海上保险业务中直接采用英国伦敦保险协会所制定的《协会货物保险条款》（Institute Cargo Clauses，简称 ICC）。还有一些国家在制定本国保险条款时，参考或采用了上述条款。

英国《协会货物保险条款》最早制定于 1912 年，1963 和 1981 年曾进行修订和补充，最近一次修订完成于 2009 年（简称 ICC2009）。ICC2009 扩展了保险责任起讫，对保险人援引免责条款作出限制，对条款中易于产生争议的用词作出更加明确的规定。新条款中的文字、结构等，也更加简洁、严密，便于阅读和理解。[②]

二、《协会货物保险条款》（ICC2009）的新发展与变化

为进一步适应国际经济贸易及国际海运业务的发展变化，新版英国《协会货物保险条款》于 2009 年 1 月 1 日开始实施。新条款扩展了保险责任起讫期，对保险人援引免责条款作出一定的限制，对条款中容易产生争议的用词作出更为明确的规定，新条款中的文字和结构也更为简洁、严密。为使中国贸易商准确运用新版条款，笔者对新版《协会货物条款》中的主要发展变化予以分析，以期对中国贸易商有所裨益。

由于英国《协会货物保险条款》的（B）条款在实务中应用较少，而（C）条款只被使用在运载货物的船舶发生事故，如沉没或发生碰撞等情况才会导致的货物损失，但货物

---

① 关于美国协会货物保险的相关问题，可参见拙著．国际贸易保险（第四版）．第十章“美国协会货物保险”，北京：对外经济贸易大学出版社，2019。

② 关于《协会货物保险条款》简介的相关问题，可参见拙著．国际贸易保险（第四版）．北京：对外经济贸易大学出版社，2019：177-179。

本身通常不会在运输途中损坏的，因此，相对而言（A）条款在海上货物运输保险中的使用最为普遍且较具有代表性，故本章主要是对ICC2009的（A）条款的重大变化予以分析和探讨。

ICC2009与ICC1982相比较，有以下几点变化。①

（一）用词更加准确，定义更加明确

ICC2009将ICC1982的部分关键词予以更换，使其意思表达更加准确。例如，“Servant”（雇员）更换为“Employee”（受雇人）②，“Underwriter”（承保人）更换为“Insurers”（保险人），“Goods”（货物）更换为“Subject Matter Insured”（保险标的）等。重新定义了“Held Cover”（续保或特保）③和“Not to Inure”（不受益条款）。④

（二）除外责任变化较大

ICC1982的除外责任条款下，分别列有副标题，如第4条除外责任的副标题为“一般除外责任”，第5条的为“不适航和不适货除外责任”，第6条的为“战争除外责任”，第7条的为“罢工除外责任”。而ICC2009的除外责任条款直接表示为“除外责任4、5、6、7”。其原因是副标题所表示的意思很难与除外责任的内容完全相符。为避免产生歧义，ICC2009的除外责任条款不再加注副标题。

ICC2009除外责任的变化不仅表现在删除了副标题，而且内容也发生了较大变化，主要表现为以下几方面。

1. 对保险标的包装或配装不足或不当作出更为细致的规定

ICC2009第4.3条规定，保险人不承保“由于保险标的的包装或配装不足或不当引起的无法承受运输途中发生的通常事故而产生的灭失、损害或费用，此种情况适用于：该包装或配装是由被保险人或其受雇人员完成的，或该包装或配装是在本保险责任开始前完成的（本条所称的‘包装’，包括集装箱内的积载；本条所称的‘受雇人’，不包括独立合同人）”。

与ICC1982相比较，该条的变化是：

第一，明确了该除外条款仅适用于下列两种情况：一是保险标的的包装或配装是由被保险人或其受雇人完成，即保险标的的灭失或损害因被保险人或其受雇人负责完成的包装或配装不足或不当所致。二是保险标的的包装或配装是在保险责任开始前完成的（即开始货物运输前，如离开卖方的仓库装上卡车或火车等），那时已经存不足或不当，从而导致保险标的灭失或损害。只在这两种情况下因包装或配装有缺陷而导致的保险标的损失，保险人才不负责赔偿。由此可见，该规定缩小了因包装缺陷的除外责任的范围，更有利于被保险人。

第二，规定了包装“不足”或“不当”的标准是“无法承受运输途中发生的通常事故”。换言之，“足够”与“合适”的包装标准是，包装本身必须足以承受运输中的一般事故（To withstand the ordinary incidents of the insured transit）。在国际货物运输中，这一规定需视运输方式（陆运、海运、空运或集装箱运输等）决定包装的程度，即不同的运输

---

① 王莹.2009伦敦协会货运险条款较1982年版的变化.上海保险,2009:7.

② ICC2009年第5.1.2条.

③ ICC2009年第10.1条.

④ ICC2009年第15条.

方式需要不同的包装程度。

第三，表明了独立合同人（Independent Contractors）不属于被保险人的受雇人。

在国际货物运输中，需要船员、装卸工人、港站公司、装卸公司等运输合同和保险合同当事人之外的第三方配合才能完成货运任务。该第三方通常不受承运人和被保险人的指挥或监督，也不承担运输合同和保险合同责任，仅是提供运输服务。因此，该第三方不是运输合同和保险合同的当事人，而是承运人和被保险人的独立履行辅助人，又称独立合同人。

ICC2009 非常明确地规定，上述装卸公司等独立合同人的行为不属于被保险人的行为。换言之，若独立合同人负责完成的包装因其不足或不当而导致货物受损，保险人不能免责。例如，载货船舶在运输途中遇险，船方需对货物加以特别处理，如重新包装后才能继续运送到目的地。此时，若包装有缺陷而导致新的或更严重的损坏，保险人对此损害应予以赔偿。再如，发货人将货物运至港口委托给装卸公司装入集装箱，以备装船。在装船前，要在仓库内将货物置于托盘上，但因托盘的木材潮湿，导致集装箱内发潮而使货物受损。由于该项装箱工作是独立合同人完成的，其不属货方的受雇人，该损失应获得保险人的赔偿。

2. 简化了“迟延除外责任”的规定

ICC2009 第 4.5 条规定，保险人不承保“迟延引起的灭失、损害或费用，即使该迟延由于承保风险所引起（但依第 2 条，共同海损应予赔偿的费用不在此限）”。

与 ICC1982 相比较，ICC2009 第 4.5 条关于“迟延除外责任”的规定，删除了“Proximately”（直接或近因）这一用语，即若发生运输迟延的事实，则属 ICC2009（A）规定的除外责任范围，而无需再区分该损失或费用是否直接或间接由运输迟延引起。

因运输迟延导致保险标的损失或费用，既可能是保险标的本身的损失，也可能是经济损失。例如，载货船舶发生海上事故，尽管该事故未对货物本身造成任何损害，但因航次延误过久而导致船载货物腐烂、变质，或者影响货物的使用而产生各项费用等。

在英国的海上保险业务中，保险当事人除了要遵守保险合同规定外，还要遵守英国 1906 年《海上保险法》的相关规定。该保险法的基本原则之一是“近因原则”，即保险人只承担“近因”造成保险标的损失。ICC1982 的该条款规定，保险人因运输迟延直接引起的保险标的损失或费用不予赔偿，即导致保险标的损失或费用的直接原因或近因是运输“迟延”，保险人不予负责。这一规范在实践中对判断“迟延”是否为保险标的损失或费用的“近因”纠纷不断。为此，ICC2009 不再强调“迟延”必须为近因，只要由于迟延导致保险标的损失或费用，保险人均不予负责。

ICC2009 的上述改变，对保险人而言，确实简化了理赔程序，但是否变相地扩大了保险人的免责范围、是否为对“近因原则”的背离、对被保险人是否有利，这些疑问有待于实践检验。

3. 关于“经营人破产或不履行债务的除外责任”的规定更有利于保护被保险人

ICC2009 第 4.6 条规定，保险人不承保“因船舶所有人、经理人、租船人或经营人破产或不履行债务导致的灭失损害或费用。此情况适用于，在保险标的装上船舶之时，被保险人知道或被保险人在正常业务经营中应当知道，此种破产或不履行债务会导致该航程被取消。本条除外条款不适用于，当保险合同已经转让给另一方，即另一方已经善意购买或同意购买保险标的且受保险合同约束”。

在国际海上货物运输中，“经营人破产或不履行债务”是指，承运人或船东向货方收取运费且货物还处于运输途中时，因经营不善而破产或因无力偿还银行贷款等使其船舶被扣押，无法完成所承担的货运义务，而将船载货物卸载于非目的港。为此，货方或收货人为将货物运至目的地，需另行安排货物转运，进而产生延误和额外费用。

自 1982 年起，《协会货物保险条款》（ICC1982）将上述风险导致的货物损失和费用列入其除外不保责任。该除外责任条款的目的是防止被保险人将承运人应承担的责任转嫁给保险人。该条是 ICC2009 中最重要的变化之一，与 ICC1982 相比，变化表现为以下几点。

第一，除外责任时间限制。ICC1982 将此种风险导致的保险标的损失和费用无条件地排除在承保责任范围之外。但 ICC2009 基于航运市场发展现状，充分考虑了货方的利益，对保险人的除外责任时间作出限制，即被保险人不能获得赔偿的免责只适用于“保险标的装上船舶时”（At the time of loading of the subject-matter insured on board the vessel）。换言之，若保险标的已装上船舶，再发生因承运人或船东经营破产或不履行债务而导致保险标的损失或费用，则不属除外责任。这一变化无疑对货方比较有利。

第二，被保险人无主观过错限制。ICC1982 只是简单地规定，凡“因船舶所有人、经理人、租船人或经营人破产或不履行债务导致的灭失、损害或费用”，保险人不予赔偿。这一规定对被保险人不尽合理，其未考虑当今的国际货物运输现实。因为，当今国际货物运输的承运人与货主是分离的，即货主订舱或租船时，对船东或承运人的经营状况没有太多了解，其对船东或承运人濒临破产或者无力偿还债务的内幕更是知之甚少。为使商业规则公平、合理，ICC2009 对保险人的这一除外责任又予以进一步限制，即只有在被保险人知道或参与该业务时应该知道，在该航次中会发生船东或承运人破产或经营陷入困境，可能导致该航程被取消时，保险人才能对由此产生的损失或费用不予赔偿。例如，被保险人（货主）对其所订舱或租船的承运人或船东可能濒临破产或者经营不善的传闻充耳不闻，继续坚持装货，航程中果真产生了这种风险，则保险人完全有权拒绝赔偿其损失或费用。相反，即使经验非常丰富的货主也无法预料该船东或承运人会濒临破产或无力偿还其债务时，则该项除外责任条款无效，保险人无权拒绝赔偿。

ICC2009 的上述两项变化，保险人的除外责任以货物装船时和被保险人无主观过错为限制条件，从理论上看无疑对货方比较有利，但实践中可能缺乏可操作性。在国际货物运输中，被保险人（货方）通常是在装货前就已经以租约或订舱单方式与船东或承运人订立了海上货物运输合同，若订立运输合同当时无法合理知道或应该知道船东或承运人的经营状况，尤其是其财务状况，而在装货前才发现船东或承运人濒临破产或无力偿还债务，这将使被保险人处于进退维谷的境地。若继续履行运输合同则必须向船东或承运人交货，而由此导致保险标的的损失或费用，依上述规定属于保险人的除外责任而不予赔偿；若终止运输合同而拒绝向船东或承运人交货，则船东或承运人可能依合同法以违约为由，要求被保险人承担赔偿责任。① 英国立法者的动机良好，但如何解决上

---

① 杨良宜．海上货物保险．北京：中国法律出版社，2010：302.

述矛盾有待实践检验。

第三，充分考虑贸易商的利益。ICC2009 在本条增加了“本条除外条款不适用于保险合同已转让给另一方，即另一方已善意购买或同意购买保险标的且受保险合同约束”。这一新规定充分考虑了国际贸易的实际操作，起到保护善意第三方利益的作用。

在以 CIF 和 CFR 条件下的国际贸易中，通常由卖方租船或订舱。卖方完成装船义务后，取得包括预付运费提单的装船单据。此后，卖方将全套装船单据通过银行流转到买方，而卖方以此换取货款。卖方在装船时，可能已知道船东或承运人出现经营状况恶化，航程可能中断，但已取得货款的卖方对此有可能漠不关心。依 ICC1982 的规定，此种情况下的买方可能无法获得保险保障。由于船舶并非由买方租入或订舱，因此，买方对船舶的经营情况并不知情，此时要求买方承担这一风险显然是不公平的。

ICC2009 克服了 ICC1982 的缺陷和不足，增加了上述保护无辜的买方的规定，即在 CIF 和 CFR（买方委托卖方投保）条件的贸易合同下，若提单和保险单已转让给买方且买方接受保险标的时，因船方经营不善而破产或因其无力偿还银行的贷款等，导致买方因此遭受的损失和费用，保险人不能免责。由此可见，ICC2009 的这一新规定对以 CIF 或 CFR 条件进口的买方而言，具有积极意义。

4. 核战争武器除外责任范围扩大

ICC2009 第 4.7 条规定，保险人不承保“因使用任何原子或核子裂变和（或）聚变或其他类似反应或放射性力量或物质的武器或设备直接或间接导致的灭失、损害或费用”。该规定有两点显著变化：一是以“直接或间接造成”(Directly or indirectly caused by or arising from) 代替了 ICC1982 的“造成”(Arising from)，即明确认定造成损失的原因无论是直接还是间接，都属于除外责任；二是以“武器或设备”（Weapon or device）代替了 ICC1982 的“战争武器”（Weapon of war）即扩大了武器除外责任的范围，除外的情况既包括战争武器也包括其他非战争武器，既包括武器也包括普通设备。这一变化的意义在于，即使是恐怖行为（如使用化学武器、生化武器及电磁袭击等①）导致保险标的的损失和费用也排除在保险人保障的范围。

5. 不适航和不适货除外责任更加有利于货方

无论是 ICC1982 还是 ICC2009，关于船舶不适航和集装箱不适货除外责任的规定，其目的是改变法律的默示规定。这一默示规定是指英国 1906 年《海上保险法》第 40 条第 2 款的规定，即货方默示保证船舶开航时绝对适航与适货。换言之，只要实际上存在不适航、不适货的情况，则不论货方是否知情，保险人对因此导致的损失均不负赔偿责任。这一规定在 20 世纪初时具有合理性，因为当时货物与船舶通常由同一人所有，投保人会将船舶和货物一起投保并且可对船舶进行控制。但现在船舶和货物分属船东和贸易商所有和控制，货方无法对运载其货物的船舶进行控制，因而也就无能力保证船舶的适航性。因此，法律要求这一默示保证对货方而言是不公平的，也不现实的。为此，货物运输保险合同有必要加上一条明示条款来改变法律对此默示保证的规定，即要求保险人放弃对货方在船舶适航与适货方面的默示保证要求。这一明示条款体现在 ICC1982 和 ICC2009 第 5 条的相关规定。

---

① 杨良宜．海上货物保险．北京：中国法律出版社，2010：304-305.

ICC2009 关于船舶不适航和集装箱不适货除外责任的规定变化较大，总体而言这些变化对货方比较有利，即对保险人援引该除外责任条款作出很多限制，提高了对善意保险单受让人的保护程度，同时也使得保险人以此条款抗辩的难度增加。

ICC2009 第 5 条有以下几点变化：

第一，ICC2009 第 5.1.1 条规定，保险人不承保“被保险人在保险标的装船时已知道船舶或驳船的不适航及船舶或驳船不适合安全运输保险标的”。无论是 ICC1982 还是 ICC2009，其基本原则是，保险人放弃货方对船舶适航与适货的默示保证的要求，但第 5.1.1 条规范的是例外情况，即若被保险人对该不适航或不适货是知情的，则属保险人的除外责任范围。但与 ICC1982 相比较，ICC2009 作出两方面的限制。一是只局限在被保险人的货方知情，而不再包括其受雇人的知情。这是因为，无论是租船还是订舱，货方或其高级管理人员可通过与船东或承运人的商谈，获悉船舶是否适航。而其雇用人员对此知情的可能性很小。[①] 二是对不适航或不适货的知情只限制在货物装船的时候。换言之，在此之前或之后的知情则不属于除外责任的范围。

另外，不适航或不适货除了船舶外也包括驳船等。例如，在往返远洋船舶与码头之间的运输，货方使用自己的驳船进行运输，但该驳船可能不适航或不适货，而货方自己知情或视而不见，这就会导致发生事故而保险人拒赔。

第二，ICC2009 第 5.1.2 条规定，保险人不承保“在本保险合同生效前，装载已开始或已完成，或被保险人或其受雇人在装船时已经知道集装箱或运输工具不适合安全运输保险标的”。这是针对集装箱的安全运载货物问题。例如，集装箱浸水、冷藏箱的温度不足等。这种情况导致的货物损失或损坏，保险人可拒赔。与 ICC1982 相比较，这一除外责任对保险人予以严格限制，即局限在下列两种情况：一是在保险合同生效前，即运输开始前，装载于集装箱内的货物通常是发货人或卖方自己在仓库或工厂完成。若他在装箱时发现集装箱不适合装货而仍然进行装货，由此导致的损失会遭保险人拒赔。相反，保险合同已生效或运输已开始，除外责任无效。二是装箱工作由被保险人的受雇人负责，在这种情况下集装箱若不适货且知情，则由此导致的损失保险人可拒赔。但被保险人的货方/卖方将货物交给独立的货代公司并由其在集装箱集货运站装箱，然后再装上船舶，此时若集装箱不适合安全运载货物而发生事故，则不会影响货方向保险人索赔的权利。[②]

第三，ICC2009 第 5.2 条规定，“上述 5 . 1. 1 所述除外条款不适用于：当保险合同已经善意转让给另一方，即另一方已购买或同意购买保险标的且受合同约束”。这是 ICC2009 新增的规定，也是保险人作出的重要让步。[③] 这一变化对贸易商十分有利。

依英国 1906 年《海上保险法》，海上货物保险合同可通过保险单背书等方式，由卖方转让给买方，使买方成为保险合同的被保险人，一旦保险货物发生损失可由买方直接向保险人索赔。ICC2009 的新规定表明，上述第 5 条第 1 款第 1 项的除外责任不影响善意的第三者受让保险合同，即表明无辜的提单持有人，同时也是保单的持有人不受影响。例

---

① 杨良宜．海上货物保险．北京：中国法律出版社，2010：309.

② 杨良宜．海上货物保险．北京：中国法律出版社，2010：310.

③ 同上.

如，在 CIF 买卖合同中，卖方在取得提单之前已将该货物投保，货物付运后将相关单据提交银行，同时将这些单据（包括提单和保险单）转让给买方以取得货款。上述规定表明，若卖方对船舶不适航或集装箱不适合安全运载货物知情，造成货物的损失或损坏，也不会影响无辜买方的索赔权。但这一变化对受让保险合同的买方也有一个限制，即无辜的买方已购买或同意购买保险货物且受买卖合同约束。换言之，贸易合同项下的保险货物即使因承保风险导致损失，买方也必须向卖方支付货款。相反，若贸易合同项下的保险货物发生损失后，买方拒付货款，则买方不能依上述规定向保险人索赔。

第四，ICC2009 第 5.3 条规定，“保险人放弃运载保险标的至目的地的船舶违反适航和船舶适货的任何默示保证”。这一规定的作用基本上与 ICC1982 一样，如上所述，其目的是改变 1906 年立法中的货方适航与适货的默示责任。但 ICC1982 规定，保险人放弃货方对船舶适航与适货的默示保证，其前提条件是被保险人或其受雇人对船舶不适航、不适货不知情。而 ICC2009 条款规定的保险人放弃运载保险标的至目的地的船舶违反适航和船舶适货的默示保证，只局限在被保险人的货方知情而不再包括其受雇人的知情，以及对不适航或不适货的知情只针对装货的时候。

6. 恐怖主义行为等除外责任范围扩大

关于恐怖主义行为等除外责任的规定，与 ICC1982 相比较，ICC2009 第 7 条有两点显著变化：（1）将“恐怖主义行为”范围扩大，即包括“恐怖主义行为，或与恐怖主义行为相联系，任何组织通过暴力直接实施的旨在推翻或影响法律上承认的或非法律上承认的政府的行为”。[①] （2）将“任何人出于信仰或宗教目的实施的行为”也纳入除外责任。[②] 该除外责任是 ICC1982 所没有的。由此可见，新的 ICC 条款将恐怖主义行为范围从原来的袭击意图只针对政治方面，已扩大到意识形态和宗教意图。[③] 这一变化对贸易商而言，是一个不利的影响。

（三）扩展了保险责任起讫的期限

ICC2009 在第 8 条的“运输条款”中，将保险责任的起点扩展为“自保险标的为了开始运输而立即搬运至运输车辆或其他运输工具的目的，在仓库或储存处所（本保险合同载明的地点）开始搬移时生效……”。而 ICC1982 保险责任的起点则为“保险责任于货物运离仓库或储存处所开始运输时生效……”。

就保险责任终点而言，ICC2009 列明四个可能的终点，以最先发生者作为实际终点；而 ICC1982 则规定了三个可能的终点，以最先发生者作为实际终点。对于各自列明的前两个终点，ICC2009 强调“完成卸货”，而 ICC1982 则强调“运到”，显然 ICC2009 扩展了 ICC1982 的终点，这对被保险人更为有利。此外，ICC2009 增加的一个终点是“被保险人或其受雇人在正常运输过程之外选择任何运输车辆或其他运输工具或集装箱储存货物”，这是限制被保险人或其受雇人在非正常运输过程中的临时仓储。

1. 保险责任的起始

ICC1982 第 8 条对保险责任期间的规范是：保险责任的开始是从“为了开始运送货物

---

① ICC2009 第 7.3 条.

② 同上.

③ 杨良宜. 海上货物保险. 北京:中国法律出版社,2010:321.

而离开仓库或储存地”，终止的时间不是在货物从运输的船舶卸下与安全着陆的时候，而是伸延到三种情况中最先发生者。因此，ICC1982 以整个运输过程来对保险责任期间进行规范，而作为被保险人的货方认为这一责任期间还是不能满足实际的需要，其要求对在货方仓库或堆场装货与卸货期间所发生的风险予以保险。为此，ICC2009 将保险责任期间进一步向两端伸延至包括起运出库的装车、发运过程和抵达入库的卸车过程在内。为了与以前的“仓至仓”条款相区分，有人将其称为“从仓库搁板到车后挡板”（From shelf to tailgate）条款。[①] 所以，ICC2009 第 8.1 条将 ICC1982 的“自货物离开仓库的时候”（From the time the goods leave the warehouse），修改为 ICC2009 的“除下述第 11 条另有规定外，本保险责任于保险标的自（在保险合同载明地点的）仓库或储存处所，为了开始运输并立即装入或装上运输车辆或其他运输工具而首次被移动之时生效，包括正常运输过程，直至运到下述地点时终止”。但这一变化并不承保较早时，货物暂时存放在仓库或储存处所等待开始运输那段时间的风险，如在此期间仓库中发生的火灾。针对保险责任的起始，一方面 ICC2009 对保险责任条款所涉及的仓库或储存处所进行了更明确的限定，由“保险单载明”改为“保险合同载明地点”，这对于保险事故发生后的调查工作提供了进一步的参考，增强了保险条款的确定性；另一方面，在保险责任起始时间方面，ICC2009 的改变将承保的时间延伸到在货方仓库或堆场装货与卸货，体现了对作为被保险人的货方利益进行倾斜的趋势。可见，ICC2009 对保险责任期间的延伸即意味着对被保险人保障范围的扩大，对被保险人而言是有利的。

2. 保险责任的终止

保险责任终止时点的确定，对保险合同双方都很重要。对于保险人而言，此时间点以后发生的损失，保险人不再承担保险赔偿责任。对被保险人而言，明确保险责任的终止时间后，如货物依然在其控制之下，他需要进行续保等工作。由于许多情况都会导致货物运输的终止，所以 ICC1982 和 ICC2009 均在第 8 条规定了导致保险责任终止的若干情形。

ICC1982 保险责任终止的三种情况分别是：在载明的目的地交付至收货人或其他最后仓库或储存处所；被保险人将货物用于通常运送以外的储存、分配、分派时，在载明的目的地或之前交付到任何其他仓库或储存处所；被保险货物在最后卸货港全部卸离海轮满 60 天。以此三种情况最早发生者来确定保险责任期间的终止。ICC2009 则修改为：（1）在保险合同载明的目的地，从运输车辆或其他运输工具全部卸到最后仓库或储存处所；（2）在保险合同载明的目的地或之前，从运输车辆或其他运输工具全部卸到任何其他仓库或储存处所，其由被保险人或其雇员用作通常运送过程以外的存储或分配或分派；或（3）在被保险人或其受雇人选择将运输车辆、其他运输工具或集装箱用作通常运送过程以外的存储；或（4）保险标的在最后卸货港全部卸离海船满 60 天。以上各项以先发生为准。

从上述变化可以看出，此处第一个改变是关于“目的地”的规范，由 ICC1982 的“直到货物在保单列明的目的地交给收货人或者最后仓库或列名的储存地”扩展为 ICC2009 的“直到在目的地完成从运输工具的卸货”。这一改变是为了同上述保险责任起始时间所进行的变更保持一致。第二个改变是 ICC2009（第 8.1.3 条）新增条款，规范了

---

① 徐惠林．什么制约了海上保险的发展．中国保险．2006(1)：50-52.

保险责任终止的又一种情形，即若货物仍载于运输工具（如船舶或卡车）上，但被保险人或其受雇人决定不继续运输而是将货物储存在运输工具内，此时保险合同自动终止。此规范强调了海上货物运输保险的“运输”性。ICC（A）条款所承保的是货物运输中的风险，若不继续运输，保险人不会承担可能的延长时间的风险。若货物一直存放于运输工具内，则不符合货物运输保险的“运输”要求且会使承保期限延长。而从表面上看，由于货物存放在运输工具内而并非仓库里，此时若发生保险事故，被保险人也许会以货物还是在运输过程中为理由，要求保险公司承担保险赔偿责任。为防止这一情况出现，ICC2009进一步规定，若货物仍装在运输工具中且决定不继续进行运输时，保险合同自动终止。第三个改变是，ICC2009增加了被保险人受雇人的行为效力。与ICC1982仅对被保险人本人作出决定的效力进行规范不同，ICC2009新条款（第8.1.3条）增加了关于由被保险人受雇人安排停止继续正常运输的行为效力的规范。被保险人受雇人的行为后果应由被保险人承担。将被保险人受雇人的行为纳入保险合同有效性的影响因素中，提醒其注意受雇人的行为和决定，可增强被保险人行为的谨慎性。但被保险人受雇人不包括集装箱操作人员、托运代理人、码头装卸工人、船舶所有人、驳船操作人以及上述人员的受雇人。因为这些人员基本上是代理人或代理人的受雇人，即受代理人指挥的人，他们的意见来自代理人本身而非受雇于被保险人。因此，其行为后果，不应由被保险人承担，他们对不适航、不适货的知情，也不会成为保险人拒赔的理由。

ICC2009和ICC1982的第8.2、第8.3条在内容上没有本质的变化。

（四）“航程变更”的变化

与ICC1982相比较，第10条关于“航程变更”的规范，ICC2009有两方面的变化：一是考虑发生航程变更后的实际操作问题，对“保险继续有效”作出一些限制，即可能被保险人虽然已通知保险人变更情况，但未与保险人就变更后的条件最终达成一致时就发生了保险事故。在这种情况下，只有保险费率和保险条件符合合理的商业市场行情，保险才会仍然有效。二是规定在被保险人或其受雇人不知道运输保险标的的船舶驶向非保险单载明的另一目的地时，保险单仍被视为在本保险合同规定的航程开始时生效。此项规范加大了对善意被保险人利益保护的力度。

1. 保险继续有效（Cover may be provided）

所谓“航程变更”（Change of Voyage）[①] 是指，在风险开始后，船舶自愿改变保险单预定的目的港而驶向其他目的港。依英国1906年《海上保险法》，除非保险单另有规定，若存在改变航程，保险人自该航程变更之时起，亦即自变更决定被证明之时起免除责任。至于在发生损失时，船舶可能事实上尚未偏离保险单预定的航线则无关紧要。但依《协会货物保险条款》，在航程改变时，只要保险双方重新协议续保的保费和其他保险条件，海上运输货物保险合同并不自动终止，即“保险继续有效”。

ICC1982仅规范了航程改变时的保险继续有效问题，但对此的法律地位并未予以明确规范；而ICC2009对此予以详尽说明。

尽管海上货物运输保险合同中，通常都会依货物买卖合同来约定卸货港或交货港、预定货物保险的目的地，但运输或航程的目的地可能会因各种因素发生变更，从而有可能使

① 参见英国1906年《海上保险法》第45条第1款。

货物面临与保险合同订立时不同的风险。这些导致航程变更的因素包括：买方要求；卖方无法结算货款，加之货物价格下跌导致买方拒绝接收货物，从而迫使卖方将船载货物转卖；政治原因或其他原因导致货物在卸货港被拒绝进港，迫使该批货物另选他港卸货等。由上述因素产生的其他风险并非保险人在订约时同意承保的。若保险合同不对此在保费或续保方面另行规定，保险人则可能面对严重且根本无法预计的风险，进而承担额外的保险责任。相反，若订约时予以规定，即使原保险合同承保的风险有所变化，从而导致保险合同终止或承保风险还未开始，保险人也有权在要求合理增加保费或附加其他保险条件的情况下继续承保。为此，ICC1982 与 ICC2009 第 10 条均对“保险继续有效”予以规范，即只要被保险人将航程变更的情况通知保险人并同意增加保费或接受其他保险条件，则保险人可继续承担保险责任，保险期间并未因此而终止。但 ICC2009 第 10. 1 条对此予以更加明确的规范：“当本保险责任开始后，被保险人变更目的地，必须立即通知保险人并另行商定保费率和保险条件。在协商期间，若发生保险事故而导致货物损失，虽然双方还未达成保费率和保险条件的协议，但本保险仍然有效，只要保费率与保险条件可以以合理的商业市场行情获得。”

ICC2009 的变化是，首先，删除了“Held Covered”（续保）这一容易产生误解的措词；其次，对“保险继续有效”（Cover may be provided）的法律地位予以明确说明，即只要发生航程变更，作为被保险人的货方，必须将此情况立即通知保险人并就保险费与保险条件等事宜与保险人进一步协商。而货物在协商期间发生损失，即使该协议尚未达成，只要是有关的“保险继续有效”的保费率与保险条件可以以合理的商业市场行情获得，保险人可对该损失承担赔偿责任。上述变化了的新条款可有效地减少保险双方的分歧。所谓“保费率可以以合理的商业市场行情获得”通常是指，在保险市场上能够取得保险人同意承保的报价时的费率，一般称之为“合理商业费率”。依 ICC2009，保险人只能用“合理商业费率”来确定“保险继续有效”的加保费率。若风险较高，“合理商业费率”必然会提高，但不应该高得离谱。

2. 承保“鬼船”风险

ICC2009 增加了新的第 10. 2 条，承保“鬼船”风险，这是 ICC1982 所没有的。所谓“鬼船”（Phantom Ship），[①] 通常指一些价值很低的、悬挂方便旗的且无法确定其所属船东身份的老船。这些船舶对一些价值高且容易脱手的投保货物感兴趣。一般在租船市场揽货，然后依租约的规定装货，但在装货完成后根本不会驶往其所签发提单上载明的目的港，而是驶向另一个可以非法将货物出售的港口卸货。此后，该船舶立即更改船名，同时改挂另一方便旗，再次去租船市场揽货，重复前述非法行为。“鬼船”事件在国际航运中经常发生。对货主和保险公司而言，一旦发生“鬼船”事件，连船带货一同失踪，很难查找其下落。在 2009 年前，依《协会货物保险条款》，被保险人在“鬼船”事件中，很难获得保险人的赔偿。[②] 因为英国 1906 年《海上保险法》第 44 条规定：“若保险单已规定了目的港，但船舶不驶往目的港而驶往任何其他目的港时，保险单不承保该风险。”许多判例表明，在“鬼船”情况下，英国 1906 年《海上保险法》第 44 条的规定仅针对船

① 杨良宜．海上货物保险．北京：中国法律出版社，2010：415.

② “The Prestrioka”案，杨良宜．海上货物保险．北京：中国法律出版社，2010：415-416.

舶本身而未考虑作为被保险人的货主的利益，这对于被保险人来说，是不合理的。“鬼船”情况一般出现在以 CIF 或 CFR 条件成交且使用租船运输的国际贸易中。作为被保险人的买方，不论是通过受让方式（CIF）还是直接投保方式（CFR）获得保险时，其对卖方的租船情况通常并不了解，对船东的背景更是一无所知。对于“鬼船”风险，若依英国 1906 年《海上保险法》第 44 条的规定，则会导致由对船舶无控制权的被保险人承担船舶航行结果及由此产生的风险，这对于无辜的被保险人而言是不公平的。ICC2009 第 10. 2 条针对这种情况，提供了对无辜的被保险人的保障。

ICC2009 新条款针对“鬼船”风险作出新的规定：“当保险标的按照本保险合同的航程规定开始航行时（与第 8. 1 条相一致），被保险人或其受雇人对该船舶驶向另一目的地不知情，则本保险仍然被视为是在本保险合同规定的航程开始时生效。”即只要被保险人与其受雇人事先并不知晓船舶（即“鬼船”）开始航行时就打算驶往另一个目的港，则被保险人不会受到英国 1906 年《海上保险法》第 44 条的影响而导致失去保险保障，承保的风险还是被视为已开始或生效。这一条款改变了英国 1906 年《海上保险法》的默示地位，对于无辜的被保险人而言，的确是公平和合理的。

（五）扩大了被保险人的范围

ICC2009 在第 15 条中规定了“保险的利益”（Benefit of Insurance）条款，取代了 ICC 1982 的“无受益条款”或“不生效条款”（Not to Inure Clause），其内容是：“本保险保障被保险人，包括根据本保险合同提出索赔的人或收货人；除非有特别说明，承运人或其他受托人不得享受本保险的利益。”该条第 1 款是新增加的，即把被保险人的范围扩大到包括收货人。该条第 2 款主要是针对有些承运人或其他受托人（如码头、仓库等）在其运送或受托合同中所规定的“保险的利益条款”（Benefit of Insurance Clause）而制定的。“保险的利益条款”主要是指有些承运人或其他受托人在与被保险人（货方）签订的运输合同或受托管理合同中规定，对于应由承运人或受托人负责的损失，若另有保险可获赔偿，承运人或受托人可要求享受保险的利益。换言之，当货方投保货物保险后，货物在承运人或其他受托人负责期间发生损失，若可从保险人那里获得赔偿，则承运人或其他受托人可免除应承担的责任。若按照“保险的利益条款”操作，保险人在向被保险人（货方）赔偿损失后，则可能无法向应承担损害赔偿责任的承运人或其他受托人行使代位追偿权。因此，为了对抗运输合同或提单中“保险的利益条款”的不合理规定，伦敦保险协会在货物保险条款中规定了“保险的利益”条款，以防止承运人或其他受托人将其在承运或受托管理合同中所应承担的损害赔偿责任转嫁给保险人。

总之，ICC2009 在上述方面对 ICC1982 进行了更加清晰、明确的改进。无论是除外责任条款，还是运送条款和航程改变条款，ICC2009 对于 ICC1982 修改的最大特点是，顺应了保护被保险人或无辜的保险单持有人利益的趋势。近年来，科学技术发展迅速，人们对各种自然灾害和意外事故的预防和控制能力随之不断提高。特别是在船舶方面，科学技术对船舶技术设备的改进，使船舶自身抵御海上风险能力大大增强，相应使航行中可能遭受危险的概率有所减少，保险人所承保的保险标的遭受损失的可能性和程度随之减少，从而使得保险人的赔付率降低而赢利不断增加。因此，海上保险条款更注重保护被保险人利益是适应时代发展的需要。此外，这一发展趋势也符合保险条款的格式性特点和合同解释的原则。作为被保险人的贸易商必须对国际保险的这一最新惯例有所研究，以维护切身利益。

三、ICC2009（A）、ICC2009（B）和ICC2009（C）的承保风险

（一）ICC2009（A）的承保风险

ICC2009（A）对其承保风险的规定采取“一切风险减除外责任”的方式，并未列举具体承保风险的名称。因此，只需弄清楚它的“除外责任”，便不难理解其所承保的风险及含义。[①] 关于ICC（A）的“除外责任”将在下一问题中详细论述。

（二）ICC2009（B）和ICC2009（C）的承保风险

ICC2009（B）和ICC2009（C）对承保风险的规定采取“列明风险”的方式。这种方式对被保险人来说，十分明确、肯定，便于被保险人（或投保人）选择适当的险别；对保险人来说，有利于处理保险索赔。但这些承保风险，按其适用原则的不同，又可分为两大类：

（1）适用近因原则。只有当此类承保风险是直接导致保险标的（货物）灭失或损害的原因时，保险人才予以赔偿。

（2）适用合理归因原则。此类承保风险不适用近因原则，只要保险标的（货物）的灭失或损害可“合理归因于”这些承保风险，保险人即负赔偿责任。

关于ICC2009（B）和ICC2009（C）所承保的风险，可参见拙著《国际贸易保险》（第四版），北京：对外经济贸易大学出版社，2019，第188~191页。

四、ICC2009（A）、ICC2009（B）和ICC2009（C）的除外责任

（一）ICC2009（A）、ICC2009（B）和ICC2009（C）除外责任概述

关于ICC2009（A）、ICC2009（B）和ICC2009（C）的除外责任概述，可参见拙著《国际贸易保险》（第四版），北京：对外经济贸易大学出版社，2019年，第191~193页。

（二）ICC2009（A）、ICC2009（B）和ICC2009（C）除外责任的划分

因适用“近因原则”或适用“合理归因原则”的不同，可以对ICC2009（A）、ICC2009（B）和ICC2009（C）的除外责任作概括划分。由于英国的海上运输保险，基本上是英国1906年《海上保险法》（MIA1906）搭配ICC（A）、ICC（B）和ICC（C）等而适用，因此，先就各自适用的原则加以简述。

MIA1906原则上适用“近因原则”，但另有规定者除外。ICC（A）均适用“近因原则”，即保险货物的损失是由承保风险直接造成的，才属于保险责任范围。但因不可避免的情况（An Inevitable Circumstance）而造成货物损失的，不列入承保范围，即属于除外责任。ICC（A）中所列举的“除外责任”，其中多为不可避免的情况而引起的损失或费用。由于不可避免的情况而导致货物损失或增加费用，本来就在预料之中，当然列入除外不保的项目中。须注意的一点是，ICC（A）第4条虽然列明“除外责任”，但该条所未列明的而性质上也属于不可避免的情况者，同样不属于ICC（A）的承保风险范围。

ICC（B）和ICC（C）第1条第1款所列明的承保风险，不适用“近因原则”而适用

---

① 关于ICC2009(A)、(B)和(C)的承保风险概述,可参见拙著．国际贸易保险(第四版)．北京:对外经济贸易大学出版社,2019:183-184。

“合理归因原则”，这一规定构成 MIA1906 第 55 条“保险单另有约定”的情况。

（三）ICC2009（A）、ICC2009（B）和 ICC2009（C）除外责任的内容及其含义

关于 ICC2009（A）、ICC2009（B）和 ICC2009（C）第 4 条除外责任的内容及其含义，可参见拙著《国际贸易保险》（第四版），北京：对外经济贸易大学出版社，2019，第 194~201 页。

五、协会海运货物战争险、罢工险条款的承保风险与除外责任

伦敦协会的货物战争险与罢工险条款所包括的 8 项内容与 ICC（A）、ICC（B）和 ICC（C）所包括的 8 项内容，除了“承保风险范围”“除外责任”“保险期间”3 项不同外，其他 5 项内容完全相同。由于战争险与罢工险条款完整地包括了 8 项内容，因而它们可以独立投保，不再作为特殊附加险依附于 ICC（A）、ICC（B）和 ICC（C）。关于 ICC2009 的海运货物战争险、罢工险的内容，可参见拙著《国际贸易保险》（第四版），北京：对外经济贸易大学出版社，2019，第 202～203 页。

六、ICC2009（A）、ICC2009（B）和 ICC2009（C）的其他内容

前面详细分析了 ICC2009（A）、ICC2009（B）和 ICC2009（C）的“承保风险”和“除外责任”。在这里，再将该保险条款的“保险期间”“索赔”“保险的利益”“减少损失”“防止迟延”“法律惯例”加以论述。这些问题，可参见拙著《国际贸易保险》（第四版），北京：对外经济贸易大学出版社，2019，第 203～211 页。

第十七章 海上保险单据

保险单是证明保险合同成立的法律文件，它既反映了保险人与被保险人之间的权利和义务关系，又是保险人的承保证明。一旦发生承保责任范围的损失，它就是被保险人索赔的法律依据。

保险单一般包括下列内容：保险人与被保险人名称、保险标的和保险价值、保险金额、保险责任和除外责任、保险费、保险期间、损失和争议的处理规定、承保险别及适用条款、检验理赔人或代理人、运输工具等。

保险单虽为保险合同的证明文件，但保险合同存在与否，并非以是否出具保险单为准，只要投保人的要约（投保单）经保险人承诺，合同即告成立。承诺不限于书面，也可是口头承诺且与书面承诺同样有效。但由于保险情况复杂、期间又长，仅凭口头承诺可能会发生争议，因此，国际上对保险一般均订立书面合同。①

一、海上保险单据的分类

（一）船舶保险单、货物保险单和运费保险单

依保险标的的不同，可分为船舶保险单、货物保险单和运费保险单。②

（二）定值保险单与不定值保险单

依保险价值是否确定，可分为定值保险单与不定值保险单。③

（三）航程保险单、定期保险单和混合保险单

依保险期限，可分为航程保险单、定期保险单和混合保险单。④

（四）船名已定保险单和船名未定保险单

依船名是否确定，可分为船名已定保险单和船名未定保险单。⑤

（五）保险单、保险凭证、暂保单

依保险单据形式，可分为保险单、保险凭证、暂保单。⑥

---

① 现行的海上保险单据可以从不同角度进行分类。

② 参见拙著《国际贸易保险》（第四版）. 北京：对外经济贸易大学出版社，2019：285。

③ 参见拙著《国际贸易保险》（第四版）. 北京：对外经济贸易大学出版社，2019：285-286。

④ 参见拙著《国际贸易保险》（第四版）. 北京：对外经济贸易大学出版社，2019：286。

⑤ 参见拙著《国际贸易保险》（第四版）. 北京：对外经济贸易大学出版社，2019：286-290。

⑥ 参见拙著《国际贸易保险》（第四版）. 北京：对外经济贸易大学出版社，2019：290-291。

二、保险单的批改和转让

（一）保险单的批改

保险单在签发后，在有效期内，其内容一般以不作变更为佳。但在实际业务中，由于种种原因，投保人在向保险人申报时，出现陈述错误或遗漏是难以避免的。在此情况下，若不及时变更或修改，被保险人的利益则可能受到影响甚至导致保险合同失效。此外，保险货物在运输途中，也可能遇到某些意外的变化，如承运人根据运输合同所赋予的权利改变航行路线、变更目的地、临时靠挂非预定港口或转船等。这些变化也要求对原保险单内容及时进行变更或修改，以便保险标的获得与新情况相适合的保险保障。①

（二）保险单的转让

保险单的转让一般是指保险单权利的转让，即被保险人将根据保险单赋予的损害赔偿请求权及相应的诉讼权转让给受让人。这种权利的转让同被保险货物本身所有权的转让是两种不同的法律行为。买卖双方交接货物，转移所有权，并不能自动转移保险单项下所享受的权利。根据各国保险法或海商法，关于保险单的转让一般有以下规定。

（1）海运货物保险单（CIF 及 CIP 术语下）可不经保险人的同意而自由转让；一般财产保险单则必须征得保险人的同意才能转让。

产生上述不同规定的原因是，海运保险的货物在整个运输过程中，始终是处于承运人的控制和保管之下，被保险人对被保险货物在运输中的安危基本上不产生影响，因而，其保险单的自由转让不会给保险人增加风险负担。同时，国际贸易海运货物在运输过程中，常需以"卖路货"的方式并通过单据的转让而进行转卖，有的货物有时需经几次转手易主。若货物保险单的转让须经保险人的同意，将会影响交易的进行。而一般财产保险则不同，被保险财产在保险期间始终是在被保险人的控制与管理之下，一般财产的所有权若发生转移，往往会影响该项财产的管理水平，从而影响保险人所承担的风险。因此，为维护保险人的利益，通常规定一般财产保险单的转让必须征得保险人的同意。为此，中国《保险法》第 49 条规定："保险标的转让的，被保险人或者受让人应当及时通知保险人，但货物运输保险合同和另有约定的合同除外。"

（2）保险单的转让，必须在保险标的所有权转移之前或转移的同时进行。若所有权已转移，事后再办理保险单的转让，是无效的。

上述规定是与可保利益原则相关联的。因为，在被保险人将保险标的所有权转移给他人之后，其对保险标的已丧失可保利益，因而保险单的转让也就失去了依据。

（3）在保险单办理转让时，无论损失是否发生，只要被保险人对保险标的仍具有可保利益，保险单均可有效转让。

同上项规定一样，本项规定也与可保利益有关，即保险单的转让，是以被保险人对保险标的具有合法的经济利益——可保利益为要件，若具有可保利益，则此时即使损失已发生，保险单的转让仍有效。

（4）保险单的受让人只能享有与原被保险人在保险单下享有的相同的权利和义务。

中国《保险法》第 49 条规定："保险标的转让的，保险标的受让人承继被保险人的权利和义务。"在转让的保险单下，由于受让人对保险标的所享有的可保利益是一种"派

---

① 关于保险单的批改，可参见拙著《国际贸易保险》（第四版）. 北京：对外经济贸易大学出版社，2019：299。

生的”（Derivative）权益，因而其不能取得优于原被保险人的权利。

（5）保险单转让后，受让人有权以自己的名义向保险人进行诉讼；保险人也有权如对待原被保险人一样，对保险合同项下引起的责任进行辩护。

在本项规定下，由于保险人在合同责任的问题上对待受让人与对待原被保险人相同，若原被保险人有违法或违约的行为，尽管受让人对此并不知情，保险人仍可依对待原被保险人的有关规定办理。例如，原被保险人若有不告知或违反保证的情况，保险人得以违反最大诚信原则为由，宣告解除合同义务。

（三）保险单的转让方式

保险单的转让方式通常采用背书形式进行。保险单一般由被保险人背书后转让。根据国际保险行业的习惯，海运货物保险单经被保险人背书后，自动转让给受让人，事先事后均不需通知保险人。所以，出口商只要在保险单背面背书，即视为履行了转让手续。背书的作用，主要在于使保险单的转让得以实现。保险单的背书需在保险单的正本上进行。背书的方式分为记名背书和空白背书两种。依习惯做法，采用空白背书方式转让的保险单，可自由转让；采用记名背书方式转让的保险单，则只有被背书人才能成为保险单权利的受让人。在国际贸易中，除非信用证另有规定，保险单多为空白背书。信用证往往规定“Blank Endorsed”或“Endorsed in Blank”，其背书做法是，在正本保险单的背面注明被保险人的名称（公司名称和经办人的签名）。[1]

① 关于保险单的背书，可参见拙著《国际贸易保险》（第四版）．北京：对外经济贸易大学出版社，2019：295-297。

第十八章　保险在国际贸易中的应用

保险是国际贸易不可缺少的环节，无论是商品的进口还是出口均须办理保险。目前，中国进口商品约有80%在国内办理保险，出口商品约有50%在国内投保。若对于中国的进口货物采用FOB或CFR条件成交，中国的出口货物采用CIF或CIP条件成交，由中国贸易商向中国保险公司办理保险，一旦产生争议，通常可在中国解决。

与发达国家相比，中国保险相对落后。贸易商的保险意识比较淡薄，具备的保险知识也不丰富。加之一些保险公司信誉不佳，一旦贸易货物出险，要求保险公司赔偿极为困难。其原因之一是，贸易商不懂得如何运用贸易保险知识保护自己的权益。本章通过实际判例或案例，深入分析和探讨国际贸易中的贸易商如何在买卖合同、运输合同和保险合同及有关争议中，运用相关保险知识订立相关协议和处理相关纠纷，切实维护自身的权益。

一、最大诚信原则告知义务的应用

最大诚信原则是海上保险的重要原则之一。被保险人在保险合同订立时，应向保险人告知和正确陈述有关保险标的的重要情况。若被保险人违告知义务，保险人有权解除合同，且在被保险人故意违反时，或者未告知或错误告知的重要情况对保险事故的发生有影响的情况下，保险人有权对合同解除前发生的损失不负赔偿责任。中国《海商法》对此作出明确规定。英国1906年《海上保险法》也对告知和陈述方面规定了被保险人承担的最大诚信义务。告知义务始于被保险人要求保险之初，终于保险合同成立之时，是被保险人所负的一项特殊的法定义务，不是合同义务。“莫斯科考兰特有限公司（下称‘考兰特’－原告）诉中国平安保险股份有限公司绍兴支公司（下称‘绍兴平安’）及中国平安保险股份有限公司（下称‘平安总公司’）”一案给予有益的借鉴。①

某年6月，案外人绍兴对外贸易进出口公司（下称“绍兴外贸”－卖方）与莫斯科考兰特（买方）签订售货确认书，约定绍兴外贸向考兰特出售男女各式皮鞋42 528双，价值460 912.8美元，买方委托卖方投保，保费由买方承担等。签约后，绍兴外贸组织货源并向考兰特发货。浙江检验局对上述货物进行检验，认为货物数量和质量符合合同要求。同年6月29日，绍兴外贸作为被保险人向绍兴平安填写了四份投保单。绍兴平安向绍兴外贸出具了抬头为平安总公司、签章人为其法定代表人的格式保险单，记载内容与投保单的事项相同，并注明目的港为芬兰KOTKA、查勘代理人为当地合格的勘验人、承保

---

① 李章军，原告莫斯科考兰特有限公司诉被告中国平安保险股份有限公司绍兴支公司、中国平安保险总公司，http://www.gzhsfy.org/showanli.php? id=30。

条款为 ICC（A）附加 ICC 战争险等，绍兴外贸依约支付了保费。6 月 30 日，承运人签发提单并载明收货人为“To Order”（凭指示）、通知人考兰特、货物数量为四个 40 英尺集装箱、每箱件数为 1 164、卸货港为芬兰 KOTKA 等。上述货物运抵 KOTKA 后，装上卡车，通过陆路运抵莫斯科。考兰特提货后拆箱，发现皮鞋外包装表面潮湿且发霉，立即与绍兴外贸联系。绍兴平安获悉后，告知其与平安保险芬兰代理 KROGIUS 联系解决并向其提供一份保险人国外查勘和理赔代理人指南，其中的代理之一为 KROGIUS。8 月 28 日，考兰特向 KROGIUS 申请对货物进行检验，10 月 6 日作出检验报告：“……所有集装箱在铅封完好的情况下卸至莫斯科，开箱时有发霉素的味道且箱内特别潮湿。装鞋的纸板箱是湿的，表面有霉点。上层纸箱潮湿并有受潮的痕迹。经抽样检验，鞋盒、包装纸和皮鞋均受潮并发霉。所有皮鞋均不适合销售。”最后结论认为：“水分包括海水穿过集装箱的焊点进入集装箱内，渗漏以及运输途中湿度的变化引起冷凝是霉菌形成的主要原因。所有皮鞋都处在过分潮湿的空气及相应温度中，从而形成霉菌且持续了相当长一段时间（一到一个半月）。”同时，考兰特申请俄罗斯某科学发展研究院对货物质量进行鉴定。该研究院经实验作出结论：该批皮鞋内外部均布满白绿色的霉菌，该霉菌成长已达一至一个半月，致使皮鞋严重受损。此外，俄罗斯国家公共传染病监督中心函告考兰特，该批皮鞋不符合俄罗斯公共卫生的检疫要求，不得签发卫生证书。10 月中旬，考兰特通过绍兴外贸向绍兴平安提交出险通知书和货损检验报告，要求保险人理赔。但保险公司未予明确答复。

10 月下旬，考兰特与莫斯科 TOCT 公司签订货物销毁合同，约定由 TOCT 公司将受损皮鞋销毁。11 月初，平安总公司通过杭州分公司函告绍兴外贸，要求俄方收货人保存好受损货物以减少损失，该司会联系俄代理人协调此事。但此后，TOCT 公司根据合同将全部货物销毁完毕。绍兴外贸、考兰特多次向平安总公司及其杭州分公司、绍兴分公司索赔，但保险人以货损原因和责任一时无法查清等为由未予理赔。为此，考兰特从绍兴外贸背书转让取得保单后，诉至法院，要求判令两被告赔偿货损人民币 4 313 797. 8 元及利息损失 490 478. 76 元、货物检验及处理费用 26 145 元。

绍兴平安、平安总公司辩称，投保人与考兰特违反如实告知和陈述义务，投保时提供的外贸合同号均为 98018 及四份投保单的保险金额均为 129 933. 67 美元，而其向海关申报时所提供的三份报关单中，只有一份合同号为 98018，另两份为 98061，该 98018 发票金额仅为 135 266. 4 美元。根据保险合同所适用的英国海上保险法，本保险人宣告保险合同无效并不再承担赔偿责任；合同号 98018 项下只有部分货物装入集装箱，保险人即使承担保险责任，也只能对该部分货物损失赔偿；涉案货物运抵保单所载目的港 KOTKA 时，考兰特已拆箱并检查箱内货物质量，然后才转运至莫斯科，根据“仓至仓”条款，保险人的责任至 KOTKA 时已终止；考兰特委托的检验机构 KROGIUS 系平安总公司在芬兰的代理，但本保险人并未指定该机构查勘，该机构系接受考兰特委托且其检验报告缺乏科学性，不能作为定损依据；考兰特既然认为全损，就必须委付，无权申请销毁全部货物。综上，请求法院驳回考兰特的诉请。

法院经审理认为，被保险人绍兴外贸向绍兴平安投保，保单抬头虽为平安总公司，但因平安总公司及其分公司所使用的保单均系同一格式，唯一区别之处就是保险人的营业场所不同，故应认定保险合同系绍兴平安与绍兴外贸（被保险人）签订。

尽管根据 KROGIUS 检验报告认为所有皮鞋已失去原有形体和效用，不能销售，但涉案货损为推定全损；考兰特要求保险人按全部损失赔偿的，应向保险人委付保险标的，但其未经委付而直接委托销毁全部货物，该行为有过错，应对此负部分法律责任。绍兴平安认为货物未销毁，无相应证据，其应对本案货损及货物检验费、处理费负主要赔付责任。为此，法院判决：（一）被告绍兴平安赔偿原告考兰特货损人民币 3 019 658.4 元、货物检验费及处理费人民币 18 301.5 元。（二）驳回原告考兰特的其他诉讼请求。（三）驳回原告考兰特对被告平安总公司的诉讼请求。

一审宣判后，被告绍兴平安不服，上诉至省高院。二审审理期间，双方达成和解协议，被告绍兴平安撤回上诉。

本案是一起海上货物保险合同纠纷，涉及海上保险法上的最大诚信原则、保险责任、实际全损与推定全损、委付等问题，具有一定的现实意义。

（一）保险合同是否有效，考兰特是否违反最大诚信原则

最大诚信原则是海上保险的重要原则之一，被保险人在保险合同订立时，应向保险人告知和正确陈述有关保险标的的重要情况，若被保险人有违告知义务，保险人有权解除合同，且在被保险人故意违反时，或者未告知或错误告知的重要情况对保险事故的发生有影响的情况下，有权对合同解除前发生的损失不负赔偿责任。中国《海商法》对此作了明确规定。英国 1906 年《海上保险法》也对告知和陈述方面规定了被保险人承担的最大诚信义务。告知义务始于被保险人与保险人订立合同，止于保险合同成立之时，是被保险人应承担的一项特殊的法定义务而非合同义务。至于何谓影响保险人的“重要情况”，这是困扰各国的一个具有争议的问题。通常，被保险人须如实告知的重要情况，是指对一个合理谨慎的保险人，在考虑是否接受承保或保险费率高低时，有决定性影响的那些情况。

就本案而言，保险人认为，原告违反最大诚信义务，保险人可宣告保险合同无效。其理由是考兰特向保险人提供的 6 月 2 日的售货确认书和海关报关单中，合同号与保险单中的合同号不一致，说明投保人严重隐瞒事实，保险人可宣告保险合同无效。但被保险人投保时，提供 6 月 8 日的外贸合同及四份外贸发票，并按照合同和发票内容如实填写投保单，保险人审核后及时签发保险单，应视为双方之间的海上保险合同依法成立。至于合同号不一致的问题，报关单中所记载的合同号与保险单所记载的合同号的确不一致，但这并非被保险人违反如实告知义务的问题。因为本案系海上货物保险，被保险人投保时所填写的投保单载明的货物是集装箱货且具体注明四个集装箱号。保险人在保险单上的记载虽然也有合同号，但仍清楚载明与投保单相符的四个集装箱号，而该四个集装箱号与提单上的集装箱号是一致的，应认定被保险人已尽到如实告知的最大诚信义务。毕竟保险人所承保的系四个集装箱货物，现四个集装箱已装船并运抵目的港，在通过公路转运至莫斯科的运输单据上也载明四个集装箱号码，由此可见，被保险人在投保时并未作虚假陈述。至于外贸合同号不一致，这涉及考兰特与绍兴外贸之间的长期业务事宜，不宜将外贸合同与海运单据混为一谈。尽管中途装箱单和公路运单上的货物数量比保单、提单上的数量少 1 000 件，但上述四个集装箱号与保单、提单上的集装箱号一致，最重要的是，保险人的芬兰代理所作的检验报告中，陈述当时箱内货物数量为 4 656 件。由此可见，保险标的的数量系保单所记载的内容，而不存在保险人所辩称的有隐瞒事实的行为。

（二）本案的货损事实是否存在

本案保险人认为，检验报告有很多疑点，不能作为本案定性证据。理由是除非保单上

明确指定某代理机构查勘货损，否则，货损发生时，代理机构未经保险人的委托，无权就某一具体的货损进行查勘。

首先，KROGIUS 系保险人在芬兰的查勘和理赔代理，因该代理人系货损发生后绍兴平安向投保人提供的，保险人对此亦予以承认。其次，保单中约定查勘代理人为当地合格的勘验人，并未特别约定发生货损还需保险人的特别授权；同时，保险人向被保险人提供其代理人手册时，也未告知代理人查勘需特别授权。现原告依保险人提供的代理人名册找到其在芬兰的代理人，该代理人依职权作出检验报告，根据代理的法律原理，该代理人的行为后果应由被代理人即本案保险人来承担。根据该代理人的报告，四个集装箱分两批到达莫斯科，两批开箱时均有俄罗斯商会代表在场，因此，检验代理人的报告是客观的。

（三）保险人的保险责任是否已终止

保险期间是指保险合同的有效期间，其开始、持续和终止均须明确地予以规定，保险人仅对保险期间内发生的属保险人赔偿责任范围内的损失、费用和责任负责。海上运输货物保险合同通常采用航程规定保险期限。保单通常规定“仓至仓”条款，即自被保险货物运离保险单所载明的起运地仓库或储存所开始运输时生效，包括正常运输过程中的海上、陆上、内河和驳船运输在内，直至该批货物到达保险单所载明目的地收货人的最后仓库或储存处所，或被保险人用作分配、分派或非正常运输的其他储存处所为止。若未抵达上述仓库或储存处所，则以被保险货物在最后卸载港全部卸离海船后满 60 天为止。若在上述 60 天内被保险货物需转运到非保险单所载明的目的地时，则以该货物开始转运时止。

本案中，若依保单的“仓至仓”条款，承运人将货物运抵保单和提单所载明的目的港 KOTKA 后，考兰特未提出任何有关货损的异议，证明货到 KOTKA 时是完好无损的。这样，保险人的责任即告终止。这种观点看似正确，但仔细分析则不然。因为，本案保单载明的目的港确为 KOTKA 港，保险责任期间为自宁波港至 KOTKA 港的海上运输区间，但由于货物最终目的地为莫斯科，货物运抵 KOTKA 后，通过承运人立即连续用 10 天左右的时间转运至莫斯科。KOTKA 港并非收货人最后仓库或用作分派的处所，当时在 KOTKA 不可能拆箱检验，除非收货人明知货损。故上述观点认为保险责任至保险单所载明目的地收货人的最后仓库或储存处所已终止的理由不成立。货物运抵莫斯科后，考兰特立即申请 KROGIUS 检验且根据检验报告，所有皮鞋在过分潮湿的空气及相应温度形成霉菌的情况下作用了一至一个半月，由此可推定，货损发生在海运期间，属保险人所承保的责任期间。而且该风险属于一切险中一般附加险的受潮受热险，系保险人所承保的责任范围，故保险人应负赔付责任。最终，一审法院采纳后一观点，认定保险人的保险责任并未终止，应承担相应法律责任。

（四）货物是否全损，即考兰特委托销毁货物的行为是否合法？

对此，审判人员有两种观点。一种观点认为，考兰特既然主张全损，依保险法的规定，应向保险人委付保险标的，但考兰特不待保险人赴现场处理，急于委托他人将货物销毁，显然值得怀疑。故主张认定考兰特应承担委付过错责任，即承担部分货损款项。另一种观点认为，本案货损为实际全损，考兰特无须向保险人委付，其不应承担任何法律责任。

保险标的的全损，包括实际全损与推定全损。依中国《海商法》第 245 条的规定，保险标的发生保险事故后灭失，或者受到严重损坏完全失去原有形体、效用，或者不能再归被保险人所拥有的，为实际全损。而该法第 246 条规定，货物发生保险事故后，认为实际全损不可避免，或者为避免发生实际全损所需支付的费用与继续将货物运抵目的地的费用之和超过保险价值的，为推定全损。本案中，依保险人芬兰代理所作的检验报告和俄罗斯某科学发展研究院的实验报告，所有皮鞋及皮革制品的高分子化合物原料组织受到严重破坏、缝线脱落，已失去原有形体和效用，无法也不能销售，依英国 1906 年《海上保险法》第 57 条的规定，本案货损实际发生，属实际全损。依中国《海商法》第 249 条、英国 1906 年《海上保险法》第 57 条第 2 项，只有保险标的发生推定全损，被保险人要求保险按全部损失赔偿的，才必须向保险人委付保险标的。既然本案货损为实际全损，故考兰特无须向保险人委付。由于俄罗斯有关当局认为所有鞋子不合卫生检疫要求，考兰特为此委托他人销毁货物，应是符合逻辑的。保险人怀疑货物是否已销毁，应提供反证，否则只能驳回其抗辩。

在本案一审判决中，法院最后采纳了第一种观点。但这种观点值得商榷。

二、保险单及可保利益的转让在贸易中的应用

可保利益原则是保险中极其重要的原则之一，其关系保险合同有效与否以及保险事故发生后保险人是否给予赔偿等问题，在国际贸易实务中具有较强的应用性。但中国《保险法》及《海商法》对此仅作出原则性规定，并不详尽，故国际贸易实务中经常引起争议。以下结合中国保险实务及英国《海上保险法》的规定，从可保利益的概念、立法现状、效力、可保利益与保险单的转让等方面，对国际贸易中的 CIF、FOB 及 CFR 条件下买卖、运输途中转卖货物和买方拒收货物三种情况下出现的可保利益问题予以分析和探讨，以期对国际贸易实务有所裨益。①

（一）可保利益原则的时间效力

可保利益是构成保险合同的效力要件，且对于保险合同的效力具有基础评价意义。

传统的观点是在著名的“Sadlers Co. v. Badcock”一案中确定的。在该案中，Hardwicke 大法官作出有关财产保险类案件的可保利益起讫时间的精辟阐述。案中，一名房客以自己的名义为房东的房屋买了保险，但保险的期限比该房客租房的期限更长。在租房期限届满后，恰恰在保险合同到期之前发生了一场火灾，大火将房屋烧毁了。被保险人（房客）意图将保单转让给她的房东，即原告。保单上注明，若有转让，须在转让前 21 天于保险人处预登记，但后者拒绝登记这笔转让。

大法官 Hardwicke 对此作出不利于原告（房东）的判决，他认为财产保险合同中，被保险人对被保物品的可保利益不仅应在合同订立之初存在，更进一步，在整个合同期间都应当存在。当该房客租房期满后，就不再对房屋有可保利益，因此，也不能将保险合同转让给房东。经过这一著名案例，有关财产保险中可保利益原则的起讫时间的规则就此确定下来，这一原则被称为“Badcock 原则”。

随着现代保险业的发展，人们对财产保险的可保利益原则有了更深刻的理解。财产保险的目的在于填补被保险人所遭受的损害，可保利益原则要求被保险人在发生事故时对财产拥有可保利益就已足够，因此，在过去几个世纪中所固守的可保利益的传统观念，受到

---

① 参见刘小娜．海上保险中保险利益的若干问题的探讨，http://qdhs.chinacourt.org/public/detail.php? id=9。

广泛的质疑。现代保险理论与实务普遍认为，在订立保险合同时，投保人（不是被保险人）对保险标的是否拥有可保利益并不重要；但当保险事故发生时，被保险人对保险标的必须具有可保利益。因为对于财产保险而言，唯有被保险人可依保险合同请求保险人填补损害，被保险人对保险标的必须具有可保利益，而投保人对保险标的是否具有可保利益并无实际意义，而且要求投保人对保险标的具有可保利益还会增加实务上的麻烦。

相比之下，国际贸易中，海上货物保险合同长期以来被认为是传统可保利益原则的例外：投保人在订立海上货物保险合同时，对保险标的可以不具有可保利益；但在保险事故发生时，被保险人对保险标的必须具有可保利益。英国 1906 年《海上保险法》第 6 条第 1 款规定："被保险人在保险合同生效时，对保险标的可不具有利害关系，但在保险标的发生损失时，被保险人对保险标的必须有利害关系。"在海上货物保险中设立这一原则的主要原因是，在买卖合同中，一方当事人可能在可保利益尚未形成时就须对合同项下的货物投保（如 FOB 或 CFR 合同）。因此，新的中国《保险法》特别强调："财产保险的被保险人在保险事故发生时，对保险标的应当具有保险利益。""保险事故发生时，被保险人对保险标的不具有保险利益的，不得向保险人请求赔偿保险金。"

上述可保利益原则观念的变化及英国、中国保险法的规范对如何处理国际贸易中的货物保险具有指导意义。

（二）保险单及可保利益的转让

关于保险单转让的问题，中国《海商法》第 229 条对保险单的转让作出规定："海上货物运输保险合同可以由被保险人背书或者其他方式转让，合同的权利义务随之转移。合同转让时尚未支付保险费的，被保险人与受转让人负连带责任。"由此可见，在中国，只要法律未明文规定禁止的情形且转让又不损害公共利益，那么，保险合同的转让是有效的。有关可保利益转让的问题，中国法律并未作出规定。英国 1906 年《海上保险法》第 15 条规定："被保险人若转让或以其他方式放弃保险标的的利益，他并不因此将其保险合同下的权利转让给受让人，除非与受让人订有转让可保利益的明示或默示协议。"依此规定，可保利益的转让应与保险单一起转让，否则，保险单转让无效。因为保险标的上的利益与保险单上的利益是不同的，两者并不自动地或必然地联系在一起。英国 1906 年《海上保险法》第 50 条进一步规定："除非保险单中明文规定禁止转让，海上保险单可在损失发生前或发生后转让；在海上保险单已转让，以便转移保险单中利益的情况下，保险单的受让人有权以自己的名义起诉，被告有权援引该合同引起的任何抗辩，就像诉讼是由订立保险单的人或代表他的人提起的一样。"可见，具有可保利益的人对可保利益的转让或处分，是以其持有保险单为前提而不能随意地进行，且保险单的转让必然伴随可保利益的转让。中国《海商法》第 229 条仅对海上货物保险合同的转让方式作出规定，而对保险合同转让的效力问题未作规定。保险单是否在任何情况下均可转让，对此问题，英国 1906 年《海上保险法》第 51 条作出相应规定："若被保险人对保险标的已没有或丧失利益，且在此之前或当时未明示或默示同意转让保险单，则随后保险单的转让均属无效。但本条规定并不影响在发生灭失之后的保险单的转让。"

（三）CFR 条件下保险单的转让

在国际贸易中，贸易商可以以不同的贸易条件签订买卖合同，但比较常用的贸易条件是 CIF、CFR 及 FOB 等。在这几种贸易条件下，经常会涉及保险单的转让问题，但在保险合同当事人之间、买卖双方之间经常发生有关保险单转让效力的争议。

在以 CFR 条件签订的买卖合同中，依国际贸易惯例，应由买方对买卖合同项下的运输货物负责投保。但在这种贸易条件下，由于卖方负责订立货物运输合同，买方担忧不能及时收到卖方发送的装运通知，进而可能导致漏保。为此，买方为了能够在货物装船前及时投保，常常委托卖方在出口国投保，然后再由卖方将保险单转让给买方。甚至有些买方为了争取较低的保费而委托他人与保险公司订立保险合同，再由投保人将保险单转让给买方。在贸易实务中，保险单通常是在货物装运后与其他单据一起转让给买方，但由于货物装运后其风险甚至其所有权已由卖方转移至买方，即卖方或投保人在转让保险单时已不再拥有或丧失了货物的可保利益，因而，依前述理由，此种情况下的保险单转让无效，进而导致买方无法就该货物的灭失或损害向保险公司索赔。这一点与 CIF 条件下买卖合同中的保险不同。在 CIF 买卖合同中，尽管卖方也是在装运后才转让保险单，此时卖方也已丧失可保利益甚至货物所有权，但在此之前，依国际贸易惯例，买卖双方之间已默示拥有转让保险单的协议，即卖方在结算货款时须将保险单与其他货运单据一起转让给买方，因此，该保险单转让有效。

（四）运输途中转卖货物时保险单的转让

在以 FOB 条件成交买卖的情况下，买方（如 A）经常将在运输途中的货物又以 CIF 条件转卖给下家买方（如 B），并同时将货物保险单转让给 CIF 的买方。

对于销售运输途中货物的风险转移问题，《联合国国际货物销售合同公约》（下称《公约》）第 68 条规定："对于在运输途中销售的货物，从订立合同时起风险转移到买方承担。但是，如果情况表明有此需要，从货物交付给签发载有运输合同单据的承运人时起，风险就由买方承担……"该条是调整货物在运输途中出售，风险转移的情况。最常见的是中间商购买了已装船运输的原油、天然气、粮食、矿产等散装货物，当载货船舶在海上航行时，作为卖方的中间商将这些货物再出售给下家买方。船舶在海上航行期间的某一时刻，包括在卖方与买方达成交易之前，均有可能发生灭失或损坏。依《公约》的该条规定，在运输途中销售的货物风险转移的一般原则是，"对于在运输途中销售的货物，从订立合同时起风险转移到买方承担"。该原则比较适合在运输途中的货物因火灾、暴风雨、海难等原因导致的灭失或损坏，届时去划分风险损失发生的界限不会有太大困难。但若货损因进水渗漏、温度变化、偷窃等所致，则难以查明损失发生的具体时间，因此，上述一般原则无法适用。为此，《公约》又规定了一般原则的例外情况："若情况表明有此需要，从货物交付给签发载有运输合同单据的承运人时起，风险就由买方承担。"此处的"情况"通常是指，卖方通过交付给买方全套单据（包括运输单据和保险单等），将运输途中的货物出售给买方，这样，卖方（被保险人）将保险单背书转让给买方的事实表明，买方是唯一可以凭保险单向保险公司索赔的人，证明整个运输风险已由买方承担这一意图。

依上述一般原则，若风险在订立合同时由卖方转移给买方，保险单与风险转移的时间不一定相同，因为保险单可能在合同订立后转让，此时卖方（A）在转让保险单时已失去可保利益。但在 CIF 条件下，卖方（A）失去可保利益时（订立合同时）双方达成转让保险单的协议，即在买卖合同中约定转让保险单。因此，虽然卖方（A）转让保险单时已失去可保利益，但卖方在失去可保利益当时，与买方（B）达成转让保险单的协议，该保险单的转让有效。换言之，若运输途中货物灭失或损坏，买方可凭转让的保险单向保险公司索赔。

但依上述例外情况，即从货物交付给签发载有运输合同单据的承运人时起，风险由卖方转移给买方时，也就是货物风险在装运港交付承运人时转移。此种情况下，保险单的转让则可能不同。此时，当货物处于运输途中而订立 CIF 买卖合同时，卖方（A）所承担的风险已溯至货物在装运港时已转移给 CIF 的买方（B），即卖方（A）不再承担货物的风险了。因此，原 FOB 买方（A）的可保利益也溯至在装运港时已丧失。而在货物装船前或当时，卖方（原 FOB 买方）还未与 CIF 买方（B）达成任何转让保险单的协议，因为此时，CIF 买卖合同还未订立。因此，依英国 1906 年《海上保险法》，卖方在丧失可保利益后，并在此之前未明示或默示转让保险单，则以后转让保险单无效。若货物在运输途中灭失或损坏，持有保险单的 CIF 买方因保险单转让无效而可能无法向保险公司索赔。依英国 1906 年《海上保险法》的规定得出的这一结论可能并不合理，毕竟在运输途中转让货物保险单是贸易中的通常做法，且这一做法并不影响保险公司的利益。因为货物在运输途中一直处于承运人的控制之下，谁拥有货物的保险单并不影响运输中的风险变化。由于英国 1906 年《海上保险法》订立当时也无法预见几十年后《公约》对风险转移的规定，由此造成不同法律或公约之间立法目的的冲突也是在所难免的。由于中国《保险法》和《海商法》关于可保利益转让问题未作明文规定，上述例外情况是否也会导致保险单的转让无效则无法判断。

因此，在实务操作中，为避免保险公司利用这一技术性抗辩拒赔，接受运输途中转卖货物的 CIF 买方在接受保险单时，最好事先通知保险公司，并要求保险公司放弃这一技术性抗辩，确认保险单转让的效力，或者买方另行自己投保。另外，处于保护下家买方利益的考虑，拟出售运输途中货物的卖方或中间商在与前手卖方或实际供货商签订买卖合同时，应争取以 CIF 条件成交，再以 CIF 条件转卖运输途中的货物。这样，保险单可顺利转让，使最终买方成为保险单的合法持有人，进而使其有权向保险公司索赔。

（五）买方拒收货物时保险单的转让

在国际货物买卖中，经常因保险单转让效力而引起争议的另一个问题是，当买方合法拒收货物并将相关单据退还给卖方时，保险单是否可有效地转让给卖方。这取决于贸易术语和投保责任。在 FOB 或 CFR 条件的交易中，买方对运输货物负责投保，一旦买方合法地拒收货物，此时的货物风险又从买方转移到卖方，甚至货物的所有权也有可能为卖方享有，买方失去可保利益。由于此前买卖双方并不存在转让保险单的协议，因此在这种情况下，买方转让保险单给卖方是无效的。

但在 CIF 条件的买卖中，情况则可能不同。此种情况下，卖方对运输货物负责投保，货物装船后，卖方将包括保险单在内的货运单据合法地转让给买方。当买方合法地拒收货物时，虽然货物的风险又从买方回转到卖方，买方失去可保利益，但依国际贸易习惯做法，其有一项是买方的默示义务，即应将包括保险单、提单等与货物有关的单据退还给卖方，否则买方将丧失拒收权。英国 1979 年《货物销售法》第 35 条也规定了这一默示义务："The buyer is deemed to have accepted by goods, when the goods have been delivered to him and he does any act in relation to them which is inconsistent with the ownership of the seller.（当货物已交付给买方及买方作出与卖方拥有的货权不符的行为时，则视为买方已接受货物)。"换言之，买方行使拒收权时，若买方作出与卖方拥有货权不符的行动，则买方将丧失拒收权，视为他已接受货物。杨良宜在其论著《国际货物买卖》中对此解释道："原先的提单背书作为一种'有条件的转移货权'（Conditional Transfer），而当稍后买方拒绝接收货物时，货权会'归还'（Reversion），而买方是不应去作出与卖方这'归还利益'（Reversion Any Interest）的货权有不符的行动。"因此，在CIF条件下，当买方拒收货物时，买卖双方同时达成一项归还（转让）保险单的默示协议，保险单又有效地转让给卖方。虽然保险单有效地转让给卖方，但卖方是否在任何情况下均可凭此保险单就承保风险造成的货物损失向保险公司索赔，对此，理论界和业界存在争议。

一种观点认为，英国1906年《海上保险法》第6条第2款规定："若被保险人在损失发生时对保险标的不具有可保利益，在知晓事故发生后，则不能通过采取任何行为或选择而获得可保利益。"因此，在货物装船后，买方拒收货物之前发生的因承保风险造成的损失，保险公司可拒绝向卖方赔偿。因为在买方拒收货物之前，风险已转移至买方，卖方在货物损失的当时不拥有可保利益。尽管后来保险单转让给他，也不能通过该行为而获得可保利益。但在买方拒收货物后发生的因承保风险造成的损失，此时卖方已取得可保利益，卖方当然可向保险公司索赔。因此，为避免承担买方拒收货物前发生的损失风险，在CIF条件下，卖方最好在货物装船前投保一定的责任险，确保自身的利益不受损害。

另一种观点认为，在CIF条件下，货物在装运港装船以后，当货物发生保险合同承保的风险而灭失或损坏时，在买方退单、拒收货物并拒付货款的情况下，买方的此种行为将产生风险和可保利益回转的后果。由于可保利益发生回转，在发生货损时，货损的风险仍然一直由卖方承担，卖方具有可保利益，可以向保险公司索赔，即保险公司应对卖方进行保险赔偿。以下案例可证明这一问题。①

沈阳北方科工贸集团公司（原告）作为卖方，依日本客户的订单，通过烟台海运公司向日本发运一批配重铁。贸易合同约定为CIF日本神户，付款条件为T/T。原告向中国平安保险股份有限公司（被告）投保了海上货物运输险，承保险别为伦敦协会货物保险（A）条款。上述货物被装进集装箱后运至大连港，装船时，集装箱底部突然脱落，三件配重铁从集装箱内落下摔在船甲板上，发生全损。日本客户在得知货物发生全损后，以货物不能满足合同要求为由，拒付货款。原告根据保险单向被告索赔，而被告认为索赔不当，拒绝赔偿，最终导致诉讼。

原告与被告争议的焦点之一是：原告是否有权诉讼。被告认为，依Incoterms，CIF条件下，卖方承担货物装船之前的风险，而本案的货损发生在船甲板上，其风险已转移给买方，卖方（原告）已不承担风险且保险单已背书转让，因此，原告不再享有可保利益，因而不再享有诉权。

该观点认为，依Incoterms，在CIF条件下，当货物在装运港装船以后，由买方对货物承担风险并由其拥有可保利益；当货物发生保险合同承保的风险而灭失或损坏时，一般情况下，只有买方可向保险公司索赔，而卖方无权向保险公司索赔。但有例外情况，即买方退单、拒收货物并拒付货款时，买方的此种行为将产生风险和可保利益回转的法律后果。对此，中国《合同法》第148条规定："因标的物质量不符合质量要求，致使不能实现合

---

① 汪鹏南．现代海上保险法的理论与实践．大连：大连海事大学出版社，2004：365-372.

同目的的，买受人可以拒绝接受标的物或者解除合同。买受人拒绝接受标的物或者解除合同的，标的物毁损、灭失的风险由出卖人承担。”由于可保利益发生了回转，在发生货损时，货损的风险仍然一直由卖方承担，卖方具有可保利益，可向保险公司索赔，即保险公司应对卖方进行保险赔偿，而对买方的保险索赔得以拒绝。中国的一些法院也坚持这一观点。该案中，法院主张：虽然保险单已背书，但不能视为该保险单已实际转让。贸易合同中订立的贸易条件是 CIF 神户，是贸易双方对贸易合同的约定，仅对买卖双方具有约束力，被告作为保险人无权引用；依上述（A）条款，法院认为，只有存在被保险人对货损具有蓄意恶行或者私谋的情况下，被告才能免责。基于上述理由，法院判决被告（保险公司）应承担对原告的保险赔偿责任。

另外，上述案例还引申出另一问题，即可保利益与风险及货物所有权三者之间的关系如何。就海上货物运输保险而言，可保利益取决于风险的承担，但有时还取决于货物所有权。一般认为，若货物所有权与风险没有分离，即所有权与风险同时转移，则只有拥有货物所有权的一方对货物享有可保利益。但货物所有权转移与风险转移分离时，若所有权并未发生转移而货物的风险发生转移，那么，是享有货物所有权的一方与承担风险的一方同时具有可保利益，还是只有承担货物风险的一方具有可保利益？这是确定谁有权索赔的一个至关重要的问题。根据保险赔偿原则，货损发生后，应仅有一方有权索赔并得到赔偿，因此，在一票货物上应只有一方对该货物享有可保利益。通常认为，当货物所有权与风险分离时，风险转移后，应当是承担风险的一方，即买方享有可保利益，而卖方则丧失了对货物的可保利益，即使卖方还拥有货物的所有权。

综上所述，在国际贸易中，保险单能否有效地转让取决于三个方面：第一，转让人是否拥有可保利益，而可保利益通常又取决于风险或所有权的转移；第二，不同贸易术语下对货物的投保责任的承担者；第三，法律规范和习惯做法。这三者共同影响可保利益及保险单的转移，从而最终决定卖方或者买方能否就承保风险导致的货物灭失或损坏向保险公司索赔。但由于法律规范的不完善，加之国际贸易活动的复杂性，使得保险公司可通过可保利益、保险单转让等技术性抗辩规避其承担的货物灭失或损坏的风险责任，从而有可能损害国际贸易当事人的利益，不利于国际贸易经营活动的开展。为此，笔者认为至少要在两个方面加以防范和改进。一方面，作为被保险人的卖方或买方对上述问题应有所了解，并对相关的法律规范及贸易惯例有深入的研究，尽可能选择合适的贸易条件规避风险；另一方面，在国家立法方面，应不断完善中国《保险法》《海商法》的相关规范，使其法律条文与实践发展紧密相关，尽可能地反映实践的发展变化，避免过度的滞后性。

三、FOB 条件下买方（被保险人）是否需告知班轮转船

FOB 下，由买方租船或订舱、与承运人订立运输合同，是否需要转船通常买方应知道，但运输合同的一方为无船承运人，货物最终由实际承运人承运。因此，作为被保险人的买方很难事先知道是否转船。保险人以不告知转船为由拒赔是否合理？保险人应如何行使免责权？在保险人未赔偿被保险人的情况下，被保险人向承运人索赔是否需征求保险人的同意？以下判例中，涉及保险的告知义务、通知义务、保证条款、除外责任、被保险人

义务、代位追偿、承运人责任限制等诸多问题。法院判决给予有益的启示。[①]

某年9月10日，陕西鼓风机有限公司（下称“陕西鼓风机”－原审原告；被上诉人）与意大利法拉利公司签订买卖合同，向法拉利公司购买三台五轴联动数控叶片铣床，每台59万欧元，总计177万欧元。

陕西鼓风机与北京兆通运输公司（下称“兆通运输”－无船承运人）签订运输合同，约定：货物数量3套，装货港热那亚港，卸货港天津新港，最终交货地陕西临潼。运输合同签订后，兆通运输又通过意大利BM公司北京办事处向法国达飞船公司（达飞轮船）订舱并承运涉案货物。BM公司签发了提单，记载托运人为法拉利，装货港为热那亚港，卸货港为天津新港，承运的船舶为“CMA CGM NEPTUNE”。达飞轮船向BM公司出具了电放提单，记载托运人为法拉利公司，收货人为BM公司（北京办事处）。

10月13日，陕西鼓风机委托兆通运输向中国人民财产保险股份有限公司北京市分公司（下称“人保财险”－原审被告；上诉人）投保，与人保财险签订了保险合同，人保财险出具了保单，载明被保险人为陕西鼓风机，保险货物为铣床，保险金额1 947 000欧元，险别为PICC的“一切险”，保险期间从意大利的热那亚港经天津新港至临潼。保险单背面条款第四项的“被保险人义务”（三）约定：“如遇航程变更或发现保险单所载明的货物、船名或航程有遗漏或错误时，被保险人应在获悉后立即通知保险人并在必要时加缴保险费，本保险才继续有效。”保险合同签订后，陕西鼓风机支付了保险费。

运输过程中，货物转船由“V”轮承运，在自新加坡运往韩国釜山期间，“V”轮遭遇7至9级大风，导致位于露天甲板左前方的一台铣床严重损坏。货物运抵目的港天津新港后，经出入境检验检疫局对货物进行检验，结果为一台铣床严重残损，已无法使用，损失金额59万欧元。

海损事故发生之后，陕西鼓风机得知情况并及时通知了人保财险，但人保财险以各种借口拒绝赔偿。人保财险拒赔的主要理由包括：陕西鼓风机未向第三人（达飞轮船）索赔；依双方的保险合同，转船已构成人保财险是否继续承保或增加保险费的重大事由。FOB条件下，由陕西鼓风机租船或订舱，其应知晓船舶转船这一事实。陕西鼓风机违反“被保险人义务”且已在投保单上明确签注“被保险人确认本保险合同条款和内容已经完全了解”。但作为被保险人的陕西鼓风机未履行如实告知（转船）义务。

次年12月，陕西鼓风机依保单在法院（下称原审法院）起诉人保财险，同时，又凭达飞轮船提单在原审法院起诉达飞轮船。

原审法院认定达飞轮船应承担货损赔偿责任，但可享受单位赔偿责任限制，判决达飞轮船赔偿陕西鼓风机2万特别提款权【（2005）津海法商初字第53号】。之后，人保财险又要求陕西鼓风机对该案（53号）提起上诉。对是否上诉，双方也进行了探讨，均无法找到达飞轮船不享受责任限制的依据以及相关案例，即认为原审法院判决是依据事实和法律的公平判决。在此情况下，若上诉属滥用诉讼权利，是浪费司法资源，因此，陕西鼓风机决定不上诉且也没有损害人保财险的利益。

陕西鼓风机认为，转船必须告知既不是法定义务也不是约定义务。采用FOB或其他

---

① 参见李雪春，“陕西鼓风机（集团）有限公司诉中国人民财产保险股份有限公司北京市分公司保险合同案”，http://tjfy.chinacourt.org/public/detail.php?id=9418。

形式的贸易合同，只决定是否由买方承担运输并不决定是否转船，且本案中陕西鼓风机也是事后才获知转船的，并非其知道或应知道而未告知保险人。免责条款须进行告知才能产生法律效力，这是中国《保险法》的强制性规定。而本案中，人保财险对陕西鼓风机只提供了一页纸的保单，根本未向陕西鼓风机及其代理告知其免责事项；保单背面是英文，人保财险并未向陕西鼓风机提供中文副本，未履行如实告知的义务。显然，人保财险违反了中国《保险法》。因此，人保财险应予赔偿。

一审法院经审理认为：

（一）本案双方当事人之间签订的海上货物保险合同合法有效，陕西鼓风机的货物在保险责任范围内受损，人保财险负有赔付责任。

（二）从涉案证据看，陕西鼓风机对于国际海上货物运输的流程及货物运输途中转船并不知晓，因此，不存在其应承担转船的通知义务。在货物发生损坏之后，陕西鼓风机立即通知了人保财险且依人保财险的要求，向达飞轮船索赔。原审法院（2005）津海法商初字第 53 号案的生效判决也确认了上述事实。

（三）中国《保险法》规定，保险合同规定有关保险人责任免除条款的，保险人在订立保险合同时，应向投保人明确说明；未明确说明的，该条款不产生效力。本案中，人保财险未能举证证明自己已尽到作为保险人应尽的上述义务，向投保人进行了保险合同中保险人免责内容的说明，涉案保险单背面"被保险人的义务"条款（三）作为保险人的免责内容，仅仅有背面英文条款不能构成保险人向投保人进行了说明，应至少具有本国文字的副本才构成向投保人进行了说明，也才符合保险的国际惯例要求。因此，该免责条款对陕西鼓风机不发生法律效力。

（四）依涉案证据和原审法院生效的判决，保险标的损失的价值应认定为 59 万欧元。

（五）对涉案货损给陕西鼓风机造成的损失，陕西鼓风机依原审法院判决已得到 2 万特别提款权，折合人民币 234 790 元的赔偿，对该部分款项应从人保财险应承担的赔偿额中扣除。

综上，原审法院判决，人保财险赔偿陕西鼓风机 5 824 038 元人民币。

人保财险不服一审判决，向天津高院提起上诉，请求撤销原判，改判驳回陕西鼓风机的诉讼请求。其主要理由如下：

（一）陕西鼓风机在未通知人保财险的情况下，自行起诉承运人，则意味着一旦人保财险承担保险责任就不能向承运人追偿。因此，陕西鼓风机就运输合同的诉讼行为直接关系人保财险向第三方追偿的权利。陕西鼓风机已对人保财险书面明确表示就原审法院判决必须上诉，否则人保财险将因陕西鼓风机放弃向第三人请求赔偿的权利，直接导致人保财险失去追偿机会。对此，人保财险依法不应对陕西鼓风机的损失给予赔偿。

（二）对于保险单背面已被陕西鼓风机确认的保险条款，原审法院以该条款是英文，应至少有本国文字的副本，人保财险未如实告知为由，认定该条款无效。其不仅无任何法律依据，且也未考虑本案是国际贸易货物的保险，而该条款是 1981 年就制定并以中文形式公布且由保监会备案，陕西鼓风机也已在投保单上明确认可的。

天津高院经审理认定了原审判决查明的事实。其认为，本案为海上货物运输保险合同纠纷。陕西鼓风机与人保财险之间由保险单确立的海上货物运输保险合同关系合法有效，双方权利义务应受保单及所附保险条款的约束。人保财险承保的险别是"一切险"，涉案货物致损原因系运输途中遭受水湿，属于该险承保范围内。人保财险拒绝保险赔付，应承担相应的举证责任。涉案保单背面“被保险人的义务”条款中第三条的规定，属中国《海商法》第235条规定的保证条款，而非保险人责任免除条款，人保财险无需在签订保险合同时向陕西鼓风机进行明确说明。

在国际贸易及国际海上货物运输业务中，被保险人向保险人投保后，保单可以转让，因此，保单及背面条款使用英文是一种习惯做法，且“海洋运输货物保险条款”已于1981年修订并以中文形式公布，陕西鼓风机能够很方便地查到。作为一般合同条款，人保财险未提供中文文本不影响其效力。原审法院认定该条款无效属适用法律错误，应予纠正。

陕西鼓风机作为被保险人，在保险事故发生之前并不知晓涉案货物需转船的事实。因此，人保财险以陕西鼓风机违反被保险人义务为由，主张其有权解除保险合同且不承担保险赔偿责任证据不足，不予以支持。

本案中，人保财险在与投保人兆通运输订立保险合同时，采用由投保人填写投保单的形式，对保险标的以及被保险人的有关情况进行了询问。兆通运输对投保单所涉及的内容均如实进行了填写，履行了如实告知义务。因此，兆通运输未违反如实告知义务。

本案中，因人保财险尚未进行保险赔付，其并未取得代位求偿权。陕西鼓风机可同时以承运人和保险人作为被告提起诉讼，法律未规定陕西鼓风机向承运人主张权利应征求人保财险的意见，而人保财险在知悉陕西鼓风机起诉达飞轮船后也未提出任何异议。因此，人保财险所称的陕西鼓风机擅自向承运人索赔的主张无事实依据，不能成立。在人保财险未及时进行理赔的情况下，陕西鼓风机主动对货损的责任人提起诉讼，证明并未放弃向第三人索赔的权利，且已尽到保护保险人代位求偿权的义务。在人保财险拒赔的理由不能成立的情况下，因人保财险不当拒赔所产生的后果应由其自行承担。陕西鼓风机放弃对（2005）津海法商初字第53号案中上诉权利的行为，并不违反中国《海商法》第253条的规定。

综上，二审法院判决：驳回上诉，维持原判。

本案是一起典型的因货损引起的保险赔偿纠纷。

（一）涉案保单背面“被保险人的义务”条款中第三条是否属保险人责任免除条款，该条款的效力如何认定？

涉案保单的部分条款是由人保财险事先拟定的固定格式和内容，并在订立合同时未与对方协商。因此，该海上货物保险合同属于采用格式条款订立的合同。中国《合同法》第39条规定：“提供格式条款的一方当事人要采取合理的方式提请对方注意免除或限制其责任的条款，并按照对方的要求，对该条款予以说明。”中国《保险法》第17条规定：“订立保险合同，采用保险人提供的格式条款的，保险人向投保人提供的投保单应当附格式条款，保险人应当向投保人说明合同的内容。对保险合同中免除保险人责任的条款，保险人在订立合同时，应当在投保单、保险单或者其他保险凭证上作出足以引起投保人注意的提示，并对该条款的内容以书面或者口头形式向投保人作出明确说明；未作提示或者明确说明的，该条款不产生效力。”依上述规定，人保财险在订立保险合同时，应向被保险人明确说明保险人的责任免除条款，因此，本案中判断涉案保险单背面“被保险人的义务”条款中第三条是否属保险人责任免除条款成为问题的关键。对该条款的理解，两审法院存在不同意见。

一审法院认为，既然保险人有权以此拒绝被保险人的赔偿请求，则该条款当然属于保险人责任免除条款。本案，人保财险向陕西鼓风机提供的保险条款系英文文本，未提供中文文本，且对于责任免除条款也未向陕西鼓风机明确说明。依中国《保险法》第 17 条的规定，该条款无效。

二审法院认为，该条款为被保险人义务条款，属于中国《海商法》第 235 条的保证条款而非保险人责任免除条款，人保财险无需在签订合同时向陕西鼓风机明确说明。在国际贸易及海上货物运输中，被保险人投保后，保单可以转让。因此，保单及背面条款使用英文是一种习惯做法，且“海洋运输货物保险条款”已于 1981 年以中文公布，陕西鼓风机能够很方便地查到。作为一般合同条款，人保财险未提供中文文本并不影响其效力。

本案中，二审法院将该条款认定为保险合同的保证条款有更充分的法律依据。经对案件进一步审理，双方当事人对涉案的货物在运输途中发生转船的事实均无异议，人保财险能否以陕西鼓风机违反“被保险人的义务”条款为由主张解除合同，取决于被保险人陕西鼓风机在保险事故发生前是否知悉转船的事实。依本案所涉贸易合同记载，涉案货物为 FOB 条件，由陕西鼓风机负责租船订舱，其与兆通运输签订运输合同。兆通运输向陕西鼓风机提交的 BM 公司提单及达飞轮船的提单上均无“需转船运输”的记载，故应认定陕西鼓风机作为被保险人，在保险事故发生前并不知晓涉案货物需转船的事实。因此，人保财险以陕西鼓风机在保险事故发生前已获悉转船的事实，但未立即通知人保财险，违反了被保险人的义务为由，主张其有权解除合同并不承担赔偿责任的证据不足。

（二）投保人在本案中是否已履行了如实告知义务？

本案中，人保财险在与兆通运输订立保险合同时，采用由投保人填写投保单的形式，对保险标的及被保险人有关情况进行了询问，因此，兆通运输对投保单所涉及的内容均已如实进行了填写，即已履行了如实告知义务。人保财险作为海上货物运输保险的专业机构，若认为班轮运输中的转船行为是足以影响其是否同意承保或者提高保险费率的重要情况，其可就涉案货物是否转船事宜继续向投保人兆通运输提出询问，而人保财险并未就此内容提出询问。因此，依中国《保险法》第 16 条，兆通运输并未违反如实告知义务。①

（三）被保险人未经保险人同意自行起诉承运人且在案件判决后放弃上诉权利的，保险人能否依中国《海商法》第 253 条的规定相应扣减保险赔偿？②

中国《海商法》第 253 条的立法本意是保护保险人的代位求偿权能够得以实现，而保险人的代位求偿权是在向被保险人赔付后才能够取得。本案中，由于人保财险尚未进行保险赔付，其并未取得代位求偿权。陕西鼓风机可同时以承运人和保险人作为被告提起诉讼，法律未规定陕西鼓风机向承运人主张其权利应征求人保财险的意见，而人保财险在知悉陕西鼓风机起诉达飞轮船后也未提出任何异议且主动要求中止本案的审理。因此，人保财险所称陕西鼓风机擅自向承运人索赔的主张没有事实依据，不能成立。在本案中，在人

---

① 中国《保险法》第 16 条：“订立保险合同，保险人就保险标的或者被保险人的有关情况提出询问的，投保人应当如实告知。投保人故意或者因重大过失未履行前款规定的如实告知义务，足以影响保险人决定是否同意承保或者提高保险费率的，保险人有权解除合同。”

② 中国《海商法》第 253 条：“被保险人未经保险人同意放弃向第三人要求赔偿的权利，或者由于过失致使保险人不能行使追偿权利的，保险人可以相应扣减保险赔偿。”

保财险未及时理赔的情况下，陕西鼓风机主动对货损的责任人提起诉讼，证明并未放弃向第三人索赔的权利且已尽到保护保险人代位求偿权的义务。

保险最根本的原则是补偿原则，保险人无权将被保险人向责任人追偿作为理赔的先决条件。因此，在人保财险拒赔的理由不能成立，其亦无证据证明陕西鼓风机与承运人有恶意串通、放弃向承运人索赔的权利的情况下，由于人保财险不当拒赔所产生的后果应由其自行承担。陕西鼓风机在其向承运人索赔的案件中，放弃其上诉权利的行为并不违反中国法律的规定。

四、FOB 条件下卖方可否对运输途中的货物投保?

FOB 条件下，通常由买方办理货物运输中的保险，进而成为被保险人。但基于可保利益和风险保障的考量，卖方也可对同一贸易货物投保，同样成为被保险人。但对运输途中的货物损失，保险人以其风险已转移给买方，卖方不具有可保利益为由，拒绝向卖方赔偿。

关于可保利益（保险利益）的问题，无论实务界还是理论界，一直存在争议。将风险承担作为海上货物保险中的可保利益判断的唯一标准，存在不足与局限性，还应综合考虑。只要被保险人与保险财产具有合法的经济利益关系，则应具有可保利益，可向保险人索赔其损失。以下案例具有有益的启示。[1]

在九龙贸易公司（下称“九龙贸易”-卖方；被保险人）诉永安保险公司（下称“永安保险”；保险人）一案中，九龙贸易同约旦买方签署了板栗买卖合同，贸易术语为FOB。九龙贸易与永安保险签订了货物运输保险合同，承保的险别是“冷藏一切险”，货物在运输中设定的温度是零下 2 摄氏度。货物装船出运到达约旦，买方提货发现集装箱冷藏温度过高导致板栗受损，从而扣除应支付给九龙贸易的货款 5 万美元。于是，九龙贸易向永安保险提出索赔，但保险人以无可保利益为由拒赔，为此导致诉讼。

一审法院审理认为，根据约旦 HBG 保险公估公司的货物检验报告，在海运过程中，由于集装箱制冷不当造成货损，发生保险事故。涉案货物由买方通关提货并运至仓库处理，因此，货物所有权已转让给买方。涉案货物的贸易术语为 FOB，货物自装船后，风险发生转移。因此，货损风险由买方承担。九龙贸易作为卖方，在保险事故发生后不再对货物具有可保利益，无权向保险人主张权利。为此，法院驳回九龙贸易的诉讼请求。九龙贸易不服一审判决，提出上诉。

二审法院经审理认为，只要投保人或被保险人对保险标的具有法律上承认的经济利害关系，即可认定其具有可保利益。货物在运输途中发生损害后，九龙贸易接受约旦买方从货款中扣除货物损失，即实际承担了货物运输途中的风险。这已改变了 FOB 条件下，货物在装货港装船后风险转移给买方的国际贸易惯例，与货物具有法律上的经济利害关系，因此，应认定其对货物具有可保利益。为此，二审法院判决永安保险承担保险赔偿责任。

本案迥然不同的判决，再次引发对海上货物运输中的可保利益如何判断的争议。

新修订的中国《保险法》第 12 条规定：“保险利益是指投保人或者被保险人对保险

---

① 参见门植渊,“再论海上货物保险中的保险利益——以一个真实案例为视角”, http://www.ccmt.org.cn/showexplore.php? id=4167 [2013-12-25] 23:11:11。

标的具有的法律上承认的利益。”此处“利益”的含义什么？从上述“可保利益”的界定可看出，将可保利益的判断标准认定为“法律所承认的经济利益关系”更为合理。

（一）海上运输货物保险可保利益判定的依据

可保利益原则是保险法的基本原则之一，在海上保险合同纠纷中具有重要地位。就海上运输货物保险而言，可保利益取决于货物所有权的拥有和风险的承担。

1. 当货物所有权与风险没有分离，即两者同时转移，一般认为货物的所有权人对货物具有可保利益。在国际贸易中，货物所有权从卖方转移给买方，对可保利益的判定将会产生影响。

由于各国法律对所有权转移适用不同的原则和规定，因此，《联合国国际货物销售合同公约》（下称《公约》）除在卖方的义务中规定了卖方的所有权担保义务之外，对货物所有权何时转移以及买卖合同对所有权可能产生的影响等问题均未涉及。

若当事人在买卖合同中约定了所有权转移的时间，则依当事人“意思自治原则”，按合同的约定履行。在买卖合同无约定时，若所有权转移发生争议的，由解决争议的法院或仲裁庭依一般原则，即国际贸易惯例，或依国际私法推定适用的国内法律加以解决。

在国际贸易惯例中，只有 1932 年《华沙-牛津规则》明确规定了货物所有权转移的时间。依该规则第 6 条，卖方向买方交单的时间是货物所有权转移的时间。而在中国，《民法通则》第 72 条第 2 款规定：“按照合同或者其他合法方式取得财产的，财产所有权从财产交付时起转移，法律另有或者当事人另有约定的除外。”

然而，从买卖双方达成合同到所有权发生转移须经多个环节，那么，在买卖合同成立之后至所有权发生转移之前的这一期间内，若货物遭受损失，哪一方对货物具有可保利益成为一个不可回避的问题。

在国际货物买卖中，由于所有权转移的特殊性，一方当事人在损失发生时对货物不具有所有权，而仅有期待利益（如卖方期待货款）。若法律仅规定对货物享有所有权的一方才有可保利益，则具有期待利益一方的损失可能得不到补偿，因而可保利益就无法发挥其应有的作用。

2. 当所有权与风险分离时，即两者不同时转移，若所有权并未发生转移，而货物的风险发生转移，是货物所有人与承担货物风险的一方（如买方）同时对货物具有可保利益，还是只有承担货物风险的一方（如买方）具有可保利益？这是确定谁有权向保险人索赔的一个至关重要的问题。

若只是对货物承担风险的一方（如买方）具有可保利益，而卖方丧失了对货物的可保利益，即使卖方还享有货物所有权，则极有可能对卖方不利甚至造成损失。因此，将风险承担作为海上运输货物保险中的可保利益判定的唯一标准，存在不足与局限性，还应综合判断卖方是否与保险标的具有法律上的经济利益关系。

（二）国际贸易中，货物风险的转移对可保利益判定的影响

在国际贸易中，对于货物风险的转移，《公约》及国际商会的 Incoterms 中，有较明确的规定。买卖双方可在贸易合同中约定货物风险的转移时间，该约定效力高于公约或惯例的规定，这是当事人意思自治原则的体现。国际商会的 Incoterms®2020 中，对相关的贸易术语作出规定。如 FOB、CIF、CFR 均规定由买方承担货物在运输过程中的风险，即货物从装上船时起，风险转移给买方。通常，谁承担风险，谁就对货物具有可保利益，谁就有

权进行保险索赔。

通常，FOB 条件下，货物从装上船时起，只有买方承担货物风险并具有可保利益，即只有买方可向保险人索赔运输中的损失，卖方因无可保利益而无权向保险人索赔。但也有例外，即买方退单、拒收货物、拒付货款时，该行为将产生可保利益回转的法律后果。

关于可保利益的回转，中国《保险法》《海商法》，《公约》及国际惯例均未明确规定。但中国《合同法》第 148 条规定了货物风险回转的情况，即“因标的物的质量不符合质量要求，致使不能实现合同目的的，买受人可以拒绝接受标的物或者解除合同。买受人拒绝接受标的物或者解除合同的，标的物毁损、灭失的风险由出卖人承担”。因此，依上述法律规定可得出如下结论：因为买方拒绝收货，货物的风险由买方又转移到卖方，可保利益发生回转。可见，国际货物买卖中，可保利益的有或无，与风险的转移是紧密联系在一起的，可保利益的回转是随货物风险的再次转移而发生回转的。

但即使在可保利益回转的情形下，若保险人仅以损失发生时是否具有可保利益作为判断标准，则无法完全保证被保险人的利益。例如，在运输途中货物出险时，因买方还未拒收货物，其仍承担风险。而依中国《保险法》规定的被保险人在损失发生时，必须对保险标的具有可保利益才能向保险人索赔，而此时具有可保利益的一方为买方，则在此期间发生损失，卖方（自己投保）是不能向保险人索赔的，因而，卖方的利益可能得不到应有的保护。

（三）不同投保人就同一货物分别投保，被保险人应有权在其可保利益范围内索赔

本案中，一审法院的判决秉承的是英国早期判决的标准，即法律上的利益关系。据此标准，涉案货物已由买方通关并运至仓库处理，因此，货物的所有权已转移到买方，且货物被买方接受并未拒收，因而货损也由买方承担。因此，约旦买方具有可保利益，九龙贸易不具有法律上的利益关系，即不具有可保利益，保险人可拒赔。

而二审法院认为，涉案货物买卖双方的实际履行表明，其已变更了 FOB 贸易条件下，由买方投保运输险和货物在装货港装船之后风险转移给买方的做法。由卖方自己投保“冷藏一切险”，作为卖方和被保险人的九龙贸易，实际承担了货物在运输途中的风险与损失，与货物具有法律上的经济利益关系，因此，应认定其对货物具有可保利益。永安保险以卖方不具有可保利益而不承担赔偿责任的拒赔理由不当。

此案的二审判决从经济和法律上的可保利益标准加以分析，即在经济利益关系成立的前提下，对法律利益关系标准加以合理的解释。可以看出，二审法院对可保利益的判定采取综合性的标准，更加适合目前日益复杂的经济活动，最大限度地保护被保险人的利益，彰显法律的合理性。

国际货物买卖中，保险单能否有效转让以及可保利益的有或无，都与风险的转移紧密联系在一起。风险的转移影响可保利益的有无，而可保利益的有无又决定了保单能否有效转让，从而最终决定保险人是否对货物损失进行赔偿。由于法律规定的相对滞后性及国际贸易活动的复杂性，使得保险人往往通过可保利益的有或无、保险单是否有效地转让等技术性抗辩规避本应由其承担的货物灭失责任，从而损害了国际贸易当事人的利益，也不利于国际贸易的发展。

2013 年 6 月起实施的《最高人民法院关于适用〈中华人民共和国保险法〉若干问题的解释（二）》第 1 条规定：“财产保险中，不同投保人就同一保险标的分别投保，保险

事故发生后，被保险人在其可保利益范围内依据保险合同主张保险赔偿的，人民法院应予支持。”该规定为“可保利益”认定标准的合理解释奠定了基础。

2016年生效的英国《保险法》对其1906年《海上保险法》有所修改，从过去仅强调被保险人与保险财产之间的法律关系，逐步发展到强调被保险人与保险财产之间具有合法的经济利益关系，即为具有可保利益，以使其真正充分发挥保险的功效，保护被保险人的利益。

该案对出口商的启示是，若卖方须承担货物运输中的风险（或D组贸易术语），或向买方担保到货品质，则卖方应自己投保某一险别的保险，以保障自身利益。

五、FOB条件下提单转让后的保险责任

以FOB条件订立进口合同，通常由买方投保货物运输保险，买方成为被保险人。若货物发生损失，作为被保险人的买方有权向保险人提出索赔。保险人赔偿被保险人之后，可向对货物损失承担责任的第三人，如承运人行使代位追偿权。但FOB条件下的买方在提货前，已将提单转让给贸易下家，保险人应向谁赔偿？保险人赔偿之后，能否向第三人行使代位追偿权？这将涉及FOB条件下的提单转让效力、运输合同转让效力、保险赔偿责任等一系列问题。对此，贸易商必须掌握相关的国际运输与保险惯例知识。

指示提单的背书转让即意味着运输合同权利义务的转让。提单由原被保险人，如FOB的买方转让给受让人，尽管保险公司赔付原被保险人，但其已无权转让对第三方的承运人的索赔权，进而保险公司也无权追偿承运人。

依保险惯例及中国《海商法》，保险人向被保险人实际赔付后，依法取得代位追偿权，可向对被保险人损失负有责任的第三人追偿。但保险代位追偿须满足一定条件，其中最重要的一点是其所代位的被保险人，对造成保险标的损坏的第三人，依法具有损害赔偿请求权。同样，该第三人也有权将对被保险人的抗辩用以对抗保险人。

提单是承运人与托运人之间达成的海上货物运输合同的证明。提单的这一作用表明，提单是船货双方在货物运输关系中，确定权利义务的依据。当提单从托运人转让至收货人、提单受让人或其他持有人时，提单证明的海上货物运输合同也随之发生转移。承运人与提单持有人之间的权利义务关系依提单的规定确定。

提单转让后产生两个效力。对内效力是，提单所证明的运输合同的内容通常移转给受让人，所有的利益和瑕疵包括货损索赔权亦随之移转；对外效力是，承运人只需也只能向提单受让人履行提单项下的义务并承担义务不履行的责任，如货损赔偿责任，而不再向提单转让人履行合同义务和承担责任。

在一判决案例中，[①] 作为买方的中国中茶公司与荷兰卖方C公司签订可可豆贸易合同，贸易条件为FOB阿比让，信用证付款。中国T保险公司出具的货物运输保险单中记载的被保险人为中茶公司，由象牙海岸（科特迪瓦）至中国上海，承保险别为“一切

---

① 参见王蕾，指示提单背书交付的法律效力；“中国人民保险公司北京市分公司诉被告日本株式会社商船三井海上货物运输合同货损赔偿纠纷案”；上海海事法院（2002）沪海法商初字第440号判决书，http://shhsfy.gov.cn/hsinfoplat/platformData/infoplat/pub/hsfyintel_32/docs/200708/d_199597.html。

险”。日本某株式会社（承运人）签发了提单，提单记载：托运人为S公司，收货人凭指示，通知人为中茶公司和兴光公司。此前，中茶公司与兴光公司签订委托加工协议，约定中茶公司委托兴光公司加工可可豆共500公吨，兴光公司负责返还加工成品。涉案提单背面的背书人依次为托运人S公司、贸易合同卖方C公司、中茶公司和兴光公司，最后由兴光公司持提单向承运人提货。

涉案货物进口报关，报关单记载的经营单位为中茶公司，收货单位为兴光公司，货物用途为加工返销。兴光公司提货后，发现货物发霉结块。中国商检公司对涉案货物出具了检验证书，证明其损失原因基本判定为集装箱在海运途中遭海水浸泡。中国T保险公司赔偿了中茶公司。于是，中茶公司出具赔款收据及权益转让书，证明其已收到货物保险赔款，并同意将已取得赔款的保险标的的一切权益转让给T保险公司。T保险公司向承运人发出代位追偿通知，而承运人以提单已转让为依据，拒绝赔偿。

法院经审理认为，指示提单的背书即意味着运输合同权利义务的转让。货物在目的港交付前，提单已由中茶公司（提单转让人）背书转让给兴光公司，兴光公司作为提单持有人向承运人主张提货，提单所证明的运输合同的权利义务已转让，中茶公司与兴光公司之间的委托加工和提货的关系不能对抗包括承运人和保险人在内的第三人。原被保险人中茶公司已不是提单的合法持有人，其再以提单所证明的运输合同为依据，要求承运人承担违约责任已无法律依据。故T保险公司不能向承运人追偿货损赔偿。

本案中，FOB条件下，提单已由原被保险人（FOB的买方）中茶公司转让给兴光公司，尽管保险公司赔付中茶公司，但其已无权转让对承运人的索赔权，进而保险公司也无权追偿承运人。由兴光公司（提单受让人）向保险公司索赔，再由保险公司追偿承运人即可。

六、ICC“偷窃和提货不着”附加险条款争议

由英国伦敦保险业协会制定的《协会货物保险条款》（ICC）是使用最为普遍的标准保险条款。英国ICC条款主要有三种：ICC（A）条款、ICC（B）条款及ICC（C）条款。该三种货物险条款因承保的风险不同，被保险人的举证责任也显著不同。

依“谁主张，谁举证”的原则，针对ICC（A）条款，被保险人仅须证明发生了损失即可，由保险人对因除外责任中列举的原因所导致的损失承担举证责任；而对ICC（B）条款，被保险人须对发生因列明风险导致的损失承担举证责任，否则承担败诉的不利后果。可见，列明风险项下，被保险人的举证难度大于一切风险。

ICC附加险“偷窃和提货不着险”承保范围也是列明风险，列明风险的举证责任在被保险人，即原告必须证明发生了因列明风险引起的损失，才能胜诉并获得保险人赔偿。

在“晁威有限公司（下称‘晁威公司’；被保险人）诉美亚财产保险有限公司广东分公司佛山支公司（下称‘美亚保险’；保险人）”一案中，[①] 2007年4月23日，被告美亚保险向原告晁威公司签发了货物运输保险预约保单，并分别于2007年6月25日、2007年12月14日、2008年6月12日、2009年4月29日、2010年9月6日、2011年9月22

① 宋瑞秋，“晁威有限公司诉美亚财产保险有限公司广东分公司佛山支公司”，http://www.ccmt.org.cn/shownews.php?id=15508；广州海事法院（2012）广海法初字第369号判决书。

日、2012年3月9日签发过批单。保单约定进口未使用的新产品适用ICC（A）、ICC战争险条款（货物）及ICC罢工险条款（货物）；进口旧品适用ICC（B）及“偷窃和提货不着险”。

2011年10月7日，晁威公司购买的一批废铜被装入集装箱内，先由“首尔快运”轮从墨西哥的曼萨尼约港运至日本横滨港，后由“APL IRELAND”轮由日本横滨港运至中国深圳的赤湾港区，再由晁威公司指定的运输公司使用牵引式挂车由赤湾港区集装箱堆场运至香港。

货物在香港等待运至内地的三山港的期间，集装箱分别于11月13日、14日被过磅称重。两次称重记录显示，箱内货重分别为18 280公斤和18 290公斤。美国总统轮船公司为该次运输出具了海运单。而该海运单记载托运人为Metalesy Pacas Trade S. A. de C. V.，收货人为晁威公司，装港为墨西哥曼萨尼约港，卸港为赤湾港区，交货地为中国的三山港，货物包括集装箱装载的废铜10捆，重量为21 110公斤，由托运人称重、装箱并点数。

庭审中，晁威公司确认由该批废铜的供应商Metales y Pacas Trade S. A. de C. V. 对集装箱装箱并施封。晁威公司依上述货物运输预约保单的约定，为该批货物向被告美亚保险申报并支付保费。被告于2011年10月26日向晁威公司开具了包括涉案货物在内的货物运输保险发票。

载货集装箱在香港称重后，晁威公司以该集装箱所载货物短量为由向美亚保险报险并请求理赔。公估公司对该集装箱进行了检验，其出具的报告记载：拆箱之前，该箱外观完好无损，其铅封也完好无损；拆箱之后，发现箱内货物为废铜，但仅有8捆而非10捆并对8捆废铜进行称量，总计18 331.50公斤；无证据显示货物短量为运输过程中意外所致。

诉辩双方的各自主张：

晁威公司诉称：该批货物经海运由墨西哥曼萨尼约港运抵目的港香港后，在过磅时发现短重2 820公斤，损失价值约为人民币141 843元。晁威公司就此提出索赔，但美亚保险拒绝赔付。晁威公司认为，美亚保险承保的货物在保险期内受损，应予以赔偿，请求判令美亚保险支付保险赔偿金人民币141 843元并承担本案诉讼费用。

美亚保险辩称：第一，涉案货物适用的保险条款是ICC（B）以及ICC“偷窃和提货不着险”条款，即美亚保险承保的是列明风险，应由晁威公司举证证明货物的灭失或短量是由列明风险造成的。原告无任何证据证明涉案货物在运输的过程中，发生列明风险中列举的、可引起其主张的短量损失的任何事故。第二，原告所提供的证据不能证明涉案货物在运输途中发生短量。原告提供的卖方单方提供的文件，不能证明涉案货物装载在集装箱内的重量，且依公估人员的检查，涉案集装箱封铅完好，无被撬痕迹。涉案货物由发货人进行称重、装载及清点，发货人需在封条完好下，对货物装载数量负责。原告收取货物的重量与单证上记载的重量差异，可能是发货人根本就未如实装运。因此，原告应承担举证不能的后果，美亚保险对原告不负赔偿责任，请求驳回原告的诉讼请求。

法院审理认为，根据美亚保险向晁威公司签发的货物运输保险预约保单和各次批单，双方之间成立有效的海上预约保险合同。涉案货物为废铜，其运输时间、航程符合预约保单的约定，晁威公司作为买方对该货物具有可保利益，且已就该次运输向美亚保险申报并支付了保费，并遵循了预约保单约定的索赔程序；因涉案货物属旧品，依预约保险合同约定，应适用 ICC（B）及 ICC“偷窃和提货不着险”条款。该两条款对承保风险范围均作了列明式的规定，故美亚保险对货物承保的风险应为列明风险，未在保险条款中列明的风险不属于承保范围。

晁威公司关于只要涉案货物在保险期间内受到损失，无论由何种风险造成，保险人即应承担保险赔偿责任的主张，因无合同依据，不能成立。

晁威公司关于被告应就原告主张的涉案货物短量承担保险赔偿责任的主张，缺乏事实依据。理由是：第一，虽然从运抵卸货港的涉案货箱内卸出的货物经电子台式天秤称量重量为 18 331.50 公斤，但涉案货物由供应商装箱，海运单中关于涉案货物重量为 21 110 公斤的记载也是根据供应商声称而记载，并非海运承运人经过称重后记载的重量。晁威公司未提交有证明力的证据，证明装入集装箱内的涉案货物重量。关于涉案货物在海运途中短量 2 820 公斤的主张，因缺乏有效证据不能成立。第二，涉案载货集装箱在运输途中无开箱记录。运抵目的港后，该集装箱的锁杆、锁条、门板铰链、密封针及紧固螺栓螺母皆为完好，无被撬动痕迹。

晁威公司提供的证据，不足以证明货物在运输中发生偷窃等保险条款列明的风险。依中国《民事诉讼法》第 64 条第 1 款“当事人对自己提出的主张，有责任提供证据”和《最高人民法院关于民事诉讼证据的若干规定》第 2 条“当事人对自己提出的诉讼请求所依据的事实或者反驳对方诉讼请求所依据的事实有责任提供证据加以证明；没有证据或证据不足以证明当事人的事实主张的，由负有举证责任的当事人承担不利后果”的规定，晁威公司不能证明涉案货物在运输过程中存在灭失或损坏的事实，也不能证明货物的灭失或损坏是在运输途中由于被告所承保的风险所致，其应承担不利后果。晁威公司关于被告应就涉案货物短重损失承担保险赔偿责任的诉讼请求，因缺乏事实依据，应予驳回。

法院依中国《民事诉讼法》第 64 条第 1 款和《最高人民法院关于民事诉讼证据的若干规定》第 2 条，判决驳回原告晁威有限公司的诉讼请求。

国际保险市场上，各国保险组织都定有自己的保险条款，以作为格式保险合同中基本条款。由伦敦保险业协会制定的 ICC 条款是最普遍使用的标准保险条款。ICC 条款主要有三种：ICC（A）条款、ICC（B）条款及 ICC（C）条款。该三种货物险内容基本一致，其区别主要在于 ICC（A）条款承保“除外责任”之外的一切风险，ICC（B）和（C）条款承保列明风险。因承保的风险不同，被保险人针对一切风险和列明风险的举证责任显著不同。依中国《民事诉讼法》第 64 条规定的举证责任分配规则，即“谁主张，谁举证”原则，对 ICC（A）条款，被保险人仅证明发生损失即可，由保险人对因除外责任的原因所导致的损失承担举证责任；而对于 ICC（B）条款，被保险人对发生因列明风险导致的损失承担举证责任，否则承担败诉的不利后果。可见，列明风险项下，被保险人的举证难度大于一切风险。

涉案保险标的为进口的废铜，属旧品。原告与被告约定旧品采用 ICC（B）条款和 ICC 附加险，即“偷窃和提货不着险”。ICC（B）条款和“偷窃和提货不着险”的承保范围均为列明风险，列明风险的举证责任在被保险人，即其必须证明发生了因列明风险引起的损失，才能胜诉并获得保险赔偿。本案中，原告为新品和旧品投保了不同风险，其对旧品损失的举证责任显著高于新品，但没有针对旧品进口贸易谨慎地收集和保存有关证据。原告的举证存在以下缺陷：一是未能证明货物的装船重量。涉案的集装箱由托运人装箱并施封，海运单上的重量根据托运人的批注而记载，故原告无证据证明涉案货物的装船重量，进而也不能证明货物发生短量损失。二是也未能证明货物短量的原因。载货的集装箱封条和外观完好，没有被人为破坏的痕迹。三是原告未能证明发生过（B）条款列明的风险或者偷窃。本案中，原告无证据证明涉案货物在海上运输过程中发生因列明风险或偷窃导致的短量，因此依在案证据，涉案货物是否发生列明风险导致短量的事实处于真伪不明状态。原告不能完成其举证责任，应承担举证不能的不利后果，故驳回其诉讼请求。

七、CIF 条件下卖方是否有权索赔运输途中的货损

出口商以 CIF 条件出口，并就其托运的货物向保险人投保“一切险”和战争险。货物在运往目的港仓库途中被武装劫持造成货物提货不着。出口商依已空白背书的保单向保险公司提出索赔，被拒赔。以下案例涉及国际贸易保险的诸多问题，值得借鉴。

在“江苏某精化有限公司（下称‘出口商’-申请人）与中国平安财产保险公司（下称‘平安保险’）仲裁案”中，[①] 出口商以 CIF 条件出口，并就其托运的 200 桶水杨酸甲酯及 40 桶安塞蜜向平安保险投保，货物从上海港运往 GUATEMALA CITY（危地马拉城）。平安保险于 8 月 1 日和 8 月 8 日分别向出口商签发了两份货物运输保险单，保险金额分别为 8 344 美元及 10 054 美元，共计 18 398 美元，承保条件为 PICC“一切险”和附加战争险。上述货物在运往目的港仓库途中被武装劫持造成货物提货不着。出口商依两份保单向平安保险提出索赔，请求其支付保险赔偿金 18 398 美元，被平安保险拒赔。

双方争议的焦点为：（1）出口商是否有权向保险公司索赔。平安保险认为，出口商现持有的两份货物运输保险单正本第一联背面均载有出口商的背书印章，因此，两份保单已由出口商背书给其危地马拉的收货人；在涉案的保险货物受损之时，危地马拉的收货人是两份保单正本的唯一合法持有人，依可保利益原则，其也是唯一具有两份保险单下的可保利益的一方。其他任何关系方（包括出口商）均无权就本案向保险人索赔。而出口商认为，涉案保单并未背书转让，出口商持有保单正本。且在本案的《仲裁协议书》中，保险公司明确承认出口商是“被保险人”并盖章认可，在保险公司签发的保单上也明确了出口商的被保险人身份。同时，出口商还认为，假设保单已背书转让，保险公司也找不出有何法律依据可拒绝出口商的索赔。况且，假设保单已由出口商背书，但背书是空白背书，仍然是谁持有保单即可主张权益。（2）保险公司是否应按保单赔偿出口商的损失。出口商认为，本案货物是在卸离船舶后，立即由卡车运往目的地的海关监管仓库的，但收货人在目的地仓库提货不着，从而引发纠纷。平安保险拒赔的理由是，在卡车运往目的地海关监管仓库的过程中发生武装抢劫，从而导致提货不着。就出口商而言，很难肯定是否发生武装抢劫的事实。但出口商认为，依一切险条款“责任范围第三条”的规定，“由于外来原因所致的全部或部分损失”属保单承保范围。涉案一切险条款没有陆上武装抢劫的除外责任的规定，因此，不赔付是无合同依据的；而且，“一切险”从性质上看是非列明风险，若保险人主张免责，则应举证证明货物受损是由于保险人不负责的除外原因造成

① 货物运输保险索赔争议案，http://www.cmla.org.cn/article/article.do? method = viewDetail&id = 292&father_category_id = 1955。

的，本案中不存在这样的除外责任。且根据中国《合同法》第 39 条、第 41 条以及中国《保险法》第 31 条，按照法律通常的理解，陆上武装抢劫属“外来原因”，因此，保险公司应赔付。平安保险则坚持，造成涉案保险货损的原因是，货物在卸下海轮后、运往目的港收货人仓库的内陆运输阶段中被武装劫持，依保险近因原则，造成本次事故的近因是武装分子的劫持行为，也即一种“他人的恶意行为”。依 PICC 海洋运输货物“一切险”条款除外责任第 5 条，本保险不负责赔偿“本公司海洋运输货物战争险条款和货物运输罢工险条款规定的责任范围和除外责任”。而货物运输罢工险条款的承保范围之一是“任何人的恶意行为所造成的货物直接损失”。武装劫持行为所造成的货物直接损失属货物运输罢工险的赔偿范围，因此，不属于保险公司签发的保单的赔偿范围。

仲裁裁决，出口商对涉案货物无可保利益，仲裁庭对出口商提出的主张不予支持。

仲裁庭认为，尽管出口商是涉案保单的被保险人，但对涉案货物是否具有可保利益，第一，应根据出口商与进口商之间的买卖合同来定。出口商以 CIF 条件出售货物并将保单背书转让给买方，买卖合同没有约定运输途中的风险仍由卖方承担，表明受让保单的买方从货物装船那一刻起就承担了货物的风险而具有了可保利益。第二，涉案货物到达目的港后，买方凭正本提单提取了货物，表明买方不仅承担了货物的风险，且取得货物的所有权。因此，买方具有可保利益。第三，货物从卸货港运至最后仓库途中发生事故时，涉案货物为买方所有并由买方承担风险。第四，中国《合同法》第 148 条规定：“因标的物的质量不符合质量要求，致使不能实现合同目的的，买受人可以拒绝接受标的物或者解除合同。买受人拒绝接受标的物或者解除合同的，标的物毁损、灭失的风险由出卖人承担。”但依本条规定，标的物毁损、灭失的风险由卖方承担，其前提条件须是标的物本身的质量不符合质量要求，即卖方已交付的标的物质量不符合当事人的约定或者相关标准，导致合同目的不能实现，且还须为买方选择了拒绝接受标的物或解除合同的措施。本案中，无证据证明涉案货物不符合质量要求，也无证据证明买方拒绝接受涉案货物或采取解除合同的措施，因此，涉案货物从卸货港运至买方最后仓库途中发生的风险仍应由买方承担。第五，保单可通过背书的方式转让，出口商在保单背面背书，将保险单转让给买方。保单不同于提单，持有保单的人不一定对保单上的货物具有可保利益，必须是对保单上的货物承担风险或拥有所有权的人，才具有可保利益。因此，尽管出口商持有保单，但因具有可保利益的买方并未将保单通过背书的方式，再次转让给出口商，对涉案货物无可保利益的出口商即使持有涉案货物的保单，对涉案货物仍没有可保利益。

综上，出口商无权向保险公司索赔，保险公司也无义务向出口商支付保险赔偿。

八、开证银行为提单收货人的保险代位求偿争议

本案货物的真正买方为印度公司，但其并非运输合同当事人。本案承运人签发的提单，收货人为印度开证银行。提单中载明承运人的责任期间为 CFS 到 CFS，货物在目的地的 CFS 交货前就发生湿损，此时，货物仍处于承运人（实际承运人）的掌管期间。

保险公司在赔付印度开证行之后，代位该银行依提单向货代公司（承运人）提出代位追偿索赔。但货代公司以货物已被印度买方提走、开证行不是货主、保险公司支付保险赔款是错误赔付为由拒绝追偿。

仲裁庭认为，本案审理的是，基于作为承运人的货代公司所签发的提单项下的海上运

输合同关系，而保险公司与印度银行是另外的保险合同关系。保险公司已在支付保险赔款后，合法取得代位印度银行依据提单向货代公司（承运人）提出索赔的权利。

在申请人为中国人民财产保险股份有限公司（下称“保险公司”），被申请人为上海某国际货运代理有限公司（下称“货代公司”）仲裁案中，[①] 被保险人浙江某丝绸进出口有限责任公司（下称“中国卖方”）与印度某纺织品公司（下称“印度买方”）订立出口协议，向印度买方出口生丝 50 包，计 3 074. 15 公斤。

4 月 23 日，中国卖方与保险公司就上述货物签订保险合同。印度买方通过印度某银行（下称“印度银行”）开具了信用证。4 月 25 日，货代公司向中国卖方签发了提单，提单收货人为印度银行，通知方为印度买方。货物由上海运往印度孟买港。

承运船舶 5 月 21 日抵达孟买港并于 8 月 8 日交付货物，部分货物湿损。保险公司依保单的约定向保单受让人印度收货人赔偿货物损失 11 412. 55 美元，此后取得向货代公司追偿的代位求偿权。保险公司认为，因货物在交付前一直处于货代公司的掌管期间，货代公司应承担货物湿损产生的经济损失，因此，请求货代公司承担保险公司遭受的损失及利息，以及本案的仲裁费和因仲裁发生的其他费用。

货代公司认为，保险公司并无提起本案仲裁的请求权。其理由是：

1. 保险公司已明确，其已向印度银行作出了赔偿并将赔偿款汇入其指定的印度买方的账户。但本案货物已通过正常流转由印度买方收取，货物所有权也已实质转移至印度买方，对于货物发生的损失，实际上是印度买方遭受了损失。依中国《保险法》及《海商法》的相关规定，对于货物享有可保利益的人显然是印度买方。但本案中，保险公司是向已收取货款、转让了保单并已丧失对货物控制权的且未遭受损失的印度银行进行了赔偿，违反了保险法律的基本原则。保险公司所作出的赔付系错误赔付，因此，其并不存在代位求偿权。

2. 本案中，货代公司签发了以印度银行为记名收货人的记名提单，本案适用中国法律，记名提单不得背书转让。本案提单运输合同关系存在于货代公司与印度银行之间，保险公司事实上也是向印度银行作出的赔偿，并代表该银行主张权利。然而，该银行对本案货物并无任何损失，保险公司自然无从主张任何代位求偿权利。

3. 印度买方并非运输合同当事人，无权以海上货物运输合同向货代公司主张任何索赔，而保险公司与印度买方之间也不存在保险合同关系。因此，货代公司认为，保险公司向印度银行作出赔付系错误赔付，而印度银行本身由于不存在任何损失，其无权根据海上货物运输合同向货代公司主张任何权利。

而保险公司则认为，印度银行是真正的收货人，印度买方代表银行提货，保险公司依银行的指示支付赔款，银行与其代理印度买方共同在收据与权益转让书上盖章签字符合法律规定。货代公司作为承运人而负有向收货人、提单持有人交货及赔偿货损的义务，保险公司取得代位求偿权后，有权就货损向货代公司主张权益。

关于货损发生的责任期间争议，保险公司认为，依其所提交的检验报告证明，货损发生在实际承运人的掌管期间。中国《海商法》第 60 条规定，“承运人将货物运输或者部

① 货损代位求偿争议案，http://www. cmla. org. cn/article/article. do? method = viewDetail&id = 268&father_category_id = 1955。

分运输委托给实际承运人履行的，承运人仍然应当按照本章规定对全部运输负责”。因此，货代公司依法应承担全部赔偿责任。

而货代公司提出，保险公司不能证明其所主张的货损是发生在承运人掌管的运送期间，也不能证明货损原因与程度。依货代公司提供的拆箱报告，涉案货物在拆箱之时并无任何异常状况发生。而保险公司提供的检验报告称，8 月 8 日发现货物表面湿损，但在海关通关记录上并未就该等湿损情况进行批注，收货人也未就湿损情况依法通知承运人或提单上列明的目的港代理人。根据中国《海商法》的规定，若货物在提取之时发现存在可见损害的，必须在三日内向承运人通知，否则即作为货物被完好交付的表面证明。本案收货人未依法律规定，将货损情况通知货代公司（承运人）。

货代公司还提出，依其所提交的证据显示，目的港当地法律规定，货物在交付之前始终处于海关控制之下。因此，即使存在货物损失，也非承运人或其受雇佣、代理人的原因所致，所以，货代公司作为承运人不应承担任何责任。

关于保险公司提交的检验报告和保险赔付金额争议，保险公司提出，出具检验报告的检验师就是保单上记载的人保公司的检验代理。人保公司在世界各地建立了自己完整而高质的代理网络，该检验机构的报告具有可信性。货代公司则认为，其未对检验过程进行监督或参与联检，检验公司所得出的结论不能令人信服。依保险公司的陈述，本案货损后，印度买方根据检验师的建议，将湿损/污损的货物与其他完好货物分开处置，然后通过询价将货物出售。尽管货损金额为 22 825. 1 美元，但为尽快收到保险公司的赔款，收货人愿意接受 50% 货损金额，即 11 412. 55 美元的保险赔款。

关于保险公司向被保险人依保单作出的保险赔付，货代公司认为存在通融赔付。

仲裁庭最终裁决，被申请人（货代公司）于本裁决作出之日起 10 日内向申请人（保险公司）支付 7 988. 79 美元。

本案中，货代公司签发了记名提单，收货人为印度银行。若在承运人责任期间内货物发生灭失或损坏，依中国《海商法》，承运人应负赔偿责任，而提单的收货人则可依提单确定的海上运输合同关系向承运人索赔。就本案而言，发生货损之后，印度银行即可依提单向作为承运人的货代公司提出索赔。

庭审中，保险公司出示了印度银行要求保险公司根据其指示向印度买方账户支付保险赔款的函件、保险公司的境外汇款申请书客户收条。货代公司对保险公司的上述两份证据表示认可，此两份证据证明，保险公司已依保险合同作出相应的赔付。

印度银行及印度买方向保险公司出具了收据及权益转让书，同意将已取得的赔款部分保险标的的一切权益转让给保险公司，并同意其以自己或印度银行或印度买方的名义向责任方追偿或诉讼。据此，仲裁庭认为，保险公司已在支付保险赔款后，合法取得代位印度银行依提单向货代公司（承运人）提出索赔的权利，因此，保险公司有权提起仲裁。至于货代公司提出的保险公司向印度银行支付保险赔款是错误赔付，仲裁庭认为，本案审理的是基于货代公司所签发的提单项下的海上运输合同关系，而保险公司与印度银行是另外的保险合同关系，非本案应审理的范围。

关于货损发生的责任期间和赔偿，本案提单中载明，承运人的责任期间为 CFS 到 CFS，即从集装箱货运站到集装箱货运站。根据保险公司提供的检验报告，检验人 8 月 8 日在集装箱货运站对本案货物进行了检验。检验货物时，检验人“注意到所有 50 包交付的货物都处于受潮、泥污状态”。8 月 18 日，应印度买方要求，检验人在收货人仓库对全部 50 包货物进行了详细检验，发现货物“均有不同程度受到水的影响”；检验后，检验人认为，“化学测试表明液体含盐，说明货物受到海水浸泡”。仲裁庭认为，尽管印度买方未要求检验人在 8 月 8 日货物交接当时对全部货物进行详细检查存在过失，且 8 月 18 日及以后的检验结果可能是在货物湿损程度加大的情况下作出的，但不能否定货物是在集装箱货运站交货前就发生湿损的事实，而此时货物仍处于承运人（实际承运人）的掌管期间。依中国《海商法》第 46 条“……在承运人的责任期间，货物发生灭失或者损坏，除另有规定外，承运人应当负赔偿责任”，及中国《海商法》第 60 条“承运人将货物运输或者部分运输委托给实际承运人履行的，承运人仍然应当依照本章规定对全部运输负责”，货代公司（承运人）应对货损承担赔偿责任。

关于保险公司提交的检验报告和保险赔付金额。保险公司签发的保险单中载明“所保货物，如发生保险单项下可能引起索赔的损失或损坏，应该立即通知本公司下述代理人查勘，……”。该保单左下角打印的代理公司为“GLADSTONE AGENCIES LIMITED MADRAS OFFICE”。本案中，保险公司提交了印度买方在发现货损后，申请检验公司检验所作出的检验报告作为索赔依据，该检验报告的出具公司与保险公司保单所载明的代理公司为同一公司。且庭审中，货代公司代理人提出若为 PICC 指定的检验代理即为可信的。因此，尽管保险公司所提交的检验报告确非保险人、收货人和实际承运人的三方联检，程序上存在瑕疵，但仲裁庭认为保险公司所提交的检验报告的内容还是可信的。至于保险人向印度银行所做的保险赔款是否如货代公司所言存在通融赔付问题，仲裁庭认为此系保险合同关系，与仲裁庭审理的提单项下的海上运输合同关系无关。保险公司请求货代公司承担 11 412.55 美元的货损。仲裁庭认为，检验人在集装箱货运站对本案货物进行检验时，即发现货物都处于严重受潮、泥污状态，但应印度买方的要求，至 8 月 18 日检验人才在收货人仓库对货物进行了详细检验。因货物为湿损，在这 10 天的时间内，极有可能加大货损程度，仲裁庭认为收货人在此方面存在过失，因此，仲裁庭认为 70% 支持保险公司的请求较为合理，即由货代公司向保险公司赔偿 7 988.79 美元。

九、中国保险条款“一切险”争议

中国海上运输货物保险合同中的“一切险”，除了包括“平安险”和“水渍险”的各项责任外，还包括被保险货物在运输途中由于外来原因所致的全部或部分损失。在被保险人不存在故意或过失的情况下，因保险合同中除外责任条款所列明情形之外的其他原因，造成被保险货物损失的，可认定属于导致被保险货物损失的“外来原因”，保险人应承担运输途中由该外来原因所致的一切损失。最高法院判例给予有益的启示。[①]

1995 年 11 月 28 日，海南丰海粮油工业有限公司（下称“丰海公司”－被保险人；原告）在中国人民财产保险股份有限公司海南省分公司（下称“海南人保”－被告）投保了由印尼籍的“哈卡”轮所运载的自印尼杜迈港至中国洋浦港的 4 999.85 吨桶装棕榈油，投保险别为 CIC“一切险”，货价为 3 574 892.75 美元，保险金额为 3 951 258 美元，

① 最高人民法院指导案例 52 号：“海南丰海粮油工业有限公司诉中国人民财产保险股份有限公司海南省分公司海上货物运输保险合同纠纷案”。http://www.court.gov.cn/shenpan-xiangqing-14250.htm。

保费为 18 966 美元。投保后，丰海公司依约向海南人保支付保险费，海南人保向丰海公司发出起运通知，签发海洋货物运输保单并将海洋货物运输保险条款附于保单之后。依中国保险条款，“一切险”的承保范围除包括“平安险”和“水渍险”的各项责任外，海南人保还“负责被保险货物在运输途中由于外来原因所致的全部或部分损失”。该条款还规定了 5 项除外责任。

该投保货物是由丰海公司以 CNF（CFR）条件向新加坡丰益有限公司（下称“丰益公司”）购买的。依买卖合同约定，发货人丰益公司与船东代理签订一份租约。该租约约定由“哈卡”轮将丰海公司投保的货物 5 000 吨棕榈油运至中国洋浦港，将另 1 000 吨棕榈油运往中国香港。同年 11 月 29 日，“哈卡”轮的期租船人、该批货物的实际承运人印尼 PSI 公司签发了已装船提单。该提单载明船舶为“哈卡”轮，装货港为印尼杜迈港，卸货港为中国洋浦港，装货量为 4 999. 85 吨，清洁、运费已付。据查，发货人丰益公司将运费付给船代公司，船代公司已将运费付给 PSI 公司。同年 12 月 14 日，丰海公司向其开证银行付款赎单，取得该投保货物的全套（3 份）正本提单。同年 11 月 23 日至 29 日，“哈卡”轮在杜迈港装载 31 623 桶、净重 4 999. 82 吨四海牌棕榈油启航后，由于其船东印尼 BBS 公司与该轮期租人 PSI 公司发生租金纠纷，“哈卡”轮中止了提单约定的航程并对外封锁了该轮的动态情况。

为避免货物的损失，丰益公司、丰海公司、海南人保多次派代表参加“哈卡”轮船东与期租船人之间的协商，但船东以未收到租金为由不肯透露“哈卡”轮行踪，多方会谈未果。此后，丰益公司、丰海公司通过多种渠道交涉并查找“哈卡”轮行踪，海南人保亦通过其驻外机构协查“哈卡”轮，直至 1996 年 4 月，“哈卡”轮走私至汕尾被中国海警查获。根据广州市人民检察院穗检刑免字（1996）64 号《免予起诉决定书》的认定，1996 年 1 月至 3 月，“哈卡”轮船长埃里斯 · 伦巴克根据 BBS 公司指令，指挥船员将其中 11 325 桶、2 100 多吨棕榈油转载到属同一船公司的“依瓦那”和“萨拉哈”货船上运走销售，又指使船员将船名“哈卡”涂改为“伊莉莎 2 号”（ELIZA Ⅱ）。

更名为“伊莉莎 2 号”的货船将剩余 20 298 桶棕榈油走私至中国汕尾，1996 年 4 月 16 日被中国海警查获。该 20 298 桶棕榈油已被广东检察机关作为走私货物没收上缴国库。1996 年 6 月 6 日，丰海公司向海南人保递交索赔报告书，8 月 20 日再次向海南人保提出书面索赔申请，海南人保明确表示拒赔。丰海公司遂诉至海口海事法院。

丰海公司是海南丰源贸易发展有限公司和新加坡海源国际有限公司于 1995 年 8 月 14 日开办的中外合资经营企业。该公司成立后，即与海南人保建立业务关系。1995 年 10 月 1 日至同年 11 月 28 日（本案保险单签发前）就发生 4 笔进口棕榈油保险业务：3 笔投保的险别为“一切险”，1 笔为“一切险附加战争险”。该 4 笔保险均发生索赔，其中有因为“一切险”范围内的货物短少、破漏发生的赔付。

海口海事法院于 1996 年 12 月 25 日作出（1996）海商初字第 096 号民事判决：海南人保应赔偿丰海公司保险价值损失 3 593 858. 75 美元。宣判后，海南人保提出上诉。

海南高级法院于 1997 年 10 月 27 日作出（1997）琼经终字第 44 号民事判决：撤销一审判决，驳回丰海公司的诉讼请求。丰海公司向最高法院申请再审。

最高法院于 2003 年 8 月 11 日以（2003）民四监字第 35 号民事裁定，决定对本案进行再审，并于2004年7月13日作出（2003）民四提字第5号民事判决：（一）撤销海南省高级人民法院（1997）琼经终字第44号民事判决；（二）维持海口海事法院（1996）海商初字第096号民事判决。

最高法院认为，丰海公司与海南人保订立的保险合同合法有效，双方的权利义务应受保险单及所附保险条款的约束。本案保险标的已经发生实际全损，对此，发货人丰益公司无过错，亦无证据证明被保险人丰海公司存在故意或过失。保险标的的损失是因"哈卡"轮船东BBS公司与期租船人之间的租金纠纷，将船载货物运走销售和走私行为造成的。

本案争议的焦点在于，如何理解涉案保险条款中"一切险"的责任范围。

二审审理中，海南高院认为，根据保单所附保险条款和保险行业惯例，"一切险"的责任范围包括"平安险""水渍险"以及一般附加险（偷窃提货不着险、淡水雨淋险、短量险、沾污险、渗漏险、碰损破碎险、串味险、受潮受热险、钩损险、包装破损险和锈损险），中国人民银行《关于〈海洋运输货物"一切险"条款解释的请示〉的复函》亦作了相同的明确规定。可见，丰海公司的货物损失不属于"一切险"的责任范围。此外，鉴于海南人保与丰海公司有长期的保险业务关系，在本案纠纷发生前，双方曾多次签订保险合同且海南人保还作过"一切险"范围内的赔付，所以，丰海公司对本案保险合同的主要内容、免责条款及"一切险"的责任范围应该是清楚的，故认定一审判决适用法律错误。

依涉案"海洋运输货物保险条款"的规定，"一切险"除了包括"平安险""水渍险"的各项责任外，还负责被保险货物在运输过程中因各种外来原因所造成的损失。同时，保险条款中还明确列明五种除外责任：① 被保险人的故意行为或过失所造成的损失；② 属于发货人责任所引起的损失；③ 在保险责任开始前，被保险货物已存在的品质不良或数量短差所造成的损失；④ 被保险货物的自然损耗、本质缺陷、特性以及市价跌落和运输迟延所引起的损失；⑤ 本公司海洋运输货物战争险条款和货物运输罢工险条款规定的责任范围和除外责任。

从上述保险条款的规定看，海洋运输货物保险条款中的"一切险"条款具有如下特点：

1. "一切险"不是列明风险

在海洋运输货物保险条款中，"平安险""水渍险"为列明风险，而"一切险"则为"平安险""水渍险"再加上未列明的运输途中由于外来原因造成的保险标的的损失。

2. 保险标的损失必须是外来原因造成的

被保险人在向保险人要求赔偿时，必须证明保险标的的损失是因为运输途中外来原因引起的。外来原因可以是自然的原因，亦可以是人为的意外事故。但"一切险"承保的风险具有不确定性，要求是不能确定的、意外的、无法列举的承保风险。而那些预期的、确定的、正常的危险，则不属于外来原因的责任范围。

3. 外来原因应限于运输过程中发生的，排除运输以前和运输结束后发生的事故，只要被保险人证明损失并非因其自身原因而是由运输途中的意外事故造成的，保险人就应承担赔偿责任。

中国《保险法》第17条规定："对保险合同中免除保险人责任的条款，保险人在订立合同时应当在投保单、保险单或者其他保险凭证上作出足以引起投保人注意的提示，并对该条款的内容以书面或者口头形式向投保人作出明确说明；未作提示或者明确说明的，该条款不产生效力。”据此，保险条款中列明的“除外责任”虽然不在保险人赔偿之列，但应以签订保险合同时，保险人已将“除外责任”条款明确告知被保险人为前提。否则，该“除外责任”条款不能约束被保险人。

关于中国人民银行的复函意见。在保监会成立之前，中国人民银行系保险行业的行政主管机关。1997 年 5 月 21 日，中国人民银行致中国人民保险公司《关于〈海洋运输货物保险“一切险”条款解释的请示〉的复函》中，认为“一切险”承保范围是“平安险”“水渍险”以及被保险货物在运输途中由于外来原因所致的全部或部分损失，且进一步提出：外来原因仅指偷窃、提货不着、淡水雨淋等。1998 年 11 月 27 日，中国人民银行在对《中保财产保险有限公司关于海洋运输货物保险条款解释》的复函中，再次明确“一切险”的责任范围包括“平安险”“水渍险”以及被保险货物在运输途中由于外来原因所致的全部或部分损失。其中，外来原因所致的全部或部分损失是指 11 种一般附加险。鉴于中国人民银行的上述复函不是法律法规，亦不属于行政规章，根据中国《立法法》的规定，国务院各部、委员会、中国人民银行、审计署以及具有行政管理职能的直属机构，可根据法律和国务院的行政法规、决定、命令，在本部门的权限范围内制定规章；部门规章规定的事项应属于执行法律或者国务院的行政法规、决定、命令的事项。因此，保险条款亦不在职能部门有权制定的规章范围之内，故中国人民银行对保险条款的解释不能作为约束被保险人的依据。

另外，中国人民银行关于“一切险”的复函属于对保险合同条款的解释。而对于平等主体之间签订的保险合同，依法只有法院和仲裁机构才有权作出约束当事人的解释。为此，上述复函不能约束被保险人。要使该复函所作解释成为约束被保险人的合同条款，只能是将其作为保险合同内容附在保险单中。之所以产生中国人民保险公司向主管机关请示“一切险”责任范围，主管机关对此作出答复，恰恰说明对于“一切险”的理解存在争议。而中国《保险法》第 30 条规定：“采用保险人提供的格式条款订立的保险合同，保险人与投保人、被保险人或者受益人对合同条款有争议的，应当按照通常理解予以解释。对合同条款有两种以上解释的，人民法院或者仲裁机构应当作出有利于被保险人和受益人的解释。”作为行业主管机关作出对本行业有利的解释，不能适用于非本行业的合同当事人。

综上，应认定本案保险事故属“一切险”的责任范围。二审法院认为丰海公司投保货物的损失不属“一切险”的责任范围错误，应予纠正。丰海公司的再审申请理由依据充分，应予支持。

中国《海商法》和《保险法》均规定，被保险人在获得赔偿前应提供与确认保险事故性质和损失程度相关的证明和资料。基于该法律规定，索赔的举证责任已明确应由被保险人承担。但若被保险人依据“一切险”条款索赔，仍由其承担举证责任则存在诸多客观障碍。一味地坚持程序正义，难免导致实体正义的缺失，因此，实践中如何分配“一切险”项下的举证责任值得探讨。

在“中粮公司（买方；被保险人-原告）诉某保险公司（被告）”一案中，[①]中粮公司从南美秘鲁进口约500公吨用于饲料加工的鱼粉，货物在起运港经 SGS 质量认证后装于集装箱并载于船舶。海上航行过程中无任何关于自然灾害或事故的记录，船抵目的港大连后，收货人开箱验货，发现部分鱼粉结块。随后，收货人依保单向保险人提出索赔，险别是海洋货物运输保险条款的“一切险”。保险人收到报险通知后，委托评估公司勘查现场。评估公司认定集装箱外表无水渍，鱼粉结块应属原发货原因，并就结块数量和结块部分货值的贬损程度出具了评估报告。

该案审理过程中，被保险人对评估公司认定的货损原因不予认可，认为承运人出具了清洁提单，货损根据“一切险”条款应获理赔，无须也无义务说明实际货损原因。而保险人则认为，中国人民银行在主管保险业时作出的解释，外来原因属列明风险，收货人应举证证明事故的性质、原因和程度。若被保险人无法举证证明鱼粉在运输途中发生保险事故，保险人无理赔义务。

纵观此案，原、被告双方对于出现货损及货损的数量并无争议，争议的焦点在于“一切险”条款项下的保险事故的“举证责任”如何分配。

中国《海商法》第251条规定：“保险事故发生后，保险人向被保险人支付保险赔偿前，可以要求被保险人提供与确认保险事故性质和损失程度相关的证明和资料。”中国《保险法》第22条规定：“保险事故发生后，按照保险合同请求保险人赔偿或者给付保险金时，投保人、被保险人或者受益人应当向保险人提供其所能提供的与确认保险事故的性质、原因、损失程度等有关的证明和资料。”曾作为保险业主管行政机构的中国人民银行在1997年5月21日答复中国人民保险公司《海洋运输货物保险“一切险”条款解释的请示》的复函将“外来原因”解释为“仅指偷窃、提货不着、淡水雨淋、短量、混杂、沾污、渗漏、碰损、破损、串味、受潮受热、钩损、包装破裂、锈损”。

虽然存在上述规定，但是否必须一味地坚持“谁主张，谁举证”这一惯常举证责任分配原则，要求“一切险”条件下被保险人索赔时，必须提供货损原因的相关证明或说明？CIC 关于“一切险”的保险责任范围是：“除包括上列平安险和水渍险的各项责任外，本保险还负责被保险货物在运输途中由于外来原因所致的全部或者部分损失。”若被保险人索赔时已提供完整的基础证据，保险人拒赔时则必须证明损失是由“除外责任”造成的，否则就应该承担赔偿责任。

尽管中国人民银行曾在答复中国人民保险公司《海洋运输货物保险“一切险”条款解释的请示》的复函中作出上述解释（将“外来原因”解释为列明风险），但法律并未赋予行政主管机构相应的解释权。另外，中国《保险法》第30条规定：“采用保险人提供的格式条款订立的保险合同，保险人与投保人、被保险人或者受益人对合同条款有争议的，应当按照通常理解予以解释。对合同条款有两种以上解释的，人民法院或者仲裁机构应当作出有利于被保险人和受益人的解释。”据此，“一切险”条款中的“外来原因”只能被认定为非列明风险。

“一切险”条款重在承保“外来原因”所致的货损。该条款包括三个基本要素，即运

① 苏航，“海上运输保险合同纠纷中‘一切险’举证规则的法律探析”，http://www.ccmt.org.cn/showexplore.php? id=4159 [2013-07-18] 23:35:37。

输途中、外来原因、货物受损。只要符合这三个前提条件，应属于一切险的责任范围，其责任范围应延展至事前或事后无法说明的任何外来原因。此种“外来原因”应理解为引发货损这一后果的普通事件或行为，而并非一定为某种外部风险，甚至不应排除任何人文、政治、社会、环境的直接影响。

由被保险人提供索赔资料和证明，存在客观障碍。被保险人通常不参与货物的海上运输，也就无从知晓货物在运输途中所遭受的外来不利影响。因此，若实践中硬性地分配举证责任，要求被保险人详尽说明导致货损事故的性质、原因和程度，显然不公平。在“一切险”下，片面追求程序正义，可能导致司法职能僵化及实体正义失衡。

综上，在海洋运输货物“一切险”保险合同生效后，保险标的发生损失，被保险人只要能提供以下四个方面的有效证据，即应认定完整地履行了基础举证责任：（1）投保“一切险”的保单。保单用以证明保险合同依法成立并生效，造成损失的事故发生在保险期间内，损失的货物是保险标的。（2）清洁的提单。提单用以证明保险标的无包装不当、不足或标志不清错误。（3）起运港的货物检验报告。该报告用以证明货物在起运时的状况良好，不存质量瑕疵。（4）货物在运输途中受损的证明。

被保险人完成上述基础举证责任之后，若保险人拒赔则应提供货损系非“外来原因”所致的相关证据。此等举证责任分配原则亦符合“谁主张，谁举证”这一基础理论。因为，若保险人主张非“外来原因”，显然意指列明的“除外责任”。依保单条款，列明的“除外责任”共有5项：（1）被保险人的故意行为或过失造成的损失。“被保险人”指其本人和代表，不包括一般管理人员和普通员工。（2）属于发货人的责任引起的损失。这里主要指包装不当、不足或标志不清错误。（3）保险责任开始前，被保险货物已存在的品质不良或数量短差造成的损失。这就是所谓的“原残不赔”。（4）被保险货物的自然损耗、本质缺陷、特性以及市价跌落和运输迟延所引起的损失和费用。（5）本公司海洋货物运输战争险条款和货物运输罢工险条款约定的责任范围和除外责任。战争险和罢工险属于特殊附加险，不在主险的责任范围内，需另行附加投保，海运货物一般加保战争险。

需要特别说明，若保险合同含有保险人责任免除条款的，依《保险法》第17条，保险人在订立合同时应在投保单、保单或其他保险凭证上作出足以引起投保人注意的提示，并对该条款的内容以书面或口头形式向投保人作出明确说明；未作提示或明确说明的，该条款不产生效力。

综上，依据“一切险”险别提起诉讼的海上运输保险合同纠纷案件，若保险人拒赔，应将举证责任进行二次分配，即被保险人完成基础证据举证后，保险人应举证证明货损系由于“除外责任”造成的。二次分配举证责任是审理海上运输保险合同纠纷案件中，规避被保险人诸多举证不能的有效手段，也是贯彻“谁主张，谁举证”这一原则，依此可避免审判程序过分僵化，真正实现案件审理的实体公正。

十、中国保险“仓至仓”条款争议

“仓至仓”（W/W）条款系海上运输货物保险中，保险人责任期间起讫的规定。这一问题在中国存在较大争议。尤其是该条款中，保险责任究竟从何时开始、何时终止纠纷不断。“兴亚物流（上海）有限公司连云港分公司（下称‘兴亚物流’－原告）诉中国人民财产保险股份有限公司连云港市分公司（下称‘人保财险’-被告）”一案，[①] 涉及货物在收货人仓库卸货过程中导致的损失是否属“仓至仓”的保险责任；应如何理解货物“到达”仓库、保险责任终止的规定。保险条款一旦出现争议性的解释，应如何确定？本案还涉及“保险利益”（Benefit of Insurance），其与“可保利益”（Insurable Interest）是不同的问题。该案例对相关各方具有启示作用。英国 ICC2009 相关规定具有很好的借鉴意义。

2017 年 8 月 1 日，万都海拉苏州公司（买方）向万都海拉电子公司（韩国-卖方）购买一批电子助力转向系统控制单元，由兴亚物流有限公司（韩国）承运并由其签发多式联运提单，从韩国仁川运至中国连云港，最终目的地为苏州收货人仓库。上述货物先由海运从韩国仁川港运往中国连云港，到达连云港后，由兴亚物流连云港负责报关、报检并联系运输车辆运至万都海拉苏州公司仓库。

上述货物运至苏州收货人仓库后，集装箱卡车司机在将涉案货物从集装箱卸至地面过程中，2 个托盘的货物（共计 300 件）不慎发生倒塌，摔至地面。江苏徽商保险公估公司出具的公估报告认为，涉案保险标的外观无明显变形。但该电控单元属于精密电子产品，用于汽车电子助力转向系统，非标准零件，须退回原厂检测。但退运面临海关、商检、国税等多道繁琐手续，检测费用远大于涉案货物的实际价值，因此，对该标的推定全损。受损货物仍存放于万都海拉苏州公司仓库。

涉案货物出运时，兴亚物流以万都海拉苏州公司为被保险人，向人保公司投保了 20 个托盘电子助力转向系统控制单元的海洋运输货物保险，保单记载：根据中国人保财产保险有限公司的《海洋运输货物保险条款（2009）》承保一切险。

事故发生后，万都海拉苏州公司向人保公司提出索赔，为方便索赔，其将涉案保单项下索赔权转让至兴亚物流。同时，万都海拉苏州公司向兴亚物流提出赔偿，兴亚物流于 2017 年 12 月 12 日至 2018 年 8 月 6 日期间，向万都海拉苏州公司支付共计人民币 255 626.58 元的赔偿款，包括货物的损失及相关税款损失。

原告兴亚物流因受让索赔权，与被告人保财险无法就保单项下赔偿责任达成一致，遂诉至法院，要求被告人保财险赔付货物损失。

法院经审理认为，本案为海上保险合同纠纷，其争议焦点为：（一）货损是否构成保险责任期间内的保险事故；（二）保险人是否应对兴亚物流进行理赔及理赔金额。

第一个问题，货损是否构成保险责任期间内的保险事故？

首先，监控视频显示，货物在卸货作业中确实发生倒塌事故，该事故对货物的性能存在损害，属该险种承保的风险之一。其次，倒塌所致的货损将导致汽车产品的质量无法达到国家强制性规定，并有可能触发重大生命财产损失。依保险合同约定，推定全损是指被保险货物的实际全损已经不可避免，或修复受损货物以及运送货物到原定目的地的费用超过该货物的价值。

依公估报告，涉案存留的货物无法使用，且退回检测的费用及相应的关税等费用远超过货物的实际价值，因此，对涉案货物作推定全损符合合同约定。

---

① 张虹，“PICC 仓至仓条款中‘到达’词义的理解”；（2018）沪 72 民初 2900 号民事判决书。http://shhsfy.gov.cn/hsfyytwx/hsfyytwx/spdy1358/jpal1435/2019/05/16/2c9380996abd3bfd016ac12b4d7603d8.html。

关于该货损是否发生在保险责任期间内，原、被告存在较大争议。法院认为，中国《海洋运输货物保险条款》（2009 版）的“一切险”关于保险责任期间的约定，即“仓至仓”条款载明：本保险负“仓至仓”责任，自被保险货物运离保险单所载明的起运地仓库或储存处所，开始运输时生效，包括正常运输过程中的海上、陆上、内河和驳船运输在内，直至该项货物到达保险单所载明的目的地收货人的最后仓库或储存处所，或被保险人用作分配、分派或非正常运输的其他储存处所为止。

法院认为，第一，依视频证据及从收货人处了解可知，涉案货损系在集装箱车辆到达收货人仓库的卸货平台，在货物卸离集装箱车辆至地面的过程中发生。从监控视频可知，虽同处一个密闭空间，但货物集中储存处所位于卸货平台约 10 米远处，货物在该最后仓库统一存放，仓库与卸货平台之间设置关卡及门锁以防偷盗，从该仓库的卸货平台地面至货物最终存放地点之间必须通过液压车或叉车继续运载前行，故涉案货损发生的卸货平台并不属于货物的“最后仓库或储存处所”。

第二，该条款所称“货物到达最后仓库或储存处所”应理解为，货车到达仓库，对货物进行搬卸作业且最终存储于仓库的过程。货物从集装箱车辆卸离至仓库地面，经叉车搬入仓库落定后，保险人承保的风险才终止。

本案的货损发生在货物从集装箱车辆卸离至地面的过程中，此时，货物应视为尚未到达仓库，保险责任期间尚未终止。

第三，依中国《合同法》及《保险法》，对格式条款的理解发生争议的，应按照通常理解予以解释。对格式条款有两种以上解释的，应作出不利于提供格式条款一方的解释。对于“仓至仓”条款责任期间何时终止的理解，因双方存在不同理解和争议，应作出对保险人不利的解释。

综上，法院认为，货损发生在保险责任期间且属承保风险所致的货损，因此，存在保险事故，对保险人认为不存在保险事故及货损发生在保险责任期间终止后的抗辩，法院不予采纳。

第二个问题，保险人是否应对兴亚物流理赔及理赔金额

依公估报告，受损货物为其中部分货物，共 300 件，单价为 117.42 美元，总计人民币 236 479.18 元（汇率 1∶6.713 2），受损货物因检测费用远大于货损价值，故推定全损，保险人应减去免赔额后作出赔付。依保单约定，免赔额为 2 000 美元或损失金额的 5%，以高者为准。据此计算，免赔额为人民币 13 426.40 元，保险人尚须赔付的金额为人民币 223 052.78 元。

依中国《海商法》第 254 条，保险人支付保险赔偿时，可从应支付的赔偿额中相应扣减被保险人已从第三人处取得的赔偿。该第三人应理解为是对涉案货损负有赔偿责任的人。证据表明，兴亚物流是海运提单下的收货人，兴亚物流也自述其负责涉案货物到港之后至实际收货人仓库的运输。据此，兴亚物流作为多式联运承运人兴亚物流有限公司（韩国）注资的全资子公司的分支机构，系接受多式联运承运人兴亚物流有限公司（韩国）指令，在目的港从事相应货代及运输工作，应认定为涉案货物的陆上区段的承运人，对于涉案货物在其承运区段内发生的货损，负有赔偿责任。

兴亚物流通过金铁城的账户向收货人万都海拉苏州公司支付的款项 255 626.58 元，应认定为对涉案货损的赔款。

据此，人保财险有权依法扣减被保险人万都海拉苏州公司已经从兴亚物流取得的赔偿金额。现被保险人从兴亚物流已获得的赔偿金额高于保险人应赔付的金额，因此，被告人保财险无须再对被保险人万都海拉苏州公司进行理赔。

中国《海商法》第44条规定："将货物的保险利益转让给承运人的条款或者类似条款，无效。"兴亚物流作为陆上区段的承运人对涉案货损负有赔偿责任，而货物的实际收货人（被保险人）万都海拉苏州公司将货物的保险金请求权利益转让给兴亚物流，由其据此向保险人索赔或对抗保险人的代位求偿，最终使自己免除对货损的赔偿责任，损害了保险人的合法权益。该索赔权转让与上述法律规定的情形相类似，应归属于无效。

综上所述，被保险人万都海拉苏州公司就涉案货损已不存在实际损失，其已丧失向保险人索赔的前提条件。兴亚物流通过赔偿货损的方式取得的保险金索赔权无效，其请求保险人支付保险赔偿金的诉讼请求，法院不予支持。法院依法驳回原告兴亚物流（上海）有限公司连云港分公司的诉讼请求。

一审判决作出后，原、被告均未提起上诉。

本案涉及保险责任期间（"仓至仓-W/W"条款）的确定和"保险利益"（Benefit of Insurance）条款。

（一）"仓至仓-W/W"条款

"仓至仓"（Warehouse to Warehouse）条款系海上货物运输险中，关于保险人责任期间起讫的规定，即保险人承保的风险从何时、何种情况下开始，至何时、何种情况下结束。这一问题在中国存在较大争议。

1. ICC"仓至仓"条款

《协会货物保险条款》（ICC）第8条的"运输条款"（Transit Clause）即"仓至仓"条款。

ICC1982规定，保险责任自货物运离保险单所载明的启运地仓库或储存处所开始运输时生效，包括正常运输过程，直至运到下述地点时终止：保险单所载明的目的地收货人或其他最后仓库或储存处所；在保险单所载明的目的地之前或者目的地的任何其他仓库或储存处所，由被保险人选择作为在正常运输过程之外储存货物，或分配或分派货物；被保险货物在最后卸货港全部卸离海轮后满60天为止。以上各项以先发生者为准。若货物在最后卸货港卸离海轮后，但在本保险责任终止前，需转运到非保险单载明的其他目的地，保险责任截至该项货物开始转运之时。在被保险人无法控制的运输迟延、任何绕航、被迫卸货、重新装载、转运及船东或租船人运用运输契约赋予的权力所作的任何航海上的变更的情况下，本保险仍然继续有效。

上述"仓至仓"条款存在很多争议。例如，在发货人仓库或堆场装货（如在卖方仓库将货物装进集装箱内）及在收货人仓库卸货时发生的风险是否属于保险期间的风险等。

为此，ICC2009将其"运输条款"明确规定保险期间自"为将货物立即装上运输工具而在仓库或储存处所首次搬移（first move）货物"开始，至"货物从载货车辆或其他运输工具完成卸货（completion of uploading）"为止，即包含两端的装货及卸货过程。换言之，只有货物经卸载在仓库落定后，保险责任期间才终止。

ICC1982与ICC2009相比较，保险责任期间开始的标志，前者为"运离"，后者为"第一次搬移"；终止的标志，前者为"运到"，后者为"完成卸货"。这一变化不仅清晰、明了，而且对被保险人有利。

2. 中国“仓至仓”条款

PICC 人保条款（2009 版）的“仓至仓”条款规定，保险责任期间自“被保险货物运离保险单所载明的起运地仓库或储存处所”开始，至“该项货物到达保险单所载明的目的地收货人的最后仓库或储存处所，或被保险人用作分配、分派或非正常运输的其他储存处所”终止。

上述条款对两端的装卸货物过程是否包含在责任期间内并不明确，极易引发纠纷。

本案货损就是发生于货物在收货人仓库进行卸货作业时。双方对该条款下保险责任期间何时终止的理解存在不同观点。

第一，如何理解中国“仓至仓”条款中“到达”的含义。以通常的理解，“货物到达仓库”应是货物脱离运输车辆并最终存储于仓库。货物到达收货人处后，一般应先进行卸货作业，若卸货地在仓库之外，还要通过叉车、液压车等运输工具将货物搬进仓库进行存储。而本案的货车直接开进仓库进行卸货作业，虽然从物理位置上看，此时货物已到达仓库，但货物并未脱离运输车辆到达地面落定。货物卸载“落定”之后，才应视为“货物到达仓库”，因此，卸货过程应包含在“仓至仓”条款的责任期间内。

第二，如何理解“仓库”或“储存处所”的用途及功能。货物到达的地点，无论仓库或储存处所，其用途及功能均为使货物处于一个稳定的状态，以便后续被收货人用于正常运输后的储存、分配或分发。只有当货物卸货完成后，才能使收货人进一步实施储存、分配或分发。因此，货车到达仓库后的连续卸货作业过程应属于保险责任期间。

第三，如何理解 PICC“仓至仓”条款的英文“deliver”的含义。该条款的保险责任英文规定：“… until the insured goods are delivered to the consignee's final warehouse or place of storage…”

“Deliver”意指“交付、送达”。对此，在中国最高法院的“中国抽纱公司上海进出口公司诉中国太平洋保险公司上海分公司海上货物运输保险合同纠纷”一案中，法院认为：“应当将海上货物运输保险合同的‘仓至仓’条款责任期间，理解为货物在起运仓库起运开始，直至抵达收货人仓库并向提单持有人合法交货时为止的期间，在此期间发生的保险事故均属于保险人的承保范围。”

“Deliver”（“交付、送达”）的完成标志是，货物在仓库卸货完成后，才视为承运人向收货人交付了货物。因此，“直至向提单持有人合法交货为止的期间”，应包含货物在仓库的卸货过程。

第四，对格式条款的理解发生争议，应如何解释。中国《合同法》和《保险法》均规定，对格式条款的理解发生争议的，应按照通常理解予以解释。对于格式条款有两种以上解释的，应作出不利于提供格式条款一方的解释。

本案中，对于“仓至仓”条款责任期间何时终止的理解，因双方存在不同理解和争议，应作出对提供格式条款一方，即保险人不利的解释。

综上，本案货物在收货人仓库卸货平台卸货时发生倒塌造成货损，此时保险人承保的风险尚未终止。PICC“仓至仓”条款中“到达”一词的含义，应理解为货物卸离载货车辆落定后的完成状态，即卸货过程应包含在“仓至仓”条款保险责任期间内。

为解决实务中对此问题的不断争议，中国应尽快启动保险条款修订工作。建议借鉴英国ICC2009的相关条款，制定中国保险条款，以便保险人向被保险人提供更好的服务。

（二）保险利益条款

保险利益（Benefit of Insurance）与可保利益（Insurable Interest）不同。

在国际贸易运输中，有些船公司在运输合同或者提单中加列“保险利益条款”，企图以此来免除其本应承担的运输责任。

上述问题是国际海上货物运输合同或者提单中常见的“保险利益条款”（Benefit of Insurance Clause）纠纷。这涉及海商法、保险法、国际公约及国际惯例等复杂问题。

“保险利益”（Benefit of Insurance），指被保险的财产在第三者（如承运人或其他受托人）手中时，第三者为免除自己对该财产损失的赔偿责任，而要求或单方面在受托合同中订明他可享受原保险的利益，即一旦该财产因第三者的原因致损或灭失，第三者可免责，被保险人只能向保险人提出索赔要求。

该条款在美国等国家，法院承认其效力，且被保险人不违反告知义务。因此，该条款可能导致保险人无法行使其代位权，进而损害保险人的权益。但是有关国际公约和包括中国在内的一些国内法并不承认该条款的有效性。

本案中，兴亚物流作为陆上区段的承运人对货损负有赔偿责任，而货物的实际收货人（被保险人）万都海拉苏州公司，在获得该承运人赔偿后却将货物的保险金请求权利益转让给兴亚物流，兴亚物流据此向保险人提出索赔。法院认为，该索赔权转让与中国法规定的情形相类似，归属于无效。加之，被保险人万都海拉苏州公司已从第三方承运人处获得补偿，依保险补偿原则，其已不存在实际损失且已丧失向保险人索赔的前提条件。因此，兴亚物流通过赔偿货损的方式取得的保险金索赔权当然无效。

对承运人而言，有利做法是，劝说货主即被保险人先向保险人索赔，保险人赔偿被保险人之后，货主将其向承担运输责任的第三方即承运人的索赔权转让给保险人。保险人向承运人代位追偿。但承运人通常可享受运输惯例或法律的“单位责任限制”的权利，即只向保险人赔偿远低于实际损失的金额。

通过上述分析，各方应获得以下几点启示：

对进出口企业而言，首先，须对中国相关法律有所研究，对与贸易相关的保险法、海商法等特别法，更应有所研究。其次，对主要贸易伙伴国家的相关法律、公约或惯例也应了解和掌握。中国外贸经营权的放开，使从事国际贸易的主体不断增加，进出口企业须学会合法保护自己的权益。

对保险人而言，首先，在承保国际货运保险业务中，同样存在对不同国家相关法律及一些习惯做法要深入了解和研究的问题，尽可能在保险合同订立之前将有关问题，如上述“保险利益条款”可能导致保单无效的情况告知被保险人，这也是中国保险法对保险人应履行最大诚信原则的要求。其次，随着中国保险市场的不断开放，外国保险公司进入国内市场的数量将会有较大的增加，国内保险市场竞争将会更加激烈。提高中国保险公司的竞争力、树立良好形象、提供优质的服务，是中国保险业未来所面临的最主要的问题之一。再次，借鉴伦敦保险协会的做法，在保险条款中，明确作出关于类似于“保险利益条款”的相关规定，以便被保险人对此有清楚的认识，尽量减少事后争议或纠纷。最后，建议将中国保险法中的“保险利益”（Insurable Interest）改为“可保利益”或“可保权益”，以免其与“保险利益”（Benefit of Insurance）的概念混淆。因为它们在本质上是完全不同的两个概念，对保险业务有重要影响，不可小视看似一字之差的两个问题。

对承运人而言，同样存在对不同国家相关法律及国际惯例和一些习惯做法，尤其是国际运输惯例等要深入了解和研究的问题，要学会运用合法手段保护自己的利益。

十一、重复保险分摊纠纷案

在中国，重复保险分摊请求权的构成要件为：第一赔付保险人向被保险人作出的赔付是合理和谨慎的；分摊保险人在其保险合同项下对被保险人负有赔偿责任；第一赔付保险人支付的赔偿金额超过其在重复保险关系下应承担的赔偿责任；分摊保险人可以行使合同下对被保险人的抗辩，以保险事故发生时作为判断分摊保险人在其保险合同项下对被保险人是否负有赔偿责任进而负有分摊义务的时间点。但被保险人未向其提供保险事故证明资料的抗辩与被保险人向其他保险人自由求偿的权利冲突，不能成立。重复保险分摊不得以向责任人主张代位求偿为前提。分摊保险人不得以第一赔付保险人未行使代位求偿权为由拒绝分摊请求。

以下法院判决提供了有益的借鉴。

在“葡萄牙忠诚保险有限公司（下称‘忠诚保险’）诉史带财产保险股份有限公司（下称‘史带财险’）”一案中，[①] 原告忠诚保险与被保险人阿萨伊公司之间存在预约保险合同关系。2013 年 4 月，忠诚保险承保阿萨伊公司从中国新港运至安哥拉罗安达港的 70 200 公斤焊管，承保险别是 ICC（A），保险金额为 97 451. 64 美元。同年 2 月，被告史带财险承保同一批货物的运输风险，被保险人、保险标的和保险金额与忠诚保险签发的保险凭证记载一致，其承保险别为 CIC“一切险及战争险条款”。此外，原、被告各自的保险合同中均无“禁止他保条款”“无分摊条款”或“按比例条款”，也未对违反重复保险通知义务的后果进行约定。

涉案货物于 2013 年 4 月 12 日开始在罗安达港卸载，被保险人发现货物受损并于当日向船东提出索赔。被保险人及时向原、被告通知了货物出险情况。受原告委托的公估公司检验后，定损金额为 53 876. 40 美元，约合 42 973. 22 欧元。忠诚保险分别于 2013 年 7 月和 11 月对外支付 2 536. 47 欧元的检验费和 42 973. 22 欧元的保险赔偿金。

2014 年 2 月 27 日，被告史带财险的代理人开始向被保险人催要租船合同以及被保险人出具的允许史带财险向承运人追偿的授权书。4 月 3 日，忠诚保险委托律师通知史带财险称，涉案货物存在重复保险情况，要求其分摊 50% 的保险赔偿金，即 21 486. 61 欧元。但史带财险未支付，忠诚保险遂诉请法院判令被告分摊保险赔偿金 21 486. 61 欧元和检验费 1 268. 24 欧元并支付相应利息。

被告史带财险提出，投保人及被保险人未向其提供保险事故有关的证明以及资料，已导致被告拒赔；忠诚保险未证明其是否已经向承运人行使了代位求偿权、原告有关分摊检验费和支付保险金利息的诉求无法律依据等抗辩意见，要求驳回忠诚保险的诉讼请求。

法院经审理认为，原、被告之间存在法定的重复保险法律关系。原告忠诚保险向被保险人已作出的赔付合理谨慎、被告史带财险在其保险合同项下对被保险人也负有赔偿责任

---

① 参见杨蝉，海上重复保险分摊纠纷的审查要件——兼论《海商法》第 225 条的理解与适用，(2015) 沪海法商初字第 3049 号判决书，http://shhsfy. gov. cn/hsfyytwx/hsfyytwx/spdy1358/jpal1435/2017/11/21/2c9380995fa27777015fddebae2f3b75. html。

且忠诚保险向被保险人作出的赔付解除了史带财险的赔偿责任。因此，忠诚保险的分摊请求权成立。

重复保险分摊请求权的行使不以行使过代位求偿权为前提。因此，对史带财险的相关抗辩不予采纳。关于忠诚保险提出的分摊检验（公估）费用的诉讼请求，法院认为缺乏法律依据，不予支持。

综上，法院于 2017 年 6 月 29 日判决被告史带财险向原告忠诚保险支付保险赔偿金 21 486. 61 欧元及其利息，驳回原告的其他诉讼请求。

一审判决作出后，原、被告均服判息诉，被告史带财险自觉履行了判决确定的支付义务。

重复保险分摊纠纷在中国属于新类型纠纷。

（一）中国有关重复保险的法律规定

目前，中国有关重复保险的法律规定仅有两条，即中国《海商法》第 225 条和中国《保险法》第 56 条。

中国《海商法》第 225 条："被保险人对同一保险标的就同一保险事故向几个保险人重复订立合同，而使该保险标的的保险金额总和超过保险标的的价值的，除合同有约定外，被保险人可以向任何保险人提出赔偿请求。被保险人获得的赔偿金额总和不得超过保险标的的受损价值。各保险人按照其承保的保险金额同保险金额总和的比例承担赔偿责任。任何一个保险人支付的赔偿金额超过其应当承担的赔偿责任的，有权向未按照其应当承担的赔偿责任支付赔偿金额的保险人追偿。"

中国《保险法》第 56 条："重复保险是指投保人对同一保险标的、同一保险利益、同一保险事故分别与两个以上保险人订立保险合同，且保险金额总和超过保险价值的保险；重复保险的投保人应当将重复保险的有关情况通知各保险人；重复保险的各保险人赔偿保险金的总和不得超过保险价值。除合同另有约定外，各保险人按照其保险金额与保险金额总和的比例承担赔偿保险金的责任；重复保险的投保人可以就保险金额总和超过保险价值的部分，请求各保险人按比例返还保险费。"

以上法律规定存在以下不同点：

1. 中国《海商法》未规定重复保险通知义务。而中国《保险法》第 56 条规定："重复保险的投保人应当将重复保险的有关情况通知各保险人。"

2. 中国《海商法》未规定"同一可保利益"。而中国《保险法》则规定了"同一保险利益"。

通常认为，重复保险在投保人与两个或两个以上的保险人订立了多份保险合同的情况下发生，则需要符合下列构成要件：（1）同一保险标的（Same Subject Matter）。（2）同一被保险人（Same Assured），但并不要求投保人相同。（3）同一可保利益（Same Interest）。同一保险标的上可能存在不同的可保利益，代表不同的损害，而对不同损害进行补偿并不违反损失补偿原则。只有在保险标的的可保利益相同或共同的情况下，才能在保险单之间进行合法分摊。（4）同一承保风险（Same Risk）。可保利益相同但承保风险不同的，也不构成重复保险。（5）重合的保险期间（Same Period of Cover），即保险事故发生时，两份及以上保险合同均在有效期间。由此可见，"同一可保利益"应是重复保险中应有之义，中国《海商法》的规定似有疏漏。

3. 中国《海商法》中的分摊方法与中国《保险法》略有区别。

从法律效果看，若被保险人向其中的一个保险人全额索赔时，在该保险人知道有其他保险人存在的情况下，依中国《保险法》，似乎有权仅按比例进行赔付。而依中国《海商法》，其应先行予以全额赔付。此外，中国《海商法》和中国《保险法》均采用狭义的重复保险概念，要求保险金额总和超过保险价值。

依“特别法优于一般法”的法律适用原则，在海上保险中的重复保险纠纷中，应优先适用《海商法》第225条的规定。

中国《海商法》关于“海上保险合同”的规范，其实来源于1906年英国的MIA，而且海上保险实践具有显著的国际一体化特点，而长久以来英国海上保险的立法与司法实践在世界范围内被广泛借鉴。另外，英联邦成员澳大利亚法院与英国法院的裁判有相互借鉴的传统。因此，英国与澳大利亚两国作出的司法判例及对它们的研究所形成的权威资料，对理解与适用中国《海商法》具有很强的借鉴作用。

（二）第一赔付保险人的分摊请求权（Right of Contribution）

重复保险分摊原则在260年前就已确立，曼斯菲尔德勋爵在1758年Godin v. London Ass Co. 案中提出，保险人（即第一赔付保险人）承担了超过其应负比例部分的赔偿的，其有权从其他承担少于应付比例的保险人（即分摊保险人）处追偿。

1. 分摊请求权的法律基础

第一赔付保险人和分摊保险人之间并无合同或侵权法律关系，但依法律特别规定，双方之间产生重复保险法律关系，因此，分摊请求权是法定权利。第一赔付保险人向被保险人支付了全额保险赔偿金，从而解除了重复保险法律关系中其他保险人的赔偿责任，因此，从公平角度而言，负担应被分摊。在英国法概念中，这被称为衡平分摊原则（Equitable Doctrine of Contribution）。

2. 分摊请求权的成立要件

依中国《海商法》第225条，在保险事故发生时存在重复保险的前提下，分摊请求权的构成要件还包括：（1）第一赔付保险人向被保险人已作出的赔付须为合理、谨慎；（2）分摊保险人在其保险合同项下对被保险人也负有赔偿责任；（3）第一赔付保险人支付的赔偿金超过其在重复保险法律关系下应当承担的赔偿责任。因此，在重复保险分摊的争议中，第一赔付保险人对此负有举证责任。

3. 分摊范围

关于第一赔付保险人是否有权要求分摊其支付的施救费、公估费、检验费等其他因保险理赔发生的费用，法律对此无明确规定。依中国《保险法》第57条，被保险人为防止或减少保险标的的损失所支付的必要的、合理的费用，由保险人承担并在保险标的损失赔偿金额以外另行计算。因此，这部分在保险赔偿之外依法律规定向被保险人另行赔付的合理费用，也可被认为是“赔偿金额”。

争议可能会发生在第一赔付保险人自行产生的公估费、检验费等成本。支持分摊该费用的观点认为，检验费用是为确定保险事故的性质以及损失金额而发生的费用，是为维护重复保险中不同保险人的共同利益而发生，且若当初被保险人选择向分摊保险人理赔、分摊保险人也必然会发生的费用，因此，要求分摊公估费的基础和保险赔偿金并无不同，且若不支持分摊，可能导致各保险人为避免承担检验费而互相推诿、不积极理赔的后果。

但不支持该费用分摊的观点倾向于：首先，中国《海商法》规定第一赔付保险人主张分摊的是其向被保险人支付的赔偿金额，因此，分摊检验费用的诉讼请求缺乏法律依据。其次，在重复保险情况下，第一赔付保险人全额收取了保险费，公估费用或检验费用是在发生保险事故情况下第一赔付保险人应承担的正常经营成本。再次，考虑在有些重复保险情形下，分摊保险人同样也会发生此费用，对整个行业而言，保险人都可能成为第一赔付保险人或分摊保险人，该规则对各个保险人一视同仁，会达到动态平衡，且若允许分摊，可能会产生该部分费用是否合理的新争议。

（三）分摊保险人的常见抗辩

1. 可能构成有效抗辩的特别约定

分摊请求权可通过事先的合同约定进行修正或排除。合同约定包括：（1）“禁止他保条款”（Prohibition of Other Insurance Clause）。保险合同中有“禁止他保条款”的情况下，若保险人发现被保险人有重复保险而未告知，有权宣布解除该保险合同，不承担保险责任，进而退出重复保险法律关系。（2）“不分摊条款”（Non-contribution Clause）或“比例分担条款”（Ratable Proportion Clause）。在保险合同中订有“不分摊条款”或“比例分担条款”时，被保险人不能选择向任何一个保险人索赔全部损失。（注：“不分摊条款”通常约定：本保险单对被保险人有权根据其他保险单获得任何补偿的索赔，保险人不负责任。或，在被保险人有权根据其他保险合同获得补偿的情况下，本保险单仅负责超过其他保险合同承保金额的部分。即只在其他保险人赔不足的情况下，才做出赔付。例如，CIF条件下，出口商将同一货物向不同保险人投保了海上运输保险。其中，一份保险合同规定不负责货物在码头仓库的损失。“比例分担条款”一般约定，在重复保险的情况下，保险人不承担超过其承保比例的责任。若该保险人超出其比例赔付的，应视为其自愿赔付，对超出其比例的赔付金额不得要求其他保险人分摊。）（3）几种特殊情形。若两份保险合同中都规定了相似的“不分摊条款”，英国法目前的观点是，两个条款相互抵消，即适用分摊原则，且两个保险人对被保险人的损失负连带赔偿责任。若两份保险合同都规定了“比例分担条款”，则分摊原则不适用（注：各保险人按各自比例承担各自的责任）。若其中一份保险合同中规定“不分摊条款”，而另一份保险合同规定“比例分担条款”，其判例认为，两个保险人都要按比例负责。其背后的大原则就是，既不应使被保险人在重复保险中获利，也不能使其无法获得赔偿。

2. 判断分摊保险人对被保险人是否负有赔偿责任的时间点

判断分摊保险人对被保险人是否负有赔偿责任的时间点，历史上存在两种观点，一是保险事故发生时，二是第一赔付保险人向被保险人进行赔付时。澳大利亚法院的立场是，分摊权利在损失发生时即已经产生，任何产生于损失发生后和第一保险人作出赔付前的抗辩都是不能成立的。

但英国法院的观点不完全一致，代表性的案例分别是 20 世纪 90 年代的 Legal and General Insurance Society Ltd. v. Drake Insurance Co. Ltd. 和 Eagle Star Insurance Co. v. Provincial Insurance Plc。前一案中，原、被告均向被保险人提供机动车保险；被保险人在一起第三人造成的事故中受伤；原告支付了保险赔款后，向被告主张 50% 分摊；被告称被保险人未向其发送过损失通知，导致保单失效；鉴于被告本来就不需向被保险人承担保险责任，被告更无分摊责任。上诉法院驳回被告的抗辩，判定被告不得基于自己的保单条款对抗分摊索赔。后一案例中，原、被告均向被保险人提供机动车责任险；被保险人遭受损失后，向原告提起索赔；被保险人未向被告索赔，这意味着被告可基于其保单出险通知条款，对抗被保险人的索赔（但依立法则不可）。枢密院司法委员会的判决质疑了 Legal and General Insurance Society Ltd. v. Drake Insurance Co. Ltd. 的判决，转而认为确定分摊索赔的日期应该是分摊提起的日期。但枢密院司法委员会不是英国法院系统的一部分，其所作出的判决对英国法院不具约束力。

此后的一些案例中，不同法官分别表达了不同立场，未能有所统一。

但在英国 2005 年的判例 O'Kane v. Jones（The Martin P）中，原告向"Martin P"轮提供船体险，被保险人应付原告的保险费逾期未交，保险经纪人威胁取消保单，被保险人害怕原告提供的保单真被取消，又向被告购买了一份保险；出险后，被保险人取消了第二份保单，原告仍支付了全额保险赔款并向被告提起分摊之诉。高等法院对 1906 年英国 MIA 第 80（2）条的解释是，分摊的权利产生于损失之日而不是支付之日。在损失后解除一个保险合同不影响另一个保险合同保险人主张分摊的权利。高等法院认为，因分摊请求权在损失发生时即可行使，在损失发生后，若被保险人与其中一个保险人达成取消合同协议，另一个保险人的分摊权利也不会受到影响。

上述结论采纳了 Legal and General Ins. 案的观点。此外，权威论著 Arnould's Law of Marine Insurance Average（2008）第 17 版支持了 The Martin P 和 Legal and General Ins. 两案的判决。

鉴此，中国法官倾向于赞同判断分摊保险人在其保险合同下，是否对被保险人负有赔偿责任的时间点应为保险事故发生时，因为此时重复保险中的各保险人已经有了预期分摊义务。分摊保险人可以援引其保险合同下对抗被保险人的抗辩以兼顾合同自由，但因决定向第一赔付保险人索赔而未向分摊共保人提交索赔材料、在保险事故发生后与分摊保险人协议解除第二份保险合同等抗辩与被保险人向其他保险人自由求偿的权利冲突，应当除外。

3. 分摊请求权与代位求偿权的关系

在 2009 年的澳大利亚判例 Speno Rail Maintenance Australia Pty Ltd. v. Metals & Minerals Insurance Pte Ltd. 中，原告与名为 Hamersley 的铁轨打磨承包商订立了合同。合同约定由 Hamersley 向原告提供服务，而原告向 Hamersley 承诺，若 Hamersley 对原告的雇员造成任何普通法下的人身伤害，则补偿 Hamersley。此外，一份苏黎世保险的保险单向原告承保责任险（但不含人身伤害）且扩展至 Hamersley，作为共同被保险人。有两名雇员向 Hamersley 提起索赔并得到赔偿。苏黎世向 Hamersley 支付赔款后向被告要求分摊。被告进而针对原告启动代位求偿程序，试图代位行使 Hamersley 针对原告的补偿请求权。上诉法院西澳大利亚最高法院判决认为，被告仅仅作为分摊中的保险人，并不享有代位求偿权。后来，该案上诉至澳大利亚高等法院。澳高等法院驳回上诉，却是基于另一理由：本案中并不存在重复保险，Hamersley 在苏黎世保单下仅仅是受益人（而非被保险人）。

该案确立了一项法律规则：事后第一个被要求作出分摊的保险人是没有代位求偿权的，向第三人索赔的代位求偿权只属于第一个支付保险赔偿金的保险人所有。

中国法官认为，这一法律规则有其逻辑自洽性，背后的司法导向是促进保险市场的积极发展，被保险人会优先向理赔更加便捷的保险人索赔，同时也鼓励各保险人积极参与理赔以取得相应的代位求偿权。

在中国，分摊保险人在分摊之后也无法取得代位求偿权这一制度设计很难被普遍接受。多数意见认为，分摊保险人进行分摊也属于承担保险责任，因此，重复保险的各保险人在其自身承担保险赔偿责任范围内都应有代位求偿权。但依中国《海商法》，应理解为分摊请求权的行使不以行使过代位求偿权为前提，且在分摊保险人未向第一赔付保险人支付保险赔偿之前，代位权应仅属第一赔付保险人。

【注：英国的 The Commonwealth ［1907］P216（CA）先例中，一旦第一赔付保险人通过代位求偿获得任何损失赔偿，都应在货物利益方之间按比例进行分配，这一法律原则可避免第一赔付保险人在获得分摊后，又从第三人处获得超出其分摊比例的赔偿从而额外获利。这在设计中国的重复保险分摊制度时，值得借鉴。】

此外，有一种观点认为，要对第一赔付保险人与被保险人的保险合同关系进行深入细致的实体审查。法官通常认为，借鉴保险代位求偿权纠纷中，对保险合同关系的审查标准，重复保险分摊诉讼的审查范围也应有其合理的边界，不应对主张分摊权利的诚信理赔的保险人设置过高的法律门槛、课加过高的证明负担，以致中国《海商法》所规定的重复保险分摊请求权形同虚设。

综上所述，通过该案的探讨，依中国《海商法》第 225 条“重复保险分摊”规定，重复保险分摊请求权构成要件须为：（1）第一赔付保险人向被保险人作出的赔付是合理和谨慎的；（2）分摊保险人在其保险合同下对被保险人负有赔偿责任；（3）第一赔付保险人支付的赔偿金额超过其重复保险法律关系下应承担的赔偿责任。

针对该案争议最大的两项抗辩，即被保险人未提供保险事故有关的证明资料导致被告拒赔及原告未行使代位求偿权是否影响原告分摊请求权的问题，法院判决明确了以下观点：

分摊保险人可行使合同下对被保险人的抗辩，以保险事故发生时作为判断分摊保险人在其保险合同项下对被保险人是否负有赔偿责任进而负有分摊义务的时间点，但被保险人未向其提供保险事故证明资料的抗辩与被保险人向其他保险人自由求偿的权利冲突，不能成立。重复保险的分摊不以向责任人（第三者）主张代位求偿为前提。分摊保险人不得以第一赔付保险人未行使代位求偿权为由拒绝分摊请求。

十二、共同保险中主要保险人能否行使全部代位权

在保险业务中，就保险价值较高的保险标的，保险人基于危险分散原则，通常采取再保险或共同保险的形式来分担保险事故所带来的巨大风险。此类案件的主要争议焦点之一是，共同保险中主要保险人能否行使全部的代位权。

在“AIG（美国国际集团）欧洲公司（下称‘AIG 欧洲’-原告）诉上海和明航运服务有限公司天津分公司（下称‘和明航运天津’- 被告）及上海和明航运服务有限公司（下称‘和明航运’- 被告）”一案中，[①]原告 AIG 欧洲（主要保险人）的被保险人亿比

---

① 张亮，主要保险人条款的理解与适用——AIG 欧洲有限公司诉上海和明航运服务有限公司天津分公司等海上货物运输合同纠纷案，http://shhsfy.gov.cn/hsinfoplat/platformData/infoplat/pub/hsfyintel_new_52/docs/201605/d_299554.html。

亚（北京）公司委托被告和明航运天津运输一套粒子回旋加速器自天津至加拿大蒙特利尔。在集装箱货物集散站，装载了设备主机的集装箱装车后，卡车转弯时拖车翻倒，导致一台加速器总成（粒子回旋加速器）主要部件严重受损，已无法修复，公估公司建议本次损失准备金为 332 656. 96 欧元。

案外人母公司 IBA S. A. 与 AIG 欧洲等三家保险公司签订了海事承保保单，经保险缔约各方协商一致，亿比亚公司（子公司）被确定为共同被保险人之一。该保单的保险人系 AIG 欧洲及其他三家保险公司，AIG 欧洲所占其份额为 50%（共保的主要保险人），其他三家公司所占的份额合计 50%。保单主要保险人条款记载，共同保险公司承诺遵守由主要保险人作出的任何决定，并一致同意“主要保险人”一词不仅适用于本公司或主要保险承保人，也适用于其代理公司或代表。主要保险人作出的任何决定对共同保险公司具有不可撤销的约束力，共同保险公司不得以任何方式对其提出异议。保单中约定每种交通方式的最高保额为 7 500 000 欧元；免赔率为损失金额的 5%，最高额 12 500 欧元。

涉案事故发生之后，AIG 欧洲以保险公估报告建议的损失准备金数额扣除免赔额及保险经纪费用后，作出保险赔偿。亿比亚公司向 AIG 欧洲出具赔偿及权益转让书，确认保险人已就事故损失进行了赔付，损失金额为 332 656. 96 欧元。亿比亚公司同意 AIG 欧洲代位行使其权利及救济方法。亿比亚公司又通过被告和明航运重新发运了一套相同型号的粒子回旋加速器，报关金额为 415 847. 07 欧元。提单记载目的地为蒙特利尔。

原、被告代理人曾以电子邮件的形式就涉案事故处理进行沟通，沟通中，两被告认为，涉案损坏的集装箱货物重量为 26 860 公斤，按照责任限制，赔偿金额为 81 212. 82 美元。AIG 欧洲认为，应依据提单记载的货物总重量 29 500 公斤计算责任限制的赔偿金额。庭审中，AIG 欧洲确认可按两被告提出的单个集装箱货物重量计算责任限制的赔偿金额 81 212. 82 美元（26 860 公斤×2 个 SDR×1. 511 78 美元/SDR）。

【注：AIG 欧洲诉请两被告赔付全部货物损失共计 332 656. 96 欧元。】

被告和明航运天津辩称：（1）涉案货物是由船公司委托的货运公司实际运输的，与其没有关系；（2）依据保险合同的约定，原告 AIG 欧洲不具有追偿的主体资格；（3）原告 AIG 欧洲提交的证据不能完全证明货物的实际价值；（4）即使被告需要赔偿损失，也应适用海事赔偿责任限制的规定。被告和明航运辩称，其虽是和明航运天津的总公司，但与 AIG 欧洲没有合同关系，也不知晓上述事故，故不应承担连带赔偿责任。

法院经审理后认为，亿比亚公司与被告和明航运天津依法成立了海上货物运输合同关系。涉案货物在和明航运天津接收并装箱后，在集装箱集散站因拖车倾覆导致的货损发生在承运人责任期间之内，和明航运天津作为承运人应当承担赔偿责任。

原告 AIG 欧洲系涉案海上货物运输的货物保险人，涉案保险事故发生后，其向被保险人实际赔付了经公估确认的全部货损。依保单记载，AIG 欧洲在保险合同中承保份额为 50%，系主要保险人。同时，保单还约定主要保险人作出的任何决定对共同保险公司具有不可撤回的约束。因此，AIG 欧洲在对货损作出实际赔付并收到被保险人，即亿比亚公司出具的权益转让书后，取得涉案货损全部代位求偿权符合合同约定，亦与法无悖；两被告认为原告 AIG 不能取得代位权或原告的代位权限于 50% 份额的主张，缺乏事实和法律依据，法院不予采信。

关于涉案货物的价值。由于承运人接收货物后尚未报关，故本案中并无涉案货物报关单记载的价值。但 AIG 欧洲提交的涉案货物装箱单、形式发票记载的货物名称和价值，与亿比亚公司因货物损坏向收货人补发货物的提单、报关单上货物的名称和价值完全一致，且公估公司的报告亦确定了涉案货物的实际价值，因此，法院对原告 AIG 欧洲主张的货物价值予以认可。

关于本案的赔偿责任限额。在本案庭审中，AIG 欧洲确认可按照两被告提出的单个集装箱货物重量计算赔偿责任限额 81 212.82 美元。经审查，两被告计算赔偿责任限额的依据与客观事实相符，法院确认本次货损赔偿责任限额为 81 212.82 美元。

综上，法院判决被告和明航运天津赔偿原告 AIG 欧洲货物损失 81 212.82 美元；被告和明航运承担补充赔偿责任。一审宣判后，原、被告各方均未上诉。

本案系由共同保险引起的海上货物运输合同纠纷案。共同保险可分为连带式和并列式两种。在连带式共保中，被保险人可向任一共同保险人要求全额赔偿，作出保险赔偿的保险人向其他共同保险人追偿；在并列式共保中，一般采用首席共保人制度，由各共同保险人选定其中一个主要保险人对外全权处理保险事务，而产生的责任或收益在共同保险人之间按约定比例分配。本案属并列式共保。但主要保险人是否可据此当然地取得全部代位求偿权？以下就主要保险人行使代位权成立条件、求偿范围与限制等方面予以探讨。

（一）共同保险中主要保险人权利义务来源

在保险业务中，就保险价值较高的保险标的，保险人基于危险分散的原则，通常采取再保险或共同保险形式来分担一旦出现保险事故所带来的巨大风险。

共同保险是投保人与数个保险人之间就同一可保利益、同一风险共同订立的保险合同。此类共同保险合同中，一般由主要保险人即承保份额所占比例较大的保险人，对外直接承担赔偿义务，同时也享有代位求偿的权利，最终由各共同保险人按约定比例分担相应的风险。该做法不仅方便了投保人索赔，也能体现危险分散原则的精神，这是欧美保险实务的一种通常做法。

在本案中，原告 AIG 欧洲的保险份额为 50%，是主要保险人。各共同保险人在合同中约定 AIG 欧洲作为主要保险人作出的任何决定对共同保险公司具有不可撤回的约束，各方不得以任何方式对其提出异议。换言之，主要保险人承担的保险义务并获得保险代位求偿的权利源于其与各方共同保险人在合同中的约定。

（二）共同保险中主要保险人行使代位求偿权的条件和范围

中国《海商法》第 252 条规定："保险标的发生保险责任范围内的损失是由第三人造成的，被保险人向第三人要求赔偿的权利，自保险人支付赔偿之日起，相应转移给保险人。"

在共同保险中，主要保险人也应在满足上述法律规定的基础上行使其代位权。与一般保险有所区别的是，在共同保险中，因多个保险人承担的保险责任的比例不同，其行使代位权的条件与范围也不同。依权利义务对等原则，通常认为共同保险人得就其赔偿部分代位求偿。中国《海事诉讼特别程序法》第 93 条也规定"因第三人造成保险事故，保险人向被保险人支付保险赔偿后，在保险赔偿范围内可以代位行使被保险人对第三人请求赔偿的权利"。

但并非在任何情况下，共同保险人的代位求偿范围均限于其承担的保险赔偿金额。如本案中，被保险人已就其损失获得全额赔偿，各方共同保险人在合同中约定遵守主要保险人作出的决定并委托其行使代位权，应视为已将对外求偿的权利让渡给主要保险人（AIG）行使，因此，AIG欧洲得以自己的名义就全部货损行使代位求偿权。

同时，中国高院《关于审理海上保险纠纷案件若干问题的规定》中明确，“保险人在行使代位求偿权时，未依照海事诉讼特别程序法的规定，向人民法院提交其已经向被保险人实际支付保险赔偿凭证的，人民法院不予受理；已经受理的，裁定驳回起诉”。

该条款包含法院对保险人向被保险人实际支付保险赔偿金及其代位求偿权范围的审查。

（三）共同保险中主要保险人行使代位权的限制

共同保险中主要保险人行使代位权不仅受到金额的限制，同时也受到对象的限制，即保险人不能对特定对象行使代位权。通常包括共同被保险人、被保险人的家庭成员及组成人员、被保险人的雇员等。

本案的两被告系与AIG欧洲没有特殊关系的第三人，故AIG欧洲行使代位权不受此限制。但本案中，AIG欧洲行使代位权受到被保险人与第三人之间法律关系的限制，即被保险人与被告和明航运天津之间的海上货物运输合同关系。

和明航运天津作为承运人享有法律赋予其就货物灭失或损坏赔偿限额的权利。除非保险人能够证明货物的灭失、损坏是由于承运人的故意或明知可能造成损失而轻率的作为或者不作为造成。本案中，AIG欧洲提供的证据不足以证明承运人此类行为的存在，故两被告可援引赔偿责任限制条款减少赔偿金额。

【**注**：保险人实际赔付被保险人332 656.96欧元，但代位追偿只获得81 212.82美元。】

十三、变更CIF条件后的保险责任

在CIF条件下，若未变更贸易惯例，依Incoterms，货物的风险在装货港装船后，由卖方转移至买方，卖方从而丧失可保利益，也就无权要求保险人赔偿保险单项下的货物损失。若保险人对不具有可保利益的卖方赔付，则不符合国际惯例，其赔偿后也不能合法地取得向承运人的代位追偿权。

但贸易合同在履行过程中，通过双方的行为（如卖方实际支付了货物在目的港的修理费用）变更了CIF条件下的货物风险转移的国际惯例，卖方承担了货物到达目的港卸货为止的运输风险。因此，卖方有权请求承运人赔偿，保险公司赔偿卖方后，作为代位追偿权的行使人，当然有权向承运人再追偿。这一问题在下述案例中得以证实。①

某年4月27日，广州国际经济技术合作公司（下称“广州国际”）与中成国际运输有限公司广州分公司（下称“中成运输”-被告）签订“孟加拉国工程设备货运代理合同”，约定广州国际委托中成运输发运输变电设备，发运时间5月20日至31日；中成运输负责货物自上海港装船至吉大港卸船并交付收货人为止的全部工作，包括代理租船订舱、装船、出口报关、卸船等，若因中成运输在存储、运输、装卸中的不当造成货损，应赔偿由此产生的一切损失；中成运输收取的“海运费用”包括运费、港口包干费、仓储费、报关费。5月16日，广州国际向中成运输出具出口货物托运单。6月7日，广州国际

---

① 参见广州海事法院网站，http://www.gzhsfy.org/showanli.php? id=502。

出具发票，记载：买方达卡供电局，货物为地下电缆，配电变压器，CIF 总价 3 819 122. 93 美元。6 月 20 日，中海船务代理公司以“顺安”轮船东代理人的身份签发已装船提单一式三份。同日，中国人民保险公司广东省分公司（下称“广东人保”-原告）签发保险单，载明：被保险人为广州国际，自上海港至吉大港，6 月 20 日开航，承保险别为一切险，保险金额 3 846 289. 50 美元。8 月 31 日，“顺安”轮抵吉大港并开始卸货，9 月 4 日卸毕。詹姆斯芬雷公司在达卡的收货人货仓对货物进行检验并出具书面报告：28 箱变压器不同程度受损，9 捆电缆的保护性木板断裂，电缆绝缘表面数处刮伤、割裂。为修复受损的变压器和电缆，广州国际支付修理费、材料费、运费、差旅费共计人民币 357 095. 58 元。

次年 9 月 1 日，原告广东人保向广州国际支付保险赔款人民币 357 095. 58 元并收到广州国际的“收据和权益转让书”，取得代位追偿权。请求判令被告中成运输赔偿人民币 357 095. 58 元及其利息。

被告中成运输辩称：被保险人广州国际在货损发生时对保险标的不具有可保利益，原告理赔错误，不能取得代位追偿权；我方与广州国际签订的是国际货运代理合同，原告诉请我方承担承运人责任没有法律依据。

一审法院经审理认为：本案是保险人根据保险合同赔付被保险人货物损失后，代位被保险人提起的海上货物运输合同货损纠纷。

被告中成运输与广州国际签订的“孟加拉国工程设备货运代理合同”，尽管其中有代为报关等中成运输作为代理人的约定，但其内容主要是关于中成运输作为承运人、广州国际作为托运人的权利义务的约定以及运费收取和安全运输等规定，符合货物运输合同的条件和特征，因而应认定该合同为含有货运代理内容的海上货物运输合同。该合同是双方当事人的真实意思表示，合法有效。发票显示涉案货物以 CIF 条件成交，表明货物在起运港装船之前，由广州国际承担货物的风险，装船之后则由收货人达卡供电局承担该风险。广州国际在投保时享有可保利益，其与广州人保之间的保险合同合法有效。但当被保险货物装船后，广州国际即不再承担货损风险，从而丧失了可保利益，其无权要求保险人赔付有关损失。原告对不具有可保利益的广州国际的保险赔付不符合法律规定，其赔付后不能取得代位追偿权。遂判决驳回原告广东人保的诉讼请求。

广东人保不服上述判决，向广东高院上诉，称：虽然发票记载的贸易条件为 CIF，但货损风险并未在装货港装船后转移至买方。托运人（广州国际）可依运输合同向承运人提出索赔。

中成运输辩称：在国际贸易中，买方在货损后不懂得专业设备的维修，让卖方修理是常见的做法，广州国际代为承担相关的检验、修理等费用，最大的可能性是与买方存在代为修复的协议，广州国际代为支付的费用最终由买方承担。

二审法院经审理，确认了一审法院认定的事实和证据，并认为：广州国际就涉案货物运输向广东人保投保一切险，货物在目的港交货时发现受损，该损失是由一切险责任范围内的风险引起，为此，广东人保向广州国际支付了保险赔款。广东人保是否取得代位追偿权，取决于被保险人广州国际是否享有对上述损失向承运人（中成运输）的请求权。本案是海上货物运输合同代位追偿纠纷，而非海上货物保险合同纠纷，法院只应就被保险人与承运人之间的运输合同关系进行审理，原审法院以广州国际不具有可保利益（属于保险合同）为由，认定广东人保不具有代位追偿权不当，本院予以纠正。

广州国际与中成运输签订的货运代理合同明确约定，在运输期间发生货损时，由中成运输向广州国际赔偿损失。广州国际作为托运人，基于运输合同产生的请求权，不会因为货物在装货港装船后就消失，在货物交付后因货损遭受风险，广州国际仍有权向中成运输索赔，广东人保在向广州国际作出保险赔付后，应依法取得代位追偿权。货物发票虽载明CIF条件，但不能由此得出结论：广州国际在起运港货物装船后必然没有损失。本案中，没有证据表明广州国际已收取涉案货物的货款（即还未完成交货义务），而相关修理合同、修理费发票显示，广州国际委托有关单位在目的地对货物进行修理并支付了修理费。在没有相反证据的情况下，应认定广州国际承担了运输途中货物受损的风险（变更了CIF条件）。广东人保作为保险代位权人，有权要求承运人中成运输赔偿损失。

广东高院依中国《民事诉讼法》第153条第1款第（2）项、第（3）项，中国《海商法》第44条、第46第1款、第252条第1款的规定，作出如下判决：（1）撤销广州海事法院（2003）广海法初字第432号民事判决；（2）中成运输赔偿广东人保货物损失357 095.58元人民币，及自9月1日起至实际清偿日止按中国人民银行同期流动资金贷款利率计算的利息。

此案例中，被告中成运输与广州国际签订的“孟加拉国工程设备物资货运代理合同”，其内容主要是关于中成运输作为承运人、广州国际作为托运人的权利义务的约定以及运费收取和安全运输等规定，符合货物运输合同的条件和特征，因而应认定该合同为含有货运代理内容的国际海上货物运输合同。因此，广州国际与中成运输之间的海上货物运输合同关系成立。合同名称虽为“货运代理合同”，但与合同的主要内容不吻合，故不能认定该合同为货运代理合同。提单记载的收货人是达卡供电局，广州国际出具的发票显示，涉案货物以CIF条件成交。若未变更贸易惯例，依Incoterms，在CIF条件下，货物的风险在装货港装船后，由卖方转移至买方；风险的转移与买方是否支付货款、卖方是否收到货款无关，即只要风险已转移，即使货物在运输途中灭失或损坏，买方仍有支付货款的义务。这表明，本来货物在装运港装船之前，由广州国际承担货物的灭失或损坏的风险，装船之后则由收货人达卡供电局承担风险。换言之，当保险货物装船后，广州国际即不再承担货物的损坏或灭失的风险，从而丧失了可保利益，也就无权要求保险人赔偿保险单项下的货运损失。若原告对不具有可保利益的广州国际赔付，则不符合法律规定，其赔偿后也不能合法地取得代位追偿权。但贸易合同在履行过程中，可通过双方的合意而修改合同约定，亦可通过双方的行为来变更合同约定。广州国际实际支付了货物修理的费用，这被视为是以行为变更了CIF条件下的货物风险转移的国际惯例，即广州国际承担了货物到达目的港卸货为止的运输风险。从广州国际承担了货损修理费用的事实看，实际上，买卖合同双方变更了CIF条件，从而认定广州国际遭受了损失，而依广州国际与中成运输的货运代理合同关于“在运输期间发生货损时，由中成运输向广州国际赔偿损失”的约定，广州国际有权请求中成运输对此予以赔偿。广州人保赔偿广州国际后，作为代位追偿权的行使人，当然有权向中成运输再追偿。

十四、海上预约保险合同迟延申报争议

海上预约保险合同，又称总保险合同，是指保险人与被保险人之间就约定的期间内对

不确定货物的保险责任范围、保险财产范围、每一保险或每一地点的最高保险金额和保险费计算办法等条款而订立的一种长期的海上货运保险合同，主要适用于被保险人在一定期间内有分批装运或接收货物的大批量海上货物运输中。海上预约保险合同范围内的各批次货物一经起运，保险人对该批货物的保险责任即自动开始，直至其运抵最后仓库。被保险人的通知时间或保险人签发保险单证的时间不影响各批次货物的保险责任。即被保险人既可以事先通知，也可在货物起运后的合理期限内及时通知，除非被保险人在通知时已知道或应知道保险标的已发生损害，保险人不能仅以被保险人延迟填报保单为由拒赔。“辽宁图越物流有限公司（下称‘图越物流’）诉中国平安财产保险股份有限公司锦州中心支公司（下称‘平安保险’）”一案对此予以明确说明。①

2016 年 4 月 7 日，图越物流与平安保险签订海上预约保险协议，投保险别为综合险，协议有效期为 2016 年 4 月 8 日至 2017 年 4 月 7 日，图越物流支付了保费。2016 年 9 月 4 日，图越物流委托承运人运输的大理石装船起运。9 月 6 日，图越物流申报该宗货物的投保事宜，保险金额 100 000 元（人民币，下同）。9 月 7 日，平安保险出具保单。9 月 18 日，该批货物在卸货拆箱时被发现严重破损。图越物流主张，图越物流作为被保险人、平安保险作为保险人签订了海上预约保险协议，平安保险对于在保险责任期间内发生的货损，依约应履行赔偿义务。平安保险认为，依双方海上预约保险协议约定，图越物流应在货物起运前 5 日申报保险，但在涉诉分合同履行中，图越物流隐瞒事实，在货物起运后才通知保险人，属延迟申报、违反协议约定，因此，拒绝赔付。

图越物流和平安保险在以往的海上预约保险业务中，图越物流有两次在货物起运后通知平安保险，平安保险仍签发保险凭证并在出险后赔付保险金的情形。

本案当事人之间存在两个保险合同：一个是案涉海上预约保险协议，即总合同；另一个是案涉具体保险合同，即分合同。总合同中并未明确约定“迟延申报”的责任。总合同约定：“投保人于每次货物起运前登录平安货运保险网进行业务申报”。“投保人必须严格遵守《平安网上货运险投保流程及须知》要求规范录单，对于投保人未按要求规范录单导致风险增加或影响保险人判断真实风险的，保险人对于损失扩大或者无法核实的部分有权拒绝赔偿”。“投保人及被保险人应如实申报实际运输资料，不得瞒报，漏报或不报。保险人有权随时核查被保险人的运输情况”。

一审法院认为，图越物流与平安保险签订的海上预约保险协议合法有效，涉案保险事故发生在保险人保险责任期间。案涉货物保险金额 100 000 元，依协议约定保险金额不足 200 000 元，图越物流无需在起运前提前 5 日通知保险人。图越物流虽延迟申报，但平安保险未能举证证明，也未能充分说明其为恶意延迟、该延迟通知行为导致风险增加或影响其判断真实风险，并由此造成损失扩大或无法核实损失，不符合协议约定和中国《海商法》规定的拒赔情形，平安保险应对货损承担赔偿责任。在平安保险和图越物流之前的海上预约保险合同业务中，图越物流两次延迟通知，平安保险仍予签发保险凭证并给以货损赔偿的行为，说明平安保险以默示的方式接受该做法，也说明双方形成一定条件下可延

---

① 王永伟，海上预约保险合同中被保险人迟延填报保单保险人能否因此拒赔：图越物流与平安保险海上保险合同纠纷案；一审：大连海事法院（2017）辽 72 民初 474 号民事判决；二审：辽宁省高级人民法院（2017）辽民终 1271 号民事判决。http://dlhsfy.chinacourt.org/article/detail/2018/07/id/3400496.shtml。

迟通知的交易习惯。对本次保险赔偿，平安保险不能仅以图越物流延迟申报而拒赔。因此，平安保险依法依约无权拒绝赔偿，应在扣除协议约定的免赔额后支付保险金。

二审法院认为：从双方约定内容看，其核心意思是投保人必须如实申报运输信息，禁止瞒报、漏报或不报，并未禁止迟延申报。同时，以往两次图越物流延迟通知平安保险仍予理赔的事实，可印证双方存在迟延申报仍予以理赔的交易习惯。鉴于以上情况，图越物流延迟通知并不属于违约，平安保险应予赔偿。

法院依中国《海商法》第 231 条、第 237 条之规定，判决被告中国平安财产保险股份有限公司锦州中心支公司于本判决生效后立即赔偿原告辽宁图越物流有限公司货物损失 18 390 元。

平安保险不服原审判决，向二审法院提出上诉。二审法院于 2018 年 3 月 9 日作出判决，驳回上诉，维持原判。

海上预约保险合同起源于英国浮动保险。随着海上贸易规模不断扩大、周期不断增长，针对一定周期内运输的相同或类似货物逐笔签订保险合同，将会耗费大量人力物力。在这种背景下，浮动保险这种长期承保模式以其便利和高效成为保险市场的选择。中国《海商法》借鉴英国浮动保险的习惯做法，对海上预约保险合同加以规定。

海上预约保险合同由被保险人、保险人签订的总合同及履行总合同过程中达成的分合同共同组成。虽然有预约保险合同的总合同，在预约保险合同有效期限内的每一批具体货物保险事宜仍需订立独立的分合同。分合同无需重新约定基本保险条款，由保险人向被保险人出具保险凭证即可，每一张保险凭证都是预约保险总合同下的分合同并具有最终的合同效力。预约保单是否出具或保费是否缴纳，均不影响海上预约保险合同的成立。

本案中，图越物流与平安保险于 2016 年 4 月 7 日签订的《预约保险协议》为预约保险总合同；9 月 7 日，平安保险出具的保险凭证为预约保险分合同。

被保险人依法具有通知义务。海上预约保险合同实践中，保险人需根据被保险人的通知签发保险凭证，因此，通知义务是合同得以正常履行的重要保障。被保险人的通知时间和通知事项，双方当事人有约定从其约定，未约定则依中国《海商法》第 233 条之规定，即“被保险人知道经预约保险合同保险的货物已经装运或者到达的情况时，应当立即通知保险人。通知的内容包括装运货物的船名、航线、货物价值和保险金额”。该条规定包含三个层面的含义。首先，在时间上要求“立即通知”保险人。“立即”应理解为“尽可能早”，即被保险人应在获知货物装运或到港的情况下及时向保险人发出通知，不能存在选择通知或故意漏报等投机行为。其次，在通知内容上要求完全、准确。“完全”指通知的内容不应少于中国《海商法》第 233 条规定的范围，即“装运货物的船名、航线、货物价值和保险金额”。实践中，除上述信息，被保险人一般还应通知被保险人（收货人）名称、地址、货物名称、型号、数量、包装、运单号或提单号、承运人、起止地、运输路线、日期等信息。“准确”指通知的信息应准确无误，不得漏报、错报。最后，针对保险人提出的补报、重报要求，被保险人也应做到及时、完全、准确。

被保险人通知义务瑕疵履行的界定及补救。海上预约保险合同的产生是为减少被保险人繁琐的投保手续，同时为保险人增加长期、稳定的保费收入。保险人在合同订立时，应知道被保险人在货物运输过程中可能会存在无意漏保和误报的情况，其同意订立海上预约保险合同则证明自愿承担了因被保险人通知瑕疵而带来的风险，因此，被保险人非故意原因造成的善意漏报、误报和延迟通知是被允许的，应认定为瑕疵履行，并不违反通知义务。但部分被保险人为了降低保费选择等待时机，如货物平安到达则不通知保险人，一旦货物出险就通知保险人理赔。因此，为防止保险人的利益受到不必要的损害，在审查时应基于公平原则对被保险人的“善意”进行严格界定，不能任意扩大适用。首先，被保险人通知的信息中，时间、标的数量、运输路线等均符合实际，只有个别信息出于疏忽而漏报或误报等，可认定为善意。其次，根据被保险人以往向保险人通知的信息，核实被保险人是否有选择通知。通常，海上预约保险合同项下每次运输之间都会有一段时间间隔，被保险人应按照货物装运先后顺序进行通知。若被保险人每批货物都如实按照货物装运前后顺序全部通知，没有选择通知，则本批次货物即使被保险人在货损发生后才进行通知，也可认定该瑕疵通知是善意的。若被保险人在下一次货物通知时还未将上一次货物运输信息向保险人通知，则一般可认定为选择通知。实践中，存在这样一种情况，对于被保险人通知的时间，双方当事人没有约定或约定货物起运前通知，但被保险人总是在起运后或到达时才通知保险人，保险人每次也接受通知并签发保险凭证。此时可认为，若保险人不同意此种通知方式可拒绝，但保险人以默示的方式接受该做法，双方默示行为已成为合同履行方式的补充。因此，在保险责任期间内发生的货损，保险人不能仅因被保险人未及时通知而拒绝赔付。

海上预约保险合同中，在被保险人瑕疵履行通知义务时，保险人可要求其作出适当补救，如补充通知、重新如实通知，在必要的条件下修改承保条件、加缴保险费等。

被保险人违反通知义务的法律后果。如上所述，被保险人善意漏报、误报、迟延通知是被允许的，被保险人恶意漏报、虚假通知、选择通知等情形才被认定为违反通知义务。针对这种情形，在合同有约定的情形下，应依当事人的约定确定违约后果。若合同中未明确约定，应依法律规定。中国《海商法》第 224 条规定：“订立合同时，被保险人已经知道或者应当知道保险标的已经因发生保险事故而遭受损失的，保险人不负赔偿责任，但是有权收取保险费。”中国《保险法》第 16 条第 2 款规定：“投保人故意或者因重大过失未履行前款规定的如实告知义务，足以影响保险人决定是否同意承保或者提高保险费率的，保险人有权解除合同。即在被保险人违反通知义务时，保险人可不负赔偿责任并解除保险合同。”

第五篇

国际贸易结算惯例与规则

第十九章 国际贸易结算工具：票据及惯例

随着国际交往的日益增加以及经济全球化的深入发展，国家之间发生的货币收付越来越多。产生国际债权债务关系的原因可归结为贸易原因和非贸易原因。由贸易原因引起的货币收付则主要是货物进出口引起的货币结算行为，这种国际结算称为国际贸易结算。国际贸易结算是国际结算最重要的组成部分。

一、国际贸易结算概述

在国际贸易中，卖方交货与买方付款互为条件，但若以买卖双方“一手交钱、一手交货”这种当面结算的方式来完成当今货物数量巨大、款项巨额的国际交易，几乎不可能。因此，在国际贸易中，大多采用卖方先交货、买方后付款的方式，给付不同时进行。随着国际贸易规模的日益扩大，国际结算中已普遍使用票据结清国际债权债务关系，从而使国际结算从现金结算发展到非现金的票据结算。在使用票据结算的发展过程中，贸易、运输、保险分离开来成为独立的行业，因而发票、提单和保险单也独立出具，凭单据付款的结算方式不断完善。而这种结算方式最大的特点是银行信用参与到国际贸易结算中来，银行在国际贸易结算中发挥着重要的作用。

银行信用参与到贸易结算中，第一，解决了买卖双方互不信任的问题，增加了国际贸易安全感；第二，银行通过买卖各种不同货币、不同期限的票据，使融资和结算紧密结合，使卖方可以单据向银行抵押、贴现进行融资，从而为贸易商提供便利、急需的资金；第三，使资金高效率地周转，促使贸易量不断扩大。因此，国际贸易结算与银行业务的结合，使得国际结算成为推动国际贸易发展的动力之一。同时，国际贸易的发展也对银行业务不断提出新的要求，从而使银行的国际结算在速度上、质量上和手段上不断完善，以满足国际贸易快速增长的需要。例如，SWIFT 是世界各银行间的一个高速电讯网络，每天 24 小时连续运行，具有自动储存信息、自动加押或核押、以密码处理电文以及自动将文件分类等多种功能。因此，SWIFT 的运用使国际结算中的资金收付更加直接、快速、准确、保密、安全和可靠。

随着国际贸易的快速发展，银行国际结算业务量成倍增加。为保证国际贸易的顺利进行、国际贸易结算的功能充分发挥，国际社会已发展和形成国际结算的统一做法和规范，以消除各国在此问题上的分歧。这种统一做法和规范就是国际结算中的国际惯例与规则，如 UCP600、URC522、ISBP、ISP98、日内瓦《统一汇票本票法公约》以及英国《票据法》等。上述国际贸易结算的惯例与规则，将是今后一定时期内指导国际银行间以及处理贸易商之间国际贸易与结算争议或纠纷的主要依据。

二、票据概述

在国际贸易结算中，票据是重要的工具，但因各国法律的差异，票据的概念不完全相同，多数认为，票据是指出票人承诺或委托他人（付款人）在见票或指定日期向收款人或持票人无条件支付一定金额且可流通转让的一种有价证券，如汇票、本票和支票。

在国际贸易结算中，人们通常将发票、运输单据、保险单据等称为商业单据或货运单据，而将以支付一定金额为目的、可自由流通转让的证券称为票据（或金融单据）。流通票据是一种权利财产，这种财产的合法权利可仅凭交付或背书票据转让；只要受让人取得票据是善意的并支付了对价，则获得该票据及其所代表的全部财产的所有权而不受其他权益的约束。因此，票据可替代现金流通。

随着商品经济和国际贸易的不断发展，票据在国际贸易结算中的作用越来越明显。首先，票据发挥结算作用。在国际贸易结算中通常采用非现金结算，此时，要结清买卖双方的债权债务关系必须使用一定的支付工具。而票据，如汇票就是一种能起到货币支付功能和结算作用的工具。如买方购买一张银行汇票并传递给卖方，由卖方持票向银行兑取一定金额，从而结清双方的债权债务关系。其次，票据发挥信用作用。票据是建立在信用基础上的书面支付凭证。出票人在票据上立下书面的支付信用保证，经受票人确认，同意执行出票人的无条件支付命令，即按票面规定履行付款义务。如在货物买卖中，双方约定交货后2个月内买方付款，此时买方向卖方开立一个远期付款的本票，即买方2个月付款的信用以本票来取代。最后，票据发挥流通作用。票据可经交付或背书转让给他人且能连续多次转让。背书人对票据的付款对受让人负有担保作用，因此，背书次数越多，对票据承担付款责任的人越多。背书转让使得票据在金融市场上广泛地流通，成为一种流通工具，既节约了现金的使用、扩大了流通手段，又为贸易商融资提供了便利条件。如卖方可将买方承兑或银行承兑的远期汇票在市场上贴现，提前收回货款。这就是票据流通发挥的作用。另外，票据还具有节约通货、异地汇兑等作用。

三、票据的特性

票据虽然可代替现金流通，但它本身并不是货币，不具有法定货币的强制通用效力，债务人以票据清偿其债务时，必须征得债权人的同意，否则，债权人可以拒绝接受。如卖方通常不接受买方以支票清偿货款。但以汇票等票据作为国际贸易结算的工具已成为普遍接受的做法，且能充分发挥它的作用。其原因就在于票据具有自身的特性，也正是具有这些特性，它在国际结算中的作用才得以发挥。①

四、票据的分类

关于票据的分类，因各国票据立法的分歧，其分类也不完全相同。通常有法律上和学理上两种分类。

（一）票据在法律上的分类

票据在法律上的分类，因各国的立法不同而有所差别。依英国《票据法》，票据可分

---

① 关于“票据的特性”，可详见拙著．国际结算——实务与操作（第三版）．北京：对外经济贸易大学出版社，2014：8-10。

为汇票、本票和支票三种；美国《统一商法典》将票据分为汇票、本票、支票及存款单四种；中国《票据法》也将票据分为汇票、本票和支票三种；德国《票据法》、意大利与法国《商法》、瑞士《债务法》、《海牙统一票据规则》以及日内瓦《统一汇票本票法公约》仅将汇票及本票视为票据，而支票则另为一种证券，订立单行的支票法；日本旧《商法》规定票据为汇票、本票和支票，但现行法律仿日内瓦《统一汇票本票法公约》和《支票法》，分《票据法》和《支票法》，《票据法》规范汇票和本票。尽管存在各国立法上的差异，一般认为票据应分为汇票、本票和支票三种。

（二）票据在学理上的分类

票据在学理上的分类也因划分标准不同而有所不同，常见的分类有以下几种。

1. 依出票人是否直接对票据付款，票据分为自付票据（预约票据）和委托票据

自付票据是指，出票人同时又是付款人，必须对其出具的票据无条件地付款的票据，如本票；委托票据是指，出票人自己不充当付款人，而是在票据上记载他人为付款人的票据，如汇票、支票。在国际贸易中，卖方通常出具汇票要求买方或银行付款。在委托票据中，通常有三个基本当事人：出票人、收款人和付款人（受票人）。只有当出票人委托的付款人拒付时，出票人才对票据负责，即持票人在票据到期日应当首先要求付款人付款。在自付票据中，只有两个基本当事人：出票人和收款人。出票人必须首先对票据负责，即持票人应直接请求出票人付款。

2. 依票据的信用，票据分为支付票据和信用票据

支付票据是指，以金融机构为付款人，在见票时无条件付款的票据，如支票；信用票据是指，票据的持票人在票据到期日之前，信赖出票人的信用而接受的票据，如汇票和本票。支付票据（支票）的到期日只有一种，即见票即付，持票人可随时请求银行付款。支票只能在有资金（银行存款）的条件下才能签发，否则构成空头支票，签发人要为此承担民事赔偿、刑事或行政责任。信用票据的到期日既可为即期（见票即付），也可为远期到期，持票人必须在到期日后才可请求付款。这种票据的使用不受有无资金的限制，即签发远期票据时，可以无资金关系。

3. 依票据对权利人的记载方式，票据分为记名票据、无记名票据和指示票据

记名票据是指，在票据上明确载明特定的人为权利人的票据；无记名票据是指票据上不载明权利人的名称，而只记载“持票人”或“来人”为权利人的票据；指示票据是指，在票据上载明“特定人或其指定的人”为权利人的票据。记名票据的出票人可以在票据上注明“不得转让”字样，从而限制票据的流转；无记名票据依直接交付即可转让；指示票据必须依背书和交付而转让，出票人不得注明“不得转让”。

五、票据法与惯例

票据法是指调整票据关系以及与票据关系有关的其他社会关系的法律规范。票据关系是指，票据当事人之间因票据行为而产生的票据权利和义务关系；与票据关系有关的其他社会关系是指，为保障票据关系的依法产生、变更、实现而产生的社会关系。票据法有广义与狭义之分。广义的票据法是指一切有关票据的法律规范，即除了以“票据法”命名的票据法规外，还包括民法、刑法、民事诉讼法、破产法、公证法等法律中有关票据的规定。狭义的票据法仅指名为“票据法”的法律以及与其直接相关的法律规定。

票据的发源地在欧洲，票据立法最早是法国，之后德国、英国也相继制定了票据法。但各国票据法立法时间不同，其经济水平、商业习惯及法治思想也有差异，因而世界各国的票据法存在很多分歧和差异，并逐渐形成以某个国家的票据法为主体的票据法系。在《日内瓦统一法》制定前，世界上已形成法国法系、德国法系和英国法系三大票据法系。

1930 年和 1931 年国际联盟在日内瓦召开国际票据法会议，通过了四个公约：《统一汇票本票法公约》《统一支票法公约》《解决汇票本票若干法律冲突公约》和《解决支票若干法律冲突公约》。上述公约现已为法国法系和德国法系的大多数国家所接受并相应修改了其国内法，大陆法系各国的票据法逐渐趋于统一、分歧逐渐消除。但英美法系国家并未签署上述公约。至此，历史上存在的票据法的三大法系，已形成日内瓦统一法系（大陆法系）与英美法系并存的局面。为真正促使各国票据法的协调与统一，联合国贸易与发展会议在 1973 年提出《统一国际汇票法（草案）》，但由于存在许多分歧，该草案未获通过。1979 年又将其更名为《国际汇票和国际本票公约（草案）》并提出《国际支票公约（草案）》，直到 1987 年联合国国际贸易法委员会第 12 次会议才通过了《国际汇票和国际本票公约》，1988 年 12 月 9 日由联合国大会通过并向各国开放批准，但尚未正式生效。

中国于 1996 年 1 月 1 日起实施《中华人民共和国票据法》（下称中国《票据法》），1997 年 10 月 1 日起施行《票据管理实施办法》，同年 12 月 1 日起实施《支付结算办法》。

国际社会的努力并未形成全世界票据法的统一，因此，以日内瓦统一法系（即大陆法系）和以英国票据法为代表的英美法系之间的分歧在未来一定时期内仍将继续存在。

六、汇票概述

汇票是国际贸易结算中使用最为广泛的一种信用工具和支付工具。在信用证、托收或票汇的结算方式中，通常需要提交汇票，特别在承兑信用证、议付信用证业务中，必须开立汇票。为此，各有关方必须对汇票的相关知识有所了解和研究。①

七、本票

本票作为一种票据，同样具有支付功能和信用功能，因此，它可以成为一种国际结算工具。

依英国《票据法》，本票是指一个人对他人所作的无条件书面承诺，经出票人签名，承担即期或在一定的日期或未来的特定期间内，向特定人或其指定人，或向来人支付一定金额的票据。中国《票据法》第 73 条规定，本票是出票人签发的，承诺自己在见票时无

---

① 关于汇票的知识，可详见拙著．国际结算——实务与操作（第三版）．北京：对外经济贸易大学出版社，2014，第二章：国际结算的信用工具，票据。

条件支付确定金额给收款人或者持票人的票据。[①]

八、支票

支票也是国际结算中使用的一种结算工具。它通常是由进口商签发的，委托银行从其存款账户中支付一定金额给出口商的一种票据。

依各国票据法，支票（Check，Cheque）是出票人签发的，委托银行或其他金融机构，在见票时无条件支付一定金额给受款人或持票人的票据。

英国《票据法》将支票视为汇票的一种，即支票是以银行为付款人的即期汇票。[②]

---

① 关于汇票的知识，可详见拙著．国际结算——实务与操作（第三版）．北京：对外经济贸易大学出版社，2014，第二章：国际结算的信用工具，票据。

② 同上。

第二十章 国际贸易结算方式：汇付及惯例

国际贸易结算是贸易资金从付款一方（买方）转移到收款一方（卖方）的行为。若依资金流向和结算工具传递的方向划分，国际贸易结算可分为顺汇法和逆汇法。所谓顺汇法，是指由付款人主动将款项交付给本国银行，委托银行使用一种结算工具，汇付给国外收款人，即付款人主动向收款人付款。由于结算工具的传递方向与资金的流动方向相同，因而称之为顺汇法。银行汇款或汇付业务是典型的顺汇法。所谓逆汇法，是指由收款人以出具票据的方式，委托本国银行向国外债务人收取款项的结算方法，即收款人主动索取款项。由于结算工具的传递方向与资金的流动方向相反，因而称之为逆汇法。托收与信用证业务是典型的逆汇法。

一、汇付的种类

国际贸易结算中的汇付（Remittance）又称汇款，是指银行接受客户（买方）的委托，通过银行自身的通汇网络，使用适当的支付凭证，将款项交付给收款人（卖方）的一种结算方式。

在国际贸易中，买卖双方订立合同后，通常卖方先将货物发运给买方，买方则通过银行将应付款项汇给卖方，因而产生了汇付。在汇付业务中，付款人或汇款人（Remitter）是买方或进口商；收款人或受益人（Payee or Beneficiary）是卖方或出口商；受汇款人的委托汇出款项的银行称为汇出行（Remitting Bank），即进口地银行；受汇出行委托解付汇款的银行称为汇入行或解付行（Paying Bank），即出口地银行。汇出行办理的汇付业务称为汇出汇款（Outward Remittance），汇入行办理的汇付业务称为汇入汇款（Inward Remittance）。因此，汇付业务中有四个当事人，即汇款人、收款人、汇出行和汇入行。

按资金转移方法的不同，汇付可分为信汇、电汇和票汇三种形式。①

二、汇款的偿付与退汇

（一）汇款的偿付

汇出行授权汇入行解付汇款时，将汇款金额拨付给汇入行，称为汇款的偿付（Reimbursement of Remittance of Cover），俗称头寸偿付，即汇款资金的调拨与抵补偿付。通常，不论汇出行采用哪种方式向汇入行发出付款授权书，依通行的惯例，在发出授权书

---

① 关于“汇付的种类”，可详见拙著．国际结算——实务与操作（第三版）．北京：对外经济贸易大学出版社，2014：44-53。

的同时，必须以同样方式将头寸拨付给汇入行，使汇入行不致因执行付款指示而垫付头寸。因此，每一笔汇付业务都要有一笔相同金额的头寸偿付业务。关于头寸偿付的办法，有些银行在相互建立业务代理关系时，就已在代理协议中订明；若未订立代理协议，则逐笔在付款授权书或开立的汇票通知书中加以注明。

在汇付业务中，头寸调拨一般有两种方式。一是解付前拨交头寸，即汇款时汇出行就将头寸拨付给汇入行。这是最主要的头寸调拨方式。二是解付后拨交头寸，即解付后汇入行向汇出行索偿。

总之，汇出行一般应将头寸及时拨付汇入行。若汇出行不及时汇出头寸，则可能引起汇入行拒绝解付汇款或加收利息，或者造成对汇出行的不良影响。汇入行检查头寸收妥与否，若无头寸划来而解付汇款，等于买入汇款单据、自行垫款，资金存在一定的风险。若与汇出银行有先解付、后拨交头寸的代理协议，则应按协议办理，一般应先拨交头寸。

汇付业务中，根据开户情况不同，汇款头寸的偿付一般有以下几种做法。

（1）汇款双方银行之间建立往来账户，即一方在另一方开有账户，则可直接通过账户收付来偿付汇款头寸。若汇入行在汇出行开有存款账户，汇出行在委托汇入行进行解付时即贷记汇入行账户，汇出行应在支付授权书上注明："偿付方法：我们已在你行的账户上贷记了这笔款项（In cover, we have credited the sum to your account with us）。"若汇出行在汇入行开有存款账户，汇出行应在授权汇入行解付时，授权汇入行借记汇出行账户。汇出行应在支付授权书上注明："偿付方法：请将这笔款项借记我行在你行的账户上（In cover, please debit the sum to our account with you）。"这种情况下，汇入行在按支付授权书解付款项时，立即借记汇出行账户。

（2）汇款双方未在对方开设账户，但在同一家代理行开立账户，则可通过该代理行转账以完成汇款头寸偿付。汇出行在汇出款项时，主动通知代理行将汇款拨付汇入行在该代理行的账户，即借记汇出行账户，贷记汇入行账户。如"致偿付行：请借记我账并贷记××行账（To the Reimbursing Bank: Credit cover to ×× Bank's A/C with you, debiting our account）"。汇出行应在支付授权书上注明已经授权××银行贷记汇款头寸在汇入行存款账户：In cover, we have authorized ×× bank to debit our account and credit your account with the above sum。若汇出行授权汇入行解付汇款时未主动拨付汇款头寸，汇入行可在解付汇款时，向代理行索偿，即向代理行要求将汇款头寸从汇出行在该行的账户拨入汇入行账户。

（3）若汇款双方无共同的账户行，则汇出行必须事先了解汇入行在哪家银行开户，找到与汇出行的账户行有关系的汇入行的代理行。具体偿付头寸可以由汇出行在汇款时通过其代理行将汇款头寸拨付到汇入行在其代理行的账户。

（4）汇款双方国家若订立支付协定、设有清算账户（Clearing Account），汇款的偿付则应按双方银行间的规定办理。有些是由汇出方的国家银行贷记汇入方清算账户，也有些是在解付后通过由汇入方国家银行借记汇出方清算账户。

在进行汇款头寸偿付时，除上述通过账户收付办法外，业务中还存在用汇票偿付汇款头寸的做法，即汇出行在寄送付款授权书时，随付一张以付款行为收款人、以自己的账户行为付款行的相同金额的汇票，以偿付汇款头寸。此外，还有一种做法是，汇入行解付汇款之后，再开立一张汇票向汇出行收款，此张汇票汇出行为付款人、汇入行为收款人。这种类型的汇票还可以在市场上进行资金融通、抵押或转让。

（二）汇款的退汇

汇款的退汇是指汇款在解付以前的撤销。退汇可能由收款人提出，也可能由汇款人提出。

1. 收款人退汇

收款人退汇比较方便，在信汇、电汇时，只要他拒收信汇、电汇，通知汇入行，汇入行可以将汇款授权书退回汇出行；必要时说明退汇原因，然后由汇出行通知汇款人办理退汇、取回款项。在票汇时，收款人退汇，只要将汇票寄给汇款人，然后由汇款人自己到汇出行办理退汇手续。

2. 汇款人退汇

首先，对电汇、信汇，汇出行应立即通知汇入行停止解付，撤销汇款；若收款人不同意，应向汇款人交涉，不能强求汇出行和汇入行付款。但汇款人的退汇要求在撤销通知到达汇入行时，该行尚未付款才能实现。汇出行接受汇款人电汇、信汇的退汇要求后，应用信函或电文通知国外汇入行办理退汇。汇入行接到汇出行要求电、信汇的通知后，若尚未解付款项，一般可以同意照办；若汇入行已解付款项，汇入行不能向收款人追索，汇款人也不能要求退汇，只能由汇款人直接向收款人交涉、要求退款。其次，在票汇的情况下，汇款人要求退汇，汇出行处理很慎重。因为汇出行自己开出汇票，自己即为出票人，对任何合法的、善意持票人均要负保证付款责任；若无理退回汇票，一方面增加手续，另一方面还可能丧失信誉或引起纠纷与争执。因此，若汇出行开立汇票交付款人，汇款人尚未寄出汇票，其可以持汇票到汇出行申请注销汇款。若属于寄送时遗失或其他不可抗力事件而造成的毁灭，一般在了解到汇票收款人确已无法收取款项时，可以接受办理退汇。若汇款人已将汇款寄出，汇票款项已被收款人领取，或者虽未领款但估计汇票已在市场上流通，则不论汇出行还是汇入行都不会办理退汇。汇票若遗失、被窃，应办理挂失、止付手续，即由汇款人向汇出行出具担保书，担保若发生重付，由汇款人负责。有的银行还要求向法院或公证行办理公告等手续进行挂失。汇出行收到担保书和公告后，据以通知汇入行挂失止付，待汇入行回电确认后，才能办理退汇或补发一张汇票。止付对于汇入行来说，若有汇出行的通知，可以不付款。但若汇入行认为必须付款，则汇出行或汇款人不能因此提出异议。

3. 汇入行退汇

电汇、信汇汇出后，若收款人迟迟不来取款，超过一定时期，汇入行有权主动通知汇出行注销，办理退汇。

三、汇付当事人的责任

在汇付业务中，汇款人、收款人、汇出行和汇入行是四个主要当事人，他们通常要承担自己的责任。①

---

① 关于“汇付当事人的责任”，可详见拙著．国际结算——实务与操作（第三版）．北京：对外经济贸易大学出版社，2014：40-42。

第二十一章 国际贸易结算方式：托收及惯例

托收（Collection）又称银行托收，是出口商（债权人）开立汇票（随附或不随附货运单据），委托出口地银行（托收行），通过该行在进口商（债务人）所在地的分行或代理银行（代收行）向进口商收取货款的一种结算方式。国际商会《托收统一规则》（URC522）第2条规定：托收是指由接受托收指示的银行，依据所收到的指示处理金融单据/商业单据以便取得付款或承兑，或凭付款或承兑交出商业单据或凭其他条款或条件交出单据。

托收所涉及的单据包括金融单据和商业单据。金融单据包括汇票、支票、付款收据或其他用于取得款项的类似票据。商业单据包括发票、运输单据、权利凭证或其他类似单据，或非金融单据的其他任何单据。托收业务主要涉及四个当事人，即委托人、托收行、代收行和付款人。在托收中，票据或单据的流动方向与资金的流动方向正好相反，故称之为逆汇法。

一、托收的种类

依不同的标准，托收可划分为不同的种类。按照银行的不同，托收可分为出口托收和进口托收；按照是否附带货运单据，托收可分为光票托收和跟单托收；按照付款人取得货运单据的方法及时间不同，托收分为付款交单托收和承兑交单托收。①

二、跟单托收当事人的责任与义务

跟单托收是国际贸易结算的重要方式之一。据统计，在全球贸易量中，这种结算方式约占总量的70%且有不断上升的趋势。在中国的对外贸易中，以托收作为结算方式的数量也在不断增加。其原因主要是托收的成本和费用较信用证方式更低，手续简便，因而越来越受到贸易商的青睐。②

三、托收下的融资

随着经济全球化的深入发展以及各国金融业的开放，银行之间的竞争也更加激烈。能

---

① 关于“托收的种类”，可详见拙著．国际结算——实务与操作（第三版）．北京：对外经济贸易大学出版社，2014：62-70。

② 关于“托收当事人的责任与义务”，可详见拙著．国际结算——实务与操作（第三版）．北京：对外经济贸易大学出版社，2014：70-73。

为客户提供更多、更优质的服务则是银行的出路。在托收下，银行可充分发挥自身优势为进出口商提供各种融资业务。如为出口商开展出口托收押汇业务，为进口商提供信托收据；在光票托收中，对金融票据办理贴现、买汇等业务。

（一）出口托收押汇（Collection Bill of Purchased）

这种融资方式是托收银行买入出口商开立以进口商为付款人的跟单汇票以及随附的商业单据，将货款扣除利息及费用后，净额付给出口商，并通过联行或代理行向进口商收款的一种融资方式。在作托收押汇时，银行通常采取以下做法。

出口商的资信情况必须使银行满意，如进口商是其联号、母子公司或长期往来中无不良反映的其他客户。虽然URC522规定，银行对托收单据无审单义务，但在出口托收押汇的情况下，为减少押汇风险，银行要依据贸易合同审查单据与合同、单据与单据之间的一致性，避免进口商拒付。汇票的指定收款人应为托收行；汇票必须是未过期、完整的。托收行以善意的及付出现金等条件预付款项而取得“特殊持票人”的地位，对该汇票取得所有权，一旦被拒付时，托收行可行使追索权。出口商应向托收行提供一份出口托收押汇申请书，除了申请出口托收押汇的内容与要求、利率等外，还应保证若汇票被拒付时，托收行对出口商有追索权，保证由出口商负责赔偿托收行的一切损失并扣收一定比率的利息及费用。由于出口托收不是信用证项下出口，不具备开证行对信用证作为第一付款人的付款保证，出口托收的付款与否仅凭进出口商间的商业信用，因而出口托收押汇的风险较大。若承办此类业务，银行通常比做信用证项下的打包放款、出口押汇等更为小心慎重。

（二）信托收据（Trust Receipt，T/R）

信托收据是在远期D/P下，代收行在进口商对托收未付款时仅凭其提供的信托收据借出单据，便于他办理报关、提货及出售，取得的货款也属代收行所有。汇票到期后，进口商只能向代收行付款并赎回信托收据。这种方式是代收行对进口商提供资金融通的方便。凭信托收据借出单据后，其物权仍属代收行，进口商处于代管货物地位，他只是被信托人（Trustee）或代保管人（Bailee）。进口商的义务是，将信托收据项下的货物和其他货物分开存仓、分开保险，其物权属代收行，货物一旦出险，保险所得赔偿应归代收行；货物售出后，所得货款应属代收行。若D/P远期尚未到期，该款应由代收行保管或另立账户与进口商自有资金分开，或赎回信托收据并办理D/P远期的提前付款，利息可由进口商与代收行协商解决；由于物权在付款前并不属于进口商，进口商不得将该货物抵押他人。为妥善起见，代收行在借出单据时，要在提单上加盖“UNDER LIEN TO THE ××BANK”章，表明该银行对货物享有留置权并随时接受代收行的监督。

由于信托收据是由进口商向代收行提供，接受与否由代收行视进口商的资信、往来关系而定。只要接受信托收据、借出单据，代收行即成为信托人（Truster），其权利是，可随时取消信托，收回借出的货物；若货物已被出售，可随时收回货款；若进口商破产倒闭，信托人对货物或货款通常有优先权。

在实务中，代收行是否接受进口商提供的信托收据是比较慎重的，通常要考虑进口商的资信。借出单据后，银行要加强对货物存仓、保险、出售、收款直到进口商赎回信托收据等一系列过程的监控，绝不能放任自流，否则会导致货、款两空的后果。代收行还应熟悉当地的法律。理论上，信托人在被信托人破产清理时对货物或货款有优先权，但不同国家的法律对此有不同的判例。例如，有的国家规定，破产对象的清理按收支两条线原则，不论信托收据如何订立，货物拍卖所得都作为破产企业资产的增加，若仍资不抵负，按比例、按优先程度折扣偿付企业的债权人。这有可能使代收行不能全额收回托收款。有的国家虽然承认信托收据的优先权，但仍有超越一切优先权的优先项目，即破产企业拖欠的税款和破产企业拖欠的员工薪金和国家规定的福利保障份额，必须在扣除上列拖欠后如再有余款，才能归还享有优先权的拖欠，即若优先项目无法满足时，根本无余款可归还代收行，则信托收据上的优先权变得毫无意义了。但更多的国家还是承认代收行的质押权，在企业破产清理时，承认质押权归属代收行，因此，货物不在清理范围之内。但若货物已出售，货款并未掌握在代收行手中而混在企业本身的账上，一旦被清理人封账作为整个企业的资产，则有可能导致代收行受损。

（三）买入票据

银行运用买入票据，使委托人在光票托收收妥之前能得到票据金额扣除贴息及费用后的净额，便于委托人早日运用资金，这也是托收业务中融资的一种方式。

金融票据中包含的各类票据，由于收妥的把握不同，为尽可能降低风险，托收行往往选择收妥有把握的票据。如银行出具的由另一家银行付款的银行支票，或银行出具由自己（分支联行）付款的本票最容易被接受按买汇处理。而对个人签发由银行付款的个人支票，由于有被拒付的可能，除非特殊批准，一般按光票托收办理。

买汇时银行一般要求：请求托收行购买支票或本票的是资信可靠、遇到被拒付向其追索时有偿还能力的客户；票据未过期、背书连续、未发现任何缺陷；票据上无限制流通文句，如 NOT NEGOTIABLE，NOT TRANSFERABLE A/C PAYEE ONLY 等横线章；对金额较大者，可事先电传向出票行查询，证实是否签发该票据；由委托人填写买入票据申请书并保证该票据在拒付情况下，立即赔偿托收行所有损失。

四、托收方式的运用策略

托收是商业信用，缺少第三者作出付款的承诺。托收能否顺利收妥，一是取决于收款人（出口商）提供的收款单据（金融票据或商业单据）是否能被付款人（进口商）所接受；二是取决于付款人的资信、财力，贸易项下还要取决于商品的质量与货价涨落等诸多因素。对各有关银行而言，在托收业务上，只是提供中介服务，并未作出非收妥不可或非付款不可的保证。但因自身的差错、疏漏、延误而产生责任的后果，特别是在托收业务中提供的融资，由于审查不当、监管不力，亦会引起争议甚至承担经济赔偿，遭受损失。

从整体而言，使用托收方式将使出口商面临较大的风险。作为出口商，虽然买卖双方订有贸易合同，但自订立合同起，从备货、加工、打包、发运、制单到托收货款，因周期长，其间利率、汇率、物价等因素都可能造成出口商的盈利减少甚至货款不能收妥，利率上调或汇价下调都可能使预期的利润全部消失甚至亏本，货物价格下跌会使进口商无利可图甚至造成亏损，从而借故拒付。若遇进口商资信差、财务状况恶化，特别是在 D/A 方式下，汇票承兑后、货已提走，待到期时，进口商不付款，最后出口商货、款两空。为减少风险，出口商必须采取一定的防范措施。①

作为进口商，除了利率、汇率、物价等风险同样存在外，由于货物单据化，有可能在付款后发现货物与合同规定不符；更有甚者，遇到伪造单据进行诈骗时，则有货、款两空的风险。为此，进口商也必须采取一定的防范措施：第一，必须事先对出口商的资信、经营作风有深入全面的了解。第二，对进口货物的市价趋势、销售趋势、本国外汇管制等应有所预测和了解。第三，严格审单，单据与合同、单据与单据必须一致，以决定接受或拒受。在跟单托收方式下，以 FOB 或 CFR 成交，进口商办理保险对进口商有利。若货物运输途中受损，进口商可向保险公司索赔并掌握对索赔款项处理的主动权。因此，世界上有些国家规定，进口商品只能在进口国家办理保险，即进口商品不能以 CIF 成交。

在运用托收时，有关各方还应该注意其他相关的事项。②

五、《托收统一规则》（URC522）述评

为在全球范围内统一托收的做法，减少各有关当事人可能产生的争议，国际商会早在 1958 年就制定了《商业单据托收统一规则》。为适应国际贸易发展的需要，国际商会在不断总结实践经验的基础上，对上述规则进行了多次修订。现行的《托收统一规则》（The Uniform Rules for Collection，ICC Publication NO. 522，URC522）自 1996 年 1 月 1 日实施以来，已被各国银行和贸易商广泛采用，成为托收业务的国际惯例。

URC522 包括 7 个部分，即总则和定义，托收的形式和结构，提示方式，义务和责任，付款，利息、手续费用及其他费用，其他规定，共计 26 条。③

（一）URC522 的适用范围

依 URC522 第 1 条第 1 款，一笔托收业务只有在托收指示中明确遵循 URC522 时才可适用，否则，不能以该规则约束各有关当事人或调解其纠纷。依第 1 条第 2 款，银行并非必须要处理托收以及相关事宜，是否处理托收业务是银行的选择。但依第 3 款，银行不办理托收业务时，必须用电讯或其他快捷方式告知委托人以保障委托人的利益，该款是对银行不办理托收业务行为的约束。

（二）托收的构成

依 URC522 第 4 条，所有寄出的单据必须附有托收指示，并注明该托收遵循 URC522 办理且给予完整明确的指示，银行必须依托收指示及本规则办理托收。银行只被允许根据托收指示办理，若因故不能办理，应毫不迟延地通知发出托收或指示的一方。该条第 2 项所列清单仅仅是一项指南，就特定的托收而言，可能还需所列清单中尚未包括的其他信息。作为托收行不会在其他地方寻找指示，无义务通过审核单据来获取指示。但指示不应显示在单据上，即使显示，银行也将不予理会。

（三）提示的构成

URC522 第 5 条第 1 款“提示是指提示行按照托收指示，使付款人可得到该项单据的

---

① 关于“出口商的防范措施”，可详见拙著．国际结算——实务与操作（第三版）．北京：对外经济贸易大学出版社，2014：76-78。

② 详见拙著．国际结算——实务与操作（第三版）．北京：对外经济贸易大学出版社，2014：73-76。

③ 张燕玲，王仲和．国际结算以业务指南．北京：中华工商联合出版社，1996（第六章第三节：托收统一规则）．

程序”是指，提示行（代收行）向付款人说明向其托收的单据已到达，要求付款人依托收指示中的条件付款赎单或承兑赎单的过程，但并不包括将单据交给付款人的过程。当然，付款人有权选择接受或不接受该项托收。第2款对如何规定提示时限及付款人接受提示后履行责任的时限提出要求，即当事人应使用诸如××天、××个月等明确时间来限定，不应使用不确切的“尽快”之类的用语。第3款强调，提示行“按原样提示单据”是指，提示行不得任意在单据上删减或加注自己的意见，业务标志、收单日期等习惯上需要的戳记除外。第4款和第5款强调了两点：首先，应使用委托人指定的银行为代收行，要求托收行照此办理，即使被指定的代收行与托收行无代理关系；其次，明确了在委托人未指定代收行时，托收行可自行选择，但代收行必须在付款人所在国。依第6款的规定，托收行选择的代收行可以是自己另选的一家与付款人有业务关系的银行，从而避免代收行与付款人无业务往来关系而无法办理托收。

URC522第6条强调的是提示行处理即/远期托收提示的时限。依该条规定，无论是付款提示还是承兑提示，提示行都必须“毫不迟延”地向付款人提示。

依URC522第7条，国际商会不提倡使用D/P远期托收，以免有些银行将D/P远期按D/A方式处理，使付款人承兑汇票后轻易获得货运单据，违背“付款交单”的初衷，损害委托人的利益。所以，该条第1款规定，托收不应含有远期付款汇票而同时又指示单据需在付款后交给付款人。同时，第2款又规定，若托收中含有远期付款汇票，托收指示中应说明是在承兑后将商业单据交给付款人（D/A），还是在付款后将商业单据交给付款人（D/P）；若托收指示中没有这样明确的规定，则商业单据将在付款后交给付款人，而代收行对延迟交单引起的后果不予负责。该款的规定，明确了代收行应采取做法的同时，也分清了责任。第3款的规定表明，URC522对于带有远期汇票的D/P远期托收的处理立场，即付款后交付商业单据，不能按D/A方式处理。同时表明，代收行对这样处理的后果不承担责任，也是既明确了对D/P远期的做法，又分清了责任。

委托人/托收行可能要求代收行凭付款人或任何后续的买方承诺函、本票或信托收据交付单据。在这种情况下，若委托人/托收行在收到此类单据时发现其形式和措辞不符合要求，则采取任何更正措施都为时已晚。考虑到这一情况，依URC522第8条，委托人/托收行应向代收行和付款人发送适当的单据作为样本，或至少提出此类单据的形式和措辞的完整细节。若委托人/托收行没有这样做，而是由代收行/付款人去制作或签署他们准备的单据，他们对此类单据的形式和内容不承担任何责任。

（四）银行的责任与义务

银行的责任与义务由第9条至第15条组成，主要就托收业务中与单据有关的货物或行为、单据的有效性及单据传递过程中发生的问题等方面，规定了有关银行应履行的责任以及应享有的免责。

URC522第9条规定：“银行应以善意与合理的谨慎行事。”所谓“善意”，一般指银行既为自己也为其他当事人负责，银行的所作所为，以不伤害各有关方利益为前提；所谓“合理的谨慎”，一般为银行惯常的经营作风和工作态度。“合理”至少包括以下两方面：一是银行应按照行业习惯或国际规则来处理相关业务，其做法应为同行所认可；二是银行应以银行业应具备的专业知识和工作经验来处理有关业务。

URC522第10条明确了单据与货物、服务及其他行为的关系。国际惯例是，银行处理的是单据而不是处理货物或任何基础合同。因为它们不是承运人或仓库保管人，而且有些国家的法律禁止银行具有上述功能。因此，第 10 条首先规定，货物不能发送或托运给银行，除非银行同意。这是基本原则，若该原则未被遵守，银行对任何后果不承担责任。依第 10 条第 2 款，银行的免责范围比以往有所放宽。一是对于货物，即使托收指示中明确要求采取保护措施，如存仓保险，银行也无义务照办；二是银行只有在事先同意的范围内，才有义务对货物采取必要的保护措施，这表明承担责任是有条件的；三是代收行决定对于货物不采取保护措施时，即使没有告知，也不承担责任。不能以第 1 条第 3 款要求代收行按处理单据那样，必须告知。若银行对货物采取了保护措施，其责任或免责是什么？为此，第 10 条第 3 款清楚地表明：无论有无指示，若银行对货物采取了保护措施，银行也不对货物的后果及/或状况负责，也不对受托保管及/或保护货物的任何第三方的作为或不作为负责；但代收行必须将其所采取的任何措施毫不迟延地通知向其发出托收指示的银行。依第 5 款，当货物已发送给代收行或代收行的指定人为收货人，此时，代收行的交货视为具有托收行的自动授权性质。由此推定，这样交货的责任应由托收行承担。同时，第 5 款的第 2 项表明，代收行因交货产生的费用和损失或开支应由托收行承担。当然，托收行是不会自己承担这些费用的，而应由委托人承担。因此，托收行承办托收时，应就此与委托人事先商定。由于银行安排交货的风险可能大于托收货款本身，所以第 5 款加大了对代收行的保护力度。

根据 URC522 第 11 条，被指示方的行为可享有免责，即银行使用其他银行的服务以执行委托人的指示，费用和风险由委托人承担；银行对其所发出的指示未被执行不承担任何责任，即使是银行自主选择了这些银行。但一方发出指示要求另一方提供服务时，指示方应承担被指示方因外国法律或惯例所加诸的责任和义务。在此，“指示方”可以是委托人，也可以是托收行，还有可能是其他中间银行，但最终承担责任的是托收业务的原始发动者——委托人。

URC522 第 12 条规范了相关银行对所收单据的责任。依第 12 条第 1 款，一是要求银行核对单据时，不仅是发现有遗漏，而且若与清单不一致时，如多出某种单据或份数，也应立即以电讯或其他快捷方式告知发出指示的一方，即只要与托收指示有出入，均须告知前手；二是只要清点了单据种类和份数，银行对所收到的单据无其他的义务，如无义务审核单据内容等。若委托人/托收行在托收指示中，未列明单个的单据以及这些单据的数量，则它们就不能对代收行所收到的单据的性质和数量提出异议，第 2 款对此作出规定。这一规定可避免托收行与代收行之间就未列明的单据发生纠纷。同时，第 3 款又进一步强调只要按收到的原样提示且清点了单据份数即可，代收银行无须审查单据内容。

URC522 第 13 条强调银行只依单据表面状况处理单据本身，而不涉及单据以外的事宜，以使银行避免对其无法控制的事项承担责任。即银行对单据的形式、完整性、准确性、真伪或法律效力、单据关于货物的描述、有关发货人等的诚信行为等概不负责。

此外，URC522 第 14 条规定，银行对翻译、传递中的延误、遗失、单据毁损、术语解释等不承担责任；第 15 条规定，银行对于不可抗力引起的后果也概不负责。

（五）付款

URC522 在第 16 条至第 19 条中，对代收行收妥款项后付款给托收行，付款时使用本地货币或外国货币及部分付款等问题作了相应规定。

根据第 16 条，代收行收妥托收款项后，应立即付给托收行，不得延误，更不得占用。同时，该条提醒这样的事实，即除非同意，在正常情况下，收受的款项仅应支付给托收行。代收行若不能遵循指示，将所收款项支付给托收行之外的一方，无须按第 1 条第 3 款的规定专门通知托收行。在此情况下，托收行有责任预先取得代收行将收妥款项支付给托收行之外的一方的同意。该条规定在于防止欺诈和洗钱，因为监管当局对银行交易中防止欺诈和洗钱有严格规定。因此，代收行不能直接将款项付给委托人，也不能付给中间行，如转递单据的银行，但不包括代收行通过其账户行解付托收款项的情况。

URC522 第 17 条主要是针对买卖双方以买方所在国货币成交并商定用此货币支付，而该货币又非自由兑换货币时所作的规定。在此情况下，提示行必须满足收妥当地货币并能按托收指示规定的办法处理这一条件，才可将单据交给付款人。这里大概系指能获得外汇管制方面的许可，将当地货币兑换成托收指示中要求的货币而解付给托收行。

URC522 第 18 条则是针对外汇管制而制定的，即付款人付款时要使用外汇，若外汇管制当局未批准，则代收行无法付出外汇。依第 18 条的要求，代收行在提示单据时，则必须确定能汇出这种货币才可交单。

URC522 第 19 条对部分付款的情况作出明确规定。在托收业务中，托收指示本身或随后的指示有可能允许付款人进行部分支付货款。在这种情况下，该条规定得非常清楚，单据只有在全部货款已经收妥时才可交给付款人，但提示行不承担等待全部付款而延迟交单的责任。

（六）利息、手续费和有关费用

URC522 在第 20 条和第 21 条对托收业务中的利息、手续费和有关费用的问题作出相应的规定。在托收中，利息问题曾出现许多争议和纠纷，URC522 力图对此规定得尽可能清楚、明了。依第 20 条第 1 款，若托收指示规定应收取利息而付款人拒付利息，提示行则可凭付款或承兑或其他条款、条件交付单据而不再收取利息，但第 3 款规定的情况除外。依第 20 条第 3 款的规定，若托收指示明确规定不得放弃利息，则代收行在付款人拒付利息时，只能作提示而不能交单，并应将情况立即告知前手；换言之，在利息问题得到解决前单据不得交付给付款人；同样，对单据交付延迟所产生的任何后果不承担责任。因此，委托人/托收行应该明白，规定利息不得放弃的指示可能造成延误及货物风险，其后果将由委托人承担。

关于手续费和有关费用的问题，也是托收中常常引起争议的事项。为此，URC522 设立了单独的条款。银行在办理托收业务中必然要产生手续和有关费用，这些开支应由委托人或付款人承担。依第 21 条第 1 款的规定，若托收指示中规定这些开支由付款人承担而付款人拒付时，除第 2 款的情况外，该开支应由委托人承担。这也是谁委托、谁付费的原则。若托收指示规定手续费和相关费用不得放弃，则第 2 款规定，在此方面的任何争议得到解决前，代收行不得向付款人交单；相应的，代收行对交付单据的任何迟延后果不承担责任。此时，代收行不可自作主张放弃收费，只能速洽托收行，再依据托收指示处理。在托收中，有时代收行需要的开支和手续费远远超出票据处理手续费，如代收行同意代表托收行或委托人安排货物的交付时，可能需要为托收行或委托人支付关税、仓储或运输费用等。为此，第 3 款规定，代收行有权从发出指示的银行（托收行）收回该费用；托收行不论托收结果如何，也有权从委托人收回已垫付的有关费用。这体现了被委托者向前手收费的原则。当上述相关费用开支较大时，第 4 款规定，银行有权要求事先支付且在收到该费用前，可保留不执行托收指示的权利。URC522 的这一规定，在委托人国家的外汇管制可能使资金的汇出发生困难时，具有重要意义，因此，该款可充分保护银行的利益。

（七）其他条款

这一部分由第 22 条至第 26 条组成，内容主要有承兑、票据的真伪性或有效性、拒绝证书、代理及收妥后的解付通知等。

根据第 22 条和第 23 条，提示行要对票据承兑的完整性和正确性负责，但这种负责仅就汇票表面而言，至于受票人（付款人）签字以及签字人的权限等概不负责。所谓“完整性和正确性”应该是指符合提示行所在国有关票据法的规定，因为目前并无统一的国际票据法规。另外，提示行只要从表面上确定票据或其他支付工具具有完备的必要项目、符合相关票据法的规定即可，并无责任确定签字的真实性与合法性。

目前，有些国家的习惯做法是，要求银行核实付款人的承兑且要求审查签字人的权限。国际商会认为这种要求不是普遍的国际惯例，以地区习惯为基础制定国际社会规则是不适当的。另外，在托收中，常常是提示行/代收行与付款人没有关系，要求银行核实签字是不可行的。因此，URC522 上述条款并未接受某些地区性的习惯做法。有时，委托人/托收行在未预先征求代收行的同意时，就签发了以代收行为付款人的汇票，国际商会认为，除非代收行同意，不得签发以其为付款人的汇票。

关于拒绝证书问题，第 24 条规定，是否需要作出拒绝证书，托收指示中必须予以具体规定；若无规定，相关银行无义务作出拒绝证书。在托收实践中，多数情况下，付款人不愿作出拒绝证书，一经催告，便洽商付款，以免遭受法律追究而给自己带来声誉损失。此外，有些国家并无关于拒绝证书的法律程序。

为防止遭拒付或拒绝承兑时无法及时处理货物，委托人可能要指定进口国的代理作为“需要时的代理”。URC522 第 25 条规定，要对此在托收指示中加以明确规定，否则，银行对于该代理人的任何指示将不予接受。

URC522 第 26 条就托收结果通知问题作出规定。首先，代收行发给托收行的托收信息应符合托收指示；其次，托收行有义务给予代收行关于付款和承兑通知、拒付通知的指示，否则，代收行可自行选择通知方式；最后，若在发出拒付通知后 60 天内，代收行未收到相应处理单据的指示，则可将单据退回发出托收指示的银行，不再承担进一步的责任。

第二十二章　商业信用付款方式在国际贸易中的应用

因汇付和托收方式属商业信用，其在国际贸易中的应用，对出口商而言存在一定风险。若出口商对托收惯例不熟悉或理解不准确，可能导致货款损失。若代收行未能依委托人和托收行的托收指示，擅自在付款人未付款的情况下向付款人交单，由此造成委托人不能收款的责任应由其承担；托收行未依委托人的指示内容确定代收行及向代收行发出托收指令，由此造成的货款损失应由托收行承担。使用远期 D/P 方式可能货已到达而汇票未到期，买方因未付款而无法获得单据凭以提货。为此，买方往往要求代收行给予融通，于是进口商向代收行出具信托收据（T/R）借单提货。各国对信托收据的做法不同，这种融资方式对买方比较有利，但对卖方存在风险。

一、即期 D/P 下托收行责任争议

在国际托收中，托收行对委托人应承担何种责任一直是托收中的问题之一。托收行委托快递公司递送托收单据而该单据递送错误，导致进口商未付款即提取货物，出口商遭受货款损失。托收行在履行托收合同时有无过错，是否应向委托人出口商承担责任，以下判例具有借鉴意义。

在“上诉人（一审原告）青岛国华工艺品有限公司（下称‘国华工艺品’）、上诉人（一审被告）中国工商银行股份有限公司即墨支行（下称‘即墨工行’）及一审第三人中外运-敦豪国际航空快件有限公司山东分公司（下称‘敦豪山东’）”一案中，[①] 希腊 VASILIKI BATZALI（下称 VA 公司）向国华工艺品订购家纺产品并于 12 月 3 日支付定金 36 218. 38 美元。12 月 29 日，国华工艺品与希腊 VA 公司签订销售合同。双方约定，国华工艺品向 VA 公司提供价值为 417 633. 85 美元的货物。次年 1 月 15 日，达飞轮船（中国）有限公司青岛分公司向国华工艺品签发了合同项下货物的提单。1 月 29 日，国华工艺品向即墨工行委托收款并填写客户交单委托书，内容如下：“本公司向贵行递交下列出口单据，跟单托收业务请按现行 URC522 办理；索汇币种金额：381 888. 51 美元；代收行：EFG EUROBANK ERGASIAS A. E. ，BRANCH-270-IOANNINA 28HS OKTOVRIOU 23 STREET；付款人：VA 公司；交单方式：付款交单（D/P）；单据清单：商业发票正本三份、提单正本三份、副本三份……”同日，即墨工行向国华工艺品出具托收交单确认书，其内容与客户交单委托书相同并确认收到相应单据。该确认书还载明，除有特别规定，本

① 山东省高级人民法院民事判决书（2012）鲁民四终字第 38 号；http://ccmt. court. gov. cn/shangshi/unintercept/judicialById. do? id=237；山东省青岛市中级人民法院（2011）青民四初字第 7 号。

次托收受 URC522 约束。

即墨工行的上级银行工行青岛分行填写了货运单，由第三人敦豪山东负责寄送即墨工行托收项下的单据。该货运单载明的邮寄地址为：EFG EUROBANK ERGASIAS A. E. BRANCH 270 IOANNINA 28HS OKTOVRIOU 23 STREET GREECE；物品：托收项下文件。网络查询显示，该运单号下快件于 1 月 29 日 21 点 21 分“从发件人处提取”，2 月 2 日“到达派送作业地点希腊雅典”，同日“DHL 转交第三方派送，等待签收结果”，同日“快件通过第三方派送无法得到签收结果，请直接和收件人确认”，2 月 3 日“已派送并签收：ILIOPOULOS”。

3 月 18 日，国华工艺品向即墨工行提交申请，说明未收到托收货款，申请催款；若客户在五天之内不付款，要求退回所有单据，由此产生的费用由国华工艺品承担。3 月 24 日，国华工艺品再次向即墨工行提出申请，提出接到船运公司通知，对方客户已在 3 月 12 日将所有货物提走，但国华工艺品一直未收到货款，要求代收行立即付款或退回所有单据。集装箱跟踪查询显示，本案所涉提单项下货物于 3 月 12 日和 13 日交收货人。

3 月 18 日，即墨工行的上一级银行工行青岛分行向代收行发报，说明了托收单据邮寄和签收的情况，请代收行查阅并通知即墨工行单据情况，若付款人无法在五日内付款，将全套单据退回至即墨工行处；3 月 23 日，代收行回复报文，说明无法确认该项业务；3 月 24 日，工行青岛分行向代收行发文，说明了寄送的详细信息并提示货物被提、未收到付款的情况，若付款人在 3 月 26 日之前无法付款，须将全套单据退回即墨工行处；3 月 30 日，工行青岛分行再次向代收行发文催收；4 月 1 日，中外运-敦豪国际航空快件公司北京分公司向工行青岛分行书面反馈快件派送情况，内容为“此快件于北京时间 1 月 29 日交予中外运敦豪进行承运，由中国发往希腊，希腊 DHL 反馈快件的实际收件人 MR. ×××（电话：××××××××××××）曾致电希腊 DHL 要求更改派送地址，希腊第三方派送代理按照客户的要求将快件于 2 月 3 日派送到新地址，通过调查了解，实际收件人 MR. ×××提供的新地址为一商店地址（商店名称为：×××××），而代理将快件直接派送至此商店处，但此商店已永久性倒闭，签收人也不知去向，快件无法再次取回；4 月 2 日，代收行发报，确认相关单据未送至代收行，工行青岛分行提到的单据签收人不是代收行员工；同日，工行青岛分行向代收行发报，说明了联系 DHL 要求更改派送地址的人员名字和电话，要求代收行重视并彻查；4 月 7 日，工行青岛分行向代收行发报，重复了 4 月 2 日的报文内容，并提出通知 DHL 改派地址的电话确为代收行电话；4 月 12 日，代收行来报，确认 MR. ×××系其员工，电话也为其电话，但经调查，MR. ×××从未给 DHL 改派快递至新地址，代收行在此新地址没有任何分行且单据签收人不是其分行的员工；4 月 20 日，中外运-敦豪北京分公司向工行青岛分行发来书面函件，说明希腊 DHL 积极展开调查工作，已就此事与收件银行的相关负责人取得联系并沟通，同时，希腊 DHL 整理相关资料后，已于 4 月 19 日报警，要求希腊警方协助调查和解决此事；5 月 7 日，工行青岛分行向敦豪山东发出《敦促函》，敦促其尽快采取有效措施妥善解决错误投递问题，工行青岛分行将采取停止合作、配合协助国华工艺品依法维权等措施；5 月 11 日，中外运-敦豪北京分公司向工行青岛分行致函，表示歉意和重视。

另查明，工行青岛分行与敦豪山东签订了中外运-敦豪运输服务合同，敦豪为承运人，负责通过敦豪网络为其提供全球快递运输服务。其中，敦豪可帮助购买快件价值保险，快件在运输途中由外在因素导致的物理损失或丢失（不含间接损失）将得到赔偿。

国华工艺品请求一审法院判令：（一）即墨工行赔偿国华工艺品货款损失 381 888.51 美元，折合 2 607 572.94 元人民币；（二）即墨工行赔偿国华工艺品出口退税损失 456 720.72 元人民币；（三）即墨工行赔偿国华公司增值税损失 414 757.06 元人民币；（四）即墨工行给付国华工艺品上述货款和退税款的利息（货款利息为 65 767.78 元人民币，退税款利息为 6 019.07 元人民币）；（五）即墨工行承担本案全部诉讼费用。

国华工艺品主张即墨工行应承担责任的理由是：（一）递交单据方式、选任快递公司的行为均有不当，即墨工行未告知将通过敦豪山东邮寄单据，即墨工行未披露与敦豪山东之间的运输合同及相关免责条款，且在订立运输合同中未尽到谨慎合理义务；（二）即墨工行未及时与代收行沟通相关信息、未及时跟踪托收单据的寄送情况且效率低下，反映出即墨工行未以善意和合理的谨慎办理委托事项，存在明显过错。

一审法院认为，国华工艺品与即墨工行之间签订的合同中明确约定受 URC522 约束，URC522 对银行的托收义务及免责事由作出明确规定，判断国华工艺品的上述主张是否成立，应以该国际惯例为依据。首先，URC522 第 5 条第（5）项规定：单据和托收指示可由托收行直接或通过另一银行作为中间银行寄送给代收行。依该规定，即墨工行通过快递公司邮寄单据的行为符合国际托收惯例，并无不妥。至于即墨工行是否应履行让国华工艺品选择快递公司的程序或披露相关信息，URC522 并未作出规定，国华工艺品与即墨工行间的合同亦未对此作出约定，因此，不能据此认定即墨工行有过错。关于运输合同中免责条款的约定是否合理的问题，不在本案审理的法律关系范围内，不予审查。另外，敦豪山东的业务范围涉及欧洲且敦豪山东有一定规模和商业信誉，因此，即墨工行在本案所涉托收业务中选择敦豪山东邮寄单据至希腊，并未违反 URC522 规定的“善意和合理的谨慎”义务。其次，本案中单据投递问题导致的后果并不是银行未尽到查询、跟踪义务所致，在正常的托收业务中，银行不会因为未查询和跟踪单据走向而导致委托方受损，另外，即墨工行在国华工艺品向其发出询问函后，立即与代收行和敦豪山东取得联系，查明相关问题，亦非国华工艺品主张的效率低下。因此，即墨工行未违反 URC522 第 9 条规定的“善意和合理的谨慎”义务。再次，依 URC522 第 14 条，银行对任何信息、信件或单据在传送中发生的延误及/或丢失，或对任何电讯在传递中所发生的延误、残损或其他错误，概不承担责任或对其负责。

快递公司的答复显示，托收单据已交给代收行以外的人；向国华工艺品签发提单的船运公司网站的查询结果显示，国华工艺品出口货物已交收货人。对国华工艺品而言，在国际货物买卖合同法律关系中，托收作为支付结算方式，主要依赖付款人的商业信誉而非托收行的银行信誉，但国华工艺品未能实现付款交单这一托收目的，作为卖方的国华工艺品可能面临的风险责任不应全部由国华工艺品自担。由于第三人是即墨工行选任，出现未付款即交单的结果，即墨工行应对其选任第三人的行为承担一定的法律后果。本案所涉托收业务中的代收行系国华工艺品指定，第三人在给即墨工行的回复中明确，它是在得到位于希腊的代收行工作人员指示的情况下，才将单据投递。相对于国华工艺品而言，上述行为加重了国华工艺品通过托收回收货款的风险，由此，即墨工行应承担四分之一的责任。

即墨工行应承担一定比例的赔偿责任，但赔偿范围是否为国华工艺品主张的货款损失和税款损失，原审法院认为，国华工艺品主张权利的对象是即墨工行，而即墨工行在托收业务中并不考察国华工艺品的基础交易关系，其能预见的损失也只能是其托收委托书上载明的托收款项 381 888. 51 美元，因此，国华工艺品向即墨工行主张税款损失，于法无据，不予支持。根据上述责任分担的认定，即墨工行应向国华工艺品赔偿的损失金额为 95 472. 13 美元（381 888. 51 * 1/4），依国华工艺品主张，按其起诉之日的汇率折合 651 874 元人民币。国华工艺品主张损失部分的利息较为合理。

因国华工艺品在本案中明确其系基于委托合同向即墨工行主张权利，而不向第三人主张权利，因此，对于第三人的责任问题，不予审查。

综上，依 URC522 第 9 条、第 14 条第（1）项，中国《合同法》第 113 条、第 396 条，中国《民事诉讼法》第 128 条的规定，一审法院判决：（一）即墨工行于判决生效之日起 10 日内赔偿国华工艺品 651 874 元人民币及该款项的利息。（二）驳回国华工艺品的其他诉讼请求。如果未按判决指定的期限履行给付金钱义务，应当依据中国《民事诉讼法》第 229 条的规定，加倍支付迟延履行期间的债务利息。案件受理费 37 182 元人民币，由国华工艺品负担 30 653 元人民币、即墨工行负担 6 529 元人民币。

国华工艺品不服一审判决，上诉称：（一）一审判决遗漏重要事实，对即墨工行未履行告知义务的事实和过错未予查明和认定。（1）即墨工行未告知且未征求国华工艺品的意见，即将价值巨大的托收单据委托第三人递送；（2）即墨工行未向国华工艺品告知将托收单据作为普通货物递送的事实；（3）即墨工行未向国华工艺品告知可购买但未购买“快件价值保险”的事实；（4）即墨工行未向国华工艺品披露在运输合同中第三人可排除限额之外的任何损失的事实，明显加大了托收单据的风险。（二）一审判决判令即墨支行仅赔偿货款损失的四分之一，既违背中国法律的具体规定，更违反中国法律的公平原则，侵害善意交易人的合法利益，导致善意交易人国华工艺品的损失得不到有效的司法救济。在本案所涉有偿合同交易中，国华工艺品是完全善意、善良的委托人和交易人。其基于对境内国有超大型银行的合理信任，按照即墨支行提交的格式文本文书有偿委托其办理国际托收，在签订和履行有偿委托合同过程中，无任何过错或瑕疵。即墨支行作为交易相对人和受托人，存在明显恶意和多项严重过错。依中国《民法通则》《合同法》以及公平原则和行为人应对自己行为负责的法律原则，即墨支行应赔偿因其过错给国华工艺品造成的全部损失。（三）一审对于托收单据系“错误投递”而非“丢失”的关键事实未直接认定。依一审查明的情况，托收单据显然是被“错误投递”，但一审法院未予明确，对于相关民事判决已作出明确认定的相同情况刻意回避。同时，一审对于单据是外国代收行指示所为的认定缺乏依据。依即墨工行提交的银行间报文显示，代收行员工“从未与第三人联系，也从未给第三人指示改派快递到新地址”，同时确认“是敦豪公司私自改派的地址”。一审判决仅凭敦豪山东的单方表述，认定“是得到位于希腊的代收行工作人员指示的情况下，才将单据投递”，减轻了即墨工行的责任。（四）一审判决关于即墨支行不能预见国华工艺品税款损失的认定与事实不符，且未查明认定国华工艺品的税款损失金额。一审判决认为被告“能预见的损失也只能是其托收委托书上载明的托收款项”（意指不能预见税款损失）并据此认为国华工艺品主张税款损失，于法无据，不予支持——上述认定与事实不符，且一审判决亦应查明认定税款损失金额。即墨支行应能够预见在“跟单托收”业务形态下，若货物已发运出口但未能收取到境外支付的货款，根据中国现行对外贸易和海关监管及税收退还的管理规定，国华工艺品会同时形成相关出口退税和增值税款两项损失。因该笔出口货物未能收回外汇货款，无法核销，不能办理出口退税，并应视同内销货物计提销项税额或征收增值税。该笔货物做内销处理销售额计为人民币 2 439 747.43 元，国华工艺品应交增值税人民币 414 757.06 元。根据中国出口税收管理的规定，国华工艺品实际上已经同时承受了上述两项涉税损失。

综上，请求二审法院：（一）撤销一审民事判决第一、二项和关于案件受理费负担的内容。（二）依法改判：（1）判令即墨工行赔偿国华工艺品货款损失 381 888.51 美元（折合 2 607 572.94 元人民币）；（2）判令即墨工行赔偿国华工艺品出口退税损失 456 720.72 元人民币；（3）判令即墨工行赔偿国华工艺品增值税损失 414 757.06 元人民币；（上述三项合计折合 3 479 050.72 元人民币）（4）判令即墨工行给付国华工艺品上述货款和退税款的利息；（5）判令即墨工行承担本案全部诉讼费用。

即墨工行同样不服一审判决，上诉称：（一）本案应中止审理，待刑事案件查清事实后再开庭审理民事赔偿部分。从国华工艺品起诉情况看，希腊 VA 公司涉嫌诈骗犯罪且即墨工行已向青岛市公安局报案。在对上述事实未经警方查清之前，应参照国内经济纠纷涉嫌经济犯罪的处理原则，即中止民事案件的处理。（二）国华工艺品应先依与 VA 公司签订的销售合同向 VA 公司追索，经追索后，对无法追回的货款损失才能向国内的有过错方要求赔偿。在本案的关键事实未查清，国华工艺品不先向直接法律关系的主债务人 VA 公司追索就直接起诉附属法律关系相对人的情况下，法院应驳回国华工艺品的起诉。国华工艺品与 VA 公司的货物销售合同是主法律关系，托收协议是为实现主法律关系的目的而产生的附属法律关系。结算方式不同只是收回货款的方式不同，但支付货款的义务最终都是主法律关系的买方。只有在向主债务人的买方追索后尚有货款损失的，才能要求附属法律关系的各方依其过错大小承担补充赔偿责任。若允许主法律关系中的债权人直接起诉附属法律关系中的义务人追索主法律关系中债务人所欠的全部债务，则会造成案件事实不能查清、货款损失数额无法确定、附属法律关系中的义务人无法再向主法律关系的债务人追偿，造成对主债务人的放纵和对银行等附属法律关系义务人的风险转嫁。因此，法院理应驳回国华工艺品的起诉。（三）即墨工行应免责。（1）国华工艺品应负全责。第一，国华工艺品在与希腊 VA 公司第一次接触，对其经济实力和商业信誉不了解的情况下，即与 VA 公司签订如此大额的、非信用证结算的国际货物买卖合同，有与 VA 公司串通甩货，再转嫁风险给银行的重大嫌疑。第二，希腊的代收行是国华工艺品根据 VA 公司的指令而指定给即墨工行的。正是 VA 公司对希腊的代收行熟悉，所以才有可能冒充希腊的代收行给希腊 DHL 下达改派指令。（2）即墨工行与国华工艺品签订的客户交单委托书是双方之间有效的委托合同。该委托书的前言部分对跟单托收业务的操作规程及法律适用作了明确规定，即遵守现行的 URC522。URC522 第 14 条明确规定银行对由于任何单据在寄送途中的延误和/或丢失所引起的后果，概不承担义务或责任。该条中的丢失应该包括错投。第 13 条还规定：“银行对单据所代表之货物的发货人、收货人或其他任何人的诚信或信誉行为和/或失职、偿付能力、履行能力也不负责。”该条中“其他任何人”也包括货物的单据传递人。这些规定都是国际商会依托收业务的特殊性所作出的规范。既然双方选择适用该规范，则该规范对双方都具有约束力。即墨工行依该规范也应依法免除本案的赔偿责任。（四）国华工艺品应依相关法律追究一审第三人的过错。本案是国华工艺品出口货物后，委托即墨工行将全套单据递给其指定的代收行希腊欧洲银行进行托收货款的行为。双方是一种委托合同关系。为完成委托事项，即墨工行又委托第三人 DHL 来履行单据快递业务。但第三人在无即墨工行指令的情况下，擅自更改派送地址和单位，导致全套货物单据丢失后被人将货物在未付款的情况下提走，从而造成国华工艺品的货款风险。第三人存在故意或重大过失行为。事情发生后，作为受托人的即墨工行及时向国华工艺品（委托人）披露了此笔快递业务的承运人 DHL。国华工艺品也向 DHL 提出书面索赔。依中国《合同法》第 403 条，国华工艺品可对第三人 DHL 直接行使受托人工行对第三人的权利，也即可直接依《合同法》第 122 条追究 DHL 的违约责任或侵权责任。由于国华工艺品在一审中坚持不向第三人主张权利，而依 URC522 及本案一审查明的事实，即墨工行在托收过程中并无违反相关规定、双方约定及操作规程，即墨工行理应免责。因此，请求驳回国华工艺品的诉讼请求。

二审法院查明的事实与一审法院认定的事实一致。

二审法院经审理认为，一审法院认定事实不清，适用法律错误，国华工艺品的上诉请求部分成立，应当予以支持；即墨工行的上诉请求不成立，不予支持。根据中国《合同法》第 107 条、第 113 条，中国《民事诉讼法》第 153 条第 1 款第（2）项的规定，判决如下：

（一）维持一审法院民事判决第二项；

（二）变更一审法院民事判决第一项为即墨工行于本判决生效之日起 10 日内赔偿国华工艺品 2 607 496 元人民币及该款项的利息。

一审案件受理费 37 182 元人民币，由即墨工行负担 27 660 元、国华工艺品负担 9 522 元；二审案件受理费 37 182 元，由即墨工行负担 27 660 元、国华工艺品负担 9 522 元。

在该案中，因即墨工行履行国华工艺品付款交单托收指示的事实发生在希腊，本案属涉外商事纠纷。一审法院基于当事人在托收委托书中的法律适用约定及庭审中对法律适用的再次明确，确定案件适用 URC522 解决争议纠纷。因 URC522 主要规范的是银行的托收义务及免责事由，对银行违反该国际惯例设定的义务应如何承担责任的问题，并未规范约束，所以，对本案可能涉及但 URC522 未规范的内容，法院根据当事人在一审庭审辩论终结前所作出的选择，适用中国法律作为准据法予以解决。

本案争议的焦点有三个：（一）本案是否应中止审理或驳回起诉；（二）即墨工行在履行托收合同时有无过错，是否应向国华工艺品承担责任，能否免责，一审法院对责任比例的认定是否正确；（三）一审法院对于损害赔偿的范围认定是否正确。

关于第一个焦点，虽然即墨工行向青岛市公安局报案涉及本案争议内容，但青岛市公安局并未立案，因此，本案不属民事案件中止审理等待刑事案件裁判结果的情形。即墨工行提出应由国华工艺品先向销售合同买方追偿，不能获得赔偿才可提起本案诉讼，没有法律依据，二审法院不予支持。即墨工行关于本案应中止审理或驳回起诉的诉讼主张，二审法院不予支持。

关于第二个焦点，即墨工行与国华工艺品订立客户交单委托书，双方应严格按照委托书的约定履行合同。在跟单托收过程中，即墨工行应依约将受托的单据交付代收行并由代收行完成付款交单事项。即墨工行接受国华工艺品委托后，依其内部操作规程，根据工商银行青岛分行与敦豪山东签订的中外运-敦豪运输服务合同，由即墨工行的上级工商银行青岛分行委托敦豪山东将涉案单据交送代收行。本案递送单据过程中，涉案单据被送至实际收件人提供的新地址并被代收行工作人员之外的人签收，致使涉案快件错投后无法再次取回。而依集装箱跟踪查询显示，涉案货物最终被希腊买方在未支付货款的情况下，凭借本应寄送至代收行的正本提单提走，给国华工艺品造成货款损失。本案中，即墨工行应充分注意到跟单托收行为投递单据的特殊性，明确告知快递公司，该快件非普通邮件，只能送达银行而不能由其他任何个人领取。但即墨工行并未明确该指示，造成错误投递的后果，快递公司未将涉案单据运送到指定的代收行，即墨工行在委托递送单据的过程中违反URC522 第 9 条规定的“善意和合理的谨慎”义务，构成过错。而违反国际惯例的民事责任承担问题应适用国内法。依中国《合同法》第 107 条“当事人一方不履行合同义务或者履行合同义务不符合约定的，应当承担继续履行、采取补救措施或者赔偿损失等违约责任”，本案中，快递公司向代收行投递托收单据的行为系即墨工行完成其托收指示义务的一部分，故即墨工行应对快递公司的行为后果向国华工艺品承担责任。即墨工行未能依约将涉案单据送达指定的代收行，即墨工行应对委托的行为承担责任。

托收单据未寄至代收行，最终错误投递至货物买方，不属于 URC522 第 14 条列明的单据“丢失”的情形，即墨工行不可据此条款要求免责。同时，国华工艺品在托收委托过程中无过错，错误投递的结果系由即墨工行、快递公司送达托收单据所造成，国华工艺品不应承担损失，一审法院判决即墨工行承担委托书上载明托收款项四分之一的责任，没有事实和法律依据，二审法院予以纠正。

综上，国华工艺品因即墨工行的跟单托收行为遭受损失，有权依双方合同向即墨工行主张民事权益。因敦豪山东与国华工艺品间并无直接的法律关系，该公司向代收行投递托收单据的行为系即墨工行完成其托收指示义务的一部分，故即墨工行应对敦豪山东的行为后果向国华工艺品承担责任。即墨工行向国华工艺品承担责任后，可自行决定是否向敦豪山东追偿。

关于第三个焦点，根据集装箱跟踪查询显示，涉案单据被错投后，所涉提单项下货物于 3 月 12 日和 13 日交付收货人，即涉案货物被希腊买方在未支付货款的情况下，凭借本应寄送至代收行的正本提单提走。因此，根据托收委托书载明的托收金额，国华工艺品遭受的直接损失为 381 888. 51 美元。本案中，即墨工行未尽到善意和合理的谨慎义务，应承担单据“错投”给国华工艺品造成的 381 888. 51 美元的直接损失。由于客户交单委托书用美元计算，一审法院以国华工艺品起诉时的汇率确定国华工艺品的损失为人民币 2 607 496 元正确。

即墨工行与国华工艺品之间系跟单托收法律关系，该关系独立于国华工艺品与希腊买方的基础贸易关系，即墨工行能预见的风险也只能是托收委托书上载明的托收款项，国华工艺品要求即墨工行承担税款损失的主张没有事实和法律依据，法院不予支持。国华工艺品主张的税款损失可依据税收规定向税务部门进行说明。

该判例对出口商及银行都有很强的启示。

对于出口商而言，如何防范托收的风险非常必要。为此，可以采取以下防范措施。

（1）若选择 D/P 方式，要有风险意识。D/P 方式是商业信用，是建立在进口商信用基础上的，出口商的利益无法保障，不宜多用。在选择客户尤其是做大额交易时，一定要先考虑客户的资信。现实中，由于国际市场竞争激烈，出口商多重成交、轻风险，甚至担心一旦客户知道自己调查其资信，是对其不信任，会影响合作。这是误解，只有故意欺诈的客户才会存在这种观念。

（2）选择信誉良好的代收行。D/P 中，尽可能选择那些历史较悠久、熟知国际惯例又信誉卓著的银行作为代收行，才能有效地避免银行操作失误、信誉欠佳造成的风险。经验表明，很多 D/P 风险的发生，与代收行操作不规范或主观恶意有密切关系。

（3）合理设计托收天数与航程时间的间隔，尤其是使用 D/P 远期方式，若货已到港口而进口商因汇票未到期无法取得单据、无法提货导致无法及时销货，一旦货物行情发生变化，容易贻误商机，易造成进口商拒不提货。使用 D/P 远期方式，必须清楚地了解航程时间长短，合理而小心地设计托收天数和航程时间的间隔。

（4）规范填写 D/P 托收申请书。业务人员应尽可能清楚、完整地填写托收申请书的所有委托事项，特别要依进口商的资信情况和能力慎重确定是否接受信托收据的方式放货。主动授意代收行可凭进口商的信托收据放单，这是出口商对进口商的授信，一切风险和责任均由出口商承担，进口商能否如期付款，代收行不负任何责任。

（5）在托收业务中最好选择 CIF 条件，以防在运输过程中货物损坏或灭失导致进口商拒付同时索赔无着的风险。

（6）要了解 D/P 远期在一些国家的特殊规定和习惯。如南美很多国家将 D/P 远期视作 D/A，应事先了解，心中有数。又如欧洲国家对 D/P 远期的理解与国际惯例存在较大差异：德国的汉堡储蓄银行认为“就我们的经验而言，D/P 远期条件仅在东亚地区发生，它让许多受票人始终难于理解，我们的进口商经常是货船一到就付款赎单，因此不用汇票”；法国巴黎国民银行认为“在欧洲，我们尚不了解 D/P 远期的惯例，凭受票人的承兑交单是普遍惯例，近期项目只能用 D/A，不能用 D/P 远期托收”；意大利商业银行认为“托收委托书规定凭航 60、90、120、180 天付款交单可能是某种误解，恐怕不能被认为远期贸易的习惯，这会阻止买方提货”。而在中东地区，阿拉伯联合酋长国的迪拜国民银行认为“在我们国家里，通常不接受 D/P 远期单据，因为到期日与承运船只航程不易掌握一致”；沙特阿拉伯的利亚得银行认为“我行从海外代理行收到托收单据，多数为 D/P 即期付款和 D/A 承兑交单”。

对于银行而言，在接受托收业务时，同样应加强国际惯例的准确理解，谨慎处理每一环节的操作程序，谨防失误带来的风险。

二、信托收据对出口商的风险

使用远期 D/P 方式可能因货已到达而汇票未到期、买方未付款而无法获得单据凭以提货。为此，买方往往要求代收行给予融通，于是，进口商向代收行出具信托收据（T/R）借单提货。各国对信托收据的做法不同，这种融资方式对买方比较有利，但对卖方存在风险。

某年 2 月，中国 A 公司（出口商）与英国 B 公司（进口商）签订出口合同，支付方式为 D/P 120 Days After Sight。中国 C 银行（托收行）将单据寄出后，直到 2002 年 8 月尚未收到款项，于是应 A 公司要求指示英国 D 代收行退单。但从 D 代收行的回电才得知，单据已凭进口商 B 公司承兑放单。

几经交涉，但进口商 B 公司以种种理由不付款，进出口商之间交涉无果。中国 C 银行认为是英国 D 代收行错误放单造成出口商款货损失，要求 D 代收行承担责任，D 代收行对中国C银行的催收拒不答复。10月25日，D代收行告知中国C银行，进口商已宣布破产并随附法院破产通知书，致使出口商款、货两空。

D/P远期（Documents against Payment）是出口业务中的托收方式之一。采用这种方式一般基于货物在航程中要耽误一定时间，在单据到达代收行时可能货物尚未到港且出口商对进口商资信不甚了解，不愿其凭承兑即获得单据。使用这种方式可能造成诸多不便，如货已到达而进口商因汇票未到期、未付款而无法获得单据凭以提货，导致进口商无法及时销货，容易贻误商机甚至造成损失。为此，进口商往往要求代收行给予融通，一般情况下，进口商向代收行出具信托收据（T/R）借单提货。

凭信托收据提货分为以下两种情形。

第一，出口商主动授信代收行可凭进口商的信托收据放单。这是出口商对进口商的授信，一切风险和责任均由出口商承担，进口商能否如期付款，代收行不负任何责任。

第二，进口商在征得代收行同意的情况下，出具信托收据，甚至可提供抵押品或其他担保，向代收行借出全套单据，待汇票到期时由进口商向代收行付清货款再赎回信托收据。因为这是代收行凭进口商的信用、抵押品或担保借出单据，是代收行对进口商的授信，不论进口商能否在汇票到期时付款，代收行都必须对出口商承担到期付款的责任和义务。这样就给代收行带来风险，一旦进口商不付款，代收行必须垫付货款。URC522不鼓励D/P远期托收这种做法。此外，D/P远期托收业务还有其他风险，如有些国家不承认远期付款交单，一直将D/P远期作D/A处理。

若选择D/P远期，出口商应掌握以下几点。

（1）选择D/P远期，要有风险意识，尤其是大额交易，在选择客户时一定要先考虑客户的资信。D/P远期是建立在进口商信用基础上的，总体而言，这种方式对出口商不利，不宜多用。

（2）在合同洽谈时，应尽可能选择历史较悠久、熟知国际惯例又信誉卓著的银行为代收行，以避免银行操作失误、信誉欠佳造成的风险。

本案例中，A公司之所以迟迟不能收到货款，关键在于D代收行未依要求放单。

（3）办理D/P远期托收时，尽量不要使远期天数与航程时间的间隔较长，造成进口商不能及时提货；否则一旦货物行情发生变化，易诱发进口商拒不提货，产生出口商运回货物的费用或其他再处理货物的费用。

（4）在托收中，最好选择CIF贸易条件，一旦在运输过程中因货物损坏或灭失导致进口商拒付时，可以从保险公司得到补偿。

（5）D/P远期在一些南美国家被视为D/A，应事先有所准备。

三、“信托收据”在中国的争议

信托收据是进口商和银行从事进口融资业务的法律文件。中国在《信托法》出台前，并无法律法规规制国内信托法律关系，信托收据处于一种所谓“同业惯例”的约束之中；一旦为此发生纠纷、诉讼至法院时，国内法院多数情况下不会认可依信托收据所建立的权利义务关系。即使法院在有的案件中判决银行胜诉，但绝大多数是基于“质押”或其他担保关系的存在。若缺乏基础法律制度，银行所主张的“同业惯例”，很难被司法机关接受。值得庆幸的是，中国也颁布和实施了《信托法》。尽管如此，在中国开展信托收据实务仍有许多法律问题待明确，这不仅是银行的需要，也是信用证申请人（进口商）的需要。①

中国银行业的信托收据是在进口押汇实践中与其他维护银行债权利益机制结合起来使用的，具体操作程序是，进口商为了向国外企业进口货物，通常向银行提出开立信用证的申请，在与银行达成信用证开立协议的同时，银行一般要求申请人即进口商提供抵押担保或者由第三方提供不可撤销的担保。收到境外出口商的银行寄交的信用证所要求的全部单据后，开证银行通知进口商备齐货款，前来银行赎取进口货物的全套单据。在不能备齐货款的情况下，进口商向银行申请进口押汇形式的融资服务，即进口商以签署“信托收据”的方式，承诺信用证项下的货权或货物的所有权归属于银行，自己代银行占有和处理货物，所得用来清偿银行的融资款。银行即可将进口货物的全套单据交给进口商。信托收据的主要内容包括：进口商保证到期付款；承认在未付清货款前，货物所有权及其收益归银行；进口商以银行受托人身份代银行报关、提货、办理保险、销售货物，所有销售收入必须存入银行指定账户不得动用等。

中国已有针对信托收据及其相关问题的一些判例。以下仅就一具体判例分析“信托收据”在中国实务中存在的争议。

某年 1 月，A 银行与 B 公司签订了“贸易综合授信额度合同”。合同约定：A 银行授予 B 公司总额为 800 万美元的进出口贸易授信额度，有效期为一年，从合同签署日起至次年 1 月 31 日止；额度的用途为融通 B 公司进出口贸易方面的短期资金需求，信用证额度作为 B 公司向 A 银行申请开立信用证时免交或减交保证金的额度。

与此同时，B 公司向 A 银行出具了“贸易综合授信额度总质押书”，B 公司承诺：B 公司自愿将与使用授信额度项下各项授信额度业务有关的提单、运单和货运收据等物权凭证质押给 A 银行，作为清偿、偿付和解除其在额度合同项下欠 A 银行的债务的担保；在信托收据项下，B 公司占有货物或借用货权凭证，完全是作为 A 银行的受托人持有，未经 A 银行事先同意，B 公司无权处置货物或货权凭证，经 A 银行同意由 B 公司处置、销售的货物，销售款亦代表 A 银行持有并及时存入 A 银行指定的账户；并且，质押书具有独立性，不因 A 银行在额度合同项下对 B 公司或其他任何人享有或执行和其他担保（保证、抵押、质押）而受影响。在 A 银行的要求下，同日，C 公司向 A 银行出具了“贸易综合授信额度担保书”，C 公司作出如下保证：C 公司对 B 公司使用的上述授信额度而欠 A 银行的全部债务承担连带责任；保证责任的期限为从额度合同签署之日起三年，不因 A 银行执行额度合同各条款时对 B 公司的任何宽限、延缓或对其他条款的执行或不执行而受影响；A 银行与 B 公司协商变更或修改额度合同无须征得 C 公司同意，主合同发生修改或变更后，保证书仍然有效；保证范围不因 A 银行在额度合同项下对 B 公司或任何其他人持有的任何其他担保、保证、抵押、质押和留置而受影响。

当年 4 月 28 日，A 银行根据 B 公司的申请开立了金额为 400 万美元的信用证。5 月 25 日，B 公司签收了信用证项下的提单等单据。A 银行将提单等单据交给 B 公司后，B 公司给 A 银行出具了“信托收据”，其内容包括：B 公司作为受托人将为 A 银行持有货物的

---

① 李金泽，信托收据有关法律问题研究，http://www.chinalawedu.com/new/201212/qinyinjing2012120315491326293875.shtml；李金泽，信托收据：银行面临的风险与防范，Users/Administrator/Desktop。

权利凭证、单据、文件及其代表的所有货物，并于售货得款时立即交付给A银行。8月20日，A银行将信用证项下的货款400万美元对国外银行予以支付。但B公司仅于10月20日向A银行支付5万美元，其余395万美元未予偿付，C公司也未履行其保证义务。A银行遂向一审法院提起诉讼，要求判令B公司立即归还395万美元及利息，C公司承担连带法律责任。

一审法院经开庭审理后认为：A银行与B公司签订的“贸易综合授信额度担保书”和B公司出具的质押书，应认定为有效。A银行履行了开证和付款的义务。B公司应承担未按约定偿还银行款项的义务。C公司在保证书中作出其保证的同一债权已经为B公司提供的质押担保所重叠，与中国《担保法》第28条的规定相抵触，故该项保证无效。由于B公司将信用证项下的提单等单据设立质押，而A银行又以信托方式将单据交给B公司处理，在B公司下落不明的情况下，A银行未能举出提单所代表货物的实际价值，因此，信用证项下的货款400万美元应视为上述物的担保价值。而A银行对B公司在该货物的担保价值以外的债权，C公司依法仍应承担保证责任。鉴于此，法院判决：（1）B公司偿还尚欠A银行的款项395万美元及其利息；（2）C公司对B公司上述债务超出400万美元的部分承担连带责任。

A银行不服一审判决，向二审法院提起上诉，请求判决C公司对B公司应偿还的全部债务承担连带责任。

二审法院经几次开庭审理后，认为C公司在向A银行出具的“贸易综合授信额度保证书”中，明确承诺对B公司在本案授信额度范围内对A银行所形成的全部债务承担连带责任，该连带责任不受A银行执行或不执行其他担保的影响。该承诺与《担保法》第28条规定虽有不同之处，但该项规定实质上是赋予保证人一项权利，而保证人明确放弃该项权利，是处分其民事权利的行为，并不违反法律规定。因此，C公司所作出的保证有效，应对B公司的债务承担连带责任。本案进口商即B公司下落不明，使得信托收据已不是银行维护其权益的重要依据，与信托收据并存的担保则成为维护银行债权的关键所在。但本案应如何认定信托收据、质押担保、保证的效力及相互之间的关系，则是颇为复杂的问题。从中国的司法实践看，信托收据很难得到法院的认可。本案中，受托人的不能履行债务，更使信托收据形同虚设。但实践中，银行却依然对信托收据抱有很大的依赖性。信托收据与质押、保证之间的关系则更是本案必须解决的问题。具体而言，贸易商、银行和法院都有必要慎重地解决以下问题。

（一）信托收据的含义及特征

信托收据并无统一的界定，因为各国关于委托人银行对信托财产（即进口货物的权利）有不同的主张，因此，信托收据的含义也各有不同。但一般而言，信托收据是指，为了进口或本地购货融资，由进口商或本地购货商与提供融资的银行签署的协议，协议表明进口商或本地购货商作为银行的代理人（受托人）为银行处理（出售）货物，因进口商该行为所带来的利益应优先用于偿还银行提供融资所产生的债权。

中国银行业的界定亦有分歧。如《中国银行国际结算业务基本规定》中指出：“信托收据实质上是客户将自己货物的所有权转让给银行的确认书，持有该收据即意味着银行对该货物享有所有权。”银行凭信托收据将货权凭证交予进口商并代进口商付款，进口商则作为银行的代理人保管有关单据和货物，代理银行销售货物并将货款收回交给银行。但有些银行实践表明，所谓银行信托收据是以质押担保为基础，银行为保护自己的利益要求进口商签订协议，使信用证项下的单据和货物成为银行债权的质押品；然后，银行再通过信托收据将货物和单证交给进口商处置。这种持有和处置是以银行委托人身份进行的。

英国和我国香港地区的信托收据通常是指，出质人进口商和受质人银行以质押关系为基础建立的信托关系，它不是独立的担保合同关系，而是在信托收据签署之前已经存在的担保物权关系。它也不是以所有权的转移为基础的，即进口商没有将货物的所有权转移到银行。

尽管信托收据的界定存在分歧，但一般而言，信托收据具有如下特征：

第一，信托收据是一种信托合同，它所建立的法律关系是有关信托财产处分的信托法律关系。该合同的主体包括进口商或购货商和为进口或购货提供融资的银行。合同的内容是有关信托财产管理、处分的权利与义务。该合同所建立的法律关系不是担保法律关系，尽管这种收据具有一定的担保意义且在很大程度上是为了银行债权的安全才设立，但它本身并不是建立了一种独立的担保关系。事实上，它是一种独立于担保之外的合同，有时以担保物权关系的存在为前提，也可以跟其他担保法律关系并存。如可在信托收据之外建立保证关系，来进一步巩固对银行债权的维护。

第二，信托收据是以委托人银行对进口货物所拥有的合法财产权利为前提的。因为各国信托法都要求信托关系的建立需以委托人对信托财产拥有合法权利为基础。这种合法权利，有的表现为所有权，有的表现为质权。由于进口贸易中，货物权利凭证的提单所有权主体通常是买方（进口商），因此，要使银行取得货物的合法权利，银行和进口商之间必须在构建信托关系之前通过协议将货物的权利转移到银行，如通过提单的背书转让、在信托收据中声明所有权归属于银行或通过订立质押协议将货物出质给银行。具体选择有赖于各国相关法律制度的规定。若法律不允许受质人将质物交给出质人且没有给予进出口贸易情形下的例外，则银行必须依赖货物所有权的转移来保证信托收据及其构建关系的合法性。若法律对质押关系中质物的占有和处分有特别的规定，则可以质押关系作为信托关系的基础关系。

第三，信托收据的基本功能在于为进口商提供融资的便利并为银行债权提供一种保护机制。信托收据是基于进口商不能及时偿还其对卖方的款项，而由银行预先支付卖方的款项。银行为保护其债权，要求限制进口商对货物处分的权利，并强调处分货物的收益应优先用于偿还银行的款项。正因为如此，银行通常还在信托收据中约定有关货物出售后，货款应付至银行指定的账户。信托关系的构建也就旨在制约进口商处分所得货款，以信托关系来区分进口货物与进口商其他财产及债权、债务。因为各国信托法都强调信托财产及其收益的相对独立性。如日本《信托法》规定："受托者不论以任何人的名义，不得将信托财产作为自有，也不得对此取得权利，但遇有迫不得已之情况，经法院批准，将信托财产作为自有财产者不在此限。""信托财产的债权与不属于信托财产的债务，不得两相抵消。""信托财产须与自有财产及其他信托财产分别管理。但对钱款形式的信托财产，只要分清计算即可。"

第四，信托收据所构建的信托关系是一种相对独特的信托关系，它不同于普通的动产或不动产信托。其独特性表现在如下几方面：（1）信托关系主体与信托财产关系的特殊性。信托主体一方银行是临时性地针对信托财产形成合法权利，即信托财产本身并不是银行所拥有的，也不是受他人委托来管理的，银行也不旨在控制和有效地管理财产，而是为实现债权通过协议临时性地与财产建立一种权利关系。（2）委托人与受托人之间关系的特殊性。在信托收据下，委托人与受托人之间不仅有信托关系且有债权债务关系，同时，这种债权债务关系还是信托关系产生的基础。通常的动产或不动产信托关系都不存在这种情况。（3）在信托收据下，受托人对信托财产享有独特的权益。若信托收据是基于质押关系而产生，则受托人进口商仍是信托财产的所有权主体，只是因为受托人自愿将该财产出质给委托人，才使得其所有权受到限制。若信托收据是基于临时性的所有权转移安排，这时虽不存在委托人对该财产的直接权利，但这种安排在更多的情况下是附有条件的安排，因为银行并不旨在对所有权的真实拥有，而是为从该物的处分中享受利益。（4）针对信托财产的信托权责主要表现为对财产的处分即出售，而不是经营和管理，也不是一般的占有和控制。正因为如此，信托关系的存续也将表现为一定的短期性，即只要信托财产被出售出去，受托人将所得收益用于偿还银行的债务，信托关系也就终止。在普通动产或不动产信托法律关系中，更多的是强调受托人对财产的管理，从而实现委托人所追求的使财产保值增值的理财目标。（5）从信托财产与受托人、委托人之间建立关系的先后顺序看，信托收据下通常先有受托人（进口商）对货物的所有权，然后才有委托人对信托财产的权利。而通常的信托财产法律关系中，在设立信托之前，受托人对信托财产通常尚无所有权，受托人对财产的权责明显地生成于委托人对信托财产的权责之后。

（二）信托收据在中国面临的争议

从上述案例可以发现，信托收据在中国的实务操作中存在以下争议。

第一，信托收据所构建的关系能否在没有信托法的制度中得到认可。在该案件发生时，虽然中国已有规范信托公司的法规和规章，但缺乏《信托法》，有关信托关系的基本问题均缺乏法律的调整，如什么是信托财产、信托设立的要件、信托财产与受托人自有财产之间的关系如何、受托人的权利义务等均没有法律明确的规定。此种背景之下，信托收据所构建的关系也就很难得到法院认可。也正因为如此，在过去的一些判例中，银行依据信托收据来主张对信托财产的优先权时，往往得不到法院认可。中国银行业采用信托收据的做法，借鉴了有完善的信托制度为依托的英美国家银行的惯例。在健全的信托法制背景下，银行与进口商之间以信托收据为基础，银行基于对货物的合法权利而将货物信托给进口商处分，银行和进口商都对货物享有一定的权利，银行虽然交出信用证项下的单据，但并没有放弃对货物的权利。

第二，信托收据与质押担保在中国现有法制环境下关系如何协调。由上述案例可以看出，银行在要求进口商出具信托收据，即把货物的所有权转移到银行名下的同时，还要求进口商将货物质押给银行。如上述案例就是通过“贸易综合授信额度总质押书”将货物有关的物权凭证质押给银行。倘若先有质押合同的生效，则银行不应要求进口商，即出质人将自己的货物所有权转移到银行名下。因为质押关系的建立并不是所有权的转移，相反，应以所有权的不转移为前提，这种所有权的不转移与物的转移相结合才有质权存在的必要和可能。假如银行已通过信托收据将货物所有权转移到其名下，且银行又将货物信托给受托人，即进口商去出售，这种情况下能否建立起质押关系？很显然，这存在逻辑上的矛盾。

若先有质押合同，除非银行在信托收据中不提出所有权转移到银行名下，而信托关系是基于委托人对信托财产的质权建立起来，正像英国和我国香港地区的信托收据一样，是以质押担保关系为基础而不是以所有权的转移为前提。然而，中国《担保法》的有关规定，使得以质权为基础的信托收据很难有效地建立。因为《担保法》所确立的质押法律关系中，质权人对货物的权利，是以银行对货物的占有和控制为前提的，若银行将货物转移到出质人的控制之下，则会危及质押法律关系的合法有效。事实上，一些大陆法系国家的民法典还明确地规定：质权人不得使出质人代自己占有质物。由上可见，倘若使信托收据与质押担保并存，也不能为中国现有法制所接受。

第三，信托收据、质押和保证能否同时作为银行维护债权的手段。上述分析已表明，信托收据与质押是不能在现有法制环境中并存的，那么，信托收据与保证并存、质押与保证并存又是否存在问题？

从上述案例看，保证是来自第三人的信用担保，保证人的承诺只是针对银行与进口商之间的债权债务关系而设立，只要债权债务关系的存在是合法存在，而保证人是有能力的主体且是自愿作出承诺的，则保证应该合法有效。事实上，信托收据并没有使债权债务关系消灭，无论信托收据是基于所有权的转移，还是基于质权而生成，进口商对银行的债务都依然存在。因此，信托收据与保证可以并存。

质押与保证在上述案例中并存已成为本案的焦点。因为上述案例的货物已被出售，而进口商又已丧失履行债务的能力，信托收据的担保意义也不存在了，那么保证人则是极为关键的了。质押担保和保证担保并存又有一个效力上的优先性问题。中国《担保法》第28条规定：“同一债权既有保证又有物的担保的，保证人对物的担保以外的债权承担保证责任。债权人放弃物的担保的，保证人在债权人放弃权利的范围内免除保证责任。”这种规定意味着，银行的债权应优先通过物的担保来实现，因此，银行也不能放弃物的担保；否则，保证机制只能在物的担保价值之外有效。在银行与进口商的融资业务关系中，银行无法对货物进行有效的处分（出售），而进口商的融资目的也是通过专业性的出售能力来获得利润，故银行不得不将货物交给进口商来处分。但这种移交的必然后果，是损害质权的有效性，也即导致了银行对担保物权的放弃。银行放弃担保物权就意味着赋予了保证人主张在货物担保价值之外承担保证责任，这实质上是将保证责任免除了，因为一般而言，担保物的价值不会低于银行债权的价值。当然，除非像上述案例一样，银行要求保证人放弃这种法律所赋予保证人的抗辩权。

（三）中国《信托法》生效后“信托收据”的风险与因应措施

中国《信托法》已于2001年10月1日生效。《信托法》的出台，为中国银行业开展信托收据项下的进口融资创造了条件。《信托法》对信托收据业务开展的积极意义表现在如下几方面：首先，《信托法》肯定了信托收据所构造的信托关系的合法性。《信托法》第2条规定：“本法所称信托，是指委托人基于对受托人的信任，将其财产权委托给受托人，由受托人按委托人的意愿以自己的名义，为受益人的利益或者特定目的，进行管理或者处分的行为。”《信托法》虽然没有直接规定信托收据，但对合法有效地构建信托关系有了明确的规定：“设立信托，必须有合法的信托目的”；“必须有确定的信托财产，并且该信托财产必须是委托人合法所有的财产”（“本法所称财产包括合法的财产权利”）；应有明确的“受益人或受益人范围”；不应有违反法律规定的情形等。因此，银行可在开出信用证时，要求进口商通过有关货物权属的协议和信托收据来构建如下法律关系：银行对货物的合法财产权利关系，银行与进口商之间的信托关系，即银行委托进口商处理信托财产。其次，《信托法》所确立的信托财产高度独立性机制为银行从信托财产上获取优先受偿权益奠定了法律基础。从中国《信托法》如下规定足以看到信托财产的高度独立性，即不得与受托人其他财产及其债权债务混同，从而确保了银行对信托财产处分所获利益的特殊优先权：“受托人因信托财产的管理运用、处分或者其他情形而取得的财产，也归入信托财产。”“信托财产与委托人未设立信托的其他财产相区别。”“信托财产与属于受托人所有的财产（以下简称固有财产）相区别，不得归入受托人的固有财产或者成为固有财产的一部分。”“受托人死亡或者依法解散、被依法撤销、被宣告破产而终止，信托财产不属于其遗产或者清算财产。”“受托人管理运用、处分信托财产所产生的债权，不得与其固有财产产生的债务相抵销。”“受托人管理运用、处分不同委托人的信托财产所产生的债权债务，不得相互抵销。”而且该法还进一步规定，除法定情形外，不得对信托财产采取强制执行措施。

诚然如此，但由于中国信托法制还处于建设和完善的过程中，仅仅依靠一部《信托法》是不足以全面有效地维护银行在信托收据项下的合法权益的，何况该法还有一些疏漏不利于银行权益的维护。因此，进口商和银行有必要对《信托法》自身局限性以及其他非信托法因素所带来的风险给予足够关注。

第一，《信托法》虽然构建了对受托人的处分信托财产不当行为的撤销机制，但该机制在信托收据情形下的运用仍有一定的局限性。《信托法》第22条规定：“受托人违反信托目的处分信托财产或者因违背管理职责、处理信托事务不当致使信托财产受到损失的，委托人有权申请人民法院撤销该处分行为，并有权要求受托人恢复信托财产的原状或者予以赔偿；该信托财产的受让人明知是违反信托目的而接受该财产的，应当予以返还或者予以赔偿。”但在信托收据的实务中，受托人对信托财产的处分是得到银行的许可的，而信托财产处分后的金钱被受托人另做他用，尤其是用于偿还其对第三人的债务时，银行将很难举证第三人是否知道该笔金钱是来自信托财产。因此，银行的信托收据项下的权益也就很难有保障。除非银行要严格监督信托财产出售的有关款项的支付过程。

第二，《信托法》对于信托财产与受托人自有财产相混同的情形尚无明确的处理规则，这也会阻碍银行向进口商追偿信托项下的合法权益。若受托人将信托财产所得收益与自己的金钱混合后购买了价值大于信托财产的其他财产，如股票、设备等，那么银行是否可以对这些财产行使权利以及应如何行使权利，中国《信托法》未对此明确。英国判例允许信托财产受益人对混合资金项下的财产享有物上担保权益。中国《信托法》没有考虑如下深层次的问题：（1）若受托人利用全部混合的账户金额购买一项财产，或他提取金额后在账户上还留有足够偿还信托项下的金额，或留下的金额不够偿还信托项下的金额，那么，受益人又能否及如何针对这些购买所得的利润主张权利？（2）若利用混同财产所购买的财产增值了，受益人又应如何处理？这都需要将来的信托法制加以完善。

第三，由于《信托法》所要求的信托有效设立需要满足一定的条件，因此，银行要维护信托收据项下的合法权益，必须谨慎地依法处理。其中，尤其是要注意以下几点：（1）信托财产的合法性问题。由于信托法明确要求信托的设立必须有确定的信托财产，而且该信托财产必须是委托人合法所有的财产，这里所称财产包括合法的财产权利，因此，银行在与进口商签订信托收据时，应通过书面协议或其他适当的方式确保信托财产的合法性——银行对财产的权利合法，否则，可能导致信托的设立无效。虽然这里的合法权利也可包括质权，但鉴于信托收据需要银行将货物转移到进口商的控制下，而中国《担保法》又不允许质权之下的质物离开受质人的控制，因此，只能考虑构建银行对货物的所有权。中国银行也大多如此操作，只是实务中的所有权的构建是在信托收据中表现出来。（2）应注意对于需要进行权利登记的信托收据项下的货物，银行应按照法定的要求来登记。因为《信托法》规定，设立信托，对于信托财产，有关法律、行政法规规定应当办理登记手续的，应依法办理信托登记；未依照规定办理信托登记的，应当补办登记手续；不补办的，该信托不产生效力。

此外，银行应清楚信托收据保护功能的实现是有前提的，即必须是进口商受托人有清偿能力。正因为如此，银行不能仅仅依靠信托收据，而应结合其他保护手段。若进口商将货物出售后，已通过善意的第三人对所得收益进行了处分且受托人又完全丧失清偿能力，则银行即使根据信托收据也无法维护自己的债权，除非另有保护机制。鉴于此，银行由第三人来担保进口商对其债务的履行是极为必要的。

四、代收行不当放单应承担责任

代收行未能依委托人和托收行的托收指示，擅自在付款人未付款的情况下向付款人交单，由此造成委托人不能收款的责任应由其承担。

中国兰生公司向美国 LJ 公司出口鞋类，总计货款 1 494 795. 60 美元。兰生公司委托华侨银行向 LJ 公司托收上述货款，约定付款条件为 D/P 20 天或 D/P 45 天。兰生公司将发票、提单及保险单、装箱单等单据交付华侨银行，并向华侨银行指定花旗银行作为代收行向 LJ 公司收款。

华侨银行收单后，即根据兰生公司的委托事项，制作托收指示书 10 份并附相应的单据邮寄至花旗银行。托收指示书载明：付款后交单；承兑后请以航空信件方式告知到期日；未承兑或未付款请电传告知并说明理由，保留项目，等待我方指示；必要时依受票人或我方指示，保存货物并办理保险；若有手续费及其他费用，均从受票人处收取；凡适用处，均按 URC522 办理。此后，因托收货款未转入，花旗银行对托收结果也未作回复，华侨银行曾多次向花旗银行查询，兰生公司亦多次向华侨银行查询。花旗银行致函华侨银行，承认以承兑交单（D/A）方式处理了上述托收单据，导致兰生公司货、款两空。三方在交涉无果的情况下，兰生公司提起诉讼，请求判令华侨银行、花旗银行两被告完成货款托收；若不能履行，则应归还全部单据，或向原告赔偿托收货款本息 1 965 098. 38 美元。

鉴于花旗银行已不可能履行其代收行的收款义务，故法院判决：花旗银行按收款汇票所记载的金额赔偿兰生公司的损失；花旗银行另应赔偿兰生公司自汇票到期日起至本判决生效之日止的利息。

在上述案件的审理中，主要涉及以下三个问题。

第一，关于本案准据法的确定。

兰生公司和华侨银行就系争法律关系适用 URC522 没有争议，华侨银行致花旗银行的托收指示中亦明确载明适用该规则，花旗银行接收该指示后并无拒绝办理的意思表示，故本案应适用 URC522。

第二，关于三方当事人之间关系的认定。

本案三方当事人之间的关系应依URC522的规定确定。基于托收业务由委托人委托、托收行接受委托、托收行转委托代收行收款、代收行代收等一系列连续且完整的行为组成，托收行转委托代收行是托收中必不可少的环节，URC522关于托收行利用其他银行的服务的风险应由委托人承担的规定，以及本案三方当事人事实上均知晓上述代理行为的连续性、完整性等事实，可以认定本案当事人之间的关系符合复代理的法律特征，兰生公司作为委托人有权一并起诉代理人华侨银行和复代理人花旗银行。当然，也可依中国《合同法》第402条的规定，认定本案三方当事人之间为间接代理关系。兰生公司对银行享有两项权利：一是当收货人已支付货款时，有向银行索取货款的权利；二是遭收货人拒付货款时，有收回托收单据的权利。

第三，关于本案最终的责任认定。

华侨银行接受兰生公司的委托，已及时将托收指示和相关单据寄交花旗银行，并按照行业惯例履行了查询、告知义务，故华侨银行没有过错。花旗银行收到托收指示，在未征得委托人同意的情况下，擅自将远期D/P作D/A处理，显然违反了URC522的规定，应当承担由此产生的赔偿责任。鉴于花旗银行已不可能履行其代收行的收款义务，故兰生公司主张由花旗银行按收款汇票所记载的金额予以赔偿的诉讼请求，法院予以支持。此外，花旗银行另应赔偿兰生公司自汇票到期日起至本判决生效之日止的利息。[①]

五、国外代收行违反国际惯例应承担相应的责任

国外代收行未能依委托人和托收行的托收指示，擅自将远期D/P变为D/A，在付款人未付款的情况下向付款人交单，由此造成委托人不能收款的责任应由其承担。出口商使用远期D/P付款方式极易引发纠纷，因此，出口商应慎重考虑这一方式的风险。

在原告上海赛风国际贸易有限公司（下称“上海赛风公司”）诉被告中国工商银行股份有限公司常州分行（下称“常州工行”）和被告CANARA BANK（下称“印度银行”）一案中，[②] 原告上海赛风公司诉称：2000年4月至12月期间，上海赛风公司向KHAZANA AGRICULTURAL EQUIPMENTS LTD（下称“印度进口商”）供应手扶拖拉机及配件，货款总值555 239.66美元。货物发运后，上海赛风公司备齐商业发票、提单、汇票等全套单据交常州工行（托收行）进行托收，付款方式为D/P 90天（D/P 90 DAYS AFTER B/L DATE）。常州工行将上述单据交印度银行代收。但两被告仅向上海赛风公司支付了55 000美元货款，原告考虑未结金额已达500 239.66美元，便停止向印度进口商发货，并通过常州工行催促印度银行付款或退单。后原告上海赛风公司查知，印度进口商已凭正本提单提走全部货物。原告认为，两被告分别作为托收行和代收行，应严格根据上海赛风公司D/P90天的托收指示收取货款，并在此基础上将相关单据交收货人。现货物已被印度进口商凭正本提单提走，造成原告500 239.66美元货款损失。原告认为被告常

---

① 李金泽．信托收据有关法律问题研究，http://www.chinalawedu.com/new/201212/qinyinjing201212031549132629387 5.shtml；李金泽．信托收据：银行面临的风险与防范，Users/Administrator/Desktop。

② 参见：“上海赛风国际贸易有限公司诉中国工商银行股份有限公司常州分行等国际托收纠纷案”，江苏常州市中级人民法院民事判决书（2006）常民三初字第26号。

州工行的过错主要体现在：（1）被告常州工行没有及时帮助原告向印度银行就涉案货款进行交涉，这可能导致原告不能按有效的诉讼时效主张权利；（2）被告常州工行所做的托收指示不明确。原告认为被告印度银行的过错体现在：在没有收到货款的情况下，被告印度银行已将单据直接交付印度进口商。

原告请求法院判令：（1）两被告赔付原告货款损失 500 239. 66 美元。（2）两被告赔付原告延期付款利息损失 15 万美元（计至 2005 年 11 月 30 日）；两被告承担本案诉讼费。

在 2006 年 11 月 24 日的庭审中，原告确认尚有 500 109. 66 美元货款未收到。

在 2007 年 2 月 13 日的庭审中，原告放弃对编号为 325K021 托收面函（托收指示为 D/A 90 天）项下货款的诉讼请求，该托收面函项下的金额为 37 920 美元，即原告确认尚有 462 189. 66 美元货款未收回。

在 2007 年 9 月 18 日的庭审中，原告将其诉讼请求明确为：（1）判令两被告连带赔付原告货款损失 462 189. 66 美元。（2）判令两被告连带赔付原告逾期付款利息损失 225 329. 89 美元（计至 2007 年 2 月 28 日），自 2007 年 3 月 1 日至实际付清货款之日的利息按每日万分之二点一计算。（3）判令两被告连带承担本案诉讼费。在 2007 年 12 月 19 日的庭审中，关于截至 2007 年 2 月 28 日的逾期付款利息损失问题，原告明确其主张金额为 225 320 美元，其他诉讼请求不变。原告为支持其诉讼请求提交了相关证据。

被告常州工行答辩称，其已正确履行了托收行的义务，无须承担任何责任。自 2000 年 5 月以来，常州工行接受原告委托并按原告要求向印度银行发出 10 份托收指示。其中，编号为 325K021 的托收指示系 D/A 90 天方式，其他均为 D/P 90 天方式，常州工行同时向印度银行寄交了发票、提单等正本单据，合计款项 555 239. 66 美元。印度银行汇给常州工行 55 130 美元，该款项分别为 325K005 项下的部分货款 34 380 美元及 325K008 项下的部分货款 20 750 美元，扣除相关费用 130 美元，常州工行已将 55 000 美元货款全部交付原告，其余托收款项印度银行没有支付给常州工行，也没有将相关单据退给常州工行，其多次向代收行印度银行交涉，要求其退单，常州工行也将催收情况告知了原告。根据托收统一规则（URC522）第 11 条的规定，常州工行接受原告委托办理托收，风险责任由原告承担，代收行未执行指示，常州工行并不承担责任和义务，对印度银行未将托收货款汇给常州工行或未将单据退给常州工行的行为，常州工行无须承担赔偿责任。

关于编号为 325K021 的托收面函的托收指示问题，被告常州工行答辩称，虽然常州工行在 2003 年 10 月 15 日、2005 年 9 月 5 日分别为原告出具证明，该证明将涉案的 10 次托收指示均写成 D/P 90 天方式，但实际上原告对 325K021 的托收指示是 D/A 90 天方式。当时，常州工行没有严格审查，因此，应以实际发生的事实为准。该证明只是对原始托收行为的描述，并不能改变原始托收行为的事实，托收面函的事实大于上述证明的证明效力，即 325K021 托收面函是常州工行根据原告的要求将托收指示确定为 D/A 90 天方式，其他 9 次托收指示均为 D/P 90 天方式，故原告称涉案托收面函指示不清楚之处的意见不能成立。

关于法律适用问题，因涉案托收面函对 URC522 的适用进行了约定，故本案应适用 URC522。另，自 2002 年 8 月至 2004 年 12 月期间，被告常州工行通过 PPC-SWIFT 系统（银行报文系统）向印度银行催收涉案款项，被告常州工行在 2005 年还在催收。在这期间，原告没有提出要求常州工行催收的申请，根据托收统一规则，常州工行发出托收指示后，其对印度银行没有催收义务，常州工行帮助原告进行催收是考虑客户关系。原告在此期间不去主张权利，导致诉讼时效问题由原告自己承担。被告常州工行为支持其答辩意见提交了相关证据。

被告印度银行答辩如下：（1）本案所涉托收项下各货款支付的纠纷发生于2000年，在此之后，原告未向被告主张过权利，因此，原告针对被告印度银行的诉请已过诉讼时效。对于超过诉讼时效的，应不予受理；已经受理的，应驳回诉讼请求。（2）原告上海赛风公司与被告印度银行之间无法律关系，故被告印度银行不是适格的被告，原告只是与被告常州工行建立了委托关系，原告对被告印度银行既无书面委托又无口头委托，且原告承认被告印度银行是由被告常州工行指定，而非原告指定。因此，原告与被告印度银行之间无委托关系，被告印度银行只与被告常州工行建立代理关系，故原告起诉被告印度银行没有法律依据。（3）本案讼争事由及被告印度银行履行的代收行为发生在印度，故其遵循的是当地法律。（4）原告上海赛风公司与印度进口商之间的纠纷已在印度起诉，本案原告、常州工行及印度银行均为该案当事人，根据一事不二审的原则，常州市中级人民法院不应受理此案。（5）原告在其开具的远期汇票上的托收指示不明确、不清楚。中国港口到印度港口的运输时间在20～30天，而原告开具的远期汇票上注明AT D/P 90 DAYS AFTER B/L DATE SIGHT，即使将其理解为提单日后90天付款赎单，该指示是不合理也是无法操作的。故发出托收指示的一方有责任确保单据的交付条件清楚、明确，否则，银行对此产生的任何后果不负责任。（6）原告认识到其发出的托收指示不明确、不合理。2000年7月12日，原告向印度进口商发函，确认采用承兑交单、提单日后90天的付款方式，被告印度银行根据原告指示将单据提供给印度进口商无任何过错。（7）2001年7月5日，原告与印度进口商就涉案货款达成处置合同，即原告同意将涉案欠款作为无息免担保信用贷款，并要求印度进口商确认以免除其印度法律上的可能风险。鉴于此，本案涉及的托收行为已失效，此后的事情与银行无关，原告起诉被告印度银行没有理由。（8）本案争议的只有9份托收面函，印度银行已支付了92 730美元，故未成功托收的金额应为424 589.66美元。被告印度银行为支持其答辩意见提交了相关证据。

法院经审理查明：

1. 关于委托情况

2000年4月至12月期间，上海赛风公司向印度进口商供应手扶拖拉机及配件，货款总值555 239.66美元。在前述期间，原告分10次委托常州工行托收上述货款并将相关单据交付常州工行。托收面函对于有关托收事项受URC522的约束进行了约定。此外，关于以上托收面函的托收指示，除编号为325K021的托收面函中托收指示为D/A 90天外，其他托收面函托收指示均为D/P 90天。常州工行接受原告的前述委托，并将上述托收面函及相关单据交付被告印度银行。印度银行亦收到上述托收面函及其所附的单据。

2. 关于付款情况及其他情况

被告印度银行将325K005托收面函项下的部分货款34 380美元及325K008托收面函项下的部分货款20 750美元通过被告常州工行交付原告，扣除托收手续费130美元后，原告上海赛风公司收到55 000美元货款。原告尚有462 189.66美元货款未收到。被告印度银行将涉案所有单据均按承兑交单（D/A）进行处理，即将涉案单据交印度进口商进行承兑后，直接交付印度进口商。2000年9月至2002年8月，被告常州工行向被告印度银行催收涉案货款；2003 年，原告向被告印度银行催要货款；2004 年 12 月 20 日，被告常州工行向被告印度银行催收涉案货款；2005 年 9 月 5 日，被告常州工行向被告印度银行催要货款。

依据上述案情，法院认为：

1. 关于本案管辖权及涉案法律关系

被告印度银行认为，原告上海赛风公司与印度进口商之间的纠纷已由印度法院受理且案件当事人包括本案当事人，根据一事不二审的原则，常州市中级人民法院不应受理本案。法院认为，根据中国《最高人民法院关于适用〈中华人民共和国民事诉讼法〉若干问题的意见》第 306 条之规定，对于中国法院与外国法院都有管辖权的案件，一方当事人向中国法院起诉的，中国法院可予受理。江苏省高级人民法院于 2006 年 6 月 12 日作出的（2006）苏民三立终字第 31 号民事裁定，确定本案移送江苏常州市中级人民法院（下称“法院”）审理，该裁定已发生法律效力。因此，法院受理本案合法有据。被告印度银行关于法院不应受理本案的抗辩理由于法无据，法院不予支持。

关于本案法律关系。法院认为，托收是国际贸易的结算方式之一，即债权人（通常是国际贸易中的卖方）为向债务人（通常为国际贸易中的买方）收取款项，出具汇票委托银行代为收取货款。在国际托收业务中，涉及委托人（国际贸易中的卖方）、托收行（卖方所在地银行）、代收行（买方所在地银行）和付款人（国际贸易中的买方）之间的权利义务。由于托收行与付款人处于不同的国家或地区，托收行通常需要通过位于付款人所在地的代收行最终完成委托事项。结合国际托收业务的基本性质和特点，根据中国《民法通则》第 68 条之规定及中国《合同法》第 400 条之规定，本院认定原告上海赛风公司、被告常州工行、被告印度银行之间构成复代理法律关系，上海赛风公司为委托人，常州工行为代理人、印度银行为复代理人。故原告起诉被告印度银行合法有据。

2. 关于本案准据法

本案中，被告印度银行系外国当事人，本案法律关系存在涉外因素。根据中国《合同法》第 126 条之规定，当事人可选择处理合同争议所适用的法律。本案中，涉案托收面函对 URC522 的适用作了明确约定，被告常州工行将托收面函的客户联放在原告上海赛风公司位于常州工行的回单箱内，该种交付行为符合银行交付单据的交易习惯，被告印度银行亦收到前述托收面函，故应认定原告上海赛风公司、被告常州工行、被告印度银行就 URC522 的适用作了明确约定且该约定不违反中国法律的有关规定，故应为有效约定，URC522 对原告上海赛风公司、被告常州工行、被告印度银行均有约束力。URC522 第 11 款之（3）规定：“一方指示另一方去履行服务，指示方应受到被指示方的法律和惯例所加于的一切义务和责任的制约，并承担赔偿的责任。”本案中，被指示方系被告印度银行，原告上海赛风公司、被告常州工行、被告印度银行之间的复代理关系应受印度法律的约束。即使当事人除约定适用 URC522 之外，未进一步选择处理合同争议所适用的法律，则应依照中国《最高人民法院关于审理涉外民事或商事合同纠纷案件法律适用若干问题的规定》第 5 条第 2 款第 13 项之规定，根据最密切联系原则，亦应确定适用印度法律处理本案争议。

关于印度法律的查明。法院根据中国《最高人民法院关于贯彻执行〈中华人民共和国民法通则〉若干问题的意见（试行）》第 193 条的规定对印度法律进行查明，未查到完整的印度法律。根据中国法律有关规定，作为准据法的外国法律的内容无法查明的，可以适用中国法律。

综上，URC522 及中国法律均应为本案准据法。

3. 关于被告常州工行及被告印度银行的法律责任

关于涉案诉讼时效。涉案托收行为发生在 2000 年，被告常州工行作为原告的代理人，其向被告印度银行的催款行为应认定为原告的催款行为，故原告上海赛风公司于 2000 年至 2005 年期间，不间断地催要托收款项，原告的起诉时间为 2005 年 11 月 8 日。根据中国《民法通则》第 140 条的规定，法院认为，原告的前述行为导致诉讼时效中断，故原告提起诉讼并未超过诉讼时效期间。

关于常州工行是否承担法律责任。法院认为，依 URC522，常州工行作为托收行，其义务是及时、准确地向被告印度银行寄交相关单据，并准确地将原告上海赛风公司的托收指示告知印度银行。印度银行已收到常州工行寄交的托收面函及相关单据，该托收面函均明确载明了原告的托收指示。故原告主张常州工行所做的托收指示不明确的主张不能成立。关于原告主张常州工行未及时帮助原告就涉案货款向印度银行催要货款存在过错的主张，法院认为，庭审表明，常州工行及时将涉案货款的托收情况告知原告，并在 2000 年至 2005 年期间向印度银行催要货款，故原告对常州工行在本案中存在过错的主张不能成立。法院认为，常州工行已完全履行了托收行的义务，其对原告上海赛风公司未能收回货款或单据的损失不应承担法律责任。

关于被告印度银行的法律责任。被告印度银行主张原告上海赛风公司就涉案货款与印度进口商已达成处置合同，即原告同意将涉案欠款作为无息免担保信用贷款，托收行为已失效。法院认为，被告印度银行未提供其证据的原件，法院对该证据内容的真实性不予认定，故对被告印度银行主张原告与印度进口商就涉案货款已达成处置意见、本案托收行为已失效的主张不予支持。关于被告印度银行答辩称，原告在开具的远期汇票上的托收指示不明确、不合理，同时原告认识到前述问题，向印度进口商发函并由原告确认采用提单日后 90 天承兑交单的方式，法院认为，被告印度银行未提交证据的原件，法院对于该证据内容的真实性不予认定，即使该证据内容系真实的，被告印度银行根据 URC522 第 4 款（C）的规定，其亦不得理会来自除托收的有关人及银行以外的任何人或银行的任何指令，其应严格按照 URC522 的规定及托收指示中的指示办理业务。故法院对被告印度银行认为原告的托收指示不明确、不合理的答辩意见不予支持。关于被告印度银行主张涉案托收面函只有 9 份的答辩意见，法院认为，原告及被告常州工行提交的托收面函系 9 份，其中，缺少编号为 325K005 的托收面函，被告印度银行的证据明确表明印度银行收到编号为 325K005 的托收面函，故法院认定涉案托收面函系 10 份，对被告印度银行该答辩意见，法院不予支持。对于被告印度银行认为其已代收交付的货款金额为 92 730 美元的答辩意见，法院认为，被告印度银行根据其证据提出该主张，但被告印度银行未能进一步提供付款依据，故法院对被告印度银行该答辩意见亦不予支持。在 2007 年 2 月 13 日的庭审中，原告放弃对编号为 325K021 托收面函项下货款 37 920 美元的诉讼请求，属于原告对其权利的合法处分，法院予以准许，涉案未托收回的货款金额应为 462 189. 66 美元。

法院认为，代收行印度银行应根据 URC522 的有关规定，善意、合理、谨慎地办理业务。被告印度银行将涉案 10 份托收指示均做承兑交单处理，而该 10 份委托指示只有编号为 325K021 的托收面函的托收指示为承兑交单（D/A），其他均为付款交单（D/P）。根据 URC522 第 7 款（2）之规定，对于含有远期付款的汇票且托收面函中明确要求凭付款交单的，单据只能凭付款交付；若含有远期付款的汇票而托收面函中未注明交单方式，则只能付款交单。本案中，除 325K021 托收面函的托收指示系 D/A 90 天外，其他托收面函的托收指示均为 D/P 90 天，故被告印度银行应将 325K021 托收面函项下的单据做承兑交单处理，其他单据均应做付款交单处理。被告印度银行将除 325K021 项下单据以外的其他 9 份托收面函项下的单据均做承兑交单处理的行为违反了 URC522 的有关规定，故被告印度银行应赔付原告上海赛风公司因此遭受的货款损失。

综上，根据中国《民法通则》第 68 条、第 140 条、第 142 条第 1 款和第 3 款、第 145 条，中国《合同法》第 400 条、第 402 条，《托收统一规则》（URC522）第 7 款、第 11 款之规定，法院判决如下：

（1）被告印度银行于本判决生效之日起 10 日内赔付原告上海赛风公司货款损失 462 189. 66 美元（按照实际给付日的汇率换算成人民币），并支付利息损失 225 320 美元（计至 2007 年 2 月 28 日，按照实际给付日的汇率换算成人民币），及自 2007 年 3 月 1 日至实际付清货款之日的利息（按每日万分之二点一计算）。

（2）驳回原告上海赛风公司的其他诉讼请求。

案件受理费 45 325 元由被告印度银行负担。

如未按本判决指定的期间履行给付金钱义务，依照中国《民事诉讼法》第 232 条之规定，加倍支付迟延履行期间的债务利息。

如不服本判决，原告上海赛风公司、被告常州工行均可在本判决书送达之日起 15 日内，被告印度银行在本判决书送达之日起 30 日内向法院递交上诉状，并按对方当事人人数提出副本，同时预交上诉案件受理费人民币 45 325 元，上诉于江苏省高级人民法院。

六、托收行因错误指示的责任

在托收业务中，托收行未根据委托人的指示内容确定代收行以及向代收行发出托收指令，由此造成的货款损失应由托收行承担。

上海申达公司（原告）委托香港汇丰分行（被告）向美国万隆公司收取货款 140 393 美元，托收方式为 D/P。申达公司向汇丰分行提供全套单据，但因汇丰分行错写了收件行地址，将本应寄给美国加州银行的单据误寄给美国佛州银行。佛州银行收到单据后，未收妥托收款就将单据寄交万隆公司。由于万隆公司提取货物后拒绝付款，故申达公司诉请法院判令汇丰分行赔偿其托收款 140 393. 55 美元及利息和退税损失人民币 268 750. 89 元。

一审法院以汇丰分行办理托收虽应尽善意和谨慎的义务，但不负有对申达公司先行赔偿的义务为由，判决不予支持申达公司的诉讼请求。申达公司不服，向二审法院提出上诉。

二审中，双方当事人在法院主持下达成调解协议：汇丰分行赔偿申达公司托收货款 98 275. 49 美元；申达公司将对万隆公司的债权转让给汇丰分行，若汇丰分行经追索兑现债权超过 98 275. 49 美元，则在该款额超过部分至 140 393. 55 美元范围内返还申达公司。

在上述案件中主要涉及以下两个问题。

第一，需要明确对国外代收行的选择。

依 URC522，国际托收中，对于国外代收行的选择有两种方式：（1）由委托人指定。这种指定包括单项托收的指定和全部交易的指定。在委托人未明确是单项托收还是全部交易托收时，应视为单项托收。（2）在委托人未指定情况下，由托收行选择代收行。依 URC522，即使是银行自主选择了这些银行，银行对其所发出的指示未被执行不承担责任。另外，依 URC522，代收关系不能依托收行的单方意思表示成立，而需双方（托收行与代收行）同意才能成立。本案中，佛州银行虽然收到汇丰分行错寄的单据并将其交予万隆公司，但由于该行未对收款作出任何表示，故应当属于因管理上的不适当，与汇丰分行（托收行）之间不存在代收关系。

第二，需要运用 URC522 中“善意和谨慎”规定，对汇丰分行发生在托收业务中的疏忽与托收事故的因果关系作出分析与认定。

（1）汇丰分行制作汇票提示清单时，发生收件行地址错误，是善意的过失，但属“不谨慎的”；

（2）该单的错误直接导致托收单据误寄给非代收行的佛州银行，与托收事故有因果关系；

（3）托收事故虽然由佛州银行不妥当的无因管理、美国万隆公司的违背诚实信用交易原则等诸因素形成，但汇丰分行误寄单据行为是起因。

因此，依中国《合同法》第 406 条的规定，汇丰分行作为有偿托收的受托方，对委托人申达公司首先负有赔偿责任。①

七、国际商会关于托收行与代收行争议的意见

在国际托收业务中一旦发生争议，可向国际商会咨询相关意见，尽管该意见无强制约束力，但其具有极高的权威性而被广泛接受。以下咨询案例具有较好的借鉴作用。

（一）托收金额修改争议

某跟单托收业务中，原定托收金额为 53 040.00 欧元，适用 URC522，托收方式为即期 D/P。10 月 5 日，托收行授权代收行凭付款将减额后的单据释放给付款人，减额后单据金额为 45 084.00 欧元，授权书使用 MT799 传递。但 10 月 9 日，代收行未获得付款人指示，错误地将金额为 53 040.00 欧元而非 45 084.00 欧元付给了托收行。单据释放给了付款人。托收行未向代收行澄清，而向收款人账户借记了上述款项。托收行通过代收行当地分支机构联系到代收行的主管告知了此事。代收行通过 MT499 从托收行收到的第一次反馈和付款确认时间为次年 2 月 25 日。

因付款错误，代收行几次通过 SWIFT 联系托收行，要求其退还多付的 7 956.00 欧元，但无果而终。付款人和收款人也在对此进行协商，期望通过新订单抵消多付的款项。但托收行认为，因付款错误，若退款，托收行须得到客户新的授权。

双方争议的问题是，当托收行将托收金额减额的情况通知给代收行，托收行是否有义务遵循减额指示？

代收行认为，因其及时将情况（付款后 2 天）通知了托收行，托收行须退回多付的

① 参见张凤翔，国际托收合同纠纷的性质及其若干法律适用问题，http://www.ccmt.org.cn/showexplore.php? id=3044。

款项。为此，代收行向国际商会咨询意见。

国际商会对上述咨询提出以下主张：

托收行向代收行提交了适用 URC522 的托收单据，指示付款交单（D/P），原托收金额为 53 040.00 欧元。10 月 5 日，托收行发出 MT799 电文（自由格式报文）通知托收减额至 45 084.00 欧元。10 月 9 日，代收行按最初的付款指示对单据全额付款，未依 MT799 减额。本案提到该付款错误且未经付款人指示。

托收行收到全款后，向收款人账户借记了该款项。两天后，代收行要求退还多付款项。托收行认为退款必须得到收款人的授权。

URC522 未对托收的修改予以规范。故此，托收行认为代收行对托收修改审核延误。本案中，这种情况确实存在（托收修改在 10 月 5 日-星期五发出，付款日为 10 月 9 日-下星期二）。然而，在借记给客户前，托收行应向代收行作出澄清。URC522 第 4（a）（i）条规定："所有寄送托收的单据必须附有一项托收指示，注明该项托收将遵循 URC522 且列出完整和明确的指示。银行根据该托收指示中的命令和本规则行事。"托收行和代收行未依托收修改行事，而是按最初的托收指示行事。两家银行均有过错。退回多付款项不受 URC522 约束，标准银行实务应是银行相互协作来解决错误。

国际商会的最终意见是，该争议在 URC522 规范之外，从本质上看，这是一个法律问题。总之，若双方无法自行解决问题，只能诉诸当地法律。

（二）正本提单份数争议

在一托收争议中，托收行于 9 月初至 11 月初的时间内，代理客户（委托人-出口商）向一家代收行寄出数套托收单据。每套单据的托收指示均包含如下托收指示：（1）期限：即期，付款交单（D/P）。（2）跟单托收遵循 URC522。（3）依 URC522 第 4 条（b）（vi）规定，所附单据清单包含每份单据的份数，单据清单中每种单据均标明提交的份数。其中，提单一项显示为"提单 3 份正本 3 份副本"。

在寄出单据后的几周内，由于未收到代收行的任何反馈，托收行数次发送电文询问托收单据的状态。同时，托收行从委托人处得知，货物已被释放给付款人。进一步调查后得知，货物凭付款人向船公司提交的 1 份正本提单而被释放。12 月 13 日，托收行向代收行发送 SWIFT 电文，要求其确认是否仍持有托收项下的单据。由于未收到任何回复，托收行于 12 月 24 日电话联系代收行，确认其是否仍持有 3/3 全套正本提单，得到的回复是"所有单据仍放置在柜台"。然而，托收行未得到代收行 SWIFT 书面确认电。

为寻求代收行的书面回复，托收行又于次年 1 月 15 日和 17 日向代收行发送 SWIFT 电文，告知货物已被释放给付款人，要求付款人按托收指示支付跟单托收项下的款项。

经多番努力，代收行终于在次年 1 月 25 日回复，宣称每套单据项下只收到 2/3 正本提单。这明显与托收行寄送了 3/3 全套正本提单的托收指示相矛盾。托收行也能证实所有正本提单都已寄往代收行。

综上，在托收行来看，代收行违反了 URC522 第 12（a）条，即若确认未收到托收行托收指示中注明的所有单据，代收行有责任"以电讯方式，或者不可能，则以其他快速方式毫不延误地通知"托收行。

代收行从 9 月初收到单据，至 11 月 5 日左右收到最后一笔托收单据。在托收行看来，任何有理由的解释都不能使其提供的通知构成"毫不延误"。

鉴于以上案例，托收行欲就以下问题咨询国际商会的意见：（1）代收行是否确实违反了 URC522 第 12（a）条，因其未“毫不延误”地通知托收行，则不能声称其未收到 3/3 全套正本提单。（2）若代收行被要求退回单据（如托收行发给代收行的托收指示中所注明的），但无法做到，代收行是否有义务全额偿付托收款项。

国际商会对上述咨询提出以下主张：

托收行寄送给代收行含有相似托收指示的数份托收单据。所有托收都包含 3/3 正本提单和 3 份副本提单。依 URC522 第 4 条（b）（vi），托收行在托收指示中给出了正本提单的份数。

托收行未从代收行获得任何有关托收单据状况的信息。在被告知货物已凭一份正本提单被提取之后，托收行联系代收行确认其是否按照托收指示仍持有正本提单。在发出最后一份托收指示一个月之后，托收行才从银行之间的电话沟通中得到口头确认。最终，在发出最后一份托收指示一个月后，代收行告知托收行，托收指示只随附 2 份正本提单且代收行仍持有这 2 份正本提单。

依 URC522 第 1（b）条：银行无义务根据其收到的任何托收指示行事。URC522 第 1（c）条规定，选择不按托收指示行事的银行必须毫不延误地通知托收行。但此案中的代收行未如此行事。URC522 在第 12（a）条进一步规定：当单据缺失，代收行必须通知其收到托收指示的银行。该通知必须毫不延迟。URC522 也规定该通知须以电讯方式发出，包括电话方式。

对于“毫不延误”没有统一的时间标准。本案遇到的情形，从确认收到不完整托收单据，到发给托收行书面通知，其间历经两个月，这显然不是“毫不延误”。代收行通过电讯方式（电话）确认其仍持有 3 份正本提单。需要注意的是，URC522 并未强加给银行付款责任。

国际商会的最终意见是：（1）代收行违反了 URC522 第 12（a）条，因此，不能声称任何单据丢失。（2）托收指示要求凭即期付款交单（D/P）。若付款人拒绝托收，代收行应替托收行持有单据。若托收行指示退单，代收行必须将全套单据原样退回。就本案而言，退单应包含 3 份正本提单。若代收行不能完整地退回全套单据，它必须对托收付款。但 URC522 未强加给银行任何付款责任，赔偿应在 URC522 之外解决。

（三）托收指示寄送给代收行分支机构的争议

某年 5 月，托收行受客户（委托人-出口商）委托将单据寄给代收行。寄单信封（包括单据和托收指示）的收件地址不是代收行，而是其分支机构（操作部门），该部门不处理国际托收结算。托收行未事先调查该代收行的操作部门是否能够处理国际托收业务。

据代收行的操作部门称，寄单信封的收件人是付款人。因此，他们甚至未打开信封而直接将未开封的信件交给了付款人。但依托收行所持有的快递收据副本，信封的收件人是代收行的操作部门。

信封内包含全套正本提单和指示付款人付款交单的托收指示。托收指示声明，该笔托收遵循 URC522。提单上显示的收货人和通知方为付款人。

几天后，托收行从委托人处得知，承运人已向收货人释放了货物。经代收行的询问，付款人确认收取和占有了货物。

托收行多次联系代收行要求付款，这些要求均被代收行传递给付款人。然而，款项仍未支付，托收行要求代收行付款，同时援引 URC522（未指明依据哪一条款）。

基于上述案例，托收行就以下问题向国际商会咨询专家意见：（1）由于违反了托收行的指示，代收行在托收项下是否负有责任。或仅是付款人承担责任，有关付款的问题应在贸易合同框架下，由托收委托人（出口商）和付款人（买方）协商解决？（2）托收行是否有权坚持要求代收行付款。（3）代收行应使用自有资金付款吗？

国际商会对上述咨询提出以下主张：正如咨询所述，托收行出示的快递收据副本显示，收件人是代收行的操作部门。从逻辑上解释，假设快递的收件人是付款人，单据是不可能被寄到代收行的。至于是否在寄给代收行的信封里加装了另一个寄给付款人的信封，这不是 URC522 能解决的问题。

托收指示中明确声明遵循 URC522。正如 URC522 第 5（d）条规定，托收行将以委托人指定的银行作为代收行，若委托人未指定，托收行将自行选择代收行。无论是被指定的银行还是其操作部门，均必须遵循 URC522。

URC522 第 1（b）条强调，银行无义务按其收到的托收指示行事。然而，若银行选择不按托收指示行事，则必须毫不延误地通知托收指示的发出方。这在 URC522 第 1（c）条中有明确规定。代收行不能不理会托收指示而将单据直接交付给付款人。

国际商会的最终意见是：（1）若托收适用 URC522，代收行须遵循托收指示。若托收单据未得到付款，代收行须原样退回未使用过的正本单据。（2）托收行有权坚持要求代收行付款。既然代收行已将正本单据释放给付款人而又无法退回正本未付款单据，托收行则有权利要求代收行付款。（3）鉴于未得到付款就将正本单据释放给付款人，导致无法依 URC522 将单据退还给托收行，代收行有责任依托收指示对托收行付款。但 URC522 未强制规定银行承担付款责任，有关赔偿的问题将在 URC522 之外解决。

（四）代收行放单后以法院止付令拒付争议

托收行于某年 5 月至 7 月，受客户（委托人-出口商）委托向代收行寄出两套单据。随附单据的托收指示明确表明凭付款交单（D/P），并声明递交全套“3/3”提单。

在之后的几周内，托收行向代收行发送了数封催收电文，要求知晓托收单据的最新状况，但并未得到代收行回复，却收到货物已被释放给付款人的信息。进一步调查后，托收行发现付款人于 8 月 1 日和 6 日向船公司递交了正本提单，货物据此被提取。

9 月 19 日，托收行向代收行发送了一封要求退单的 SWIFT 电文，但未得到代收行任何回复。9 月 29 日，代收行通知托收行，由于货物品质低劣，法院签发了止付令，禁止对该两笔托收业务付款。托收行获得的止付令副本显示，止付令签发日为 9 月 19 日，而该时间是在货物清关之后。换言之，该时间也晚于单据释放给付款人的时间。

根据上述案例，托收行就以下问题征求国际商会的意见：（1）代收行未依 URC522 第 6 条和第 9 条行事，在未得到付款人付款的情况下，就将单据释放给付款人，是否违背了其代理责任。（2）代收行未依 URC522 第 26（c）（iii）条毫不延误地发出拒付通知，是否违背了其代理责任。（3）法院止付令是在代收行释放单据之后签发的，这可免除代收行依托收指示付款的责任吗？（4）若对第 3 个问题的回答为“否”，那么，代收行是否有义务对托收全额付款，或是将单据原样退回托收行？

国际商会对上述咨询提出以下主张：关于上述第一个问题，依 URC522 第 1（b）条，银行无义务依从托收行收到的适用 URC522 的托收指示办理该业务。但依 URC522 第 1

（c）条，若银行拒绝办理一项托收，它必须通知向其发出托收指示的银行。本咨询的背景未说明，代收行是否已依 URC522 发出拒绝处理托收的通知。因此，依 URC522 第 4（a）（i）条，代收行应依收到的托收指示行事，即付款放单。未得到付款就释放正本单据，该银行未做到作为代收行（提示行）应履行的责任。代收行未向托收行发送过关于单据状况的任何信息。URC522 第 6 条规定，若要求单据即期付款，必须毫不延误地提示以获得付款。从咨询背景的细节看，无法确定提示的具体日期和提示是否毫不延误。URC522 第 9 条规定，银行应以善意和合理谨慎的态度行事。此条提到的这两点都是法律措辞，对其理解可能要依不同法律而定。因此，确认银行是否按 URC522 第 9 条行事，这是 URC522 范围之外的问题。

关于上述第二个问题，URC522 第 26 条规定了对单据状况的通知规则。若未得到付款，代收行必须毫不延误地通知向其发出托收指示的银行。经要求，代收行在托收行寄出托收单据后的第二和第四个月才通知了托收单据状况的信息，这不能视为“毫不延误”。

关于上述第三和第四个问题，URC522 不能凌驾于当地法律之上，即使遵循该规则行事，当地法律也可对其进行制止。若收到法院止付令，代收行须根据止付令内容行事。依 URC522 第 16（a）条，代收行将单据释放给付款人之后，其应毫不延误地对托收行进行付款。在释放单据时，止付令还未被签发，不应限制代收行依 URC522 行事，即对托收单据付款或原样退回单据。

国际商会最终的意见是：就上述第一个问题而言，代收行违反 URC522 第 6 条和第 4（a）（i）条。代收行处理托收的方式及与托收行沟通的方式，不能被认定为良好的银行实务。至于代收行是否违反了善意行事原则，不在 URC522 考虑的范围。就上述第二个问题而言，代收行未按照 URC522 第 26（c）（ii）条行事。就上述第三和第四个问题而言，法院止付令是 9 月 19 日出具的，代收行在止付令出具日前已实施了止付令禁止的行为。在单据被释放时，代收行还未收到法院止付令阻止其按托收指示行事。依 URC522，代收行应退还收到的原始单据或付款。对代收行未按 URC522 行事的救济措施，应在 URC522 之外解决。

八、国际结算中的支票风险（光票托收争议）

托收中，托收方式“FOR COLLECTION”中文为何意？URC522 对寄单行（托收行）的付款义务规定，收妥的款项（Amounts Collected）必须不延误地付给委托人，不代垫款项，且寄单行对单据的有效性等不承担责任，应由付款行审查单据的有效性。因票据被变造，托收行被追索票款，委托人（收款人）必须偿还该票款。国际结算中，接受支票付款，对收款人存在极大风险。“中国银行广州市沿江支行（下称‘中国银行’）诉广州古琅玛贸易有限公司（下称‘广州贸易’）”① 一案具有借鉴意义。

原告中国银行诉称，被告广州贸易于 7 月 6 日向原告提交一份托收款项申请书和一张金额为 35 150 美元的支票，委托原告办理托收款项。该支票显示签发日期为 6 月 22 日，付款人 HARROD'SINC，付款行 FIRST COMMUNITY BANK OF TIFTON（蒂夫顿第一社区银行），收款人广州贸易。托收款项申请书中，委托人承诺“右列托收款项收妥后，如将

① 110 裁判案例网，http://www.110.com/panli/panli_80971.html。

来发生退票、追索等情况，本人愿负责偿还全部票款及费用”。中国银行于7月6日向中国银行纽约分行办理托收。7月26日，中国银行收到纽约分行的付款通知，纽约分行对上述支票托收金额35 150美元扣除电报费10美元后，将35 140美元贷记原告账户。7月27日，中国银行将35 140美元扣除手续费56.33美元后，结汇人民币289 941.97元转入广州贸易在中国银行的结算账户。

8月30日，中国银行收到纽约分行电报，称上述支票是伪造的，纽约分行主动借记中国银行账户35 162美元（含退票手续费12美元）。中国银行收到上述电报后立即通知广州贸易，要求其立即退还票款、利息和费用，并于9月8日正式向广州贸易发函，要求其履行退还全部票款和费用的责任。但广州贸易至今未退还票款和费用。

9月28日，广州贸易向中国银行函复《关于〈敦请贵司配合我行工作并尽快退还款项的函〉的复信》且一直未退还中国银行代垫的35 162美元。广州贸易的行为已严重损害了中国银行的合法权益，致使其自8月30日起代广州贸易垫付的35 162美元的资金不能回笼。

原告中国银行请求判令：（1）广州贸易偿还35 162美元及上述款项从2004年8月30日至清偿日止的利息，利率按中国人民银行公布的同期美元逾期贷款罚息利率计付；（2）本案诉讼费用由广州贸易承担。

为证明其诉请，中国银行提供了相关证据。（略）

广州贸易辩称，其不同意中国银行的诉讼请求。

（一）中国银行对广州贸易提起的诉讼不符合逻辑，也不符合法律规定。原告称中国银行纽约分行在支付款项后，又在未经原告同意的情况下，单方面贷记了原告的账户，纽约分行的做法是侵犯了原告的权益，原告应要求纽约分行提供付款行出具的“拒付证明”，若对方确实提供付款行开具的“拒付证明”证明拒付事实存在，原告才有权向前手行使再追索权起诉我方。原告未要求纽约分行提供足够的事实和法律依据，也未依据法律规定与纽约分行交涉就要求我方退款，不符合法律规定。

（二）中国银行无证据证明我方应承担退款责任。原告向法院提交了其与纽约分行的通信电邮，但这不能证明我方提交的支票就是伪造的。纽约分行和原告都无权认定我方提交的支票是真还是假。退回的支票上有一个“退票原因为存款余额不足”的印章，日期是2004年8月26日。原告没有证据证明付款行的退票证据或有关说明，我方认为本案支票是真实有效的，退票只是因为存款余额不足。依中国《票据法》第62条第1款、第65条规定，原告已丧失对其前手的追索权。

（三）中国银行的内部操作混乱，对本案造成的经济损失应承担责任。（1）原告未按照有关规定选择托收方式。（2）原告未按照有关规定保留至退票期后才办理解付。（3）原告退票后未按照有关规定通知我方。

（四）中国银行提供的托收款项申请书，印有格式条款“如将来发生退票、追索等情况，本人愿负责偿还全部票款及费用”，其欲以此免责，应无效。

（五）我方认为中国银行起诉已超过票据法规定的除斥期间。原告是从8月30日，即退票日起算期间，其应在11月30日之前向法院提起诉讼。原告是在12月16日才提起诉讼，超出中国《票据法》规定的除斥期间，丧失了向前手的再追索权。

被告为其辩解提供了相关证据材料。（略）

法院经审理查明，广州贸易于7月6日向原告提交一份托收款项申请书和一张金额为35 150美元的支票，委托原告办理托收款项。该支票显示出票地为美国，签发日期为6月22日，付款人为美国公司，即 HARROD’SINC，付款行为美国的 FIRST COMMUNITY BANK OF TIFTON，收款人为被告。委托人在托收款项申请书中承诺“右列托收款项收妥后，如将来发生退票、追索等情况，本人愿负责偿还全部 票款及费用”。原告经审查后接受了被告的托收申请，被告遂将托收支票背书给原告。

7月6日，原告向中国银行纽约分行出具托收委托书办理托收，并将支票背书给纽约分行。托收委托书上载明：我们附上支票一张，金额 35 150 美元，托收方式（COLLECTION METHOD）“FOR COLLECTION”。对“（COLLECTION METHOD）：FOR COLLECTION”内容的中文翻译，双方产生严重分歧。原告委托翻译机构广州市公证处将其翻译为“托收方式”，而被告委托翻译机构广东省公证处将其翻译为“收款办法”。原告后来认为是广州市公证处翻译时遗漏了单词，要求公证处对其再次进行翻译，广州市公证处又将其翻译为“托收方式：收妥贷记”，被告对此提出异议，再次委托广东省公证处进行了翻译，并随同补充代理词一起提交了翻译结果为“收款办法：托收”的翻译件。

针对此问题，法院向中国人民银行广州分行查询该专业术语的中文解释，但中国人民银行广州分行表示无法确定该专业术语的中文解释。

纽约分行接受委托后，以代收行的身份向付款行 FIRST COMMUNITY BANK OF TIFTON 提示付款。付款行审查支票后，向代收行解付了托收款项35 150美元。7月26日，纽约分行对上述支票托收金额35 150美元扣除电报费用10美元后，将余额35 140美元划付原告账户。7月27日，原告将35 140美元扣除手续费56.33美元后，结汇人民币289 941.97元转入被告在原告的结算账户。

8月底，付款行发现托收的支票金额经变造，出票人账户余额不足以支付票款，遂向其前手即纽约分行追索该款。纽约分行支付该款后，于8月30日向原告发出电报，称上述支票为伪造票据，遭付款银行退票并向原告追索票款35 162美元（含退票手续费12美元）。原告称，收到上述电报后的当天以电话联系被告，要求被告上门协商并于9月8日正式向被告发函，要求被告履行退还全部票款和费用的责任。9月28日，被告向原告函复《关于〈敦请贵司配合我行工作并尽快退还款项的函〉的复信》，拒绝退还款项，故成讼。

依中国《票据法》第94条第2款、第95条第2款，URC522第2款、第3款、第13款、第16款，中国《民事诉讼法》第22条第2款的规定，判决如下：

被告广州古琅玛贸易有限公司在本判决发生法律效力之日起10天内，向原告中国银行广州市沿江支行偿还35 162美元，以及该款从8月30日起至清偿日止按中国人民银行规定的同期美元存款利率计算的利息。

案件受理费6 911元由被告广州古琅玛贸易有限公司负担。该款原告已预交，法院不予退回，由被告在履行本判决时径付给原告。

该案涉及以下几个问题。

（一）争议的适用法律

被告广州贸易在广州以背书方式委托原告中国银行托收的支票，出票地及付款地均在美国。中国《票据法》第94条规定，涉外票据是指，出票、背书、承兑、保证、付款等行为中，既有发生在中国境内又有发生在中国境外的票据。该支票属于涉外票据。原、被告因该票据的托收行为产生纠纷，本案为涉外票据纠纷。

双方当事人未能就本案的适用法律问题达成一致，依中国《票据法》第 95 条第 2 款“本法和中华人民共和国缔结或者参加的国际条约没有规定的，可以适用国际惯例”的规定，鉴于中国票据法对涉外票据的托收规则没有规定，中国亦未参加相关的国际条约，故本案可适用主要调整托收法律关系的国际惯例《托收统一规则》（URC522）。

（二）双方之间的法律关系

URC522 第 2 款规定：托收是指银行依据所收到的指示处理金融单据或者商业单据，以便于取得付款或承兑，或凭以付款或承兑交单，或按照其他条款和条件交单。其中，不附有商业单据的金融单据项下的托收是光票托收。

本案中，原告中国银行接受了被告广州贸易委托并办理了光票托收。该行为符合 URC522 对光票托收定义的规定，可认定原、被告建立了光票托收法律关系。

（三）中国银行的责任与义务

依 URC522 第 3 款，在托收法律关系中，委托人（债权人）是委托银行办理托收的人；寄单行是委托人委托办理托收的银行（托收行）；代收行（债务人所在地银行）是除了寄单行以外的参与处理托收业务的银行；付款人（债务人）是依托收指示向其提示单据的人。

本案中，广州贸易为委托人，中国银行为寄单行，纽约分行为代收行，美国蒂夫顿第一社区银行为付款人。关于托收方式是立即贷记还是收妥贷记的问题，广州贸易在托收申请书中并无明确，中国银行接受托收后，向代收行纽约分行发出的委托书中记载的托收方式为 FOR COLLECTION。对该专用术语的中文翻译，中国人民银行表示不能确定为“收妥贷记”。

URC522 对寄单行的付款义务，在第 16 款规定：收妥的款项（Amounts collected）（扣除手续费或支出或可能的开支）必须按照托收指示中规定的条件和条款不延误地付给从其收到托收指示的一方。对寄单行的单据审查义务，URC522 第 13 款规定：银行对任何单据的格式、完整性、准确性、真实性、虚假性或其法律效力，或对在单据中载明或在其上附加的一般性或特殊性的条款不承担责任或对其负责。

上述规定显示，无论采取何种托收方式，寄单行的最终义务是将收妥的款项扣除相关手续费后支付给委托人，本身不负代垫款项的义务。同时，寄单行仅须对委托人托收的票据进行表面审查，而无须对该票据的有效性负责。

本案中，已查明中国银行作为寄单行，业已办理相关的票据托收手续，向付款人提示付款，并将付款人兑付支票的款项扣除手续费后支付给广州贸易。至于托收的支票最后被付款行认定为变造票据而被追索票款，其主要审查义务在付款行，中国银行对该票据的真实有效性并不负有审查义务。在票据托收过程中，中国银行已履行相应义务，本身不存在过错。故此，广州贸易以中国银行不严格依照托收规则进行托收导致票款被追索从而丧失追索权为抗辩理由，与事实不符，不应采纳。

（四）中国银行的追索权

关于中国银行是否有权向广州贸易追索票款问题，URC522 对此没有规定，应依原、被告的约定加以处理。广州贸易在托收款项申请书中承诺：“右列托收款项收妥后，如将来发生退票、追索等情况，本人愿负责偿还全部票款及费用。”对于该申请书印有的此项委托人承诺，中国银行无异议；但广州贸易认为，这是中国银行提供的免除其责任的格式条款，在填写申请书时中国银行未提醒广州贸易注意，属于原告的重大过失且因该过失造成广州贸易的财产损失，广州贸易主张依据中国《合同法》的规定，认定该免责条款无效。实际上，托收款项申请书作为银行结算凭证，其格式是由金融监管部门规定的，申请书上的承诺条款印在申请书的显著位置，被告广州贸易作为办理银行结算业务的客户，对结算凭证应有所了解，不可能未注意到该承诺条款的存在，中国银行在提请广州贸易注意问题上并无重大过失。鉴于申请书上盖有广州贸易真实的财务专用章和法定代表人印章，申请书上的承诺条款应认定具有法律效力，对双方均有约束力。现中国银行被付款行追索票款 35 162 美元后，依照广州贸易在申请书上的承诺向其追索款项，理据充分，应予支持。

第二十三章 国际贸易结算方式：信用证及惯例

信用证是一种支付方式，是商人们为解决买卖双方互不信任的问题而普遍采用的结算方式。在国际贸易中，交易的各方当事人分别处于不同的国家或地区，其可能各自依所在地法律或习惯解释信用证当事人的法律关系。因而商人或银行处理信用证业务时，有可能得出不同的结论，这对信用证业务的顺利进行形成一定障碍。为在世界范围内统一信用证业务的做法，国际社会不断努力，最终形成信用证统一惯例，并随着国际贸易的发展变化以及交通运输和科学技术的发展而不断得到补充和修改，使其更加完善。

一、信用证国际惯例的产生与发展

具有现代意义的信用证产生于 19 世纪。有关信用证交易的习惯做法自 20 世纪初期从欧美国家的国内统一开始，很快在国际上达到统一，最终形成国际商会《跟单信用证统一惯例》。

1926 年 3 月，国际商会（ICC）决定制定关于信用证的国际统一规则。1929 年，草案定名为《商业跟单信用证统一规则》，并于 1930 年由国际商会以第 74 号出版物公布。1931 年 3 月，国际商会将其定名为《商业跟单信用证统一惯例》（Uniform Customs and Practice for Commercial Letter of Credit），以第 82 号出版物公布，得到欧洲大陆国家银行界和美国银行界的采纳。在 1933 年到 1951 年修订前，80 多个国家采用该规则。至此，信用证的国际惯例产生。

随着国际贸易的发展，特别是运输技术和通信方式的变化，信用证惯例经历了多次修订。

1962 年 4 月，国际商会通过了信用证惯例修订本，于 1963 年 7 月 1 日起生效。但其名称改为《跟单信用证统一惯例》（Uniform Customs and Practice for Documentary Credit，UCP）并以国际商会第 222 号出版物公布（UCP222）。

20 世纪 60 年代至 70 年代，国际货物运输发生重大变化，集装箱运输得到广泛应用，货物联合运输日益普遍，UCP 原有规定不能适应现实需要。于是，国际商会于 1974 年通过了新的 UCP 修订本（UCP290）并于 1975 年 10 月 1 日起施行。此次修订适应了集装箱运输及集装箱运输单据的变化。

随着运输技术日新月异，多式联合运输应用更加广泛，不可流通的海运单的使用日益增多。同时，通信技术也发生变革，银行间通信出现电子化、网络化趋势，单据的制作和传送技术出现重大变化。此外，备用信用证的使用开始增多。为适应上述情况的变化，国际商会对 UCP 进行第 4 次修订。修订本于 1983 年 6 月获得通过，由国际商会以第 400 号出版物（UCP400）公布，于1984年10月1日起施行。

UCP400施行以后，国际运输业和通信业发展更加迅速，特别是Incoterms1990的颁布，对跟单信用证提出许多新的要求。国际商会参照国际贸易实务、判例、银行委员会意见，对UCP进行了第5次修订。修订本于1993年4月获得通过，并以国际商会第500号出版物（UCP500）公布，于1994年1月1日起施行。

UCP500自1994年1月实施以来，由于各国对UCP条款的理解和运用不尽相同，各种信用证纠纷甚至法律诉讼不断出现，从而影响了国际贸易的顺利发展。国际商会于2003年5月正式批准第6次修订UCP。修订小组将ICC历年来的主要意见、决定和DOCDEX仲裁结果纳入修订本中，评估法院的判决和过去的案例对UCP的影响；探讨将国际商会出版的其他相关规则借鉴到UCP600中。

UCP600的特点是：注重技术性的问题；尽量使用简单易懂的语言；取消多余的或过时的条款；引入新的概念和规则；尝试弥补造成易发不符点的缺陷。UCP600共39条，于2007年7月1日起实施。

二、信用证惯例的性质

信用证惯例是从银行和商业的习惯做法发展而来，并经国际商会编制而成。尽管它获得世界范围的普遍采用，但在性质上属于国际商业惯例，其本身并不具有约束力，只有当事人直接引用时，才产生约束力。

在国际贸易结算中，信用证惯例可在一定条件下对当事人产生约束力。换言之，若在信用证中明确规定适用UCP，则UCP对其当事人和关系人产生约束力。对此，UCP600第1条明文规定："《跟单信用证统一惯例》在信用证条文明确表明其将受该规则约束的情况下，适用于所有跟单信用证。除非信用证明确地修改或排除，本规则对信用证所有各有关方均有约束力。"

若信用证中未规定适用UCP600，UCP600对当事人是否具有约束力？如前所述，中国《民法通则》第142条第3款规定："中华人民共和国法律和中华人民共和国缔结或者参加的国际条约没有规定的，可以适用国际惯例。"1980年《联合国国际货物销售合同公约》第9条也规定："双方当事人业已同意的任何惯例和他们之间确定的任何习惯做法，对双方当事人均有约束力。除非另有协议，双方当事人应视为已默示地同意对他们的合同或合同的订立适用双方当事人已知道或理应知道的惯例，而这种惯例在国际贸易中，已为有关特定贸易所涉及的同类合同的当事人所广泛知道并为他们所经常遵守。"由于UCP是信用证交易的最权威惯例，它反映了信用证交易的一般规律，为世界所普遍接受和遵守。因此，UCP600在一定条件下也将默示地产生约束力。

但由于UCP本身不是法律，若当事人明确表示排除适用UCP，则这种排除是有效的。当然，UCP作为国际惯例，其适用也可受到一定的限制。例如，当事人在选择适用UCP时，可视需要修改或增删其中的部分规定；若特定当事人之间的交易习惯与UCP有冲突，则也可以特定的交易习惯为优先适用。另外，UCP的适用还可能要受国内法的限制，如中国《民法通则》第150条规定，适用外国法律或者国际惯例的，不得违背中华人民共和国的社会公共利益。

三、信用证的分类

信用证是在商业习惯的基础上，为适应国际商务活动，尤其是国际贸易结算的需要而产生和发展起来的一种国际结算方式。由于商务与贸易的客观需要是多种多样的，因而信用证的形式、种类也是不同的。不同种类的信用证有不同的特点，其使用也有较大差别。信用证交易的基础是买卖合同，使用哪种信用证取决于买卖合同中的约定。因此，贸易商在订立买卖合同时，若选择了信用证支付方式，则面临选择哪种信用证的问题。不同种类的信用证，尽管其基本性质相同，但其使用不完全相同。无论是进出口商，还是参与信用证业务的银行，都必须对信用证的种类及其使用有所研究，以保护切身利益。

信用证主要是用于国际贸易货款的结算，通常所提及的信用证多指用于这种目的的信用证。但在国际贸易领域之外，信用证仍有其适用范围。

依使用目的的不同，信用证可分为商业信用证、备用信用证和旅行信用证；依是否要求提示货运（或商业）单据作为付款条件，信用证可分为光票信用证和跟单信用证。①

国际贸易中所使用的信用证绝大多数是跟单信用证。本书所研究的信用证重点为跟单信用证，若无特别说明均指跟单信用证，其详情见后续内容。

四、非银行开立的信用证

一般情况下，信用证是银行开立的。但现实中，也有非银行机构开立信用证的，如欧美的连锁超市或百货公司等。这类信用证通常由买方或其财务分支机构开立，其开立方式一般是将具备 SWIFT MT700 格式的内容记载于标有通知银行笺头的纸张上，或由开立人的往来银行以第一通知银行或发电银行的身份，拍发 MT710 或 MT799 电文且注明适用 UCP，其内容和作用类似银行所开立的信用证。同时，此类信用证表明，单据提示给通知或转让的银行，但须等待开立人取得款项后才付款。

国际商会对此类信用证衍生的问题给予以下答复。

第一，信用证的开立人是否应为银行。UCP 所述的信用证其开立人和操作人应为银行，但 UCP 并未规定禁止非银行机构开立、保兑、承付或通知信用证。若使用 UCP 用语，如“开证银行”“保兑银行”等，则可推定该信用证为银行信用证。

无论是国际商会还是 UCP，都无法决定谁有权依据当地法律开立信用证，或者谁可以依据 UCP 开立信用证；关于开立信用证的限制属于各国法律的限制范围；UCP 本身无法限制其适用范围，因为 UCP 是没有强制力的惯例，该惯例可以依据其所开立的信用证的规定予以修改或排除。（UCP600 第 1 条：在信用证条文明确表明其将受该规则约束的情况下，适用于所有跟单信用证。除非信用证明确地修改或排除，本规则对信用证所有各有关方均有约束力。）

第二，非银行的信用证开立人的责任。若信用证由一非银行所开立且表明适用 UCP，则该非银行开立人应依据 UCP 承兑与银行同等的责任和义务。换言之，其责任是对符合信用证的提示单据承付，而且其承付的决定仅能依据单据而非基础交易或补充义务。

第三，非银行开立的信用证对受益人的影响。尽管非银行可依据 UCP 开立信用证，

---

① 关于“信用证的分类”，可详见拙著．国际结算——实务与操作（第三版）．北京：对外经济贸易大学出版社，2014：94-95。

但此类信用证对其受益人存在一定风险。当单据提示给开证人时，身为买方的开证人可能受单据表面是否相符以外的因素所影响（商业纠纷），而且若外部因素不同，其在审单时做出某些主观的判断对抗受益人，例如受益人所交货物不符，开立人将倾向拒绝所有有争议的请求而以法律程序解决争议，而不是依据信用证规定或国际惯例。因此，若接受此类信用证，受益人应要求由银行加以保兑。

第四，通知银行通知此类信用证的义务。若信用证的开立方式可能误导受益人确信开立人是银行，则通知银行有义务告知受益人开立人的身份。

国际商会的结论：由非银行依据 UCP 开立的信用证，虽然国际惯例未预期适用于此类信用证，但这并不违反 UCP 的规定；对于非银行开立的信用证的通知，UCP 并未特别规定，对此类信用证通知，应正确地确认开立人并明示通知银行的角色限度；若通知格式以“开证银行”作为“开立人”或给予银行的印象，建议通知时应明确地告知开立人为非银行的身份（实务中，以 MT710 拍发此类电文，签发人填写在 50B：Non Bank Issuer 栏内），以便更正因此等信息所导致的错误印象；无论银行或非银行开立的信用证无法履行的后果，属于当地法律的事务；在任何案例中，除非已获得保兑或信用证保险，否则受益人都须承担开立人的信用风险。①

五、信用证的不足之处

信用证仅为付款工具而非保险工具。在国际贸易中使用信用证，主要是为降低交易风险及融资的便利。对出口商收取货款而言，信用证交易通常比托收、汇付等方式的保障性更大，但并非无风险。同样，对进口商而言，也存在一定风险。

（一）出口商的风险

信用证是开证行有条件付款的保证，因此，出口商收到信用证并非意味着可以绝对无风险获得付款，其面临的风险有以下几点。

第一，买方可能不按时开证、不按合同规定条件开证或故意设下陷阱等。这些行为可能使卖方无法履行合同，或履行交货、交单后却因不符合信用证规定被拒付而使卖方遭受损失。开证行对此不负责任，这是买方违约，卖方只能依据买卖合同向买方索赔。此时，卖方并未受到信用证的付款保证。

第二，开证行的资信不佳。若买方选择的开证行资力有限、信用不佳，则开证行本身就存在拒付或无力付款的风险。另外，一旦买方的偿付能力出现问题，开证行往往配合买方在卖方提交的单据中寻找“不符点”，协助买方拒付单据，从而导致卖方失去信用证的付款保证。

第三，信用证条款或条件解释争议。由于信用证的条款或条件具有极高的专业性，若其内容含糊不清、模棱两可或因交易习惯及适用法律不同等，很容易导致各方对此产生争议，从而引发单据是否存在不符点的纠纷。

第四，进口国的政治风险及商业风险。若进口国发生政治风险或买方发生商业风险，开证行或买方可能无法履行付款和偿付义务。

---

① 陈贤芬．信用状交易纠纷解析暨最新案例研讨．台北：财团法人金融研训院，2012：5-8.

（二）进口商的风险

信用证交易中，开证行的审单只限于单据表面状况，即只要单据表面符合信用证规定，开证行付款后买方必须付款赎单。至于单据是否正确反映货物的真实情况，则与开证行无关。因此，信用证交易中，进口商同样面临一定风险。

第一，单据与货物不符。由信用证本身的特点决定，即使卖方提交的单据与信用证规定相符，也可能存在货物不符合买卖合同的规定。此时，买方只能依买卖合同追究卖方的责任，而跨国解决争议或纠纷难度极大甚至不可能。

第二，存在卖方欺诈的可能性。若卖方故意编造单据使之与信用证条款相符，甚至制作假单据从银行取得款项，尽管买方可依据欺诈例外原则，请求法院发布禁付令，但其难度极大甚至不可能，从而使买方成为欺诈行为的受害者。

此外，信用证方式手续较之汇付和托收烦琐，费用也较多，其业务成本较高，进而增加贸易商的交易成本；同时，无论是申请开证还是审证、审单，技术性均较高，稍有不慎，产生疏漏、差错，则会造成贸易商的损失。

六、信用证的特点及其作用

信用证是由银行依自己的信用开立的向受益人保证承付（Honor）的一项付款承诺。因此，信用证是一种银行信用，具有与其他支付方式不同的特点，并在国际结算中发挥着不可替代的作用。

（一）信用证的特点

与其他支付方式相比较，信用证具有以下特点。

1. 开证银行负第一性的付款责任

依 UCP600 第 2 条，信用证是指一项约定，不论其名称如何或如何描述，它是一项不可撤销的且由此构成开证银行确定的承诺，即开证银行保证对持有相符单据的受益人承付。承付（Honor）是指：若信用证为即期付款信用证，应立即付款；若信用证为延期付款信用证，应作出延期付款的承诺且在到期日付款；若信用证为承兑信用证，应承兑受益人开立的汇票且在到期日付款。由此可见，信用证的开证银行是第一付款人，不同于银行只负第二性付款责任的一般担保业务。尽管开证银行是应开证申请人的请求而开立信用证的，但其对受益人的付款责任是一种独立责任。受益人可凭规定的单据直接向开证行要求付款，而无须要求开证申请人付款。即使开证申请人未履行其义务或已经失去偿付能力，只要受益人提示了相符的单据，开证行仍然必须付款。因此，在信用证支付方式下，开证行是主债务人，其对受益人承担独立的付款责任，总是处于第一付款人的地位。换言之，开证行与受益人之间的关系独立于开证行与开证申请人之间的关系之外。

2. 信用证是一种独立的自足文件

UCP600 第 4 条“信用证与合同”规定：“按其性质，信用证是独立于可能作为基础交易的买卖合同或其他合同之外的交易。即使信用证中含有关于该合同的任何援引，银行也与该合同完全无关或不受该合同的约束。因此，银行承付、议付或履行信用证项下的任何其他义务的承诺，不受申请人提出的因其与开证银行或与受益人之间关系而产生的索赔或抗辩的约束；受益人在任何情况下，不得利用银行之间或申请人与开证银行之间所存在的合同关系；开证银行应劝阻申请人试图将基础合同、形式发票及类似的文件包含在信用证中作为信用证整体的组成部分。”

上述规定充分体现了信用证的独立性原则或称自治性原则，即信用证独立于其基础合同（申请人与受益人之间的买卖合同）。尽管信用证的开立是以买卖合同为依据的，但它一经开出，则成为独立于买卖合同之外的另一契约，不受买卖合同的约束，开证行和其他参与信用证业务的其他银行只按信用证的规定处理业务。开证行不能利用申请人根据买卖合同对受益人所享有的抗辩对抗受益人；而申请人亦不得要求从信用证款项中扣除其向受益人提出的违约索赔；受益人也不能以完全履行了买卖合同项下的义务为由要求开证行付款。同时，开证行也不能利用它与申请人之间的关系中所存在的抗辩对抗受益人；受益人也不能利用开证行与申请人间的关系而从中受益。上述规定的最后一款是 UCP600 新增条款，其目的是避免银行在审核单据时，不得不越过单据本身去涉及与信用证交易相独立的基础交易而给银行审单造成一定障碍。

信用证独立性原则有其内在合理性与必要性。

（1）它充分保护受益人利益。信用证保障受益人在满足信用证条件后获得货款。若信用证没有独立性，银行则可能以买卖合同关系上或与申请人的合同关系上的理由作为拒绝付款的借口。这样，受益人的权利势必受到损害，进而损害了信用证的功能。

（2）它考虑银行的处境。在信用证业务中，银行仅提供服务并获取相应报酬，不应承担过大的风险和责任；否则，银行无论是在人力、技术还是专门知识方面都会陷入困境，进而会影响信用证业务的发展。

（3）它促进信用证交易的顺利进行。银行是信用证业务的专业机构，对信用证的知识和技能十分熟悉和了解，按信用证条款审查单据而不必顾及其他问题，即可使信用证交易迅速完成，不会耗费许多时间。

（4）它合理照顾中介银行的利益。信用证交易需要借助其他银行的服务才会更加迅速、灵活。若不实行独立性原则，这些中间银行则不会参与其中，因此会阻碍信用证交易的进行。由此可见，信用证独立性原则是信用证交易的基本原则，是信用证商业活力的基石。

3. 信用证是一种单据买卖

在信用证之下，银行实行的是凭单付款原则。UCP600 第 5 条规定，在信用证业务中，银行处理的是单据而不是与单据有关的货物、服务或履约行为。因此，在信用证业务中，单据是决定能否付款的唯一依据。银行的责任仅仅是审核单据，若与信用证条款相符则予以承付；反之，银行有权拒绝承付。银行无须理会单据以外的其他任何问题。即使货物与单据或合同不一致，也不影响银行的承付责任，申请人只能根据买卖合同和有关单据向受益人或有关责任方索赔。反之，即使货物与单据及合同完全相符而提示的单据与信用证规定不符，银行同样有权拒绝承付。例如，在英国一判例中，信用证规定货物的名称为 Groundnut，而发票使用了 Peanut 一词。尽管这两个单词通常都指“花生”，但法院判决，银行工作人员不是百科全书，他无法判定不同的货物名称是否意味着完全相同的货物，因而开证银行有权据此拒付。为此，UCP600 第 14 条“审核单据的标准”规定，银行必须仅仅依据单据审核提示，以决定单据是否在表面上（On Their Face）构成相符的提示。所以，在信用证条件下，银行不仅要求做到“单证一致”（即受益人提示的单据在表面上与信用证规定一致）、“单单一致”（即受益人提示的各种单据之间表面上也要一致），还要求做到“单内一致”（即受益人提示的每一种单据内的相关内容不得相互矛盾）。[①] 因此，银行对任何单据的形式、完整性、真实性、伪造或法律效力，或对于单据中载明的或附加的一般或特殊条件，概不负责；银行对任何单据中所代表的货物的描述、数量、重量、品质、状况、包装、交货、价值或存在与否，或对货物发货人、承运人、货运代理、收货人，或货物的保险人或任何其他人的诚信、行为或疏忽、清偿能力、履约或资信状况，概不负责。

开证行与受益人之间关系的上述特点，被称为信用证的独立性原则。该原则是信用证交易的最基本原则，20 世纪初就被英美判例确立并被国际商会采纳。目前，该原则已获得世界范围的承认和接受，且已成为国际贸易中信用证结算的常识。

（二）信用证的作用

从上述特点可以看出，信用证作为一种国际贸易结算方式，具有其他方式不可比拟的优点，尤其是将托收方式中，由进口商履行的付款责任转由银行履行，保证了进出口双方的货款和代表货物的单据不致落空，同时又使双方在资金融通上获得便利；而参与信用证业务的有关银行同样也能取得实惠。因此，信用证对促进国际贸易的顺利发展以及对金融业务的扩大发挥了极为重要的作用。[②]

七、跟单信用证的种类及其使用

国际贸易中所使用的信用证绝大多数为跟单信用证。本书所探讨的信用证重点为跟单信用证。目前，跟单信用证一般都是通过 SWIFT（MT700）方式开立的，这种信用证也称为 SWIFT 信用证。跟单信用证可依其性质、用途、形式、付款期限、流通方式等特性进行划分。不同种类的信用证，其使用也不同，有时会有较大差异。对进出口商、银行及办理信用证业务的关系人而言，研究不同种类的跟单信用证及其使用具有重要的现实意义。

（一）信用证的不可撤销性及其修改

自 UCP600 起，所有跟单信用证均为不可撤销信用证，这充分体现了信用证保护受益人利益的原则。但不可撤销信用证经其当事人的同意是可以修改的，而信用证的修改对于不同当事人的效力则有所不同。

1. 信用证的不可撤销性（Irrevocability）

UCP600 第 3 条规定：“信用证是不可撤销的，即使未表明不可撤销的意思。”同时，其第 7 条第 2 款又规定：“开证银行自开立信用证时起，即不可撤销地受应承付的约束。”

由此可见，信用证一经开立，在其有效期内，未经受益人及有关当事人（如开证行、保兑行）的同意，不能进行任何修改或撤销，信用证条款已构成开证行对受益人的确定承诺。[③]

信用证的不可撤销性具有两个相互联系的特性：不可撤销性（Irrevocability）和开证行负有确定承诺的责任（Definite Undertaking）。只要受益人提示了符合信用证规定的单

---

① 参见 UCP600 第 14 条第 4 款。

② 关于“信用证的作用”，可详见拙著．国际结算——实务与操作（第三版）．北京：对外经济贸易大学出版社，2014：92-94。

③ 参见 UCP600 第 10 条第 1 款和第 2 款。

据，开证行就必须履行其保证承付的义务且不得向受益人行使追索权。信用证开立后，受益人即可放心地备货发运而不必担心开证行会撤回其保证承付的承诺，因而受益人在信用证项下享有较为可靠的保证。这一特性真正体现了信用证的精髓和本质。信用证通常载有开证行保证承付的文句。但若信用证是通过 SWIFT 系统开立或通知的，由于其必须遵守 SWIFT 使用手册和国际商会 UCP 的规定，因此可省去银行的承诺条款和适用 UCP 的文句。MT700 专设“40E Applicable Rules（适用规则）：（1）UCP LATEST VERSION（统一惯例最新版本）；（2）EUCP LATEST VERSION（电子化交单统一惯例最新版本）；（3）UCP URR LATEST VERSION（统一惯例及偿付统一规则最新版本）；（4）EUCP URR LATEST VERSION（电子化交单统一惯例及偿付统一规则最新版本）；（5）ISP LATEST VERSION（《国际备用证惯例》最新版本）；（6）OTHER（其他）”栏。SWIFT 信用证一般表明：UCP LATEST VERSION。

依 UCP600 第 7 条，只要受益人将规定的单据提示给开证行或其指定银行且符合信用证条款或条件，则构成开证行确定的承诺。这些承诺包括以下内容。

（1）若为即期付款信用证，则开证行应进行即期付款；

（2）若为延期付款信用证，则开证行应依信用证规定的到期日进行付款；

（3）若为承兑信用证且由开证行承兑，则开证行应承兑受益人开立的以开证行为付款人的汇票并于到期日付款；

（4）若以另一银行为汇票受票人的承兑信用证，如该银行不承兑以其为付款人的汇票，则由开证行承兑受益人开立的以开证行为付款人的汇票并于到期日付款；

（5）若以另一银行为汇票受票人的承兑信用证，该银行承兑后，在到期日不付款时，应由开证行付款；

（6）若为议付信用证，则开证行应支付受益人开立的汇票及/或信用证项下提示的单据，并对出票人及/或善意持票人无追索权。

2. 信用证的修改（Amendments）

信用证的不可撤销性并不意味着信用证不能撤销或修改，只要其当事人同意，信用证可以撤销或修改。

UCP600 第 10 条第 1 款规定，除第 38 条的规定外，信用证未经开证行、保兑行（如已保兑）和受益人的同意，既不能修改，也不能撤销。换言之，若信用证需修改或撤销，必须获得其当事人的同意。但依 UCP600 第 10 条第 2 款、第 3 款、第 4 款和第 5 款，信用证的修改对其当事人生效的条件不完全相同。

（1）对开证行的效力

UCP600 第 10 条第 2 款规定：开证银行自其开立修改书时起，不可撤销地受该修改的约束。

（2）对保兑行的效力

UCP600 第 10 条第 2 款规定：保兑银行可以（May）将其保兑扩展至修改，并在通知修改时起将不可撤销地受其约束。但是，保兑银行可以选择通知修改而不扩展其保兑责任，此时，它须不迟延地通知开证银行并在其通知中告知受益人。

（3）对受益人的效力

UCP600 第 10 条第 3 款规定：在受益人将其对修改的接受告知通知该修改的银行之

前，原信用证（或包含先前已被接受的修改的信用证）条款和条件对受益人仍然有效。受益人应（Should）作出接受或拒绝修改的通知。若受益人未作出这样的通知，符合信用证的提示以及符合未被接受的修改的提示，将被视为受益人已作出接受这种修改的通知，信用证于此时起将被修改。

该款是关于修改信用证对受益人的效力的规定。因此，当受益人接到信用证修改通知之后，是否作出接受或拒绝修改的通知可依以下原则处理。

① 当受益人接到信用证修改通知之后，是否发出接受或拒绝修改的通知，由受益人自己决定。这是其权利（Should）而非义务（Must），但最好还是发出通知。

② 在受益人将其接受修改的通知告知开证行之前，或受益人明确拒绝修改时，原证条款对受益人仍然有效，即此时信用证的修改对受益人不产生效力。当然，开证行也不再受其修改的约束。

③ 若受益人发出接受修改的通知，则修改生效，受益人受其约束。

④ 若受益人未作接受或拒绝的通知，即保持沉默，但受益人将符合信用证和尚未被接受的修改的单据提交给指定银行或开证行的行为，被视为接受修改的通知，信用证在交单时起被修改，即对受益人起约束作用。因此，受益人在提交单据之前可不作任何通知。

⑤ UCP600 第 10 条第 5 款规定：“对一次修改的部分接受是不允许的，且被视为拒绝修改的通知。”因此，对于同一修改中的修改内容，不允许受益人只接受部分修改，即部分接受修改内容无效。若各方达成协议接受同一修改书中的部分修改内容，则应签发一项新的修改书，该修改书只包括各方已同意的修改。这样可防止混乱或误解。例如，某一次信用证修改书内容为：A. 商业发票必须由出口商签字；B. 保险单改为正本 4 份；C. 装运期改为 3 月底之前。出口商同意前两条，但不同意 C 条。这就等于出口商拒绝了这次修改。开证行将上述前两条内容以修改书的方式再次发给出口商，即此次修改书中不再包括 C 条的内容，出口商再次确认并接受修改。C 条内容又恢复为原信用证的规定。

⑥ UCP600 第 10 条第 6 款规定：“修改中若规定除非受益人在确定时间内拒绝修改，否则修改生效，这一规定将不予理会。”在国际结算业务中，有些银行在信用证修改书中的规定“Silent Acceptance of Amendment”。这种将受益人的沉默视为接受修改的做法与多数国家的法律和国际公约的规定不符，因此，UCP600 作出上述规定。沉默被视为接受修改的做法实际上改变了信用证不可撤销的性质。依该款，“沉默即表示同意修改”条款无效，即明确否认银行在其修改通知中声称受益人不在一定时间内表示拒绝就被视为接受修改的做法。该款更加突出信用证的不可撤销性。

⑦ 当受益人提示的单据存在不符之处，但开证行接受了这种单据并授权指定银行向受益人承付或议付，这实际上等于受益人修改了不符点，即不符点已不存在了。

另外，若指定银行将不符单据寄交开证行、请求其准允付款，或通过电讯方式向开证行提出单据的不符点、要求开证行授权承付或议付，这些做法可被视为对信用证的修改。

（二）保兑信用证与不保兑信用证

依是否有开证行以外的另一银行对受益人作出承付保证，信用证可分为保兑信用证和不保兑信用证。

1. 保兑信用证（Confirmed Credit）

保兑信用证是指，开证行开立的信用证，由另一银行保证对符合信用证条款规定的单据履行承付义务，即该信用证除了有开证行确定的承付保证外，还有保兑银行的承付保证。

保兑银行与开证银行具有相同的性质与责任。

UCP600 第 8 条第 2 款规定：“保兑银行自对信用证加具其保兑时起，即不可撤销地承担承付或议付责任。”另外，UCP600 第 2 条又规定：“保兑是指保兑银行在开证银行承诺之外作出的承付或议付相符提示的确定承诺。”①

2. 不保兑信用证（Unconfirmed Credit）

不保兑信用证是指，开证银行开立的信用证没有另一家银行加具保兑。当开证行资信较好或成交金额不大时，不必使用保兑信用证。在国际贸易中使用的信用证绝大多数是不保兑信用证。

若使用 SWIFT 开立信用证，MT700 的 49/Confirmation Instructions（保兑指示）栏则表明：WITHOUT（不加保兑）。

（三）即期付款信用证、延期付款信用证、承兑信用证和议付信用证

依付款方式的不同，信用证可分为即期付款信用证、延期付款信用证、承兑信用证和议付信用证。UCP600 第 6 条第 2 款规定，信用证必须表明该信用证适用于即期付款、延期付款、承兑或议付。

1. 即期付款信用证（Sight Payment Credit）

即期付款信用证是指，出口商将即期汇票和单据（或只有单据而无汇票）直接提示给被指定的付款银行或开证行后，就可以立即获得付款。②

2. 延期付款信用证（Deferred Payment Credit）

延期付款信用证是指，开证行在信用证中规定货物装运后若干天付款，或开证行收到相符的单据后若干天付款的一种远期信用证。

这种信用证的特点是，受益人不必开立远期汇票，开证行也不存在承兑汇票的问题。它和即期付款信用证不同，虽然同属付款信用证，但付款期限不同；与承兑信用证也不同，虽然同属远期信用证，但不需远期汇票。由于没有汇票，出口商不能利用贴现市场进行融资，只能自行垫款或向银行借款。由于银行贷款利率高于贴现利率，所以，以延期付款信用证方式成交的货价，往往比承兑信用证方式成交的货价略高。

受益人提示单据以后，若单据相符，开证行或付款行受理单据，但要等到信用证规定的日期到期后才予以付款。这种信用证计算付款到期日的方法一般有两种：一是从提单签发日起算，即提单签发日后若干天（×× days after the date of issuance of the B/L）；二是从开证行或付款行收到单据的日期起算（×× days after presentation of the documents）。③

3. 承兑信用证（Acceptance Credit）

承兑信用证是指，付款行（承兑银行）在收到符合信用证规定的远期汇票和单据时，

---

① 关于保兑信用证的内容，可详见拙著．国际结算——实务与操作（第三版）．北京：对外经济贸易大学出版社，2014：141-144。

② 关于即期付款信用证的内容，可详见拙著．国际结算——实务与操作（第三版）．北京：对外经济贸易大学出版社，2014：144-146。

③ 关于延期付款信用证的内容，可详见拙著．国际结算——实务与操作（第三版）．北京：对外经济贸易大学出版社，2014：146-147。

先在汇票上履行承兑手续，等汇票到期日再履行付款义务的一种远期信用证。

开证行通常在信用证中规定承兑方式。若使用 SWIFT 开立信用证，MT700 设有远期承兑栏目：41a Available with... By...（承付方式的表示方法为：BY ACCEPTANCE），同时还应在 42C Drafts at...（汇票付款期限）注明汇票期限，如 90 DAYS AFTER SIGHT FOR 100PCT OF INVOICE VALUE；42A Drawee 注明汇票的付款人，如 CHINA ×××× BANK，BEIJING。①

4. 议付信用证（Negotiation Credit）

议付信用证是指，开证行允许受益人向某一被指定银行或任何银行提示单据议付的信用证。

UCP600 第 2 条规定："议付（Negotiation）是指，被指定银行在其获得偿付的银行营业日或之前，以预付或同意预付款项给受益人的方式（by advancing or agreeing to advance funds to the beneficiary），购买（Purchase）（以该被指定银行之外的银行为付款人的）汇票和/或相符提示的单据的行为。" 可见，UCP600 将 "Negotiation" 称为 "Purchase"，即被指定银行购买受益人提示的汇票或提单等单据。这种购买行为可以是议付银行在获得开证银行偿付的当日或其之前，预付或同意预付受益人。因此，远期议付信用证是合理的。但议付信用证下的汇票不能做成以议付银行为付款人，除非该议付银行为保兑银行。若议付银行非保兑银行，通常对受益人享有追索权。

由此可见，议付的本质是一种融资方式：提前或同意提前支付款项。这对出口商有利，可以使受益人提前得到银行的资金周转。

开证行通常在信用证中表明议付的方式。若使用 SWIFT 开立信用证，MT700 设有议付栏目：41a Available with... By...（承付方式的表示方法为：BY NEGOTIATION，如 ANY BANK IN HONG KONG BY NEGOTIATION）；42C Drafts at...（汇票付款期限：如 DRAFTS AT SIGHT，或如 60 DAYS AFTER SIGHT FOR 100PCT OF INVOICE VALUE）；42A Drawee（汇票付款人，如 XYZCC BS201 CHINA STREET，×××× BANK，BEIJING）。

依信用证议付的范围不同，议付信用证可分为限制议付信用证和自由议付信用证。②

UCP600 下的"议付"具有以下特点。（1）"议付"是一种"买入"。"买入"（Purchase）一词更符合票据融资用语，避免了 "Giving of Value" 的不确定性。（2）买入的对象是 "Draft and/or Documents"。议付信用证可有汇票，也可无汇票，仅买入单据也是议付。（3）汇票付款人是 "A bank other than the nominated bank"。议付行不能议付自己是付款人的汇票。信用证下，对自己是付款人的汇票只能是承兑和付款而不是议付。（4）买入人是被指定的银行（议付行）。非被指定银行的买入不能取得议付行的地位。（5）买入的条件是 "Under a complying presentation"（相符的交单）。只有交单行为和单据相符才符合 UCP600 的议付，才可能得到开证行的偿付。（6）买入的方式是 "Advancing or agreeing to advance funds to the beneficiary"。议付行向受益人付款的时间比开证行向议付

① 关于承兑信用证的内容，可详见拙著．国际结算——实务与操作（第三版）．北京：对外经济贸易大学出版社，2014：147-149。

② 关于限制议付信用证和自由议付信用证的内容，可详见拙著．国际结算——实务与操作（第三版）．北京：对外经济贸易大学出版社，2014：150-151。

行偿付的时间早。(7) 买入的时间是“On or before the banking day on which reimbursement is due to the nominated bank”(被指定银行在其获得偿付的银行营业日或之前)。在其应获（开证行）偿付的银行日当天买入，指即期议付信用证下的议付；在其应获（开证行）偿付的银行日之前买入，指远期议付信用证下的议付。

由此可见，UCP600 的议付在于强调：(1) 若“受益人一经交单给议付行就买入”属于议付，议付行因此取得议付行的地位，有权以自己的名义向开证行索偿。(2) 若“受益人交单后，议付行同意受益人需要资金时随时买入”，则议付行仍取得议付行的地位，寄单时同样有权以自身名义向开证行索偿。(3) 若议付行没有买入的承诺，纯粹的寄单不是议付。(4) 若议付行仅仅“同意预付”而最终并未实际预付，即最终没有买入，在发生受益人欺诈的情况下，“议付行”不能取得真正议付行的地位，即不是正当的持票人。若发生受益人欺诈，开证行通常会通知议付行不要付款。此时，议付行不能议付，尽管他可能已作出“同意预付”的承诺，因为已被告知发生了欺诈，否则就不是善意的，从而得不到法院的保护。尽管已答应受益人需要时可预付款，由于欺诈在先，答应预付款而不付也不应使议付行承担违约责任。但“Agreeing to advance funds”也可能引发的问题是，它的具体形式是口头的，还是书面的？是可撤销的，还是不可撤销的？如何证明被指定银行已同意向受益人融资？这有待国际商会的进一步解释。

在信用证业务中，有人将银行向受益人给付款项的行为称为“议付”或“押汇”，认为两者都是银行垫付资金购买单据并具有追索权的行为。但两者不完全等同。押汇可以分为广义押汇与狭义押汇。广义的押汇通常包括国际结算和贸易融资。狭义的押汇一般是指，银行以代表货物所有权的凭证作为抵押向进出口商提供的贸易融资，即银行对受益人或卖方提交的代表货物的单据（如提单），不论信用证是否允许议付，甚至不论有无信用证（如出口发票贴现、出口托收押汇、出口保理等），都向其先垫付资金的一种融资行为。押汇可以针对信用证，包括议付信用证、付款信用证或承兑信用证，也可以针对托收等；不一定有开证行授权，也不一定凭相符单据。因此，押汇的范围较广，包含议付。出口商在申请办理出口押汇时，必须向银行提交出口押汇申请书及出口押汇合同。在信用证方式下，押汇合同通常载明“除非另有约定，本合同应依据跟单信用证统一惯例办理”之类文句。因此，跟单信用证统一惯例的有关规定，构成合同的一部分。若押汇单据被开证行拒付，押汇银行可凭出口押汇申请书、出口押汇合同及押汇总协议，向出口商追回押汇垫款。若开证行倒闭，押汇银行仍持有货运单据，可处理货物来抵偿垫款。进口商也可以利用银行授信，向银行申请进口押汇，商请银行先行向出口商垫付货款。为了保证安全收回押汇款项，同时也使进口商能够顺利提取货物，银行在将物权凭证（如提单）释放给进口商时，通常要求其签署信托收据（Trust Receipt，T/R）。据此，进口商在清偿银行押汇款项之前，物权凭证单据及货物的所有权归属银行。进口商作为受托人将代表银行持有这些单据及其所代表的货物，负责卸货、储存、制造、加工、出售，并在规定的期限内以处理货物所得款项归还银行押汇垫款。

（四）即期信用证、远期信用证、假远期信用证和预支信用证

按付款时间的不同，信用证可分为即期信用证、远期信用证、假远期信用证和预支信用证。

1. 即期信用证（Sight Credit）

即期信用证是指，开证行或被指定银行收到符合信用证条款的单据后，立即履行付款或议付义务的信用证。这类信用证包括即期付款信用证和要求即期汇票的议付信用证，其特点是受益人收汇迅速、安全，有利于资金周转。这种即期信用证在国际结算中使用得最为普遍。在实务中，一般通过两种方式实现即期付款或议付。一种是“单到付款或议付”，即开证行或被指定银行收到受益人提示的单据或汇票，经审查认为单据或汇票相符后，立即付款或议付。而开证申请人也需立即向开证行付款赎单。因此，从出口商提示到开证行的付款，时间只是一个邮寄单据的邮程和开证行审单所需的时间。若付款行是受益人所在地的银行，则受益人提示单据后，经付款行审单的时间即可取得信用证款项。另一种方式是“电报偿付”，用于即期议付信用证，即受益人所在地的议付银行收到单据或汇票并认为相符后，立即向受益人议付款项。此后，议付行使用电报或电传向开证行或被指定行发出通知，说明单据已按规定寄送，要求立即偿付。开证行或被指定行接到通知后，立即偿付议付行。若开证行规定，向议付行的偿付应由开证行的另一分行或第三者银行（偿付行）办理，则开证行要及时向偿付行提交照付索偿的适当指示或授权，且不得以索偿行（议付行）必须向偿付行证实单据符合信用证条款作为先决条件。[①] 偿付后，若发现单据与信用证规定不符，则开证行有权向议付行追索，因为此项付款是在未审单的情况下进行的。

另外，还有一种特殊的即期信用证，称为现金信用证（Cash Credit），即进口商在申请开立信用证时，向开证行缴纳相当于信用证金额的一笔资金。对开证行而言，这和开证抵押具有相同的作用，但在性质上却不同于开证抵押。开证行在此信用证中特别声明，这笔资金由开证行代开证申请人专为受益人利益保有，专款专用，以待受益人凭相符单据支取，不得移作他用。因此，这对出口商十分有利，若开证行破产倒闭，受益人可以从该笔资金中优先受偿。

2. 远期信用证（Usance Credit）

远期信用证是指，开证行或付款行收到符合信用证规定的货运单据和汇票（或只有货运单据）不立即付款，若有汇票先予以承兑，等到信用证规定的到期日才付款的信用证。远期信用证包括承兑信用证、延期付款信用证和假远期信用证以及要求开立远期汇票的议付信用证。

远期信用证的受益人提示了相符单据后，只能在信用证规定的到期日获得付款。在此之前，进口商也无须偿付，因此，这实际上是出口商为进口商提供贷款，解决了进口商的资金周转困难。出口商接受远期信用证要承担一定的风险。在获得付款之前，若开证行破产，出口商即失去信用证的保障；若由于进口国政局不稳、经济混乱或两国关系恶化，而使得两国间的支付不可能，即使开证行愿意承担其信用证下的责任，也可能无法付款。因此，受益人接受远期信用证时必须慎重考虑，了解开证行、进口商的资信情况，以及进口地的政治、经济形势是否稳定，充分估计可能存在的风险。在远期信用证的交易中，出口商可以适当地以其承担的风险为筹码，同进口商讨价还价，获得更有利的交易条件。当然，远期信用证对出口商也有好处，毕竟有银行信用证作为赊销交易的保证，货、款两空的可能性相对较小；而且，由于远期信用证有利于进口商，因此，对出口商促销商品、扩

① 参见 UCP600 第 13 条第 2 款。

大贸易也有一定积极作用。

若出口商同意采用远期信用证方式，由远期而发生的利息应设法转嫁给进口商，具体做法是将利息包括在货价之中。这种远期信用证，一般不说明远期付款发生的利息由谁负担而只注明到期付款。出口商在承兑信用证的情况下，只能收到票面额扣除贴现息后的差额。但也有在信用证中明确贴现息由出口商负担的。信用证中一般载明如下文句："Payment of drafts drawn under this Credit will be effected ×× days after sight. Discount charges if any, are to be borne by the beneficiary."。在远期信用证中，延期付款信用证由于没有汇票贴现机制可以利用，因此，出口商必须将利息打入货价中。

3. 假远期信用证（Usance Credit Payable at Sight）

假远期信用证是指，买卖双方达成即期交易，但进口商出于某种目的和需要，在信用证中要求受益人以即期交易价格报价并开立远期汇票，由进口商负担贴现息及有关费用，而受益人按规定即期十足收汇的一种信用证。

由于该信用证中规定开立远期汇票，开证申请人要等到汇票到期日才付款偿付开证行，因此，对开证申请人而言，这种信用证具有远期信用证同样的效果；但对受益人而言，由于它能按规定即期十足收汇，因而习惯上把这种信用证称为"假远期信用证"或"买方远期信用证"。假远期信用证，一方面满足了受益人即期十足收汇的要求，另一方面又适合了进口商将即期交易转化为远期交易的愿望和需要，实质上是开证行或付款行或贴现市场为进口商提供了融资便利。

在即期交易中，本应采用即期付款方式或采用即期信用证结算货款，但有时进口商却提出采用假远期信用证付款，其原因为：一是摆脱进口国家外汇管制法律的限制。有些国家由于外汇紧缺，因此在外汇管制法令中规定，所有进口交易一律远期付款。这样，进口国银行只能开立远期信用证。于是，当该国进口商同外国的出口商达成即期付款交易时，只能采用远期信用证，同时信用证又规定，保证出口商即期收汇的假远期做法。二是进口商借助这种信用证可以利用银行的资金或贴现市场的资金，解决资金周转的困难。利用假远期信用证融资比从银行贷款便利，而且贴现息较低、融资成本低。因此，假远期信用证可以满足进口商的需要，或缓解在进口国开立即期信用证存在的法律障碍与出口商即期收汇之间的矛盾。

假远期信用证没有固定形式，信用证中也没有注明是假远期，只是列有假远期付款的一些条款且各银行使用的语句不完全相同，因此，作为出口商的受益人应仔细分析这些条款，辨别是一般远期信用证还是假远期信用证。假远期信用证的一些常见付款条款有以下几种：如"Drawee bank's discount and acceptance commission are for the account of the applicant and therefore the beneficiary can receive the face value of the term drafts as if drawn at sight."（付款行负责贴现，其贴现息和承兑费用均由开证申请人负担，受益人可即期收汇），或"Drawee will accept and discount usance draft drawn under this Credit. All charges are for buyer's account, usance draft payable at sight basis."（该信用证项下的远期汇票由付款人承兑并贴现，所有费用由买方负担，远期汇票即期付款）。

从上述条款可以看出，判断假远期信用证的标准有三条：第一，受益人开立远期汇票，但即期十足收取货款；第二，由开证行或其指定银行先承兑远期汇票再负责贴现；第三，由买方承担远期汇票的贴现息和有关费用。

从上述分析可以看出，假远期信用证同即期信用证和一般远期信用证（承兑信用证）都有相似之处：如出口商可以即期十足收取货款，这与即期信用证相似；又如远期汇票贴现，出口商可提前取得货款，这与承兑信用证相似。其实，它们只有形式上的同一性，而在本质上是不同的。

假远期信用证与即期信用证的区别是：（1）两者汇票的期限不同。假远期信用证项下的汇票为远期付款汇票。而即期信用证项下，若有汇票则为即期付款汇票。有时即期信用证可能不要求汇票，但假远期信用证必须要求汇票。（2）两者受益人承担的风险不同。尽管假远期信用证的受益人可以即期十足地收取货款，同时，开证行或其指定银行也承兑了远期汇票，但若远期汇票被贴现而开证行等在远期汇票付款到期前破产，根据票据法规定，任何汇票的合法持有人（因贴现转让给受让人）均可向作为汇票出票人的受益人行使追偿权，这样，受益人对贴现市场上流通的尚未到期的汇票仍然负有法律责任。因此，假远期信用证的即期收款，在汇票到期前，对受益人是不确定的。所以，受益人在接受假远期信用证时，必须充分考虑开证行或被指定银行的资信。而即期信用证项下开证行的即期付款，对受益人是终局性的，任何情况下都没有被追索的可能，因此，这种即期收汇是确定的。

假远期信用证与一般远期信用证（承兑信用证）的区别是：（1）两者开证基础不同。假远期信用证是以即期付款的买卖合同为基础，即其价格稍低些。而一般远期信用证是以远期付款的买卖合同为基础，即其价格稍高些。（2）两者受益人收款时间可能不同。假远期信用证由开证行或付款行负责贴现，受益人可即期十足收到货款。而承兑信用证的受益人可能不办理贴现，一直到汇票到期日才向开证行或付款行提示付款。（3）两者贴现息及有关费用的承担者不同。假远期信用证的贴现息及有关费用由进口商承担。而承兑信用证若要贴现，其贴现息及有关费用则由出口商承担。因此，在这两种信用证项下，受益人所获得的款项也可能不同。（4）两者受益人即期收款的保障不同。假远期信用证项下的即期收款是在信用证中已作出的规定，由开证行或付款行负责贴现，因而有合同（法律）的保障。而承兑信用证项下的受益人要获得即期收款，必须自行安排，求助于贴现市场，但最终能否获得贴现则依赖于贴现市场，因而承兑信用证的即期收款没有合同（法律）的保障。但假远期信用证与一般远期信用证的受益人所面临的风险是相同的，即若开证行或付款行（尽管已承兑汇票）于远期汇票到期前破产，任何汇票的合法持有人均可向作为汇票出票人的受益人行使追索权。换言之，在这两种信用证项下的受益人对贴现市场上流通的尚未到期的汇票仍将负有法律责任。

在中国出口贸易中，对按即期交易成交的买卖合同，原则上应坚持采用即期信用证结算货款。但若进口商要求使用假远期信用证并明确由开证行或其指定银行负责贴现、即期十足付款、由进口商承担贴现息及相关费用，中国出口商在采取一定的风险防范措施后，可以考虑接受，从而利用这种变通灵活的结算方式，扩大出口贸易。

4. 预支信用证（Anticipatory Credit）

预支信用证是指，开证行授权出口地的被指定银行（如通知行、付款行或议付行等）向受益人预付信用证金额的全部或一部分，由开证行保证偿付并负担利息的一种信用证。

预支信用证与远期信用证正好相反，银行付款在先，受益人提示单据在后。预支信用证是为了满足受益人的资金需要开立的，经过这种安排，进口商通过开证行或被指定银行为受益人提供信贷便利。有时出口商资力较弱，无力预支用以加工或制造信用证项下货物的资金，于是开证行应进口商的要求，在信用证中加注特别条款，授权被指定银行凭受益人开立的光票和以后补交单据的声明预支部分款项。受益人提示单据请求付款或议付时，银行扣除预支的金额及其利息后，将余额支付给受益人。这种授权预支的条款最初都用红色打印以引起注意，因而又称“红条款信用证”。但现在这种习惯做法已经改变，这种条款与信用证其他内容一般都用同样颜色的文字打印，“红条款”的叫法却沿用至今。①

（五）可转让信用证与不可转让信用证

根据受益人对信用证的权利是否可转让，信用证分为可转让信用证和不可转让信用证。

1. 可转让信用证（Transferable Credit）

UCP600 第 38 条第 2 款规定：可转让信用证是指，信用证明确地表明它是“可转让的”（Transferable）；可转让信用证在受益人（第一受益人）的要求下，既可以全部也可以部分地转让给另一受益人（第二受益人）使用；转让银行是指，办理转让信用证的被指定银行，或信用证规定可在任何银行使用的情况下，获得开证银行明确的授权并转让信用证的任何银行；开证银行也可以成为转让银行。

从上述 UCP600 的规定可以看出，信用证的转让不是第一受益人和第二受益人之间的私下转让，而是要由银行办理转让。第一受益人要求买方申请开立以其为受益人的可转让信用证。开证银行必须在信用证（原证）内注明“Transferable”。第一受益人接到信用证的通知后，即可请求银行办理转让手续。

在可转让信用证中，受益人（第一受益人）可以要求被授权付款、承担延期付款责任、承兑或议付的银行（转让银行），将信用证的全部或部分转让给一个或几个第三者（第二受益人）使用。第二受益人可根据被转让的信用证（新证），以自己的名义发运货物和提示单据以请求承付或议付。因此，这种转让是第一受益人在信用证项下的权利和义务的一起转让，即受让人在信用证中接替让与人的地位，得到预先保证：只要信用证的条款得到遵守，则有权请求开证行付款。

在可转让信用证中，银行通常在标题上注明“Transferable”字样，以表明该信用证是可转让的。但其中的可转让条款并没有统一标准，常见的表述如“This Credit is transferable.”或“This Credit is transferable and any transfer of all or any part of this Credit must conform strictly to the terms thereof and shall contain no enlargements, limitations, variations, or changes of any nature whatsoever of said terms.”。

可转让信用证可依国际贸易业务的实际需要，按一定程序转让。②

可转让信用证使用涉及的问题。③

---

① 关于预支信用证的内容，可详见拙著．国际结算——实务与操作（第三版）．北京：对外经济贸易大学出版社，2014：153-155。

② 关于可转让信用证程序的内容，可详见拙著．国际结算——实务与操作（第三版）．北京：对外经济贸易大学出版社，2014：156-158。

③ 关于可转让信用证使用涉及的问题，可详见拙著．国际结算——实务与操作（第三版）．北京：对外经济贸易大学出版社，2014：158-161。

2. 不可转让信用证（Non-transferable Credit）

不可转让信用证是指，受益人不能将信用证的权利转让给他人的信用证。凡信用证中未注明“Transferable”（可转让）字样的，就是不可转让信用证。国际贸易中使用的信用证大多为不可转让信用证。

UCP600 第 39 条规定：“信用证未表明是可转让的事实，并不影响受益人依据所适用法律的规定的前提下，将该信用证项下的款项让渡给对其可能拥有权利或可能将拥有权利的人。本条规定仅涉及信用证款项的让渡而不涉及信用证项下履约权利的让渡。”

例如，信用证受益人欠某人的一笔款项，或受益人从某一企业购买货物出口，打算用信用证项下应得的款项偿还，此时，受益人可将该应得款项的一部分或全部让渡（或称为过户）给债权人，要求开证行或被指定银行将已让渡的那部分款项直接拨付给债权人。若有关法律允许，信用证为不可转让这一事实也不影响受益人的让渡权利。这种款项的让渡并不涉及信用证项下履约权利的转让。

“款项让渡”是指，无论何种类型信用证，其受益人都有权将从信用证获得的款项转让给他人。“款项让渡”仅仅涉及信用证款项的转让，不涉及信用证权利的转让，也与原证申请人的利益无关。“信用证转让”却不同，它涉及受益人行使信用证的权利的转让。同时，在履行信用证的过程中，往往因受益人的更换，也会影响开证申请人的利益。因此，信用证需要转让时，有两种做法：一是必须得到申请人同意，在开来的信用证中注明“Transferable”，则该信用证可转让。二是受益人收到的信用证是不可转让的，但受益人可将该证交付银行作为质押，在开证申请人不知情的情况下，向实际供货商另外开出一份新的信用证，即“对背信用证”。新证则由供货商凭以履行供货任务。由此可见，信用证的“款项让渡”与“信用证转让”（或者证内没有注明“Transferable”而开立对背信用证）是完全不相同的。

在信用证业务中，产生“款项让渡”的原因通常包括以下情况。

（1）作为中间商的受益人，对外签订了出口合同但又缺少偿付资金，同时，又没有争取到国外进口商同意开立可转让信用证，因此，不能将信用证转让给供货商。若供货商同意先向国外进口商发货，而货款由中间商将信用证款项让渡给供货商，即可采用“款项让渡”解决。

（2）作为中间商的受益人，对外签订了出口合同但又缺少偿付资金，同时，又没有争取到国外进口商同意开立可转让信用证，不能将信用证转让给供货商。该中间商准备利用对背信用证，但由于其自身资信等原因的限制，银行不同意以原证为质押而向供货商开立对背信用证。在此情况下，只要供货商同意，中间商则可以利用“款项让渡”的办法，换取供货商依据信用证的条款和条件，履行发货义务。

（3）其他原因。除上述原因外，信用证受益人其他原因欠下债务，也可使用“款项让渡”还债。“款项让渡”并非当事人私下授受行为，也需要办理相关手续，但各银行并无统一的做法。目前较普遍的做法是：当中间商（即款项让渡人）欲将信用证款项转让给他人时，应在信用证指定银行办理“款项让渡”手续。指定银行包括：限制议付信用证下的议付行；公开议付信用证下的单据押汇银行；若为非议付信用证，则只能通过当地通知行代为向开证行办理“款项让渡”。若办理“款项让渡”的银行接受让渡人的申请，给予书面确认。让渡人将银行的确认副本转交“款项让渡”的受让人（如供货商等）留存。待供货商将货物出运后，向办理“款项转让”的银行提供信用证规定的有关单据和货物已经出运的证明材料，银行则直接将款项拨付受让人。

从“款项让渡”的操作过程看，供货商只要持有银行接受办理“款项让渡”的确认，便可以放心地出运货物。但实际上，“款项让渡”的做法对供货商存在一定的风险。

（1）若供货商按信用证规定出运货物，但让渡人（中间商）缮制的单据与信用证不符，可能导致“款项让渡”落空。因此，尽管供货符合信用证要求，但同样得不到货款。

（2）若为自由议付信用证，让渡人（中间商）提示时，不将单据提示给原来同意办理“款项让渡”的银行，而是提示给另外一家银行办理议付手续。这样，中间商取得货款，供货商却可能丧失让渡的款项。

（3）让渡人（中间商）有可能将信用证项下的货物售予非信用证的另一买方，自行收款，导致供货商的货款损失。由此可见，虽然 UCP 为“款项让渡”设置了专门规定，但银行并不保证供货商能够获得款项的让渡。因此，供货商在接受这种付款方法之前，应审慎考虑，特别应对中间商的资信情况要有所了解，避免受骗。①

（六）循环信用证（Revolving Credit）

循环信用证是指，在信用证全部金额或部分金额被使用后，能够重新恢复原来的金额再次使用或多次使用，直到规定的循环次数或规定的金额使用完为止的一种信用证。

这种信用证通常用于进出口商在一定时期内进行多次交易，且每一笔都涉及特定数量的同一种商品。在这种情况下，若每笔交易都开立信用证，不但费时，而且每笔都需支付开证手续费；若就该期间内的各笔交易总括开立一张信用证，由于金额庞大，超出进口商在银行的信用额度，开证行可能要求其缴纳足够的押金，以避免进口商的信用风险。此时，则可使用循环信用证。

循环信用证在内容上比其他信用证多了一个循环条款，以表明循环方法、次数和总金额。循环信用证分为按时间循环的信用证和按金额循环的信用证。②

（七）对背信用证（Back to Back Credit）

对背信用证，又称背对信用证、转开信用证、第二信用证或从属信用证等，是指受益人收到进口商申请开来的信用证，要求原证的通知银行或其他银行以原证为基础，另开一张内容相似的新信用证给另一受益人使用的信用证。

对背信用证的开立通常是中间商转售实际供货人的货物，或两国之间不能直接办理进出口贸易时，通过第三者以对背信用证方式来促成交易。这种贸易是由三方，即出口商、中间商和进口商订立两份买卖合同。按中间商与进口商订立的第一份合同开出的信用证，称为原信用证（Original Credit），简称原证；按照中间商与出口商订立的第二份合同开立的第二张信用证，称为对背信用证，又称新证。原信用证的受益人（中间商）就是对背信用证的开证申请人，对背信用证的受益人是实际供货人，原信用证的通知行，一般是对背信用证的开证行。③

---

① 陈国武．解读 UCP600. 天津：天津大学出版社，2007：115-117.

② 关于循环信用证的内容，可详见拙著．国际结算——实务与操作（第三版）．北京：对外经济贸易大学出版社，2014：163-164。

③ 关于对背信用证的内容，可详见拙著．国际结算——实务与操作（第三版）．北京：对外经济贸易大学出版社，2014：165-167。

（八）对开信用证（Reciprocal Credit）

对开信用证是指，两张信用证的开证申请人，互以对方为受益人而开立的信用证。这两张信用证是相互联系、互为条件的信用证。对开信用证多用于易货贸易、来料加工、来件装配或补偿贸易业务中，交易双方都担心对方凭第一张信用证出口或进口后，另一方不履行进口或出口义务，于是采用对开信用证的方法约束对方。①

八、跟单信用证各当事人、关系人的权利与义务

跟单信用证的当事人是开证行与受益人。要完成一笔信用证业务，除当事人外，还涉及与此有关的其他关系人，如开证申请人、通知行、议付行、保兑行、付款行、代付行或偿付行等。这些当事人和关系人在信用证业务中所享有的权利和所承担的义务不尽相同。他们分别享有自己的权利和履行各自义务的过程，共同构成信用证业务的流转程序。在此以 UCP600 为依据，分别论述其在信用证中的权利和义务。

（一）开证申请人（Applicant）

信用证的开证申请人通常是国际货物买卖合同中的买方，即进口商。若买卖合同中双方约定使用信用证作为结算方式，合同订立后进口商有义务向其所在地的银行申请开证。按时申请开证是进口商最重要的义务之一。进口商在整笔交易中，同时受两个合同的约束，即与出口商订立的货物买卖合同以及与开证行订立的合同（即开证申请书）。

1. 进口商应按买卖合同规定，及时申请开立信用证

使用信用证作为国际贸易结算方式，则是进口商以银行信用替代商业信用完成买卖合同的支付货款义务，因此，信用证的开立以买卖合同为依据，其内容主要是买卖合同的内容。进口商向银行申请开证时，必须将买卖合同的主要内容填入开证申请书，开证行以此为依据开出信用证。由于开证行是向受益人承诺付款的第一付款人，因而开证行的资信状况对受益人至关重要。若买卖合同中指定了开证行，则进口商必须按其指定的银行申请开证。但通常情况下，开证行由进口商自己选择，他们一般会选择自己开户或有往来关系的银行作为开证行。若出口商指定银行开证而进口商又与该行无往来关系时，则可能会协商其往来银行代其向指定银行申请开证，但这会导致进口商的手续更加复杂、费用增加，对受益人未必是最佳方案。

开证行确定后，进口商应在买卖合同规定的期限内及时申请开证并确保出口商有充分时间备货出运；若买卖合同规定了装运期的起止时间，进口商必须保证出口商在装运期开始时收到信用证；若买卖合同规定了最后装运期，则进口商也应在合理时间内使出口商收到信用证，保证出口商有合理的时间备货装运；若买卖合同规定出口商需事先向进口商发出“货已备妥”的通知，则在进口商接到该通知后，必须立即开出信用证；若买卖合同未规定信用证开立的时间，进口商也有义务在出口商开始装运前的合理时间内开立信用证。若进口商未按时申请开证，则出口商无义务交付货物，导致出口商延误装运期，进口商属于逾期违约，应承担违约责任；若进口商未能开立信用证，则出口商可解除合同，同时有权要求进口商予以赔偿。

① 关于对开信用证的内容，可详见拙著．国际结算——实务与操作（第三版）．北京：对外经济贸易大学出版社，2014：167。

2. 申请人应合理指示开证，必要时提供开证担保

开证申请书是进口商对开证行的付款指示，也是它与开证行之间的书面合同。进口商应在申请书中合理指示开证行开证。第一，用词必须十分明确，不能模棱两可；第二，内容应尽可能简洁，不能过于复杂，否则出口商可能拒绝接受信用证或议付行拒绝议付；第三，所有内容不能前后矛盾。ISBP745 规定，开证申请人承担其有关开立或修改信用证的指示不明确所导致的风险。若信用证内容与买卖合同规定不符，则出口商有权拒绝接受信用证或要求修改信用证。开证行接受进口商的开证申请并开立信用证，则承担了向受益人承付的责任。为此，银行为保障自身资金的安全，通常会采取必要措施，如对申请人资信调查，必要时要求进口商提供一定形式的担保等。开证行要求进口商提供的担保，可以是现金、动产或不动产，或第三方的保函等。现金担保一般为开证押金，可由进口商在开证时临时提交，也可以在进口商的账户上扣存。开证押金是防止进口商破产或不付款赎单导致开证行的损失。至于开证押金的多少，完全由开证行依据进口商的资信状况、货物销滞与否以及利率或汇率等因素决定。此外，申请开证时，买方须向银行缴付手续费及相关费用（如邮电费、通知费、保兑费等）。

3. 信用证开立后，进口商的义务与权利

信用证开立后，若开证行向受益人履行了承付义务，进口商的义务则是向开证行付款赎单，偿付开证行。但进口商有权依信用证的条款审核单据，只有单证相符、单单相符和单内相符时，才向开证行偿还货款，取得单据提货；若单据不符，进口商有权拒绝接受，不偿还货款，也有权收回押金等。当进口商赎单提货后，发现货物不符信用证或买卖合同规定时，只能依买卖合同向出口商提出索赔。若开证行无过错，则不能追究开证行的责任或要求其退还货款。当然，在向出口商承付前，开证行丧失支付能力，进口商通常还应向出口商履行付款责任，即使进口商已向开证行缴纳了足额保证金。

（二）受益人（Beneficiary）

受益人是信用证的当事人之一，是买卖合同的卖方，也是享受信用证权利的人及信用证的最大受益者。它与申请人、开证行、通知行，也可能与保兑行、议付行等发生联系。

1. 收到信用证后的义务与权利

作为出口商，受益人必须依买卖合同规定发货和提示与信用证要求相符并与货物相符的单据。当买卖合同规定以信用证方式付款时，信用证条款则成为买卖双方履行合同义务的主要依据。受益人在收到信用证后，应仔细将信用证内容与合同条款核对并审核信用证条款能否履行。若信用证条款与合同不符或信用证条款无法履行时，受益人有权要求进口商指示开证行修改信用证或拒绝接受信用证。因为这是进口商违约，出口商可不履行其合同义务。相反，若收到信用证，其条款与合同不符或信用证条款无法履行时，受益人不作表示，也不交货，可能被视为违约。同时，出口商将丧失主张信用证与买卖合同不符的权利。若无视信用证条款，仍按合同规定发货，也无法享受信用证的承付保证。受益人要运用信用证取得货款，必须做到单证一致、单单一致及单内一致。受益人经审核并接受信用证后，则应依信用证条款履行其义务，在规定的装运期内发货并在信用证有效期内提示相符的单据。当然，受益人不仅要对单据的正确性负责，且要对货物的质量负责。

2. 收取货款的权利

受益人依据信用证要求发货、提示单据后，若使用议付信用证则可请求出口地的议付

行对单据议付，从而获得预付款项。议付行在向受益人预付款项后，处于“持票人”地位，在议付行不能向开证行获得偿付时，可向受益人追索，受益人应退回预付款项。受益人提示单据后，若开证行倒闭，此时，受益人有权向进口商提出付款要求，进口商仍应承担合同项下的付款责任。

若受益人未使用信用证，导致信用证失效，他仍可直接向进口商提示单据并要求其付款。但进口商则可要求出口商赔偿因申请开立信用证而产生的费用和损失。

（三）开证银行（Issuing Bank）

开证行是信用证的另一当事人，也是信用证项下的第一付款人，对受益人承担独立责任，是信用证业务的核心。开证行也要受多个合同的约束。首先，其接受申请人的请求后，必须依据申请书开立信用证；其次，它必须向受益人承担相符单据的承付保证责任。若为议付信用证，它还须承担偿付议付行的责任。

1. 开证行对申请人的权利与义务

开证行应依开证申请书及时、准确地开出信用证。开证申请书是开证行与申请人之间的合同。开证行必须按照开证申请人的指示并依 UCP600 处理业务，同时，必须对自己的过失承担相应的责任。ISBP745 规定，除非开证申请人另有相反的指示，开证行可以必要或适当的方式补充或完善信用证的条款，以使信用证或其后的修改得以使用。开证行应确保其所开立的信用证或修改中的条款和条件不模棱两可或有冲突。因此，开证行有义务向开证申请人提供建议和服务，以使信用证简明合理，能有效地履行其承付义务。开证行在开证时应做到完整和明确，必须做到条款单据化，即通过要求提示某种单据来证明受益人的行为符合信用证要求。开证行必须避免在开出的信用证中出现非单据化条款，以免引起争议。信用证内容完整和明确，还意味着信用证必须是一个自足的文件，受益人和其他银行仅凭信用证和单据即可判断提示是否相符。为使信用证既简明合理，又能有效地履行其承付义务，大多数开证银行都向开证申请人提供设计印就的内容完整、措辞严密、简明扼要的开证申请书供申请人填写。

开证行履行承付责任后，若进口商无力付款赎单，开证行有权处理单据和货物。开证行可出售货物以抵偿货款时，若货物售出款项不足以弥补货款，开证行仍有权利向进口商追索不足部分。开证行在接到单据后，应在 5 个银行营业日内进行审核，若发现单据不符，则可拒付。但在业务中，开证行为减少手续，审单发现不符时，往往不是立即提出拒付而是先向进口商征求意见。若进口商认为不符点不可接受，开证行才拒付；若进口商认为不符点为非实质性、能够接受或同意接受带有不符点的单据，则开证行可直接承付。①

信用证开立后，开证行应对信用证独立承担责任。开证行对出口商及汇票背书人、善意持票人负第一性的承付责任。信用证是开证行的承付承诺，因此，只要单据相符，开证行必须按规定履行承付义务。即使申请人倒闭或无力偿付，开证行仍必须承付。依 UCP600 第 7 条，开证行对信用证，在其规定的单据提示给被指定银行或开证行且在符合信用证条款的条件下，即构成开证行的确定承诺：对即期付款信用证即期付款且无追索权。对延期付款信用证按信用证规定的到期日付款。对承兑信用证，凡由开证行承兑者，则承兑受益人出具的以开证行为付款人的汇票并于到期日支付票款；凡应由另一被指定银

① 参见 UCP600 第 16 条第 2 款。

行承兑的，若该被指定银行对汇票不予承兑的，则应由开证行承兑并在到期日支付受益人出具的以开证行为付款人的汇票。或者，若被指定银行对已承兑的汇票到期不付款的，则开证行应予以付款；对议付信用证则依受益人按照信用证出具的汇票及/或提示的单据向出票人及/或善意持票人履行付款义务。

2. 开证行在承付或拒付方面的权利与义务

依UCP600条14条，开证行在承付之前必须审核信用证规定的一切单据，以确定其是否表面与信用证条款相符合，其审核的时间为不超过从其收到单据次日起5个银行营业日；对于信用证未规定的单据，银行有权不予理会并将其退回提示人。开证行在对单据审核后，认为其与信用证条款相符合，则应承付。开证行有义务接受表面上符合信用证条款的单据，对议付银行等进行偿付。开证行的承付通常是终局性的，一经承付不得追索，即使承付后发现单据不符，或进口商拒不赎单也不能向出口商、议付行、付款行或偿付行等追索。除非开证行仅凭议付行索汇电所作的承付，或代付行、偿付行凭汇票和议付行索汇证明所作的承付，当开证行接到单据、发现不符时，有权向议付行追索票款。开证行审核单据承付后，在开证申请人付款赎单时，有权要求申请人支付押汇日到偿付日的利息。

依UCP600第16条，若开证行在审核单据后发现单据不符，可拒付。拒付时开证行应做到：它必须毫不迟延地以电讯方式通知寄单银行，若单据由受益人寄来，则通知受益人；若不可能采用电讯方式，则应以其他快捷方式，在不迟于自提示次日起第5个银行营业日结束前作出拒付通知。开证行在拒付通知中必须说明拒付理由或原因，即提出单据的“不符点”(Discrepancy) 且所有不符点以一次通知为有效，即开证行只有一次提出不符点的权利，以后再提出不符点无效。开证行在拒付通知中须说明对单据的处理情况：该银行在获得提示人指示前代为保存单据；或开证银行代为保存单据直到收到申请人的放弃通知并同意接受该放弃为止，或在同意接受放弃之前从提示人处收到进一步的指示；或该银行将退还单据；或该银行将按照此前收到的提示人的指示行事。①

3. 开证行的其他权利和义务

依UCP600第34～37条的规定，开证行可享受许多免责事项。例如，对单据有效性的免责，对信息传递和翻译的免责，对不可抗力的免责和对被指示方行为的免责等。但与过去的惯例相比，UCP600对开证行的免责事项附加了一定的前提条件。换言之，开证行在享受权利的同时还必须履行相应的义务。例如，关于信息传递和翻译的免责前提条件是，银行只有在信息、信函或单据依信用证规定发送或传递时，或只有在信用证无明确指示、银行自主选择传递机构时；若指定银行确定提示相符并将单据发送给开证行，无论该指定银行是否已承付或议付，开证行必须承付或议付，或偿付该指定银行，即使单据在该指定银行寄送给开证行的传递中丢失，或在保兑行寄送给开证行的传递中丢失。关于对指示方行为的免责的义务是，指示为另一银行提供服务的银行（如开证行），负责该另一银行因该指示所产生的任何佣金、手续费、成本或开支（“费用”）；若信用证表明费用由受益人负担，但未能收取该费用或从信用证款项中扣除，则开证行仍有责任支付该费用；信用证或修改不应规定，发给受益人的通知以通知银行或第二通知银行收到其费用为条件等。

---

① 参见UCP600第16条第3款。

（四）通知行（Advising Bank）

依UCP600第9条，信用证及其任何修改可由通知行向受益人发出通知，非保兑行的通知行仅对信用证及修改予以通知，并不承诺承付或议付。

与以往的国际惯例相比，UCP600关于通知行的义务有所增加，具体表现为以下几方面。

（1）在通知信用证及修改时，通知行应表明信用证或修改的表面真实性得到证实，以及该通知准确地反映了所收到的信用证或修改的条款和条件。后一句表明，通知行必须完整且不变更所收到的信用证或修改书的任何条件。如一些通知行通知信用证时，将信用证中“Available with any bank”（信用证可在任何银行使用），变更为“Available with advising bank”（信用证在通知行使用），则不符合此项规定。

（2）通知行可使用另一银行（第二通知行）的服务向受益人通知信用证及任何修改。通过通知信用证或修改，第二通知行应表明其收到的通知的表面真实性得到证实，以及该通知准确地反映了所收到的信用证或修改的条款或条件。由此可见，第二通知行与第一通知行的义务相同。第二通知行多用于可转让或对背信用证中。

（3）利用通知行或第二通知行的服务通知信用证的银行必须使用同一银行通知信用证的任何修改。即不能使用某银行通知信用证，再使用另一银行通知该信用证的修改。

（4）若某银行被请求通知信用证或修改，但其选择不照此办理，则必须不迟延地照此通知从其已收到信用证修改或通知的银行。

（5）若某银行被要求通知信用证或修改，但无法证实信用证、修改或通知的表面真实性，则必须不迟延地如此通知看起来是从其已收到指示的银行。若该通知行或第二通知行仍然选择通知信用证或修改，则必须向受益人或第二通知行说明它不能证实信用证、修改或通知的表面真实性。

在信用证业务中，通知行收到信用证后，确定真实无误才通知受益人。开证行通过出口地银行通知信用证，是利用银行之间核对信用证真实性的手段，保证受益人能收到真实的信用证，以保护受益人的利益。若信用证由进口商或开证行直接寄给受益人，受益人也有必要寻求银行核对信用证的真实性，以防假冒。在信用证的真实性得到证实后，通知行应依开证行的要求，缮制通知书，及时、正确地通知受益人。但当通知行收到的信用证不完整或不清楚时，如打错、缺行、漏字等，应立即向开证行查询，以免相关银行审单时才发现信用证内容有误，导致争议。

在信用证业务中，有时通知行还兼任保兑行或议付行。此时，该银行将分别享有不同角色银行的权利，同时，也应履行其相应的义务。

（五）议付行（Negotiation Bank）

议付行在信用证业务中的作用，是依据信用证上开证行的邀请，对受益人提示的单据进行审核，若符合信用证条款则对受益人预付或同意预付款项，购买汇票及/或单据并向开证行或信用证规定的付款行索偿。

严格审单，取得货权抵押。开证行对议付行议付的单据是否偿付，取决于单据本身是否相符。议付行是依信用证中开证行的付款承诺，向开证行索偿。开证行收到议付行寄来的单据，若发现单据不符，可拒绝偿付。因此，议付行必须严格审单以如期收回预付款，保全自己的利益。通常只要开证行拒付，议付行可向受益人追索，但议付行应保证单证一致，只有在单据相符、开证行无力承付时，议付行才可向受益人追索。议付行通常要求受益人将货权作抵押，即受益人提示时签署质押书，声明在发生拒付时，议付行有权处理单据甚至变卖货物。货物成为议付行完全可支配的抵押品，以减少议付行预付款项的风险。

议付行有权拒绝议付。信用证可明确指定议付的银行，也可在信用证中规定由任何银行自由议付。一般情况下，议付行由通知行兼任或受益人所在地的往来银行作为议付行。由于出口地银行只接受开证行邀请或受益人请求，而不是本身有承付的承诺，因此，议付行有权拒绝议付，即使为指定议付，特别是在开证行信用不佳或信用证过于复杂、议付风险较大时，议付行可拒绝议付。

（六）保兑行（Confirming Bank）

保兑行是应开证行的要求，在信用证上加具保证兑付的银行。保兑行接受开证行邀请，在信用证上加具保兑条款或保兑注记，使信用证的可接受性增强。保兑行在信用证业务中，拥有的权利和履行的义务如下。

1. 有权不加保兑

保兑是一种不可撤销的确定承诺。银行在接到开证行的保兑邀请后，往往要对开证行的资信状况及信用证条款研究之后才决定是否加具保兑，除非两个银行之间的代理合同有明确规定。UCP600 第 8 条规定，被邀请保兑的银行有权不加具保兑。保兑行一般是出口地信誉良好的银行，通常为通知行。若通知行被开证行要求在信用证中加具保兑，通知行可将信用证通知受益人而不加保兑。

2. 保兑后对信用证独立负责

保兑行在信用证上加具保兑后，即对信用证独立负责，承担必须承付或议付的责任。保兑行对受益人的承付责任与开证行相同。对此，UCP600 第 8 条规定：保兑行在对信用证加具其保兑时起，即不可撤销地受应承付或议付的约束。加具保兑后，受益人有权在开证行与保兑行之间选择，要求保兑行履行承付或议付承诺。

3. 承付或议付后无权追索

依 UCP600 第 8 条，保兑行承付或议付后只能向开证行索偿，即使开证行倒闭或无理拒付，保兑行也无权向受益人或其他前手银行追索票款。

4. 保兑行的偿付义务

保兑行对信用证加具保兑后，也意味着承担了偿付指定银行的义务。对此，UCP600 第 8 条规定：当另一指定银行已对相符提示予以承付或议付并将单据寄送保兑行时，则保兑行保证对其偿付。在到期前，无论该指定银行是否预付或购买了单据，在到期时，应对承兑信用证或延迟付款信用证项下相符提示的金额予以偿付。保兑行偿付另一指定银行的承诺独立于保兑行对受益人的承诺。

5. 缄默“保兑”不等于保兑

缄默“保兑”(Silence Confirmation)① 是指，未经开证行授权或请求的银行主动对信用证加具“保兑”。在一些国家或地区，存在银行（如通知行）主动对信用证加具其“保兑”的现象，即受益人与某银行未经开证行同意而私下达成协议，由该银行对信用证加以“保兑”。UCP600 第 2 条规定，保兑行是指依开证行的授权或请求对信用证加具保兑

---

① 金赛波，李键．信用证法律．北京：法律出版社，2004：458，464.

的银行。因此，缄默“保兑”已超出 UCP 的适用范围。换言之，该“保兑”银行向受益人承付或议付后，无权向开证行索偿，不享有 UCP 项下保兑行的一切权利。目前，美国、新加坡等国家和中国香港地区的判例均表明，缄默“保兑”的银行无法从开证行获得偿付，它是缄默“保兑”银行与受益人之间的一项额外融资合同。[①] 由此可见，缄默“保兑”对“保兑”银行和受益人都存在一定的风险。

（七）代付行（Payment Bank）

代付行是开证行的付款代理人，是开证行在信用证中指定的为信用证项下汇票上的付款人或付款信用证下执行付款的另一家银行。开证行通常委托通知行为代付行，但有时也可委托其他银行为代付行。

代付行有权拒绝付款。开证行和代付行的关系是代理合同关系，若不在代理合同范围内，开证行指定某银行为代付行，该银行有权拒绝代为付款，因为该银行并未作出代付承诺。

代付行付款后，不得向受益人追索。代付行一经接受开证行的代付委托，审单付款后，不得向受益人追索，只能向开证行索偿。有时，代付行依开证行的指示不必审单，只凭议付行声明单证相符，按信用证要求付款。此时，代付行对受益人也无追索权。

（八）偿付行（Reimbursing Bank）

偿付行是开证行指定的对议付行或代付行进行偿付的代理人（Reimbursing Agent）。一般当开证行与议付行或代付行之间无账户关系时，特别在信用证采用第三国货币结算时，为便利结算，开证行委托另一家有账户关系的银行代向议付行偿付，被委托银行就是偿付行，偿付行再向开证行索偿。

向出口地银行付款。若信用证中规定有偿付行时，开证行开出信用证后，应立即向偿付行发出偿付授权，通知授权付款的金额、有权索偿银行等内容。出口地银行在议付或代付款后，一方面将单据寄送开证行，另一方面，同时向偿付行发出索偿书。偿付行收到索偿书后，核对开证行偿付授权，索偿金额不超过授权金额，则立即向出口地银行付款。

不负单证不符之责。偿付行不接受单据，不审核单据，不与受益人发生关系，因此，偿付行对议付行的偿付，不被视为开证行的付款。当开证行收到单据发现不符时，应向议付行追索已付款项，但不能向偿付行追索，因偿付行既未接受单据又未审单，自然不负单证不符的责任。

与以往的惯例比较，UCP600 第 13 条关于“索偿”与“偿付”的规定更加细化，其表现为以下几方面。

（1）若信用证规定指定银行（索偿行）向另一方（偿付行）获得偿付时，则信用证必须规定，该偿付是否受信用证开立时有效的国际商会关于银行间的偿付规则（注：URR725）的约束。

该款是指，若信用证中规定向偿付行索偿的条款，则信用证必须说明是否适用 URR725；若信用证中未规定适用 URR725，则适用本条其他各款的规定。

（2）开证行必须向偿付行提供偿付授权，且该授权与信用证中声明的可用性一致。偿付授权不应受到期日的限制。

---

① 金赛波，李键．信用证法律．北京：法律出版社，2004：458，464.

与 UCP500 相比，UCP600 增加了“偿付授权不应（Should not）设置有效期”的规定。这一规定对索偿行有利。

（3）索偿行不应被要求向偿付行提供与信用证条款和条件相符的证明。

这是因为，偿付行不是开证行，没有必要向其证明索偿符合信用证的规定。

（4）若偿付行未能对与信用证条款和条件相符的即期索偿（见索即偿）偿付时，开证行将有责任承担利息损失以及所产生的任何费用。

（5）偿付行的费用应由开证行负担。但若该费用应由受益人负担时，则开证行有义务在信用证和偿付授权中作出如此声明。若偿付行的费用应由受益人负担，应在偿付时从索偿银行的索偿金额中予以扣除。若未进行偿付时，偿付行的费用仍由开证行负担。

（6）若偿付行未在即期索偿作出偿付时，则开证行不能被解除其提供偿付的任何义务。这是因为，向索偿行偿付的最终责任人是开证行。

九、贸易合同对信用证独立性的影响

众所周知，银行参与信用证业务的根本原因在于信用证具有独立性。换言之，信用证与贸易合同分别是两个独立的合同，银行与贸易合同无关。但在现实中，贸易合同的因素可能对信用证产生不同程度的影响，即贸易合同能否顺利履行将会直接影响开证行是否向受益人承付。其根源是开证申请人和开证行之间的利益关系决定了开证行能否独立地向受益人承付。①

信用证是开证行应申请人的请求，向受益人开立的保证承付的有条件的付款承诺。信用证业务中存在至少三个相互独立的法律关系，即买卖双方之间的贸易合同关系、进口商与开证行之间的申请开证合同关系以及开证行与受益人之间的信用证合同关系。但其中最核心的法律关系是，开证行和受益人之间的有条件的承付承诺关系。

信用证之所以能保有如此长久的商业活力，其原因就在于其有极强的独立性，信用证开立后则独立于贸易合同，开证行凭借自己的判断对受益人作出是否承付的意思表示，而受益人也可直接依信用证向开证行要求获得相应的付款。因此，信用证的独立性特点是信用证被当事人及关系人普遍接受的最根本所在。但信用证的独立性并未真正发展到超脱贸易合同从而与贸易合同之间形成毫不相干的完全独立的体系。相反，信用证在其运行中，总会受到贸易合同不同程度的影响，进而导致信用证的独立性特点被极大地削弱。其表现有以下几个方面。

（一）贸易合同条款是否得当对信用证独立性的影响

对贸易合同的卖方而言，信用证仅为一种结算工具，是买卖双方就货款如何支付所作的安排。依贸易合同，买方负有向卖方支付货款的义务，其方式有多种形式，如现金、汇款、托收或信用证等。从安全性而言，信用证被视为对卖方相对安全的结算工具。买卖双方一旦同意采用以信用证为结算工具，则须在贸易合同中就信用证的开立时间、开证银行、信用证种类、相关单据的种类等予以协商并达成一致，即将这些内容纳入贸易合同，最终成为贸易合同的条款。因此，贸易合同中就信用证如何开立所作的约定，是买方申请

---

① 参见居松南，国际法论文：论基础贸易合同对信用证独立性的干预，http://www.chinalawedu.com/web/177/li201312050943191 4759964.shtml。

开立信用证的依据，通常会被直接纳入开证申请人要求开证行开立信用证的申请书中。可见，信用证条款主要来自贸易合同条款。因此，贸易合同条款是否得当，直接影响信用证的独立性。例如，贸易合同约定货物必须使用特定材料加以包装，若不同时规定卖方提交何种单据予以证明，则这种约定必然使信用证无法保证其独立性。

（二）开证申请书是否合理对信用证独立性的影响

开证申请人向开证行申请开立信用证，若达成一致则双方之间构成合同关系，这一法律关系与信用证是相互独立的关系。但不能否认在申请开立信用证时，贸易合同对信用证产生的重大影响。通常，买方基于自身利益的考虑，会选择一家与自己有良好合作关系的银行作为信用证的开证银行。开证行开立信用证是依开证申请人的委托进行的，虽然信用证的法律后果并不直接由开证申请人承担，但开证行一般不会违背开证申请人的开证申请。

开证申请人向开证行提交开证申请书或签订申请开立信用证的合同，在此申请书或合同中，作为申请人的买方会详细地就信用证条款的内容提出具体要求，指示或要求开证行如是办理。这些要求与上述贸易合同中的约定应是一致的，实际上也是贸易合同所约定的开证内容的意思表示。在开证申请不违背 UCP 或 ISBP 规范的情况下，开证行一般均会依申请人的要求开立信用证。换言之，开证行开立的信用证实际上是将贸易合同中的某些条款在信用证中予以规范化和单据化，使之符合 UCP 或 ISBP 的要求。但现实中，受多种因素的限制，银行开立的信用证条款和条件可能存在不合理的内容，进而导致受益人无法履行该内容，从而使信用证难以保证其独立性。例如，国际商会案例表明，某银行依申请人的指示，在信用证中要求货物必须在内陆国家捷克的港口发运。类似的信用证条件和条款明显地违背信用证的独立性。

（三）瑕疵单据的处理对信用证独立性的影响

依国际商会的信用证国际惯例（UCP 和 ISBP 等），开证行对受益人提交的单据拥有独立的审核权。若发现单据存在不符点（瑕疵单据），银行是否依自己的判断拒付，或征求申请人意见、请求其放弃不符点而对受益人承付，同样享有独立的权利。在这些环节中，难免不受申请人或贸易合同的影响。

1. 不符点的种类

所谓不符点通常是指，受益人提交的单据不符合信用证的条款或条件，或违反相关惯例。实际业务中，常见的不符点一般分为两类。一类是实质性的不符点，即单据本身已不符合信用证的规定，从而导致的不符点已无法挽回或修改。如，货物装运日期超过信用证规定的发运日期，进而提单的出具日期也已超过信用证规定，受益人本身已是延期交付货物。在此情况下，承运人签发的提单上记载的装船日期已不可能与信用证相符。此类不符点是实质性的不符点，是不可修改和无法弥补的不符点，若强行为满足信用证的规定而使之相符，即倒签提单则会陷入严重的法律纠纷。这是另一问题，在此不做阐述。另一类不符点是非实质性或可修改的不符点。其主要表现为因某种操作的失误而导致在单据上显示的内容与信用证的规定不相符，如打印、拼写或其他不相互冲突的信息等错误。此类不符点与前述不符点有本质的区别，这些不符点不是履行贸易合同中产生的，而是在制单操作中出现的。但此类不符点也可能导致银行拒付。即使此类不符点并不违反 UCP 或 ISBP 的规范，也可能会引发争议。此类争议案可详见后述第二十六章的内容。

2. 开证保证金及“不符点”对信用证独立性的影响

就 UCP 及 ISBP 的制定目的而言，其希望通过国际惯例与规则统一信用证业务中各方关于单据是否符合信用证的不同认识，从而减少不符点的争议。依该国际惯例与规则，开证行有权根据自己的判断，向受益人作出单据是否相符的独立意思表示。然而，在信用证业务中，实际情况远非如此。

信用证下的承付是由银行信用取代贸易商的商业信用，为此，银行开立信用证时，一般要求申请人提交一定金额的保证金，以免因申请人资信恶化使开证行遭受损失。若单据相符，申请人再向开证行补足信用证货款。信用证的这一融资性质，使得单据到达开证行时，开证行并未完全获得申请人的资金保障。为保护自己的利益不受损失，许多开证行在收到单据时并不自己审单，而是将其交给申请人审核或首先向受益人宣称单据不符，然后要求开证申请人提交充足的资金后再行付款。由此可见，申请人的保证金对开证行能否履行信用证的承付义务将会产生极大的负面影响。更有甚者，即使单据存在非实质性的不符点，若申请人已丧失资信，如破产清算、倒闭等，根本无力偿还信用证货款，则开证行也会竭尽全力寻找单据的不符点，从而达到拒付信用证货款的目的。因此，信用证货款能否得到承付深受其外的贸易合同因素的影响，即信用证业务难以维持其真正的独立性。当然，若开证行仅仅是由于申请人出现信用危机而试图以所谓的“不符点”达到拒付的目的，则受益人可依信用证规定、相关国际惯例与规则或法律规定，对开证行的上述无理拒付采取相应的措施，促使其履行承付义务。若所谓的“不符点”不成立，则开证行也难逃其付款责任。

3. 贸易合同的买方接受不符点单据对信用证独立性的影响

如上所述，受益人提交的单据中，若存在不符点，一类是实质性的不符点，可能是卖方既违反买卖合同又无法满足信用证的条件或条款，是无法修改或弥补的，也是单据的绝对不符。在此情况下，开证行当然无须对受益人进行承付，也即开证行作出的承付承诺的条件未得到满足，开证行不再受信用证关系的约束。但有些不符点可能是非实质性的，或对该不符点是否成立无绝对把握，此时，开证行通常会主动联系申请人予以确认。这一做法也得到 UCP600 第 16 条的认可。此时，受益人一般也会与申请人联系，寻求申请人对上述不符点予以接受，申请人应明确告知受益人和开证行，此类不符点是否被接受。若申请人认为不符点不影响贸易合同的履行，则申请人指示银行接受带有不符点的单据，而受益人仍可要求开证行予以承付货款。尽管 UCP600 第 16 条特别强调，开证行寻求申请人放弃不符点并不延长开证行的审单时间期限，即它仍必须在收到单据的次日起 5 个银行营业日内作出是否接受单据的决定。换言之，若在开证行规定的时间内，申请人未答复是否放弃不符点，开证行也要在 5 个银行营业日内决定是否接受单据。开证行是否寻求申请人放弃瑕疵单据是信用证下的独立权利。但现实中，在此情况下，开证行很少行使这一独立权利。换言之，开证行的独立审单并判断单据是否相符的权利，事实上变成首先由申请人判定，其次才是开证行对外作出意思表示。当然依法律原则，开证行一旦同意申请人放弃不符点，则开证行必须接受单据并向受益人承付，而不论单据的瑕疵是否成立。这一现实表明，事实上，贸易合同下买方的意见能够左右信用证的独立性。

（四）贸易合同对信用证独立性的影响

无论各国法律还是相关国际惯例，均坚持信用证的独立性，以此保持信用证的商业活力。如上述分析，现实中，信用证这一最根本特征总是受贸易合同因素的不同程度的影响。因此，事实上信用证业务并不存在绝对的独立性。究其根源则是各方的利益驱动使然。

UCP600 和 ISBP 之所以将贸易合同称为基础销售合同或基础交易，是因为在这种基础上的其他行为都受其影响，若无基础销售合同或基础交易的正常履行，就不可能保证信用证业务的正常运行。

从利益的角度看，申请人和开证行之间一般均具有良好的往来关系。同理，受益人和其往来银行（指定银行）之间，通常也具有良好的合作关系。申请人与开证行是利益的共同体，他们实际共同承担着对受益人付款的责任，尽管表面上开证行对受益人承付，但该款项实际仍应由申请人支付。信用证下的各类单据只不过是经过银行这一环节而最终传递给申请人，单据所代表的货物是否能真正为申请人所需，直接影响申请人是否真正愿意接受这些单据。若申请人愿意接受货物，则任何单据表面上的不符点都不重要或只是非实质性的不符点；若申请人根本不想接受货物，则任何单据上的不符点都可能是实质性的。从这一点看，不符点只不过是申请人欲拒绝收货并拒付货款的借口而已。当然，所谓的“不符点”是否成立，并不完全由开证行或申请人决定。但若开证行仅为配合申请人的拒收货物而借口单据存在不符点，则该银行的信誉必然受到质疑。长此以往，受益人将不会接受该银行开立的信用证，这对经常无端拒付的银行是不利的。

但作为受益人的卖方一旦选择了信用证为结算工具，则应严格遵守国际惯例与规则及信用证的规定，充分利用这一工具的优势并尽最大努力防止单据出现不符点，使开证行和买方无懈可击，将影响信用证独立性的贸易合同因素降低至最低限度，从而真正达到将商业信用转换为银行信用的目的。当然，卖方还要保证货物符合贸易合同的约定，否则，即使开证行履行了承付义务，买方也会以贸易合同为依据向卖方索赔。

十、跟单信用证项下的提示及审单

信用证的使用方式对受益人而言非常重要，对此，UCP600 予以明确规范。UCP600 第 6 条第 2 款规定：“信用证必须表明其是以即期付款、延期付款、承兑或是议付方式使用。”可见，信用证的使用方式包括即期付款、延期付款、承兑或议付。前三种方式为承付（Honor）。因此，信用证须清楚地规定使用方式，而卖方审证时须特别注意。

UCP600 第 6 条第 1 款规定：“信用证必须表明其可获得使用的银行或是否可获得使用的任何银行。在指定银行使用的信用证，也可在开证银行使用。”

该款明确了信用证可在哪些银行使用。银行开立信用证时都规定该信用证在哪个银行使用。信用证可规定在指定银行使用，如限定在某银行议付，即限制议付（Available with ×× bank by negotiation）；信用证可在任何银行使用，如在任何银行议付，即公开议付（Available with any bank by negotiation），此时，任何银行均为指定银行；在指定银行使用的信用证，也可在开证行使用，即直接向开证行提示单据。

信用证是有条件承付或议付的保证，受益人只有提示相符的单据（交单）才能获得开证行或指定银行的承付或议付。而作为承付或议付的开证行或指定银行也必须遵循信用证或其惯例的相关规定和基本准则审核单据，否则，他们有可能丧失拒绝接受单据的权利，必须向受益人承付或议付。

（一）提示的到期日和地点

UCP600 第 2 条规定：“提示（Presentation），是指向开证行或指定银行交付信用证项下单据的行为，或按这一方式交付的单据。”可见，提示或交单既包括其行为，也包括单据本身。该条同时又规定：“相符的提示（Complying Presentation），是指与信用证条款和条件、本规则相关适用规定及国际标准银行实务相符的提示。”因此，提示人（交单人）的提示行为及所提示的单据应符合三个条件：（1）与信用证规定相符（单证一致、单单一致及单内一致）；（2）与 UCP 规定相符（若信用证无规定时）；（3）与 ISBP 规定相符。提示同时符合以上三个条件，才是相符的提示。

关于信用证项下的提示人，UCP600 第 2 条规定：“提示人（Presenter）是指进行提示的受益人、银行或其他有关方。”因此，提示人或交单人除受益人外，还包括银行，一般是指作为单据权利人的指定银行。如议付行依信用证规定，向开证行递交受益人所提示的单据，此时，该银行为提示人。但指定银行向开证行的提示，在其他条款中使用了“Forward”（递交或转交）一词。其他有关方通常指代付行或代理审单或寄单的银行等。

通常情况下，当单据由受益人直接寄交开证行，则受益人是提示人；当单据由议付行寄交开证行，则议付行是提示人；当单据由受益人向议付行提示，则受益人为提示人。

因此，信用证项下的提示通常是指，受益人向指定银行、开证行或保兑行的交单行为和单据，以及指定银行向开证行或保兑行的交单行为和单据。

1. 提示的到期日

信用证项下的提示（交单）到期日（截止日）是指，受益人或提示人在信用证项下请求银行承付或议付而提交单据的最后期限。对此，UCP600 第 6 条规定：“信用证必须规定一个提交单据的到期日（或截止日）（The expiry date for presentation）；表明用以承付或议付的到期日（或截止日）将被视为提交单据的到期日；除第 29 条第 1 款的规定外，受益人或代表受益人而进行的提示必须在到期日或到期日之前作出。”

信用证项下的承付或议付是开证行或指定银行对受益人的一种承诺，但这种承诺是有时间限制的。因此，信用证必须规定提示单据的到期日，受益人或有关方只有在该日期或其之前提示单据，才有可能获得开证行或被指定银行的承付款或议付款。若只规定了提示的到期日而未规定最迟装运期，这种信用证是有效且是可执行的。因为，这种情况下，视为货物可以在提示的到期日或其之前的任何一天装运。

依上述规定，提示或交单到期日不是付款、承兑或议付的最迟日期。在信用证业务中，有时某些银行在信用证中规定付款、承兑或议付的到期日，即必须在该到期日前进行或完成付款、承兑或议付。这种做法是不正确的。因为银行的付款、承兑或议付行为、行为延迟或不行为均是受益人无法控制的，使受益人的权利受制于它不能控制的行为或不行为是不公平的。对受益人而言，它所能控制的就是依规定时间提示单据。因此，UCP600 第 6 条明确规定：信用证中规定了承付或议付的到期日，则该到期日应被视为提示单据的到期日。换言之，若受益人在提示到期日最后一天，在银行营业时间的最后时刻提示了单据，则属于依规定提示了单据，银行可在该到期日之后办理审单，决定是否承付或议付，只要不超过 5 个银行营业日即可。国际商会的案例也表明，银行有权声明单据不符，但无权声明“迟期议付”，即开证行不得以议付通知书（Schedule of Negotiation），又称“寄单面函”（Bill of Purchase）的日期在信用证有效期之后，作为“迟期议付”的理由而予以拒付。但除了可顺延外，受益人或提示人的提示或交单最好在到期日之前进行，以便留出一定时间修改不符的单据。因为修改后再交单也要在交单期内完成。

2. 提示到期日的确定

依 UCP600 第 14 条第 3 款，若信用证要求提示的单据中包括运输单据，则该信用证不仅应规定提示到期日，还应规定一个装运日期后必须提示单据的特定期限；若信用证中未规定此特定期限，则视该特定期限为 21 天，即单据的提示不能晚于装运日期（The date of shipment）后 21 天；但无论如何，单据的提示必须不晚于信用证到期日（或截止日）提交。信用证的到期日（截止日），又称信用证的有效期（The expiry date of the credit）。依 UCP600 的上述规定，该期限也是交单的到期日（或截止日）。到了这一日期，受益人或提示人不能再提交单据，即自此时起不能再使用信用证继续装运、交单和付款了。之所以在交单的到期日之外又规定一个“装运日期后必须交单的日期”，原因有两个：一是促使受益人或提示人尽早交单，配合进口商凭单提货；二是在分期装运的情况下，若不规定装运后必须交单的最晚日期，受益人或提示人则可能将所有期次装运的单据与最后一期一起交单，这样就会影响进口商提货。因此，当提交的单据中包含运输单据时，提示单据不得晚于运输单据出单日后 21 天。但无论是否包含运输单据，提示单据的期限都不得超过信用证的截止日。可见，受益人或提示人的交单受三个期限（以早的期限为准）的约束，即信用证明确规定的交单期、运输单据出单日后 21 天以及信用证的截止日（到期日）。若信用证规定了交单期，则以信用证规定为准；若信用证未规定交单期，则以 21 天为准。但无论以哪个期限为准，交单都不得晚于信用证的截止日（到期日）。

关于 21 天的规定，还应特别注意 ISBP745 的相关规范。ISBP745 A6（b）规定：“UCP600 第 19～25 条涉及的副本运输单据不受 UCP600 第 14 条第 c 款规定的 21 日历天交单期限及信用证所规定的交单期限的约束，除非信用证明确规定了这种交单期限，否则，可在任何时间交单，但在任何情况下不得晚于信用证的截止日。”因此，UCP600 第 14 条第 c 款的 21 天只约束正本运输单据，不适用副本运输单据。可见，银行对正本运输单据的审核从严掌握，但副本运输单据的审核只注重其功能而不注重其形式。

国际商会在相关的案例中建议，提示的到期日与信用证的有效日期相同为好。如信用证规定：最迟装运日为 9 月 15 日，最迟的提示到期日为装运日后 15 天内，信用证的有效期在 9 月 30 日终止。同时，国际商会还指出，提示到期日长于或短于信用证的有效期是不好的信用证。如信用证规定：最迟装运日为 9 月 20 日，最迟的提示到期日没有规定，信用证的有效期在 9 月 30 日终止。再如，信用证规定：最迟装运日为 9 月 3 日，最迟提示到期日为装运日后 15 天内，信用证的有效期在 9 月 30 日终止。

3. 直接向开证行提示的风险

依 UCP600 第 6 条，若信用证已授权另一银行作为指定银行，受益人既有权向指定银行交单，也可直接向开证行提交单据请求付款，只要其交单符合信用证的规定即可。

若受益人选择了向指定银行交单，则受益人不承担单据从指定银行到开证行的寄送风险且受益人修改单据也较为方便，因为指定银行一般与受益人处于同一城市。若受益人选择直接向开证行交单，则受益人承担单据从受益人到开证行的寄送风险且必须使单据在交单到期日内到达开证行。另外，若单据存在不符点，受益人修改单据时将产生诸多不便。

可见，若受益人接受以开证行所在地为交单地点，将给受益人带来以下不利之处：（1）信用证的有效期或交单期限相对缩短，因为受益人要承担单据的在途时间，即以开证行收到单据为计算有效期或交单期限的依据；（2）受益人承担单据寄送开证行的在途风险；（3）受益人承担单证不符的风险。UCP600 第 18 条第 2 款规定：“指定银行、保兑行（若有）或开证行可接受其金额超出信用证允许金额的商业发票，这一决定将约束所有各方，只要相关银行未对超出信用证允许的那部分金额承付或议付。”由此可知，审单银行（通常为受益人所在地银行）拥有一项选择权且其选择权对各方均有约束力，包括对开证行。因此，受益人在本国的指定银行提示，若该银行接受上述超额发票，则开证行也不得拒受。相反，若以开证行所在地为提示地点，有可能导致开证行拒受上述超额发票，这一风险完全由受益人自己承担。

若受益人选择直接向开证行交单，还应特别注意以下事项：（1）若指定银行为保兑行，则不应选择直接向开证行提示单据，而应向保兑行或其授权或其委托的另一指定银行交单。只有这样，保兑行才承担承付、议付或补偿义务。（2）依 UCP600 第 35 条，单据在指定银行寄送开证行或保兑行期间，或保兑行寄送开证行期间丢失，则开证行仍必须承担承付或偿付责任。但若提示人不是信用证授权的指定银行（如受益人的往来银行），则不受该条规定的保护。该条规定增加了开证行或保兑行的责任，保护了受益人和指定银行的利益。（3）受益人或提示人必须在上述三个期限之一的最后日期或之前，及时将单据寄送到开证行。

4. 局外银行向开证行提示

局外银行是指未获得开证行授权的其他银行。当信用证项下的单据是从局外银行提示给开证行，若提示符合信用证的规定，且开证行在信用证的有效期内和最迟提示到期日内收到单据，则开证行也须履行信用证的承付义务。这种情况与上述受益人直接向开证行提示相同，因而受益人将承担一定的风险。

5. 提示地点

信用证项下的交单（提示）必须在信用证规定的地点进行。对此，UCP600 第 6 条第 4 款规定：“信用证在某银行使用，该银行所在地就是交单（或提示）的地点。信用证在任何银行使用，交单地点就是任何银行所在地。除规定的交单地点外，开证银行所在地也是交单地点。”

信用证一般都规定交单的地点。信用证在哪个银行使用，该银行所在地就是交单的地点；所有信用证均可以开证银行作为交单的地点。但以开证银行作为交单地点对受益人风险较大，其风险完全由受益人自己承担。

受益人或提示人在交单期内和交单地点将单据提交给指定银行，即使单据到达开证行时该期限已过，也属符合交单期。由此可知，交单地点是交单到期日计算到期的地点。因此，交单地点与交单到期日结合起来才是明确的，即交单到期日是以交单地点为计算依据。因此，在信用证业务中，交单地点通常规定在受益人所在地，即指定银行所在地。

自由（公开）议付信用证因可在任何银行议付，因此，任何地点均可作为提示地点。但若限定在某一国家或地区议付，则提示地点应规定在该国家或地区之内。

（二）审单的基本准则

开证行、保兑行（若有）、议付行或其他指定银行收到受益人或其他提示人提交的信用证项下的相关单据后，必须在5个银行营业日内对其审核，以决定是否承付或议付。开证行或保兑行承付或偿付后，可要求进口商付款赎单。作为信用证的申请人，进口商同样也应遵循信用证条款和相关国际惯例（UCP、ISBP等）审核单据，以决定是否偿付开证行。银行和进口商在审单时，通常应遵守以下基本准则。

1. 独立审核

依信用证的特点和国际商会惯例（UCP、ISBP），银行及进口商审单必须遵守独立审核的准则，即审单与下列事项无关：作为信用证基础的买卖合同或其他合同；申请人和受益人之间的关系；货物、服务和（或）行为；审单以外的其他知识和信息。

2. 表面相符

UCP600第14条规定，按指定行事的指定银行、保兑行（若有）以及开证行必须仅仅依据单据审核提示，以决定单据是否在表面上构成相符的提示。为此，银行必须审核信用证规定的单据，以确定单据在表面上（On Their Face）是否符合信用证条款。单据在表面上符合信用证条款，应从以下几个方面加以解释。

（1）单据必须与信用证条款相符（单证相符）。例如，信用证规定货物应使用木箱包装（Goods Packed in Wooden Cases），而包装单据却表明货物装于木条箱（Goods Packed in Wooden Crates）。这属于单证不符。

（2）单据必须与国际惯例相符。因规范信用证业务的国际惯例对信用证的许多问题，包括单据的问题均有规定，因此，银行审单时判断单据是否在表面上与信用证条款相符的另一依据是，单据还必须与UCP600及ISBP的规定相符。例如，若信用证未规定单据的最迟提示期限，则晚于运输单据签发日后21天才提示的单据属于单据不符。

（3）单据必须与既成事实相符。受益人所制作的各种单据必须与已完成的事实相符，而不能完全照搬信用证的文句，否则就是表面上不符合信用证规定。例如，信用证规定"Goods must be packed in cartons which effect to be indicated in the invoice."，而发票仍然填写"Goods must be packed in the cartons."，也属于表面上与信用证规定不符。发票应填写"Goods have been packed in the cartons."。

（4）单据之间表面相符（单单相符）。UCP600第14条第5款规定："除商业发票外，单据中货物的描述、服务或行为（若有）可以使用与信用证中的描述不相冲突的统称。"因此，各种单据的主要内容，如货物名称、数量、金额、包装、唛头等，必须在表面上相同或一致，不得相互矛盾。特别是发票、提单、保险单等单据之间关于货物的主要内容必须保持一致。

（5）单据本身相符（单内相符）。UCP600第14条第4款规定："单据中的信息，当联系信用证上下文、该单据本身及国际标准银行实务（ISBP），不必与该单据、任何其他规定的单据或信用证中的信息完全相同，但不得与其相冲突。"

该款强调，银行审单的标准是：单证相符、单单相符及单内相符。但单证之间、单单之间及单内的信息无须"完全等同"（Identical），仅要求"不得冲突或矛盾"（Must not conflict with）即可。UCP600实施后，受益人所提示的每一种单据本身的相关内容也要彼此相符。

单据表面相符的准则还表明，银行及进口商仅就单据的文义决定是否符合信用证、UCP 及 ISBP，而不须越过单据表面进一步确认其文义的实质内容，更不得以单据之外的理由主张交单不符，如单据的真实性、正确性、有效性等实质问题。

3. 审单依据

银行及进口商审核信用证项下的单据，其依据除了国际惯例的规定，直接依据是信用证中规定的条款和条件。依国际商会的解释，条款（Terms）是指必然发生的事件，如信用证规定的装运期、提示到期日、有效期、单据种类与名称、单据内容等，是业务中必然发生的事情，通常可用独立的单据加以证明。条件（Conditions）是指未来不确定的事件，通常无独立的单据可供银行审核，但需要一定的单据给予支持。如信用证规定提交已装船的、清洁的提单，“已装船和清洁”是一种条件，通常由提单（属于条款）中的批注或记载来支持，而无独立的“已装船和清洁”单据供银行审核。

4. 不理会非单据条件

“非单据条件”没有统一的界定，通常是指，虽然信用证规定了某一条件，但并未同时规定受益人须提交何种单据来支持这种条件。例如，信用证规定货物的产地是中国，但并未要求受益人同时提示产地证明，“产地是中国”则是一个非单据条件。若信用证既规定货物的产地是中国，同时又要求受益人提示货物的产地证明，则“产地是中国”就不是非单据条件，因为产地证明可支持货物产自中国这一条件。常见的非单据条件还有：载货船舶的船龄不得超过 10 年；载货船舶不得悬挂某国国旗；装船后，受益人应立即通知申请人等。

UCP600 第 14 条第 8 款规定：“若信用证包含一个条件且未规定用来表明与该条件相符的单据，则银行将该条件视为没有规定且不予理会。”

ISBP745A26 规定：“若信用证含有某一条件而未列明需要提交与之相符的单据者（Non-documentary Condition），无须任何规定的单据证明该条件相符。但规定单据中的信息不应与非单据条件有冲突。例如，当信用证要求‘用木箱包装’而未指明该信息须显示在任何规定的单据上，任何规定单据中显示采用了另一种包装方式的表述将被认定为冲突的信息。”

非单据条件的三个基本特征是：（1）信用证要求满足某种条件，但证内未要求提交证实该条件已被满足的单据。（2）信用证要求满足某种条件，但证内要求的单据的功能并没有显示已满足该条件。（3）信用证要求满足某种条件，证内要求的单据中插入的信息与该条件不相冲突。

因此，银行在审单时，对非单据条件视为没有记载。为此，申请人和开证行在开立信用证时，须将非单据条件转化为单据条件。如上述“船龄不得超过 10 年”，应要求提示船舶规范证明复印件；“船舶不得悬挂某国国旗”，应要求提交船籍证明复印件等。

5. 不审核未规定的单据

未规定的单据是指，信用证中未提及的单据。信用证业务中，有时受益人因种种原因在规定的单据中夹杂信用证并未要求的某些单据。对此，UCP600 第 14 条第 7 款规定：“提交信用证未要求的单据将不予理会，可将其返还提示人。”该规定表明了银行审单的范围，即银行对此类单据不予审核。同时也暗示，即使审核了这种单据且发现与信用证要求的单据有不符之处，也不应影响信用证的效力。换言之，银行不得以此为由拒付。银行收到此类单据也可直接转交进口商，但银行应要求受益人将其直接寄送进口商。

6. 在规定时间内审单

UCP600 第 14 条第 2 款规定："指定银行、保兑银行（若有）以及开证银行均有自提示日次日起最多 5 个银行营业日，以决定提示是否相符。该期限不因在提示当日或其之后，信用证到期日或最迟提示日的到来而被缩短或受到影响。"

国际商会规定银行审单有一个时间限制，其目的在于，若超过 5 个银行营业日仍未作出是否接受单据的决定，银行将失去拒受单据的权利，即使单据存在不符点，银行也只能接受单据；但在 5 个银行营业日内，银行也不能被迫承付或议付。

UCP600 的上述规定表明，5 个银行营业日是审单的最长时间限制，因此，若超过该时间限制，银行只能接受单据。但这并不意味着 5 个营业日全部用完才作出是否接受单的决定就是合理的，若 3 个或 4 个营业日就作出是否接受单据的决定也同样是合理的，且时间越短对各方越有利。因此，5 个营业日对银行而言，既是一种权利，也是一种义务。

另外，5 个营业日不是所有银行累计的时间限制，而是每个银行的各自时间限制。

开证行相对于保兑行、指定银行或受益人有权自其收到单据次日起，在不超过 5 个营业日的时间内审单，以决定是否偿付保兑行、指定银行或向受益人承付。

对保兑行而言，保兑行相对于受益人或指定银行有权自其收到单据次日起，在不超过 5 个营业日的时间内审核单据，以决定是否向受益人承付或偿付指定银行。

对指定银行而言，指定银行相对于受益人有权自其收到单据次日起，在不超过 5 个营业日时间内审核单据，以决定是否向受益人议付、预付或垫付款项。

若指定银行分两次寄送两套单据给开证行或保兑行，开证行或保兑行需审核两套单据，则 5 个营业日自收妥后寄达的一套单据次日起算。若先收到的一套单据存在不符点，银行也需要等后收妥的第二套单据审核完毕且不存在不符点，在 5 个营业日内发出拒受单据的通知。

关于银行审单时间还应注意几点：（1）每一审核单据的银行均有 5 个营业日的时间审单。（2）若某一银行收到受益人的单据，只负责转递或寄单给开证行或保兑行，则该银行不是开证行或保兑行的被指定银行，因而它不享有 5 个营业日的时间，必须立即将单据寄出，以使单据在信用证有效期内到达开证行或保兑行。（3）寄单指示中，关于寄单次数和方式的规定不是非单据条件。若寄单银行未按寄单指示规定的做法寄单，则被视为不符点，开证行或保兑行可以拒受单据。（4）开证行或保兑行拒受单据，发出拒受通知时，若信用证尚未到期，则允许受益人修改有关单据。当开证行或保兑行收到修改后的单据，仍然允许有 5 个营业日的审单时间；在修改后的单据中发现新的不符点，银行仍然有权再次拒受。（5）"5 个银行营业日不因在提示当天或其之后，信用证到期日或最迟提示日的到来而被缩短或受到影响"，是指交单时间与审单时间不同。例如，某信用证项下的单据于 7 月 30 日提交给指定银行，而信用证的到期日（有效期）或最迟交单期的最后一天是 7 月 31 日，但该指定银行的审单时间仍然是交单后最长 5 个银行营业日。（6）5 个银行营业日是指"banking day"而非"banking hours or time"。

7. 遵从其他国际惯例

银行和进口商在审单时，除了须依信用证中的条款和条件外，还必须遵从国际商会制定的与信用证业务有关的所有惯例和规则。这些惯例和规则主要有：eUCP600、

ISBP、URR725、Incoterms®2020 以及 UCP600 生效后国际商会关于 UCP600 的各种出版物等。

（三）银行审核单据及其处理

信用证项下的银行审核单据包括指定银行的审单和开证行的审单。①

在信用证业务中，指定银行、开证行或保兑行（若有）通过审单以决定提示（交单）是否相符。若提示相符，则银行须承担承付或议付的责任；若提示不相符（瑕疵单据），则银行可拒绝承付或议付。但银行处理瑕疵单据必须遵循信用证和相关惯例的规定，否则，可能导致银行无权拒付。

1. 议付行的审单

依 UCP600 第 12 条，非保兑的议付行除非明确表示同意并告知受益人，其对开证行或保兑行的承付或议付授权，并不构成该银行必须承付或议付的义务。因此，该银行只有在同意议付的情况下，收到受益人提示的单据后，按前述准则审核单据。若单据相符，则应向受益人预付或同意预付款项，并依 UCP600 第 15 条，向开证行或保兑行转递单据索偿货款。若开证行或保兑行拒绝偿付，则议付行可向受益人行使追索权，追回其预付的货款。国际商会指出，若汇票上有“无追索权”记载，议付该汇票的银行通常对出票人没有追索权，但在跟单信用证项下，该银行对受益人具有追索权。但若保兑行“议付”后，依 UCP600 第 8 条，开证行拒绝偿付时，则保兑行不得向受益人行使追索权（无追索权的“议付”）。

2. 承兑行与付款行的审单

若承兑行与开证行分别为两家银行，当承兑行收到受益人提示的单据后，予以审核。若单据相符，承兑行一方面承兑汇票，另一方面寄单给开证行，要求其在到期日偿付。一旦远期汇票到期，承兑行向受益人付款且无追索权，同时获得开证行的偿付。若承兑行与开证行为同一银行，当收到受益人提示的相符单据后，先承兑汇票并向受益人发出承兑通知，汇票到期后再向受益人付款。

在付款信用证项下，一般由通知行兼任付款行。若通知行履行付款义务且未表示保留追索权，则该银行不得对受益人行使追索权。但通知行兼任议付行时，对受益人拥有追索权。

3. 指定银行如何处理不符的单据

指定银行收到受益人提示的存在瑕疵的单据后，必须及时处理，以免给受益人造成损失。指定银行通常采取以下措施处理不符单据。

（1）将存在不符点的单据退还提示人，要求其修改并在信用证有效期内、提示到期日之前再次提示。这是指定银行最常用的方法之一。

（2）将全套单据退还提示人，请其直接寄给开证行。

（3）依提示人的授权，将不符单据以等待批准的方式寄送开证行，请求开证行作出接受或拒绝单据的决定。

（4）依提示人的授权，以电讯方式请求凭不符单据授权承付或议付。这也是指定银行常用的方式之一，俗称“电提”。常用的电文如：Documents Presented Under

① 苏宗祥，徐捷．国际结算．6 版．北京：中国金融出版社，2018（第十二章第六节：指定银行对于单据的处理）．

Your L/C No. ×××. Bill's Amount USD××××. Our Ref No. ×××. All Terms Complied with Except.

① No Unique P/L.

② Shipment Date 181122 Late Shipment.

…

Please cable us whether we may negotiate documents.

若开证行同意接受不符单据并授权议付时，通常在电文中说明单据在其他方面是相符的（If otherwise in order），以确保开证行在收到单据时不再存在其他不符点。对此，国际商会指出，开证行接受不符单据并授权指定银行承付或议付，则被视为对单据的不符点进行了修改，从而实现了单据相符的要求。

（5）凭受益人的保证或凭其他保函（Letter of Indemnity）向受益人承付或议付。在信用证业务中，指定银行收到受益人提示的单据，经审核后认为存在不符点，若同意受益人的承付或议付请求，则担心开证行或保兑行拒绝偿付以及无法向受益人追索，因此不愿接受不符单据。而受益人则认为开证行、保兑行或开证申请人可能会接受这种不符单据，或认为单据的不符点根本不成立，或认为无法修改不符点。为及早收取贷款，受益人与指定银行约定，以保函方式请求指定银行承付或议付。若开证行或保兑行拒付，则指定银行可向受益人追索或由担保人赔偿指定银行。此时，指定银行一般在寄单面函（Covering Letter；Covering Schedule）中标明“Due to discrepancy（ies），we have negotiated documents against Letter of Indemnity.”，说明上述安排并提醒开证行或保兑行注意单据中的不符点。上述安排只是指定银行与受益人或开立保函的人之间的关系，它与开证行或保兑行无关。

但开证行或保兑行仍应做到以下几点。

（1）若单据表面上相符，开证行或保兑行仍应接受单据，偿付指定银行。因此，指定银行所认定的不符点并不代表开证行或保兑行的观点。

（2）不能以指定银行所认定的不符点为理由拒受单据。因为开证行或保兑行应以单据为唯一依据确定单据表面上是否相符。

（3）若开证行或保兑行认为单据存在不符点并决定拒受单据，则它必须按照前述程序处理单据。

此外，在信用证业务中，还有一种处理不符单据的做法，即寄单托收。指定银行将信用证项下带有不符点的单据寄送开证行，开证行征求开证申请人的意见，而开证申请人同意按托收方式接受不符单据。这样，信用证支付方式实际上转为托收支付方式，各有关当事人和关系人不再受信用证及惯例与规则的约束，而受 URC522 的约束。开证行或保兑行实际上也变成代收行，受益人能否获得货款完全依赖于进口商的商业信用。因此，受益人不能轻易接受这种做法。

4. 保兑行的审单

若信用证为保兑信用证，当保兑行收到受益人或指定银行提示的单据后，保兑行也须依 UCP600 及前述基本准则，对信用证项下的单据予以审核，以决定是否接受单据并承付或议付。经审单后，若认为单据相符，则须履行信用证项下的承付或议付义务，并依 UCP600 第 15 条，将单据转递给开证行。

5. 开证行审单后承付或偿付

无论是收到受益人直接提示的单据，还是收到指定银行寄来的单据，开证行都须依信用证和 UCP600 的规定以及前述基本准则，对信用证项下的单据予以审核，以决定是否接受单据并承付或偿付。经审单后，开证行认为单据相符，则必须履行信用证项下的承付或偿付义务。

十一、UCP600 下银行处理瑕疵单据的准则及操作规范

依据 UCP600，在国际结算中若单据存在不符点，拒受瑕疵单据并拒绝承付或议付是银行的权利而非义务。同时，银行有权寻求申请人接受瑕疵单据。国际结算惯例（UCP600）严格规范了银行拒受瑕疵单据的操作。若银行处理瑕疵单据不当，将承担赔偿受益人损失的后果。

在国际贸易结算中，信用证下的单据在第一次提示时，都可能不同程度上存在不符点，即单据表面上与信用证条款、国际惯例或银行标准审单实务的规定不符，这种单据通常称为瑕疵单据。依 UCP600 第 16 条，若单据存在不符点，开证行或有关银行有权拒受这种瑕疵单据并拒绝承付或议付。UCP600 下银行如何处理瑕疵单据对受益人和银行都至关重要，也是与信用证相关的国际惯例规范的重点内容。因此，信用证的当事人和关系人都应对瑕疵单据的处理准则和操作规范有所研究，充分利用国际惯例赋予的权利，维护自身的利益。

（一）拒受瑕疵单据是银行的权利而非义务

为维护银行的权益，提高银行参与信用证交易的积极性，依 UCP600 第 16 条第 1 款，指定银行、保兑行（若有）或开证行确认提示不符（瑕疵）单据时，享有拒绝承付或议付的权利。

该款在表明银行拒绝承付或议付时，使用了“可以拒绝”（May refuse）而非“必须拒绝”（Must refuse）的措辞。换言之，即使提示的单据有瑕疵，银行仍有权决定是否接受该单据。基于信用证的独立性原则，银行必须以单据为唯一依据以确定单据是否在表面上符合信用证条款、国际惯例或银行标准审单实务的规定，自行决定是否接受瑕疵单据。然而，在国际贸易中，若买卖双方之间相互信任、具有较好的合作关系且作为进口商的申请人不论受益人所提示的单据是否存在瑕疵，都准备完成买卖合同，此时对于性质不十分严重的瑕疵单据，申请人通常向开证行表明其愿意放弃不符点，保证偿付开证行进而指示开证行接受这种瑕疵单据，向受益人承付或议付。由此可见，上述 UCP600 的规范充分考虑了国际贸易的现实，赋予银行在处理瑕疵单据时具有自由裁量权，以保证国际贸易的顺利进行。因此，当受益人提示的单据出现瑕疵，银行认为该瑕疵不影响申请人接受，同时也来不及修改时，银行有权但不是必须予以接受并给予承付或议付。

（二）开证行有权寻求申请人接受瑕疵单据

为尊重买卖合同双方当事人的意愿，促进国际贸易顺利进行，也为维护申请人与开证行的业务关系，在信用证机制中寻求务实、灵活的处理方法，保证国际惯例发挥促进国际贸易的功能，同时也可避免开证行武断拒付，UCP600 第 16 条第 2 款又赋予开证行另一项权利，即当开证行确认提示不符时，它可依据自己的判断与申请人联系，请求其放弃不符点，接受瑕疵单据。

与前述权利一样，该款的规定并未强加给开证行任何义务，因为该款同样也使用了“可以”(May) 而非“必须”(Must) 的措辞。因此，是否寻求申请人接受瑕疵单据是开证行的自主权利，由其自行决定是否行使。

信用证业务中，尽管开证行基于独立性原则坚持独立审单，以决定是否承付，但开证行在发现瑕疵单据时，往往首先主动联系申请人，告知不符点的情况并征求其对瑕疵单据的处理意见。若申请人愿意接受瑕疵单据，开证行在不影响自身权益的前提下，通常会尊重申请人的意见。开证行之所以寻求申请人放弃瑕疵单据还基于以下考虑：（1）开证行认为虽然单据存在不符点但并不严重，申请人可能会予以接受；（2）多数开证行的习惯做法是先征求申请人的意见，再决定是否接受单据；（3）开证行对单据的瑕疵是否成立没有足够的把握，以免因自己的决定损害申请人的利益；（4）担心不当拒付产生争议等。此外，该款还特别强调，开证行寻求申请人放弃不符点并不延长开证银行的审单时间期限，即它仍必须在收到单据的次日起5个银行营业日内作出是否接受单据的决定。换言之，若在开证行规定的时间内，申请人未答复是否放弃不符点，开证行也要在5个银行营业日内决定是否接受单据。因开证行寻求申请人放弃瑕疵单据是其权利，若申请人同意放弃不符点而接受瑕疵单据，但申请人的意见不能强迫开证行也放弃不符点，即开证行有权决定是否接受申请人放弃不符点的意见；反之，若开证行决定接受申请人放弃不符点的意见，则它必须接受单据并向受益人承付，而不论单据的瑕疵是否成立。

由此可见，上述UCP600的规范隐含以下几点含义：（1）即使受益人或指定银行请求开证行向申请人寻求其放弃不符点，开证行有权依自身的判断决定是否同意这种请求；（2）开证行无义务主动寻求申请人放弃不符点；（3）无论开证行是否主动寻求申请人，申请人放弃瑕疵单据的声明对开证行并无绝对的约束力；（4）若申请人拒绝接受瑕疵单据，开证行向提示人发出拒绝承付通知时，也必依国际惯例、信用证等相关规定办理。

（三）银行拒受瑕疵单据的操作规范

为了能使受益人有机会或可能修改单据的不符点以获得信用证款项，UCP600第16条第3款和第4款严格规范了银行拒受瑕疵单据的操作程序。作为信用证当事人和关系人的贸易商对此必须有所了解，以维护自身的权益。

1. 银行必须一次性发出拒付通知

依UCP600第16条第3款，当开证行、保兑银行（若有）或指定银行决定拒绝承付或议付时，必须（Must）一次性向提示人发出拒付通知（Give a single notice）。因此，银行发出拒付通知是其义务，不得保持沉默而不作为。但银行发出拒付通知必须（Must）依下列程序进行：（1）银行必须向提示人发出拒付通知。但依UCP600第2条，提示人包括进行提示（交单）行为的受益人、指定银行（如议付行等）或其他人，因而信用证业务中的提示人可能不止一个。若单据由受益人向指定银行（如议付行）提示，指定银行再向开证行提示，那么，开证行究竟应向指定银行，还是向受益人发出拒付通知呢？通常情况下，对议付行而言，受益人是提示人；对开证行而言，议付行是提示人。因此，当单据由受益人直接寄交开证行，则受益人是提示人；当单据由议付行寄交开证行，则议付行是提示人；当单据由受益人向议付行提示，则受益人是提示人。（2）银行仅能发出一次拒付通知。对于同一次提示，无论是开证行、保兑行或指定银行只能发出一次拒付通知。换言之，若发出两次以上的拒付通知，除第一次通知中所列明的瑕疵外，提示人对其余通知及瑕疵可以不予理会。当然，若在第一次拒付通知后，瑕疵单据经修改再次提示，而单据原有的不符点仍全部或部分存在或单据又出现新的不符点，则银行可再次发出拒付通知，这与“仅能发出一次拒付通知”不矛盾。但若不符点在第一次提示中就已存在，而在第一次审单时并未被发现或被拒付，该不符点在再次提示中仍存在，则不能作为拒绝承付或议付的理由。(3) 银行必须在 5 个营业日内发出拒付通知。依 UCP600 第 16 条第 4 款，当银行审单发现不符点并决定拒付时，必须在不晚于自提示日的次日起，5 个银行营业日结束前发出拒付通知。这一点与 UCP600 第 14 条“银行必须在提示日次日起最长 5 个银行营业日内完成审单，以决定是否接受单据”的规范完全一致，以此维护提示人的权益。(4) 银行必须以电讯或其他快捷方式发出拒付通知。依国际金融服务协会的解释，电讯方式包括 SWIFT、FAX、TELEX 及电话等。通常情况下，银行在其电信设备中保存的拒付通知，如传送记录、电话录音等都是拒付通知的证据。但依国际商会的解释，以电话方式发出通知时，银行应随附书面确认，以免产生争议。许多判例表明，银行本来可以电讯方式发出拒付通知，却选择了较慢的其他方式，那么，银行将丧失拒付的权利；当提示人在银行的柜台，即审单现场提示单据，银行可当场以对话的方式表示拒付，这虽然不是电讯方式，但也符合“其他快捷方式”的要求。

2. 拒付通知必须声明的内容

银行拒受瑕疵单据不仅在发出拒付通知的方式上必须符合 UCP600 的规范，且其拒付通知的内容也应满足 UCP600 的要求，否则可能导致拒付无效。因此，依 UCP600 第 16 条第 3 款，银行所发出的拒付通知必须表明以下内容：

（1）表明银行将拒绝承付或议付。这是拒付通知的第一个要素：要有拒付的意思表示。尽管 UCP600 并未强制要求拒付通知必须使用“Refuse”一词，但银行在拒付通知中必须明确表明拒绝接受单据进而拒绝承付或议付，如以“Notice of Refusal/Dishonor”为通知标题，或在文中明确表明“Refuse to honor”或“Documents not to be accepted”等，以此作为拒付的意思表示。但以 SWIFT MT734（Notice of Refuse）方式发出拒付通知时，无须再次表示拒付的意思。

（2）一次列明银行拒付的每一个不符点（Each Discrepancy）。这是拒付通知的第二个要素：一次性列出“每一个不符点”，即全部的不符点且不符点明确具体。“Invoice not as per LC”“Conflicting data between documents”等空洞、模糊的词语将不被视为可拒付的明确理由。银行在拒付通知中列明不符点的作用在于方便受益人修改单据，使其有机会再次提示单据，以维护受益人的权益。对于同一次提示，银行在拒付通知中将每一个不符点一次性列明的规定表明，银行只有一次列明不符点的机会，若还有第二次、第三次等，则均为无效。换言之，只有第一次列明的不符点才是拒付的理由，第二次、第三次等列明的不符点被视为已被银行接受，不能作为拒付的理由。若列明的仅仅是一部分不符点，一旦这些不符点被提示人反驳成功，即不符点不成立，则银行无权再补充其他不符点，其将丧失拒付的权利。但银行必须一次列明拒付的每一个不符点的要求也有例外的情况，第一，提示人在信用证规定的截止期或有效期或 UCP600 规定的提示期限之外提示单据，银行仅需以此为由拒付，无须其他理由，更不需要列明单据的不符点；第二，尽管 UCP600 未规范信用证的欺诈问题，但依据各国“信用证欺诈例外原则”的法律规定，当银行接到法院制止向受益人承付的禁令时，银行仅需以欺诈为由拒付即可，无须说明单据存在瑕疵。

（3）表明银行对瑕疵单据的处理方式。这是拒付通知的第三个要素：表明不符单据如何处理。UCP500 时代，银行处理瑕疵单据的方式有两种，而 UCP600 第 16 条对此又增加了两种，即共有四种方式可供银行选择。

第一，银行在获得提示人的指示前，代为保存单据。

第二，银行将单据退还给提示人。

这两种方式是银行发出拒付通知后最常选择的处理瑕疵单据的方式，也是最简单的处理方式。UCP500 仅规范了这两种处理方式。

第三，开证行代为保存单据直至收到申请人的放弃通知并同意接受该放弃为止，或在同意接受放弃之前，从提示人处收到进一步的指示。这是 UCP600 增加的处理瑕疵单据的方式之一。这一规范与前述 UCP600 第 16 条第 2 款的开证行在发出拒付通知之前，主动寻求申请人放弃不符点有所不同。第 2 款是规范开证行在发出拒付通知之前，先行寻求申请人放弃瑕疵单据，习惯上称之为“通知前放弃”（Pre-notice Waiver）；而第 3 款是规范开证行发出拒付通知之后，申请人才声明放弃瑕疵单据，或发出拒付通知之后，开证行才向申请人洽商放弃瑕疵单据，习惯上称之为“拒付后放弃”（Post-refusal Waiver）。但两者相同的是，无论如何，开证行均没有义务主动寻求申请人放弃瑕疵单据，且即使申请人愿意放弃瑕疵单据，开证行也有权拒绝这一意愿。

如前所述，开证行在发出拒付通知之前，通常会就瑕疵单据与申请人联系，征求其是否放弃不符点的意见。若申请人未及时答复，开证行为保护自身权益，一般会采取直接发出拒付通知的做法，同时还在通知中表明“若申请人放弃不符点，本银行将予以同意并向其交付单据”。这种做法在各国银行信用证操作中极为常见。但在 UCP600 实施前，国际商会并未予以认可。UCP600 实施后，国际商会将其纳入规范范围，成为银行处理瑕疵单据的方式之一，以满足信用证操作的实际需要。国际商会增加这一处理方式是基于这样的考虑：受益人提示单据的主要目的是获得银行的承付或议付，若申请人同意放弃不符点并保证偿付开证行，这并不损害受益人的利益，相反，对受益人有利，特别是当受益人明知单据存在瑕疵，但仍然请求指定银行（如议付行）向开证行寄送单据的情况下，希望申请人接受瑕疵单据。因此，这种处理方式既不损害银行的权益，又体现了信用证充分保护受益人的原则，同时还可有效减少拒付的纠纷并缩短瑕疵单据的处理时间。

在信用证操作中还经常出现以下情况：当开证行寻求申请人放弃瑕疵单据之后，尚未收到申请人的放弃声明，或开证行已收到申请人的放弃声明，但尚未表示同意接受其放弃声明。此时，开证行收到提示人要求退还单据的指示。对此，开证行应如何处理？依 UCP600 第 16 条第 3 款第 2 项，在开证行收到提示人的进一步指示之前，申请人已同意接受瑕疵单据，此时，开证行有权让申请人赎取单据；在开证行收到申请人放弃瑕疵单据的声明之前，或开证行已收到申请人放弃瑕疵单据的声明，但尚未表示同意接受其放弃的声明，此时，开证行收到了提示人关于单据的处理指示，那么，开证行可以按照提示人的指示处理单据。由此可见，UCP600 授权开证行是选择同意申请人放弃瑕疵单据，还是选择接受提示人的指示，取决于两者之中哪一个先到达开证行。

但 UCP600 第 16 条的规范中也存在一定的不足之处。虽然 UCP600 第 16 条第 2 款规范了“通知前放弃”（Pre-notice Waiver），第 3 款规范了“拒付后放弃”（Post-refusal Waiver），但第 3 款的“或在同意接受放弃之前从提示人处收到进一步的指示”中，是否也包括“提示人指示开证行与申请人洽商放弃瑕疵单据”，或仅限于“银行主动寻求申请人放弃瑕疵单据”？这一点并不清楚。特别是由提示人主动指示开证行与申请人洽商其放弃瑕疵单据时，开证行保留单据的期限应为多长，提示人能否再对拒付通知中列明的不符点提出异议，开证行的审单义务是否因此受到影响等有关问题，都有可能导致纠纷产生，进而延长单据的处理时间。这些问题有待国际商会的进一步解释或专家意见。UCP600 第 16 条第 3 款第 2 项虽然增加“开证行代为保存单据直至收到申请人的放弃通知”作为银行处理瑕疵单据的方式之一，但仅从字面上看，无法确定 UCP600 是否允许开证行在发出拒付通知之后，再与申请人联系洽商其放弃瑕疵单据。这是否意味着该项规范仅限于申请人主动放弃瑕疵单据，而不包括由开证行主动寻求申请人放弃瑕疵单据？另外，假如申请人在开证行发出拒付通知之后，主动向开证行提出愿意放弃瑕疵单据，但开证行不同意接受其放弃主张，那么，其后的处理程序及当事人或关系人的权利和义务应如何处理，UCP600 对此也未明确规范。同样，这些问题仍有待国际商会的进一步解释或专家意见。

第四，银行将依此前收到的提示人的指示行事。该项规范也是 UCP600 增加的处理瑕疵单据的另一方式。

在信用证业务中，有时受益人为避免因单据的瑕疵而遭到开证行的拒付，通常在提示单据时，指示并由指定银行记载下列语句于寄单面函（Covering Letter）中：“若单据不符，请先与申请人联系并待我方指示后再处理”。在 UCP500 实施期间，银行只能在拒付通知中表明“单据代为保存，等候提示人指示”，而不能表明“银行将按照此前收到的提示人的指示行事”，否则，拒付通知无效。但依 UCP600 第 16 条第 3 款第 4 项，这种处理瑕疵单据的方式是有效的。

如前所述，提示人可能不止一个，通常情况下，议付行和受益人都有可能成为提示人。假如向开证行、保兑行或指定银行提示单据的并非受益人而是议付行，但受益人和议付行都曾发出处理瑕疵单据的指示，那么，银行应遵循哪一方的指示？依国际商会银行委员会的意见，若受益人和其他提示人均发出处理瑕疵单据的指示，只要受益人未撤回其指示，原则上，受益人的指示应优先于其他提示人的指示。另外，若提示人所指示的处理方式与 UCP600 所规范的方式相冲突，当银行决定遵守该项指示时，其效力优先于 UCP600，即银行可不遵守 UCP600 的规范。

另外，在信用证业务中，有时提示人在提示单据时曾指示银行处理瑕疵单据的方式，对此，银行是否有义务必须遵守其指示？一般认为，依 UCP600 第 16 条，银行对处理瑕疵单据的四种方式拥有选择权，因此，即使提示人对此发出过指示，但银行仍有选择是否遵守的权利。例如，当指定银行发现单据存在瑕疵并在寄单面函中指示开证行先与申请人联系，洽商其放弃瑕疵，但开证行无意洽商申请人放弃瑕疵单据时，当然拥有拒绝该项指示的权利而以其他方式处理单据，如保存单据等候提示人进一步指示或退还单据。因此，若银行未遵守提示人的指示而选择其他处理方式，不会因此而丧失其拒付的权利。

3. 银行拒付后退还单据

银行拒受单据后，该单据的所有权仍属提示人所有，基于对提示人的尊重，银行在拒付后应将单据退还提示人。对此，UCP600 第 16 条第 5 款规定：“指定银行、保兑行（若有）或开证行，在依第 16 条第 3 款第 3 项 a）或 b）的规定发出通知后，可以在任何时间将单据退还给提示人。”

在信用证业务中，通常情况下，当指定银行（如议付行、代付行等）发现单据存在不符点，一般会立即向受益人退还单据，告知其瑕疵所在并提出单据修改或更正的建议。若单据已寄送开证行或保兑行，此时发现单据不符，则银行承付的前提条件未能满足，银行本来并无保存单据的义务，因此，可以在任何时间退还单据。但有时银行在发出的拒付通知中同时表明留存单据，等候提示人的进一步指示或申请人放弃瑕疵的通知，而提示人或申请人未能在要求的时间或合理时间内予以回应。此时，为减少争议，已按前述规范发出拒付通知的银行可直接退还单据。

本款的“银行可在任何时间（At any time）退还单据”的规范似乎也会产生某些疑虑。这是否意指银行有权随时、任意地违反其先前所发拒付通知的内容？依前述，银行有权选择将单据留存或退还并将其决定通知提示人，但鉴于提示人对该通知确定性的依赖，因此该通知发出后，银行对单据的处理应该受到一定的限制，至少银行欲变更对单据的处理方式时，应及时告知提示人。例如，当银行发出拒付通知并表明将留存单据等候提示人的进一步指示，而提示人则告知银行它将修改单据并及时寄回银行，此时，若银行执意要将全部单据退还，恐怕将难免其责。UCP600 官方评论也认为，若银行决定退还单据，最好事先告知提示人，切勿武断行事；但官方评论同时认为，依上述条文，这并非银行应履行的义务。在信用证业务中，多数银行通常会在退还单据之前，先向提示人发出相关通知，不论是否超过银行的审单期限。

（四）开证行或保兑行发出拒付通知后的权利

各国银行之间并非都相互存在业务往来关系，有时开证行与议付行之间无账户关系，或信用证采用第三国货币结算时，为便利结算，开证行则委托另一家有账户关系的银行或持有第三国货币的银行代向议付行偿付，被委托的银行称为“偿付银行”（Reimbursing Bank，简称“偿付行”）。偿付行向议付行付款后，再向开证行索偿。这种信用证业务又称为“偿付信用证”业务。

若信用证规定有偿付银行，开证行在开立信用证之后，向偿付行发出偿付授权书，告知其授权付款的金额、有权索偿的银行等内容。出口地的议付行在议付后，一方面将单据寄送给开证行或保兑行，另一方面，同时向偿付行发出索偿要求。偿付行收到索偿要求后，核对偿付授权书，若两者相符则向议付行付款。由于偿付行并非信用证的当事人，它并不接收提示人的单据，不审核单据，不与提示人或受益人发生联系，因此，偿付行对议付行的付款，不视为开证行的付款。有时，开证行或保兑行在未审单甚至还未收到单据时，议付行就已获得偿付。但开证行或保兑行审单后发现单据存在不符点，此时，开证行或保兑行应如何处理这种瑕疵单据？依 UCP600 第 16 条第 7 款，当开证行拒绝承付或保兑行拒绝承付或议付且已依本条规定发出拒绝通知，它将有权要求议付行返还已获得的偿付款项和利息。由此可见，只要开证行或保兑行已按第 16 条的规定发出拒付通知，它仍有权拒绝此项提示，即拒受瑕疵单据，拒绝承付或议付。

（五）银行处理瑕疵单据不当的后果

依 UCP600 第 16 条第 6 款，若开证行或保兑行未能依本条规范行事，它将无权宣称单据不符。换言之，此时，开证行或保兑行无权拒受单据，只能视为单据相符，履行承付、议付或偿付义务。另外，根据多数国家的法律，在银行接受单据之前，单据的所有权仍归提示人或受益人所有，银行应尽受托人的义务，否则难免其责。因此，银行若未依相关规范妥善处理单据或超越其受托权限处理，则应赔偿受益人因此产生的损失。开证行或保兑行处理瑕疵单据不当的情况通常包括以下几点。

1. 未在规定期限内向提示人或受益人发出拒付通知

如上所述，依 UCP600 第 16 条，开证行或保兑行拒受单据时，必须一次性发出拒付通知，否则，无权拒受单据。且该通知还必须在自收到单据的次日起 5 个营业日内发出，若超过该时间限制，就表明银行未在规定时间内完成审单工作，则视为银行接受单据，也就无权再拒付了，即使单据的瑕疵成立。

在此应注意，UCP600 第 16 条第 6 款仅针对开证行或保兑行而言，而不涉及指定银行。因为指定银行并不因接受开证行的指定而必须承担与开证行相同的责任。因此，尽管 UCP600 对指定银行在提示瑕疵单据时应采取的处理方式有所规范，但并未要求其在未依规定处理时必须承担与开证行或保兑行相同的责任。在信用证业务中，指定银行，如议付行等通常为受益人的往来银行，若该银行发现提示的单据存在瑕疵，基于维护其客户的利益，一般会在现场告知受益人单据的瑕疵所在并提供修改方案，双方之间的沟通不仅及时而且充分，因而产生争议的可能性很小。

2. 拒付通知内容无效

开证行或保兑行虽然在规定的时间内发出拒付通知，但若该通知的内容不符合 UCP600 的规范，则会导致该拒付通知无效。拒付通知内容无效的情形一般包括以下几种：（1）拒付通知未表明拒付的意思。银行虽然发出所谓的拒付通知，但其内容并未表达拒付的意思，则该通知无效。例如“We have found the following two discrepancies in the presented documents：A. The date of presentation exceeds the expiry of the credit；B. The port of loading in the B/L is not the same as that stated in the credit；Meanwhile we are holding the documents at your disposal and risk.”。（2）拒付通知未具体列明单据的瑕疵所在。若银行发出拒付通知，但该通知中未具体列明不符点，则开证银行或保兑银行同样无权拒受单据。例如“We refuse to pay you due to the following two discrepancies：A. There is conflicting data between documents；B. The commercial invoice does not meet the terms and conditions of the credit. Meanwhile we are holding the documents at your disposal and risk.”。另外，银行虽然具体列明了不符点，但所列的不符点不成立，同样，该拒付无效。当然，若列明的不符点，其中有成立的，也有不成立的，则银行有权拒受单据，因为拒付的理由是已成立的不符点；若列明了不符点且成立但不是全部的，则银行也有权拒受单据，因为未列明的不符点视为已被银行接受。（3）拒付通知未表明对单据的处理方式。银行虽发出拒付通知，但该通知中并未表明对单据如何处理，这同样可导致拒付无效。例如“We have found the following three discrepancies in the presented documents：A. In our credit，we required that number of the original（s）issued must be stated. But in the presented insurance policy，it shows No. of policies issued two；B. In our credit 42a，drawee is G Development Bank W sub branch. But the presented draft（s），the drawee is typed as G Development Bank Building YR Floor 1W；C. In the presented packing list，it is stipulated both packing in bulk and gross & net weight of each package.”。

3. 处理瑕疵单据的方式不当

如前所述，在单据被接受之前，银行有义务为提示人或受益人保管好所收到的单据，即履行其受托人的义务。因此，银行认为单据不符时，应依 UCP600 第 16 条第 3 款所规范的四种方式之一处理。相反，若未做到上述要求，银行则被视为接受瑕疵单据，无权再拒受单据，而应履行其承付或议付责任，或赔偿受益人的损失。

此外，依 UCP600 第 35 条，若信用证项下相符的单据，由受益人在信用证或惯例规定的提示期限和地点提示给指定银行，且指定银行确认提示相符并将单据发送给开证行或保兑行，但该单据在该指定银行寄送给开证行或保兑行的传递中丢失，或保兑行寄送给开证行的传递中丢失，则无论该指定银行是否已承付或议付，开证行或保兑行必须承付或议付，或偿付该指定银行。

（六）结论

UCP600 第 16 条规范了银行处理瑕疵单据的准则与操作程序。与以往的国际惯例相比，无论是形式上还是实质内容方面，其规范都较为具体和明确。信用证交易的特点是单据买卖，若单据存在瑕疵，银行有权拒绝承付或议付，但银行也可寻求申请人放弃不符点而接受瑕疵单据。若银行对瑕疵单据行使拒绝权，须严格依 UCP600 的规范和提示人的指示行事，否则，可能要赔偿受益人的损失。因此，作为承担承付或议付义务的银行，除了掌握 UCP600 的规范外，还应仔细检查寄单面函中是否记载了提示人关于处理单据的特别指示。若提示人已有指示，则银行应优先遵守并在拒付通知中表明已按照提示人的事先指示处理单据，如此一来，有可能避免纠纷的产生。作为贸易当事人的出口商、受益人，应按信用证规定的或 UCP600 规范的提示期限及时向银行提示单据；一旦发现单据的瑕疵，应及时修改或更正；同时，还应利用 UCP600 赋予的权利，要求指定银行（如议付行等）在寄单面函中载明单据的处理方式，或要求申请人在开证时将单据的处理方式列为信用证的条款之一，以免银行直接退单；若未能事先指示单据的处理方式，当接到银行的拒付通知并表明留存单据等候进一步指示时，更应快速发出指示，以维护自身权益。有理由相信，信用证的当事人或关系人若能依上述要求办理信用证业务，则信用证拒付的纠纷会大为减少，进而有助于国际贸易和国际结算业务的顺利进行。[①]

十二、跟单信用证项下银行间的偿付

在信用证业务中，信用证通常指定或授权由开证行之外的另一银行对受益人进行承付或议付，指定银行接受指定或授权并依信用证规定向受益人承付或议付后，开证行有义务偿付指定银行已承付或议付给受益人的款项。

开证行偿付指定银行的义务，可由自己本身完成，即指定银行可直接向开证行索偿，如采取借记、贷记、单到付款、电汇索偿等方式。当开证行在指定银行设立账户时，开证

---

① 参考文献：

a. International Chamber of Commerce (2007a), Commentary on UCP600 (Article-by-Article Analysis by the UCP600 Drafting Group), ICC Publication No. 680, Paris.

b. International Chamber of Commerce (2007b), UCP600: 25 Important Ports to Consider, 18. Notice of Refusal and Return or Holding Documents. Documentary Credit World, Nov./Dec., 2007.

c. International Chamber of Commerce (2008a), Opinions on UCP600, TA638rev, DCI Apr.-Jun., 2008.

d. International Chamber of Commerce (2008b), UCP600: 25 Important Ports to Consider, 19. Waiver of Discrepancies, DCW Jan. 2008.

e. 康蕙芬 . UCP600 之下的单据拒付程序，台湾金融财务季刊，2008(12).

行在审单相符后，可授权指定银行借记开证行的账户；当指定银行在开证行设立账户时，开证行审单相符后即可贷记指定银行账户。这种偿付业务一般称为直接偿付或简单偿付。这种偿付业务中的指定银行，不需要第三家银行参与即可从开证行获得偿付资金。

但要求开证行在每一家指定银行开设账户是不现实的。因种种原因，有可能使用第三家银行进行偿付。另外，有时信用证使用的货币并不是受益人所在国的货币，此时，有可能需要第三家银行参与偿付。因此，开证行也可在信用证中规定，由其本身以外的另一银行偿付向受益人承付或议付的指定银行，该另一银行称为“偿付银行”（Reimbursing Bank），指定银行称为“索偿银行”（Claiming Bank）。当信用证业务需要第三家银行偿付时，使用偿付行的过程称为信用证项下银行间的偿付。国际商会为此专门制定了 Uniform Rules for Bank-to-Bank Reimbursements under Documentary Credits（《跟单信用证项下银行间偿付统一规则》，URR725）。因此，跟单信用证项下的银行间的偿付须遵循 URR725。①

十三、信用证独立性原则的欺诈例外

信用证业务既是商务行为，又是法律行为。信用证的当事人和关系人应遵守信用证和相关国际惯例的规定。但信用证和国际惯例的规定不可能规范所有有关信用证的问题，如信用证欺诈等，因此，信用证的当事人和关系人在处理信用证业务中，还须借助有关的法律规定，妥善解决与信用证业务相关的问题。

（一）信用证独立性原则与欺诈例外

独立性原则（Independence Principle）是信用证制度的基石，旨在保护受益人并避免银行被卷入基础合同的纠纷。当受益人提示了相符的单据即应获得承付或议付，有关当事人或关系人不得援引基础买卖关系对此提出抗辩。但若绝对贯彻独立性原则，有时则会违背公平性原则。因此，世界上绝大多数国家的法律或判例允许以受益人的欺诈为理由，拒付受益人，从而突破信用证独立性原则的限制，即将基础交易的欺诈行为作为独立性原则的例外。美国《统一商法典》（UCC）第五篇对此作出专门的规定，而国际上除了联合国公约外，国际商会 UCP 并未对此加以具体规范，它要求由各国国内法自行解决。其他国家通常由判例解决这一问题。探讨美国及有关国家对此问题的规范，有助于在国际贸易和国际结算中正确处理信用证欺诈问题。

1. 独立性原则

信用证是一种以银行信用代替商业信用并在国际贸易中广为使用的支付方式。信用证交易具有单据买卖、文义性和独立性的特征，这在信用证统一惯例（UCP）以及美国统一商法典（UCC）中均有明确规定，并在英美国家的许多判例中得到肯定。

独立性原则具体表现为以下三方面：（1）银行的地位和责任是独立的，银行不得援引单据和信用证以外的任何抗辩拒绝承付或议付；（2）信用证的各当事人或关系人不得援引基础合同对信用证作补充解释，也不得援引基础合同的抗辩解除银行的承付或议付责任和申请人的补偿责任，或者强制银行承付或议付和申请人补偿；（3）只要受益人提示的单据相符，则银行的承付或议付责任和申请人的补偿责任即可确定下来。

---

① 关于“跟单信用证项下银行间的偿付”，可详见拙著．国际结算——实务与操作（第三版）．北京：对外经济贸易大学出版社，2014：269-282。

信用证交易的上述表现彼此之间相互联系，充分发挥信用证交易专业分工的效率和功能。但独立性原则是信用证的最核心原则，对银行而言，它确立了银行承付或议付相符单据的绝对责任，即使涉及基础合同的违约也无法免除银行的责任。这一原则已成为国际贸易和国际结算惯例。但与此同时，这一原则也给不法商人带来可乘之机。某些受益人利用表面完全相符而实质上却是伪造的各种单据向银行提示并要求承付或议付。由于银行在处理信用证交易时，只负责对单据进行表面审核而不过问事实，因此，使得欺诈案件时有发生，导致银行和申请人遭受严重损失。

信用证欺诈无法从信用证制度本身解决，因为欺诈的根源正是信用证制度的核心，即独立性。若为解决欺诈问题而否定独立性则等于否定整个信用证制度。

一直以来，国际商会 UCP 和国际备用证惯例（ISP98）均不涉及有关信用证欺诈问题，只能由各国国内法，如美国《统一商法典》的规定加以解决。但这种情况被《联合国独立保函及备用信用证公约》打破，该公约对此予以规范，而非留由各国法律解决。

2. 信用证欺诈例外

信用证欺诈例外是指，若能证明受益人的行为构成对基础合同的实质性欺诈，则开证行可拒绝向受益人付款，同时，申请人也可向法院申请采取措施，禁止银行向受益人付款。这种以欺诈为理由，阻止开证行付款的规定和做法，实际上完全打破了信用证的独立性原则。换言之，在信用证交易中不再适用独立性原则，是信用证交易的当事人或关系人对独立性原则的一种典型的抗辩，也是独立性原则在信用证交易中的一种例外。

为弥补国际商会 UCP 和 ISP98 对信用证欺诈及其救济规定的缺陷，许多国家近年来逐渐制定了遏制信用证欺诈的一种重要法律制度，即信用证欺诈例外原则。这一原则旨在保护开证行和买卖合同中买方的合法利益，在特殊条件下赋予银行和买方可排除独立性原则的适用，行使拒付权利。目前，多数国家，特别是英美法系国家基于诚信原则，通常允许这种抗辩或例外。信用证欺诈例外作为一种法律救济措施，实践中通常有两种做法：一是申请人（买方）向法院申请禁令，即止付令，禁止银行付款；二是开证行一旦发现欺诈或确认了申请人所声称的欺诈行为存在，可主动拒付受益人。若法院发布止付令禁止银行付款，通常要满足以下几个条件：第一，受益人确有欺诈的事实；第二，银行在付款或承兑前知道该欺诈事实；第三，申请人能举证证明该欺诈事实；第四，善意的持票人不适用该例外措施等。与其他国家相比，只有美国《统一商法典》在其第五编专门而系统地规定了信用证欺诈例外原则。

（二）美国《统一商法典》关于信用证独立性原则的欺诈例外

美国是世界上最早确立信用证欺诈例外原则的国家，这一原则是由著名的 Szetjn 判例引起的，该判例创立了法院以欺诈为理由禁止开证银行向受益人付款的先例。在“Szetjn 诉 Henry Schroder Banking Corporation（1941）”一案中，纽约的原告（进口商）Szetjn 向出口商印度的 Transea Trading Co. 购买猪鬃，并约定由被告银行 Henry Schroder 开立不可撤销信用证给印度的出口商（受益人）。受益人将单据备妥后，由开证银行的往来银行（Chartered Bank of India，Australia and China）代收，该银行即向开证行提示单据。尽管发票和提单上均载明货物为猪鬃（Bristle），但原告发现受益人所装运的并不是猪鬃，而是牛毛和其他毫无价值的物品。于是，原告以受益人欺诈为由诉请法院宣布信用证无效并发布止付令阻止银行向受益人付款。而受益人则坚持信用证具有独立性，只要单据在表面上与信用证相符，银行则必须付款，原告以基础合同的抗辩并不足以禁止银行依信用证付款。而法院也承认并坚持信用证具有独立性，但同时也认为本案受益人故意不交付合同约定的货物构成欺诈，因此，法院批准了原告的止付请求。换言之，上述情况构成信用证独立性原则的例外。

上述判例具有划时代意义，它确立了欺诈作为信用证独立性例外的原则：（1）以欺诈为抗辩理由不是否定信用证的独立性，也并不赋予银行核查欺诈事实的义务；（2）开证行在付款之前已经得知受益人欺诈的事实；（3）欺诈例外的事实基础是受益人的欺诈，而不是受益人与申请人之间关于违反合同承诺的争议；（4）银行或申请人必须确认受益人的欺诈行为成立，而不能只是声称有欺诈行为；（5）若银行已经以合理的注意审核了单据，即使单据存在欺诈或伪造，银行不承担责任；（6）若提示单据请求付款的是善意的持票人，则不适用欺诈例外。总之，只要符合上述条件即可适用欺诈例外原则，即不再适用信用证独立性原则。换言之，即使单据表面与信用证相符，银行也可拒付受益人，或申请人拒绝付款赎单。

美国于1962年制定《统一商法典》（UCC）时，将信用证独立性原则的欺诈例外予以法典化。1995年，美国又将这一制度予以修订，并将信用证欺诈与救济规定于UCC第五篇109条（欺诈与伪造）。①

（三）其他国家和国际公约关于信用证独立性原则的欺诈例外

1. 其他国家关于信用证欺诈例外的规定

美国UCC第五篇关于信用证欺诈例外的规定是目前国内法对此问题最为具体的规范，其他国家通常仅在判例中解决这一问题。例如，在英国，法院在信用证独立性的欺诈例外判例中，采取非常谨慎的立场，若要发布止付令，必须满足以下三个条件：第一，申请人必须提出确凿证据证明受益人存在欺诈行为；② 第二，申请人必须充分证明受益人违反了合同法或侵权法的义务；③ 第三，法院要权衡不发布止付令使申请人遭受的损失是否将超过发布止付令而使受益人遭受的损失，若不超过，则发布止付令即为不适当。④ 因此，在英国，法院对于欺诈例外的适用采取较其他国家更为严格的标准。法国法院的判例表明：受益人的犯罪责任确定之前，银行拥有不付款的权利。在20世纪80年代，法国法院也确立了信用证欺诈例外的规则，只要受益人存在欺诈或恶意时，银行有权拒付受益人。在德国，原则上不允许以买卖合同中的抗辩理由，对抗受益人信用证项下的付款请求权，但若受益人利用信用证破坏了交易的公平性，则银行可以拒付受益人。加拿大的判例表明，该国法院在审理此类案件时，既遵循较为严格的英国标准，又有采用美国判例规则的迹象，这与加拿大同英美两国具有特殊渊源有关。由上述国家的判例可以看出，目前多数国家的法院在处理此类案件时，基本上如美国UCC官方评论所指出的那样，对是否运用欺诈例

---

① 关于美国UCC对信用证欺诈例外的规范，可详见拙著．国际结算——实务与操作（第三版）．北京：对外经济贸易大学出版社，2014：317-320。

② “R. D. Harbottle(Mercantile)Ltd. 诉 National West minister Bank(1978)”；“Korea Industry Co., Ltd. 诉 Andoll Ltd.(1990)”等。

③ “United Trading Corp. S. A. 诉 Allied Arab Bank(1985)”；“GKN Contractors 诉 Lloyd's Bank(1985)”。

④ “R. D. Harbottle(Mercantile)Ltd. 诉 National West minister Bank(1978)”；“United Trading Corp. S. A. 诉 Allied Arab Bank(1985)”。

外原则，法院具有较大的自由裁量权。

2. 国际公约关于信用证欺诈例外的规定

如前所述，国际商会 UCP、ISP98 和 ISBP 未具体规定信用证欺诈例外的适用条文，它们要求将其留待各国国内法去处理。由于 UCP 已在国际上被普遍接受并具有较强的权威性，因此，近年来人们不断呼吁国际商会应在新的 UCP 条文中，具体规范信用证欺诈例外的问题，消除国家之间对此问题的分歧。但国际商会在关于修订 UCP 的多次会议上，并不接纳这种呼吁，其原因主要是很难统一各国的相关法律规定和判例所确立的原则。

但 2000 年生效的《联合国独立保函和备用信用证公约》首次在公约中对信用证独立性原则的欺诈例外问题作出规定，试图统一各国对此问题的分歧。该公约承认保函独立性的欺诈例外原则，并在其第 19 条中将受益人的欺诈性索款称为“不适当索款要求”（Improper Demand），而不使用“失信”（Bad Faith）、“滥用权利”（Abuse of Right）和“欺诈”（Fraud）等术语，因为其概念和理解在不同的国家有分歧。其第 19 条（付款义务的例外）规定主要包括以下内容：（1）若以下事由属实，保证人/开证人本着善意行为对受益人拥有指控并不予付款的权利：任何单证是伪造的或篡改的、依请求付款的单据所记载的理由付款义务不存在、根据承诺不具备预期付款的理由；（2）开证人付款时必须考虑到基础交易：基础交易已被法院或仲裁宣告无效或其已被履行且满足了受益人的要求，受益人利用非法手段阻挠基础交易的履行使其无法实现，此时，开证人不予以付款；（3）申请人在上述情况下，有权请求法院发布临时救济措施（一般为法院禁令）。此外，该公约还在其他条文中，特别强调受益人请求付款时必须遵守诚信原则。

该公约的上述规定，是关于信用证欺诈例外原则的国际规范的首创，提供了各国统一的欺诈例外概念，避免各法系之间的争议，使不同法系对欺诈例外达成共识。

十四、常见的信用证“软条款”种类及规避措施

信用证中的“软条款”（Soft Clause），在中国有时也称为“陷阱条款”（Pitfall Clause），是指在信用证中加列一种条款，据此条款，开证申请人或开证行具有单方面随时解除付款责任的主动权，即买方完全控制整笔交易，受益人处于受制人的地位，是否付款完全取决于买方的意愿。这种信用证实际变成随时可撤销或永远无法生效的信用证，银行中立担保付款的职能完全丧失。带有此种条款的信用证实质上是变相的可撤销信用证，极易造成单证不符而遭开证行拒付。买方凭借信用证“软条款”还可骗取卖方的保证金、质押金、履约金、开证费等。因此，带有“软条款”的信用证将导致受益人面临极大风险，出口商应妥善处理信用证的“软条款”。①

现将国际结算中常见的信用证“软条款”予以归纳和总结，并提出规避措施。

（一）常见的信用证“软条款”种类

1. 控制信用证生效的“软条款”

控制信用证生效的软条款规定，主要表现为信用证必须在满足开证申请人或开证行提出的某些条件后才生效，开证申请人完全掌握信用证的主动权。例如“THIS CREDIT WILL BECOME OPERATIVE PROVIDED THAT THE NECESSARY AUTHORIZATION BE

---

① 谢尚宏．信用证软条款研究．http://www.66law.cn/channel/viewlawarticle.aspx?lawarticleid=469 2011-1-10.

OBTAINED FROM EXCHANGE AUTHORITY, WE SHALL INFORM YOU AS SOON AS THE AUTHORIZATION OBTAINED."（本信用证必须自外汇当局获批授权书后方能生效。待获得授权书后立即通知你方）。再如，信用证中规定“THIS LETTER OF CREDIT IS NOT OPERATIVE UNTIL WE ADVISE PRICE, NAME OF VESSEL, DESTINATION AND FINAL DOCUMENTARY REQUIREMENTS BY WAY OF AMENDMENT."（直到我们通过修改信用证，通知有关价格、船名、目的港和最后的单据要求后，本信用证方能生效）。

这种情况一般发生在尚未确定信用证项下的各种单据、证书的详细要求和指示，为履约，进口商按时开出信用证。但注明限制生效条款时，出口商若急于交货装船，将导致制单困难，更难于结算货款。这种控制信用证生效的软条款比较灵活，可以是装船条款，可以是商检条款，可以是通知或经确认条款，也可以是等待进口许可证签发条款等。总之，其方法是阻止信用证生效，其实质是严格控制信用证交易。

此类情况一般发生在开证申请人为实力不太雄厚的中间商，其中，最容易迷惑受益人的条款是，由开证申请人检验货物样品合格后才通知信用证生效。由于受益人认为自己已按合同规定寄出符合质量要求的样品，因此，也开始积极准备发货。问题是，即使样品与合同规定的质量要求完全一致，只要开证申请人由于市场变化而拒绝发送生效通知，受益人手中的信用证仍然毫无意义。

2. 开证行或申请人要求的签字或印鉴与开证行、通知行或申请人的要求相符的“软条款”

这一类软条款又分为以下几种：

第一种：规定货物检验证明或货运收据由进口商授权的人出具和签署，其印鉴应由开证行证实方可议付等。这类条款不仅是证明或收据的出具或签字权控制在进口商或开证行手中，而且也违反了银行不参与基础交易的国际惯例。

第二种：规定商品检验证书由进口商出具和签署并由受益人会签，同时，其印鉴应与通知行持有的记录相符。这种条款很有可能影响议付时间，造成单证不符。

第三种：规定商品检验证书由特定的人或单位出具并签署，但他们的印鉴必须由通知行证实。这些条款看上去并无风险，但详细分析就会发现，对受益人存在潜在的风险。因为依 UCP600，通知行应检查其所通知的信用证，以保护受益人的权益，而无义务审核进口商的印鉴。另外，若开证行并未将印鉴资料寄给通知行，致使通知行无法证实，在议付行议付时，很可能造成单据不符，不能收取货款。

第四种：规定货运收据由进口商或进口商授权的人出具并签署，其印鉴必须与开证行的档案记录相符。对于这些条款，受益人处于两种风险之中：一是被授权人是否签字；二是受益人无从知道开证行的印鉴。这给信用证的单证相符造成难以克服的困难。

第五种：规定由进口商授权人出具并签署的货运收据，其印鉴必须符合开证行持有的记录。对于该条款，受益人不能保证货运收据上的签字与开证行持有的记录相符。

3. 商检条款中的“软条款”

这类软条款也有以下几种：

第一种：在信用证的单据条款中设置收货人检验条款。这种软条款在设置时，受益人比较容易接受，因其从表面看是成立的，原因是货物由进口商购买，对商品质量的控制是合理的。但深究起来不难发现，由于信用证的特点决定了受益人提供的单据必须符合信用证的要求，这就使进口商可借助此条款控制受益人。因为进口商可随心所欲地对货物百般挑剔，不出具检验合格的检验证书或迟开此类证书，出口商则不能及时备齐信用证规定的单据，导致单证不符而被开证行拒付，或因迟交单据而被开证行拒付。

第二种：在信用证中设置有权签字人的签字与银行的签字样本一致的条款。这类条款，表面上是为防止假冒有权签字人签发商检证书，并不要求递交收货人检验证书而改为要求第三方机构出具商检合格证书，但要求商检证书签发人的签字要和开证行的预留印鉴一致。一方面，议付行可能就没有收到开证行的签字样本；另一方面，预留印鉴是否一致，最终决定权在开证行，议付行即使认定签字印鉴相符也无济于事。

第三种：在信用证中设置限制办证机构的条款。例如，信用证要求出口商的商检证书要由进口国领事馆认证。若当地不存在这类机构，受益人几乎不可能履行这样的条款；即使到有此类领事馆的地方，时间就成为障碍，很可能迟交单据。

上述信用证商检软条款大多以控制质量为名，在商检证书、签字等方面控制受益人所交的单据，具有非常大的隐蔽性。这类条款都属不正常条款，也是违反信用证惯例的条款。因申请人自检或由申请人的授权人签发检验证书这些条款，不仅违反有关进出口商品检验需由一个独立于贸易关系人之外的第三者，一个有资格、有权威性的专业检验机构来执行的惯例，也违背 UCP 规定的“在信用证业务中，各有关当事人处理的是单据，而不是与单据有关的货物、服务或其他行为”。根据惯例，银行不介入买卖，不参与基础交易。上述条款要求申请人授权的代表签字须经开证行或通知行证实等，意味着银行参与了交易，违背了国际贸易惯例。

4. 运输条款中的“软条款”

这类软条款是指，申请人利用信用证中规定的装运港、目的港、装运时间、可否分批装运或转运、船公司、船级、船龄等方面的内容限制受益人的软条款。

这类软条款包括以下几种：

第一种：在单据上规定目的港由申请人通知指定。例如“目的港和装运日将以修改书的形式通知”。这类条款使装运处于不确定状态，大多是因为进口商担心国外码头工人罢工等意外情况发生，无人卸货而遭受损失。这种将风险转移至受益人的软条款同样在市场不利的情况下，成为申请人和开证行拒付的借口。

第二种：指定船舶和限制装运船龄。在这种情形下，由于船舶在海上航行的不确定因素很多，能否在特定日期内租到指定船舶，很难预料。对于船龄的限制也是如此。

第三种：指定转船船名。在海运实务中，转船时有发生，但转船是否可以保证转运到指定的船上乃是十分不确定的。

第四种：规定货物必须在取得申请人的指定人签发的装船通知，并以修改书形式发出后才能装船。这种情况下，申请人完全掌握货物是否装船、何时装船的主动权，从而导致延迟装运或其他不符点的产生，给开证行拒付提供了理由。而实践中，一旦市场行情发生不利变化，申请人往往不发通知，导致受益人处于极其被动的局面。

5. 条款之间相互矛盾的“软条款”

这种软条款使受益人处于进退维谷的境地，不可能做到单证一致。因为符合前一条款，必定违背后一条款，无论如何也做不到“单证一致”“单单一致”或“单内一致”。

例如，在转口贸易中，进口商要求出口商在单据上不要显示“受益人”名称，而多数国家都规定产地证书必须填写受益人名称，否则不予签发产地证书。因此，不论出口商如何制单，都不可能做到单证一致。再如，有的信用证中规定“货物装运必须在收到申请人通过开证行发出的指定船名指示后”，同时又规定“届时若申请人未按合同规定期限通知船期、船名，受益人具有租船权”。这些条款相互矛盾，让受益人不知所措。还有的单据条款与现实相矛盾，受益人也不可能做到单据一致，如要求中国的受益人提交 CMR（《国际公路货物运输合同公约》）运输单据，而中国未参加该公约，所以中国的承运人根本无法出具 CMR 运输单据。这些条款使受益人处于进退两难的地步，最终的结果势必造成单据不符，不能收取货款。

6. 限制付款的“软条款”

这类软条款分为以下几种：

第一种：信用证中规定进口商实际收到货物后才付款。例如，某外国银行开来的信用证，付款条件为“收到货物后，我行将根据你们的指示付款”。

若信用证中包含上述条款，出口商可能会面临三种风险：

（1）若货物在运输过程中灭失，进口商得不到货物，自然不会出具到货证明。根据信用证凭单付款的原则，出口商不能提交符合信用证要求的单据，则无法获得货款。

（2）若运程过长或运输途中发生事故，货物抵达目的地（或目的港）时超过信用证交单期，信用证已失效，即使进口商出具货到证明，仍将无法凭以收取货款。

（3）若买方蓄意欺诈，已收到货物但拒绝出具到货证明或延迟出具到货证明，出口商无法按时提供单据，同样遭受损失。

第二种：规定在货物到达进口国港口，由进口商出具检验证书后，开证行才能付款。例如信用证规定“开证申请人通知开证行已收到货物，并证明货物及数量符合订单的规定且申请人授权才付款”。

第三种：规定付款以申请人承兑汇票为前提。例如“一经接到与本信用证要求相符并经申请人承兑的汇票，我们将保证按你们的指示偿还货款”。

第四种：规定只有在货物进口清关、取得配额或由主管当局批准进口后才能付款。例如，某国银行来证规定：“SHOULD IT BECOME NECESSARY FOR APPLICANT TO ADD ADDITIONAL TERMS AND CONDITIONS TO THIS L/C DUE TO SUBSEQUENTLY INVOKED IMPORT QUOTA REGULATIONS, IT IS A CONDITION OF THIS L/C THAT SUCH ADDITIONAL TERMS AND CONDITIONS WILL BE IMMEDIATELY ADVISED BY US TO THE BENEFICIARY THROUGH THE ADVISING BANK BY REGISTERED MAIL OR TEXTED TELEX AND THAT TERMS WILL BE IMMEDIATELY BINDING UPON ALL PARTIES TO THIS L/C.（申请人若因开证后实施的进口配额规定，而需要附加条件或条款作为该信用证的一个组成部分，开证行将用挂号信件或加押电的方式通过通知行立即通知受益人。这些条款立即对信用证的各有关方具有约束力）。”

第五种：规定议付行在收到开证行授权后方可对受益人付款。例如信用证中规定“DOCUMENTS WILL BE RELEASED FREE OF PAYMENT. PAYMENT TO BE EFFECTED TO BENEFICIARY UPON RECEIPT OF OUR AUTHENTICATED MESSAGE AUTHORIZING YOU TO RELEASE PAYMENT.”。

上述条款改变了信用证开证行的责任，开证行的第一性付款责任将被解除。因为出口商发货之后能否收回货款，不再取决于开证行的银行信用，而完全取决于进口商的商业信用。这从根本上违反了《跟单信用证统一惯例》，动摇了信用证支付机能。

（二）规避信用证“软条款”的措施

对信用证的“软条款”，出口商应从以下几个方面加以规避。

1. 了解进口商的资信状况

信用证的“软条款”往往是进口商故意设置的有利于其拒付的特殊条款。因此，卖方可通过不同渠道对进口商的资信状况予以了解。这是预防“软条款”的重要前提。

2. 选择信誉良好的银行开证

卖方可主动要求买方向信誉良好的银行申请开证。信誉良好的银行会注重自身的声誉，认真对待“软条款”，因而对卖方的风险较小。

3. 认真审证，及早发现“软条款”

在贸易过程中，收到信用证后，卖方应将其与贸易合同核对，审查信用证条款是否与贸易合同一致、能否履行。若发现信用证与贸易合同不符，应及时与申请人联系，要求其对信用证进行修改。不能等到履行信用证过程中，发现“软条款”才要求修改，否则卖方将陷入被动局面。一旦信用证出现软条款，银行将不给予卖方做出口押汇、打包放款等融资，因此，在实务中，卖方应坚决拒绝软条款。

4. 贸易合同最好订立保证条款

贸易合同中，最好设立承担风险的责任保证条款，如第三方担保等。不应轻易听信单方的任何承诺。

5. 熟悉常见的“软条款”内容

作为使用信用证的受益人，卖方必须对常见的信用证“软条款”及其内容有所了解，否则，无法判断信用证条款的属性，也就无法提出修改要求，处于被动局面。

第二十四章 国际标准银行实务（ISBP745）及惯例

为统一规范跟单信用证项下的审单标准，2002 年国际商会第一次发布了 UCP500 下的 ISBP（No. 645）；2007 年 UCP600 生效后第一次更新 ISBP（No. 681）；2013 年再次修订 ISBP（No. 745）（International Standard Banking Practice for the Examination of Documents under Documentary Credits Subject to UCP600, 2013 Revision, ICC Publication No. 745），中文名称可译为《UCP600 下跟单信用证审单国际标准银行实务》，简称 ISBP745。

ISBP 的内容是记录长期存在的和已接受的惯例；记录在审核跟单信用证项下的单据时，UCP 的规则如何应用，这是因为 UCP 并未涵盖所有的可能提交的单据，即使是 UCP 涵盖的单据，也并非单据的所有方面都涉及，它为受益人提供一个框架，方便受益人准备单据，从而达到依据特定标准提交的单据在全球范围内均可被接受；记录国际商会文件（如意见、决议、建议书）中得出的结论。

ISBP745 共包括开证前问题、总则、汇票、发票、各种运输单据、保险单据及原产地证明等 16 个部分。其中，运输单据中的海运单部分及装箱单、重量单、受益人证明和检验证明等是新增内容。与 ISBP681 相比，ISBP745 的许多内容发生了变化。开立、提示（交单）、审核跟单信用证下单据及解决贸易纠纷的任何人员均会涉及 ISBP745。以下就 ISBP745 的相关规范予以探讨。①

一、开证前问题

（一）适用范围

ISBP745 在其“适用范围”明确指出：“（1）该出版物应结合 UCP600 加以解读，不可单独使用。（2）该出版物中所描述的实务（惯例）特别强调，UCP600 条款如何解释和适用于信用证的条款、条件及修改，而非修改和排除 UCP600 中的可适用条款。”这一规范明确表明了 ISBP745 与 UCP600 的关系，即其既与 UCP600 有关，也与信用证相关。

UCP600 的内容主要涉及信用证的操作和审单。ISBP745 的内容反映了审单实务的发展和变化，其所描述的信用证审单实务，只是强调了 UCP600 如何解释和适用，即是对 UCP600 所反映的信用证审单实务的补充和细化。若 ISBP745 的内容与信用证规定冲突，则优先适用信用证的规定。

（二）信用证及其修改的申请、信用证开立及其后续修改

ISBP745 在此特别强调，信用证各方当事人首先必须坚持信用证的独立性，这是信用

① 本章参考林建煌．品读 ISBP745．厦门：厦门大学出版社，2013。

证操作的基石。信用证条款模糊不清、条款的特定含义及软条款等应由谁承担责任，ISBP745 给予了明确规范。

1. 信用证的条款和条件及其修改独立于基础交易或其他合同，即使信用证或其修改明确提及该交易或其他合同。当协商销售或其他合同条款时，相关各方应清醒意识到完成信用证或修改申请将产生的含义。（ISBP745iii）

该条进一步细化了 UCP600 第 4 条。该条强调了信用证的独立性原则——信用证与基础交易是相互分离的以及信用证的严肃性。信用证终归来源于基础交易，信用证条款常常会直接援引基础交易的内容，这不影响其独立性。但信用证的独立性对信用证操作及审单必然产生影响。因此，各方当事人必须注意基础交易与信用证的关系。

2. 若各方对信用证或开证申请或信用证开立或修改中的细节加以注意，能够避免或解决在审单过程中出现的许多问题。开证申请人和受益人应仔细考虑要求提交何种单据、单据由谁出具、信息内容和提示的期限。（ISBP745iv）

该条是对 UCP600 第 5 条的补充，也是对第 14 条 h 款的引申。该条强调了单据问题，如内容、出具人和出具时间等，并提醒申请人和开证行等在信用证申请、开立及修改中，不能忽略任何相关细节，以避免日后审单过程中的纠纷。其中，最重要的一点是，无论是开证申请书的指示，还是信用证条件和条款，都必须坚持单据化，即信用证的条件和条款必须用单据加以证实。若为非单据化的条件和条款，则银行不予理会。

3. 开证申请人承担其有关开立或修改信用证的指示模糊不清所导致的风险。除非开证申请人另有相反的指示，开证行可以必要或适当的方式补充或完善信用证的条款，以使信用证或其后的修改得以使用。开证行应确保其所开立的信用证或修改中的条款和条件不能模糊不清或有冲突。（ISBP745v）

所谓的“Ambiguity”（模糊不清）是指可作两种或多种解释、意义不明确、模棱两可等。对受益人而言，其使用信用证必须以交单的形式满足信用证条款。若受益人对交单无所适从，则该条款就是模糊不清、不明确的条款；同样，对应的指示就是模糊不清的指示。对此，国际商会首先明确，开立或修改信用证的指示不明确的风险由申请人承担。换言之，若受益人选择提交对申请人不利的单据，开证行不得凭此拒付，必须首先承担其风险，继而转嫁给申请人，即申请人必须赎单付款。因此，申请人开立或修改信用证的指示必须明确无误。当然，受益人也应对此提出修改或澄清。其次，强调开证行的权利：在事先征得申请人的意见，申请人不反对（如“限定回复时间，不回复即被视为无反对意见”等）的情况下，开证行可以（May）补充或完善信用证条款后再对外开证或修改，以使信用证得以使用。再次，新增开证行义务：开证行应确保其所开立的信用证或修改中的条款和条件不能模棱两可或有冲突。由于开证行是信用证的第一责任人，其必须保证信用证或修改得以使用，否则应承担责任，但该风险通常可转嫁给申请人。另外，“模糊不清”与“冲突”不同，但其处理原则是相同的。

4. 开证申请人和开证行应充分了解 UCP600 的内容，并意识到如第 3 条、第 14 条、第 19 条、第 20 条、第 21 条、第 23 条、第 24 条、第 28（i）条、第 30 条、第 31 条，其对术语的界定可能导致意想不到的结果。例如，在多数情况下，信用证要求提交提单且禁止转运时，必须排除 UCP600 第 20 条 c 款的适用，才能使禁止转运发生效力。（ISBP745vi）

这是ISBP745对开证行（新增）和申请人的一项义务：不能使信用证条款与贸易实务矛盾（冲突）；须对UCP600条款的特定含义有所了解。信用证中常见的涉及转运的条款主要有：要求提交提单并禁止转运，而提交的提单显示转运、散装，则该提单不可接受；要求提交提单并禁止转运，而提交的提单显示转运、集装箱运输，则该提单可接受；要求提交提单并禁止转运，排除UCP600第20条c款的适用，而提交的提单显示转运、集装箱运输，则该提单不可接受；要求提交航空运单并禁止转运，而提交的航空运单显示转运、散装，则该单据可接受；要求提交公路或铁路运单并禁止转运，而提交的单据显示转运、散装，则该单据可接受。

5. 信用证或对其后的修改不应规定提交由开证申请人出具（Issued）、签字（Signed）或副签（Countersigned）的单据。然而，若信用证或修改仍含有此类条款，则受益人应考虑要求这类单据的适当性并考虑其能否满足这一要求，或寻求适当的修改。（ISBP745vii）

这是关于信用证软条款问题的规范。信用证软条款是一个复杂的问题。国际商会首先建议，信用证或对其修改中，不应规定提示由申请人控制或签署的单据（软条款）；其次，提醒受益人谨慎接受软条款，软条款是否适当，是否能够满足，否则应修改信用证。一旦接受软条款，其风险由受益人自己承担。

二、缩略语、拼写或打印错误及数学计算

在国际贸易制单实务中，经常涉及词语的缩写、简略及数学计算，同时也难免出现打印错误。如何处理这些问题，ISBP745予以明确规范。

（一）缩略语

ISBP745 A1规定，在单据中可使用普遍认可的缩略语（Abbreviations）来代替一个词语，例如但不限于，使用“Int'l.”代替“International”（国际），“Co.”代替“Company”（公司），“kgs.”或“kos.”代替“kilograms”或“kilos”（千克），“Ind.”代替“Industry”（工业），“Ltd.”代替“Limited”（有限），“Mfr.”代替“Manufacturer”（制造商），“Mt.”代替“Metric Tons”（公吨），反之亦然。含有缩略语的信用证允许单据中显示相同的缩略语或任何其他相同意思的缩略语，或显示其全称，反之也是如此。

何为普遍认可的缩略语，没有统一标准。若有纠纷，只能由当事人协调解决或第三方裁定解决。因此，尽可能少用缩略语，以使“证与单”保持一致。

若单据中所使用的缩略词语不是众所周知且意思不明确，则有可能被视为不符点。如在一份国际商会跟单票据争议专家裁决中，专家小组否定了当事人提出的“SLD.”就是“Sailing Date”的缩写的主张，因为“SLD.”即使在航运界也不是被普遍接受为“Sailing Date”的缩写。应注意，通常“Corporation”缩写为“Corp.”，“Company”缩写为“Co.”；“Corp.”与“Co.”不可替代使用。

关于斜线（“/”）和逗号（“,”）的使用，ISBP745 A2规定：a. 斜线可能会产生不同的含义，不应用来替代词语。然而，若使用了斜线且上下文含义不明确，则允许选择使用其中一个或多个含义。例如，信用证中列明“红/黑/蓝/”且无进一步澄清的情况下，则意味着“仅红”或“仅黑”或“仅蓝”或它们的任意组合。b. 在信用证中使用逗号以表明一系列信息时，如“装货港”“卸货港”“原产国”，可能会产生不同含义，因此，不应使用其代替词语。然而，若使用了逗号且上下文含义不明确，则允许选择使用其中一

个或多个含义。例如，当信用证允许部分装运且表明装货港为“汉堡，鹿特丹，安特卫普”但未进一步说明，则意味着“仅汉堡”或“仅鹿特丹”或“仅安特卫普”或它们的任意组合。

由于斜线或逗号在不同情境可能有不同的含义，容易导致误解，如它可能被解释为“和/或”。除非在上下文中可以明确其含义，否则最好不用来替代词语。例如，货物名称为“Wheat/Bean”，其含义是不确定的。若使用了斜线或逗号，最好要有文字说明；若没有文字说明，则按照 ISBP745 的规范处理。

（二）拼写或打印错误

受益人提示的单据中出现拼写或打印错误（Misspellings or Typing Errors），导致银行拒付的现象在信用证业务中经常出现，从而导致争议和纠纷。为此，ISBP745 A23 规定：若拼写或打印错误并不影响单词或其所在句子的含义，则不构成单据不符。例如，在货物描述中用“mashine”代替“machine”（机器），用“fountan pen”代替“fountain pen”（钢笔），或用“modle”代替“model”（型号）均不被视为与 UCP600 第 14 条（d）款冲突。但是，货物描述，如将“model 321”（型号 321）写成“model 123”（型号 123）则被视为与该款下的信息冲突。

该款对单据中的拼写或打印错误确立了判断标准：单据中的拼写或打印错误是否影响了单词或其所在语句中的含义。若影响了则构成不符点，反之，不构成不符点。而影响的判断没有绝对标准，通常可依据以下情况判断：（1）同一单据信用证要求的信息与非信用证要求的信息的重要性不同，则拼写或打印错误的影响不同。如国际商会案例表明，受益人证明中，信用证未要求的船名打印错误，不被视为不符点。（2）单据中的信用证号码打印错误，一般不被视为不符点。国际商会案例表明，提单中信用证号码打印错误不构成拒付的理由。（3）同一单据的不同内容，其重要性不同，拼写或打印错误的影响也不同。如航空运单的收货人姓氏打印错误与托运人地址打印错误的影响是不同的。

（三）数学计算

在单据操作中，数学计算一般涉及计算过程及计算结果。银行如何审核数学计算，ISBP745 予以规范。

ISBP745 A22 规定：“若提交的单据显示了数学计算（Mathematical Calculations），银行仅确定如金额、数量、重量或包装件数的总值（Total）不与信用证或其他规定的单据冲突。”

该款表明：（1）若信用证要求审核单据中显示的数学计算过程，则银行必须予以审核；反之，若无要求，则无需审核数学计算过程。如何判断信用证是否规定了数学计算，其基本原则是，若不审核其计算过程则无法确定是否满足了信用证的要求。如，信用证规定或 UCP600 允许金额、数量或单价 10% 的浮动范围，则必须通过计算过程才能知道是否符合规定。另外，信用证规定的任何数字指标或公式，依国际商会意见，应被视为信用证规定了计算过程。（2）对于显而易见的数学计算错误，银行也须审核，即使信用证没有规定。尽管 UCP600 已删除“合理谨慎”要求，但银行对单据计算的明显错误不能免责。（3）无论如何，银行必须审核数学计算结果，即总值（Total），但其前提是单据中必须记载数学计算结果的总值。应注意，若在一份相对独立的单据中无法直接核对总值，银行没有义务核算总值；而在多份相对独立的同类单据之间无法直接核对总值时，则银行仍须核算总值。另外，在核算总值时，四舍五入、全入或全舍导致的误差通常不被视为不符点。

三、证书、证明、申明及声明

在出口贸易中，出口商经常需要提交相关的证书、证明等单据。如何制作及审核这些单据，直接关系到贸易各方及银行的利益。ISBP745 予以详细规范。

ISBP745 A3 规定："信用证所要求的证书、证明、申明或声明，应签字。"通常，此类证明或证书等均需由出具人签字，以表明其效力。如信用证要求经证实的发票，则必须由受益人签字。

ISBP745 A4 规定："证书、证明、申明或声明是否需要注明日期，取决于所要求的证书、证明、申明或声明的类型以及单据中所要求的措辞和显示的措辞。例如，若信用证要求提交由承运人或其代理签发的表明船龄不超过 25 年的证书，则该证书可通过以下表述证明相符：a. 船舶建造日期或年份，且该日期或年份在装运日期前或装运年份前不超过 25 年，在此情况下，不需要注明证书的日期；或 b. 信用证中要求注明证书的签发日期，该日期证明船龄不超过 25 年。"实务中，此类单据通常都会注明日期，但这不是必需的，依据上述规定，视情况而定。如原产地证明不需显示日期。

ISBP745 A5 规定："若证书、证明、申明或声明出现在一份有签字并注明日期的单据中，则该证书、证明、申明或声明无需另行签字或加注日期，只要其表面看来已由开立和签署该单据的同一实体作出即可。"该条是关于非证明类单据签字日期的规范。该条是指，非证明类单据上的证明语句，看似由出具及签字人作出，则证明语句可以不予单独签字；若需要日期，也可不予加注单独的出具日期。例如，信用证 47A 中要求"Commercial invoice must contain shipper's signed certification that all goods delivered is strictly as per proforma invoice."，若提交的提单显示 Shipper 就是受益人，提交的由受益人签字的商业发票显示了证明语句"All goods delivered is strictly as per proforma invoice."，则不需要对该证明语句签字，也不需要显示签字人的身份。关于这一问题可概括为：若单据本身没有签字，或单据本身的出具人与签字人不是同一人，或尽管单据的出具人与签字人为同一人但与证明语句作出人不是同一人，或尽管单据的出具人与签字人及证明语句作出人为同一人但表面上无法看出时，则仍需单独签字，必要时还要单独加注日期。

四、副本运输单据及邮政收据等

（一）副本运输单据

在贸易运输单据中，经常要涉及副本单据，贸易各方及银行如何处理这些单据，ISBP745 A6 对此新增了相关规范。

1. 若信用证要求提交 UCP600 第 19～25 条涉及的运输单据的副本，则相应的条款不适用，因为这些条款仅适用于正本运输单据。只有当信用证明确要求时，才对运输单据副本予以审核，否则，依 UCP600 第 14 条 f 款审核。

2. 运输单据副本显示的信息，当其与信用证、单据本身、国际标准银行实务参照解读时，不需与该单据、其他规定的单据或信用证中信息完全相同，但不能与之冲突。

3. UCP600 第 19～25 条涉及的运输单据的副本不受 UCP600 第 14 条 c 款规定的 21 个

日历天交单期限及信用证所规定的任何交单期限的约束，除非信用证明确规定了这种交单期限，否则，可在任何时间交单，但在任何情况下不得晚于信用证的截止日。

上述规范表明以下含义：（1）信用证要求提交的副本运输单据，不是UCP意义上的运输单据，但其内容必须满足其功能且不得相互冲突。例如，不得以“货代收据”(FCR)或“海运单”代替提单副本；提单副本的内容不得与提单正本不一致，如两者的货物重量不同或两者的收货人记载不同等。（2）信用证规定的交单期仅适用于运输单据正本，不适用于副本单据。（3）银行依UCP600第14条第f款审核运输单据副本，除非信用证有明确规定。（4）若信用证无明确规定，运输单据只受信用证截止日的约束，不受21天的约束。

（二）邮寄单据、通知等的快递收据，邮政收据和投邮证明

快递收据等既可用于寄送信用证下的货物，也可用于寄送样品、副本单据或通知等，但大多用于后者。若寄送信用证下的货物，则快递收据、邮政收据或投邮证明属于运输单据，应适用UCP600第25条审核。若寄送样品、副本单据或各类通知等，则快递收据等不属于运输单据。如何审核此类单据，ISBP745 A10规定：“当信用证要求提交快递收据、邮政收据或投邮证明，以证实寄送单据、通知等给指名的或规定的实体时，此类单据仅依据信用证明确规定的范围审核，否则，依据UCP600第14条f款而不适用第25条规定处理。”因此，审核此类单据，既要符合信用证规定，又要遵循UCP600第14条f款“满足功能”的原则及d款“不得冲突”的原则。受益人应注意：（1）快递收据等要载明寄送的标的，如“某某通知”或“某某单据”等；（2）快递收据等需要显示取件日期，若正本设有签字栏还须取件人签署，若无签字栏或副本则无须取件人签署。

五、单据的出具人及其更正与证实

在贸易和信用证业务中，单据制作完成后通常要注明出具人，以示其对单据内容负责；单据的签署人通常对单据出具人身份的真实性负责。如何判断单据的出具人，是信用证审单业务中复杂且极其重要的问题。对单据中的内容进行更正或更改并加以证实也是经常发生的。对此，ISBP745予以规范。

（一）单据的出具人

ISBP745 A20规定：“若信用证要求单据由某具名人或实体出具，只要该单据看起来是由该具名人或实体使用其信笺函头的出具，或虽未使用信笺函头但表面看来该单据系由该具名人或实体（或其代理/代表）完成或签署，即满足信用证要求。”

在贸易实务中，汇票和发票的出具人为受益人；运输单据及保险单据的出具人为承运人及保险人或其代理。其他单据的出具人可为任何人，有时可不显示出具人或名称（如装箱单等）。

依上述规定，判断单据出具人有两种方法：（1）视信笺函头确定。公司或企业一般在其印就的各种空白单据的顶端提前印刷其名称。单据填写完成后，其具名人即为单据出具人。（2）视签字确定。单据由具名人或其代理填写完成后签字，该具名人则为单据出具人。如，由中国国际贸易促进委员会或国家质量监督检验检疫机构签署的原产地证书，只有单据名称，没有机构名称。出具时，先由出口商填写内容并签字，再交由中国国际贸易促进委员会或国家质量监督检验检疫机构签署证实。

（二）单据的更正与证实

在贸易实务及单据操作中，可对单据中的内容更正或更改并加以证实。信用证下对单据的提示以确保其真实性为前提。尽管 UCP600 第 34 条规定，银行对单据的有效性免责，但当事人不能免责，包括更正。因此，当事人对更正负责的表现就是证实。ISBP745 A8～A9 对此予以明确规范。

ISBP745 A7 规定："由受益人出具的单据，汇票除外（参见 B16 款），其信息的更正无需证实。若由受益人出具的单据已经过合法化认证、签证或证明等，任何信息的更正应至少经法定认证、签证或证明该单据的一方之一证实。该证实应表明证实者的名称且证实其更正，其方法既可使用体现其名称的图章，也可添加包括证实人签字或小签的名称。除由受益人出具的单据外，单据中信息的更正应表面看来已由出单人或其代理、代表证实。该证实应表明证实者的名称且证实其更正，其方法既可使用体现其名称的图章，也可添加包括证实人签字或小签的名称。在由代理或代表证实的情况下，应表明有资格代理或代表出单人。除了受益人出具的单据外，若单据已合法化认证、签证或证明等，信息的任何更正至少应由合法化认证、签证或证明等该单据之一的一方另加证实，A7（b）（i）的要求除外。该证实应表明证实者的名称且证实其更正，其方法既可使用体现其名称的图章，也可添加包括证实人签字或小签的名称。对副本单据信息的更正不需要证实。"

信用证除了要求单据签字外，可能还要求单据须经某一机构、部门、组织或个人履行法定手续（Legalized），签证（Visaed），证明（Certified）等，以向进口国证实单据所记载内容的真实性或者证实出口到其国家的货物符合相关法律或规定，或者要求受益人出具的某一单据须经某一检验机构确认以证明货物质量等。

法定手续（Legalized），通常指国内的某一单据，须由法定机构审查并签字等表示认可，以在国外使用；签证（Visaed），一般指人员出入境签证、船舶进出港签证等，其原意是"看过了"，在信用证业务中，单据签证是指"单据内容已看过了"并以签字等表示认可；证明（Certified），是指确认为真实、准确或真正的，在信用证业务中，则是证明单据的内容真实、准确、合格等。

有时，信用证可能要求单据须"公证"（Notarization）、"见证"（Witness）、"签署"（Sign）等。"公证"通常指由法定机构作出的证明；"见证"一般指由另一人（连署人，证人）证明；"签署"则较为宽泛，如签字、标记、印戳、盖章或标签等。

在此，应特别注意"宣誓"（Swear）可能与所谓的"证实"（Authentication）有所不同。在国际商会意见中，某信用证要求"Commercial invoice signed，sworn and detailed"，但并未表明如何"Sworn"（宣誓）。提交的发票只有受益人签字，没有"Sworn"的相关语句。国际商会认为，这是不符点，即使"Sworn"一词没有定义。为此，受益人须在相关单据上表明类似于"We swear/certify that... is truth."等宣誓、声明或证明语句并加以签署。

上述规范表明：（1）受益人出具的单据的更正，原则上无须签署证实。因为基于受益人的诚信和信用证业务程序能够保证其出具的单据及内容更正的真实性。但汇票内容的更正必须经过签署证实。（2）第三方出具的单据的更正，必须由第三方出具人签署证实，包括由出具人的授权人证实，"Agent，Proxy，Authorized by，For"或"On behalf of"等均表明授权关系。国际商会意见表明，提单或保险单更正由签字代理人证实可满足信用证要求。(3) 经过签证或证明等的单据的更正，还必须由签证或证明人再签署证实。(4) 更正的证实形式仅限于签字或小签。“小签”(Initials) 是一种特殊的签字方式，是指用姓名或组织名称的开头字母缩写签字（如“John Smith”小签为“JS”）。小签通常是在单据上已有完整的签字时，仅适用于修改或变更的证实，且与单据的签字相比必须足以辨别其是对应的小签。另外，公司缩写更正章可以用于证实，如“COSCO SHIPPING”代表“CHINA COSCO SHIPPING GROUP”；副本单据的更正无须证实。

关于单据的多处更正和证实，ISBP745 A8 规定：“除了由受益人出具的单据外，当一份单据包含不止一处更正时，每处更正应作出单独证实，或一项证实应表明其适用于所有更正。例如，当××出具的一份单据显示标有‘1、2 和 3’的三处更正，则使用类似‘编号为 1、2 和 3 的更正经××授权’的声明，再加上××的签字或小签，即满足证实的要求。”该条表明，同一单据中的多处更正，既可分别证实，也可在一处集中证实。

此外，ISBP745 A9 规定：“同一份单据内使用多种字体、字号或手写笔迹，其本身并不表明为更正。”

六、日期与时间的具体含义

在贸易实务及信用证业务中，涉及很多日期和时间，为避免歧义或争议，ISBP745 予以明确界定。

1. 单据日期

依 ISBP745 A11，汇票、正本运输单据及保险单据必须注明日期，即使信用证未要求，因为它们涉及法定要素。正本运输单据必须注明的日期既可以是货物装运、收妥备运、发运、接管或发送等日期，也可以是出具日期；但保险单据无论正本或副本均须注明日期，该日期可以是保险生效日期或出具日期。国际商会的意见表明，即使提单上载有装船批注日期，提单也须注明出具日期，这对收妥备运提单极为重要。

依该条，汇票、运输单据和保险单据以外的单据，在信用证要求注明日期时，可注明出具日期，也可援引其他单据日期（如承运人出具的证明中显示“date as per B/L No. ××”），还可注明对应事件发生的日期（如信用证要求商检证书必须注明日期，而提交的商检证书可只显示检验日期，而无出具日期）。但若商检证书仅仅记载装船日期，则不符合信用证规定。

2. 单据日期与装运日期的关系

依 ISBP745 A12，包括提单等任何单据的出具日期和表明事件发生的日期，可晚于装运日期。特别是商检证书日期并不必须证实装运前发生的检验，其注明的日期无需早于装运日期。若信用证要求一份单据证明装运前发生的事件（如装运前检验证明），则可使用单据名称（如单据名称为“Pre-shipment Inspection”）、内容（如“We have inspected the goods prior to the shipment.”）或出具日期（如商检证书的检验日期早于装运日期）来表明该事件发生在装运日之前或当天。

3. 单据出具日期与签署日期的关系

在贸易与信用证实务中，单据出具后通常由出具人签字。单据出具时，一般会注明出具日期，而签字时也会注明签字日期。究竟应以哪个日期为准？ISBP745 A13 规定：显示出具日期和随后的签字日期的单据，应被视为在签字之日出具。

4. 时间用语的具体含义

在贸易实务中，经常涉及一些时间用语，为避免歧义或争议，ISBP745 予以明确界定。

（1）ISBP745 A14a 规定：若信用证使用短语来表示在某日期或事件之前或之后的时间，应遵循下列规定：①“不迟于（日期或事件）之后 2 日”（Not later than 2 days after）表明是最迟日期。若要求一份通知或单据所标日期不得早于某个特定日期或事件，则信用证应如此明确规定。②“至少早于（日期或事件）之前 2 日”（At least 2 days before）表明该行为或事件的发生不得晚于该日期或事件的前两日。该行为或事件最早何时可以发生则没有限制。

（2）ISBP745 A14b 规定：① 为了计算一段时间，当“在……之内”（Within）与日期或事件连用时，在计算期限时，该日期或事件日期不包括在内。例如，“在（日期或事件）的 2 日内”[Within 2 days of (date or event)] 表明的是自该日期或事件发生前两天起至该日期或事件发生后两天之间的五天时间。② 当“在……之内”（Within）之后紧接一个日期或援引一个可定日期或事件，则包括该日期或事件的日期。例如，“在 5 月 14 日内交单”或“在信用证有效期（截止期）内交单”，这里信用证的截止日期是 5 月 14 日，是指 5 月 14 日是最后的交单日，在这一天交单是允许的，假设 5 月 14 日是银行工作日。

（3）ISBP745 A15 规定：“自……起”（from）及“在……后”（after）用于决定到期日或交单期限且伴有装运日期、事件日期或单据日期，则在计算该期限时排除上述日期。例如，在装运日后 10 天或从装运日起 10 天，此处装运日是 5 月 4 日，则到期日将是 5 月 14 日。

（4）ISBP745 A16 规定：只要试图表明的日期能够从该单据或提交的其他单据中确定，则该日期可以以任何形式表示。例如，2013 年 5 月 14 日可以用“14 May 13”“14. 05. 2013”“14. 05. 13”“2013. 05. 14”“05. 14. 13”“130514”等形式表示。为避免不确定的风险，建议月份以文字的形式表述。

此外，依 ISBP745 A17 的规定，若一份单据留有方框、栏目或空格以备信息录入，这并不意味着应填写这些方框、栏目或空格。换言之，这些空格栏可填写，也可不填写。如航空运单经常会出现名为“清算账目信息”或“处理信息”的方框不需录入信息。国际商会案例表明，租船提单上租船合同地点等栏目没有填写，不构成银行拒付的理由；原产地证书中的运输细节栏目无须显示运输细节。

七、与运输有关的其他单据及 UCP600 未定义的用语

信用证除了要求受益人提交正副本运输单据外，有时还要求提交与运输有关的其他单据，如货运代理收讫货物证明（FCR）、提货单（D/O）等。信用证中有时也会使用 UCP600 未定义的用语。如何审核此类单据，ISBP745 予以明确规范。

（一）与运输有关的其他单据

依 ISBP745 A18A：（1）与货物运输有关的单据，如提货通知（Delivery Note）、提货单（小提单）（Delivery Order）、货代收据（Cargo Receipt）、货代收货证明（Forwarder's Certificate of Receipt）、货代装运证明（Forwarder's Certificate of Shipment）、货代运输证明（Forwarder's Certificate of Transport）、货代承运货物收据（Forwarder's Cargo Receipt）和大

副收据（Mate's Receipt）等，都不是UCP600第19～25条定义的运输单据。这些单据应以信用证明确规定的范围审核，否则，依UCP600第14条f款审核。由于这些单据通常不记载运输条款，不是运输合同的反映，因而不被视为运输单据。（2）对于上述单据而言，信用证规定须在装运日之后一段确定时间内提交单据，可不予理会且可在任何时间交单，但在任何情况下，不能晚于信用证的截止日。（3）UCP600第14条c款规定的21个日历天交单期限，仅适用于UCP600第19～25条中涉及的一份或多份正本运输单据的提交。（4）对于上述单据的交单期限，信用证应明确规定交单须在相应单据签发日期或该单据所提及的日期后的一段确定时间内完成。（例如，信用证规定标题为货物收据的单据的交单，"单据须在不晚于货物收据日期后的10天提交"。）

（二）UCP600未作界定的用语

在信用证业务中，有时会使用"装运单据""过期单据可以接受""第三方单据可以接受""出口国""装运公司"和"交单即接受"等UCP600未定义的用语。ISBP745建议有关当事人在信用证中不应使用此类用语。但若信用证仍使用了这些用语且信用证也未定义其含义，则在标准银行实务中，其含义及审核如下。

1. "装运单据"(Shipping Documents)，指信用证所要求的除汇票、电信传送报告、证实单据寄送的快递收据、邮政收据或投邮证明之外的所有单据。

由于汇票、电信传送报告、证实寄送单据的快递收据、邮政收据或投邮证明等单据与货物运输无关，因此排除在装运单据之外。在国际结算业务中，有时使用一些与此类似的用语，如"商业单据"(Commercial Documents)。商业单据通常定义为除"金融单据"(Financial Documents)（如汇票、本票、支票等用以收款的票据）以外的单据，包括发票、运输单据、保险单、产地证、检验检疫证及装箱单或包装单等。

2. "过期单据可接受"(Stale Documents Acceptable)，指单据可晚于装运日后21个日历天提交，只要不晚于信用证的截止日。该含义也适用于信用证明确规定了交单期限且有"过期单据可接受"条件的情况。

例如，信用证规定"Stale Documents Permitted/Acceptable"且要求提交全套提单，但SWIFT700第48栏没有规定交单期，依UCP600第14条，应适用21天的交单期。此时，单据可在提单日后21天内提交，也可在21天之后提交，只要没有超过信用证的截止日即可。再如，信用证规定"Stale Documents Permitted/Acceptable"且要求提交全套提单，而SWIFT700第48栏规定交单期为7天，此时，单据可在提单日后7天内提交，也可在7天之后提交，只要没有超过信用证的截止日即可。

3. "第三方单据可接受"(Third Party Documents Acceptable)，指除汇票外的信用证或UCP600未规定出单人的所有单据，这些单据均可由受益人之外的指名人或实体出具。另外，该条新增"第三方单据不可接受没有任何意义，可不予理会"。

由于贸易实务中，不可能所有单据都由受益人出具，因此，"第三方单据可接受"与"第三方单据不可接受没有任何意义"的规定是合理的。

4. "出口国"(Exporting Country)，指受益人定居国、货物原产地国、承运人收货地所在国、装运地或发货地所在国中之一的国家。

从该款可以看出，"出口国"的含义较为宽泛，应尽可能避免使用。实务中，应处理好"出口国"与"原产地"的关系。通常，"出口国"可显示为货物原产地国，也可不是货物原产地国。反之，原产地国家也可是“出口国”，也可能不是。

5. “船公司（航运公司）”（Shipping Company），当使用与运输单据有关的涉及证明、证书或声明的出具人时，是指下列任何一方：承运人、船长，或租船提单时的船长、船东或租船人，或上述任何一方的代理，不论其是否出具或签署运输单据。

同样，“船公司”的含义十分广泛。上述船公司的证明或声明等一般是指“船公司证明”，该船公司可以是运输单据的出具人或签署人，也可以不是。

6. “交单即接受”（Documents Acceptable as Presented），指交单包括以下一种或多种情形：在信用证截止日之前提交且支取金额在信用证规定范围内的单据。该单据将不会依信用证或 UCP600 审核，包括是否依要求的正本或副本数量提交。

有时，为了及时处理单据以便进口商及早提货，信用证可能会规定“交单即接受”。但银行不会无条件地接受任何单据。其接受单据的条件是：（1）不超过信用证的截止日；（2）不超过信用证金额；（3）所交单据是信用证规定的单据。

上述规定是一个范围相当宽泛的表达。银行不对所提交的单据进行其他形式的审核。信用证应谨慎使用该用语。

八、单据语言及多页单据的处理

在信用证业务操作中，一些银行常常以单据中所使用的语言（Language）不是信用证所要求的语言为由拒付。有时因内容较多，一页单据不够使用，需要由多页显示或部分内容在附件中显示。如何处理此类单据，ISBP745 予以明确规范。

（一）单据的语言

关于单据使用的语言，ISBP745 第 21 条作出以下规定。

1. 若信用证规定了提示单据所应使用的语言，则信用证或 UCP600 所要求的信息需以该语言表述。该款表明，信用证或 UCP600 要求的信息应以信用证所要求的语言显示，而信用证或 UCP600 未规定的信息则由受益人自己决定使用何种语言显示。但银行只以规定的语言审单。国际商会案例表明，租船提单中的租船日期未使用规定语言显示，不属于不符点。

2. 若信用证未规定提示单据所应使用的语言，则该单据可以任何语言出具。该款表明，信用证未规定单据所使用的语言时，受益人可使用任何语言显示单据内容，如受益人使用当地语言（如中文）显示单据内容；受益人之外的官方单据使用其他的语言，则银行不得拒付。在实务中，若信用证未规定使用的语言，为避免争议，最好使用信用证语言。

3. 若信用证允许接受两种或多种语言，保兑行或指定银行可限定接受语言的数量，作为对该信用证承担责任的条件，以及在这种情况下，单据中所包含的信息仅可以该可接受的一种或多种语言表示；若信用证允许单据使用两种或多种可接受的语言表述其信息，且保兑行或指定行没有限定语言或可接受语言的数量作为对该信用证承担责任的条件，则需要以出现在单据中的所有可接受的语言审核该信息。

该款增加了保兑行或指定银行的权利，即单据的信息只能以保兑行或指定银行限制的语言显示。但这一限制只能约束受益人与保兑行或指定银行双方，而不涉及开证行的责任。换言之，在保兑行或指定银行限定语言时，若单据依此产生不符点，保兑行或指定银行可拒付。但这并不因此解除开证行的责任。若没有限定语言，保兑行或指定银行则有责任审核单据中所有可接受语言显示的信息，即使其对某些语言不熟悉。这同样适用于开证行。因此，无论是开证行、保兑行或指定银行，均有责任规定可接受的语言，否则，应接受任何语言的单据。

4. 银行无须审核使用信用证要求或允许以外的语言插入单据中的信息。该款是新增规范，其表明，使用信用证规定以外的语言插入单据中的信息，银行没有审核其内容的义务。例如，国际商会案例中，信用证要求“一切单据使用英语”，而提交的租船提单的日期未使用英语表示，则不构成不符点。

5. 尽管有上述的规定，但单据上所显示的指名个人或实体、图章、法律手续（当局盖章）、背书或类似表示以及提前印就的文字，包括但不限于栏目名称，可使用信用证要求以外的语言表述。

该款也是新增内容，其表明，单据出具人的名称和预先印就的文字或图章等可以信用证规定以外的不同语言表示。如国际商会案例表明，CMR（国际公路运输单据）、提单加盖章及原产地证书和海关加盖章等可使用信用证规定以外的语言表示；在中国的出口业务中，通常使用英语制作各种单据。若信用证中规定“单据应以英语制作”，则可提示中英文对照的各种单据。为避免争议，单据的语言问题，应在信用证中明确约定。

（二）多页单据和附件或附文的处理

在单据操作中，有时因内容较多，一页单据不够使用，需要由多页显示或部分内容在附件中显示。多页单据如何处理与审核，ISBP745 予以明确规定。

ISBP745 A24 规定：“当一份单据包括不止一页时，必须能够确定这些不同页属于同一份单据。除非单据另有规定，被装订在一起、按序编号或内部交叉援引的多页单据，无论其名称或标题如何，将满足要求且将被作为一份单据来审核，即使有些页被视为附件或附文。”

该款表明了多页单据属于同一份单据的判断标准，即不同页的单据之间必须存在联系。其判断方法包括不同页的单据装订在一起、不同页的单据之间加盖了骑缝章、不同页的单据按序编号、不同页的单据之间交叉援引等。

同一份多页的单据如何签字或背书，对此，ISBP745 A25 规定：“若一份多页的单据要求签字或背书，且信用证或单据本身未表明签字或背书应在何处，则该签字或背书可出现在单据的任何位置。”实务中，同一份多页单据若载有签字栏或背书栏，则应在该栏目签字或背书；反之，可在任何一页单据的任何位置签字或背书。应注意，背书通常在单据的背面签字而不应在单据正面签字。业界习惯是，同一份多页单据一般每页均要签字或在主页正式签字，其他页上可以小签，或者在所有页上加盖印章或骑缝章。

九、信用证的非单据条件

信用证的内容包括一系列不同的条款或条件。这些条款或条件通常由不同的单据加以支持，这些条款或条件称为“单据条件”。但信用证中，经常出现未明确对应单据的一些条件，这些条件称为“非单据条件”。UCP600 第 14 条对此只规定“银行在审单时，对非单据化条件不予理会”并将此条件视为没有记载。但实务中，如何判断非单据条件？银行如何处理非单据条件？

ISBP745 A26 新增规定："若信用证含有某一条件而未列明需提交与之相符的单据者（非单据条件），无须任何规定的单据证明该条件相符。但规定单据中的信息不应与非单据条件有冲突。"例如，当信用证要求"用木箱包装"而未指明该信息须显示在任何规定的单据上，任何规定单据中显示采用了另一种包装方式的表述将被认定为冲突的信息。

非单据条件是信用证业务中无法避免和存在诸多争议的问题。所谓"非单据条件"一般是指，虽然信用证规定了某一条件，但并未同时规定需要受益人提交何种单据来支持这种条件。例如，信用证规定货物的产地是中国，但并未要求受益人同时提交产地证，因此，"产地是中国"是一个非单据条件。若信用证既规定货物的产地是中国，同时又要求受益人提交货物的产地证，则"产地是中国"不是非单据条件，因为产地证明可以支持货物产自中国这一条件。

常见的非单据条件还有：载货船舶的船龄不得超过 10 年；载货船舶不得悬挂某国国旗；装船后，受益人应立即通知申请人；货物不得为某国家所生产等。

如何判断一个条件是否为"非单据条件"，仍存在争议。ICC 第 3 号意见书认为：若信用证中的某一条件未要求提交具体的单据来满足，但可明显地和某一单据建立关联，将不被视为非单据条件。如，信用证要求表明货物的包装状况，而受益人只提交了"Weight List"，但该单据中包含货物的包装状况。

如何判断某一条件明显地和某一单据建立关联没有统一标准。UCP600 和 ISBP745 仍没有解决如何判断非单据条件的问题。

依 UCP600 的上述规定，银行在审单时，对非单据条件不予理会，并将此条件视为没有记载。

依 ISBP745 的上述规定，若信用证含有非单据条件，无须任何规定的单据证明该条件相符。但规定单据中的信息不应与非单据条件有冲突。为此，申请人和开证行在开立信用证时，须将非单据条件转化为单据条件。例如，上述"船龄不得超过 10 年"，应要求提交船舶规范证明复印件；"船舶不得悬挂某国国旗"，应要求提交船籍证明复印件；"用木箱包装"，应该要求提交装箱单或包装单等。因此，判断是否为非单据条件只能在审核提交的单据后才能被最终确认。因此，申请人和开证银行在开立信用证时，必须将非单据条件转化为单据条件，以尽量避免争议。

十、正本单据和副本单据

信用证下的单据必然涉及正本与副本单据、正本与副本单据的效力、正本与副本单据份数及签字等一系列问题。UCP600 第 17 条已有规范，而 ISBP745 又予以详细化。

1. 正本单据的证实方法。ISBP745 A27 规定："单据表面上有出具人的原始签字、标记、图章或签条时，被认为是正本单据，除非其标明是副本。银行无须审核这些出具人的签字、标记、图章或签条是否采用手工或摹本方式，因此，所有以此方法证实的单据将满足 UCP600 第 17 条款要求。"

该款表明了正本单据的证实方法，即单据显示出具人的签字、标记、图章及签条等即被视为正本，且银行无须确认这些证实方法的形式。同时表明，即使单据的复印件通常只要显示出具人的原始签字即可被视为正本，但提单的复印件载有承运人签字可能不被视为正本。上述规范与 UCP600 第 17 条基本一致。依第 17 条，正本单据的证实方法包括单据表面显示出具人的手写、打印、穿孔或盖章；单据表面显示出具人在原始信笺上出具；单据本身记载为正本。

2. 正本单据的标注方法。ISBP745 A28 规定：“单据的多份正本可用‘正本（Original）’‘第二份（Duplicate）’‘第三份（Triplicate）’‘第一正本（First Original）’‘第二正本（Second Original）’等标明。上述任一标注均不使其丧失正本单据地位。”

在贸易和信用证业务中，通常，正本单据本身须加注“正本”字样。单据上印就或标注“Original”无疑是正本单据；同理，单据上的“First Original”“Second Original”也表示为正本。应注意，若在复印的发票上再加注“Original”字样，则可被视为正本；但若将载有“Original”字样的发票复印且未加注原始签字，则不被视为正本。

在一式三份的正本提单中，第二份和第三份通常分别加注“Duplicate”及“Triplicate”字样，被业界习惯视为第二份正本和第三份正本。但中国的保险公司出具的保险单，第二份一般也加注“Duplicate”字样，一般被视为副本。此外，“Customer's Copy”（客户联）或“Shipper's Copy”（托运人联）可视为正本，也可视为副本，须依具体情况而定。

3. 正本单据的份数。ISBP745 A29 规定：a. 提交的正本单据的数量应至少是信用证或 UCP600 要求的数量。b. 若运输单据或保险单据表明了出具的正本数量，单据中表明的正本数量应如数提交，第 H12 和 J7（C）表明的情况除外。c. 当信用证要求提交份数少于整套正本运输单据（例如，2/3 正本提单），但是也未说明如何处理剩余正本提单时，则可提交全套（3/3）正本提单。d. 当信用证要求提交：i. “发票”、“一份发票”（One Invoice）、“发票一份”（Invoice in 1 copy）或（Invoice-1 copy），将被理解为要求一份正本发票；ii. “发票四份”（Invoice in 4 copies 或 Invoice in 4 fold），则至少提交一份正本发票，其余使用副本即满足要求；iii. “复制本发票”（Photocopy of Invoice）或“副本发票”（Copy of Invoice），则提交一份复制本发票或副本发票，或若未禁止，提交一份正本发票即为符合要求；iv. “已签字的复制本发票”（Photocopy of a Signed Invoice），则提交一份明显表明已签字的正本发票的复制本或副本发票，或若未禁止，提交一份已签字的正本发票即满足要求。

信用证业务中，通常至少提交一份正本单据，但有时可能要求提交多份正本单据。对此，ISBP745 作出以上规定。第一，受益人必须依信用证或 UCP600 规定的数量提交正本单据。应注意，有时信用证要求提交“Shipping advice e-mail copy”，是指提交一份正本的“装船通知”的邮件；“One original copy”是指提交一份正本单据。第二，上述 b 款仅限于“运输单据或保险单据”。这一点与旧版不同。如信用证要求“3/3 Set of Bill of Lading”，是指提单出具 3 份正本且提交 3 份正本。第三，提交运输单据的份数可多于信用证规定。但若信用证要求“1/3 提单须由受益人径寄申请人”，则不能接受提交“3/3 全套提单”的规定。第四，Copy 的含义。上述关于 d 款关于“Copy”的规定与 UCP600 第 17 条基本一致，只是细化而已。应注意的是，所有副本单据并不要求使用同一种方式制作，如复印、复写、静电印刷复印等均可。第四，若信用证要求提交副本单据，则正本单据也可接受。但银行将按照正本单据审核，可能容易产生不符点。

4. 禁止正本单据代替副本单据。ISBP745 A30 规定：a. 若信用证禁止提交正本单据，例如，表明“复制本发票——不接受用正本单据代替复制本”或类似措辞，则应仅提交复制本发票或标明为副本的发票。b. 若信用证要求提交副本运输单据并表明如何处理该单据的全部正本，则交单时不应包含任该单据的正本。

上述 a 款所涉及的单据适用于所有单据；b 款所涉及的单据仅适用于运输单据。

5. 单据的签字。ISBP745 A31 规定：a. 若信用证、单据本身（A37 条中规定的除外）或 UCP600 要求，则正本单据应签字。b. 副本单据无须签字，也无须注明日期。

在信用证单证业务中，汇票、运输单据、保险单据、各类证明需要签字；而发票可不签字，但信用证要求时需要签字。而副本单据通常不需要签字和注明日期，一旦签字则成为正本单据。

副本单据通常包括复写本（Carbon Copy）、传真副本（Fax Copy）、复印件（Photocopy）及扫描件（Scanned Copy）等。

十一、发运唛头（运输标志）

运输标志（Shipping Marks），又称唛头。在贸易运输中，使用唛头的主要目的首先是货物在装卸、运输、保管、监管等过程中便于识别，以防错发、错运；其次是作为划分货物风险转移的主要方式之一。

信用证通常要求单据显示唛头或显示唛头的细节。对此，ISBP745 予以规范。

ISBP745 A32 规定了唛头的细节及顺序要求：若信用证规定了发运唛头细节，则载有唛头的单据应显示这些细节。单据中载明的发运唛头信息，无需与信用证或任何其他规定的单据中的信息顺序一致。

该款表明，信用证要求单据显示唛头，则单据中必须遵守且必须含有信用证规定的细节，否则可以不显示；由于同一唛头会有不同的描述方法，因而单据中载明的唛头信息，其顺序与其他单据或信用证规定可以不同。

ISBP745 A33 规定了唛头的额外信息要求：单据中载明的发运唛头信息可通过添加如（但不局限于）货物种类、易碎货物的警告、货物净重及毛重等，显示超出通常意义上的“唛头”或信用证中规定的“唛头”所包含的信息。

该款表明，唛头中显示了超出通常意义（如危险品）或信用证规定的信息，只要与信用证其他规定不冲突即可。

ISBP745 A34 规定了集装箱货物运输的唛头要求：a. 集装箱货物的运输单据通常在“唛头”或类似栏目中仅显示集装箱号，显示或不显示封号。其他单据则显示详细的唛头，如此并不构成冲突。b. 有些单据显示了第 A33 条和第 A34（a）条中提及的额外信息，而有些单据则没有，这不被视为与 UCP600 第 14 条 d 款的规定冲突。

集装箱号是指集装箱的识别号码，是全球唯一的编号。其作用是说明箱主或经营人、识别箱体及校验。集装箱封号是指集装箱铅封的识别号码，每一个铅封上均有一个号码，其作用是识别货箱是否被打开。

由于集装箱货物运输是以集装箱为单位的运输，其运输单据上是否显示唛头并不重要。因此，集装箱运输单据中“唛头”栏一般仅显示集装箱号，再显示封号。而其他单据则显示详细的唛头信息。即使单据之间，因唛头额外信息不一致，也不构成不符点。

十二、单据名称、联合单据及单据签字

在国际贸易实务中，出具的单据通常带有其名称并体现为一定的内容，有时还要签字，最终实现其功能。有时，一种单据可能与另一单据合并出具。一种单据还可能具备多个功能。单据最终需签字，这是证实单据的一种标记。对此，ISBP745 予以明确规范。

（一）单据名称和联合单据

1. 单据的名称、内容及功能。单据可以使用信用证要求的名称或相似名称，或无名称。单据内容必须看起来符合所要求单据的功能。例如，若要求“装箱单”，则名为“装箱单”“装箱记录”“装箱和重量单”等或无名称的载有装箱细节的单据都可满足该要求。（ISBP745 A39）

该款是 UCP600 第 14 条 f 款的细化，即强调单据的内容必须满足其功能，而其名称则不重要。例如，运输单据必须载有承运条款或其出处的援引；必须载有收妥货物的记载。发票必须载有货物描述、货物数量及金额。单据的名称一般有三种表示方式，即信用证规定的名称，与信用证规定的名称类似的名称，没有名称。为避免争议，最好使用信用证规定的名称。

2. 联合单据。信用证要求的单据应作为单独的单据分别提交。但若要求正本装箱单和正本重量单，则提交两份正本的合并装箱和重量单也可满足该要求，只要该单据同时表明装箱和重量细节即可。（ISBP745 A40）

该款表明，信用证要求的单据应分别提交，如要求提交装箱单和重量单，则应分别提交“Packing List”和“Weight List”。但若提交了名称为“Packing and Weight List”且显示了包装和重量细节，则该单据为装箱单和重量单的联合单据。尽管商业发票中包括货物重量，但不能被视为发票与重量单的联合单据。

3. 联合单据与独立单据。若信用证要求的单据包含一个以上的功能，则可提交一份或单独的多份单据，只要看起来能满足其每一项功能即可。例如，要求提交质量和数量证明书，则提交一份单据或分别提交单独的质量证明书和数量证明书都可满足其要求，只要每份单据看起来满足其功能且提交了信用证要求的正本和副本数量即可。（ISBP745 A41）

该款规定与上述 2 相反，即若信用证要求提交联合单据，则可分别提交独立的满足其功能的单据。例如，信用证要求提交“Packing List and Weight List in 4 originals”，则既可提交 4 份正本的装箱单和重量单的联合单据，也可分别提交 4 份正本的装箱单和 4 份正本重量单。

（二）单据的签字

单据的签字是证实单据的一种标记。但只要能够证实单据的真实性，其签字形式可以是多样的。对此，ISBP745 予以明确规范。

ISBP745 A35 规定：a. 第 A31 条 a 款所提及的签字（Signatures）无须手写。单据也可使用摹样签字（例如预先印就或扫描签字）、打孔签字、印章、符号（例如戳记）或任何机械或电子的证实方法。b. 若要求单据“签字并盖章”或类似要求，使用第 A35 条 a 款中的表述方式签字及通过在单据上打印、盖章、手写、预先印就或扫描等方法表明须签字的实体名称，则满足该项要求。c. 若单据中有如“此单据已电子证实”或“此单据为电子版本无须签字”或类似意思的语句，这并不代表电子证实符合 UCP600 第 3 条的签字要求。d. 单据中载明可通过参考某特定网站（URL）来验证或取得证实，这构成一种符

合UCP600第3条要求签字的电子证实方式。银行不会通过该网站验证或取得证实。

该款表明：（1）单据的签字可以是多种形式，但手签形式最为常见。即使出具人为某一机构，一般也要求机构代表手签，是否盖章并不重要。（2）实体机构的名称须显示在签字中，其形式同样是多种的。（3）新增“电子证实方式”。单据签字的电子证实方式，不能仅凭单据中的声明（“电子证实方式”），而须有一个可电子证实的方法，如提供一个可核实的电子网址，这样才被视为“电子证实方式”，否则，不符合UCP600的签字要求。当然，银行并不需要实际核实该“电子证实方式”。

单据上的签字往往显示在带有函头的信笺上，如何确认这种签字，ISBP745给予明确规范。ISBP745 A36规定：a. 除非另有规定，在具名人或实体的带有函头信笺上的签字将被视为该具名人或实体的签字。无须在签字旁重复具名人或实体的名称。b. 若签字人表明他作为（或代表）出具人的分支机构签字，则其签字应被视为出具人的签字。

该款表明：（1）无论是具名的个人还是非公司机构（如检验检疫机构、商会、贸促会等），在带有函头的信笺上签字一般被视为该具名个人或机构的签字。其名称无须重复显示。（2）由于同一机构的不同分支机构属于同一法人，因而单据由同一出具人（通常为实体）的分支机构签字被视为该出具人的签字。

有些单据本身印就了空白的签字栏，以供有关当事方签字。但是否必须在此签字，对此，ISBP745 A37规定：单据上留有专供签字的方框、栏目或空格本身，并不意味该方框、栏目或空格处应载有签字。例如，航空运单中经常会载有标明“托运人或其代理签字”的栏目或公路运输单据中载有标明“托运人签字”的栏目，但并不要求在该处有签字。亦可参见第A17条中关于在相关方框、栏目或空格填写信息的要求。可见，ISBP745并未强调签字必须记载于该空白栏目。换言之，单据预留的签字空白栏内，可记载签字，也可无签字。

一些单据除了带有签字栏目外，有时还显示“单据非经副签无效”等类似措辞。贸易商和银行应如何处理这类要求？ISBP745 A38规定：若单据中载有诸如“单据非经（指定人或实体名称）副签（Countersigned）或签署无效”的措辞或类似用语，则在相应方框、栏目或空格处应载有副签单据的该指定人或实体的签字和名称。该款表明，此类单据的签字栏内必须在签署后再记载副签，即使没有副签栏目。副签时，既要显示签署人的名称，又要载明签署人的签字。

十三、汇票的审核标准

关于汇票，本书第十九章已有概述。信用证业务中，承兑信用证、议付信用证等必须使用汇票。因汇票为金融单据，各国均有票据法予以规范，但其差异较大，因而产生争议的可能性也较大。受益人如何制作及使用汇票、银行如何审核汇票则成为信用证业务的重点和复杂问题之一。ISBP745在B1至B18对UCP600下汇票的审核标准予以规范。

关于汇票的审核标准，可详见拙著《国际结算——实务与操作》（第三版），北京：对外经济贸易大学出版社，2014，第192～199页。

十四、发票的审核标准

在信用证单据买卖中，发票是所有单据的中心单据，其他单据都须依发票出具。发票的基本功能表现为，发票是交易货物的总发货清单，其他单据是发票的补偿和细化；发票是唯一记载货款的商业单据，是出具汇票及申请人付款的依据。此外，发票还作为报关、清关、缴税及索赔等的凭证。ISBP745 在 C1 至 C15 对 UCP600 下发票的审核标准予以规范。

关于发票的审核标准，可详见拙著《国际结算——实务与操作》（第三版），北京：对外经济贸易大学出版社，2014，第 177～190 页。

十五、提单的审核标准

由于海运是国际贸易运输的最主要方式，因而提单在国际贸易运输中占据重要地位。提单是物权凭证，其代表货物本身，进口商接受提单及银行参与货款结算和融资，其根本原因就在于提单的性质。但因提单涉及海上运输、法律及国际惯例知识，因而具有很强的专业性，一旦操作失误，必然引发纠纷。因此，提单是信用证单据结算中最为复杂、最为专业、最为重要的商业单据，也是多年来国际商会等国际组织最为关注的贸易及法律单据。为此，ISBP745 在 E1 至 E28 大篇幅地对 UCP600 下提单的审核标准予以规范。

关于提单的审核标准，可详见拙著《国际结算——实务与操作》（第三版），北京：对外经济贸易大学出版社，2014，200～215 页，以及本书前述的相关内容。

十六、海运单、航空运单、铁路运单的审核标准

海运单除了不作为物权凭证、载明记名收货人、签发一份外，其他方面与提单基本相同。因此，关于提单的审核标准在很多方面可适用于海运单。UCP600 第 21 条已对海运单作出规定，ISBP745 又在 F1 至 F25 中予以补充和细化。

航空运单及铁路运单与海运单非常类似，其均为非物权凭证的运输单据，其功能仅作为运输合同和货物收据。UCP600 第 23 条和第 24 条已分别对其予以规定，ISBP745 又在 H1 至 H27 以及 J1 至 J20 分别予以补充和细化。

关于这几种非物权凭证的运输单据的审核标准，可详见拙著《国际结算——实务与操作》（第三版），北京：对外经济贸易大学出版社，2014，第七章的相关内容。

十七、保险单据的审核

当贸易条件为 CIF 或 CIP 术语时，卖方有义务投保货物运输险。若采用信用证付款，则卖方须向银行提交保险单据。同提单一样，保险单据涉及极强的专业性和操作性，若处理不当极易产生争议。受益人如何制作及银行如何审核保险单据是贸易和信用证业务的又一重要问题。UCP600 第 28 条已规范了信用证下的保险单据，而 ISBP745 在 K1 至 K23 中对保险单据的审核标准又予以补充和细化。

关于保险单据的审核标准，可详见拙著《国际结算——实务与操作》（第三版），北京：对外经济贸易大学出版社，2014，第七章的相关内容。

十八、原产地证明的审核标准

原产地证明，有时简称产地证，是货物国籍的证明。世界贸易组织及多数国家均制定

了原产地规则，货物的原产地依据原产地规则予以确定。ISBP745 在 L1 至 L8 中对货物产地证的功能、特征、格式、出具人、收货人、发货人、货物描述以及审核标准予以规范。

关于原产地证明的审核标准，可详见拙著《国际结算——实务与操作》（第三版），北京：对外经济贸易大学出版社，2014，第七章的相关内容。

十九、其他单据的审核标准

与旧版相比较，ISBP745 增加了关于"装箱单""重量单""受益人证明"和"检验证明"的审核原则。

关于上述单据的审核标准，可详见拙著《国际结算——实务与操作》（第三版），北京：对外经济贸易大学出版社，2014，第七章的相关内容。

第二十五章　备用信用证及惯例

与跟单信用证相比，备用信用证具有广泛的适用性。从全世界范围看，备用信用证的业务量远远超过跟单信用证，但同时，备用信用证也在国际贸易领域中得到越来越多的应用。近年来，中国企业已开始接到国外依《国际备用证惯例》（ISP98）开立的备用信用证。因此，了解和研究备用信用证及其惯例对开展国际经贸活动具有重要的现实意义。

一、备用信用证的历史沿革

目前，国内外学者一般认为，备用信用证产生于美国。1879 年，美国联邦法律明文禁止美国银行为其客户提供担保。之后，美国大多数州的法律也都规定银行无权替其客户开立保函。为规避法律规定，美国的许多银行便采用备用信用证来取代担保。但这一做法在美国曾引起法律界和银行业的广泛争议，最终，备用信用证得到美国法律的认可。①

实际上，备用信用证产生于美国主要有两方面的原因。第一，1864 年 6 月 3 日，美国《银行法》规定了银行必须经授权才能经营的业务范围。根据该法案，银行无权对他人的债务承担保证责任，银行出具保函是超越经营范围的一种越轨行为，因而是无效的，只有保险公司和担保公司才能经营担保业务。美国银行为了与外国同行竞争，开始借助于承兑汇票和签发具有担保作用的信用证等手段实现对其客户债务担保的目的，以此规避美国法律的上述禁止性规定。由于信用证是开证银行应开证申请人的请求向受益人开立的在一定金额与一定期限内有条件承诺付款的保证，依据信用证，在受益人提示符合要求的单据后，开证银行向受益人支付一定金额或承兑其汇票。因此，美国银行向其客户的债务提供担保时，可不开立银行保函，而是依据借款人的要求向贷款人开出相当于担保债务金额的信用证，同样达到银行提供担保的目的。于是，在美国的银行业务中就产生了一种不同于传统商业信用证的新型信用证。这种新型信用证只有当借款人违反借款合同，即不履行还款义务时，开证银行才根据受益人（贷款人）的索赔要求，代替借款人履行还款义务或承担不能付款的赔偿责任。若借款人在贷款到期后履行还款义务，则该信用证自动失效。因此，这种信用证经常处于“备而不用”(Stand by) 的状态，人们称这种信用证为“备用信用证”(Stand by Letter of Credit)。美国银行的这种做法逐渐获得认可，且许多判例表明法院支持这种做法，对因此而产生的义务强制执行。第二，虽然备用信用证从产生时起，法律界和实务界对其存在合理性的争论从未停止过，但最终使其获得法律认可的决

---

① 周辉斌．银行保函与备用信用证法律实务．北京：中信出版社，2003（第一章第三节：备用信用证的起源与发展）。

定性原因是，美国法律规定的银行不得提供担保的规则，其本质上是指银行不得提供从属性的担保。“Guarantee”一词在美国的含义主要是用于描述一种保证交易，“保证人”（Guarantor）仅负第二性责任，并且有权行使基础债务人的抗辩权。这样就使银行不至于被认定为故意规避法律，因为银行依备用信用证提供的担保不属于从属性担保而属于独立担保，银行的付款责任仅仅取决于信用证的条件以及受益人提示的单据，银行并不需依基础交易的效力决定是否付款。因此，美国联邦储备银行管理委员会于 1977 年肯定了一项关于备用信用证的解释规则的法律效力。该规则承认了银行充当独立担保人的权力并赋予这种独立担保法律效力。

备用信用证在美国产生后，迅速在世界范围内得到应用和发展，其使用领域从国内交易扩大到国际交易，其使用范围既包括销售交易也包括非销售交易。近年来，在中国的一些外资企业向中国的银行申请贷款时，经常提出以外国银行开立的备用信用证作为贷款担保；与此同时，中国的银行对外国受益人开立的备用信用证也逐渐增多且呈快速增长趋势。中国于 1996 年 9 月公布的《境内机构对外担保管理办法》第 2 条中，将备用信用证规定为中国对外担保的一种形式，承认备用信用证的法律地位。

二、备用信用证的种类

从目前备用信用证使用的状况看，主要有充当担保工具和充当支付手段两大类型的备用信用证。鉴于备用信用证多数情况下作为担保工具，其可定义为：备用信用证是依第三方（开证申请人）的请求，由担保人或开证人向另一方（受益人）开立的，规定在申请人不履行有关合同时，担保人或开证人承担第一性付款责任的一种信用证。

备用信用证作为一种金融创新工具，在实践中使用的范围很广，因而其种类也较多，通常以使用目的来划分其种类。ISP98 在其前言中，根据在基础交易中备用信用证的不同作用以及一些不一定涉及备用信用证自身条款的其他因素，对备用信用证进行了描述性分类，共分为八种类型。①

三、备用信用证的特点

关于备用信用证当事人/关系人之间的法律关系、流程及性质，与前述的商业信用证基本相同，此处不再赘述。在此，仅就备用信用证本身的特点予以论述。

作为专门调整备用信用证的国际惯例，ISP98 在其第 1.06 条（Nature of Standbys）指出，备用信用证开立后即构成一项独立的、不可撤销的、具有单据性和约束力的承诺，且无须如此表明。②

四、备用信用证的应用

备用信用证从最初的美国银行作为替其客户担保的替代形式发展到现在，应用范围十

---

① 关于“备用信用证的种类”，可详见拙著．国际结算——实务与操作（第三版）．北京：对外经济贸易大学出版社，2014：339-341。

② 关于“备用信用证的特点”，可详见拙著．国际结算——实务与操作（第三版）．北京：对外经济贸易大学出版社，2014：341-342。

分广泛，不仅在贸易领域中使用，而且扩大到几乎所有经济领域都可以使用。例如，某人对他人承担一项义务，若他人认为某人的承诺不足以为自己提供足够的安全保障，则可使用备用信用证。在备用信用证下，由开证人作出承诺，在申请人未能履行其义务时，凭受益人开立的汇票和有关申请人未履行义务的证明，向受益人支付信用证规定的金额。由此可见，备用信用证几乎与银行担保具有相同的功能。

（一）国际贸易中备用信用证的应用

尽管备用信用证主要不是应用于国际贸易中，但它在国际贸易中也发挥着一定作用。其与跟单信用证相辅相成，共同促进国际贸易的发展。

1. 预付货款时可使用备用信用证。在国际贸易中，有时货源紧缺或卖方具有较强的议价能力，买方须预付全部货款或部分货款。但买方最为担心的是，卖方是否按时供货及货物质量如何。为保证买方不因卖方违约而遭受损失，防止货、款两空，买方通常在贸易合同中约定，卖方向银行申请开立备用信用证作为保证。当然，卖方也为保证自身利益，在备用信用证中加列一个生效条款，即规定只有当卖方收到预付货款后，该备用信用证才能生效。若卖方未履行贸易合同，买方则可依备用信用证从开证行索回其预付货款；若卖方履行了其合同义务，则该备用信用证自动失效。

2. 短距离货物运输时可使用备用信用证。若买卖双方所处两国距离较近，使用跟单信用证付款因银行审核单据和传递单据需要一定时间，从而可能出现单据（包括提单）晚于货物到达卸货港的现象。这样就会给收货人提货和承运人放货带来麻烦。于是，收货人提出，由卖方将一份正本提单邮寄给收货人，避免将单据先提示给银行审核再转给收货人而造成时间的耽误。为防止收货人收到提单提货后不付款，又便于承运人放货和收货人提货，卖方此时可要求买方在开立备用信用证后才能将正本提单直接邮寄给买方。

3. 买卖合同订有违约金时可使用备用信用证。在国际货物买卖中，卖方的基本义务之一是按合同约定交付货物。但买方担心卖方违约，不按时交货、迟延交货或交货与合同不符。为此，买方一般会在买卖合同中订有违约金条款，若卖方违约，则需向买方支付一定金额的违约金。但是，大多数国家的法律都规定，违约金不得具有惩罚性质。换言之，违约金的高低应与实际损害相当，若违约金明显超出实际损害，法院有权判定该条款无效。因此，当卖方违约时，买方不可能获得高于实际损害的违约金，只能就实际损害请求卖方赔偿。若使用备用信用证则可能解决这一问题。在买卖合同中有违约金条款时，买方可以要求卖方开立备用信用证，其金额相当于违约金，这样可以不局限于损害赔偿金额而有可能超出实际损害的金额。这是因为备用信用证也具有独立性原则，即备用信用证独立于基础合同，银行不受基础合同约束，按备用信用证金额向买方支付约定的违约金。

4. 商业汇票付款时可使用备用信用证。在国际贸易货款支付中，有时卖方开立以买方为付款人的商业汇票，发货后将有关商业单据和汇票委托银行向买方收取货款，或将所有单据（包括代表物权的提单）直接邮寄给买方要求付款。为防止买方不付款，此种情况下，卖方可以要求买方先开立以卖方为受益人、与货款相当金额的备用信用证。若买方按汇票金额付款，该备用信用证则备而不用；若买方不付款，则卖方可使用该备用信用证请求开证银行履行赔偿义务。

总之，在国际贸易中，只要为防止对方不履行其义务均可使用备用信用证来维护自身的利益。

（二）非贸易交易中备用信用证的应用

实际上备用信用证在非贸易交易中的应用更为广泛，现举几例加以论述。

1. 招投标中可使用备用信用证。在各种项目招投标中，为保证投标人不撤回报价，中标后不拒绝签订合约，使投标人的投标对其具有约束力，招标人往往在招标说明书中规定，所有投标者必须同时缴纳一定的金额作为担保。此时，招标人可在招标文件中规定，保证金的缴纳可使用备用信用证。投标人首先申请开立备用信用证，连同其投标书一起送给招标人。根据信用证的规定，若投标人撤回其报价或中标后拒不签约，招标人作为受益人即可开立汇票，连同信用证规定的投标人的书面声明，请求开证行支付保证金。若投标人恪守诺言，未撤回报价，中标后及时同招标人按其报价签订了合同，备用信用证则备而不用，由招标人退回开证行注销，或因期限已过而失效。这种备用信用证一般都规定了一个银行承担责任的最高限额。因为投标人的报价往往不是一个确定的金额而是一个滑动价格，此时，作为该价格一定百分比的保证金也就很难确定，可能会变得很大，银行为安全起见则规定最高责任限额。

2. 履约担保时可使用备用信用证。履约担保是指合同一方为确保对方在签订合同后履行其合同义务，要求另一方缴纳一定金额作为履约的保证。履约保证金的缴纳可通过备用信用证来办理。如在工程承包中，工程所有人为防止承包人不履行承包合同，往往要求承包人缴纳承包价款的一定百分比金额作为保证。在此情形下，承包人可以不实际缴纳保证金，而开立以工程所有人为受益人的备用信用证。若承包人未能按合同履行义务，受益人即可根据备用信用证请求银行支付保证金；若未发生承包人违约的情况，备用信用证则失效。

3. 资金融通担保时可使用备用信用证。在国际信贷中，贷款人往往要求借款人提供各种担保，以确保其贷款本息能如期收回。这种担保一般由借款人提供银行保函，但作为保函的代替，借款人可以申请银行开立以贷款人为受益人，相当于担保债务金额的备用信用证，以此作为对贷款的担保。根据备用信用证，在借款人（开证申请人）违约时，受益人（贷款人）可开立汇票并随附有关借款人违约（如到期不偿还本息）的声明，请求开证行按信用证规定支付约定的金额。

4. 押汇担保时可使用备用信用证。当中国企业在国外投资设厂、制造产品外销他国时，中国企业可能在第三国申请押汇，但由于在该第三国无法提供担保物品而不能获得当地银行押汇。此时，中国企业可以在中国，向其往来银行申请开立备用信用证，以中国银行的信用，向该第三国押汇银行担保。若该押汇银行所垫付给中国企业的款项遭受损失，该银行则开立汇票，向中国开证银行要求偿付其垫款及有关损失。

此外，备用信用证还可以在支持公司发行商业票据或在长期证券市场上发行公司债券、分期付款担保、房地产交易担保以及各种服务担保交易中使用。

五、备用信用证与跟单信用证的区别

备用信用证既然可适用 UCP，则必然与跟单信用证有相似之处。如两者均属银行信用，开证银行或开证人都承担第一性付款责任；两者都是独立于基础合同之外的自足文件；两者都以受益人提示规定的单据为付款条件等。但毕竟它们是两种不同的信用证，因此也存在不同之处。①

六、备用信用证的国际惯例：ISP98

国际商会第 590 号出版物，即《国际备用证惯例》（ISP98）于 1999 年 1 月 1 日起实施。

自 UCP500 实施以来，备用信用证的使用一直适用跟单信用证统一惯例。尽管备用信用证与跟单信用证有许多相似之处，但两者在实际操作中毕竟还有许多不同之处。因为 UCP 并非专为备用信用证而制定的，这就导致有别于跟单信用证的备用信用证的特点在 UCP 中得不到体现，从而使许多问题无从解决。虽然，备用信用证还可适用《联合国独立保证与备用信用证公约》，但该公约并未得到世界大多数国家的承认。在全世界范围内，备用信用证的使用日益增加。备用信用证本身的发展也为制定专门适用于备用信用证的规则提供了契机。因此，制定一部专门适用于备用信用证的国际统一惯例势在必行，尤其是广泛使用备用信用证的美国更加意识到备用信用证统一惯例的重要性和紧迫性。

1998 年 4 月 6 日，在美国国际金融服务协会、美国国际银行法律与惯例协会和国际商会的共同努力下，ISP98 最终公布并于 1999 年 1 月 1 日起实施。

ISP98 由前言和规则两部分组成，前言主要介绍了制定备用信用证的理由，对备用信用证进行了描述性分类，并从整体上描述了 ISP98 与 UCP 及《联合国独立保证与备用信用证公约》的关系。ISP98 规则部分共包含 10 条 89 款。

关于 ISP98 的主要内容论述，可详见拙著《国际结算——实务与操作》（第三版），北京：对外经济贸易大学出版社，2014，第 346～359 页。

① 关于“备用信用证与跟单信用证的区别”，可详见拙著．国际结算——实务与操作（第三版）．北京：对外经济贸易大学出版社，2014：344-346。

第二十六章　信用证在国际贸易中的应用

信用证是由银行依自己的信用开立的向受益人保证付款的承诺,因此，信用证是银行信用。但信用证仅是一种结算方式，它并未消除国际结算中的风险。换言之，在使用信用证结算时，各方仍面临许多风险。这些风险主要表现为：买方不按时开证、不按合同规定条件或故意设下陷阱（软条款）使卖方无法履行合同，或卖方履行交货、交单后却因不符合信用证规定被拒付而遭受损失；受益人（卖方）编造单据使之与信用证条款相符甚至制作假单据从银行取得款项，从而使进口商成为欺诈行为的受害者；信用证方式的手续较之汇付和托收繁琐，费用也较多，业务成本较高；无论是申请开证还是审证、审单，技术性均较高，稍有不慎，产生疏漏、差错，则会造成损失；信用证经常修改或转让，使其更加复杂；中国的贸易商对信用证惯例缺乏应有的了解，无法正确运用信用证。笔者通过以下案例对这些信用证风险予以探讨，以期对贸易商有所裨益。

一、信用证与基础合同的关系

当受益人交单相符时，银行是否可以单据背后的基础合同为依据拒付？若信用证要求在支付剩余款项前完成现场验收测试（提交 SAT 证明）但受益人并未完成，是否构成不符点？国际商会的以下裁决有所启示。①

2010 年 7 月，W 公司（出口商-信用证受益人）与 S 国项目管理方 Y 公司（下称“Y 公司”-信用证申请人”）签订合同（下称“基础合同”）向 Y 公司出售一套航空器系统（下称“商品”）。Y 公司依基础合同约定，向 K 银行申请开立信用证，金额为 6 150 000. 00 美元（即基础合同金额）。当事人对相关事项意见达成一致。信用证由 K 银行于 2010 年 8 月 3 日通过 SWIFT 开立，信用证适用于“UCP 最新版本”（UCP600）。信用证由开证行通过 J 银行（即“通知行”）通知受益人。信用证在 SWIFT 电文的 45A 对货物及/或服务描述规定：“一套航空器系统（包括设备装置、全部备用零件、配件、测试设备、安装、服务及培训)。”该证规定分四期付款。开证行于 10 月 18 日（通过通知行）向出口商支付了首期款项，金额为 1 230 000. 00 美元。

10 月 27 日，开证行对该信用证进行了第一次修改，将四期付款改为两期付款，内容如下：“第一部分对应 47A 第 7 条首期款项，一份正本、四份副本由受益人签署的商业发票；一份正本、四份副本的还款保函；一份正本、四分副本的履约保函；第二部分单据对

---

① 参见“DOCDEX 第 318 号裁决”，中国国际商会/国际商会中国国家委员会组织翻译《DOCDEX 裁决汇编 2009—2012》，对外经济贸易大学出版社，2017，135-139。

应47A第7条第二期款项，一份正本、四份副本由受益人签署的现场验收测试证书（SAT）；一份正本、四份副本由受益人签署的培训完成证书；一份正本、四份副本由受益人签署的商业发票；一份正本、四份副本的海运提单或航空运单，货物为航空器系统，运往S国。以上条款取代信用证原来的对应条款。”

同时，此次修改对原信用证47A（附加条款）也作了相应修改，其内容如下：

“（1）首款：在还款保函、履约保函开立之后，凭信用证规定的单据（即46A第一部分）支取总金额20%的款项（1 230 000.00美元）。（2）剩余款：在现场验收测试完成之后，凭信用证规定的单据（即46A第二部分）支取剩余款即总金额80%的款项（4 920 000.00美元）。以上条款取代信用证原来的对应条款。”

2012年2月7日，开证行对该信用证进行了第二次修改，延长了最迟装运日期，即“44C：最迟装运日：2012年02月12日”。

2012年2月17日，通知行代表受益人向开证行交单，以支取信用证项下的剩余款。除日期为2012年2月9日的面函外，其他单据如下：（1）由出口商代表签署的现场验收测试完成证明（SAT），日期为2012年2月3日（下称“SAT证明”）；（2）由出口商代表签署的培训完成证明，日期为2012年2月3日（下称“培训证明”）；（3）由出口商代表签署的商业发票，日期为2012年2月9日（下称“商业发票”）；（4）由承运人出具的提单显示，货物由洛杉矶（即装货港）运往B城市（即卸货港），签发地点和日期为“诺福克，2012年2月3日”；（5）由出口商开立的汇票，付款人为开证行，金额为4 920 000.00美元，出具日期为2012年2月9日（下称“2012年2月9日汇票”）。

2012年2月22日，开证行通知出口商拒付，其不符点为“SAT未完成（见47A.7.2）；履约保函有效期未延展，且未提交”。

通知行代表出口商就开证行所提出的不符点向开证行提出抗辩。

双方争议的焦点是，开证行以上述不符点为由拒付2012年2月17日所提交的单据是否合理？

受益人出口商与开证行同意将该争议提交国际商会裁决。

出口商认为，依UCP600第7条第1款，只要受益人提交了规定的单据且构成相符交单，则开证行必须承付。出口商还主张，依UCP600第4条第1款和第14条第1款，开证行无权以所提交单据表面以外的情况，以及无权以出口商与进口商（Y公司-申请人）之间签订的相关合同作为拒付的理由。此外，依UCP600第14条第8款，若信用证包含一个条件且未规定用来表明与该条件相符的单据，则银行将该条件视为没有规定且不予理会。因此，出口商主张，所提交的单据（包括SAT证明、培训证明、商业发票和提单）表面上构成相符交单。

开证行则进行了以下答复：作为受益人的出口商所提交的SAT证明是一个伪造文件。现场验收测试是基础合同中要求的一项程序，须由出口商实施并由最终用户S国军方指定的检验机构证实。开证行认为，现场验收测试未依据基础合同要求进行。开证行进一步表明，SAT证明显示现场验收测试于2012年2月3日完成，这是不可能的，因为直到2012年2月下旬才完成货物运输，由此可得出结论，SAT证明是伪造单据。

国际商会裁决：开证行提出的第一个不符点成立，基于此，开证行主张出口商于2012年2月17日的交单为非相符交单，即单据存在不符点。开证行提出的第二个不符点不成立。由于第一个不符点成立，所以，开证行的拒付成立。

本案信用证由开证行开立，遵循 UCP600 且规定出口商为该信用证项下的受益人。由于双方对 20% 信用证金额的第一次支付没有争议，因此，本案的争议仅集中在出口商于 2012 年 2 月 17 日提交的单据，以及开证行于 2012 年 2 月 22 日向通知行发送的电文中所列的两个不符点是否合理有效。

关于第一个不符点：

开证行于 2012 年 2 月 22 日发出的 SWIFT 电文中，对第一个不符点表述为“SAT 未完成（见 47A. 7. 2）”。

尽管“SAT 未完成”的表述在语法上存在瑕疵，但在意义上是清楚明了的，与同一句中的“见 47A. 7. 2”联系起来看，意思则更加确定，即明确指向信用证 47A 第 7 条第 2 点对 SAT 须在交单前完成的规定，内容为“剩余款，即总金额的 80%（4 920 000. 00 美元）在 SAT 完成后凭（46A 第二部分的）单据支付”。

对于第一个不符点，其裁决理由如下：

1. 依 UCP600 第 4 条第 1 款，信用证与基础合同是相互独立的交易。判断是否构成相符交单应基于信用证的具体条款、国际银行标准实务以及 UCP 的规定。因此，判断是否构成相符交单不应参照基础合同的内容。

2. 国际商会无权判定向开证行提交的单据是否为伪造或存在欺诈，因此，无法给出裁决意见。

3. 依 UCP600 第 14 条第 1 款，收到单据后，相关银行应仅基于单据本身确定其是否在表面上构成相符交单。

4. 通过查看出口商于 2012 年 2 月 17 日提交的单据，可以发现：

（1）SAT 证明显示现场验收测试于 2012 年 2 月 3 日完成；

（2）培训证明显示培训于 2012 年 2 月 3 日完成；

（3）提单显示货物于同日，即 2012 年 2 月 3 日，在洛杉矶（装货港）装船，运往 B 城市（卸货港）。

5. SAT 证明和培训证明中的信息违反了 UCP600 第 14 条第 4 款的规定，即“单据中的信息，在与信用证、单据本身以及国际标准银行实务参照解读时，无须与该单据本身中的信息、其他要求的单据或信用证中的信息完全相同，但不得与其相矛盾”。其表现如下：

（1）从信用证上下文来看，SAT 证明与培训证明都与信用证（改证后）的条款矛盾，信用证条款规定“剩余款，即总金额的 80%（4 920 000. 00 美元）在 SAT 完成后凭（46A 第二部分的）单据支付。”

（2）考虑到提单显示货物的装船日期是 2012 年 2 月 3 日，那么，现场验收测试是不可能在当天或早于当天完成的。同样，“仪器测试”“安装”“培训”也是不可能在那天（2 月 3 日）完成的。依常理，现场验收测试应于货物到达目的地之后进行，而本案中，货物不可能在装运当天就到达目的地。

综上，可以判定，信息上的相互矛盾构成不符点，开证行以此拒付是合理的。

关于第二个不符点：

开证行于 2012 年 2 月 22 日发出的 SWIFT 拒付电文中，对第二个不符点表述为“履约保函有效期未延展且未提交”。

出口商认为，基础合同项下的履约保函是否有效与开证在信用证项下的义务无关。

对于第二个不符点，其裁决理由是：首先，信用证中只有一处条款提到履约保函（在第一次改证），但此条款只涉及信用证首次付款，与第二次付款（即本次裁决申请的事项）无关。其次，无论履约保函是否需依基础合同进行展期，依 UCP600 第 4 条第 1 款，这与判断开证行是否有义务决定 2012 年 2 月 17 日的交单为相符交单毫不相关。第三，依 UCP600 第 14 条第 8 款，若信用证含有一项条件，但未规定用以表明该条件得到满足的单据，银行将视为未作规定并不予理会。

综上所述，可认为第二个不符点不成立。

上述案例主要涉及以下相关的知识点。

（一）信用证与基础合同的关系

信用证是一项自足文件。信用证是独立于有关契约以外的法律文件。对此，UCP600 第 4 条第 1 款作出明确规定：按其性质，信用证是独立于可能作为基础交易的买卖合同或其他合同之外的交易。即使信用证中含有关于该合同的任何援引，银行也与该合同完全无关或不受该合同的约束。

在贸易结算中，信用证虽以进出口双方订立的买卖合同为基础，进口商依买卖合同规定，按时向银行申请开立信用证，其中所列条款应与买卖合同的规定相一致，但信用证一经开立则成为独立于买卖合同以外的另一法律文件。买卖合同是进出口商之间的契约，只对进出口双方有约束力；而信用证则是开证行与受益人（出口商）之间的法律文件，开证行与受益人以及参与信用证业务的其他银行应受信用证的约束。

（二）信用证审单准则

银行在审单时，通常应遵守以下两点基本准则：

1. 独立审核

依信用证的特点和国际贸易惯例，银行审核单据必须遵守独立审核的准则，即审单与下列事项无关：作为信用证基础的买卖合同或其他合同；申请人和受益人之间的关系；货物、服务和（或）行为；审单以外的其他知识和信息。

2. 表面相符

UCP600 第 14 条规定，指定银行、保兑银行（若有）以及开证银行必须仅仅依据单据审核提示，以决定单据是否在表面上构成相符的提示。

单据在表面上符合信用证条款应从以下几方面加以解释。

（1）单据必须与信用证条款相符（单证相符）。

（2）单据必须符合国际惯例。由于规范信用证业务的国际惯例 UCP600 对信用证的许多问题，包括单据的问题均有规定，因此，银行审单时判断单据是否在表面上与信用证条款相符的另一依据是，单据还必须与 UCP600 的规定相符。

（3）单据必须与既成事实相符。受益人所制作的单据必须与已完成的事实相符而不能完全照搬信用证的文句，否则，就是表面上不符信用证规定。

（4）单据之间表面相符（单单相符）。各种单据的主要内容，如货物名称、数量、金额、包装、唛头等，必须在表面上相同或一致，不得相互矛盾。特别是发票、提单、保险单等单据之间关于货物的主要内容必须保持一致。

（5）单据本身相符（单内相符）。UCP600 第 14 条：单据中的信息，当联系信用证上下文、该单据本身及国际标准银行实务时，不必与该单据、任何其他规定的单据或信用证中的信息完全相同，但不得与其相冲突。

UCP600 的审单标准是，即使在单证之间、单单之间和单内也不要求“完全等同”（Identical），仅要求“不得冲突或矛盾”（Must not conflict with）。这一变化体现了审单标准宽松化的趋势。当然，该款并不表明审单放弃了“相符”的基本原则。

此前，许多银行依据所谓“严格相符”的原则审单，导致大量的拒付，从而严重影响信用证业务的进行。UCP600 和 ISBP745 的实施，无疑是拯救信用证业务的重要举措。

二、银行拒付无效裁决案

为了使受益人有机会或可能修改单据的不符点以获得信用证下的款项，UCP600 第 16 条严格规范了银行拒受不符单据的操作程序，否则，银行的拒付无效，必须予以承付或偿付。国际商会的下列裁决案例提供了借鉴。该案例涉及多达十几项信用证惯例条文、多种单证及贸易实务的多项条款。国际商会裁决案的启示是：银行必须严格遵守拒付的操作程序；贸易商必须严格制单，以免授人以柄。①

在该案中，开证行开出金额为 11 440 000.00 美元的跟单信用证，允许 10% 溢短装。之后，金额改为 9 300 000.00 美元，不允许超支但允许 10% 短支及允许分批装运。该证修改后在 H 银行承付（兑付），汇票受票人（Drawee，付款人）为 H 银行，票期为承付日后 180 天。到期之后，H 银行向开证行交单，要求偿付，但开证行拒付并通知了 7 个不符点。

开证行使用 SWIFT MT734 格式发出拒付通知，具体内容如下：

77J（Discrepancies，不符点）：在你行寄来的单据中，我行发现如下不符点。

（1）2.00MM×1 230MM 尺寸项下的货物数量出现超过 10% 的短装，与信用证 45A 不符。

（2）商业发票未标注“正本”和“副本”，与信用证 46A 第 2 条不符。

（3）工厂检验证明中，钢材等级与信用证 46A 第 4 条不符。

（4）显示的“CU-0.08PCT MAX”与信用证 46A 第 4 条不符。

（5）装箱单中，钢材等级与信用证 46A 第 7 条不符。

（6）产地证未显示收货人为开证行，与信用证 46A 第 6 条不符。

（7）46A 第 5 条要求提交的“受益人声明”未随正本单据提交。

77B（Disposal of Documents，单据处理）：我行对单据予以拒付。单据代为保存，你行应承担相应风险和责任。

交单银行（H 银行）不同意开证行所述的不符点，坚持自己的抗辩理由且敦促开证行确认到期偿付；同时告知开证行，若再不确认偿付，将采取法律行动。此后，开证行将单据退给 H 银行。

H 银行基于开证行在拒付通知中提出的不符点及随后的进一步论证，向国际商会提出

---

① 参见“DOCDEX 第 296 号裁决”，中国国际商会/国际商会中国国家委员会组织翻译《DOCDEX 裁决汇编 2009—2012》，对外经济贸易大学出版社，2017，53-59 页．

裁决请求。H 银行的交单是否为相符的交单？开证行的拒付通知是否为有效的通知？

国际商会的结论如下：

（1）除工厂检验证明上显示的有关 CU 的内容（CU-0.08PCT MAX）之外，开证行在拒付通知中所表述的其他内容及在其后阐述的不符点所涉及的单据都与信用证条款相符。

（2）开证行的拒付通知在形式和事实上均无效：① 未依 UCP600 第 16（c）条规定明确表明单据如何处置；② 不符点的表述也不够明确具体，即不符合 UCP600 第 16（c）（ii）条的规定，依 UCP600 第 16（f）条，开证行无权宣称交单不符，开证行须承担对 H 银行的偿付责任。

就上述不符点而言，该案涉及以下问题。

关于不符点（1）：2.00MM×1 230MM 尺寸下的货物数量出现了超过 10%的短装，与信用证的 45A 不符。

信用证要求 2.00MM×1 230MM 尺寸下出运货物 500 公吨。依发票记载，实际出运 405.06 公吨。信用证允许货物短装不超过 10%（注：允许不低于 450 公吨），而信用证允许分批出运。既然允许分批出运，其中某一尺寸下的分批出运也应允许。因此，该不符点不成立。

关于不符点（2）：商业发票未标注“正本”和“副本”，与信用证 46A 第 2 条不符。

信用证要求提交“经签字的商业发票，两份正本和三份副本……”。UCP600 第 17（c）条规定：“信用证要求提交的单据将被视为正本，只要单据看似由出单人书写、打字、打孔或盖章；或单据看似在出单人的原始信笺上出具；或单据声明其为正本，除非该声明看似不适用于提交的单据。”

涉案提交的发票使用受益人的信笺出具并由受益人签字，符合正本单据要求。至于副本单据，UCP600 或 ISBP 均未要求副本必须明确注明其为“副本”。银行应视非正本的单据皆为副本。

UCP600 第 17（d）条规定：“若信用证要求提示副本单据，则提示正本或副本均是允许的。”涉案信用证条款没有明确对 UCP600 第 17 条的适用予以修改。因此，该不符点无效。

关于不符点（3）：工厂检验证明中，钢材等级与信用证 46A 第 4 条不符。

信用证 46A 第 4 条规定“工厂检验证明，两份正本两份副本”，并没有要求“钢材等级”显示在工厂检验证明中。信用证中的货物描述包含“钢材等级-SAE1006 acc to ASTMA 568/1998”。而该检验证明中显示的是“钢材等级 SAE1006”。

依 UCP600 第 14（e）条规定［除商业发票外，单据中的货物描述、服务或行为（若有）可使用与信用证中的描述不冲突的统称］，未显示“acc to ASTMA 568/1998”并不构成信用证与工厂检验证明中的货物描述之间的矛盾。另外，不符点的表述也不完整、不明确，这也不符合 UCP600 第 16（c）条（不符点必须明确、具体）的要求。基于上述分析，该不符点不成立。

关于不符点（4）：显示的“CU-0.08PCT MAX”与信用证 46A 第 4 条不符。

拒付通知未表明该不符点所涉及的单据且该不符点表述也不完整、明确，具体所指不清楚。

信用证 46A 第 4 条要求提交“工厂检验证明，两份正本和两份副本”，并未要求工厂检验证明中显示 CU 的百分比。CU 的百分比是信用证 45A 货物描述中关于化学成分的部分内容。信用证中对化学成分的表述包括“…CU-0.08 PCT, N-70 PPM MAX…”，而工厂检验证明中对化学成分的表述包括“…CU-0.08 % MAX, N-70 PPM MAX. …”。可以看出，工厂检验证明比信用证的要求，在“CU-0.08%”后多加了一个“MAX”（最大）。该不符点的表述意思并不明确。但根据开证行的 MT799 报文，估计开证行意图表示信用证及发票要求的“化学成分”与工厂检验证明中所显示的“化学成分”，两者相互矛盾。

如前所述，UCP600 第 14（e）条规定：“除商业发票外，单据中的货物描述、服务或行为（若有）可使用与信用证中的描述不冲突的统称。”本案中，工厂检验证明中显示了货物描述。信用证中规定的化学成分内容非常具体，“MAX”一词多次用在化学术语之后。作为审单人员，可能在缺乏特定专业知识的情况下，认为多出的“MAX”一词应被视为与信用证和发票中的货物描述相矛盾。但这并不改变拒付通知不明确的事实。该不符点的表述没有表明其是针对哪个单据，并且表述也不完整、不明确。因此，依第 16（c）条，该不符点无效。

关于不符点（5）：装箱单中，钢材等级与信用证 46A 第 7 条不符。

信用证 46A 第 7 条规定“卷材装箱单明细中显示卷材的毛/净重，两正两副”，但并未要求在装箱单中显示“钢材等级”。而信用证中的货物描述为：“钢材等级-SAE 1006 acc to ASTM A 568/1998”。装箱单中显示的是“钢材等级 - SAE 1006”。

依 UCP600 第 14（e）条，未显示“acc to ASTM A 568/1998”并不构成信用证与装箱单货物描述之间的矛盾。而且，依第 16（c）条，该不符点的表述也是不完整、不明确的，因而无效。基于上述分析，该不符点不成立。

关于不符点（6）：产地证未显示收货人为开证行，与信用证 46A 第 6 条不符。

信用证 46A 第 6 条规定：“由商会出具的产地证，显示原产地为乌克兰，一份正本、两份副本。”之后修改为：“由工厂出具的产地证，显示原产地为哈萨克，一正两副。”

涉案产地证中显示收货人为“To whom it may concern”（致相关方）。信用证中并未要求产地证中的“收货人”栏必须填写某一方（开证行）。

UCP600 第 14（f）条规定：“若信用证要求提交除运输单据、保险单据或商业发票以外的单据，且未规定该单据的出单人或其信息内容，银行将接受该单据的提示，只要其内容看似满足所要求的单据的功能，且其他方面与第 14（d）条相符。”可见，若信用证中并未要求产地证的“收货人”栏如何填写，则不能要求收货人必须显示为某一方（开证行）。

该案提单（B/L）显示收货人为开证行，开证行可能欲表达提单的收货人与产地证的收货人相互矛盾（尽管不符点未表述清楚）。但此处需特别注意，“To whom it may concern”与特定方名称（该案中为开证行）之间并不存在相互矛盾之处。该产地证也符合 ISBP 的要求。[ISBP745L5 规定：若产地证显示了收货人的信息，则不应与运输单据中的收货人信息相矛盾。但若信用证要求运输单据做成“凭指示”（To Order）、“凭托运人指示”、“凭开证行指示”、“凭指定银行（或议付行）指示”或以“开证行为收货人”，则产地证可以将除受益人（注：卖方）之外的信用证中指名的任何实体作为收货人。]

可见，产地证显示的收货人信息，只要与运输单据中的收货人信息不矛盾即可，而无需完全一致。实务中，产地证的收货人通常可填写：

1. 不显示收货人，即留空或打上“＊＊＊”；

2. 显示中性收货人，如“To whom it may concern”；

3. 显示运输单据上的收货人；

4. 若运输单据中的收货人为以上五种收货人时，产地证中的收货人可显示为信用证中除卖方以外的任何指名人。

基于上述分析，该不符点不成立。

关于不符点（7）：46A 第 5 条要求提交的“受益人声明”未随正本单据提交。

信用证的 46A 第 5 条规定：“受益人声明（Declaration）表明的货物质量、数量和包装须符合信用证要求，并须与销售合同（合同号和日期）和客户信息（客户信息号和日期）相符。”

该案中，依 H 银行陈述及随附的单据副本，H 银行提交了一份受益人证明（Certificate）。该单据包含以下内容：“我方兹说明货物质量、数量和包装符合信用证要求，并与销售合同（合同号和日期）、形式发票（形式发票号和日期）和客户信息（客户信息号和日期）相符。”

H 银行的交单面函上显示“受益人证明（Certificate）02”，开证行在退单面函上也显示“受益人证明 02”。基于此，可认定受益人证明作为交单的一部分已被开证行收到。

ISBP745A39 规定：“单据可使用信用证要求的名称或相似名称，或无名称。单据内容必须看起来符合所要求单据的功能。”如，若要求“装箱单”（Packing List），则名为“装箱单”（Packing List）、“装箱记录”（Packing Note）、“装箱和重量单”（Packing and Weight List）等或无名称的载有装箱细节的单据都可满足该要求。UCP600 第 14（f）条也有类似规定。

ISBP745P1 规定：“若信用证要求提交受益人证明（Beneficiary's Certificate），则应提交符合信用证要求的标题且已签字，或带有反映所要求的证明类型的标题或无标题的单据，这样该单据通过包含信用证要求的信息及证明以实现其功能。”

基于上述惯例，可确定“受益人证明”（Certificate）与“受益人声明”（Declaration）类同。因涉案提交的“受益人证明”已满足信用证所要求的功能，该证明须视为符合“受益人声明”的要求而予以接受。

基于上述分析，该不符点不成立。

总之，本案中开证行的拒付通知未满足 UCP600 第 16 条的规定，即拒付通知有缺陷，是无效的拒付。因而，依第 16（f）条，开证行无权宣称交单不符，必须承担偿付 H 银行的责任。

三、信用证项下的发票争议

发票是卖方向买方收款的发货清单，是缮制各种单据的中心单据，也是信用证下的最主要单据之一。其制单质量的要求很高。银行常以发票存在不符点为由拒付。对此，国际商会予以澄清并给出结论。其裁决或咨询案例具有很好的借鉴作用。

争议简介-1

某信用证规定（节选）：

46A/ Documents Required

+已签字的商业发票：正本（ORIGINAL）和副本（COPY）

……

受益人将单据提交至开证行：

发票号100301，一份正本，一份影印本（Photocopy）

……

开证行对发票提出不符点：

提交了发票的影印本（Photocopy）而非副本（Copy，复印件）。

开证行的观点是基于以下理由：UCP600第17（d）条规定，“若信用证要求提交单据副本，无论提交正本还是副本都是允许的”。我们认为，提交影印本不符合信用证关于单据的规定。

受益人声明反对开证行的观点：依银行实务，单据的影印本被视为单据副本。

国际商会认为，信用证要求“已签字的商业发票，正本和副本”，依ISBP，“副本”被理解为“非正本”。国际商会发布于1999年7月12日的“根据UCP500第20（b）条决定‘正本’单据”（涉及受UCP600约束的信用证）规定：“银行将任何看起来是另一个单据影印本的单据视为非正本单据。”除非信用证规定副本类型不可接受，任何类型的副本（非正本）均可接受，包括“影印本”。因此，不符点无效。

争议简介-2

某信用证规定（节选）：

45A/Description of Goods and/or Services

1. 液压钻机ABI 12/14300

……

46A/Documents Required

+发票——1正本1副本，……

+品质证书——1正本，……

……

受益人提交的单据显示货物描述为“二手（Second-hand）液压钻机ABI 12/14300”。

单据递送至保兑行。保兑行拒受单据。保兑行声明：“发票、装箱单及品质证书显示‘交付的是二手液压钻机’，这不符合信用证条款。”

受益人不同意不符点，授权保兑行联系开证行接受单据。但开证行并未作出接受该单据的准备。受益人认为，货物描述是依信用证和UCP600第18条第3款的规定填写的。信用证关于货物描述的规定并未要求装运全新的机器。因此，我们相信措辞“二手”只是一个附加说明，并不与UCP600第18条或ISBP的规定相矛盾。信用证要求品质证书鉴定机器是使用最好的材料制造的。

但保兑行和开证行坚称措辞“二手”已更改了信用证最初规定的货物描述。

受益人提出：若国际商会能给出保兑行和开证行关于不符点的声明是否有效的意见，我们将不胜感激。

国际商会认为，UCP600第18条第3款规定：“商业发票中，货物、服务或行为的描述必须与信用证中规定的内容相符。”第14条第5款规定：“除商业发票外，其他单据中的货物、服务或行为描述，可使用统称，但不得与信用证规定的描述相矛盾。”

UCP600 第 18 条第 3 款及第 14 条第 5 款的要求非常明确，即发票等单据中的货物描述必须与信用证规定的内容相符。添加的措辞“二手”不是信用证中货物描述的一部分，且措辞“二手”表明货物是不同的种类和等级，这不是信用证规定的货物描述。因发票中的货物描述不符合信用证，增加的措辞“二手”可以成为拒受单据的理由。因此，不符点有效。

争议简介-3

某信用证规定（节选）：

32B/Currency Code，Amount

51 003.00 欧元

39A/Percentage Credit Amount Tolerance

(+/-) 02/02

45A/Description of Goods and/or Services

ABC 喷雾 100 毫升，依形式发票 No. 123，DAP（交货地点）

46A/Documents Required

+已签字的开具给（申请人名称和地址）的商业发票，一式三份

……

受益人提交的发票中，货物描述显示：ABC 喷雾 100 毫升，依形式发票 No. 123，数量 27 181 件，价格/件 1.874 欧元，总价 50 937 欧元（数量 27 181 件×1.874 = 50 937），DAP（交货地点）。

开证行依据以下不符点拒受上述单据：

发票显示乘法：数量 27 181 件×1.874 = 50 937，而非 50 937.194。

受益人认为不符点不成立。认为两数据的区别仅是四舍五入，并非违反信用证（信用证不包括取整的规定）、UCP600 或 ISBP 的规范。请开证银行关注 ISBP 的相关规定，考虑到被引用的乘法是一个详细的数学计算，因此其受此约束。受益人还表示，即使这样的乘法不被认为是“详细的”，也未在信用证或 UCP 或 ISBP 中找到有任何规定指出，公式“数量×单位价格=总金额”是唯一的标准，使开证行的注意力集中在 50 937（总额）÷27 181（数量）= 1.873 992 86（单价）可进一位为 1.874（发票显示的价格）这一事实。

关于该问题，受益人向国际商会咨询：开证行拒受单据的理由是否有根据？请考虑我们的上述论证。

国际商会认为，ISBP745A22 规定：“若提交的单据显示了数学计算，银行仅在其总数（量）上，如总金额、总数量、重量或包装数量确定不与信用证或其他规定的单据冲突。”

拒付通知意指 50 937.194 欧元应是正确的发票金额。当计算到两位小数时，发票中使用欧元显示的金额计算到小数点后三位是不合理的。从 50 937.19 欧元再舍到发票金额 50 937.00 欧元是可接受的。正如上文所述，银行只负责将总数（量）与信用证及其他单据核对。还应注意的是，使用单位价格乘以数量并不是进行数学计算以确保数据正确性的唯一的手段。在这种特定的情况下，总金额除以数量可能会得出一个经审核不符合信用证规定的单价（50 937÷27 181=1.873 992 86）。这样计算的结果是 1.873 992 86，若被进位为 1.874 则是发票中规定的单价。因此，发票可接受。

争议简介-4

某信用证规定（节选）：

45A/Description of Goods and/or Services

按 2008/1 号和 2008/2 号（日期 2008 年 1 月 1 日）形式发票记载的 1 000 米面料

43P/Partial Shipments

允许分批装运

46A/Documents Required

+商业发票

……

受益人装运后向开证行交单，开证行提出不符点："商业发票显示了两份形式发票的编号和日期，而其他单据仅显示了一份形式发票的编号和日期。"

受益人向国际商会咨询：上述不符点是否合理?

针对受益人的咨询，国际商会指出：该案的商业发票反映了 UCP600 第 18 条第 3 款所要求的货物描述。其他规定的单据中仅提及一份形式发票的编号和日期。这些信息在其他规定的单据中并不相同，但符合第 18 条第 3 款要求的范围，以及在两份形式发票上，货物描述即"面料"相同的事实，在商业发票以外的单据上只显示一份形式发票编号和日期并不矛盾。从受益人的角度看，他们最好在商业发票上清楚表明，其他单据相关货物描述只与其中一份形式发票有关，从而避免这里遇到的情况。国际商会认为，不符点无效。

四、信用证项下提单记载内容不符的争议

某信用证中，开证行 V 银行开立了三份凭开证行承付的跟单信用证。受益人依三份信用证提交相应的单据，寄单行 S 银行将单据递交给开证行。经审核单据后，开证行认为提单等单据存在不符点，其未构成相符交单，拒绝承付。双方各自主张如下。

第一个不符点为，在三份信用证下，开证行均提出提单中显示的"卸货港"与信用证 44F 规定不符。其中，第一份信用证下的不符点为，信用证规定卸货港"Tallinn Port, Estonia"，但提交的提单中仅显示"Tallinn"。第二份和第三份信用证规定的卸货港"St, Petersburg, Russia"，但在提交的提单中，卸货港显示为"St, Petersburg, Ru"。

寄单行 S 银行回复称，第一份信用证下，信用证中规定卸货港为"Tallinn Port, Estonia"，而提单显示卸货港为"Tallinn"，未提及国家名称并不构成提单不符。第二份和第三份信用证下，信用证规定卸货港为"St, Petersburg, Russia"，但提单中显示为"St, Petersburg, Ru"，国家名称的缩写并不使其构成提单不符。

开证行反驳，依 UCP600 第 20 条第 1 款第 iii 项，提单必须表明货物从信用证规定的装货港发运至卸货港。因此，卸货港应严格与信用证规定相符，即"Tallinn Port, Estonia"。提单中显示的"Tallinn"既是城市名称也是港口名称且遗漏了国家名称，此为不符点。UCP600 和 ISBP 并未允许使用代码或简写形式以代替全称显示卸货港信息。国家名称应表述为"Russia"或"Russia Federation"。缩略语"Ru"并非"Russia"的国际通用的国家代码或简写形式。该单据构成不符。

第二个不符点为，在三份信用证下，开证行也均提出商业发票和装箱单上显示的封条

号与提单中的封条号不符。其中，第一份信用证下，提单中显示的封条号为 903236 与 903233，而发票和装箱单的封条号为 MSC903236 与 MSC903233。第二份信用证下，提单中显示的封条号为 9072496 与 9072464，而商业发票和装箱单的封条号为 APL9072496 与 APL9072464。第三份信用证下，提单中显示的封条号为 9105045 与 9105028，而商业发票和装箱单的封条号为 APL9105045 与 APL9105028。

寄单行 S 银行回复称，提单中封条号未显示前缀“MSC”及“APL”，这是运输公司名称的缩写形式。前缀“MSC”及“APL”在商业发票和装箱单中均有提及。ISBP681 第 35 条规定额外的信息并不构成不符点。

开证行反驳，提单中显示的封条号仅为数字而无前缀“MSC”及“APL”。而商业发票和装箱单的封条号既显示了数字，也显示了前缀。开证行认为，封条号所包含的所有字母和数字都构成封条号的一部分，因此，认定为提单与商业发票和装箱单中的信息相矛盾。若商业发票和装箱单显示有关封条号的信息，应将这些信息记录在提单中以便开证行基于其表面审核认定其与提单不产生冲突。就其表面审核单据而言，开证行在没有额外调查和解释的情况下，无法得出带有前缀的封条号（如 MSC903236）与不带有前缀的封条号（如 903236）所指为同一事项。此为不符点。

第三个不符点为，在三份信用证下，开证行提出原产地证明中签发人不符。三份信用证均规定原产地证明必须由受益人“ABC LTD, INTERNATIONAL BUSINESS”签发。但提交的原产地证明显示由“ABC LTD”签发和盖章。

寄单行 S 银行回复称，原产地证明中所显示的公司名称和地址表述正确。在原产地证明中的“出口商名称”一栏，名称“International Business”存在。该证明已正确地由 ABC LTD 公司签署。

开证行反驳，信用证第 46A（单据要求）规定“由受益人签发的原产地证明”，MT700 第 59 中所显示的受益人名称为“ABC LTD, INTERNATIONAL BUSINESS”。原产地证明仅显示由 ABC LTD 签署和盖章。当审核原产地证明时，开证行无法就其表面来决定且不应去调查以确定信用证中所规定的受益人与原产地证明显示的是同一家公司或两家不同的公司。依 UCP600 第 14 条第 1 款，指定银行、保兑行（若有）和开证行必须审核交单，以确定单据是否在表面上构成相符交单。UCP600 第 34 条也规定，银行对任何单据的法律效力或单据上规定的或附加的一般或特殊条件概不负责。名称“ABC LTD, INTERNATIONAL BUSINESS”和“ABC LTD”，就单据上下文及其表面而言，属于两家不同的公司，因此，原产地证明存在不符点。

第四个不符点为，第二份信用证下，开证行提出合同号与信用证条款不符。商业发票中显示了两次合同号且各有不同。在货物描述中，其为 0404044401；但与货物原产国结合在一起，显示为：“货物原产国×××（国家名称），合同号 04040044401，签发日期某年某月某日。”

寄单行 S 银行回复称，该不符点并未说明哪份单据中构成不符点。发票关于货物描述中的合同号和日期均与信用证相符。发票中曾提及合同号为 04040044401，与信用证所规定的 0404044401 相矛盾。

开证行反驳，信用证第 45A（货物描述）规定合同号为 0404044401 并在商业发票中显示货物原产国和合同号（“商业发票包含实际出运货物的全值，并由受益人签署显示货物原产国、合同号和信用证号”）。但在提交的商业发票中，合同号出现两次且各有不同。在货物描述中为0404044401（与信用证一致），但与原产国一起显示时合同号与信用证中不一致，显示为：“原产国×××（国家名称），合同号04040044401，签发日期某年某月某日”。

依UCP600第14条第4款，单据中的信息不应与信用证相矛盾。若信用证中规定了合同号并在商业发票中不止一次提及，则应依信用证条款来表述，不应显示不同的信息。此为不符点。

第五个不符点为，第二份信用证下，开证行提出通知方地址与信用证不符。信用证规定的通知方地址表述为“St. Petersburg，Russia”，但提单中所显示的通知方地址为“At. Petersburg，Russia”。

寄单行S银行回复称，信用证规定的通知方地址表述为“St. Petersburg，Russia”，而提单中则显示地址为“At. Petersburg，Russia”。这是一个拼写错误但并不构成对信用证条件的实质性更改，因此，不应认定为不符点。

开证行反驳，显示地址时，有关通知方的信息为重要部分。信用证未规定错误拼写可接受。因此，通知方的地址应依信用证规定“St. Petersburg，Russia”来表述。而在提单中，通知方的地址显示为“At. Petersburg，Russia”，这使得开证行无法确认城市名称。此单据构成不符。

第六个不符点为，第三份信用证下，开证行提出信用证规定提交DHL快递收据并显示一份正本商业发票和一份正本提单传送给收货人（Company T. H. DEF），而DHL快递收据显示该套正本商业发票和正本提单发送给CJSC DEF。

寄单行S银行回复称，DHL快递收据显示了发送给信用证所规定的准确地址，收货人为CJSC DEF。

开证行反驳，DHL快递收据，其功能是为了证明已将单据发送给信用证规定的收货人。依信用证条款，收货人为Company T. H. DEF，而提交的DHL快递收据显示单据发送给CJSC DEF。DHL快递收据中，收货人名称不同于信用证中规定的收货人名称。这一条件未满足，使得单据存在不符点。

寄单行S银行向国际商会咨询上述有争议的不符点的意见。

国际商会分析及结论如下。

关于第一个不符点，根据ICC意见TA.701中所作的分析，UCP和ISBP未对接货地、装货港、卸货港或收货地在列明城市时需表述国家名称，缺少国家名称不构成拒付的理由，即使信用证中列明上述词语。就第二份和第三份信用证而言，使用ISO国家代码RU而非Russia并不导致内容冲突，故不存在不符点，开证行需承付。

关于第二个不符点，封条号是签发提单的运输公司，即MSC或APL。UCP600第14条第4款“单据中的信息，在与信用证、单据本身以及国际标准银行实务相联系进行阅读时，无需与该单据的信息、任何其他规定的单据或信用证规定完全相同，但不得矛盾”。就所提交的单据上下文看，有关提单记载的封条号的信息不一致，但并不与号码本身相冲突。商业发票和装箱单中，在封条号前插入MSC或APL，不应认定构成拒付的理由，开证行需承付。

关于第三个不符点，受益人的名称是ABC LTD。INTERNATIONAL BUSINESS是公司名称的一分离部分，并非名称的必要组成部分，原产地证明由受益人 ABC LTD 签署，故不存在不符点，开证行需承付。

关于第四个不符点，商业发票中两次提及合同号，一次不正确（多了一个 0）。合同号在货物描述栏的表述正确。

UCP600 第 14 条第 4 款“单据中的信息，在与信用证、单据本身以及国际标准银行实务相联系进行阅读时，无需与该单据的信息、任何其他规定的单据或信用证规定完全相同，但不得矛盾”。ISBP681 第 25 条规定：若拼写及/或打印错误并不影响单词或其所在句子的含义，则不构成单据不符。

就该不符点的上下文而言，很明显是打印错误。然而，合同号额外插入是不正确的，从商业发票的上下文来看，信息应正确表示且对合同号的第二次引用是多余的。但单据相符，开证行需承付。

关于第五个不符点，有关 UCP600 第 14 条第 j 款的适用性的争议已在 ICC 意见 TA. 696 中提及，其分析中指出，第 14 条第 j 款的前半句表明，当受益人或申请人的地址出现在单据中时，允许有一定的差异及与信用证中所载明的地址相同或属同一国家之内的其他地址。后半句则指出，当申请人的地址和通信联系细节作为收货人或通知方的细节出现在第 19、20、21、22、23、24 或 25 条所规定的运输单据中时，它们必须与信用证中所规定的相同。但这并不意味着必须完全一致而是仅指不能与信用证规定相冲突。

在该案的争议中，毫无疑问，地址与信用证中所规定的不完全相同，但基本一样。ISBP681 第 25 条可适用于此。因此，不存在不符点，开证行需承付。

关于第六个不符点，信用证要求一份正本商业发票和一份正本提单传送给具名收货人。单据传送的地址正确，但快递收据中显示的公司名称却不是该具名收货人，故快递收据存在不符点，构成不符的交单。

五、打印错误 DOCDEX 裁决

当中国的出口商和银行遭遇拒付时，通过 DOCDEX 裁决解决纠纷，是一种值得借鉴的有效途径。

《国际商会跟单票据争议专家解决规则》（ICC RULES FOR DOCUMENTARY INSTRUMENTS DISPUTE RESOLUTION EXPERTISE，简称 DOCDEX）可适用于跟单信用证、信用证下的偿付、托收及见索即付保函等的纠纷，具有快速、经济、权威的特点。中国是信用证业务量最多的国家，为维护自身正当权益，银行和贸易商有必要借此机制解决信用证拒付的纠纷。

在一案例中，[①] 2013 年 5 月，中国银行的客户 R 公司作为信用证受益人向中国银行提交两套信用证下的单据，出口商品为热轧钢卷，开证行均为越南 S 银行，信用证申请人均为越南 T 公司。其中：A 套单据金额 280 多万美元，包括一套汇票、十套发票、十套提单、十套装箱单、十套装运通知和十套受益人证明；B 套单据金额 400 多万美元，包括一套汇票、七套发票、七套提单、七套装箱单、七套装运通知和七套受益人证明。

开证行收到单据后拒付，其理由是：（1）A 套单据中有“一套发票显示的船名与提

① 连俊，孙宇豪，“利用 DOCDEX 机制解难”，http://news.hexun.com/2014-09-05/168226406.html。

单上显示的船名不符（提单上的船名为‘SHAN DONG HAI DA’，发票显示为‘SHAN DONG DA’）”；（2）B 套单据中有“一套发票未显示信用证号码及开证日期”。

经查业务档案，上述问题属实。其中，B 套单据在受益人初次交单时，发票并未漏打信用证号码及开证日期，而是在中国银行发现其他不符点后，将单据退回受益人更改后产生的。由于七套单据属于套打性质，审单人员未发现其中一套发票原先正确的内容发生了遗漏。

从受益人处得知，因钢材价格下跌，申请人不愿承担损失，故拒付，而受益人也不接受其过分的减价要求。双方谈判无果。

鉴于两份信用证中的附加条款中均载明“Any minor typing mistake which will not affect quality, quantity, price, value and expiry date and shipment date shall be acceptable（任何小的打字错误只要不影响质量、数量、单价、金额、有效期和装运期均可接受）”，中国银行首先据此对开证行的拒付进行了反驳。开证行立即回复：“A 套单据，‘HAI’的缺漏不能认为是打字错误，单据间存在不符”；“B 套单据，信用证要求所有单据须显示信用证号码和日期，发票没有满足该要求”。开证行在回电当日将单据退寄中国银行。

基于开证行的强硬态度，中国银行积极寻求更为有力的论据支持，即参考国际商会在以往案例咨询中的意见。国际商会 R698 意见分析和结论为：打字错误但能够通过与其他单据一起解读的，不视为不符点。R289 和 R635 的分析和结论为：信用证条款要求单据显示信用证号码，只是为将单据归入信用证项下，因此，若开证行已将收到的单据归入相应的信用证项下，单据缺少信用证号码甚至引用错误的信用证号码都不足以构成不符点。

据此，中国银行向开证行发电，要求其参见国际商会的上述意见并指出：“A 套单据，除一套发票外，其他所有单据都显示了正确的船名，该套发票中错打的船名可以从其他单据中的相应信息补充获得，不会引起任何歧义；B 套单据，一套发票缺少信用证号码并不影响开证行对整套单据的处理。”

对于中国银行的反驳，开证行坚持以单据之间存在矛盾、单据不符合信用证要求为由拒绝接受。2013 年 7 月，受益人与中国银行共同商议后，决定联合向国际商会发起 DOCDEX 裁决申请。

根据 DOCDEX 规则，受益人与中国银行作为发起人，向位于巴黎的国际商会专家中心寄送了 DOCDEX 裁决申请。申请中，发起人详细叙述了事件经过以及观点，并依据规定提交了信用证、全套单据、银行间来往函电等资料的复印件。发起人提交 DOCDEX 裁决后，开证行作为答辩人也在规定时间向国际商会提交了答辩意见。

2013 年 10 月，国际商会作出 DOCDEX 裁决，专家给出完全一致的结论，即“两票信用证单据拒付均不成立，开证行应承付”。

国际商会首先阐明：ISBP681 和 ISBP745 中允许的“拼写或打字错误”并不适用于数据或信息缺漏，因此，未显示信用证号码和开证日期、船名中部分内容的缺漏都不属于“拼写或打字错误”。

对于 A 套单据，国际商会指出：

“提交的十套单据包括十套发票、十套提单和十套装运通知，除一套发票船名有缺漏外，其他都显示了正确的船名；从提交单据的整体看，货物装到提单所显示的同一条船上；依 UCP600 第 14（d）条，单据中的信息，在与信用证、单据本身及 ISBP 参照解读时，无须与该单据本身中的信息、其他要求的单据或信用证中的信息等一致，但不得矛盾；其中，一套发票中船名字母‘HAI’的缺漏不会引起混淆，从单据整体看有足够的信息可反映信用证的要求。”

从国际商会对A套单据的分析看，发起人关于单据整体性的观点得到国际商会的认可，且从理论依据看，UCP600第14（d）条的阐述也是对这一观点的有力支持。

对于B套单据，国际商会指出：

“国际商会R289意见已说明在铁路运单上显示信用证号码这一要求的目的仅仅是在单据误寄时便于查询，既然开证行已经收到这些单据，故缺少这一参考号码就其本身而言，既不能增加也不能减少单据的效用，似乎无关紧要，不足以构成有效拒付理由。关于信用证的号码，ICC曾多次声明不赞成这种做法，特别是在涉及运输单据的情况下；国际商会R578意见重申上述观点；国际商会R635意见再次强调上述观点；国际商会质询TA774的意见中，也引用了R578的意见；依上述意见，国际商会认为，单据中缺少信用证号码不构成拒付的理由；唯一的例外是：若国家或海关规定在一些单据上显示信用证号码，则以上的观点将不适用。”

从国际商会对B套单据的分析看，发起人对国际商会以往意见的引用起到十分重要的作用——被国际商会完全采纳，并引领了最终结论的得出。

A套单据的处理：收到DOCDEX裁决后，中国银行向开证行发报：“DOCDEX已出具裁决，不符点不成立，开证行必须承付。请通知你行地址及联系人以便我行重新寄单。”

开证行回电：“我们将尽最大努力依据UCP600和国际惯例解决问题。考虑双方银行的合作关系，同意你行重新寄单。”之后，开证行在收单后立即办理了付款。至此，A套单据在中国银行顺利结案。

B套单据的处理：在向国际商会发起DOCDEX裁决申请期间，受益人出于商品市场价格、仓储费用等因素的考虑，转卖了B套单据项下的货物。在收到DOCDEX裁决后，中国银行应受益人的要求向开证行发报：“DOCDEX已出具裁决，不符点不成立，开证行必须承付。因为你行的无理拒付，你行应承担相应的货物价值损失、相关费用以及DOCDEX裁决的相关费用。”开证行回电：“1. 我行对DOCDEX裁决有异议并已向DOCDEX提出；2. 考虑双方银行的合作关系，在申请人仍不接受单据的情况下，我行已就A套单据办理了付款；3. 从申请人处得知，B套单据在未预先通知我行、未征得我行同意的情况下已转卖，这表明受益人已接受我行的退单，由此引起的货物价值损失不应由我行承担；4. 受益人发起的DOCDEX费用及其他相关服务费用也不应由我行承担。”

中国银行回电：“1. 依DOCDEX的裁决，你行的拒付不成立；2. 很高兴看到你行已就A套单据办理了付款，但并未支付由于你行迟付而产生的利息；3. 受益人为避免进一步的损失而处理货物完全是由于你行的无理拒付和退单引起的，我方没有义务通知或预先征得你行同意；4. 在发起DOCDEX申请前已通知你行，因为无理拒付引起的相关费用及损失应由你行负担；5. 你行理应支付相应损失及费用，否则，受益人将采取进一步的法律措施。”

开证行继续回电：“1. DOCDEX的裁决对我行并无约束力；2. DOCDEX的申请由谁发起，相关费用就应由谁承担；3. UCP600规定，开证行偿付指定行以收到相符单据为前提。我行愿意以积极的态度解决相关纠纷，但因为货物已经转卖，付款应在信用证之外解决。”

因受益人投保了出口信用保险，受益人表示将通过保险公司出面解决后续问题。至此，B 套单据也在中国银行结案。

该案为银行和企业利用 DOCDEX 的裁决维护自身利益提供了借鉴和经验。

第一，应重视 DOCDEX 裁决机制在解决结算纠纷中的作用。从本案看，发起人通过 DOCDEX 的裁决，较快地解决了在信用证下与开证行久拖不决的业务纠纷，特别是 A 套单据顺利收汇，DOCDEX 裁决起到关键作用。因此，通过 DOCDEX 裁决解决纠纷应是值得借鉴的有效途径。但在实际应用中，还应注意以下几点：

1. 充分利用 DOCDEX 允许多方发起申请的规则。本案中，作为信用证指定行的中国银行与信用证受益人共同发起申请。这一模式的好处是，银行可利用自身专业优势和所掌握的相关业务证据，帮助企业进行解释说明。

2. 借助 DOCDEX 允许多个问题合并提交规则降低裁决成本。本案中，若两笔信用证分别提交，则需要支付两笔标准费用；而合并提交申请，在申请中列出多个问题，可降低费用支出。

3. 引用国际商会意见。在 DOCDEX 申请书中，若国际商会的意见中出现过类似案情，则对申请方有利的分析和结论应最大限度地加以引用。国际商会不会频繁变更以往的意见，在申请中引用有利的意见和结论将使裁决向有利自己的方向发展。值得注意的是，尽管 DOCDEX 自 1997 年就已开始实施，但迄今为止，其独特解决机制并未引起中国业界的足够重视。实际上，与通过司法途径解决纠纷相比，DOCDEX 规则的优势非常明显。

（1）一是高效率。根据规则，答辩或补充文件提交到专家中心的时间及专家小组审理的时间均有严格限制。从本案看，7 月份发起人提出申请，到 10 月国际商会作出最终裁决，间隔不到 90 天。与动辄几年的司法程序耗时相比，DOCDEX 高效率的特点非常突出。

（2）二是低成本。依 DOCDEX 最新费率标准，金额在 100 万美元以下的争议标准费用为 5 000 美元，金额在 100 万美元以上的争议标准费用为 10 000 美元。与高昂的司法诉讼成本相比，其低成本优势明显。

（3）三是权威性。尽管该规则明确规定“除非另有约定，DOCDEX 的裁决对各方当事人无约束力”，但国际商会作为最具专业性权威的机构，其意见对当事人具有很强的说服力；即使裁决不能最终解决争议，但在后续可能发生的诉讼或仲裁程序中，仍可被司法或仲裁机构采纳，继而影响最终判决或仲裁结果。

第二，应重视海外联行在纠纷处理过程中的作用。本案中，中国银行胡志明市分行在纠纷处理过程中发挥了积极作用，不但多次派员赴开证行进行交涉，还牵头组织召开多方电话会议，为纠纷最终解决发挥了重要作用。

中国银行强大的海外机构网络是其开展国际业务、拓展海外市场的重要依托。海内外联动不仅体现在跨境业务中，且在与海外业务纠纷处理中也具有无可替代的重要作用。这也是中国银行在开展国际业务中所独有的并应充分加以利用的地位和优势。此外，作为中国银行界最具国际化特色的银行，中国银行在对外业务中的国际地位和影响力也是促成开证行接受 DOCDEX 的裁决而付款的一个重要因素。

第三，应重视出口信保在信用证风险防范方面的作用。从银行角度看，本案比较遗憾之处是，受益人对 B 套单据项下货物进行了转卖，致使中国银行无法直接要求开证行在信用证下履行全额付款责任。但因受益人风险防范措施得当，在信用证结算方式下仍投保了出口信用险，因此，在 DOCDEX 裁决无法履行后，受益人还可通过中国信保得到补偿。

当前，世界政治和经济局势不稳定性和不确定性因素相互交织，出口企业开拓国际市场必须充分认识可能面临的风险。即使是信用证结算方式，出口企业也应考虑进口国信用状况、开证行资信等因素，避免由于国家动乱、开证行破产、恶意拒付等原因带来的政治风险和商业风险。而投保出口信用保险，无疑是规避上述风险的一种有效手段。

六、银行是否应审核副本提单的签字及批注争议案

某信用证规定提交“a copy of bill of lading”且无其他相关规定。受益人提交的副本提单表面显示由货代（Forwarder）以其名义签署，而非由承运人、船长或其代理人签署。开证行审单后发出拒付通知并注明不符点为“B/L is signed by a forwarder I/O carrier, master or their agent.”。对此，受益人不同意开证行的拒付并援引 ISBP745A6 抗辩，但开证行反驳受益人的抗辩称，副本运输单据原本无须签字，若签字，则应依 UCP600 第 20 条处理。对此，受益人延伸了两个问题，请求国际商会答复：（1）以货代（Forwarder）身份签署的副本提单是否构成不符点？（2）若副本运输单据显示货物装载于甲板上，或者明确宣称货物或包装有瑕疵，是否构成不符点？①

国际商会认为，依 UCP600 第 20 条第 1 款（i）项规定，有资格签署提单的包括承运人或其具名代理人、船长或其具名代理人四种身份。又依其（iv）项规定：此提单应显示为唯一的正本，或在签发多份正本的情况下，应显示为提单中表明的全套正本。换言之，上述规定仅适用于信用证规定提交至少一份正本提单的情况。当信用证仅规定副本提单时，应依 UCP600 第 14（f）条审查。同时，ISBP745 第 A6 条亦明确规定，当信用证规定应提交 UCP600 第 19 至 25 条所提及的运输单据副本时，该相应的第 19 至 25 条并不适用，因为第 19 至 25 条仅适用于对运输单据正本的审核，而运输单据副本仅须依信用证明确规定的范围审核，除此之外，依 UCP600 第 14（f）条的规定审核即可。副本提单不同于正本提单，其功能在于提供装运信息，并不具有凭交付换取货物作为可转让单据的功能。因此，除非信用证规定了提单副本的签署方式，否则，副本提单上的签署无须符合 UCP600 第 20 条第 1 款（i）项的规定，甚至无须在副本提单上显示任何签字。

因此，国际商会的结论是：（1）副本提单显示以货代名义签字，不构成不符点。（2）副本提单显示“货装甲板”或“不清洁批注”，亦不构成不符点。

就国际商会第一个结论而言，虽然让人感觉似乎存在风险，但是 ISBP745 很明确地规定“副本单据无须签署，也不须加注日期”。既然不签字的副本提单都可接受，故副本提单上显示签字系由货代的名义所为，视之为额外信息尚有理可循，在信用证无禁止的情况下应不构成不符点。就国际商会第二个结论而言，可能存在争议。国际商会认为，副本提单无须依 UCP600 的相关条款审核，且本案中认定副本提单与货权移转无涉，其功能只是提供装运信息，若该功能已获满足，加之信用证中无其他相关对副本提单内容的要求，则

① 参见王雯，“关于信用证要求提交提单副本之省思”，http://www.sinotf.com/GB/136/1361/2015-08-19/yOMDAwMDE5MjIyOQ.html。

无须适用 UCP600 第 26 条与 27 条，亦即提单上即使载有货装甲板上或不清洁批注，亦不构成不符点。但试问，副本提单的记载事项是否表明了正本提单亦有完全相同的内容？根据国际商会意见第 R337，一份不可转让的副本提单的内容，包括其所有的修改，应与正本提单镜像一致（A non-negotiable bill of lading should "mirror" an original bill of lading to the extent of content-including any alterations thereon.）。"货装甲板"及"不清洁批注"皆为船公司就装货事实所作的客观描述，理论上无论是显示在运输单据的正本或副本上，都应视为该提单违反了 UCP600 第 26 条（"运输单据不得表明货物已经或将要装载于甲板上"）与第 27 条（"银行仅接受清洁的运输单据"）的明确规定。既然如此，为何国际商会还认为这样的副本提单并不构成不符点？在此应特别思考的问题是，面对所提交的副本运输单据（非正本），银行究竟应依 UCP600 哪一条款审核？

首先应注意，UCP600 第 14（f）条对此作出相应的规范，即若信用证要求提交除运输单据、保险单据或商业发票以外的单据，且未规定该单据的出单人或项目内容时，银行将接受该单据的提示，只要其内容看起来满足所要求单据的功能且其他方面与第 14（d）条相符。而其第 14（d）条规定："单据中的信息，当联系信用证上下文、该单据本身及国际标准银行实务，不必与该单据、任何其他规定的单据或信用证中的信息完全相同，但不得与其相冲突。"或许有人会质疑，上述第 14（f）条提及运输单据，但并未排除副本运输单据，以致仍有适用上的疑虑。为此，国际商会借由 ISBP745 第 A6（a）条作出明确的阐述："若信用证要求提交 UCP600 第 19 至 25 条涉及的运输单据的副本时，则相应的条款不适用，因为这些条款仅适用于正本运输单据。只有当信用证明确要求时，才对运输单据副本予以审核，否则，依 UCP600 第 14（f）条审核。"因此，银行当可从上述规定中明确地判断出其对运输单据副本的审查，直接满足 UCP600 第 14（d）与 14（f）这两条以及信用证的条款规定即可。就审单的角度而言，银行可顺利地完成此义务，尤其是当信用证无其他规定时更是轻而易举。但相对的，从开证行的角度而言，当信用证要求提交运输单据副本时，在遵循国际商会上述结论下，受益人即使提交了"货装甲板"或载有"不清洁批注"的运输单据副本，开证行仍须接受该单据，不能视为两个不符点。如此一来，对于付款赎单的申请人（进口商）而言，可能存在风险。

试想，此类运输单据已明确显示了货物运载上的额外风险，申请人可能收到有瑕疵或包装存在问题的货物，甚至因货物装载在甲板上发生海损而无法获得保险赔偿；记载有相同内容的正本提单直接依信用证的规定寄给申请人或第三人，受益人在请求支付信用证款项时仅须提交副本提单。而在此情形下，开证行无须就副本提单显示"货装甲板"或"不清洁批注"提出拒付；一旦发生此等情况，有可能会使进口商蒙受须依信用证付款却提不到所需的货物，导致款、货损失的巨大风险。

信用证是开证行依买方的申请而开立的，作为开证行，在履行了其义务的同时，是否应反思这样的风险是因信用证条款不尽合理、完善而导致的。尽管依据 UCP600 第 14（f）条规定可推论出，若信用证能就该等单据的签发人或其记载内容予以明确且合理的规定，避免可能发生的风险，那么，受益人须依其规定提交相符的单据，则进口商无辜蒙损的情况就不会发生。

银行的经营宗旨应是提供优质服务，因此，开立一份有水平的、公允的、可操作且思虑周详的信用证是开证行优质服务的表现。ISBP745 开宗明义地在预先考虑事项第 5 项就表明了这样的意愿：开证行可以必要或适当的方式补充或完善申请人的指示，以使信用证得以使用。同时，更在第 6 项中明确提醒：开证申请人和开证行应充分了解 UCP600 的内容，并意识到诸如第 3 条、第 14 条、第 19 条、第 20 条、第 21 条、第 23 条、第 24 条、第 28（i）条、第 30 条、第 31 条对术语的界定可能导致意想不到的结果。因此，作为为申请人提供服务的开证行应向进口商提出合理的建议。首先，当进口商的开证申请中仅要求提交副本提单时，应主动联系进口商，了解实际的交易背景，并提醒其仅要求“提交副本提单”或表明“提交副本提单可接受”的信用证可能产生的风险，请其务必考虑出口商的信誉与市场的变化。其次，应建议进口商将信用证的单据条款“Copy of bill of lading”改为“Photocopy of original bill of lading consigned to...（并详列提单的一般条件）”。但因迄今为止，国际商会并未对“Photocopy of original bill of lading”予以界定，为确保受益人提供的副本提单或提单影印本与所寄出的正本提单内容完全一致，可要求增加提交一份受益人证明确认此事，其内容如“BENEFICIARY'S CERTIFICATE CERTIFYING THAT THE CONTENTS OF PHOTOCOPY OF ORIGINAL BILL OF LADING WE PRESENTED A STIPULATED IN FIELD 46A EXACTLY MIRRORS ITS FINAL ORIGINAL, INCLUDING ANY ALTERATIONS THEREON.”。最后，依 UCP600 第 14（f）条规定，同时配合进口商的特别需要，设计出关于该提单签字人或信息内容的合理建议，以充分维护进口商的权益。在此，依国际商上述第二个结论，试订出相应的保全条款，如“PHOTOCOPY OF ORIGINAL BILL OF LADING INDICATING GOODS ARE OR WILL BE LOADED ON DECK IS NOT ACCEPTABLE. PHOTOCOPY OF ORIGINAL BILL OF LADING MUST NOT DECLARE A DEFECTIVE CONDITION OF GOODS OR THEIR PACKAGE.”。倘若运输事宜非由申请人所安排，或申请人希望限制提单的签字人，则开证行在开证时可建议增列如下条款“PHOTOCOPY OF ORIGINAL BILL OF LADING MUST APPEAR TO BE IN THE FORM OF ××× SHIPPING LINES. PHOTOCOPY OF ORIGINAL BILL OF LADING MUST APPEAR TO BE SIGNED BY MASTER OR CARRIER OR ITS AGENT ON ITS ORIGINAL.”。若增列上述条款，希望能因此突破国际商会意见对申请人所产生的负面影响，协助进口商在安全无虞之下，顺利完成信用证项下所期望的货物与货款的移转。

对进口商而言，一旦因疏忽、考虑欠周或实际交易的一个行为未落实，极可能会影响货款的支付或货物的正常提取。特别是在近距离的两国贸易或是转口贸易实务操作中，进口商经常会为顾及提货的及时与方便而要求出口商先行寄送运输单据的正本，故而便宜行事而在信用证中仅要求提交副本运输单据。这样的条款规定反而为自身带来极大的风险，即使两国距离较近，信用证中还应尽可能要求提交至少一份正本提单。表面上，进口商可能认为既已先取得正本提单这样的物权单据，再凭信用证付款，应是万无一失之举，但从上述国际商会案例看，国际商会明显是偏向受益人的，若不幸该提单载有“货装甲板”或“不清洁批注”，进口商仍须对瑕疵货物、瑕疵包装甚至因装在甲板上而灭失的货物全额付款。为此，作为信用证申请人的进口商，同样也应对开证指示予以周全考虑，合理保护自身利益。

七、银行是“押汇”还是“议付”争议案

在一案例中，[①] 某年 7 月 5 日，出口商 H 公司向议付行 E 银行提交自由议付信用证项

---

① 参见张明伟，“议付行：何为押汇？”，http://www.sinotf.com/GB/experts/2015-11-23/0NMDAwMDIwMjY0NA.html。

下单据。E银行认为交单相符并应H公司申请，向H公司办理了信用证下融资。H公司在出口押汇申请书中声明："兹有我司下述单据送交贵行，申请办理有追索权出口押汇业务。上述出口押汇若遭开证行/托收行/付款人拒付或付款发生逾期，我司保证全额偿还该单据项下的融资金额并承担因此所产生的所有利息和费用，逾期欠款所产生的罚息，以贵行现行信贷政策为准。"

当E银行向开证行要求偿付时，开证行以单据存在不符点以及信用证欺诈、被韩国法院发出止付令等为由拒付。8月26日，E银行书面通知H公司开证行拒付的内容并向H公司追索融资款项，但遭H公司拒绝。

出口商H公司主张：第一，UCP600未明确规定议付行对受益人是否享有追索权。UCP600第16（g）条规定："当开证行拒绝承付……且按照本条发出拒付通知后，有权要求返还已偿付的款项及利息。"因E银行8月26日的拒付通知已超出UCP600第16条规定的时间，因而其丧失了对H公司享有的追索权。第二，E银行审单时未提出开证行凭以拒付的不符点，影响其对H公司的追索权。依UCP600第4条和第34条的规定，E银行应首先向开证行主张权利，提起诉讼。依UCP600第7条的规定，开证行偿付指定银行的责任独立于开证行对受益人的责任。据此，H公司无权向开证行主张任何权利。E银行不向开证行主张其议付款的权利而直接向H公司主张追索权，有悖UCP600的精神。第三，其向E银行递交的是出口押汇申请，但E银行为H公司办理的是议付而非押汇业务。

而议付行E银行主张：第一，根据出口押汇申请书，其与H公司之间是出口押汇合同法律关系。E银行已按约定向H公司实际付款，因此，其可依该申请的约定向H公司行使追索权。第二，UCP600未涉及议付行对受益人是否享有追索权的问题，但也未禁止议付行对受益人进行追索，且未对追索权行使设置任何限制和条件。H公司对UCP600的引用和解释是错误的。议付行对受益人是否享有追索权是票据法的规定，在UCP600未予规定的情况下，应适用票据法的相关规定。本案中，H公司作为出票人开立了以开证行为付款人的汇票并将汇票转给E银行，从票据法律关系看，在开证行拒付汇票款的情况下，E银行作为持票人，对H公司享有追索权。E银行在本案所涉业务中保留追索权的操作模式符合银行业惯例。目前，中国国内银行在操作此类业务时，并不明确区分信用证押汇和信用证议付，但无论是议付还是押汇，在开证行拒付的情况下，议付行或押汇行均保留对受益人的追索权。第三，E银行已依UCP600的操作规范审核了全部单据，不存在过失，未发现开证行凭以拒付的单据不符点，不影响对H公司的追索权。

（一）出口押汇与议付

议付和押汇，在传统中文语境中并无明确含义，"议付"只是内地中文版对UCP中的"NEGOTIATION"术语的翻译（注：此处并未考虑人民银行在《国内信用证结算办法》对"议付"的定义）。UCP中的"NEGOTIATION"在香港地区通常翻译为"押汇"，在台湾地区通常翻译为"让购"。因此，须在具体情形下考察名为"议付"或"押汇"的具体业务本质，不能仅通过名称对二者进行区分。

UCP600中的"NEGOTIATION"（议付）定义，是对指定银行办理信用证项下融资的框架性概念，而非指某种具体的或特定的融资产品。UCP600对议付期限、利率、追索权及其他当事人的权利义务完全未涉及。在信用证实践中，不能机械理解UCP600的定义，想当然地认为银行提供其他名称的融资产品时，就不是在做"议付"融资。

就本质而言，UCP600 界定的“议付”是指定银行对受益人提交的信用证下汇票及/或单据所代表的收款权利的购买行为。因此，若符合其本质，任何融资产品，无论在具体交易过程中融资银行与受益人将其命名为“出口押汇”“出口贴现”或“福费廷”等，均可称之为议付。反之，若不符合其本质，即使将融资产品命名为“议付”，也不构成 UCP600 下的议付。

目前，中国各银行对出口押汇的定义和性质尚无统一认识，中国法律也无明确界定。一般认为，信用证项下的出口押汇就是银行以出口商提供的信用证项下的货运单据为担保，在收到开证行付款前，向出口商提供资金的一种融资行为。

本案中，H 公司向 E 银行提交的申请书名称为出口押汇申请书，但从其内容看，H 公司的真实意思是，请求 E 银行购买信用证项下的单据。E 银行亦实际购买了信用证项下的单据，其行为完全符合 UCP600 关于议付的规定，因此，E 银行在本案所涉信用证法律关系项下是议付行。即使 H 公司向 E 银行提交的申请名称为出口押汇申请书，亦不影响对 E 银行议付行的定性。

（二）议付行享有对受益人的追索权

UCP600 就议付行是否对受益人享有追索权的问题并未进行规定。UCP600 第 16（g）条的内容不应被理解为议付行对受益人享有追索权问题的规定。（When an issuing bank refuses to honour or a confirming bank refuses to honour or negotiate and has given notice to that effect in accordance with this article, it shall then be entitled to claim a refund, with interest, of any reimbursement made.）当开证行拒绝承付或者保兑行拒绝承付或议付且已按本条规定发出拒付通知，它将有权要求返还已偿付的款项及利息。）对照其英文原文，可清楚地看到，官方中文翻译时按照中文表达习惯，省略了“有权要求返还已偿付的款项及利息”的主体。根据英文原文，该权利的主体（it）明确应为“开证行”或“保兑行”，与“议付行”无任何关系。

本案中，根据 H 公司向 E 银行出具的出口押汇申请书的承诺，若开证行拒付，H 公司保证向 E 银行全额偿还所涉信用证项下的融资金额并承担由此产生的所有利息和费用。由于该约定是当事人之间真实的意思表示，并不违反中国法律、行政法规的规定，在开证行拒付的情况下，E 银行即可向 H 公司行使追索权。

（三）议付行无义务通知受益人不符点

议付行审核单据的行为是出于保护自身利益的目的而行使 UCP 所赋予其的权利，从来就不是其应向受益人承担的义务。议付行是否应向受益人通知不符点，应视下列具体情况而定：（1）议付行未表示同意议付时。UCP600 第 12（a）条规定：“除非被指定银行是保兑银行，授权承付或议付并未加诸该被指定银行承付或议付的任何义务，除非该被指定银行明确表示同意承付或议付且如此通知了受益人。”可见，此种情况下不按议付指定行事的“议付行”无任何审核单据并通知受益人不符点的义务。（2）在受益人交单前或交单时，议付行明确表示同意议付且已告知受益人时。若议付行收到交单后向受益人作出购买行为，依 UCP600 第 14（b）条，议付行应从交单次日起的至多 5 个银行工作日内确定交单是否相符。但该款并未规定议付行必须将其审单结果或不符点（若有）通知受益人。在此情况下，议付行没有通知受益人不符点（若有）的义务。若议付行收到交单后拒绝向受益人作出购买行为，则其必须在上述期限内确定交单不符并依 UCP600 第 16

(c) 条，向受益人发出拒付通知。但依 UCP600 第 16 (f) 条（若开证行或保兑行未依本条规定行事，它将无权宣称单据不符），即使议付行未能按第 16 条行事，也不丧失宣称交单不符的权利。但通常在此情况下，议付行应审核单据并向受益人通知不符点。(3) 在开证行接受单据后，议付行进行议付时。在此情况下，开证行已接受单据并承担付款责任，单据是否相符已不再影响单据所代表的收款权利。

（四）议付行审单目的

依信用证惯例，议付行只有在议付相符交单并将单据发往开证行后，其才有权要求开证行偿付信用证项下款项。而开证行在收到议付行的单据后，仍有权在惯例允许时间内进行审核。若交单不符，开证行有权拒付。议付行与开证行各自具有独立的审单权利并分别对自己的审单结果负责。议付行之所以审核单据，其根本目的是为确认受益人的交单是否相符，以便为其叙做议付融资。议付行将审单时发现的不符点电提给开证行，是希望获得开证行接受不符点，是为解除惯例未允许其对不符交单进行议付融资的障碍。在 UCP 的范围内，议付行无任何权利，也无任何理由去替代开证行审核单据。

（五）信用证下的银行押汇与议付

在信用证业务中，有人将银行向受益人给付款项的行为称为“议付”或“押汇”(Negotiation)，认为两者都是银行垫付资金、购买单据并具有追索权的行为。但两者不完全等同。

押汇可分为广义押汇与狭义押汇。

广义押汇通常包括国际结算和贸易融资。狭义押汇一般指，银行以代表货物所有权的凭证（提单）作为质押向出口商提供贸易融资，即银行对卖方提交的代表货物的单据（即提单），不论信用证是否允许议付甚至不论有无信用证（如出口发票贴现、出口托收押汇、出口保理等），向其先垫付资金的一种融资行为。故押汇可以针对信用证，包括议付信用证、付款信用证或承兑信用证，也可针对托收等；不一定有开证行授权，也不一定必须凭相符单据。因此，押汇的范围较广，包含议付。出口商在申请办理出口押汇时，必须向银行提交出口押汇申请书及出口押汇合同。

信用证下，押汇合同通常载明“除非另有约定，本合同应依跟单信用证统一惯例办理”之类文句。因此，跟单信用证统一惯例（UCP）的有关规定，构成合同的一部分。若押汇单据被开证行或者保兑行拒付，押汇银行可以凭押汇申请书及押汇合同，向出口商追回押汇垫款。若开证行倒闭，押汇银行仍持有货运单据，可处理货物以抵偿垫款。若银行对有不符点单据予以垫款，这是押汇，不是议付，故其无权得到开证行或保兑行的偿付，也不是信用证意义上的善意持有人，因而不能享受议付信用证下的善意第三人（欺诈情况下）的权利。

进口商也可利用银行授信，向银行申请进口押汇，商请银行先行向出口商垫付货款。为了保证安全收回押汇款项，同时也使进口商能够顺利提取货物，银行在将物权凭证（如提单）释放给进口商的同时，通常要求其签署信托收据（Trust Receipt，T/R）。据此，进口商在清偿银行押汇款项之前，物权凭证单据及货物的所有权归属银行。进口商处理货物所得款项归还银行押汇垫款。

UCP600 中的议付是指开证行允许受益人向某一指定银行或任何银行交单，提前从该银行（议付银行）获得信用证金额。UCP600 规定：“议付（Negotiation）是指定银行在其获得偿付的银行营业日或之前，以预付或同意预付款项给受益人的方式（By advancing or agreeing to advance funds to the beneficiary），购买（Purchase）（以该指定银行之外的银行为付款人的）汇票和/或相符提示的单据的行为。”这是 UCP600 的新规定。UCP600 称为“Purchase”（购买），即指定银行购买受益人的汇票或提单等单据。这种买入行为可以是议付行在获得开证行偿付的当日或其之前，预付（垫付）或同意预付受益人。因此，远期议付信用证是合理的。但议付信用证下的汇票不能做成以议付行为付款人，除非该议付行为保兑行。若议付行非为保兑行，通常对受益人享有追索权。可见，议付的本质是一种融资方式：提前或同意提前支付（Advancing or agreeing to advance funds）。这对出口商有利，可以提前得到银行的资金周转。

UCP600 的“议付”包含以下含义：

1. 买入对象是“Draft and/or Documents”。议付信用证可有汇票，也可无汇票，仅仅买入单据也是议付。

2. 汇票的付款人是“A bank other than the nominated bank”（非指定银行，即不是议付行）。议付行不能议付自己是付款人的汇票。信用证下，对自己是付款人的汇票只能是承兑和付款而不是议付。

3. 买入人是指定银行（议付行）。非指定银行的买入不能取得议付行的地位。

4. 买入的条件是“Under a complying presentation”（相符的交单）。只有交单行为和单据相符才符合 UCP600 的议付，才可能得到开证行的偿付。

5. 买入的方式是“Advancing or agreeing to advance funds to the beneficiary”。议付银行向受益人付款的时间比开证行向议付行偿付的时间早。

6. 买入的时间是“On or before the banking day on which reimbursement is due to the nominated bank”（指定银行在其获得偿付的银行营业日或之前）。在其应获（开证行）偿付的银行日当天买入，此种情况指即期议付信用证下的议付；在其应获（开证行）偿付的银行日之前买入，此种情况指远期议付信用证下的议付。

UCP600 的议付在于强调：

1. 若“受益人一经交单给指定银行就买入”属于议付，指定银行因此取得议付行地位，有权以自己的名义向开证行索偿。（即期议付）

2. 若“受益人交单后，指定银行同意受益人需要资金时随时买入”，则指定银行仍然取得议付行的地位，寄单时同样有权以自身名义向开证行索偿。（远期议付）

3. 若指定银行未进行买入的承诺，纯粹的寄单不是议付。（指定银行可不议付）

4. 若指定银行仅仅“同意预付”而最终并未实际预付，即最终没有买入，在发生受益人欺诈的情况下，该指定银行不能取得真正议付行的地位，即不是正当的持票人。若发生受益人欺诈，开证行通常通知议付银行不能付款。（未议付不是议付行）此时，指定银行不能议付，尽管其可能已作出“同意预付”承诺，因为已被告知发生了欺诈，否则就不是善意的，从而得不到法院的保护。尽管已答应受益人需要时可预付款项，由于欺诈在先，答应预付而不付款也不应使该指定银行承担违约责任。

但“Agreeing”可能引发问题：首先，它的具体形式是口头的，还是书面的？是可撤销的，还是不可撤销的？如何证明被指定银行已经同意向受益人融资？其次，“Agreeing to advance funds”之后，指定的议付行是否已完全取得议付行的地位，从而享有欺诈例外抗辩的豁免权？

八、假远期信用证争议

在下列案例中，[①] 买卖双方就采购铬矿事宜订立了买卖合同。合同签订后，买方委托代理开立了信用证，但卖方在合同履行期限届满后仍未交货。卖方称，合同约定应开立不可撤销、不可转让的即期信用证，但未经卖方同意，买方开立了远期信用证，构成根本违约，卖方不承担违约责任；而且买方主张的违约金大幅度地超出买方的实际损失，金额过高。买方则认为，自己开立的信用证符合合同的要求，只要卖方如约履行其合同、交付信用证规定的单据，就能获得银行的“即期付款”；而且本案合同约定的延迟履行的违约金具有惩罚性质，不属可调整范围。

对此，应如何判别双方的责任？本案的裁决具有借鉴意义。

卖方香港公司（被申请人）向买方福建公司（申请人）出售产地为阿尔巴尼亚的铬矿块，装运港为阿尔巴尼亚都拉斯（DURRES），目的港上海。交货数量为 2 000 吨，10% 的增减由卖方决定。付款方式为买方按 100% 货值向卖方开具不可撤销、不可转让即期信用证。

本案合同签订之后，买方委托外贸代理“厦门股份公司”于某年 3 月 30 日向中国农业银行厦门分行申请开出信用证。该证有以下约定：“42C：90 DAYS AFTER SIGHT”；“44C：100425”；“31D：100630 HONG KONG”。

卖方收到该信用证，但并未在合同规定的期限内发货，在合同约定的 10 天的延迟交货宽限期内也未发货。

双方在合同履行的中发生争议，买方遂提请仲裁。

申请人（买方福建公司）提出以下仲裁请求：

1. 裁决被申请人（卖方）立即支付违约金共计 128 000 美元及利息，利息自申请仲裁之日起算，按银行同期贷款利率计算至实际付款日（10 天宽限期×信用证总金额×2%，即 10×640 000×2% = 128 000）。

2. 裁决被申请人承担本案的全部仲裁费用。

卖方（香港公司）在答辩中主张：

买方违约在先，无权要求支付违约金。买方根本违约，是导致合同无法继续履行的根本原因。

依合同第 7 条约定，买方应按 100% 的货值向卖方开立不可撤销、不可转让的即期信用证。但买方未经卖方同意，开立了远期信用证且为远期信用证 90 天。买方擅自延长付款时间的行为属根本违约，损害了卖方的利益。

针对卖方的答辩，买方提出反驳意见：

买方开立的信用证虽表面是 90 天远期，实际上，开证行已经承诺即期支付，只要卖方提供相符的单据，开证行保证付款，卖方即可全额收回货款。

在国际贸易中，广泛存在一种俗称“假远期信用证”（Usance Letter of Credit Payable at Sight），又称“买方远期信用证”，即信用证规定由卖方开立远期汇票，但开证行对远

---

① 参见矿石买卖合同争议案，http://www.chinalawedu.com/web/187/wa2014091309430614898092.shtml。

期汇票予以即期支付，同时向买方收取贴现息，等待承兑到期日才向买方收回本金。其特点是远期汇票、即期付款，即“假远期”只是针对买方的一种融资手段，卖方可即期全额收回货款，完全符合“即期信用证”即期支付的特征。

该信用证在第 15 条载明：远期汇票按即期付款。贴现费由买方承担。一旦收到信用证规定的全套单据，即期付款。

香港卖方进一步提出反驳意见：

1. 即期信用证与假远期信用证有本质的区别。

即期付款信用证是开证行收到相符的单据或/和汇票，立即履行付款责任的信用证。其性质属于立即、终局性、无追索权的付款。

而“假远期”信用证实质是开证行对买方提供的融资便利。对卖方而言，因其开出的汇票是远期汇票，开证行系作为贴现行身份对卖方贴现，有关的贴现息由买方支付；而开证行作为持票人，对卖方具有追索权。因此，假远期信用证，可能加大了卖方在远期汇票到期前被追索的风险。

2. 卖方为中间商，其还要为实际出口商开立对背信用证。

对背信用证开立的基础为原证，即买方所开立的信用证。买方未依合同约定开立即期信用证，直接导致卖方无法开立对背信用证。买方的违约行为，直接导致本案合同无法继续履行。

根据上述事实和理由，仲裁庭裁决：

1. 被申请人（卖方）向申请人（买方）支付延迟交货违约金（70%）89 600. 00 美元，利息以同期一年 LIBOR 拆借利率为基准利率上浮 1. 5%，计算至卖方实际付款日。

2. 本案仲裁费为人民币 41 360. 00 元，应由买方承担 30%，即人民币 12 408. 00 元；卖方承担 70%，即人民币 28 952. 00 元。

本裁决为终局裁决。

本案中，双方的法律责任如下：

1. 买方的法律责任

虽然买方开立的远期信用证与合同规定的即期信用证不符，履行合同义务存在瑕疵，但没有充分的事实和法律依据认定其行为构成根本违约，具体理由如下：

（1）卖方主张其“始终坚持采用即期信用证支付货款，申请人（买方）故意拖延时间，拒绝修改”，但卖方并未提交其对买方开立远期信用证提出异议并要求修改的证据。是否立即对买方开立的与合同不符的信用证提出修改意见，对卖方是否有理由拒绝履行合同义务（交货）至关重要。卖方应就其主张提交证据，否则，应承担不利后果。因此，在卖方未提交相关证据的情况下，卖方在收到买方开立的远期信用证后，并未及时提出异议、要求修改。（参见《公约》第 19 条；中国《合同法》第 31 条）

（2）买方提出如下主张：“买方开立的信用证虽是 90 天远期，实际上开证行已承诺即期支付，只要卖方能够提供相符的单据，开证行就保证付款，卖方可立即全额收回货款。”

经仲裁庭查证，本案信用证确实存在买方主张的上述约定。卖方亦主张：“假远期信用证实质是开证行对买方提供的融资便利，对卖方而言，因其开出的汇票是远期汇票，开证行系作为贴现行的身份对卖方贴现，而有关贴现利息由买方支付。”由此可见，卖方亦认可远期信用证可通过贴现的方式使得银行立即向卖方支付货款。

依UCP600，信用证和合同相互独立，只要单证相符，即使信用证与合同存在差异，卖方仍然可收到货款。因此，仲裁庭认可买方的上述主张，买方虽然开立了远期的信用证，但卖方也可立即全额收到货款。既然卖方可在收到远期信用证之后立即收到货款且不需支付贴现利息和费用，则卖方所主张的买方“通过开立信用证的方式，延长支付货款时间 ”的情形就不构成卖方行使抗辩权的基础。因此，对卖方的“申请人擅自变更合同履行方式，延长支付货款时间，是根本违约行为”的主张，仲裁庭不予认可。

（3）卖方还主张，对于假远期信用证，“开证行作为持票人，对卖方具有追索权，因此，假远期信用证可能加大了卖方在远期汇票到期前被追索的风险”。

对此，仲裁庭认为，卖方所主张的只是对于履行合同中有可能发生的风险的一个预测，并不是必然要发生的损失；事实上，即使卖方因买方无法向银行支付货款而被银行追索，之后卖方亦有权再向买方追索。另外，若卖方认为远期信用证加大了其风险，应在收到信用证后，立即向买方提出异议。而如前分析，卖方并未就此提出异议。因此，对卖方的此项抗辩，仲裁庭不予认可。

（4）卖方还主张，“申请人未按照合同约定，开立即期信用证，直接导致被申请人无法开立对背信用证”。

仲裁庭则坚持认为，若卖方认为无法以该远期信用证开立对背信用证，亦应及时向买方提出异议。但卖方并未就此提出异议。另外，卖方是否在此次贸易中开立“对背信用证”来履行本案涉及的合同，双方在合同中没有约定，不能以此作为履行合同的先决条件。因此，对于卖方的此项抗辩，仲裁庭同样不予认可。

2. 卖方的法律责任

根据前述，买方履行开立信用证的合同义务虽然存在瑕疵，但并不构成根本违约；且卖方在收到买方开立的远期信用证之后，并未提出异议。因此，对于卖方的主张，仲裁庭不予认可。由此，仲裁庭认为，卖方未按照合同的约定履行交货义务，致使买方的合同目的无法实现，构成根本违约，应承担违约的责任。

九、信用证下银行审核租船合同提单的争议

租船合同提单（或租船提单）是指使用租船运输租船人或货主的货物，由船东或租船人等签给租船人或货主的提单。

依UCP600，表明其受租船合同约束的提单（租船合同提单），无论名称如何，由船长、船东、租船人或其具名代理人签署的，表明货物已在装货港装上具名船舶的租船合同提单均被银行接受。银行将不审核租船合同，即使信用证要求提交租船合同。租船合同提单的出具日期通常被视为发运日期，除非租船合同提单载有已装船批注，已注明发运日期，此时，已装船批注上注明的日期将被视为发运日期。

通常，租船合同提单会出现以下几种对装卸费的规定：（1）船方不负担装货费用（Free in，F. I.）；（2）船方不负担卸或费用（Free out，F. O.）；（3）船方不负担装卸费用（Free in and out，F. I. O.）；（4）船方不负担装、卸、理舱费用（Free in and out and stowed，F. I. O. S.）；（5）船方不负担装、卸、理舱、平舱费用（Free in and out and stowed and rammed，F. I. O. S. T）。

由于租船业务和国际贸易极具专业性，租船提单涉及的内容非常复杂，国际惯例对此的规定也极具专业性和复杂性，因而银行在信用证下审核租船提单时，极易产生争议或纠纷。因此，国际商会对此的裁决及意见具有启发作用。

（一）提单受租船合同约束争议[①]

信用证规定提交"全套清洁已装船提单"，但提单表明受租船合同约束，这是否符合UCP600第16条要求？"我行（开证行）拒绝承付"等类似措辞是否必须出现在MT734电文中从而符合UCP600第16条要求？

开证行于某年4月25日开立了自由议付跟单信用证，金额为875 000美元，允许5%增减幅度，远期汇票见票后150天。该证截止地点和日期为通知行所在国、7月11日，最迟装运日期为6月20日。8月18日，信用证截止日期修改为9月30日，最迟装运日期修改为9月15日。9月12日，开证行称收到单据后的5个银行营业日内，已向议付行以MT734电文发送一份拒付通知且在77J栏显示"提交了租船提单"，并在77B栏显示"我行保留单据听候处理"。9月22日，议付行向开证行发送MT799电文，说明单据已于9月4日寄出，但未收到款项。议付行同时要求开证行"联系申请人并告知其是否接受不符点"。10月1日，开证行使用DHL快递将单据退回议付行并以MT799电文通知议付行。

议付行随后提出以下反驳意见：（1）MT734只是不符点通知并非拒付通知，因为"我行拒绝承付"的措辞并未依UCP600第16条第3款第（i）项要求出现在电文中；（2）MT734只是声明"提交了租船提单"，而未声明与信用证不符的具体不符点；（3）开证行未依UCP600第14条第8款规定行事，该款规定"提交信用证未要求的单据，银行将不予理会或被退回给交单人"。并且，据开证行报告，议付行在法院起诉开证行并获得胜诉。

开证行就以下问题请求国际商会予以裁决：（1）根据所提交的单据，MT734是否符合UCP600第16条第3款的规定？（2）尤其是否符合UCP600第16条第3款第（ii）项要求？（3）"我行拒绝承付"等类似措辞是否必须出现在MT734电文中从而符合UCP600第16条第3款第（i）项要求？

国际商会分析认为，就法院判决而言，依《国际商会跟单金融产品争议专家解决规则》第1条第1款规定，DOCDEX服务"适用于以下相关争议：援引了《国际商会跟单信用证统一惯例》（UCP）的跟单信用证，以及对UCP和/或《国际商会跟单信用证项下银行间偿付统一规则》（URR）的应用（……），其目的是依跟单信用证条款（……）以及所适用的国际商会规则（……），针对如何解决争议提供独立、公正和快捷的专家意见（DOCDEX裁决）"。因此，国际商会对法院判决不作任何评论，因为这已超越国际商会的职责范围。国际商会仅回应上述开证行提出的问题中的特定问题。

本案所提交的提单副本在其右上角显示"与租船合同一并使用"，并且在提单的左下角的一个栏目显示"运费依8月22日租船合约支付"。这些声明表明货物是以租船方式运输。然而，信用证要求提交"全套清洁已装船提单，凭开证行指示，注明'运费预付'并'通知申请人'"，且信用证未注明租船提单可接受。该提单应依UCP600第20条审

---

① 参见"DOCDEX第303号裁决"，中国国际商会/国际商会中国国家委员会组织翻译《DOCDEX裁决汇编2009—2012》，对外经济贸易大学出版社，2017，82-84页。

核。依 UCP600 第 20 条第 1 款第（vi）项，（未表明受租船合同约束）该提单不可接受。国际商会认为该不符点成立。开证行在 MT734 中使用“Charter B/L”而非“Charter Party B/L”不会影响不符点的效力。

UCP600 第 16 条第 3 款第（ii）项规定，拒付通知“（必须声明）银行拒绝承付或议付所依据的每一个不符点”。通过说明所提交的提单因上述原因不被接受，开证行声明交单不符。该不符点构成拒付理由。国际商会认为符合 UCP600 第 16 条第 3 款第（ii）项的规定。

MT734 被称为“拒付通知”，其适用范围为“对不符合信用证条款单据的拒付通知”。银行在跟单信用证业务中，不可能将这一电文用于拒付单据以外的用途。因 MT734 电文本身拒绝承付或议付的意思明确，使用该电文符合 UCP600 第 16 条第 3 款第（i）项的规定。银行在使用 MT734 电文时，无需再明确声明拒绝承付或议付。而且国际商会在此强调，依 UCP600 第 16 条第 3 款，拒付通知发送给“交单人”，而后者绝大多数情况下都是银行且完全了解电文的意思。与此相反，为符合 UCP600 第 16 条第 3 款第（i）项，若使用 MT734 以外的电文（如 MT799）向银行发送拒付通知，或由银行以 SWIFT 以外的方式直接向作为交单人的受益人发送拒付通知，则需要再次明确声明拒绝承付或议付。

基于以上分析，国际商会一致认为开证行行事正确且符合 UCP600 第 16 条第 3 款的规定。

（二）租船提单签字争议①

开证行于 9 月 25 日开立一笔信用证，金额为 5 985 000. 00 美元，允许上下浮动 10%。信用证遵循 UCP600，自由议付。该证要求提交全套“清洁已装船”提单且空白抬头、空白背书，注明“运费依租船合同支付”、通知申请人。租船提单可接受。10 月 16 日，议付行根据信用证规定向开证行提交金额为 5 911 794. 52 美元的单据。交单包括全套“清洁已装船”租船提单。提交的租船提单的签署方式如下：“××（签字），代表船长 P 及/或以船长 P 的名义；D 船船长，代表 S 公司（手签），作为代理。”该单据已经手签。除了预先印就的“代表船长 P 及/或以船长 P 的名义，D 船船长”外，“作为代理的 S 公司”的名称为手工签字。开证行于 10 月 27 日拒付单据，声称所提交的租船提单不符。开证行在拒付通知中注明“提单上的签字未明确注明签字人身份以及代表谁签字，与 UCP600 第 22 条第 1 款不符”。

议付行于 10 月 28 日发送 SWIFT 电文反驳，称提单上的签字完全符合 UCP600 第 22 条第 1 款第（i）项的规定。但开证行坚持提单上的签字与 UCP600 第 22 条不符，未作出承兑通知以及到期支付的承诺。

双方争议的问题是：议付行主张，租船提单符合信用证条款、UCP600 相关规定以及国际标准银行实务；而开证行拒绝接受单据，其理由是租船提单不符合 UCP600 相关规定以及国际标准银行实务。那么，提单上的签字究竟是否符合 UCP600 第 22 条以及 ISBP 的相关规定？

国际商会认为，该案争议焦点是，提单上的签字是否符合 UCP600 第 22 条第 1 款以及 ISBP 的相关规定。

---

① 参见“DOCDEX 第 284 号裁决”，中国国际商会/国际商会中国国家委员会组织翻译《DOCDEX 裁决汇编 2009—2012》，对外经济贸易大学出版社，2017，21-23 页。

该信用证允许提交租船提单。UCP600 第 22 条第 1 款第（i）项规定：“表明其受租船合同约束的提单（租船提单），无论名称如何，必须看似由船长或船东或租船人，或上述任何人员的具名代理人签署。船长、船东、租船人或代理人的任何签字必须表明其船长、船东、租船人或代理人的身份。代理人签字必须表明其系代表船长、船东还是租船人签字。代理人代表船东或租船人签字时，必须注明船东或租船人的名称。”

ISBP745 第 G4 规定：“a. 租船合同提单应依 UCP600 第 22 条第 1 款第（i）项规定的方式签字。b. 若由船长、船东或租船人签署租船合同提单，则船长、船东或租船人的签字须表明其‘船长’‘船东’或‘租船人’身份。c. 若由代理人为（或代表）船长、船东或租船人签署租船合同提单，则该代理人应是具名的且应视情况注明其作为（或代表）船长、船东或租船人签字的。若由代理人代理（或代表）船长签署租船合同提单，则提单无须注明船长姓名；若由代理人代理（或代表）船东或租船人签署租船合同提单，则提单应注明船东或租船人的名称。”

本案中，租船合同提单由 S 公司作为 D 船船长（船长 P）的代理人手签。代表公司签字的人是公司职员。“代表及/或以某公司名义”的措辞是一种由该公司有权签字人签署单据的常见方式。代表公司的签字被视作该公司的签名。DOCDEX 规则 8. 3. 4 也同样使用类似的表述。该案在租船合同提单的表面，S 公司作为船长代理人签署了单据。这与 UCP600 第 22 条第 1 款第（i）项关于代理人签字必须表明其系代表船长签字的规定相符。

开证行声称审单人员无法合理地从租船合同提单表面确定租船合同提单的签署人。我们不同意。根据上述分析，很明显，S 公司作为船长代理人签署了租船合同提单。

综上所述，所提交的租船合同提单符合 UCP600 第 22 条第 1 款第（i）项以及 ISBP745G4 的相关规定。开证行提出的不符点不成立。

（三）租船合同提单复印件争议①

备用信用证规定在使用船舶运输的情况下，须提交副本提单，并规定在符合两个条件的情况下，即可接受此单据的提交。此种情形下，是否可接受副本租船合同提单？

某开证行开立了即期付款的备用信用证并包含以下附加条款：“在单据显示货物由船舶运输的情况下，须随其他单据一起提交一份正本提单的复印件。”该证还规定，提交提单的复印件即可接受，除非不符合以下两个条件：（1）海运情况下，运输单据须显示载货船舶的 IMO 船舶编号。（2）禁止使用涉及 US/EU/UN 制裁的运输公司及/或船舶进行运输。

受益人向通知行提交了一份租船合同提单的复印件和其他所需单据。但开证行拒付，其不符点为提交的租船合同提单复印件不符合该备用证条款（依据 ISBP681 第 115 条）。

通知行向开证行发送电文称，我们希望你们能注意该备用证的附加条款，即提交提单的复印件即可接受，除非……，且依 ISBP681 第 20 条，副本运输单据并非 UCP600 第 19 至 25 条和 UCP600 第 14 条第 3 款所指的运输单据。运输条款只有在当提交正本运输单据时才适用。当信用证要求提交副本运输单据而非正本时，信用证必须明确规定要显示的细节。当提交副本（不可转让）时，并不需要显示签字、日期等。因此，ISBP681 第 115 条

① 参见中国国际商会/国际商会中国国家委员会组织翻译《国际商会银行委员会 2012—2016 年意见汇编》，对外经济贸易大学出版社，2019，123-125 页。

并不适用。我们希望你们能重新审视这一问题并确认付款。但开证行坚持拒付，并未承付单据。因此，通知行就开证行是否有权在该备用证项下基于所提出的不符点进行拒付的问题，征求国际商会的意见。

国际商会认为，根据该备用证的附加条款，在该证下提交的单据显示运输方式为船舶运输时，需提交一份正本提单的复印件。该备用证规定了只要提单复印件满足两个条件（此处并无争议），即可接受提单复印件。

UCP600 有关运输单据的第 19 至 25 条仅在当信用证要求提交至少一份正本运输单据时才适用。提交运输单据的复印件适用 UCP600 第 14 第 6 款的规定，即若信用证要求提交运输单据、保险单据或商业发票之外的单据，却未规定出单人或其信息内容，则只要提交的单据内容看似满足所要求单据的功能且其他方面符合第 14 条第 4 款，银行将接受该单据。

当提交正本运输单据的复印件时，适用 UCP600 第 14 第 6 款［也可参见 ISBP745 第 A6（a）条］，该条款明确了审核此类副本的标准。在该备用证下，运输单据的复印件除了显示运输已发生，并无其他明显的功能。

就开证行的拒付而言，“提交即可接受”这一用语在 UCP600 下并无明确定义。在未定义此用语的前提下，开证行不应在信用证中使用。ISBP745 第 A19 条对此用语给出在缺少定义情况下的解释：“交单可包括一种或多种所规定的单据，只要其在信用证的截止日之前提交且支款金额在信用证的可兑用范围之内。该单据将不会依信用证或 UCP600 审核其相符性，包括是否提交所要求的正本或副本份数。”

该备用证对提单复印件有两个明确要求，其中并未要求在 UCP600 第 20 条下审核该复印件。通过规定这两个明确要求，开证行不能在这两点之外提出其他任何不符点。

因此，国际商会的结论是，在该备用证条款下，开证行提出的不符点不成立，开证行须承付单据。

（四）租船提单是否可由承运人或承运人的具名代理人签署？①

UCP600 第 22 条第 1 款第（i）项规定：“表明其受租船合同约束的提单（租船合同提单），无论名称如何，必须看似由船长或船东或租船人，或上述任何人员的具名代理人签署。”签字人名单中不包括承运人或承运人的具名代理人。虽然这种租船合同提单（由承运人和/或承运人的具名代理人出具并签字）以前很少见，但近来却频繁出现。

由于签字人不属于 UCP600 第 22 条第 1 款第（i）项列出的签字人范畴，因此，银行对该类租船合同提单直接和明显的反应是构成“不符点”。然而，反对其构成不符点的一方辩称：（1）UCP600 完全未对此作出规范，不足以构成拒付的充足理由。（2）UCP600 未特别禁止此类租船合同提单。（3）UCP600 第 19、20 和 21 条给人的印象是，除非另有明确说明，承运人和/或其代理人签字的提单在某种程度上“优于”租船合同提单，租船合同提单并非良好的运输单据类型。

基于常规的信用证实务和 UCP 惯例，银行只审核单据的表面，而不审核单据内容以外的、背后的、超出或更进一步的内容。这是否不一定意味着银行无需（多数情况下也

① 参见中国国际商会/国际商会中国国家委员会组织翻译《国际商会银行委员会 2012—2016 年意见汇编》，对外经济贸易大学出版社，2019，83-84 页。

确实没有必要）对船舶的租赁及相关的安排和组织有更深入的了解？简而言之，我们想弄清楚：（1）是否因为UCP600第22条第1款第（i）项中未规定租船合同提单由承运人或承运人的具名代理人出具并签字，该类租船合同提单就构成不符？（2）若是这样，我们想知道为什么承运人或其代理人不能出具并签署遵循租船合同的提单。

国际商会认为，当信用证只允许或要求提交租船合同提单时，依UCP600第22条第1款第（i）项规定，由承运人或其代理人出具并签字的租船合同提单不相符。之所以将此类租船合同提单从这一条款中排除，是为了避免审单人员不得不去确定，从船东到租船人再到转租人这一系列可能的不同实体中，谁是租船合同提单证明的或含有的运输合同项下的签约承运人。目前，该条款如此规定的原理与以下原则一致，即审单员必须仅从单据本身审核交单，确定单据（租船合同提单）表面看起来是否构成相符交单，而无需审查该租船合同提单的运输合同条款。然而，若信用证明确允许或要求提交由承运人或其代理人签字的租船合同提单，则咨询中提到的租船合同提单就不构成不符；以信用证中的明示条款为准，该条款超越UCP600第22条第1款第（i）项中规定的默示立场。在这种情形下，审单人员仅需从表面上确定租船合同提单是否看似由承运人或其代理人出具并签字。

因此，国际商会的结论是，UCP600第22条第1款第（i）项不允许租船合同提单由承运人或其代理人签字。基于上述分析的原因，除非信用证明确要求此类租船合同提单，否则，由承运人或其代理人签字的租船合同提单不符。

（五）当租船提单明显由船长签署，但同时也加盖了含有船名、“船长”以及“船东的代理人”字样的印戳时，租船提单的签署人身份是否有冲突？①

在适用UCP600的信用证项下，除其他单据外，受益人提交了一份符合相关信用证条款和条件的租船合同提单。

依UCP600第22条第1款第（i）项，租船合同提单必须由下列任何一方签署：船长、船东、租船人，或上述任何人员的具名代理人。然而，印戳显示，船长作为“船东的代表人”签署。因UCP600第22条第1款第（i）项的规定未考虑此类案例的情况，正如国际商会官方意见470/TA. 775rev中指出的由承运人或其具名代理人签署事项一样，我们想了解国际商会对这一案例的意见，即这是否为可接受的签署方式。若答案是不可接受的，那么，标明船东的名称是否可以接受。

国际商会主张，UCP600第22条第1款第（i）项 规定，租船合同提单必须看似由船长、船东、租船人，或上述任何人员的具名代理人签署。此外，UCP600第22条还规定，船长、船东、租船人或代理人的任何签字，必须标明其船长、船东、租船人或代理人的身份。ISBP745第G4（b）条规定，当租船合同提单由船长、船东或租船人签署时，签字应表明“船长”“船东”或“租船人”身份。

国际商会意见书470/TA. 775rev（R833）不适用，因为该案例涉及的是承运人或其代理人出具并签署的租船合同提单，租船合同提单上的签名被确认是船长的签名。船长是代表船东签署。因此，国际商会的结论是，单据可以接受。

---

① 参见中国国际商会/国际商会中国国家委员会组织翻译《国际商会银行委员会2012—2016年意见汇编》，对外经济贸易大学出版社，2019，87-89页。

（六）租船合同提单由船长签署，但还加盖了一个注有船名和看似船东或运输公司名称的印戳；就确定单据签署人身份而言，该签字和印戳是否产生矛盾？①

就下述事关依 UCP600 开立的跟单信用证项下提交的租船合同提单上显示的船东签字问题，议付行希望征求国际商会的官方意见。

受益人提交了一份租船合同提单。在该提单的签名栏注明了船长的名字且表明其身份为“船长”。在船长名称下面有手写体的签字，在签字的同一地方还加盖了印戳。印戳中含有看似俄文的文字，可能是俄文公司名称，也可能不是。印戳的中间显示了船名。但信用证要求所有的单据必须用英文出具。

审核单据时，开证行注意到以下不符点：提单未显示签署人的身份［参见 UCP600 第 22 条第 1 款第（i）项］。

开证行主张，由于在签名部分加盖的印戳内含有另一实体名称，因此，不清楚租船合同提单是为谁和以何种身份签署的。若该签字是船长的签字或另一未表明身份的实体的签字，则此签字被视为不明确。开证行认为，任何显示的签字必须表明其身份，不应含糊不清，以便确定其是否相符。

议付行认为，该提单系正确签署且签字处显示的文字“ALEXANDER KOMOLOV 作为船长”已清楚地表明了签署人的身份。议付行进一步指出，提单表面预先印就的小字也支持了其立场：“以资证明，本船舶的船长或其代理人已签署以下注明份数的提单……”由于签名栏明确了名称和身份为船长，连同附有签字，因此，议付行认为不符点不成立。议付行还根据其经验认为，船长在其签字旁边盖上含有船名和可能是船东姓名的印戳是惯常的做法，且没有理由认为这样的印戳造成不清楚是否是船长签字的问题。

议付行就以下问题咨询国际商会的意见：（1）开证行提出的不符点是否成立？（2）提单上加盖的印戳及其他信息是否造成不清楚提单签署人及其身份的问题？（3）若认定不符点成立，则与印戳相关的签字的位置是否会对本案产生影响？即，若印戳和签字互相分开一些，签署的信息是否就不会被认为含糊不清且不会产生不符点？

国际商会主张，UCP600 第 22 条第 1 款第（i）项规定，租船合同提单“必须看似由船长或……”。该咨询确认，摘录的租船合同提单内容表明所提交的租船合同提单由船长手签，连同“签字”栏中他的姓名。租船合同提单上预先印就的文字也确认该提单由船长签署。由此，租船合同提单上的内容，包括签名和签署实体的身份，与上述 UCP600 第 22 条的规定相符。租船人或船东的印戳/签章出现在租船合同提单上并非不常见，这不会消除或削弱提单上显示的船长的签字和身份识别及身份之效力。就这一点而言，印戳上使用非英语的语言并不导致单据不符。

因此，国际商会的结论是：（1）开证行提出的不符点不成立，因为该案中的签字和身份与 UCP600 第 22 条第 1 款第（i）项相符。（2）未造成问题。该案中，提单上加盖的印戳及印戳上的信息并未造成有权签字人的签字和身份的含糊不清。（3）由于不符点不成立，因此，不会产生此类问题。

---

① 参见中国国际商会/国际商会中国国家委员会组织翻译《国际商会银行委员会 2012—2016 年意见汇编》，对外经济贸易大学出版社，2019，89-90 页。

十、可转让信用证中第二受益人的风险及防范

在国际贸易中使用可转让信用证，一方面可使买方获得其需要的货物，另一方面，也使实际供货人取得收款的银行保证；同时，第一受益人（一般为中间商）也获得了利益。但作为第二受益人的实际供货人，因对实际买主的不了解以及中间商的原因，加之可转让信用证的复杂性，可能面临诸多风险，其仅仅获得有严格限制的向开证行主张款项的权利，其收款权利有可能得不到信用证的充分保护。

在一案例中,[①] 某年6月1日，荷兰C公司（最终买方）与德国B公司（中间商，信用证第一受益人）签订螺纹钢贸易合同，合同总金额500万欧元。依C公司申请，荷兰D银行（开证行）开立一份与合同金额一致的可转让延期付款信用证（信用证“允许分批装运”）。B公司在收到信用证后，立即与德国供货商F公司（信用证第二受益人）及中国出口企业A公司（信用证第二受益人）分别签订了螺纹钢采购合同，并通过德国当地E银行（转让行），将信用证分别转让给F公司和A公司，转让金额分别为150万欧元和300万欧元（转让信用证金额与原信用证金额间的差额为50万欧元，系中间商B公司赚取的差价利润）。货物直接发往最终买家荷兰公司C指定的收货地法国敦刻尔克港。9月1日，中国A公司按转让证规定将货物发运至法国，并将相关单据通过国内通知行提交给转让行E银行。转让行在收到单据后，通知第一受益人B公司换单。转让行将经B公司替换的全套单据（主要为发票）提交给开证行。开证行经审核单据无误后，立即通知转让行于10月30日支付信用证项下货款。但就在应付款日前10天发生意外——中国A公司收到转让行通知，开证行因收到荷兰当地法院颁布的“止付令”，故无法按期支付信用证项下款项。

获得上述信息后，中国A公司迅速展开一系列的海外追偿工作。

（一）调查“止付令”原因

经与开证行及第一受益人B公司多次联系，A公司了解到“止付令”颁布的原因。本案中，可转让信用证的另一第二受益人德国供货商F公司已先于A公司在8月1日向C公司出运了一批螺纹钢（原发票金额150万欧元）。但因B公司在换单时，将发票金额误开为190万欧元（按原证约定，替换后的实际发票应为160万欧元），导致开证行及C公司向B公司多支付了30万欧元货款。荷兰C公司遂以第一受益人B公司欺诈为由，向当地法院申请了“止付令”，要求开证行暂停支付A公司出运的信用证项下的货款。

（二）维护债权

为有效保障自身权益，中国A公司立即委托一家全球知名的律师事务所，采取“多管齐下”的策略，在欧洲大陆和中国香港地区展开维护债权的行动。

首先，A公司直接与C公司进行交涉。A公司指出，C公司申请“止付令”的理由不够充分，要求其立即向法院申请撤销“止付令”，以便开证行尽快付款。但C公司表示，B公司违反诚实信用原则，蓄意高开发票，已构成欺诈，其向法院申请“止付令”是为了维护自身权益。此外，C公司进一步指出，其与A公司之间并无直接的销售合同关系，即使C公司同意付款，也不会直接支付给A公司。A公司追讨货款的对象应是与其存在直

---

① 参见赵广宇“可转让信用证业务风险初探”，中国出口信用保险公司理赔追偿部编《国际贸易与出口信用保险案例集》（第二辑），对外经济贸易大学出版社，2012，171－176页。

接销售合同关系的B公司，而非C公司。

其次，中国A公司直接向荷兰开证行进行抗辩。A公司指出，开证行在已承诺付款后又拒不履行付款义务，存在违约行为。但开证行向A公司表示：第一，D银行中止对外付款是按法院指令行事，其自身并无任何违约行为；第二，依法院的裁定，“止付令”可在双方均书面同意的情况下予以撤销，若B公司与C公司达成和解协议且法院同意撤销“止付令”，D银行将立即付款；第三，A公司仅为信用证第二受益人，开证行收到的全套单据并非A公司直接提交，依UCP600规定，第二受益人与开证行之间并无直接的法律关系，故A公司无权直接向开证行进行抗辩。

再次，中国A公司直接向第一受益人B公司主张债权。由于向C公司与开证行交涉无果，A公司遂直接向合同买方B公司主张债权。B公司对于付款义务问题未提出异议，但其表示，在整个贸易流程中，其仅为中间商，自身资金实力有限，主要还款来源为开证行或最终买方C公司的还款。由于C公司向法院申请“止付令”导致开证行暂停付款，其自身也遭受了较大损失。就B公司目前的资金状况而言，其根本无力偿还A公司的300万欧元货款。B公司同时表示，根据法律规定，C公司无权既不付款又占有货物，故其已聘请律师积极运作，争取早日从C公司处追回货款。但此后，因螺纹钢国际市场价格大幅下降，加之B公司与C公司沟通不畅，最终协商失败，C公司未向法院申请撤销“止付令”。此外，考虑到贸易流程涉及众多主体，货物也存放在第三国，无论是主张债权还是控制货权，均需要投入较大的人力、物力和财力且耗时较长，不确定性较高，B公司最终决定放弃采取法律手段向相关方继续追索的努力。而对于A公司的催讨，B公司则不断推脱，直至最后不予理睬。

无奈之下，中国A公司最终决定依贸易合同的约定，在香港国际仲裁委员会对B公司提起仲裁申请。A公司的仲裁请求主要包括两项：第一，B公司向其支付货款300万欧元及延期利息；第二，A公司取得滞留于法国港口的货物所有权。因B公司未参加庭审答辩，香港国际仲裁委员会最终作出缺席裁决：支持A公司的第一项仲裁请求，即裁定B公司应支付A公司货款300万欧元及延期利息。但对第二项仲裁请求，仲裁庭认为根据贸易合同约定，自货物装船后，货物的风险已发生转移。因此，目前货物所有权或归属德国B公司，或归属荷兰C公司，这取决于二者之间贸易合同的具体约定。A公司主张取得货物所有权缺乏法律依据，香港仲裁庭未予支持。虽然A公司获得胜诉裁决，但B公司因负债过多已停止经营，负责人也不知所去向，A公司的胜诉裁决最终成为“一纸空文”。至此，A公司的债权无法得到保障。

（三）维护货权

鉴于无法保障其债权，为最大限度保障自身权益，A公司又对滞留法国港口的货物采取相关措施。因本案的可转让证为延期付款信用证，开证行在通知付款后已将单据交给开证申请人C公司。C公司在获得单据后，已提走部分货物。为避免C公司继续提货导致可控制的货物进一步减少，A公司遂向法国当地法院提起诉讼，要求将货物置于法院监管之下。法院同意A公司上述请求并组织人员对货物进行清点，拟采取公开拍卖的形式予以处理，拍卖所得款项暂时提存至法国财政部账户，未来如何分配根据法院最终判决执行。但令A公司始料未及的是，因B公司拖欠多家债权人货款，越来越多的债权方加入该批货物的争夺。因主体众多、法律关系复杂，虽经多次尝试，拍卖始终未获成功。A公司向法国法院交涉，却一直未能取得货物的所有权。货物的所有权归属虽未有定论，但可肯定的是，该批货物的货权争议还将旷日持久地进行下去。

在另一案例中，[①] 某年 9 月 7 日，开证行 B 银行开立了不可撤销跟单信用证，金额 3 585 000 欧元，受益人为 G 公司。信用证随后被修改并注明“可转让”。作为通知行和保兑行的 C 银行，通过第二通知行 K 银行将信用证转让给第二受益人 I 公司，转让金额 3 050 000 欧元。

转让信用证的内容与原信用证几乎一样，包括适用 UCP 最新版本（UCP600），可在 C 银行以付款方式兑用。根据 MT720 第 78 条，款项将于 A 国和 G 国的 10 个工作日内支付。第一受益人为 G 公司。该转让信用证要求下列单据：（1）商业发票，必须注明与形式发票一致。（2）全套清洁已装船提单，抬头为凭 B 银行指示，标注运费预付且通知人为原信用证申请人 S 公司。（3）装箱单、重量单及收件人为 S 公司的单据。（4）原产地证明书。（5）质量控制证明，由除受益人以外的主管机构出具。

第二受益人 I 公司将信用证要求的所有单据及上述单据提交给 C 银行，C 银行确定交单相符。次年 1 月 13 日，C 银行向 B 银行寄单。付款到期日为 1 月 26 日，付款金额为 3 263 250 欧元。B 银行未依 UCP600 第 16 条的规定拒付。但第一受益人 G 公司声称贸易存在欺诈并向 G 国法院寻求止付令，禁止 C 银行向 I 公司支付信用证项下任何款项。11 月 9 日，止付令解除。但 C 银行以欺诈及/或伪造单据为由继续拒绝付款。

第二受益人 I 公司寻求国际商会裁决以确定第二受益人是有权向开证行收款，还是向保兑行收款。

第二受益人主张：（1）交单被开证行和保兑行视为相符交单。第一受益人 G 公司依 UCP600 第 38（h）条替换其自身发票。发票确认货物与形式发票一致。（2）因 B 银行和 S 公司未签署“承诺书”（当地法规要求的卸载危险商品的单据），货物无法运输。（3）止付令于 11 月 9 日因 G 公司放弃下一步行动而解除。该止付令是基于涉嫌发运虚假货物的声明而作出的。（4）交单行 K 银行支持第二受益人的主张，坚持认为应依 UCP600 第 4 条的规定付款。（5）第二受益人坚持要求遵守 UCP600 在付款承诺方面的相关规定。

在答复中，开证行反驳第二受益人提供的事实。开证行提出其调查表明，货物并未装上单据中显示的船舶，从而推断提单是伪造的。鉴此，开证行拒绝付款并关卷。此外，开证行提出 G 公司和 S 公司并非本裁决的当事人，主张 G 公司和 S 公司应参与进来，从而使裁决能考虑他们的观点。开证行主张适用 A 国法律和司法管辖（开证行所在国）。开证行进一步指出，其不能支付款项是因为根据 A 国国际贸易外汇管理规定，对外付款需凭海关出具的货物进口证明。在没有海关证明的情况下，开证行不能支付任何款项。开证行反驳第二受益人关于开证行协助 S 公司阻止装运的观点。另外，开证行辩称，对存在的不符点，即发票由 G 公司开立，而非实际发货并应开立发票的第二受益人，C 银行既没有通知开证行，也没有保留追索权。

保兑行 C 银行也提出证据表明，货物从未发运。据此，C 银行认为提单虚假，并因此认为第二受益人企图获得信用证项下的款项是欺诈行为。

---

① 参见“DOCDEX 第 316 号裁决”，中国国际商会/国际商会中国国家委员会组织翻译《DOCDEX 裁决汇编 2009—2012》，对外经济贸易大学出版社，2017，125-130 页。

K银行自愿提供的信息表明：C银行通过MT799确认收到单据并承诺付款。此后，C银行告知K银行关于禁止付款的临时止付令。在止付令被解除之后，K银行多次要求C银行付款，但仍未收到款项。

国际商会主张，UCP600第5条规定，银行处理的是单据而不是单据可能涉及的货物、服务或履约行为。此外，其第14条规定，指定银行、保兑行（若有）及开证行须审核交单，并仅基于单据本身确定其是否在表面上构成相符交单。开证行或保兑行必须从交单次日起至多5个银行营业日内确定交单是否相符。若相符，银行必须根据第15条承付（或议付）。未能在UCP规定的期限内拒付，则无权宣称交单不符（UCP600第16条第6款）。对于已转让信用证，UCP600第38条第8款赋予第一受益人以自己的发票和汇票（若有）替换第二受益人发票和汇票的权利。对于此案，第一受益人已使用这一权利，其发票不可因此被拒绝。在审核完本案中提供的单据后，国际商会裁定第二受益人的交单相符。保兑行或开证行并未在UCP规定的时限内发出拒付通知。因此，开证行及保兑行不得宣称交单不符并有义务按UCP600规定支付信用证项下款项。然而，除有义务遵守信用证适用的UCP之外，银行也有责任遵守适用的强制性法律。欺诈、伪造和外汇管制通常被认为是强制性法律问题，强制性法律高于UCP600规定。

国际商会在DOCDEX规则下并未被赋予裁决既涉及UCP600又涉及适用法律（如欺诈或外汇管制）问题的权力。

因此，国际商会认为，在UCP600第16条第4款规定时限内未作出拒付的情况下，开证行及保兑行在UCP600下有义务支付信用证项下相符交单的金额。在本案例适用规则所赋予的权限内，国际商会实际上无权就此案是否存在欺诈发表任何意见。

通过上述案例可以发现，从表面上看，虽然实际供货人的第二受益人手中持有国外银行开来的可转让信用证，似乎已得到对方银行的付款保证，只要单证相符，货款应能收回。但实际上，由于各种因素的影响，第二受益人仍要面临货款不能收回的风险，出口权益得不到保障。

（一）第二受益人的地位

在可转让信用证下，第二受益人处于何种地位？

第一，第二受益人不必然参与可转让信用证的流转过程，信用证是否转让取决于第一受益人的实际需要。进口商（原证开证申请人）对第一受益人开出可转让信用证，仅表明进口商允许第一受益人将信用证的部分或全部金额转让给第二受益人而非必须。而第二受益人的加入并不会必然地影响第一受益人的权益，他仅仅作为一个可参考加入的对象，在第一受益人认为适当的时候，获得其转让的部分或全部可转让信用证下的金额。因此，第二受益人的地位十分被动，其享有的可转让信用证下的权利也是有限的。这是因为其提示单据、要求付款的权利可能因第一受益人保留的加入权而随时中止。

第二，第二受益人和开证行之间缺乏直接的联系。开证行只与第一受益人发生直接的联系。依据UCP600，只有在下列情况下，开证行与第二受益人之间才产生联系：当第二受益人依被转让的信用证，已向转让行作出交单提示，而第一受益人要提示自己的发票和汇票，但未在第一次要求后照此办理；或第一受益人提示的发票中存在不符点，但该不符点在第二受益人的提示中并不存在，且第一受益人未在第一次要求时修改这些不符点，则转让行有权向开证行提示其自第二受益人收到的单据且不再对第一受益人负责。

第三，转让行通常在确保收到开证行的付款之后，才对第二受益人进行支付。转让行对第二受益人的付款并非其必负的责任，这是因为转让行对第二受益人的支付不属于其常规的业务项目，只是在其同意第一受益人转让信用证的请求后才办理此项业务，同时也有权拒绝办理此项业务。

（二）第二受益人面临的风险

由上述分析可看出，可转让信用证下第二受益人获得的权益，不仅要通过满足开证行和转让行在信用证中加列的条款来实现，而且还要受到第一受益人的种种限制，因此，第二受益人面临的收款风险是巨大的。这种风险主要表现在以下几方面。①

1. 信用证款项没有保障

在可转让信用证实际操作中，对第二受益人的法律保障只是理论上的且只在例外情况下才存在。

（1）从第二受益人与开证行的关系看，在可转让信用证下，第二受益人仅仅获得有严格限制的向开证行主张款项的权利。

在可转让信用证下，第二受益人难以享受到与第一受益人同样的权利。因为信用证转让的过程中，第一受益人并未将所有的基于信用证产生的权利转让给第二受益人，第二受益人只不过因为信用证的转让加入信用证交易中。第二受益人的加入并不必然排斥第一受益人享有信用证项下的权利。第二受益人在信用证项下享有的权利非常有限且享有的权利为非实质性的，因此，一般情况下，开证行与第二受益人并无直接关系。

依 UCP600 第 38 条，开证行与第二受益人之间的关系基于以下事件产生：① 信用证已被转让；② 第二受益人依该转让的信用证，已向转让行作出提示交单；③ 第一受益人未能在转让行要求替换单据时照办；④ 转让行将第二受益人的单据寄交开证行。

国际商会第 633 号出版物中指出，信用证的转让类似于为第二受益人的利益开立一份新的信用证；普遍的观点也认为，信用证的转让构成开证行对第二受益人新的和独立的承诺。故开证行和第二受益人之间的关系具有合同关系的性质。另外，依 UCP，对信用证的修改必须征得受益人的同意。为保护第二受益人的利益，国际商会在官方意见 R485 中也指出，若修改信用证，在未收到第二受益人的同意时，第一受益人的同意不可执行。可见，第二受益人享有的向开证行直接主张支付的权利受到非常严格的限制，这种权利的行使只具有理论上的可能性，实际操作中，各国银行并未完全依据国际惯例执行。

（2）从第二受益人与转让行的关系看，转让行与第二受益人之间仅仅存在因核实信用证真实性而产生的关系，除此之外，并无其他关系存在。

转让行在办理信用证转让时，它是依第一受益人的请求和开证行的授权，转让有关信用证给第二受益人。在信用证转让中，转让行通常也未作出向第二受益人支付款项的承诺，因此，转让行与第二受益人之间不存在法律关系。转让行仅承担在向第二受益人转让信用证时，核实该信用证真实性的义务。只有第二受益人实际使用了该信用证，转让行核实信用证真实性的义务，才使得转让行对第二受益人承担因该信用证不真实而产生的法律责任。依 UCP600 第 38 条第 9 款，当第一受益人在转让行向其提出换单要求时没有照办，

---

① 资料来源：何源，可转让信用证下第二受益人的风险与防范，http://www.ccmt.org.cn/showexplore.php?id=774。

转让行将第二受益人提交的单据寄送开证行的情形下，它与第二受益人之间也仅仅是事务代办关系，代替第二受益人向开证行寄送单据。

转让行在收到第二受益人的单据后，并没有权利或义务支付款项给第二受益人。在可转让信用证操作中，转让行通常在转让信用证中加列如下条款：“Reimbursement will be effected by the transferring bank in accordance with the negotiating bank's instructions after receipt of the payment from the issuing bank.”因此，第二受益人发货后，只有在转让行获得开证行的付款之后，才可以得到转让行的偿付。可见，转让行在信用证转让过程中不承担付款责任。

（3）从第二受益人与第一受益人的关系看，第二受益人很难保证提示相符的单据。

依 UCP600 第 38 条，在可转让信用证交易中，第二受益人一方面从第一受益人处受让了履行信用证的权利、取得提示单据和要求付款的权利，另一方面，他受让的各种权利受到第一受益人的种种限制，除了取得信用证项下运输单据、保险单据及原产地证等权利未受到第一受益人的限制外，其实质性的提示单据、要求付款的权利随时可能因第一受益人保留的加入权而中止。

依 UCP600 第 38 条第 7 款，第一受益人在信用证转让过程中可以修改原证的部分条款。因此，当第二受益人根据修改后的转让信用证条款提示单据时，其与转让前开证行的原证条款可能不相符。当第一受益人未及时换单，转让行将第二受益人提交的单据直接寄往开证行时，开证行收到的单据会与原证的条款不符，进而导致开证行拒付。另外，第二受益人提示单据后，由于第一受益人有替换单据的权利，有些单据通常会被第一受益人替换，此时，第二受益人的权益面临第一受益人单据替换是否正确的影响。若第一受益人替换的单据有误，开证行将拒付货款，不但第一受益人的权益受到影响，第二受益人的权益也将难以实现。

UCP600 第 38 条第 5 款规定：“任何转让要求必须说明是否允许，及在何种条件下允许将修改通知第二受益人。已转让信用证必须明确说明该项条件。”若第一受益人认为，必须控制信用证的修改，则可保留上述权利，以便遇到修改信用证时，他可视具体情况决定是否将修改通知给第二受益人。为自身的利益，第一受益人通常在转让信用证中加列“Transferor retains the right to allow us to advise amendments to the transferee...”（转让人保留拒绝允许转让行将修改通知受让人的权利）。这样，若原证已被修改，而第二受益人并不知晓原证的有关修改，就很难保证单证一致，进而可能丧失在信用证项下“相符提示”这个开证行必须付款的条件。另外，由于第一受益人要有足够的时间替换第二受益人的有关单据，往往将第二受益人的交单时间、有效期规定得过短，从而使第二受益人提示的单据出现的不符点，成为第一受益人收到款项而不付、迟付的最好借口。

实际上，对于第二受益人来说，即使做到单证一致，也不能保证及时收到货款。因为转让行在转让信用证时，通常在其中加列“开证行的付款”条款（如“Upon receipt of funds from the Issuing Bank we shall remit proceeds to you in accordance with your instruction...”或“Payment will be effected by the Transferring Bank only when documents are received in full compliance with Credit terms and cover has been received under the original Transferable Credit.”），作为转让行对第二受益人付款的前提条件。该条款实际上是一个不定时、不定额的“软条件”，因为开证行何时付款、付多少，第二受益人并不知情，因

而其收款的权利也是不确定的。在许多案例中，转让行均声称，已将第二受益人的单据转交开证行听候回复；同时声明，作为转让行本身对单据的拒付和最终的付款与否不负责任。

2. 款、货两空的风险

第二受益人有可能面临信用证第一受益人与开证申请人联手欺诈的风险。在转让信用证项下，第一受益人是不垫资金、不发货的中间商，但货物（特别是物权提单）和货款均需经中间商之手，若中间商信誉不佳、作风不良，作为第二受益人的实际供货人很容易面临款、货两空的风险。中间商大多数情况下有客源而无货源或自身实力有限，可转让信用证下的货物通常被要求由实际供货人直接发运至进口商所在地。这样，当中间商与进口商联手欺诈时，一方面中间商在货物出口后不正确换单造成单证不符，另一方面，开证申请人（进口商）借机提出各种要求，如大幅降价或者较高折扣，往往使第二受益人遭受巨额经济损失。

3. 第二受益人很难获得出口地银行的资金融通

为第二受益人办理付款、承兑或议付的银行由于未得到开证行的授权，因此，他们的付款、承兑或议付行为对开证行无法律约束力。议付行买入第二受益人汇票后的法律地位，有可能不会使其成为信用证项下的善意持票人。在公开议付的可转让信用证中，开证行所称的成为善意持票人的前提条件是，任何依照信用证办理议付的银行买入的是信用证受益人的汇票等票据。该受益人只可能是第一受益人，不可能是第二受益人。因为第一受益人拥有替换第二受益人汇票的权利，而不论第二受益人汇票是否已转让给议付银行。因此，在公开议付信用证项下，即使第二受益人的往来银行办理了所谓的“议付”，但由于该银行无权将“议付”后的汇票和其他票据寄送开证行索偿，所以，该银行并没有成为信用证关系中的议付行，而仅仅以不具有法律约束力的方式对第二受益人进行了资金融通。其他对第二受益人办理付款或承兑的银行，其地位也是如此。

正是因为上述原因，出口地银行若要根据可转让信用证对第二受益人进行资金融通，可能要承担比对普通信用证的受益人进行资金融通大得多的风险。中国的一些银行甚至明文规定，原则上不对可转让信用证的第二受益人进行资金融通。这就使第二受益人特别是急需资金周转的第二受益人，本可以凭信用证作抵押而从议付行获得低利率的资金融通的愿望难以实现。

（三）转让行是否有权提出不符点、是否存在付款责任并有权拒付

在许多案例中，转让行往往提出不符点并拒付。根据 UCP600，可转让信用证的转让行仅是寄单行，不对第二受益人的交单垫款融资，也不对第一受益人替换发票后立即支付差价，而是收到开证行的付款后支付第二受益人的货款和第一受益人的差价。对此，国际商会第 489 号出版物中指出：不保兑的转让行没有责任付款或议付，因此，其办理付款或议付只能在收到原始信用证下的头寸时。所以，一般可转让信用证中转让行没有付款义务。既然没有付款义务，又何来拒付的权利？但在实际操作中，仍然有些转让行按照非转让信用证 MT734 格式“拒付”，这只能视为例外。所以，从目前的国际惯例看，在可转让信用证中，若转让行没有保兑，也不存在议付，因而转让行无权拒付。

有时，转让信用证中并没有“待收到开证行的付款后再付款给第二受益人”字样，而是规定了“偿付条款：收到与信用证相符的单据，我们将按议付行的指示付款”。

在一案例中，中国一出口企业（第二受益人）收到比利时A行（转让行）开来的一份可转让信用证。在转让信用证中显示：原开证行为比利时B行，限定比利时A行议付，不保兑。在该证SWIFT格式78项规定偿付条款："收到与信用证相符的单据，我们将按议付行的指示付款。"之后，中国出口企业缮制单据提交比利时A行议付，该行以单据与原证条款不符为由拒付。此时，比利时A行（议付行）以原证条款为由抗辩理由不足。因为第二受益人在通常情况下是看不到原证的，若转让行未在转让信用证中表明是引用原证的条款，则只能理解为转让行是对第二受益人承诺。依据该条款，是转让行应承担独立付款责任，或该条款是一种超出可转让信用证法律关系之外的明确付款承诺，在此情形下，转让行应承担付款责任，而不论其是否收到原开证行的款项。

（四）转让行在第一受益人不换单时，是否有权将第二受益人的单据直接寄交开证行

依据UCP600第38条，若第一受益人要提示自己的发票和汇票（若有），但未能在第一次要求时立即照此办理，或第一受益人提示的发票中存在不符点，但该不符点在第二受益人提示的单据中并不存在，且未能在第一次要求时修改这些不符点，则转让行有权向开证行提示其自第二受益人处收到的单据，并不再对第一受益人承担责任。UCP600此条规定的目的在于加强对可转让信用证下第二收益人利益的保护。

在一些案例中，转让行在第一受益人迟迟不换单的情况下，并未依UCP600的规定操作，而是将第二受益人的单据一直保留着。那么，能否认定该转让行的做法违背了UCP600的规定呢？换言之，在此情况下，转让行是否负有义务将第二受益人的单据直接寄给开证行？一种观点认为，根据UCP600第38条的上述规定，若转让行没有及时将第二受益人的单据转交开证行，应承担一定的过失责任。另一观点认为，UCP600第38条强调，转让行"有权"(Has the right) 而不是"有义务"(Has the obligation) 将第二受益人的单据直接寄给开证行。也就是说，UCP600赋予了转让行这样做的权利，而不是要求其必须这样做。因此，转让行的做法并没有违反惯例的规定，也就无承担责任之说。后一种观点更有说服力。

其实在实务中，几乎所有的转让行都对UCP600第38条的上述规定十分谨慎，一般是尽量要求第一受益人完成换单或改单的工作。若确信第一受益人不准备替换单据，或第一受益人对于自己换单造成的不符点不再修改，转让行大多会谨慎衡量——寄交第一受益人不符点的单据或寄交第二受益人单据——两种情况所带来的后果，以求最小化自己的风险。但实务中，很多转让行本质上也还是以保护第一受益人为出发点的。

（五）第二受益人防范风险的措施

可转让信用证是一种特殊的信用证，其涉及的当事人和关系人众多且关系复杂，虽然这种结算方式在实际操作中存在很多争议，但国际贸易实践中却经常使用。使用可转让信用证，主要是中间商为赚取差价，同时又防止买家与卖家直接订约而泄露商业秘密；另外，中间商还可以减少另外开证的程序。对于第二受益人来说，可转让信用证具有较大的风险，但也不能因此而放弃这类贸易。为确保货物和资金的安全，保障在信用证项下的出口权益得以实现，第二受益人可以采取下列因应措施。

1. 谨慎接受可转让信用证

对中国出口商而言，若运用中间商促成出口交易，尽可能要求进口商将信用证直接开给出口商，对于中间商的差价利润可由出口商以佣金的方式支付。若不得已而接受可转让

信用证，也尽可能要求中间商即第一受益人向转让行申请一份银行保函，以保证其能够及时、准确地替换第二受益人提交的单据，避免因第一受益人不及时换单、错误换单而给第二受益人造成不利影响，否则，将由担保银行承担第二受益人所遭受的损失。或者，要求转让行在转让信用证时，对信用证加具保兑。当获得经转让行保兑的信用证时，由于保兑行的确定付款责任，第二受益人的出口权益可免除来自开证行、第一受益人、开证申请人等诸多因素的影响。或者，出口商尝试要求中间商开立对背信用证取代可转让信用证。这样，既便于中间商以自己的名义履行与进口商之间的合同，又便于出口商享有一般跟单信用证项下受益人所应享有的全部权利，避免使用可转让信用证可能带来的各种风险。

2. 对开证行及第一受益人的资信状况有所了解

可转让信用证项下，开证行及第一受益人良好的资信状况是第二受益人实现出口权益的保障。只有开证行和第一受益人资信状况良好，第二受益人提交的符合信用证的单据被第一受益人准确、及时换取后，第二受益人的出口款项才有收回的保障。特别是信用证的第一受益人，在规定时间内未能及时换单时，开证行的资信对第二受益人实现权益尤为重要。

3. 仔细审证、准确制单，确保提示相符

可转让信用证下，第二受益人收到转让行开来的可转让信用证后，必须仔细审核信用证的内容与合同的相关条款是否一致、信用证各条款的规定之间是否存在矛盾、信用证中是否含有软条款以及自己是否完全有能力履行信用证的规定。若发现有问题，应及时联系第一受益人进行修改。发货后，第二受益人要严格、准确按照可转让信用证的规定制单，保证做到“单证相符、单单相符和单内相符”，以确保能够安全、顺利收到货款。

4. 第二受益人与第一受益人保持紧密联系

一般情况下，在可转让信用证中，无论是开证行还是转让行，通常不向第二受益人作出付款的承诺，对第二受益人来说，可转让信用证的银行信用很难实现，几乎就是一种商业信用。第二受益人常常不得不为自己不能控制的、并不是由于自身的过失而承担风险。但由于第二受益人与第一受益人之间，毕竟还存在货物买卖的基础合同关系，因此，一旦出现纠纷，第二受益人应主动、及时地与第一受益人联系，商讨解决的办法。若商讨无效果，应通知转让行退单，立即将货物转卖或运回国内，尽量减少自身的损失。

5. 转移可转让信用证的使用地点

依据 UCP600 第 38 条第 10 款，转让行可根据第一受益人的要求，将信用证使用地点转移至第二受益人所在地。此时，转让行在信用证中加列承担见单付款责任条款，已成为受让地银行对第二受益人进行资金融通的先决条件。

十一、可转让信用证中转让行的风险及防范

在可转让信用证业务中，转让行应遵守“笼子原则”行事。否则，可能因违背可转让信用证的目的导致交易无法进行而承担责任。对转让行而言，在可转让信用证整个流程中，存在转让条款风险、换单风险、融资风险等。

以下通过案例分析转让行的权利与义务，对如何掌控转让信用证中可能面临的风险，

提出因应措施。①

在某案例中,② 中国A贸易公司（买方）与美国M公司（卖方）签订重油买卖合同，约定由A贸易公司开具以美国M公司为受益人的信用证作为货款的结算方式。但由于信用证金额巨大等原因，国内无银行愿意为A贸易公司开具信用证。后经美国M公司同意，A贸易公司与香港H公司签订一份协议，由香港H公司作为申请人向俄罗斯S银行（开证行）申请开立以A贸易公司为第一受益人的可转让信用证，再由A贸易公司将信用证转给第二受益人美国M公司。为此，由A贸易公司向香港H公司支付500万元人民币作为开证费用。

香港H公司收到费用后，申请开出了以俄罗斯S银行为开证行、以A贸易公司为第一受益人的议付的可转让信用证，通知行与议付行为中国某国有银行B银行。B银行审核后，发现信用证存在软条款、卸货港不明、FOB贸易术语与要求保险单据相互矛盾、提单收货人未明确等问题，遂将上述问题提示给第一受益人A贸易公司；之后，B银行（转让行）根据第一受益人的指示，将信用证转给了第二受益人美国M公司，其通知行为美国F银行。美国F银行收到信用证后，也发现上述FOB贸易术语与要求保险单据相互矛盾、提单收货人未明确等问题，要求转让行B银行澄清。B银行随后向开证行S银行询问相关情况并要求澄清；开证行S银行获知信用证已被转让，要求转让行B银行取消转让，B银行将开证行S银行上述取消转让的要求通知给第二受益人的美国F银行。之后，美国F银行将此要求通知第二受益人。第二受益人起初拒绝接受取消转让，多次沟通后，第二受益人M公司同意取消转让。

之后，A贸易公司主张，因B银行擅自与开证行沟通导致开证行理解错误而取消转让信用证。A贸易公司在M公司接受取消转让后，又通过其他转让行转让该信用证，但最终因信用证本身存在描述不清等问题被终止并闭卷。信用证有效期到期。

A贸易公司认为，B银行未经其同意，擅自联系开证行，导致买卖合同因信用证问题而无法正常进行，随即起诉至法院，索赔九千多万元。

A贸易公司在委托B银行办理转让信用证时，向B银行出具了信用证转让委托书，其中规定："我司（A贸易公司）保留允许贵行（B银行）将信用证修改直接通知给第二受益人的权利；若开证行要求撤销原信用证，贵行应及时通知我司和第二受益人。"

该案例涉及以下问题。

（一）转让行的法律地位

UCP600等是信用证国际结算惯例，但国际商会从未界定转让行的法律地位。尽管如此，要界定转让行的权利与义务，仍需首先明确转让行的法律地位，包括转让行与开证行之间的法律关系、转让行与第一受益人之间的法律关系等。

1. 转让行与开证行之间形成委托合同关系

首先，在可转让信用证中，开证行的原信用证贯穿申请人与第一受益人、第一受益人

---

① 参见沈睿俊,"把控转让信用证项下换单风险!",http://www.sinotf.com/GB/136/1361/2016-10-31/5NMDAwMDIxMjk5NA.html。

② 参见银通智略报告《银行风险管控实务》(2016年6月),"从信用证纠纷案看转让行法律风险",http://www.sinotf.com/GB/136/1361/2016-08-20/zMMDAwMDIwODczMg.html。

与第二受益人两个合同关系。转让行的职责是将申请人与第一受益人合同所使用的原信用证，延伸到第一受益人与第二受益人之间的合同关系，而非开立新的信用证，否则，即成为对背信用证。

其次，信用证是否可转让或由谁来转让，完全由开证行以及其开立的信用证本身决定。依 UCP600 第 38（b）条“可转让信用证系指特别注明‘可转让’字样的信用证……，转让行系指办理信用证转让的指定银行，或当信用证规定可在任一银行使用时，指开证行特别如此授权并实际办理转让的银行”之规定，转让行转让信用证的权利来自开证行的授权且在原信用证中以书面形式予以确定。

但上述行为只是开证行单方的授权行为，依 UCP600 第 38（a）条“银行无办理信用证转让的义务，除非明确表示同意”的规定，只有指定银行或兑用银行同意转让信用证，才能形成委托关系并成为真正的转让行。

最后，从信用证的使用上看，第二受益人向转让行提交单据，但最终承担付款责任的仍是开证行。换言之，转让行接收第二受益人交单并不影响开证行的付款责任，除非转让行因过错造成第二受益人无法获得开证行的付款。

因此，开证行与转让行之间的关系应界定为委托合同关系，若无开证行的授权且以信用证中的书面形式授权，转让行在任何情况下都无法转让信用证。

2. 转让行与第一受益人形成委托关系

UCP600 第 38（b）条规定：“可转让信用证可应受益人（第一受益人）的要求转为全部或部分由另一受益人（第二受益人）兑用。”若可转让信用证没有第一受益人的要求，指定银行或兑用银行则不能成为转让行。在信用证结算实务中，若第一受益人提出转让，指定银行或兑用银行通常会要求第一受益人出具书面的转让信用证委托书，以完成信用证的转让。据此，转让行与第一受益人的关系亦应界定为委托关系。

通常，在可转让信用证法律关系中，转让行既是开证行的受托人，也是第一受益人的受托人，由此产生受托人角色的竞合。因此，作为两个委托人的受托人的转让行，必须明确自己的权利与义务。

（二）转让行的权利与义务

该案例中，仅因为转让行的权利与义务不明确，在转让信用证的过程中，特别是信用证本身出现问题的情况下，B 银行采取了不当的处理方法，使第一受益人拥有了索赔的依据。因此，转让行应明确自己的权利与义务。

通常转让行享有以下两种权利。第一，如上所述，依 UCP600 第 38（a）条“银行无办理信用证转让的义务，除非其明确表示同意”的规定，银行可选择自己是否成为转让行。因转让行收取的转让费可能与所承担的风险不相匹配，特别是在信用证金额较大的情况下，相差更是悬殊。该案例就是如此，转让行只收取了几千元人民币的转让费，却被索赔近亿元。第二，依 UCP600 第 38（c）和（i）条，转让行有收取费用的权利，以及在第一受益人未及时换单或修改单据的情况下，直接将第二受益人的单据交给开证行而免责的权利。当然，转让行极少行使后一种权利。

转让行的义务为以下两方面。第一，UCP600 第 38（e）条规定：“任何转让要求须说明是否允许及在何种条件下允许将修改通知第二受益人。已转让信用证须明确说明该项条件。”依该规定，转让行必须按照第一受益人的要求通知或不通知信用证随后的修改。

不当的修改通知将会导致第一受益人的索赔。第二，UCP600 第 38（g）条规定可转让信用证除了“信用证金额、单价、截止日、交单期限、最迟发运日或发运时间”之外，其余须准确转载原证条款。

该案例中，作为第一受益人的 A 贸易公司索赔的依据在于，B 银行在转让信用证后，对于第二受益人及其银行对信用证条款的疑问，在未经第一受益人同意的情况下，直接通过电文询问了开证行；而在开证行获悉信用证已转让，通知转让行取消转让后，转让行 B 银行又在未获得第一受益人书面同意的情况下，将开证行取消转让的通知告知了第二受益人及其银行。当然，开证行在未获得第一受益人同意的情况下并无权利取消该转让。B 银行在开证行与第二受益人之间进行的电文沟通并未获得第一受益人的书面同意。

存在争议的问题是，依上述论述，转让行是否有权将第二受益人及其银行对信用证条款的疑问直接与开证行沟通？转让行又是否有权将开证行取消信用证的转让直接通知给第二受益人及其银行？

首先，关于“转让行是否有权将第二受益人及其银行对信用证条款的疑问直接与开证行沟通”的争议，在实践中较为普遍。一般认为，转让行作为开证行的受托人，将原信用证除 UCP600 第 38（g）条允许改变的项目外准确转载到已转让信用证，转让行在不影响第一受益人权益的情况下，有权向开证行询问信用证条款本身存在的问题，以便使已转让信用证能正常流转和使用。

“转让行是否有权将开证行取消信用证的转让直接通知给第二受益人及其银行”的争议，也是 A 贸易公司重点陈述的索赔依据，即转让行未经第一受益人的同意，将开证行取消转让的通知直接告知第二受益人及其银行。根据 A 贸易公司向 B 银行出具的信用证转让委托书，A 贸易公司即第一受益人保留“是否允许 B 银行（转让行）将信用证修改直接通知给第二受益人”的权利。但取消信用证的转让是否属于信用证的修改？通常认为，信用证任何一个条款的改动均属信用证的修改；而信用证的取消转让，即全部信用证条款的取消转让，更应视为信用证的修改。因此，B 银行在未获得第一受益人书面同意的情况下，将开证行取消信用证的转让意思通知了第二受益人及其银行，B 银行未依信用证转让委托书的规定行事，存在过错，应负责赔偿由此产生的损失。

（三）缮制转让条款风险及因应策略

如上所述，UCP600 第 38（g）条规定：“已转让信用证需准确转载原证条款，包括保兑（若有），但下列项目除外：信用证金额、规定的任何单价、截止日、交单期限、最迟发运日或发运期间。……”这一条款明确了转让行在进行信用证转让时可改变的内容。在实务中，第一受益人可能会提出一些貌似合理但却超出 UCP600 规定的要求，对此，转让行须慎重处理，不能随意接受客户的要求，否则，转让行可能面临处理不当的风险。例如，信用证不允许分批装运，而第一受益人 A 要求将信用证转让给第二受益人 B 和 C。A 的理由是依 UCP600 第 31 条，只要 B、C 两家公司的货物经同一运输工具、同一运输路线，往同一目的地，就不会出现分批装运的不符。乍看 A 的观点，似乎有理。但仔细考虑，若 B 或 C 有一方不能及时备货或短装，必定造成单据不符，开证行的付款就无法保障了。换言之，不论是 B 或 C，只要一方不能按规定发货，另一方即使没有瑕疵地履行了信用证，也会因为他人的单据不符，使 A 无法提交相符的单据，导致自己的收款风险。在此情况下，若按第一受益人指示办理转让则会面临收款风险；若转让时改动信用证分装条款则必会违反 UCP600 限制变更的条款，使转让行陷入两难境地。此时，最好联系开证行改证，以满足第一受益人的要求。

（四）换单风险及因应策略

若由于第一受益人迟迟不换单或换单时间过长而导致最终原证过期或延迟交单，而第二受益人的交单又是相符的，则这一不符点就是第一受益人造成的，作为转让行也难免受到牵连。因此，转让银行可能面临换单风险。

依 UCP600 第 38（h）条，第一受益人有权以自己的发票和汇票（若有）替换第二受益人的发票和汇票……；依其第 38（i）条，若第一受益人要求替换自己的发票和汇票（若有）但未能在第一次要求时照办，或第一受益人提交的发票导致第二受益人的交单中本不存在的不符点而其未能在第一次要求时修改，转让行有权将从第二受益人处收到的单据提交开证行且不再对第一受益人承担责任。由此可见，“单据与时间”是换单的两个关键因素，这两个因素都可能导致单据产生新的不符点并成为开证行拒付的理由。但 UCP 并未对“第一次要求”给出一个明确的时间限度，转让行只能自行控制这个处理时间。

就单据而言，第一受益人替换的单据，可能造成原本并不存在的不符点导致开证行拒付，转让行显然需采取措施避免这一风险。若开证行提出的不符点又是第一受益人替换的发票、汇票以外单据上的不符点，第二受益人很可能主张是第一受益人单据上的不符点给开证行拒付提供了拒付理由，从而要求转让行承担责任。此时，转让行无疑将自己置于一个违规操作的不利地位，一旦发生纠纷，可能面临很大的风险。因此，转让行须采取相应措施避免上述风险。UCP600 的第 38（i）条向转让行提供了一个可操作的选择，即“转让行有权将从第二受益人处收到的单据直接交给开证行”。但应注意该条款中，在第一受益人未及时替换或修改单据时，转让行只是“有权”而不是“必须”将第二受益人的单据直接寄往开证行，UCP600 并未禁止转让行将第一受益人单证不符的单据寄往开证行。那么，转让行在第一受益人迟迟不换单或修改单据的情况下，是否就会直接将第二受益人单据寄往开证行？实务操作却不一定如此理想，因第一受益人是转让行的客户，在掌控风险的前提下，转让行显然需顾及和保护自己客户的利益。若草率地将第二受益人的单据提交开证行，第一受益人的商业秘密很容易泄露给进口商从而导致第一受益人利益受损，影响转让行和客户的关系，甚至有丧失重要客户的风险。为此，转让行须在掌控风险和保护客户利益两方面取得平衡。

就时间而言，多长时间是一个合理的换单时间？依 UCP600 第 14（b）条规定，“5 个银行工作日”目前已普遍被认为是一个合理的银行处理时限。转让行作为信用证的指定银行，采用 5 个银行工作日作为换单合理时限也符合常理。另外，由于第一受益人换单后银行还需审核单据，第一受益人可能需修改单据，因此，还需多预留一定时间。为此，转让行应在转让申请书中明确要求第一受益人必须在收到转让行换单通知后，如 3 个银行工作日内提交自己的发票和汇票（若有），审单后若需修改单据则须在收到换单通知的 5 个银行工作日内完成。若超过这一时限，转让行有权将第二受益人的单据直接寄往开证行（单证一致）且不再对第一受益人承担责任，或向第二受益人银行退单（单证不一致）。

实务操作中，可能会出现一些特殊情况。例如，第一受益人与第二受益人之间发生一些问题尚未处理妥当，仍在协商中，第一受益人要求延迟换单；或第一受益人已要求第二受益人修改单据，要求等待新的单据；等等。转让行为掌控风险，应要求第一受益人在收到换单通知后，如3个银行工作日内出具书面的延迟换单申请，在第一受益人同意时，询问第二受益人是否接受第一受益人的延迟换单申请并放弃追究由此引起任何后果的权利。若第二受益人不同意第一受益人延迟换单，转让行则须在5个工作日内将第二受益人的单据寄往开证行（单证一致）或向第二受益人的交单银行退单。另外，实务中，转让行可能同时收到同一信用证下多个第二受益人的交单，或同一第二受益人的多笔交单。在此情况下，转让行应要求第一受益人分别出具替换的发票、汇票，尽量不要合并单据。

（五）融资风险及因应策略

关于对第一受益人或对第二受益人付款、承兑或议付的问题，UCP600的规定仍未解决长期存在的争议，以下两种观点可能会继续存在：一种观点认为，可转让信用证中，开证行授权办理付款、承兑或议付的银行只可能是向第一受益人办理付款、承兑或议付的银行，并不包括向第二受益人办理付款、承兑或议付的银行，因为信用证只能办理一次付款、承兑或议付，而不可能存在两次性质相同的行为。另一种观点认为，依UCP600第38（h）条，第一受益人可在原信用证项下支取自己的发票与第二受益人的发票之间的差价，以及（j）条规定："在要求转让时，第一受益人可要求在信用证转让后的兑用地点，在原信用证的截止日之前（包括截止日），对第二受益人承付或议付。本规定并不损害第一受益人在第38（h）条下的权利。"这充分表明转让行经开证行授权、在第一受益人明确指示且自己愿意的条件下，有权向第二受益人办理付款或议付。换言之，第一种观点认为，经过授权的转让行，只是有权对第一受益人办理付款或议付且可针对经替换的发票全额办理；第二种观点认为，经过授权的转让行，可对有权凭符合可转让信用证规定的全套单据（经替换发票、汇票）向第一受益人支付应得的差额部分并对第二受益人办理付款或议付。

由上述两种争议观点可以看出，转让行对第一受益人或对第二受益人融资存在较大风险，必须谨慎办理。一般而言，对第一受益人，若只针对差额部分，则在确认第一受益人已换单且更换后的单证相符，同时在开证行资信良好的情况下，转让行可考虑对第一受益人就转让的差额部分进行付款。若第二受益人也是转让行的客户，转让行应等到确认第一受益人已换单且更换后的单证相符、开证行资信良好的情况下，可考虑在转让给第二受益人的那部分出口货款价值内对第二受益人办理付款、承兑或议付。但一般情况下，不宜对第二受益人办理付款、承兑或议付。

综上所述，若已转让信用证能够正常地流转、兑用，转让行不会承担风险；但由于可转让信用证涉及的环节复杂，若一个环节中断，可能会导致信用证无法正常流转，遭受损失的一方则会寻求责任承担者。在此情况下，转让行应正确评估可转让信用证的法律风险，规范可转让信用证的操作流程。为此，转让行应严格遵守"笼子原则"，谨慎行事。所谓"笼子原则"，是指转让行应按照信用证与第一受益人的指示行使其权利、履行其义务，防止为一方委托人的利益而不当地使用权利，损害另一方甚至是第二受益人的合法权益。依UCP600第38条，转让行的权利是装在"笼子"里的权利，"笼子"以外的权利，转让行应谨慎行使或不行使。这与"法无禁止即可为"恰恰相反，"笼子之外即禁止"。就法律而言，转让行为履行开证行受托人的义务，可联系开证行以澄清或解释信用证条款本身存在的问题，但对此仍应谨慎行事。在明确UCP600第38条的各种规定后，在第一受益人出具的转让信用证委托书中，增加转让行在转让信用证中除了转让行明示义务之外的各种责任豁免，以扩大“笼子”的范围。慎重对待已转让信用证的业务操作。若在开证行与第二受益人之间进行沟通，需事先获得第一受益人的书面同意或书面责任豁免并连同电文一同存档。若转让行在收到第二受益人及其银行的电文后，未作任何加工或修改就直接将含有第二受益人商业信息的电文转给开证行，可能会招致第一受益人的索赔。

该案例中，虽然 A 贸易公司的损失不一定是 B 银行转让信用证的行为所致，但 B 银行作为转让行，未按照第一受益人 A 贸易公司的指示行事明显存在过错。转让行应充分重视与评估法律风险，并根据出现的问题及时采取因应策略。

十二、开证行如何处理非转让行的交单

某信用证的开证行授权通知行对信用证进行转让。信用证含有如下条款：“This L/C is transferable through the advising bank, which is regarded as the transferring bank, when transferred, a transfer report is required.（信用证可转让，通知行视为转让行，若转让需提交转让报告）。”信用证开立后不久，转让行向开证行发送电文声明，信用证已转让。之后，开证行收到该信用证下的交单。但交单银行并非转让行而是（DEUTNL2A）DEUTSCHE BANK，AMSTERDAM。单据中，汇票和发票的出具人为 XYZ-CO.，LTD. 而非原证的第一受益人 DEF-CO.，LTD.。可见，此次交单是该交单银行绕过转让行直接将单据寄给开证行，属于非转让行交单。此时，原证的申请人（进口商）急于付款赎单。开证行可否将代表第二受益人的单据释放给申请人？对于申请人而言，可用较少的货款取得货值较高的单据，乐见其成。交单银行将应寄给转让行的单据直接寄给开证行无疑是错误的，但若开证行将错就错应申请人要求放单进而剥夺第一受益人换单的权利，也可能陷入被第一受益人提起诉讼的处境。

UCP600 第 38（i）条规定，若第一受益人未能及时在第一次被转让行要求时提交自己的发票和汇票，或提交了自己的单据后导致第二受益人交单中本不存在的不符点，转让行有权将第二受益人的单据直接交给开证行。因此，开证行有义务接受与原证条款不相符的单据。因为，第二受益人的单据是依转让后的信用证制作的，其在发票抬头、汇票受款人等方面明显不符合原证。但依国际商会 R374 号意见，以上单据内容不构成不符点，开证行必须接受第二受益人的单据并对第二受益人付款。

在此种情况下，开证行应如何处理非转让行的交单值得探讨。①

顾名思义，非转让行的交单是指提交到开证行的单据不是转让行提交的。转让信用证一般会指定信用证的通知行为转让行，开证行授权其对可转让信用证进行转让。UCP600 第 38（k）条规定：第二受益人或代表第二受益人的交单必须交给转让行。这也是为保障第一受益人换单的权利。

非转让行交单有三个特点：（1）交单行不是信用证的转让行。（2）汇票和发票的出具人不是原证的受益人。实际是第二受益人。（3）单据金额及单价比原证低（除了全额转让）。

可转让信用证在使用过程中，由于信用证条款的转载、单据提交的环节增加和第二受

① 参见李鲁锋，“开证行如何处理非转让行来单”，《中国外汇》2014 年第 16 期，http://www.sinotf.com/GB/136/1361/2014-09-20/4MMDAwMDE4MDM4Mw.html。

益人的存在，开证行在可转让信用证中面临的风险亦随之增加，处理此种信用证业务时需更加谨慎。若为转让行交单，无论是否为第一受益人的交单，均可视为转让行已依UCP600第38条行事。在收到上述情况的非转让行交单，开证行应及时向交单银行以及转让行发送“紧急”电文。在发送给交单行的电文中，要告之信用证已转让，依UCP600第38条的规定，代表第二受益人的单据应提交给转让行并询问其单据处理方式。在发送给转让行的电文中，告知已收到转让信用证项下交单，交单银行不是转让行［如本案的（DEUTNL2A）DEUTSCHE BANK，AMSTERDAM］，请其立即回复第一受益人是否放弃换单权利。

若交单银行回复称，其错将单据寄给了开证行，要求开证行将单据转寄转让行，此时，开证行依交单银行指示将单据转寄转让行，争议即可得到圆满解决。

综上所述，对于可转让信用证下的单据，开证行应首先确定交单行的身份是否为转让行，做到合理谨慎地审单，以求尽可能降低自身的风险、保证开证行的利益。同时，也要高度重视非转让行的交单，以免直接对第二受益人付款导致第一受益人未能换单获取差价带来的纠纷。

因此，开证行不能直接将交单银行代表第二受益人的交单直接放单给申请人，除非转让行声明单据可直接交给开证行、第一受益人已放弃了换单的权利。

在另一案例中，[①] 某年5月10日，国内C银行开立一份适用UCP600的可转让信用证，金额为5.7万美元，指定H银行办理转让。5月26日，C银行收到交单行提交的上述信用证单据，金额为5.4万美元。C银行完成系统处理后，提示进口商付款赎单。5月27日，进口商回复称，来单金额小于信用证金额，要求退单。C银行检查单据后发现：第一，来单中包括已转让证复印件；第二，发票上的发货人和出口商并非可转让信用证的第一受益人，而是已转让证复印件中的第二受益人；第三，交单行并非可转让信用证指定办理转让的H银行。

基于进口商的申请和相关事实，开证行C银行本来已准备直接向交单行退还单据，但听取专业人士的建议后，采取了更加稳妥的处置方案。C银行立即联系H银行，了解该笔信用证转让及交单对象的具体情况。H银行回复称，该行已转让了该笔信用证，交单行直接向C银行的交单应系误寄。同时，鉴于近洋运输货物已到港，若C银行将单据退还交单行重新提交，可能导致买方无法及时提货，故请C银行直接将单据转寄该行。

C银行要求H银行联系交单行发送授权转寄电文。5月28日，C银行收到交单行电文。在电文中，交单行承认之前交单系错误寄单，请C银行速将单据转寄H银行。据此，C银行当日将单据转寄H银行。之后，H银行向C银行提交经第一受益人换单的相符交单，C银行及时承付交单。

本案核心同样是开证行收到非转让行代表第二受益人的交单应如何处理的问题。

本案中，开证行C银行的最初想法是直接退单，其依据是UCP600第38（k）条，第二受益人或代表第二受益人的交单必须交给转让行。C银行认为，既然惯例规定交单行代表第二受益人的交单必须向转让行提交，那么，其有权直接将交单行的交单退回。虽然

---

① 参见郭晓玉，“开信用证可转让，非转让行径交单”，http://www.sinotf.com/GB/experts/2016-06-07/2MMDAwMDIwMzk2MA.html。

UCP600 有上述规定，但并未明确允许开证行有权直接退单。若 C 银行如此处理，也可能存在一定风险。C 银行不能直接退单的做法还基于以下考虑：UCP600 的绝大部分条款均可排除和修改，这当然包括第 38（k）条。因此，在特殊情况下，第二受益人可能有权直接向开证行交单。第 38（k）条规定了第二受益人的一项责任：交单必须交给转让行；相对而言，转让行享有一项权利，即接收第二受益人的交单。而转让行的权利在不损害开证行利益的情况下，自然可放弃。例如，在某些特定情况下，有可能中间商会要求转让行排除该款，授权第二受益人直接向开证行交单。在此情况下，转让行应将第二受益人将直接交单的情况告知开证行。但即使是转让行未能及时告知，也不会使开证行解除对第二受益人“相符交单”的付款责任。

C 银行最终未直接向交单行退单，而是立即与 H 银行联系，查明原因、寻求解决方案，不仅有效规避了业务风险，而且加快了信用证下单据的流转速度、提高了服务水平。

十三、信用证欺诈例外纠纷

国际贸易结算中的欺诈的主体，通常是受益人（卖方）及承运人（海运）等。卖方欺诈的最主要表现是，货物欺诈和单据（提单等）欺诈。而卖方往往需承运人配合，即承运人签发预借提单、倒签提单等。

在以下案例中，货物尚未装船时，承运人就签发了已装船提单。未征得承运人同意，卖方擅自退关，又将货物运出堆场，试图凭该提单骗取信用证货款。作为对信用证的独立性原则缺陷的弥补，欺诈例外原则为信用证止付提供了依据。但止付信用证有严格的时间限制以及前提条件。法院裁定止付信用证仅是一种保全措施，是信用证的暂停支付。进口商的损失能否挽回，一定程度上取决于信用证能否终结支付。若止付失败，进口商应如何采取进一步的救济措施维护自身权利值得关注。

在“中国远大集团公司（下称‘远大公司’，进口商）诉尚逸有限公司（下称‘尚逸公司’，台湾出口商）和华刚物流有限公司（下称‘华刚物流’）”一案中，[①] 某年 5 月 10 日，远大公司与尚逸公司签订进口贸易合同，约定远大公司向尚逸公司进口一批涤纶丝，贸易条件 CIF NING BO USD800，总金额 34.8 万美元，付款方式即期信用证。5 月 13 日，远大公司申请中国建设银行宁波分行开立以尚逸公司为受益人的议付信用证且允许分批装运，最迟装运期为 6 月 15 日，信用证到期日为 7 月 6 日等。5 月 24 日，尚逸公司将第一批价值为 70 963.2 美元的货物以集装箱运至堆场，交由华刚物流承运。5 月 27 日，华刚物流作为承运人向尚逸公司签发全套正本提单，载明托运人为尚逸公司、通知人为远大公司、收货人为 To Order、交货代理人为宁波泛洋国际货运代理公司并注明货物已装船。

5 月 29 日，尚逸公司又将该货物自堆场拉回。5 月 31 日，实际承运人香港宝威船务公司传真远大公司，证明上述货物并未实际装船。同日，华刚物流传真远大公司：本公司确认上述货物为托运人未征得本公司同意的情形下私自办理退关手续，将上述货物拖出堆场致使货物并未装船，本公司就此货物先前所准备的提单亦是在上述情形下被托运人以欺骗手段领走，本公司郑重声明并通知提单无效。6 月 3 日，华刚物流再次传真远大公司，

---

① 参见宁波海事法院民事判决书，http://www.nbhsfy.cn/court/NeiRead.aspx? id=5709。

提供涉案货物进出堆场及托运人办理退关出场的相关资料，进一步证明货物未装船。

6月4日，宁波泛洋国际货运代理对华刚物流5月31日传真的真实性予以确认。6月5日，远大公司诉请法院宣告提单无效、止付信用证下款项34.8万美元并责令尚逸公司和华刚物流承担财产保全费及诉讼费。

法院经审理认为，本案纠纷为提单欺诈纠纷，所涉信用证为不可撤销信用证，依信用证独立性原则，信用证是独立于买卖合同的单据交易，只要卖方提交的单据表面符合信用证要求，开证行就负有在规定期限内承付的义务，法院无权干预信用证交易。尚逸公司作为贸易的卖方，应依与远大公司之间的合同约定，如实按期将货物交付承运，以便远大公司及时通过银行付款赎单提货。但尚逸作为托运人，自承运人华刚物流处领取其签发的提单后，将货物自堆场运回，致使提单项下的货物未实际装船并试图凭借该提单支取信用证下的款项。尚逸公司利用合同进行恶意欺诈且开证行尚未对外承付，依信用证欺诈例外原则，收货人远大公司有权申请法院止付信用证货款。故远大公司要求撤销涉案信用证并止付其货款的诉请有理，应予支持。

华刚物流作为承运人，应依法签发提单。华刚物流就未装船货物签发已装船提单，主观上存在一定过错，客观上为尚逸公司的欺诈行为提供了条件。但其随后在合理时间内及时通知远大公司并宣告提单无效，远大公司亦申请法院止付与提单有关的信用证项下货款，从而避免了实际损失的发生。远大公司认为其与尚逸公司构成共同欺诈的证据不足。由于华刚物流就未装船货物签发已装船提单，违反了中国《海商法》的相关规定，远大公司要求法院宣告信用证项下提单无效的诉请有理，应予支持。

综上，依中国《海商法》第71条，《民法通则》第58条第1款第（5）项、第106第2款，《民事诉讼法》第130条规定，判决提单无效，撤销信用证，该信用证项下货款70 963.2美元不予支付。案件受理费、诉前财产保全费由尚逸公司负担。

本案是一起运用信用证交易中的欺诈例外原则进行司法救济，从而达到止付信用证项下款项并宣告提单无效的欺诈案件。

依中国最高法院的司法解释，止付信用证项下货款的两个条件，一是有充分证据证明卖方利用贸易合同进行欺诈，二是中国银行尚未对外承付。在此条件和《跟单信用证统一惯例》的指导下，该案的判决结果及其所确立的关于海运欺诈纠纷案的裁判规则，具有典范和指导意义且符合最高法院出台施行的法释［2005］13号《关于审理信用证纠纷案件若干问题的规定》的精神。

解决此类案件，通常涉及以下几个问题。

（一）欺诈主体的认定

在民事活动领域，欺诈与一般过错的分界明晰可鉴。国际贸易结算过程中的欺诈手段复杂多样，通常存在受益人（卖方）欺诈及承运人（海运）欺诈等。因此，欺诈的主体主要是卖方及承运人。作为对信用证独立性原则缺陷的弥补，欺诈例外原则为信用证止付提供了依据。

承运人的欺诈行为并不必然能实现止付信用证款项的目的。但承运人的欺诈同样可能导致信用证结算中进口商利益受损的结果，受害的进口商是申请止付信用证款项还是扣船，成为一个关键性的选择。

在海运欺诈案件中，承运人通常是参与欺诈的主要当事人。除了子虚乌有的虚假贸易，出口商伪造单据或提交记载内容虚假的单据，往往需要承运人的配合。

本案中，尚逸公司作为托运人和信用证受益人（卖方），在集装箱货物运至堆场、交由承运人承运并签发已装船提单之后，在未征得承运人同意的情形下，擅自办理退关手续将货物运出堆场，试图骗取信用证的货款。因此，受益人的行为已构成欺诈。

与通常受益人与承运人串通的欺诈行为不同，本案承运人华刚物流在货物尚在堆场未装船时就已签发已装船提单给尚逸公司，为欺诈行为提供了一定条件。这一条件是否构成承运人的共同欺诈？法院认定华刚物流主观上存在一定过错，但其在此后及时宣告提单无效的行为避免了实际损失的发生，故认为华刚物流与尚逸公司构成共同欺诈的证据不足。

承运人华刚物流虽无欺诈的直接故意，但其预借提单并将提单提前交付出口商的行为，对于尚逸公司凭提单予以结汇并将货物私自拖离承运人监管的结果，存在疏忽的间接故意。因此，若进口商遭受损失，则华刚物流对其行为应承担相应的责任。

（二）止付信用证的时间限制

本案信用证为即期议付信用证。依 UCP600 第 14 条，议付行应在收到单据后的 5 个银行工作日内予以审核，在未发现单据表面与信用证条款不符时，应接受单据并立即付款。在此期间，申请人（进口商）若发现受益人有欺诈事实，能否申请启动司法程序予以止付？

首先可以明确的是，止付信用证应严格控制在开证行实际付款或承兑之前。一旦开证行已向议付行履行了偿付义务，则信用证不能再予止付，而只能通过其他途径予以救济。

除此之外，对信用证止付的时间限制，应区别以下两种情形。

1. 在议付行审单的期间

议付行在审单的 5 个银行工作日内，在尚未决定付款之前，若获悉出口商的欺诈，议付行即可停止付款。同时，若进口商有证据证明受益人的欺诈事实，为防止银行处理单据仍不能发现欺诈事实而对外付款、造成买方的损失，法院也有充分理由接受进口商申请，裁定止付信用证项下的货款。法院这样做并不会损害银行的商业信用和金融利益，不失为一种最及时、最有效的保全补救措施。本案在诉前保全阶段，法院正是抓住这一银行审单期间的有利时机，果断作出止付信用证的裁定，经实体审理最终达到撤销信用证的目的。

2. 在议付行已对受益人的汇票付款时

UCP600 第 7 条规定：“当指定银行已承付或议付了相符的提示并将单据寄送给开证银行时，则开证行保证给予其偿付，……”因此，若议付行在不知情且单据表面相符的情况下，已向出口商支付了票款，此时议付行为善意持票人，则开证行应负有偿付（付款）义务，这也符合票据法的规定。

通常情况下，并无理由将不知情的议付行持有虚假单据的行为当然推定为“恶意”或“非法”。进口商若对议付行行使抗辩，应首先由其承担举证责任。反之，若证据表明作为持票人的议付行对出口商的欺诈知情，并以欺骗手段得到开证行的承兑、付款保证或付款，则不享有票据权利。在此情况下，开证行的偿付义务可通过司法程序得以解除。

（三）止付失败后的救济

在进口欺诈案中，收货人的损失能否挽回，一定程度上取决于信用证能否终结支付。依收货人的申请，法院在诉讼前或诉讼中对信用证的款项裁定“止付”，仅是一种保全措施，是信用证的暂停支付。在法院裁定止付信用证项下款项之时，尚不确定进口商是否享有永久拒绝支付货款的权利，只有通过实体审理才能明确信用证是暂时还是最终止付。

在信用证欺诈案中，当止付信用证款项失败后，收货人不得不付款赎单（虚假提单或无价值货物的单据）时，进口商须寻求以下最后的救济措施。

一是请求判令出口商返还信用证项下的款项。作为信用证的不法受益人，出口商理应返还已获得的货款。但其实际效果取决于受益人的资信及偿付能力。在“中信宁波进出口公司诉香港正鸿利公司海运提单欺诈纠纷案”中，被告提供假提单等全套假单据，骗取原告承兑信用证，被认定构成提单欺诈。但因承兑汇票已由银行贴现，故不能止付信用证项下款项，法院最终判决由被告即信用证受益人返还信用证项下的款项并赔偿相应的利息损失等。

二是请求判令承运人承担欺诈损害赔偿的责任。在承运人存在欺诈的情形下，理应由其承担赔偿责任。这一赔偿责任可在受益人共同参与欺诈时，由承运人与受益人连带承担。本案中，承运人华刚物流存在明显的过错，应对其主观过错的性质予以肯定，若信用证止付失败，还可要求承运人承担相应责任。

至于赔偿责任的范围，因欺诈行为的不同而有所区别。若出口商伪造单据或交付无价值货物造成货款损失，应承担信用证的全额货款；若承运人倒签、预借提单，应承担因倒签或预借提单所造成的货物市场行情下跌或对下家的违约损失等。

十四、承运人倒签提单可否适用信用证欺诈例外原则?

承运人倒签提单的后果是什么？承运人倒签提单在信用证下可否适用欺诈例外原则？银行将会受到哪些影响？贸易商如何预防倒签提单？对此，国内外立法、司法、学界及业界存在不同的观点和做法。探讨这一问题具有很强的理论和现实意义。

在“中国纺织物资（集团）总公司（下称‘中纺物资’，买方）诉地中海航运公司（下称‘地中海航运’）和地中海航运（美国）公司（下称‘美国地中海’）”一案中，① 美国地中海代理地中海航运签发了涉案提单，记载的发货人为麦格理公司、收货人凭指示（To Order）、通知人为中纺物资（买方）、货物为美国原棉。提单记载“6 月 30 日长滩装载于地中海克里蒂娜轮 4R”。实际上，“克里蒂娜”轮 4R 航次装载货物并离开美国长滩的时间是 7 月 17 日，7 月 30 日抵达上海。

依中纺物资与麦格理公司签订的买卖合同，中纺物资购买了美国原棉 1 000 吨，付款方式为即期不可撤销信用证。信用证约定的最后装船日期为 6 月 30 日。9 月，中纺物资通过银行支付了信用证下金额为人民币 16 040 000 元的全部货款。

中纺物资为提货与索赔事宜多次与地中海航运交涉。次年 1 月中旬，中纺物资提取涉案货物并售与唐山华新利源纺织公司，总价人民币 10 500 000 元。据天衡公估公司的调查报告，1 月棉花市场价格为每吨人民币 11 338 元。因货物进口报关滞期，海关向中纺物资收取了滞报金。为提取和处理货物，中纺物资还支付了开证费，进口货运代理费，拆箱、仓储、商检过磅费，铁路运费和保险费等。

6 月 15 日，中纺物资曾与常德云锦纺织公司签订合同，约定云锦公司购买涉案进口

---

① 上海海事法院民事判决书（2005）沪海法商初字第 91 号，http://shhsfy.gov.cn/hsinfoplat/platformData/infoplat/pub/hsfyintel_32/docs/200708/d_199613.html。

棉花 1 000 吨，单价 17 000 元/吨，并约定：任何一方不能履约，应支付违约金人民币 3 400 000 元。

中纺物质以两被告倒签提单为由，请求法院判令两被告连带赔偿原告的货款损失、内贸合同违约金损失、开证费、海关滞报金、进口提货费用、为提货和处理货物的费用以及本可避免的诉讼等其他费用，共计人民币 11 438 872. 14 元和相应的利息损失。

法院经审理认为，地中海航运在装货港实际装船时间为 7 月 17 日，出具的提单却签署为 6 月 30 日，已实施倒签提单行为且主观上存在故意。该行为侵害了中纺物资在贸易合同中依提单上真实的装船时间可选择行使的拒付货款的权利、协商修改或解除贸易合同的权利。当时，棉花市场价格下跌，中纺物资接收货物后实际遭受经济损失，与地中海航运倒签提单行为之间存在因果关系。中纺物资进口棉花的成本（包括开证费）为人民币 16 040 元/吨。处理货物时，当月棉花市场价为人民币 11 338 元/吨，货款差价损失为人民币 4 702 000 元，对此，地中海航运应予赔偿。海关滞报金的损失，系倒签提单之后，地中海航运未能及时与中纺物资达成提货共识引起的，也应由地中海航运赔偿。

美国地中海作为地中海航运的代理人，未按真实状况诚实信用地履行签单义务，与被代理人共同侵害了提单持有人的合法权益，应承担连带责任。法院据此判决：地中海航运赔偿中纺物资货款损失人民币 4 702 000 元、海关滞报金损失 1 062 561 元及上述款项的利息损失；美国地中海承担连带责任。

一审判决后，双方当事人均提起上诉。二审法院认为：原判认定的事实清楚，证据确凿充分。原判关于中纺物资的货款差价、海关滞报金的损失与地中海航运的倒签提单行为之间有因果关系，地中海航运应予赔偿；美国地中海应承担连带责任的判决正确。但中纺物资的损失应按每吨人民币 10 500 元的销售价计算。据此改判：地中海航运赔偿中纺物资货款损失人民币 5 540 000 元及其利息损失，对一审判决的其他内容予以维持。

探讨上述案例具有理论意义和借鉴作用。

倒签提单是指，承运人应托运人（卖方）的要求，出于满足信用证或贸易合同规定的货物装船日期等原因，故意将提单签发日期记载为早于货物实际装船日期，从而侵害提单持有人（包括收货人）合法权益的一种行为。

倒签提单的后果是，托运人（卖方）可凭信用证或合同顺利收取货款，提单持有人则须按信用证或合同支付货款。若提单按实际装船日期签发，因为实际装船日期与信用证或合同规定的日期不一致，提单持有人本可不支付该货款。所以，倒签提单使得提单持有人遭受一定经济损失，构成对提单持有人的损害。

倒签提单行为涉及诸多国内立法、司法、国际惯例、银行实务及国际贸易操作问题。目前，不仅各国之间，即使一国之内对此也存在不同的立法、司法立场以及学术观点，远未达成共识，甚至观点截然相反。

承运人倒签提单可否适用信用证欺诈例外原则？信用证欺诈的主体通常是卖方，因此，只有证明卖方参与了倒签提单的欺诈行为，才同时构成信用证欺诈，买方才能申请法院止付信用证款项。但迄今为止，各国法律和法院判例对倒签提单是否构成信用证欺诈、是否适用信用证独立性的欺诈例外原则，存在相互之间不一致的做法；有时，各国内部的判例也各不相同，甚至出现截然相反的判例。很明显，法院的判决结果取决于各国立法和司法机构对倒签提单的容忍程度，取决于倒签提单所造成后果的严重程度，取决于当事人在倒签提单时的欺诈意图以及是否存在恶意等因素。

在英国，高等法院21世纪初的判例表明，对倒签提单不能容忍，无论案件的具体状况如何，一律判定倒签提单构成信用证欺诈，可适用欺诈例外原则。其立场是，倒签提单是国际商业中的“癌症”，法院尤其考虑了提单这一单据在整个信用证交易流程中所扮演角色的重要性，对提单中陈述的虚假信息深恶痛绝，对虚假单据予以严惩。

在美国，美国立法（UCC）及一些判例（2001—2002年）表明，对倒签提单强调欺诈的严重程度和是否构成实质性欺诈。法院会仔细分析案件具体情况，从各个角度、多个因素来判断倒签提单的欺诈性程度，再决定是否构成欺诈以及是否适用欺诈例外原则。当然，就技术层面而言，以充分的证据向法院证明存在倒签提单的确有一定困难。

在中国，山东高院2001年在“上诉人上海哈德国际贸易有限公司、韩国韩华株式会社海运欺诈纠纷案”① 中的立场与英国判例的立场相似。

而上海第二中级人民法院以及国内其他一些地方法院甚至最高法院，对倒签提单所持的立场及宽松程度与英国几乎相反。即对倒签提单是否构成海事欺诈以及是否构成信用证欺诈，可考虑案件的具体情况，不将倒签提单一概而论。若后果不严重，当事人的意图不在于欺诈，即不能适用信用证的欺诈例外。②

中国最高人民法院的判决（“新湖商社”案）表明，中国最高法院的立场和做法接近于美国立法及新判例的立场和做法。

中国最高法院及部分地方法院的倒签提单不适用欺诈例外原则的判决，很少从信用证的角度并从银行的立场作出分析。因为，假如不能适用欺诈例外原则，必定会导致银行的尴尬处境。例如，开证行在兑付倒签的提单之后，很可能无法从开证申请人（进口商）处获得偿还，甚至面临申请人申请法院止付信用证下款项的情形。

倒签提单问题仍有待学者、立法、司法及业界在未来进行进一步的探讨和研究。因其会带来非常严重的法律后果，相关当事人应谨慎防范。

1. 买方应尽量对卖方的资信进行深入的调研，防患于未然。若发生倒签提单，应积极行使其各种权利。因倒签的提单无效，买方对货物并不享有所有权。若买卖双方能重新达成协议，则依新协议确定买方对货物的权利。否则，为维护买方利益，应确立买方对货物的担保权，因为买方已不对等地支付了货款。美国《统一商法典》规定：“买方正当拒绝货物或正当撤销接受货物之后，就其已支付的价款以及检验、接受、运输、保管和存储货物中的任何合理支出，对其占有或控制的货物享有担保利益。”买方为享有该权利，必须向卖方明确表明拒绝接收货物。当然，买方应承担为避免卖方损失扩大而适当处理货物的义务，以维护双方利益的均衡。

2. 卖方应充分预见货物的装船时间，在信用证或合同中规定的最后装船时间应宽裕，

---

① 一审判决：青岛海事法院(1998)青海法海商初字第15号民事判决书。

② “西安市医药保健品进出口公司诉澳大利亚和新西兰银行集团有限公司信用证付款纠纷案”，上海市第二中级人民法院民事判决书，(1997)沪二中经初字第842号，2000年9月25日判决；“山西省晋阳碳素股份有限公司诉中国工商银行太原市府西街分理处、泰国盘古银行香港分行(Bangkok Bank Publlc Company Limited，Hong Kong Branch)信用证项下货款拒付纠纷案”，山西省太原市中级人民法院民事判决书(2001)初字第7号，2002年4月20日作出判决；“韩国新湖商社诉四川省欧亚经贸总公司、韩国农业协同组合中央会、中国农业银行成都市总府支行信用证欺诈纠纷管辖权异议案”，中国最高人民法院2000年12月23日判决，民事裁定书（2000)经终字第155号，四川省高级法院一审(1999)川经初字第1号民事裁定。

以保证货物在规定的时间内装船。一旦发现货物延期装船不可避免，宁可与买方协商修改信用证条款以修改最迟装船日期（在有些案件中不厌其烦地多次修改信用证，就是为保证单证相符）或改变付款方式，如将信用证付款改为银行托收。若协商不成，卖方最好选择放弃，即解除贸易合同，若因此涉诉，买方追究卖方的责任，法院亦会考虑买方不同意修改信用证或改变付款方式以减少损失的因素，由双方承担责任。若卖方不愿意放弃，在协商不成的情况下，仍装船交货，则因单证不符，银行拒付，卖方将收不到货款。

3. 承运人即使在卖方出具保函要求倒签提单的情况下也应毫不犹豫地拒绝。因为倒签提单通常被认为属于欺诈行为，担保人为欺诈出具的担保将被视为无效，法院往往以无效保函而驳回承运人的诉讼请求，承运人的利益难以保障。另外，承运人为避免其代理人倒签提单，应慎重选择代理人。

实际承运人应谨慎选择有诚信的承运人（租船人）。虽然实际承运人在向买方承担赔偿责任后可向倒签提单的租船人索赔，但在租船人无支付能力的情况下，索赔将会无果。

十五、运用福费廷规避远期信用证风险

在国际信用环境恶化、经济前景动荡不安的情况下，对以远期信用证结算的出口商而言，如何利用银行提供的贸易融资产品（如福费廷）防范远期收款风险是其面临的首要问题。福费廷，也称包买票据或收买应收账款，指包买商从出口商或持票人手中无追索权地购买已承兑的，通常由进口商所在地银行担保的远期汇票或本票。就远期信用证结算而言，通常是出口商提交的单据获得开证行承兑后，出口商将信用证远期应收账款卖给包买银行。此类业务是近年来市场发展比较成熟的融资产品，通常具有无追索权、提前收取货款等特点，其优势已逐渐为出口商所认可。以下案例具有借鉴意义。[①]

某年 5 月，中国出口商 A 公司接到国外某银行开出的以其为受益人的自由议付信用证，金额 11 万美元，收汇期限为装运日后 90 天。信用证通过某外资银行中国分行通知。收到信用证后，因进口商为初次在网上交易的新客户，开证行不甚熟悉且为在局势较为复杂地区的银行，A 公司对于未来能否如期收汇顾虑重重，并多次向长期往来的寄单行咨询开证行资信，同时表示在单证相符的情况下，希望寄单行给予资金融通。寄单行审阅信用证条款后向 A 公司提出以下建议：开证行并非该行的代理行，考虑到贸易融资的可能性，希望 A 公司寻找一家该行能接受的银行（如中国国内某代理行）作为保兑行，并要求 A 公司必须做到单证相符。这样在单据通过寄单行寄往保兑行后，若收到保兑行的承兑电文，A 公司即可向该行向申请叙做福费廷。

A 公司在寄单行的建议下开始各项准备工作。鉴于通知行恰好是与寄单行有单证往来额度的代理行，A 公司很快要求国外进口商修改信用证，将不利于制单的条款删除并要求开证行授权通知行对该笔信用证加具保兑。6 月份，通知行正式通知 A 公司："本信用证我行已加具保兑。"

7 月，A 公司在装船后，依信用证要求谨慎地准备各类单据并在确保单据与信用证相符后，通过寄单行将单据寄往保兑行。但单寄保兑行后，A 公司并未收到保兑行的承兑电文，而此时已传来开证行所在地发生"××武装冲突"的消息。A 公司忧心忡忡。在寄单

① http://www.sinotf.com/GB/136/1362/2011-08-05/xMMDAwMDA3MzMxMA.html。

行的协助催询下，由于此套单据的确毫无瑕疵，保兑行最终发来承兑电文，明确承诺将在到期日以保兑行的身份对受益人（即A公司）履行付款责任。

随后，A公司与寄单行签订福费廷协议，将两个多月后到期的应收账款转卖予寄单行。寄单行（即此时的包买行）扣除利息和手续费后，无追索权地买入经保兑行承兑的票据，将融资款转入A公司账户。至此，A公司两个多月后收汇的"风险"一笔勾销，加速了资金回笼。

以上融资个案表明，交易方为自己不甚了解的国外买家，出口商出于谨慎的考虑采取信用证结算不失为明智的选择。但在远期信用证项下，出口商不应忽视因收汇期的限制带来的潜在风险，其中，集中表现在开证行信用风险、开证行所在国国家风险及收汇币种持续贬值的汇率风险。如上述A公司，若无保兑行的参与，即使单据已获得开证行的承兑，但开证行所在地区已发生武装冲突，A公司在两个多月的漫长等待中，也必须考虑其面临的种种风险：开证行的信用及偿付能力，开证行当地局势的动荡是否影响开证行正常付款。如美元贬值两个多月后，收汇是否损失更大。

上述风险可通过福费廷业务转移至包买银行。由于包买银行已从出口商手中无追索权地买入经开证行/保兑行承兑的票据（应收账款），在该笔信用证付款到期日时，若发生因国家金融危机导致开证行无法正常付款的情况（类似"冰岛危机"）或开证行面临破产倒闭，此类收汇风险将由包买银行而不是出口商承担。作为包买银行，在风险可控的前提下，只要与开证行/保兑行有足够的单证额度，在收到开证行/保兑行的付款承诺后，也会考虑买入客户的远期票据。

上述案例与众不同之处在于，原本没有可能叙做福费廷的业务，因保兑行的参与而促成该笔福费廷的顺利进行，这对于收汇地区属高风险区域的出口业务具有特别的启示。

在银行实务中，此类业务能否叙做，包买银行考虑较多的是开证行及开证行所在地区的风险。若开证行资信不甚理想且处于局势较为复杂动荡的地区，出口商若能寻找一家实力相当的银行（如通知行）为信用证加具保兑，则出口商日后寄单收汇将比较有保障，且寄单后若能收到保兑行的付款承诺，则会较易卖出手中的票据，当然，前提必须是提交的单据符合信用证规定。

UCP600第8条规定，只要提交的单据构成相符交单，无论单据提交给保兑行，还是由其他指定银行转往保兑行，保兑行自对信用证加具保兑之时起，即不可撤销地承担等同于开证行的第一性付款责任。由于保兑行的参与，开证行及开证行所在地区的相关风险都转移至保兑行，在收到保兑行的承兑电文后，包买银行会比较愿意买入经保兑行承兑的票据。

综上所述，对于以远期信用证结算的出口商，福费廷具有的无追索权、提前收汇等优势，使其成为出口商理想的避险工具。而收汇地区又属高风险区域时，考虑对信用证加具保兑并确保相符交单，则为便利出口商日后叙做福费廷创造有利条件。

十六、信用证项下单据日期的审核争议

在信用证操作实务中，涉及诸多单据日期。尽管国际惯例（ISBP745专列一章）对日期予以规范，仍会遇到单据中涉及日期的争议。而仅依惯例很难得出结论，需相关方根据实际情况作出判断。

某信用证第46A规定提交一份受益人证明，证明装货后一天内将装货报告电邮给申请人（BENEFICIARY'S CERTIFICATE CERTIFYING THAT THE COPY OF LOADING REPORT HAS BEEN EMAILED TO THE APPLICANT WITHIN 1 DAY AFTER LOADING OF GOODS）。受益人提交的证明内容显示"THE COPY OF LOADING REPORT HAS BEEN EMAILED TO APPLICANT ON AUG 7th, 2015"，而提单显示"ON BOARD DATE"为8月13日。业务人员考虑到LOADING DATE早于ON BOARD DATE是合理的，在其他单据均相符的情况下，出具了清洁单据。三天后，开证行发来拒付电，声称"BENE CERT AS PER 46A-6 CERTIFIES THAT COPY OF LOADING REPORT HAS BEEN EMAILED ON AUG 7TH 2015 INSTEAD OF WITHIN 1 DAY AFTER LOADING OF GOODS"。事实上，"AUG 7th, 2015"是否"WITHIN 1 DAY AFTER LOADING OF GOODS"谁也无从知晓，但开证行的拒付电又无可辩驳，因为仅就审单表面相符规则而言，此受益人证明确实无法满足。审单人员其实无需考虑实际的"LOADING DATE"是几日，只要是"WITHIN 1 DAY AFTER LOADING OF GOODS"则没有问题。本案中的单据均未显示"LOADING DATE"，那么仅表明"ON AUG 7th, 2015"则无法判断是否满足要求，也即单据的功能未实现。此案引发以下两方面的思考。[①]（1）何谓"LOADING DATE"？"LOADING DATE"与"SHIPMENT DATE"之间有何区别和联系？（2）信用证下涉及日期的单据应如何审核？

（一）何谓"LOADING DATE"？"LOADING DATE"与"SHIPMENT DATE"之间有何区别与联系？

"LOADING"一词，通常是"装货、装载、负荷"的意思，但UCP从未对其予以界定，而实际海运操作过程中，的确包含"LOADING"这一步骤，因而在信用证业务中经常涉及"LOADING DATE"这一概念。

"LOADING DATE"通常是指装载货物的日期。对于货量较小的货物或班轮运输，一般一天即可完成装载，"LOADING DATE"也容易确定。而对于大宗商品的租船运输，则可能需多天甚至上月才能完成装载，进而产生跨天装载。此种情形下，究竟应以开始装载的日期还是以装载完毕的日期作为"LOADING DATE"却无定论。

"SHIPMENT DATE"通常指装运日期或发运日期。UCP600第20条第1款对此具体规定为："提单的签发日期将被视为装运日期（Date of Shipment），除非提单载有一个装船注记，该注记标明装运日期，在此情况下，装船注记中标明的日期将被视为装运日期。"而提单签发日是指货物装船完毕的日期。因此，"SHIPMENT DATE"应指货物装船完毕的日期。ISBP745第E7条进一步明确了"SHIPPED ON BOARD" "LADEN ON BOARD"或"ON BOARD"这些用语在确定装船发运日期时，具有同等效力。尽管在海运实务中，货物装船的日期并不一定是开船日期，但这样规定有助于统一标准，便于审核单据。UCP600中使用了"DEEM"一词，也反映了容许实务中的差异。

由此可见，"LOADING DATE"与"SHIPMENT DATE"是两个完全不同的概念，但无论如何，"LOADING DATE"肯定是不晚于"SHIPMENT DATE"的。换言之，"LOADING DATE"可能包含开始装货的日期和装货完毕的日期。

---

① 参见石燕峰"与日期有关的单据审核辨析"，http://www.sinotf.com/GB/136/1361/2015-09-02/xOMDAwMDE5MjgxOA.html。

（二）信用证下涉及日期的单据应如何审核？

本案中，受益人证明涉及“LOADING DATE”，这在提交的单据中是无法判断的。但证明本身并不需要体现这一日期，只要显示“WITHIN 1 DAY AFTER LOADING OF GOODS”这一要求即可满足信用证规定。这可从进口商的角度分析提交这一证明的意图。本案中采用 FOB 贸易术语，进口商需自行安排海运事宜，这就要求作为受益人的出口商在完成货物装载后及时通知进口商，以便其掌握后续运输。而受益人提交的证明却显示电邮通知的具体日期，即“AUG 7th，2015”，在此情形下，若同时显示“LOADING DATE”为“AUC 6th，2015”或“AUG 7th，2015”也不存在问题。关键是，无论以何种方式表达，其意义上应是等同一致的。

在信用证操作实务中，关于日期的案例层出不穷，需相关方依国际惯例及实际情况加以判断。涉及日期的争议往往出现在装船通知、邮递收据、受益人证明等之中。

1. 装运前单据的日期

ISBP745 第 A12（b）条规定：“若信用证要求一份单据证明装运前发生的事件（如装运前检验证明），则该单据必须通过标题、内容或签发日期来表明该事件（如检验）发生在装运日之前或当天。”换言之，此类单据通常不一定要注明日期，也可通过标题或内容来证明。但装运前通知则必须载明具体日期，而不可能通过标题或内容来满足。因为这是进口商自己发出的用于安排订舱装船的通知，标题或内容不可能显示“BEFORE SHIPMENT”，否则就违背了进口商想要掌握装运细节的目的。此类单据若未载明日期，则无法判断装运是否不早于进口商的通知，即属于不符。国际商会案例 R. 198 就涉及这种情况。该案中，尽管没有发报日期，但收报日期是确定的且早于装运日期，这视为满足信用证“BEFORE SHIPMENT”的规定。

2. 快递收据的日期

ISBP745 第 A10 条规定：“当信用证规定提交一份以快递收据……形式发给指名实体的证明时，此类单据仅依信用证的明示规定审核，否则依 UCP600 第 14（f）条而非其第 25 条规定处理。”虽然快递收据并不属于 ISBP745 第 A11 条明确需注明日期的单据，但当信用证规定提交在装运日后的某个工作日内寄送给进口商的快递收据时，为发挥该单据的功能，则必须注明日期以便判断是否满足信用证规定的递送时间。因而此类快递收据也需载明取件日期。另外，装船通知也属此类范畴，需载明日期。

3. 船舶证明的日期

ISBP745 第 A4 条规定：“证书、证明、宣言或声明是否需注明日期，取决于所要求的证书、证明、宣言或声明的类型以及单据中所要求的措辞和显示的措辞。”可见，对此类单据的审核不能机械地对照，而要依单据内容进行判断。ISBP745 在此条下特地举例“船龄不超过 25 年的证明”，不一定要载明日期，在不注明日期的情况下，可通过显示船舶的建造日期且该日期在装运日期前未超过规定的年份即满足证书的功能。但当信用证规定的是随船证明时，则必须注明日期，作为判断其“随船”行为的依据；并且若随船证明的日期晚于装运日期，单据是不可接受的。国际商会意见 R217 给出的结论是“THE GROUP OF EXPERTS CANNOT SEE HOW A DOCUMENT CAN ACCOMPANY SHIPMENT IF THE DOCUMENT，AS IT APPEARS ON ITS FACE，IS ISSUED LATER THAN THE DATE OF SHIPMENT.”。

4. 检验证明的日期

尽管 ISBP745 第 A12 条明确了包括分析证明、检验证明或熏蒸证明在内的任何单据的出具日期均可晚于装运日期，但当信用证明确规定装船前检验证明时，其日期若晚于装运日期，则必须通过标题或内容表明检验在装运前发生。此时的检验证明就属于上述第一种的“装运前单据”范畴。国际商会意见 R268 的结论是：一份出具日期晚于装运日期的装船前检验证明，若无另外表明实际检验日期不晚于装运日期，或者未通过标题或内容表明检验在装运前发生，则是不能接受的，因该单据的名称本身意味着一种应在或早于装运日期发生的行为。而对于“卫生证明”“质量证明”“产地证明”而言，则不包含这种行为，允许日期晚于装运日期。

5. 提单的“FREE DEMURRAGE”日期

UCP600 第 14（d）条规定：“单据中的信息，当联系信用证上下文、该单据本身及国际标准银行实务，不必与该单据、任何其他规定的单据或信用证中的信息完全相同，但不得与其相冲突。”那么，当信用证规定“14 DAYS FREE DEMURRAGE”而提单显示“14 DAYS FREE TIME”时，是否构成矛盾？

ISBP745 第 D31（c）条及其 E27（c）条对“DEMURRAGE COSTS”和“DETENTION COSTS”作出解释，前者是卸货或卸货后的滞期费用，后者指延滞费用（如集装箱滞留费用），但对两者从时间上如何计算未给出具体的说明，而对“FREE TIME”更无专门的定义。

在租船运输情形下，滞期费（Demurrage）是船舶在装卸港因装卸作业延误导致船方须向港口支付的一笔违约费用。于是，船租双方在签订租船合同（租约）时，预先约定由租船人（通常为贸易商）给予船方补偿。而“延滞损失”（Detention）是针对非装卸作业的延误，即承租人其他违约和/或过错导致船东遭受损失，船东可向承租人索赔，索赔中除了船期损失，也包括其他费用损失。但这两者有时非常接近。

在班轮运输情形下，提单的“DEMURRAGE”通常是指货柜到港后在码头的停留时间，也就是从货柜卸到码头开始计算，直到货柜被提出码头为止，“FREE DEMURRAGE”指上述期间内的免费期。“DETENTION”通常是指重箱离港后到空箱返回的时间，也就是从货柜提出码头开始计算，直到空柜返回码头为止，“FREE DETENTION”指上述期间内的免费期。一般来说，“FREE TIME”是指“FREE DEMURRAGE”加上“FREE DETENTION”。

由此可见，“FREE TIME”与“FREE DEMURRAGE”是包含关系。在“14 DAYS FREE TIME”情况下，假如进口商用足 14 天的“DEMURRAGE”，自然就无“FREE DETENTION”可使用，但假如用了 12 天“DEMURRAGE”，则还有两天的“FREE DETENTION”。在出口实务中，依审单的表面相符原则，建议单据按照信用证原文照抄，以避免不必要的争议。

由此引申出来，同样，信用证规定“14 DAYS FREE DEMURRAGE”而提单显示“21 DAYS FREE DEMURRAGE”的情况，则可明显判断出不存在矛盾，相当于延长了免费用箱时间。这种情况应认为是可接受的。

通过上述分析可发现，海运实务中涉及的很多行为是 UCP600 所未界定的，因而对其审核取决于对单据的性质、功能、具体内容和措辞的把握。尽管银行审单人员不必要也不可能掌握贸易涉及的所有领域的专业知识，但缺乏必要的了解则无法判断单据的性质、功能。作为一名国际结算人员，需对贸易流程中接触的各个领域有尽可能多的了解。依开证行承担信用证条款模糊不清的后果的原则，在进口业务中，应尽量避免开证中出现“LOADING DATE”“FREE TIME”等无统一规定的用语，应与申请人充分沟通后采用UCP600已统一的用语，避免交单后产生不符。

十七、国际商会对产地证纠纷的裁决及意见

在信用证业务中，涉及产地证的纠纷不断，银行与相关各方的观点常常相左。国际商会的意见、建议或裁决具有权威性和指导作用。

某跟单信用证规定：① （1）“已签署的商业发票正本和4份副本。正本发票由商会认证。”（2）“商会在受益人国家出具和认证的原产地证明，显示货物原产地为×××（国家名称）。”在申请出具原产地证明时，受益人向商会提供了2份发票副本。原产地证明由商会打印。两份发票均在反面经商会盖章并显示“原产地证明附件，商会”。货物描述栏内显示“依照后附发票”。原产地证明载有商会的印章和签字——看起来是扫描格式的［注意，单据上出具人名称（标志）“×××协会”使用两种颜色印刷——橙色和蓝色］。此外，该单据可“在线验证”，因为它包含措辞“在线验证证书，请访问我们的网站”，同时给出可进行验证的网站名称及“验证ID”。

除了附在原产地证明之后的已盖章的发票，已签署的显示商会印章的商业发票正本及4份副本均已提交。

依UCP600第17条，关于该原产地证明（连同后附的发票）是否可作为正本接受，开证行希望得到国际商会的建议。

国际商会主张，UCP600第14条第1款规定，指定银行、保兑行（如有）以及开证行必须对提示的单据进行审核并仅以单据为基础，以决定单据在表面上是否构成相符提示。基于该条款规定，原产地证明能进行在线验证且告知了进行验证的网站。决定单据是否相符时，银行无须理会。

本案中，单据并未声称是正本的复印本或具有类似效力的文字。看起来是为基础交易和信用证而出具的正本单据。单据中使用扫描的签名，看起来是以传真形式发送的。

通过交叉援引出现在单据和单据附件的信息，受益人的发票构成原产地证明内容的一部分。依UCP600第17条，在此背景下，原产地证明未被复制，其整体应被视为一种单据且代表正本。因此，国际商会认为提交该原产地证明相符。

在一咨询案中，② 跟单信用证要求“原产地证明”，但信用证未规定由谁出具以及该证明应包含的信息。受益人提交了只包含以下信息的原产地证明（无抬头）：“我们证明货物原产地为法国，AB公司（签字）。”AB公司为跟单信用证受益人。交单被拒绝，开证行提出如下不符点：“原产地证明未显示与信用证或基础交易的联系。”受益人希望得到国际商会关于开证行提出的不符点是否正确的建议。

国际商会主张，信用证未规定任何原产地证明应包含的信息。UCP600第14条第5款

---

① 参见国际商会文件470/TA. 737rev。

② 参见国际商会文件470/TA. 747rev。

规定："除商业发票外，其他单据中的货物、服务或履约行为描述（若有）可使用与信用证中的描述不矛盾的统称。"该款中使用"若有"并不要求在每一规定的单据中显示货物描述。然而，国际标准银行实务（ISBP681 第 183 条）为完成和审核原产地证明，强调了具体要求："原产地证明必须看似与发票所指货物相关联。原产地证明中的货物描述可使用与信用证规定不相矛盾的统称，或通过其他援引表明其与要求的单据中的货物相关联。"

原产地证明必须注明相关联的货物。这可通过很多方式实现，包括：（1）使用与信用证规定相符的货物描述；（2）使用货物描述的一般条款且不与信用证规定的描述冲突；（3）通过其他援引表明其与规定的单据中所描述的货物相关联，例如通过援引发票号码或信用证下提交的运输或交货单据中包含的信息（如提单号、空运单号等）。

受益人提交的原产地证明显示"我们证明货物原产地为法国"以及受益人姓名和签字，与发票下的货物没有关联，因此，该原产地证明不能满足 UCP600 第 14 条第 6 款规定的单据功能，也不满足国际标准银行实务的要求。因此，国际商会认为不符点有效。

在一咨询案中，[①] 某信用证要求提交"商会出具的原产地证明"，受益人（ABC 公司）提供的原产地证明标明"该证明由商会签署"。然而，标题为"原产国"的栏目填写的是"见下文"。在紧随其后标题为"观察"（Observations）的栏目中，填写的是如下声明："瑞士 ABC 公司制造。"

开证行认为，提交的原产地证明与信用证不符。因为最重要的栏目"原产国"空白。开证行认为，该单据未实现其功能。尽管栏目"原产国"显示"见下文"，开证行不认为"瑞士 ABC 公司制造"的声明足以证明商品原产地。该声明只是确认了"谁制造了商品"，并未显示原产国。在开证行看来，原产国是原产地证明必须显示的信息。受益人不同意该主张。依受益人的观点，该原产地证明因如下理由可接受：（1）原产地证明明确显示商品是由瑞士 ABC 公司制造。该声明充分证明了商品的原产地。（2）原产地证明是根据瑞士法律依"商品非优惠原产地证明条例"出具的。（3）商会在原产地证明上盖章、签字的事实支持了原产地证明是实现了其功能的有效单据这一观点。该案信用证未规定商品的原产国，但经常要求原产地证明显示"商品由瑞士 ABC 公司制造"的证明。然而，这并不自动取消原产国应显示在单据中的需要。将来，受益人还将出具更多的原产地证明。基于这一原因，希望能得到国际商会关于根据 UCP600 此类原产地证明是否可接受的官方意见。

国际商会主张，UCP600 第 14 条第 6 款规定："若信用证要求提交除运输单据、保险单据或商业发票以外的单据且未规定该单据的出单人或项目内容，银行将接受该单据的提示，只要其内容看来满足所要求单据的功能且其他方面与第 14（d）条相符。"ISBP681 第 181 条规定："提交经过签署、注明日期的证明货物原产地的单据即满足要求。"

提交的原产地证明在"原产国"栏目显示"见下文"，在"观察"（Observations）栏目填写的是"瑞士 ABC 公司制造"。看起来该证明的出具者意图引用标为"观察"（Observations）的栏目作为商品原产地的证明。然而，该栏目只涉及制造该商品的实体。尽管生产者所在国家可能成为判断商品原产地的标准，但它并不一定等同于原产国。因

---

① 参见国际商会文件 470/TA. 772rev。

此，国际商会认为，在该原产地证明中未明确标明原产国、未能实现其功能，该证明不能作为“原产地证明”被接受。

原产地证明是否构成“相符交单”？原产地证明背面的额外信息是否已由出具人证实？国际商会下列裁决具有借鉴意义。①

开证行M银行于某年12月12日开立以B公司为受益人的跟单信用证并受UCP600约束。信用证要求提交以下与争议相关的单据：当地商会或任何官方贸易组织出具的原产地证明，确认货物是全新的第一手货，原产地为S国，加三份副本。

单据提交给开证行之后，开证行以SWIFT MT734电文（拒付通知）拒绝该单据，理由是存在以下不符点：原产地证明中的语句“我们在此确认货物是全新的第一手货”未表明由当地商会证实。

当事人就所提交单据是否在UCP600下构成相符交单存在争议。换言之，开证行声称的不符点是否有效。

国际商会对此分析及结论如下：

该争议为原产地证明背面显示的语句“我们在此确认货物是全新的第一手货，原产地国为S国”由受益人证实，是否也必须由原产地证明的出具方，即当地商会加以证实。

原产地证明表面上看似以S国商会的标准格式出具。它证明货物的原产地为S国，注明日期并由当地商会在正面盖章。然而，原产地证明的正面未提及“货物是全新的第一手货”。相反，在其背面显示受益人的确认语句：“我们在此确认货物是全新的第一手货，原产地国为S国。”

单据背面显示的确认语句，显然是由受益人为满足信用证要求作出的。然而，该信息看似不属于当地商会在原产地证明上所填写的信息。原产地证明背面显示的信息仅由受益人证实，而非由原产地证明的出具方，即当地商会证实。

受益人援引国际商会ISBP681第27条的部分条款来支持其观点。该条规定：“若一份多页的单据要求签字或背书，签字通常在单据的第一页或最后一页，除非信用证或单据自身规定签字或背书应在何处，否则，签字或背书可在单据的任何地方。”当然，上述条款应依具体情况加以解释。其标题为“多页单据和附件或附文”下的两款之一。该条款对应的情形是，一份单据由多页组成。此情况下，“页”的意思是“单独一页”，即一页纸，而非一页纸的一面。该条款并未规定与出具方证实信息有关的单据应在何处签字。

受益人同时声称，由于信用证和原产地证明本身均未规定应在原产地证明何处签字，“我们在此确认货物是全新的第一手货，原产地国为S国”的声明以及当地商会的盖章无须置于原产地证明的同一面。因此，当地商会在单据正面的盖章应明确被视为与单据背面的语句相关。

考虑到本案例的具体情况，国际商会不支持受益人的上述意见。信用证明确要求“当地商会或任何官方贸易组织出具的原产地证明，确认货物是全新的第一手货，原产地为S国”，这清楚地表明所声明的语句“货物是全新的第一手货”应看起来由原产地证明的出具方证实。“我们在此确认货物是全新的第一手货，原产地国为S国”的语句明显由

① 参见“DOCDEX第311号裁决”，中国国际商会/国际商会中国国家委员会组织翻译《DOCDEX裁决汇编2009—2012》，对外经济贸易大学出版社，2017，110-112页。

受益人写就并通过自己的签字加以证实。任何情况下，“单据一面上的签字都可被视为与另一面的信息相关”并不符合国际标准银行实务，除非单据本身证实该相关性，如单据有此说明，或一面（背面）上的信息构成另一面（正面）上信息的延续。信用证要求的信息应由原产地证明的出具方，即当地商会或任何官方贸易组织加以确认。该案中，信息显然仅由受益人作出并证实，不属于出具方在单据正面证实的信息。

国际商会认为，在原产地证明背面附加的信息构成对该原产地证明信息的更改。依据ISBP681 第 9 条，原产地证明背面附加的信息应由出具方，即该案当地商会或由出具方授权的一方进行证实，这样才使单据相符并在国际标准银行实务下可接受。原产地证明背面的确认仅由受益人作出且未表明以何种身份进行证实。国际商会注意到，原产地证明正面显示的货物描述为“新包装系统……”（与信用证中列明的货物描述完全相符），由××（当地商会）证明。然而，国际商会认为，该货物描述本身不能满足“确认货物是全新的第一手货”的要求。作为同一交单的一部分，同时提交了一份 SGS 检验证明。该检验证明确认“货物是全新的第一手货”。该检验证明由 SGS 检验公司签署并显示当地商会确认签字。然而，由当地商会盖章并签字的确认，显示在另一份单据（即检验证明）上，尽管注明了所要求的相同信息，也不符合原产地证明应显示相同信息的要求。

国际商会结论：原产地证明的出具方式表明，附加在单据背面的信息显然不能被视为由当地商会证实。单据背面的信息未加以证实构成有效不符点，开证行可以此为由拒绝提交的单据。

十八、开证行审核航空运单争议案

在一银行向国际商会咨询争议案中，[①] 信用证第 46A 栏要求以下单据：……（1）两份不可转让的清洁航空运单（AWB）复印件，收货人为注明“运费已付”的申请人，显示航班号、航班日期和信用证号码并通知申请人；（2）一份可转让的保险单，空白背书，按发票金额（DDU 价值）的 110% 投保，承保可在国家 V 索赔的一切险，使用发票货币投保。其 47A 栏的附加条件是：……（1）装运港/起运机场：瑞典和/或欧洲国家和/或中国的任何飞机场和/或港口。……

受益人提交的航空运单记载：“起运机场”为瑞典；“货物数量和种类”为电信设备；实际航班号和日期为 QR688/17；“仅供承运人使用”栏目中记载“航班/日期为 092/15”“航班/日期为 688/17；ABC 全球货运代理 AB，代理承运人卡塔尔航空公司，2011/06/13”并载明签字。保险单记载项目包括：“出具地点和日期”为斯德哥尔摩，2011-06-17；“运送方式”为空运；“起始地点”为瑞典阿兰达机场；“AWB 日期”出具为2011-06-17。

开证行提出以下两个不符点：（1）AWB 未显示实际起运机场；（2）保险单显示了错误的 AWB 日期。

指定银行基于以下原因不同意该不符点：（1）关于第一个不符点“AWB 未显示实际起运机场”。信用证规定 AWB 副本而非正本。UCP600 第 23 条不适用。提交的 AWB 副本不需要显示实际的起运机场在瑞典。在起运机场栏显示“瑞典”是合适的，AWB 副本和

① 参见国际商会文件 470/ TA. 767rev。

信用证之间并无冲突。ISBP681 第 20 条也有此规定。（2）关于第二个不符点“保险单显示了错误的 AWB 日期”。保险单显示“AWB 出具于 2011-06-17”“出具地点和日期——斯德哥尔摩，2011-06-17”。AWB 副本显示了（i）制作日期为 2011/06/13，（ii）“实际航班号和日期：QR688/17”。信用证未描述如何认定副本 AWB 中的 AWB 日期。应适用“不利于提供方规则”（Contra Proferentem Rule），因此，应视 17 日为 AWB 日期是合理的。

开证行基于以下原因坚持不符点成立：关于第一个不符点。尽管 UCP600 第 23 款不适用于运输单据副本，但信用证明确规定了起运机场，因此，应依 UCP600 第 14（f）条审核 AWB 副本的“信息内容”。信用证规定起运机场不应被视为只填写“瑞典”，而应是实际的、明确的标明装运开始的机场。“瑞典”本身不能视为机场。运输单据副本应包含要求的必要和有效信息以实现单据的功能。关于第二个不符点。不能将保险单中显示的 AWB 日期认为与 AWB 日期一致。“不利于提供方规则”（The Contra Proferentem Rule）规定，若对合同含义有疑问，应由完成该合同措辞的一方对其进行解释。然而，UCP600 对信用证有约束力，除非信用证对其进行修改或排除。信用证操作人员应意识到，AWB 通常根据标注的表示航班日期的一个或两个数字来表明只供承运人使用的班机号和日期。在 UCP500 中，明确强调在审单时不考虑此类信息。尽管 UCP600 未进行同样的规定，但仍保留不予理睬这一做法。

若对与承运人规范一致的方式规定的、只供承运人使用的航班信息有疑问，承运人将根据其记录检查相关月份，因此，航班信息可满足承运人需要。此类核实正确月份的方法不适用于单据审核人员依信用证审单的情况。

指定银行就该案争议向国际商会咨询。国际商会对此予以分析：

关于第一个不符点：AWB 未显示实际起运机场。

航空运单复印件不是 UCP600 第 19 至 25 条涉及的运输单据，其审核只在信用证明确规定的范围完成，否则，依据 UCP600 第 14（f）条的规定。航空运单复印件显示的信息须结合信用证内容、单据本身和国际标准银行实务解读，单据不应与该单据中的、其他规定单据的或信用证的信息冲突。

当结合信用证解读单据时，信用证第 47A 栏有一具体要求：若使用空运发货，要求单据显示“任何位于瑞典和/或欧洲国家和/或中国的机场”为起运机场。

尽管 UCP600 第 23 条不适用于航空运单复印件，但仍须满足在瑞典任何机场发运的要求。ISBP681 第 20 条规定：“若信用证允许提交运输单据副本而非正本，信用证必须明确规定应显示的细节。”在此情况下，信用证在第 47A 栏明确规定起运机场为位于瑞典和/或欧洲国家和/或中国的任何机场，且该航空运单复印件应出具位于瑞典的具体起运机场的名称。

作为对询问中具体问题的回复，基于信用证第 47A 栏的具体要求，ISBP681 第 142 条适用于该情况（该条规定“若信用证规定了出发机场或目的地机场的地理区域或范围，如任一欧洲机场，则航空运单必须表明实际的出发机场且须位于信用证规定的地理区域或范围之内”）。应注意，信用证第 46A 规定的“不可转让复印件”，在 UCP600 的背景下无任何意义，不应被用来描述将被提交的单据的类型。恰当的或必要的做法是，信用证应规定“航空运单复印件”或“航空运单副本”。

关于第二个不符点：保险单显示了错误的 AWB 日期。

信用证规定在其他具体信息中，航空运单复印件须显示航班号和航班日期。就这一点而言，航空运单复印件标注了“实际航班号和日期：QR688/17”。

保险单显示“AWB 出具于 2011－06－17”“出具地点和日期——斯德哥尔摩，2011-06-17”。采用只显示某一天而非显示发运月及发运日来标明航班日期的方法，是运输业习惯做法。与此同时，单据审核人员将在标明了月份的航空运单复印件中寻找信息。就这一点而言，单据审核人员联系保险单显示的其他信息（如 AWB 出具于 2011-06-17）解读航班日期“QR688/17”并确定月份为 6 月。

尽管开证行提出的为拒付辩护的理由无效，应注意，在该特定情况中，信用证在第 47A 栏规定：“若采用空运，AWB 日期被视为装运日期。”有趣的是，我们注意到在开证行与指定银行沟通并为其拒付辩护时，并未涉及该条件。

航空运单复印件显示，正本航空运单看起来已被承运人的代理人在“2011/06/13”签署，且因信用证第 47A 栏的规定，该日期代表装运日期。UCP600 第 28（e）条要求“保险单据日期必须不晚于装运日期，除非保险单据显示其所涉及内容自不晚于装运日期之日起生效”。保险单上标注的日期为“2011－06－17”且标明“AWB 出具于 2011-06-17”（实际航班日期），然而，信用证特别规定航空运单的出具日期将被视为装运日期。可见，保险单的出具日期晚于信用证规定的装运日期。

国际商会的结论是，开证行提出的两个不符点均成立。

在另一案例中，某议付银行收到受 UCP600 约束的跟单信用证，其中，第 46A 规定的运输单据为航空运单。但信用证未对收货人和通知人细节作出规定。该信用证第 50 对申请人描述如下：“Company X；Head office（address）；Praha，Czech Republic。”受益人提交的单据中包含一份航空运单，签发如下：“收货人－Company X，Brno branch，（address），Brno，Czech Republic；通知方－Company X，Logistics department，（address different from applicant's stated in field 50 of the credit），Praha，Czech Republic.”

议付行认为该单据与信用证条款相符，议付了单据。然而，议付行收到开证行的拒付通知称，航空运单中作为收货人和通知人的申请人地址，与信用证中所规定的申请人地址不同，违反 UCP600 第 14（j）条。议付行回复称，信用证中未对收货人和通知人细节作出规定，因此，收货人和通知人栏可用任何方式录入。议付行同时就通知人细节援引了 ISBP681 第 144 条。

开证行回复称，其基于 UCP600 拒付单据，并认为 UCP600 第 14（j）条优于 ISBP 第 144 条。开证行在其回复中称，UCP600 第 14（j）条一般适用于“即当申请人的地址和通信联系细节作为收货人……，它们必须与信用证中规定的相一致”。这种规定并不需通过表明“若信用证规定货物发给/或通知申请人”或类似的才成立。

该议付行就以下四个问题咨询国际商会意见：（1）开证行就收货人提出的不符点是否成立，尽管信用证未规定该如何表达收货人细节。（2）开证行就通知人提出的不符点是否成立，尽管 ISBP 第 144 条有明确表示。（3）若对问题一和二的答案是肯定的，假如地址完全一样但包括信用证中未提及的细节（例如 P. O. Box、电话号、传真号等），那么，答案是否不一样。（4）若对问题一的答案是肯定的，我们是否正确理解了 UCP 相关规定。在信用证未对收货人细节作出规定时，我们是否可认为任一方都可为收货人，即在这种情况下，运输单据载明一个收货人（该收货人是信用证中完全未提及的）或受益人以自己为收货人，这种单据是否可接受。

国际商会对此予以分析：

在上述情况下，信用证未对收货人和通知人细节作出规定，则以任何收货人和通知人的细节来完成该栏都是正确的。就通知方而言，ISBP681 第 144 条规定：若信用证未规定到货通知人，则提单中的相关栏位可空白或以任何方式填写。

UCP600 第 14（j）条规定：当申请人的地址和通信联系细节作为收货人或通知人的细节出现在第 19 至 25 条所规定的运输单据上时，它们必须与信用证中的规定一致。但应注意的是，以上措辞适用于申请人的地址和通信联系细节作为运输单据收货人和通知人栏的内容。本案中，信用证未对收货人和通知人作出规定，当收货人和通知人指定为申请人时，适用于第 14（j）条。在这种情况下，地址和任何通信联系细节必须与信用证中所规定的相一致。

若信用证未提供有关申请人任何通讯联系细节，则运输单据中收货人和通知人细节可选择添加相关细节。根据第 14（j）条，地址与信用证所规定的一致并不意味着必须完全一样，仅指不能是另外一个地点。

国际商会对四个问题的结论是：

（1）不符点成立。

（2）不符点成立。

（3）信用证未规定的额外通信联系细节并不构成拒付理由。

（4）在信用证缺少规定时，运输单据可显示任一方为收货人或通知人；若指定申请人为收货人或通知人，则可遵照第 14（j）条规定。

十九、信用证单据语言争议案

在出口贸易单证业务中，使用两种或两种以上语言制单的情况很常见。出口商不能忽视单据语言的使用，否则，存在贸易纠纷隐患。单据语言的使用不可违背信用证规定。

若信用证未规定 CMR（《国际公路货运合同公约》）应注明贸易术语，未注明该术语是否构成不符？CMR 签发日期与该单据其他信息不一致，是否构成不符？副本运输单据是否需要签字，或需对其更正或更改进行证实？单据应以特定语言出具的特别规定，是否禁止使用其他语言或双语？

在一国际商会裁决中，① 某信用证由开证行 N 银行于 2008 年 9 月 26 日开立，指定银行 S 银行按信用证要求进行保兑。S 银行于 2009 年 6 月 23 日寄送开证行交单面函，证明单证相符及在信用证截止日期内提交单据。开证行于 2009 年 6 月 25 日发给指定银行 SWIFT MT799 报文，要求指定银行通知受益人因单据存在不符，开证行不予承付并将退回单据。其不符点为：（1）关于设备安装调试的验收证明由双语（俄语和英语）出具，与信用证条款不符。（2）贸易术语既未在 CMR 单据中的货物描述部分注明，也未在 CMR 单据上单独标注；（3）编号为 10512390 的 CMR 看起来出具日期为 2008 年 1 月 27 日，与

---

① 参见“DOCDEX 第 304 号裁决”，中国国际商会/国际商会中国国家委员会组织翻译《DOCDEX 裁决汇编 2009—2012》，对外经济贸易大学出版社，2017，85-87 页.

该单据中其他内容矛盾；（4）除编号为10512484、10512481和10512390的CMR副本外，其他CMR副本上未作出更正的证实，由于更正内容过多，无法确定所有更正均由承运人代理作出。

国际商会裁决：开证行拒付通知中列明的不符点均不成立。因此，2009年6月23日提交的由开证行所开立的信用证项下4 322 701.83欧元的单据，要求按信用证46A的A项和B项规定的方式付款，构成相符交单，其符合按UCP600所开立信用证的条款要求，开证行应按UCP600第7条的规定对交单进行承付。

关于不符点（1）。单据全部为双语（以俄语和英语出具，所有内容均为双语）。参照国际商会官方意见R451-2000/01："一份单据要求以特定语言出具，并不禁止同时使用其他语言或双语，只要信用证要求的信息已清楚地以所要求的语言显示。"因此，该单据在这方面不构成不符。

关于不符点（2）。因信用证未规定CMR必须显示贸易术语，该单据在这方面不存在不符（见UCP600第14条第5款）。

关于不符点（3）。尽管其中一份单据的签发日期为2008年1月27日，但从单据本身来看，应该是打印错误，该单据另外显示的日期清楚地证明货物由受益人于2008年10月27日交付给承运人。（除此以外，单据的货描部分还提及2008年7月11日的信用证第2次修改以及2008年9月3日的第3次修改。）再有，其中一个更正章下的原始出具日期可以看出为"2008年10月27日"，这进一步说明确实是打印错误。因此，该单据在这方面不构成不符。

关于不符点（4）。就信用证要求提交副本单据而言，ISBP681第167条规定："UCP600第24条规定的运输单据副本无需签署，也无需显示正本单据上可能已作出的任何更正或更改的证实。"因此，该单据在这方面不构成不符。

若信用证未规定单据语言，但保兑的生效条件是单据要以英语出具。唛头中包含西班牙语，保兑行是否有权拒付单据？国际商会给出相关意见。①

某信用证的保兑通知规定："除信用证规定的货物描述外，若单据含有任何非英文表述，则我们的保兑责任将失效。"该证除进口商名称、地址及货物描述使用西班牙语外，信用证其他内容为英文。该信用证规定：当收到相符的正本运输单据，我行（开证行）授权贵行（保兑行）向偿付行索偿。

保兑行收到单据但拒付，其理由为"唛头含非英文表述"。（信用证并未要求唛头，单据上的唛头以西班牙语显示。）

受益人对该拒付进行了反驳：唛头不是任何措辞表述。它仅仅是在进出口过程中用于识别货物的一个符号，以使货物容易辨认。因提交的单据构成相符交单，请立即付款。

保兑行再次拒付：不符点成立。请参照ISBP681第23条，指定银行（含保兑行）在其保兑通知中可限制单据使用语言的数量，作为对信用证承担责任和保兑的条件。

受益人再次强调，唛头仅仅是一个用于识别目的的符号，它不是单据的任何措辞表述，因此，其与ISBP681第23条无关。遗憾的是，我们不能说服保兑行。保兑行坚持将

---

① 参见中国国际商会/国际商会中国国家委员会组织翻译《国际商会银行委员会2012—2016年意见汇编》，对外经济贸易大学出版社，2019，114-116页。

单据寄给开证行，要求开证行授权其向偿付行进行索偿。然而，保兑行不能根据信用证条款确定任何不符点。尽管如此，开证行授权保兑行进行索偿并收到款项。

受益人就以下两个问题咨询国际商会的意见：（1）保兑行提出的关于唛头的不符点成立吗？（2）在保兑行确定交单不符合其自身要求而与信用证条款相符的情况下，保兑行可向偿付行索偿吗？

国际商会意见：（1）根据信用证条款，该不符点无效，开证行应对交单进行承付。在唛头表述中使用西班牙语将导致保兑行保兑责任的终止。（2）在保兑行因单据不符合其保兑附带的条件而拒绝接受单据的情况下，其无权向偿付行索偿，除非随后放弃该条件并同意接受单据，或愿意按指定银行的角色行事。

国际商会认为，保兑行通过声明"除信用证规定的货物描述外，若单据含有任何非英文表述，则我们的保兑责任将失效"来确定其承担保兑责任的条件。本案中，只有当唛头含有非英文表述而非符号或字母以西班牙语显示时，保兑才会无效，即使唛头以非英文表述，信用证并未要求单据显示唛头，也没有限制单据出具的语言。因此，单据显示西班牙语表述的唛头在信用证项下不构成不符点。

鉴于保兑行的保兑条件是可接受的语言，其无义务承付或议付。虽然其无义务承付或议付，但单据符合信用证条款，保兑行可同意履行其作为指定银行的角色，将单据交至开证行进行索偿，并在收到款项时向受益人解付，或在可追索的基础上向受益人付款。而开证行仍然负有对相符交单的承付责任。

信用证业务中，单据语言的处理要遵守国际惯例。

国际商会 ISBP745 在 A21 条（语言）中指出："若信用证允许接受两种或多种语言，保兑行或按指定行事的指定银行可限定接受语言的数量，作为对该信用证承担责任的条件，以及在此情况下，单据中所包含的信息仅可以该可接受的一种或多种语言表示。"与旧版 ISBP 相比较，新版 ISBP745 增加了保兑行的权利；后一句意味着保兑行及其他银行仅以接受的语言审核单据。ISBP745 又增加了"若信用证允许单据使用两种或多种可接受的语言表述其信息，且保兑行或按指定行事的被指定行没有限定语言或可接受语言的数量作为对该信用证承担责任的条件，则需要以出现在单据中的所有可接受的语言审核该信息"。这意味着即使保兑行或指定银行没有限定可接受的语言或其数量，银行也以可接受的语言审单。

在贸易制单实务中，正常情况下，货物名称都要与发票及其他单据所表示的货物名称一致。虽然信用证惯例允许使用统称，但要求使用与信用证规定不矛盾的货物统称，这就存在单证不一致的风险。除非不得已，单据操作中一般不使用统称。单证业务的原则是"五个一致"，即"单证一致""单单一致""单内一致""单货一致""单据合同一致"。出口单据一字值千金，不可掉以轻心，使用两种或两种以上的语言时更应注意。

实际上，贸易单据中使用的语言有多种。对那些官方语言为法语的国家，可能会要求某些单据的品名或单据上的某些要求以法语显示，这种要求通常应得到满足；来自日本的信用证也可能提出以日语标明某些内容，同样应该做到；中国贸促会对外出具的证明书上，通常都有中、法两种文字；中国香港、澳门地区的客户要求在某些单据上列明商品的中文名称也是正常要求；中英文对照的保险单和许可证等是能被接受的；国际铁路运单以俄、中两种文字显示也不足为怪。但无论是英文、中文还是第三国语言，均应符合信用证或有关规定。当然，在没有明确规定的情况下，多数单据制作都可以用英文。

二十、国际商会对于如何处理提单批注的意见

在国际贸易运输中，提单上常常载有诸多批注，因涉及复杂的专业知识，银行审单时往往与贸易商的观点不同。国际商会的意见具有权威性及指定作用。

（一）提单中记载的装货港与船名是否需以装船批注方式加以明确

某银行就下列疑问向国际商会咨询。[①] UCP600 评注中的第 91 页第 4 段标注："除非从提单中可以看出已装船声明符合信用证规定的船舶和装运港，否则，依 UCP600，提单须有注明装运港和船舶名称的装船批注，即使提单上已印就'已装船'。"在提单包含预先印就的"已装××船舶，装船货物状况良好，运至××卸货港"且船舶名称和装货港名称已依信用证条款填写完成，信用证中未提及接收地，也不包含任何前程承运人信息的情况下，我们发现不同的单据审核人员对上述评注的解释存在不同的观点：（a）当提单中未提及任何关于前段承运人（支线船舶、铁路或卡车）的信息，则提单中不需再做一个单独的表明装货港名称和船舶名称的装船批注，因为很显然，在提单相关位置上已填写船名和装货港名称且没有任何其他方式的前承运人。（b）无论是否提及前段运输，提单必须载有一个单独的已装船批注来表明装货港和船名，以此用来表明提单上的船名和装货港与预先印就的已装船声明一致。以上哪种观点才是正确的，我们非常期待国际商会的意见。

国际商会对此予以分析：

UCP600 第 20 条第 1 款（ii）项包括提单须"表明货物已在信用证指定的港口装运上指定的船舶"。尽管相关措辞出现在 UCP500 第 23 条第 1 款第（ii）项中，即若提单表明收货地或接管地不同于装货港，则货物已装船的批注须包含装货港和船名，该条并未纳入 UCP600 第 20 条，但 UCP600 对装船批注的要求未改变。

此咨询中的问题已在 ICC 意见 TA. 635rev 中解决，且已于 2007 年 10 月银行委员会会议上批准。该意见中的结论包括"提单是运输单据的通用术语之一，但不局限于从装货港到卸货港的海洋运输"。有时，船公司或其代理提及的收货地或接收地不同于装运港。为了包含这种可能性，UCP600 第 20 条第 1 款（ii）项规定提单须"表明货物已在信用证规定的港口装上指定的船舶"。该条意在强调，单据审核人员必须能够确定提单记载的"已装船"声明（预先印就或单独的批注）是指货物在信用证规定的装货港装上指定船舶，而不是在装货港和收货地或接收地之间的前段运输。若不能从提单上明显看出"已装船"声明与装货港及船舶的名称一致，则提单就需有装船批注来表明装货港和船舶名称，即使货物被装运上提单记载的船舶。

当收货地或接收地与装货港的名字一样时，例如接收地与装货港均为香港且提单中没有任何证据表明存在前段运输，提单中仅记载了船名，此时就不需再有一个已装船批注。

需要注意的是，UCP600 评注并不是国际商会的官方出版物。

国际商会的结论是，若提单上记载的接收地不同于信用证规定的装货港，则上述（b）条的观点才适用，即提单上无证据表明"已装船"声明与信用证中规定的船名和装货港一致。UCP600 第 20 条第 1 款（ii）项的规定并不以提单上填写的前段运输和接收地

---

① 参见国际商会文件 470/TA. 665rev。

为条件。若提单记载的接收地与装货港相同，则装船批注只表明日期即可。

（二）在内陆接货的“港到港”提单是否需加注“已装船”批注争议

某银行就下列疑问向其商会国家委员会咨询。某信用证规定港到港装运提单，而集装箱航运公司签发的提单包含一个预先印就的条款：“当货物的接收地是内陆点时，‘在运输工具上’，‘已装运’或类似词语的任何标记应被认为是指卡车、拖车、飞机或其他内陆运输……从货物接收地到装货港。”此类提单是否需加注单独的已装船批注，国家委员的结论是，当信用证要求提交包括港到港运输的运输单据时，包含此条款或类似条款的提单需单独的已装船批注，包括船名、装运日、转运港，且此已装船批注优于预先印就的条款。这与国际商会意见 TA635rev、TA665rev 和 TA667rev 一致。

该国家委员会向国际商会咨询上述疑问。国际商会认为，提单是运输单据的通用术语之一，包括但不限于从装货港到卸货港的海运。然而，应认识到，航运公司或其代理人仍有时会将接收地或接管货物的地点与装货港分开。为解决这个问题，UCP600 第 20 条第 1 款第（ii）项规定：提单应“表明货物已在信用证规定的装货港装上指名船舶。”。在这种情况下，重点强调的是审单人员必须能够确定提单表面上看起来的已装船声明（预先印就的措辞或单独的标记）与信用证规定的在装货港装上指名船舶有关，而与货物在接收地或接管地点与装运港之间的前段运输无关。若提单未明显表明已装船声明适用于指名船舶和装运港，则提单将需有一个已装船批注，该批注显示装货港和指名船舶，即使货物装载于提单记载的船上。

从提单上看，若存在内陆货物接收地点，很明显，任何“在运输工具上”“已装运”等类似词语都与离开装货港的指名船舶无关。

国际商会的结论是：我们同意国家委员会的分析和结论，若提单显示了一个内陆的货物接收地点，提单将需有一个注明信用证规定的日期且包括船名和装货港的已装船批注，即使提单显示预先印就的“货物已装船且外表状况良好”或类似的措辞。

（三）银行无义务审核提单背面的运输条款和条件

某银行向其商会国家委员会就提单背面条款与条件的问题提出咨询。[①] 某集装箱航运公司签发了一套在“收货待运”一栏里显示预先印就措辞的提单。该措辞如下：“除第 22 条第 6 款外，应提交正本提单以提取货物。在适当时候，提单由收货人签字或由持有人适当背书。”但提单背面并不包括第 22 条第 6 款。当出现这样的措辞和引用时，为理解包含在“收货待运”栏内的信息，银行是否有必要阅读出现在运输单据背面的运输条款和条件？

国家委员会的结论是，UCP600 第 20 条第 1 款第（v）项明确规定银行“不审查提单运输条款和条件的内容”。在提单背面列出的条款和条件，不论是以信息或其他方式提及，参照具体条款时，并不强制银行审查这些条款以确定单据符合信用条款和条件。

该国家委员会就此向国际商会咨询。国际商会认为，该问题的答案是否定的。提单提及第 22 条第 6 款，这本应在运输条款和条件中出现。UCP600 第 20 条第 1 款第（v）项规定，银行不审查运输条款和条件的内容。第 22 条第 6 款未出现在该提单内的事实并不影响所给出的结论。国际商会官方意见 R. 575 中给出的答复也适用于此咨询。

---

① 参见国际商会文件 470/TA. 680rev。

在另一咨询案中，[①] 某跟单信用证规定与争议有关的如下条款：（1）全套正本已装船清洁提单，提单标注“运费预付”，空白抬头，空白背书，标明通知人（I 国家的 S 公司）并注明在 K 城市的集装箱代理人名称、电话和传真号。同时，提单要标明货物装在 20 英尺封闭的集装箱内。（2）不接受代理人提单。（3）提单注明“在到达目的港 14 天内免收集装箱滞期费”。（4）一套不超过 10 个集装箱的提单。（5）不接受在正面注明“不出示正本提单即可放货”的提单。

已提交的提单中包含一个提前印就的条款：“……在提单不可转让的情况下，承运人可基于收货人身份证明的情况下，将货物交给指定的收货人且不需收货人提交提单正本。在提单可转让的情况下，收货人有义务提交一份正本的、背书合理的提单以提取货物。承运人有义务合理谨慎地检查收货人所提交的单据是否真实且为正本。若承运人履行了该项义务，则承运人有权将货物交付给有理由信赖持有真实的和正本提单的人。这样的交货方式免除了承运人的交货责任。在接受提单时，尽管有时一些当地海关与特别规定与之相反，只要收货人签署了上述条款，不论其是书面、打印、盖章或者写在提单正面或背面，收货人需遵守此处的所有条款。一旦一份正本提单被交出，则其他提单将失效。”

开证行以下列不符点为由拒绝接受提单：“提单表明，在不出示正本提单的情况下也可提货。”

指定银行认为，很明显，就可转让提单而言，收货人有义务交出一份正本的、背书合理的提单才可提货。就不可转让提单而言，其预先印就的措辞可被视为未作规定且不予理会。因此，指定银行认为，开证行拒绝提单的理由令人难以置信，就此向国际商会咨询开证行的拒付是否正确。

国际商会认为，该询问涉及的具体问题是，信用证条款“在其正面表示货物可能在未提交正本提单的情况下被释放的提单”是否既适用于可转让提单，也适用于不可转让提单。涉案提单中并无单独的交货条款。然而，该提单确实包含以下措辞：“在提单不可转让的情况下，基于指定收货人合理身份的验证后，承运人即可将货物交给该指定收货人，指定收货人不需提交正本提单。在提单可转让的情况下，收货人有义务提交一份正本的、背书合理的提单以提取货物。”如咨询所引用的“在提单为不可转让的情况下，……，承运人……”被认为是运输的条款和条件，依 UCP600 第 20 条第 1 款第（v）项，银行对此不予审核。应当指出，根据信用证的条款和条件，该提单为以可转让方式签发。

因此，国际商会主张，该涉案提单不存在不符点。

二十一、非单据化条件的基本特征及国际规范

信用证业务中，“非单据化条件”是一个长久以来未得到完全解决的问题。UCP600 第 14 条仅规定：银行在审单时对非单据化条件不予理会，并将此条件视为没有记载。ISBP745 又予以细化：作为信用证的关系人，申请人及当事人开证行在信用证业务中，须将非单据化条件转化为单据条件；银行的拒付通知须在不迟于自交单之翌日起至第 5 个银行工作日结束前发出，否则，无权宣称交单不符。当涉及法院禁令等信用证法律问题时，国际商会的立场和意见是：法律的效力优先于 UCP 等国际惯例，但建议相关银行应在严

① 参见国际商会文件 470/TA. 675rev。

格遵守法律的同时，切实依国际惯例行事。下列国际商会的意见具有指导性意义。[①]

该案的信用证基本信息：出口商（受益人）为 H 公司；进口商（申请人）为 R 公司；开证行是 I 银行；议付行是 V 银行；货物为鲜姜；付款条件是不可撤销即期信用证，未保兑，凭银行议付方式兑用。

某年 12 月 10 日，出口商（受益人）H 公司在议付银行柜台提交信用证下的装运单据。该银行议付并向开证行发送了单据。同年 12 月 13 日，开证银行签收单据。同年 12 月 27 日，即收到单据后的第 14 天，开证银行发送给议付行一份 SWIFT MT999 格式（银行与客户账务）的报文，显示"请视该报文为 MT734"（拒付通知）并附有不符点如下：

+ SWIFT 47A（附加条件），第 2 句与信用证不符（注：47A 第二点显示"货物必须按出口标准包装出运，在每一包/箱/袋/集装箱上，清楚标记原产国和运输唛头"）
+ 鲜姜是易腐货物，但受益人通过干箱运输

12 月 29 日，议付行向开证行发送 SWIFT 报文，告知开证行其不同意关于单据中不符点的意见：（1）开证行没有依 UCP600，在收到单据后最多 5 个银行日内发送拒付通知。（2）信息中所谓的不符点全部不成立。47A 第 2 句，是银行在审单时应不予理会的非单据化条件。并且，银行只处理单据而非与单据相关的货物、服务或履约行为（UCP600 第 5 条）。因此，单据符合信用证条款。

此后，议付行不断催促开证行付款。次年 1 月 26 日，开证行通知议付行：（1）申请人不能提货；（2）政府当局已销毁不适合人类消费的货物（"姜已半腐"）；（3）他们不能付款，因为目前收到法院的禁令。5 月 11 日，开证行向议付行发送了一份内容几乎全部使用当地语言的高等法院通知副本。议付行认为，看来在拒付通知发送后的某一时刻，法院出具了禁令。在单据最初被拒付之时，没有不符点，因此，该行应已付款。在禁令日期之前，单据处于相符状态是显而易见的。

国际商会对该案进行以下分析并给予结论意见。

1. 拒付通知是在交单后的第 14 天发送。依 UCP600 第 16（d）条，拒付通知的发送不得晚于交单次日起第 5 个银行日。由于没有满足上述 16 条的规定，依 UCP600 第 16（f）条（若开证行或保兑行未能依本条行事，则无权宣称提示交单不符），开证行无权宣称交单不符。

2. 无论如何，不符点均不成立。依 UCP600 第 14（h）条（若信用证包含一个条件且没有规定用来表明与该条件相符的单据，则银行将该条件视为没有规定且不予理会），"货物必须按出口标准包装出运，在每一包/箱/袋/集装箱上，清楚标记原产国和运输唛头"的条件是非单据化条件。假如受益人没有在提交的一个或多个规定的单据中，插入与这项要求相冲突的信息，单据在这方面是相符的（见 ICC 意见 TA644）。可以看出，信用证中没有关于货物不同于在非单据化条件中显示的、应该如何包装的特定要求。缺少一项明确反映出运货物易腐特性的要求，依 UCP600 第 14（a）条（a. 指定银行、保兑银行以及开证银行必须仅仅依据单据审核提示，以决定单据是否在表面上构成相符的提示），单据表面上相符。看得出来，法院禁令是在拒付通知发送后的某一时刻出具的（即银行先拒付，禁令后发出）。在单据最初被拒付之时，没有不符点，因此，银行应已经付款。

---

① 资料来源：张明伟，非单据化条件、开证行未及时发出拒付通知和法院禁令（案例 TA689），http://www.sinotf.com/GB/136/1362/2010-08-09/0NMDAwMDA1MzU0Nw.html。

因禁令已作出，开证行不能不顾及法院的此项禁令。开证行现在应重新考虑其立场和交单状态，建议法院撤销禁令，坚守信用证交易和 UCP 的原则，尤其是 UCP600 第 5 条 和 14（a）及（h）条。国际商会的结论是，在向开证行交单之时，单据是相符的。依 UCP600 第 7（c）条，开证行必须偿付指定银行（议付行）。

【附：UCP600 第 7（c）条：当指定银行已承付或议付了相符的提示并将单据寄送开证银行时，则开证银行保证给予其偿付。对承兑或延期付款信用证下相符提示金额的偿付，在到期前，无论指定银行是否预付或购买了单据，到期时，开证银行应予以偿付。开证银行偿付指定银行的承诺独立于开证银行对受益人的承诺。】

在上述意见中，国际商会重申了 UCP 的以下原则立场：拒付通知在不迟于自交单翌日起至第 5 个银行工作日结束前发出；若开证行未能如此行事，则其无权宣称交单不符。非单据化条件须按照国际惯例处理。

"非单据化条件"并无统一的定义，只有结合具体问题才可认定。如仅规定"产地是中国"，一般被视为非单据化条件。但若信用证既规定货物的产地是中国，又要求受益人提交货物的产地证明，则"产地是中国"不是非单据化条件，因为产地证明可支持"货物产自中国"这一条件。常见的非单据化条件有：载货船舶的船龄不得超过 10 年；载货船舶不得悬挂某国国旗；装船后，受益人应立即通知申请人；货物应如何包装；货物不得为某国家所生产等。

关于"非单据化条件"的问题，目前，UCP600 和 ISBP745 对此予以规范。两者相比较，后者的规范更明确、具体。ISBP745 A26 条规定："若信用证含有某一条件而未列明需要提交与之相符的单据者（Non-documentary Condition），无须任何规定的单据证明该条件相符。但规定单据中的信息不应与非单据条件有冲突。例如，当信用证要求'用木箱包装'而未指明该信息须显示在任何规定的单据上，任何规定单据中显示采用了另一种包装方式的表述，将被认定为冲突的信息。"

但如何判断一个条件是否为"非单据化条件"仍存在争议。ICC 第 3 号意见书认为：若信用证中的某一条件未要求提交具体的单据来满足，但可明显地和某一单据建立关联，将不被视为非单据化条件。如信用证要求表明货物的包装状况，受益人只提交了"Weight List"，而该单据中包含货物的包装状况。如何判断某一条件明显地和某一单据建立关联没有统一标准。UCP600 和 ISBP 仍未解决如何判断非单据化条件的问题。依 UCP600 的上述规定，银行在审单时，对非单据化条件不予理会并将此条件视为没有记载。依 ISBP 的上述规定，若信用证含有非单据条件，无须任何规定的单据证明该条件相符。但规定单据中的信息不应与非单据条件有冲突。为此，申请人和开证行在开立信用证时，须将非单据化条件转化为单据条件。例如，上述"船龄不得超过 10 年"，应要求提交船舶规范证明复印件；"船舶不得悬挂某国国旗"，应要求提交船籍证明复印件；"用木箱包装"，应要求提交装箱单或包装单等。因此，判断是否为非单据化条件，只能在审核提交的单据后才能被最终确认。

结合本案的国际商会的专家意见，非单据化条件的三个基本特征是：

（1）信用证要求满足某种条件，但证内未要求提交证实该条件已被满足的单据。

（2）信用证要求满足某种条件，但证内要求的单据的功能并没有显示已满足该条件。

（3）信用证要求满足某种条件，证内要求的单据中插入的信息与该条件不相冲突。

在本案中，信用证规定，“货物须按出口标准包装出运，在每一包/箱/袋/集装箱上，清楚标记原产国和运输唛头”。虽然未看到信用证的单据要求，但从该条件的措辞看，显然是指示发运人在货物外包装上进行一项具体的行为，而非提交相关单据或在相关单据中表明已经满足该行为。因此，该条件符合上述的前两个特征。若该条件也符合第三个特征（可能由于缺乏足够的判断材料，国际商会通过假设的方式说明），那么，该条件可被认定为非单据化条件。

当涉及法院禁令等信用证法律问题时，国际商会的立场和意见始终是一致的，即法律的效力优先于 UCP 等国际惯例。但是建议相关银行应在严格遵守法律的同时，切实依照国际惯例行事。

二十二、开证行不当拒付单据及其后果

为了使受益人有机会或可能修改单据的不符点以获得信用证款项，UCP600 第 16 条严格规范了银行拒受不符单据的操作程序：银行仅能发出一次拒付通知；银行须在 5 个营业日内发出拒付通知。拒付通知必须声明：银行将拒绝承付或议付；一次列明银行拒付的每一个不符点（Each Discrepancy）。依 UCP600 第 16 条：（1）即使受益人或指定银行请求开证行向申请人寻求其放弃不符点，开证行有权依自身的判断决定是否同意这种请求；（2）开证行没有义务主动寻求申请人放弃不符点；（3）无论开证行是否主动寻求申请人，申请人放弃不符单据的声明对开证行并无绝对的约束力；（4）若申请人拒绝接受不符单据，开证行向提示人发出拒付通知时，也必须依国际惯例（UCP）、信用证等相关规定办理。这些规定在以下国际商会咨询案例中得到充分体现。①

在该咨询案中，跟单信用证（通过付款向 R 国家的受益人银行押汇）连同其他条款和条件，作出如下规定（依据 SWIFT MT700）：

31D：(Date and Place of Expiry)

111130 M（城市），R（国家）

45A：(Description of Goods)

符合合同规定的实验室设备（指定数量和日期）

交货条件：DDU A（城市），K（国家）

(Incoterms® 2000)

46A：(Documents Required)

（以下只列出与该咨询相关的单据）：

+ 发票——3 份俄语正本

+ 国际公路货运单（CMR）——1 份英语或俄语正本，其上有 K 国海关关于将货物置于 K 国 A 城市临时仓库的印章

47A：(Additional Conditions)

+ CMR 中标明的货物总成本必须用欧元表示（具体金额）

48：(Period for Presentation)

+ 在信用证有效期内

① 资料来源：“国际商会银行委员会最终意见 2009—2011”。

受益人银行在信用证有效期内向开证行提示了单据，指示后者依 UCP 第 16 条给予通知。

单据的出具为如下形式：

（1）发票使用俄语出具，显示货物描述“符合合同规定的实验室设备（指定数量和日期）”，未标明交货条件。

（2）CMR（国际公路货运单）：使用英语出具，包含与信用证条款相符的 K 国海关印章。CMR 未标明货物总成本。

11 月 28 日，鉴于发票未标明交货条件的不符点，开证行拒绝该交单，保留单据，听候指示。在信用证有效期内，受益人提示了修改后的发票。12 月 1 日，受益人银行将其连同汇款通知书寄给开证行，指示若接受（交单）则递送所附单据给申请人并支付款项。12 月 9 日，开证行通过 SWIFT MT799 通知受益人银行，内容如下：“由于交单晚于信用证到期日，信用证申请人拒绝接受单据。因信用证已到期，我们关闭了该信用证下的档案。我们通过邮递归还单据。”

受益人银行的抗辩：信用证可在受益人银行柜台使用，且信用证有效期在 R 国 M 城市到期。因此，开证行不能修改交单期。提交修改后的发票被视为信用证下的重新交单，开证行须依 UCP600 第 16 条的规定行事。开证行 12 月 9 日的通知并未包含 UCP600 第 16（c）条要求的所有必要信息，即未表明开证行拒绝承付（只表明申请人拒绝）且未标明不符点（由于上述原因，到期日后提交修改后的单据不是不符点）。

开证行回复称：“根据你方银行说明信中的指示进行了确认。我们向申请人寄送了单据。申请人拒绝接受并返还该单据。因信用证已到期，我们关闭了相关档案并向你方银行归还单据。”

受益人银行的抗辩：开证行向申请人递送了单据。该行为与其 11 月 28 日和 12 月 9 日的通知矛盾且与 UCP600 第 16 条 c 款（iii）项冲突。因开证行未依第 16 条的规定行事，这妨碍其声明单据构成不相符交单，必须予以承付。此外，因修改后的发票在适当时间提交给了指定银行，即在信用证有效期内，处理了开证行通知中显示的不符点。受益人银行坚持应立即付款。

开证行回复称：“依 UCP600，我们已检查发票并将不符点通知申请人，他们拒绝接受该单据。我们并未将所有单据递交申请人。我们检查你方说明信和 SWIFT 信息，未能发现任何单据在合适时间提交的事实。我们只能看到说明信的日期为 12 月 1 日。依 UCP600 第 6（d）条，我们关闭了信用证下的档案。”

受益人银行的抗辩：开证行不能在受益人银行未明确作出指示时，递送任何正本单据给未付款的申请人，UCP600 第 16 条 c 款（iii）项并未给出相关规定且与开证行拒绝通知中规定的信息矛盾。开证行可向申请人寄送单据副本。若申请人丢失或拒绝归还正本发票，银行应作何处理？12 月 1 日寄送的修改后的发票被视为信用证下的重新交单处理，开证行必须依据 UCP600 第 16 条的规定行事，但其没有这样做。因为信用证在受益人银行柜台使用且信用证有效期在 R 国 M 城市到期，指定银行有 5 个银行工作日来审核交单，开证行没有权力决定交单的时效性并表明“信用证到期”为不符点。

开证行回复称：“由于我们在 12 月 12 日关闭了档案，我们不能在信用证下支付。依你方 12 月 27 日的说明信，你方声称已根据信用证条款进行了相符交单，但请注意信用证下的单据有另一个不符点‘CMR 中没有使用欧元标明货物总成本（特定金额）’。”

受益人银行的抗辩：由于信用证是一种银行承诺，开证行已关闭相关档案不能成为其不支付的理由，并且没有迹象表明不能从申请人处得到偿付。依 UCP600 第 4（a）条，受益人不得利用银行之间或申请人和开证行之间的合同关系。因开证行未在拒绝承付中标明不符点，依第 16（c）条，开证行不能在其后将该不符点作为拒付的原因（必须给出独立的拒绝通知）。

我们希望就以下问题询问国际商会银行委员会的意见：

（1）若银行拒绝该交单并表明保留单据，它可依 UCP600 第 16（e）条，在任何时间返还单据给交单人，阻碍受益人替换单据吗？

（2）银行是否应将修改后的单据作为新的交单处理？

（3）在开证行的拒绝通知中，关于修改后的交单说明是否有效？

（4）开证行关于修改后的交单提出的不符点，即“CMR 中没有使用欧元标明货物总成本（具体金额）”是否有效？

（5）信用证规定“CMR 中标明的货物总成本必须用欧元表示（具体金额）”并未明确要求 CMR 必须标明货物总成本，我们假定这只是意味着若 CMR 标明货物总成本则必须是特定金额。我们的观点是否正确？

（6）开证行是否必须承付该交单？

仅供参考：该批设备已提供给申请人。

国际商会针对上述咨询分析如下：

首次交单被开证行于 11 月 28 日拒绝，不符点为“发票未标明交货条件”且指定银行得到通知“单据被扣留”。受益人在信用证有效期内，向指定银行提交修改后的发票。指定银行随后于 12 月 1 日向开证行递送修改后的发票并指示递送单据至申请人、支付货款（若接受交单）。看起来，相关时间表并未证实单据是在到期日或之前提交。ICC 意见 R480 规定，参考 UCP500 第 44（c）条规定，建议议付行提供一份声明，显示单据是在规定时间提交的或者声明符合所有条款和条件。由于议付行未包含类似声明，可能使开证行作出拒绝通知具有合理性。然而，若不存在此类声明且开证行由于信用证到期而拒绝（单据），随后议付行确认（交单）符合日期要求的信息，使得开证行承付单据的证据变得充足。在 UCP600 中，同样的建议和观点也被普遍认可。12 月 9 日，开证行通过 SWIFT MT799 通知受益人银行：“由于交单晚于信用证到期日，申请人拒绝接受修改后的单据。单据将通过邮递归还。”显然，一些提交的单据已被实际交付申请人。该信息不是依 UCP600 第 16（c）条的要求发布的，因此，根据 UCP600 第 16（f）条将产生阻碍（笔者注：f. 若开证行或保兑行未依本条规定行事，它将无权宣称单据不符）。继之后的进一步沟通，指定银行强调单据不应寄送至申请人这一事实，而且，无论如何，信用证在指定银行柜台到期而非开证行。作为最终观点，开证行提出新的不符点。UCP600 明确禁止进一步提出首次交单就显然存在的其他不符点，这在国际商会意见 R196、R328 和 R271 的规定中都有涉及。

针对上述提出的问题，国际商会给出最终结论：

（1）在交单人进一步指示期间，首次提交的单据被扣留。受益人在信用证到期日之前须替换或修改单据。依 UCP600 第 16（e）条规定，扣留单据的银行可在任何时间归还。

注意，本案中，若开证行归还单据给指定银行，但同时受益人在信用证到期日之前或交单期内修改或替换了不符单据，则开证行应在所有单据返还给它之后，负承付责任。

（2）修改后的单据构成新的交单，应依 UCP600 第 14（b）条审核（5 个工作日）。

（3）12 月 9 日发送的 SWIFT MT799 信息不符合 UCP600 第 16（c）条的要求。因此，开证行声明单据构成不相符交单不成立。

（4）新加的不符点不被考虑，因为银行对于每次交单只有一次机会提出不符点。

本案中，新加“不符点”若第一次交单时就存在，它应该在第一次交单时就被提出并作为首次拒绝通知的一部分。

（5）看起来，信用证未明确规定 CMR 必须标明货物总成本。若货物总成本被标明，则必须使用欧元表示具体金额。

（6）开证行必须承付。

二十三、银行应如何扩展其保兑责任

依 UCP600，保兑行可接受信用证的修改，也可拒绝其修改。若拒绝信用证的修改，其保兑责任只对原证有效而不扩展至新证（修改后的信用证），但保兑行需向受益人明确表明其责任终止，否则，可能应承担保兑责任。下列案例予以充分证明。①

I 银行开立一张以 M 为受益人的不可撤销信用证，并要求 A 银行通知并保兑。A 银行对信用证加具保兑后通知了 M，在信用证到期日之前两天，M 将全套单据交 A 银行议付。A 银行发现全套单据有两处不符点：其一，提单抬头做成了托运人抬头［To Order of ××（托运人名称）］并空白背书，而信用证的要求是提单做成买方抬头［To Order of ××（买方名称）］；其二，信用证超支 10 000.00 美元。考虑到信用证即将到期，A 银行立即将此情况通知 M，M 要求 A 银行立即电传开证行 I 银行要求其授权付款。开证行在接到 A 银行的电文后与其开证申请人协商，在后者的同意下，I 银行授权 A 银行议付提示的单据。

在 I 银行电告 A 银行对不符单据付款后，I 银行国内的政局开始动荡，政府行将倒台，结果使 I 银行营业中断。有鉴于此，A 银行通知 M：尽管它已收到 I 银行同意对不符单据付款的指示，A 银行不准备照办，因为 I 银行的资金账户已被冻结。若 A 银行对 M 付款，它将无处取得偿付。

受益人于是求助其律师。律师称，既然 A 银行已对该证进行保兑，依 UCP600，在未征得受益人同意的情况下，该行不得撤销保兑，故 A 银行必须付款。而 A 银行则认为，保兑只在提交“单单相符”“单证相符”的情况下有效。鉴于受益人 M 提供的单据已有两处不符，故该保兑已自动终止。

受益人律师答复：A 银行既然已无条件同意与 I 银行联系，要求后者授权对提示的不符单据付款，这一行为已构成 A 银行同意付款的承诺。因此，受益人有权要求 A 银行支付信用证的全部款项，外加 I 银行同意付款之日起至 A 银行实际付款日之间的利息以及处理这一事件过程中的一些费用支出。

---

① 参见保兑责任的延伸，http://www.sinotf.com/GB/136/1362/2010-01-04/5MMDAwMDA0Njg5MA.html。

上述案例涉及保兑行的保兑责任问题。

关于保兑行的责任，UPC600 第 8（a）条规定：“若单据提交给保兑行或任何其他指定银行且其构成相符的提示，则保兑行必须：① 承付。若信用证可用于：a）由保兑行即期付款、延迟付款或承兑；b）由另一指定银行即期付款但该指定银行未付款；c）由另一指定银行延迟付款但该指定银行未对延迟付款予以承诺，或虽已承诺延迟付款，但到期未付款；d）由另一指定银行承兑，但该指定银行未承兑以其为付款人的汇票，或虽已承兑以其为付款人的汇票，但到期未付款；e）由另一指定银行议付，但该指定银行未予议付。② 若由保兑行议付信用证，则应无追索权地议付。”UCP600 第 8（b）条规定：“保兑行在对信用证加具其保兑时起，即不可撤销地受应承付或议付的约束。”UCP600 第 10（b）条规定：“开证行在其发出修改书时起，不可撤销地受该修改的约束。保兑行可将其保兑扩展至修改，并在通知修改时起不可撤销地受其约束。但保兑行可选择通知修改而不扩展其保兑责任，此时，它须不迟延地通知开证行并在其通知中告知受益人。”

从上述规定可以看出，保兑行通知受益人修改信用证而未作任何相反说明，则被视为同意信用证的修改并扩展其保兑责任。但依上述规定，保兑行可选择不同意修改信用证，即把修改书通知给受益人而不扩展其保兑责任。在此情况下，该修改的效力如何？UCP600 未进一步说明。《UCP500 与 UCP400 之比较》（国际商会第 511 号出版物）则对此解释：若保兑行选择不扩展其保兑责任，则其保兑对原信用证中未被修改的部分仍然有效，且若受益人拒绝修改，则原信用证仍是完整的，保兑行的义务仍是完整的；若受益人接受修改，则保兑行对信用证中被修改的部分不再负责。由此可推论：UCP600 上述规定实际上隐含一点，即信用证的撤销虽然要取得开证行、受益人和保兑行的同意，但其修改只需取得开证行和受益人的同意，即可在该双方之间有效成立。另外，若保兑行不扩展其保兑责任，则对信用证被修改部分不负责任，而对未被修改的部分仍负责保兑。这种情况通常是行不通的。如信用证的有效期被延长或金额被改变，保兑行如何对信用证有效期或金额之外的信用证其他部分承担保兑责任？若仍按原信用证承担保兑责任也不现实，因为这样受益人事实上将受两个信用证的约束，而且开证行与保兑行之间的偿付也是两种不同的关系。

依 UCP600 第 8 条，信用证加具保兑后，即构成保兑行在开证行承诺以外的确定承诺，对受益人承担必须付款或者议付的责任。保兑行不是以开证行的代理身份而是以“本人”身份，对受益人独立负责并对受益人负首先付款责任，受益人不必先向开证行要求付款，遭拒绝后再要求保兑行付款。在首先付款这一点上，保兑行对于开证行的关系，类似于开证行对进口商的关系。保兑行必须议付或付款，在已议付和付款后，不论开证行倒闭或无理拒付，都不得向受益人追索，其责任与开证行的责任相同。保兑行对信用证加具保兑后，它担负的责任相当于其本身开证，不论开证行发生何种变化，它不能擅自撤销其保兑。

联系本案，A 银行作为保兑行即承担与 I 银行同等的责任。但 A 银行的保兑责任仅限于 M 提示符合信用证要求的单据。鉴于 M 提示的单据不符合信用证要求，可认为 A 银行的保兑责任就此终止。但问题是，A 银行无条件地同意请求开证行授权对不符单据议付，这事实上等于是议付行请求开证行修改信用证，而开证行同意授权付款则意味着该修改成立，则议付行自然地将其保兑责任扩展到修改。所以，作为议付行的 A 银行应对受益人

M 付款。

如上所述，依 UCP600，保兑行可接受修改，也可拒绝修改。若拒绝修改，保兑责任只对原证有效而不扩展至修改。本案中，作为保兑行的 A 银行完全可采取自我保护的做法，即它可替受益人与开证行协商，要求其授权对瑕疵的单据议付，但同时声明其保兑责任就此终止；它也可通知受益人，由受益人自己直接与申请人联系，要求申请人说服开证行接受单据。若议付行这样做，则完全可使自己处于有利地位。

二十四、保兑行未按交单人的指示行事丧失拒绝议付的权利

信用证条款及 UCP600、ISBP 等国际惯例是信用证业务的依据。因此，信用证条款必须明确。银行拒付时必须依据信用证条款和相关国际惯例，否则将丧失其拒付权利。银行如何行使拒付权利，UCP600 第 16 条予以详细规范。保兑行与开证行都承担对相符交单的承付义务，同样应遵守第 16 条的规范。以下国际商会咨询案给予有益的启示。①

A 银行开立信用证，由其子行 B 银行（保兑行）保兑，由 C 银行作为通知行。B 银行的 SWIFT 电文通知中称，“若发生不符交单的情况下，B 银行将在协商一致的基础上，告知开证行相关不符点，除非你方面函已给出明确指示”。

与争议相关的单据，信用证中要求：（1）一份正本、两份副本，由船公司或其代理出具的已签并注明日期的货运发票。（2）最晚交单日期为 4 月 15 日。

3 月 26 日，出口商提交了价值金额为 345 369. 58 欧元的单据。通知行提交相关单据给 B 银行要求议付。根据规定，在 B 银行接管单据之前，该单据应由通知行保管。在这些单据中，货运发票的上方连续标明了船名、装货港、卸货港、日期及提单号。

4 月 2 日，通知行收到 B 银行的拒付通知。B 银行称，其中的货运发票未标明日期以及提单中注明的容积与装箱单有异。另外，B 银行发来通知称，所有单据已发送给开证行，等待接受。

4 月 7 日，通知行声明货运发票已标明日期，驳回不符点。尽管该日期并未单独出现在发票的底部，但如上文所述，其已标注在发票的顶部。就提单与装箱单容积这一信息不一致的问题，依 UCP600，通知行作出的解释是，该提单内列明的容积量包含实际集装箱的体积。另外，将单据发至开证行这一行为与通知行给予的指示相违背，通知行对此表示反对。

4 月 9 日，（保兑行）B 银行回应称，坚持原先的决定。4 月 20 日，通知行再次通知保兑行，不同意其决定。另外，通知行要求 B 银行就将单据发给开证行一事作出正式回应。4 月 30 日，通知行收到 B 银行的通知，称 A 银行（开证行）鉴于货运发票未标明日期，正在退还该单据（但未提及上文所列出的第二个不符点，即提单容积）。

5 月 6 日，通知行要求 B 银行对通知行先前提出的问题作出回应并将单据交至通知行保管。5 月 7 日，B 银行回应称，将在下星期初将单据返还。5 月 12 日，B 银行通知 C 银行，开证行已将单据归还至通知行并等候进一步指示，这些单据寄放在其子银行的柜台中并始终属于通知行支配之内。

5 月 15 日，通知行告知 B 银行，受益人并不满意该行对单据的处理且通知行坚持这些单据构成单证一致。

---

① 资料来源：“国际商会银行委员会最终意见 2009—2011”。

5月18日，B银行回应称，第一个不符点（日期问题）仍然成立，第二个不符点不成立。另外，B银行同意，按照通知行指示不应寄送相关单据给开证行。

6月9日，C银行通知B银行，由于交单仍未付款，C银行将就这一问题向国际商会咨询。通知行希望就以下两点争议得到国际商会的意见。

（1）货运发票的日期是否充分标明？

（2）保兑行未经通知行指示而将单据寄送至开证行（违反通知指示）是否影响通知行及时修改货运发票相关内容？得到通知开证行已返还单据的时间与实际收到单据时间竟然长达12天。交单时间的截止日为4月15日，截止地点为巴黎，然而，第一次拒付是在4月2日。B银行坚持认为，所有单据始终处于通知行支配管理之下，即使是在A银行（开证行）柜台寄放的该段时间。而通知行则坚持认为，在保兑行将单据发至开证行时，单据实际上在保兑行控制下。

国际商会对上述咨询给予以下分析。

1. 关于货运发票的不符点

信用证要求，所提交的货运发票必须载明日期及签字。该单据已签字，但存在的争议是，该单据日期位于该单据的上方。该单据列出5项信息，即船名、装货港、卸货港、日期及提单编号。应注意，该“日期”可被认定为提单的日期，但该单据并未陈述该点。而信用证中并不要求在相关单据上列明这5项信息。同时，货运发票日期与提单日期相同的情况不是不常见的。鉴于信用证并未规定提单的日期需载明在单据上，同时，对于该单据中所引用的日期并未显示是提单日期还是发票的日期，此情况下，可将该日期认定为该单据（注：发票）的日期。

2. 关于保兑行持有相关单据及拒付通知

保兑行在其保兑通知明确指出，一旦发现不符点，将在“协商一致”的基础上，将其发至开证行，除非交单人在其面函中给出另外的指示。在这种标明的注解下，保兑行已间接同意将依照交单人面函中的指示行事，而不是保兑行建议的行为措施。通知行的确通过陈述“直至转交到另一方，该单据归由我方处置”来给出其另外指示。保兑行认定单据不符，即使这并不是国际商会的意见。在不顾通知行的指示下，保兑行将单据寄送至开证行。保兑行的拒付通知，要么依UCP600第16条c款（iii-a）项“银行保留单据，听候交单人进一步指示”，要么依第16条c款（iii-d）项“银行依照先前自交单人处收到的指示行事”。同时，在未获得进一步的指示之前，单据应该保留在保兑行。保兑行并未按交单人提供的指示行事，因此，剥夺其主张单据不符的权利，必须对其议付。当有明确指示“单据归其持有”时，保兑行仍将单据递交给开证行。保兑行辩称，当单据寄送并由开证行持有时，单据仍处于通知行的支配之下。鉴于单据的持有权和保管权已限定在保兑行的柜台行使，这一论点并不成立。

国际商会的最终结论是，单据构成提示（交单）相符，保兑行B银行必须议付。在本案中，保兑行未依通知行的指示行事。保兑行的拒付通知需明确声明“该行保留单据，听候交单人进一步指示”或“该行依先前自C银行处收到的指示行事”。结果是保兑行被剥夺宣称单据不符的权利且必须对其议付。

二十五、受益人直接交单给开证行的风险

信用证通常规定受益人的交单期限，UCP600也规定了21天的交单期限。指定银行

或受益人必须严格遵守该时间，否则，可能导致开证行拒付。但交单期限因交单地点的不同而不同。受益人不应接受以开证行所在地为交单地点，最好以受益人所在地为交单地点。某年9月29日，A银行收到某出口公司提交的一套即期信用证项下的出口单据，金额为31 257.60美元，开证行为北爱尔兰银行（ULSTER BANK LTD，DUBLIN），信用证有效期至当年12月7日。

该A银行认真审核后，认为单证相符，遂于当日寄单，向开证行索汇。10月8日，A银行收到开证行来电，称单据存在不符点“EARLY PRESENTATION”并告知持单听候指示。A银行即查阅了信用证，发现信用证中规定有特殊的交单条款“DOCUMENTS MUST BE PRESENTED WITHIN 15-21 DAYS AFTER THE ON BOARD DATE OF BILL OF LADING BUT WITHIN THE VALIDITY OF HE LETTER OF CREDIT”，而且该信用证中规定的有效地点为都柏林，这就要求单据必须在提单日后15～21天内到达开证行在都柏林的柜台。同时，A银行与受益人进行了核实，其提交的提单日期为当年9月19日。A银行于9月29日以快邮方式寄单。经查，开证行收到单据的日期为10月3日，邮程5天。因此，单据到达有效地的日期为提单日后14天，与信用证的要求不符。

10月13日，A银行收到同一信用证下的另一套单据，金额12 752.32美元。经审核确认无误后，该银行当天以DHL寄单。10月18日，开证行来电称单据存在不符点“LATE PRESENTATION”。该银行再次进行核实，发现受益人提交的提单日期为9月24日，开证行收到单据的日期为10月16日，邮程3天。因此，单据到达有效地的日期为提单日后22天，与信用证要求不一致。

就以上案情，A银行认为开证行不能因此解除付款责任。首先，A银行作为寄单行受一些客观因素的影响，根本无法准确估算邮程的时间。其次，国际商会银行委员会在DOCUMENT 470/TA 515号意见书中，对于同样案例的质疑给予了明确的答复：信用证中类似的条款，在受益人接受信用证后就说明默认接受这种条款，但这种条款并不能解除开证行凭受益人提交的与信用证相符单据的付款的责任。不论哪种情况，开证行均有义务在收到其他方面符合信用证规定的单据后履行付款责任。

鉴于国际商会的意见，A银行就以上业务分别致电开证行阐述其观点及国际商会的答复，要求开证行履行付款责任。经过多次交涉，10月28日，A银行收到上述两笔业务的付款电报，开证行未扣不符点费用。

通过该案的成功处理，可得到以下启示：

第一，应充分利用国际商会有关质疑的答复意见，以便在与国外银行产生意见分歧时，把握充足的论据，对外交涉时有理可循、有据可依，从而有效地维护受益人及寄单银行的利益。为此，国际贸易和结算人员除熟练掌握国际惯例外，还要及时了解国际商会对有关质疑的答复意见。

第二，受益人的交单环节尤为重要。信用证中通常规定受益人交单期限，因此，寄单银行和受益人必须准确掌握交单的时间。若信用证规定了具体时间，则应严格遵守该时间；若信用证对此无规定，则交单时间不能超过运输单据日后21天及信用证的有效期。

第三，受益人通常不应接受以开证行所在地为交单到期地点。因为受益人或交单银行难以控制邮程时间。通常应该以出口地作为交单地点。

受益人直接交单给开证行存在一定的风险。依UCP600第6条，若信用证已授权另一银行作为指定银行，受益人有权既可向指定银行交单，也可直接向开证银行交单请求付款，只要其交单相符即可。若受益人选择了向指定银行交单，则受益人不承担单据从指定银行到开证行的寄送风险，而且受益人修改单据也较为方便，因为指定银行一般与受益人处于同一城市。若受益人选择直接向开证行交单，则受益人承担单据从受益人到开证行的寄送风险，而且必须承担单据在交单期内到达开证行的责任。另外，若单据存在不符点，受益人修改单据时将产生诸多不便。可见，若受益人接受以开证行所在地为交单地点，将给受益人带来以下不利之处：（1）信用证的有效期或交单期限相对缩短，因为受益人要承担单据的在途时间，即以开证行收到单据为计算有效期或交单期限的依据；（2）受益人承担单据寄送开证行的在途风险；（3）受益人承担单证不符的风险。

若受益人选择直接向开证行交单，还应特别注意以下事项：（1）若指定银行为保兑行，则不应选择直接向开证行提示单据，而应向保兑行或其授权或其委托的另一指定银行交单。只有这样，保兑行才承担承付、议付或补偿义务。（2）依 UCP600 第 35 条，单据在指定银行寄送开证行或保兑行期间，或保兑行寄送开证行期间丢失，开证行仍须承担承付或偿付责任。但若提示人不是信用证授权的指定银行（如受益人的往来银行），则不受该条规定的保护。该条规定增加了开证行或保兑行的责任，保护了受益人和指定银行的利益。（3）受益人或提示人必须在上述三个期限之一的最后日期或之前，及时地将单据寄送到开证行。

第二十七章 国际贸易中的独立保函及惯例

经济全球化的不断深入发展,突出的特征之一是贸易与投资金额越来越大，与此同时，其风险程度也在提高。为避免或减少风险，保障贸易与投资的安全，在国际经贸活动中出现一方当事人要求另一方当事人提供一定担保的制度。

担保通常分为物权担保和信用担保两大种类。物权担保是指以债务清偿为目的，以债务人或第三人的特定财产（包括有形财产或权利财产）来保证债权人债权的实现；信用担保是指由自然人或法人等第三人，以其自身的资产和信誉为债务人提供一定的担保，保证债权人债权的实现。物权担保在国际贸易中并不十分适用，其原因是：第一，在国际贸易中，设定担保物权的财产通常处在债务人所在国家并受该国法律的管辖，而各国法律对此的规定差别较大，需要复杂的法律程序才有可能实现债权。第二，若以有形财产作为担保品，其价值随时间的推移可能减少甚至消失。第三，在国际货物买卖中，有些国家允许卖方在买方付款前保留货物所有权，但必须办理复杂的登记手续才能对抗善意的第三人，否则，若未付货款的买方将货物转卖给善意的第三人，卖方则无法对该货物行使权利。而有些国家根本不承认卖方保留的货物所有权。第四，担保物权具有从属性，其效力取决于其所担保的债权，即主债权无效时，担保债权也不产生效力。[①] 由于上述原因，在国际贸易中，出现以人的担保，即信用担保替代物权担保，或物权担保与信用担保同时使用的趋势。信用担保的主要形式是保函和备用信用证。关于备用信用证，前文已专设独立一章，此不赘述。因此，本章专门论述保函的问题。

信用担保，根据其与主合同的关系以及保证人的权利和义务，可分为保证和独立担保。独立担保是一种新型的担保方式，它克服了保证的不足和缺点（从属性），可以满足贸易方式多样化、复杂化、金额大、履约期长等现代国际贸易发展的需要。因此，独立担保在国际贸易中的应用十分广泛。

为了向国际贸易当事人在国际商事交易中使用的信用担保提供统一的指导规则，有关的国际组织，如国际商会自20世纪60年代就开始致力于此项工作。到目前为止，国际商会先后制定并实施了以下相关的惯例与规则：《合同保证统一规则》（Uniform Rules for Contract Guarantee，URCG325）、《见索即付保函统一规则》（Uniform Rules for Demand Guarantee，URDG758）、《合同保函统一规则》（Uniform Rules for Contract Bonds，URCB524）、《国际备用证惯例》（International Standby Practice，ISP98）等。1996年，联合国国际贸易法委员会正式通过了《联合国独立保证与备用信用证公约》（United Nations

---

① 笪恺. 国际贸易中银行担保法律问题研究. 北京:法律出版社,2000:3.

Convention on Independent Guarantee and Standby Letter of Credit)。本章将依据上述惯例与规则，对国际贸易中常用的保函进行分析和探讨。

一、独立保函的含义及其特性

独立保函（Independent Guarantee），又称独立保证、独立担保。国际商会《见索即付保函统一规则》（URDG758）第2条规定："见索即付保函或保函，无论其如何命名或描述，指根据提交的相符索赔进行付款的任何签署的承诺。"《联合国独立保证与备用信用证公约》也在第2条对独立保函进行了界定：保证是指一项独立的义务，国际惯例上称为独立保证或备用信用证中的承诺或义务。银行或其他机构或个人（称"保证人"）签发此类保函或备用信用证并承诺：一经请求或一经随附其他单据的请求，即可以符合保函的条款和任何单据条件、指示或可推知的条件的方式，向受益人支付确定的或有限期的款项。

从上述国际惯例和公约对独立保函的界定可以看出，独立保函是一种不同于传统从属性保函的新型信用担保方式，其含义是指，它是一种与基础合同相分离的，一旦出具后其效力不依附于基础合同的保证，其付款义务仅以独立保函自身的条款和条件为依据。换言之，为了保证债务的履行，保证人依基础合同债务人的请求，向基础合同的债权人作出承诺，只要该债权人提出索款要求并提示相符的单据，保证人不能援引基础合同的任何抗辩理由，必须向债权人支付约定金额。

在独立保函关系中实际上存在三个合同关系。第一，保函申请人（主债务人）与受益人（主债权人）之间的基础合同关系。这种关系主要表现为货物买卖、工程招投标、工程承包、预付款的支付、借贷等合同关系。这种合同关系是独立保函关系产生的原因和前提，但两者却是相互独立的，即基础合同关系的无效并不影响保证人与受益人之间的保证合同关系的效力。一旦保证人出具保函并经受益人接受，保证人与受益人之间即产生独立于基础合同之外的另一合同关系，两者的权利、义务完全以保函内容为依据，不受基础合同内容影响。对此，URDG758第5条强调，保函就其性质而言，独立于基础关系和申请，保证人完全不受这些关系的影响或约束。保函中为指明所对应的基础关系而予以引述，并不改变保函的独立性。保证人在保函项下的付款义务，不受任何关系项下产生的请求或抗辩的影响。第二，保函申请人（主债务人）与保证人之间的委托合同关系。尽管保函是应申请人的要求并为其利益而出具的，但保函一旦出具，则与申请人和保证人之间的委托合同相互独立。因此，受益人向保证人提出索款要求，则无论其原因如何，保证人也不得以申请人违反委托合同为由拒绝付款。由此可见，独立保函存在受益人欺诈性索款的风险。第三，保证人与受益人（主债权人）之间的独立保证合同关系。这种独立关系一旦成立，即独立于上述两种合同关系，只要受益人提出的索款要求符合保函的条款与条件，保证人必须履行付款义务。[①]

独立保函的上述特性，可以满足国际贸易有关当事人的需求。例如，为维护自身利益，债权人通常要求债务人通过银行提供债务担保，将担保银行作为第一债务人，以使自己的权利更容易实现。而银行在为他人的债务提供担保时，最不希望卷入基础合同可能产

---

① 笪恺．国际贸易中银行担保法律问题研究．北京：法律出版社，2000：3.

生的各种利害关系的冲突和法律诉讼之中，它所希望的是向受益人付款的条件尽可能简明可行，不使自己承担额外的义务；对债务人来说，独立担保中的银行担保也能较好地满足其需要。因为银行担保可以免去债务人向债权人提供保证金或有价证券质押担保，避免了现金或有价证券被冻结的可能，对其资金周转十分有利。因此，银行担保可以替代现金或有价证券担保。

二、国际贸易中独立保函的种类

国际贸易中所使用的独立保函依不同的标准可以有不同的种类。实务中常见的分类标准和种类一般有以下几种。

（一）按独立保函运作机构划分

按独立保函运作机构的不同，分为直接独立保函和间接独立保函。[①]

（二）按独立保函的付款条件划分

按独立保函的付款条件不同，分为见索即付独立保函、提示第三方单据付款独立保函和提示仲裁裁决或法院判决付款独立保函。[②]

（三）按独立保函的用途划分

按独立保函的用途不同，分为付款保函、预付款保函、借款保函、透支保函、补偿贸易保函、履约保函、租赁保函、投标保函、质量保函、维修保函、关税保付保函等。[③]

三、独立保函的特点

从上述论述可以看出，独立保函具有以下特点。[④]

1. 保证人付款义务的抽象性；
2. 保证人担保的独立性；
3. 保证人担保的单据性；
4. 单据与担保条款的一致性；
5. 清偿债务的第一性；
6. 保证人审单义务的表面性。

四、独立保函在国际贸易中的作用

独立保函真正作为国际贸易中的一种有效担保工具和手段，始于20世纪70年代。此后，无论是从地域范围还是从业务范围及其总量与个案数额等方面，都获得巨大的发展。目前，独立保函已经成为国际贸易领域中最重要的新型信用担保工具和手段，并且发挥了不可替代的作用。

（一）防范日益增大的国际贸易风险

随着国际贸易的不断增长和国际投资的不断扩张，特别是国际贸易全球化的发展，贸

① 详见拙著．国际结算——实务与操作(第三版)．北京:对外经济贸易大学出版社,2014:366。
② 详见拙著．国际结算——实务与操作(第三版)．北京:对外经济贸易大学出版社,2014:366-367。
③ 详见拙著．国际结算——实务与操作(第三版)．北京:对外经济贸易大学出版社,2014:367-369。
④ 详见拙著．国际结算——实务与操作(第三版)．北京:对外经济贸易大学出版社,2014:369-370。

易规模、金额等迅速扩大和增加，贸易商所面临的各种风险也随之增大，因此，风险的防范对贸易商具有重要的现实意义。而传统的担保制度，因保证人享有债务人的抗辩权而使债权人处于不利的地位，总是导致债权人不得不进行法律诉讼，从而使债权人的风险有可能进一步增加。现代国际贸易中的独立保函，通常由银行等资金雄厚、信誉可靠的机构开立，并借鉴信用证的做法，特别是吸收了信用证的独立性原则，使独立保函成为与传统的从属性保函不同的一种新型信用担保制度。根据独立保函的独立性原则，只要债权人的索款要求与保函的条件相符，银行必须向债权人付款，保证人不能主张源于基础合同的任何抗辩。因此，独立保函的担保功能比从属性保函大大加强，从而对债权人有较好的风险防范作用，成为国际贸易风险防范的重要工具。

（二）独立保函成为重要的融资工具

独立保函迅速发展的原因之一是其用途广泛，它不仅适用于非融资交易，如买卖合同、租赁业务和工程承包等，更适用于融资交易，如贷款、透支、参与合作、发行债券、再保险以及其他融资性交易。而传统的从属性保函只适用于非融资交易的担保，并不具有融资功能。随着国际贸易的深入发展，贸易商的融资需求越来越大。因此，国际贸易的担保工具也相应地增加了融资功能，而独立保函正是具有这种功能的最佳工具之一。

（三）独立保函将商业信用转化为银行信用

传统的担保制度要求债务人交存现金和有形财产作为履约的担保。这种担保形式具有许多弊端，特别是对债务人的利益保护不足，加大了债务人的经济负担，也增加了债务的风险。同时，汇率的变动也可能使债权人的利益受到损害，有形财产又难以控制和变现，对债权人的利益保护不利。因此，在国际贸易中，人们越来越多地使用独立保函，将现金和财产担保转化为银行等金融机构的信用担保，即将商业信用转化为银行信用，为贸易发展提供更加安全可靠的保障。

（四）独立保函有利于优化国际贸易环境

独立保函的保证人一般为银行，银行参与担保业务可以证明当事人的履约能力，从一开始就将不具备参与国际贸易资格的人排除在外。因为银行提供担保意味着不可撤销的付款保证，银行在对委托人（债务人）的资金和履约能力、信誉进行全面审查并得到满意的结果之前，不会轻易作出付款保证。这样，通过独立保函可以将某些不具备参与国际贸易能力的企业或单位提前排除，有利于保护债权人和担保人的利益，从而优化整体国际贸易环境。

五、独立保函的主要条款内容

独立保函的三方相关人是申请人（债务人）、受益人（债权人）和保证人（通常为银行）。他们对保函拥有权利和义务，但其利益各不相同。对申请人和受益人而言，尽管保函独立于他们之间的基础合同，但保函实际上又是基础合同的产物，因而保函条款的内容对他们的利益至关重要。所以，他们对保函条款的内容会认真对待。对保证人而言，保证人在提供担保业务时，也存在自身利益，同时必须承担相应的付款义务。因而，保证人最关心的是他对受益人付款义务的内容和方式。由此可见，保函条款的内容对申请人、受益人和保证人都具有重要意义并能为他们所接受。

独立保函因各国的不同要求，其格式有所差异，但其主要条款及内容通常是一致的。①

六、直接独立保函相关人的权利和义务

在直接独立保函中，保函的当事人为受益人（基础合同的债权人）和保证人（一般为国外银行），其关系人为申请人（基础合同的债务人）。他们三方之间的关系表现为以下三个方面：第一，申请人向保证人申请对受益人开立保函，保函的条款和条件一般由申请人拟定；第二，若银行等机构接受申请人的请求，则有义务开立保函、成为保证人，且一旦受益人提出索款要求，保证人有义务审查索款要求是否与保函要求相符并据此决定是否向受益人付款；第三，保证人向受益人付款后，有权要求申请人偿付。尽管保证人是依申请人的要求开立保函的，但保证人是以自己的名义向受益人承担付款义务而不是以申请人的代理人名义行事。在直接独立保函业务中，有时也有通知行的参与，但这并不改变保函的性质，也不改变保函关系人之间的权利和义务。通知行一般是作为保证人的代理人，他在某种程度上履行保证人的义务。直接独立保函的当事人与关系人，在保函业务中拥有各自的权利和义务。②

七、间接独立保函相关人的权利和义务

在间接独立保函下，申请人要求其国内银行（称为指示行）向受益人所在国（地）的银行（称为保证人）发出开立保函的指示。因此，在间接独立保函中，其相关人为保证人、受益人、申请人和指示行。

在间接独立保函中，有两个不同的委托合同，即申请人与指示行之间的委托合同、指示行与保证人之间的委托合同。如同直接独立保函一样，保证人以自己的名义向受益人承担保函义务，接受指示行委托办事。为了免于向受益人付款后遭受损失，保证人一般要求指示行提供反保函，一旦受益人向保证人提出索款要求，保证人履行付款义务后，他有权依反保函向指示行要求赔偿，而指示行在向保证人赔偿之后，再向申请人要求偿付。但指示行与受益人之间没有合同关系，因此，受益人不能直接向指示行提出索款要求。

与直接独立保函相比较，间接独立保函关系中多出一个指示行与保证人之间的关系，而且他们分别处于不同国家，从而导致间接独立保函的关系更加复杂。保证人向受益人提供的保函通常称为“基础保函”（Primary Guarantee），以区别于指示行提供的反保函。在间接独立保函中，多数情况下各相关人是相互独立的，但在有些情况下，这些相关人又是相互关联的。申请人与受益人的主要权利与义务与前述基本相同，不再赘述。这里仅对指示行与保证人的主要义务进行分析。③

---

① 关于“独立保函的主要条款内容”，可详见拙著．国际结算——实务与操作（第三版）．北京：对外经济贸易大学出版社，2014：370-376。

② 关于“直接独立保函相关人的权利和义务”，可详见拙著．国际结算——实务与操作（第三版）．北京：对外经济贸易大学出版社，2014：376-379。

③ 关于“间接独立保函相关人的权利和义务”，可详见拙著．国际结算——实务与操作（第三版）．北京：对外经济贸易大学出版社，2014：380-383。

八、相关案例分析

（一）履约保函与反担保函争议

在处理独立保函争议中，认定是否构成独立保函欺诈，需对基础交易进行审查时，坚持有限及必要原则，审查范围应限于受益人是否明知基础合同的相对人并不存在基础合同项下的违约事实，以及是否存在受益人明知自己没有付款请求权的事实。受益人在基础合同项下的违约情形，并不影响其依独立保函的规定提交单据并进行索款的权利。认定独立反担保函项下是否存在欺诈时，即使独立保函存在欺诈情形，独立保函项下已善意付款的，法院亦不得裁定止付独立反担保函项下款项。

案情简介

在“安徽省外经建设（集团）有限公司诉东方置业房地产有限公司保函欺诈纠纷案”一案中，[①] 2010年1月16日，东方置业房地产有限公司（下称“东方置业”）作为开发方，与作为承包方的安徽省外经建设（集团）有限公司（下称“外经集团”）、作为施工方的安徽外经建设中美洲有限公司（下称“外经中美洲公司”）在哥斯达黎加共和国圣何塞市签订了“哥斯达黎加湖畔华府项目施工合同”（下称“施工合同”），约定承包方为三栋各十四层综合商住楼施工。外经集团于2010年5月26日向中国建设银行股份有限公司安徽省分行（下称“安徽建行”）提出申请，并以哥斯达黎加银行作为转开行，向作为受益人的东方置业开立履约保函，保证事项为哥斯达黎加湖畔华府项目。2010年5月28日，哥斯达黎加银行开立了履约保函（编号G051225），担保人为安徽建行，委托人为外经集团，受益人为东方置业，担保金额为2 008 000美元，有效期至2011年10月12日，后延期至2012年2月12日。保函表明为“无条件的、不可撤销的、必须的、见索即付的”保函。执行此保函需受益人向哥斯达黎加银行中央办公室外贸部提交一式两份的证明文件，指明执行此保函的理由；另外，由受益人出具经公证的声明，指出通知外经中美洲公司因为违约而产生此请求的日期，并附上保函证明原件和已出具过的修改件。安徽建行同时向哥斯达黎加银行开具反担保函（编号34147020000289），承诺自收到哥斯达黎加银行通知后20日内支付保函项下的款项。反担保函是“无条件的、不可撤销的、随时要求支付的”，并约定“遵守国际商会URDG458（《见索即付保函统一规则》）”。

施工合同履行过程中，2012年1月23日，建筑师Jose Brenes和Mauricio Mora出具项目工程检验报告。该报告认定施工项目存在“施工不良”“品质低劣”且需修改或修理的情形。2012年2月7日，外经中美洲公司以东方置业为被申请人，向哥斯达黎加建筑师和工程师联合协会争议解决中心提交仲裁请求，认为东方置业拖欠应支付的已完成施工量的工程款及相应利息，请求解除合同并裁决东方置业赔偿损失。2月8日，东方置业向哥斯达黎加银行提交索赔声明、违约通知书、违约声明、项目工程检验报告等保函兑付文件，要求执行保函。2月10日，哥斯达黎加银行向安徽建行发出电文，称东方置业提出索赔，要求支付银行保函（履约保函）项下2 008 000美元的款项，哥斯达黎加银行进而要求安徽建行须于2012年2月16日前支付上述款项。2月12日，应外经中美洲公司申请，哥斯达黎加共和国行政诉讼法院第二法庭下达临时保护措施禁令，裁定哥斯达黎加银

① 参见最高法院指导案例109号“安徽省外经建设（集团）有限公司诉东方置业房地产有限公司保函欺诈纠纷案”；（2017）最高法民再134号民事判决书。

行暂停执行履约保函。

2月23日，外经集团向合肥市中级人民法院提起保函欺诈纠纷诉讼，同时申请中止支付上述两个保函项下款项。一审法院于2月27日作出裁定，裁定中止支付上述保函项下款项，并于2月28日向安徽建行送达上述裁定。2月29日，安徽建行向哥斯达黎加银行发送电文告知一审法院已作出的裁定事由，并于当日向哥斯达黎加银行寄送上述裁定书的复印件。哥斯达黎加银行于3月5日收到上述裁定书复印件。

3月6日，哥斯达黎加共和国行政诉讼法院第二法庭判决外经中美洲公司申请预防性措施败诉，解除临时保护措施禁令。3月20日，应哥斯达黎加银行的要求，安徽建行延长反担保函的有效期。3月21日，哥斯达黎加银行向东方置业支付履约保函项下款项。

2013年7月9日，哥斯达黎加建筑师和工程师联合协会作出仲裁裁决，认定东方置业在履行合同过程中严重违约并终止施工合同，东方置业向外经中美洲公司支付1号至18号工程进度款共计800 058.45美元及利息；第19号工程因未获得开发商验收，相关工程款请求未予支持；因履约保函项下款项已支付，不支持外经中美洲公司退还保函的请求。

法院判决

安徽省合肥市中级人民法院于2014年4月9日作出民事判决：一、东方置业针对履约保函的索赔行为构成欺诈；二、安徽建行终止向哥斯达黎加银行支付银行保函（反担保函）项下2 008 000美元的款项；三、驳回外经集团的其他诉讼请求。东方置业不服一审判决，提起上诉。安徽高院于2015年3月19日作出民事判决：驳回上诉，维持原判。东方置业不服二审判决，向最高法院申请再审。最高法院于2017年12月14日作出民事判决：一、撤销安徽省高级法院、安徽省合肥市中级人民法院民事判决；二、驳回外经集团的诉讼请求。

案例评析

第一，本案涉及的独立保函争议案件的识别依据、管辖权以及法律适用。

本案争议的当事方东方置业及哥斯达黎加银行的经常居所地位于中国领域外，本案系涉外商事纠纷。依中国《涉外民事关系法律适用法》第8条“涉外民事关系的定性，适用法院地法”的规定，外经集团作为外经中美洲公司在国内的母公司，是涉案保函的开立申请人，其申请安徽建行向哥斯达黎加银行开立见索即付的反担保函，由哥斯达黎加银行向受益人东方置业转开履约保函。依保函文本内容，哥斯达黎加银行与安徽建行的付款义务均独立于基础交易关系及保函申请法律关系，因此，上述保函可确定为见索即付独立保函，上述反担保函可确定为见索即付独立反担保函。外经集团以保函欺诈为由向一审法院提起诉讼，本案性质为保函欺诈纠纷。被请求止付的独立反担保函由安徽建行开具，该银行所在地应认定为外经集团主张的侵权结果发生地。一审法院作为侵权行为地法院对本案具有管辖权。因涉案保函载明适用URDG（《见索即付保函统一规则》），应认定上述规则的内容构成争议保函的组成部分。依中国《涉外民事关系法律适用法》第44条“侵权责任，适用侵权行为地法律”的规定，URDG未涉及的保函欺诈的认定标准应适用中国法律。中国未加入《联合国独立保证与备用信用证公约》，本案当事人亦未约定适用上述公约或将公约有关内容作为国际交易规则订入保函，依意思自治原则，《联合国独立保证与备用信用证公约》不应适用。

第二，东方置业作为受益人，是否具有基础合同项下的初步证据，证明其索赔请求具有事实依据。

法院在审理独立保函及与独立保函相关的反担保案件时，对基础交易的审查，应坚持有限原则和必要原则，审查的范围应限于受益人是否明知基础合同的相对人并不存在基础合同项下的违约事实，或不存在其他导致独立保函付款的事实。否则，对基础合同的审查将会动摇独立保函"见索即付"的制度价值。

依《最高法院关于贯彻执行中国〈民法通则〉若干问题的意见（试行）》第68条的规定，欺诈主要表现为虚构事实与隐瞒真相。根据最高法院再审查明的事实，哥斯达黎加银行开立的履约保函，明确规定了实现保函需提交的文件为：说明执行保函理由的证明文件、通知外经中美洲公司执行保函请求的日期、保函证明原件和已出具过的修改件。外经集团主张东方置业的行为构成独立保函项下的欺诈，应提交证据证明东方置业在实现独立保函时具有下列行为之一：（1）为索赔提交内容虚假或伪造的单据；（2）索赔请求完全无事实基础和可信依据。本案中，保函担保的是"施工期间材料使用的质量和耐性，赔偿或补偿造成的损失，和/或承包方未履行义务的赔付"，意即，保函担保的是施工质量和其他违约行为。因此，受益人只需提交能证明存在施工质量问题的初步证据，即可满足保函实现所要求的"说明执行保函理由的证明文件"。本案基础合同履行过程中，东方置业的项目监理人员 Jose Brenes 和 Mauricio Mora 于 2012 年 1 月 23 日出具项目工程检验报告，认定施工项目存在"施工不良""品质低劣"且需修改或修理的情形，该项目工程检验报告构成证明存在施工质量问题的初步证据。

本案当事方在施工合同中及在保函项下并未明确约定实现保函时应向哥斯达黎加银行提交项目工程检验报告，因此，东方置业有权自主选择向哥斯达黎加银行提交"证明执行保函理由"的证明文件的类型，其是否向哥斯达黎加银行提交该报告不影响其保函项下权利的实现。另外，施工合同以及保函亦未规定上述报告须由 AIA 国际建筑师事务所或具有美国建筑师协会国际会员身份的人员出具，因此，JoseBrenes 和 Mauricio Mora 是否具有美国建筑师协会国际会员身份并不影响其作为发包方的项目监理人员出具项目工程检验报告。外经集团对 Jose Brenes 和 Mauricio Mora 均为发包方的项目监理人员身份是明知的，对其出具项目工程检验报告并领取工程款项时的监理身份是认可的，故，以自身认可的足以证明 Jose Brenes 和 Mauricio Mora 监理身份的证据反证其出具的项目工程检验报告虚假，逻辑上无法自洽。因外经集团未能提供其他证据证明东方置业实现案涉保函完全没有事实基础或者提交虚假或伪造的文件，东方置业据此向哥斯达黎加银行申请实现保函权利具有事实依据。

综上，项目工程检验报告构成证明外经集团基础合同项下违约行为的初步证据，外经集团提供的证据不足以证明上述报告存在虚假或者伪造，亦不足以证明东方置业明知基础合同的相对人并不存在基础合同项下的违约事实或不存在其他导致独立保函付款的事实而要求实现保函。东方置业基于外经集团基础合同项下的违约行为，依据合同的规定，提出实现独立保函项下的权利不构成保函欺诈。

第三，独立保函受益人基础合同项下的违约情形，是否必然构成独立保函项下的欺诈索款。

外经集团认为，根据《最高人民法院关于审理独立保函纠纷案件若干问题的规定》

（下称“独立保函司法解释”）第12条第3项、第4项、第5项，应认定东方置业构成独立保函欺诈。依独立保函司法解释第25条的规定，经庭审可明确，外经集团仍坚持认为本案处理不应违反独立保函司法解释的规定精神。结合外经集团的主张，最高法院对上述涉及独立保函司法解释的相关问题作出进一步阐释。

独立保函独立于委托人和受益人之间的基础交易，出具独立保函的银行只负责审查受益人提交的单据是否符合保函条款的规定并有权自行决定是否付款，担保行的付款义务不受委托人与受益人之间基础交易项下抗辩权的影响。东方置业作为受益人，在提交证明存在工程质量问题的初步证据时，即使未启动任何诸如诉讼或者仲裁等争议解决程序并经上述程序确认相关方违约，都不影响其保函权利的实现。即使基础合同存在正在进行的诉讼或者仲裁程序，只要相关争议解决程序尚未作出基础交易债务人没有付款或赔偿责任的最终认定，亦不影响受益人保函权利的实现。进而言之，即使生效判决或仲裁裁决认定受益人构成基础合同项下的违约，该违约事实的存在亦不必然成为构成保函“欺诈”的充分必要条件。

本案中，保函担保的事项是施工质量和其他违约行为，而受益人未支付工程款项的违约事实与工程质量出现问题不存在逻辑上的因果关系，东方置业作为受益人，其自身在基础合同履行中存在的违约情形，并不必然构成独立保函项下的欺诈索款。独立保函司法解释第12条第3项的规定内容，将独立保函欺诈认定的条件限定为“法院判决或仲裁裁决认定基础交易债务人没有付款或赔偿责任”，因此，除非保函另有约定，对基础合同的审查应限定在保函担保范围内的履约事项，将受益人自身在基础合同中是否存在违约行为纳入保函欺诈的审查范围时应十分审慎。虽然哥斯达黎加建筑师和工程师联合协会作出仲裁裁决，认定东方置业在履行合同过程中违约，但上述仲裁程序于2012年2月7日由外经集团发起，东方置业并未提出反请求，2013年7月9日作出的仲裁裁决仅针对外经集团的请求事项认定东方置业违约，并未认定外经集团因对方违约行为的存在而免除付款或者赔偿责任。因此，不能依上述仲裁裁决的内容认定东方置业构成独立保函司法解释第12条第3项规定的保函欺诈。

另外，双方对工程质量发生争议的事实以及哥斯达黎加建筑师和工程师联合协会争议解决中心作出的仲裁裁决书中涉及工程质量问题部分的表述能够佐证，外经中美洲公司在施工合同项下的义务尚未完全履行，本案并不存在东方置业确认基础交易债务已完全履行或付款到期事件并未发生的情形。现有证据亦不能证明东方置业明知其没有付款请求权仍滥用权利。东方置业作为受益人，其自身在基础合同履行中存在的违约情形，虽经仲裁裁决确认但并未因此免除外经集团的付款或者赔偿责任。综上，即使依据外经集团的主张适用独立保函司法解释，本案情形亦不构成保函欺诈。

第四，本案涉及的与独立保函有关的独立反担保函。

基于独立保函的特点，担保人在债务人之外构成对受益人的直接支付责任，独立保函与主债务之间没有抗辩权上的从属性，即使债务人在某一争议解决程序中行使抗辩权，并不当然使独立担保人获得该抗辩利益。另外，即使存在受益人在独立保函项下的欺诈性索款情形，亦不能推定担保银行在独立反担保函项下构成欺诈性索款。只有担保银行明知受益人系欺诈性索款且违反诚实信用原则付款，并向反担保银行主张独立反担保函项下款项时，才能认定担保银行构成独立反担保函项下的欺诈性索款。

外经集团以保函欺诈为由提起本案诉讼，其应举证证明哥斯达黎加银行明知东方置业存在独立保函欺诈情形，仍然违反诚信原则予以付款，进而以受益人身份在见索即付独立反担保函项下提出索款请求并构成反担保函项下的欺诈性索款。现外经集团不仅不能证明哥斯达黎加银行向东方置业支付独立保函项下款项存在欺诈，亦没有举证证明哥斯达黎加银行在独立反担保函项下存在欺诈性索款情形，其主张止付独立反担保函项下款项没有事实依据。

（二）保函欺诈纠纷案

案情简介

原告：中材装备集团有限公司（下称“中材装备公司”）

被告：中国工商银行股份有限公司天津分行（下称“工商银行天津分行”）

被告：格里布瓦尔水泥有限公司（下称“格里布瓦尔公司”）①

原告中材装备公司诉称：2004 年 12 月 30 日，其与格里布瓦尔公司签订巴基斯坦境内水泥生产线（日产 6 700 吨）合同（下称“基础合同”）。该合同约定，中材装备公司提供日产 6 700 吨水泥生产线的设计服务、提供设备并负责整个项目的负荷调试。格里布瓦尔公司负责设备的安装、根据合同履行阶段向中材装备公司支付合同价款。

为履行该合同，中材装备公司申请工商银行天津分行开立以格里布瓦尔公司为受益人，金额分别为 2 689 741. 80 美元和 707 600 欧元的保函。此后，中材装备公司依约履行了合同，而格里布瓦尔公司严重违约。2008 年 5 月 29 日，格里布瓦尔公司谎称中材装备公司主合同项下违约，通过巴基斯坦国家银行向工商银行天津分行发送两份电文，在电文中分别故意做虚假陈述，进行欺诈性索款，格里布瓦尔公司的索款行为构成欺诈。因此，原告请求：（1）确认格里布瓦尔公司在索赔保函过程中存在欺诈；（2）判令工商银行天津分行终止向格里布瓦尔公司支付保函项下款项；（3）诉讼费由格里布瓦尔公司承担。

被告格里布瓦尔水泥公司辩称：本案争议的是保函纠纷，保函与基础合同是相互独立的。就基础合同，双方约定将根据巴基斯坦 1940 年仲裁法在迪拜进行仲裁。就保函问题，双方约定适用新加坡法律。中材装备公司自始至终没有举出新加坡法律，且格里布瓦尔公司索款材料既非虚假，亦非无索款理由，故请求驳回中材装备公司的诉讼请求。

被告工商银行天津分行辩称：该行开立保函程序合法，符合中国相关法律、法规及国际惯例的规定，不存在任何过失。根据《见索即付保函统一规则》第 2 条的规定，该行开出的保函为独立性见索即付保函，该保函独立于中材装备公司与格里布瓦尔公司之间的主合同。如证明保函存在欺诈，必须对主合同进行审查，而该行开立的保函与主合同是相互独立的，服从法院裁决。

法院经审理查明：2004 年 12 月 30 日，中材装备公司与格里布瓦尔公司在巴基斯坦签订巴基斯坦境内水泥生产线（日产 6 700 吨）合同，约定中材装备公司承接整条水泥生产线的工程设计、土建设计及设备供货，格里布瓦尔公司承担水泥库和包装车间的工艺电气设计及土建施工并进行全厂安装和操作工作，合同价格为 26 679 520 美元和 6 826 000 欧元。在执行合同中发生纠纷时，双方应及时协商解决，协商不成将根据巴基斯坦 1940

① 引自“中材装备集团有限公司诉格里布瓦尔水泥有限公司、中国工商银行股份有限公司天津分行保函欺诈纠纷案”，http://tjfy. chinacourt. org/public/detail. php? id=21463［2015-08-03］。

年仲裁法在迪拜进行仲裁。

关于工程设计问题，工程设计费的80%依格里布瓦尔公司出具的确认工程设计工作完成证明（不包括竣工图）以即期信用证议付，中材装备公司要提供全套工程设计和文件。关于土建设计问题，中材装备公司应按中国标准承担格里布瓦尔公司有关工厂土建工程设计的全部责任和义务，设计费用为350 000美元。

中材装备公司与格里布瓦尔公司于2005年7月21日签订合同附件3，约定格里布瓦尔公司应在2005年8月5日前向中材装备公司提供地质调查资料并开出土建设计合同的信用证；中材装备公司收到土建设计信用证及地质调查资料后，应在45天至8个月之间开始提供用于土建设计的区域开挖土建工程设计图；出具相关区域开挖土建工程设计图之后2个月内，中材装备公司提供详细的区域开挖工程设计。与合同有效期有关的所有时间期限（预付款除外）可延长5个月。

中材装备公司与格里布瓦尔公司于2006年5月签订的合同附件5约定，格里布瓦尔公司授权并且中材装备公司同意对磨煤机提供工程设计及供货，中材装备公司将在该附件5生效后3个月之内提供煤磨的桩基图纸，5个月之内完成所有工程设计并提供煤磨的分交图纸，该附件从中材装备公司收到预付款之日起生效。

2005年8月27日，格里布瓦尔公司申请开立受益人为中材装备公司的土建设计信用证，金额350 000美元。格里布瓦尔公司于2006年9月1日向中材装备公司出具详细设计交付收据，中材装备公司于2006年11月28日收到上述信用证项下的款项。2006年9月18日，中材装备公司收到磨煤机预付款527 061美元，格里布瓦尔公司于2007年3月18日签收磨煤机详细设计文件接收单。

关于供货问题。基础合同约定，中材装备公司应当提供产品，使格里布瓦尔公司能够安装设备并将其投入运营，中材装备公司按照工期以FOB条款交货，若工厂在瑕疵担保期内未能达到合同规定的要求，中材装备公司负责并有义务尽快修复缺陷或提供新设备/部件等用于更换修复。若发生短装，中材装备公司要负责在尽可能短的时间内发运短装部件并自行承担费用。美元部分设备款的75%和欧元部分设备款的80%的信用证见下列单据在信用证下议付：不可转让的清洁提单、原产地证明、装箱单、商业发票及其他巴基斯坦海关规定需要的文件。格里布瓦尔公司负责合同项下整个项目设备在卡拉奇港的收货和卸货工作，但在格里布瓦尔公司收货和卸货以及验货的同时，要有中材装备公司的代表在卡拉奇港或工程现场与格里布瓦尔公司一起检查是否有短装或破损，双方联合准备的报告要提交给格里布瓦尔公司和中材装备公司。2006年1月28日至2007年3月27日，格里布瓦尔公司陆续就设备供应为中材装备公司开具信用证。中材装备公司已实际收到上述信用证项下的设备款项。

关于履约测试问题。中材装备公司与格里布瓦尔公司约定，各车间分别进行单车间的履约测试。若各车间履约测试的结果达到保证值要求，中材装备公司要向格里布瓦尔公司申请颁发该车间的临时验收证书。格里布瓦尔公司于2008年8月26日至2009年4月23日期间，先后签发7个性能考核验收证书，分别证明辅助粉碎系统、生料仓系统、堆垛和出料系统、1#水泥磨机系统、2#水泥磨机系统、磨煤机系统、石灰石破碎系统所有履约测试成功完成。庭审中，双方确认只有热处理系统（亦可称烧成系统）没有调试完成。

2007年10月，中材装备公司与格里布瓦尔公司签订合同附件6，双方就银行保函达成如下协议：中材装备公司提供两个独立新银行保函（无条件且不可撤销），其中，美元保函和欧元保函各占合同金额的 10%，即 2 689 741.80 美元和 707 600 欧元，以格里布瓦尔公司为受益人，有效期至 2008 年 5 月 30 日，由巴基斯坦国家银行确认。若由于中材装备公司的问题，履约测试未能完成，中材装备公司应延长银行保函或者按照合同条款支付格里布瓦尔公司定额赔偿。如在 2008 年 5 月 30 日前，非因中材装备公司的原因履约测试未能启动，中材装备公司不负责相关银行保函延期工作。

2008 年 2 月 5 日，中材装备公司以工商银行天津分行为担保行，以格里布瓦尔公司为受益人，申请开立两个无条件不可撤销的银行保函，金额分别为 2 689 741.80 美元和 707 600 欧元，有效期至 2008 年 5 月 30 日。该保函约定，自收到格里布瓦尔公司在保函有效期内根据此保函可能发出任何指明中材装备公司未能履行协议下义务的索赔请求通知后 15 天内，工商银行天津分行向格里布瓦尔公司支付总金额最大值 2 689 741.80 美元和 707 600 欧元，无需向中材装备公司取证，即使中材装备公司与格里布瓦尔公司之间或有争议。此保函所有索赔必须通过巴基斯坦国家银行发送 SWIFT 报文且此保函下的所有索款将支付巴基斯坦国家银行并贷记到格里布瓦尔公司账户。此保函受国际商会《见索即付保函统一规则》（URDG458）约束并适用新加坡法律。

2008 年 5 月 29 日，格里布瓦尔公司的委托行巴基斯坦国家银行向工商银行天津分行发出 SWIFT 报文，提出中材装备公司未履行协议下义务，请求支付保函项下的款项 2 689 741.80 美元和 707 600 欧元。2008 年 7 月 2 日，巴基斯坦国家银行向工商银行天津分行发出 SWIFT 报文，称该行参照上述银行保函，已收到格里布瓦尔公司向中材装备公司发送的，关于将索兑此保函日期推延至 2008 年 7 月 20 日的请求。后经多次推延，银行保函的兑现期延至 2009 年 10 月 15 日。2009 年 10 月 14 日，巴基斯坦国家银行向工商银行天津分行发出付款通知，称该行收到格里布瓦尔公司要求对担保总额为 2 689 741.80 美元、707 600 欧元保函的付款通知，且该公司还依据保函提供了书面证明书，载明：由于中材装备公司违反 2004 年 12 月 30 日所签合同的约定，该行参照工商银行天津分行 2008 年 2 月 5 日签发的无条件不可撤销银行保函兑现格里布瓦尔公司的请求。

法院判决

天津第二中级人民法院于 2011 年 9 月 20 日作出（2009）二中民三初字第 32 号民事判决：被告中国工商银行股份有限公司天津分行终止支付被告格里布瓦尔水泥有限公司的委托行巴基斯坦国家银行于 2009 年 10 月 14 日向被告中国工商银行股份有限公司天津支行发出 SWIFT 报文请求支付 LGI21990800021 和 LGI21990800041 保函项下的款项 2 689 741.80 美元、707 600 欧元。宣判后，格里布瓦尔公司提出上诉。天津高院于 2013 年 11 月 4 日作出（2012）津高民四终字第 3 号民事判决：驳回上诉，维持原判。

案例评析

法院判决认为，本案为保函欺诈纠纷，争议焦点为格里布瓦尔公司向工商银行天津分行要求支付涉案保函项下款项时，是否存在欺诈性索款的情形。该案涉及以下几个问题。

1. 该案保函的定性。因中国法律并没有关于独立保函定性的明确规定，故判断涉案保函是否属于独立保函应根据保函本身的约定。独立保函具有两项核心的法律特征区别于从属性保函，即独立性和单据性。独立性是指独立保函是一份独立的法律文件，保证人的付款责任及保函效力完全取决于文本规定。单据性是指保证人仅根据文本规定履行付款责任，无需关注基础交易债务人是否实际违约及关联的诉讼情况。涉案保函约定，自收到格里布瓦尔公司在保函有效期内根据此保函可能发出任何指明中材装备公司未能履行协议下义务的索赔请求通知后 15 天内，工商银行天津分行向格里布瓦尔公司支付规定金额，而无需向中材装备公司取证，即使中材装备公司与格里布瓦尔公司之间或有争议。根据上述规定可以看出，涉案保函独立于基础合同，并且保证人工商银行天津分行的付款责任不受基础合同履行争议的影响，且保函中同时规定，涉案保函受国际商会《见索即付保函统一规则》（URDG458）约束。因此，担保行工商银行天津分行在保函中具有明确承担独立保证的意思表示，涉案保函应认定为涉外见索即付独立保函。

2. 该案的审查方式。涉案保函的独立性决定了其独立于基础合同，并不受基础合同项下双方存在争议的影响。格里布瓦尔公司提供保函规定的单据，即推定其已提供了中材装备公司存在基础合同项下违约事实的有效证明，工商银行天津分行在此情况下，应及时履行保函约定的付款义务。但诚实信用和“欺诈使一切归于无效”的法理作为各国在国际商事交易中均应普遍遵守的原则，在保函欺诈纠纷案件中也应予以适用。根据这一原则，欺诈应是独立保函独立性的唯一例外。就本案而言，在审查格里布瓦尔公司是否存在欺诈性索款的情形时，法院有权也有必要对中材装备公司和格里布瓦尔公司之间的基础合同履行情况进行有限度的审查。故格里布瓦尔公司关于基础合同约定争议提交迪拜仲裁，法院不应审查基础合同之主张，不能成立。

3. 该案的举证责任分配。《最高人民法院关于贯彻执行〈中华人民共和国民法通则〉若干问题的意见（试行）》第 68 条规定，一方当事人故意告知对方虚假情况或者故意隐瞒真实情况，诱使对方当事人作出错误意思表示的，可认定为欺诈行为。本案中，中材装备公司认为格里布瓦尔公司存在欺诈性索款之情形，其应对该项主张承担举证责任，即证明确已完全履行基础合同项下的义务，进而证明格里布瓦尔公司无权索兑保函项下的款项，其索款行为属于故意告知工商银行天津分行虚假情况，诱使工商银行天津分行支付保函项下款项。《最高人民法院关于民事诉讼证据的若干规定》第 2 条规定，当事人对自己提出的诉讼请求所依据的事实或者反驳对方诉讼请求所依据的事实，有责任提供证据加以证明。格里布瓦尔公司就中材装备公司已履行基础合同项下义务的抗辩，亦应承担相应的举证责任。法院综合当事人举证和质证意见，判断中材装备公司是否已经清楚、明确地证明自身已切实履行基础合同的义务，而格里布瓦尔公司是否进行欺诈性索款。

4. 该案的审查范围。根据涉案保函的约定，在保函有效期内，工商银行天津分行收到格里布瓦尔公司发出任何指明中材装备公司未能履行协议项下义务的索赔请求后 15 天内，应在保函总金额范围内支付赔款。本案事实表明，格里布瓦尔公司在保函有效期内即 2008 年 5 月 29 日，通过巴基斯坦国家银行向工商银行天津分行索兑保函项下款项。虽然自前述索款行为发生后的一段期间内，工商银行天津分行基于巴基斯坦国家银行向其所发，引用格里布瓦尔公司向中材装备公司发出延迟付款请求的电文，将涉案保函的付款期限多次延展，直至本案成讼前的 2009 年 10 月 14 日，格里布瓦尔公司发出最后一次付款请求，但保函付款期限延展不能等同于双方就保函有效期延展达成一致。在涉案保函有效期未作变更的情况下，法院认定格里布瓦尔公司索款时间为 2008 年 5 月 29 日。结合法院上述关于对基础合同进行有限审查的认定，本案应审查格里布瓦尔公司在 2008 年 5 月 29 日的索款声明中所作的中材装备公司存在违约行为的陈述是否虚假，即 2008 年 5 月 29 日之前，中材装备公司是否已经履行基础合同项下的义务。

根据基础合同及相关补充协议的约定，中材装备公司的主要义务为设计、供货和履约测试。关于涉案基础合同审查范围的认定，本案应审查 2008 年 5 月 29 日之前中材装备公司基础合同项下义务的履行情况。结合本案事实，中材装备公司的设计和供货义务应在 2008 年 5 月 29 日之前履行完毕，因此，上述义务的履行情况属于本案的审查范围。关于履约测试义务是否属于本案审查范围的问题，根据中材装备公司与格里布瓦尔公司签订调试合同的时间 2007 年 8 月 30 日，以及格里布瓦尔公司出具第一份性能考核验收证书的时间 2008 年 8 月 26 日之事实，法院认定在 2008 年 5 月 29 日之前，双方仍处于履约测试阶段，对于该项义务的履行情况尚无定论，中材装备公司履约测试义务的履行情况并非本案应审查的内容。

5. 设计义务的履行。根据基础合同及此后双方签订的土建设计合同、合同附件 3、合同附件 5，中材装备公司有义务提供全套工程设计和文件，其中包括土建设计及磨煤机工程设计。中材装备公司依据格里布瓦尔公司于 2006 年 9 月 1 日签收的详细设计交付收据，主张其已经完成合同项下的设计义务。对此，法院认为，根据基础合同及合同附件 3 关于工程设计流程的约定，中材装备公司应首先进行基本设计，经格里布瓦尔公司确认后，再完成详细设计。通过上述流程可以认定，详细设计图纸的交接是以格里布瓦尔公司确认基本设计为基础，因此，格里布瓦尔公司签收详细设计文件的事实可以证明中材装备公司已完成合同项下的基本设计和详细设计。

格里布瓦尔公司抗辩认为，中材装备公司未能按照合同附件 3 及合同附件 5 的规定按期完成土建设计和磨煤机设计义务，故其存在违约行为。对此，中材装备公司提供土建设计信用证及该信用证项下收款的单据、2007 年 3 月 18 日磨煤机详细设计文件接收单以及收到磨煤机设计及供货款项的单据。关于土建设计是否存在延期的问题，法院认为，根据合同附件 3 的规定，中材装备公司收到土建设计信用证及地质调查资料后，应在 45 天至 8 个月之间开始提供土建工程设计图，2 个月后提供详细的区域开挖工程设计。鉴于格里布瓦尔公司申请开立土建设计信用证的时间为 2005 年 8 月 27 日，根据上述关于工程设计期限的约定，中材装备公司最迟应于该日期后的 10 个月内，即 2006 年 6 月 27 日前完成土建工程设计。中材装备公司在 2006 年 9 月 1 日交付详细设计文件，该文件中应包括土建设计的详细设计，且中材装备公司提交的 2006 年 11 月 28 日的收款凭证显示，其已经收到 0401LC932105 号信用证项下的土建设计费 348 869 美元。中材装备公司收取信用证项下款项的事实证明，其所提交的单据符合信用证项下关于土建设计文件的交单要求，进而证实中材装备公司已经履行土建设计义务，故法院认定中材装备公司完成土建设计义务的时间为 2006 年 9 月 1 日。因双方在合同附件 3 中约定“与合同有效期有关/相关的所有时间期限/周期（预付款除外）可延长 5 个月”，据此，中材装备公司完成该项工程设计义务并不违反合同约定。关于磨煤机设计是否存在延期的问题，根据合同附件 5 的规定，中材装备公司应在该附件生效后 3 个月内提供煤磨的桩基图纸，在附件生效后 5 个月内完成所有工程设计并提供煤磨的分交图纸。虽然该附件的签约时间为 2006 年 5 月，但根据双方关于“中材装备公司收到预付款之日起生效”的约定以及中材装备公司于 2006 年 9 月 18 日收到预付款之事实，该附件于 2006 年 9 月 18 日开始生效，中材装备公司应于 2007 年 2 月 18 日前完成该项工程设计并提供煤磨的分交图纸。尽管格里布瓦尔公司于

2007 年 3 月 18 日签收磨煤机详细设计接收单，但根据双方在合同附件 3 中作出的“与合同有效期有关/相关的所有时间期限/周期（预付款除外）可延长 5 个月”的约定，中材装备公司如约完成磨煤机设计义务，并不存在违约行为。

综上，中材装备公司所提交的证据，足以证明其依约完成工程设计义务，不存在违约行为。

6. 供货义务的履行。中材装备公司根据其收取格里布瓦尔公司就设备供应所开具的信用证项下全部款项之事实，主张其已完成供货义务。对此，法院认为，根据双方的约定，美元部分设备款的 75% 和欧元部分设备款的 80% 的信用证，见中材装备公司提供相关单据后按比例在信用证下议付，故中材装备公司在提交提单、装箱单等相关单据后，方可议付信用证项下的设备款项。本案事实表明，中材装备公司已收到信用证项下的货款，该事实可证明中材装备公司已履行其在基础合同项下的供货义务。

格里布瓦尔公司抗辩认为，根据基础合同第 25 条的规定，其付款行为并不代表其放弃了对于中材装备公司违约责任的追索权；同时提出，在 2007 年 2 月 5 日至 2 月 12 日的会议纪要中，双方确认格里布瓦尔公司已将缺件清单交给中材装备公司，而且在 2009 年 4 月 1 日双方签署的谅解备忘录中提及，已向中材装备公司提交未履约清单。因此，中材装备公司未能完成基础合同项下的供货义务。对此，法院认为，根据基础合同的约定，格里布瓦尔公司负责在卡拉奇港的收货和卸货工作，在卡拉奇港或工程现场如发现短装或破损，应以双方联合准备的报告之形式提出。但本案中，并无双方就货物短装或破损形成的报告，虽然在 2007 年 2 月 5 日至 2 月 12 日的会议纪要中提及格里布瓦尔公司已经将缺件清单交给中材装备公司，但双方签署该会议纪要时，中材装备公司仍在履行供货义务过程中，而且根据双方的约定，中材装备公司在合同履行过程中乃至瑕疵担保期内，对于短装或缺陷部件有采取补救措施之义务。只有当其未依约履行供货义务并拒绝采取补救措施进而导致设备不能安装或不能投入运营，中材装备公司的供货行为方构成违约。格里布瓦尔公司索赔保函项下款项时，设备已安装完毕并处于履约测试阶段，该事实可证明中材装备公司在供货问题上不存在足以导致格里布瓦尔公司索赔保函项下款项的违约行为。因此，格里布瓦尔公司的抗辩不能成立。

综上所述，中材装备公司在 2008 年 5 月 29 日之前已完全履行基础合同项下及双方所签订附件中约定的设计和供货义务，格里布瓦尔公司的抗辩不能成立，法院认定格里布瓦尔公司在索赔涉案保函项下款项时，存在欺诈性索款情形。

（三）正确处理保函保兑条款的启示

保函作为对外担保工具，其措辞关系到基础交易关系的双方以及担保人的权利和义务。一旦措辞不当，则可能为日后延期、减额、到期、索赔等处理埋下隐患。为避免纠纷，保函的措辞必须清晰准确，避免模糊描述。合理厘定保函条款，既是作为担保人的银行防范风险的需要，也体现了银行维护客户利益的专业服务能力和专业水准。以下案例可以予以证明。①

① 资料来源：朱宏生，杨樨，合理厘定保函条款，有效防范业务风险，http://www.sinotf.com/GB/136/1362/2010-09-28/xMMDAwMDA1NTAxMw.html。

案情简介

2010年4月6日，某大型企业A公司向其银行申请开立履约保函和预付款保函，合计金额约1 800万美元，效期两年，受益人为巴西某公司。申请人向银行提供了正式签署的基础合同及作为附件的保函格式并要求银行不作修改，声称某国有银行专业人员参与了合同前期谈判并认可了保函格式。银行在审核保函格式和合同时发现如下保函条款“We hereby acknowledge and agree that you are entitled to submit this Performance Bond to a Brazilian bank that has confirmed acceptance of this Performance Bond (the “Confirming Bank”) in the event of any default of the CONTRACT and we will not create under any circumstance any opposition to you in the event you decide to execute this Performance Bond with the Confirming Bank.... This Performance Bond is subject to the uniform rules for demand guarantees, ICC Publication No. 458.”，但URDG458中并没有关于保函保兑的内容，保函保兑在实务中也存在分歧。该条款措辞本身存在模糊的情形且保兑行并非担保人指定，对担保人和申请人而言，该保函除操作的不确定性风险外，还存在保兑行的信用风险。

为此，该银行与A公司财务人员当面沟通。最终，A公司的财务人员承诺将会全力配合银行更改保函格式。该案的基础合同双方已在合同中同意对保函加保，且受益人坚持要求加保并拒绝采用转开保函的形式，故该银行建议将保函改成适用UCP600的保兑备用信用证并将保函格式转换成备用信用证格式。同时，A公司的财务部门也说服了其业务部门，同意按备用信用证格式与受益人沟通，其主要条款修改为“We hereby agree that the advising bank may add its confirmation to this standby letter of credit under SWIFT advice to the BANK quoting this credit No××. You hereby acknowledge and agree that we and the SELLER shall not bear any costs charged by Brazilian banks in connection with any presentations or payments or confirmation under this standby letter of credit. This standby letter of credit is subject to the Uniform Customs and Practice for Documentary Credits, 2007 Revision, ICC Publication No. 600.”。

4月12日，A公司收到巴西受益人答复，表示该保函格式为中国另一银行参与共同拟定的格式，因此拒绝接受修改，并表示若银行坚持修改格式，建议仍由原银行开立该保函。由于出口形势不好，A公司业务部门给财务部施加了很大压力，A公司于是再次要求按照原格式开立，否则转至其他银行办理。

由于保函格式已列入基础合同中，因而更改保函格式存在一定的难度，加之申请人与受益人双方对银行术语不熟悉，可能沟通中存在不明确、不到位的情形。为此，该银行的专业人员，使用英文向申请人发送了一封邮件，要求其转发给受益人，再由受益人转给其可能加保的往来银行。该邮件重点阐述了对保函保兑因适用规则的缺失以及实务的分歧对保兑行和受益人产生的风险，同时，将备用信用证保兑的优点进行了说明。与此同时，该银行积极寻找代理行为备用信用证保兑做好准备。申请人也与受益人反复沟通。最终，受益人接受了该银行建议的备用信用证格式。4月16日，该银行终于将备用信用证顺利开出，指定通知行可以加保。A公司对银行的努力也表示认可，承诺将该合同项下的所有开证和结汇业务交至该行办理。

案情评析

1. 原保函格式存在的风险

保函中若使用“Confirm”一词，本身极易导致歧义，实务操作中也存在分歧，存在不确定性。部分国家，特别是一些非洲、亚洲和南美地区的企业往往要求保函由本国银行出具。保兑（Confirmation）是信用证的通行做法，而在保函实务中，保兑并不统一。在亚非等地区的某些国家，要求外国银行开立的保函必须经受益人本国银行加保（Confirm）、加签（Counter-sign）、背签或称背书（Endorse）后方能接受。由于各个国家和地区的习惯做法不同，实施这些行为的银行所承担的责任不尽相同。一些国家的理解是受益人本地银行通过这些行为对国外银行开来的保函真伪进行核实即可，而有的国家却理解成对保函加具保兑，实施这些行为的银行承担凭受益人相符索赔予以付款的责任。

该案的原保函格式适用国际商会 URDG458，而 URDG458 并无关于保函保兑的相关规定，保兑的操作本身也存在不确定性，即使 2010 年 7 月 1 日起实施的 URDG758 也无保函保兑的规定。若依据原保函格式的规定，由巴西银行加具保兑，则关于保兑行的责任，担保行对保兑行的偿付，保兑项下的付款、审单标准、拒付、到期注销，保兑行赔付后单据的处理等都缺乏明确的规范，因而操作中存在不确定性。另外，原格式并未指定保兑行，担保人需承担受益人自行选择的保兑行的信用风险以及不确定性风险。

2. 当事人使用原保函格式的本意

首先，该案的基础合同中，关于保函及保兑的约定是要求“Confirmation”，这是保兑行为而不仅是对保函真实性的核实。该合同条款约定的所谓“Performance Bond”应以不可撤销的备用信用证形式出具，并由巴西银行加具“Confirmation”，而一旦加具“Confirmation”，应由巴西银行凭受益人的“First Demand”见索即付。可见，该基础合同当事人对“Confirmation”的理解应是加具“Confirmation”的银行承担付款责任，应为一种保兑行为，从而排除了“Confirmation”仅为巴西银行核实保函真实性的理解。

其次，结合该案的原保函格式可以看出受益人的本意，因为“Confirming Bank”为承担付款责任的保兑行，且受益人通过不指定保兑行，保留实务操作的灵活性。原保函格式规定由受益人选择巴西银行“Confirmed acceptance of this Performance Bond”，并规定受益人有权向保兑行动用保函（“To execute this Performance Bond with the Confirming Bank”）。从以上措辞并结合基础合同条件的有关规定可基本判断，该措辞要求的“Confirming Bank”是承担付款责任的保兑行。同时，受益人也保留了对是否保兑进行选择的灵活性。

3. 未选择保函转开方式的原因

间接保函又称四方结构，即俗称的“转开”，这是保函实务的常见做法，URDG458 及 URDG758 都对这种四方结构涉及的反担保作出明确规范。对保函加具保兑的要求，一般应通过转开的方法解决。

本案中，受益人拒绝转开的结构安排，可能是受益人出于保留选择保兑行乃至是否保兑的便利以及节约费用的考虑。因基础合同约定保兑的费用由受益人承担，该银行也担心采用转开的方法，会因转开的确定性和转开费的承担而导致问题复杂化，最终，建议采取备用信用证并指定该银行和受益人共同接受的银行可加保（May Add）的方法，为受益人选择不保兑留下空间，兼顾了受益人的立场。

4. 选择备用信用证保兑的原因

UCP600 第 2 条定义中，对保兑（Confirmation）以及保兑行（Confirming Bank）均有明确规定。第 7 条对指定行的偿付义务作出明确规定，第 8 条对保兑行责任也作出明确规定。国际备用信用证惯例 ISP98 的第 1.09、1.11、2.01、2.04、8.01、8.03 等对备用信用证的保兑，以及第 2.04、8.01、8.03 等对开证行向对被作为指定人的保兑行的偿付责任都予以明确规范。因此，备用信用证保兑作为一种国际通行的做法有明确规范和依据。使用备用信用证加保兑的方法，可有效地解决该案中保函保兑的不确定性等风险。

5. 选择备用信用证不会增大担保人和申请人的风险

独立保函与备用信用证作为担保工具，都具有独立性和单据化的特征，作为单据交易，两种担保工具具有类似的特征，即担保人或开证行都是凭相符单据付款。联合国《独立保证与备用信用证公约》也对两种独立担保工具适用同一规范。两者的区别主要体现在适用规则的不同，对具体问题的规范存在差异。URDG758 借鉴了很多 UCP600 和 ISP98 的条款，独立性和单据化特征更为明显，适用 URDG758 规则的保函与备用信用证更加接近。备用信用证作为一种常用的独立担保形式，虽然与保函存在细节的差异，但并无根本的不同，使用备用信用证不会增大担保人和申请人的风险。

启示：

该案的合理解决表明：第一，处理条款沟通与风险控制、专业服务和市场营销的关系的重要性。在由另一银行参与确定了保函条款的情况下，该银行坚持正确意见，与客户积极沟通保函条款，特别是其专业人员主动与受益人沟通，最终说服受益人接受了备用信用证保兑的方式，既维护了客户的利益、提升了该行的专业服务形象，又有效规避了原保函格式带来的风险。第二，敬业的态度、专业知识和有效的沟通是做好业务的保障。在保函条款的沟通过程中，该银行专业人员表现了对保函和备用信用证涉及各类规则的全面掌握和深入理解，保证了业务效率，主动寻找担保行和受益人共同接受的代理行为保兑做好准备。同时，在拟定和修改保函条款时采取居间的立场，兼顾银行、申请人和受益人的利益，综合考虑基础合同条件和项目背景。

参考文献

一、中文部分

1. 国际商会（ICC）. 国际贸易术语解释通则 2020[M]. 国际商会中国国家委员会译. 北京：对外经济贸易大学出版社，2020.

2. 杨良宜. 海上货物保险[M]. 北京：法律出版社，2010.

3. 杨良宜. 提单及其付运单证（修订版）[M]. 北京：中国政法大学出版社，2007.

4. 杨大明. 国际货物买卖[M]. 北京：法律出版社，2011.

5. 杨良宜，汪鹏南. 英国海上保险条款详论（第二版）[M]. 大连：大连海事大学出版社，2009.

6. 吴焕宁. 鹿特丹规则释义[M]. 北京：中国商务出版社，2011.

7. 姚新超. 国际贸易实务（第四版）[M]. 北京：对外经济贸易大学出版社，2020.

8. 姚新超. 国际贸易运输（第三版）[M]. 北京：对外经济贸易大学出版社，2010.

9. 姚新超. 国际贸易保险（第四版）[M]. 北京：对外经济贸易大学出版社，2019.

10. 姚新超. 国际贸易运输与保险（第五版）[M]. 北京：对外经济贸易大学出版社，2020.

11. 姚新超. 国际结算与贸易融资[M]. 北京：北京大学出版社，2010.

12. 苏宗祥、徐捷. 国际结算（第六版）[M]. 北京：中国金融出版社，2018

13. 司玉琢，韩立新. 鹿特丹规则研究[M]. 大连：大连海事大学出版社，2009.

14. David M. Sassoon. CIF 和 FOB 合同[M]. 郭国汀，译. 上海：复旦大学出版社，2001.

15. Stewart C. Body，Andrew S. Burrows，David Foxton. SCRUTTON 租船合同与提单[M]. 郭国汀，译. 北京：法律出版社，2001.

16. William Tetley. 海上货物索赔（第三版）[M]. 张永坚，等，译. 大连：大连海运学院出版社，1993.

17. 笪恺. 国际贸易中银行担保法律问题研究[M]. 北京：法律出版社，2000.

18. 海关总署报关员资格考试教材编写委员会. 报关员资格全国统一考试教材. 北京：中国海关出版社，2013

19. 黎孝先. 国际货物买卖合同[M]. 上海：上海科学技术出版社，1989.

20. 梁宇贤. 票据法新论（修订版）[M]. 北京：中国人民大学出版社，2004.

21. 王小能. 中国票据法律制度研究[M]. 北京：北京大学出版社，1999.

22. 邢海宝. 海商提单法[M]. 北京：法律出版社，1999.

23. 柯泽东. 国际贸易习惯法暨国际商务仲裁[M]. 台北：元照出版有限公司，2008.

24. 张燕玲，邱智坤. ISP98 理论与实务研究[M]. 北京：中国经济出版社，1999.

25. 周辉斌. 银行保函与备用信用证法律实务[M]. 北京：中信出版社，2003.

26. 张锦源. 国际贸易实务详论[M]. 台北：三民书局股份有限公司，2013.

27. 李淑茹．国贸实务菁华[M]．台北：五南图书出版有限公司，2013.

28. 陈荣昌．国际贸易实务[M]．台北：新文京开发出版股份有限公司，2013.

29. 黄得炳．信用状交易之陷阱及风险规避[M]．台北：宏典文化出版股份有限公司，2012.

30. 黄得炳．非信用证交易 T/T、OA、D/A、D/P 操作实务与风险规避[M]．台北：宏典文化出版股份有限公司，2012.

31. 陈贤芬．信用状交易纠纷解决暨最新案例研讨[M]．台北：台湾金融研训院，2012.

32. 闻顺发．国际贸易实务[M]．台北：五南图书出版股份有限公司，2013.

33. 林建煌．品读 ISBP745[M]．厦门：厦门大学出版社，2013.

34. 国际商会（ICC）．国际商会银行委员会意见汇编（2005—2008）[M]．国际商会中国国家委员会译．北京：中国民主法制出版社，2009.

35. 国际商会（ICC）．国际商会银行委员会意见汇编（2009—2010）[M]．国际商会中国国家委员会译．北京：中国民主法制出版社，2014.

36. 国际商会（ICC）．国际商会银行委员会意见汇编（2012—2016）[M]．国际商会中国国家委员会译．北京：对外经济贸易大学出版社，2019.

37. 国际商会（ICC）．DOCDEX 裁决汇编（2013—2016）[M]．国际商会中国国家委员会译．北京：对外经济贸易大学出版社，2019.

二、英文部分

1. Incoterms® 2020 by the International Chamber of Commerce（ICC）.

2. ICC Uniform Customs and Practice for Documentary Credits-2007 Revision（UCP600）ICC Publication NO. 600 Paris：ICC Publishing S. A.，2006.

3. Clive M. Schmitthoff. Export Trade. The Law and Practice of International Trade. London Sweet & Maxwell，2007.

4. John Dunt，Marine Caego Insuance，Informa Law，2009.

5. Guenter Treitel，F. M. B. Reynolds，Carver on Bills of Lading，Sweet & Maxwell，2nd，2005.

6. Henry Deebgabrier，Contracts for the Sale of Goods：A Comparison of U. S. and International Law，Oxford University Press，2009.

7. Larry A. DiMatteo ... [et al.]，International Sales Law：A Critical Analysis of CISG Jurisprudence，Cambridge University Press，2005.

8. John Robb Baxter Bruce，A Handbook on the Law of Shipping and Marine Insurance，General Books LLC，2009.

9. Paul Todd，Cases and Materials on International Trade Law，Sweet & Maxwell，2003.

10. Gao，Xiang，. The Fraud Rule in the Law of Letters of Credit，Kluwer Law International，2002.

11. International Standard Banking Practice for the Examination of Documents under Documentary Credits（ISBP）ICC Publication NO. 681 Paris：ICC Publishing S. A.，2007.

12. International Standby Practices（ISP98）ICC Publication NO. 590 Paris：ICC

Publishing S. A. , 1998.

13. D. Rhidian Thomas, A New Convention for the Carriage of Goods by Sea-The Rotterdam Rules, Lawtext Publishing Limited 2009.

14. International Standard Banking Practice for the Examination of Documents under Documentary Credits (ISBP) ICC Publication NO. 745 Paris: ICC Publishing S. A. , 2013.

15. William Tetley, Marine Cargo Claims (4th edition), Carswell, a Thomson Reuters business, 2011

16. John F Wilson, Carriage of Goods by Sea (7th edition), Longman, 2010.

17. Gary Collyer & Ron Katz, Collected DOCDEX Decisions 2009-2012, ICC Publication No. 739E. Paris: ICC Publishing S. A. , 2012.

18. Gary Collyer, ICC BANKING COMMISSION OPINIONS 2012-2016, ICC Publication No. 785E. Paris: ICC Publishing S. A. , 2016.